1 MONTH OF
FREE
READING

at
www.ForgottenBooks.com

By purchasing this book you are eligible for one month membership to ForgottenBooks.com, giving you unlimited access to our entire collection of over 1,000,000 titles via our web site and mobile apps.

To claim your free month visit: www.forgottenbooks.com/free759221

ISBN 978-0-666-75733-3
PIBN 10759221

Oesterreichische
National-Encyklopädie,

oder

alphabetische Darlegung

der

wissenswürdigsten Eigenthümlichkeiten

des

österreichischen Kaiserthumes,

in Rücksicht

auf Natur, Leben und Institutionen, Industrie und Commerz, öffentliche
und Privat-Anstalten, Bildung und Wissenschaft, Literatur und Kunst,
Geographie und Statistik, Geschichte, Genealogie und Biographie, so
wie auf alle Hauptgegenstände seiner Civilisations-Verhältnisse.

(Vorzüglich der neueren und neuesten Zeit.)

Im Geiste der Unbefangenheit bearbeitet.

———

Sechs Bände mit dem im sechsten Bande enthaltenen Supplement.

Neue unveränderte Ausgabe.

Erster Band.

(A bis D.)

———

Wien, 1838.

Verlag von Mich. Schmidl's Witwe und Ign. Klang.

Oesterreich

Druckverbesserungen.

Seite 147 Zeile 11 nach: arme Mädchen, ist zu lesen: in Wien.
— — — 16 statt: Jomekay — — Jameray.
— — — 3¹ statt: Teuffenbacher'sche, ist zu lesen: Teuffenbach'sche.
— 153 — 22 nach: Hofkanzley, ist zu lesen: und zufolge der neuesten Bestim-
      mung in dem Auswanderungspatente vom 24. März 1832
      überhaupt die Länderstellen, in Fällen der Beschwerde aber
      die Hofkanzley.
— 157 — 20 statt: Babinopaglie, ist zu lesen: Babinopoglie.
— 169 — 16 muß es heißen: von welchem trefflichen Werke eine freye Bearbei-
      tung für Deutschland von Andree in Braunschweig, bey
      Reichard in Güns aber eine Bearbeitung.
— 174 — 35 statt: Rathswürde, ist zu lesen: Reichswürde.
— 190 — 42 statt: dem Kargen — — von Kerpen.
— 191 — 17 statt: Sohn — — Bruder.
— 220 — 38 statt: Beces — — Becse.
— 280 — 24 statt: Berzeniczy — — Berzencze.
— 306 — 27 nach: Gehaltszulage — — Er starb den 8. Sept. 1805.
— 310 — 46 nach: Anerkennung — — S. Hardtmuth.
— 366 — 29 statt: Steyermarks isolirte Alpenwirthschaft im Brucker Kreise,
      ist zu lesen: isolirte Alpenwirthschaft im Brucker Kreise
      Steyermarks.
— 374 — 14 statt: Jaslowitz, ist zu lesen: Joslowitz.
— 380 — 29 statt: Berzenicze — — Berzencze.
— 414 — 18 statt: Budua (Budoa) — — Budoa (Budua).
— 488 — 38 nach: werden — — Er starb den 18. Nov. 1828.
— 532 — 10 statt: Res gestae — — Regesta.
— 575 — 2 statt: s. d. — — s. Hieronymus.
— 605 — 35 statt: Scaglien — — Scoglien.
— 764 — 3 statt: Duport, s. Theater an der Wien, ist zu lesen: Duport, s.
      Theater in Wien.

Zusätze.

Seite 67 Aman starb den 28. Nov. 1834.
— 97 Appel starb den 4. Dec. 1834.
— 347 Boër starb den 19. Jän. 1835.
— 655 Graf Ant. Cziráky schrieb: Ordo historiae juris civilis hungarici.
      Pesth, 1794; 2. Aufl. 1820. — Disquisitio historica de modo
      consequendi summum imperium in Hungaria, a primordiis
      monarchiae in haec tempora. Ofen, 1820. — Jus publicum
      Hungariae. (Noch Manuscript.)

Oesterreichische
National-Encyklopädie.

———

Erster Band.

A.

A, auf österr. Münzen bedeutet: Wien.

Abaligeth, ungar. Dorf im Baranyer Comitat, hat eine berühmte 500 Klafter lange Tropfsteinhöhle, die hohe unterirdische Gänge, weitschichtige Hallen, fürchterliche Abgründe und unermeßliche Felsenspalten enthält.

Abano (Abbano), ein berühmter und vielbesuchter Badeort mit 5,300 Einw. am nordöstlichen Fuße der eugäneischen Hügel, in einer ziemlich fruchtbaren Gegend der wenet. Delegation Padua. Es sind im Orte 3 Badhäuser, mit marmornen Becken versehen; auch befinden sich hier gut eingerichtete Schlammbäder.

Abaujvárer Gespanschaft, die vorzüglichste Gespanschaft in Ober-Ungarn dießseits der Theiß, 8 bis 12 M. lang, 3 bis 5 M. breit, 52 $\frac{27}{100}$ Q.M. an Flächeninhalt groß. Sie ist reich an Korn, Rindvieh, Metallen, Bädern, Säuerlingen, Obst, Wein (nahmentlich dem Tokayer), hat auch Edelsteine. Sie wird in 4 Bezirke (Processe) eingetheilt, in den Kaschauer, Ficzerer, Eserethaler und Szikszover. Sie enthält 1 königl. Freystadt (Kaschau), 10 Marktflecken, 227 Dörfer, und 40 Prädien. Die Zahl der Einw. beträgt 123,938.

Abel, Jos., Historienmaler, Mitglied der k. k. Akademie der bildenden Künste in Wien, wurde 1768 zu Aschach in Österreich ob der Enns geboren. 1782 eröffnete er seine künstlerische Laufbahn auf der Akademie zu Wien. Fleiß und Talent verschafften ihm die Preise von den Anfangsgründen bis zu den historischen Aufgaben. 1791 wurden ihm die den vorzüglichsten Zöglingen der Akademie bestimmten, größeren Pensionen verliehen. Der Beyfall, welchen Fürst Wenzel Kaunitz einigen seiner Pferde- und Landschaftsstudien nach der Natur ertheilte, und Casanova's Aufmunterung, hätten ihn beynahe zum Bataillenfache geführt; doch siegte der Rath des damahligen Akademie-Directors Füger, und A. entschied sich für das historische Fach. Von nun an widmete er sich mit Anstrengung der höhern Geschichtsmalerey. 1794 verfertigte er das Preisstück Dädalus, und erhielt den höchsten Preis, die goldene Medaille. Die vielen Porträte seiner Freunde und anderer Personen, die ihm nicht weniger als seine historischen Arbeiten gelangen, machten ihn bald in der Künstler- und Liebhaberwelt bekannt. Auf die Einladung des Fürsten Adam Czartorisky, begab er sich nach Polen auf dessen Güter. Seine dort verfertigten Arbeiten verbreiteten den Ruf seines Talentes auch in Polen und Rußland; ihm wurden aus dem Norden die lockendsten Anträge gemacht, während er sich vielmehr nach dem Süden

1 *

fehnte, die dortigen Kunstschätze zu genießen. Von 1796, (wo A. aus Polen zurückkam) bis 1801 lebte er größtentheils in Wien. 1801 wurde A.s sehnlicher Wunsch erfüllt. Er ward von der k. k. Akademie gewürdigt, nach Italien zu reisen, um daselbst seine Studien und seine Kunstbildung zu vollenden. Während eines Aufenthalts von 6 Jahren in Rom, Neapel und den übrigen vorzüglichsten Städten Italiens, lebte er, schöpferisch wirkend, nur in dem Genusse der dort aufgehäuften Kunstschätze. In diesem Zeitraume wurden auch mehrere seiner vorzüglichsten historischen Gemälde von ihm vollendet oder entworfen. Zu den ersteren gehören: Antigone; dieses schöne Gemälde mit Figuren in Lebensgröße, das durch einfache tiefgedachte Composition das Auge unwiderstehlich fesselt; Klopstock im Elysium rc. Dieß Gemälde wurde für die k. k. Gallerie im Belvedere gekauft. Zu den in Rom entworfenen, aber erst später vollendeten Werken gehören: Cato von Utica, der im Moment des Selbstmordes von seinem Sclavenknaben das Schwert nimmt; ein großes Gemälde, welches jetzt die k. k. Akademie in Wien ziert. Im Oct. 1807 reiste A. aus Italien zurück mit einer unglaublichen Menge seiner Zeichnungen, Studien rc. Er arbeitete nun auch in Wien mit rastlosem Eifer, unter Anderem mehrere große Werke, wovon hier nur einige erwähnt werden, als: 3 Altarblätter, eines für die Kirche in der Vorstadt Gumpendorf zu Wien, eines für die Pfarrkirche in Krems, und eines nach Gainfahrn nächst Baden; dann Orest, der sich der Retterinn seines Lebens, seiner Schwester Elektra, zu erkennen gibt — nach Sophokles — ein Gemälde von zwölf Figuren über halbe Lebensgröße; die Haupt-Courtine für das neuerbaute Schauspielhaus zu Pesth; besonders merkwürdig durch den Effect, zu welchem die nächtliche Beleuchtung dieses auf Fresco-Art behandelten Werkes berechnet ist, um die Wirkung eines Ohlgemäldes zu machen; dieß waren bis 1818 die Früchte der Muse dieses fleißigen Künstlers. Seine letzte große Arbeit war das Bildniß des Kaisers von Oestreich, im ganzen Kaiserornate. Unter seinem Nachlasse befindet sich noch eine Menge von Entwürfen und Skizzen, an deren Ausführung ihn seine fast durch 2 Jahre ganz zerrüttete Gesundheit hinderte. Er starb den 4. Oct. 1818.

Abel, Mich. geboren zu Frankfurt an der Oder; ward 1586 Rector der evangelisch-lutherischen Schule zu Iglau, ein guter lateinischer Dichter und gekrönter Poet. Er war 1567 Pädagog einiger adeligen Jünglinge zu Lauban in der Oberlausitz, kam aber in Zwietracht mit Sigism. Sbebus, Prediger in Lauban, und wurde deßwegen so wie anderer dazugekommener Ursachen willen vom dortigen Stadtrathe abgedankt. Auch in Iglau fing er einen Streit mit dem dortigen Syndicus und Präses der Schule, Joh. Hynconius, an, den er 1586 gewaltsam angriff; und weil er halsstarrig genug dem Stadtrathe den Gehorsam versagte, so wurde er eingekerkert und ihm sein Hab und Gut in Beschlag genommen; endlich wieder in Freyheit gesetzt, mußte er sich von Iglau entfernen. Von seinen Schriften sind folgende bekannt: De illa scholae Laubanensis, Görlitz, 1564; — Heroïcorum Poëmatum liber unus. Prag, 1587; — Elegia ad Paulum Primum Prostahensem, castae eruditionis ac morum studiis juvenem ornatissimum. Olmütz, Friedr. Milichthäler, 1587; — Carminum libri IV. et elegiarum libri II. Frankfurt, 1590, 94, 99; — Musae undecimae seu ineptae versificatoriae delibatio. Prag, 1591.

Abensberg, Stadt im Regenkreise Bayerns an der Abens, merkwürdig durch die Schlacht vom 20. April 1809. Als im Frühling des Jahrs 1809, die Macht Österreichs sich erhob, um Napoleons raschen Gang auf dem Wege zur Weltherrschaft zu hemmen, ging am 10. April das von dem Erzherzoge Carl angeführte Heer über den Inn, und rückte zehn Tage später in München ein, während zwey andere Corps desselben Heeres, die durch die Oberpfalz herangezogen waren, eine Stellung an der Raab nähmen. Man berechnete die gesammte in Bayern operirende österr. Macht auf 120,000 Mann. Ihr gegenüber hatten sich zahlreiche feindliche Corps unter den Herzogen von Auerstädt und Rivoli und dem General Oudinot versammelt, die noch durch die Hülfe von Bayern und Würtemberg verstärkt waren, so daß sie zusammen ein Heer von 130,000 Mann bildeten. Die beyden Corps des Erzherzogs Ludwig und des Generals Hiller, die ein Heer von 50,000 Mann ausmachten, und den linken Flügel des ganzen österr. Heeres bildeten, standen zwischen A. und Eckmühl. Napoleon selbst stellte sich am 20. Morgens an die Spitze einer auserlesenen Heeresabtheilung, welche die entworfene Unternehmung gegen den linken Flügel der Österreicher ausführen sollte. General Wrede eröffnete das Treffen durch den Übergang über die Abens bey Siegenburg. Die Operationen waren am verderblichsten für das Corps des Erzherzogs Ludwig, welches, von der Übermacht gedrängt, den Rückzug nach Landshut einschlug, wodurch General Hiller gezwungen ward, ihm in derselben Bewegung zu folgen. Die Österreicher verloren 13,000 Gefangene und 12 Kanonen. Die Schlacht bey A. bleibt deßhalb, wenn gleich die Geschichte keine ausgezeichneten Züge von Heroismus in ihr zu bemerken findet, und die Gebliebenen nicht in ungeheuern Zahlen nennt, eines der wichtigsten Ereignisse in den Annalen unserer Zeit, weil sie die nothwendige und unfehlbare Bedingung der folgenden Siege war, durch welche der Entwurf des Kaisers Franz, Deutschland zu befreyen, vereitelt, seine Heere auf die Vertheidigung zurückgebracht, und der Krieg in das Herz seiner Staaten gespielt wurde.

Abensperg-(Abensberg) Traun, ein uraltes, seit der Mitte des 17. Jahrh. gräfliches Geschlecht, dermahl vorzüglich in Nieder-Österreich begütert. Als Stammvater nennt man den, von den berühmten Grafen von Scheyern, entsprossenen Grafen Babo von A. und Rohr, der sich von der Stadt und dem Schlosse gl. N. in Bayern, an dem Flusse Abens genannt, und dessen Bruder, Graf Otto von Scheyern, der Stammvater des bayerischen Hauses gewesen ist. Von dieses Babo zahlreichen Söhnen ließ sich Wolfram in der damals sogenannten bayerischen Mark, im jetzigen Erzherzogthum Österreich ob der Enns, am Traunfluß nieder, und erbaute das noch jetzt diesem Geschlechte gehörige Schloß Traun auf einer Insel des Traunflusses. Dieser Wolfram, Landherr von Traun, erschien 1042 bey einem Turnier Kaiser Heinrichs **III.** zu **Hall** in **Sachsen.** Ausgezeichnet sind: **Otto Ferdinand**, Graf von **A.** und **Traun**, geb. 1677, Ritter des goldenen Vließes, k. k. Feldmarschall und Gouverneur von Siebenbürgen, st. 1748. — **Julius Johann Wilhelm**, geb. 1670, k. k. Generalmajor und Gouverneur zu **Messina**, st. dort den 15. Jän. 1739. — **Ferdinand**, geb. 1710, fürstl. Passauischer geh. Rath und Hofmarschall; war früher k. k. Oberstlieutenant. Diese Genannten betreffen die **Eschelberg**'sche Linie. Aus der **Meissau**'schen Linie heben wir folgende als denkwürdig heraus: **Ernst**, Graf von **A.** und **Traun**, geb. 1608. Er schwang sich von einer Ehrenstufe zur andern, und wurde Kaiser **Ferdinands III.** Kämmerer, Oberst eines Regiments, sonach Generalmajor, Hofkriegsrath, General-, Land- und Hauszeugmeister, dann wirkl. geh. Rath, Landmarschall, und Landoberster in Österreich unter der Enns, welche letztere Würde er 1668 mit der eines Vice-Kriegspräsidenten und Stadtcommandanten von **Wien** verwechselte; st. den 18. Nov. 1668. — **Otto Ehrenreich**, geb. 1644, schwang sich ebenfalls bis zum Landmarschall und General-Landobersten in Österreich unter der Enns empor; war Ritter des goldenen Vließes, und geh. Rath; erhielt 1705 auch das Oberst-Erblandpanieramt im Erzherzogthum Österreich, und 1709 wurde ihm die ursprüngliche Familienherrschaft **Abensberg** in Bayern in Besitz überlassen, welche er jedoch 1714 wieder an den Churfürsten von Bayern abtrat. Er errichtete außer dem von dem Vorigen gegründeten Primogenitur-Fideicommiß aus seinen Allodial-Herrschaften 1715 durch sein Testament ein Secundogenitur-Fideicommiß, und st. den 18. Sept. n. J. — Die Primogenitur-Fideicommißherrschaft ist **Petronell** in Nieder-Österreich mit **Traun.** Die Secundogenitur-Herrschaften sind **Bisamberg**, **Bockfluß**, **Meissau**, **Rapottenstein**, und **Groß-Schweinbarth** in Nieder-Österreich.

Abersee, auch **St. Wolfgangersee**, im Traunkreise des Landes Österreich ob der Enns, über 2 Stunden lang und 1 Stunde breit, mit einer Tiefe von 600 Fuß; liefert eine reichliche Ausbeute an Fischen besonders Heßte, Lachse und Forellen von vorzüglicher Größe.

Abfahrtgeld, wird dem Staatsärar, oder einem landesfürstl. Magistrate, auch der Grundobrigkeit, oder dieser und dem Staatsärar zugleich, von dem Werthe des, in das Ausland gehenden Vermögens der österr. Staatsbürger nach Procenten als gesetzliche Abgabe entrichtet; jedoch wird von dem Vermögen aus den, zum deutschen Bunde gehörigen österr. Provinzen für die Übertragung in einen andern Staat des deutschen Bundes kein **A.** gezahlt; so wie in dieser Hinsicht zwischen Österreich und andern Staaten Freyzügigkeits-Verträge bestehen. S. **Freyzügigkeit.** — Das **A.** für das Staatsärar, so wie jenes von dem Vermögen der Bürger in landesfürstl. Städten und Märkten wird mit 10 Procent, dagegen das grundherrliche **A.** von dem Vermögen herrschaftlicher Unterthanen, dann das bürgerl. **A.** von dem Vermögen der Bürger in grundobrigkeitl. Municipalstädten nur mit 5 Procent berechnet, und in Rücksicht des, den landesfürstl. Magistraten, und den Grundobrigkeiten zu entrichtenden **A.**'s auch Ungarn und Siebenbürgen als Ausland angesehen. Es entspringt daher nach dem Unterschiede der Eigenschaft eines Vermögens, auch ein

Unterschied in der Bemessung des, in die Staatscassen einfließenden A.'s
Von demjenigen Vermögen nähmlich, welches zugleich einem ärarischen
und einem grundherrl. oder bürgerl. A. unterliegt, werden 5 Procent für das Staatsärar, und 5 Procent für die Grundherrschaft, zusammen also gleichwohl 10 Procent entrichtet, hingegen fließen ganze
10 Procent von demjenigen Vermögen als landesfürstl. A. in die Staatscassen, welches keiner dieser Arten des A.'s unterliegt. In Galizien unterliegt aber ohne Unterschied jedes Vermögen, welches von einem galiz.
Unterthan, Bürger, Einwohner, oder Angesessenen in einen andern
Staat gezogen werden will, dem 10procentigen A. In Ungarn besteht
das A. für die andern österr. Erbstaaten mit 5 und für das Ausland mit
10 Procent.

Abgaben, s. Steuern.

**Abhandlungen der königl. böhmischen Gesellschaft der
Wissenschaften.** Dieses gehaltvolle Nationalwerk, das wohl mit dem
vollgültigsten Rechte selbst mit den gediegensten akademischen Abhandlung-
Sammlungen des Auslandes wetteifern kann, begann unter dem genannten Titel 1785, Prag und Dresden. Es erschienen bis 1789 4 Bde.
Unter dem Titel: Neuere Abhandlungen kamen 1790—98, 3 Bde.,
Prag, heraus. Seit 1804 werden sie unter dem frühern Titel
fortgesetzt, so, daß bisher 8 Bde. bis 1824 und neue Folge 3 Bde.
bis 1833 erschienen. Diese 3 Sectionen schließen sich unmittelbar an die
1775—84 in 6 Bden. von Ign. Edl. v. Born zum Druck beförderten
Abhandlungen einer Privatgesellschaft in Böhmen, zur
Aufnahme der Mathematik, der vaterländischen Geschichte und der Naturgeschichte, wonach diese die erste Section
bilden. Der Inhalt sämmtlicher Bände aller 4 Sectionen zerfällt nach
der Eintheilung der Gesellschaftsglieder in 2 Abtheilungen, in die physi-
kalisch-mathematische, und in die historische. Diese Abhandlungen bergen
einen Schatz von gelehrten Untersuchungen, Nachweisungen und Resultaten überhaupt, besonders in Rücksicht der böhm. Historie und
Naturgeschichte ꝛc., wie schon die Nahmen ihrer Mitarbeiter verbürgen.
Zu der ersten Abtheilung trugen unter Andern bey: Becher, Bloch,
Bolzano, Born, David, Delius, Gerstner, Gruber, Ha-
cquet, Hallaschka, Henke, Jirašek, Littrow, Mikan, Pallas, Pasquich, Prochaska, Reuß, Scherer, die Gr. Sternberg (Casp. Joach. u. Joh.), Strnadt, Stumpf, Triesnecker, Voigt, Volta, Werner ꝛc.; zu der zweyten: Cornova,
Dlabacz, Dobner, Dobrowsky, Kalina v. Jäthenstein,
Mader, Meinert, Millauer, Pelzel, Ungar, Voigt ꝛc.

Abia grosso, lombard. Marktflecken in der Deleg. Mailand am
Canal Gran Naviglio; mit 2,900 Einw., vielen Seidenspinnereyen,
und bedeutendem Handel.

Ablegaten, heißen die Abgeordneten der Comitate auf den Reichstag im Königreiche Ungarn. Das Recht die Comitats-A. zu wählen und
zu instruiren, kommt allein dem Adel zu.

Abony, ungar. Marktflecken der Hevescher Gespanschaft mit einer
katholischen und einer evangelisch-reformirten Kirche, einem Franciscа-

ner-Kloster, und festen Schlosse. Mit den, in den dortigen Morästen
gewonnenen Schildkröten wird ein bedeutender Verkehr geführt; auch
sind die hiesigen großen Salzniederlagen bemerkenswerth.

Abraham a Sancta Clara. Dieser überaus merkwürdige Mann
hieß mit seinen Familiennahmen Ulrich Megerle, und stammte
aus dem Megerlin'schen von Ferdinand III. in den Adelstand erhobenen Geschlechte. Er wurde den 4. July 1642 (nicht Juny, wie Einige
angeben) am Festtage des h. Bischofs Ulrich, zu Krähenheimstet-
ten, nahe bey der Fürstenberg'schen Stadt Möskirch, die unweit der
entspringenden Donau in Schwaben liegt, geboren. Seine Ältern, Jac.
Megerle und Verena, waren arme, fromme Leute. Schon als Kind
zeigte er eine unersättliche Begierde nach Unterricht, und durch Talent und
Fleiß ging er allen seinen Mitschülern weit zuvor. Er studierte zu Mö s-
kirch, Ingolstadt, dann zu Salzburg die lateinischen Schulen.
Umstände führten ihn jung nach Österreich. Im 18. Jahre seines Alters kam
er nach Wien, trat in den Barfüßer-Augustiner-Orden zu Mariabrunn unweit Wien, studierte in dem Kloster dieses Ordens zu Wien
Philosophie und Theologie, und nachdem er zu Mariabrunn sein
Noviziat beendet, wurde er 1662 Priester dieses Ordens, entschlossen, wie
der Vorredner seiner Todtencapelle sagt: „Die Welt keineswegs zu verlassen, sondern mit ihr nunmehr erst recht zu thun zu haben, indem er die
Laster darinnen zu besiegen die geweihte Hand anlegen wollte." Homile-
tik war das Fach, dem er sich vorzüglich widmete. Nachdem er auch
Doctor der Theologie geworden, ging er als Festtagsprediger nach Kloster Taxa in Oberbayern, wo er zum ersten Mahle die Kanzel bestieg.
Er kam dann als Prediger nach Wien. Sein Ruf verbreitete sich sehr
schnell, und Zuhörer aus allen Ständen strömten herbey, ihn zu hören.
In den meisten Kirchen in der Stadt und den Vorstädten predigte er.
Als Prediger ging er dann nach Grätz. Kaiser Leopold I. berief ihn 1669
als kais. Hofprediger, welche Stelle er durch 40 Jahre auch unter Joseph I. bekleidete. Mit Eifer übte er die Amtspflichten als Provinzial
(durch 3 Jahre), Procurator, Lector, Pater spiritualis, und seine
Ordensbrüder wählten ihn 1689 zum Prior-Provinzial, in welcher
Würde er dem General-Ordenscapitel zu Rom beywohnte, und dort
mehrmahls mit Beyfall predigte. Papst Innocenz XI. beschenkte ihn
mit einem geweihten Kreuz. Später wurde er Definitor seiner Provinz, und erfüllte die Pflichten dieser Würde durch 12 Jahre auf das
vollkommenste. Durch ihn wurden die Klöster zu Wien, Mariabrunn und Grätz in bessern Stand gesetzt. Nachdem er 49 Jahre
im Orden und im 67. Jahr seines Alters seinen Beruf vollführt, über
tausend Predigten gehalten, in frommer Heiterkeit unermüdlich thätig gewirkt, seinen Nächsten unzählige Wohlthaten, seinem Orden feste
Treue, den Lastern Spott und Verfolgung, den Tugenden Beyhülfe
und Bekräftigung erwiesen, starb er zu Wien als kais. Hofprediger den
1. Dec. 1709 allgemein betrauert. — Die Originalität seiner Predigten und Erbauungsschriften machte ihn zu einem eben so gern gehörten
Prediger als gelesenen Schriftsteller. Von dem verworrenen Mysticis-
mus, wie von dem spitzfindigen Ton der Schule, in welchem die Kan-

zeitredner seiner Kirche damahls befangen waren, gleich weit entfernt, erkannte er den wahren Beruf eines Volksrednersund Volksschrift= stellers richtiger, als man es von seinem Zeitalter hätte erwarten sollen. Mit praktischem Blick, tiefer Menschenkunde, vielseitigen Kenntnissen, der gelehrtesten, von einem beyspiellos treuen Gedächtniß fast wunderbar unterstützten Mannigfaltigkeit ging er in die Verhältnisse des Lebens ein, schilderte sie mit überraschender Wahrheit, und tadelte die Gebrechen seiner Zeit mit unerschrockenem Freymuth und beißendem Witz, wovon er eine reiche Ader besaß. Seine lediglich auf den Effect berechnete Dar= stellung ist einzig in ihrer Art. Kein Mittel verschmähend, durch welches er Eindruck erregen zu können hoffte, erhebt er sich bald mit wahrhaft reichem Witz und hinreißendem Fluß und Feuer der Rede zur höhern Beredsamkeit, bald sinkt er aber zu den unwürdigsten Possen, zuweilen faden, öfters doch auch sehr glücklichen Wortspielen, geschraubten Ge= gensätzen, ja selbst zu seinem öfterr. Jargon Zuflucht nehmend, zur Plattheit herab. Von seinen 18 Werken nennen wir als die am meisten charakteristischen und gelungenen, folgende: Judas der Erzschelm, 4 Bde. Bonn 1687 (nur 1. Bd.); Salzb. 1688—93, 1710; Nürnb. 1696; 1709, 18, 51, 75; Holländ. Amsterd. 1717. — Reim dich oder ich lies dich (16 vermischte Schriften und Predigten enthaltend, als: Merks Wien. — Lösch Wien.) Salzb. 1687, 90, 1714; Cölln 1688, 1702; Augsb. 1714, 54. — Etwas für Alle, 3 Bde. Würzb. 1699, 1711; Salzb. 1711; Nürnb. 1733. — Mercurialis oder Wintergrün. Nürnb. 1700, 31, 33; Augsb. 1766. — Abrahamisch Gehab dich wohl. Wien 1700; Nürnb. u. Augsb. 1729; Wien 1737, 39. — Heilsames Gemisch Gemasch. Würzb. u. Nürnb. 1704, 24; Wien 1737. — Abra= hamisches Bescheidessen. Nürnb. 1714; Wien 1717, 19, 37. — Wohl angefüllter Weinkeller. Würzb. 1710, 25, 39. — Huy und Pfuy der Welt. Würzb. 1707; Salzb. 1710; Nürnb. 1725; Würzb. 1725. — Abrahamische Lauberhütt, 3 Bde. Wien 1721—23; Nürnb. 1717, 22, 38, 47—49. Die meisten seiner Werke sind mit Kupfern von Chri= stoph Weigel geziert. — P. A. Schriften, zum Theil selten, wer= den noch jetzt mit Eifer gesucht und gelesen.

Abrahamiten in Böhmen. Gerade in der Gegend Böhmens, wo fehlgeschlagene Erwartungen wegen der von der Kaiserinn Ma= ria Theresia beabsichtigten Aufhebung der Leibeigenschaft 1775 Auf= ruhr gegen die Grundherren veranlaßt hatten, in der Pardubitzer Herr= schaft, trat, dem Toleranzedict Joseph II. vertrauend, 1782 aus dem bisherigen Dunkel eine Anzahl unwissender Landleute hervor, die sich zu dem Glauben bekannten, den Abraham vor der Beschneidung gehabt hatte, die Lehre vom einigen Gott, das Vaterunser und die zehn Gebothe, doch sonst nichts aus der Bibel annahmen und sich weder zu einer christlichen Confession halten, noch Juden seyn wollten. Da= her wurden sie in den Berichten der inquirirenden Beamten Abraha= miten oder Deisten genannt. Der Kaiser ließ diese Leute, da sie allen Bekehrungsversuchen widerstanden, im April 1783 unter militärischer Aufsicht in kleinen Abtheilungen nach verschiedenen Gränzorten Gali= ziens, Siebenbürgens, Slavoniens, der Bukowina, des Banats und

ungar. Küstenlandes transportiren, wo die Männer unter Gränzba-
taillons eingetheilt, und nach der Hand doch zum Theil nebst einigen
ihrer Weiber zur katholischen Kirche bekehrt wurden. Die Meisten blieben
jedoch bis zum Tode bey ihrem Deismus, dessen Fortpflanzung durch diese
Maßregel verhindert blieb.

Abrudbánya (Groß-Schlatten oder Altenburg), siebenbürg.
Bergflecken im Unteralbenser oder unteren Weißenburger Comitat, nordwestlich von Carlsburg, in einem engen Thale, zählt gegen 4000 walachische, ungarische und deutsche Einwohner, deren größerer Theil sich
durch den, im nahen Dorfe Vöröspatak auf Gold und Silber betriebenen Bergbau erhält. Das ausgebrachte Berggold wird ihnen zu einem
bestimmten Preise bezahlt. Das silberhaltige Gold wird nach Zalathna
zur Schmelzung abgeliefert, und von hier in Stangen in die Carlsbur-
ger Münze abgeführt.

Abteyen. Die A. des Kaiserthums haben sich besonders in den
letztern Jahrzehnden vielfache, höchst bedeutende Verdienste erworben, vornehmlich um die Wissenschaften (insonderheit um die vaterländische Geschichte), um das Hirtenamt, um die Jugendbildung, um die
Humanität und Civilisation überhaupt. Die Literatur bereicherten und
schmückten sie mit manchem classischen Werke. Für die Lehrkanzeln, auch
der Universitäten, gingen aus den A. tüchtige Professoren hervor. In
ihnen bildeten sich zahlreich ausgezeichnete Seelsorger. Ihre Gymnasien wirkten mit rastloser Uneigennützigkeit für den Unterricht. Trotz
ihrer scheinbaren Abgeschlossenheit waren sie fort und fort aufmunternd,
mannigfach unterstützend und belebend für gemeinnützige Zwecke und Na-
tionalveredlung. Nicht minder haben ihnen die schönen Wissenschaften
und bildenden Künste Vieles zu danken. — (Die vorzüglichsten dieser
A. und ihrer Männer und Werke s. unter ihren selbstständigen Artikeln.)
Nachstehendes ist die Nahmhaftmachung der vaterländischen A. alphabetisch nach den Provinzen gereiht, mit der Beyfügung ihrer bedeut-
samsten Mitglieder. Böhmen: Brzewnow und Braunau
(Bened.). — Emaus (Bened. in der Neustadt Prag). — Hohen-
furt (Cisterz.). Millauer. — Ossegg (Cisterz.). — Selau
(Präm.). — Strahow (Präm.) Milo Grün, Diabacz. — Tepl
(Präm.). — Kärnthen: St. Paul (Bened.). A. Eichhorn. —
Mähren: Altbrünn (August.-Eremiten). — Neureisch (Präm.).
Raygern (Bened.) Bonav. Pitter, Alex. Habrich, G. Wol-
ny. — Niederösterreich: Altenburg (Bened.). — Geras (Präm.)
Alram. — Göttweih (Bened.) Bessel, Klein, Arigler, Ja-
nitsch, Blumenberger. — Heiligenkreuz im Walde
(Cisterz.). — Herzogenburg (regul. Chorh. d. heil. Augustin).
Klosterneuburg (regul. Chorh. des heil. Augustin) Polzmann,
Ruttenstock, Schützenberger, Ackermann, Max. Fi-
scher. — Lilienfeld (Cisterz.) Hanthaler, Pyrker. —
Melk (Bened.) Hieron. u. Bern. Pez, Huber, Kropf,
Schramb, Reyberger, Enk, Keiblinger. — Neuklo-
ster zu Wien. Neustadt (Cisterz.). — Schotten (Bened.)
in Wien; Oberleitner. — Seitenstetten (Bened.). —

Zwettl (Cisterz.) Linck, Frast. — Oberösterreich: St. Florian (regul. Chorh. v. heil. Aug.) Kurz, Chmel. — Kremsmünster (Bened.) Firlmüller, Rettenpacher, Pachmayer, Strasser, Hartenschneider. — Lambach (Bened.). — Michaelbeuern (Bened.). — St. Peter (Bened. in Salzburg). Reichersberg (regul. Chorh. v. heil. Aug.). — Schlägel (Präm.) — Schlierbach (Cisterz.). — Wilhering (Cisterz.). — Steyermark: Admont (Bened.) Muchar. — St. Lambrecht (Bened.), — Rein (Cisterz.). — Tyrol: Gries (regul. Chorh. d. heil. Aug.). — Marienberg (Bened.). — Neustift (regul. Chorh. d. heil. Aug.) — Stamms (Cisterz.) Primisser, Schranzhofer. — Viecht (Bened.). — Wälschmichal (regul. Chorh. d. h. Aug.). — Wilten (Präm.). — Ungarn: (Propstey) Csorna und Horpács (Präm.). Ihr sind die A. (Propst.) Turje und Jamshida untergeordnet. — St. Gotthard (Cisterz.) ist der A. zu Heiligenkreuz in Niederöstr. einverleibt. — (Propst.) Jaszao und Belesz (Prämonstr.). — (Erzabtey) St. Martinsberg (Bened.) Chrysost. Novak. Dieser Erzabtey sind untergeordnet die 3 Benedictiner-A. Bakonybél, Tihan und Dömölk, deren Äbte von dem Erzabt von St. Martinsberg ernannt werden). — Szalavar (Bened.) ist mit der Abtey zu Göttweih vereint. — Telky (Bened.) mit der Abtey zu den Schotten in Wien vereinigt, hat aber keinen vorgesetzten Administrator wie andere vereinigte A., sondern ihren eigenen Abt. — Zircz (Cisterz.); mit ihr sind die A. Pilis und Paszto unter einem und demselben Abte verbunden. — Übrigens gibt es noch A., die keine Klosterstifte, sondern bloß (oft sehr bedeutende) Dotationen in Realitäten und Capitalien für das mit der Würde eines Abtes bekleidete Individuum abwerfen; endlich sind noch die vielen Titular-Äbte zu bemerken, welche nur die Würde des Abtes, jedoch keine Einkünfte haben, deren Schwartner (Statistik Th. 1. S. 170), in Ungarn allein 124 aufzählt.

Accessisten, sind meistens angehende, unbesoldete Beamte im Kanzleyfache, bey den polit. Hof- und Länderstellen, insbesondere bey den Gerichtsstellen, als: bey den Landrechten und Appellationsgerichten. Es gibt aber auch besoldete A., wie z. B. die Registraturs-A. bey der k. k. vereinigten Hofkanzley; bey den Hof- und Provinzial-Staatsbuchhaltungen, bey der Oberst-Hofpostamts-Verwaltung in Wien und bey den Oberpostämtern in den k. k. Provinzen. Die Feldkriegs-Commissariats-A. (s. d.) sind ebenfalls besoldet.

Acerbi, Jos. v., dieser ausgezeichnete, um die italienische Literatur hoch verdiente Gelehrte ist zu Castel-Gofredo im Mantuanischen geboren. Nachdem er seine Jugend in Mantua verlebt, ging er 1798 nach Deutschland, und reiste das Jahr aus wissenschaftlichem Eifer nach Dänemark, Schweden und Finnland. Er drang bis zum Nordcap vor. Hierauf begab er sich nach England. Die Ergebnisse dieser Reise legte er in seinem, im Ganzen lehrreichen und trefflich geschriebenen, aber von gar manchen Unrichtigkeiten entstellten Werke: Travels through Sweden etc. nieder, das 1802 zu London in 2 Bden. erschien und von Jos. Lavallée französisch, von Casp. Weyland deutsch übersetzt wurde. Einem schönen Bedürfnisse half er seit 1818 durch die von ihm zu Mailand herausgegebene Biblioteca italiana (s. d.) ab. In dieser werthvollen Zeitschrift entwickelte er seine reichen Kenntnisse der italienischen Literatur und einen glücklichen Redactions=Tact. Meisterhaft sind die von ihm selbst verfaßten, mehreren Jahrgängen beygegebenen Quadri oder Übersichten der neuesten Literatur Italiens. 1826 wurde A. zum österr. General=Consul in Ägypten ernannt, von wo aus er nicht ermüdete, durch wissenschaftliche Mittheilungen und Geschenke an die Bibliotheken zu Mailand, Pavia u. Wien seinen edlen väterländischen Eifer an den Tag zu legen. 1834. Gubernialrath in Venedig.

Ach (Achen oder Aken) von, k. k. Hofmaler und Kammerherr des Kaisers Rudolph II. in Prag, wurde geboren 1552 zu Cölln am Rhein und verlegte sich in frühester Jugend mit vieler Vorliebe auf das Studium der Zeichnungs= und Malerkunst. 1574 reiste A. nach Venedig, studierte daselbst, obschon unter mittelmäßiger Anleitung, vorzüglich die Porträtmalerey, wo er sich bald durch sehr gelungene Leistungen auszeichnete. Nach einigen Jahren Aufenthalt daselbst besuchte A. auch Rom, um die dasige Schule kennen zu lernen, auch verfertigte er dort mehrere Gemälde, die allgemeinen Beyfall fanden, bald kehrte er jedoch nach Venedig zurück, wurde daselbst mit viel größerer Achtung als zuvor aufgenommen, und vollendete mehrere Gemälde, die für so vortrefflich anerkannt wurden, daß man den Künstler hier zu behalten wünschte. Jedoch, seine Vorliebe für Vaterland und Freunde zog ihn in seine Heimath, wo er bald einen Ruf als Hofmaler nach München erhielt, welche Stelle A. durch 4 Jahre mit vieler Auszeichnung versah. Um 1600 berief ihn Kaiser Rudolph II. in gleicher Eigenschaft an sein Hoflager zu Prag, und ertheilte ihm wahrhaftig kaiserlichen Gehalt. Von nun an malte A. allein für den Kaiser und verfertigte eine große Anzahl der vortrefflichsten Werke. Er starb zu Prag den 6. Jänner 1615 und wurde in der Metropolitankirche zu St. Veit zur Erde bestattet, wo noch jetzt sein marmornes Monument zu sehen ist. Seine vorzüglichsten Arbeiten, wovon sich einige in der k. k. Gemäldegallerie im Belvedere zu Wien befinden, sind: David und Bethsabe, Cupido unter einem Baume schlafend, zwey Nymphen haben sich seines Köchers bemächtigt. Vereinigung des Bacchus mit der Ceres, ein junges Mädchen, sich in einem Spiegel schauend, welchen ihr ein Jüngling vorhält, eine heil. Familie mit 6 Figuren, die Krönung der Maria, Danae in Lebensgröße, sein eigenes Porträt mit einer Läutenspielerinn und viel andere mehr. Viele seiner Gemälde wurden von den berühmten Künstlern Egyd und Raphael Sadeler, Kilian ꝛc. in Kupfer gestochen.

Ache, kleiner Fluß im Salzburger Kr. des Landes ob d. Enns, nimmt seinen Ursprung auf dem hohen Krimler Tauern, von welchem er herabstürzt, und einen imposanten Wasserfall bildet. Mit der Mattern=Ache zusammenströmend entsteht dadurch der Fluß Salzach (s. d.).

Achensee, in Tyrol, bey 4750 Kl. lang, aus dem sich die Achen ins Achenthal ergießt.

Achenthal, tyrol. Dorf des Kreises Unterinnthal am Fluß

Achen im Thale gl. N., nahe der bayerischen Gränze. Das Achenthal ist sehr anmuthig. In der Nähe des ausgebreiteten Dorfes A. von 1000 Einw. liegt der Achensee.

Ackerbau. Er wird in allen österr. Provinzen mit größerem oder geringeren Erfolge, am lohnendsten in den **ungarischen** und **galizischen** Staaten betrieben. **Ungarns** Boden und Klima sind dem ausgebreitetsten A. gleich günstig; aber in diesem gesegneten Lande, so wie in Siebenbürgen und Slavonien, gibt es Moräste von mehrern Quadr. Meilen und wüste Steppen von ganzen Tagreisen, welche völlig baumlos, bald der glühendsten Sonnenhitze, bald den heftigsten Stürmen preisgegeben sind. Der Landmann denkt nicht daran, diese der Cultur zu gewinnen; er vernachlässigt selbst den bessern Boden. Doch ist der A. so leicht, daß ein Bauerngut von 30 Jochen nur 3 Menschen und 2 Pferde oder 4 Ochsen zur Bearbeitung bedarf, und in einigen Gegenden Ungarns und Siebenbürgens der Weizen das 20., der Kukuruz das 200. Korn wiedergibt. Im Durchschnitte kann man indessen diesen Provinzen bey der so sehr vernachlässigten Wirthschaft und bey den unfruchtbaren Karpathengegenden auf den Weizen nur das 5., auf den Roggen das 6., auf Gerste und Hafer das 7., und auf Kukuruz das 50. Korn geben. Schwartner schätzt in seiner Statistik die ganze Getreideernte Ungarns, ohne Siebenbürgen und die Militärgränze, auf 60 Mill. Metzen; Siebenbürgen mag jährlich etwa 15 und die Militärgränze 5 Mill. ernten; letztere gab 1831 an allerley Kornfrüchten ohne Kukuruz 4,629,937 Metzen. — **Galizien** hat einen sehr ausgebreiteten, aber eben so vernachlässigten A. Der Landmann ist hier im Ganzen zu arm, zu unwissend, und zu sehr in den Händen der Juden, denen gewöhnlich die ganze Ernte schon vor dem Ausdreschen verkauft ist. Er behilft sich mit den einfachsten und ärmlichsten Ackergeräthen, weder an seinen Pferden, noch an seinen Wagen sieht man in der Regel das mindeste Eisen. Die Dreyfelderwirthschaft herrscht zwar allgemein, und jedes Bauerngut hat seine bestimmte Anzahl Äcker, aber in jedem Jahre werden dem Landmann auf der Dorfflur diejenigen Äcker angewiesen, welche er bestellen soll. Man erntet in demselben Verhältnisse, wie in Ungarn, doch dürfte die Ernte bey weitem geringer ausfallen. Weit kunstvoller wird in den **deutschen** Provinzen, in **Böhmen** und **Mähren** der A. betrieben, er ist aber auch viel beschwerlicher und kostbarer, indem der Landmann zur Cultur von 30 Jochen wenigstens 6 Menschen und 4 Pferde oder 6 Ochsen bedarf, und im Salzburger Kreise, in Tyrol, Kärnthen und Steyermark der Dünger häufig auf dem Rücken die steilen Anhöhen hinauf getragen werden muß. Hier herrscht in der Regel die Dreyfelderwirthschaft, man hält Brache; aber auf den bessern Ökonomien und im Lande ob der Enns, Steyermark und einigen Gegenden von Böhmen und Schlesien mit großer Beschränkung. — In Mitteljahren ernten diese Provinzen vom Weizen und Roggen das 4., von den Sommerfrüchten das 6. Korn, und die Gesammternte dürfte ohne Kukuruz, den besonders Steyermark in Menge bauet, zwischen 99 bis 100 Mill. Metzen betragen. — Eine vorzügliche Höhe hat jedoch der A. in der **Lombardie** erreicht. Zwischen Ulmen, Pappeln und Reben bauet der fleißige Lombarde seinen Reis, Weizen, Saggina (Moorhirse) und Mais, bewässert, wenn die Sonne alle Gewächse zu verbrennen droht, die lechzenden Saaten durch künstliche Gräben, und zwingt den Fluren jährlich ein=, zwey= bis dreyfachen Ertrag ab. Über= haupt gleicht die Feldwirthschaft in der Lombardie ganz einem großen Gartenbau; selten kommt der Pflug zu einem andern Zwecke auf das Land, als um die ersten Furchen zu ziehen; das übrige bearbeitet der Spaten, die Hacke und die Schaufel. Man erntet gewöhnlich das 6. bis 8. Korn; doch hat das Land bey der starken Bevölkerung und Fehl= jahren Zufuhr nöthig. Nur allein Reis erübriget es jedes Jahr und kann davon etwa 250,000 Säcke oder 200,000 Centner ausführen. — Der ganze Ertrag der Ernte wurde von Grellmann 1795 auf 180 Mill. Metzen geschätzt. Damahls, wo Westgalizien noch nicht mit der Monarchie verbunden war, betrugen Flächeninhalt und Volksmenge fast um ⅓ weniger, und doch scheint es, daß der Anschlag viel zu gering war. Jetzt darf man den Ernteertrag wenigstens auf 350 Mill. Metzen Weizen, Roggen, Gerste, Hafer und Mais schätzen. Liechtenstern berechnet denselben, doch wohl zu niedrig, auf 165½ Mill. Metzen. Die sämmtlichen Ackerfelder enthalten nach ihm 41,114,282 Joche. Da= von der dritte Theil als Brache oder unbestellt abgezogen, bleiben für den Pflug 27,400,000 Joch übrig, wovon die eine Hälfte mit Brötkorn, die andere mit Sommerfrüchten bestellt wird. Eine andere Berechnung nimmt die Ernte sogar zu 54,863,270 Metzen Weizen, 180,726,000 Metzen Roggen, 116,181,000 Metzen Gerste und 77,454,000 Metzen Hafer, mithin zu 429,224,270 Metzen an, welches jedoch zu hoch zu seyn scheint. Der treffliche W. C. Wabruschek=Blumenbach schätzt dieselbe dagegen auch zu 201,808,312 Metzen. Gewiß ist es, daß hier= infalls Österreichs Ausfuhr die Einfuhr übersteigt: 1807 gingen z. B. für 1,863,194 fl. Korn und Feldsämereyen aus und für 1,664,111 fl. ein; unter den Imporen aber befanden sich 31,174 Centner Reis für 494,488 und 7287 Ctr. Anies für 182,175 fl. Beydes liefert jetzt auch die Lombardie.

Ackerbaugesellschaften. Unmittelbare zählt das Kaiser= thum 2: die in Mähren und Schlesien, mit welcher das k. k. Fran= zens=Museum vereinigt ist; und die in Görz. Im Übrigen s. Ge= sellschaft ꝛc. Landwirthschaftsgesellschaften; Patrio= tisch=ökonomische Gesellschaft ꝛc.

Ackermann, Leop. (Stiftsnahme: Petrus Fourerius), war den 17. Nov. 1771 zu Wien geboren. In seinem 19. Jahre trat er in den Orden der regulirten Chorherren des heil. Augustin zu Kloster= neuburg nächst Wien; 1796 ward er Professor der oriental. Sprachen, der Archäologie und der Einleitung in die Bücher des alten Bundes an der Haus=Lehranstalt, 1797 auch des neuen Bundes und der bibl. Her= meneutik; durch seine ausgebreiteten bibliographischen Kenntnisse 1800 Stifts=Bibliothekar. In dieser Eigenschaft und bis an das Ende seines Lebens erwarb er sich durch die Bereicherung mit seltenen und kost= baren Werken, meist aus seinen eigenen Mitteln, erhebliche Verdienste um diese Bibliothek. 1802 wurde er Doctor der Theologie an der Wie= ner Universität und Procurator der österr. Nation. 1807 Prof. der

Studien des alten Bundes an dieser Hochschule, 1809 Decan der theol. Facultät. Diese Professur bekleidete er 24 Jahre lang. Der Nervenschlag führte in der Nacht vom 8. auf den 9. Sept. 1831 unversehens seinen Tod herbey. In allen Cathegorien ehrenwerth und liebenswürdig, zeichnete er sich besonders durch vielseitige, gründliche Gelehrsamkeit und menschenfreundliches Wohlwollen aus. Im Drucke sind von ihm erschienen: Introductio in libr. sacr. v. f. Wien 1825; — Archaeologia bibl. eb. 1826; — Prophetae min. eb. 1830.

A&erwerkzeug = Fabriken. In Wien bestehen gegenwärtig außer mehreren Mechanikern und Maschinisten, welche nebst andern Maschinen auch A&erwerkzeuge im Großen oder in Modellen verfertigen, noch die Werkstätte des k. k. priv. A&erwerkzeug = und Maschinen = Fabrikanten Ant. Burg, und die Werkstätte von Sebast. Jobst, welche Bestellungen auf die vorzüglicheren der bekannten ökonom. Maschinen, Pflüge und anderer zum Behufe der Landwirthschaft dienender Geräthe sowohl im Großen, als in Modellen annehmen. Burg verfertiget allein 86 verschiedene Werkzeuge und Maschinen, worunter sich die neuesten, in England erfundenen Maschinen befinden. Außer Wien bemerkt man die Werkstätte der k. k. Patrimonial=Herrschaft Bösendorf bey Wien, für A&erinstrumente und Geräthe, und die Werkstätte des Mechanikus Christ. Landerer zu Troppau. Eiserne Werkzeuge und Maschinen aber werden vorzüglich auf den Eisengießereyen nächst Maria = Zell in Steyermark, zu Blansko in Mähren ꝛc. verfertiget. Bedeutend ist übrigens das Gewerbe, in Ansehung des Betriebes, schwerlich, da nur einzelne Güterbesitzer in der Regel sich größere Maschinen oder Modelle anschaffen. — Sammlungen ökonomischer Werkzeuge und Maschinen gibt es mehrere; eine der merkwürdigeren aber in Modellen ist diejenige, welche sich in dem Museum der k. k. Landwirthschaftsgesellschaft zu Wien befindet. Die meisten der in dieser Sammlung aufgestellten getreuen Modelle sind von dem Modellisten der Gesellschaft, Abbé Harder, mit ungemeinem Fleiße und von ausgezeichneter Reinheit verfertiget.

Acta diaetalia. Die ungar. Reichsgesetze sind das Resultat oft länger und hartnäckiger Debatten und Berathschlagungen, die Folgen königl. Anträge (propositiones regiae), ständischer Beschwerden (gravamina), einzelner Bittschriften, Rescripte, Repräsentationen u. s. w. Alle diese sind zum Verstande der darauf gefaßten Gesetze unentbehrlich. Man versteht dieselben in Ungarn unter dem Nahmen der A. d. Comitiorum, welche seit 1791, dem damahligen berühmten Reichstäge, zugleich mit der speciellen Geschichte jeder einzelnen Sitzung (diarium), in ungarischer unter lateinischer Sprache, und öffentlicher Autorität abgefaßt, und unter öffentlicher Autorität, und zwar zum ersten Mahl, auch gedruckt worden sind. ⒑ Acten und Diarien (oft wahre Mémoires secrets) von einzelnen Deputirten, für sich, oder zum Gebrauche für ihre Committenten, zusammengetragen, finden sich hie und da in Bibliotheken und Archiven wohl schon aus dem 16. und 17. Jahrhundert; von einzelnen Landtagen, als 1608, 1618, 1681, 1741, wohl auch abgedruckt; aber in der Primatial=Bibliothek zu Preßburg,

und in der Reichs=Bibliothek zu Pesth, sind diese unschätzbaren Bey=
träge zur ungarischen Gesetz= und Geschichtkunde (das geheime Archiv in
Wien etwa ausgenommen), zwar nicht complet, jedoch vollständiger
zu finden, als sonst irgendwo, vollständiger als selbst in dem, erst 1723
in neuern Zeiten wieder angelegten ungarischen Reichsarchiv. — S. übri=
gens: Reichstag, ungarischer.

Actien der priv. österr. Nationalbank, s. Bankactien.

Actuare, nennt man in Österreich diejenigen Beamten, welche
zur Aufnahme verschiedener Verhandlungen, wie z. B. der Commissions=
Protocolle 2c., und im Gerichtswesen auch bey Verhören u. dgl., verwen=
det werden. Eine besondere Cathegorie der A. bilden in dieser Beziehung
die Criminal=A. und die bey den landesfürstlichen Pfleggerichten im Salz=
burgischen dem Pfleger zur Seite stehenden controllirenden A. Dem Prätor
in Triest ist ein eigener Gerichts= und ein besonderer Pupillar=A. beyge=
geben. Übrigens gibt es bey den Gerichtsverwaltungen der Herrschaften
und Güter beeidete Amts= und Gerichts=A.

Adam, Jac., Kupferstecher in Wien, geb. daselbst 1748, gest.
1811, lieferte besonders eine sehr große Menge von Porträten verschie=
dener ausgezeichneter Personen Österreichs in einer sehr angenehmen,
der Fiquet'schen ähnlichen Manier. Auch ist seine Bilderbibel nach
Originalen von Raphael, Poussin, Rubens, Lesueur, van
Dyk 2c. erwähnenswerth, in welcher die meisten Blätter von ihm selbst
gestochen sind.

Adamberger, Mar. Anna, 1752 zu Wien geboren, war
die Tochter des Hofschauspielers Jacquet. Noch als Kind betrat sie die
Bühne, versuchte sich anfangs in tragischen Rollen, ging aber bald zum
Naiven über. In diesem Fache mußte sie wahrhaft einzig genannt werden;
ihr Spiel trug den Charakter der höchsten Vollendung. 1782 hatte sie sich
mit dem Hofsänger J. Adamberger vermählt. Nachdem sie beynahe ein
halbes Jahrhundert geglänzt, nahm sie den 22. Febr. 1804 Abschied von der
Bühne und noch in demselben Jahre von der Welt. — Ihre Tochter Antonie
zeigte ein schönes theatralisches Talent. Leider trat sie 1817 von der Bühne
ab, wo sie Anerkennung im vollsten Maße gefunden. Sie ward die Gat=
tinn des k. k. Münz= und Antiken=Cabinets=Custoden J. Arneth, und
späterhin Vorleserinn der Kaiserinn, in welcher Eigenschaft ihr auch die
Aufsicht über das Carolinenstift in der Vorstadt Landstraße zu Wien an=
vertraut ist. Th. Körner hatte ihr manches seelenvolle Lied geweiht.

Adamiten, eine Ketzerpartey des 14. und 15. Jahrhunderts. Der
Stifter dieser Secte, die auch unter dem Nahmen der Picarden bekannt
ist, war ein Franzose mit Nahmen Picard, wahrscheinlich aus der Pi=
cardie stammend. Aus Frankreich war er schon vor 1400, unter einem
großen Zulaufe von Männern und Weibern durch Holland und das nörd=
liche Deutschland, bis nach Österreich und Mähren gedrungen. Er nann=
te sich Adam, einen Sohn Gottes, und trat nicht nur gegen die katho=
lische Lehre vom heiligen Abendmahl und gegen alle Geistlichkeit auf, son=
dern predigte auch eine völlige Gemeinschaft der Weiber, willkührliches
Nehmen und Verstoßen derselben, auch empfahl er nackendes Umherge=
hen, wenn das Clima es erlaube. Dieser Picard war in Mähren gestor=

ben; aber seine Secte breitete sich besonders in Böhmen aus, welches aber damahls durch die Anhänger des zu Constanz verbrannten Joh. Huß, und besonders durch Ziska's Unternehmungen für die Sache derselben in vollen Flammen des Aufruhrs stand. Ziska verfolgte sie auf das heftigste, und ließ sie zu ganzen Schaaren verbrennen.

Adamsthal, Dorf im Brünner Kreise Mährens, einige Stunden von Brünn. Seine Lage ist äußerst romantisch. Die ganze umliegende Gegend zeichnet sich durch ihren imposanten Gebirgscharakter vorzüglich aus. Im Dorfe gießt man unter andern eiserne, halberhabene Medaillons mit Porträts, die sich durch große Ähnlichkeit empfehlen. Rechts vom Dorfe liegt die Begciskala, eine der merkwürdigsten mährischen Kalkhöhlen; ihre Länge beträgt ungefähr 130 Klafter. 1804, bey der Anwesenheit des Kaisers und der Kaiserinn, war sie durch mehrere 1000 Lampen erleuchtet, wodurch eine außerordentliche Wirkung hervorgebracht wurde. In einiger Entfernung gelangt man zu kleineren Kalkhöhlen.

Adda, ein großer Fluß im lomb. venet. Königreiche, entspringt in der Delegation Sondrio, fließt durch das Veltlin in den Comer-See, ist nach Aufnahme des Serio und Oglio schiffbar und wird oberhalb Cremona vom Po aufgenommen. Er ist reich an Fischen.

Adel. Dieser ist überall zahlreich, größtentheils wohlhabend und vor den übrigen Staatsgenossen mit Vorzügen begabt; er wird bezüglich der deutschen, illyrischen, böhmischen und galizischen Länder in hohen und niederen A., Herren- und Ritterstand abgetheilt. Der erstere enthält Fürsten, Grafen und Freyherren. Zu dem niedern A. gehören die Ritter und die übrigen Geadelten. Zu den vorzüglichen Rechten des begüterten A.'s gehören: Sitz und Stimme auf den Landtagen; Besitzungsrecht von Dominien; Obereigenthums- und Grundherrenrecht über die Unterthanen ihres Bezirks und deren Realitäten, wozu auch die Real- und Personal-Gerichtsbarkeit gehört; das Patronats-, Vogt-, Weinbergs-, Zehent-, Jagd- und Braurecht. Im Allgemeinen hat der A. das Recht Titel und Wapen zu führen, er hat einen privilegirten Gerichtsstand in Civilsachen, und ist von der Recrutirung befreyt; jedoch trägt er nach Verhältniß zu allen Staatslasten bey, und muß sich den Gesetzen, wie jeder andere Staatsbürger fügen. — Man schätzt die Zahl der adeligen Individuen männlichen Geschlechts im ganzen Kaiserthume auf mehr als 250,000, an welcher Summe nebst Galizien (mit 24,900) am meisten Ungarn mit 163,000 Antheil nimmt, worunter sich 4 fürstliche, 84 gräfliche, 76 freyherrliche Familien und 390 Indigenen befinden. Böhmen zählt unter 2260 Adeligen männl. Geschlechts nach Familien gerechnet 14 Fürsten, 172 Grafen, 80 Freyherren, und mehr als 100 Ritter. Der Werth des ganzen adeligen Besitzstandes in Böhmen ward schon vor 50 Jahren auf mehr als 180 Mill. Gulden angeschlagen. Es gibt unter dem hohen A. in dem Umfange der österr. Monarchie Häuser, die von 100,000 bis zu 1 Mill. Gulden Einkünfte haben. — Die Privilegien des A.'s in Ungarn und Siebenbürgen sind wesentlich ausgezeichnet. Er nimmt Antheil an der Abfassung der Landesgesetze; er allein ist des eigenthümlichen Besitzes liegender adeliger Güter und der Herrschaft über die darauf wohnenden

Unterthanen fähig, so wie von aller und jeder Steuer und Abgabe, vom Zehnten, von allen Mauth = und Dreyßigstgefällen innerhalb der Gränzen des Reichs, und sein Edelsitz von aller Soldaten = Einquartierung frey; er kann zwar verklagt, aber, einige Fälle ausgenommen, von Niemand arretirt werden, ohne vorher von seinem gesetzmäßigen adeligen Richter gehörig vor Gericht geladen, und seines Verbrechens überwiesen zu seyn; ihm kommt das jus honorum, oder das Recht zu, alle Ämter und die vornehmsten davon ausschließlich zu bekleiden rc. In Ungarn und den damit verbundenen Ländern begreift der A. im weitern Sinne die 4 Landesstände, Status et Ordines, in sich: 1) den hohen Clerus, wozu seit der Regierung Leopolds II. auch die griechisch nicht=unirten Bischöfe gehören, 2) die weltlichen Reichsbarone und Magnaten, 3) die Edelleute, welche den Ritterstand ausmachen, wozu sowohl die adeligen Güterbesitzer, denen der König einen liegenden Grund verliehen hat (Nobiles donatarii), als auch der Briefadel, d. i. solche Edelleute gehören, die der König durch Siegel und Brief ernennet (Nobiles armalistae). Die von dem Erzbischofe von Gran, von den Bischöfen zu Raab, Agram u. s. w. durch Verleihung erzbischöflicher und bischöflicher Afterlehen ernannten Edelleute, welche Prädialisten heißen, sind, wenn ihr A. vom Könige bestätigt worden ist, den andern Edelleuten gleich gestellt. Endlich 4) werden zu dem ungar. A. die königl. freyen Städte gerechnet, deren jede in Corpore wie ein Edelmann behandelt wird, obgleich deren einzelne Bürger zur Classe der Unadeligen gehören. — In Siebenbürgen genießen die Edelleute mit jenen Ungarns dem Wesen nach gleiche Vorrechte und werden eben so gut, wie diese, für wahre membra Coronae gehalten. Überdieß hat der siebenbürg: A. das Indigenat in ganz Ungarn, und das Recht, sich dort niederzulassen, wo er will und kann. Der ungar. A. hat dasselbe Recht in Siebenbürgen.

Adelige Convicte f. Convicte.

Adelsberg (Adlersberg), illyr. Markt in Krains Adelsberger Kr., Sitz des Kreisamtes, liegt unter einem hohen Felsenkamme, welcher seine Massen in phantastische Formen ausgezackt, emporstreckt; auf der Höhe erblickt man die Ruinen des Bergschlosses Adlersburg, die kaum von dem Felsen zu unterscheiden sind. Mehrere Einw., deren man 1380 zählt, nähren sich vom Fuhrwesen auf der durchgehenden Straße nach Triest; hier ist auch eine Poststation. In der Kirche ist dem steyrischen Dichter Fellinger ein Denkmahl errichtet. Die größte Merkwürdigkeit A.'s sind die dortigen Berghöhlen: die Adelsberger=, Ferdinands=, und die, jedoch eine Stunde entfernte Magdalenagrotte.

Adelsberger Grotte, zeichnet sich durch ihre Größe und die außerordentliche Menge von Stalaktiten, welche in tausenderley Gestalten von den Bögen und Wänden herabhängen, vorzüglich aus. Ihr Eingang ist 600 Kl. nördlich vom Markte Adelsberg entfernt; sie hat, so weit man sie bis jetzt kennt, in horizontaler Fläche, ohne Einrechnung der Seitengrotten, eine Länge von 1250 W. Kl. und besteht aus zwey Hauptabtheilungen: der alten und neuen Grotte. Bis 1818 kannte man nur die erstere, welche gegen 200 Kl. lang ist. Man gelangt zuerst durch

einen bey 100 Schritt langen, schmalen Gang nach dem Riesendom:
Neptuns, welcher 60 Kl. im Umfang und 19 Kl. in der Höhe hat.
In diesem Dome steht das Denkmahl des Kaisers Franz, welcher 1816
die Grotte besuchte. Man steigt nun viele Stufen abwärts, zum Poigk-
flusse, welcher sich hier tosend und schäumend in ein undurchbringliches
Dunkel hinabstürzt. 1818 wurde durch den kais. Kreiscassier, Edlen von
Powengreif, eine neue Grotte entdeckt, und zu Ehren des Kronprinzen, jetzigen jüngern Königs von Ungarn, Ferdinandsgrotte benannt. Diese zieht sich in mehreren Krümmungen bis zu einem See fort;
ihre herrlichen Stalaktitengebilde sind besonders sehenswerth, und bilden
eine Reihe von wunderlichen Gestalten, die nach ihren Ähnlichkeiten verschieden benannt werden. Gleich zu Anfang ist das Denkmahl, welches
1819 beym Besuche des Kronprinzen errichtet wurde. Von da gelangt man
zur Fleischbank, wo rechts sich eine Nebengrotte hineinzieht, in welcher der englische Garten, der Delphin oder Löwe und der Thron
merkwürdig sind, in der Verfolgung des Hauptganges nach Norden, verschiedenen herrlichen Gebilden vorbey, an das Thor zum Calvarienberge,
wo sich ein Nebengang absondert, welcher nordöstlich bis auf die höchste
Kuppel des Berges führt. Der Hauptgang, welcher links eine Wendung
nach Westen macht, führt zum St. Stephan, einer statuenähnlichen
Stalaktitenmasse, tiefer hinein zum Kapuziner und zum Tropf-
brunnen, weiter hinaus hemmt ein See das Vordringen, obschon die
Grotte noch viel tiefer fortgeht. Von den vielen Seitengrotten, welche von
der Hauptgrotte auslaufen, kennt man die Endpuncte noch beynahe gar
nicht, und es ist erst künftiger Zeit vorbehalten, die ganze Ausdehnung
der Grotte gründlich zu ermessen; die Größe der Höhlen und die Mannigfaltigkeit der Parthien, so wie der blendende Glanz der Kryställe, ihre
unendliche Anzahl und ihre zahllosen Gebildungen aber setzen diese Grotten weit über alle bisher entdeckten hinaus. Unbeschreiblich ist das prachtvolle Farbenspiel der Stalaktiten und Stalagmiten, welche in tausend-
facher Form bald von der Decke herabhängen, bald vom Boden aufstei-
gen. Auch in zoologischer Hinsicht ist diese Grotte sehr merkwürdig, indem man in ihr eine Menge Knochen von dem sogenannten Höhlenbären
aufgefunden hat, der in der Vorzeit so viele Höhlen bewohnte. Für die
Erleichterung des Besuches dieser Grotten ist in der neuesten Zeit alles
Mögliche gethan worden, so daß nun jede Gefahr beseitigt ist. An den
Abgründen stehen gemauerte Parapete; jene, über welche der Weg im
Gange führt, sind theils verschüttet und geebnet, theils mit steinernen
Treppen versehen. Die Felsenblöcke, welche früher an der Decke den
Herabsturz drohten, wurden mittelst großer Stangen losgemacht und
herabgeworfen. — Unweit Adelsberg, fast eine Stunde von der Post-
straße entfernt, befindet sich die Magdalenagrotte, deren Länge gegen
200 Klafter beträgt, und welche besonders durch einen kleinen im innersten
Theile befindlichen See berühmt ist, worin der berüchtigte Zwitterfisch
Olm oder Proteus Anguinus wohnt. Sonst biethet diese Grotte,
außer einem ganzen Walde von Stalaktiten, der sich durch die ganze
Höhle erstreckt, und dem Auge einen herrlichen Anblick gewährt, dem
Naturforscher wenig Merkwürdiges dar. Noch ist eine besondere Eigen-

2 *

thümlichkeit dieser Grotten, daß daselbst in den Nachtstunden die Lichter heller brennen und der Aufenthalt darin angenehmer und erquickender ist, als in den Tagesstunden. Ein umfassendes, und zugleich pittoreskes Werk über die A. G. rc. hat der Graf Franz von Höhenwart 1830 als zu erscheinen angekündigt unter dem Titel: Wegweiser in der Adelsberger und Kronprinz-Ferdinands-Grotte, als Erklärung der von Schaffenrath gezeichneten Ansichten, mit 8 Kupfern.

Adelsberger Kreis, in Krain im Bezirke des illyr. Landesguberniums von Laibach, 59¾ Q. M. groß, begreift 2 Städte (Idria, Laas), 6 Märkte (Adelsberg, Czirknitz, Oberlaibach, Planina, Senoseth, Wippach) und 421 Dörfer. Die Zahl der Einw. verschiedener Dialekte beläuft sich auf 80,000. Feldfrüchte, so wie auch der Obst- und Weinbau gedeihen vortrefflich; der Idrianer Bergdistrict enthält die berühmten und reichen Quecksilbergruben. Im nordöstlichen Theile dieses Kreises trifft man Steinkohlenflötze und andere natürliche Merkwürdigkeiten des Bodens in den hohen Gebirgen an.

Adersbach, böhm. Gut und Dorf im Königgrätzer Kreise mit 800 Einw., an der schles. Gränze, mit einem Schlosse und dem berühmten Steinwalde, der zu den interessantesten Parthien des Riesengebirges gehört, fast eine deutsche Meile lang und eine Viertelmeile breit, ist einzig in der Gestaltung einer vielfachen Reihe von Sandsteinsäulen.

Adige, s. Etsch.

Adjuncten, sind eine Gattung höherer Beamten, welche den Vorstehern von Behörden zur Seite stehen; wie dieses der Fall bey den Fiscalämtern, Gefällen- und Bau-Directionen, bey den Präturen im lomb.-venet. Königreiche und in Dalmatien, ferner bey den Landgerichten in Tyrol u. s. w. ist. Auch sind, jedoch in der Cathegorie minderer Beamten, A. bey den Registraturen und sonstigen Hülfsämtern der Hofstellen, bey den Appellationsgerichten zur Führung des Rathsprotokolls, und bey dem Hofkriegsrathe eine Anzahl von Concepts-A. angestellt.

Adjutanten. Nach dem Range der Vorgesetzten und ihrer Bestimmung gibt es in Oesterreich General-A., welche die Person des Monarchen oder Feldherrn umgeben, in allen Dienstsachen referiren, alle Detailsgeschäfte auf sich haben, und gewöhnlich den Grad eines Generals oder Obersten bekleiden (vergl. Armee-Commando); General-Commando-A. (Stabsofficiere), welche bey den Länder-General-Commanden das Referat über alle eigentlichen Militärgeschäfte führen; Divisions- und Brigade-A., welche die milit. Befehle, Eingaben, Berichte, Vormerkungs-Protokolle u. s. w. besorgen; Regiments- und Bataillons-A. Die beyden letztern verfassen, nebst allen sonst vorkommenden Eingaben, die Journale, Rottenzettel, Stand- und Dienst-Haupttabellen, Ranglisten, Vormerkungen rc., erstatten die Rapports an ihre Commandanten, geben die Befehle derselben aus, und setzen bey den Exercirübungen ihrer Regimenter und Bataillone die Richtungspuncte aus rc. Die Regiments-A. und bey der Infanterie die Bataillons-A. werden von dem Obersten aus den Unterlieutenants, auch bey der Infanterie aus den Fähnrichen des Regiments mit Rücksicht

auf die zu diesen Chargen erforderlichen Eigenschaften, gewählt. Diese
A. müssen sämmtlich beritten seyn. Außer den genannten gibt es in der
österr. Armee noch Fuhrwesens= und Militär=Gränz=Cor=
dons=A. endlich A. der Monturs=Ökonomie=Commiffio=
n e n. Die A. beym Fuhrwesenscorps haben keinen Officiersrang,
sondern bloß die Bewilligung, das goldene Portepée zu tragen. Bey
einem ausbrechenden Kriege wird zur Leitung des gesammten Fuhrwesens
bey der Armee ein Stabsofficier angestellt, der einen A. erhält. Die
A.=Dienste beym Cordons=Stabe werden von einem Feldwebel, gegen
eine monathliche Zulage besorgt. Der Adjutant bey den Monturs=Öko=
nomie=Commissionen ist bloß Unterofficier.

Adjutum, nennt man insgemein, bezüglich des Besoldungsstandes
der Staatsbeamten in Österreich, jenen Aushülfsgehalt, welcher mittel=
losen, jedoch dienststeifrigen und hoffnungsvollen Beamten, entweder gleich
bey ihrer Anstellung als Conceptspracticanten der polit. Hof= und Län=
derbehörden und im Justizfache als Auscultanten der ersten Instanzen,
oder erst nach einiger Zeit, inwiefern es davon abhängt, daß systemisirte
Adjuta nicht gleich erledigt sind, von den Hofstellen und den polit. Landes=
stellen verliehen wird. Ein solches A. besteht bey den Hofbehörden in Wien,
wo die Bedürfnisse theurer sind, höchstens in 400 fl., für die Provinzial=
Behörden sind höchstens 300 fl. auf ein A. bemessen.

Adler, kaiserl., s. Wapen.

Adlerberg, s. Arlberg.

Adlersberg, s. Adelsberg.

Administratoren, werden die Vorsteher einiger Gefälls=Ämter
genannt. Zu den geistlichen Ämtern gehören auch die Pfarr=A. (s. d.) —
A. der Gespanschaften in Ungarn werden von dem Könige in dem Falle
eingesetzt, wenn ein Obergespan oder Erb=Obergespan sein Amt nicht
verwalten kann. Wenn das Palatinat des Königreichs, und dadurch auch
die Obergespanswürde für die vereinigte Pesther, Pilifer und Solther
Gespanschaft, so wie auch, wenn das Graner oder Erlauer Erzbisthum,
und dadurch die Graner oder Hevesser Obergespanschaftswürde erledigt
ist, so werden für diese drey Gespanschaften A. von dem Könige ernannt.

Admont, Benedictiner=Stift im Judenburger Kreise Steyermarks,
(im gleichnahmigen Markte von 900 Einw.), welches in der neue=
sten Zeit viele Lehrkanzeln des Gymnasiums und des Lyceums (jetzt Uni=
versität) zu Grätz durch Glieder seines Ordens rühmlich versieht, und in
seinem Innern Männer von ausgezeichneter Bildung zur Fortsetzung
wissenschaftlicher Studien aneifert. Die Zeitumstände haben das ansehn=
liche Vermögen dieses Stiftes geschwächt und den großen Entwürfen
entzogen, welche die Glieder des Stiftes im Fache der Bildung auszu=
führen im Stand gewesen wären. Die Abtey hat eine theologische Lehr=
anstalt, eine schöne Bibliothek und Naturaliensammlung. Besitzungen
dieses Stiftes sind, außer dem Markte und der Herrschaft A., die Herr=
schaft Admontbühel, der Admonterhof mit der Brädegült zu
Grätz, die Märkte Altenmarkt und St. Gallen, die Propsteyen
und Herrschaften Gstatt, St. Martin und Zeyring, Gallen=
stein, Hautzenbühel, Mainhardsdorf und Strechau, das

Gut **Thalhof,** die **Lamer-, St. Mörthner-** und **Jähringer Gülten.**

Adony, ungar. Markt im Stuhlweißenburger Comitat, liegt an der Donau, hat mancherley römische Alterthümer und 2,900 Einw., worunter sich 400 Raizen befinden, die starken Handel treiben.

Adressenbuch der Handlungsgremien und Fabriken in Wien und den Provinzialstädten, erscheint jährlich seit 1805, nach Aufhören des Zimmerl'schen allg. Handlungs-Almanachs für Kauf- und Handelsleute, wurde früherhin von Ant. Redl, Expeditor des Wiener Großhandlungs-Gremiums, herausgegeben; und wird gegenwärtig, nach Redl's am 7. Sept. 1831 erfolgtem Ableben, seit 1832 von seinem Nachfolger und Schwiegersohn Joh. Bapt. Schilling fortgesetzt.

Adria, alte Stadt in der venet. Delegation **Rovigo** oder **Polesine,** liegt in einem tiefen ebenen Marschlande an beyden Ufern des Canals **Bianco.** Von dieser Stadt hat das abriatische Meer seinen Nahmen; sie war in älterer Zeit viel ansehnlicher, nur die Versumpfung des Landes und die ungesund gewordene Luft haben ihre Abnahme herbeygeführt; dessen ungeachtet hat sie noch 3 Vorstädte und 9,630 Einw., ein Bisthum mit Domcapitel (dessen Bischof aber gewöhnlich in **Rovigo** seinen Sitz hat), eine Hauptschule, und treibt Handel mit Korn, Pferden, Mastvieh, Fischen, Fleisch, Leder und Erdgeschirr. Bey Nachgrabungen in der Nähe der Stadt stößt man häufig in einer Tiefe von 6 bis 7 Fuß auf altes Mauerwerk, Gewölbe, Säulen, Mosaikböden u. dgl., lauter Überbleibsel des meist unter den Fluthen des Po begrabenen alten A. Der ältere Plinius lobt den Wein von A., heutzutage ist er nur von mittlerer Güte.

Adriatisches Meer, erstreckt sich zwischen der österr. Seeküste auf einer, und Venedig, dem **Kirchenstaate** und **Neapel** auf der andern Seite bis zum Vorgebirge **Lecce (Leuca)** und der nördlichsten Spitze von **Corfu** herunter und hat 267 geogr. M. Küstenland, wovon 120 der österr. Monarchie, 75 Neapel, 38 dem Kirchenstaate und 34 dem osmanischen Reiche angehören. Sein Spiegel enthält nach einer Chartenmessung 1,971 Q. M. Die nördliche Tiefe desselben liegt unter 45° 48' N. Br., und der Eingang etwa in 40° 5' N. Br. Auf seiner östl. Seite längst Istrien, dem croatischen Litorale und Dalmatien sieht man eine Menge kleiner Eilande und tiefe Einschnitte und Buchten, die gute natürliche Häfen abgeben; die Mitte und die westliche Seite haben gar keine Inseln, wenn man nicht die Lagunen dazu rechnen will, und wenige gute natürliche Häfen. Es enthält wieder mehrere Busen, besonders die von **Manfredonia, Triest, Cattaro, Drino, Durazzo** und **Vallona.** Die Flüsse, die es aufnimmt, sind größtentheils nur Küstenflüsse; die merkwürdigsten darunter: der **Po, Adige** oder **Etsch,** und **Lisonzo.** Es ist sehr fischreich. Die Austern von Venedig sind berühmt, auch gewinnt man an den Ufern des A. M. es vieles Boisalz.

Advocaten, die Rechtsfreunde, Sachwalter und Anwälde, welche durch die sich beygelegten Eigenschaften, nähmlich der Doctorswürde an einer k. k. Universität, der dreyjährigen Advocatenpraxis und der bey dem Appellationsgerichte mit entsprechendem Erfolg abgelegten Advocatenprüfung, von der obersten Justizstelle als befugt erklärt werden, die Advocatur, d. i. Vertretung und Sachwaltung vor Gericht in irgend einer k. k. Provinz auszuüben. Mit dieser von der Hofstelle ausgehenden Anstellung als A. wird zugleich der Ort bestimmt, in welchem der ernannte Advocat zu wohnen hat. Die Zahl der A. ist für jede Provinz überhaupt und insbesondere für die Haupt- und kleinern Städte, in einer bestimmten Ziffer durch Bestimmung des Kaisers, nach Maßgabe der Verhältnisse festgesetzt. Die angehenden A. in Ungarn haben nach geleistetem Verschwiegenheitseide zum Behufe ihrer praktischen Ausbildung den Zutritt bey den Sitzungen der kön. und Septemviraltafel (Gerichts-Instanzen), und können erst nach strengen Prüfungen geschworne A. werden.

Aegyptische Alterthümer in Wien. Diese sehr interessante Sammlung von ägyptischen Monumenten und andern merkwürdigen Antiken ist (in der Stadt, Johannesgasse, Nr. 972) in 5 großen Zimmern aufgestellt, wozu dem Publicum jeden Sonnabend freyer Zutritt gestattet ist. Das 1. Zimmer enthält 138 Denkmähler, größtentheils aus weißem Kreidensteine, mit halberhobenen Vorstellungen (zum Theil mit Farben belegt) und vertiefter Schrift. Diese Steine kamen aus den zahlreichen Gängen, womit fast die ganze lybische Bergkette an der linken Seite des Nilthales ausgehöhlt ist, und welche bey den alten Ägyptern zum Bewahrungsorte der Mumien dienten. Die Malereyen und halberhobenen Vorstellungen auf diesen Steinen stellen alle Beschäftigungen und Arbeiten des bürgerlichen und häuslichen Lebens der alten Ägypter vor, dann beziehen sie sich auch auf ihre religiösen Ansichten. Besonders merkwürdig ist darunter ein weiblicher, sehr schön gearbeiteter Kopf; eine stehende Figur, welche mit Weihrauch und Wasser opfert; ein Bruchstück eines großen Gefäßes oder Sarcophages, wobey die Zartheit und Bestimmtheit zu bewundern ist, womit selbst die kleinsten Figuren und hieroglyphischen Charaktere in diesem so besonders harten Steine vertieft ausgearbeitet sind; zwey männliche Figuren und eine weibliche, die stehende Gottheit mit dem Sperberkopfe anbethend, ein merkwürdiger Grabstein aus der späten Epoche römischer Herrschaft; eine prächtige Jsisbüste aus Basalt; eine große Fußzehe aus röthlichem Syenit, aus deren Größe zu schließen ist, daß die ganze Statue wenigstens eine Höhe von 20 Schuh hatte; ein sehr niedliches Jsisköpfchen mit einer Schlange ober der Stirne rc. — Das 2. Zimmer enthält viele sehr interessante ägyptische Bronze-Figürchen, dann die merkwürdige Sammlung von Papyrusrollen, welche, größtentheils aufgerollt, hieroglyphische, hieratische und demotische Schrift enthalten. Die Zahl derselben, kleinere und größere, ist 34, worunter 3 größere griechische, eine sehr große, durchgängig bemalt und vortrefflich erhalten, und mehrere mit bewundernswerther Niedlichkeit gezeichnet sind. — Im 3. Zimmer sind die bemalten Mumiensärge und die Mumien selbst; die meisten derselben sind eingewickelt, einige mit dem aus länglichen blauen Glasperlen gebildeten, netzförmigen Verzierungen; zwey jedoch aufgewickelt, welche das Skelett mit der daran erhaltenen Haut zeigen; bey einer Kindesmumie sieht man auch noch die Haare am Kopfe. Auch befinden sich hier die mit aller Sorgfalt und sogar Zierlichkeit behandelten Mumien eines kleinen Crocodils, eines Fisches, einer Katze, eines Vogels) zweyer Schlangen u. dgl. In demselben Zimmer befinden sich auch über 2,000 ganz kleine Gegenstände aus Kalk= und Porzellänerde mit einer glänzenden, darauf eingebrannten, hellblauen Farbe, höchst wahrscheinlich Sinnbilder, mit welchen der alte Ägypter irgend einen Begriff verband, der mit seiner Religion in Verbindung stand; darunter sind Abbildungen des heiligen Käfers (Scarabäus) mit hieroglyphischen Schriftverzierungen am häufigsten und verständlichsten. — Das 4. Zimmer hat eine Reihe kleiner mumienförmiger Figürchen aus Holz, die sorgfältig bemalt, vergoldet und mit hieroglyphischer Schrift bezeichnet sind; 2 ebenfalls vergoldete Gesichtsüberzüge großer Mumien, aus übereinandergelegter Leinwand bestehend; ferner eine Reihe von Canopusgefäßen, zum Theil aus Alabaster, so wie eine Anzahl sehr schön geformter und kostbarer Gefäße aus Alabaster und mehrere Amphoren aus gebrannter Erde zur Aufbewahrung von Öhl und Wein, die man mit dem spitzen Ende im Sande feststellte. — Im 5. Zimmer sind in 5 Glaskästen größere Figürchen von gebrannter grün überzogener Porzellanerde aufgestellt, in 2 andern kleinere Figürchen von Holz, Kästchen u. dgl. zum Theile vergoldet, zum Theile bemalt, nebst 2 großen Thongefäßen, von der Art, wie sie noch jetzt in Ägypten zum Kühlen und Läutern des Nilwassers gebraucht werden. — In einem Durchgangszimmer endlich ist noch ein großer, römischer Mosaik=boden, welcher in 4 Gemälden die Sage von Theseus und Ariadne, welche ihm den Faden reicht, dann dessen Kampf mit dem Minotaur und seine Abfahrt von der Insel Dia, auf welcher er Ariadne verläßt, darstellt.

A. E. I. O. U. An den meisten Gebäuden, welche durch den römisch=deutschen Kaiser Friedrich III. (von Einigen, welche den römischen König Friedrich den Schönen mit unter die Zahl der Kaiser rechnen, IV. genannt) aufgeführt wurden, befinden sich die obigen 5 Vocale in dieser gewöhnlichen Ordnung, so z. B. an der kais. Burg zu Wien, an den Thoren zu Wiener=Neustadt, an der landesfürstl. Burg in Grätz, an Friedrich's herrlichem Grabmahle in der St. Stephanskirche zu Wien, so auch an verschiedenen unter Friedrich's Regierung geprägten Münzen und Medaillen 2c. Stets war diese symbolische Devise Gegenstand vielfältiger Deutungen und Untersuchungen. Die Auslegungen derselben häuften sich mit jedem Zeitalter und bildeten ein eigenthümliches und willkommenes Feld zur enträthselnden Übung, welche noch nebenbey den schönen Zweck hatte, entweder die Segnungen des Vaterlandes, oder die Regententugenden einzelner Fürsten durch Deutung dieser Anfangsbuchstaben und Bildung eines kurzen Satzes zu schildern und zu charakterisiren. So lobenswerth an sich diese Bestrebungen seyn mochten, so war man doch einerseits nicht gewiß, ob eine oder welche der vielen versuchten Lösungen der Meinung Kaiser Friedrich's entsprechen möge, der jedoch vielleicht selbst Mehrfaches darunter verstanden, oder auch diese Vocale als Prüfstein des Scharfsinnes Anderer gewählt haben mochte, andererseits aber sagen uns beglaubigte Urkunden, daß dieselben schon vor Friedrich, zu Kaiser Albrechts II. Zeit bey deſſen Krönung, allenthalben angebracht geweſen waren, und den Sinn enthalten hätten: Albertus Electus Imperator Optimus Vivat (Albrecht der erwählte Kaiſer lebe, ſo wünſchen wir). Bey der Rückkehr deſſen Nachfolgers in der Kaiſerwürde Friedrich, von der Krönung zu Achen, behielt man demnach dieſe ſymboliſchen Zeichen bey, legte ſie jedoch folgender Weiſe aus: Archidux Electus Imperator Optime Valeat (der Erzherzog, erwählter Kaiſer, lebe aufs beſte). Da ſich nun einmahl die 5 Vocale zu 2 verſchiedenen Erklärungen mundrecht bewieſen, ſo war es begreiflich, daß ihrer noch mehrere verſucht und damit faſt bis zur Erſchöpfung des Stoffes fortgefahren wurde, ſo wie es auch ganz natürlich war, daß Friedrich ein Symbol, welches eigentlich dem vom Volke ſo ſehr geliebten Albrecht galt, ſich aber ohne große Mühe auch auf ihn anwenden ließ, mit vieler Vorliebe vervielfältigte und dadurch einestheils zu ſeinem Eigenthume machte, anderntheils zu vielfältigen Deutungen und Auslegungen Anlaß gab; ja es fanden ſich bald gelehrte und wiſſenſchaftlich gebildete Männer, worunter Cuſpinian, Nauclerus, Bonfinius, Egnat. Pirckheimer, Aneas Sylvius ꝛc., die ſich mit beſonderer Vorliebe damit beſchäftigten, irgend einen paſſenden Sinn aus dieſen gegebenen Buchſtaben heraus zu klügeln. Die erſten Verſuche auf dem noch unbebauten Felde blieben natürlich die einfachſten und glücklichſten, worunter folgende den reinſten patriotiſchen Geiſt athmen und am ungezwungenſten erſcheinen möchte: Aller Ehren Iſt Oeſterreich Voll: Austria Et Imperium Optime Unita (Oeſterreich und die Kaiſerwürde auf das beſte vereint). Obendrein ſpricht noch der gelehrte Lambecius, Bibliothekar unter Leopold I, von einer Handſchrift, die von Kaiſer Friedrich herrühre, in welcher dieſer ſelbſt zu den 5 Vocalen die erſte hier angeführte Erklärung geſchrieben, wodurch indeſſen noch immer nicht bewieſen iſt, daß er mit dieſer Deviſe weiter nichts habe andeuten wollen. Einer der eifrigſten und fruchtbarſten Erklärer dieſes Symbols war unſtreitig Joh. Raſch, welcher um 1580 Organiſt des Schottenkloſters war, und nicht weniger als einige Hunderte von Löſungen lieferte, worunter freylich, wie natürlich, viele ganz verunglückt und manche ſehr gezwungen ſind, die meiſten aber ungemeinen Fleiß verrathen, der ſich beſonders in folgenden moraliſchen Sentenzen kund gibt, welche indeſſen demungeachtet als Hors d'oeuvres erſcheinen, z. B. Amici Erunt Ibi, Opes Ubi? (Die Freunde werden dort ſeyn, wo aber die Schätze?) Auro Esse Ignoras, Omnia Venalia? (Weißt du nicht, daß um Gold Alles feil?) Amorem Excitat Indulgentia, Odium Veritas. (Nachſicht erzeugt Liebe; Wahrheit Haß). Acris Esse Ingenii Oportet Virum (Raſche That ziemt dem Manne). Amico Eget Intimo Omnis Vir (Jedem Menſchen iſt ein vertrauter Freund Bedürfniß). Aula Exeat Integre Optans Vivere. (Wer unbefleckt zu leben wünſcht, verlaſſe den Hof) u. dgl. Letztere Formel ſcheint übrigens ſicherlich nicht Friedrich's in petto behaltene Deutung geweſen zu ſeyn. Unter den Auslegungen patriotiſchen Sinnes, die durchaus dem Zwecke am angemeſſenſten ſind, und deren Zahl auch deßhalb eine Legion iſt, ſind außer bereits oben angeführten die vorzüglicheren: Adler Erhebe Immer Oeſter-

reich Ueberall. Aller Ernst Ist Ober Uns. Auf Erden Ist
Oesterreich Unsterblich. Alles Erſprießet In Oesterreich's
Vermehrung. Austriaci Erunt Imperatores Orbis Ultimi (die
öſterr. Herrſcher werden die letzten der Welt ſeyn). Austria Excipit
Inimicos Obviis Ulnis (Oſterreich empfängt die Feinde mit gerüſteten
Händen): Austria Extendetur In Orbem Universum (Oſterreich
wird ſich über die ganze Welt erſtrecken). Austria Erit In Orbe Ulti-
ma (Oſterreich das Dauerndſte im Weltall). Austria Est Imperare
Orbi Universo (Alles Erdreich Iſt Oesterreich Unterthan.)
Austria Est Imperii Oculus Venustis (Oſterreich iſt das anmuthige
Auge des Reiches). Austriam Eximiae Inclytam Ornant Virtutes
(das erlauchte Oſterreich zieren ausgezeichnete Tugenden). Austria,
Exosis Invidiosa, Odio Virescit (Oſterreich, den Feinden benei-
denswerth, reift durch Haß). Aquila Electa Iuste Omnia Vincit
(der erkorne Adler beſiegt Alles mit Recht). Aquila Excuscitata Ini-
micis Ostendet Virtutem (der erwachte Adler wird den Feinden
ſeine Tapferkeit zeigen). Aquila Ex Istro Ovans Volat (der Adler
fliegt triumphirend vom Iſter aus). Aquilae Est Imperium Orbis
Universi (dem Adler gehört die Herrſchaft des ganzen Erdkreiſes).
Austria Extremis Imperabit Oppidis Urbibusque (Oſterreich wird
bis zuletzt (oder: weit und breit) regieren) ꝛc. ꝛc. Eine ganz neue und
nach dem Geiſte der damahligen Zeit bis zum Übermaße wortſpielende
Auslegung erfuhren dieſe oft in Anſpruch genommenen Vocale auf einer
Münze, welche nach der zweyten türkiſchen Belagerung geſchlagen wurde, und auf welcher folgende prophezeyende Inſchrift in dieſer Stellung
zu leſen war:

Bonum Omen.
(April 1684).

Austriaci Erunt Imperii Ottomanici Victores. — Sed quando?
— Tunc quando *Vocales* fient *Consonantes*, et in unum foe-
dus contra Turcam convenient sequentes: Austriaci — Emanuel — Ioannes — Odescalca — Venetae! — Ergo et primum
sperandum. Zu deutſch: „Gutes Vorzeichen. Die Oſterreicher werden
Sieger über das ottomaniſche Reich ſeyn. Aber wann? Wenn dieſe Vocale zu Conſonanten (wortſpielend mit: übereinſtimmend) werden, und
in ein Bündniß gegen die Türken ſich vereinen: Auſtrier, Emanuel
(Herzog von Bayern), Johann (Sobieski, König von Polen),
Odescalchi (der damahlige Papſt Innocenz XI.) und Venedig. Alſo jetzt erſt iſt zu hoffen.“ Noch eine andere ſinnreiche Löſung
hatte im 17. Jahrhunderte Statt, und mochte ſich wohl auf die verſchiedenen Unfälle Kaiſer Friedrichs und der damahls drohenden Tür-
kengefahr beziehen; es iſt dieſes nähmlich die einfache Zuſammenſtellung
der 5 Vocale in 2 Worte in griechiſcher Sprache: AEI, OY, mit der
Bedeutung „Ewig (währt) Nichts.“ Der vielleicht einzig genuine Auf-
ſchluß über die eigentliche Bedeutung dieſer 5 räthſelhaften Vocale aber
ergibt ſich aus einer von dem öſterr. Gelehrten Emil (Trimmel), ſo
eben gemachten und hier zum erſten Mahle mitgetheilten Entdeckung im
Archiv der k. k. vereinigten Hofkanzley. Nach dieſer Urkunde ließ Fried-

rich; jene 5 Vocale zur Zeit, als er mit seinem Bruder Albrecht und dem Grafen von Cilly in Streit lebte, auf der neu erbauten Burg zu Wien eingraben. „Da hat (nach den eigenen Ausdrücken des Documentes) einer dem Kunig ze smach oder diese Buchstaben geschrieben: Aller Erst Ist Oesterreich Verdorben. Daz mißfiel dem Kunig vnd er ließ sie abtun vnd schrieb auff einem kostlichen Amer (Schrank): En! Amor Electis, Injustis Ordinat Ultor, sic Friedericus ego rex mea jura rego; d. i.: „Sieh da! die Liebe waltet über die Auserwählten, der Rächer über die Ungerechten, so handhabe ich, Friedrich der König, meine Rechte;" welche Auslegung auch dem friedliebenden Friedrich besser zu Gemüthe stehen möchte, als einige der ihm von früheren Schriftstellern zugeschriebenen anmaßenden Deutungen. Auch der Übersetzer von Coxe's Werk über Österreich behauptet, Friedrich habe sich mit der Erklärung: Aquila, Electa Iuste, Omnia Vincit, selbst belustigt.

Aeneas Sylvius Piccolomini, geb. 1405 zu Corsignano im Sienesischen, als Papst Pius II. gest. 1464 zu Ancona, erscheint hier nur wegen seiner für Österreich interessanten Beziehungen. Seine Laufbahn hatte er in einem der wildesten Thäler Throls als Dorfpfarrer begonnen. Als Geheimschreiber des Papstes Felix V. ward er 1439 an Kaiser Friedrich III. abgeschickt, der ihm den dichterischen Lorbeerkranz aufsetzte. Friedrich berief ihn 1442 von Basel an seinen Hof, und ernannte ihn zu seinem Geheimschreiber; später ging er als kais. Gesandter nach Rom, wobey er sich auszeichnete. 1452 begleitete er Friedrich nach Rom, zur Krönung. Hier entflammte er durch seine schwungreiche Rede zum Kriege gegen die Türken. 1458 wurde er Papst. Er war Geschichtschreiber und Minister Friedrich's und dessen wärmster Freund, ein vielseitiger Gelehrter, ein glücklicher Dichter und Redner, ein energischer Charakter. Von seinen Schriften sind hier zu nennen: Epistolarum liber, und Historia bohemica, beyde mehrmahls aufgelegt, und Historia rerum Friderici III. In dem 165. Briefe des ersten Werks liefert er als Augenzeuge eine treue, sprechende, höchst anziehende Sittenschilderung des damahligen Wien's.

Aerarial=Fabriken, k. k., kommen unter ihren besonderen Benennungen vor, nähmlich: unter Porzellan=Fabriken in Wien, Guß=Spiegel=und Schmalte=Fabrik zu Schleglmühl in Niederösterreich, Papier=Manufactur zu Rannersdorf in Niederösterreich, Wollenzeug=, Tuch= und Teppich=Fabrik zu Linz, Tabak=Fabriken zu Hainburg in Niederösterreich, Fürstenfeld in Steyermark, Sedletz in Böhmen, Göding in Mähren, Winiki in Galizien, Trient und Schwatz in Throl.

Aerarial=Hof= und Staatsdruckerey, k. k., in Wien, s. Hof= und Staats=Aerarialdruckerey.

Aerarial=Obligationen der Stände von Österreich unter und ob der Enns, von Böhmen, Mähren, Schlesien, Steyermark, Kärnthen, Krain und Görz; dann des Wiener Oberkammeramtes. Unter ä.-O. versteht man jene Schuldbriefe, welche von den Landständen mit Genehmigung der Regierung bey außerordentlichen Staatsbedürfnissen ausgestellt worden sind. Letzteres war auch der Fall bey den Obligationen des Wiener Oberkammeramtes. Die A.-O. sind von verschiedenem Zinsenfuße zu 3, 2½, 2¼, 2 und 1½ Percent. Diese Interessen werden bey den betreffenden Cassen der Stände und bey dem Wiener magistratischen Oberkammeramte gegen gestämpelte Quittungen in Wiener-Währung bezahlt. Die A.-O. gehören überhaupt zur Verlosung (s. d.), um nach und nach wieder in den vollen Genuß der durch das Finanzpatent vom 20. Febr. 1811 auf die Hälfte in Wiener-Währung herabgesetzten Interessen, und zwar mit 6, 5, 4½, 4 und 3½ in Conv. Münze, oder nach dem freyen Vorbehalt der Finanzverwaltung zur vollen Rückzahlung des Capitals in Conv. Münze zu gelangen.

Aerzberg, s. **Erzberg**.

Aeußerer Stadtrath (äußerer Rath) in Wien besteht aus Mitgliedern des Bürgerstandes, die meisten zu Gerichtsbeysitzern, zu Gemeinderichtern in den Vorstädten und zu Armenvätern verwendet werden. Man zählt deren 158. Der innere (Magistrat) und der ä. St. wählen den Bürgermeister Wien's, der sohin von dem Kaiser bestätigt zu werden hat. — Der ä. R. der königl. Freystädte in Ungarn besteht nach Verschiedenheit ihrer Größe aus 50 — 100 gewählten Bürgern, und wird in wichtigeren Polizey- und ökonomischen Angelegenheiten der Gemeinde vernommen. Der ä. R. wählt die Stadtbeamten mit Einschluß des Bürgermeisters bey den vorfallenden Restaurationen; nur die 12 Senatoren, die den inneren Rath bilden, unterliegen als ordentlich besoldete Beamte der Restauration nicht.

Aggtelek, ungar. Dorf im Gömörer Comitat, ist durch die in der Nähe befindliche Tropfsteinhöhle B a r a d l a berühmt.

Aglar, s. Aquileja.

Agordo (Agoro), venet. Markt in der Provinz B e l l u n o, an der östlichen Seite des Flusses Cordevole, nahe gegen die Gränze Tyrols, in dem Thale von Agordo oder Val Imperina, bemerkenswerth wegen der hier bearbeiteten Kupfergruben (das wichtigste Bergwerk im Venetianischen); man bereitet hier auch etwas Schwefel, kupferhaltigen Eisenvitriol, und Zinkvitriol.

Agram, Hauptstadt von Croatien und kön. Freystadt im Agramer Comitate. G e s c h i c h t e. König B e l a IV. hatte A. 1266 zu einer königl. Freystadt erhoben; das gegen die Streifzüge der Tataren von ihm dort erbaute feste Schloß stand aber schon 1250. Die Bürger A.s waren bey Erbauung dieses jedem Feinde trotzenden und zu ihrem Schutze so wichtigen Schlosses sehr thätig, indem sie dem Könige nicht nur Geld darbothen, sondern auch selbst bey dem Baue Hand anlegten, und eigene starke Häuser aufbauen ließen. In der Urkunde vom J. 1266 erkennet B e l a IV. die ihm geleisteten Dienste der treuen Bürger A.s, die auch alle Kriegsgefahren damahliger Zeit, wo Steyermark unter O t t o k a r ihm hart zusetzte, mit ihrem Könige theilten und von ihm abwehrten. Dieß bewog den König, die Erhebung A.s zur kön. Freystadt auszusprechen, welche daher zwischen 1250 und 1266 bereits bestand, nachdem sie sich seit Erbauung des Schlosses immer mehr erhob und so weiterhin vergrößerte. Bela ertheilte der Stadt Privilegien, Statuten und Marktgerechtigkeiten, welche seine Nachfolger bestätigten und zum Theil vermehrten. Die Errichtung des Bischofssitzes zu A. geht in eine noch viel frühere Zeit zurück. Der Stifter desselben war König Ladislaus um das Jahr 1091, wo also schon irgend ein Ort bestanden haben mag. — Topographie. A. liegt nur eine halbe Stunde von dem schiffbaren Flusse Save entfernt in einer schönen und fruchtbaren Ebene, die im Westen und Norden von Bergen begränzt wird. Der Bach Medveschak, über den eine gemauerte Brücke führt, scheidet A. in 3 Theile mit besonderen Gerichtsbarkeiten: die eigentliche Freystadt oder obere Stadt, welche in die innere und äußere zerfällt und auf 2 Bergen und in dem dazwischen liegenden Thale erbaut ist; die Capitelstadt oder untere Stadt, welche auf Hügeln und Ebenen liegt und sammt ihrer Vorstadt unter der Gerichtsbarkeit des Domcapitels steht; und die bischöfliche Stadt, welche aus dem bischöflichen Schlosse und der Residenz besteht, und aus einer Vorstadt, welche der bischöflichen Gerichtsbarkeit unterworfen ist. Der schönste Theil ist die Freystadt, mit hübschen Plätzen und Gassen und vielen ansehnlichen Gebäuden, worunter man schon mehrere im italienischen Style mit flachen Dächern und schönen Fronten erblickt. In der bischöflichen Stadt steht die ansehnliche bischöfliche Residenz, die, ein befestigtes Schloß des Mittelalters, in ihrem innern Raume die einfach gezierte, aber in einem erhabenen Style nach gothischem Geschmacke gebaute Domkirche enthält, welche 98 Schritt lang, 54 breit ist, einen dreyfachen Hauptaltar, 19 Seitenaltäre, 2 Orgeln und einen 42 Kl. hohen Thurm hat. Auch viele schöne weltliche Gebäude besitzt diese Stadt; vornehmlich das Haus der croatischen Stände, worin die Landtage gehalten werden, das Comitathaus, die Kanzleyen des Generalcommando, die Akademiegebäude, die Cameraladministration, das Rathhaus u. a. m. Alle Stadttheile zusammen zählen 1368 Wohngebäude und 11,290 Einw. A. ist der Sitz der königl. Banaltafel für Croatien und der Gerichtstafel für Croatien und Slavonien, ferner des Bán's von Croatien und Slavonien, des Generalcommando und mehrerer anderer Stellen, so wie eines kath. Bisthums und zahlreichen Domcapitels. Es befinden sich hier eine königl. Akademie mit einem physikalischen Museum und einer öffentlichen Bibliothek, ein Archigymnasium, eine Primar= und Mädchenschule, eine Präparanden=Schule, ein theologisches Seminar der Agramer Diözese, ein adeliges Convict, eine zur Kathedralkirche gehörige zahlreiche Bibliothek, ein bischöfliches Waisenhaus für 24 Jünglinge, ein Bürgerspital, ein Militärspital, ein Kloster und Spital der barmherzigen Brüder, ein Theater, eine Schießstätte zc. A. hat mehrere Fabrikanten und Handwerker, eine Seidenfabrik, eine neue Porzellanfabrik und treibt lebhaften Handel mit Tabak in Blättern, Honig, Weinstein, Pottasche und Getreide, den dortigen Hauptproducten. Die Umgebungen sind reizend und gewähren sehr angenehme Spaziergänge, besonders die Gärten; eine Strecke südwärts führt eine sich malerisch darstellende Brücke von 14 Joch über die Save, die hier in ein Bett vereinigt ist. Über A. kommen von Triest, theils zu Wasser, theils zu Lande, verschiedene Colonial = und Farbwaaren, die von hier nach ganz Ungarn und Österreich verhandelt werden.

Agramer Gespanschaft in Croatien enthält 31½ Ω. M. Die Volksmenge beträgt ohne Adel und Geistlichkeit 71,357 größtentheils katholische Einwohner, die in 1 Stadt, 1 Marktflecken, 279 Dörfern, und in 7,675 Häusern wohnen. Der Boden, nur in den Ebenen frucht= bar, ist größtentheils von mittelmäßiger Beschaffenheit und besteht mei= stens aus weichem Lehm, in dem sich hier und da auch Sand findet. — Das Clima ist in der Regel mild und gesund, und selten dauert der Win= ter über 2½ Monathe, doch sind hier auch rauhere Jahreszeiten nicht un= bekannt, und heißen Sommern folgen zuweilen hartnäckige Wechselfieber. Die heilsamen warmen Quellen zu Stubitza sind zu Bädern eingerich= tet. Getreide, Holz und Tabak bilden die vorzüglichsten Gegenstände des nicht bedeutenden Activhandels. Die Hauptstadt der Gespanschaft abge= rechnet, ist die Gewerbs = Industrie auf ihrer niedrigsten Stufe. — In Hinsicht auf Verwaltung ist die Gesp. in 3 Processe (den Agramer, St. Ivaner und Szavaner), dann in 75 Gerichtsspiele (Iudicatus) getheilt; an der Spitze der Geschäfte steht der Obergespan, dem zwey Vicegespäne beygegeben sind. Gleich allen ungarischen Gespanschaften steht auch diese unmittelbar unter der k. Statthalterey.

Agricola, Carl, rühmlich bekannter Porträt = und Historien= maler, so wie ausgezeichneter Kupferstecher und Lithograph, ward geboren den 18. Oct. 1779 zu Seckingen im Großherzogthume Baden, studierte daselbst und begab sich sodann nach Wien, wo er durch seine genialen Leistungen bald allgemeinen Beyfall erhielt. A. malte größtentheils Porträts, dann aber auch Conversations = und mythologische Gegenstände. Seine Manier ist durch Weichheit, obschon nicht immer Wahrheit und Kraft der Darstellung, dann durch süßen Farbenschmelz und graziöse Behandlung äußerst ansprechend. Meh= rere seiner neuen, seit einem Zeitraume von 8 Jahren gelieferten Gemälde, obschon fleißig, schön und mit seinem Pinsel ausgeführt, zeugen jedoch von einer etwas fehlerhaften Richtung eines schönen Ta= lentes, und sehen sich in übergroßer Zartheit der Ausführung, die wie hingehaucht erscheint, wie Porzellanproducte oder lasurartig aufge= tragene Glasgemälde an. Vortrefflich aber sind dieses genialen Künstlers frühere Arbeiten, worunter besonders die herrlichen Porträts seiner eige= nen Familie auszuzeichnen sind, so wie manche seiner neuen, weniger brillant, aber desto naturgetreuer ausgeführten Schöpfungen, wo die Farbenfrische nicht durch Farbenflitter verdrängt ist, wie z. B. in seinem schönen, die Kunstausstellung von 1832 zierenden Bilde: Die heili= ge Catharina vorstellend, und ein Porträt in der Ausstellung von 1834. Als Kupferstecher ist A. höchst lobenswerth zu nennen; seine Blät= ter zeichnen sich alle durch hohen Kunstsinn und geschmackvolle Darstel= lung aus, sind mit äußerst delicater Nadel radirt und geben auch die Gemälde = Copien ganz im Geiste der Originale. Seine eigenen Erfin= dungen, so wie auch die nach der Natur radirten Blätter beweisen eben= falls sein ausgezeichnetes Talent für dieses Fach. Eben so vorzüglich würden sich auch A.s Leistungen als Lithograph bewähren, stünde nicht immer das Materielle zu diesen Kunsterzeugnissen in W i e n auf so niederer Stufe. Seine heilige C a t h a r i n a nach G u i d o R e n i, seine Madonna mit dem Kinde nach M a r a t t i, so wie mehrere Porträts sind durch schöne Zeichnung, fleißige, äußerst zarte und weiche Ausführung besonders gelungen zu nennen. Auch in diesen Kunstproducten ist übrigens das Gefällige, Graziöse vorherrschend, und es ist gerade genug geschehen, um dem Natürlichen keinen Abbruch zu thun. Unter A.s zahlreichen Gemälden sind nebst mehreren Porträts auszeichnend zu nennen: Die H o r e n; M a d o n n a, im Belvedere befindlich; V e n u s und A m o r nach dem Erwachen; zwey Mädchen, mit weiblicher Arbeit beschäftigt, u. a. m. Seine vortrefflich gestochenen und radirten Blätter sind: Die Erfindung des Saitenspieles, nach F ü g e r; B r u t u s verurtheilt seine Söhne; Scene aus der Messiade; H o m e r in Begeisterung, nach demselben; C h r i s t u s auf dem Schifflein nach E l s h e i m e r, äußerst zart behandelt, und daher selten mehr in guten Abdrücken zu finden; der junge T o b i a s; V e n u s und A m o r in einer Landschaft, nach demselben; J o s e p h im Gefängniß, nach R a p h. M e n g s; Mutter Gottes mit dem Kinde, nach H o l b e i n; D i a n a und C a l l i s t o, nach D o m i n i c h i n o; der todte C h r i s t u s, nach Han. C a r a c c i; heilige Familie, nach P a r m e g g i a n i n o; todter C h r i s t u s von Frauen und Jüngern umgeben, nach R a p h a e l; heilige Familie nach dessen Gemälde in der Bildergallerie; das Urtheil des S a l o m o n und P s y c h e's Begräbniß, nach P o u s s i n; D i a n a und E n d y m i o n, nach A l b a n o; Monument der Erzherzoginn C h r i s t i n a, nach C a n o v a, en détail; sehr schöne Umrisse in 6 Blättern; Brustbild einer orientalischen Dame, geschabt; Landschaft bey aufgehendem Monde; Porträt des Försters H u n d s k a r r e r, nach der Natur; Geburt eines todten Kindes, kleine, sehr zarte Skizze, welche selten im Handel vorkommt; Porträt von S c h a l l h a s, und endlich das allgemein bekannte vortreffliche kleine Porträt des Herzogs von R e i c h s t a d t zur Ringzierde, Stahlstich.

Ahornzucker. Da die österreichischen Staaten so viele Ahornbäume zählen, so wurden alle Staatsgüter verhalten, A. zu bereiten, und die Militärgränzen zeichneten sich hierin vorzüglich aus. Auf den fürstlich Liechtenstein'schen Gütern in Mähren, den fürstl. Auersperg'schen und Colloredo'schen in Böhmen wurde 1812 A. gesotten. Die Versuche im Prater zu Wien fielen in dieselbe Zeit. Allein wegen des geringen Zuckergehaltes des Ahornsaftes (in 100 Pf. ist nur 1 Pf. enthalten) und wegen der Schwierigkeit beym Einsammeln des Saftes wurden die Unternehmungen sämmtlich wieder aufgegeben, besonders da die Preise des eigentlichen Zuckers so sehr gefallen sind.

Aicha (Altaicha; Böhmisch = Aicha), 1) böhm. Herrschaft; 2) Stadt im Bunzlauer Kreise mit 1250 Einw., worunter viele Leinweber und Steinschneider. In der Nähe ist der Basaltdamm, die Teufelsmauer genannt.

Aichelburg, die Grafen und Freyherren, Herren und Landstände in Kärnthen, eine uralte verdienstvolle Familie, welche sich noch in mer in ansehnlichen Staatsämtern auszeichnend verwendet. Ferdinand Anton, Freyherr von und zu A., k. k. Rath und Kreiscommissär in Kärnthen, wurde nach 44jähriger Dienstleistung 1786 in den Grafenstand erhoben. Ferdinand Graf von und zu A. wurde den 17. Sept. 1796 auch in die steyermärkische Landmannschaft aufgenommen.

Aichen, die Freyherren, leiten ihre Abkunft aus Brandenburg, woselbst Anfangs des 17. Jahrh. Martin von A., Patrizier ꝛc. zu Hatnegen lebte. Zuerst ließ sich sein Sohn Peter von A., Dr. der Rechte, 1638 in Wien nieder und wurde in den Ritterstand bey der niederösterr. Landschaft aufgenommen; st. als Regierungsrath und Landschreiber. Einer seiner Söhne Joh. Joach. war 1718 Landuntermarschall; ihm ist die Berichtigung und Ergänzung der Ritterstandes-Matrikel, 1727 bewirkt, zu verdanken. Von ihm ist auch ein großes prächtiges Wapenbuch, welches nachmahls in die k. k. Hofbibliothek kam. Er starb den 20. Sept. 1729. — Einer der Nachkommen seines Bruders Franz Carl v. A., hat sich vorzüglich hervorgethan, und besonders allgemeine Achtung erworben, nähmlich Joseph, Freyh. v. A. (s. d.)

Aichen, Jos. Freyh. von, k. k. wirklicher geheimer Rath, niederösterr. Oberstlandrichter, Landrechtspräsident und Vicepräsident der Hofcommission in Justizgesetzsachen. Er war den 30. Juny 1745, geboren, und unter 12 Geschwistern einer der jüngeren Söhne des in 54jährigen Staatsdiensten ehrenvoll gestandenen niederösterr. Landraths und Landtafel-Directors, Ant. Augustin v. A. — 1767 betrat er als Secretär bey dem Hofmarschallamte seine öffentliche Dienstbahn, wurde schon 1770 zum Rathe bey dieser Behörde befördert, und im folgenden Jahre als Justiz-Commissär in die Reichsgrafschaft Falkenstein abgesandt. Er entledigte sich der ihm ertheilten beschwerlichen Aufträge mit dem glücklichsten Erfolge, und wurde zur Belohnung der dem Lande geleisteten wichtigen Dienste 1773 zum Administrator der Grafschaft ernannt, aber 1774 wegen geschwächter Gesundheit auf sein Ansuchen wieder zum Hofmarschallamte übersetzt. Bey der neuen Einrichtung der Gerichtsbehörden, erhielt er 1782 die Stelle eines niederösterr. Appellationsrathes. — 1792 ernannte ihn der Kaiser zum Hofrathe bey der obersten Justizstelle, 1799 zum Beysitzer der Hofcommission in Justizgesetzsachen, und 1807 zum Vicepräsidenten des niederösterr. Landrechtes und Präses des Wechselgerichtes. Aus des Kaisers eigener Bewegung erhielt er zu auszeichnender Vergeltung seiner vielfachen Dienstleistung 1808 das Ritterkreuz des St. Stephan-Ordens, welcher Verleihung die Erhebung in den Freyherrnstand 1816 folgte. — 1814 ernannte ihn der Kaiser zum niederösterr. Oberstlandrichter, wodurch er zugleich Curator des herzogl. Savoyischen Damenstiftes wurde; dasselbe Jahr erhielt er auch die geheime Rathswürde. — Nach dem Tode des Hofcommissions-Präsidenten, Math. Wilh. von Haan, führte er aus höchstem Auftrage das Präsidium bey der Hofcommission in Justizgesetzsachen, bis der Staats- und Conferenzminister, Graf von Wallis, dieses Präsidium übernahm. Zum Merkmahle der höchsten Zufriedenheit wurde er sodann noch in diesem Jahre zum Vicepräsidenten der Hofcommission ernannt. — Während dieser 51jährigen Dienstleistung ward er jederzeit wegen seinen ausgezeichneten Rechtskenntnissen in den wichtigsten Geschäften verwendet. Als Mitglied der Hofcommission in Justizgesetzsachen nahm er an der Bearbeitung der in den letzten Jahrzehenden erschienenen neuen Gesetzbücher wesentlichen Antheil und vollendete auf des Monarchen Befehl den Entwurf einer neuen Gerichts= ordnung. Außerdem ward er mit vielen außerordentlichen Aufträgen be= ehrt. — Die niederösterr. Stände erwählten ihn 1803 zum Mitgliede des Ausschusses, und die Kriegsunruhen 1805 und 1809 gaben ihm vorzügliche Gelegenheit, auch in dieser Eigenschaft dem Staate seine Dienste nützlich zu widmen. — Immer eifrig, Armen wohl zu thun, übernahm er freywillig bey der Errichtung der Wohlthätigkeitsanstalten das Amt eines Armenbezirks=Directors und Referenten der Wohlthätigkeits= Hofcommission. — Vorsichtig und freymüthig in seinen Rathschlägen, standhaft in dem gefaßten Beschlusse, eifrig in der Vertheidigung des Rechtes und der Wahrheit, unermüdet in der Arbeit, eben so gründlich als scharfsinnig in seinem Urtheile, an Gewissenhaftigkeit in seinem Be= rufe und Treue gegen seinen Landesfürsten von Niemand übertroffen, war er als Richter, Staatsdiener und Vorgesetzter allgemein verehrt: — Er starb den 25. Oct. 1818 zu Wien.

Aicholt, die Grafen von, waren noch zu Anfang des 17. Jahr= hunderts einfache Edelleute. 1604 gab Kaiser Rudolph II. diesem Ge= schlechte eine Wapenverbesserung; 1644 erhielten sie die Befugniß das Wort von vorzusetzen; 1685 wurde Hans Jacob von A. in den Freyherrnstand; den 18. Febr. 1730 Franz Joseph Frey= herr v. A. in den Grafenstand erhoben; und den 5. Dec. 1647 wur= den die v. A. in die Landmannschaft von Kärnthen aufgenommen. Der gegenwärtig zu Klagenfurt privatisirende Christian Graf v. A. geheimer Rath, Commandeur des ungar. St. Stephans=Ordens und Besitzer des goldenen Civil=Ehrenkreuzes, langte den 25. April 1815 als Gouverneur in Grätz an, und erhielt für seine Person als Gou= verneur von Innerösterreich am 5. May 1815 die steyermärkische Land= mannschaft.

Aigen (Aign, Aichen), prächtiger Park bey dem gleichnahmigen fürstl. Schwarzenbergischen Schlosse und Dorfe, am Fuße des Geisberges, nahe der Stadt Salzburg. Seine Naturmerkwürdigkeiten sind durch Kunst und Geschmack zu einem imposanten Ganzen gesteigert. In diesem romantischen Aufenthalte wechseln Felsengrotten und Wasserfälle mit Haihen, Baumgruppen, Blumenfluren c. — Der schwunghafte Sän= ger Weissenbach hat selben in einem eigenen poetischen Werke (Aigen betitelt) würdig verherrlicht.

Akademien. Unter dem Nahmen Akademie bestehen folgende wissenschaftliche Kunst= und Bildungsanstalten: A. der bildenden Künste; medicinisch=chyrurgische Josephs=A.; A. der morgenländischen Sprachen; The= resianische Ritter=A.; Ingenieur=A. sämmtlich in Wien. Militär=A. in Wiener=Neustadt; A. der schönen Künste in Mailand und Ve= nedig; A. der Künste und Wissenschaften in Padua; A. der Maler= und Bildhauerkunst, dann A. des Ackerbaues, des Handels und der Künste in Verona; A. der Wissenschaften in Rovigo; dann die A. zu Ber=

gamo, Mantua, Vicenza und Udine; die A. höherer Studien-
anstalten in Ungarn; die Berg = A. zu Schemnitz; die Ludoviceische
A. zu Pesth; die Theresianische Ritter = A. zu Innsbruck; die A.
zu Lemberg; endlich die A. der mähr. Stände zu Olmütz. —
Die k. k. A. der vereinigten bildenden Künste in Wien ist
eine der trefflichen Anstalten, welche der österr. Staat seinen Herrschern verdankt. Für verschiedene Kunstzweige ist hier Alles vereint,
was die Bildung junger Künstler erfordert; ausgezeichnete Lehrer im
Theoretischen und Praktischen, Sammlungen von Gemälden, Kupferstichen und Handzeichnungen großer Meister, Abgüsse antiker Statuen,
Büsten, und eine wohlgewählte Bibliothek aus dem Gebiete der Kunst.
— Der erste Entwurf zu einer Maler = und Bildhauer = A. wurde 1704
unter Kaiser Leopold I. gemacht. Dieser Monarch ließ die unentbehr-
lichsten Erfordernisse zu einer solchen Anstalt, die Denkmähler der hohen
griechischen Kunst in Rom abformen und nach Wien bringen. — Ihr
erster Director war Pet. Strudel, nachmahls in den Freyherrnstand
erhoben. — Leopold I. starb im folgenden Jahre, und die A. wurde
von seinem Sohne und Nachfolger Joseph I. am 18. Dec. 1705 feyerlich eröffnet. — Die eigentliche Wirksamkeit der A. begann aber erst
1726 unter Kaiser Carl VI., welcher dieses Institut besonders thätig
unterstützte; er wählte den Grafen Gundacker v. Althann zum Protector, welcher den niederländ. Maler Joh. van Schuppen der A.
zum Director gab. — Die Kunst blühte unter Althann ausnehmend,
und sein kräftiges Wirken ging so weit, daß er noch eine Architektur-
Schule errichtete. — Auch des thätigen Joh. van Schuppen würdiger
Nachfolger Mart. v. Meytens, aus Schweden, wußte das Ansehen
der A. fortan zu heben. — Auf des berühmten Kupferstechers Jac.
Schmußer Vorschlag errichtete die Kaiserinn Maria Theresia
1766 eine Zeichnungs = und Kupferstecher=, dann 1767 noch eine Bossir-
und eine der Kunst in Erz zu schneiden gewidmete Schule, welche insgesammt unter dem Protectorat eines durch Geist und Kraft hervorragen-
den Staatsmannes, des Fürsten Wenz. Kaunitz einverleibt wurden.
Das Ganze erhielt sonach 1768 den Titel: k. k. A. der vereinigten bildenden Künste, wurde in vier Hauptclassen oder Schulen getheilt, das
Haupt=Directorat aufgehoben, nachdem Meytens 1770 verstorben
war, und jede Classe bekam ihren Director, so wie mehrere Professoren
und Adjuncten. — Joseph II. schuf eine eigene technische Schule, der
Geschmack des täglichen Verkehrs sollte durch sie geleitet, die Kunst ver-
allgemeinert werden. Die A. wurde daher 1789 mit allen Zweigen der
Kunstgewerbe in Berührung gebracht und hierin von nun an als entscheidende Behörde eingesetzt. Joseph II. gab der A., die bisher in dem
Universitäts = Gebäude ihren Sitz hatte, ein größeres Locale in dem
ehemaligen Noviciat=Hause der Jesuiten bei St. Anna, wo dieses Institut sich noch gegenwärtig befindet. Hier hat sie geräumige Säle und
Zimmer für alle Classen und Arbeiten. — Der große akademische Ver-
sammlungssaal ist mit den Porträts der seit der Stiftung regierenden
Souveraine, und mit Kunstwerken akademischer Mitglieder geziert. —
Außer den oben angeführten Gegenständen besitzt die A., als ein Ver-

mächtniß des großen Kunstfreundes Grafen Ant. v. Lamberg-Sprinzenstein, eine mit Geschmack und Sorgfalt gewählte, jedoch noch nicht aufgestellte Gemäldesammlung aus allen Schulen. Im J. 1812 erweiterte Kaiser Franz I. durch ein neues Statut, das auch einen Lehrstuhl der Theorie der Kunst gründete, die Einrichtungen der k. k. A. der bildenden Künste. Diese steht unter einem Curator, Präses, Secretär, 2 außerordentlichen und 10 ordentlichen Räthen, zugleich Professoren. Der Curator tritt als Vermittler auf in dem Verkehr der A. mit allen höhern Staatsbehörden; so wie man sich an ihn wenden muß in Allem, was auf die A. Bezug hat. Der akad. Rath, bestehend aus dem Präses, Secretär, zugleich Rath und Referenten; dann den Räthen (Künstler oder einsichtsvolle Kunstkenner) bildet die permanente Behörde dieses Kunstinstituts und versammelt sich jährlich sechsmahl; außerordentliche Sitzungen werden nach Erforderniß der Umstände gehalten. Die A. ist die Kunstbehörde im Staate. Als Kunstgesellschaft hat sie nebst vielen Ehrenmitgliedern 20 in Wien anwesende Kunstmitglieder mit Aufnahmsstücken, und theilt sich als Bildungsanstalt in 4 Kunstschulen: 1) Schule der Maler, Bildhauer, Kupferstecher, der Medaillen- und Gemmenschneider unter einem Director, 10 Professoren, 2 Adjuncten und 2 Correctoren; 2) Schule der Architektur, unter einem Director, 3 Professoren und einem Corrector; 3) Schule der Gravirkunst (in Stahl, Erz, Edelstein) unter einem Director, einem Professor und einem Corrector; 4) Schule für Anwendung der Kunst (Zeichnung und Malerey) auf Manufactur (Manufactur-Zeichnungsschule), unter einem Director, einem Professor und einem Corrector. Diese beyden letzten sind gegenwärtig im polytechnischen Institute, und dürften in der Folge ganz mit demselben vereinigt werden. Für sämmtliche Abtheilungen sind Stiftungsstipendien auf die Dauer von 6 Jahren vorhanden. Von den Elementen bis zum Praktischen ist aller Unterricht unentgeltlich. Für Lehrlinge der Kunst-Professionisten bestehen eigene Sonntagsschulen. Halbjährig müssen die ordentlichen Schüler Prüfungsstücke einreichen, worüber legale Zeugnisse ausgestellt werden. In der Architektur-Schule werden auch mündliche Prüfungen über die Theorie abgehalten. Beym Austritte erhält jeder Schüler ein Zeugniß, welches 3 Jahre gilt, nach deren Verlauf er durch Vorzeigung einer Arbeit dasselbe erneuern lassen kann. Alljährlich wird ein sogenannter kleiner Preis in Geld für jede Schule ausgesetzt; alle 3 Jahre aber für Originalwerke ein großer Preis, in einer goldenen Medaille (25 Duc. schwer) und einer silbernen mit 6 Ducaten. Außerdem sind noch bedeutende Preis-Stiftungen von Privaten vorhanden. Die Zuerkennung der großen Preise wird im akad. Rathe beschlossen; dem Curator aber steht die definitive Entscheidung zu. Die Künstler, welche einen ersten Preis erhalten haben, sind militärfrey. Die Zahl der Schüler beträgt 1000 — 1200. Alle 2 Jahre, auch noch früher, werden seit 1816 öffentliche Kunstausstellungen (s. Kunstausstellung) gehalten; eine ganz vorzügliche Anstalt ist die sogenannte permanente Kunstausstellung. Ein geräumiges lichtes Locale von 5 Zimmern, steht fortwährend den Künstlern offen, fertig gewordene Arbeiten zum Verkaufe auszustellen, gegen einen unbedeutenden Erlag vom Verkaufs-

3 *

preise; der Künstler kann es aber unentgeltlich wieder zurücknehmen. Noch ist mit der A. eine Kunst=Materialien=Handlung vereinigt. — Die k. k. A. der morgenländ. Sprachen. Diese wurde von M. Theresia 1754 gestiftet, um Jünglinge zu diplomatischen Aemtern im Oriente auszubilden. Der akad. Curs dauert 5 Jahre, die Aufnahme findet aber nur gegen schriftlichen Revers der Ältern Statt, die Zöglinge auch wirklich zu Anstellungen im Oriente widmen zu wollen; die Auf= nahme derselben wird durch den Kaiser selbst bestimmt. Die Anstalt steht unmittelbar unter der k. k. geh. Haus=, Hof= und Staatskanzley; sie besteht aus einem Director, 2 Präfecten, sämmtlich zugleich Profes= soren, dann noch 3 Professoren und 4 Lehrern. Die Lehrgegenstände sind: durch alle 5 Jahre Religionswissenschaft, französische und türkische Sprache, Zeichnen, Tanzen und Kalligraphie; außerdem im 1. Jahre: Philosophie, Mathematik; im 2. Jahre: Physik, Geschichte; im 3. Jahre: Natur=, Staats= und Gesandtschaftsrecht, Arabisch, Geschichte; im 4. Jahre: österr. Civil=, röm., Handel= Wechsel= und Seerecht, Gerichtsordnung, Italienisch, Neugriechisch, Arabisch, Ge= schichte; im 5. Jahre: Statistik, politische Wissenschaften, Staatsver= fassung der Osmanen, Italienisch, Neugriechisch, Arabisch, Persisch, Reiten (auf der k. k. Hofreitschule). Nach Vollendung der Studien in derselben kommen die Zöglinge meistens als sogenannte Sprachknaben zur k. k. Gesandtschaft nach Constantinopel, um sich dort in den oriental. Sprachen praktisch auszubilden, und werden dann entweder bey der geheim. Haus= Hof= und Staatskanzley in Wien, oder bey der Gesandtschaft in Constantinopel, als Beamte in den levantischen Seehafen und Gränzprovinzen, als Consuln und Dolmetscher angestellt. Die Anstalt besitzt: 1) eine wichtige Bibliothek; 2) eine Sammlung oriental. Münzen; 3) eine Sammlung Abdrücke von türk. und pers. Siegeln und Talismanen. — Die k. k. A. der schönen Künste in Mailand, mit vorzüglichen Kunstschulen und einer herrlichen Ge= mäldesammlung, auch einer Sammlung der Gypsabgüsse nach den besten antiken und modernen Werken der Plastik; sie hat ihren Sitz im Palaste der Wissenschaften und Künste (Brera) und vertheilt jährlich zur Vervoll= kommnung der Künste Prämien nach 2 Classen, womit zugleich Kunst= ausstellungen verbunden sind. Der akad. Körper theilt sich in stimmfähige Mitglieder und in Ehrenmitglieder, welche jedoch keine Stimme zu füh= ren haben. Die Professoren der A. sind wirkliche Mitglieder, und haben das vollkommene Stimmrecht. Die Akademiker versammeln sich gewöhn= lich in monatlichen Sitzungen und wählen nach absoluter Stimmenmehr= heit die Mitglieder mit und ohne Stimmrecht. Das Patent der Auf= nahme jedes Akademikers muß von dem Gubernium zu Mailand be= stätigt seyn. Die A. wird von einem Präsidenten geleitet, sie hat einen Secretär und Secretärs=Adjuncten zur Geschäftsführung. Die Prämien der 1. Classe haben die Concurrenz für ganz Europa, da hier die Pro= gramme öffentlich gedruckt und an alle andern A. der Künste übersendet werden. Die Prämien der 2. Classe werden unter die geschicktesten und fleißigsten Zöglinge vertheilt, welche daher jedes Jahr aus ihrer Mitte eine permanente Commission für jeden Zweig der Künste ernennt, und

auch außerordentliche Commissionen wählt, um die Arbeiten der Concurrenten für die Preise der 1. Classe zu beurtheilen. Übrigens hat die A. auch
correspondirende Mitglieder, und den Professoren sind einige Adjuncten
beygegeben. — Die k. k. A. der schönen Künste in Venedig.
Die Mitglieder dieser Anstalt sind so, wie in Mailand, theils wirkliche
stimmfähige Mitglieder, theils Ehrenmitglieder ohne Stimme. Die ersteren sind die Professoren der A. und ausgezeichnete Künstler und
Kunstfreunde in Venedig. Die Verfassung der A. in Venedig ist
übrigens wie jene der A. in Mailand. Im Monath August werden
jährlich Prämien für die verdientesten Eleven vertheilt und beständige
Commissäre für die einzelnen Zweige der schönen Künste ernannt. Die
in der A. befindlichen Kunstwerke sind von außerordentlichem Werthe.
Auf dem großen Saale, welcher schon 1342 erbaut worden war und wo
die Feyerlichkeiten vorgenommen werden, befindet sich die venetianische
Schule. In einem andern Saale sind die neuern venetianischen Gemälde
aufgestellt. In einem dritten Saale sind mehrere Einfassungen von
Titian, wie die 4 Evangelisten u. s. w.; dann 12 Basreliefs aus
Bronze von Donatello, Riccio, Vict. Camelio, Cavino. Der
Saal der alten Gemälde enthält Kostbarkeiten vom ersten Range. Die
Statuensäle sind ebenfalls reich an Kostbarkeiten. Die A. wird öfters
von Großen beschenkt. So sendete z. B. der König von England in der
neuesten Zeit (1820) die Gypsabgüsse der schönsten und merkwürdigsten
Bildhauerarbeiten des brittischen Museums. Für die akad. Gallerie besteht ein eigener Conservator. Der Baumeister Selva hat an dem Locale der A. seine Kunst vortheilhaft erprobt, indem er 3 verschieden geformte Gebäude dazu verwenden mußte, ohne an dem einen auch nur
eine wesentliche Veränderung vorzunehmen. Die nach Massari's Zeichnung gefertigte Außenseite ist das Werk von Maccaruzzi. — Die k. k.
A. der Wissenschaften und Künste in Padua. Von ihrem redlichen Bestreben für deren Beförderung möchten schon die bisher bekannt gewordenen Preisschriften und Acten zeugen. Die Sitzungen werden in der
ehemahligen Capelle des Palastes des Commandanten gehalten, aus welcher noch von der Zeit ihrer Zerstörung zerstückelte Fresco- und einige
Ohlgemälde aufbewahrt sind. Der Präsident, der Vice-Präsident, ein
Director für die philosophische und ein Director für die mathematische
Classe, dann 2 Secretäre, sind die Geschäftsführer der A. Sie besteht
aus Ehrenmitgliedern, aus wirklichen und correspondirenden Mitgliedern,
dann aus 24 Eleven, und beschäftigt sich vorzüglich mit den Fortschritten
der Philosophie, der Mathematik und der schönen Wissenschaften. — A.
der Maler- und Bildhauerkunst in Verona. Dieselbe unterhält
eigene Zeichnungs- und Malerschulen, hat 3 Präsidenten, von denen
der dritte die Casse der A. führt, einen Director, Secretär und 3 Lehr-
meister. — A. des Ackerbaues, des Handels und der Künste in
Verona, hat einen Präsidenten, 2 Assessoren, einen Depositor und einen
Secretär. Sie hat ihre wirklichen Mitglieder, auch Ehrenmitglieder,
und gibt jährlich einige Abhandlungen heraus. — A. der Wissenschaften (genannt de' Concordi) in Rovigo, ist einem alljährlich von
den Mitgliedern neu gewählten Präsidenten untergeordnet, welchem ein

Secretär beygestellt ist. Diese gelehrte Gesellschaft beschäftigt sich nicht nur mit den Wissenschaften überhaupt, sondern sie widmet sich insbesondere den Gegenständen des Ackerbaues. — A. zu Bergamo, s. Maler-A. zu Bergamo. — A. zu Mantua, s. Virgilianische A. zu Mantua. — A. zu Vicenza, s. Olympische A. zu Vicenza. — A. des Ackerbaues zu Udine, mit ordentl. und correspond. Mitgliedern, dann Ehrenmitgliedern. Die Geschäftsführung wird durch einen Präsidenten und einen Secretär vollzogen. — Die königl. A. zu Agram in Croatien, Kaschau, Großwardein, Preßburg und Raab in Ungarn, schließen sich unmittelbar an die Gymnasien und Archigymnasien an. Durch 2 Jahre wird durchgängig auf diesen höhern Lehranstalten, welchen ein Prodirector vorsteht, von 4 Professoren über Logik, Metaphysik und Moralphilosophie, über Physik, Landwirthschaftskunde und Naturgeschichte, dann über allgem. und ungar. Geschichte und Mathematik gelesen. Den juridischen Curs endiget der akad. Schüler unter 4 Professoren, welche nebst dem Natur-, Staats-, Völker-, Berg- und Wechselrecht, den Polizey- und Cameral-Wissenschaften und der Statistik, auch das ungar. Staatsrecht, wie auch das ungar. Civil- und Criminalrecht, und über den Geschäftsstyl vortragen, ebenfalls in 2 Jahren. Seit 1792 kam noch bey jeder A. ein Professor der ungar. Sprache und Literatur, und 1795 ein geistlicher Exhortator hinzu, und nun ist auf den A. auch noch ein Professor der griechischen Sprache und Literatur angestellt. — Die k. k. A. zu Lemberg steht unter einem Director und wird daselbst in Sprachen, im Zeichnen und in einigen ritterlichen Übungen Unterricht ertheilt. — Die A. der mähr. k. Stände zu Olmütz, wurde von denselben im J. 1724 errichtet. Es wurden nicht nur 1731 und 1732 einige Zweige des juridischen Studiums mittelst Besetzung durch Professoren der dortigen Universität an diese A. gezogen, sondern auch außer einem Ingenieur, noch in neuerer Zeit ein Professor der Ökonomie angestellt; übrigens wird nach der ursprünglichen Einrichtung in Sprachen und zwar derzeit in der böhm., französ. und italien. Sprache durch eigene Lehrer, und in den Leibesübungen durch einen Ober-Bereiter, Fecht- und Tanzmeister Unterricht ertheilt. — Die übrigen A. siehe unter ihren Artikeln.

　　Akademisches Lyceum zu Klausenburg in Siebenbürgen, hat einen Oberdirector und Prodirector, eine öffentliche Bibliothek, welcher ein Bibliothekar nebst Adjuncten vorsteht, eine Buchdruckerey unter einem Director und Adjuncten. Außerdem, daß nebst der allg. Weltgeschichte, auch die Philologie vorgetragen wird, der Professor der Mathematik, zugleich Vorsteher der Sternwarte des a. L.'s ist; ferner das siebenbürg. Civil- und Criminalrecht, die Staatsbuchhaltung und Ökonomie durch eigene ordentliche Professoren gelehrt wird, bestehen wie bey den Akademien Ungarns in der Abtheilung des philosophischen Studiums Lehrkanzeln der Logik, Metaphysik und Moralphilosophie, der Mathematik, Physik und Naturgeschichte, mit welcher lexern jedoch auch Chemie und Technologie verbunden werden. In der Abtheilung des juridischen Studiums werden außer den oben angezeigten Lehrfächern nur das Natur-, Völker- und Staatsrecht, dann die politischen und Cameral-

Wissenschaften gelehrt. Das a. L. zu Klausenburg hat dagegen, was bey den Akademien in Ungarn nicht besteht, noch ein chyrurgisches Studium, mit 4 Professoren für die Physiologie, Pathologie und Heilmittellehre; Chyrurgie, Anatomie und Entbindungskunde; für die Augenkrankheits=lehre; endlich für die Thierarzneykunde, nebst einem Adjuncten.

Akatholiken. Die den A. durch die Toleranz = Verordnungen eingeräumten Rechte sind hauptsächlich folgende: 1) Für 100 Fami=lien, oder 500 Personen können sie ein Bethhaus und eine Schule ha=ben. 2) Ihre Geistlichen können die Glaubensverwandten besuchen, den Kranken das Abendmahl reichen, öffentliche Begräbnisse halten. 3) Sie können ihre eigenen Schullehrer bestellen, welche von den Gemeinden zu erhalten sind, jedoch unter der k. k. Schuldirection stehen. 4) Auch ist den A. die Auswahl ihrer Pastoren überlassen, wenn sie den Unter=halt derselben auf sich nehmen. 5) Endlich werden sie zum Häuser= und Güterankaufe, zum Bürger= und Meisterrechte, zu akademischen Wür=den und Civilbedienstungen dispensando zugelassen. Was die Verfassung der österr. A. oder Protestanten betrifft, so werden die Geschäfte durch die vom Staate bestellten, oder approbirten protestantischen Consistorien geleitet, welche auch die anzustellenden Pastoren zu bestätigen haben. Ein solches Consistorium besteht in Wien für die Augsburgischen Con=fessionsverwandten, welches von Teschen dahin übersetzt wurde und ein zweytes eben in Wien für die Reformirten. Unter den Pastoren sind einige als Senioren, und über sämmtliche Gemeinden von einer oder auch mehreren Provinzen sind Superintendenten angestellt, deren Rechte und Pflichten durch die Norm oder Instruction vom 13. März 1786 bestimmt sind. Die Judicatur in den das Religionswesen betreffenden Gegenständen ist den politischen Länderstellen mit Zuziehung eines oder des andern ihrer Pastoren und Theologen übertragen, welche nach ihren Religionsgrundsätzen zu entscheiden haben, und von welchen der weitere Recurs an die polit. Hofstelle gelanget. Der Vorzug der katholischen Religion besteht in dem öffentlichen Religionexercitium, da den Akatholi=ken nur ein Privatexercitium gestattet ist. Daher sollen 1) die Bethhäu=ser der A. kein Geläute, keine Glockenthürme und keinen öffentlichen Eingang von der Gasse haben. 2) Die jura stolae so wie die pfarr=lichen Zehente und andere gestiftete Einkünfte sind den katholischen Pfar=rern vorbehalten. 3) Hätten diese auch immer allein die Tauf=, Trauungs= und Todtenbücher zu führen. Durch kaiserl. Entschließung vom 20. Nov. 1829 aber wurde, um rücksichtlich der Tauf=, Trauungs= und Be=erdigungsacte der A. den möglichsten Grad der Zuverlässigkeit und Glaubwürdigkeit zu erzielen, auch den akatholischen Seelsorgern die Befugniß gestattet, eigene Matrikel darüber, jedoch immer nur unter Aufsicht und Intervenirung der katholischen Pfarrer, welche jene Acte auch in ihrer Matrikel anzumerken haben, zu führen. Der akatholische Seelsorger ist zwar nunmehr auch berechtigt, Trau=, Tauf= und Todten=scheine, jedoch nur unter Beyfertigung des katholischen Pfarrers und Abnahme der Stolgebühren von Seite desselben auszustellen; eine Ab=weichung hiervon würde gegen die Toleranzgesetze verstoßen. 4) Bey ge=mischten Ehen müssen da, wo der Vater katholisch ist, alle Kinder in

der katholischen Religion erzogen werden, wo sie hingegen, wenn der
Vater ein Protestant ist, dem Geschlechte folgen, 5) Der katholische
Seelsorger hat das Vorrecht akatholische Kranke einmahl zu besuchen und
ihnen seine Dienste anzubiethen. S. auch Geistlichkeit.

   Akatholisches Gymnasium und Alumnäum zu Teschen
in Schlesien. Die 4 lateinischen Classen, nebst einer Vorbereitungsclasse
besorgen 5 Professoren, unter denen der Professor der 4. Classe zugleich
Rector des Gymnasiums ist. Die 4 Ephoren und Vorsteher der im Jahre
1710 errichteten evangelischen Gnadenkirche zu Teschen sind zugleich
die Vorstände des a. G.'s und A.'s. Im letztern erhalten arme Studierende,
theils ganz unentgeltlich, theils gegen sehr mäßige Bezahlung, die
Kost und Wohnung.

   Ala, tyrol. Städtchen im Rovereder Kreise, am linken Ufer der
Etsch, gegen die venet. Gränze. Es ist unansehnlich, mit engen
Gassen; viele von den 3,660 Einw. finden in den hiesigen 10 Sammt=
fabriken Beschäftigung und Nahrung.

   Alabaster, kein wissenschaftlicher, sondern ein technischer Nahme.
Der Künstler nennt eigentlich bloß den ganz weißen und reinen körni=
gen Gyps, der dem carrarischen Marmor ähnlich sieht, A. Er ist
weicher und leichter zu bearbeiten als der Marmor, nimmt aber keine
so gute Politur an, welche nur durch fettige Stoffe erkünstelt werden
kann. Die österr. Staaten, besonders das Salzburgische, Tyrol, die
Lombardie, Ungarn und Galizien, haben viel A., der an mehreren
Orten zum Behufe der Bildhauerey gebrochen wird. Die Gebirge bey
Chodorow im Brzezaner, bey Mariampol im Stanislawower
Kreise, und mehrere Gegenden des Czortkower Kreises in Galizien,
dann die Gebirge bey Zurow in Steyermark enthalten einen großen
Vorrath des schönsten, weißen und festen A.'s, wovon bis jetzt nur ein
kleiner Theil in Chodorow zu kleineren Geräthschaften, Nachtlam=
pen, Leuchtern ꝛc. jedoch von geringer Auszeichnung, geschnitten wird.
Der salzburg. A. hat das Ansehen des geschliffenen. Man verwendete
denselben früher in Wien unter dem Nahmen des bayer. A.'s Der
rohe und ungeschliffene in Stücken wird centnerweise, der gearbeitete
ungefaßte, pfundweise verkauft. Roher Alabaster = Gyps von Schott=
wien am Semering wird nebst grauem und weißem Gypssteine in gro=
ßer Menge gebrochen und in mehreren Gypsbrennereyen zu Gypsmehl
gebrannt. Es werden im lombardisch = venet. Königreiche, besonders
zu Mailand, dann zu Wien, A. = Arbeiten verfertiget, und zwar
in ersterer Stadt herrliche Vasen, Lampen, Candelaber u. s. w., in
Wien meist nur kleinere gedrehte Gegenstände. (Die meisten und schön=
sten Gegenstände aus A. werden unstreitig zu Florenz und Livorno,
bis zu einem Preise von 2 bis 300 Ducaten verfertiget.) Der Handel
im Inlande ist nicht bedeutend. Schönere Kunstgegenstände werden
größtentheils noch aus Toscana eingeführt. Kleinere Arbeiten, z. B.
Verzierungen auf Uhrkästen, werden nicht selten von Wien aus ver=
schickt. Der Wiener Kunsthändler Mecchetti pflegt Vorräthe schöner
A. = Arbeiten zu halten. Viele Bildhauer und Vergolder Wiens führen
nun auch dergleichen, obschon nur kleinere und unbedeutendere.

Alaun. Der österr. Staat hat mehrere vorzügliche Alaunwerke, besonders in Ungarn, Mähren, Österreich, Böhmen, Steyermark, zu Sovignaco in Istrien, u. s. w., und erzeugt sowohl die beste Sorte des A.'s (den ungarischen), als auch die mittleren und minderen Sorten in der größten Menge, so daß nicht nur der inländische Bedarf vollkommen gedeckt, sondern auch ein großer Theil des Auslandes damit versehen werden kann. Die deutschen Erbstaaten haben manches Jahr schon eine Quantität von mehr als 16,000 Centner gemeinen A.'s ausgeführt, während die Einfuhr nur 5,000 Centner betragen hat. Dagegen wird noch ziemlich viel levant. und röm. A., letzterer besonders in das lombardisch-venet. Königreich eingeführt, woran freylich nicht Mangel oder geringere Güte des inländischen Productes, sondern zum Theil Nähe des Transportes, zum Theil Unwissenheit und Schlendrian der Gewerbsleute Schuld trägt. Die im österr. Staate gebräuchlichsten A.-Sorten sind: Ungarischer oder der Munkacser A. von den Südwerken der gräfl. Schönborn'schen Herrschaft Munkacs, im Beregher Comitate Ober-Ungarns, der reinste und beste inländische A., welcher nach neueren Erfahrungen dem römischen an Güte gleich kommt. Ungarn besitzt noch mehrere Alaunsiedereyen in verschiedenen Gegenden des Reichs, welche zum Theil sehr gute, zum Theil mittlere und gemeine Sorten liefern. Zusammen dürfte das jährliche Erzeugniß in diesem Lande auf 42,000 Centner A. zu berechnen seyn. Mähr. A. kommt aus dem gräfl. Dietrichstein'schen Alaunwerke zu Boskowitz im Brünner Kreise. Ähnliche Alaun- und Vitriolwerke werden noch zu Blansko und Raitz, zu Czernahora, Lissitz und Oslowan betrieben. Kremser A. aus Unterösterreich, so genannt, weil er in der Nähe von Krems, in dem ärarischen Werke zu Thalern an der Donau gewonnen wird, ist von ziemlich guter Beschaffenheit, wenn er gleich nicht ganz rein von Eisenoxyd ist; allein die Erzeugung hat sehr abgenommen.

Albanien, Oesterreichisch, wird auch der Kreis von Cattaro in Dalmatien genannt.

Albanier, s. Clementiner.

Albaredo, venet. Dorfgemeinde in der Deleg. Verona, mit 3,000 Einw.

Albensee, ein kleiner See in Österreich ob der Enns, hat eine reizende Lage, von Kalkbergen umschlossen, und ein merkwürdiges Echo. Man kann auf demselben bis zu dem Seehause des Stiftes Kremsmünster eine angenehme Fahrt zurücklegen.

Albert, dritter Markgraf von Osterreich aus dem Hause Babenberg, erhielt, als sein Bruder Heinrich I., 1018 ohne Kinder verstorben war, als sein nachgeborner Bruder, die markgräfl. Würde. Er wehrte sich tapfer gegen die Ungarn und erweiterte seine Siege die Mark Osterreich bis an den Leithafluß, (1043); dadurch erwarb er sich den Beynahmen der Sieghafte (Victoriosus). Nachdem A. von den deutsch. Kaisern, Conrad II. und Heinrich III., noch bedeutende Allodialgüter innerhalb der Markgrafsch. geschenkt erhielt, st. er am 26. May 1056.

Alberti von Enno, gräfl. Geschlecht in Tyrol. Der ursprüng-

liche Nahme desselben ist Enno vom Stammschlosse gl. N. auf dem
Ennsberg im Bisthum Trient, und A. ist vom Taufnahmen, im
Lauf der Zeit zum Geschlechtsnahmen angenommen worden. Der erste,
dessen die alten Urkunden in den Archiven zu Innsbruck und Trient
gedenken, wird Engelfried von Enno genannt, welcher 1010 bekannt gewesen; so wie auch in den nähmlichen Urkunden eines Ezzelin
von Enno gedacht wird, der dem Bischof Albrecht von Trient
alle seine Güter, die derselbe zu Eppan und Caltern besessen, verkauft hat. Dieses Ezzelin von Enno Sohn, Olürandin, wird
als Stammvater dieses noch blühenden Geschlechts allgemein angenommen. Albert v. Enno war bis 1328 Fürstbischof von Brixen, wie
auch sein Neffe Albert II, der 1379 starb. Anfangs des 15. Jahrhunderts hatte sich dieses Geschlecht in nicht weniger als 17 Zweige getheilt. Joh. Vict. starb 1696 zu Trient als Fürstbischof. Franz
Felix A. v. E. ward 1716 in den Grafenstand erhoben. Ein gleich-
nahmiger Enkel von ihm, geb. den 7. Oct. 1701, starb 1726 als Fürstbischof zu Trient.

Albert'sche Wasserleitungen. Diese sind bestimmt, dem Wassermangel der südwestlichen Vorstädte Wiens abzuhelfen, und wurden
durch die Vorsorge und Großmuth Herzogs Albert (Albrecht) von
Sachsen-Teschen (s. d.) ausgeführt. Das Wasser kommt aus mehreren
Bergquellen, deren 2 höher als der Stephansthurm liegen, hinter
Hütteldorf von der hohen Wand, wird dann fast bis zum Dorfe in ei-
nem gemauerten Canale von $5\frac{1}{2}$ Fuß Tiefe und 2 Fuß Breite in eine
Brunnenstube geführt, aus derselben in mehr als 16,000 eisernen,
doppelt neben einander liegenden Röhren, durch eine Strecke von 7,155
Klaftern, unter der Erde in die Vorstädte geleitet, und so vertheilt,
daß Gumpendorf 2, Mariahilf 3, die Laimgrube 2, die
Josephstadt 2, dann die Gründe Neubau, Schottenfeld und
St. Ulrich jeder einen Brunnen mit gutem trinkbaren Wasser besitzen.
Das Werk wurde in zwey Jahren vollendet und kostete über 400,000 fl.
Conv. Münze.

Albini, Franz Jos. Freyh. v., geb. 1748 zu St. Goar. Er
hatte die Rechte studiert und trat nach zweyjähriger Reichshofrathspra-
xis in Wien als Hof- und Regierungsrath in die Dienste des Fürstbischofs
von Würzburg. Zum Kammergerichts-Assessor 1774 ernannt, und
1787 vom Churfürsten und Reichserzkanzler Friedrich Carl von
Mainz zum geheimen Reichsreferendar in Wien berufen, lernte ihn
Kaiser Joseph II. kennen und gab ihm 1789 mehrere wichtige Aufträge an deutsche Höfe. Als Leopold II. den Kaiserthron bestiegen
hatte, ward A. churmainz. Hofkanzler und Staatsminister, allein
der Krieg von 1792 hinderte die Ausführung seiner weisen Verwaltungs-
pläne. Die Übergabe von Mainz (21. Aug. 1792) half er mit zu
Stande bringen und wohnte 1797 dem Congreß in Rastatt bey. An
der Spitze des Mainzer Landsturmes erfocht er 1799 mehrere Vortheile gegen die Franzosen und ward dafür 1801 vom Churfürsten mit einem werthvollen Säbel belohnt. Er blieb fortan in den Diensten Carl
Theodor's, nachherigen Fürsten Primas, genoß stets die allgemeine

Achtung und erhielt 1813, nach Eroberung des Großherzogthums Frank=
furt, den Vorsitz in dem von den Verbündeten für dasselbe gebildeten
Ministerrathe. Später ging er in österr. Dienste und starb am 9. Jän.
1816, ohne den ihm übertragenen Posten eines Präsidialgesandten bey
der deutschen Bundesversammlung angetreten zu haben.

Albona, illyr. Städtchen im Mitterburger oder Istrier Kreise,
auf einem Berge, hat 950 Einw., Collegiatkirche, Armenspital, Öhl=
und Weincultur, Kastanienbau und Steinkohlengruben.

Albrecht I., geb. 1248, ältester Sohn Rudolphs von Habs=
burg, des berühmten Stifters des österr. Hauses. Sein Vater belehnte
ihn und seinen Bruder Rudolph (27. Dec. 1282) mit Österreich und
Steyermark, doch wurde die Regierung beyder Lande A. als Herzog allein
übertragen. Seine Strenge und Herrschsucht, seine durch die damahligen
rauhen Sitten erzeugte, bekannte Neigung zur Gewaltthätigkeit, so wie
die Begünstigungen, welche er dem ihm nach seiner neuen Residenz Wien
gefolgten schwäbischen Adel erwies, brachten seine Unterthanen um so
mehr gegen ihn auf, als er ihnen selbst die Bestätigung der von seinem
Vater anerkannten und ertheilten Privilegien und Rechte verweigerte.
Der Adel vereinigte sich daher zu einem Aufstande, unterhandelte mit
Böhmen, Ungarn und Bayern wegen Beystand, der Bischof von Salz=
burg schloß sich den Unzufriedenen ebenfalls an, und A. hatte vollauf
mit Dämpfung des Aufruhrs in seinen Staaten zu thun. Er behielt je=
doch die Oberhand. Von dem Bischofe von Salzburg befreyte ihn
1290 dessen Tod. Auch die Stadt Wien stand 1291 wegen Beeinträch=
tigung ihrer Freyheiten gegen A. auf. Er zwang sie aber durch Hunger
zur Unterwerfung und Überlieferung ihrer Freybriefe, welche er vor den
Augen der Magistratspersonen vernichtete. Das Absterben Kaiser Ru=
dolph's ward jedoch von Neuem das Signal zu Unruhen in Österreich
und Steyermark. Der neue Bischof von Salzburg war nicht freund=
licher gegen A. gesinnt, die Verbindungen mit den Nachbarn wurden
ebenfalls erneuert; es gelang jedoch dem Herzoge, sich mit den Königen
von Böhmen und Ungarn zu versöhnen, und er konnte nun mit ganzer
Macht die Aufrührer in Steyermark bekämpfen und besiegen (1291—
1292). Doch ließ er dießmahl Gnade für Recht ergehen, und bestätigte
sogar die Landesfreyheiten der Steyermärker; denn im Reiche war man
gleichzeitig mit der Wahl eines neuen Oberhauptes beschäftigt. A., der
von seinem Vater beynahe nur die kriegerischen Vorzüge geerbt hatte,
wurde von den Fürsten wegen seiner Herrschsucht mit mißtrauischen Blicken
betrachtet; schon ein Versuch seines Vaters, der ihm (May 1291) die
Nachfolge sichern wollte, scheiterte am Widerspruche der Churfürsten.
Trotz dem glaubte A. durch seine Verwandtschaft, Macht und Bundes=
genossen der Berufung zur Kaiserwürde gewiß zu seyn, und ehe noch
seine aufrührerischen Lande gänzlich beruhigt waren, bemächtigte er sich
der Feste Triefels, wo die Reichskleinodien verwahrt wurden, und
begab sich in die Nähe von Frankfurt, wo die Reichsversammlung war,
nach Hanau. — Die Wahl der Fürsten, durch Gerhard Erzbischof
von Mainz geleitet, fiel aber auf Adolph, Grafen von Nassau. Den
Ingrimm ob seines gedemüthigten Ehrgeizes verbergend, lieferte er

die Reichskleinodien aus, und nahm vom verhaßten Nebenbuhler Öster=
reich und Steyermark zu Lehen. Unterdessen hatte sich in der Schweiz eine
neue Verbindung gegen ihn gebildet, an der Spitze Amadeus IV.
Graf von Savoyen; Zürich, Bern, Basel, Rapperswyl, der Abt von
St. Gallen, der Bischof von Costnitz u. Andere schlossen sich ihr an.
In Eilmärschen nahte A., eroberte und schleifte mehrere feste Plätze
im Bisthum Costnitz, belagerte den Abt von St. Gallen in Wyl
und verbrannte diesen Ort. Der Waffenstillstand, welchen der neue römi=
sche König ausrufen ließ, machte dieser Fehde ein Ende, und A. kehrte
nach Österreich zurück, die Hoffnung auf die Kaiserwürde keineswegs auf=
gebend, und durch vertagte Gewährung derselben noch finsterer und mür=
rischer wie vorher. Durch Vermittlung seiner Gemahlinn schloß er jedoch
mit dem Bischof von Salzburg und den Grafen von Heunberg, welche
während A.'s Entfernung dessen Schwiegervater Mainhard in Kärn=
then befehdet hatten, einen Frieden (1293), der aber von kurzer Dauer
war. Der Bischof führte sehr bald beym Kaiser Klage wegen der bey
Gosach von A. an einem Berge angelegten Salzpfannen, welchen der
Bischof auf der Salzburger Seite bearbeiten ließ. Als darauf, weil A.
in Wien Gift erhalten hatte, sich das Gerücht von seinem Tode ver=
breitete, fiel ihm der Bischof ins Land und zerstörte die Salinen. Allein
der, jedoch mit Verlust eines Auges, schnell wiederhergestellte Herzog
rächte diese Feindseligkeiten und trieb auch den wiederhohlt aufrühre=
rischen Adel in Österreich und Steyermark durch sein ausländisches Kriegs=
volk zu Paaren, ohne irgend eine Forderung, wie Entfernung der
Schwaben, Bewilligung der Ausgaben des Staates durch die Stände
u. a. m. zugestanden zu haben. Die Empörten, welche keine auswärtige
Hülfe erhielten, waren froh, durch die Vermittlung der Gemahlinn A.'s
Verzeihung und Frieden zu erhalten, leisteten Abbitte, und ergaben
sich. Viele vom Adel flohen nach Böhmen und Deutschland (1297). —
Siegreich, Herr in seinem Lande, und durch die in Wien entfaltete
königl. Pracht berühmt; verschwägert und in gutem Vernehmen mit
dem König von Böhmen und den Herzogen zu Sachsen, Bayern, Kärn=
then; Schwiegervater des Königs von Ungarn und des Markgrafen von
Brandenburg; empfohlen durch den mächtigen Bischof von Mainz, wel=
chem Adolph die Kaiserkrone verdankte, wurde er jetzt (1298) auf
dem Reichstage zu Mainz, von einigen Churfürsten zum Gegenkaiser
gewählt, weil Adolph durch sein unkluges Betragen und durch allzu
große Sorge für Vergrößerung der Besitzungen seines Hauses sich den Un=
willen der Fürsten aufgeladen, und die Verantwortung der gegen ihn
erhobenen Beschwerden verweigert hatte. Beyde Kaiser traten an der
Spitze ihrer Heere, vermehrt durch die ihrer Bundesgenossen, einander
entgegen. Bey Gelheim, zwischen Speyer und Worms kam es
am 2. July 1298 zur Schlacht, in der Adolph durch seines Gegners
Hand Krone und Leben verlor. A. nahm plötzlich den Schein der Groß=
muth an, entsagte allen Ansprüchen auf die Kaiserkrone, welche er nun
kraft eines streitigen Rechts hätte geltend machen können, und ward nun=
mehr einhellig als Kaiser anerkannt. Seine herrschsüchtigen Absichten tra=
ten aber nur zu bald ans Licht. — Nachdem er Österreich, Steyermark

und Krain seinen Söhnen Rudolph III., Friedrich III. und Leopold als Lehen übergeben, und weil ihn Papst Bonifacius VIII. nicht anerkennen wollte, ein Schutz- und Trutzbündniß mit Philipp dem Schönen von Frankreich geschlossen hatte, machte er zuerst einen Versuch, seinem Sohne Rudolph die Nachfolge in der Kaiserwürde zu sichern, der jedoch mißlang. Die Klagen der Handelsstädte über die von den Fürsten am Rhein auf diesem Flusse neu erhobenen Zölle waren ihm ein willkommener Vorwand, die Churfürsten von Mainz, Trier und Köln mit Waffengewalt zur Aufhebung dessen zu zwingen, was er ihnen selbst zugestanden hatte, um sie dadurch zu demüthigen (1301—2). — Jetzt erkannte ihn auch der Papst in seiner Würde an. — Der Krieg gegen Ungarn, welchen er zur Unterstützung seines Neffen Carl Robert von Neapel unternahm, so wie der gegen Böhmen, Holland, Seeland und Friesland, lief unglücklich ab. Ein Angriff auf Thüringen, welches er, wegen Adolph's Kaufes vom Landgrafen Albrecht, als einen dem Reich von seinem Vorgänger zugewendeten Erwerb ansah, ward von dem rechtmäßigen Erben dieses Landes, dem Markgrafen Friedrich, durch die Schlacht bey Lucca (1307) abgewehrt. Nach Wenzel's III. Tode wollte A. seinem Sohne Rudolph die böhm. Krone zuwenden, doch Rudolph's früher Tod vernichtete auch diesen Plan. Unterdessen hatten aber des Kaisers Landvögte Geßler von Brunek und Beringer von Landenberg die Schweizer zum Aufstande gereizt. A.'s Absicht war, Helvetien als erbliches Herzogthum einem seiner Söhne zu hinterlassen. Aus Thüringen eilte der Kaiser herbey, die Verwegenheit der Alpenbewohner zu strafen. Aber unterwegs, in der Nähe von Habsburg, wurde er von seinem Vetter und Mündel Johann von Schwaben, dem er sein rechtmäßiges Erbe in Schwaben wiederhohlt verweigert hatte, mit Hülfe einiger Verschwornen auf freyem Felde erschlagen, als er von seinem zahlreichen Gefolge etwas entfernt war. So starb am 1. May 1308 dieser tapfere, Ordnung und Gelehrsamkeit liebende, aber, wo man seinem Eigennutz entgegentrat, gewaltthätige Fürst an der Landstraße, in den Armen eines alten Weibes, welches ihn am Wege liegend gefunden hatte.

Albrecht II., der Lahme, Albrechts I. vierter Sohn, geb. 1298, übernahm nach seines Bruders Leopold Tode (1326) die Verwaltung der Vorlande, und nach Friedrich's des Schönen Tode (1330), bald darauf gelähmt durch Vergiftung, die Regierung aller habsburgisch-österr. Länder mit seinem Bruder Otto. — Nach des sohnlosen Heinrich's, Herzogs von Kärnthen Tode (1335) zog A. das pfandweise versetzte Krain ein, und besetzte, als Heinrich's Schwestersohn, Kärnthen, vom Kaiser Ludwig dem Bayer damit als erledigtem Reichslehen belehnt, obgleich König Johann von Böhmen seinem zweyten Sohne Johann Heinrich, bey desselben Vermählung mit Margaretha Maultasche, der ältern Tochter des Herzogs Heinrich, durch dessen letzte Verfügung (1327), und durch des Kaisers Anerkennung der weiblichen Erbfolge in Kärnthen und Tyrol (1330), diese Länder versichert zu haben glaubte. Er glich König Ludwig's von Ungarn alten Streit mit der ältern Margaretha von Tyrol über Heyrathsgut aus (1356). Seine Treue gegen den verfolgten Kaiser, obgleich von diesem wegen Kärnthen schwer beleidigt (1342), erschütterten weder des heftigen Papstes Clemens VI. drohende Forderungen, noch des feinen Gegenkönigs Carl VI. Schmeicheleyen, der auch seinen Eidam, Ludwig von Ungarn, deßhalb nach Wien beschied; aber seine Treue ward nach des Kaisers Tode (1348) eben so fest für diesen Carl, da man Deutschlands Krone Eduard von England und dann Friedrich von Meissen antrug; dafür unterwarf Carl A.en wieder das aufrührisch gewordene Breisach, erklärte alle den Österreichern nachtheiligen Verfügungen Kaiser Ludwig's für ungültig, und nahm sich eifrig, obgleich nicht uneigennützig, der schweren Händel A.'s mit den Schweizern an (1351—58). Von ihm haben die Steyermärker das noch jetzt wichtige Bergbüchel, und die Verdeutschung (1339) der Rudolphinischen Landhandfeste von 1277, die Kärnthner aber ihre Landhandfeste und Rechte, den steyermärk. nachgebildet, erhalten. Seine österr. Länder wurden während seiner Regierung durch verheerende Überschwemmungen, Erdbeben, Mißwachs, Heuschrecken und Pest heimgesucht; sein Schutz für die allgemein gehaßten und blutig verfolgten Juden, und, daß er das gegen ihn feindlich gesinnte, durch Erdbeben zerstörte Basel (1356) aufbauen half, zeugt von s in großen Denkart. Er starb 1358.

Albrecht III., Herzog von Österreich, den Beynahmen mit dem Zopfe führend, ein Sohn Herzog Albrecht's II. des Lahmen, wurde 1348 geboren, und folgte seinem Vater Albrecht II. in der Regierung 1358, nebst seinen Brüdern Rudolph IV. Leopold III. und Friedrich III. Letzter wurde auf der Jagd den 9. Dec. 1362 erschossen; und da er keine Leibeserben hinterließ, so fiel dessen Erbtheil an die drey übrigen Brüder. Diese erhielten auch 1363 von der Margaretha Maultasche, nach dem Tode ihres Sohnes Mainhard, welchem sie mit Ludwig dem Ältern von Bayern erzeugt hatte, die Übergabe von Tyrol, wodurch die österreich. Länder ansehnlich vergrößert wurden. Als nun Rudolph IV. den 24. July 1365 ohne Leibeserben starb, so theilten sich A. III. und Leopold III. öfter in das Ganze, von welchem jener endlich bey der Theilung vom J. 1379 das eigentliche Österreich, dieser aber Steyermark, Kärnthen, Tyrol und die Besitzungen in Schwaben bekam. — Als Regent machte sich A. besonders durch die Pflege der Künste und Wissenschaften um sein Land verdient. Unter den Künsten schätzte er vor allen andern die Baukunst, und zeigte seinen Geschmack durch die Anlage des Schlosses Laxenburg. Die Wissenschaften verdanken ihm aber besonders die Erweiterung der Universität Wien, welche schon 1365 war gestiftet worden, aber durch das Privilegium des Papstes Urban V. nur die jurist., medic. und philosoph. Facultät erhalten hatte. Durch A.'s Bemühungen bewilligte Papst Urban VI. auch die theol. Facultät und bestätigte sie 1388. Da A. besonders die allgemeinen Wissenschaften als die Grundlage aller übrigen schätzte, nahmentlich die Mathematik, die er selbst eigentlich studirte, so sorgte er vornehmlich für die Besetzung der philosophischen Facultät mit tüchtigen Männern; und war darin ein nachah-

mungswürdiges Vorbild für spätere Regenten. — A. vermählte sich zweymahl, zuerst mit Kaiser Carl's IV. Tochter, welche den 19. Sept. 1373
starb, dann mit Beatrix, Friedrich's IV. Burggrafen von Nürnberg
Tochter; er starb den 29. Aug. 1395 zu Laxenburg.

Albrecht IV., genannt der Geduldige (Friedlichgesinnte) oder
auch das Weltwunder, von seiner gefährlichen aber glücklich zurückgelegten Wallfahrt nach Palästina, der einzige Sohn des Vorigen, wurde
geboren 1377, und folgte seinem Vater in der Regierung 1395. Da
er mit der Theilung der österr. Länder, welche dieser mit seinem Bruder Leopold III. 1379 gemacht hatte (s. A. III.), nicht zufrieden war,
so wurde ihm, nach vorhergegangenen Unterhandlungen mit den Söhnen seines verstorbenen Oheims Leopold III. das Fürstenthum Krain
wieder abgetreten, und zu dem eigentlichen Österreich hinzugefügt. Bey
seinem Hange zur Schwärmerey ist es leicht zu erklären, daß er, trotz der
Abmahnungen seiner Mutter und vieler Großen, eine Wallfahrt nach
Palästina unternahm, alle sogenannten heiligen Örter besuchte und sich
1398 in Jerusalem zum Ritter schlagen ließ. An den Streitigkeiten,
welche der König Siegmund von Ungarn mit seinem Bruder dem
Könige Wenzel von Böhmen führte, nahm A. in so fern Antheil,
daß er den letzten, der auf Siegmund's Veranstaltung war gefangen genommen worden, in Verwahrung nahm, aber doch freundlich behandelte, und zu seiner Befreyung beytrug. Den König Siegmund
unterstützte er öfter in dessen Kriegen, als er aber mit ihm gegen den
Markgrafen von Mähren Procop zog und die Stadt Znaym
belagerte, so ließ ihm dieser Gift beybringen, woran er sogleich erkrankte,
und sich in einer Senfte nach Neuburg tragen ließ, wo er den 25.
Aug. 1404 starb.

Albrecht V. von Österreich, geb. 1397, als deutscher Kaiser,
Albrecht II., einziger Sohn Herzog Albrecht's IV., erbte, nur
erst 7 Jahre alt, Österreich von seinem Vater, welches während seiner Minderjährigkeit seine Oheime regierten. Im 14. Jahre wurde
er zu Ofen mit des Kaisers und Königs Siegmund Tochter Elisabeth verlobt. Ein Jahr später erklärte ihn der Kaiser für volljährig,
und frohlockend begrüßten ihn die österreichischen Stände als Herzog.
Die Vermählung mit Elisabeth wurde 1422 vollzogen, und A. erhielt Mähren, so wie Bestätigung der in der alten Erbeinigung enthaltenen Ansprüche auf Ungarn und Böhmen zur Mitgift. Jetzt zog er,
durch ungar. Truppen verstärkt, gegen die Hussiten zu Felde und
führte mit ihnen einen wechselvollen und entsetzlichen Kampf. Bey den
vom Kaiser und Papst gegen sie veranlaßten beyden Kreuzzügen spielte
A. eine Hauptrolle, erfocht nahmentlich bey Maidhof (1431) und
Znaym (1432) blutige Siege und behauptete sich im Besitze von Mähren, das er für Ketzerey und Aufstand durch Verbrennung von mehr als
500 Dörfern züchtigte. — Auch gegen die Türken führte er 1435 das
ungar. Heer zum Siege. Es war im Dec. 1437, als Siegmund
auf dem Todbette in Ungarn seinen Eidam zum König empfahl und ihm
die böhm. Krone in seinem Testamente vermachte. Die Ungarn folgten dem Rathe Siegmund's und wählten A., krönten ihn jedoch nur mit

der Bedingung, daß er nie die deutsche Kaiserwürde annehmen dürfe. In Böhmen hatte eine Partey Casimir, Bruder des Königs von Polen, zum König berufen. Dieser war mit einigen tausend Reitern nach Böhmen gekommen, wurde aber von A. schnell vertrieben, und schon am 20. Juny 1438 trug der Sieger die böhm. Krone. Im März d. J. war A. wirklich zum deutschen Kaiser gewählt worden, und da die Ungarn ihn seines Versprechens entbanden, vereinigte er nunmehr drey Kronen auf seinem Haupte. Als Kaiser bewährte er sogleich den ausgezeichneten Regenten. Er verbesserte die Rechtspflege, sorgte mit Strenge für die öffentliche Sicherheit und suchte die Vehmgerichte einzuschränken. Nach vorläufiger Beseitigung der deutsch. und böhm. Angelegenheiten hielt er 1439 einen Reichstag in Ofen, schloß mit Georg Brankowicz, Despoten von Servien, ein Bündniß gegen die auch Ungarn bedrohenden Türken, und zog gegen dieselben zu Felde, als sie gleich darauf in Servien einbrachen. Nur schwach vom Adel unterstützt, mußte er Zeuge der Einnahme von Semendria seyn; zwar riefen A.'s Vorwürfe und die drohende Gefahr jetzt zahlreichere Streiter herbey, allein die im Lager wüthende Ruhr verscheuchte sie wieder. Doch auch der Feind ward von demselben Übel zum Rückzug gezwungen. — A. selbst wurde davon befallen, kam sehr schwach nach Ofen zurück, und setzte, ärztlichem Rathe zum Trotze, die Reise nach Wien fort. Unterwegs ereilte ihn der Tod am 27. Oct. 1439. Seine Gemahlinn gebar bald nachher einen Sohn, der als Ladislaus Posthumus den böhm., ungar. und österr. Thron bestieg; außerdem hinterließ A. zwey Töchter.

Albrecht VI., der Verschwender, ein Sohn des Herzogs Ernst des Eisernen, von der steyermärk. Linie und Bruder Friedrich's V., wurde 1418 geboren. Da er beym Tode seines Vaters 1424 noch minderjährig war, so führte sein Bruder Friedrich für ihn die Regierung bis zum Jahr 1438. Bey der Theilung in die väterlichen Länder erhielt er die vorderösterr. Länder. Als Ladislaus der Nachgeborne, König von Ungarn und Böhmen und Herzog von Österreich, Sohn Albrecht's V., ohne Leibeserben starb (1457), so fiel das Herzogthum Österreich an die drey Prinzen von der steyermärkischen Linie: Siegmund von Tyrol, Friedrich V. (als Kaiser Friedrich III.) und Albrecht VI., zu dessen Besten Siegmund auf die Erbschaft Verzicht leistete, wofür er einen Theil von Kärnthen, Friedrich V. aber, auf den Antrag der Landstände, 1458 Niederösterreich, und Albrecht VI. Oberösterreich erhielt. Die Hauptstadt Wien blieb den beyden Brüdern und ihrem Vetter Siegmund gemeinschaftlich, so daß sie allen dreyen schwören mußte, und jeder von ihnen seine besondere Wohnung in der Burg bekam. Das gute Vernehmen zwischen den beyden Brüdern dauerte indessen nicht lange, da A.'s Ehrgeiz und Verschwendung ihn antrieben, seinem Bruder, dem Kaiser, Niederösterreich zu entreißen. Er unterstützte daher dessen unzufriedene Stände 1461 unter dem Vorwande, daß er bey der Landestheilung von 1458 versprochen habe, die Landstände bey ihren Freyheiten zu schützen, wobey er sich auf seine Bundesgenossen, den König Georg von Böhmen und den Herzog Ludwig von Bayern verließ. Es wurde zwar durch den ersten ein Stillstand vermittelt am 6. Sept. 1461, welcher bis in das folgende Jahr dauern, und unterdessen ein Friede abgeschlossen werden sollte; aber Streitigkeiten zwischen den Bürgern von Wien und dem Kaiser um eine Beysteuer der erstern zur Abbezahlung der Söldner des letztern gaben Gelegenheit zu neuen kriegerischen Auftritten. Der Kaiser wurde von den Bürgern zu Wien, nachdem sie ihm als Erzherzoge von Österreich den Gehorsam aufgekündigt hatten, in seiner Burg zu Wien belagert, und A. zu Hülfe gerufen, welcher seinem Bruder hart zusetzte. Als indessen Friedrich im Nov. 1462 die zu Regensburg versammelten Reichsstände von seiner bedrängten Lage benachrichtigte, so beschloß man ihm Hülfe zu schicken. Ehe diese aber vom Reiche geleistet wurde, rückte der König Georg von Böhmen zum Entsatze herbey und zwang A. die Belagerung aufzuheben, und zu Korneuburg am 2. Dec. 1462 einen Vertrag zu unterschreiben, in welchem er versprach alle Städte und Schlösser, welche dem Kaiser gehörten, zurückzugeben. Da er aber denselben nicht erfüllte, und sich sogar allein zu Wien huldigen ließ, so wurde er auf Friedrich's Antrag von den Reichsständen im April 1463 in die Acht erklärt. Zwar appellirte er deßwegen an den Papst Pius II., dieser aber wies ihn ab, und that ihn sogar in den Bann. A. ließ sich dadurch nicht schrecken, und verwarf alle Vorschläge zur gütlichen Beylegung der Sache. Endlich vereitelte seine Plane der Tod, der ihn am 2. Dec. 1463 überraschte.

Albrecht VII., Erzherzog von Österreich, Herr der Niederlande, war geboren den 13. Nov. 1559 zu W. Neustadt, fünfter Sohn Kaiser Maximilian's II. Seine Erziehung wurde am Hofe des Königs Philipp II. von Spanien vollendet und er trat daselbst in den geistlichen Stand, 1575 erlangte er die Cardinalswürde, 1583 die Verwaltung des Königreichs Portugall und erhielt 1595 nach dem Tode seines Bruders Ernst dessen Stelle als Statthalter der Niederlande, als welcher er mit abwechselndem Glücke gegen Frankreich kriegte. 1598 legte A. seine geistliche Würde nieder und vermählte sich mit Isabella Clara Eugenia, Tochter König Philipp's II., welche ihm die Niederlande sammt allen dazu gehörigen Provinzen, nebst der Grafschaft Burgund zur Morgengabe zubrachte. Später stritt A. gegen die vereinten Staaten mit geringem Erfolge, und brachte endlich 1609 einen 12jährigen Waffenstillstand zuwege. 1619 trat A. die ihm in Österreich zugefallenen Länder dem von Kaiser Mathias adoptirten Erzherzoge Ferdinand ab, zu dessen Gunsten er auch auf die Erbfolge verzichtete, und starb zu Brüssel den 13. July 1621, ohne Erben zu hinterlassen. Die niederländ. Provinzen fielen nach dem Tode seiner Gemahlinn 1633 wieder an die spanische Krone.

Albrecht Casimir, Herzog von Sachsen-Teschen, Ritter des spanischen goldenen Bließes, Großkreuz des ungar. St. Stephans- und des österr. Leopoldsordens, Inhaber des gold. Civil-Ehrenkreuzes, k. k. Feldmarschall, und Inhaber des Cürassier-Regiments Nr. 3; Sohn König August's III. von Polen, war geboren den 11. July 1738 zu Moritzburg bey Dresden. 1766 vermählte er sich mit der Erzherzoginn

Maria Chriſtina, Tochter des Kaiſers Franz I. und Mar. Thereſiens, welche Leßtere ihm dabey das Herzogthum Teſchen als Lehen
mitgab. Er ward Statthalter der öſterr. Niederlande, mußte aber bey
den 1789 ausgebrochenen Unruhen, nachdem alle zur Dämpfung derſelben von ihm getroffenen Maßregeln geſcheitert waren, Brüſſel verlaſſen; er ging nach Wien, nach Beylegung des Aufruhrs durch ein
öſterr. Heer, jedoch wieder dahin zurück. 1792 vom 21. Sept. bis
10. Oct. befehligte er die Belagerung von Lille. Nachdem er ſelbe
aufgehoben und mit Beaulieu den 6. Nov. bey Jemappe geſchlagen worden, zog er ſich im nächſten Jahre ganz in das Privatleben nach
Wien zurück. Hier ließ er 1801 — 4 ſeinen Pallaſt auf der Auguſti-
nerbaſtey vergrößern und prachtvoll meubliren, vermehrte, glühend für
Kunſt und Wiſſenſchaft, mit dem unermüdlichſten Eifer und dem größten Koſtenaufwande ſeine in allen Welttheilen mit hohem Rechte berühmte Sammlung von Originalhandzeichnungen, Kupferſtichen und
Büchern, beſtimmt, nach ſeinem Tode auf den Erzherzog Carl überzugehen. (Das Nähere über dieſe Schätze unter Carl, Erzh.) Von ſeinem überaus reichen Einkommen verwendete er einen anſehnlichen Theil
zu Werken der Wohlthätigkeit, wie denn z. B. die waſſerarmen Vorſtädte Wien's ihm herrliche Waſſerleitungen verdanken (ſ. Albert'ſche
Waſſerleitungen); der Albrecht's-Karaficza-Canal in Ungarn (ſ. d.) von ihm herrührt; das k. k. Blinden-Inſtitut
50,000 fl. von ihm erhielt ꝛc. Seiner Gemahlinn, welche den 26. Juny
1798 ſtarb, errichtete er in der Auguſtiner-Hofpfarrkirche ein prachtvolles Denkmahl, ein Meiſterwerk Canova's, welches 30,000 Ducaten koſtete. Er ſtarb zu Wien den 10. Febr. 1822.

Albrecht, Joh. Friedr. Ernſt, Doctor der Arzneywiſſenſchaft
und ehemahliger Buchhändler zu Prag, bis 1795, von wo an ſein
Aufenthalt unbekannt blieb. Vorher hielt er ſich zu Leipzig und
Dresden auf, war früherhin Leibarzt des Grafen von Manteufel
zu Reval, und noch früher Doctor legens an der ehemahligen Univerſität zu Erfurt. Er war geboren zu Stade in Hannover 1752.
Vorzüglichſte Schriften: „Zootomiſche und phyſikaliſche Entdeckungen
von der innern Einrichtung der Bienen, Gotha, 1775; — Gallerie der
Gartenkunſt; enthält den Bau von Tempeln, Exemitagen, Pavillons,
Monumenten ꝛc. Prag und Wien, 1788; — Die Regenten des Thier-
reichs. 3 Thle. Berlin, 1790 — 91. Vom 1. und 2. Theil erſchien eine neue Auflage, Dresden, 1791; — Vollſtändiges Archiv der doppelten böhm. Krönung Leopold II. und Marie Louiſens Infantinn
von Spanien, in Prag, im Jahre 1791, geb. 1791; außerdem
ſehr viele, meiſtens zu Prag und Leipzig herausgekommene Dramen
und Romane.

Albrechtsberger, Joh. Georg. Dieſer um die Tonkunſt ſo hoch
verdiente Mann ward den 3. Feb. 1729 zu Kloſterneuburg nächſt
Wien geboren; 1736 trat er als Discantiſt in dieſes Stift, ſpäterhin ward er als Organiſt zu Raab in Ungarn, darauf in Maria-
Taferl und dann zu Melk angeſtellt, bis er 1772 zum Hoforga-
niſten und Mitglied der muſik. Akademie in Wien ernannt wurde.

20 Jahre darauf ward ihm die ehrenvolle Anstellung als Capellmeister der Metropolitankirche zu St. Stephan in Wien zu Theil. 1799 erhielt er das Diplom als Mitglied der königl. Musikakademie zu Stockholm. Er starb am 7. May 1809 zu Wien. — A. war als trefflicher Orgelspieler berühmt, und auch seine ziemlich zahlreichen Compositionen, die größtentheils diesem seinem Instrumente gewidmet waren, werden mit Recht geschätzt, obgleich sie sich weit mehr durch gründliche strenge Ausarbeitung, als durch Erfindung, Eigenthümlichkeit und Ausdruck auszeichnen. Sein größtes Verdienst aber, weßhalb wir seiner auch hier mit Ehren gedenken, war das eines überaus gründlichen, fleißigen, treuen Lehrers in der Composition. Als solcher hat er viele treffliche Schüler gezogen, unter andern den großen Beethoven, ja fast alle Meister dieser Kaiserstadt genossen entweder eine Zeitlang seinen Unterricht, oder bedienten sich bey ihren vorzüglichern Arbeiten seines Raths und Urtheils. Aus seinen Unterrichtsstunden in früheren Jahren bildete er später sein Werk: Gründliche Anweisung zur Composition, (Leipzig, Breitkopf, 1790,) welches — wenn auch nicht vollständig, noch weniger in streng systematischer Ordnung — das enthält, was es verspricht, und vielleicht in den zahlreichen, sorgsam ausgearbeiteten Beyspielen seinen größten Vorzug hat. Seine musikalischen Schriften erschienen von dem sehr competenten Ign. Ritter v. Seyfried in der neuesten Auflage, in 3 Bden. gesammelt und redigirt, 1830 zu Wien bey dem für die musik. Kunst so verdienstlich wirksamen Kunsthändler Tob. Haslinger unter dem Titel: A.'s sämmtliche Schriften über Generalbaß, Harmonielehre und Tonsetzkunst zum Selbstunterrichte; systematisch geordnet, mit zahlreichen Erläuterungen, Beyspielen, und Beschreibungen aller jetzt gebräuchlichen Instrumente.

Albrecht's-Karasicza-Canal in Ungarn, wurde 1793 auf Kosten des edlen Menschenfreundes, Herzog Albrecht's von Sachsen-Teschen und seiner Gemahlinn, der Erzherzoginn Maria Christina, zur Entwässerung des drey Meilen langen Morastes in der Baranyer Gespanschaft ausgeführt. Er hat 18,813 Klft. in der Länge und wurde im Herbst des Jahres 1811 zu Stande gebracht, wodurch 5702 Joch des schönsten Wiesenlandes der Versumpfung entrissen wurden.

Albrizzi, Isabella Teotochi, war geboren zu Brescia in der Lombardie um 1770. Nach erhaltener sorgfältiger Erziehung heyrathete sie einen venet. Nobile und nach dessen Tode nach kurzem Wittwenstande den ebenfalls edlen Venetianer Giuseppe Albrizzi, mit welchem sie in der glücklichsten Ehe lebte. Durch ihren Geist und liebenswürdigen Charakter erwarb sie sich nicht allein die Achtung und Verehrung der ersten Gelehrten und Schriftsteller ihres Vaterlandes, sondern auch auswärtiger Männer von Ruf. Sie gab im Druck heraus: Ritratti, Brescia 1807, eine Reihe von Charaktergemälden in Labruyere's Manier mit beygegebenen Porträten, welche mit allgemeinem enthusiastischen Beyfalle aufgenommen wurden.

Alcaini, die Grafen, gehören zu den Herren und Landständen im Herzogthum Krain. Sie stammen aus einer altadeligen Familie der vormaligen Republik Venedig, wo sich ein A. als Staatsanwald

4 *

durch seine Beredsamkeit einen vorzüglichen Ruf erworben hatte. Joh. Bapt. Graf A. trat früh in österr. Militär = Dienste, wo er sich bis zu t•n Range eines Feldmarschall = Lieutenants emporschwang, in welcher Eigenschaft er 1800 die Blokade von Tortona befehligte, und bald nach der Übergabe dieses Platzes in Folge erhaltener Wunden den 8. Oct. in Mailand starb. — Ein Sohn desselben, Cajetan Graf A., geb. zu Wien den 16. May 1792, gest. zu Prag 1833, als Capitän = Lieutenant bey dem 5. Jäger = Bataillon, machte sich als Schriftsteller bekannt, durch: Biographie des Vesirs Ali = Pascha von Janina, Wien und Pesth 1823. In der österr. milit. Zeitschr. 1822, 1823, u. 1824 befinden sich Aufsätze von ihm.

Aldenhoven, Flecken im preuß. Regierungsbezirk Aachen, bekannt wegen der Schlacht zwischen dem siegreichen österr. Feldherrn, Prinzen von Coburg und den Franzosen, den 1. März 1793.

Alessandria, befestigte Stadt in Piemont, hat gegen 30,000 Einw. und liegt in einer weiten, sumpfigen Ebene am rechten Ufer des Tanaro, welcher die Bormida hier aufnimmt. Die sehr starke Citabelle (6 Bastionen und viele Außenwerke) liegt am linken Flußufer und wird durch eine steinerne Brücke mit der Stadt verbunden. — Als General Moreau auf dem Rückzuge aus Italien am 18. May 1799 die Stellung vor A. verließ und nach Turin marschirte, warf er eine Besatzung in die Citadelle, welche auch bald darauf von den Österreichern und Russen eingeschlossen wurde. Die regelmäßige Belagerung mit 11,000 Mann fing erst Ende Juny unter der Leitung des mit seinem Armeecorps aus Thyrol nachgerückten Grafen Bellegarde (s. d.) an. Am 14. July ließ er den französ. Befehlshaber der Citadelle auffordern, und als dieser von Übergabe nichts wissen wollte, den Platz am 15. July von 200 Feuerschlünden beschießen. Nachdem am 16. July ein Pulvermagazin aufgeflogen, welches 2 Bastionen so beschädigt hatte, daß die entstandene Öffnung fast gangbar war, wurde der Platz nochmahls, jedoch wieder vergebens, aufgefordert. Als aber am 21. July die Belagerungsarbeiten so weit vorgerückt waren, daß bereits 8 Bataillone Russen zum Sturme bestimmt wurden, verlangten die Franzosen zu capituliren und übergaben nach getroffener Übereinkunft am 22. July die Veste. Die 2,580 Mann starke Besatzung blieb kriegsgefangen. Außer Mund= und Kriegsvorräthen fanden die Sieger 102 Kanonen, von denen aber nur wenige noch völlig brauchbar waren. — Noch ist hier zu bemerken der Vertrag von A., abgeschlossen am 16. Juny 1800 zwischen Alex. Berthier, Obergeneral der Franzosen, und dem österr. General Melas. Die verlorene Schlacht bey Marengo (s. d.) hatte das österr. Heer in eine so üble Lage gebracht, daß sein Befehlshaber Unterhandlungen mit dem Sieger anknüpfen und in den obigen Vertrag eingehen mußte, durch welchen den Franzosen die Städte, Festungen und Schlösser: Turin, Coni, Savona, Genua, Alessandria, Tortona, Piacenza, Mailand, Pizzighetone, Urbino, Arona und Cena, so wie die Länder zwischen der Chiusa, dem Oglio und dem Po eingeräumt wurden. Das Gebieth zwischen dem Mincio und der Chiusa sollte unbesetzt bleiben, und, bis zur Ankunft einer Antwort von Wien, Waffenruhe eintreten. Die Feindseligkeiten sollten in allen Fällen erst 10 Tage nach erfolgter Aufkündigung wieder beginnen. Die Artillerie der Plätze, so weit sie von österr. Guß und Caliber, verblieb dem österr. Heere, die übrige den Franzosen. Die Mundvorräthe wurden getheilt.

Almanache und Taschenbücher, hier im ästhetischen und historischen Sinne genommen, haben sich, wie in ganz Deutschland überhaupt, auch in Österreich, erst gegen das Ende des vorigen Jahrhunderts, und im Wesentlichen erst in den letztern Jahrzehnten, zu einer stehenden Literatur = Classe gestaltet. Dieß war sowohl in Ansehung des Textwerthes als der decorativen Ausstattung durch geschmackvolleren Druck, artistischere Zeichnungen und Kupferstiche und des ganzen Innern und Äußern der Fall. Haben sich hin in unseren Tagen vorzugsweise die A. und T., welche Wien ans Licht brachte, wie die bey Degen erschienenen Taschenbücher, die Aglaja und Vesta, die Hormayr = Mednyansky'schen Taschenbücher ꝛc. von frühern deutschen und Wiener=Producten ähnlicher Tendenz, diese fast verbun=fehnd, unterschieden, so dürfen jene Wiener=Vorgänger, ihrer Zeit dennoch entsprechend und das ganze Inland gleichsam von einem Stapelplaß jährlich versorgend, gleichwohl nicht übergangen werden. Wir biethen hier sonach einen chronologischen Überblick der erheblichsten und charakteristischen Erscheinungen dieser Gattung: Tyroler Almanach (von Hormayr) 1802 — 5; Wiener = Taschenbuch (schöne pittoreske Kupfer) bey Degen 1803 — 9; Taschenbuch für Freunde schöner vaterländischer Gegenden (von Wiedemann und Fischel ꝛc.) 1805 — 8; Histor. Taschenbuch, mit besonderer Hinsicht auf die österr. Staaten (von Schwaldopler) 1805 — 8; Apollonion (von Leon) 1807 — 10; Wiener = Hoftheater = Taschenbuch 1807 — 30; Dramatisches Sträußchen von Castelli 1809 (wird stets fortgesetzt); Almanach dramatischer Spiele von Kurländer 1811 — 18; Taschenbuch für die vaterländische Geschichte von Hormayr 1811 — 14; Malerisches Taschenbuch der österr. Monarchie von Sartori 1812 — 14, 16, 17; Aurora (von Unger, F. Gräffer, Seidl) 1812 (bis jetzt ununterbrochen fortgesetzt); Selam von Castelli 1812 — 15; Aglaja (von Sonnleithner, Schreyvogel, Lembert; Beyträge vorzüglicher in- und ausländischer Schriftsteller, herrliche punctirte Kupfer von John, meist nach class. Gemälden) 1815 — 32; Taschenbuch für die vaterländische Geschichte von Hormayr und Mednyansky 1820 — 29 (mannigfaltig, reich, interessant, zum Theil wichtig, für ein gemischtes, gebildeteres, nicht eben gelehrtes Publicum berechnet; mit netten Bildnissen, Vorstellungen von Burgen ꝛc.); Taschenbuch für Schauspieler und Schauspielfreunde von Lembert 1821 — 23; Huldigung den Frauen von Castelli 1822, mit schönen Kupfern von Fr. Stöber und andern Künstlern (dauert fort); Taschenbuch für Frohsinn und Liebe, von Kuffner 1826 — 27; Fortuna von Told 1827 — 31; Vesta 1831 — 35| (durch den Herausge=

der **Robert**; sorgfältiger Text; herrliche Kupfer= und Stahlstiche
von **Passini**, **Axmann** ꝛc.; der Herausgeber, von vaterländi=
schem Ehrgefühl belebt, bringt die bedeutendsten Opfer für die Aus=
stattung, besonders durch Stahlstiche, bestellt eigens Gemälde für sel=
be, und scheut keine Summen, dieß Taschenbuch fort und fort glän=
zender herzustellen); Aurora von **C. Kisfaludy** 1822 (Ofen und
Pesth) gegründeter Almanach in ungar. Sprache, wetteifert würdig mit
den schönsten Producten dieser Art. Noch müssen wir des Wiener=Mu=
senalmanachs erwähnen, der viel Gutes enthaltend 1777 — 92 von
Ratschky und **Blumauer**, 1793 — 94 von Letzterem allein
herausgegeben, und von 1795 an, in unterbrochenen Folgen von
Leon, **Gaheis**, **Liebel**, **Streckfuß** und **Treitschke**,
Kuhn und **Treitschke**, dann **Erichson** bis 1814 mit schwan=
kendem Erfolge erschien. — Zu den oben erwähnten Vorgängern gehö=
ren: Toiletten = Almanach für Damen von 1792 an; Blumenstrauß
für Musen= und Menschenfreunde, 1793 begonnen; Almanach für
Freundinnen romant. Lectüre 1802 und folg. u. dgl. A., welche,
ungeachtet ihres dürftigen Innern und mit Lackblech, Stickerey,
Spiegeln, überladenen Äußern, dem Zeitgeschmacke gleichwohl ge=
nügten.

Almás, ungar. fischreicher Fluß der Schümegher Gesp., entspringt
zwischen Szigether Bergen, theilt sich bey **Szigeth** in mehrere
Äste, bildet mehrere kleine Inseln, breitet sich dann weit aus, und
fließt endlich in die Drave. — Auch führen diesen Nahmen 16 Ortschaf=
ten in Ungarn in verschiedenen Gesp. Außer dem großen Marktflecken dieses
Nahmens in der Bacser Gesp. in N. Ungarn mit 5,300 größtentheils
kathol. Einw. nennen wir noch 2 merkwürdige Dörfer: 1) A. in der
Comorner Gesp. in N. Ungarn an der Donau und an der Landstraße,
der gräfl. Familie **Zichy** gehörig, ausgezeichnet durch einen rothweißen
Marmorbruch, ein warmes Bad und eine Wasserleitung. Auch sind hier
viele röm. Alterthümer, als Münzen, Gemmen u. s. w. entdeckt wor=
den, wovon der dasige reform. Prediger **Steph. von Valyi**, wel=
cher die röm. Kaisergeschichte in magyar. Sprache herausgegeben hat,
eine schöne Sammlung zu Stande brachte. 2) A. (Tót Almás, d. i.
Slavisch=Almás, oder richtiger Tó Almás, d. i. See=Almás), in der
Pesther Gesp. in N. Ungarn, der Baron **Pronay**'schen Familie zuge=
hörig, mit einer kathol. Pfarre, einem herrschaftl. Castell, einem gro=
ßen fischreichen, von wilden Enten besuchten Teiche, (woher der Nahme)
mit Bach= und Pferdemühlen. Beyde Orte haben Wein. — Auch findet
sich ein merkwürdiges Dorf dieses Nahmens in Siebenbürgen, im Udvar=
helyer Stuhl im Lande der Szekler, im Bezirke Dallja, mit einer gro=
ßen Felsenhöhle, in welcher sich einige tausend Mann verbergen kön=
nen. Der Zugang zu derselben über steile Felsen, und über die in den
Waldungen darniederliegenden Bäume, ist ohne Steigeisen beynahe
unmöglich. Eben so fürchterlich ist das Innere der Höhle. Abgründe,
vielfältige Abtheilungen, in welchen man leicht irre gehen kann, förm=
lich mit Rohr bewachsene Moräste, eine Salpeterquelle und ein ziem=
lich starker Bach, Bargyas (Wardjasch), der durch die unterirdischen

Spaltungen seinen Lauf nimmt, und wie man aus dem Wiederhalle schließt, sich in einen tiefen Abgrund verliert, schreckt selbst den hier bekannten Landmann ab, einen Wegweiser dahin abzugeben. Vor dem Eingang steht eine alte Mauer, die es wahrscheinlich macht, daß sie in den frühern Zeiten zu einem Zufluchtsort vor streifenden Feinden diente.

Almissa, dalmat. Städtchen im Kreise von Spalato, liegt in Gestalt eines länglichen Vierecks an der Mündung der Cettina ins Meer, und am Fuße des nackten, steilen Felsens Borak, hat 650 Einw., einen Hafen und etwas Weinhandel. Man findet hier die Trümmer der Veste Mirabella. Die Sümpfe bey der Stadt sind verschüttet.

Alpen. 1) Die Julischen, eine große Gebirgskette, welche bey dem Terglou sich von den carnischen Alpen trennt, und in einer südöstl. Richtung bis zum Felsen Klek bey Ogulin hinzieht. Glieder dieser 4 Längengrade einnehmenden Kette sind die steyr. Alpen in 3 Ketten, das Srinergebirge und der Ivomchicza in Croatien; die Bergkämme Wellebit, der große und kleine Kapella und Merslavobicza in Seecroatien, der Karst im Gouvernement Triest, der Caldiera in Istrien; hohe Bergspitzen, der Grössenberg 8,380, der Eisenhut 7,676, der Grimming 7,540, die Stangalpe 7,140, der Kampel 4,798 F. üb. d. Meere, sämmtlich in Steyermark. — 2) Die Dinarischen: Sie erstrecken sich längs dem rechten Ufer der Save und Donau vom Felsen Klek bis nach Sophia, wo sie mit dem Emineh Dagh (Haemus) zusammenstoßen. Zu denselben gehören die Sichelburger, Popilach und Gollosiogebirge, der Kamenicza und Petravagota, der Verbascastaza u. a. Merkwürdig sind in dieser und der folgenden Bergkette die Grotten und Berghöhlen, die sich nirgend häufiger finden. Im Süden und Südosten erheben sich — 3) die Carnischen. Sie reichen vom Monte Pellegrino zwischen der Save und Drave bis zum Terglou. Ihr Inneres ist reich an Bley, Kupfer, Eisen und Quecksilber. Der Terglou ragt 9,744, der Loibl 4,266 F. hoch hervor. — 4) Die Norischen. Ihr Anfang ist bey dem Dreyherrnspitz. Sie bedecken Kärnthen auf dem linken Draveufer, das Land ob der Enns und einen Theil vom Lande unter der Enns und Steyermark, und laufen in der Odenburger Ebene in Ungarn aus. Ein Kalkgebirge, wozu der Semmering gehört, begleitet sie. Hohe, dieser Kette angehörige Spitzen sind: das Viehbachhorn im Lande ob der Enns 10,826, der hohe Narr daselbst 10,633, der Dachstein bey Hallstadt 9,448, der große Priel im Lande ob der Enns 8,404, der Obir in Kärnthen 7,032, der Schneeberg bey Hallstadt 6,521, der Schneeberg im Lande unter der Enns 6,516, der Otscher im Lande unter der Enns 6,062, der Wechsel im Lande unter der Enns 5,428, der Traunstein im Lande ob der Enns 5,365, der Stinnerkogel im Lande ob der Enns 4,860 und der Semmering auf der steyr. Gränze 4,416 F. über dem Meere. — 5) Die Rhätischen, das höchste Gebirge der Monarchie, auf dessen Ferner und Tauern Eis und Schnee nie aufthauen. Es geht vom Bernhardsberge durch das ganze Graubündten und Tyrol bis zum Dreyherrnspitz auf der Gränze des Landes ob der Enns und Kärnthen, südwärts aber bis zum Pellegrino und trennt die Lombardie vom Bündtnerlande und Tyrol. Zu seinen Vorbergen gehören das lesinische Gebirge

zwischen dem Gardasee und der Brenta, und die euganeischen und berini-
schen Berge; hohe Spitzen sind der Orteles in Tyrol 14,416 (14,016),
der Großglockner daselbst 11,982, die Hochtschernowand 11,645, der
Plattenkogel 9,756, der große Sollstein 9,106, der Gradja 9,036,
der Schneeberg bey Sterzing 7,764, der Brenner 9,036 und der Sum-
miano 3,937 F. über dem Meere.

Alt (Aluta), Fluß in Siebenbürgen, bewässert den südöstl. Theil
dieses Landes, entspringt in der Csik an der östl. Seite des Gebirges,
an welchem die Maros ihre Quelle hat, strömt durch den Rothenthurm-
paß nach der Walachey, in der er in die Donau fällt. Er ist goldhältig.

Alt, Jac., rühmlich bekannter Landschaftmaler und Lithograph,
ward geb. den 27. Sept. 1789 zu Frankfurt am Main. Daselbst
begann er seine Studien, reiste sodann 1810 nach Wien, wo er die
histor. Schule an der Akademie der bildenden Künste besuchte und sich
nebstbey durch eifriges Selbststudium zum tüchtigen Landschaftmaler bildete. 1828 bereiste A. die Lombardie, 1833 Venedig und brachte, besonders von letzterer Reise, mehrere sehr glücklich ausgeführte Zeichnungen
mit. Unter seinen Gemälden zeichnen sich vorzüglich aus: Der Kirchhof
zu Hallstadt, Gargnano am Gardasee in der Lombardie, Aussicht
aus den giardini pubblici von Venedig gegen die Insel S. Giorgio
maggiore ꝛc. Unter seinen zahlreichen Lithographien sind besonders
rühmlich zu nennen: Die Donauansichten, dann seine Bilder aus den
Alpen der österr. Monarchie, besonders jenen von Steyermark, Österreich, Salzburg, Kärnthen und Tyrol, wovon bereits mehrere Hefte, deren
jedes 6 Blätter enthält, erschienen; endlich eine Sammlung von Ansichten der vorzüglichsten Plätze und Umgebungen Wiens, wovon er bereits lieferte: Stephansplatz, Stephanskirche, Josephsplatz, Parade-
platz, Graben, Ferdinandsbrücke, Wien von einer Anhöhe bey Gerst-
hof, Carlskirche, Schönbrunn und Mödling. In Kurzem gedenkt
der Künstler eine Reise nach Rom und Neapel zu unternehmen, von
welcher sich nur die schönsten Resultate für die Kunst erwarten lassen.

Alt, Rud., ausgezeichneter Landschaftmaler, besonders vorzüglich in der äußerst fleißigen und richtigen Behandlung architektonischer
Gegenstände, wurde geb. den 20. Aug. 1812 zu Wien, Sohn des Vorigen. Schon in zartester Jugend erhielt sein früh erwachtes Talent die erste
Leitung durch seinen Vater, dessen Unterricht A. überhaupt Vieles zu
verdanken hat; nur die histor. Schule studirte er an der Akademie der
bildenden Künste in Wien, nebenbey übte er sich in der Landschaftmalerey
und brachte es durch richtige Anleitung und eifriges Selbststudium schon
in den Jünglingsjahren zu einem hohen Grad von Vollendung. Er leistete bereits schon viel des Vorzüglichen und läßt in der Folge noch mehr
erwarten. 1828 bereiste A. mit seinem Vater die Lombardie und 1833
Venedig. Beyde Reisen, besonders aber letztere, bothen seinem Talente reiche Gelegenheit, sich im vortheilhaftesten Lichte zu zeigen. Von
Venedig bewahrt sein Portefeuille mehrere Skizzen, die durch Genauigkeit und Zartheit der Ausführung wahrhaft meisterlich genannt werden
können; vorzugsweise ist das Innere des Dogenpallastes und der Mar-
cusplatz anzuführen, in welchen auch nicht das kleinste Detail architek-

tonischen Schmuckes vergessen ist; sehr gelungen sind die Färbungen der verschiedenen Marmorarten wiedergegeben, eben so verdienstlich ist die beygegebene Staffage lebendig und naturgetreu behandelt, eine für einen architektonischen Maler gewiß sehr schätzenswerthe Gabe. — Unter seinen ausgeführten Werken sind besonders erwähnenswerth, in Wasserfarben: die äußere Burg, der Josephsplatz, Ansicht von Wien. In Ohl: die St. Stephanskirche, in der kais. Bildergallerie befindlich; die Veste Salzburg mit dem Untersberge im Hintergrunde; der Wolfgangsee in Oberösterreich; Piazza Erbe in Vicenza; Aussicht von der Strada nuova gegen die giardini pubblici in Venedig. Einige der reizendsten Ansichten von Venedig hat der Künstler gegenwärtig in der Arbeit, so wie er auch seinen Vater auf der vorhabenden Reise nach Rom und Neapel begleiten wird, wovon ebenfalls die herrlichsten Früchte zu erwarten sind.

Altaicha, s. **Aicha.**

Alt-Arad, Hauptort des Arader Comitats in Ungarn, königl. Freystadt, liegt am rechten Ufer der Maros, ehemals eine starke Festung, jetzt aber ohne Festungswerke; hat 13,824 Einw. (wovon 5923 Katholiken, 6985 nichtunirte Griechen, 191 Evangelische und Reformirte, und 725 Juden). Sie zerfällt in 3 Theile: die deutsche Stadt, die ungarische Stadt und die neue Festung, welche letztere 1763 in einer Krümmung oder Halbinsel der Maros angelegt wurde. A. ist der Sitz eines griech. nichtunirten Bisthums, und hat ein kathol. Gymnasium, eine kathol. Hauptschule und eine pädagogische oder Präparandenschule der Walachen. Auch befindet sich hier ein Salz-, Dreyßigst- und Postamt. Es sind hier mehrere Tabakfabriken, und die Einwohner treiben nicht unerheblichen Handel. Die Viehmärkte sind die größten in Ungarn.

Alt-Brünn, s. **Brünn.**

Alt-Bunzlau, böhm. Markt im Bunzlauer Kreise mit 1,000 Einw. in einer sehr angenehmen Gegend am rechten Ufer der Elbe, mit einem Collegiatstifte und der schönen und vielbesuchten Marien-Wallfahrtskirche; gehört zu dem Capitalgute gl. N. Die Prager Erzbischöfe haben das Recht, dieses Gut an eigens ernannte Capitular-Dechante des Collegiatstiftes zum Besitz zu verleihen. Den Propst dieses Stiftes hingegen ernennt der Landesfürst. Die gleichzeitig mit dem Collegiatstifte von dem böhm. Herzoge Wratislaw um das Jahr 915 gestiftete Propstey ist mit einem 4percentigen Interessenbezug von einem Capital pr. 40,500 fl. und einigen Realitäten dotirt. Der gegenwärtige Propst ist der Staats- und Conferenzrath Jos. Aloys Jüstel.

Altenburg, niederösterr. 1) Herrschaft, 2) Dorf im V. O. M. B. mit 700 Einw., liegt nahe dem Städtchen Horn. In A. ist eine im J. 1144 durch Hildburga v. Rebigau gestiftete Benedictiner-Abtey, zu welcher die Stiftsherrschaften A. und Wiesend, Limberg und Veste Eggenburg, Drösidl und Wildberg, gehören.

Altenburg, zum Unterschiede von A. in Österreich, Ungarisch-A. genannt, ehemals Moosburg und Möseburg; ein gut gebauter Marktflecken und Hauptort der sehr großen Herrschaft gl. N. in der Wieselburger Gespanschaft, in N. Ungarn beym Einflusse der Leitha in die Donau auf einer Insel, ward von dem Herzog Albrecht von Sachsen-Teschen an den Erzherzog Carl vererbt; hat ein Comitats= haus, ein Piaristen=Collegium und Gymnasium, mehrere schöne herr= schaftliche Gebäude und ein altes merkwürdiges Schloß, großartige Be= wässerungs= und schöne Gartenanlagen, edle Schäfereyen und sonstige ausgezeichnete Einrichtungen für die Landwirthschaft. Das erzherzogl. ökon. Institut wirkt fortan in seiner preiswürdigen Gemeinnützigkeit. Dem patriotischen Herzog Albrecht von Sachsen=Teschen verdankt es sein Entstehen. Es werden hier Mathematik, Baukunde, Zoologie, Thier= heilkunst und, einschlüssig aller Hülfswissenschaften, Ökonomie gelehrt. Zur praktischen Anleitung in derselben sind auch Grundstücke angewiesen. Der Chef und die Seele des Instituts, der Oberregent über die ge= sammten erzherzogl. Güter, Ant. v. Wittmann, rühmlich bekannt durch seine in Wien erschienenen ökon. Hefte, hatte seither einen Theil des Unterrichtes sich selbst vorbehalten. Sein hauptsächliches Streben geht dahin, rationelle Landwirthe zu bilden, damit sie jeden Gegenstand intellectuell anschauen und auffassen. Die 3,500 Einw., größtentheils Deutsche und meist Katholiken, treiben Ackerbau und starken Handel mit Getreide und Hornvieh. In den Wäldern ist viel Wildpret.

Altenburg, s. Abrudbánya.

Altendorf, s. Altstadt.

Alter, Franz, Carl, Dr. der Philosophie, Custos an der k. k. Universitäts=Bibliothek und emeritirter Professor der griechischen Sprache am Gymnasium zu St. Anna, und der Diplomatik an der Universität zu Wien; geb. zu Engelsberg in Österr.=Schlesien den 27. Jän. 1749, studirte zu Olmütz, und trat 1766 in die Gesell= schaft Jesu. Zu Prag vollendete er die Philosophie, und verlegte sich dann auf die Kirchengeschichte, die griechische und hebräische Sprache. Er lehrte durch 2 Jahre die Anfangsgründe der Grammatik an den nie= dern Schulen zu Prag, und bekam dann die Aufsicht über die adelige Jugend am Theresianum in Wien. A. wurde sonach an das ehemahlige Gymnasium zu St. Anna berufen, wo er durch 2 Jahre die höhere Grammatik, und seit 1777 die griechische Sprache lehrte. In letzterer Zeit, ehe er 1801 als Custos an der k. k. Universitäts=Bibliothek zu Wien angestellt wurde, hielt er an dasiger Universität auch Vorlesun= gen aus der Diplomatik. Er starb am 29. März 1804. — Seine vor= züglichsten Schriften sind: Bibliographische Nachrichten von verschiedenen Ausgaben orientalischer Bibeltexte und der Kirchenväter, Wien, 1779; — Über Georgianische Literatur, eb. 1798; — Philologisch=kritische Miscellaneen, eb. 1799; — über die Sanskrdanische Sprache, vulgo Sanskrit, eb. 1799. — Beytrag zur praktischen Diplomatik für Sla= ven, vorzüglich für Böhmen, eb. 1801. — Sonst mehrere Ausgaben griechischer und römischer Classiker; philologische Aufsätze; kritische Be= merkungen; biographisch=literarische Nachrichten; und Nekrologe vieler österr. Gelehrten in Roch's literarischem Anzeiger; philologisch=kritische Bey= träge für orientalische Literatur in dem Repertorium über biblische Lite= ratur, und den Memorabilien von Heinr. Eberh. Paulus, Prof. zu Jena.

Alterthümer, kommen unter den Artikeln der betreffenden Provinzen, Orte oder Besitzer vor.

Alt = Georgswald, böhm. Marktflecken im Leitmeritzer Kreise mit 4,400 Einw. und bedeutenden Leinwand= und Baumwollfabriken.

Alt = Gradisca, Festung im Militärgränzlande, liegt an der Save, hat 2,250 Einw. und ein Kastell.

Althann, diese reichsgräfl. Familie stammt aus Schwaben, und kam im 15. Jahrhundert nach Österreich. Sie hat mit den Fürsten v. Wildburg einerley Abkunft in der Person des Grafen Babo v. Thann und Winterstetten, gest. 919; ein Nachkomme von ihm, Dietmar v. Thann, gest. 1233, erhielt wegen seiner Tapferkeit in den Kreuzzügen den Nahmen: der alte Thann, welcher sofort zum Familiennahmen wurde. Das Geschlecht theilte sich in der Folge in mehrere Linien. Die älteste von Christoph Freyh. v. A. absteigende Hauptlinie theilt sich wieder 1) in die Michael'sche und 2) in die Quintin'sche Linie. Wir nennen hier Mich. Adolph Grafen v. A. Er wurde 1574 geb., unter Rudolph II. Feldmarschall und den 18. Juny 1610 zum Reichsgrafen erhoben. Er starb zu Wien den 7. May 1636. — Mich. Johann III., geb. den 8. Oct. 1679, der spanische A. genannt, ward Grand von Spanien 1. Classe, k. k. geh. Rath, Ritter des goldenen Bließes und Oberststallmeister am Hofe Carl VI. Er starb den 19. März 1722. Quintin Leo v. A. Freyherr von der Goldburg ꝛc., geb. 1577, gest. 1634. — Christoph Joh. Bapt., geb. 1633, wurde 1659 Reichsgraf, war Hofküchen= und später oberster Hof= und Landjägermeister unter Leopold I. Er starb den 8. Dec. 1706. — Gundacker Ludw. Jos., Reichsgraf, Sohn des Vor., geb. den 15. Aug. 1665, geb. Rath, Ritter des goldenen Bließes, Hofkriegsrath, General der Cavallerie, Inhaber eines Dragoner=Regiments, General=Hofbaudirector, Protector der k. k. Akad. der verein. bild. Künste. Er war gelehrt, gründlicher Kenner und eifriger Beförderer der schönen Künste und Wissenschaften. Das Gebäude der Hofbibliothek in Wien ist nach seiner Angabe und Leitung. Er starb zu Wien den 28. Dec. 1747. — Nach Aussterben des Hauses Limpurg 1714 erhielten die Grafen v. A. auch das Reichserbschenkenamt und bekleideten dasselbe bis zur Auflösung der deutschen Reichsverfassung. Als Eigenthümlichkeit ist noch anzuführen, daß bey diesem Hause der männliche Vornahme Michael, und der weibliche Maria angenommen ist. Jetziger Standesherr ist Graf Mich. Mär, Freyh. auf Goldburg und Murstetten, Herr der Herrschaften Zwentendorf, Murstetten, Hagenberg und Podendorf in Österreich, Grulich und Swoischitz in Böhmen, Mittelwalde, Schönfeld und Wölfelsdorf in der Grafschaft Glatz, Grand von Spanien 1. Classe, Erbobergespan des Szalader Comitats in Ungarn, Oberst=Erblandvorschneider, Kampfrichter und Schildträger im Erzherzogthum Österreich ob und unter der Enns, Oberstwachtmeister, und Ritter des k. k. österr. Leopoldsordens.

Altmann, Mathias Franz, Maler in Brünn, auch Cantor bey der Stadtpfarrkirche zu St. Jacob daselbst, starb den 10. Sept. 1718.

Unter seinen Werken ist besonders das Hochaltarblatt des heil. Wenzel in der Pfarrkirche zu Kirchmislau in Mähren zu bemerken.

Altmütter, Georg, k. k. Professor der Technologie am polytechnischen Institute zu Wien, geb. daselbst am 6. Oct. 1787, studirte in Wien und Prag die Philosophie und die Rechte, während er sich zugleich auf Chemie und Physik, und die Naturwissenschaft überhaupt verlegte. Nach vollendeten Studien versah er durch 3 Jahre am k. k. Theresianum in Wien die Stelle eines Assistenten der Physik, und dann durch einige Monathe dieselbe Stelle an dem damahls (1816) eben errichteten polytechnischen Institute. Noch im nähmlichen Jahre wurde er zum Professor der Technologie ernannt. Mit dieser Anstellung ist zugleich das Amt eines unmittelbaren Vorstehers des am Institute befindlichen National-Fabriksproducten-Cabinets verbunden, dessen Einrichtung und völlige Ausbildung ihn seitdem vorzugsweise beschäftigte. Man hat von ihm: Beschreibung der Werkzeugsammlung des k. k. polytechnischen Institutes, für Gewerbsleute und Liebhaber mechanischer Künste, m. K., Wien, 1824, und viele Aufsätze technologischen Inhalts in Prechtl's Jahrbüchern des polytechnischen Institutes.

Alt-Ofen, im vereinigten Pesther, Pilifer und Solther Comitate Ungarns, nördlich von Ofen, an der Donau, ist ein ansehnlicher Markt, der für eine Vorstadt Ofen's gelten könnte, und zählt in 738 Häuf. 7,730 Einw., worunter 3,230 Juden. Es ist hier die ungar. Militärökonomie-Commission und eine kathol. Hauptschule. Ein schönes Gebäude ist die Synagoge. Dieser Ort steht auf den Trümmern des alten Acinum, daher noch an vielen Häusern römische Alterthümer zu sehen sind.

Altomonte, Mart., eigentlich Hohenberg, geb. zu Neapel von deutschen Ältern den 8. May 1657. Mich. Hohenberg, ein Bäcker aus Tyrol, war sein Vater, seine Mutter Mariana war aus Bayern. 15 Jahre alt, kam er nach Rom zu Joh. Bapt. Bacizo in die Lehre. Bey diesem brachte er 5 Jahre zu, und besuchte sodann die Maler-Akademie zu Rom. — Eben als er im Begriffe war, sich zu einem tüchtigen Maler auszubilden, kam der Beichtvater des Königs von Polen Johann III. 1684 nach Rom. Dieser hatte den Auftrag, einen geschickten italien. Maler nach Polen zu bringen. Ihm wurde von Bacizo, so wie von der Maler-Akademie A. empfohlen. Er verließ demnach Rom, und trat mit dem Beichtvater seine Reise nach Polen an. Auf der Reise beredete der Beichtvater A., daß er seinen deutschen Nahmen Hohenberg in einen italienischen umstalte, weil er mit dem erstern sein Glück nicht machen würde; somit erhielt er den italien. Nahmen Altomonte. Bey seiner Ankunft in Warschau ernannte ihn der König zu seinem Hofmaler, und gab ihm den Auftrag, den Entsatz Wien's, dem der König 1683 persönlich beywohnte, abzubilden. Zum Gegenstück malte er den Hauptsturm der Türken auf die Löwelbastey in Wien. Diesen fügte er noch den poln. Landtag bey; mit diesen 3 Stücken erwarb er sich an dem poln. Hofe großen Ruhm. — 1698 starb König Johann III., sein Nachfolger bestätigte A. in der Eigenschaft als Hofmaler. 1703 verließ A. Polen und kam nach Wien. 1707 wurde er Mitglied der Maler- und Bildhauer-Akademie in Wien, und zugleich dem Director derselben, Freyh. v. Strudel, als Gehülfe zugetheilt. 1720 machte er sich zu Linz seßhaft, und starb dort den 14. Sept. 1745, wurde aber im Stifte Heiligenkreuz, wo er gerne verweilte und viel arbeitete, (am Eingang der Kirche) begraben.

Altomonte, Bartholom., Maler und Mitglied der Akademie der bild. Künste in Wien, Sohn des Vorigen, geb. zu Warschau den 24. Febr. 1702, kam als Kind mit seinem Vater nach Wien, lernte bey ihm die Malerkunst, bis er von ihm 1717 nach Italien geschickt wurde, wo er 2 Jahre die Schule des Franceschini in Bologna besuchte. Von da ging er nach Rom, brachte dort 2 Jahre in der Schule Lutti's zu, und ging sodann nach Neapel. Hier besuchte er ebenfalls 2 Jahre die Schule des Franz Solimena, und wählte sich ihn in der Folge zum Muster. Er kam hierauf nach Deutschland zurück, ging 1728 nach Linz, wo sein Vater damahls lebte, wurde 1770 Mitglied der Wiener Akademie; sein Aufnahmsstück war Aurora, wie sie den Morpheus im Schlafe weckt. — Er starb zu Linz. — Herrliche Altarblätter der beyden A. schmücken viele Kirchen Wiens und anderer Orte des Kaiserthums.

Alt-Ragusa, dalmat. Marktflecken im Kreise von Ragusa, das alte Epidaurus, wo eine Wasserleitung und andere Alterthümer entdeckt wurden.

Altrasen, tyrol. Dorf und Schloß im Pusterthaler Kreise mit 3,200 Einw.

Altringer, auch Aldringer, Joh., nachmahls Graf von Aldringen, kaiserl. Heerführer im 30jährigen Kriege, war von geringer Abkunft aus Luxemburg. Durch Tapferkeit, Gewandtheit des Geistes und Fertigkeit in schriftlichen Arbeiten stieg er im österr. Heere vom Gemeinen bis zum Obersten empor. Er begleitete Wallenstein, zu dessen Günstlingen er gehörte, auf seinem Zuge nach Norddeutschland; 1626 focht er in der Schlacht bey der Dessauer Brücke gegen Ernst von Mansfeld; 1627 wurde er vom Kaiser Ferdinand II. in den Freyherrnstand erhoben; 1628 befand er sich unter den Commissarien, durch welche Wallenstein das ihm zugetheilte Herzogthum Mecklenburg in Besitz nehmen ließ; 1629 Generalmajor, befehligte er vor Magdeburg, dann unter Collalto in Italien, wo er 1630 Mantua mit Sturm einnahm. 1631 führte er ein kaiserl. Heer aus Italien, Tilly zu, den er jedoch erst nach der Niederlage von Leipzig erreichte. 1632 bereits General-Feldmarschall und Graf, wurde er bey Gustav Adolph's Übergange über den Lech (5. April) fast zugleich mit Tilly verwundet, vereinigte sich mit Wallenstein in Böhmen und commandirte im folgenden Jahre (1633) in Bayern und Schwaben gegen die schwedischen Feldherrn Gustav Horn und den Herzog Bernhard von Sachsen-Weimar. Mit ihm vereinigte sich im Herbst 1633 ein span. Heer unter dem Herzog von Feria, aber ihre Unternehmungen blieben so erfolglos, daß der Herzog vor Mißmuth starb, und A. in den Verdacht gerieth, auf Wallenstein's Befehl absichtlich seine Plane vereitelt zu haben. Im nächsten Jahre (1634 am 20. July) wurde A. bey Räumung der Stadt Landshut in Bayern erschossen, ungewiß, ob von den Schweden oder den Seinigen, da die Verwirrung zu groß war.

Alt-Sambor, galiz. Stadt im Samborer Kreise mit 2,080 Einw. und einer griech. Kirche.

Alt-Sandec, galiz. Municipalstadt im Sandecer Kreise, liegt nahe am Einflusse des Poprad in den Dunajec, hat 3,060 Einw., ein Clarisser-Nonnenkloster, mit weiblichem Schul- und Erziehungsinstitut. Über den Poprad führt eine 400 Schritt lange hölzerne Brücke.

Altsohl, ungar. alte königl. Freystadt im Sohler Comitat, liegt am linken Ufer der Gran, hat ein Felsenschloß, in welchem König Math. Corvinus sich oft aufgehalten hatte, und 1,900 Einw. In der Nähe ist ein guter Sauerbrunnen.

Altstadt (Altendorf) mähr. Dorf im Olmützer Kreise, mit 1,200 Einw. und einem Mineralbade, das auch unter dem Nahmen Queek- oder Heubrunnen bekannt ist, weil die Landleute während der Heuernte hier einen Labetrunk finden.

Altvater (Vaterberg) eine der höchsten Kuppen des mähr.-schles. Gesenkes, oder der Debrata (s. d.), nach den neuesten Messungen über 4,200 W.-F. hoch.

Alumnat, oder **Seminarium, geistliches,** in Wien (das fürst-erzbischöfl.). Es hat den Cardinal Clesel, Bischof zu Wien und Neu-stadt, zum Stifter. Derselbe widmete i. J. 1618 zu dem Convicte ein Capital von 20,000 fl. und vermachte in seinem Testamente 1630 aber-mahl 20,000 fl. zur Bildung so vieler Alumnen, als die Interessen hinreichen würden, für das Wiener und Neustädter Bisthum, und übertrug das Präsentationsrecht dem jeweiligen Bischof zu Wien. Im Jahre 1758 wurden die Alumnen für das Wiener Bisthum in das Curatenhaus bey St. Stephan übersetzt. 1807 ward das A. vergrößert. — Die übrigen Alumnate s. unter den betreffenden Erzbisthümern oder Bisthümern.

Aluta, s. Alt.

Alvinczy, Jos. Freyh. v., k. k. Feldmarschall, wurde 1735 zu Alvincz in Siebenbürgen geboren. Seine Knabenjahre verlebte er bey dem Gen. Grafen Franz Gyulay, welcher ihn schon im 15. Jahre zum Wachtmeister ernannte. Im 7jährigen Kriege zeichnete er sich als Haupt-mann 1760 bey Torgau, bey der Einnahme von Schweidnitz und 1762 in der Schlacht bey Töplitz aus. Nach Beendigung des 7jährigen Krieges, als er bereits Stabsofficier war, arbeitete er an dem von Lacy entworfenen Reglement des neuen Soldatenexercitiums und Kriegsdien-stes, bis er im bayerischen Erbfolgekriege wieder seine Tapferkeit auf dem Schlachtfelde zeigen konnte. Bey der Einnahme von Habelschwert nahm er als Oberst den Prinzen von Hessen-Philippsthal ge-fangen, und Kaiser Joseph ernannte ihn damahls zum Generalma-jor, gab ihm das Theresien-Ritterkreuz und wählte ihn zum Lehrer sei-nes Neffen, des jetzt regierenden Kaisers Franz I. in der Taktik. We-gen seiner redlichen Bemühungen in diesem wichtigen Posten verlieh ihm der Monarch 1786 das 26. Infanterie-Regiment (jetzt Hohenlohe-Bartenstein), welches er jedoch noch in demselben Jahre mit dem

19., bey welchem er früher Oberst war, vertauschte. In dem bald ausgebrochenen Türkenkriege kämpfte er mit Auszeichnung unter Laudon's
Anführung. Ihm wurde die Stürmung von Belgrad übertragen,
die aber wegen ungünstiger Witterung nicht ausgeführt werden konnte.
Während dieses Krieges wurde er 1789 Feldmarschall-Lieutenant, und
führte 1790 das zur Stillung des Aufruhrs in Belgien bestimmte
Heer. Im folgenden Jahre wurde er nach Lüttich zur Unterdrückung
der dortigen Unruhen beordert; allein durch einen unglücklichen Sturz
vom Pferde ward er genöthigt, das Commando dem Feldmarschall-
Lieutenant Kheul zu überlassen. Durch den französ. Revolutionskrieg
wurden A. die Schranken zu neuer Tapferkeit geöffnet. Im Feldzuge
von 1792 und 1793 führte er eine Division an, und zeichnete sich
besonders in der Schlacht bey Neerwinden so sehr aus, daß er
der Ertheilung des Commandeurkreuzes vom M. Theresien-Orden auf
dem Schlachtfelde selbst für würdig erachtet wurde. Im July 1793 ließ
er das mit Dumouriez übergegangene Heer bey Leuse Ludwig XVII. den Eid der Treue schwören. Späterhin führte er jenes
österr. Heer an, welches zur Hülfe jenes des Herzogs von York bestimmt war, um mit beyden nach Dünkirchen zu gehen. In dem
denkwürdigen Feldzuge von 1794 zeichnete er sich in mehreren Treffen
aus. Bald ernannte ihn der Kaiser zum Feldzeugmeister. Als der Prinz
von Oranien in seiner Stellung an der Sambre den Befehl erhielt,
Charleroi von der feindlichen Belagerung zu befreyen, wurde ihm A.
zur Hülfe geschickt, und da der Prinz seinen erfahrnen Rath befolgte,
schlug er, am 16. Juny den Feind, und befreyte die eingeschlossene Festung. Damahls erhielt er auf dem Schlachtfelde selbst das Großkreuz
des militärischen Marien-Theresien-Ordens. Die Armee bezog darauf die
Winterquartiere am Rhein. A. erhielt das Commando über den Theil,
welcher zwischen Düsseldorf und Wesel lag, so daß er zugleich in
der Vertheidigung Hollands mit den übrigen thätig seyn sollte. Als der
unruhvolle Winter zurückgelegt war, wurde A. im April 1795 zu der obern
Rheinarmee versetzt und ihm die Leitung aller Kriegsheere zwischen dem
Neckar und Constanz übertragen. Vor dem Ausbruche des Feldzugs im
Frühjahr wurde jedoch A. vom Kaiser zum Mitgliede des Hofkriegsrathes
in Wien ernannt und das Commando dem Grafen Wurmser übergeben. Doch bald wurde er wieder auf den Kriegsschauplatz gerufen. Beaulieu mußte sich aus der Lombardie nach Tyrol zurückziehen, und das
ermattete Heer bedurfte eines neuen Anreizes zur Tapferkeit und einer
neuen Organisirung. A. erschien bey der Armee und war so glücklich, dem
Feldmarschall Grafen Wurmser, der zur Befreyung Mantua's bestimmt war, ein tüchtiges Heer zu übergeben. Hierauf arbeitete A. an
der Regulirung der Tyroler Insurrection, wobey er die Herzen der
Tyroler so sehr gewann, daß sie ihn zu ihrem Landstand erwählten.
Von nun an tritt eine unglückliche Periode seiner kriegerischen
Thätigkeit ein. Als Wurmser mit einem Theile seines zerstreuten Heeres
in die Festung Mantua sich zurückziehen mußte, führte A. die ital. Armee
an, um Mantua zu entsetzen. Aber er wurde von Bonaparte
(15.—17. Nov. 1796) in der 3tägigen Schlacht bey Arcole (s. d.)

und nach wiederhohltem Vordringen noch einmahl (14. Jän. 1797) bey
Rivoli besiegt. Mantua ergab sich (den 2. Febr.) auf Capitulation,
die Reste der österr. Armee zogen sich über die Piave zurück. A. konnte
wegen seiner geschwächten Gesundheit kaum die Beschwerlichkeit der Winterquartiere ertragen, daher der Kaiser das Obercommando dem Erzherzog Carl übertrug, und A. zum Commandirenden im Königreiche Ungarn, und zum geheimen Rath ernannte. Obgleich er seitdem nicht mehr
auf dem Schlachtfelde erschien, so war doch sein Leben fortwährend dem
Dienste des Staates geweiht. Die Armee bedurfte einer neuen Ordnung
hinsichtlich der Montur, Bewaffnung u. s. w. A. wurde Präsident der
in dieser Sache niedergesetzten Commission, und kehrte nach verdienstvoller Beendigung dieses Auftrags zu seinem Generalcommando zurück.
Bey der Krönung der Kaiserinn Maria Ludovica, als Königinn
von Ungarn, am 7. Sept. 1808, wurde er wegen seiner 57jährigen
Dienste zum Feldmarschall ernannt, und 1809 erhielt er das Großkreuz
des damahls gestifteten kaiserl. österr. Leopoldsordens. Er starb am 25.
Nov. 1810 an einem Schlagflusse zu Ofen, und mit ihm starb die Familie Alvinczy von Borberek aus.

Alxinger, Joh. Bapt. Ritter v., Dr. der Rechte, Secretär
bey der k. k. Ober=Hoftheaterdirection in Wien, geb. das. den 24. Jän.
1755. Schon früh zeigte sich A.'s glückliches Talent, und sein vortrefflicher Lehrer, der berühmte Numismatiker Eckhel, flößte ihm eine feurige
Liebe zur alten classischen Literatur ein, durch deren gründliche Kenntniß
er sich nachher unter den vaterländischen Gelehrten rühmlichst auszeichnete. Mit eben so großem Fleiße widmete er sich der Philosophie und
dann der Rechtsgelehrsamkeit, unter Martini; er erhielt von der
Universität zu Wien die Doctorswürde, und nach glücklich bestandenen
Prüfungen die Stelle eines k. k. Hofagenten. Als 1794 der Freyherr
von Braun die Direction des k. k. Hoftheaters übernahm, wurde A.
bey derselben als Secretär angestellt, auch im nähmlichen J. durch den
Ritterstand ausgezeichnet. Als Literator besaß er, ohne eigentliche poetische
Kraft und Weihe, doch alle die Kenntnisse, die zu dem Nahmen eines
Gelehrten berechtigen. Seine Belesenheit in den griech. und röm. Classikern
war überaus groß. Homer und Virgil waren besonders seine Lieblinge.
Den Letzteren wußte er beynahe ganz auswendig. Nicht minder vertraut
war er mit den classischen Werken der Franzosen, Italiener und Engländer. Er stand mit sehr vielen inländischen und ausländischen Gelehrten in
Verbindung. Unter den Gelehrten des Auslandes waren Wieland,
Geßner, Uz, Ramler, Gleim, Göckingk, Adelung, Heyne,
Biester, Manso u. a. m., die ihm ihre Achtung für sein Talent in
freundschaftlichen Zuschriften bezeigten. Er starb den 1. May 1797. —
A. und Blumauer waren, nebst Denis und Mastalier, die ersten
Dichter in Wien, die sich auch im Auslande Ruf erwarben. A. hat sich
hauptsächlich durch seine romantischen Heldengedichte ausgezeichnet, aber
auch der lyrischen Dichtkunst nicht ohne Glück seinen Fleiß gewidmet, so
wie er unter den deutschen Übersetzern eine ehrenvolle Stelle einnimmt.
Lebhafte Einbildungskraft, feines Gefühl und gefällige Leichtigkeit sind
seinen Leistungen im hohen Grade eigen, obschon sie sich, aller höhern

Dichtergaben ermangelnd, niemahls zur poetischen Bedeutung erheben und manche derselben fast nur Producte eines mühsamen Fleißes zu nennen seyn möchten: In seinen Heldengedichten, welche ihm den meisten Ruhm erwarben, erscheint A. als sehr talentvoller Nachahmer Wieland's, ohne jedoch dessen gefällige Grazie zu besitzen. Im Leben zeichneten ihn ein gefühlvolles Herz und ein heiterer Geist aus, die ihn zum liebenswürdigen Gesellschafter und treuen Freunde machten. Das Verzeichniß seiner schriftstellerischen Arbeiten ist folgendes: Gedichte, Halle, 1780 (herausg. v. F. J. Riedel) Leipz. 1784. 2 Thle. Klagenf. u. Laibach. — Doolin von Mainz. Ein Rittergedicht in 10 Gesängen. Leipz. 1787, 2. verbess. Aufl. eb.; 1797 mit Kupf. von John. — Bliomberis. Ein Rittergedicht in 12 Gesängen, Leipz. 1791; neue Aufl. besorgt von Seume, mit Kupf. von John, eb. 1802. —Numa Pompilius, nach Florian. 2 Thle. Leipz. u. Klagenf. 1791. —Neueste Gedichte. Wien, 1794. Im J. 1793 unternahm A. die Herausgabe der österr. Monathsschrift, zu welchem Journale nachher noch vier seiner Freunde, Jos. Schreyvogel, Joh. v. Ehrenberg, Gottlieb Leon und Jos. v. Schwandner als Mitherausgeber beytraten. Beyträge hat er geliefert zu den literarischen Monathen, dem Wiener Musenalmanach (herausg. von Blumauer und Ratschky), Wieland's deutschem Merkur, dem deutschen Museum, zu Archenholz's Literatur und Völkerkunde, der Berl. Monathsschrift, der deutsch. Monathsschrift, zu Schiller's Horen, und als ordentl. Mitarbeiter an der Jenaer allg. lit. Zeitung, nahm er seit 1791 Antheil. Sämmtliche Schriften. 10 Bde. Wien, 1812 m. K. In des Freyh. v. Geymüller lieblichem Parke zu Pötzleinsdorf nächst Wien umschließt eine Rotunde unter dichtem Gebüsche A.'s Monument.

Amade oder Omodei, ein jetzt noch blühendes gräfl. Geschlecht in Ungarn, das mehrere in der Geschichte des Landes berühmte Männer aufzuweisen hat. Schon im 14. Jahrh. zeichnete sich der aus der Familie des dritten christlichen Königs in Ungarn Aba (st. 1044) abstammende A., Obergespan des Zipser Comitats und Palatin des Königreichs Ungarn unter Carl I. aus. Noch als Wenzel und Ottocar regierten, hielt es A. schon mit Carl und suchte ihm die Krone zu verschaffen. Unter mehreren Magnaten war auch er, als Carl und einige Ungarn mit Rudolph, Herzog von Österreich, gegen den König Wenzel und dessen Vater im J. 1304 ein Bündniß schlossen. Im J. 1311 wurde er von den unruhigen Deutschen in Kaschau grausam erschlagen. — So treu dieser A. dem Könige Carl war, so untreu waren seine 4 Söhne: Johann, Nicolaus, David und Ladislaus. Ein späterer A., Peter, öffnete das Thor der Festung Ungarisch-Altenburg (in der Wieselburger Gespanschaft), wo er Capitän war, auf Befehl des Palatins Steph. Bathory, als Ferdinand I. mit seinem Heer im J. 1527 nach Ungarn kam, um davon Besitz zu nehmen, und war auch in der Folge Ferdinanden treu. Bey der 1544 erfolgten Einnahme der Festung Vissegrad, deren Capitän er war, ließ der Feind Alles über die Klinge springen, bloß A. wurde durch den Pascha Mehmed gerettet.

Amade, Ladisl. Freyh., aus dem alten ital. Geschlechte Omodei, dessen Sprößling Lorenzo dem König Andreas II. nach Palästina folgte, und rückkehrend, wieder in Ungarn verblieb. Ladislaus war am Anfange des 18. Jahrh. geboren, bildete sich auf der Hochschule zu Tyrnau, wo er 1722 eine latein. Rede: Victor in proelio S. Ivo, drucken ließ, die er vor der akademischen Jugend mit Beyfall gehalten hat. In der Folge widmete er sich dem politischen Fache und starb als königl. ungar. Statthaltereyrath zu Preßburg. — Er war in der ersten Hälfte des 18. Jahrh. der beliebteste Lyriker der Ungarn; seine Lieder wurden allgemein von den Schönen Ungarns gesungen, und noch vor wenigen Decennien, als die deutsche Literatur in Ungarn noch nicht so tief gewurzelt war, lebten sie im Munde der Edleren fort, und hatten ihre eigenen Gesangsweisen. Handschriftlich werden sie in mehreren Privatbibliotheken aufbewahrt; einzelne wenige ließ Kultsár in seinen Mulatságok 1817 abdrucken. A.'s zurückgelassene Gedichte zerfallen in 2 Theile: 1) Nyájas énekei, erotische Lieder, über 130 an der Zahl. 2) Szerelmei, ein lyrisch-beschreibendes Gedicht größeren Umfanges, in den, zu jener Zeit so sehr beliebten Alexandrinern, wobey vier eine Strophe bilden. Dieß enthält die sämmtlichen Liebesabenteuer des Dichters, doch so, wie sie sind, minder zur Publicität geeignet, wegen den zu genauen Angaben der Personen und Ortsverhältnisse. Seine geistlichen Lieder: Buzgó szionek énekes fohászkodásai (Wien, 1755) sind bereits vergessen. Er dichtete auch treffliche latein. Lieder.

Amalie Wilhelmine, röm. Kaiserinn, Gemahlinn Joseph's I., wurde geboren den 26. April 1673, Tochter des Herzogs Joh. Friedr. von Braunschweig-Lüneburg. Sie verlor ihren Vater schon in früher Kindheit und wurde sodann unter den Augen ihrer Mutter, einer Pfalzgräfinn aus der Linie von Simmern, mit vieler Sorgfalt, größtentheils zu Paris, erzogen. 1699 wurde sie dem damahligen röm. König Joseph I. verlobt und hielt den 24. Febr. desselben Jahres ihren feyerlichen Einzug in Wien. Sie war ihrem Gemahl mit größter Liebe und Zärtlichkeit zugethan und folgte ihm sogar 1702 in den türkischen Feldzug. Untröstlich über die plötzliche und tödtliche Krankheit, welche Kaiser Joseph I. im blühendsten Alter hinwegraffte, verließ sie sein Bett bis zum letzten Augenblicke seines Lebens nicht. Sie hatte ihm nur 2 Töchter geboren: Maria Josepha, und Maria Amalia. Gleich nach der Vermählung ersterer mit König August III. von Polen wollte sich die Kaiserinn in ein Kloster begeben, da sie jedoch viele Schwierigkeiten in der Ausführung dieses Vorsatzes fand, beschloß sie, selbst ein Kloster zu stiften, ließ zu diesem Behuf auf dem Rennweg in Wien einen großen Garten kaufen und legte 1717 mit großer Feyerlichkeit den Grundstein zu dem prächtigen Kloster der Salesianerinnen. Nachdem sie früher zeitweise in dem nach ihr benannten Amalienhofe der kaiserl. Burg, zeitweise in dem, ihr von Kaiser Carl VI. zum Witwensitze bestimmten Lustschlosse Schönbrunn gewohnt hatte, bezog sie 1722 dieses Kloster, um sich daselbst der Einsamkeit zu widmen. Ihre reichen Einkünfte verwendete sie zu zahlreichen Wohlthaten, der vielen Pensionen nicht zu erwähnen, welche sie zu 2, 3, bis 800 und sogar 1000 Gulden aus-

sehte, auch fandte fie anfehnliche Summen nach der Türkey, um gefan=
gene Chriftenfclaven loszukaufen. Sie ftarb den 10. April 1740 und
wurde in dem von ihr geftifteten Klofter beygefeht, nur ihr Herz kam
in das kaif. Erbbegräbniß bey den Kapuzinern. Ihre zweyte Tochter war
an Carl Albrecht von Bayern vermählt.

Aman, Joh., k. k. Hofarchitekt, Ehrenmitglied der Akademie von
St. Luca zu Rom, geb. den 19. May 1765 zu St. Blafien im
Schwarzwalde, zeigte schon in früher Jugend Hang und Anlage zur
Baukunft, zu deren Entwicklung er durch den 1784 zu Stande gekom=
menen Bau des Münfters zu St. Blafien, noch mehr aber durch die
Förderung des edlen Fürftabtes und Gelehrten Gerbert v. Hornau
Gelegenheit hatte. 1791 und 92 practicirte A. bey der vorderöfterr. Bau=
direction in Freyburg, und führte einige Bauten aus. Der nachmah=
lige Fürftabt Ribbele, ließ ihn auf Koften des Stiftes ganz Italien be=
reifen. 1796 begab sich A. nach Wien, wo er gute Aufnahme und Be=
förderung fand. Seine architekton. Plane und Ausführungen des Mül=
ler'fchen Gebäudes und in der Kirche am Hofe fanden Beyfall. Von ihm ift
der Bauplan des Schikaneder'fchen Theaters in Wien, und des neuen
Schaufpielhaufes in Pefth, an welch Leßterem Einiges getadelt wurde.
1807 wurde er zum zweyten Hofarchitekten ernannt. 1812 erhielt er nach
Montoye's Ableben die Stelle des erften. 1815 leitete er bey Anwe=
fenheit der fremden Monarchen die Feftivitäts=Baulichkeiten. Seine Plane
und Modelle des neuen Thierfpitals, des kaif. Privatgartens auf der
Landftraße c. bewährten den Meifter. Mehrere Jahre befchäftigte er fich
mit der gefchichtlichen Darftellung der Hofburg vom Jahre 1216 an.

Amberg, Stadt von 7,500 Einw., im bayer. Regenkreife, denk=
würdig durch den Erzh. Carl Sieg über Jourdan den 24. Aug. 1799.
Jourdan die Unmöglichkeit begreifend, sich gegen den überlegenen Feind
in Fronte und Flanke zu halten, zog sich schon in der Nacht vom 23. auf die
Höhen von A. zurück, und schickte zum Schuße seiner rechten Flanke den
Kern seiner Reiterey unter General Bonnaud ab, der sich aber nicht
behaupten konnte. Troß seines Rückzuges wurde daher Jourdan am
24. in der Flanke vom Erzherzog und in der Fronte von Wartensle=
ben mit 3 Colonnen angegriffen und suchte, um seinen weitern Rück=
zug zu decken, dieselbe Position zu halten, welche vor wenigen Tagen die
Öfterreicher verlaffen hatten, allein Gen. Wernek ftürmte mit 4
Bat. Grenadiere die Höhen zu gleicher Zeit mit der Reiterey der Gen.
Hadik und Hohenlohe, und die Franzofen traten eilig ft, bis in
die Nacht hinein verfolgt, den Rückzug nach Sulzbach an. Von
ihrer Nachhut wurde noch bey Rosenberg ein Viereck von 3 Bat.
gefprengt; 534 Mann geriethen davon in Gefangenfchaft, die mei=
ften der übrigen wurden niedergefäbelt. — Daß für jezt die beabfichtigte
Vereinigung der franzöf. Heere an der Donau durch die Bewegungen des
Erzh. Carl vereitelt war, bedarf wohl keiner näheren Auseinander=
feßung.

Ambras (Amras, Ombras), kaif. Schloß in Tyrol, nahe ai
Innsbruck auf einem anmuthigen Hügel liegend. Die erste Gründung
deffelben verliert sich in graue Vorzeit, sie mag wohl aus den Römerzeiten

ſtammen und vielleicht A. die Citadelle Veldidena's geweſen ſeyn. Den
Nahmen des Schloſſes leiten daher einige von ad umbras, andere jedoch
wohl richtiger von ſeiner Lage auf raſenreicher Höhe: Am Ra en (Amras)
ꝛc. Vollkommen Beglaubigtes läßt ſich jedoch in dieſer Hinſicht nichts angeben. Schon im zehnten Jahrhunderte war A. die Hauptburg der von
Andechs als landesfürſtl. Lehen. Nachdem das Schloß 1137 durch
Herzog Heinrich den Stolzen von Bayern und Sachſen zerſtört,
nach Beendigung dieſer Fehde: aber herrlicher wieder aufgebaut worden,
und als landesfürſtl. Lehen ſo wie als Pfand für dargeliehene Summen
durch manche Hände gegangen war, löſte es Kaiſer Ferdinand I.
1563 von den edlen Schurfen wieder ein und ſchenkte es im folgenden
Jahre nebſt der ganzen Herrſchaft A. ſeinem trefflichen Sohne, dem Erzherzog Ferdinand, welcher es durch lange Jahre an der Seite ſeiner
an Tugend und Schönheit reichen Gemahlinn Philippine Welſer bewohnte und der Burg dadurch, ſo wie durch die in ſelber angelegte reiche Sammlung (ſ. d.) eigentliches hiſtoriſches Intereſſe verlieh. Nach Ferdinand's Tode erbte deſſen jüngerer Sohn Carl Markgraf von Burgau Herrſchaft und Schloß, dieſer trat jedoch Schloß und Schätze 1606
dem Kaiſer Rudolph II. und deſſen Brüdern kaufweiſe ab; ſeit dieſer
Zeit blieb A. bey dem Kaiſerhauſe, und bewahrte jene Kunſtſchätze bis
zur Abtretung Tyrols an Bayern 1806, wo der größte Theil derſelben
nach Wien geſchafft wurde. Der zu A. zurückgebliebene Theil von Kunſtgegenſtänden und hiſtoriſch-wichtigen Denkmahlen aber beſteht noch aus
Arbeiten in Metall, Elfenbein, Horn und Holz, Uhren, irdenen Ge-
ſchirren und künſtlichen Töpferarbeiten, alten Gewehren, Schilden, Arm-
bruſten, Köchern, Pfeilen, Spießen, Lanzen, Panzerhemden und
Satteln, älteren und neueren Porträts in Lebensgröße, Knieſtücken und
Bruſtbildern, großen Familienſtücken an den Wänden des Speiſeſaales,
und hiſtor. Gemälden, dann im Schloßhofe aus ſechs röm. Meilenſtei-
nen mit Inſchriften, endlich ſind noch in der St. Nikolauskirche daſelbſt
ſilberne Gefäße, Meßgewänder, Paramente und andere Kirchenerforder-
niſſe im beſten Zuſtande zu ſehen. Unter den Gemächern der alten herrlichen Burg ſind die merkwürdigſten: das einfache Badegemach der genügſa-
men Philippine, der Tafelſaal und endlich der Bogengang vor demſelben,
aus welchem einſt der nachmahls ſo berühmte Albr. Wallenſtein als
Edelknabe im Schlummer herabgeſtürzt und unverletzt aufgeſtanden
ſeyn ſoll.

Ambraſer-Sammlung, k. k. Dieſe merkwürdige Sammlung
von beglaubigten Original-Rüſtungen, koſtbaren alten Gefäßen, Bildern und andern Kunſtgegenſtänden, alten intereſſanten Handſchriften,
einigen Naturalien und andern Seltenheiten wurde in dem alten Schloſſe
Ambras (Omras) bey Innsbruck in Tyrol von Erzherzog Ferdinand,
Grafen von Tyrol, dem zweyten Sohne Kaiſers Ferdinand I., geboren zu Linz, 14. Juny 1529, und Gemahl der ſchönen Philippine Welſer gegründet, und daſelbſt bis zum Jahre 1806, als Tyrol
an Bayern abgetreten wurde, aufbewahrt; hierauf, wenigſtens der
größte und wichtigſte Theil derſelben, nach Wien gebracht und bis jetzt
im Gebäude des untern Belvederes aufgeſtellt, und dem in Erzherzogs

Ferdinand Testamente ausgedrückten Wunsche zufolge, daß diese Sammlung für immer als ein selbstständiges Ganzes erhalten werde, wurden auf kaiſ. Befehl die verschiedenen Zweige des Schatzes, welche bald nach ihrer Ankunft in Wien dem Zeitpuncte der Trennung nahe zu seyn schienen, möglichst wieder vereinigt, und die schon früher aus Ambras genommene Sammlung geschnittener Steine zurückgegeben. Doch blieben die von Kaiser Leopold's I. gelehrtem Bibliothekar Lambecius in die kaiſ. Hofbibliothek überbrachten 583 Bde. (größtentheils altdeutscher) Handschriften und 5,880 Bde. an gedruckten Werken der fürstl. Hausbibliothek, dann die theils von Heräus, Carl's VI. Antiquare, im Jahre 1713, theils von Eckhel 1784 für das k. k. Münzcabinet genommenen Medaillen und Münzen bey den genannten Instituten. Hier befindet sich auch die Sammlung von geschnittenen Steinen und die herrliche Kette, welche 49 aus Muscheln erhoben geschnittene Brustbilder von öſterr. Fürsten von Rudolph von Habsburg bis Ferdinand III., mit 448 Rubinen geziert, von unbekanntem Meister, enthält. Auf der Rückseite jedes Porträts ist das Wapen erhoben eingeschnitten, die Arbeit, sowohl an den Köpfen, als an den Nebendingen ist meisterhaft. Die Sammlung von Handschriften, Büchern, Kupfer- und Holzstichen ist, obschon ein großer Theil derselben, wie bereits erwähnt, unter Leopold I. in die kaiſ. Bibliothek nach Wien geschafft wurde, noch immer sehr reichhaltig. Die vorzüglichsten Stücke ter in der Sammlung noch vorhandenen Handschriften sind: Ein Chormissale auf Pergament, 82 Blätter in 8. aus dem 13. Jahrhunderte, mit der alten Art der Noten über jede Sylbe des Textes, vom Abte Berthold von Weingarten (mit der Jahrszahl 1227). Ein großes hussitisches Chormissale, Pergament, gr. Fol., über 400 Blätter, dessen erste Hälfte mit sehr schönen Zügen und Miniaturgemälden verziert ist. Merkwürdig ist, daß in diesem Buche das Fest des glorreichen Blutzeugen Johann Huß mit großer Feyerlichkeit aufgeführt wird; vom Stifter in Böhmen, als er in diesem Lande Statthalter war, acquirirt? Noch mehrere sehr merkwürdige Missale, 2 Lobgedichte auf Kaiser Carl V. und dessen Gemahlinn Isabella, in 2 Liedern mit ihren Melodien für 4 Stimmen bestehend, deren jede auf feiner Leinwand mit Silber und Gold aufgenäht und als besonderes Büchlein geheftet ist. Eine Handschrift aus der Mitte des 14. Jahrhunderts, der Titel ist: Speculum humanae saluationis. Das Gebethbuch der zweyten Gemahlinn Kaiser Maximilian's I., Bianca Maria Sforza. Ein auf 446 Pergamentblätter in gr. 8. geschriebenes, mit vielen trefflichen Miniaturbildern und Randgemälden geziertes Gebethbuch, welches Kaiser Ferdinand I. gehörte, sammt noch mehreren alten Gebethbüchern; eine Schrift astrologischen Inhalts in deutschen Reimen, aus der 2. Hälfte des 13. Jahrhunderts; ein Band lateinischer Gedichte an den König Robert von Sicilien, ungefähr um 1330 geschrieben und mit vielen gemalten Figuren und Vergoldungen geziert. Eines der kostbarsten Stücke dieser Sammlung aber ist unstreitig: Markgraf Wilhelm der Heilige von Oranse, gedichtet von Wolfram von Eschenbach (im 13. Jahrhundert) nebst den beyden Zusätzen, deren Verfasser sich

Turlin oder Turheim nennt. Dieſer Pergament-Coder, 421 Blätter in gr. Fol. ſtark, iſt eine wahrhaft kaiſ. Prachtausgabe dieſes
vorzüglich beliebten und am häufigſten abgeſchriebenen Rittergedichtes.
Es iſt auf 2 Spalten, mit viertelzollhohen Buchſtaben höchſt fleißig geſchrieben, und mit Initialen von der Höhe und Breite eines halben
Fußes geziert, welche durch ihre Laubwerke und Züge von ſchimmern-
den, geſchlagenen Goldblättchen und niedliche, auf die Geſchichte des
Helden ſich beziehende Miniaturen einen ſchätzbaren Beytrag zur alten
Kunſt liefern. — Die wichtigſte Handſchrift dem Inhalte nach iſt der mit
dem Nahmen des Heldenbuches bezeichnete Pergamentband mit 23 alt-
deutſchen Gedichten, beynahe ſämmtlich aus dem 13. Jahrhunderte,
ebenfalls in prachtvoller Ausſtattung. Mehrere Werke über Kriegskunſt
aus Maximilian's I. Zeit. Freidal's Turnierbuch, in welchem die Abbildungen aller Kämpfe und Mummereyen des Kaiſers Maximilian I.
zu finden ſind, der hier unter dem Ritternahmen Freidal (d. i. Freude
Allen) erſcheint. Kaiſers Maximilian I. Artilleriewerke in 3 Foliobänden; Meiſter Peter Falkner's Künſte zu ritterlicher Were; Hans
Thalhofer's und Liechtenauer's Kampfbücher. Unter mehreren
anderen merkwürdigen Handſchriften, deren Aufzählung hier zu weit führen würde, ſind noch beſonders die ſogenannten Trinkbücher von Ambras
auszuzeichnen; es ſind dieß 2 Bde., welche die eigenhändigen Nahmens-
züge der Herren und Damen enthalten, die beym Beſuche des Schloſſes
Ambras zu Lebzeiten Ferdinand's und ſpäter, den vorgeſchriebenen
Trunk gethan. Außer Ferdinand's und Philippinens Handſchrift
bemerkt man hier noch jene: Ferdinand's Herzogs von Bayern, Erzherzogs Carl von Steyermark, Albrecht's und Wilhelm's, Herzoge von Bayern, der Welſer und vieler anderer hohen adeligen Geſchlechter. Endlich begreift dieſe Sammlung noch ſehr intereſſante See-
und Landkarten, beſonders jene von Joan Martines En meſſina und
Giovan' Antonio da Majolo quondam Visconte und von Friaul;
Meilentafeln und Kalender, ſo wie 4 verſchiedene Kartenſpiele aus Ferdinand's Zeit und zwey türkiſche Urkunden. Unter den wenigen vorhandenen Druckwerken zeichnen ſich aus: ein 37 Blätter ſtarkes Werk in chine-
ſiſcher Sprache; Wapenbuch, worin aller geiſtl. Prälaten, Herren und Landleute, auch der Städte des Fürſtenthums Steyer, Wapen und Inſignien,
39 trefflich gemalte Ebenbilder des Hauſes Würtemberg ꝛc. zu finden,
gedr. zu Grätz ohne Jahrzahl; endlich Jac. Schrenk's Lebensbeſchreibung der Fürſten und Feldherren, deren Rüſtungen und Waffen in den
Rüſtkammern aufbewahrt werden, in latein. Sprache. Innsbruck, 1601.
Von Kupferſtichen und Holzſchnitten befindet ſich ebenfalls nur mehr eine
kleine Sammlung von einigen Dutzend Bänden hier, da ſchon um 1750
der größere Theil derſelben, zum bequemen Gebrauche der Künſtler von
Ambras nach Innsbruck verſetzt wurde. Indeß finden ſich darunter
noch manche gute und ſeltene Blätter von Albr. Dürer, Lucas von
Leyden, Aldegrever, Hemskerk ꝛc. nebſt einer Menge von Modellen für Feinarbeiter in Gold und Silber, Architekturen, antike Ruinen
und Statuen in Kupfer- und Holzſtichen. Von dieſer Sammlung beſtehen 6 geſchriebene Verzeichniſſe oder Inventarien, wovon das früheſte

über die Rüſt=, Kunſt= und Wunderkammer unter den Augen des erha=
benen Stifters 1596 wahrſcheinlich von deſſen Geheimſchreiber Schrenk
von Notzing (ſt. 1612) verfaßt wurde und alſo die ſicherſte Beglaubigung
über die Echtheit der vorhandenen Gegenſtände enthält; die zwey folgen=
den ſind von den Jahren 1621, das vierte von 1730 vom gelehrten Ar=
chivar Ant. Roſchmann; das fünfte vom Jahre 1788 vom Schloß=
hauptmanne Joh. Primiſſer, das ſechſte vollſtändigſte, von deſſen Sohne
Aloys Primiſſer, vom 25. July 1821. Die Sammlung füllt gegen=
wärtig 9 Säle und einige kleine Gemächer. Drey Säle enthalten die Rü=
ſtungen berühmter Männer, meiſtens aus dem 16. Jahrhunderte, in 2 Rei=
hen von Niſchen, mit beygeſchriebenen Nahmen in latein. Sprache, auf=
geſtellt. Der erſte Saal begreift meiſtens jene öſterr. Fürſten, worunter
die Rüſtungen Kaiſer Albrecht's I., Maximilian's I., Philipp's I.
Königs von Caſtilien, Kaiſer Carl's V., König Philipp's II.,
Maximilian's II., ſieben vom Erzherzoge Ferdinand und ſeinen
Söhnen; des Cardinals Andreas und Carl's von Burgau; jene des
berühmten Don Juan d'Auſtria, Erzherzogs Siegmund von Tyrol,
Kaiſers Ferdinand I., Erzherzogs Carl von Steyermark,
Ferdinand des Katholiſchen, Stephan Bathory's
Königs von Polen ꝛc. beſonders merkwürdig ſind. Der 2. Saal ent=
hält meiſtens die Rüſtungen deutſcher Fürſten und Feldherren, worun=
ter beſonders bemerkenswerth: jene der Churfürſten Johann Fried=
rich und Moritz von Sachſen, des Landgrafen Philipp von
Heſſen, Ulrich's und Chriſtoph's von Würtemberg, Georg's
und Caſpar's von Frönsberg, des Grafen Niklas von Salm,
der Freyherren Wilhelm von Roggendorf, Lazarus von
Schwendi; des Churfürſten Albrecht von Brandenburg, des
Prinzen Moritz von Oranien, der Herren von Hohenems,
Schertlin, Conrad's von Bemelberg, Andreas Grafen von
Waldburg-Sonnenberg u. a. m. Der 3. Saal umfaßt Leibrüſtun=
gen ital. und ſpan. Fürſten und Helden, worunter vorzüglich erwäh=
nenswerth: jene von Alphons II. von Eſte, Cosmus von Me=
dicis, mehrere aus den berühmten Häuſern Gonzaga, Urbino,
Bentivoglio, Farneſe, Pescato, ꝛc., des Herzogs von Alba,
und der Spanier Leova, Verdugy, Mondragone ꝛc., welche
den Beſchauer an alle die großen und blutigen Ereigniſſe des Zeitalters
Carl's V. und Philipp's II. erinnern. An den Seitenwänden dieſer 3
Säle ſind mehrere einzelne merkwürdige Stücke angebracht, ſo z. B. Waf=
fenſtücke von König Ludwig II. von Ungarn, von König Franz I. von
Frankreich, von dem berühmten Grafen Niklas Zriny, von Philipp
dem Guten von Burgund, von Scanderbeg; Helm und Schwert
ꝛc.; dann Vor= und Hintertheil einer reichen türk. Rüſtung, Schild und
Sturmhaube mit arab. Inſchriften des berühmten Seeräubers Dragut
Reis, nachmahls Königs von Kairewan; die große Fahne aus rothem,
grün verbrämten Damaſt, ein Roßſchweif auf einer gemalten Stange,
Puſikan und Köcher mit zierlich lackirten Pfeilen und Bogen des Groß=
ziers Kara Muſtapha, ein Handſchuh mit eiſerner Armbekleidung
von dem großen Soliman, ein türk. Helm mit Inſchriften von dem

berühmten Vezir Mehmed Sokolowitſch, und endlich eine Streit-
art von Montezuma, dem letzten Inka von Mexico. Außerdem ſind
noch viele einzelne Rüſtungsſtücke, Helme, Cüraſſe, Schilde, Spieße ꝛc.
an den Wänden und Wandpfeilern vertheilt, deren Beſitzer unbekannt,
worunter aber mehrere von ausgezeichnetem Kunſtwerthe und großer
Seltenheit ſind. In Mitten der 3 Rüſtſäle ſtehen 9 vollſtändige Rüſtungen in Rittergeſtalt zu Pferde vorgeſtellt, u. z. 1) Erzherzogs
Ferdinand geſchobener Hochzeitharniſch von getriebener Arbeit, weiß
mit incruſtirten Streifen und Verzierungen von Gold; 2) deſſelben Fürſten ſchwarzer Cüraß von vortrefflicher Arbeit; 3) die ſogenannte mailänd. Rüſtung, wahrſcheinlich deſſelben Fürſten, von dem feinſten ſchwarzen Eiſen, welches jedoch der vielen mit Gold und Silber gezierten
Figuren, Blätter und Züge ꝛc. von getriebener Tauſchierarbeit, wegen nur an einigen Orten hervorblickt, um die verſchwenderiſche Pracht
des Ganzen noch mehr zu heben; 4) die vollſtändige Prunkrüſtung
Alexand. Farneſe; 5) Kaiſer Maximilian's I. Kampfrüſtung für
Mann und Roß, wovon beſonders die ganz eiſerne Pferdrüſtung durch
Größe, Schwere und beſondere Form merkwürdig iſt; 6) Kaiſer Ru-
recht's Kampfrüſtung für Mann und Roß; 7) des Grafen Chriſtoph
von Függer Turnierrüſtung für Mann und Roß; 8) die Panzerrüſtung
eines öſterr. Erzherzogs; 9) das koſtbare Reitzeug, welches bisher dem
Großvezir Mehmed Sokolowitſch zugeſchrieben wird, mit Silber
geſtickt und reich mit Edelſteinen verziert. Endlich iſt hier auch noch unter
mehreren Lanzknechtrüſtungen die Rüſtung des Leibtrabanten des Erzherzogs Ferdinand aufgeſtellt, welcher unter dem Nahmen: der große
Bauer von Trient bekannt war. Er maß 9 Fuß in der Höhe, bey ver-
hältnißmäßiger Dicke und Stärke. Neben ihm ſteht des Erzherzogs große
Turnierſtange, welche 45 Pf. wiegt. Zwiſchen dem zweyten und dritten
Rüſtſaale enthält ein kleines Cabinet eine ſchöne, nach der Zeitfolge
ſehr gut geordnete Sammlung von Gewehren aller Art, Schwerter,
Degen, Armbrüſte, Pfeile und Feuergewehre von den alten Doppel-
haken ohne Schloß bis zu der feingearbeiteten Piſtole. Als Kunſtwerke
verdienen die in den beyden Glasſchränken am Fenſter aufbewahrten Ge-
wehre die größte Bewunderung. Die merkwürdigſten Stücke darunter
ſind: das ſchöne, mit damascirter Arbeit geſchmückte, ganz eiſerne
Streitbeil Kaitbai's, des Sultans der Mameluken in Ägypten (ſt. 1499);
das Schlachtſchwert des Königs Mathias Corvinus von Ungarn; ein
Feuergewehr mit dem poln.-ſchwed. Königswapen, an deſſen herrlicher
Verzierung ſich der menſchliche Fleiß erſchöpft zu haben ſcheint ꝛc. Der
Eckſaal enthält 133 zum Theil lebensgroße Porträte; das Goldcabinet
Nr. 6 jene von Carl V. von Tizian, und von Carl IX. von Frankreich von Clouet gemalt. — Das Cabinet Nr. 7 hat 31 Porträte nebſt
dem 6 Fuß 8 Zoll hohen und 18 Fuß breiten, meiſterhaften Entwurfe
zum Innsbrucker Gräbmahle Maximilian's I. auf Papier, grau in
grau gemalt, und der Vorſtellung einer Sitzung des ſchwäb. Kreiſes
von 1540. — Das erſtere Blatt beſteht aus 8 Gevierten, deren jedes
eine Vorſtellung aus Maximilian's thatenreicher Regierung enthält, wovon 7 verſchiedene Schlachten und Ritterthaten, das 8. aber

Philipp's des Schönen Verlobung, zeigen. Die Größe der vorder-
ſten Figuren beträgt, wie auf den Marmorbildern zu Innsbruck,
6 bis 8 Zoll. Die beſtimmte Zeichnung und Haltung der oft bis zur
Übertreibung kräftigen Krieger und ihrer Roſſe, ſo wie die kunſtvolle
Vertheilung von Licht und Schatten bey der ungemeinen Fülle der Com-
poſition, beglaubigen dieſe Darſtellungen als das Werk eines vollendeten
Meiſters, deſſen Nahmen jedoch leider keine Stelle des Bildes ſelbſt erhalten hat. Das kleine Cabinet Nr. 10 verſchließt eine äußerſt merkwürdige
und reichhaltige Sammlung von theils früheren theils gleichzeitigen Eben-
bildern ſowohl aus dem Erzhauſe Öſterreich ſelbſt, als auch von andern
berühmten Perſonen; ihre Zahl beläuft ſich, die doppelten Stücke ungerechnet, auf 970 Stücke. Die 2 großen Stammbäume der Fürſten aus dem
Habsburg'ſchen Geſchlechte, mit den Bildniſſen derſelben, in Waſſerfarben gemalt, reichen von Rudolph von Habsburg bis zu Philipp
dem Schönen, Sohn Maximilian's I., und ſind ehrwürdige Reſte
der Kunſt aus des letztern Zeit; leider iſt einer derſelben (welcher jetzt zu-
ſammengerollt iſt) von dem Zahne der Zeit ziemlich mitgenommen, ſteht
auch an Kunſtwerth hinter dem andern zurück. Von dieſem Stammbaume
erſchien in neuerer Zeit ein großes ſehr verdienſtvolles lithographirtes
Werk. — Im großen Marmorſaale, wie in dem anſtoßenden ſogenannten Goldcabinete befindet ſich die Kunſt- und Wunderkammer, in
welcher die Seltenheiten der Natur und Kunſt verwahrt werden, ein
allerdings merkwürdiges und wunderſames Gemenge von Gegenſtänden,
ſo z. B. Naturalien, Kunſtwerke, Geräthſchaften alter, mittlerer und
neuerer Zeit, Gefäße von jeder Form und Materie, mechaniſche, mathematiſche und muſikaliſche Inſtrumente, einige orientaliſche und andere
ausländiſche Raritäten, endlich ein reicher Schatz von Gefäßen und
Kleinoden aus edlen Steinen und koſtbaren Metallen. Das Unbedeu-
tendſte, jedoch durch Alter und Seltenheit ausgezeichnet, reiht ſich hier
an das Schätzbare, die kleinlichſte Künſteley an wahre Meiſterwerke der
Kunſt. Der Marmorſaal enthält 18 Glaskaſten mit den verſchiedenſten
Gegenſtänden. Der 1. und 2. Kaſten verwahren Seltenheiten aus dem
Thierreiche, worunter ein ſehr großes Büffelhorn aus Sicilien, ein
großer Elephantenzahn und große Rhinoceroshörner ſich auszeichnen.
Ein Eichſtock mit einem eingewachſenen Hirſchkopf ſammt Geweih verdient
als beſonderes Naturſpiel die Aufmerkſamkeit des Naturforſchers. Hier
befindet ſich auch eine beträchtliche Menge der verſchiedenartigſten Korallen-
gewächſe. Der 3. und 4. Kaſten enthalten Foſſilien. Unter den Steinen
befindet ſich eine ſchöne Smaragddruſe aus Peru. Unter den Metallen
zeichnen ſich aus: einige große Stücke Pepit (Gold aus Peru), mehrere
ſehr große Exemplare gediegenen dendritiſchen Silbers aus Peru, und die
in Form von Bergwerken u. dgl. verarbeiteten Silberglaserze aus Schwaz
in Tyrol. Der 5., 6. und 7. Kaſten ſind mit antiken Gefäßen, Geräth-
then, Lampen und kleinen (doch zum Theile modernen) Bronzefigür-
chen angefüllt, am merkwürdigſten aber iſt das römiſche Edict de lege
agraria in Erz, 114 J. vor Chr. Geb. Im 8. bis 12. Kaſten ſind herrliche Arbeiten aus Stein, Horn, Holz, Elfenbein, Wachs, Pappe ꝛc.,
worunter beſonders merkwürdig ein in Entwurf, Zeichnung und Aus-

führung gleich vortreffliches erhobenes Bild von weißem Marmor, den himmlischen Vater vorstellend, wie er den vom Kreuze abgenommenen Leichnam des Heilandes betrachtet, mit Attributen; die Opferung Christi im Tempel, ein Werk des berühmten Alex, Colin, von gelblichem Sandstein hocherhoben gearbeitet; eine sehr schöne Gruppe in Elfenbein rund geschnitten, ein mit Rosen bekränzter Mann, 2 Knaben zu seinen Füßen vorstellend; die Anbethung der heil. 3 Könige, erhoben in Elfenbein. Unter den aus Holz geschnitzten Gegenständen sind noch andere 3 Arbeiten Alexand. Colin's besonders sehenswerth, welche den Raub der Sabinerinnen und 2 Schlachtstücke vorstellen. Im 13. und 14. Kasten sind Glasgemälde, gläserne und steinerne Gefäße und die Sammlung der sogenannten Raphael'schen Vasen, in deren Malerey übrigens der Styl der Florentinischen Schule nicht zu verkennen ist, bemerkenswerth. Der 15. Kasten enthält merkwürdige Uhren, mathematische Instrumente und mechanische Kunstwerke. Im 16. Kasten befinden sich außer allerley merkwürdigem und altem Hausgeräthe einige türkische, indianische und chinesische Stücke. Im 17. und 18. Kasten sind verschiedene merkwürdige alte musikalische Instrumente enthalten, worunter einige von der höchsten Seltenheit. Das sogenannte Goldcabinet verwahrt in Glasschränken eine Menge Kostbarkeiten von Gold, Silber, Edelsteinen und Perlen, silberne und goldene, so wie eine große Anzahl krystallener Gefäße von den verschiedensten Formen, verschiedene Filigran=Arbeiten von Gold und Silber, des Erzherzogs Ferdinand Siegel, Ringe rc., eine ungemein schöne, mit Diamanten und Rubinen reich verzierte Theekanne von Onyx, ein goldenes Hifthorn rc., ferner, vielleicht das kostbarste Stück der ganzen Sammlung, das berühmte Salzfaß oder den Tafelaufsatz, welchen Benvenuto Cellini für den König Franz I. von Frankreich verfertigte, und sodann Carl IX. dem Erzh, Ferdinand zum Geschenke machte. Merkwürdig ist auch die Sammlung der Waffen Kaiser Carl's V., die mit Perlen gestickten großen sammtnen Hüte, sammt dem geweihten Schwerte, sämmtlich Geschenke des Papstes an den Erzherzog. Die vollständigste Beschreibung dieser merkwürdigen Sammlung ist das schätzbare Werk: Die k. k. Ambraser=Sammlung, von Aloys Primisser, (weiland) Custos am k. k. Münz= und Antiken=Cabinete und der A. S. Wien 1819. Für das größere Publicum ist der Eintritt regelmäßig jeden Dienstag und Freytag, Vormittags von 9 bis 12, Nachmittags von 3—6 Uhr offen, Winterszeit jedoch nur von 9 bis 2 Uhr.

Ambrosi, Nicol., geschickter Bildhauer, geb. zu Villa in Tyrol. Er lebte in Wien schon 1756, erhielt den 23. März 1781 den ersten Preis aus der Bildhauerey und wurde nach der Hand Mitglied der k. k. Akademie der bildenden Künste, mit dem Aufnahmsstück Anakreon, den ein Mädchen mit Rosen bekränzt und ein Knabe Wein in einen Becher gießt.

Ambrosianische Bibliothek in (der Stadt) Mailand. Diese, besonders durch Angelo Majo, den wahren philologischen Columbus in unsern Tagen noch berühmter gewordene Sammlung, ward von dem Cardinal C, Feder. Borromeo angelegt und 1609 der öffentlichen

Benützung gewidmet. Ihren Nahmen Ambrofiana, erhielt fie zu Ehren des heil. Ambrofius, des Schußpatrons von Mailand. Diefe Biblio= thek zählt 95,000 Bände und 15,000 Manufcripte. Unter ihren vielen Seltenheiten ift befonders ein Virgil zu nennen, in welchem Petrar= ca's handfchriftliche Notiz über fein erftes Begegnen Laura's fich befin= det; ferner ein Band Autographen mit Leonardo da Vinci's werth= vollen Zeichnungen. Unter den vielen bedeutenden Gegenftänden der bey der A. B. befindlichen Kunftgallerie zeichnen fich die Gemälde von Joh. Breughel, Dürer, Barocci ꝛc.; der Carton von Raphael's Schule zu Athen, die Studien des Leonardo da Vinci, u. f. w. aus.

Ambrozi, Wenz. Bernh., ein feiner Zeit rühmlichft bekannter Maler, war geb. 1723 zu Kuttenberg in Böhmen. Mit 8 Jahren kam er nach Prag, ftudirte dafelbft die Humaniora und Philofophie, und follte in den Orden der Jefuiten treten. Doch feine früh erwachte Neigung zur Malerkunft beftimmte ihn, fich ganz diefem Kunftfache zu widmen, in welchem er bald die größten Fortfchritte machte. Dabey war A. auch vorzüglicher Kenner, befaß eine reichhaltige Sammlung der trefflichften Öhlgemälde anderer Meifter, und verftand fich auch auf die fchäzens= werthe Kunft, fchadhaft gewordene Gemälde vollftändig, ohne Verluft ihrer Eigenthümlichkeiten, wieder herzuftellen. Die Kaiferinn Maria Therefia, welche ihn oft mit wichtigen Aufträgen beehrte, ernannte A. zum Hofmaler, und Kaifer Jofeph II. zum landtäflichen Malerepen= fchäzer. A. war auch der letzte Vorfteher und Oberältefter der, feit Carl VI. zu Prag beftandenen Malergilde, welche dann unter Jo= feph II. aufgehoben wurde. A. ftarb den 26. April 1806. — Unter feinen vielen gelungenen Arbeiten verdienen befonders erwähnt zu werden: das Frescogemälde der fechs älteften böhmifchen Herzöge auf der Außenfeite eines Haufes auf dem Wege nach Wiffehrad, mehrere große Altarblätter in verfchiedenen Kirchen Böhmens, 3 große Plafondsgemälde, nebft mehreren kleinern, meiftens hiftorifchen und bi= blifchen Gegenftänden. Seine Werke find meiftens in hellem Tone, ge= fälliger und reiner Färbung, im Gefchmack der venetian. Schule ausge= führt. Seine Zufammenfetzungen find geiftreich, feine Köpfe ausdrucks= voll und angenehm, feine Anordnungen untadelhaft; die Hintergründe wußte er fchon architektonifch zu verzieren.

Ambfchell, Ant. von, Dr. der Philofophie, infül. Prälat in Efuth, Lector und Domherr am Collegiatftifte zu Preßburg. Er wurde in Krain 1749 geb., trat in den Jefuitenorden, war Profeffor der Phyfik am k. k. Lyceum zu Laibach, fodann Profeffor der Expe= rimentalphyfik und Mechanik an der k. k. Univerfität zu Wien; wurde 1809 Domherr zu Preßburg, wo er am 14. July 1821 ftarb. Er fchrieb: Anfangsgründe der allgemeinen Naturlehre, 6 Abtheilungen, Wien, 1791 — 92, m. K.; Elementa Phyficae, eb. 1807, m. K.; Elementa Matheseos, 2 Thle., eb. 1807, m. K.

Amerling, Friedr., ein Epoche machender Porträtmaler Wien's, dafelbft geb. den 14. April 1803. Diefer junge Mann gehört zu denje= nigen, welche, begeiftert von der Idee der Schönheit, aus eigener

Kraft sich durch alle umthürmenden Hindernisse siegend emporschwangen. Durchaus unbemittelt, mußte er selbst um die Anschaffung der Requisiten kämpfen, die Akademie der bild. Künste in Wien besuchen zu können. Er machte schnelle Fortschritte. Zum allernächsten Broderwerb illuminirte er Landkarten und Kupferstiche, arbeitete täglich einige Stunden in einer lithographischen Anstalt, malte Zimmer aus und gab Unterricht in der Guitarre. Endlich gelang es ihm, sich Farben und Ohl, Pinsel und Palette anzuschaffen, und er begann nun Porträte in Ohl zu malen. 1824, während der Ferien, machte er eine Fußreise nach Prag, wo sein Oheim, ein Garnisonsauditor, lebte. Dieß war der Wendepunct seiner Bestimmung. Dieser wackere Mann gab ihm Unterkunft. A. vermochte sich für die von ihm gelieferten beyfälligen Porträts die Summe von 200 fl. zu ersparen; und nun hielt ihn nichts mehr ab, seinen längst gehegten heißen Wunsch, Britanniens Metropole zu besuchen, auszuführen. Sein Drang galt, die Bekanntschaft des gefeyerten Lawrence zu machen. A. legte ihm schüchtern seine Leistungen vor und genoß des Triumphes aufrichtiger, und freundschaftlicher Anerkennung des Meisters. A. verweilte 9 Monathe in London, und machte sich nun muthig nach Paris auf, den Lawrence Frankreichs, Horace Vernet, kennen zu lernen. Er fand dieselbe freundliche Aufnahme; doch nöthigte ihn eine 3monathliche Krankheit zur Rückkehr nach der Vaterstadt. Hier schuf er 2 historische Gemälde: Dido von Äneas verlassen, und Moses in der Wüste; selbe erhielten den ersten akad. Preis. — Als in Wien die Cholera ausbrach, zog A. nach Venedig, verweilte da einen Monath, und ging von da über Florenz nach Rom. A.'s Ruf war gegründet. Sein Monarch berief ihn nach Wien zurück. Es ward ihm der auszeichnende Auftrag zu Theil, des Kaisers Bildniß für das Ritterschloß in Laxenburg zu malen, in vollem Ornate 8½ Schuh hoch. A. schuf ein Meisterstück; das Bild vorerst in einem Saale des Reichskanzleygebäudes zu öffentlicher Betrachtung ausgestellt, erntete Bewunderung. A.'s Porträte und Skizzen in den 1832—34 Statt gefundenen Kunstausstellungen zogen mächtig an, nahmentlich das Bildniß der Fürstinn Auersperg. — A. genießt nun die seinem großen Talente wohl gebührende Würdigung, verbunden mit lohnendem Zuspruch. In der Blüthe der Lebenstage wird er in seiner Künstlerschaft nicht stillstehen; und was auch die Stimme besonnenen, unbestechlichen Urtheils immerhin an seinen Arbeiten bemängeln möge: möglichste Ähnlichkeit charakterisirt seine Porträts, und Geist und Kraft, Kühnheit und Sicherheit zeichnen sie aus, indem sie selbe zugleich von der gewöhnlichen technischen Effectmalerey genialisch unterscheiden.

Amoretti, Carl, Mitglied mehrerer gelehrten Gesellschaften, beständiger Secretär der Mailänd. Società patriotica, und Bibliothekar an der ambrosian. Bibliothek zu Mailand, geb. zu Oneglia in Sardinien 1741, erhielt seine Bildung unter den Piaristen, ließ sich 1757 dem Augustinerorden einverleiben, den er jedoch wieder verließ und mit päpstlicher Bewilligung in den Weltpriesterstand übertrat. Neuere Sprachen, Naturgeschichte, Physik, Technik, insbesondere Mineralogie, waren seine Lieblingsfächer. Viele Werke, auch Übersetzungen be=

rühmter Reiſen, waren die Früchte ſeiner ausgebreiteten Gelehrſamkeit. Seine Nuova ſcelta d'opuſc. intereſſ. ſulle ſcienze e arti, erſchien zu Mailand in 27 Bdn., 1775 — 1808. — Er ſtarb zu Mailand 1816.

Amortifationscaſſe, ſ. Tilgungsfond.

Amortifationsgeſetz, iſt das Geſetz, welches die Erbunfähigkeit der in Oſterreich befindl.chen geiſtlichen Gemeinden in Stiften und Klöſtern, wie auch ihrer einzelnen Mitglieder ausſpricht. Schon Herzog Albrecht von Oſterreich hatte 1340 den Erwerbungen beweglicher Güter zu Handen der Geiſtlichkeit Schranken geſetzt. In dieſem Sinne lauteten auch die Verordnungen Kaiſer Ferdinand's I. vom Jahre 1556. Kaiſer Carl VI. erließ in Betreff der Erwerbungen unbeweglicher Güter zu Handen der Geiſtlichkeit neue Beſchränkungsvorſchriften, welche die Kaiſerinn Maria Thereſia im Jahre 1771 durch ein eigenes Geſetz beſtätigte, und die Beſtimmung machte, daß jenes, was Ordenscandidaten oder Candidatinnen bey ihrem Eintritte in ein Kloſterſtift an unbeweglichem Vermögen mitbringen, niemahls den Werthbetrag von 1500 fl. überſchreiten, und ein jährlicher Unterhaltsbeytrag, welcher Kloſterperſonen zugewendet werden will, höchſtens 200 fl. ausmachen dürfe; und dieſes Geld niemahls dem Kloſter oder dem Orden, in welchem ſich der Nutznießer befindet, zuzufallen, ſondern nach ſeinem Abſterben an jene zu gelangen habe, denen es vermög rechtmäßiger Ordnung gebührt. Was aber einem geiſtlichen Orden oder Kloſter als ein bloßes Almoſen oder als ein Vermächtniß auf geiſtliche Verrichtungen zugedacht würde, wird als fromme Fundation angeſehen, und nicht dem Orden oder Kloſter übergeben, ſondern als Stiftungsgeld nach den in Stiftungsſachen beſtehenden Anordnungen der Obſorge der betreffenden Staatsbehörde übertragen. Wenn übrigens ein Candidat oder eine Candidatinn ſelbſt Vermögen beſitzt, und ſonſt darüber zu diſponiren berechtigt iſt, ſo kann dieſe Diſpoſition vor dem förmlichen Eintritt in den Orden geſchehen. Unter dieſen beſtimmten Verhältniſſen ſind daher alle anderweitigen Erwerbungen, ſie mögen ihren Titel wo immer herleiten, den geiſtlichen Orden und Klöſtern unterſagt. 1775 ſtatuirte die Kaiſerinn Maria Thereſia, daß die Geldvermächtniſſe, welche unter dem Vorwande eines Almoſens gegeben werden wollen, inſofern ſie den Betrag von 100 fl. oder darüber ausmachen, als nutzbringende Capitalien, dem in jeder Provinz beſtehenden Stiftungsfonde einverleibt werden ſollen, wodurch den Kloſtergeiſtlichen, welchen, Sammlungen für das Kloſter zu machen, geſtattet iſt, die Annahme von Almoſen in jedem Betrage unter 100 fl. als Geſchenk oder Vermächtniß unbenommen iſt und ungehindert zur eigenen Erhaltung verwendet werden kann. Den meiſtens ſehr gering und mit keinen Realitäten dotirten Ordensinſtituten der Urſulinerinnen, Saleſianerinnen, Eliſabethinerinnen und barmherzigen Brüder, dann auch den Piariſten, ſo wie überhaupt allen denjenigen Ordensgemeinden, welche ſich mit dem Unterrichte und der Krankenpflege befaſſen, und ſich in dem erwähnten Falle befinden, iſt 1804 eine bis auf 3000 fl. erhöhte Mitgift anzunehmen von dem gegenwärtig regierenden Kaiſer, Franz I., erlaubt worden. Auf unbeſtimmte Zeit ſind 1805 die Orden

der Ursulinerinnen und der barmherzigen Brüder, 1806 der Elisabethinerin=
nen, 1808 der Salesianerinnen, 1811 der Clarisserinnen zu Sanbec
in Galizien, 1812 der Piaristen=Orden, 1815 die Ordensgemeinde der
Mechitaristen in Wien vom A.e ganz enthoben, und es sind dieselben
zu allen Erwerbungen, sowohl beweglicher als unbeweglicher Güter, ge=
gen dem fähig erklärt worden, daß sie jede solche Erwerbung jedes Mahl
der Landesregierung anzuzeigen haben. In späterer Zeit haben noch
mehrere Ausnahmen von dem A.e Statt gefunden. Da die 4 engl. Stifts=
häuser, benanntlich zu Prag, Ofen, St. Pölten und Krems,
jedoch mit Ausschließung des Ordens und der Communitäten selbst, schon
im J. 1774 von dem Erwerbungsverbothe ausgenommen und die einzel=
nen Personen der Acquirirung mit Ausnahme unbeweglicher Sachen
fähig erklärt worden, hat der Kaiser 1805 die zu St. Pölten und
Krems befindlichen Institute der englischen Fräulein bis zur Erwirkung ei=
nes ihre Erhaltung fortwährend deckenden Vermögens, so wie ihren Orden
und die Gemeinden von dem A.e gänzlich ausgenommen. Gleichermaßen
wurde 1818 erklärt, daß die Begünstigung zu allen Erwerbungen, so=
wohl beweglicher als unbeweglicher Güter durch Schenkung unter Leben=
den, und durch letztwillige Anordnung den Instituten der engl. Fräulein,
der Ursulinerinnen, der Elisabethinerinnen, der Salesianerinnen, der
Piaristen und der Mechitaristen so lange, bis sie das, zu ihrer fortwäh=
renden Erhaltung erforderliche Vermögen erwerben, in Wirksamkeit zu
bleiben habe; wornach von den Vorstehern jeder dieser Ordensgemeinden
nicht nur die zugebrachte Mitgift der neuen Professen oder sonst eine
Erwerbung, von Fall zu Fall der Landesstelle angezeigt, sondern auch
in den jährlichen, an die Landesregierung zu legenden Rechnungen, alle
der Ordensgemeinde durch Schenkungen oder Vermächtnisse zufallenden
Beträge genau aufgeführt werden sollen, damit die Staatsverwaltung
über deren Vermögensstand, immer in der nöthigen Übersicht erhalten
werde, gegen jeden Mißbrauch wachen könne, und zur Überzeugung ge=
lange, wann die Ordensgemeinde durch dergleichen Zuflüsse für ihre Be=
dürfnisse dauerhaft gedeckt ist, und die Fortsetzung jener Begünstigung
aufzuhören hat. Vermög der Verordnung, wodurch einigen Ordens=
Instituten die Befreyung von dem A.e ertheilt worden ist, sind diese
Ordens=Institute zwar unmittelbar selbst, und in eigenem Nahmen, so=
wohl durch Handlungen unter Lebenden, als durch letzte Willenserklä=
rungen zu erwerben fähig; keineswegs aber können sie im Nahmen der
Professen auf einen Pflichttheil, oder auf eine Intestat=Erbfolge der
Verwandten derselben Anspruch machen, oder dasjenige erwerben, was
unmittelbar den einzelnen Professen zugedacht wird; vielmehr sollen solche
Anordnungen zu Gunsten der zur Erwerbung unfähigen Professen noch
ferner ungültig und wirkungslos seyn. Dagegen gestattete der Kai=
ser im J. 1809, daß für ein Mitglied derjenigen Ordensgemeinden,
welche eine Befreyung vom A.e erhalten haben, das, im J. 1771 auf
200 fl. gesetzlich beschränkte Vitalitium von seinen Verwandten oder Gön=
nern bis auf 300 fl. bestimmt werden dürfe. — Das A. in Ungarn ist
vom J. 1498.

Amortisirung, betrifft: 1) Privaturkunden, 2) Staatsschuld=

verschreibungen. Hat jemand eine Privaturkunde verloren, so ist er berechtigt mit genauer Beschreibung derselben vor Gericht zu verlangen, daß dem Inhaber dieser Urkunde aufgetragen werde, solche so gewiß anzuzeigen, als sonst diese Urkunde als unwirksam erklärt werden würde. Eine ähnliche Ungültigkeitserklärung kann auch bezüglich verjährter Satzposten erwirkt werden. Nach Verlauf der von den betreffenden Personal- oder Real-Instanzen in ihren erlassenen Edicten kund gegebenen gesetzlichen Termine wird die Urkunde für nichtig erklärt, somit die wirkliche A. ausgesprochen. Die A.s-Verhandlungen und Erkenntnisse über verlorene Staatsschuldverschreibungen, sie mögen entweder auf den Überbringer, oder auf bestimmte Nahmen lauten, werden bloß von dem niederösterr. Landrechte, als der gesetzlich erklärten, competenten Gerichtsbehörde vorgenommen; wobey die Patente vom 28. März 1803, 15. Aug. 1817, und 23. July 1819 zur Richtschnur dienen. Dieses ist auch der Fall in Bezug der, auf Überbringer lautenden, in Verlust gerathenen Interims-Scheine, über Einlagen zu Staatsanlehen, und bey A. der Interessen-Coupons. Die A.s-Erkenntnisse über die von den Ständen der Provinzen und von Provinzial-Behörden ausgefertigten, auf besonderen Provinzen oder Provinzialtheilen haftenden Obligationen, wenn solche auf bestimmte Nahmen lauten, stehen, ohne Unterschied ihrer Eigenschaft, als Ararial- oder Domestical-Obligationen, dem Landrechte jener Provinz zu, wo solche Obligationen ausgefertiget wurden und verzinset werden, oder in dessen Ermanglung dem in dem Hauptorte der Provinz befindlichen landesfürstl. Gerichte erster Instanz. Die der Militärgerichtsbarkeit unterstehenden Personen haben die A. öffentlicher Fonds-Obligationen, jedoch nur in so fern sie auf bestimmte Nahmen lauten, bey dem betreffenden Judicium delegatum militare mixtum, außerdem, nach den allgemeinen Vorschriften, bey dem niederösterr. Landrechte zu bewirken.

Ampas, tyrol. Dorf im Unterinnthaler Kreise, auf einer Anhöhe nahe am Inn. An diesem Dorfe führt die Elbögnerstraße vorüber, die bey Hall jenseits des Inn beginnt und in vielen Krümmungen bis Matrei führt. In frühern Zeiten des blühenden Durchzugshandels, und als die Straße über den steilen Schönberg noch nicht hergestellt war, wurde diese Straße um so mehr benutzt, als sie gerade bey Hall, dem Stapelplatz für die Innschifffahrt, endet. Am Fuße des Schönberges steht ein steinernes Denkmahl mit doppelter Inschrift im Lapidarstyl. Die eine weiset auf das Alter der Straße, in den Zeiten der röm. Kaiser Marc Aurel, Severus und Julian zurück, und dankt ihren letzten festen Bau der Vorsorge Josephs II.; die andere erinnert an die Durchreise des Papstes Pius VI. 1782.

Ampfing, Pfarrdorf im Isarkreise Bayerns, berühmt durch den Sieg Ludwig's des Bayern über Friedrich von Österreich 1322, (zu dessen Andenken die Capelle Wimpesing hier errichtet ward); und den Sieg der Österreicher über die Franzosen den 1. Dec. 1800.

Amras, s. Ambras.

Amstätten (Amstetten), niederösterr. Markt im V. O. W. W. mit 980 Einw., merkwürdig durch Murat's Sieg über die mit den Öster-

reichern verbundenen Ruſſen am 5. Nov. 1805, welch Letztere die Arrieregarde des Rückzugs gegen die vordringenden Franzoſen bildeten und ſich
in einer vortheilhaften Stellung halten wollten. Unter hartnäckiger Vertheidigung büßten ſie 200 Todte und 1000 Gefangene ein.

Anabaptiſten, ſ. Wiedertäufer.

Anatomiſch-pathologiſches Muſeum, im k. k. allgemeinen
Krankenhauſe zu Wien, hat gegen 4000 Präparate organiſcher Krankheiten aufzuweiſen. Daſſelbe wurde im J. 1812 angelegt. Dr. L. Bier-
mayer, außerordentlicher Profeſſor der pathologiſchen Anatomie an
der Wiener Univerſität und Cuſtos dieſes Muſeums, hat daſſelbe um-
ſtändlich zu beſchreiben angefangen unter dem Titel: **Museum anatomico-
pathologicum,** Wien 1816.

Anderloni, Pet., berühmter Kupferſtecher der neuen italieniſchen
Schule, war geb. den 12. Oct. 1784 zu Sta. Eufemia bey Brescia.
Seinen erſten Unterricht erhielt A. durch ſeinen ältern Bruder Fauſtin
A., einen ebenfalls ſehr wackern Künſtler; er machte alle Kunſt-
ſtudien durch, welche ihm endlich die große Freyheit und Sicherheit verſchafften, mit welcher er jetzt ſeinen Grabſtichel führt. Seine erſte Arbeit waren einige Platten zu Scarpa's: **Trattato dell' enevrisma,**
welche er in Gemeinſchaft mit ſeinem Bruder unternahm. 1804 trat A.
in die Schule des hochberühmten Longhi und arbeitete durch 9 Jahre
unter deſſen geiſtreicher Leitung. Seine angeſtrengten Studien nach den
Antiken, der Natur und nach vorzüglichen Originalen verſchafften ihm
jenes tiefe Eindringen in das Heiligthum der Kunſt und lehrten ihm jene
naturtreue und ausgezeichnete Darſtellung, welche ſeinen Stichen ſo
großen Werth verleiht. 1824 ging A. auf längere Zeit nach Rom, um
dort den Heliodor und den Attila im Vatican zu zeichnen, die er
ſodann im Kupferſtiche ausführte und darin ſeinen berühmten Vorgänger
Volpato bey weitem übertraf. 1831, nach Longhi's Tode, erhielt
A. deſſen Stelle als Director der Kupferſtecherſchule bey der Akademie
der ſchönen Künſte zu Mailand, als welcher er ſich die ausgezeichnetſte
Anerkennung erwarb. Er iſt auch Ehrenmitglied der meiſten Akademien
der bildenden Künſte. Unter ſeine vorzüglichſten Blätter rechnet man:
Moſes mit den Töchtern des Jethro am Brunnen nach Pouſſin,
Maria nach Raphael, aus der kaiſerl. Gallerie in Wien, dann
beſonders die Ehebrecherinn vor Chriſtus nach Tizian, ſein Hauptwerk, welches zu den Zierden jeder Sammlung gehört. Seine Porträts
von Appiani, Longhi, Canova, Peter dem Großen, ſind
ebenfalls ausgezeichnet zu nennen. — Anderloni Fauſtin, deſſen
älterer Bruder, geboren um 1775, beſchäftigt ſich viel mit Arbeiten
für wiſſenſchaftliche Werke. Wir kennen mehre Porträts, ſo z. B. Her-
der's, Schiller's, dann Magdalena in der Wüſte, (angeblich von
Correggio) von ſeiner Hand. Gegenwärtig lebt dieſer Künſtler in
Pavia.

Andersdorf, mähr. Dorf im Olmützer Kreiſe mit 270 Einw.,
liegt an der Poſtſtraße von Olmütz nach Troppau, hat einen trefflichen, im Geſchmacke dem Spaawaſſer ähnlichen eiſenhaltigen Sauerbrunnen, unter dem Nahmen: Andersdorfer oder von der fürſtl. Liech-

ten stein'schen Herrschaft Sternberg, wohin dieser seit 1811 auch mit einer sehr gut eingerichteten Badeanstalt versehene Curort gehört, unter dem gewöhnlicheren Nahmen: Sternberger Wasser bekannt, und wird in gläsernen Flaschen versendet.

Andrä, St.) kärnt. Städtchen im Klagenfurter Kreise, liegt reizend auf einer Anhöhe, und zählt bey 700 Einw. Es ist seit 1223 Sitz des Bischofs von Lavant und seines Consistoriums, hat eine Domkirche, eine theologische Lehranstalt und ein Priesterhaus (Alumnat) für die Lavanter Diözese.

Andrassy, David v.) k. k. Generalmajor und Ritter des milit. Mar. Theresien=Ordens, war am 20. Dec. 1762 zu Raab von ansehnlichen Ältern (Joh. v. Andrassy, und Juliana v. Torkös) geboren. Er trat frühzeitig, 1778 den 2. Sept. bey dem 32. Infanterie=Regimente, damahls Sam. Gyulay, jetzt Eszterhazy, in k. k. Militär=Dienste, und zeichnete sich bey allen Gelegenheiten im Türkenkriege, in den französischen Kriegen am Rheine, in Italien, nahmentlich aber bey Aspern aus, wo er unter andern den sehr überlegenen Feind, als dieser das Mitteltreffen des österr. Heeres durchbrechen wollte, mit entschlossenem Muthe aufhielt, und durch seine Tapferkeit das Marien=Theresien=Ordenskreuz sich erwarb. Mit gleicher Auszeichnung kämpfte er als Oberst des trefflichen Infanterie=Régiments Hieron. Colloredo 1812 in dem Feldzuge gegen die Russen bey dem k. k. Hülfsheere. Er trug sehr viel zu dem Siege bey Podubnie bey. Der Kaiser ernannte ihn dafür zum Generalmajor. Bey Eröffnung des ruhmvollen und folgenreichen Feldzuges 1813 weihte er gleichsam die Siege desselben, nebst Moreau, mit seinem Tode ein. Nach mehreren erhaltenen Wunden riß ihm den 17. Aug. vor Dresden eine feindliche Kugel die linke Seite weg; ein schneller Tod endete mitten in dem großen Kampfe sein verdienst= und ruhmvolles Leben. Sein edler Adjutant, Oberlieutenant von Sauer, brachte die Leiche des Helden aus dem Feuer, und begrub sie in Retnitz, 1½ Stunde weit von Dresden. Der verstorbene Held war als Krieger und als Mensch, als Patriot und als Freund, einer der liebenswürdigsten Männer. Für seinen ehrenvollen Stand feurig eingenommen, ließ er auch die meisten Söhne seiner zwey Brüder gleichfalls für denselben erziehen.

André, Christian Carl, k. würtemb. Hofrath, fürstl. Waldeck'scher Erziehungs= und altgräfl. Salm'scher Wirthschaftsrath, Ehrenmitglied der k. sächs. Leipziger ökonomischen Societät, der naturforschenden Gesellschaften zu Halle und Jena, der Societät der Forst= und Jagdkunde zu Waltershausen, der Akademie nützlicher Wissenschaften zu Erfurt, der botanischen Gesellschaft zu Regensburg, corresp. Mitglied und vormahls beständiger Secretär und Agent der Jenaer mineralogischen Societät für Mähren, Mitglied und ehemahliger Secretär der k. k. mährisch=schles. Gesellschaft zur Beförderung des Ackerbaues, der Natur= und Landeskunde in Brünn, Assessor des Georgicons zu Keszthely, Ehrenmitglied der k. k. patriot. ökonomischen Gesellschaft in Böhmen zu Prag, Mitglied der k. k. Landwirthschaftsgesellschaft in Wien, der k. k. Landwirthschaftsgesellsch. in Steyr=

ermark zu Grätz, der k. k. und ständ. Gesellschaft zur Beförderung d. Ackerbaues und der Künste in Kärnthen zu Klagenfurt, der schles. Gesellschaft für vaterl. Cultur in Breslau; der landwirthschaftl. Vereine in Bayern und Würtemberg, wirkendes Mitglied der Gesellschaft des vaterländ. Museums zu Prag; war geboren zu Hildburghausen den 20. März 1763. Sein Vater war Joh. Friedr. André, k. preuß. Stallmeister. Er widmete sich zu Jena den Wissenschaften 1779 und 80; wurde 1781 Privatsecretär und Erzieher bey dem geheimen Rath. v. Wechmar zu Roßdorf im Hennebergischen, 1785 fürstl. Waldeck'scher Secretär und erhielt in eben diesem Jahre den Titel eines Erziehungsrathes. Er wollte zu Arolsen eine Erziehungsanstalt errichten, welche aber sodann mit der Salzmann'schen zu Schnepfenthal bey Gotha vereinigt wurde, wohin sich A. gleich 1785 begab, um mit C. G. Salzmann, seinem nachmahligen Schwiegervater, den von beyden entworfenen Plan auszuführen. Er legte bald darauf 1788 eine besondere Mädchenerziehungsanstalt in Schnepfenthal an, und übersetzte sie 1790 nach Gotha. 1794 lebte er zu Eisenach als Vorsteher einer Erziehungsfamilie. 1798 erhielt er von der evangelisch-lutherischen Gemeinde in Brünn den Ruf als Director ihres Schulwesens, trat nach einigen Jahren ab, privatisirte, wurde nach der Hand altgräfl. Salm'scher Wirthschaftsrath, auch Secretär der mähr. schles. Ackerbaugesellschaft; resignirte letzteres Amt 1820; erhielt den 4. May 1821 den Charakter und Rang eines k. württemberg. Hofrathes, ohne Gehalt, und ging mit Anfang Sept. 1821 von Brünn nach Stuttgard ab, wo er am 19. July 1831 sein thätiges Leben, das eine besondere schriftstellerische Gewandtheit auszeichnete, beschloß. Seine Verdienste als Erzieher, ökonomischer und Volksschriftsteller, insbesondere für Österreich während seines Hierseyns 1798 — 1821, sind allgemein als werthvoll anerkannt. Von seinen schriftstellerischen Arbeiten nennen wir hier: Magazin zur Geschichte der Jesuiten, 10 Bde. Erfurt, 1787 — 97. Von den ersten 8 Bänden erschien eine 2. Aufl. eb. 1795 — 99. — Friedrich's des Einzigen authentische Charakteristik aus seinen eigenen Geständnissen, ein Handbuch für Fürsten, Officiere und alle höhere Stände, Berlin, 1790. — Merkwürdigkeiten der Natur, Kunst und des Menschenlebens; 2 Thle. Erfurt, 1798 — 99. 2. Aufl. eb. 1804. — Anleitung zum Studium der Mineralogie, Wien, 1804. — Das Markgrafthum Mähren. Brünn, 1804. — Geogr. statist. Beschreibung des Kaiserthums Österreich. Weimar, 1813. — Abriß der Geogr. des österr. Kaiserthums. Prag, 1814. — Hausbuch für Familien, eb. 1821, mit Kupfern, — Statistische Übersicht und Merkwürdigkeiten der europ. und außereurop. Staaten, eb. 1821. — Neueste Zahlenstatistik der Staaten. Stuttgard, 1823. — Zu den Schriften, welche A. in Verbindung mit Gelehrten herausgab und zu seinen Redactionsarbeiten zählen wir: Compendiöse Bibliothek der gemeinnützigen Kenntnisse für alle Stände; 110 Hefte, Eisenach und Halle, 1788 — 98. — (Mit Joh. Matth. Bechstein.) Gemeinnützige Spaziergänge, für Ältern und Erzieher zur Beförderung der anschauenden Erkenntnisse; 10 Thle., Braunschweig, 1790 — 97. — Raff's Geographie für Kinder, 1. Thl. (welcher Deutschland enthält, nach des Verfassers Tode neu ausgearbeitet) Götting. 1806. — Patriotisches Tageblatt oder öffentliches Correspondenz- und Anzeige-Blatt für sämmtliche Bewohner aller k. k. Erbländer, über wichtige, interessirende Gegenstände zur Beförderung des Patriotismus; 6.Jahrg., Brünn, 1800—5. — Hesperus oder Belehrung und Unterhaltung für die Bewohner des österr. Staates, Zeitschrift in monathlichen Heften seit 1809 Brünn, seit 1813 als Nationalblatt und encyklopäd. Zeitschrift für gebildete Leser, fortgesetzt; Prag, seit 1822 Stuttgard (dermahlen nach A.'s Ableben redigirt von Dr. F. Notter). — Ökonomische Neuigkeiten und Verhandlungen, Zeitschrift für alle Zweige der Land- und Hauswirthschaft, des Forst- und Jagdwesens im österr. Kaiserthume und dem ganzen Deutschland, in monathlichen Heften, Prag seit 1811 (dermahlen seit 1833 fortgesetzt von A.'s Sohne, dem als Schriftsteller im Forstwesen vortheilhaft bekannten Forst- und Wirthschaftsrath in Prag, Emil André, früher auch durch J. G. Elsner, — Nationalkalender für die gesammte österr. Monarchie auf das Jahr 1811, Brünn, auch für die folgenden Jahre von 1813 an als neuer Nationalkalender bis 1822, Prag. Einige der letzten Jahrgänge wurden auch mit einem besondern Titel herausgegeben, nähmlich: Neuer Haus- und Völksfreund. — Nationalkalender für die deutschen Bundesstaaten, auch: Neuer Haus- und Völksfreund, Stuttg. seit 1823 (wird fortgesetzt von Joh. Heinr. Meyer).

Andreas I., König von Ungarn aus dem Geschlechte der Árpaden, Sohn Ladislaus des Kahlen, war geboren um 1000 und wurde 1047 nach Absetzung Peter's zum Könige gewählt und zu Stuhlweißenburg gekrönt. Obgleich dadurch zum Throne gelangt, ließ er doch alle, die an der Entsetzung Peter's Theil nahmen, hinrichten. A. erließ auch strenge Gesetze zur Wiedereinführung des Christenthums und zur Erhaltung der Würde des Thrones. 1051 wurde er von Kaiser Heinrich III. mit großer Heeresmacht angegriffen, bestand jedoch diesen Krieg glücklich und der 1052 durch Papst Leo IX. vermittelte Frieden hatte die Vermählung der Tochter des Kaisers, Judith, mit Salomon, dem Sohne A.s zur Folge. Nachdem A. noch einen glücklichen Kampf mit dem König von Croatien, Peter IX. (Crescemir) bestanden und dadurch den östlichen Theil von Slavonien erworben hatte, wurde er mit seinem eigenen Bruder, dem Herzog Béla, der Thronfolge wegen, in Krieg verwickelt und 1060, troß der ihm durch den Kaiser Heinrich IV. geleisteten Beyhülfe, an der Theiß geschlagen und verlor sein Leben unter Pferdeshufen auf dem Schlachtfelde. Sein Nachfolger wurde Herzog Béla.

Andreas II., genannt der Hierosolymitäner, König von Ungarn aus arpadischem Geschlechte, Sohn Königs Béla III., war geboren um 1180. Nach dem Tode seines Bruders Emerich, mit dem er sich um die Krone zankte, und dessen Sohnes Ladislaus bestieg A. 1205 ungehindert den Thron. Doch entstanden gleich Anfangs seiner Regierung große Unruhen im Reiche, vorzüglich durch das eigenmächtige Schalten seiner Gemahlinn Gertrud, einer ital. Prinzessinn und der Begünstigung der Ausländer, weßwegen die Ungarn auch, während A.s

6 *

Abwesenheit in Galizien 1213 seine Gemählinn und seine ersten Günst=
linge erschlugen, und seinen Sohn Coloman zum König krönten.
A. stellte zwar, nach seiner Rückkehr, Ruhe und Ordnung wieder her,
ließ jedoch, aus Furcht noch größerer Unruhen, sämmtliche Unthaten
unbestraft, vermählte sich 1215 neuerdings mit der ital. Prinzessinn
Jolantha und unternahm 1217 einen Kreuzzug nach Palästina, wo
er zwar sehr tapfer focht, doch bey seiner Rückkehr aufs Neue Unruhen
in seinem Reiche fand, so daß er seinen Sohn Bela, den er selbst zum
Regenten während seiner Abwesenheit bestellt hatte, mit den Waffen
zwingen mußte, ihm die Regierung wieder abzutreten. 1222 hielt A.
einen Reichstag, auf welchem die Vorrechte des Adels bestimmt festge=
setzt wurden, und er das unter dem Nahmen der goldenen Bulle bekannte
Decret erließ, welches die Grundlage der ungar. Constitution wurde.
1233 unterzeichnete A. noch ein für die Geistlichkeit sehr günstiges Con=
cordat. Das Ende seines Lebens wurde ihm noch durch Streitigkeiten mit
Aufrührern, an deren Spitze sein eigener Sohn Bela stand, verbit=
tert. Nach dem Tode seiner zweyten Gemählinn vermählte er sich noch
mit Beatrix von Este und starb 1236, seine Gemählinn schwanger
hinterlassend, die nach seinem Tode Stephan Posthumus gebar.
Sein Nachfolger auf dem Throne wurde sein erwähnter Sohn Bela IV.

Andreas III., der Venetianer genannt, letzter König von
Ungarn aus dem Stamme Arpad's, Sohn Stephan's Posthu=
mus von Thomasina und Enkel Andreas II., war um 1250
geboren. Seit 1278 war er Herzog von Slavonien, Dalmatien und
Croatien, und bestieg 1290 nach dem unbeerbten Tode K. Ladis=
laus III. und der Ermordung dessen Bruder Andreas den Thron.
Kurz nach seiner Thronbesteigung kriegte A. glücklich mit Albrecht von
Oesterreich und vermählte sich nach Wiederherstellung des Friedens mit
dessen Tochter Agnes. Noch während seines Lebens machte Carl Mar=
tell von Anjou, auf weibliche Verwandtschaft gestützt, Ansprüche
auf Ungarns Krone und überzog A. mit Krieg. Zwar wurde ersterer 1292
bey Agram geschlagen und zur Flucht gezwungen, doch erneuerte des=
sen Sohn Carl Robert 1300 seine Ansprüche und kam, durch ungar.
Verschworne gerufen, nach Ungarn, wo er großen Anhang fand und
bedeutende Fortschritte machte. A. starb deßhalb noch im selben Jahre vor
Kummer. Kurz vor seinem Tode hatte er auf dem Reichstage zu Pesth
die alten Privilegien des Thrones wieder hergestellt, die Willkühr der
Magnaten beschränkt, besonders aber den Landfrieden und die Handha=
bung der Gesetze wieder befestiget. Da seine Ehe kinderlos geblieben
war, so erlosch mit seinem Tode das Königsgeschlecht der Arpaden und
Carl Robert gelangte ungehindert zum Throne, dessen Glanz das
erwähnte Geschlecht durch die Erwerbung und Eroberung von Croatien
(1095), Dalmatien (1105), Rama (1133), so wie auch Servien
(1196), die Bulgarey (1196) und Rothreußen (1205) nicht wenig
vermehrt hatte, obschon Ungarn erst unter der Regierung der Anjou's
den höchsten Gipfel seiner Macht erreichte.

Andreas von Oesterreich, Cardinal, Bischof zu Brixen
und Costnitz, Abt zu Reichenau, Markgraf zu Burgau und

Landgraf zu Nellenburg, erstgeborner Sohn des Erzherzogs Ferdinand von Österreich, Grafen zu Tyrol und der Philippine Welser, war geb. 1558 auf dem Schloße Ambras in Tyrol. Nach einer sehr sorgfältigen Erziehung widmete er sich dem geistlichen Stande und erlangte in früher Jugend die höheren Kirchenwürden. 1598 übernahm A. auf Verlangen des Königs Philipp II. von Spanien in Abwesenheit des Erzherzogs Albrecht von Österreich die Verwaltung der niederl. Provinzen und regierte sie mit vielem Nutzen, da er ihren zerrütteten Zustand durch Klugheit und Mäßigung um Vieles verbesserte und auch durch Tapferkeit den Feinden vielen Abbruch that. 1600 reiste er zum großen Jubelfeste nach Rom, von da nach Neapel und starb nach seiner Zurückkunft zu Rom dasselbe Jahr im 42. Jahre seines Alters.

Andreides, Amand, geb. zu Olmütz, lernte bey Casp. Franz Sambach und bey Dan. Gran de Latorre die Malerey, bildete sich in Bayreuth und Dresden aus, wo er sich unter Bibiena vorzüglich auf die Perspective verlegte. Er malte außerdem im Historienfache mit gutem Erfolge; lebte sodann in Braunschweig noch um 1789.

Anesburg, ein seit lange nicht mehr bestehender Ort in der Gegend des Chorherrnstiftes St. Florian im Traunkreise Österreichs ob der Enns. Hier fiel 907 die blutige Ungarschlacht vor. — Die Vertreter des deutschen Reichs unter Carl's des Großen letztem Sprößling, dem minderjährigen Ludwig, erachteten den Tod Arpad's für den geeignetsten Zeitpunct, die Verluste zu rächen, welche die Deutschen, nahmentlich die Bayern, durch den kühn sich erhebenden, kampflustigen Ungargeist in den letzten Decennien erlitten hatten. Luitpold, Herzog von Bayern, beschloß mit einer Heeresmacht, durch die Theilnahme vieler deutschen Markgrafen und Herzoge verstärkt, die Ungarn anzugreifen, und ihren verheerenden Einfällen in das deutsche Gebieth mit einem Schlage ein Ende zu machen. Allein Arpad's entwichene Heldenseele lebte in den Vormündern seines Sohnes Zoltan's, Ungarns jugendlichen Herzogs, fort, welche auf die Nachricht: „daß die Bayern zu blutigem Angriffe gerüstet, die Gränze ihres Reichs bedrohten," mit Blitzesschnelle dem zwischen A. und dem Stifte St Florian aufgestellten Feindesheere entgegeneilten, das Dunkel der Nacht zu einem kühnen Überfalle der sorglos Schlummernden benützten, und innerhalb 3 heißer Tage, binnen welchen man von beyden Seiten mit unablässiger Kampfeswuth gestritten, die Schlacht zum Vortheil der Ungarn entschieden; diese, obwohl mit geringerer Streitmasse, schlugen durch die Schnelligkeit ihrer Bewegungen und stets erneuerte Angriffe den überlegenen Feind in die Flucht. Sieggekrönt und durch die gewonnene Beute zu neuen Unternehmungen angereizt, kehrten die Ungarn in ihre Heimath zurück, nachdem sie den deutschen Boden mit dem Blute vieler edler deutscher Heldensöhne getränkt hatten; denn unter den in diesem Kampfe Erschlagenen befanden sich der Salzburger Erzbischof Dittmar, 2 Bischofe, der Herzog Luitpold selbst und 15 deutsche Grafen.

Angarano, venet. Dorf in der Deleg. Vicenza mit 3,000 Einw. und Strohhutfabrication.

Angelo Soliman, ein durch seine Schicksale, wie durch seine seltene Bildung und Vortrefflichkeit des Charakters vorzüglich ausgezeichneter Neger, war in Afrika aus fürstlichem Geschlechte geboren. In seinem 7. Jahre wurde er bey dem Einfall eines feindlichen Negerstammes, nachdem seine Ältern unter ihren Streichen gefallen waren, als Gefangener fortgeschleppt und an einen Christen verkauft, der ihm den Nahmen Andreas beylegte und sein Schicksal so viel möglich erleichterte. Nach langer Zeit brachte ihn sein Herr in das Haus einer ansehnlichen reichen Dame nach Messina, welche ihn sehr gütig aufnahm und in der Landessprache, so wie in mehreren nützlichen Kenntnissen unterrichten ließ. Nach einer überstandenen großen Krankheit nahm er den christlichen Glauben an und erhielt in der Taufe die Nahmen Angelo Soliman, die er in der Folge immer führte. In dem Hause der Marquise, seiner Gebietherinn, lernte ihn Fürst Lobkowitz, der als kaiserl. General damahls in Sicilien war, kennen und gewann ihn so lieb, daß er nicht eher ruhte, bis ihm die Marquise endlich den artigen Pagen überließ. So wuchs nun A. im Hause des Fürsten auf und wurde dessen steter Begleiter auf Reisen und selbst bey Feldzügen, wo er sich auch als tapferer Krieger auszeichnete. Nach dem Tode seines Gebiethers kam A. in das Haus des Fürsten Wenzel Liechtenstein, der ihn schon lange zu besitzen gewünscht hatte. Auch diesen zweyten Herrn begleitete er auf seinen Reisen und hatte bey der Krönung des Kaisers Joseph zu Frankfurt das Glück, im Spiele 20,000 Gulden zu gewinnen. In seinen spätern Jahren vermählte sich A. mit einer verwitweten Frau von Christiani, gebornen Kellermann, über welche Vermählung, aus unbekannten Ursachen, der Fürst so aufgebracht war, daß er ihn nicht nur aus seinem Hause verbannte, sondern auch aus seinem Testamente strich, worin er bereits vortheilhaft bedacht war. A. bezog nun ein kleines Haus mit einem Garten, das er in einer Vorstadt Wien's gekauft hatte; die sorgfältige Erziehung seiner einzigen Tochter (welche späterhin die Gattinn des Freyh. Ernst v. Feuchtersleben, nachmahl. k. k. Hofraths, ward), die Pflege seines Gartens und der Umgang mit einigen gebildeten Menschen machten seine Beschäftigung aus. Sein Gedächtniß war vortrefflich; er besaß viele gründliche Kenntnisse, war literarisch gebildet, sprach Italienisch, Französisch und Deutsch mit gleicher Geläufigkeit, und las (und sprach zur Noth) auch Latein, Böhmisch und Englisch. Obschon nach der Weise seines Vaterlandes von Natur aufbrausend und heftig, hatte er doch, die Folge mühsamer Kämpfe und manches Sieges über sich selbst, eine stets gleiche Heiterkeit und Sanftmuth des Betragens erworben. Nach Fürst W. Liechtenstein's Tode machte dessen Neffe und Erbe, Fürst Franz, die Unbilligkeit seines Oheims wieder gut und setzte A. einen Jahresgehalt aus, vertraute ihm auch die Aufsicht über die Erziehung seines Sohnes, des Fürsten Aloys, und wies ihm auch sammt seiner Familie eine Wohnung in dem fürstl. Pallast an. Noch machte er theils in eigenen, theils in fremden Angelegenheiten mehrere Reisen und wurde allenthalben, wo er hinkam, mit Achtung und Auszeichnung aufgenommen. Bis in sein höchstes Alter genoß er einer ununterbrochenen Gesundheit. Obschon er sich den Sitten und Gebräuchen

Europa's ganz bequem hatte und besonders gewissenhaft alle Vorschriften der christlichen Religion befolgte, auch es nicht unterließ, seinen Hausgenossen hierin, zum wahrhaft erbauenden Beyspiel zu dienen, so war seine Tracht doch immer die vaterländische, eine Art türkischer, weiter Kleidung, meistens blendend weiß, wodurch die glänzende Schwärze seiner Haut noch vortheilhafter erschien. Er starb im 70. Jahre den 21. Nov. 1796, betrauert von allen seinen Freunden und die Achtung aller Redlichen folgte ihm ins Grab.

Angera, lombard. Flecken am Lago maggiore in der Deleg. Como. Auf dem Kalkfelsen über dem Flecken steht ein altes Schloß, worin schätzbare Gemälde zu sehen sind. Der die Anhöhe herunterlaufende Garten enthält mehrere römische Inschriften. Im Innern der Kirche sieht man Basreliefs und antike Statüen. Der Platz vor der Kirche ist mit schönen Säulen umgeben und ringsherum gibt es viele Alterthümer.

Angermeier, Joh. Adalb., geschätzter Maler, geb. 1674 zu Bilin in Böhmen. Zu Prag erhielt er seine erste Bildung und ließ sich auch daselbst häuslich nieder. A. war besonders ausgezeichnet in sehr gelungener Nachahmung der Natur und seine Darstellungen von Blumenstücken, Disteln und Insecten, auch von Vögeln, Früchten und Kräutern waren vortrefflich. Er starb zu Prag 1740 und wurde in der Michaelskirche begraben.

Anich, Pet. Dieser berühmte Zeichner der Charte Tyrols war ein schlichter Landmann, wie sein Vater, zu Oberperfus bey Innsbruck 1723 geboren. Mechanik und Mathematik lernte er erst in seinem 28. Jahre kennen, und zwar durch die Jesuiten in Innsbruck, die seine ausgezeichneten Anlagen wahrnahmen. Bald verfiel er auf den Gedanken zur Anfertigung eines Erd- und eines Himmelsglobus, und verschiedener mathematischer Instrumente. Die Jesuiten empfahlen nun diesen talentvollen Mann der Kaiserinn Maria Theresia, welche ihm den ehrenvollen Auftrag zum Entwurf einer Charte Tyrols ertheilte. Trotz der Hindernisse, die ihm seine abergläubischen Landsleute dabey in den Weg legten, kam er mit dem mächtigen Werke zu Stande. Da es aber zu groß ausgefallen, wurde eine Reduction auf 9 Blätter begehrt, A. war unermüdlich damit beschäftigt, als ihn am 1. Sept. 1766 der Tod unterbrach. Er ward in der Hauptkirche zu Innsbruck begraben. 1774 erschien seine Charte vollendet von seinem Schüler Blas. Hueber, unter Aufsicht Ign. v. Weinhart's (Prof. der Math. an der Innsbrucker Univ.), von J. E. Mansfeld gestochen in 21 Blättern, mit einem Kostenaufwande für Stich und Papier über 3000 fl., welcher durch das Landesgubernium bestritten wurde, gleich jenen der mit aller Aneiferung betriebenen Vermessung. A. und auch später Hueber erhielten nebstbey besondere auszeichnende Belohnung (die gold. Verdienstmedaille) und Unterstützung im Gelde aus der landesfürstl. Cameralcasse zu Innsbruck für ihre Lebensdauer. Als die Charte ins Publicum trat, wurde sie, ohne Übertreibung zu reden, von ganz Europa mit außerordentlichem Beyfall aufgenommen und mit solcher Begierde gesucht und aufgekauft, daß sie in wenigen Jahren ganz vergriffen war, und auf das Doppelte und Dreyfache ihres anfänglichen Preises im Werthe stieg. Nach mehreren

Jahren wurde durch Auffrischung der Platten ein wiederhohlter Abdruck veranstaltet.

Anker, Mathias, Custos des Joanneums, zugleich Professor der Mineralogie an dieser Anstalt, Mitglied mehrerer gelehrten Vereine, geb. zu Grätz am 1. May 1772; er hat sich vorlängst, als er noch auch nebstbey Kreiswundarzt war, als ein thätiger kenntnißreicher Naturkundiger bewährt. Die öffentlichen Mineraliensammlungen wurden durch seinen regen Eifer vermehrt, und systematisch neu geordnet. Er schrieb: Art und Weise, um ein unbekanntes Fossil zu bestimmen. Grätz, 1808; —Mineralogie von Steyermark, eb. 1809. —Aufsätze in der steyerm. Zeitschrift, darunter insbesondere seine Darstellungen und Übersichten der im Joanneum systematisch aufgestellten steyerm. Mineralien- und Gebirgsarten-Sammlungen. Heft IV. VI. VIII. eb. 1822, 25, 27.

Anlehen, Anleihen, österr., aus welchen die, seit dem Jahre 1816 meistentheils zur Einlösung des Papiergeldes herausgegebenen Staatsschuldverschreibungen zu 5 Percent und die in den Jahren 1829 und 1830 größtentheils zur Rückzahlung der aufgekündigten Capitalien und insbesondere zur Einlösung der Central-Casseanweisungen (s. d.) creirten neuen Staatsschuldverschreibungen zu 4 Percent entstanden sind. Diese seit dem genannten Jahre 1816 von der österr. Staatsverwaltung negozirten verschiedenen A. wurden stets mit der schärfsten Umsicht ins Werk gesetzt und den das bewährteste Zutrauen verdienenden Banquiers im Inlande überlassen, nähmlich Arnstein und Eskeles, Geymüller, Rothschild, Sina (s. d. Alle). Die aus diesen A. herrührenden 5percentigen Staatsschuldverschreibungen belaufen sich auf 325 Millionen Gulden, als: Durch das A. von 1816, 120 Mill.; 1818, 50 Mill.; 1823, 30 Mill.; 1824, 30 Mill.; 1826, 15 Mill.; 1831, 40 Mill.; 1833, 40 Mill. Davon sind durch die bisherige Aufkündigung und Rückzahlung etwa 30 Mill. als getilgt anzunehmen. Ferner hat der Tilgungsfond (s. d.) davon am 27. July 1832, 3 Mill. öffentlich vertilgt, und mit Ende Oct. 1832, laut des Ausweises vom 29. Jän. 1833, 130 Mill. in seinem Besitz ausgewiesen, was eine Gesammtsumme von 163 Mill. Gulden darstellt. Es sind also von diesen Effecten eigentlich bis nun unter 160 Mill. Gulden in den Händen von Privaten, und zwar größtentheils als ruhig liegend, anzunehmen; als: die Capitalien, welche zu Fideicommissen, zu Cautionen, zu Stiftungen verwendet sind, und die aus Verlassenschaften in den Depositen-Ämtern hinterliegen; ferner jene, welche sehr viele Private besitzen, die bloß mit dem Genusse der Interessen zufrieden sind, und das unsichere Börsespiel ganz vermeiden. — Der Betrag der 4percentigen Staatsschuldverschreibungen von den A. im Dec. 1829 und im März 1830 beläuft sich auf 40 Mill. Gulden. Gegen die 4percentigen Staatsschuldverschreibungen, welche durch die freywillige Umstaltung von aufgekündigten Capitalien ausgegeben wurden, ist dagegen die 5percentige Staatsschuld um eben so viel vermindert worden. —Die österr. Staatsschuldverschreibungen zu 2½ Percent gründen sich auf das Patent vom 29. März 1815 über die Eröffnung eines allg. A.s von 50 Mill. Gulden Wiener-Währung, d. i., in Einlösungsscheinen, oder Anticipationsscheinen. Als die geringste Einlage wurde jedoch der Betrag von 100 Gulden festgesetzt. Die Verzinsung der Einlagen geschieht aber mit 2½ Percent in Conv. Münze, d. i. in Zwanzigern, oder andern nach dem Conventionsfuße ausgeprägten Münzen. Vergl. Staats=Lotto=Anlehen, Staatsschuld, Tilgungsfond.

Anna, römisch=deutsche Kaiserinn, Gemahlinn Kaisers Mathias, war geboren zu Innsbruck den 4. Oct. 1585, Tochter des Erzherzogs Ferdinand von Tyrol und der Prinzessinn Anna Catharina von Mantua. Ihre Erziehung geschah mit vieler Sorgfalt. Sie zeichnete sich besonders durch große Frömmigkeit aus. Den 4. Dec. vermählte sie sich mit Mathias, der damahls König von Ungarn und Böhmen war, wurde den 16. Juny 1612 auch zur Kaiserinn, den 25. März 1613 zur Königinn von Ungarn, und den 10. Jänner 1616 zur Königinn von Böhmen gekrönt. Sie starb den 15. Dec. 1618, nachdem sie in ihrem letzten Willen zum Baue des Kapuzinerklosters am neuen Markte in Wien sehr reichlich beygetragen, und selbes zu ihrem Begräbnißort bestimmt hatte, wodurch in der Folge daselbst die kaiserl. Gruft entstand, in welcher diese Kaiserinn zuerst beygesetzt wurde.

Annaberg, niederösterr. Dorf im V. O. W. W., auf dem Berge gl. N., mit 650 Einw., u. einer Wallfahrtskirche; durch ein ehemahls hier betriebenes Silberbergwerk und seinen Gypshandel bekannt.

Annalen der k. k. Sternwarte in Wien. Diese erscheinen nach dem Befehle des Kaisers und auf öffentliche Kosten (jährlich ein Band mit astronom. Beobachtungen), herausgegeben von Littrow, dem Director dieser Sternwarte, seit 1821, in Fol. Bis jetzt sind 12 Bände heraus.

Annalen der Literatur und Kunst in den österr. Staaten. Selbe begannen, von Schultes redigirt, in Degen's Verlag 1802, 4., erschienen von 1805 an in demselben Formate, doch mit der Titelveränderung: Neue Annalen, und 1809 als Annalen der Literatur in Ant. Doll's Verlage unter Sartori's 1806 begonnener Redaction. Als Annalen der Literatur und Kunst des In= und Auslandes, redigirt von Glatz, kamen sie 1810 ebendaselbst heraus, so wie unter Sartori's Redaction 1811 und 1812 (im letzteren Jahre geschlossen) mit dem Titel: Annalen der Literatur des österr. Kaiserthums, 8.

Anonymi Belae Regis Notarii de gestis Hungarorum liber. — Für den Verfasser dieses merkwürdigen Buches wird nun allgemein Peter Farkas oder Vilcsina gehalten, zuerst Propst von Alt=Ofen, dann Bischof von Agram, endlich von 1163 bis 1181 Bischof von Siebenbürgen. Er bekleidete unter dem Könige Bela III. mit vielem Ruhm den Posten eines Kanzlers von Ungarn. Dieses Werk enthält die Geschichte der ungar. Herzoge und die Begebenheiten und Thaten der Ungarn bis auf die Zeiten des Königs Geysa II. Die Nachrichten stimmen großentheils mit jenen Daten überein, welche die byzantinischen Schriftsteller, besonders der Kaiser Constantin VII. Porphyrogeneta in Bezug auf die frühern Begebenheiten der Magyaren in Europa anführen, weichen aber hin und wieder von den byzantinischen Nachrichten ab. Welche Quellen der Verfasser eigentlich benutzte, kann mit Gewißheit nicht ausgemittelt werden, wahrscheinlich aber unter andern ungar. historische Nationallieder und russische Annalen. Der Verfasser bedicirte sein Werk dem Großwardeiner Bischof Nicolaus, den er seinen guten Nachbar und alten geliebten Schulfreund nennt. Dieses Werk war den ungar. Geschichtforschern und Literatoren lange Zeit gänzlich unbekannt. Als eine Beute der Vergessenheit lag es auf der k. k. Bibliothek zu Wien bis in das 18. Jahrhundert verborgen und unbenutzt. Erst um 1744 machte der berühmte Math. Bel zu Preßburg seine Landsleute auf diesen Schatz aufmerksam. Er ließ den alten zierlich auf Pergament geschriebenen Coder, welchem der k. k. Bibliothekar Sebast. Teynagelius den Titel: „Historia Hungarica de septem ducibus Hungariae, auctore Belae Regis Notario," gegeben hatte, copiren und abbrucken. Später nahm ihn Schwandtner in seine Sammlung der ungar. Geschichtschreiber auf: 1747 erschien er zu Klausenburg in einer eigenen Ausgabe; die neueste und beste, correcte, mit vortrefflichen Prolegomenen, kritischen Noten und einem trefflichen Index locorum et personarum versehene Ausgabe ist: Anonymi Belae Regis Notarii de gestis Hungarorum liber. Tentum ad fidem Codicis membranácei bibliothecae caesareae Vindobonensis recensuit, prolegomena et indices addidit Steph. Lad. Endlichér. Wien, 1827. — Die Glaubwürdigkeit des Anonymi Belae Regis Notarii wurde vorzüglich von Schlözer angefochten, der den Anonymus in seinen Schriften gewöhnlich nur den ungarischen (so wie den Kadlubek den polnischen) Fabelmann nennt. Dagegen suchten Stilling, Daniel v. Cornides, Engel, und zuletzt Endlicher seine Glaubwürdigkeit zu vindiciren.

Anschütz, Heinr., k. k. Hofschauspieler in Wien, vorzugsweise häufig der „Shakspearespieler" genannt. Er ist den 8. Febr. 1787 zu Luckau in der Niederlausitz geboren. Sein Vater, ein fein gebildeter, den schönen Künsten ergebener Mann, ließ es an einer sorgfältigen Erziehung nicht mangeln. Im 16. Jahre ward A. von ihm auf die sächsische Fürstenschule zu Grimma gebracht; 1804 bezog er die Universität zu Leipzig. Schon damahls hegte er einen lebhaften Hang zu rednerischen Übungen, wozu er ein ausgezeichnetes Talent wahrnehmen ließ. Seine Neigung für die Bühne gewann durch den Anblick der Leistungen gefeyerter Künstler, wie Iffland, Eckhart, Eßlair, allmählig Entschiedenheit; und so betrat er denn, von dem Director des Dessauer Theaters Bossan warm empfohlen, den 16. Sept. 1807 in Nürnberg als junger Klingsberg zum ersten Mahle die Breter. Bey seiner künstlerischen Entwicklung hielt er sich durchaus an kein Vorbild, sondern beschränkte sich auf eigenes Selbststudium, dem er sich ernst und rastlos hingab. Ein Hauptgegenstand seiner Studien war der größte Dichter aller Zeiten und Nationen: Shakspeare, den er sich nun auch in der Originalsprache zu eigen machte. Im Herbste 1811 verließ er Nürnberg, und betrat die Bühne von Königsberg; spielte auch abwechselnd in Danzig. Letztere Stadt verließ er im Juny 1814 um einem Rufe nach Breslau zu folgen, woselbst er 7 Jahre verblieb. Ein Mann von Kenntnissen und Bildung, genoß er hier des nähern Umgangs mit Friedr. Raumer, Manso, Steffens ꝛc. — Im

Frühjahre 1820 folgte A. mit Freuden der Einladung zu Gastspielen an die erste Bühne deutscher dramat. Kunst, an das Wiener Hof= und National=Theater. — Er betrat es zuerst als Hugo in Müllner's "Schuld," sohin als Ferdinand in Schiller's "Cabale und Liebe," als Rudolph in Körner's "Hedwig," als Marquis Posa in Schiller's "Don Carlos," als Don Gutierre in Calderon's "Arzt seiner Ehre," als Hamlet, als Theseus in Racine's "Phädra," endlich als Orest in Goethe's "Iphigenia." — Als der Wunsch eines großen und auserlesenen Theiles des Wiener Publicums ihn im May 1821 bleibend dahin zurückführte, waren Don Gutierre, Don Manuel in der "Braut von Messina," und Esser seine ersten Rollen in dieser neuen Sphäre, in welcher er zeither als Lear, Othello und Macbeth, als Churfürst in Kleist's "Prinzen von Homburg, oder der Schlacht von Fehrbellin," als Basil in der "Albaneserinn," als Borotin in der "Ahnfrau," als Rupert in Kleist's "Familie Schroffenstein oder den Waffenbrüdern," als Magoff im "Gast," Alphons im "Haus Barcellona," Fiorillo in den "Grafen Montalto," rc. entzückt, und im Lustspiel, als Schiffscapitän in "Peter und Paul," und als Rekau im "Porträt der Mutter" gerechte Anerkennung gefunden hat. Insbesondere gilt A. für classisch als Lear. Wie sehr ihm seine kräftige Gestalt, seine glückliche Mimik, sein treffliches Sprachorgan und so viele andere Vorzüge zu Statten kommen, um ihn zu einem Schauspieler ersten Ranges zu erheben, ist allgemein bekannt. — Nirgend vermißt man anhaltendes Studium und wissenschaftliche Vorbereitung. Überall erkennt man den Mann, der seine Jugend in die stygischen Fluthen der Classiker Hellas und Roms getaucht hat, der sich späterhin, inmitten eines angestrengten Berufes, weder Zeit noch Mühe verdrießen ließ, Shakspeare in der Ursprache zu lesen, und der mit den wichtigsten Erscheinungen der Literatur seines Faches vertraut ist. Dieser Bildungsgang hat ihn mit der Würde des Kothurns erfüllt, er hat ihn vor Überspringen und Effectbuhlerey bewahrt. — Die romantische Tragödie ist sein eigentlichstes Gebieth, und der hohe Ehrennähme des "Shakspearespielers" dürfte ihm schwer zu bestreiten seyn. — A. glänzt nun fortwährend auf der Wiener Hofbühne, und widmet sein großes declamatorisches Talent mit edler Uneigennützigkeit auch humanen Zwecken (bey musikalischen Akademien rc.) Er hat unter andern den 29. März 1827 an Beethoven's Grabe die von Grillparzer verfaßte Trauerrede vorgetragen.

Antal, s. Ausbruch.

Anticipationsscheine. Der Krieg von 1813 machte eine neue Vermehrung des Papiergeldes nothwendig. Es wurde daher die Ausfertigung der A. für die Summe von 45 Millionen Gulden angeordnet, und da die, durch das Patent vom 20. Februar 1811 festgesetzte und bekannt gemachte Summe von Einlösungsscheinen nicht vermehrt werden sollte, so wurde im Wege der Anticipation auf einen Theil des sichersten Staatseinkommens, nähmlich der Grundsteuer, ein sogleich verwendbarer Fond, bis auf die Höhe von 45 Millionen Gulden, gegründet, welcher während 12 Jahren, von 1814 an, mittelst eines Theils von dem Grundsteuerertrag und zwar mit jährlichen 3,750,000 fl., in seiner

Anticipation durch die damahlige mit diesem Betrag jährlich dotirte Ein-
lösungs- und Tilgungs-Deputation getilgt werden mußte, indessen die
Deckung des Entganges in dem Erträgnisse der Grundsteuer anderen Mitteln
überlassen blieb. Die hiernach benannten A. sind nun gemäß den, am
7. May 1813 kund gemachten näheren Bestimmungen herausgegeben
worden, um, wie die Einlösungsscheine, in allen Staatscassen und
von Privaten, in dem Nennwerthe auf die Beträge zu 2, 5, 10 und
20 fl. ausgestellt, angenommen zu werden.

Antikencabinet, k. k., zu Wien, s. **Münzen- und Antikencabinet, vereinigtes.**

Antoine, Franz, k. k. Hofgärtner in Wien, Mitglied des pomolog.
Vereins im Königr. Böhmen und Ehrenmitglied des Vereins zur Beförderung des Gartenbaues in Preußen, geb. zu Möllersdorf in Niederösterr. den 23. Jän. 1768, ein kenntnißvoller Pomolog, der sich durch
sein Prachtwerk: Abbildungen der allerschönsten Pfirsichsorten, Wien
1820, vortheilhaft bekannt gemacht hat. Er starb zu Wien den 22.
Aug. 1834.

Antoinette, Ludwig's XVI. Gemahlinn, s. **Marie Antoinette.**

Anton, Victor Jos. Joh. Raym., kaiserl. Prinz und Erzherzog von Österreich, königl. Prinz von Ungarn und Böhmen, Großmeister des deutschen Ordens im Kaiserthume Österreich, k. k. General-
Feldzeugmeister und Inhaber des Infanterie-Regiments Nr. 4, geb. zu
Florenz den 31. Aug. 1779. Er ist Protector der Gesellschaft der
Musikfreunde des österr. Kaiserstaates und des Vereins zur Versorgung
und Unterstützung erwachsener Blinden; überhaupt edelmüthiger Förderer mehrerer gemeinnütziger und wohlthätiger Anstalten und Zwecke, denen er geräusch- und anspruchslos einen bedeutenden Theil seiner Einkünfte
zuwendet. Seelenvollste Humanität und das wärmste Wohlwollen sind
Grundzüge seines edlen Charakters. Er ist ein großer Kenner der Geschichte, einer der ersten Botaniker und Blumisten, wie er denn auch an
der Spitze der Blumenausstellungen (s. d.) sich befindet, die sich gedeihend
seines Schutzes erfreuen und wodurch so verdienstvoll auf die höhere Gartencultur eingewirkt wird. Seine Bibliothek (15,000 Bde.), worunter
viele äußerst wichtige Manuscripte, ist eine der stärksten Privatbibliotheken,
besonders an Werken über die Länder- und Völkerkunde Österreichs, und an
Prachtausgaben der Botanik; in ersterer Hinsicht unter den Privatsamm-
lungen wohl die reichhaltigste der Monarchie. Mit wahrhaft großmüthiger
Freygebigkeit ist er der Wohlthäter der Stadt Baden bey Wien,
deren nächste Umgebungen ihm den größten Theil ihrer Verschönerungen
verdanken. Er besitzt daselbst ein Palais mit einem kostbaren Garten.
Hier verlebt er den Sommer. Sonst residirt er in Wien (im deutschen Hause).

Anton, Joh. von, geb. zu Kaschau um 1500, studirte hier
und an den Universitäten zu Krakau und Padua Medicin, aus der
er die Doctorwürde erhielt. Auf seinen Reisen in Deutschland machte er
die Bekanntschaft berühmter Gelehrten und knüpfte besonders zu Basel
mit Erasmus von Rotterdam eine enge, vertraute Freundschaft.

Nun kehrte er nach Polen zurück, und da er den Krakauer Bischof Petrus Tomicius von einer schweren Krankheit befreyte, belohnte ihn
dieser nicht nur, sondern verhalf ihm auch durch seine Empfehlung zu
der Stelle eines Leibarztes des Königs von Polen Siegmund I. A.
starb um 1575. — Als Schriftsteller trat er in seiner Jugend auf mit
der Ausgabe des lateinischen Gedichts: Concilium animalium, von
Joh. Dubraw, Krakau, 1521 und mit lateinischen Sinngedichten,
die in der Sammlung: Pannoniae luctus, quo Principum et in-
signium virorum mortes deplorantur, stehen. In seinem reiferen
Alter schrieb er ein größeres lateinisches Lehrgedicht: de tuenda bona vale-
tudine in Hexametern, an seinen Mäcen Petrus Tomicius, Bischof
von Krakau und Kanzler des Königs von Polen, Krakau 1525, und
bald darauf eine Elegie auf den Tod dieses Bischofs, eb. 1525. Im
J. 1526 ließ er zu Krakau eine Elegie auf den verstorbenen Erasmus von Rotterdam drucken, der durch A. mit dem Bischof Tomicius in Briefwechsel stand. — Die Mitschüler und gelehrten Freunde
A.'s waren: der Ungar Georg Werner, der Schlesier Lang und
der Rhätier Valentin Eck, sämmtlich Dichter. Auch der polnische
Dichter Janci schätzte ihn sehr und schrieb auf ihn eine Elegie, die
in seinen Tristibus vorkommt.

Anyos, Joh. Paul, ward im Dec. 1756 zu Esztergár
bey Wesprim von adeligen Altern geboren; besuchte die Elementar-
schulen zu Raab und Pápa, trat 1772 in den Paulinerorden, und ging
1773 auf die Tyrnauer Hochschule, wo er 1776 in seinem 20. Jahre, den
Doctorhut der Philosophie erhielt. Hier war es auch, wo Bessenyei's
und Baroczy's Schriften zuerst das in ihm schlummernde Feuer erweckten, und sogleich übersetzte er, um sich im Technischen zu üben,
Mehreres aus Ovid. Später erst gewann er Virgil, Horaz, inson-
ders aber Lucan lieb, und theilte zu aufrichtiger Beurtheilung die
Erstlinge seiner eigenen Muße Barcsay mit, den er in Tyrnau persönlich kennen lernte, und der, das schöne Talent des Jünglings sogleich
erkennend, sein Meister und Freund wurde, und ihm Orczy's und der
übrigen damahls lebenden Dichter Freundschaft verschaffte. Nach Übertragung der Universität nach Ofen 1777, hörte A. allda die Theologie,
primicirte, und ward in das Kloster Felső-Elefánt im Neutraer
Comitat gesandt. Hier zwischen hohen Bergen und dichten Wäldern,
von der Welt und seinen Freunden getrennt, nur in der Gesellschaft seiner Ordensbrüder lebend, unter denen er keine verwandte Brust fand,
fing er nur zu bald zu fühlen an, wie wenig seine Standeswahl seiner
Individualität zusagte; dieses Bewußtseyn trübte seine Gemüthsstim-
mung, und der herbe Schmerz, durch Philosophie gemildert, machte
ihn zum elegischsten Dichter seiner Nation. Schon 1782 versetzte man
ihn nach Stuhlweissenburg, wo er am Gymnasium lehrte, allein
seine Gesundheit, durch physische Krankheit angegriffen, ward durch die
dortige, von den damahls noch nicht ausgetrockneten Sümpfen verunrei-
nigte Luft nun untergraben. Vergebens war jede ärztliche Hülfe, ein
früher Tod ereilte ihn zu Wesprim den 5. Sept. 1784. A. war von der
Natur für Geselligkeit und Lebensfreude geschaffen, äußerst gefühlvoll,

gerade, wahr und treu, und liebte Ehre und Ruhm. Ein leiser Anstrich von
Leichtsinn im Äußeren gab dem noch blühenden Jüngling einen eigenen
Reiz. Schon bey seinen Lebzeiten wurden mehrere seiner Gedichte ein-
zeln gedruckt (1778.—83). Nach seinem Tode gab zuerst Ign. von
Nagy, Bischof zu Stuhlweissenburg, seine geistlichen Oden her-
aus, dann gelang es Batsányi, mit bedeutender Mühe, den größe-
ren Theil seiner Handschriften zu sammeln, und er gab sie zu Wien
1798, äußerst geschmackvoll ausgestattet, unter dem Titel heraus: Anyos
Pál munkáji; sie enthalten größtentheils Episteln, Elegien und Lieder. A.'s
Gedichte sind sanft und lieblich. Er war ein zarter magyarischer Dichter,
Sentimentalität ist ein Hauptzug seines dichterischen Charakters; das
Colorit ist so zu sagen ein köstliches Clair-obscur (Hellbunkel); aber seine
Syntax ist geschraubt und seine Sprache in dem transdanubianischen
Dialect, der dem Theißer Dialect an Reinheit und Correctheit weit nach-
steht. Doch kann er auch in der trefflichen Wahl der Wörter ein großer
Meister genannt werden. — —

Apafi von Apa Nagy Falu, I. und II., Michael, Fürsten von Siebenbürgen. — Als Joh. Kemény, Fürst von Siebenbürgen, am 23. Jän. 1662 bey Nagy Szöllös Schlacht und Leben verloren, blieb 1) Michael A. I., am 16. Nov. 1661 wider seinen Willen
auf Andrängen des Vezirs Ali, zu Maros Vásárhely, von einigen ungarischen Edlen und den sächsischen Abgeordneten zum Fürsten Siebenbürgens erwählt, im ruhigen Besitz dieser Würde. Er war aus einer
der minder angesehenen Familien des Landes entsprossen, hatte früher den
Fürsten Georg II. Rágoczy auf seinem verunglückten polnischen Heereszuge begleitet, war lange in tartarischer Gefangenschaft gewesen, und
lebte zur Zeit seiner Erwählung ruhig im Schooße seiner Familie auf seinem Erbgute Apafa (dem heutigen Elisabethstadt). Nach Kemény's Tode vernichtete er alle von diesem erlassenen Verfügungen, und ließ
auf einer Ständeversammlung vom 10. März 1662 alle dem Hause Osterreich ergebenen Siebenbürger in die Acht erklären. Aber vergebens suchte er
in diesem und dem folgenden Jahre durch Unterhandlungen und durch die
Gewalt der Waffen, vereint mit einem türkischen Hülfsheer unter
Kucsuck Ali, die deutschen Besatzungen aus den festen Plätzen des
Landes zu verdrängen. Das türkische Hülfsheer ward vielmehr durch Erpressungen aller Art eine neue Geißel für das ohnehin ausgesogene Land,
bis er endlich dem Hauptheere des Großvezirs Kiuprili folgen mußte,
mit dem derselbe, in der stolzen Zuversicht, Osterreich zu vernichten, nach
Ungarn zog. Auch A., als Schützling der Pforte, erhielt Befehl, dem
türkischen Heere zu folgen, und mußte ihn endlich, nach mancherley
Ausflüchten, doch befolgen; erhielt aber bald, unter dem Vorwande, die
deutschen Besatzungen aus seinem Lande zu vertreiben, Erlaubniß zur
Rückkehr. Wirklich waren bis zum 16. Febr. 1664 alle festen Plätze wieder
in seiner Macht, und ihm von den deutschen Besatzungen, die von ihrem
Vaterlande abgeschnitten, ohne Geld und Hülfe waren, übergeben.
Dieß schützte aber das Land nicht vor den Erpressungen des Pascha von
Wardein, der einen großen Theil des Landes besetzt hielt, und durch
Plagen aller Art verheerte, bis der durch die Entscheidungsschlacht bey

St. Gotthard (1. Aug. 1664) herbeygeführte Stillstand von Sas=
pár, dem Lande einige Erholung verschaffte. Als im Jahre 1683 die
Türken mit neuen ungeheuern Anstrengungen an Oesterreichs Untergange
arbeiteten, war A. mit seinen Truppen ebenfalls dem türkischen Heere
zu folgen genöthigt, und während der Großvezir Kara Mustapha
Wien belagerte, bewachte er die Donauübergänge bey Raab. Da=
durch bewirkte er, daß die Pforte durch eine feyerliche Urkunde (Athname),
seinem Sohne im J. 1684 die Nachfolge im Fürstenthum bestätigte. Der
glückliche Fortgang der kaiserl. Waffen gegen die Türken brachte im
J. 1685 ein österr. Heer unter dem Feldmarschall Caraffa nach Sie=
benbürgen. Klausenburg, Hermannstadt und Deva wurden
genöthigt, deutsche Besatzung zu nehmen, und dadurch wurde der Ab=
schluß eines Tractates mit dem Kaiser beschleunigt, welcher am 28. July
1686 zu Wien, von Kaiser Leopold I. ausgefertigt, Siebenbürgen
der türkischen Bothmäßigkeit entriß und unter österr. Schutz stellte.
Die im folgenden Jahre (27. Oct. 1687) mit dem kaiserl. Oberfeldherrn
Herzog Carl von Lothringen abgeschlossene, sogenannte Lothrin=
gische Transaction erklärte, erweiterte und befestigte dieses Bündniß,
und räumte dem Kaiser die militärische Obergewalt in Siebenbürgen
ein. Am 1. July 1688, auf einem Landtage zu Fagaras, leisteten
endlich die siebenbürg. Stände dem Hause Oesterreich feyerlich den Eid
der Treue, und verbanden sich zu einem jährlichen Schutzgeld von 50,000
Rthlrn. Fürst A. starb am 15. April 1690 zu Fagaras im 58. Jahre
seines Alters und 28. Jahre seiner Regierung. — 2) A. II., Michael,
Sohn des Vor., war, als sein Vater starb, erst 8 Jahre alt. Die
Nachfolge in der Würde seines Vaters war ihm zwar früher, sowohl
von Oesterreich als von der Pforte, bestätigt, aber die letztere, durch den
deutschen Einfluß in Siebenbürgen aufgebracht, begünstigte nunmehr
offenbar die Plane des unruhigen Grafen Emerich Tököly. Unter=
stützt von dem Woywoden der Walachen, Const. Brankován, und
verstärkt durch türkische Hülfstruppen, drang Tököly über die Zerne=
ster Gränzgebirge, schlug zwischen Tohan und Zernest das österr.
siebenbürg. Heer unter General Heißler, rückte bis Hermann=
stadt vor, und ließ sich am 12. Sept. 1690 in seinem Lager bey Gro=
ßau zum Fürsten von Siebenbürgen ausrufen. Der junge A. wurde von
seinen Räthen nach Klausenburg in Sicherheit gebracht. Allein so
schnell als Tököly nach Siebenbürgen eingebrochen, mußte er auch vor
den siegreichen Waffen des kaiserl. Feldherrn, Prinzen Ludw. von Ba=
den, fliehend das Land wieder verlassen. Die Stände erkannten am 10.
Jän. 1692 den jungen A. als ihren rechtmäßigen Fürsten, doch behielt Kaiser
Leopold über ihn die Vormundschaft, und ließ das Fürstenthum durch
ein aus 12 Räthen und dem Gouverneur Georg Grafen Banffy von
Losontz bestehendes Gubernium verwalten, und das kaiserl. Diplom
vom 4. Dec. 1691 bestimmte die künftigen Verhältnisse Siebenbürgens
zu Oesterreich, welches jedoch, auf die Gegenvorstellung der Stände un=
term 14. May 1693, in einigen Stücken modificirt wurde. A. selbst wurde
im Jahre 1694 nach Wien berufen, von wo er aber bald wieder zu=
rückkehrte. Er ging im J. 1697 von Neuem nach Wien, wo er auch den

übrigen Theil seines Lebens zubrachte. Nach dem Abschlusse des Carlowitzer Friedens (1699) trat er das Fürstenthum gegen einen Jahrsgehalt
von 12,000 fl. feyerlich an den Kaiser ab, und starb zu Wien am 1.
Febr. 1713, 31 Jahre alt, kinderlos.

Apathin, ungar. Marktflecken in der Bácser Gespansch., mit 3,380
Einw., Waide-, Krapp- und Seidenbau, Wollzeugweberey und Spinnerey.

Apetlan, ungar. Dorf in der Wieselburger Gespansch. am Neu-
siedlersee mit 1,400 Einw. Bey diesem Dorfe sind Salzpfützen, aus welchen mineralisches Laugensalz (Soda, Natrum, ungar. Skészó) in
Menge gewonnen und zum Seifenkochen benutzt wird.

Apollosaal in der Vorstadt Schottenfeld zu Wien wurde von
dem Mechaniker Wolffsohn erbaut, und den 10. Jän. 1808 zum
ersten Mahle geöffnet. Dieser feenartige Aufenthalt riß zum Entzücken,
zur Bewunderung hin; so viel Schönes, Bezauberndes, Originelles
hatte man in einem Ball-Locale noch nicht vereinigt gesehen. Selbst lebendige Bäume, Wasserfälle, natürliche Grotten waren angelegt; der
ganze Frühling mit seinen Reizen war hier ausgebreitet. Alle diese Herr-
lichkeiten konnten von der geräumigen Terrasse, gleich beym Eintritt über-
schaut werden, was eine nicht zu schildernde Überraschung hervorbrachte.
Die Blätter des In- und Auslandes erschöpften sich in Beschreibungen
dieser nie gesehenen Pracht. Dieser Saal ging nachmahls an andere Eigenthümer über, und ward in seiner Einrichtung öfters verändert, besonders 1819. — Er hält 112 Schritt Länge.

Apor, die Freyherren von. Dieses in Siebenbürgen blühende
Adelsgeschlecht führt seine Stammfolge bis zum magyarischen Feldherrn
Opour hinauf, der, 21 Jahre nach der großen Niederlage am Lech
(955), den ungar. Heereszug gegen Constantinopel befehligte. Von
diesem, wie die Chronik sagt, durch einstimmigen Zuruf erwählten Heerführer schweigt die Geschichte bis zu jenem A., der Andreas II.
1220 auf dem Zuge nach Palästina begleitete, und von welchem an die un-
unterbrochene Geschlechtsfolge bis auf die neueste Zeit geschichtlich begla-
bigt fortgeht. Unter dessen Nachkommen war 1300 ein A. Palatin
von Ungarn, dessen Sohn Ladislaus A. aber Woywode von Siebenbürgen, eben zur Zeit, wo in Ungarn die Arpáden ausstarben und
das Reich zwischen neu zu wählenden Herrschern schwankte. Dionys A.
war 1365 ebenfalls Woywode von Siebenbürgen, sein Bruder
Emerich 1372 Palatin von Ungarn; David A. war 1418
Bán von Croatien. Peter A., ein Mann von ungemeiner Kenntniß,
leistete in den Boczkay'schen und Bethlen'schen Unruhen dem Kaiser
Ferdinand II. so wichtige Dienste, daß er in den Freyherrnstand erhoben wurde, dessen Enkel Stephan A. aber gab dem Geschlechte einen
neuen Glanz durch die hohen Würden, die er als Thesaurarius, Obergespan von Torda und Oberrichter des Csiker Stuhles behauptete, so
wie durch mehrere geistvolle Werke, welche theils im Drucke, theils im
Manuscripte von ihm übrig sind. Er wurde in den Grafenstand erhoben,
starb jedoch kinderlos, und seine beyden Brüder sind Stammväter der
heutigen A., zu denen der kön. siebenbürg. wirkl. Hofrath Lazar Freyh.

A. von All-Torja, ein Freund und Kenner der Wissenschaften, in Wien gehört.

Apostolischer König. Den kirchlichen, in der Sprache der europäischen Diplomatie noch nicht alten Beynahmen a. K. e empfangen die Könige von Ungarn nicht nur von auswärtigen Regenten und ihren Unterthanen, sondern sie nehmen ihn auch von ihren eigenen Unterthanen an, und legen denselben auch in ihren Titeln sich bey. Wenn gleich aber Papst Clemens XIII. in dem Breve vom 19. Aug. 1758, durch welches er der frommen Königinn Maria Theresia den apostolischen Titel bestätigte, dabey nicht nur die christliche Gewohnheit der ungar. Könige, sich bey gewissen Feyerlichkeiten von einem Bischofe ein Kreuz vortragen zu lassen, sondern auch die Religiosität des heil. Stephan, Theresiens selbst, und des ganzen ungar. Volks ins Auge faßte; so ist es insbesondere doch aus dem ungar. Staatsrechte zu entnehmen, daß hiernach und kräft des vom ersten Könige selbst verwalteten Apostolats dem a. K. e zugleich in dieser Hinsicht gewisse Rechte eigen sind, an welche die, auf die Vorrechte ihrer Krone festhaltende Kaiserinn und Königinn Maria Theresia in ihrem, dem päpstlichen Breve nachgefolgten Hofdecret vom 30. Sept. 1758, erinnerte und sohin Anlaß nahm, in diesem Hofdecret den Gebrauch des Titels apostolisch allen Stellen und Einwohnern des ungar. Reichs anzubefehlen.

Appel, Jos. Franz, 1767 zu Wien geb., war seit 1787 Staatsdiener in mehreren Ämtern, zuletzt Commissär bey der k. k. (nunmehr aufgelösten) Einlösungs- und Tilgungs-Deputation und bey der Fabrication der Einlösungs- und Anticipationsscheine, einer der geübtesten und erfahrensten Münzenkenner. In zweifelhaften und schwierigen Fällen häufig zu Rathe gezogen, ertheilt er mit seltner Sicherheit und schneller Begründung zuvorkommendste Auskunft und Belehrung. Schon A.'s Vater hinterließ eine bedeutende Münzen- und Medaillensammlung, welche er auf seine Söhne vererbte. Der ältere, Franz A., nahm die Medaillen, Joseph A. die Münzen, welche er seit dieser Zeit mit allem Fleiße und Kostenaufwande vermehrte; besonders ist seine Sammlung kleiner Münzen außerordentlich reichhaltig und möglichst vollständig, welches ihm um so leichter ward, da er gründliche Kenntniß in Unterscheidung der Echtheit eines Stückes und große Fertigkeit im Lesen der verworrensten und undeutlichsten Schriften auf den Münzen des Mittelalters besitzt. Die von ihm verfaßten Werke sind: Münz- und Medaillen-Sammlung von ihm selbst nach seinem eigenen neuen Systeme geordnet und beschrieben; m. K. 2 Bde. Wien 1805 — 8. — Repertorium zur Münzkunde des Mittelalters und der neuern Zeit; m. K. 4 Bde. in 7 Thln. Pesth u. Wien 1819 — 28. (Der erste Band hat den Nebentitel: Münzen und Medaillen der Päpste ɔc.) — Skizze einer Sammlung sämmtlicher unter Kaiser Franz I. geprägten Medaillen. Wien, 1822. — Von seinem kleinen Schachspielunterricht sind mehrere Auflagen erschienen.

Appellationsgerichte sind die, über Civil- und Criminalsachen in 2. Instanz entscheidenden Gerichtsbehörden; nähmlich das niederösterr. A. in Wien, das inneröfterr. küstenl. in Klagenfurt, das böhm. in

Prag, das mähr. schles. in Brünn, das tyrol. vorarlb. in Innsbruck, das galiz. in Lemberg, das dalmatin. in Zara, das lombard. in Mailand und das venet. in Venedig. Die A., bey welchen übrigens alle Gegenstände über die Organisirung des Justizwesens
der betreffenden Provinz verhandelt, die Auscultanten=, Richteramts=
und Advocaten = Prüfungen vorgenommen werden, sind aus einem Präsidenten, Vice = Präsidenten (nur in Brünn, Innsbruck, und
Zara ist keiner), und einer der Größe der Provinz angemessenen Zahl von
Räthen (10—20) zusammengesetzt, und mit dem sonstigen, nach Verhältniß erforderlichen Personale versehen. Die Gerichtsstellen 1. Instanz
sind den A. untergeordnet; die A. aber stehen unter der Obersten Justizstelle in Wien.

Appellations=Präsident, ist in den Provinzen die erste Würde der Justizbranche, und gehört dort zu den ersten Chargen. Die Einführung eines A. P. en bey dem Appellationsgerichte geschieht durch den
Landesgouverneur. In Wien wird der A. P. von dem obersten Justiz-
präsidenten dem Appellationsgerichte vorgestellt.

Appellationsräthe, sind die Referenten und Stimmführer der
2. Gerichtsinstanz (vergl. Appellationsgerichte). Der Rang der A.
ist mit dem der Räthe bey den Landesregierungen oder Gubernien
gleich.

Appellations=Vice=Präsident folgt bey den Appellationsgerichten dem Präsidenten unmittelbar im Range nach, und vertritt ihn
in seiner Abwesenheit, wo er gleich den Vorsitz übernimmt. Außerdem
führt er den Vorsitz in abgetheilten Senaten, und in vollen Rathsver-
sammlungen gibt er als Votant erst dann, wenn alle Räthe gestimmt
haben, seine Stimme ab.

Appendini, Franz Maria, Rector des Piaristen-Collegiums und
Präfect des Gymnasiums zu Ragusa, ein geborner Italiener, wurde
von seinen Obern zum Unterricht der Jugend in Dalmatien erkoren, daher in das Collegium zu Ragusa gesendet. Nach zwey Jahren wurde
ihm Gelegenheit verschafft, wieder in ein Collegium seines Vaterlandes
zurückzukehren; allein kaum hatte er sich angeschickt, die Rückkehr an-
zutreten, so erfolgte auch schon der Einfall der Franzosen (1794) in
Italien, und er mußte sich daher Glück wünschen, wieder in Ragusa
verbleiben zu dürfen. Er verlegte sich nun mit vollem Eifer auf die Erlernung der illyr. Sprache, und es wurde bald aus ihm nicht nur ein
illyr. Sprachforscher, sondern auch nach seiner Neigung für Gelehrsamkeit ein tiefer Geschichtsforscher über Ragusa. Aus dieser doppelten
wissenschaftlichen Richtung entstand zuvörderst seine Abhandlung: De
praestantia et vetustate linguae illyricae ejusque necessitate ad
populorum origines investigandas; dann eine Grammatik der illyr.
Sprache, Ragusa, 1808, wovon er bereits eine zweyte Ausgabe
besorgte. Die Notizie istorico-critiche sulle antichità, storia e
letteratura de' Ragusei, wovon er 2 Bde. (Ragusa, 1802 u. 1803)
herausgab, — sind die Frucht eines höchst schätzbaren Fleißes, wodurch
in das Dunkel versunkene Thatsachen in ein helles Licht gesetzt wurden,
und für die slavische Literatur wichtige Aufklärungen hervorgingen. Noch

schrieb er: Memorie spettanti ad alcuni uomini illustri di Cattaro. Ragusa, 1811.

Appiani, Andr., ausgezeichneter Maler, Er war geboren zu Mailand den 23. May 1754. Unbemittelt zog er von Stadt zu Stadt und arbeitete bey Decorationsmalern. Sein Genie entwickelte in ihm einen eigenthümlichen Styl. Dreymahl in Rom, glückte es ihm, das Geheimniß der Raphael'schen Frescomalerey zu erfassen. In diesem Kunstzweige überflügelte er alle damahl. italien. Maler, wie die Kuppel der Kirche Sta. Maria di S. Celso in Mailand, und die Wand- und Deckengemälde, die er für den Statthalter von Mailand, Erzherzog Ferdinand, 1795 in dessen Landhause zu Monza ausführte, bezeugen. Napoleon erhob ihn zum Hofmaler, ertheilte ihm den Orden der Ehrenlegion und den der eisernen Krone, und ernannte ihn zum Mitgliede des Instituts der Wissenschaften und Künste in Italien. Die Deckengemälde im königl. Pallast zu Mailand, die Allegorien aus und auf Napoleon's Leben, und der Apoll mit den Musen in der Villa Bonaparte werden diesen großen Künstler verewigen. Er starb unbemittelt den 8. Nov. 1817.

Apponyi von Nagy-Apponyi, die Grafen von, eine uralte, magyarische adelige Familie, deren Ahnherren unter dem Nahmen Peech (Pécz) schon unter den Königen aus dem arpadischen Stamme blühten. Mehrere Glieder dieses Geschlechtes nahmen nach der Verschiedenheit ihrer Besitzungen wieder verschiedene Nahmen an, so z. B. Peter von Ewr, ein Sprosse desselben, welcher um 1350 geboren ward, 1395 aber durch Heirath die Burg Apponyi in seinen Besitz brachte und wovon seine Nachkommenschaft fortan den Nahmen Apponyi führte. Ladislaus von A. blühte um 1450 und genoß die Gunst des mächtigen Reichsverwesers Joh. von Hunyad. Peter von A. wurde 1517 von König Ludwig II. zum Aulae familiaris ernannt. Georg von A. blieb 1594 auf dem Schlachtfelde gegen die Türken. Paul von A. unterschrieb 1606 den Wiener Tractat; 1618 wurde er, vom Reichstage aus, zu dem Berichtigungsgeschäfte der Gränzen zwischen Ungarn und Mähren abgeordnet; 1622 wurde er Kronhüter, dann Baro tabulae Judiciorum octavalium. Niklas von A. zeichnete sich um dieselbe Zeit durch Kriegsthaten aus, und focht in den Schlachten von Keresztes und Stuhlweißenburg mit ausgezeichneter Tapferkeit. Niklas der Jüngere war mit einer Schaar eigener Waffenknechte bey der glorreichen Wiedereroberung der Festung Ofen 1686 gegenwärtig. Dessen Sohn Lazar Freyherr von A. wurde wegen seiner ausgezeichneten Verdienste 1739 durch Kaiser Carl VI., welcher der Familie bereits 1718 den Freyherrnstand ertheilt hatte, in den Grafenstand erhoben. Aus unserer Zeit verdienen vorzügliche Erwähnung: 1) der Stifter der kostbaren Apponyi'schen Büchersammlung (s. Apponyi'sche Bibliothek) Anton Georg Graf von A., k. k. geheimer Rath, Hof-Commissär, und Präses der königl. ungar. privil. Schifffahrtsgesellschaft, ward 1774 galiz. Gubernialrath, 1778 Beysitzer des Fiumaner Guberniums, 1779 k. ungar. Statthalterherath, dann Obergespan des Tolnaer Comitats, geb. den 4. Dec. 1751, starb den

17. März 1817. 2) Sein Sohn Anton Graf von A., ein vorzüglicher
Kenner und Beschützer der heimathlichen Literatur, Kunst und Industrie,
geheimer Rath, ehedem Bothschafter zu Rom, London, und nun zu
Paris, geb. am 7. Sept. 1782.

Apponyi'sche Bibliothek zu Preßburg. Sie ward gegründet
von dem oben zuerst genannten Grafen Anton von Apponyi. Dieser
würdige Magnat, ein großer Beförderer der Gelehrsamkeit, von seiner
frühesten Jugend den Studien zugethan, sammelte seit vielen Jahren
mit großem Kostenaufwand unermüdet, sowohl im In= als im Auslande,
die vorzüglichsten Werke aus allen Gebiethen der Wissenschaften, kaufte
die berühmte Mac=Carthy'sche Bibliothek in Paris, die des Grafen
Ayala in Wien, fast vollständig in den Aldini'schen Drucken rc.
und schaffte sich auf diese Art eine merkwürdige Büchersammlung an,
die beyläufig 50,000 Bde. enthält, und unter den Privat=Bibliotheken
der österr. Monarchie einen der ersten Plätze behauptet. Der Bücher=
freund findet darin mehrere der seltensten Primitien der Buchdruckerkunst,
die ersten vorzüglichsten Ausgaben, den größten Theil der erwähnten
Aldini'schen Editionen von Venedig vom Anfang des 16. Jahrhun=
derts. Der Gelehrte bewundert mehrere der ältesten Handschriften, eine
vollständige Sammlung der Literatur=Geschichte, alle Hülfsmittel der
Bücherkunde, einen Reichthum von Abhandlungen über Kunst. Den
ansehnlichsten Bestandtheil dieses Bücherschatzes machen die ausgesuchten,
vollständigsten und prächtigsten Sammlungen griech. und latein. Classiker,
artistischer, naturgeschichtlicher Werke und malerischer Reisen aus. Von
den besondern Seltenheiten sind hier zu nennen: ein pergamentener Co=
dex des Prudentius aus dem zehnten Jahrhundert; mehrere editio=
nes principes der alten Classiker; des Wolfgangi Bethlenii historiae
rerum Transylvanicarum mit handschriftlichen Einschaltungen und
Continuationen. (Bekanntlich geht diese im Schlosse Kreusch gedruck=
te Geschichte nur bis zum zehnten Buche, das Übrige des Werkes ist
verbrannt; dieses Exemplar aber enthält auch einen Theil des eilften
Buches.) Sonst mehrere Prachtausgaben und einige Manuscripte,
z. B. von dem Taktiker Älianus und Onosander, dem Ptolomäus
(alle 3 in lateinischer Übersetzung auf Pergament mit Figuren) rc. Nach
dem Ableben des Gründers der gräfl. Apponyi'schen Familienbiblio=
thek, übernahm dieselbe sein zweytgeborner Sohn, Ant. Graf v. Ap=
ponyi, in der mit seinen Brüdern Georg und Joseph gepflogenen
Erbschaftstheilung. Der jetzige Besitzer ließ die Bibliothek 1825 von
Wien, wo sie früher aufgestellt war, nach Preßburg versetzen,
und aus Patriotismus zur freyen Benützung in einem eigens dazu er=
richteten Gebäude aufstellen. Vorsteher dieser Bibliothek war unlängst
noch Carl Ant. von Gruber, ein schätzbarer Philolog.

Aquileja (Aglar), illyr. Stadt des Kr. Görz, im küsten=
länd. Gubernialgebiethe, hat 1,700 Einw. und 2 Kirchen. Die alte Stadt
A. wurde im Jahre 452 von Attila zerstört. Wegen dieser Zerstörung
zogen sich die Einwohner hinweg, und A. wurde verlassen, die Gegend
sumpfig und wüste. Aus den Ruinen entstand das jetzige A. Man sieht
aber noch jetzt Ruinen der alten Stadt und römischer Bäder. Sonst lie=

gen in der ganzen Umgegend römische Alterthümer zerstreut, deren Ausgrabung in der neuesten Zeit fortgesetzt wurde. In den Jahren 698, 831 und 1184 wurden zu A. Kirchenversammlungen gehalten.

Arader Gespanschaft in Oberungarn jenseits der Theiß. Sie hat eine Länge von 11 und eine Breite von 2 bis 3 Meilen, und 108 Quadr. Meil. Flächeninhalt. Der Fluß dieser Gesp. ist die Maros, der ebene Theil hat einen fruchtbaren Getreideboden, besonders wird Weizen und Mais gebaut. Die Hügel und die Füße der Berge sind mit Weinstöcken bepflanzt, die einen sehr guten Wein liefern. Darunter ist der rothe, aromatische Meneser Wein auch im Auslande berühmt. Die Viehzucht belohnt die Mühe der Einwohner reichlich. Die Gesp. hat 17 Marktfl., 174 Dörfer, 124 Prädien. Die Einwohnerzahl beträgt 185,200 größtentheils Walachen, aber auch Magnaren und Deutsche. Die Gesp. wird in 2 Bezirke getheilt.

Aranyas=Rákosi, Alexander, geb. den 13. Sept. 1797, studirte zu Kereszturr (Siebenbürgen), Klausenburg und Wien; seit 1822 zu Torda in Siebenbürgen Pfarrer der Unitariergemeinde und Prof. der Theologie. Döbrenteis Beyspiel munterte ihn zur Schriftstellerey auf. Sein erster epischer Versuch war: A'Kenyermezöi harcz; nicht vollendet; diesem folgten Vienniàsz in 25 Gesängen (in alkaischen Strophen!); A' Székelyek Erdélyben in 4 Ges. und Heram. (Hebe, 1823); Mohács in 4 Ges. und Heram. (Koszoru 1828). Außerdem begann er die Lusiade von Camoens zu übersetzen, und schrieb mehrere lyrische Gedichte.

Arany=Idka, ungar. Bergort, von Slovaken bewohnt, im Abaújvárer Comitat, am Bache Ida. Hier wird auf Gold, Silber, Kupfer und Spießglanz gebaut; lauter Stollenbau.

Aranyos, siebenbürg. Fluß, entsteht aus der großen und kleinen A., welche beyde in nicht großer Entfernung von einander, im Biharer Gebirge an der ungar. Gränze entspringen, und sich bey Topanfalva in der Unter=Albenser (Weißenburger) Gespanschaft vereinigen. Die nun zu einem Flusse gewordene A. durchströmt die Gespanschaften Unter=Alba und Thorda, und ergießt sich in der letztern bey Soos Szent Marton in die Maros.

Aranyoser Stuhl im Großfürstenth. Siebenbürgen. Dieser jetzt zum Lande der Szekler gehörige Stuhl hat nur einen Flächeninhalt von 4¼ Quadratm. von ungefähr 6,000 Menschen bewohnt. Er liegt am niedrigsten unter allen Theilen des Szeklerlandes, und hat keine Berge von bedeutender Höhe. Garten= und Feldfrüchte und Wein gedeihen sehr gut, und auch die Viehzucht wird mit gutem Erfolg getrieben. Aus dem Sande der Aranyos wäscht man auch Gold. Der Stuhl ist in zwey Bezirke (Procésse) abgetheilt, Ober=A. und Unter=A., deren jeder 11 Ortschaften in sich enthält. Unter den 22 Orten des ganzen Stuhls sind 1 Marktfl. und 21 Dörfer.

Arbe, 1) dalmat. Insel im Meerbusen von Quarnero zu dem Kreise Zara gehörig, 1 Quadratm. groß, mit 3,050 Einw. und 1 Stadt, 2 Marktfl. und 12 Dörfern. Das Clima ist sehr rauh, doch liefert der Boden Holz, Getreide, Oliven und hat bedeutende Schaf-

weiden. Nächst der Schafzucht beschäftigen sich die Einwohner mit Salz=
schlämmerey und Fischerey. 2) Die Stadt A. liegt am Meerbusen Cam=
pora, hat zwey Häfen, 1,400 Einw., und ist ein Bischofssitz.

Arbeits= und Besserungs=Anstalt in Wien, das größte
Gebäude in der Vorstadt Windmühle. Es ward 1804 auf Befehl des
Kaisers in dem Klostergebäude der aufgehobenen Carmeliten angelegt.
Dieß ist keineswegs ein Strafhaus, sondern eine Anstalt, in welche
gemeine Müßiggänger und erwerblose Leute, arbeitscheue Bettler 2c.
auf unbestimmte Zeit gebracht, zur Arbeit angehalten, und in den Pflich=
ten der Religion und Moral unterrichtet werden, um nach hinreichenden
Proben der Besserung wieder austreten zu dürfen. Arme Leute, denen
es an Gelegenheit zum Erwerbe fehlt, können da eintreten und gegen
Bezahlung Arbeit finden. Mit diesem Institute ist eine Corrections=
anstalt für ausgeartete junge Personen aus den bessern Ständen ver=
bunden. An selben wird versucht sie wieder auf den rechten Weg zu brin=
gen. Dieß geschieht in abgesonderten Zimmern, unter öffentlicher Auf=
sicht. Die Nahmen dieser Leute werden sorgfältig verschwiegen. Verbre=
cher jedoch werden in diese Anstalt nicht aufgenommen.

Arber, eine der höchsten Kuppen des Böhmerwaldgebirges, nach
Hofer 3,924 W. F. hoch.

Arbesau, böhm. Dorf im Leitmeritzer Kreise, bey welchem dem
Andenken des Feldzeugmeisters Hieronymus Fürsten Collo'redo=
Mannsfeld ein Denkmahl (aus böhmischem Gußeisen) errichtet ist,
das die Stelle bezeichnet, wo derselbe am 17. Sept. 1813 dem Angriffe
der Franzosen so muthig widerstanden.

Arch, s. Arco.

Archigymnasien in Ungarn, s. unter Gymnasien.

Archiv, Archive, s. unter ihren charakteristischen Schlag=
wörtern.

Archiv für Geographie, Historie, Staats= und Kriegs=
kunst, eine Zeitschrift, gegründet und redigirt von Joseph Frey=
herrn von Hormayr, begann mit dem Jahre 1810 im Verlage bey
Strauß in Wien, und wurde bis zu des Redacteurs Übertritt aus
den österr. in bayerische Staatsdienste (1828) von ihm bis an die Schwel=
le des 20. Jahrgangs ununterbrochen fortgesetzt. Nur hieß es seit 1823
Archiv für Geschichte, Statistik, Literatur und Kunst, erhielt aber vom
Jahre 1829 an den Titel: Neues Archiv für Geschichte, Staatskunde,
Literatur und Kunst. Die Jahrgänge 1821 — 24 erschienen in Här=
ter's, die letztern 1825—30 in Ludwig's Verlage. Diese verdienst=
liche, oft jedoch gar zu auffallend optimistisch = patriotische Zeitschrift
Hormayr's (1810—29) enthält einen Reichthum werthvoller Auf=
sätze und vermischter Beyträge trefflicher und zum Theil berühmter Schrift=
steller des In= und Auslandes. Mitunter lieferte es, wiewohl sehr zweck=
mäßige, Entlehnungen und Auszüge aus Büchern und Journalen, wie
denn die anfängliche Tendenz auch auf ein Surrogat fremder periodischer
Blätter ausgegangen war. — Für das neue A. traten der seitdem verstor=
bene Hofkammer=Archivsdirector J. G. Megerle v. Mühlfeld und
der fürstl. Schwarzenberg'sche Bibliothekar E. Th. Hohler als ge=

meinſchaftliche Redacteurs mit Beeiferung ein. Die Jahrgänge 1829 und 1830 ſind daher auch mit intereſſanten Beyträgen ausgeſtattet. Eine Fortſetzung dieſes A.s, jedoch mit verändertem Plane, lieferte das vom k. k. Regierungsrathe und Vorſteher der Wiener Univerſitäts-Bibliothek J. W. Ridler ſeit 1831 mit Sorgfalt und Wahrheitseifer redigirte, bey Beck erſchienene Blatt: Oeſterreichiſches Archiv für Geſchichte, Erdbeſchreibung, Staatenkunde, Kunſt und Literatur. Es hörte mit 1833 auf. Mit 1835 beginnt ein anderes Zeitblatt verwandter Tendenz, unter dem Titel: Oeſterreichiſche Zeitſchrift ꝛc. von J. P. Kaltenbäck (ſ. dieſe).

Arcieren-Leibgarde, erſte. Zur nächſten Bewachung der Perſonen des Kaiſers und der Kaiſerinn, und zur Umgebung und Begleitung derſelben, beſonders bey ſolchen Gelegenheiten, wo ſie im Glanze der Majeſtät erſcheinen, iſt außer der königl. ungar. adelichen Leibgarde (ſ. d.), und der k. k. Trabanten-Leibgarde (ſ. d.), auch die k. k. erſte Arcieren-Leibgarde beſtimmt. — Der Stab der erſten A. L. beſteht aus 1 Garde-Capitän, 1 G. Capitän-Lieutenant, 1 G. Ober-Lieutenant (alle 3 aus dem Stande der Generalität der Armee), 1 G. Unter-Lieutenant (Generalmajor oder Oberſt in der Armee), 1 G. Premier-Wachtmeiſter (Oberſt in der Armee), 1 G. Caplan, 1 G. Auditor, mit Majors- und Stabsauditors-Charakter, 1 G. Ökonomie- und Caſſeverwalter mit Rittmeiſters-Charakter, 1 G. Adjutanten und Ober-Lieutenant, 1 G. Oberarzt (Stabsarzt in der Armee), 2 G. Fourieren, 1 G. Profoſen. Zum Hofdienſte dieſer Garde werden gezählt: 4 Garde-Second-Wachtmeiſter (Majors und Rittmeiſter in der Armee), 4 G. Vice-Second-Wachtmeiſter (Rittmeiſter in der Armee), 25 Garden (Rittmeiſter in der Armee), 20 Garden (Ober-Lieutenants in der Armee), 10 Garden (Unter-Lieutenants in der Armee). — Die A. L. iſt alſo bloß aus Generälen, Stabs- und Ober-Officieren der Armee zuſammengeſetzt, und wird aus dieſer fortdauernd ergänzt.

Arco (Arch), tyrol. Städtchen im Rovereder Kreiſe, liegt reizend im fruchtbaren Sarcathale zwiſchen einem Olivenwäldchen, und hat 2,050 Einw., welche ſich von Seidencultur und Baumöhlbereitung ernähren, zum Theile aber auch in einem Bruche von Mergelmarmor arbeiten. Das hieſige Nonnenkloſter der Servitinnen mit einer Mädchenlehr- und Erziehungsanſtalt wurde 1818 wieder hergeſtellt.

Arcole, venet. Flecken in der Delegation Verona; berühmt durch die Schlacht am 15., 16. und 17. Nov. 1796. Das gewonnene Treffen bey Caldiero (12. Nov. 1796) hatte den Feldzeugmeiſter Alvinczy dem beabſichtigten Zwecke der Vereinigung mit dem Corps des Feldmarſchall-Lieutenants Davidovich in Tyrol bedeutend näher gebracht. Vom Übergange der Oeſterreicher über die Etſch ſchien der Erfolg des Feldzuges abzuhängen, und Mantua und die Lombardie für ſie gewonnen. Dieſen zu verwehren, ſetzte Bonaparte alle Triebfedern der Kunſt, der Tapferkeit und der kühnſten Wagniſſe in Bewegung. Er ging bey Verona auf das rechte Etſchufer zurück, und ſetzte bey Ronco ſchnell wieder auf das linke hinüber, um durch dieſe raſche Bewegung der Armee Alvinczy's in Seite und Rücken zu kommen.

wo möglich ihr Geschütz und Gepäck zu nehmen, ihre Verbindungen zu hemmen, und sie nach Tyrol zu drängen. Am 15. Nov. früh setzten die Franzosen auf das linke Etschufer, und drangen mit Heftigkeit gegen A. vor. Hier war das Ziel ihres Vordringens. Zu diesem von tiefen Morästen umgebenen Orte führte eine einzige Brücke. Überraschung und schnelle Ausführung des entworfenen Planes war nöthig. Die Brücke sollte genommen werden. Doch hier scheiterten alle Anstrengungen des Muthes, welchen die kühnste Todesverachtung von Verzweiflung lieh. Nachdem 5 Generale und eine große Menge Franzosen geblutet, mußten die Stürmer von vergeblicher Anstrengung ablassen. Mit Anbruch des folgenden Tages setzten österr. Colonnen, vom F. M. L. Provera und Mittrowsky geführt, das Gefecht fort. Aber alle Opfer auch dieses Tages waren unnütz. Erst der folgende sollte Entscheidung bringen. Augereau bahnte sich durch Brücken einen Weg über die Moräste, um sich mehr auszubreiten. Die Österreicher drängten die Feinde am 17. auf beyden Seiten des Wildstroms Alpon zurück, und machten 900 Gefangene. Doch da nun zwey französ. Colonnen, von Cologna und Alvaredo kommend, A. von der Seite und im Rücken angriffen, so mußte dieses den Rückzug der Kaiserlichen gegen St. Bonifacio, und von da auf Villanova bestimmen. Alvinczy hatte die letzten Angriffe nur deßhalb befohlen, um die noch vorwärts auf der Straße von Verona stehenden Truppen an sich ziehen zu können. Dieser dreytägige Kampf war der blutigste dieses Jahres in Italien. Beyde Theile hatten über 12,000 Mann an Todten und Verwundeten verloren.

Arigler, Franz (Stiftsnahme: Altmann), den 6. Nov. 1768 in dem oberösterr. Markte Kirchdorf geb. Die Humanioren und Philosophie studirte er in Linz und trat 1788 in das niederösterr. Benedictinerstift Göttweih, woselbst er nach vollendeter Theologie im Generalseminar in Wien 1792 zum Priester geweiht wurde. 1793 erhielt er die Professur des alten und neuen Bundes zu Linz. In derselben Cathegorie trat er 1800 in sein Stift zurück. 1806 folgte er dem Rufe als Professor des neuen Bundes an der Wiener Universität, woselbst er zugleich als Examinator bey sämmtlichen Rigorosen, außer bey der Moral und Pastoral bestellt wurde. Durch seine vorzüglichen Leistungen und seine werthvolle im Druck erschienene Rede: De certitudine studii biblici ward ihm 1810 die theologische Doctorswürde mit Sitz und Stimme bey den theologischen Facultätssessionen zu Theil. Er bearbeitete nun seine Hermeneutik zum Behufe seiner Vorlesungen, welche 1813 unter dem Titel: Hermeneutica biblica generalis in 2 Bdn. zu Wien erschien. Den 2. Sept. 1813 wurde er zum Abt seines Stiftes erwählt. In dem nähmlichen Jahre wurde er zur Belohnung seiner Verdienste als Professor zum k. k. Regierungsrath, und späterhin zum Director des theologischen Studiums für die niederösterr. Benedictiner ernannt.

Arlberg (Arula), richtiger als Adlerberg, obwohl dieß der ursprüngliche Nahme seyn mag, ist jener Zweig der rhätischen Alpen, der sich gegen den Allgau niedersenkt, und Tyrol von dem vor ihm gelegenen und nach ihm benannten Vorarlberg trennt. Bis hieher, an die Wasserscheide der in den Rhein fließenden Ill und des Inn, ziehet sich durch den Walgau die alemannische Mundart; hier trafen vordem die vier Diöcesen Brixen, Chur (bis 1808), Constanz und Augsburg (bis 1816) zusammen, nun übt Brixen mit seinem Generalvicariate zu Feldkirch allein die geistliche Jurisdiction über dieß Gebieth aus. — Auf der Höhe des A.'s zu St. Christoph, das noch zu Tyrol gehört, errichtete 1386 Heinrich, ein Findling, mit 15 Gulden, seinem sechsjährigen Hirtensohne, den Anfang machend, und unter den größten Beschwernissen von 1386 bis 1414 Deutschland, Böhmen, Polen, Ungarn und Croatien um Beyträge durchwandernd, die St. Christoph's-Brüderschaft zur Rettung verunglückter, von Schneelawinen begrabener oder in trügerische Klüfte gestürzter Wanderer. Die unter Kaiser Joseph II. gebahnte und 1822 bis 1825 verbesserte Fahrstraße führt von Landeck am Inn durch das Stanzerthal über den A. ins Klosterthal an der Alfenz und Ill bis Feldkirch.

Arlet, Cölestin, der 60. Propst des Benedictinerstiftes Raygern nächst Brünn, geb. zu Glogau in Schlesien, studirte die Humanioren zu Brzewnow (Braunau) in Böhmen, trat dort in den Benedictinerorden und lehrte einige Zeit die Humanioren. Er wurde 1666 Pfarrer auf dem Georgenberg nächst Brzewnow, mußte aber am 19. May n. J. diesen Standort verlassen, weil ihm sein Abt, Thomas Sartorius, auf Einrathen des Bischofs von Königgrätz, Matthäus von Billenberg, die Propstwürde in Raygern verlieh. Er wurde dort am 15. Juny 1666 installirt. Diese seine Ernennung zum Propst wollte anfänglich Kaiser Leopold I. nicht bestätigen, weil sie zuwider der Declaratoria Ferdinand's III. vom 14. May 1657, ohne vorherigen Bericht an den Kaiser und ohne Gegenwart der k. k. Commissarien, und nicht canonisch vor sich ging; allein auf die Fürsprache einiger gewichtiger Männer, die A.'s hervorragende Eigenschaften kannten, und da die canonische Wahl wegen feindlichen Unruhen nicht vor sich gehen konnte, erfolgte den 13. Aug. 1666 die landesfürstl. Bestätigung, und den 16. Oct. n. J. nach vorher abgelegt*Eid der Treue seine Einführung unter die mähr. Stände. Als 1669 wegen Einführung der Gleichheit in dem Contributionswesen eine Generalvisitations = Commission in Mähren aufgestellt worden war, wurde auch A. zum Mitcommissär ernannt. Er stand dem Stifte Raygern durch ganze 17 Jahre vor, und war von jenen Pröpsten der letzte, die von dem Brzewnower Abte unmittelbar nach Raygern gesetzt wurden. Er rieth dem Stifte Raygern selbst, sich in Zukunft keinen Fremden, der nicht ein Profeß von Raygern wäre, zum Propst einsetzen zu lassen, sondern sich das freye Wahlrecht aus ihrem eigenen Stifte bey Hofe zu erwirken. Das Convent befolgte dieses nach seinem Tode, und brachte es dahin, daß zwischen Brzewnow und Raygern ein Vergleich zu Stande kam, kraft dessen dem Stifte Raygern die freye Wahl zugestanden wurde; jedoch so, daß immer ein Propst aus den Brzewnower und der zweyte aus den Stiftsgliedern zu Raygern alternativ gewählt werden solle. Diese Alternative hörte aber im J. 1713 ganz auf; dem Stifte Raygern wurde, auf Verwendung des damahligen Priors, Gregor Sasawsky für die Zukunft die ganz freye Wahl ihres Pröpstes (in neuerer Zeit Abt genannt), ohne dem mindeſten Einfluſſe des Brzewnower Abtes eingeräumt, und nach dieſer Vorſchrift den 18. May 1813 Auguſtin Koch (der vorletzte Abt zu Raygern) erwählt. A. ſtarb den 7. Sept. 1683, Er bereicherte die Bibliothek mit vielen ausgewählten Büchern und hinterließ in Handſchriften: Diarium Rayhradense, 1666—83. — Protocollum commissionis dimensionis lancorum in Moravia, u. a. m.

Armbruſter, Joh. Mich., k. k. Hofſecretär, geb. zu Salz im Würtembergiſchen den 1. Nov. 1761. Nachdem er in Zürich eine Zeitlang die dortige Zeitung geſchrieben, Secretär bey Lavater geweſen, und von deſſen phyſiognomiſchen Fragmenten einen unvollendeten Auszug herausgegeben, ließ er in Conſtanz, ſeinem neuen Aufenthalte, nebſt mehreren Jugendſchriften von 1793—99 den Volksfreund erſcheinen. 1800 ward er öſterr. Polizey-Commiſſär in Günzburg; 1801 kam er nach Wien, wo er 1805 Hofſecretär bey der oberſten Polizeyhofſtelle wurde. Hier wirkte er bey der Abtheilung des Cenſurweſens, redigirte das Volksblatt: der Wanderer, und von 1808 bis zu ſeinem am 14. Jän. 1814 erfolgten beklagenswerthen Tode die vortrefflichen vaterländiſchen Blätter für den öſterr. Kaiſerſtaat (ſ. d.). Als Volks- wie als Jugendſchriftſteller bewährte er ein ungemeines Talent. Er hinterließ mehrere ſehr gute Schriften für die Jugend, die zu Wien im Verlage ſeines Sohnes Carl A., einer der kenntnißreichſten und gebildetſten Buchhändler, auch Inhaber einer Leihbibliothek, erſchienen.

Armee, und Militärweſen überhaupt. — Die Armee theilt ſich nach ihren Hauptwaffengattungen in Infanterie, Cavallerie, Artillerie und Marine. Sie begreift aber auch außer dieſen noch mehrere beſondere Corps und eigene Verwaltungsbehörden, deren verſchiedenartige Beſtimmungen ſich auf folgende Hauptzwecke zurückführen laſſen: 1) Die Perſonen des Kaiſers und der Kaiſerinn zunächſt zu bewachen und zu umgeben. Dieſe ehrenvolle Beſtimmung iſt den k. k. Garden anvertraut. — 2) Den Gebrauch der Waffen und des Geſchützes, die Anlage und Behauptung von bleibenden und augenblicklichen Befeſtigungen, überhaupt, die Truppen beym Angriff und bey der Vertheidigung zu leiten. Hiedurch iſt der Wirkungskreis des General-Quartiermeiſterſtabs und Ingenieurs-Corps in der Hauptſache ausgeſprochen, — 3) Die obbenannten vier Hauptwaffengattungen in ihren Unternehmungen zu unterſtützen, und zu ſolchen mitzuwirken. Hiezu gehören die Pioniers, Pontoniers, Mineurs, Sappeurs und das Militär-Fuhrweſen. — 4) Die zum Waffengebrauche ſowohl, als zur Nährung, Bekleidung und Erhaltung der Truppen nöthigen Mittel zu erzeugen und herbeyzuſchaffen. Damit beſchäftigen ſich die Artillerie-Zeugämter, die Beſchäl- und Remontirungs-Departements, die Monturs-Ökonomie-Commiſſionen und die Militär-Verpflegsämter. — 5) Das allgemeine Wohl des Staates und die öffentliche Sicherheit theils an der Gränze, theils im Innern, mittelſt einer insbeſondere auf dieſen Zweck berechneten Dienſtleiſtung zu bewahren. Hiezu ſind die Contumaz-Anſtalten, der Militär-Gränz-Cordon, die Gensd'armerie und die Polizeywachen vorhanden. — 6) Für die Kranken und Verwundeten zu ſorgen, und ihre Heilung zu bewirken; dieſes iſt die Beſtimmung

der Sanitäts = Compagnien, des feldärztlichen Perfonals, der Militär=
Spitäler, der Feldapotheken und Militär = Medicamenten = Regie.
7) Über die gefammten Regimenter, Corps und Branchen, fo weit es
fich um ihre Verpflegung mit allen Bedürfniffen, um Anfchaffungen
und Verwendungen, und überhaupt um ökonomifche Verwaltungsge=
genftände und die Verrechnung handelt, die Auffichtund Controlle zu
führen; damit ift das Feld = Kriegs = Commiffariat beauftragt. — 8) Für
die Religion und Sittlichkeit zu wachen und den Gottesdienft zu verrich=
ten; diefes ift das Gefchäft der Militärgeiftlichkeit. Endlich 9) die Juftiz
in allen ihren Zweigen zu verwalten; hiezu beftehen als erfte Inftanzen
die Regiments= und Corps=Gerichte, Garnifons= und Stabsauditoriate,
und die Judicia delegata militaria et mixta. — Nach diefen zur wirk=
lichen Dienftleiftung und zur Adminiftration beftimmten Abtheilungen
und Behörden find weiters aufzuführen: a) die militärifchen Erzie=
hungs= und Bildungs = Inftitute; b) die Anftalten zur Verforgung der
durch Wunden, Gebrechlichkeit und Alter unfähig gewordenen Indivi=
duen, der Witwen und Kinder; c) die für ausgezeichnete Thaten oder
vieljährige Dienfte beftimmten Belohnungen und Auszeichnungen. — Fol=
gendes ift nun die Hauptüberficht des Armeeftandes und der einzelnen
Branchen: A. Zu Lande: 1) Stehendes Heer im Friedensftande
270,000 Mann, nähmlich a) Infanterie 190,700 M. in 58
Linien=Infanterie=Regimentern, 20 Grenadier=Bataillons, 17 National=
Gränzinfanterie= Reg., 1 Czaikiftenbat., 1 Thyroler Jäger = Reg.,
12 Jägerbat. und 6 Garnifonsbat.; b) Cavallerie 38,685 Mann
in 8 Reg. Cüraffiers, 6 Reg. Dragoner, 7 Reg. Chevaurlegers,
12 Reg. Hufaren, und 4 Reg. Uhlanen; c) Artillerie 17,800 M.
in 1 Bombardier=Corps, 5 Reg. Feldartillerie, 1 Feuerwerks = Corps,
1 Artill. Feldzeugamt, und einer in 14 Diftricte vertheilten Garnifons=
Artillerie; d) Genie (2,348 M.); in dem General = Quartiermeifter=
ftabe, Ingenieurs=Corps, Mineurs=Corps, Sappeurs=Corps, Pioniers=
Corps, Pontoniersbat., den 6 Garnifonsbat., den 7 Gränzcordons,
der lombard. Gensd'armerie, dem Fuhrwefen, dem Befchäl= und Remon=
tirungs=Departement und Invaliden=Corps. — In Kriegszeiten kann die
Stärke diefes Heeres auf 750,000 Mann gebracht werden, durch 2) Refer=
ve und Landwehr, nähmlich a) Depotbat. bey der Infanterie, und die
4. Feldbat. bey den ungar. Regim. 170.000 M.; b) Landwehr 80 Bat.
240,000 M.; c) Infurrection in Ungarn 18,000 M. Cavall., 21,000
M. Inf.; d) Referve der Gränztruppen 30,000 M. — 3) Feftun=
gen (f. d.) (mit ordentlichen Feftungs=Commandanten) 25; die vornehm=
ften der erfteren: Comorn, Mantua, Olmüz, Peterwardein,
Therefien= und Jofephftadt (alle 6 erften Ranges); fonftige fefte
Pläze (mit Plazcommandanten) 58. — B. Zur See: 4 Linienfchiffe,
8 Fregatten, 1 Corvette, 6 Briggs, 6 Goeletten oder Schooner,
20 Kanonierfchaluppen, zufammen 65 Segel. Dazu gehören 1 Marine=
Genie=Corps, 1 Arfenal (berühmtes zu Venedig mit 16 Werften zum
Schiffbau), 1 Marine=Artillerie=Corps, ein Matrofen=Kanonier=Corps,
1 Marine = Infanteriebat. — C Unterrichts= und Erziehungs=
anftalten: 1) k. k. Ingenieurs = Akademie in Wien; 2) k.k. Militär=

Akademie in Wiener-Neustadt; 3) militär. geogr. Institut zu Mailand; 4) Cadetten-Compagnien zu Olmütz und Grätz; 5) Artillerieschulen; 6) 54 Regiments-Erziehungshäuser 2c. — Die gesammte Militär-Verwaltung steht unter dem Hofkriegsrathe in Wien; die 14 General-Commando's sind ihm untergeordnet. Die Marineverwaltung hat ihren Sitz zu Venedig. — Österreichs Contingent zum Bundesheere: 94,822 Mann. — Die einzelnen Branchen und sonstige Beziehungen, s. unter ihren besonderen Artikeln. — Folgendes ist eine detaillirte Übersicht des Bestandes der k. k. Armee.

Regiments-Nr. und Zeit dessen Errichtung.	Nahmen des gegenwärtigen Inhabers.	Egalisirung.	Haupt-werbbezirk.	Stab.
Nr. 1. 1716	A. Infanterie. Kaiser Franz. 2. Inhaber F. M. L. Hauger.	Rock und Beinkleider weiß, nur bey den ungar. Reg. Beinkleider blau. Aufschläge und Kragen dunkelroth, wie Nr. 18, gelbe Knöpfe.	Weißkirchen in Mähren.	In Italien.
Nr. 2. 1741	Kaiser Alexander v. Rußland (bleibender Nahme). Inhaber F. M. L. Retsay v. Retse.	Kaisergelb wie Nr. 31, gelbe Knöpfe.	Preßburg in Ungarn.	Preßburg.
Nr. 3. 1715	Erzh. Carl Ludwig. 2. Inhaber F. M. L. Rudolph Graf v. Salis.	Himmelblau wie Nr. 4, weiße Knöpfe.	Brünn in Mähren.	Linz.
Nr. 4. 1696.	Hoch- und Deutschmeister. Inhaber Erzh. Ant. Victor.	Himmelblau wie Nr. 3, gelbe Knöpfe.	Wien.	In Italien.
Nr. 5. und 6.	Vormals 1. u. 2. Garnisonsregiment, seit 1807 in 4 Garnisonsbataillons umgeschaffen.			
Nr. 7. 1691	F. M. Christ. Freyh. v. Lattermann.	Dunkelbraun wie Nr. 12, weiße Knöpfe.	Klagenfurt.	In Italien.
Nr. 8. 1647	Erzh. Ludwig. 2. Inhaber F. M. L. Freyh. Schneider v. Arno.	Grasgrün wie Nr. 28, gelbe Knöpfe.	Iglau in Mähren.	Iglau.
Nr. 9. 1725	F. M. L. Wilhelm Friedr. Fürst v. Bentheim-Steinfurt.	Apfelgrün wie Nr. 54, gelbe Knöpfe.	Stry in Galizien.	Ofen.
Nr. 10. 1715	F. Z. M. Aloys Graf Mazzuchelli.	Paperlgrün wie Nr. 26, weiße Knöpfe.	Przemysl in Galizien.	Kaschau.

Regiments-Nr. und Zeit deffen Errichtung.	Nahmen des gegenwärtigen Inhabers.	Egalifirung.	Haupt-werbbezirk.	Stab.
Nr. 11. 1662	Erzh. Rainer. 2. Inhaber F. M. L. Camille Freyh. v. Rougier.	Dunkelblau wie Nr. 24, gelbe Knöpfe.	Tabor in Böhmen.	Neuhaus in Böhmen.
Nr. 12. 1702	F. M. L. Leonhard Graf v. Rothkirch und Panthen.	Dunkelbraun wie Nr. 7, gelbe Knöpfe.	Sanok in Galizien.	In Italien.
Nr. 13. 1814	F. Z. M. Max Freyh. v. Wimpffen.	Rofenroth wie Nr. 38, gelbe Knöpfe.	Padua.	Grätz.
Nr. 14. 1733	F. M. L. Frz. Richter v. Biknensthal.	Schwarz wie Nr. 58, gelbe Knöpfe.	Linz.	In Italien.
Nr. 15. 1701	Vacat. 2. Inhaber F. M. L. Anton Freyh. v. Bartoletti.	Grapproth wie Nr. 44, gelbe Knöpfe.	Zloczow in Galizien.	In Italien.
Nr. 16. 1703	F. M. L. Chriftian Graf v. Kinsky.	Schwefelgelb wie Nr. 41, gelbe Knöpfe.	Trevifo.	In Italien.
Nr. 17. 1674	F. M. L. Guftav, Prinz Hohenlohe-Langenburg.	Lichtbraun wie Nr. 63, weiße Knöpfe.	Laibach.	In Italien.
Nr. 18. 1682	F. M. L. Wenzel Graf Vetter von Lilienberg.	Dunkelroth wie Nr. 1, weiße Knöpfe.	Königgräz in Böhmen.	In Italien.
Nr. 19. 1734	F. Z. M. Philipp Prinz v. Heffen-Homburg.	Lichtblau wie Nr. 32, weiße Knöpfe.	Stuhlweiß enburg in Ungarn.	Wien.
Nr. 20. 1682	F. M. L. Friedrich Graf v. Hochens e.g.	Krebsroth wie Nr. 35, weiße Knöpfe.	Neu-Sandec in Galizien.	Jofephftadt in Böhmen.
Nr. 21. 1733	F. M. L. Albert Graf v. Gyulay.	Meergrün wie Nr. 25, gelbe Knöpfe.	Chrudim in Böhmen.	In Italien.
Nr. 22. 1708	Prinz Leopold bey der Sicilien. 2. Inhaber F. M. L. Gabriel Freyh. v. Collenbach.	Kaifergelb wie Nr. 27, weiße Knöpfe.	Trieft.	Trieft.
Nr. 23. 1814	F. M. L. Söldner v. Söldenhofen.	Carmoifinroth wie Nr. 43, weiße Knöpfe.	Lodi in der Lombardie.	Peterwardein.
Nr. 24. 1632	F. Z. M. Gottfried Freyh. v. Strauch.	Dunkelblau wie Nr. 11, gelbe Knöpfe.	Kollomea in Galizien.	Stanislau in Galizien.
Nr. 25. 1672	F. M. L. Werner Freyh. v. Trapp.	Meergrün wie Nr. 21, weiße Knöpfe.	Pifek in Böhmen.	Prag.

Nr. / Jahr	Inhaber	Uniform	Garnison	
1717.	2. Inhaber F. Z. M. Phil. v. Faber			In Italien.
Nr. 27. 1682.	F. M. L. Jac. Ritter v. Surem.	Kaiſergelb wie Nr. 22, gelbe Knöpfe.	Grätz.	In Italien.
Nr. 28. 1698.	F. M. L. Theodor Graf Baillet de la Tour.	Grasgrün wie Nr. 8, weiße Knöpfe.	Prag.	Prag.
Nr. 29. 1709.	Wilhelm, Herzog v. Naſſau. 2. Inhaber F. M. L. Joh. v. Böſſeis.	Bleichblau wie Nr. 40, weiße Knöpfe.	Troppau.	Troppau.
Nr. 30. 1725.	F. M. Laball Graf Nugent, römiſch. Fürſt.	Lichthechtgrau wie Nr. 49, gelbe Knöpfe.	Lemberg.	Teſchen.
Nr. 31. 1741.	F. M. L. Auguſt Graf Leiningen, Weſterburg.	Kaiſergelb wie Nr. 2, weiße Knöpfe.	Hermann- ſtadt.	Lemberg.
Nr. 32. 1741.	Erzh. Stanz Ferd. v. Modena. 2. Inhaber G. M. Math. v. Carollu.	Lichtblau wie Nr. 19, gelbe Knöpfe.	Peſth.	In Italien.
Nr. 33. 1741.	F. M. L. Emerich Freyh. v. Pafondi.	Dunkelblau wie Nr. 51, weiße Knöpfe.	Altſohl in Ungarn.	In Italien.
Nr. 34. 1734.	F. M. L. Joſeph v. Benczur.	Graproth, weiße Knö- pfe.	Kaſchau.	Sambor in Ungarn.
Nr. 35. 1682.	F. M. L. Ferd. Freyh. Fleiſcher v. Ei. ſenfranz.	Krebsroth wie Nr. 20, gelbe Knöpfe.	Pilſen.	Pilſen.
Nr. 36. 1632.	F. M. L. Jof. Friedr. Freyh. v. Palom. bini.	Bleichroth wie Nr. 57, weiße Knöpfe.	Jungbunz- lau in Böhmen.	Königgräß.
Nr. 37. 1741.	F. Z. M. Andreas Freyh. b. Mariaſ. fy.	Hellroth wie Nr. 39, gelbe Knöpfe.	Stoßwar- dein in Ungarn.	Lemberg.
Nr. 38. 1814.	F. M. L. Eugen Grafv. Haugwiß.	Rosenroth wie Nr. 13, weiße Knöpfe.	Brescia in der Lombardie.	In Italien.
	Dom Miguel, Inf.	Hellroth wie Nr. 37,	Debreczin.	Wien.

Regiments-Nr. und Zeit deffen Errichtung.	Nahmen des gegenwärtigen Inhabers.	Egalisirung.	Haupt-werbbezirt. Stab.
Nr. 42. 1683	Herzog v. Welling-ton. 2. Inhaber F. M. L. Joh. Chev. M. Cle-macre.	Orangegelb wie Nr. 59, weiße Knöpfe.	Theresien-ftadt.
Nr. 43. 1814	F. M. L. Meinrad Freyh. v. Geppert.	Carmosinroth wie Nr. 23, gelbe Knöpfe.	Bara.
Nr. 44. 1744	Erzherzog Albrecht. 2. Inhaber F. M. L. Joseph Freyh. v. Zauer.	Krapproth wie Nr. 15, weiße Knöpfe.	Neutitschein in Mähren.
Nr. 45. 1816	F. M. S. Unt. Freyh. Meyer v. Hei-denfeld.	Ponceauroth, gelbe Knöpfe.	Blume.
Nr. 46.	1745 errichtet und 1809 reducirt.		
Nr. 47. 1682	F. M. L. Unt. Graf Kinsty.	Stahlgrün wie Nr. 56, weiße Knöpfe.	Jn Jtalien.
Nr. 48. 1798	F. M. L. Kloys Frey-herr Gollner v. Goldwenfels.	Stahlgrün wie Nr. 60, gelbe Knöpfe.	Bregenz.
Nr. 49. 1715	F. M. L. Friedrich Carl Freyh. v. Langenau.	Lichtbechgrau wie Nr. 30, weiße Knöpfe.	Mainz.
Nr. 50.	1612 errichtet und 1809 reducirt.		
Nr. 51. 1702	Erzherzog Carl Fer-dinand. 2. Inhaber F. M. L. Joh. Wey. Frey-herr von Beyfife.	Dunkelblau wie Nr. 33, gelbe Knöpfe.	Jn Jtalien.
Nr. 52. 1741	Erzh. Franz Carl. 2. Inhaber F. M. L. gelbe Knöpfe.	Dunkelroth wie Nr. 53,	Jn Jtalien.

Regiments-Nr. und Zeit dessen Errichtung.	Nahmen des gegenwärtigen Inhabers.	Egalisirung.	Haupt-werbbezirk.	Stab.
Nr. 56. 1684	F. M. L. Carl Freyh. v. Fürstenwer-ther.	Stahlgrün wie Nr. 47, gelbe Knöpfe.	Wadowice in Galizien.	Salzburg.
Nr. 57. 1689	F. M. L. Michael v. Mihaliewits.	Bleichroth wie Nr. 36, gelbe Knöpfe.	Tarnow in Galizien.	Brünn.
Nr. 58. 1663	Erzherzog Stephan. 2. Inhaber F. M. L. Franz Freyh. Abe-le v. Lilienberg.	Schwarz wie Nr. 14, weiße Knöpfe.	Stanisla-wow in Gali-zien.	Müglitz.
Nr. 59. 1682	Leopold Großher-zog v. Baden. 2. Inhaber F. M. L. Ludwig Freyh. v. Eckhard.	Orangegelb wie Nr. 42, gelbe Knöpfe.	Salzburg.	Innsbruck.
Nr. 60. 1798	Prinz Gustav von Wasa.	Stahlgrün wie Nr. 48, weiße Knöpfe.	Eperies in Ungarn.	Krems.
Nr. 61. 1798	F. Z. M. Franz Graf Saints-Julien.	Grasgrün wie Nr. 62, gelbe Knöpfe.	Temeswar in Ungarn.	In Italien.
Nr. 62. 1798	F. M. L. Theodor Freyh. Wacquant-Geozelles.	Grasgrün wie Nr. 61, weiße Knöpfe.	Kronstadt in Siebenbürgen.	Großwar-dein.
Nr. 63. 1799	F. M. L. Friedrich Freyh. v. Bianchi, Duca di Casa-lanza.	Lichtbraun wie Nr. 17, gelbe Knöpfe.	Tarnopol in Galizien.	Hermann-stadt.
	B. Gränz-Infan-terie-Regi-menter.			
Nr. 1. 1746	Liccaner.	Rock dunkelbraun, Auf-schläge und Kragen kaisergelb wie Nr. 2, gelbe Knöpfe.	Carlstädter Milit. Gränze.	Gospich.
Nr. 2. 1746	Ottochaner.	R. dunkelbraun, A. und Kr. kaisergelb wie Nr. 1, weiße Knöpfe.	Carlstädter Milit. Gränze.	Ottochaz.
Nr. 3. 1746	Oguliner.	R. dunkelbraun, A. und Kr. orangegelb wie Nr. 4, gelbe Knöpfe.	Carlstädter Milit. Gränze.	Ogulin.
Nr. 4. 1746	Szluiner.	R. dunkelbraun, A. und Kr. orangegelb wie Nr. 3, weiße Knöpfe.	Carlstädter Milit. Gränze.	Carlstadt.
Nr. 5. 1746	Warasdiner Kreutzer.	R. dunkelbraun, A. und Kr. krebsroth wie Nr. 6, gelbe Knöpfe.	Warasdiner Milit. Gränze.	Bellovár.
Nr. 6. 1746	Warasdiner St. Geor-ger.	R. dunkelbraun, A. und Kr. krebsroth wie Nr. 5, weiße Knöpfe.	Warasdiner Milit. Gränze.	Bellovár.

Regiments-Nr. und Zeit dessen Errichtung.	Nahmen des gegenwärtigen Inhabers.	Egalisirung.	Haupt-werbbezirk.	Stab.
Nr. 7. 1750	Brooder.	Rock dunkelbraun, Aufschläge und Kragen bleichroth wie Nr. 8, weiße Knöpfe.	Slavonische Milit. Gränze.	Winkowcze.
Nr. 8. 1750	Gradiscaner.	R. dunkelbraun, A. und Kr. bleichroth wie Nr. 7, gelbe Knöpfe.	Slavonische Milit. Gränze.	Neu Gradisca.
Nr. 9. 1750	Peterwardeiner.	R. dunkelbraun, A. und Kr. licht hechtgrau wie Nr. 13, gelbe Knöpfe.	Slavonische Milit. Gränze.	Mitrowitz.
Nr. 10. 1745	Erstes Banal.	R. dunkelbraun, A. und Kr. carmoisinroth wie Nr. 11, gelbe Knöpfe.	Banal-Milit. Gränze.	Glina.
Nr. 11. 1746	Zweytes Banal.	R. dunkelbraun, A. und Kr. carmoisinroth wie Nr. 10., weiße Knöpfe.	Banal-Milit. Gränze.	Petrinia.
Nr. 12. 1767	Deutschbanater.	R. dunkelbraun, A. und Kr. himmelblau, weiße Knöpfe.	Banatische Milit. Gränze.	Pancsowa.
Nr. 13. 1767	Wallachisch-illyrisches.	R. dunkelbraun, A. und Kr. licht hechtgrau wie Nr. 9, weiße Knöpfe.	Banatische Milit. Gränze.	Caransebes.
Nr. 14. 1762	Erstes Szekler.	R. dunkelbraun, A. und Kr. rosenroth wie Nr. 15, gelbe Knöpfe.	Siebenbürgische Milit. Gränze.	Csik-Szereda.
Nr. 15. 1762	Zweytes Szekler.	R. dunkelbraun, A. und Kr. rosenroth wie Nr. 14, weiße Knöpfe.	Siebenbürgische Milit. Gränze.	Kézdy-Vásárhely.
Nr. 16. [1762	Erstes Wallachisches.	R. dunkelbraun, A. und Kr. papergrün wie Nr. 17, gelbe Knöpfe.	Siebenbürgische Milit. Gränze.	Orlat.
Nr. 17. 1762	Zweytes Wallachisches.	R. dunkelbraun, A. und Kr. papergrün wie Nr. 16., weiße Knöpfe.	Siebenbürgische Milit. Gränze.	Naszod.
Nr. 18. 1764	Csaikisten-Bataillon.	R. kornblumenblau, A. lichtroth, weiße Knöpfe.	Slavonische Milit. Gränze.	Titel in Ungarn.

Regiments-Nr. und Zeit dessen Errichtung.	Nahmen des gegenwärtigen Inhabers.	Egalisirung.	Haupt-werbbezirk.	Stab.
	C. Jäger. Tyroler Jäger-Regiment. **Kaiser Franz.**			
	Errichtet 1816. 2. Inhaber F. M. L. Philipp Freyh. v. Pflüger.	Rock hechtgrau, Aufschläge und Kragen grasgrün, gelbe Knöpfe.	Innsbruck.	Italien.
Nr. 1. 1808	Böhmisches Jäger-Bataillon.	detto.	Böhmen.	Commotau.
Nr. 2. 1808	Böhmisches Jäger-Bataillon.	detto.	Böhmen.	Gitschin.
Nr. 3. 1808	Niederösterreichisches Jäger-Bataillon.	detto.	Nieder-Österreich.	Italien.
Nr. 4. 1808	Mährisches Jäger-Bataillon.	detto.	Mähren und Schlesien.	Kuttenberg in Böhmen.
Nr. 5. 1808	Mährisches Jäger-Bataillon.	detto.	Mähren und Schlesien.	Linz.
Nr. 6. 1808	Böhmisches Jäger-Bataillon.	detto.	Böhmen.	Eger.
Nr. 7. 1808	Österreichisches Jäger-Bataillon.	detto.	Ober- und Nieder-Österreich.	Spalato in Dalmatien.
Nr. 8. 1808	Lombardisch-venetianisches Jäger-Bataillon.	detto.	Lombardie und Venedig.	Italien.
Nr. 9. 1808	Innerösterreichisches Jäger-Bataillon.	detto.	Steyermark und Illyrien.	Italien.
Nr. 10. 1813	Österreichisches Jäger-Bataillon.	detto.	Ober- und Nieder-Österreich.	Italien.
Nr. 11. 1813	Lombardisch-venetianisches Jäger-Bataillon.	detto.	Lombardie und Venedig.	Capo d'Istria.
Nr. 12. 1813	Galizisches Jäger-Bataillon.	detto.	Galizien.	Schönber in Mähren.

Regiments-Nr. und Zeit dessen Errichtung.	Nahmen des gegenwärtigen Inhabers.	Egalisirung.	Haupt-werbbezirk.	Stab.
	D. Cavallerie.			
	I. Cüraffiere.			
Nr. 1. 1768	Kaiser Franz. 2. Inhaber F. M. L. Alfred, Fürst v. Windischgrätz.	Rock weiß, Auffchläge dunkelroth wie Nr. 3, weiße Knöpfe.	Böhmen.	Brandeis.
Nr. 2. 1672	Erzherzog Franz v. Modena. 2. Inhaber Gen. der Cavallerie Ludwig Carl, Graf v. Grenneville.	R. weiß, A. schwarz wie Nr. 6, weiße Knöpfe.	Böhmen.	Lancut in Galizien.
Nr. 3. 1768	Prinz Mitreg. Friedrich v. Sachsen. 2. Inhaber Gen. der Cavallerie Carl Freyherr Kropher v. Helmfels.	R. weiß, A. dunkelroth wie Nr. 1, gelbe Knöpfe.	Österreich mit Salzburg.	Ödenburg in Ungarn.
Nr. 4. 1672	Kronprinz Ferdinand. 2. Inhaber F. M. L. Raban Freyherr v. Spiegel.	R. weiß, A. grasgrün, weiße Knöpfe.	Nieder-Österreich.	St. Georgen in Ungarn.
Nr. 5. 1721	F. M. L. Maximilian Graf v. Auersperg.	R. weiß, A. lichtblau, weiße Knöpfe.	Steyermark und Illyrien.	Wessely in Mähren.
Nr. 6. 1701	F. M. L. Ludwig Graf Wallmoden-Gimborn.	R. weiß, A. schwarz wie Nr. 2, gelbe Knöpfe.	Mähren.	Groß-Topolczan.
Nr. 7. 1655	F. M. L. Heinrich Graf Hardegg.	R. weiß, A. dunkelblau, weiße Knöpfe.	Böhmen.	Therefiopel in Ungarn.
Nr. 8. 1618	Gen. der Cavall. Graf Ignaz Hardegg.	R. weiß, A. scharlachroth, gelbe Knöpfe.	Böhmen.	Klattau.
	II. Dragoner.			
Nr. 1. 1682	Erzherzog Johann. 2. Inhaber F. M. L. Johann Viccard v. Grünthal.	Rock weiß, Auffchläge und Kragen schwarz, weiße Knöpfe.	Galizien.	Pécsvar in Ungarn.
Nr. 2. 1701	König Ludwig v. Baiern. 2. Inhaber G. d. C. Ignaz Freyh. v. Lederer.	R. weiß, A. und Kr. dunkelblau, weiße Knöpfe.	Ober- und Nieder-Österreich.	Italien.
Nr. 3. 1683	F. M. L. Friedrich Freyh. v. Minutillo.	R. weiß, A. und Kr. dunkelroth, weiße Knöpfe.	Galizien.	Proßnitz in Mähren.

8 *

Regiments Nr. und Zeit dessen Errichtung.	Nahmen des gegenwärtigen Inhabers.	Egalisirung.	Haupt-Werbbezirk.	Stab.
Nr. 4. 1733	Leopold II., Großherzog v. Toscana. 2. Inhaber F. M. L. Leopold Graf Rothkirch und Panthen.	R. weiß, A. und Kr. hellroth, weiße Knöpfe.	Steyermark und Illyrien.	Innsbruck.
Nr. 5. 1683	Eugen Prinz von Savoyen (bleibender Nahme). Inhaber Gen. der C. Johann Friedrich Freyherr v. Mohr.	R. weiß, A. und Kr. dunkelgrün, weiße Knöpfe.	Böhmen.	Günz in Ungarn.
Nr. 6. 1798	F. M. L. Carl Ludwig Graf Fiquelmont.	R. weiß, A. und Kr. lichtblau, weiße Knöpfe.	Mähren.	Podiebrad in Böhmen.
III. Chevaux-legers.				
Nr. 1. 1688	Kaiser Franz. 2. Inh. F. M. Heinrich Graf v. Bellegarde.	Rock dunkelgrün, Aufschläge und Kragen hellroth wie Nr. 2, gelbe Knöpfe.	Ob. u. Nied. Österreich.	Italien.
Nr. 2. 1758	F. M. Friedr. Xav. Prinz Hohenzollern-Hechingen.	R. dunkelgrün, A. u. Kr. hellroth wie Nr. 1, weiße Knöpfe.	Böhmen.	Saros-Patak in Ungarn.
Nr. 3. 1701	F. M. L. Barthol. Graf Alberti de Poya.	R. weiß, A. u. Kr. hellroth, gelbe Knöpfe.	Galizien.	Reps in Siebenbürgen.
Nr. 4. 1725	Vacat.	R. dunkelgrün, A. u. Kr. dunkelroth, gelbe Knöpfe.	Böhmen.	Wels in Österreich.
Nr. 5. 1640	G. d. C. Andreas v. Schneller.	R. weiß, A. u. Kr. lichtblau, gelbe Kn.	Böhmen.	Essegg.
Nr. 6. 1798	F. M. L. Simon Chevalier Fitzgerald.	R. weiß, A. u. Kr. dunkelroth, gelbe Kn.	Galizien.	Grodek in Galizien.
Nr. 7. 1814	F. M. L. Johann Graf Nostiz-Rienek.	R. weiß, A. und Kr. carmoisinroth, weiße Knöpfe.	Lombardie und Venedig.	Moor in Ungarn.
IV. Husaren.				
Nr. 1. 1756	Kaiser Franz. 2. Inhaber F. M. L. Emanuel Graf Mensdorff-Pouilly.	Schwarze Czako, dunkelblaue Pelze, Dolmans u. Beinkleider, gelbe Knöpfe.	Ungarn.	Ujpecs im Banat.
Nr. 2. 1743	Erzh. Palatin. 2. Inhaber G. d. C. Jg. Freyh. Splenyi v. Mihaldy.	Grapprothe Czako, lichtblaue Pelze, Dolmans u. Beinkleider, gelbe Knöpfe.	Siebenbürgen.	Radkersburg in Steyermark.

Regiments-Nr. und Zeit dessen Errichtung.	Nahmen des gegenwärtigen Inhabers.	Egalisirung.	Haupt-werbbezirk.	Stab.
Nr. 3. 1702	Erzh. Ferdinand Carl d'Este. 2. Inhaber F. M. L. Aug. Graf Bechey v. Hainacs feö.	Aschgraue Czako, dunkelblaue Pelze, Dolmans u. Beinkleider, gelbe Knöpfe.	Ungarn.	Kétskemét.
Nr. 4. 1733	F. M. L. Leopold Freyh. v. Geramb.	Lichtblaue Czako, dunkelgrüne Pelze u. Dolmans, Beinkleider dunkelroth, weiße Knöpfe.	Ungarn.	Tarnopol in Galizien.
Nr. 5. 1798	König Carl Albr. v. Sardinien. 2. Inhaber G. d. C. Jos. Graf v. Radetzky.	Grapprothe Czako, dunkelgrüne Pelze u. Dolmans, carmoisinrothe Beinkl., weiße Knöpfe.	Ungarn.	Italien.
Nr. 6. 1734	König Wilhelm I. v. Würtemberg. 2. Inhaber G. d. C. Andreas Graf Haddik v. Futak.	Schwarze Czako, kornblumenblaue Pelze, Dolmans u. Beinkleider, gelbe Knöpfe.	Ungarn.	Austerliß in Mähren.
Nr. 7. 1798	F. M. Joh. Fürst v. Liechtenstein.	Grasgrüne Czako, lichtblaue Pelze, Dolmans u. Beinkleider, weiße Knöpfe.	Ungarn.	Italien.
Nr. 8. 1696	F. M. L. Ferdin. Herzog v. Sachsen-Coburg und Gotha.	Grapprothe Czako u. Beinkleider, dunkelgrüne Pelze u. Dolmans, gelbe Knöpfe.	Ungarn.	Bißersdorf in Nied. Österr.
Nr. 9. 1688	Kaiser Nikolaus v. Rußland. 2. Inhaber F. M. L. Georg Freyh. v. Wieland.	Schwarze Czako, dunkelgrüne Pelze u. Dolmans, carmoisinrothe Beinkleider, gelbe Knöpfe.	Ungarn.	Pardubiß in Böhmen.
Nr. 10. 1741	König Friedr. Wilh. III. v. Preußen. 2. Inhaber F. M. L. Friedr. v. Bretschneider.	Grasgrüne Czako, lichtblaue Pelze, Dolmans und Beinkleider, gelbe Knöpfe.	Ungarn.	Tarnow in Galizien.
Nr. 11. 1762	Szekler. Siebenbürger-Gränz-Husaren-Regiment.	Schwarze Czako, dunkelblaue Pelze, Dolmans u. Beinkleider, weiße Knöpfe.	Siebenbürgen.	Sepsi-Szent György.
Nr. 12. 1800	Palatinal-Husaren.	Schwarze Czako, kornblumenblaue Pelze, Dolmans und Beinkleider.	Ungarn.	Wien.
	V. Uhlanen.			
Nr. 1. 1791	Ernst Herz. v. Sachsen-Coburg und Gotha. 2. Inhaber G. d. C. Carl Graf v. Civallart.	Kaisergelbe Czapka, dunkelgrüne Kurtka u. Beinkleider, scharlachrothe Aufschl., gelbe Knöpfe.	Galizien.	Saaz in Böhmen.
Nr. 2. 1790	Carl Fürst von Schwarzenberg (bleibender Nahme). Inhaber F. M. L. Franz Freyh. von Blasits.	Dunkelgrüne Czapka, Kurtka u. Beinkleider, scharlachrothe Aufschl. u. gelbe Knöpfe.	Galizien.	Gyöngyös in Ungarn.

Regiments-Nr. und Zeit deffen Errichtung.	Nahmen des gegenwärtigen Inhabers.	Egalisirung.	Haupt-Werbbezirk.	Stab.
Nr. 3. 1801	Erzh. Carl Ludwig. 2. Inhaber G. d. C. Philipp Graf von Grünne.	Scharlachrothe Czapka und Auffchl., dunkel-grüne Kurtka u. Bein-kleider, gelbe Knöpfe.	Galizien.	Großwar-dein in Ungarn.
Nr. 4. 1813	Kaiser Franz. 2. Inh. G. d. C. Joh. Graf v. Kle-belsberg.	Weiße Czapka, dunkel-grüne Kurtka u. Bein-kleider, scharlachrothe Auffchläge.	Galizien.	Alt-Arad in Ungarn.
	E. Artillerie.			
1786	Bombardiercorps.	Rock rehfarb, A. u. Kr. hellroth.		Wien.
1. 1772	Feldartillerie-Reg. F. M. L. Hermann Graf v. Künigl.	dto.	Böhmen.	Prag.
2. 1772	Erzh. Maxim. Jof. d'Este.	dto.	Nied. Öfterr.	Wien.
3. 1772	Generalmajor Ant. Mager.	dto.	Mähren und Schlesien.	Olmütz.
4. 1802	F. M. L. Emerich Freyh. v. Stein.	dto.	Steyermark und Jllyrien.	Grätz.
5. 1816	F. Z. M. Jof. Freyh. Ruffo v. Afpern-brand.	dto.	Böhmien.	Pefth.
	Feuerwerkscorps. G. M. u. Corpscomm. Vincenz Freyh. v. Augustin.	dto.		Wiener Neuftadt.
	Jngenieurcorps. General-Geniedirector Erzh. Johann.	Rock dunkelkornblu-menblau, A. und Kr. carmoisinroth, gelbe Knöpfe.		
1716	Mineur-corps.	Rock dunkelhechtgrau, A. u. Kr. carmoisin-roth, gelbe Knöpfe.		Hainburg.
1760	Sappeurcorps.	dto.		Bruck an der Leytha.
1810	Pioniercorps.	Rock hechtgrau, A. u. Kr. grasgrün, weiße Knöpfe.		Kaifer-Ebersdorf.
	Kriegsmarine. Obercommandant Ha-milcar, Marquis v. Paolucci, Vice-admiral.	Rock dunkelblau, A. u. Kr. lichtblau, weiße Beinkleider u. Epau-lets nach den verschied. Graden, g. Knöpfe.		Venedig.
	Pontonier-Bataill.	Rock kornblumenblau, A. u. Kr. hellroth, weiße Knöpfe.		Kloster-Neuburg.
	Gensd'armerie-Reg. in der Lombardie.	Dunkelgrüner Rock, rofenroth vorgeschof-fene, mit rofenrothen Paroli u. gelben Ach-felfchnüren, Officiere weiße, Mannschaft dunkelgrüne Beinkl.		Mailand.
	Militär-Fuhrwesencorps.	Uniform schwarzgrau, A. u. Kragen kaifer-gelb, weiße Knöpfe.		Wien.

Armee-Commando; und Armee-General-Commando.

In Kriegszeiten werden sämmtliche zur Dienstleistung im Felde bestimm-te Truppen von jeder Waffengattung, nebst den erforderlichen Militär-Administrations-Zweigen, in eine oder mehrere Armeen vereinigt. Den Oberbefehl einer Armee, wenn sich nicht der Monarch selbst an deren Spitze stellt, führet ein Feldmarschall, oder ein General der Cavallerie, oder auch ein Feldzeugmeister; und jede Armee besteht wieder aus größern Abtheilungen von zwey oder mehreren Divisionen, die in neueren Zei-ten ein Corps d'armée unter dem Commando eines Generals der Ca-vallerie oder Feldzeugmeisters, oder im Range ältern Feldmarschall-Lieutenants, bilden, dagegen in ältern Zeiten die Eintheilung bloß in zwey Flügel und das Centrum bestanden hat. So wie nun in Friedens-zeiten von den Regimentern und Corps alle Berichte und Eingaben durch das Brigade- und Divisions-Commando an das General-Commando des Landes ihren Weg nehmen, eben so werden sie in Kriegszeiten durch das Brigade- und Divisions-Commando an das Commando des Armee-Corps oder Flügels, und von diesem weiter an das Hauptarmee-Com-mando befördert, und auf eben diese Weise werden dessen Befehle und kund zu machenden Verordnungen den Regimentern und Corps zuge-sendet. — In dem viel umfassenden Wirkungskreise eines en chef com-mandirenden Generals, von dessen Geist, Entschlossenheit und Seelen-stärke im Kriege Alles abhängt, concentrirt sich die Leitung aller Ope-rationen, Dienste und Geschäfte der Armee. — Um ihn bey den zu treffenden Anordnungen zu unterstützen, und diese vollziehen zu machen, sind dem Commandirenden für alle Zweige des Dienstes und der Ge-schäfte die erforderlichen Personen beygegeben, deren Gesammtheit das Armee-Commando bildet, und welches nach der Organisation der neue-sten Zeit in folgende drey Haupt-Abtheilungen gesondert wird: Die 1. Abtheilung bildet die Operations-Kanzley, welche unter der Lei-tung des General-Quartiermeisters aus Stabs- und Oberofficieren des Ge-neral-Quartiermeisterstabes besteht. (Vergl. General-Quartier-meisterstab in Friedenszeiten.) Hier werden alle Berichte und Meldungen an den Kaiser, an den Hofkriegsrath und an die Länder-stellen verfaßt; hier geschehen alle auf tactische Operationen sich bezie-hende Ausarbeitungen, von hier aus ergehen alle Marschbefehle, Ordres de bataille, Dispositionen, die Erledigungen aller auf Operationen gerichteten Meldungen, Rapporte u. s. w. Hieher gehören alle Kund-schaftssachen, die Ausforschung der Deserteurs und Gefangenen, die hohe Militär-Polizey im Hauptquartiere und im ganzen Bezirk der Ar-mee; die Ausfertigung aller Schutz- und Geleitsbriefe, die Ertheilung der Pässe, die Aufsicht über alle Wirthe, Kaufleute, Marke-tänder, und alle Fremde; die Verrichtung des General-Gewaltigers und der ihm untergeordneten Stabsprofoßen und Freymänner, dann der Wagen-, Weg- und Stabs-Quartiermeister, und des gesammten Bo-then-Personals, endlich auch alle Angelegenheiten der Pontoniers und Pioniers. Die 2. Abtheilung bildet die Detail-Kanzley, deren Vorsteher der erste General-Adjutant des Commandirenden ist, und die nöthige Anzahl von Officieren unter sich hat. In dieser werden alle Ar-

meebefehle ausgefertigt, alle Kundmachungen von Beförderungen und
Gnadensachen, und alle Commandirungen und Dienste abgethan, alle
Stand= und Dienst-Tabellen, Früh=Rapporte, Verlust=Eingaben u. s. w.
verfaßt; es wird von derselben überhaupt alles, was auf das Innere des
Dienstes Bezug nimmt, gehandhabt, so wie auch von ihr alle das eigent=
liche Disciplinarfach betreffenden Eingaben, Berichte und Meldungen
erledigt werden. Dem General=Adjutanten als Vorsteher der Detail=
Kanzley liegt ob, alle wahrgenommenen Unordnungen im Dienste, in
der Verpflegung und Conservation des Mannes, so weit letztere in sei=
nen Wirkungskreis gehört, sogleich abzustellen. Ohne sein Vorwissen
darf keine öffentliche Handlung im Hauptquartier Statt finden; alles
was im Dienste dahin commandirt wird, hat sich bey ihm zu melden,
und er hat überhaupt auf die pünctlichste Befolgung der ergangenen Be=
fehle zu wachen. Er besorgt die genaue Führung des Dienst=Rosters, der
Rangs=Ausweise, und referirt dem Commandirenden über alle Einga=
ben, Berichte und Meldungen. Endlich liegt ihm die Abfertigung der
Adjutanten, und der zum Hauptquartier gehörigen Branchen, so wie
auch die richtige und pünctliche Expedition aller, sowohl mit der Post,
als durch Ordonnanzen ab= und einlaufenden Piecen ob, daher auch zu
diesem Behufe die im Hauptquartiere commandirten Ordonnanzen an ihn
gewiesen sind. Beyde diese Abtheilungen befinden sich an der Seite des
en chef commandirenden Generals im operirenden Hauptquartiere. —
Die 3. Abtheilung, unter der Benennung: Armee=General=
Commando, faßt in sich alle Administrationszweige, als: 1) das
Feldkriegs=Commissariat, die Casse=, Transports=, Monturs= und Aus=
rüstungsgeschäfte; 2) die Verpflegung der Armee, das Fuhr= und Pack=
wesen; 3) die Lieferungen und Prästationen; 4) das zum Behufe der
letztern allenfalls aufgestellte Landes=Commissariat; 5) die Sanitäts=An=
stalten; 6) die Rechtspflege; 7) die kirchlichen Angelegenheiten; 8) das
Feldpostwesen. Zur Leitung der Geschäfte bey dem Armee=General=Com=
mando wird ein General als Stellvertreter des Commandirenden ernannt;
alle Ausfertigungen werden von demselben im Nahmen des letztern un=
terzeichnet. So wie bey einem Landes=General=Commando werden die
ökonomischen Geschäfte durch einen Ober=Kriegscommissär, und die ihm
nöthigen commissariatischen Beamten; die Verpflegsgeschäfte von einem
Ober=Verpflegsverwalter, die publicola politica nebst der Kanzley=Di=
rection durch einen Feldkriegs=Secretär, und die Justizgeschäfte durch
einen General=Auditor=Lieutenant oder Stabs=Auditor, und ihm bey=
gegebenen Actuar besorgt. Die bey den Länder= und Gränz=General=
commanden vorgeschriebene Behandlung der Geschäfte in collegialischer
Form, und in wöchentlichen Sitzungen, findet jedoch bey der Armee im
Felde nicht Statt, sondern jeder Referent bearbeitet die ihm durch das
Einreichungsprotokoll, oder unmittelbar vom Stellvertreter des com=
mandirenden Generals zukommenden, in seinen Wirkungskreis gehöri=
gen Gegenstände, eröffnet nöthigen Falls vorläufig dem Stellvertreter
des Commandirenden seine Ansichten, erbittet sich dessen Befehle,
und verfaßt hiernach, allenfalls auch im Einvernehmen mit jenem Refe=
renten, in dessen Departement die Sache einschlägt, den Entwurf der

Ausfertigung. So lange die Kriegsoperationen dauern, bleibt das A. G. C. immer in der Entfernung von einer oder auch mehreren Tagreisen im Rücken der Armee; weil aber auch im operirenden Hauptquartiere solche Justiz- und besonders Criminalgeschäfte, die keinen Aufschub leiden, und zwar in bedeutender Menge vorfallen, so ist auch gewöhnlich in diesem ein Stabs-Auditor, oder ein dessen Stelle versehender Regiments-Auditor angestellt. Die Gerichtsbarkeit des commandirenden Generals erstreckt sich überhaupt über jene zur Armee gehörigen, oder derselben anhängigen Personen, die nicht im Stande eines mit eigener Jurisdiction versehenen Regimentes oder Corps begriffen, oder dieser auf die Zeit des Krieges unterworfen sind, und auf jene sie betreffenden Rechtsgegenstände, die in Friedenszeiten den Judiciis delegatis im Allgemeinen zugewiesen sind. Überdieß besitzet aber auch der commandirende General das Straf- und Begnadigungsrecht.

Armeekreuz. Es ward von dem Kaiser zum Andenken an die merkwürdige Epoche der Jahre 1813 und 1814 als ein eigenes Zeichen für alle jene Krieger gestiftet, welche an dem Kriege in den eben benannten zwey Jahren Antheil nahmen. — Dieses Zeichen ist aus dem Metalle des eroberten Geschützes, in der Gestalt eines mit einem Lorbeerkranze umwundenen Kreuzes gepräget, auf dessen Vorderseite die Worte: Libertate Europae asserta, mit den Jahreszahlen 1813 u. 1814, und auf der Rückseite die Worte: Grati Princeps et Patria Franciscus Imp. Aug. zu lesen sind. Es ist für alle Krieger ohne Unterschied des Ranges gleich, und wird an einem gelben, auf beyden Seiten schwarz gestreiften seidenen Bande im Knopfloche getragen.

Armenier, ein Volk, von welchem 1672 ein Theil aus Persien und der Türkey nach Siebenbürgen zog, jedoch jetzt auch in Galizien und Ungarn ansäßig ist. Die Zahl der in Galizien ansäßigen A. beträgt 4140 Individuen, die in einigen östlichen Kreisen vertheilt sind: Von diesen bekennen sich 3340 zur katholischen Kirche, 800 andere sind nicht unirt; von ersteren leben 2115 im Kolomeaer, 825 im Stanislawower, 177 im Brzezaner und 223 im Lemberger Kreise. In Siebenbürgen machen die A. den größten Theil des Kaufmann- und Krämerstandes aus, und ihre Anzahl wird auf 7500 geschätzt; da man übrigens die ganze Zahl der A. auf 13,500 annimmt, so entfallen demnach auf Ungarn nur 2660. (Vergl. Congregation der Mechitaristen u. Mechitaristen.)

Armenierstadt, s. Szamos Ujvár.

Armen-Institut, das k. k. in Wien, die bedeutendste Anstalt dieser Art im Kaiserthume. Es wurde von Joseph II. 1783 errichtet, und steht unter der Leitung der Landesregierung. Ende Oct. 1830 besaß es 700,000 fl. Stammvermögen; in dem genannten Jahre allein waren 125,640 fl. eingeflossen, und es wurden 2,844 Personen von 1 bis 4 fl. monathlich unterstützt, außer dem aber 15,480 fl. an zeitlichen Aushülfen vertheilt. Nur in Wien geborne, oder aber durch einen Aufenthalt von 10 Jahren in Wien eingebürgerte fremde Dürftige haben auf Unterstützungen aus den localen Armenfonden Anspruch.

Diese Unterstützungen bestehen in täglichen Betheilungen, welche ein oder mehrere Glieder einer Familie beziehen, und zwar alte, erwerbsunfähige Individuen auf Lebensdauer, Kinder bis zur Erreichung des Normalalters von 12 Jahren und Kranke bis zur vollkommenen Wiederherstellung. Ferner sind mit einer solchen Pfründe, sowohl der kostenfreye Besuch des Bezirksarztes und die unentgeldliche Verabreichung der Arzneyen, als auch augenblickliche Aushülfen, z. B. zur Anschaffung von Winterbedürfnissen, Kleidungsstücken, Bruchbändern ꝛc., endlich auch der freye Genuß der warmen Donaubäder, ja in betreffenden Fällen des Bädnerbades und der Pflege im dortigen Wohlthätigkeitshause verbunden. Gänzlich Erwerbsunfähige, welche sich entweder durch Gebrechlichkeit oder aus Mangel aller Unterstützung selbst mit der größten Betheilung nicht durchhelfen können, werden in ein k. k. Versorgungshaus, oder in ein Grundspital aufgenommen. Verarmte Bürger und Bürgerinnen erhalten aus der sogenannten Bürgerlade eine tägliche Betheilung von 5 kr. WW., oder aus dem Bürgerspitalsfond mit 11 kr. WW.; die Gebrechlichsten werden in das Bürgerspital aufgenommen. Die Summen, welche zur täglichen Betheilung bestimmt sind, zerfallen in großen Armenhauspfründen in Betheilungen von 3 und 4 kr. CM.; dann 5 kr.; letztere ausschließend für Männer bestimmt, und endlich von 6 kr. CM. ausnahmsweise für Witwen, deren Männer in öffentlichen Diensten standen, aber früher starben, ehe die Witwen die Pensions- oder Provisionsfähigkeit erlangt haben. Nach dem letzten ämtlichen Ausweise beträgt ihre Summe 10,917 fl. Die Institutsbetheilungen von 2 kr. sind in dringenden Fällen die Institutsvorsteher berechtigt, vorzüglich wegen unentgeldlicher Verabreichung der Arzneyen, anzuweisen, von 4 kr. für wenig erwerbsfähige Arme; von 6 kr. für solche, die ein Alter von 70 Jahren erreicht haben; und endlich von 8 kr. für jene vom höchsten Alter oder immerwährender Bettlägrigkeit. Die Summe aller dieser Betheilungen ist 4146 fl. Die Verwaltung des Institutes ist in 33 Pfarrbezirke eingetheilt. Der natürliche Vorsteher jedes Bezirkes ist der Pfarrer, die Geschäfte theilen jedoch mit ihm die Armenbezirks = Directoren, der Rechnungsführer, Casseverwalter und die Armenväter, welche letztere die Sammlungen in ihren Bezirken besorgen und die Umstände der Hülfsbedürftigen in eigenen Abhörbogen aufnehmen; von 14 zu 14 Tagen werden dann diese Bogen mit einem eigenen Hauptberichte der Regierung eingesendet, welche sodann jene Anträge nach Maßgabe ganz oder theilweise genehmigt, oder wenn gegründete Ursachen vorhanden, abweiset. Die Betheilungen geschehen in bestimmten Tagen in der letzten Monathshälfte in den betreffenden Pfarren, wobey die zu Betheilenden persönlich zu erscheinen verpflichtet sind, und sich mit ihren Täfelchen auszuweisen haben. Bey Statt findender Übersiedlung der Pfründner in andere Pfarrbezirke, erhalten sie, gegen Abgabe ihres Täfelchens, ihre Anweisung dahin. Noch besteht ein Armenhausfond von einem Vermögen von mehr als 80,500 fl.; ein Privatverein zur Unterstützung verschämter Armen in den Wiener Vorstädten ꝛc. (S. auch Civil = Pensions = und Versorgungs = Anstalten, Gesellschaft adeliger Frauen.)

Arnau, böhm. Stadt im Bidschower Kreise an der Elbe, hat 1,420 Einw.; ist merkwürdig wegen seiner bedeutenden Leinen= und Baumwollenweberey und seines Leinwandhandels.

Arneth, Jos., geb. den 12. Aug. 1791 zu Leopoldschlag im Mühlviertel Oberösterreichs, studirte in Linz unter der Leitung seines Bruders Michael A., nachmahligen Prälaten (s. d.), dann in Wien. Hier hörte er 1811 Neumann's Vorlesungen über Numismatik, widmete sich dieser Wissenschaft und practicirte im k. k. Münzen= und Antiken=Cabinete. 1813 wurde A. dritter, 1820 zweyter, und sonach erster Custos desselben. Numismatische und antiquarische Aufsätze von ihm befinden sich in Hormayr's Archiv, in den Jahrbüchern der Literatur und im Wiener Conversationsblatte. 1827, wo er auf der Wiener Universität die vaterländische Geschichte vortrug, gab er eine Geschichte des Kaiserthums Osterreich in einem Band heraus, die jedoch nicht befriedigte. Seit mehreren Jahren ist er mit der Bearbeitung eines räsonnirenden Catalogs der griech. Münzen des k. k. Cabinets beschäftigt. Er hat Antonie Adamberger (s. d.) zur Gattinn.

Arneth, Mich., Bruder des Obigen, den 9. Jänn. 1771 gleichfalls zu Leopoldschlag geboren. Er studirte in Wien, auch den größten Theil der Theologie, und vollendete diese in Linz. 1794 trat er in das Chorherrnstift St. Florian, in Osterreich ob der Enns, ward bald Cooperator in der Stiftspfarre, und 1800 ordentlicher, öffentlicher Professor des Bibelstudiums an dem Lyceum zu Linz, wo er, nachdem dasselbe 1808 unter zwey Lehrer vertheilt wurde, das neue Testament vortrug. Nach Mich. Ziegler's Tode wurde 1823 A. zum Propst des canonischen Stiftes vom heil. Augustin zu St. Florian gewählt. Er ist auch k. k. Rath, Oberst=Erbland=Hofcaplan, Prälat und ständischer Ausschußrath aus dem Prälatenstande in Oberösterreich, Generaldirector der Gymnasialstudien, und Linzer bischöfl. Consistorialrath. Außer zwey kleinen Reden hat er geschrieben: Über die Bekanntschaft Marcion's mit unserm Canon rc. Linz 1809, und: Die Unterschiede zwischen der bloß rationellen und der katholischen Schriftauslegung, eb. 1816.

Arnold, Franz, Maler und Kupferstecher in seinem Geburtsorte Brünn, wo sein Vater Bürger war. Er widmete sich mit vielem Fleiße unter guter Anleitung der Malerei, besuchte sodann die Akademie der bildenden Künste in Wien, kam nach Brünn zurück, beschäftigte sich sowohl mit Malen als mit Kupferstechen, und verrieth in beyden Kunstzweigen ein treffliches Genie. Er starb sehr jung zu Brünn um 1790. Von seinen Kupferstichen sind bekannt: l'amour peintre; eine Nonne; Porträt Chodowiecki's; Titelkupfer; kleine Landschaften.

Arnstein, Bened. Dav., ward den 15. Oct. 1765 in Wien geboren; sein Vater war der israelit. Großhändler Dav. Isaak A. Die Literatur war schon in früher Jugend seine Lieblingsneigung. 1782 erhielt sein Großvater, Ad. J. A., die k. k. priv. Großhandlung, wobey sich A. thätigst verwenden mußte; er wählte ein Fach, welches noch am meisten mit seiner Neigung übereinstimmte, die Correspondenz. 1786

unternahm er eine Reise, um die Hauptstädte Deutschlands, und die be=
rühmten Männer derselben persönlich kennen zu lernen. Alxinger und
Liebel machten A. mit den Schönheiten der classischen Schriftsteller der
Griechen und Römer bekannt, mit welchem Fache der Literatur er sich auch
vorzüglich beschäftiget. Außer in der Gesellschaft seiner Anverwandten, leb=
te er beynahe nur im Zirkel seiner literarischen Freunde, vorzüglich auch
Retzer's, Ratschky's, Schreyvogel's, Kotzebue's und Leon's. A.
lebt noch in seinem höhern Alter den Musen. Er schrieb von 1782—1800
mehrere in Wien gedruckte Lustspiele und einige Schauspiele, sonst
einzelne, in Monathschriften und Almanachen erschienene Gedichte.

    Arnstein, Fanny von, und das **Haus Arnstein** als
Privathaus. Diese merkwürdige Frau war den 29. Nov. 1758 in Ber=
lin geboren. Noch sehr jung ward sie nach Wien an den nachmahligen
Freyh. Nathan Adam v. A. verehligt. Schönheit und Anmuth,
Verstand und Herzensgüte, Geist und Bildung, Lebhaftigkeit und Ta=
lent, Feinheit und Witz, Tact und Gewandtheit, Adel und Schönheits=
sinn, zeichneten sie in hohem, seltenen Grade aus. Solche Vorzüge,
verbunden mit Reichthum und Hospitalität, mußten sie und ihr Haus
nothwendig zu Gegenständen allgemeiner Bewunderung und Huldigung
erheben. So wurden denn ihre Zirkel für Wien das, was die Assem=
bleen einer Geoffrin und Recamier für Paris gewesen. Joseph II.,
mit seinem hohen Sinn für das wahrhaft Edle und Ausgezeichnete, wür=
digte sie bey jeglichem Anlaß seines Grußes, seiner Anrede, seiner Hoch=
schätzung. Um in ihren Salons Zutritt zu erhalten, bedurfte es nicht
äußerer Vorzüge, es entschied was man war, nicht wer man war. Im
leuchtendsten Glanze prangte ihr Haus während des Wiener Congresses,
wo oft weit über hundert Personen von innerer und äußerer Bedeutsam=
keit sich in selbem versammelten, darunter ein Consalvi, Talley=
rand, Hardenberg, Wellington &c. Beynahe 50 Jahre war
ihr Haus der Thronsitz des guten Tons, das Palladium der edelsten und
feinsten Genüsse, der anständigsten Freyheit, der würzhaftesten gesellli=
gen Unterhaltung, das schönste Vorbild höherer Conversation. Das
ehrenwerthe Andenken dieser unvergleichlichen Frau wird stets leben. Sie
entschlief den 8. Juny 1818 bald nach einer Rückkehr aus Italien. Die
hochgebildete Freyinn Pereira=Arnstein ist ihre Tochter.

    Arnstein und Eskeles, Großhandlungshaus in Wien. Die
Chefs dieses allgeehrten Handelshauses, das bereits ein halbes Jahr=
hundert besteht (gegründet 9. Aug. 1787) und für inländische Indu=
strie wie auch in verschiedenen Conjuncturen bey großen finanziellen
Staatsoperationen, in Anlehen, bey Errichtung der Nationalbank &c.
nützlich gewirkt, sind: Nathan Adam Freyh. von A. k. k. priv.
Großhändler, und Bernh. Freyh. von E., Director der priv. österr.
Nationalbank und Präsident der ersten österr. Brandversicherungsgesell=
schaft in Wien. — Das Banquierhaus A. und E. genießt einen euro=
päischen Ruf, den es durch feste Solidität, gediegenen höchst bedeuten=
den Fond, Besonnenheit in allen kaufmännischen Speculationen und
ausgebreitete Verzweigung zu behaupten weiß. Der größte Theil des
diplomatischen Corps in Wien ordnet durch dieses Haus hier sein Geld=

wesen, und seine Devisen gelten auf allen Börsen und Plätzen, so wie es in Österreich nebst Sina, Geymüller und Steiner (s. d.) als erste Firma gilt. Die besondere geistige Bildung der Chefs dieses Hauses machen ihre Salons zum Sammelplatze alles Ausgezeichneten, und von Menschen= und Vaterlandsliebe durchglüht, leuchten sie bey jeder sich ergebenden Veranlassung durch Munificenz bedeutend hervor. Die Firma führen auch Daniel Bernhard Freyh. von E. Sohn, Censor bey der priv. österr. Nationalbank, und Ludw. Freyh. von Pereira-Arnstein.

Arpad, ungar. Herzog, Sohn des Asmus, an dessen Stelle er um das Jahr 889 (nach einigen Schriftstellern 892) zum Herzog gewählt wurde, als der Chan der Chazaren die damahls von ihm abhängigen Ungarn aufgefordert hatte, einen Herzog zu wählen, der als sein Stellvertreter über sie herrschen sollte, nachdem Lebedias diese ihm von dem Chan angebothene Stelle ausgeschlagen hatte. A. wurde, nachdem ihm von den ungar. Großen der Eid der Treue abgelegt worden, nach chazarischer Weise auf einem Schild emporgehoben und als Herzog begrüßt. Bald nach dieser Erwählung beschloß A. mit den übrigen ungar. Großen sein Reich zu erweitern. Nachdem er einen großen Theil des übrigen jetzigen Ungarn's, Siebenbürgen und Mähren, Bulgarien ꝛc. erobert hatte, hielt er mit den Woywoden im Jahre 893 bey dem See Kirthiltó nicht weit von der Theiß eine Zusammenkunft, in der nach einmüthiger Berathschlagung Gesetze gegeben, und die ganze Jurisdiction festgesetzt wurde. Als nachher der griechische Kaiser Leo der Weise mit dem Bulgarenkönig Simeon in einen Krieg gerieth, ließ er A., den er sich durch Geschenke geneigt machte, durch seinen Gesandten Nicetas Sklems um Hülfstruppen bitten. Dieser sandte ihm Truppen aus Atelkusa, die über die Donau setzten, das Land Simeon's verwüsteten, seine Krieger theils tödteten, theils gefangen nahmen, und dem griechischen Kaiser verkauften, und ihn selbst, nachdem sie ihn in ein kleines Städtchen (nach einigen Mundraga, nach andern Alba Bulgarorum genannt) eingeschlossen hatten, zum Frieden zwangen, in welchem er dem A. huldigte und einen jährlichen Tribut versprach. Hierauf vereinigte sich dieses ungar. Heer mit jenem, welches indessen Servien verheerte, und beyde Heere machten nun eine Streiferey nach Dalmatien, Croatien und Slavonien, wo sie mehrere Städte, z. B. Agram, Poschega, Vukovar, Spoleto und ganz Croatien ihrem Herzoge 895 unterwarfen. Indessen vereinigte sich der Bulgarenkönig Simeon, um sich wegen der von den Ungarn erlittenen Niederlage zu rächen, mit den Patzinaziten, fiel mit ihnen in Atelkusa ein, verwüstete das Land, und tödtete oder verjagte die Ungarn 895. Als A. von dieser Niederlage hörte, begab er sich der größern Sicherheit wegen mit den ungar. Großen auf die Donauinsel, die nachher Gepely (Tschepelj) genannt wurde, und verweilte hier einen ganzen Sommer. Hierauf beschloß er das Verlorne anderswo zu ersetzen. Er sandte daher die Heerführer Zuard, Kadusa und Boyta mit einem Heere, um Gladus, den Herrn des Landes an der Temes, von Siebenbürgen und von der benachbarten Walachey, zu besiegen. Un-

geachtet er bulgarische und kuman. Hülfstruppen hätte, wurde er den=
noch von den Ungarn besiegt, und in dem Schlosse Keve (wahrschein=
lich zwischen Pancsova und Orsova) zum Frieden gezwungen, in
welchem er sich und sein Land dem Herzog A. unterwerfen mußte. A.
sammelte indessen ein ansehnliches Heer bey dem Flüßchen Rákos und
ging hierauf nach Alt=Ofen, wo er mit den ungar. Großen 20 Tage
festlich zubrachte, 896. Dann begab er sich mit seinem Heere nach
Szászhalom, und lieferte hier den Marahaner Slaven, die
von dem römisch=deutschen Kaiser Hülfstruppen hatten, ein unentschie=
denes Gefecht, bald aber schlug er sie gänzlich nicht weit von Tolna,
nahm Wesprim nach einer Belagerung von 10 Tagen ein, und be=
mächtigte sich der benachbarten Gegend. So siegreich kehrte er zu Ende
des Jahres 896 nach Alt=Ofen zurück. 897 eroberte er Ober=
Pannonien bis zum Raabfluß, und entriß den Marahanischen Sla=
ven bey Gelegenheit des Zwistes unter den 2 Söhnen des vor einem
Jahre verstorbenen Königs Swatopluk beträchtliche Länder in Ungarn.
Den übrigen Theil des unteren Pannoniens unterwarf sich A. in den
Jahren 899 und 900 bey Gelegenheit einer doppelten glücklichen Strei=
ferey nach Italien, welches von seinen Truppen weit und breit verheert
wurde. Nach der Rückkunft der ungar. Truppen aus Italien, fielen die=
selben in Kärnthen ein (ungeachtet sie von den Bischöfen für die Ex=
pedition nach Italien Geschenke erhalten hatten), schlugen die sich ihnen
entgegenstellenden Truppen des Markgrafen Leopold zurück, und ver=
wüsteten das ganze Land zwischen der Enns und der Donau; jedoch wur=
de ein Theil von ihnen, der sich zu weit über die Donau gewagt hatte,
900 von den Bayern geschlagen. 901 kehrten sie nach Kärnthen zu=
rück, wurden aber vom Markgrafen Leopold am Osterfeste gänzlich
geschlagen. Eben so unglücklich waren sie gegen die Marahaner Sla=
ven, die ihren Heerführer Kurzan tödteten. Hierauf besiegten sie
den Biharer Herzog Monumuret oder Menomoret gänzlich in
den Jahren 903 und 904. 906 machten sie eine Streiferey nach Sach=
sen, als sie aber von daher mit reicher Beute nach Hause zurückkehr=
ten, wurden sie von den Mährern geschlagen. Der bereits schon alte A.
bestimmte 905 seinen Sohn Soltan zu seinem Nachfolger, und ließ
ihm von den Großen und Edlen des Volks den Eid der Treue schwö=
ren. Zwey Jahre darauf (907) starb A. und wurde feyerlich bey der
Quelle eines Baches in der Nähe von Stuhlweißenburg, nach
einigen aber bey Alt=Ofen beerdigt.

   Arquà (Arquato), venet. Ortschaft in der Delegation Pa=
dua, mit 1,550 Einw. auf einer Anhöhe, in einer Schlucht zwischen
den euganeischen Hügeln, merkwürdig durch das Grabmahl Petrar=
ca's, der hier 1374 gestorben ist. Sein einfacher Sarkophag steht vor
der Kirchthüre, und ruht auf 4 runden Pfeilern. Vor etwa 60 Jahren
ward der Sarkophag an einer Stelle erbrochen und daraus ein Arm des
Dichters entwendet; jetzt ist die Stelle ausgebessert. Auf einem nahen
Hügel sieht man das Haus des Dichters mit einem kleinen Garten und
Weinberge, und im Hause befindet sich noch der Sessel, worauf er starb,
und ober einer Thüre, hinter Glas, die Mumie seiner Katze.

Arrivabene, Joh. Graf von, geb. zu Modena 1763, Geschäftsträger des Herzogthums Modena am k. k. Hofe zu Wien (schon 1795), st. in Wien am 7. Jän. 1801. Seine zu Modena herausgegebenen Schriften sind: Elogio del Conte d'Arco; Lavori e giorni d'Esiodo (in Versen). In Wien legte er durch Herausgabe seiner Elettra eine neue Probe seiner Talente ab. Dieses Trauerspiel ist voll Simplicität, der griechische Charakter hervorleuchtend, die Sprache glänzend.

Arrosirung, s. unter **Staatsschuld.**

Arsa, kleiner Fluß im illyr. Küstenlande, durchfließt den Zepitscherfee, wird 2 Meilen ober seiner Mündung schiffbar, und fällt in den Meerbufen Quarnero. Er bildete zu Zeiten der Römer die äußerste Gränze Italiens.

Arsenale, s. **Marine-Arsenal; Zeughäufer.**

Artaria u. Compagnie, ein ansehnliches, seit 1770 bestehendes Kunsthandlungshaus in Wien. Es besitzt unter Anderem einen reichen Vorrath kostbarer älterer und neuerer Kupferstiche und Handzeichnungen, geographischer Charten, und hat einen starken Verlag von Kupferstichen, Charten, Musicalien und den Hauptdebit der Charten des k. k. topographischen Bureau's. Die großen Kupferstich-Auctionen Cerroni's, Held's, Camefina's ꝛc. sind von dieser Handlung geleitet worden. Der Chef derselben ist Dominik A.

Artesische Brunnen. Die in neuerer Zeit allgemein anerkannte Zweckmäßigkeit artesischer, d. i. Bohrbrunnen, Springquellbrunnen, fand in Österreich um so mehr Eingang, als ein ähnliches Verfahren daselbst schon lange, besonders an der steyerm. Gränze ausgeübt wurde. Nur ist die wichtige Verbesserung dieses Verfahrens, welche darin besteht, daß man das Quellwasser in einer Röhre bis über die Oberfläche der Erde anhaltend heraufleitet, eine spätere Entdeckung, welche nebst mehreren Vortheilen auch jene wichtigen gewährt, daß das aus großen Tiefen erbohrte Wasser nicht nur häufig in bedeutender Menge als mächtiger Wasserstrahl hervorsprudelt, sondern auch jederzeit, im Sommer und Winter, gleiche Temperatur behauptet. Ein Bäckermeister aus Flandern, der sich in Hetzendorf bey Wien häuslich niederließ, brachte diese Einrichtung aus seinem Vaterlande mit, und veranlaßte den ebenfalls in Hetzendorf ansäßigen Zimmermann Belghofer, welcher vor beyläufig 12 Jahren starb, zu Versuchen dieser Art, welche so ausgezeichnet glücklichen Erfolg hatten, daß seit den letzten 20 Jahren eine bedeutende Anzahl derley Brunnen hergestellt wurden, und ihre Anwendung gegenwärtig so ziemlich allgemein ist. Das Verfahren bey Herstellung solcher Brunnen ist äußerst einfach: Man gräbt nähmlich wie gewöhnlich einen Brunn durch die Dammerde bis auf die feste Schichte von Tegel (Thon), wo sich dann mehr oder weniger Seihwasser zeigt, welches ausgepumpt und der Brunnen gut ausgepolzt wird. Dann schlägt man genau senkrecht in die Mitte des Brunnens eine auf 4 Zoll gebohrte, unten zugespitzte Brunnröhre von Lärchbaumholz so tief als möglich in den Thon, und bohrt nun mit Erdbohrern in denselben, bis man die Quelle erreicht,

die mit unglaublicher Schnelligkeit in die Höhe getrieben wird. Stößt
man auf Sandstein oder Thonmergelplatten, so werden diese mit Steinbohrern durchbohrt. Nun setzt man die zu diesem Zwecke schon vorräthigen Brunnröhren, auf die gewöhnliche Weise mit Brunnbüchsen verbunden, bis über die Oberfläche der Erde auf, stampft dieselbe rings herum
mit Thon ein, und füllt den übrigen Brunnenraum wieder mit Erde
oder Schotter aus. So einfach und im Grunde so unvollkommen die
Werkzeuge sowohl, als die Methode sind, so reichen sie unter günstigen
Umständen doch jedesmahl zu, und es bestehen bereits mehr als 50 solcher Springquellbrunnen, welche von Belghofer und seinen Nachahmern seit beyläufig 20 Jahren theils inner den Linien Wiens in den
am Wienflusse gelegenen Vorstädten Gumpendorf und Hundsthurm, theils außer Wien in Hetzendorf, Meidling, Altmannsdorf, Erla, Atzgersdorf, Liesing und Inzersdorf
hergestellt wurden; und obgleich die meisten derselben 80 bis 100 Fuß, ja
manche selbst bis 200 Fuß tief gebohrt sind, doch, wenn nur das Bohrloch
nach ein paar Jahren wieder ausgeputzt wird, unverändert fortdauern.
Auch in andern Gegenden des österr. Kaiserstaates wurde die Einführung
der a. B. mit vielem Glücke versucht; so bestehen z. B. im Königreiche
Ungarn zu Stuhlweißenburg 6 a. Br. und 1833 wurden
zwey neue zu Dotis und Ofen zu Stande gebracht. Bey ihrem allgemein anerkannten Nutzen, ihrer höchst einfach und wohlfeilen Bauart, und, da sie den unberechenbaren Vortheil gewähren, in dürren,
versiegten Landstrichen frisches reines Trinkwasser hervorzubringen, ist
deren Vermehrung unbezweifelt in Kürze zu erwarten. Die Benennung
a. B. stammt übrigens von der Grafschaft Artois (Puits artésiens oder
Fontes artesiani), wo sie in der Mitte des vorigen Jahrhundertes sehr
in Aufnahme kamen, obschon sie keineswegs eine Erfindung der Franzosen sind, sondern bereits viel früher in Italien und Deutschland bekannt waren.

Artillerie. Die gesammte A. theilt sich: 1. In die Feld-A.; — 2.
in die Garnisons-A.; — 3. in das Zeugwesen.; — 4. in die Pulver- und
Salniter-Erzeugung. — Die Feld-A. besteht aus 5 Regimentern von
4 Bataillons, wovon ein Bataillon 6 Compagnien, und die 3 andern
jedes 4 Compagnien in sich begreift, dann aus dem Bombardier
Corps, welches nebst dem Stabe 5 Compagnien enthält, und aus
dem Feldzeugamte. — Bey jedem A.-Regimente, mit Ausnahme
des 2. Feld-A.-Regiments, welches die zum Unterrichte im Laboriren bestimmten Individuen abtheilungsweise, unter Aufsicht von Officieren, den Compagnien des Bombardier-Corps zutheilt, besteht auch,
unter Leitung eines vom Bombardier-Corps zugetheilten Feuerwerksmeisters, zur Verfertigung aller Munitionssorten ein Laboratorium,
wozu Unterofficiers des Regimentes und ausgezeichnete Kanoniers gezogen, und vom Feuerwerksmeister in der Pyrotechnik, d. i. in der
Kunst allerley künstliche Feuer, als: Leuchtkugeln, Brandkugeln,
Feuerballen, Signale, Raketen u. s. w. zu verfertigen, und im Kriege
anzuwenden geübt werden. — Außerdem besteht ein eigenes Feuerwerk-Corps. Das Bombardier-Corps erscheint einerseits als

eine Pflanzschule der Officiers für die gesammte A., deren Zöglinge in allen Gegenständen der Theorie und Empyrie gebildet werden; anderer= seits als ein praktischer Militärkörper, dem zugleich die Ausübung aller Zweige des A.=Dienstes obliegt, und der in Kriegszeiten zur schwierig= sten und ausgezeichnetsten Dienstleistung bestimmt ist.—Die Garnisons= A. hat den Garnisonsdienst in den Festungen zu besorgen, und erhält ihre jeweilige Completirung an Officieren und Mannschaft aus den Halb= Invaliden der Feld=A.=Regimenter; sie wird in Districte abgetheilt, so daß beynahe jede Provinz einen District bildet, welcher einem Stabs= officier zum Commandanten hat. Im Ganzen bestehen 14 Districte, deren Stäbe zu Wien, Prag, Ofen, Olmütz, Lemberg, Grätz, Innsbruck, Venedig, Mantua, Temeswar, Pe= terwardein, Carlstadt, Carlsburg und Zara sich befinden. —Der Stand eines jeden Districts regulirt sich nach der Zahl der in der Provinz oder in dem Districte vorhandenen festen Plätze.—Um die A.= Waffen, dazu erforderlichen Munitions=Sorten, und sonstigen Requi= siten zu erzeugen, besteht das mit dem Wiener Garnisons=A.=Di= stricte vereinigte Zeugamt, und das zum Stande der Feld=A. ge= hörige Feldzeugamt, welches sich ebenfalls in Wien befindet. Das im Stande des Wiener Garnisons=A.=Districtes begriffene Zeugamt beschäftigt sich hauptsächlich mit Belagerungsausrüstungen, besorgt aber auch Feldausrüstungs=Gegenstände, und liefert die letztern nach der Er= zeugung dem A.=Feldzeugamte, zu dessen Wirkungskreis eigentlich die Feldausrüstungen gehören. Von dem Feldzeugamte sind in den Provin= zen Detachements vertheilt. Der Commandant eines Garnisons=A.=Di= strictes hat auch das Commando über das Zeugamts=Personale der Fe= stungen seiner Provinz, folglich auch die Besorgung der Feuergewehrs= und Munitions=Beyschaffung aller Art, dann überhaupt des Pulver= und Salniterwesens. Nebst dem A.=Dienst in den Festungen hat daher auch das Garnisons=A.=Personale die Obliegenheit, auf die Conservation der Zeughäuser, des Geschützes, der Munition, und der sonstigen A.=Ge= räthschaften, Sorge zu tragen.—Der gesammten A. ist ein General=A.= Director, dermahlen Erzherzog Ludwig, (s. d.) vorgesetzt, der die In= haberrechte ausübt, das Straf= und Begnadigungsrecht besitzet, die Un= terofficiers= und Officiersstellen bis einschließig zum Hauptmann vergibt, den Rang der Officiere (der in der ganzen Feld=A. und nicht so wie bey der Infanterie oder Cavallerie in jedem Regimente besonders läuft) be= stimmt, die Bewilligung zur Verehelichung ertheilt, und wenn es sich um Besetzung einer Stabsofficiersstelle handelt, den Vorschlag durch den Hofkriegsrath an den Kaiser überreicht. — Als eigene Behörde für die gesammte A., und ihre verschiedenen Branchen, besteht in Wien, unter der unmittelbaren Leitung des General=A.=Directors ein A.=Haupt= zeugamt, zu dessen Wirkungskreis alle scientifischen A.=Angelegenheiten, der Stand und dessen Veränderungen, alle Personal= und Disciplin= chen, die Erzeugung, Reparation und Verwahrung des Feld= und Belagerungsgeschützes, die Bestimmung des Calibers, die Erzeugung der Feuergewehre, des Pulvers und Salpeters, die Versehung der Truppen mit Gewehr und Munition, die Dotirung der Festungen, die

Aufsicht über die A.=Depots u. s. w. gehören. S. Brandraketen=
Corps.

Artner, Therese von, talentvolle Dichterinn, war geb. den
19. April 1772 zu Schintau, Preßburger Comitates in Ungarn,
Tochter eines kaiserl. Generalmajors. Ihre Erziehung war trefflich und
ihr Talent zum Selbstschaffen entwickelte sich frühzeitig, so wie der Hang,
sich an große, meistens tragische Stoffe zu machen, welcher sie jedoch nicht
selten auf Irrwege führte. Der literarischen Welt war sie auch unter
dem Dichternahmen Theone bekannt. Sie starb, allgemein betrauert,
1830 zu Agram. Ihre schriftstellerischen Arbeiten sind: Conradin von
Hohenstaufen, ein episches Gedicht, welches sie jedoch nur bis zum 14.
Gesange brachte. Feldblumen auf Ungarns Fluren, gesammelt von
Minna (der bekannten Schriftstellerinn Marianne v. Tiell, nach=
mahls Neumann v. Meißenthal (s. d.) und Theone, 2 Thle. Jena,
1800. Neuere Gedichte v. Theone. Tüb. 1806. 2. Aufl. Leipz. 1818. —
Schlacht von Aspern, Epos, aus welchem Bruchstücke in Hormayr's
Archiv erschienen, dessen vollständige Drucklegung jedoch nicht gestattet
wurde. Die That, Pesth, 1817; 2. Aufl. eb. 1820. ein Vorspiel zu
Müllner's Schuld, ein größtentheils verunglücktes Product. Briefe
an Caroline Pichler über einen Theil von Croatien und Italien. Halb=
berst. 1830. Außerdem erschienen von ihr mehrere Gedichte und Aufsätze
in den Taschenbüchern Iris, Aglaja, Minerva, dem der vaterländischen
Geschichte v. Hormayr u. a. m., auch in Hormayr's Archiv.

Arva, ein großes berühmtes Schloß an der Arva, im Arvaer
Comitat Ungarns, auf einem hohen Felsen, der gegen Süden, We=
sten und Norden fast senkrecht abstürzt, gegen Osten sich aber in 3 Staf=
feln absenkt. Es ist vollständig erhalten, hat hohe und starke Mauern,
einen bedeutenden Umfang, umfaßt eine Zahl schöner Gebäude, besteht
aus 3 über einander liegenden Befestigungen, die zwar durch starke Ab=
schnitte getrennt, aber dennoch eng mit einander verbunden sind, und
gewährt von jeder Seite einen imposanten Anblick.

Arvaer Ebene, von der Arva durchflossen, ist eine der karpati=
schen Hochebenen auf der ungar. Seite, wo sich sowohl auf dieser, als
auf der galiz. Seite noch andere geräumige Bergebenen, wie die Zipser
oder Käsmarker Ebene am Poprad und die Liptauer Ebene an der Waag
ausbreiten. Das mittlere Niveau dieser das Hochgebirge umlagernden
Ebenen beträgt 2,000 Fuß über dem Meere.

Arvaer Gespanschaft, in Niederungarn dießseits der Donau,
37 Q. M. groß, 6 bis 8 Meilen lang, 3 bis 6 M. breit. Die Luft ist
rauh aber gesund. Der Boden ist sehr bergig, und theils deßwegen, theils
wegen der Kälte größtentheils unfruchtbar. Jedoch sind die Ebenen ziem=
lich fruchtbar. Die Gespanschaft erzeugt ziemlich viel Hafer, und die
meisten Einwohner essen nur Haferbrod. Jedoch gedeiht hier auch Korn.
Der Flachs geräth besonders gut. An Bau= und Brennholz ist Überfluß,
es wird damit in andere Gespanschaften Handel getrieben. In den Wal=
dungen und auf den Bergen findet man Wölfe, Füchse, aber auch Wild=
pret. Besonders gibt es hier Hasen in Menge. Die Schafzucht ist in
dieser Gespanschaft wegen der reichlichen und guten Weiden auf den Ber=

gen anſehnlich, und die Einwohner machen viel Schafkäſe. Die Geſpanſchaft hat 5 Marktflecken, 96 Dörfer und 3 Prädien. Grundherrſchaften ſind theils die königl. Kammer, theils verſchiedene Magnaten und adelige Familien, deren es hier über 300 gibt. Unter den 84,702 Einw. ſind 74,781 Katholiken, 8,868 evangeliſche A. C., 852 Juden. Die Einwohner ſind Slowaken mit vielen Polen untermiſcht, und durchaus ſtarke, arbeitſame Leute. Die Geſpanſchaft wird übrigens in zwei Bezirke, den obern und untern eingetheilt. Die käthol. Pfarren gehören zur Zipſer biſchöfl. Diöceſe.

Arz und Vaſſek, Edm. Maria, Graf von, Biſchof zu Teja, Doctor der Theologie, k. k. Rath, Dompropſt und Domherr des Erzſtiftes zu Wien, erzbiſchöfl. Suffragan und Univerſitäts-Kanzler, war den 12. May 1739 zu Aeſto auf dem Nonsberge in Tyrol geboren. Nachdem er ſeine wiſſenſchaftliche Laufbahn und die theologiſchen Studien in dem k. k. Convicte bey St. Barbara in Wien vollendet hatte, wurde er 1766 von dem Fürſtbiſchofe zu Trient zum Prieſter geweiht. 1768 erhielt er die Doctorswürde der Gottesgelehrſamkeit an der Wiener Univerſität, und am 13. July d. J. durch die Präſentation eben dieſer Univerſität eine Domherrnſtelle der Metropolitankirche zu St. Stephan. 1774 war er Decan der theologiſchen Facultät. In eben dieſem Jahre begleitete er den Cardinal und Fürſt-Erzbiſchof Grafen von Migazzi in das Conclave zur Wahl Pius VI., worauf er 1775 von der Kaiſerinn Maria Thereſia zum Dompropſte und perpetuellen Kanzler der Univerſität ernannt wurde. Am 11. Febr. 1778 wählte ihn Cardinal Migazzi zu ſeinem General-Vicar und Officialen, und am 23. Jun. des nähmlichen Jahres zum Suffragan und Vicar in pontificalibus, worauf er den 13. Dec. als Biſchof von Teja conſecrirt wurde. Er ſtarb zu Wien am 11. März 1805.

Arzberg, ſ. Erzberg.

Arzberger, Joh., geb. den 10. April 1778 zu Arzberg im Bayreuthiſchen. Er ſtudirte zu Coburg, dann zu Erlangen. 1809 kam er beym Maſchinenbauweſen in fürſtl. Salm'ſche Dienſte auf der mähr. Herrſchaft Raitz. 1815 wurde ihm die Direction deſſelben Gegenſtandes auf den mähr. Eiſenhüttenwerken in Blanſko übertragen. 1816 erhielt er die Lehrkanzel der Maſchinenlehre am Wiener k. k. polytechniſchen Inſtitute. In Gilbert's Annalen der Phyſik und in die Jahrbücher ſeines Inſtituts hat er ſchätzbare Beyträge geliefert.

Arzignano, venet. Flecken von 3,500 Einw. in der Deleg. Vicenza, liegt weſtlich von Vicenza, in einem Thale, hat ein Seidenfilatorium, ein reichhaltiges Braunkohlenlager, und ein Spital. Auf der nahen Anhöhe Motto di Gruppo iſt eine Schwefelquelle.

Aſch, böhm. Flecken und Hauptort des Aſcher Bezirkes im Ellbogner Kreiſe, hat 4,990 Einw., die Baumwollengarnmanufacturen, Strumpfwaarenfabriken, Webereyen ꝛc. betreiben.

Aſchach (Aſchau), oberöſterr. Marktfl. im Hausruckviertel, liegt m ſogenannten Aſchauerwinkel an der Donau, treibt Handel mit Obſt, Leinwand und Holz, und hält einen eigenen Lattenmarkt. Im Bauernkriege 1636 ſpannten hier die Bauern zwey Seile und eine Kette

9 *

über die Donau, um den untern Gegenden, die Zufuhr der Lebens=
mittel abzuschneiden. A. ist der Geburtsort des Historienmalers Jos.
Abel (s. d.).

Ascher Bezirk, s. unter **Ellbogner Kreis.**

Asiago, venet. weitläuf. Flecken in der Deleg. Vicenza, mit
11,200 Einw. und 1 Bergschlosse. Er ist der Hauptort der 7 deutschen
vicentinischen Gemeinden von ¾ O. Meil. und 30,000 Einw. in 13
Ortschaften. Sie fabriciren jährlich für 3 Million. Lire Strohhüte und
Strohbänder.

Asolo, lombard. Städtchen in der Deleg. Treviso, in einer
reizenden Lage auf einem mit Wald begränzten Berge, von welchem
man eine großartige und sehr abwechselnde Aussicht hat. Man trifft in die=
sem Orte viele Kirchen und ein Krankenhaus; die 4,380 Einw. beschäf=
tigen sich theils mit Seidencultur, theils mit andern Gewerben. Im
Pallaste Falieri befindet sich eine sehenswerthe Jugendarbeit Canova's.

Aspern, Dorf mit 680 Einw., im W. U. M. B., Wien gegenüber
gelegen. Hier fand am 21. und 22. May 1809 die Schlacht von A. und
Eßlingen Statt. Napoleon, nach Wien's Eroberung auf der In=
sel Lobau concentrirt, ging am 21. May früh auf geschlagenen Brücken
nach dem linken Donauufer, das zwischen den Dörfern A. und Eßlin=
gen einen eingehenden Bogen bildet, über. Der Erzherzog Carl stand auf
den Höhen von Gerasdorf in Schlachtordnung und begann einen con=
centrischen Angriff, während er durch herabschwimmende Flöße die Brücken
zu zerstören suchte, welches bey der größten auch gelang. A. und Eßlin=
gen wurden von Lannes und Massena, jedes mit einer Division be=
setzt, und die herübergekommenen Truppen in dem Zwischenraume auf=
gestellt. Nachmittags trafen die Heere zusammen, und es entspann sich
um beyde Dörfer der heftigste und blutigste Kampf, der zuerst A., so
wie früher Enzersdorf, in die Gewalt der Österreicher brachte. Die
großen Angriffe der französ. Cavallerie (mit 12 und 16 Regimentern
schwerer Reiterey) wurden mit großem Verluste abgewiesen, ja Theile
davon gefangen. Abends lagerte die österr. Armee auf dem eroberten
Terrain, die Grenadierreserve war bis Breitenlee herangezogen. Den
Franzosen ward es dagegen schwieriger, ihre Truppen, die theilweise
auf Kähnen übergeschifft wurden, heranzuziehen. Den Morgen des 22.
eroberten die Franzosen A. wieder, mußten es aber Mittags ganz auf=
geben, wogegen Eßlingen in stetem Besitz derselben blieb. Der allge=
meine Frontangriff der französ. Armee ward von den Österreichern zu=
rückgeschlagen, und da diese nachher ihre 2. Colonne links schwenken
ließen; so ward das Schlachtfeld dergestalt flankirt, daß Napoleon
nicht mehr über die Linie zwischen A. und Eßlingen vordringen konnte.
Dieß endigte die bereits entschiedene Schlacht, und, heftig von dem
Batteriefeuer verfolgt, zogen sich die Franzosen auf die Insel Lobau zu=
rück. — Diese Schlacht ist im taktischen Sinne nur ein Anfang zu nen=
nen, da sich Napoleon erst um den Aufmarsch schlug; aber sie gereicht
nichts desto weniger dem Erzherzog Carl zum hohen Ruhme. Die Fran=
zosen waren gegen 100,000 M., die Österreicher 75,000 M. stark. Ver=
lust jener 40,000 M., darunter der Marschall Lannes; dieser über

20,000 M. Die Folgen der Schlacht waren nicht so bedeutend, wie man hätte erwarten sollen. Die Franzosen behaupteten die Insel Lobau und das rechte Donauufer, und die Österreicher konnten, durch die Schlacht sehr geschwächt, keinen ernsten Angriff auf letzteres unternehmen. Sie verstärkten sich daher nur möglichst, bis die Schlacht von Wagram (s. d.) das Schicksal dieses Krieges entschied.

Aspremont, Ferd. Gobertus, Graf von, aus einer alten Familie, die ihren Nahmen von dem Besitz Aspremont's in den Niederlanden herleitet. A. war geb. 1643, stand zuerst in churfürstl. bayer., dann in kaiserl. Kriegsdiensten, und wurde endlich zum Feldmarschall ernannt. — Bey der Belagerung von Ofen im J. 1686 zeichnete er sich sehr aus, und trug viel zur Einnahme dieses Platzes bey, indem er die bayer. Truppen beym Sturme commandirte. Im folgenden Jahre ward er Commandant von Essegg, blockirte Großwardein 1689, und erhielt dann in Belgrad und über die kaiserl. Truppen in dieser Gegend das Obercommando. Bald darauf wurde er von dem siegreichen Mustapha Kiuprili in Belgrad belagert. Nachdem er mehrere Angriffe abgeschlagen hatte, nöthigten ihn die Verhältnisse zur Übergabe des Platzes, indem kurz nach einander 4. Pulvermagazine von türkischen Bomben angezündet worden waren. Es wurde ihm jedoch wegen Belgrad's Übergabe der Proceß gemacht und er in Wien gefänglich gehalten. Obwohl bald in Freyheit gesetzt, wurde diese auf Wien beschränkt, wo er die in einem Kloster eingesperrte Schwester des Prinzen Rakoczy kennen lernte, entführte und ohne kaiserl. Einwilligung heirathete. Er lebte nun auf seinem Schlosse Reckheim, wo er den 1. Febr. 1708 starb.

Assessoren. Diesen Titel führen in Ungarn die Referenten bey dem k. Gubernium in Fiume, bey den Cameral-Administrationen, und den Districtual-Berggerichten.

Assicurazioni generali Austro-Italiche, k. k. priv., (Allgemeine Versicherungs-Anstalt in Triest). Diese Anstalt seit 1833 mit besondern Vorrechten ausgestattet, hat zum Zwecke, Versicherungen gegen Feuerschäden, auf Gebäude, darin befindliche Möbel, Geräthschaften, Maschinen, Waarenlager, andere Vorräthe und Fahrnisse jeder Art, und bey Gebäuden selbst, auch in Bezug auf landtäflich oder grundbüchlich vorgemerkte Schuldforderungen; ferner Versicherungen gegen die Gefahren der Waarensendungen zu Lande, auf Flüssen, Canälen, Seen und auf dem Meere; insbesondere aber die Lebensversicherungen unter allen den verschiedenen Gestalten mit Inbegriff der Leibrenten; dann andere von den Landesgesetzen erlaubte Versicherungen gegen festgesetzte, billigst bemessene Prämien (Versicherungsgebühr) zu übernehmen und die gebührenden Entschädigungen immer baar und unverweilt zu leisten. Das Capital der Anstalt, von 2 Millionen Gulden C. M., beruht auf 2000 Actien, eine jede zu 1000 Gulden. Versicherungen finden Statt gegen Schäden: 1) bey Feuersbrünsten; 2) bey Waarensendungen zu Lande; 3) auf Flüssen, Canälen und Seen, 4) auf dem Meere. Der Beytritt ist leicht und einfach, da bloß die Beschreibung der zu versichernden Gegenstände, mit Angabe des Werthes, einzureichen ist, worauf die betreffende Polizze ausgefertiget wird, die vom Augenblick der Bezahlung an gilt. Ist die bey der Angabe verlangte Versicherungszeit zu Ende, so erlischt die Versicherung ohne Aufkündigung und ohne sonst einer andern Verbindlichkeit, tritt aber wieder in Kraft, oder dauert ununterbrochen fort, sobald die Bezahlung für eine weitere Versicherungszeit erfolgte. Die Formulare (Blanquets) zu den Versicherungsangaben werden im Bureau der Agentschaft unentgeltlich ausgegeben, und daselbst auch die Versicherungsangaben ausgefertigt. Rücksichtlich der Bedingungen für die Lebensversicherungen behält sich die Anstalt vor, selbe in einer besondern öffentlichen Ankündigung nachzutragen. Die Central=Direction hat 1 Präsidenten, 6 Directoren, 1 Inspector = Referenten und 1 Rechtsanwald. Die General=Agentschaft in Wien ist Benvenuti und Comp. (k. k. Convictgebäude, in der Schulgasse Nr. 750).

Affinathal, ein Thal am Comersee in der lombard. Delegation Como. In dem hintersten Theile des Thales befindet sich in einer Grotte die intermittirende Quelle Mimaresta, deren Wasser periodisch wächst und fällt.

Affo, lomb. Dorf in der Delegation Como, gibt dem gewerbreichen Affinathale den Nahmen.

Aszedin, s. Aszód.

Aßling, illyr. Marktflecken im Laybacher Kreise des Herzogth. Krain, zwischen hohen Schneegebirgen, nahe am linken Ufer der Save gegen die kärnth. Gränze, hat Steinbrüche, liefert Leder und wollene Strümpfe. Die ganze Gegend um A. ist höchst romantisch.

Aßmayer, Ign., geschätzter Tonsetzer in Wien, geboren den 11. Feb. 1790 zu Salzburg. Er ist k. k. Hoforganist und Capellmeister des Stiftes Schotten in Wien. Früher lebte er in Salzburg. A. hat bis jetzt geliefert: 42 Clavierstücke größtentheils von Gehalt und Leichtigkeit; 1 Rondo=Concert mit kleinem Orchester; 1 Rondo für das Pianoforte; 6 Messen, davon die 5 letztern vorzüglich; 10 Graduale und Offertorien, worunter 8 ausgezeichnet; 1 Requiem, 1 Tedeum zur Feyer der Grundsteinlegung des Neubaues des Schottenstiftes, mit Beyfall aufgenommen; 1 Oratorium: Das Gelübbe, den 28. Febr. 1833 im Hofburgtheater mit so lebhafter Anerkennung aufgeführt, daß mehrere Parthien wiederholt werden mußten; mehrere 4stimmige Gesänge u. s. w.

Aszód, ungar. Marktflecken im vereinigten Pesther, Pilifer und Solther Comitate, in einem fruchtbaren Thale, mit 2,220 meist evangel. Einw., hat ein großes schönes Lustschloß der Freyherren von Podmaniczky, mit einer ansehnlichen und sehenswerthen Münz= und Naturaliensammlung. Die deutschen Einwohner treiben viele Handwerke, und verfertigen insbesondere aus blau und grün gefärbten Schaffellen Pelze (Bunden), die guten Absatz finden.

Atheneen zu Venedig, Treviso, Bergamo und Brescia. Das A. (gelehrte Gesellschaft) zu Venedig, hat einen Präsidenten, einen Vice=Präsidenten, 2 Secretäre und einen akademischen Rath, dem 6 ordentliche Mitglieder beysitzen. Das A. ist aus Ehrenmitgliedern,

aus ordentlichen, auswärtigen und correspondirenden Mitgliedern zusammengesetzt. In ihren wöchentlichen Versammlungen, während der
Dauer des akademischen Jahres (vom Dec. bis Aug.) werden die von den
Mitgliedern verfaßten Abhandlungen vorgetragen, welche nicht nur gelehrte Sachen überhaupt, sondern auch insbesondere die mechanischen
Künste zum Gegenstande haben. Das A. unterhält eine Bibliothek, und
ein besonderes Leseinstitut. — Das A. in Treviso, welches fast alle
Mitglieder aus der dortigen Provinz wählt, theilt sich in 2 Classen,
nähmlich der Wissenschaften und der Künste, worüber wöchentlich Ab-
handlungen der Mitglieder, unter Vorsitz des Präsidenten, gelesen wer-
den. Nebst einem Secretär sind dieser gelehrten Gesellschaft Ehrenmit-
glieder, ordentliche und correspondirende Mitglieder einverleibt. — Das
A. der Wissenschaften und Künste zu Bergamo steht unter einem
Präsidenten, und besitzt ein Museum, worin viele seltene Edelsteine,
Marmorgattungen, Alterthümer aus der Umgegend und eine Conchilien-
sammlung zu sehen sind. — Das A. der Wissenschaften und Künste zu
Brescia steht unter einem Präsidenten und Vice-Präsidenten. —
Die A. zu Bergamo und Brescia haben übrigens eine ähnliche
Einrichtung wie das A. zu Treviso.

Attems, die Grafen, in Steyermark. Es ist erwiesen, daß schon
vor achthalb hundert Jahren von diesem Geschlechte Castellane und
Freye im Friaul'schen bekannt waren. In dem Grafendiplome Kaiser Ferdinand's II. dd. Regensburg den 6. Sept. 1630 steht ausdrücklich, daß in dem Stiftbriefe Kaiser Lothar's für das Kloster Sit-
tich vom J. 1086 ein Udalrich von A. vorkomme. In dem nähmlichen
Diplom wird auch gesagt, daß Udalrich Markgraf und Diamunde
seine Ehefrau, als sie keine Erben gehabt, im J. 1170, den 11. Febr.
zu Zeiten des Patriarchen Ubalrici, dem Gotteshaus Aglern vor
dem hohen unser lieben Frauen Altare im Thum daselbst ihr Schloß
Attemis geschenkt, von gedachtem Patriarchen die zwey Brüder Arbeno und Heinrich von A. damit belehnt worden seyen. — Heinrich
und Arbeno sind also die Stammväter der A.'schen Linien. — Heinrich von A. starb 1193, und hinterließ 3 Söhne, Ottachus, Rudolph
und Udalrich. Ein Udalrich von A. erscheint 1242 als Zeuge in einer Urkunde, vermög welcher Graf Mainhart zu Görz dem Kloster
St. Paul im Lavantthale die Vogtey in Villa Caezelli mit allen
Rechten einräumt, dd. Menzano 2. Juny 1242. Nach den Muth-
maßungen der älteren Genealogen soll dieses Geschlecht von den Reichsgrafen von Monfort und Pregens abstammen, mit Kaiser Friedrich
dem Rothbart nach Italien gezogen seyn, und sich dort angesiedelt
haben. Später gründete Hieronymus von A. die Görzische Hauptlinie um das J. 1556 zu Heiligenkreuz, von welcher auch die steyermärk. Grafen von A. abstammen. Herrmann von A. war 1596 innerösterr. Hofkammerrath in Grätz, auch durch einige Zeit Hofkammer-
Präsident, er wurde den 25. April 1605 von Erzherzog Ferdinand
sammt seinen Vettern Jakob, Franz, Johann und Bernardin
in den Freyherrnstand erhoben. Johann Friedrich und Johann
Jacob wurden den 12. Nov. 1625 in die steyrische Landmannschaft auf-

genommen; Ferdinand und Maximilian Herrmann unter
Kaiser Ferdinand II. den 6. Sept. 1630 in den Reichsgrafenstand erhoben. Von Johann Friedrich stammt durch seinen jüngsten Sohn
Ignaz Maria die steyerm. Linie ab. Ignaz Maria, geb. den 27.
Febr. 1714, wurde 1739 innerösterr. Regierungsrath zu Grätz, 1760
wirkl. geh. Rath, starb den 18. Juny 1762 und hinterließ 12 Kinder,
aus welchen das fünftgeborne, Ferdinand Maria, geb. den 22. Jän.
1746 das Majorat fortsetzte; er wurde 1770 k. k. Kämmerer, 1772
Regierungsrath, 1780 Verordneter des Herrenstandes in Steyermark;
1800 Landeshauptmann und geheimer Rath, wurde 1811 erster Curator
des Joanneums, erhielt 1815 das Großkreuz des Leopold-Ordens, und
wurde 1818 Präsidenten-Stellvertreter der k. k. Landwirthschafts-Gesellschaft in Steyermark, starb am 23. May 1820 zu Grätz. Durch seine
Verwendung kam 1819 die ständische Bildergallerie zu Stande. Ihm
folgte in das Majorat sein Sohn Ignaz Maria, Graf von A. geb.
den 24. Febr. 1774, dermahl ebenfalls geh. Rath, Landeshauptmann in
Steyermark und erster Curator des Joanneums.

Attems'sche Bildergallerie in Grätz ist die ausgezeichnetste
aller Privat = Gemäldesammlungen daselbst. Die erste Anlage derselben
geschah durch Ign. Maria (I.) Grafen von Attems im Schlosse
Gösting. Sie befindet sich im Majoratgebäude, einem grandiösen Pallast, von dem genannten Grafen aufgeführt und enthält treffliche Stücke
alter und neuer Meister, darunter vorzüglich: von Tizian, Leonardo da Vinci, Luca Giordano, Agost. Carracci, Tintoretto, Guercino, Solimena, Palma, P. Veronese,
P. Perugino, Carlo Dolce, Spagnoletto, Giorgione,
Carlo Maratti, Albani, J. Bassano, S. Rosa, Varson,
Liberi, Palamedes, Peter de Pomis, David Teniers, Rem-
brandt, Wutky, Torenvliet, Remy (der auf Kosten des Attems'-
schen Hauses in Italien studirte), Breughel, Daniel Seegers,
Querfurt, Cornelius de Hem, Hemskerk, Hamilton,
Albr. Dürer, Cranach, Holbein, Brand, Gravenstein,
Kupetzky, Drechsler, Burgauer, u. a. m.

Attersee (Kammersee), in Oberösterreichs Hausruckkreise, ist 4
Stunden lang, 1 Stunde breit, an manchen Stellen 300 Klafter tief.
Sein Flächeninhalt beträgt 8,121 Quadratklafter. Er ist sehr fischreich.
Aus ihm kommt die Ager.

Atzgersdorf, niederösterr. Dorf im V. U. W. W., von 1,900
Einw., mit mehreren Fabriken, worunter eine Zitz- und Kattunmanu-
factur, in welcher eine Dampfmaschine den Betrieb der Walzendruck-
maschine, der Walke und Mange besorgt.

Audienzen. Alle Donnerstage gibt der Kaiser, vom frühesten Morgen an, öffentliche A., wo auch der geringste seiner Unterthanen Zutritt zu ihm hat. Aller Kleiderzwang und jedes Ceremoniell ist dabey ver-
bannt; im ersten Vorzimmer ein Trabant und der Thürhüter, vor der
Thüre des Kaisers ein deutscher und ein ungar. Gardist, der Kammer-
diener und der dienstthuende Kammerherr. So empfängt der Monarch
nicht selten über 300 Bittschriften; 20—30 Individuen treten zugleich

in den A. Saal; der Monarch geht von einem zum andern, nimmt die Schriften ab, und hört die Gesuche an. Mittwochs aber ist Privat=A. für 60—70 Personen, deren jede der Kaiser allein in seinem Arbeitscabinet spricht. Während des Landaufenthaltes im Sommer und Herbste kömmt der Kaiser an diesen beyden Tagen von Schönbrunn und Laxenburg wöchentlich, und selbst von der 3 Stunden von Wien entfernten Stadt Baden alle 14 Tage nach Wien, um A. zu ertheilen.

Auditoren, s. Regiments=Auditoren; Stabs=Auditoren und General=Auditor=Lieutenants.

Auditoriats=Gerichte, s. unter Militär=Justiz=Verwaltung.

Auerbach, 1) Joh. Gottfr., k. k. Hofmaler, geb. 1697 zu Mühlhausen in Sachsen, machte sich in Wien ansässig, und starb hier den 3. Aug. 1753. Er wurde 1750 Mitglied der Akademie, mit dem Aufnahmstück: das Porträt Carl's VI. lebensgroß im Krönungsornate als römischer Kaiser. Er malte den Kopf; das Übrige der Akademiedirector Jacob van Schuppen für die damahlige Ausstattung des academischen Saales. 2) Joh. Carl, Porträtmaler in Wien 1778, Sohn des Vorigen. Er lernte bey seinem Vater, und starb zu Wien 1786. Mitglied der Akademie den 18. May 1755, sein Aufnahmstück war: das Porträt eines jetzt Unbekannten im Pelzkleide.

Auersberg (Auersperg), krain. Markt im Neustädtler Kreise, südwestlich von Weichselburg, mit einem hübschen in dreyeckiger Form erbauten Bergschlosse des Grafen Weichard von Auersperg. Dieses Schloß, im Jahre 1570 zum vierten Mahl erbaut, ist der uralte Stammsitz der Fürsten und Grafen Auersperg (s. d.), vielleicht an der Stelle, wo das alte Arupium stand. Es enthält einen prächtigen Saal, eine Rüstkammer mit Seltenheiten und Alterthümern, eine Reitschule, und ist mit Gärten umgeben. Die gleichnahmige Grafschaft A. besteht aus den beyden Hauptgemeinden A. und Gutenfeld, und zählt 15 Untergemeinden, 81 Ortschaften, 1,112 Häuser, und 7,000 Einw.

Auersberg, s. Auersperg.

Auersperg. Dieses Geschlecht gehört zu den ältesten Familien. Den Nahmen führt es von den Stammsitzen A. in Krain, und früher in Schwaben. Sein ältester Ahne Adolph von A. lebte 1060. Seine Nachkommen kamen nach Krain, und machten sich vorzüglich in den Türkenkriegen um das Vaterland verdient. Kaiser Friedrich III. erhob sie daher 1463 zu Erbmarschallen von Krain und der windischen Mark. Dietrich Freyherr von A., Enkel Herbert's Freyherrn von A., geb. 1528, Siegers wider die Türken, der 1575 auf dem Schlachtfelde fiel, war der erste Graf von A. durch Diplom Kaiser Ferdinand's II. vom Jahre 1630. Joh. Weickhard Graf von A., oberster Hofmeister bey Kaiser Ferdinand III., erhielt 1654 das Lehen über das Fürstenthum Münsterberg und Frankenstein in Schlesien, ward zum Reichsfürsten erhoben, und bekam Sitz und Stimme unter den schles. Fürsten. Er galt viel bey Hofe, und im 8. Theile des europäischen Theaters findet man ein Gutachten, welches er in dem Kriege der Schweden und

Polen 1657 gab. Er starb 1677 auf seinem Schloße Seisenberg in
Krain. Sein zweyter Sohn Franz Carl baute das neue Schloß in
Frankenstein und erhielt 1709 den Vorsitz auf den schles. Fürstenta-
gen. Sein Enkel Carl Joseph Anton (geb. 1720), welcher 1791
die seinem Hause schon 1653 ertheilte fürstliche Würde für alle seine
Nachkommen erhielt, verkaufte 1793 das Fürstenthum Münsterberg an
den König von Preußen und starb den 2. Oct. 1800. Sein älterer Sohn
Fürst Wilhelm wurde 1749 den 9. April geboren; der jüngere Fürst
Carl wurde 1740 den 21. Oct. geboren, war Ritter des goldenen Vließes, k. k. geh. Rath, Oberstjägermeister und Feldmarschall-Lieutenant ꝛc., starb den 26. Dec. 1822. Nur dem gegen ihn 1805 (13. Nov.)
während dem Einrücken der Franzosen in Wien gespielten feinen Trug
Murat's, welcher den zur Abbrennung der über die Donau nach Mähren führenden Taborbrücke vor Wien beauftragten Carl Fürsten von
A. mit den täuschendsten Farben der Wahrheit den abgeschlossenen Waffenstillstand, das Aufhören aller Feindseligkeiten und den ohne weiters
gleich zu unterhandelnden Frieden vorstellig machte, konnte es gelingen,
einen so bewährt treuen Diener des Staates und dessen Beherrschers auf
einen Augenblick in Unentschlossenheit zu versetzen, während dem nun
Murat die Kriegslist gebrauchte, mit seiner Cavallerie über die Brücke hinüberzusetzen, sogleich ein ansehnliches Corps unter Lannes im
Sturmschritt nachziehen zu lassen, sich zum Meister derselben zu machen,
und dadurch ihre Abbrennung, sofort die Störung der Communication
nach dem jenseitigen Ufer zu verhindern. — Nach Ableben des Fürsten
Wilhelm Herzogs zu Gottschee ꝛc. k. k. Generalmajors am 16. Febr.
1822 folgte sein Sohn Fürst Wilhelm Oberstlieutnant, geb. den 5.
Oct. 1782, in die fürstl. Besitzungen, und als dieser am 24. Jänn.
1827 mit Tode abging, dessen Sohn Carl Wilh. Philipp Fürst
von A., geb. den 1. März 1814. Unter den in mehrere Linien getheilten
in verschiedenen Ländern der Monarchie begüterten Grafen von A. sind
noch vorzüglich zu bemerken: 1) der am 29. May 1829 zu Brünn verstorbene geh. Rath, Oberst-Landeskämmerer in Mähren und Präsident
des mähr. schles. Appellationsgerichts, auch Mitglied mehrerer in- und
ausländischen gelehrt. Gesellschaften, Joseph Graf von A., geb. zu
Prag den 26. Febr. 1767, welcher als ein Stern in der österr. Justiz
geleuchtet und sich um die Wissenschaften in Böhmen und Mähren ausgezeichnete Verdienste erworben hat. Es ist nur zu bedauern, daß er 12
Jahre des besten Mannesalters (1816—28) den öffentl. Geschäften ent-
rückt auf seiner Herrschaft Hartenberg in Böhmen vermuthlich aus
Gesundheitsrücksichten, im Privatleben zubrachte und aus diesem erst 1828
auf den schon 1813 durch die Beförderung vom Landrechtspräsidenten in
Böhmen erhaltenen ehrenvollen Posten eines Appellationspräsidenten nach
Brünn zurückberufen werden konnte, dann daß seine der böhm. Literatur vorzugsweise gewidmete, mit sehr vielen vaterländischen Druckselten-
heiten ausgestattete Bibliothek nach seinem Tode versteigert, so ganz und
gar vereinzelt und zerstreut wurde, was der vaterländischen Literatur
nur Nachtheil bringen muß, indem solche durch lange Jahre und
mit großen Kosten mühsam und beharrlich zu Stand gebrachte Sammlun-

gen wie immer bem öffentlichen Gebrauche unzerſtückelt erhalten werden
mögen. Er ſchrieb: Über bie Freundſchaft. Prag, 1789. — Anleitung
zur gerichtlichen und außergerichtlichen Behandlung der Fideicommiſſe;
eb. 1794. — Geſchichte des königl. böhm. Appellationsgerichtes. 2 Bde.,
eb. 1805. — Balbin's liber curialis C. VI. von den verſchiedenen Gerichts=
höfen des Königreichs Böhmen. Überſetzt und mit einem Commentar
verſehen. 1. und 2. Bd., eb. 1810 und 1812, 3. Bd., Brünn, 1815.
Aufſätze in G. A. Meißner's Zeitſchrift: Apollo. 2) Anton Ale=
xander Graf von A., ſ. Grün, Anaſtaſius.

Aufgeboth, ſ. Wiener Aufgeboth.

Aufmerkſame, der, ein vaterländiſches Volksblatt in Verbin=
dung mit der Grätzer Zeitung. Er enthält viele ſchätzbare Materialien
zur Geſchichte, Länder= und Völkerkunde ꝛc. Steyermarks, zum Theil von
ſehr nahmhaften Verfaſſern. Viele treffliche Beyträge liefert fortwährend
der Redacteur Ign. Kollmann (ſ. d.). Der A. beſteht bereits 23 Jahre.

Augärten in Wien, ein Luſtort am Ende der Leopoldſtadt,
von 130,000 Quadr. Klft. Flächeninhalt. Er wurde unter Ferdi=
nand III. angelegt, unter Leopold I. erweitert, und unter Joſeph II.
verſchönert. Dieſer menſchenfreundliche Fürſt öffnete ihn im Jahre 1775
den 30. April dem Publicum mit einer paſſenden Feſtlichkeit, bey der
Girandolini ſeine Feuerwerkskünſte producirte. Joſeph's Inſchrift
auf dem Portale lautet: „Allen Menſchen gewidmeter Erluſtigungsort
von ihrem Schätzer.“ Noch ſieht man das einfache Haus, welches
Joſeph II. im Sommer zu bewohnen pflegte. Das große Gartengebäu=
de enthält 2 Speiſeſäle, ein Billard= und einige Nebenzimmer. — Am
1. May verſammelt ſich im A. in den Vormittagsſtunden die ſchöne Welt.
Früher gab dabey Schuppanzigh (ſ. d.) in einem der Säle Concerte.
Der A. enthält eine Roſenſammlung von 180 Species, und die bedeutendſte
Obſttreiberey in Wien. In dem großen Vorhofe findet alljährlich im
May die öffentliche Ausſtellung von veredeltem Horn= und Schafvieh
Statt, veranſtaltet von der k. k. Landwirthſchaftsgeſellſchaft in Wien,
2 Tage dauernd; wobey Ferdinand V., jüngerer König von Ungarn
und Kronprinz der übrigen öſterr. Staaten, als Protector dieſer Geſell=
ſchaft die Preiſe perſönlich vertheilt. Im July und Sept. 1797 wurden
in dem großen Gebäude dieſes Gartens die Wiener Aufgeboths=Medail=
len vertheilt (ſ. Wiener Aufgeboth). Den 6. Oct. des ſiegreichen
Jahres 1814 veranſtaltete während des Congreſſes der Hoftraiteur Jahn
ein eigenes Volksfeſt, dem der Hof und die hohen Fremden beywohnten.
Am 5. März 1815, nach einer impoſanten Schlittenfahrt durch den Pra=
ter, ſpeiſeten der Hof und die fremden Monarchen daſelbſt, worauf in
einem eigens dazu eingerichteten Saale die Oper Agnes Sorel mit der
ſo einfach ſchönen Muſik unſers gemüthvollen Gyrowetz aufgeführt
wurde. — Früher hieß dieſer Luſtort auch: die alte Favorita, zum
Unterſchiede des Luſtgebäudes des heutigen Thereſianums auf der Wieden,
welches noch von Carl VI. bewohnt, die neue Favorita hieß. Gegen=
wärtig gibt im A. bey dem Hoftraiteur Heß der vielbeliebte Strauß
(ſ. d.) muſikaliſche Unterhaltungen.

Augenkranken-Inſtitut in Wien. Dieſe Anſtalt iſt mit dem

allgemeinen Krankenhause verbunden, und befindet sich im 3. Hofe des großen Gebäudes; die Zeit seiner Errichtung ist 1816. An den geräumigen Lehrsaal für Hörer der Augenarzneykunde, in welchem auch die Operationen vorgenommen werden, stoßen in fortlaufender Reihe die beyden, ungemein reinlich gehaltenen, sehr schönen Krankenzimmer, worin Alles auf die Bedürfnisse des Sehorgans berechnet ist. Gegenwärtig steht das Institut unter der Leitung des verdienstvollen Doctors Rosas, (s. d.) Professors der Augenheilkunde.

Auracher von Aurach, Jos., geb. zu Olmütz am 20. Dec. 1756, trat 1775 aus der W. Neustädter Militär-Akademie als Fähnrich in das Reg. Ant. Colloredo, und aus diesem als Oberlieutenant zum Generalquartiermeisterstab über, woselbst er bis zum Oberstlieutenant befördert wurde. 1802 ward er Prof. der Kriegswissenschaft in obiger Akademie; 1809 Obersten und Brigadier der oberstenr. Landwehre, und nach dem Frieden zweyter Oberst bey Erzh. Carl Inf. Auf des Erzherzogs Befehl vollendete er nun sein Lehrbuch: Vorlesungen über die angewandte Tactik oder eigentliche Kriegswissenschaft, 4 Bde. 1812 — 1813, das alsbald vergriffen und neu aufgelegt wurde. Bereits 45 Jahre im Militärdienst wurde er 1818 mit dem Charakter und der Pension eines Generalmajors in den Ruhestand versetzt. A. hatte nicht weniger als 14 Feldzüge: gegen Preußen, die Pforte und gegen Frankreich beygewohnt. Die nützlichen literarischen Früchte seiner spätern Muße sind: Quarreograph; ein neues und einfaches Instrument, jede perspectivische Zeichnung mit der strengsten Genauigkeit aufzunehmen ꝛc. Wien 1819. (Dieß Instrument war von A.'s eigener Erfindung.) — Beytrag dazu; eb. 1823. — Anweisung zu einem ganz neuen und einfachen Antigraphen (Gegen- oder Verkehrtzeichner). Wien, 1820. (Zum Behufe der Lithographie von A. erfunden.) — Beschreibung zu den nach der Natur quarreographirten perspectivischen Ansichten der Stadt Baden ꝛc. m. 46 lithograph. Ansichten. 2 Thle. eb. 1822 — 23. — Perspectivische Ansichten aus den oberstenr. Gegenden ꝛc., in 16 größern lithograph. Blättern m. Text. eb. 1823. — Noch schrieb er über einige technische Gegenstände, und lithographirte selbst, unter Andern des Kaisers Bildniß. A. starb den 30. Dec. 1831.

Auronzo, (Avronzo), venetianischer Flecken in der Delegation Belluno, in einem Thale am Flusse Anseio, mit einem Versorgungshause. In der Nähe sind Galmey- und Bleygruben, und der große Wald S. Marco, woraus viele Schiffbauhölzer und Masten nach Venedig gebracht werden.

Ausbruch, nennt man in Ungarn, Österreich und ganz Deutschland den köstlichen Ungarwein, der von den Trockenbeeren (zu Oedenburg und Rust auch Mangerln genannt), d. h. von den überreifen, halb oder beynahe ganz am Weinstocke vertrockneten Trauben bereitet wird. Zu Carlowitz in der Militärgränze läßt man jedoch auch die schönsten und reifen, von den Weintrauben abgesonderten Beeren auf Rohrdecken in der Sonne welk werden, und gleich den Zibeben eintrocknen, um die Quantität der Trockenbeere zu vermehren. Der Ausstrich oder gleichsam der Extract des A.'es, der aus den aufgeschütteten

Trockenbeeren, ohne Keltern durch einen Druck herausfließt, heißt Eſ=
ſenz.- Die berühmteſten ungar. Ausbrüche ſind: der Tokayer, der Me=
neſcher (dieſe 2 ſind die vorzüglichſten, und ſtreiten um die Palme,
indem der erſte weit ſtärker und aromatiſcher, der zweyte ſüßer und
lieblicher iſt), der Ruſter und Odenburger (doch wird ſelten in
Odenburg ſelbſt A. gemacht, ſondern viel Ruſter=A. unter dem Nah=
men Odenburger verkauft); der Carlowitzer (ſo wie der Meneſcher
roth und ſüß, und lieblich an Geſchmack), der St. Georger. In ſehr
guten Weinjahren, wie das J. 1811 war, wird auch in andern Wein=
orten; z. B. Erlau, Beregh=Szaſz, guter A. bereitet. — Der
Nahme A. kommt entweder von dem Ausbrechen oder Abſondern der
überreifen Trockenbeeren von den nur gerade reifen Trauben, oder von
dem früher mehr üblichen Aufeinanderſchütten der Trockenbeeren, aus
welchen dann, durch eigenen Druck und Schwere, der feinſte und ſüßeſte
Saft heraus= oder hervorbrach oder ausfloß, der dann eigentlich Eſſenz
hieß. Die Bereitung des A.s, wie ſie jetzt gewöhnlich iſt, und nah=
mentlich bey Tokay befolgt wird, iſt folgende: In ſchönen Herbſten,
dem Weinbau durch Wärme günſtiger Jahre, in welchen die Trockenbeeren
gedeihen, ſammelt man ſie, indem man ſie von den Trauben einzelne ſorg=
fältig zuſammen ſucht, bringt ſie zur Zeit der Weinleſe in große Butten,
wo man ſie dergeſtalt aufhäuft, daß in der Mitte eine Vertiefung in den
Haufen der Trockenbeeren entſteht, und läßt ſie ſo der Sonne ausge=
ſetzt ſtehen, bis aus den übrigen Trauben der Moſt ausgetreten oder
ausgepreßt iſt; in jener Vertiefung ſammelt ſich in guten Jahren mehr
oder weniger Flüſſigkeit, die einem honigartigen Syrup gleicht; je
nachdem die Trockenbeeren mehr oder minder ſaftig und öhlig ſind, die
durch den eigenen Druck und das eigene Gewicht aus den Trockenbeeren
von ſelbſt ausfließt und gleichſam deſtillirt. Dieſe ſyrupartige Flüſſigkeit
wird herausgeſchöpft und in beſondern Gefäßen aufbewahrt. Dieß iſt die
Eſſenz im eigentlichſten Sinne, gleichſam der Ausſtich des A.s, der beſte,
edelſte, aber auch koſtbarſte Weinliqueur, der mehr zur Arzney, als zum
Trinken dient. Jetzt wird aber auch in Tokay (wie in Meneſch, Ruſt
u. ſ. w.), jeder aus bloßen Trockenbeeren ausgetretene oder ausgepreßte
Moſt, Eſſenz genannt. Einige miſchen gleich bey dem Austreten der
Trockenbeeren, damit dieſes leichter von Statten gehe und das Ganze
flüſſiger werde, auf jede Butte voll Trockenbeere einen Viertel= oder einen
halben Eimer friſchen und guten Moſt. Einige nehmen nach dem Gewicht
20 bis 40 Pfund Trockenbeeren auf ein Antal (1½ Eimer oder 69 Hal=
be.) Die ganze Maſſe gährt nun bey einer Temperatur von 11 bis
12° nach Reaumur, 16 bis 18 Stunden lang, worauf der ſogenannte
Wein aufs Neue durch einen Sack getreten und dann in Antale oder
kleine Fäſſer von 1½ Eimer gefüllt wird. So erhält man in der Hegyallja
oder in dem Tokayer Weingebirge den Ausbruch von Trockenbeerwein,
der um ſo ſtärker, edler und beſſer iſt, je weniger gemeinen Moſt man
dazu nahm. Auf die zurückgebliebenen Weinbeerenbälge und Körner
wird ein anderer, guter, friſcher Moſt aufgegoſſen, die Trebern neuer=
dings getreten und geſtampft, und die Miſchung 24 Stunden ſtehen
gelaſſen; dadurch erhält man den ſogenannten Maſchlaſch (máslás), wel=

cher vor dem gemeinen Weine noch viele Vorzüge hat. Sind die Trocken=
beeren theuer, und will man einen guten, nach A. schmeckenden Tisch=
wein haben, so laugt man die Trebern des Maschlasches durch aufgegos=
senen, guten, frischen Most noch einmahl aus, und keltert ihn, und
so erhält man Harmadlasch (Harmadlás), der wenigstens besser ist, als
der ganz ordinäre Wein.

Auschwitz, galiz. Stadt im Wadowicer Kreise, nahe an der
Mündung des Solaflusses in die Weichsel, mit 2,000 Einw., vormahls
Hauptort des schles. Herzogthums Teschen, und darum noch jetzt zu den
Bestandtheilen Deutschlands gerechnet. Nach dem auf dem deutschen
Bundestage übergebenen Etat, wurden nähmlich auch die in Galizien,
im Wadowicer Kreise liegenden, ehemahls zum Herzogthume Teschen
gehörigen Fürstenthümer A. und Zator, als böhm. Lehen mit zu Schle=
sien gerechnet.

Auscultanten, werden nach zurückgelegten Rechtsstudien, und
bey dem Appellationsgerichte zur Zufriedenheit vorschriftmäßig abgeleg=
ter Auscultanten= oder Richteramtsprüfung, den Gerichtsbehörden 1. In=
stanz als angehende Beamte, und zwar den landesfürstl. in der Regel
von der obersten Justizstelle zugewiesen, beeidet und so verwendet, daß
sie zu allen, besonders den höhern Cathegorien des gesammten Justiz=
dienstes sich heranbilden.

Auskunft=Comptoir, das allgemeine, unter der Direction
Jos. Jüttner's in Wien (Freyung Nr. 137).— Für den Fremden,
wie für den Einheimischen ist es gewiß von großer Bequemlichkeit, in
einer so großen Stadt über alle im bürgerlichen und Geschäftsleben vor=
kommenden Angelegenheiten gegen billiges Honorar, schnelle und zu=
verläßliche Auskunft erhalten, und Geschäfte mit Verläßlichkeit besorgen
lassen zu können, wie in diesem A.=C. Der Fremde findet hier eine
mit den Local = Verhältnissen bekannte Quelle, um ohne unnöthigen
Zeit= und Geldverlust seinen Aufenthalt möglichst nützlich und ange=
nehm zu verwenden. — Der Dienst= und Geschäftslose (Domestiken
ausgenommen, für die das Dienstbothenamt besteht) findet eine Ge=
legenheit, bald möglichst wieder in nützliche Thätigkeit zu kommen. —
Wer eine Herrschaft, ein Haus oder andere Realität zu kaufen oder zu
verkaufen, Geld auf solide Hypotheken aufzunehmen oder anzulegen
wünscht, wird bey der ausgebreiteten Bekanntschaft und der discreten
und sachkundigen Behandlung der Geschäfte dieser Anstalt seinen Zweck
erreichen. — Der gute Ruf, den sich diese Anstalt seit 1818 allgemein
erworben hat, ist der sicherste Beweis für ihre Solidität. — Die Sta=
tuten dieses Comptoirs sind in der Kanzley einzusehen. Der Chef dieser
Anstalt ist Besitzer der berühmten Messerschmidt'schen Büstensammlung,
s. Messerschmidt.

**Ausländer an der Gränze der österr. Staaten, so wie
im Lande selbst, besonders aber in Wien.** Jeder Fremde muß
beym Eintritte in die österr. Staaten mit einem legitimirten Passe ver=
sehen seyn, in welchem die genaue Personsbeschreibung, sowohl des Rei=
senden als auch seiner allfälligen Begleitung enthalten seyn muß. Man
bewirbt sich darum bey den nächsten im Auslande befindlichen k. k. Ge=

sandten, Consul, Residenten, oder auch bey den nächsten k. k. Landes=
gubernien. Durch fremde Gesandtschaften in Wien ausgestellte Pässe
haben in das Innere der Monarchie keine Gültigkeit, Badgäste aus dem
Auslande werden jedoch gegen einen Paß ihrer Obrigkeit zugelassen und
preuß. Unterthanen genießen ebenfalls die Begünstigung, die Gränze
mit Pässen ihrer Behörden zu überschreiten, nur wenn sie von oder durch
Berlin kommen, müssen die Pässe von der kais. Gesandtschaft vidirt
seyn. Ohne Paß ist nur Personen, die sich durch besonders hohen Rang
auszeichnen, der Eintritt in die österr. Länder gestattet. — Jeder Rei=
sende ist verpflichtet, bey der Gränzstation sowohl als auch bey allen Po=
lizeybehörden und Kreisämtern, die in seiner Route liegen, seinen Paß
vidiren zu lassen, Militärs noch besonders bey dem General= oder Platz=
commando. Bey der Ankunft des Reisenden an seinen Bestimmungsort,
übergibt er den Paß der Ortsobrigkeit, in Hauptstädten den Polizeydi=
rectionen, wofür ihm von der betreffenden Behörde eine Aufenthaltskar=
te ertheilt wird, gegen deren Abgabe der Paß wieder zur Rückreise aus=
gefolgt wird. Zur Reise von einem Erbland in das andere werden die
Pässe von der Landesregierung, nach Ungarn oder Siebenbürgen durch
die ungar. oder siebenbürg. Hofkanzley, für das Militär durch den Hof=
kriegsrath ausgefertigt. Zu kleineren Ausflügen werden von der Behörde,
welche den Paß aufbewahrt, Passirscheine (Geleitscheine) ertheilt. — Vor
der Abreise müssen alle Pässe, auch jene, welche Fremde von ihren Ge=
sandtschaften ins Ausland erhalten, von der Polizey=Oberdirection vi=
dirt werden. Jeder nach Ungarn oder Siebenbürgen Reisende hat sich
in Wien um einen Paß von der ungar. oder siebenbürg. Hofkanzley,
an andern Orten um einen Regierungspaß zu bewerben. Übrigens reicht
bey zu großer Entfernung jener Behörden auch ein Paß des nächsten
Kreisamtes oder ungar. Comitates hin. — Nach dem Überschreiten der
österr. Gränze hat der weiterreisende Ausländer folgende Mauthvorschrif=
ten zu beobachten: Bey den betreffenden Zollämtern hat jeder Reisende ge=
nau anzugeben, ob und wieviel er Zollbares mit sich führe und sich
einer Visitation zu unterwerfen; träte ein Verdacht wegen Contreban=
de ein, so ist der Reisende verpflichtet, eigenhändig seine Taschen um=
zukehren. Nur Wägen, Kleider, Wäsche und Kostbarkeiten unterliegen
in einer dem Stande des Reisenden angemessenen Menge keiner Verzol=
lung. Ganz zollfrey sind sämmtliche Effecten und Prätiosen fremder
Bothschafter und Gesandten. Tabak ist nur zu eigenem Gebrauche, und
nur im Gewichte bis 5 Pfund gegen Zoll einzuführen erlaubt. Alle
österr. Provinzen, Ungarn, Dalmatien und die Freyhäfen ausgenom=
men, haben unter sich zollfreyen Verkehr, letztere werden jedoch in
Rücksicht der Verzollung als Ausland betrachtet. Besonders streng ist die
Aufsicht an der ungar. Gränze wegen Tabakschwärzung, daher es jedem
in dieser Gegend Reisenden, welcher ungar. Tabak raucht oder schnupft,
anzurathen ist, die Gränzbollete, wodurch er selben erhielt, bey sich zu
führen, um sich nöthigenfalls gegen die Gränzjäger (Tabakaufseher) da=
mit ausweisen zu können. — Briefe mit vollständiger Adresse, einzig
allein Fracht= und Empfehlungsbriefe ausgenommen, sind mitzuführen
gänzlich verbothen, sie mögen nun versiegelt, verklebt, oder auch nur

bloß vernäht seyn. Die Mitnahme von in Österreich verbothenen Büchern ist ebenfalls nicht gestattet; diese werden beym Gränzzollamte weggenommen, müssen entweder sogleich zurückgeschickt oder bey dem nächsten Revisionsamte bis zur Rückreise des Fremden aufbewahrt bleiben. Hat sich bey einem Fremden nichts Mauthbares (Zollbares) vorgefunden, so erhält derselbe eine Freybollete; im entgegengesetzten Fall aber die Zollbollete, womit er sich in vorkommenden Fällen auszuweisen hat; oft findet jedoch auch auf Verlangen Plombirung und Anweisung auf beliebige Zolllegstätten Statt. Außer der Beobachtung oben angegebener gesetzlichen Vorschriften bleibt für den fremden Reisenden im österr. Kaiserstaate wenig mehr zu erinnern, die Fata jeder Reise sind Sachen des Zufalls, der Individualität und der persönlichen Stellung des Reisenden, nur dürfte noch der Wahrheit zur Steuer erwähnt werden, daß die Bewohner Österreichs, Salzburgs und Tyrols im Allgemeinen jene biedere Dienstfertigkeit beybehalten haben, welche sich in andern Ländern, besonders der vielberühmten Schweiz, so ziemlich verloren hat, und nur zu oft in Gewinnsucht und Prellerey der Fremden ausartet; doch ist es rathsam, sollte man sich eines Eingebornen zum Führer oder zur Leistung anderer Dienste bedienen wollen, vorher genau den Preis dafür zu bedingen, da diese Leute aus Unkunde, oder vielleicht auch, weil sie in jedem bequem Reisenden einen Crösus erblicken, oft übertriebene Forderungen machen, zumahl da sie derley Beschäftigungen nicht einmahl gerne übernehmen und auch wirklich dadurch in ihrem Berufsgeschäfte gestört werden. Daß hier die Rede von Gegenden ist, welche der Residenz ferne liegen, versteht sich von selbst. — Die Wahl der Gasthäuser zum Einkehren und Übernachten treffe jeder Reisende weniger nach Recommandation seines Phaetons z. B. Landkutschers, welche gute Leute oft dazu ihre besondern Gründe haben, als nach eigener Überzeugung; am besten kehrt man unterwegs gewiß in großen, ja selbst eleganten Gasthöfen ein, da der Grundsatz ewig wahr bleibt, daß man in großen Gasthäusern für viel Geld gute Bedienung, in geringern jedoch ebenfalls für viel Geld schlechte Bedienung erhält. Sollte es sich bey vorkommenden Gelegenheiten um irgend eine Mittheilung oder Erlaubniß an eine oder von einer Behörde handeln, so ist jedem Reisenden wohlmeinend anzurathen, sich jederzeit an den Oberbeamten derselben zu wenden, da gewiß die unaufhörlichen Gemeinplätze von Klagen über die Geheimnißkrämerey, Ungefälligkeit der Beamten ꝛc. nur allein daher rühren, daß sich Reisende an Subalterne wenden, welche theils nicht im Stande sind, Auskunft zu geben, theils es aus übertriebener Ängstlichkeit nicht wagen, und so eingeklemmt zwischen ihrer Unwissenheit und der willkommenen Gelegenheit, sich wichtig zu machen, ein verdrießliches Helldunkel über den fraglichen Gegenstand fällen. Jene Fremden, welche ihre Reise nach Wien auf der Donau (s. Donaufahrt) machen, haben die nähmlichen Vorschriften, wie die Landreisenden, zu beobachten. An der k. k. Gränzmauth zu Engelhardszell, wo auch die eigentliche Visitation Statt findet, werden die Pässe gegen einen in drey Sprachen (deutsch, italienisch und französisch) gedruckten Zettel abgenommen und nach Linz geschickt, woselbst man dieselben gegen Rückgabe dieses Zettels von der

Polizeydirection zurückerhält. Der auf der Donau Reisende thut am besten, seinen Koffer, wenn sich in demselben nähmlich bloß gebrauchte Effecten vorfinden und er sich nirgends aufhalten will, zu Engelhardszell nur visitiren und nicht plombiren zu lassen, indem er alsdann für die Erhaltung der Siegel nicht besorgt seyn darf, auch den Koffer bey der Ankunft in Wien unmittelbar vom Beschauamte in seine Wohnung bringen lassen kann, da hingegen der plombirte Koffer nothwendig auf die Hauptmauth kommen muß. Bey der Ankunft in Wien wird jedem Fremden, mit welcher Gelegenheit er auch komme, an einer der Stadtlinien der Paß abgefordert, und sein Gepäck entweder (im Falle er kömmt mit dem kais. Postwagen oder der Eilpost) auf der Hauptmauth, oder (hat er sich einer Landkutsche, eigener Gelegenheit oder der Extrapost bedient) an der Linie selbst visitirt, welche Expedition jedoch ohne sonderlichen Aufenthalt vor sich geht, besonders wenn die von dem Gränzzollamte erhaltenen Bolleten vorgewiesen werden, die indessen nicht gänzlich gegen die Linienvisitation schützen. Für den abgegebenen Paß erhält der Fremde eine Anweisung an die Polizey-Oberdirection, bey welcher Behörde er sich in der vorgeschriebenen Frist von 24 Stunden und zwar im Paß-Conscriptions- und Anzeige-Amte zu melden hat. Hier wird er an die Fremden-Commission gewiesen, um den Zweck seiner Herreise, die Dauer seines Aufenthaltes und, nach Beschaffenheit der Umstände, wohl auch um die Mittel zu seinem nöthigen Unterhalte befragt wird, welche letztere er in diesem Falle durch Wechselbriefe, oder andere beglaubigte Urkunden nachzuweisen verpflichtet ist. Jedem Fremden wird sodann gegen eine kleine Taxe ein sogenannter Aufenthaltschein ausgefertigt, welcher auf eine bestimmte Zeit lautet, nach deren Verlauf jeder Reisende um eine, seinem Bedürfniß angemessene Verlängerung ansuchen kann. Mittlerweile bleibt der Paß bis zur Abreise des Fremden bey der Polizey-Direction aufbewahrt. Ist nun der Aufenthalt eines Fremden in Wien solchergestalt legalisirt, so ist zunächst die Wahl einer anständigen Wohnung zu bedenken; in dieser Hinsicht sind viele Gasthöfe in der Stadt und den Vorstädten (letztere gewöhnlich Einkehrwirthshäuser genannt), was Einrichtung, Bedienung ꝛc. betrifft, unbedingt zu empfehlen. Unter diesen sind vorzüglich erwähnenswerth: die Stadt London, der weiße Schwan, Erzherzog Carl (in diesen dreyen sind die Preise sehr hoch), Kaiserinn von Osterreich, der wilde Mann, der ungarische König (vorzüglich billig, aber ungeräumig), die ungarische Krone, der römische Kaiser, Matschakerhof (eng und theuer), der goldene Ochs, der weiße Wolf, in der Stadt, und auch mehrere in den Vorstädten. Man speist in den Gasthöfen entweder in den Speisesälen oder im eigenen Zimmer und zwar nach dem Speisetariff. Tables d'hôtes sind durchaus nicht gewöhnlich. Bey längerem Aufenthalte in Wien ist es jedoch jedem Fremden anzurathen, sich eine Privatwohnung zu miethen, wozu sich bey der Überzahl von sogenannten Monathquartieren täglich Gelegenheit biethet. Hat sich nun der Fremde auf diese Art entweder für immer oder nur für eine bestimmte Zeit in Wien ansäßig gemacht, und ist er sonst verträglich und gesellschaftlich, mit einem Worte, gebildet, so dürfte ihm das Leben in Wien bald sehr behagen und er wird so manche Vorurtheile ab-

legen, die er vielleicht in ſeinem Vaterlande entweder durch verjährtes
Hörenſagen oder durch jene Unzahl oberflächlicher Reiſebeſchreibungen ein=
geſogen hat, in welchen ſich ausländiſche unberufene Scribenten, her=
gebrachtem Schlendrian huldigend, anmaßen, über eine ſo große, volk=
reiche, von dem regſten Leben erfüllte Stadt abzuſprechen, ohne viel=
leicht mehr als einige Pläße und Geſellſchaften, welche leßtere vielleicht
keineswegs zu den tonangebenden gehören, kennen gelernt zu haben.
Seit Nicolai wurde des Lügenhaften, Abgeſchmackten, Parteyiſchen,
Hämiſchen und Unbedeutenden über Wien ſo viel geſchrieben und ge=
druckt, gewöhnlich von Leuten, die ſich daſelbſt ziemlich wohl ſeyn lie=
ßen und ſtatt eigener Überzeugung verleumderiſchen Vorläufern folgten,
weßhalb denn auch alle dieſe Herren und Damen ſo ziemlich in ein Horn
ſtoßen, daß es wirklich zu verwundern wäre, ein Fremder käme, iſt er
anders mit Literatur vertraut, ohne Vorurtheile hieher, ſo leicht er,
wie geſagt, bey eigener unbefangener Anſicht davon zurückkommen wird.
Fügt ſich der Fremde während der Dauer ſeines Aufenthaltes den beſte=
henden Verordnungen, ſo kann er bey jeder Gelegenheit des Schußes
der Behörden, wie einer anſtändigen Behandlung verſichert ſeyn. In
welcher Hauptſtadt Europa's, Paris ſchon gar nicht ausgenommen,
würde dem Fremden wohl mehr gewährt und weniger von ihm gefor=
dert? Unter die gewöhnlichſten, leicht zu erfüllenden polizeylichen Vor=
ſchriften, welche übrigens ſchon allein die Wohlanſtändigkeit jedem Ge=
bildeten vorſchreibt, gehört das Verboth des Tabakrauchens im Innern
der Stadt, auf den Brücken, in der Nähe einer Schildwache und auf
ſtark beſuchten Promenaden. Im geſellſchaftlichen Leben möchte Schonung
der öſterr. Nationalität und Gewohnheiten, welche ebenfalls ſchon die
gute Sitte gebiethet, ſehr zu empfehlen, ſo wie Aufdringen fremder
Meinungen und Anſichten ſehr zu vermeiden ſeyn. Die Öſterreicher, be=
ſonders die Wiener, ſind ein gutmüthiges, herzliches Volk; ſie verläug=
nen, nach dem Ausſpruche eines geiſtreichen Fremden, ungeachtet des
mannigfaltigen Mißbrauches bösartiger Reiſenden, ihre Offenheit, Red=
lichkeit und Geſelligkeit niemahls, allein zu arg muß man es ihnen doch
nicht machen, Vaterland, Fürſt und Sitte ſind ihnen heilige Dinge,
wer dieſen zu nahe tritt, thut es immer auf eigene Gefahr.

Auſpiß, mähr. Städtchen im Brünner Kreiſe, mit 2,400 Einw.;
einer Reſidenz und einer Hauptſchule der Piariſten; hier werden außer
Olmüß die nahmhafteſten Ochſenmärkte gehalten.

Auſſee, 1) ſteyermärk. Marktflecken an der Traun im Judenburger
Kreiſe mit 170 Häuſ. und 1,100 Einw., zum Salzkammergute gehörig,
mit einer Salzſiederey, die aus dem Steinſalz des Berges Sandling
jährlich 150,000 Ctr. liefert, und dem Staate 1½ Million einbringt,
mit einem Berg=, Salz= und Waldamte. In der Nachbarſchaft findet ſich
der ungemein ſchöne Grundelſee. 2) (Auſow) mähr. Herrſchaft und
Markt, Olmüßer Kreiſes an der March, 1 M. von Littau, mit 174
Häuſ., 2,000 Einw. (darunter 100 jüdiſche Familien) und einer Pfarre.
Das nahe neugebaute Schloß, Neuſchloß auf dem Gebiethe dieſer Herr=
ſchaft im 16,000 Joch haltenden Dobrawalde, mit einem von der March
durchſtrömten, geſchmackvoll angelegten Park, an zwei Meilen im Um=

fange, ist eines der schönsten im edeln Styl gebauten Landschlösser des
Fürsten Joh. Liechtenstein, der hier den nähmlichen Geist aussprach,
woduch die Umgegend von Eisgrub, Lundenburg, Feldsberg
und Abamsthal so verherrlicht wurde.

Auffig, böhm. Stadt im Leitmeritzer Kreise, liegt an der Mündung der Bila in die Elbe, von schönen Weingärten umgeben, zählt mit
Einschluß ihrer 3 Vorstädte 1,760 Einw., besitzt ein Spital, treibt Elbe-
schifffahrt und Handel mit Getreide, Obst und Holz. Raph. Mengs
(f. d.) ward in A. geb., während eines vorübergehenden Aufenthaltes seiner gewöhnlich in Dresden wohnhaften Ältern.

Ausstattungsstiftungen für arme Mädchen. Die erste Stiftung dieser Art machte Graf Nic. v. Stella 1756, durch dieselbe erhalten jährlich 2 arme Mädchen von unbescholtenen Sitten, jede eine
Aussteuer von 300 fl., das Präsentationsrecht derselben hat die n. ö.
Regierung. Der k. k. Medaillen- und Münzcabinets-Director Bal.
Jomeray-Duval vermachte 1775 in seinem Testamente ein Capital
von 12,250 fl., um jährlich 3 Mädchen, jede mit 163 fl. auszustatten;
das Präsentationsrecht haben die n. ö. Landstände. Der k. k. Legationssecretär zu Frankf. a. M., Gottl. Sengwein, bestimmte 1785
ein Capital von 40,100 fl. um aus den Interessen jährlich einigen Land-
mädchen eine Aussteuer von 200 fl. zu geben; das Präsentationsrecht hat
die n. ö. Regierung. Graf Jos. v. Fries widmete 1788 einen Fond
von 15,000 fl. zu einer Stiftung für 2 Mädchen, wovon jede 300 fl. zu
einem Heyrathgute erhielt. Das Präsentationsrecht hat der Magistrat
und die gräfl. Fries'sche Familie. Fürstinn Maria Anna v. Dietrichstein stiftete 1816 vier jährliche Ausstattungen, jede zu 100 fl.
Außerdem sind noch einige, minder bedeutende ähnliche Stiftungen vorhanden, so z. B. die Ellmayer'sche, Emerich'sche, Engelhart'sche,
Fay'sche, Geißler'sche, Goroczki'sche, Grell'sche, Khel'sche,
Kunig'sche, Molitor'sche, Nitsch'sche, Stümpf'sche, Teuffenbacher'sche, Tülfer'sche, Verdura'sche, Windhag'sche, Wolf'sche
u. a. m.

Ausstellung böhm. Industrieproducte in Prag, wurde
von dem böhm. Gubernium auf Anregung des damahligen Gubernialrathes Jos. Eichhoff, nunmehrigen k. k. Hofkammer-Vicepräsiden-
ten Ritter v. E. gegründet. Sie begann 1828 und erfreut sich der
entsprechendsten Ergebnisse. Die Absicht des Guberniums war und
ist vorzüglich, sich von dem Umfang- und Grade inländischer Betriebsamkeit zu überzeugen, und hierdurch einen festen Punct zu gewinnen,
von welchem aus sie den Gewerbsfleiß in allen seinen Zweigen aufmun-
tern, und zu höherer Vollkommenheit führen könnte, zugleich sollte das
Publicum von der Mannigfaltigkeit und Trefflichkeit inländischer Producte des Kunstfleißes durch Anschauung überzeugt, von dem schädlichen
Vorurtheile zurückkommen, daß das Ausland in ähnlichen Erzeugnissen
unerreichbar, wohl gar unübertrefflich sey. Die Landesstelle setzte in dieser
Hinsicht eine Zeit fest, in welcher Prag von vielen Fremden besucht wird,
und es gereicht der heimischen Industrie zu großer Ehre, daß kunstver-
ständige Fremde schon der ersten Ausstellung wahren Beyfall zollten. Letzt-

10 *

lich hat sich daselbst unter dem Protectorate des Oberstburggrafen und Präsidenten des Guberniums Carl Grafen Chotek und der Generaldirec-
tion des Grafen Jos. Dietrichstein ein eigener Verein zur Ermunterung des Gewerbsgeistes in Böhmen, gebildet. Auf diesen Verein
basiren sich von nun an die Ausstellungen. Protector desselben ist der jedesmahlige Oberstburggraf. Mit diesem Vereine wird eine eigene, überaus
wohlfeile technische Zeitschrift verbunden werden. S. im übrigen: Verein.

**Ausstellung von Erzeugnissen vaterländischer Industrie,
dann von Kunstwerken und Alterthümern in Linz.** Dieselbe
hatte zuerst im October 1833 zum Behufe der Gründung eines Museums
für Österreich ob der Enns und das Herzogthum Salzburg Statt. Anlaß
dazu gab die Anwesenheit des Kaisers und der Kaiserinn, so wie des
Königs und der Königinn von Bayern; Anregung, eine Gesellschaft Kunst-
und Naturfreunde, und Förderung derselben der Regierungs- und ständische Präsident, Graf von Ugarte. Der Ort der Ausstellung war der
größte landständ. Rathssaal in Linz, wo die Producte vaterländischer
Industrie, in einem anstoßenden Zimmer aber, vaterländische Kunstwerke und Alterthümer ausgestellt waren. Man sah hier manches werthvolle und seltene Geschichtswerk, nebst vielen alten, sehr interessanten Handschriften, worunter allein nahe an 200 Original-Urkunden vom 13. bis
16. Jahrhundert, die älteste derselben war die Urkunde, worin Herzog
Leopold VII. aus dem Hause Babenberg die Stiftung des Klosters
Baumgartenberg durch Otto von Machland bestätigt, vom Jahre
1209. Auch an römischen Ausgrabungen und andern vaterländischen Alterthümern fehlte es nicht; so lagen z. B. an 100 römische Kaisermünzen
vor, welche erst vor Kurzem zu Enns, Linz und Wels ausgegraben
worden waren, außerdem ein Herkules, Merkur und Osiris von Bronze,
eine höchst interessante weibliche Figur mit einer Vase, woran eine kunst-
reiche, noch nicht erklärte Schraubenvorrichtung, ein kleines Bildniß
eines gewapneten Mannes, 2c. Auch waren genaue Abbildungen vaterländischer Denkmähler vorhanden, so z. B. Grabmähler, Altäre, alterthümliche Kirchenfenster u. s. w., endlich enthielt eine Chatoulle von
mächtigem Umfange eine Sammlung von beynahe 400 Stücken Versteinerungen aus der Gegend von Gmunden und dem Salzkammergute, so
wie auch ante-diluvianische Überreste, worunter der wohlerhaltene, in
dem Standlager bey Linz ausgegrabene obere Theil eines Hayfischschädels.
Wenige Wochen nach dieser Ausstellung erfolgte die kaiserl. Genehmigung
des beantragten Vereins eines vaterländischen Museums für Österreich
ob der Enns und das Herzogthum Salzburg. S. auch Museen.

Ausstellungen von Fabricaten 2c. **zu Mailand und Venedig,** sind verbunden mit den jedes Jahr am 4. Oct. abwechselnd in beyden Städten vor sich gehenden Prämienvertheilungen an ausgezeichnete
Fabrikanten und Gewerbsleute.

Ausstellungen, sonstige s. unter **Augarten, Blumenaus-
stellung, Kunstausstellung.**

**Ausstellungs-Bureau aller Natur- und Kunstproducte,
Fabricate, Gewerbs-Erzeugnisse und Waaren des Kaiserthums Oesterreich,** in Wien, nach einer großartigen umfassenden Idee

gegründet von Jgn. Ritter von Schönfeld (f. d.), den 12. Febr. 1833 eröffnet. Sie bestand aber in der unten angedeuteten Gestalt und Wirksamkeit nur bis zum Herbste 1834, wo sie nach Hernals (nächst Wien) in das Palais des Grafen Ferd. Palffy übertragen, und der Eintrittspreis aufgehoben werden sollte. Das aus vielen Details bestehende Ganze war mit großer Umsicht organisirt. Das Local (große Schulenstraße Nr. 824) war geräumig, sinnreich und geschmackvoll eingerichtet. Das Personal war zahlreich. Die Preise für die Ausstellenden und Besuchenden waren mäßig. Diese permanente Anstalt schien den blühendsten Fortgang zu versprechen. Folgendes ist der Prospectus derselben: „Um dem gesammten österreichischen Publicum eine so viel möglich vollständige Musterkarte aller Natur- und Kunstproducte, Fabrikate, Gewerbs-Erzeugnisse und Waaren der Monarchie zu eröffnen, solche unausgesetzt zu bereichern, den täglichen Wechsel der Bedürfnisse und der Mode in derselben ersichtlich zu machen; auf diesem Wege die Nationalthätigkeit zu beleben, Industrie zu wecken, Kunst und Gewerbsfleiß zu spornen, endlich für die Bedürfnisse des Käufers wie für den Absatz des Verkäufers Mittler zu werden, ladet das Bureau alle Güterbesitzer, Künstler, Fabrikanten, Gewerbs- und Handelsleute ein, dem neuen Institute für die Erreichung dieses gemeinnützigen Zweckes ihre Theilnahme zu schenken. — Alle dem Bureau übergebenen Gegenstände werden gegen Auszüge aus den Büchern des Instituts, unter Contrasignatur des Übergebers und unter Fertigung zweyer Directoren in Verwahrung genommen, und gegen Rückstellung dieses Auszugs auf jedesmahliges Verlangen an den im Auszuge benannten Eigenthümer, oder Besitzer, oder Bevollmächtigten zurückerfolgt. — Auswärtige können die für das Bureau bestimmten Gegenstände unmittelbar, jedoch kostenfrey, an das Bureau gelangen, oder die Übergabe durch einen Bestellten in Wien bewerkstelligen lassen. Über Gegenstände, die aus den Provinzen hierher gesendet werden, müssen die Beweise österr. Ursprungs angeschlossen werden. — Da das Bureau sich in keinem Falle mit dem Verkaufe der zur Ausstellung bestimmten Gegenstände befaßt, so wollen Auswärtige jenes verehrte Handelshaus, oder jenen Bevollmächtigten in Wien bezeichnen, welche den übergebenen Gegenstand, gegen den ihm zu diesem Behufe übergebenen Auszug augenblicklich zu beziehen und zu veräußern berechtigt seyn sollen. — Das Bureau wird seiner Zeit jene verehrten Handelshäuser anzeigen, welche zu solcher Intercession, gegen eine billige Provision, für jene Parteyen, welchen Verbindungen in der Residenz mangeln sollten, bereit seyn dürften. — Alle Parteyen, welche sich des Bureaus bedienen wollen, um ein Natur- oder Kunstproduct, ein Fabrikat oder Gewerbserzeugniß, oder eine Waare zur öffentlichen Ausstellung zu bringen, ihr Product oder ihre Kunstsache allgemein bekannt zu machen, sich einen gewissen, schnellen und vortheilhaften Absatz zu sichern, zu Bestellungen dafür einzuladen, haben zwey Wege: der eine ist der eines jährlichen Abonnements, der zweyte ist der eines monathlichen Abonnements bey dem Ausstellungs-Bureau. — Das jährliche Abonnement wird mit Sechs Gulden C. M. (sage 6 fl. C. M.) für einen Quadratfuß oder weniger, den der Ausstellungsgegenstand einnimmt, und für das Jahr vom Tage gerechnet, wo der Ausstellungsgegenstand an das Bureau übergeben wird. — Eine auch nur zeitweise Zurücknahme eines Ausstellungsgegenstandes hebt den Abonnement-Vertrag auf; doch kann jede Partey einen ganz gleichen Ausstellungsgegenstand gegen einen schon abonnirten auswechseln, ohne zu neuer Abonnements-Gebühr verpflichtet zu seyn. — Für ähnliche Gegenstände gilt diese Begünstigung nicht. Das monathliche Abonnement wird mit Vierzig Kreuzer C. M. für einen Quadratfuß oder weniger, den der Ausstellungsgegenstand einnimmt, und für einen Monath zu 30 Tagen, vom Tage, wo der Ausstellungsgegenstand an das Bureau übergeben wird, gerechnet, festgesetzt. — Wegen der Auswechslung des Ausstellungsgegenstandes gelten dieselben Regeln, wie für das jährliche Abonnement. — Über einen mehr als einen Quadratfuß einnehmenden Gegenstand wird das Bureau sich mit den Parteyen auf eine billige Weise abfinden. — Die Abonnements-Karte enthält die Nummer des Ausstellungsgegenstandes, den Tag des beginnenden Abonnements, mit der Signatur zweyer Directoren, contrasignirt vom Übergeber des Ausstellungsgegenstandes. In den Büchern der Anstalt ist Nummer, Nahmen des Eigenthümers oder Übergebers, Beschreibung des Gegenstandes, der Preis und Tag der Übergabe aufgezeichnet. — Die jährlichen Abonnements-Karten werden mit rother, die monathlichen mit schwarzer Farbe ausgefertigt seyn. — Nachdem das Bureau von den ihm im Laufe des ersten Jahres übergebenen Ausstellungsgegenständen, drey anerkannt ausgezeichnete Ausstellungsstücke im Werthe von 50 Ducaten, von 25 Ducaten und von 12 Ducaten in Gold an sich bringen wird, um auch sein Schärflein zur Belebung der Production, Kunst und Industrie beyzutragen, so sollen am Schlusse des Jahres vom Tage der Eröffnung gerechnet, alle jene Parteyen, welche von 1 bis zur letzten Zahl in ununterbrochener fortlaufender Reihe in diesem Jahre als jährliche Abonnenten erscheinen, um diese Preißstücke durch öffentliche Verlosung concurriren, und es werden an die durch das Los Begünstigten die erkauften Preise ohne alle Vergütung von dem Bureau erfolgt werden. — Für Zeichnungen, die statt zu großer Ausstellungsgegenstände, oder statt größerer Modelle an das Bureau übergeben werden, wird, so wie für die Vertheilung von Preis-Couranten oder sonstigen Kundmachungen an das besichtigende Publicum, jährlich 1 fl. C. M. an das Bureau vergütet, welches seinerseits solche Preis-Courante oder Kundmachungen nur gegen 1 kr. C. M., oder wenn höhere Preise zu zahlen sind, die zu vertheilenden Gegenstände nur gegen diese besonders bemerkten Preise an die Begehrenden vertheilt. — Ungeachtet die Gesetze ohnedieß schon dem Verwahrer eines anvertrauten Gutes schwere Pflichten vorzeichnen, und in dieser Hinsicht die einen auszustellenden Gegenstand übergebende Partey vollkommen beruhigt seyn kann, so wird die Anstalt, welche ihre Verwaltung in die Hände redlicher, um das öffentliche Vertrauen bemsißter Männer und cautionirter, durch ihre dauernde Versorgung dem Unternehmen anhänglicher Beamten gelegt, die zu verwahrenden Ausstellungsgegenstände überdieß in einer Versicherungsanstalt gegen Feuersgefahr, und durch alle mögliche Vorsicht gegen Einbruch zu bewahren bedacht seyn. — Zehn von Hundert von der jährlichen Brutto-Einnahme bestimmt die Unternehmung eines Theils zur Begründung eines Pensionsfondes für ihre Verwalter und Beamten, andern Theils zur Begründung eines Fonds zum Ankaufe und zur Erbauung eines eigenen, bloß dem Ausstellungszwecke zusagenden Gebäudes. — Von der Aufnahme, welche die Anstalt im österr. Publicum zu finden so glücklich seyn dürfte, wird es abhängen, ob sich die Unternehmung auch mittelst Commanditen über die Hauptstädte der Provinzen ausdehnen wird. — Außer dem, daß der dem Bureau übergebene Gegenstand eines jährlichen Abonnenten, dem die Ausstellungssäle besuchenden Publicum auf die sorgfältigste Art zur Schau gebracht wird, erwirbt der Abonnent damit das Recht, auf eine wiederholte Bekanntgebung, in Folge deren der Nahme des Ausstellers als Producent, als Künstler, oder Fabrikant, oder Gewerbsmann, der ausgestellte Gegenstand, und der Preis desselben in monathlichen eigenen Kundmachungen öffentlich bekannt, und dem Publicum in Erinnerung gebracht werden soll, es wäre denn, der Abonnent würde eine derley Öffentlichkeit ausdrücklich untersagen. — Die Ausstellungssäle werden dem Publicum gegen ein Eintrittsgeld von 6 kr. C. M. ununterbrochen von 9 Uhr Früh bis 4 Uhr Nachmittags, Sonn- und Feyertage ausgenommen, zugänglich seyn. — Wer die ausgestellten Gegenstände näher zu besichtigen wünscht, löst gegen 10 kr. C. M. außer der Eintritts- noch eine Besichtigungskarte, gegen welche dem Inhaber die verlangten Gegenstände vom Aufseher zur nähern Beschauung vorgezeigt werden müssen. — Die Unternehmung wird nicht aufhören, ihren gemeinnützigen eben so das Interesse ihrer Abonnenten, wie des ganzen producirenden und erwerbenden österr. Publicums befördernden Zweck zu verfolgen, und sich des Schutzes einer weisen und wohlwollenden Staatsverwaltung immer würdiger zu machen." — Mit diesem Bureau war ein belebendes und vermittelndes Blatt verbunden: Notizen über Production, Kunst, Fabriken und Gewerbe, als Anhang zu dem in demselben Institute von 1834 an zu erscheinenden, doch nicht herausgekommenen Handelsschema des österr. Kaiserstaates. Eine eigene Abtheilung dieses A. B. machte die Leihanstalt von Gemälden, Bildhauerwerken, Kupferstichen ꝛc. aus. Ferner bestand eine Industrie-Commissions-Abtheilung. Das Institut erboth sich, allen industriellen Classen des österr. Kaiserstaates nicht nur im Bereiche des Inlandes, sondern auch im Auslande als Commissionär, und zwar in so weit es thunlich, entweder selbst, oder durch seine eigens dazu bestellten Agenten, alle Geschäfte, in welche diese Classen nur immer verwickelt werden können, und die Sach- und Localitätskenntnisse voraussetzen, oder eine dem Industriemanne kostbare Zeit in Anspruch nehmen, zu besorgen, mit Ausnahme aller reinen Handelsgeschäfte, welche in den Wirkungskreis der Handels-Commissäre gehören. Das Institut übernahm demnach alle Geschäfte, in so fern solche die industriellen Classen oder Gegenstände der Production, Kunst, Fabrikation, Gewerbe und Handel betrafen, als Depositionen, Leih- und Darleihgeschäfte, Tausche, Käufe und Verkäufe, Pachtungen und Verpachtungen, Gesellschafts-, Actienverträge, Leibrenten, Assecuranzen u. s. w.

Austerlitz, 1) bedeutende mähr. Herrschaft, größtentheils im fruchtbaren Boden, mit einer Bevölkerung von 10,000 Menschen im Brünner Kreise, dem Fürsten Kaunitz gehörig. 2) Stadt in dieser Herrschaft, mit 2,000 Einw., einer Pfarre und einem prächtigen Schlosse. Es ist das schönste in Mähren; der Graf Maxim. Ulrich v. Kaunitz ließ dazu durch den berühmten Wiener Architekten Domen. Martinelli die Risse verfertigen, das alte Schloß abtragen, und zwey Drittel des neuen, nähmlich den Theil der Façade, in welcher sich der große Saal befindet, und den rechten Flügel gegen die Stadt, erbauen. Den linken Flügel sammt den vor dem Schlosse angebrachten Pferde = Stallungen, welche eine Art von Wall formiren, in die Halbrundung gebaut sind, eine Vormauer, in dieses auf einer Anhöhe stehende Schloß von beyden Seiten der sich gegenüber stehenden zwey Auffahrten abgeben, und mit Futtermuscheln von schwarzem Marmor versehen sind, erbaute durch seinen Architekten Wenz. Petrucci, nach den Martinellischen Rissen, um das Jahr 1750 der berühmte Fürst Wenz. v. Kaunitz, vom Grund aus. Im Ganzen enthält das Schloß unterirdisch und in seinen drey Stockwerken über 180 Gemächer und 2 Säle. Der im ersten Stockwerke befindliche schöne Saal ist im Oval gebaut, und von dem Wiener akademischen Maler Jos. Pichler in Fresco gemalt. Fast überall trifft man Gemälde; das Schloß glich stets einer Gemälde=Gallerie. Bey dem Aufenthalte der Franzosen in A. 1805, wurden viele aus den Rahmen geschnitten und weggenommen. In dem Hauptflügel befindet sich eine schöne, mit grauem Marmor gepflasterte Schloßcapelle, ebenfalls von dem Wiener akademischen Maler Pichler in Fresco ausgemalt. Der Altar ist von der Hand des berühmten Wiener Bildhauers Franz Messerschmidt. Der Garten ist auch von dem Fürsten Wenz. v. Kaunitz im französ. Geschmacke angelegt worden; er ist mit Statuen und Vasen geziert. Joh. Christian Brand hat die Aussicht dieses Schlosses mit der umliegenden Gegend in Kupfer gestochen. Die jetzige neue Pfarrkirche ließ, nach Abtragung der alten, ebenfalls der den Künsten und Wissenschaften huldigende Fürst Wenzel Kaunitz gleich unter dem Schlosse im röm. Styl erbauen. Die Risse dazu hat der Wiener Hofarchitekt von Hohenberg verfertigt; sie ist geschmackvoll und groß. Das prächtige Frontispice, welches derselben ein imposantes Ansehen verschafft, besteht aus einer Vorhalle, die auf 6 hohen korinthischen Säulen ruht. An der Fronte derselben sieht man die Sendung der 12 Apostel, lebensgroß, in Stucco angebracht. Der Bau dieser Kirche geschah im Jahre 1779. Sie ist nach dem Urtheile der Kenner einzig in ihrer Art. — A. ist historisch merkwürdig durch die in der Nähe vorgefallene große Schlacht vom 2. Dec. 1805. Die verbündete russisch=österr. Armee (über 90,000 M., befehligt von Kutusow, Burhövden, Großfürst Constantin, Dolgorucki, Bagration, wobey auch die Kaiser Franz und Alexander), durch das Vordringen der Franzosen bis Wien und über die Donau nach Mähren zurückgedrückt, griff den Kaiser Napoleon (80,000 M.) an, indem sie aus ihrer Stellung längs der Höhen bey Pratzen mit 3 Colonnen links ab, gegen den französischen rechten Flügel marschirte, welchen sie hinter den Defileen der Dörfer Kobelnitz, Sokolnitz und Telnitz angelehnt glaubte. Allein nur 10,000 M. unter Davoust standen dort, und hielten die Russen auf, während Soult sich auf das geschwächte Centrum warf, die Höhen von Pratzen nahm, dadurch beyde Flügel trennte, und, indem die ganze französ. Cavallerie und noch andere Massen sich auf den noch stehenden rechten Flügel warfen, das Ganze in Unordnung brachte und von der natürlichen Rückzugslinie, der Chaussee nach Olmütz, abschnitt. Nur mit dem Verluste alles Geschützes und von 30,000 M. an Todten und Gefangenen gelang der Rückzug über A. nach Ungarn. Französischer Seits war derselbe 16—18,000 M. Diese Schlacht war vielleicht die kunstgerechteste Napoleon's. Resultat: Zusammenkunft Napoleon's mit K. Franz I., Trennung der russ. von der österr. Armee durch den Rückmarsch der ersten, Waffenstillstand zwischen Österreich und Frankreich, welchem der Preßburger Friede folgte. S. französische Kriege.

Auswanderung. Zufolge Auswanderungspatentes vom 10. Aug. 1784 und mehrerer nachträglich erschienenen Verordnungen in den österr. Staaten ist die willkührliche A. sowohl der Eingebornen, als auch Fremden, welche sich schon über 10 Jahre daselbst befinden, nicht gestattet; die Erlaubniß dazu ist auf dem Lande vom Kreisamte, in der Hauptstadt bey der Landesstelle anzusuchen. Nach einer neueren Verordnung haben die Auswanderungsbewilligung für Weiber die Länderstellen, für Männer aber die Hofkanzley zu ertheilen. Nur fremden Künstlern und Fabrikanten ist die Freyheit, auszuwandern, lebenslänglich zugesichert, so wie dieselbe auch fremden Gesellen zusteht; inländische jedoch, wenn sie in fremde Länder reisen wollen, bedürfen der Bewilligung der Landesstelle. Jedermann, der Kenntniß einer auswärtigen Anlockung von Künstlern und Gewerbsleuten hat, ist verpflichtet, der Landesstelle hievon unverzüglich Nachricht zu geben, so wie auch deren A. zu verhindern. Für die Anzeige und wirkliche Einbringung eines unbefugten Auswanderers, d. h. eines solchen, der ohne Bewilligung des Landesfürsten aus den sämmtlichen Erblanden entweicht, mit dem Vorsatze, nicht wiederzukehren, oder eines Auswanderungsverleiters sind angemessene Belohnungen ausgesetzt, und zwar für die Anzeige eines Ersteren 5 fl., für dessen wirkliches Einbringen 12 fl., für die Anzeige eines Letzteren jedoch 100 fl., für die wirkliche Einbringung 200 fl. Den türkischen Unterthanen werden zur Befolgung der Reciprocität, die Auswanderungspässe unweigerlich verabfolgt. Jeder Auswanderer nach Bayern hat in Hinsicht auf den Loskauf von der Militärpflicht einen gleichen Betrag, wie der von Bayern verlangt wird, nähmlich 185 fl. als eine Militärpflichtigkeits-Redimirungstare an die Ärarial-Casse abzuführen, im widrigen Falle wird, nach dem Beyspiele Bayerns, in die A. nicht gewilligt. Endlich ist in der einer Inländerinn ertheilten Bewilligung zur Verehelichung mit einem Ausländer keineswegs die Bewilligung zur A. mitbegriffen, sondern dieselbe muß von der inländischen Braut besonders eingeholt werden.

Avancement, f. Beförderung.

Avanzini, Jos., ward in dem lombard. Dorfe Gaino, am Ufer des Salo, in der Nähe von Brescia geb., wo er seine erste Blidung, und 1777 die Priesterweihe erhielt. Durch den Grafen Carl Bettoni, der den jungen Abbé zum Famulus bey seinen physischen und praktisch = mechanischen Studien machte, erhielt A. seine Richtung für's Leben. Das zu seiner Zeit hochgeachtete Werk: Pensieri sul governo di Fiumi (Brescia, 1782), war eine Frucht dieser Verbindung mit Bettoni. Später ging A. nach Padua, wo er Mathematik und Physik in den Collegien lehrte, bis ihm 1787 der Lehrstuhl der Geometrie und Algebra an der dasigen Universität, 1806 aber die Professur der angewandten Mathematik und allgemeinen Physik übertragen wurde. 1815 erhielt er den Lehrstuhl der höhern Rechnungsart (calcole sublime). Er starb zu Padua am 18. Juny 1827. Sein Ruhm lebte in seiner Wissenschaft fort, wo er nahmentlich für die Hydrostatik wesentliche Entdeckungen gemacht hat.

Avio, tyrol. Flecken im Trienter Kreise mit 2,780 Einw. Seiden= und Sammtfabriken. Dabey ist ein Flintensteinbruch.

Avronzo, s. Auronzo.

Armann, Jos., einer der vorzüglichsten neueren Kupferstecher, war geb. zu Brünn den 7. März 1793. Daselbst studirte A. die Humaniora und sonstige Bildungszweige z. B. Sprachen und Musik nach Maßgabe der Kräfte seiner Ältern. Ein lebhafter Trieb führte ihn jedoch frühzeitig zur bildenden Kunst. Den ersten Unterricht in der Zeichnung, Perspective und Ohlmalerey erhielt A. durch den Historienmaler Weidlich in Brünn, welcher durch mehrere Jahre in Rom unter R. Mengs und Pomp. Battoni als fürstl. Liechtenstein'scher Pensionär studirt hatte. Durch unermüdeten Fleiß machte A. bald bedeutende Fortschritte, übte sich fortwährend in der Ohlmalerey, verfertigte auch Miniaturporträts und gab selbst Unterricht im Zeichnen. Anfangs 1811 kam A. nach Wien und besuchte daselbst durch 11 Jahre die Akademie unter Professor Maurer und die Antiken unter den Professoren Fischer und Caucig. Der Hofrath und Custos an der Hofbibliothek, Adam Bartsch, bemerkte und begünstigte A.'s Geschicklichkeit, mit der Feder zu schraffiren. Unter dessen Leitung copirte A. 2 seltene Thierstücke von Pet. Boel in dieser Manier, welche, auf Bartsch's Einwirkung in die berühmte Sammlung des großen Kunstfreundes, Herzogs Albert v. Sachsen = Teschen, aufgenommen wurden. Von nun an bildete A. seine Talente zur Kupferstecherkunst aus, wozu er sich anfangs die Instrumente auf die einfachste Weise selbst verfertigte, worin er jedoch bald, durch wohlmeinende Winke Bartsch's unterstützt, so wie in der Zeichenkunst große Fortschritte machte. Im Sept. 1812 erhielt A., nachdem er sich mit den besten Zeugnissen über seine Leistungen ausgewiesen hatte, von den mähr. Ständen ein jährliches Stipendium von 200 fl. W. W., nahe durch 6 Jahre, gegen dem, daß er jährlich Proben seines Fortschreitens einsenden mußte, wie er denn auch in kurzer Zeit, nachdem er sich im Technischen seines Faches bey dem Kupferstecher Blaschke geübt hatte, bald 2 Kupferstiche: die Mazzochaer Gegend in Mähren, und den Kohlenbrenner und seine Familie; ein großes Blatt nach Jac. Gauermann, nebst mehreren Handzeichnungen zu diesem Zwecke einsandte. Bald jedoch arbeitete A. für sich

selbstständig, wobey er sich der größten Theilnahme der Professoren Ley=
bold, Eißner (in W. Neustadt) und des kais. Kammerkupferstechers
C. Rahl' zu erfreuen hatte. In der Folgezeit arbeitete A. unverdrossen,
trotz den mannigfachen Stürmen in seinen Familienverhältnissen, und stets
das eifrigste Studium mit der vollendetsten technischen Ausführung ver=
bindend, erwarb er sich bald sowohl im In= als im Auslande bedeutenden
Ruf und viele ehrenvolle Bestellungen. Vorzüglich rühmlich zu erwähnen
ist sein durchaus gelungenes Streben, sich der Natur sowohl, als dem
Geiste der Originale, die er in Kupfer zu übersetzen vorbekommt, so
viel wie möglich durch die treueste Wiedergabe zu nähern, obschon darum
seine Arbeiten auch keineswegs jenes gefälligen Glanzes entbehren, welcher
dem Auge des bloßen Liebhabers so wünschenswerth erscheint. A.'s Producti=
vität ist, bey seiner genauen und studienreichen Ausführung, wahrhaft be=
wundetnswerth. Die vorzüglichsten seiner Arbeiten sind: 24 Blätter zum
Haas'schen Galleriewerk, mehrere Kupfer zu Hormayr's Geschichte
Wien's und dessen historischen Taschenbuche, ausgezeichnet schöne, geistreich
aufgefaßte Stahlstiche in des verdienstvollen Rockert's Taschenbuch Vesta,
so z. B. 2 historische Gegenstände nach Prof. Rieder und Fendi, die
Morgenandacht eines Mädchens, ein vortreffliches Blatt nach Ranftl,
dann Landschaften nach Th. Ender, Schwemminger 2c.; worunter
sich besonders die beyden Ansichten der Vesten Rauhenstein und
Greiffenstein auszeichnen, welche an Zartheit und Wahrheit
der Ausführung vielen der berühmten englischen Stahlstiche zur Seite
zu stellen seyn möchten; 2 große Landschaften, ein Theil von Rio
Janeiro und Goyaz nach Th. Ender für die auf kaiserl. Befehl
herausgegebene Reise nach Brasilien des Dr.'s Pohl, Director des brasil.
Cabinets, welche A. selbst die Ehre hatte, dem Kaiser vorzulegen und
wobey er den freundschaftlichen Andeutungen des rühmlich bekannten
Künstlers Th. Ender, besonders in Rücksicht der Luftperspective
jenes Tropenlandes, Vieles zu danken hatte. Für das Ausland verfertigte
A. seit 1820 fortwährend viele sehr gelungene Kupfer= und auch Stahl=
stiche, seit deren erstem Entstehen, nach Zeichnungen von Naeke, Ben=
dixen, Retzsch, Ramberg u. a. 1834 erhielt A. die große Landschaft,
(ganze Ansicht von Rio Janeiro nach Th. Ender) auf kaiserl.
Befehl für den 2. Band der erwähnten Reise, und dieses ausgezeichnete Blatt
sieht seiner Vollendung entgegen. Außerdem arbeitet er noch unausgesetzt
für die bedeutendsten Buchhandlungen im österr. Kaiserstaate nach Zeich=
nungen und Oylgemälden im historischen, Porträts= und Landschaftsfache.

Artmann, Leop., geb. im J. 1700, zu Fulneck in Mähren.
Er war ein Schüler Ferd. Hamilton's, und einer der besten Thier=
maler seiner Zeit, besonders in Pferden und Hunden. Von seinen Wer=
ken befinden sich die meisten in adeligen Häusern zu Prag, wo er lebte.
Er ward von dem Grafen Czernin unterstützt und starb auch in dessen
Diensten zu Prag, 1748.

Ayrenhoff, Cornel. von, geb. zu Wien 1733 und gestorb. das.
den 14. Aug. 1819 als k. k. Feldmarschall-Lieutenant, gehört zu den er=
sten, die, jedoch mit verfehlter Richtung, mit Eifer strebten, den Geschmack
jener Hauptstadt zu veredeln, und dazu haben seine dramatischen Werke

gewiß beygetragen. Wir haben von ihm 6 Trauerspiele, meist in gereimten Alexandrinern und 9 Lustspiele, welche den Vorzug vor jenen verdienen. Besonders waren es sein Postzug (aufg. zu Wien, 1769) und die große Batterie (aufgef. zu Wien 1770), womit er allgemeinen Beyfall erwarb, den ersten zeichnete selbst Friedrich der Große aus. Ohne großes poetisches Genie lieferte A. doch viel Gutes. An seinen Trauerspielen ist meist nur der durchdachte Plan, und die künstlerische Bearbeitung nach sorgfältig studirten franzöſ. Mustern zu loben; außerdem laboriren sie an Eintönigkeit, Geziertheit, Steifheit und allen Fehlern der genannten Schule im potenzirten Grade. Im Lustspiele gelangen ihm besonders Auftritte aus dem mittlern Leben. Noch schrieb er kleinere Gedichte, theils historische, theils kritische Aufsätze, worin er seine, nunmehr glücklicherweise veralteten Ansichten über dramatische Literatur und Kunst, mit großem Lobpreisen der regelrechten franzöſ. Schule und völligem Absprechen der Vorzüge Shakspeare's, welcher ihm besonders ein Gräuel war, und der sogenannten neuen Schule (als: Göthe, Schiller ꝛc.) an den Tag legte. Seine gesammelten Schriften erschienen als: Dramat. Unterhaltungen eines k. k. Officiers, Wien 1772; weiterhin unter dem Titel: Des Herrn C. v. A., k. k. Gen. Maj. sämmtl. Werke, 4 Bde., Wien und Leipz. 1789. —Neue verm. und verbeſſ. Aufl. 6 Bde. Wien 1803. — 3 verbeſſ. und verm. Aufl. herausg. von Jos. Fried. Freyh. v. Retzer, 6. Thle. eb. 1814.

B.

B, auf österr. Münzen bedeutet: Kremnitz.

Baán, ungar. Dorf im Baranyer Comitat, mit 1,950 Einw. In der Nähe dieses Dorfes, am Flusse Karaßicza, werden oft röm. Alterthümer, als Fundamente, gehauene Steine mit Inschriften und dem Nahmen Quadriburgum, Urnen ꝛc. ausgegraben.

Baaßen (Ober=Baaßen), siebenb. Dorf im Megyescher Stuhle mit Schwefelbädern und Kochsalzquellen, die ihrer Heilkräfte wegen stark besucht werden. Das kalte sprudelnde Wasser stößt Hydrogen=Gas aus.

Babenberger. Diese Fürsten=Dynastie, welche vor den Habsburgern über Österreich herrschte, hat den Nahmen von ihrem ersten Sitze zu Bamberg (Babenberg) in Ost=Franken, wo die B. als Markgrafen durch Kriegsruhm glänzten. Ihr Ahnherr war Heinrich Markgraf in Ost=Franken, der 886 bey der Vertheidigung von Paris wider die Normannen, sein Leben verlor. Das Haus Babenberg blieb stets eines der angesehensten Häuser in Franken. Als der österr. Markgraf Burkhard, welcher Kaiser Otto II. in seinem zum Schutze der kaiserl. Vasallen in Italien gegen die feindlichen Griechen und Saracenen unternommenen Heereszuge begleitet hatte, in der Schlacht bey Basentello in Calabrien umkam, übergab Otto II. die durch Burkhard's Tod erledigte Mark Österreich 983 dem Markgrafen Leopold I. dem Erlauchten, aus dem Hause Babenberg, welcher sich der Bab

, der Erlaucht

r Grafen von Babenberg (B

mahlinn,
arda, eines fränkischen H

Söhne	und To

3.	wird 1002 von Kaiser H	er:	Christina, 6.
ahre.			† d. 3. Nov. 1047 als Nonne
Kön.	Gisela, Tochter Herma	Erz-	zu Trier.
	Ernestens m	inn)	
	Er		

Er

8.	Folgt seinem Vate
der	Der Rebellion weg
belli-	verehlicht in einem
dars	August
ben.	

hter.

1.	Judith, 12.
her:	† in der Blüthe ih-
Oct.	rer Jahre, und liegt
	in Metz begraben

gewiß beygetragen. Wir haben von ihm 6 Trauerspiele, meist in gereim=
ten Alexandrinern und 9 Lustspiele, welche den Vorzug vor jenen ver=
dienen. Besonders waren es sein Postzug (aufg. zu Wien, 1769) und
die große Batterie (aufgef. zu Wien 1770), womit er allgemeinen
Beyfall erwarb, den ersten zeichnete selbst Friedrich der Große
aus. Ohne großes poetisches Genie lieferte A. doch viel Gutes. An seinen
Trauerspielen ist meist nur der durchdachte Plan, und die künstlerische
Bearbeitung nach sorgfältig studirten franzöf. Mustern zu loben; außer=
dem laboriren sie an Eintönigkeit, Geziertheit, Steifheit und allen Feh=
lern der genannten Schule im potenzirten Grade. Im Lustspiele gelangen ihm
besonders Auftritte aus dem mittlern Leben. Noch schrieb er kleinere Ge=
dichte, theils historische, theils kritische Aufsätze, worin er seine, nun=
mehr glücklicherweise veralteten Ansichten über dramatische Literatur und
Kunst, mit großem Lobpreisen der regelrechten franzöf. Schule und völ=
ligem Absprechen der Vorzüge Shakspeare's, welcher ihm besonders
ein Gräuel war, und der sogenannten neuen Schule (als: Göthe,
Schiller ꝛc.) an den Tag legte. Seine gesammelten Schriften erschie=
nen als: Dramat. Unterhaltungen eines k. k. Officiers, Wien 1772, wei=
terhin unter dem Titel: Des Herrn C. v. A., k. k. Gen. Maj. sämmtl.
Werke, 4 Bde., Wien und Leipz. 1789. — Neue verm. und verbeff. Aufl.
6 Bde. Wien 1803. — 3 verbeff. und verm. Aufl. herausg. von Jos.
Fried. Freyh. v. Retzer, 6. Thle. eb. 1814.

B.

B, auf österr. Münzen bedeutet: Kremnitz.

Baán, ungar. Dorf im Baranyer Comitat, mit 1,950 Einw.
In der Nähe dieses Dorfes, am Flusse Karasicza, werden oft röm.
Alterthümer, als Fundamente, gehauene Steine mit Inschriften und
dem Nahmen Quadriburgum, Urnen ꝛc. ausgegraben.

Baaßen (Ober=Baaßen), siebenb. Dorf im Megyescher Stuh=
le mit Schwefelbädern und Kochsalzquellen, die ihrer Heilkräfte wegen
stark besucht werden. Das kalte sprudelnde Wasser stößt Hydrogen=
Gas aus.

Babenberger. Diese Fürsten=Dynastie, welche vor den Habs=
burgern über Österreich herrschte, hat den Nahmen von ihrem ersten
Sitze zu Bamberg (Babenberg) in Ost=Franken, wo die B. als
Markgrafen durch Kriegsruhm glänzten. Ihr Ahnherr war Heinrich
Markgraf in Ost=Franken, der 886 bey der Vertheidigung von Paris
wider die Normannen, sein Leben verlor. Das Haus Babenberg blieb
stets eines der angesehensten Häuser in Franken. Als der österr. Mark=
graf Burkhard, welcher Kaiser Otto II. in seinem zum Schutze
der kaiserl. Vasallen in Italien gegen die feindlichen Griechen und Sa=
racenen unternommenen Heereszuge begleitet hatte, in der Schlacht bey
Basentello in Calabrien umkam, übergab Otto II. die durch
Burkhard's Tod erledigte Mark Österreich 983 dem Markgrafen
Leopold I. dem Erlauchten, aus dem Hause Babenberg, welcher sich

Egmund, Tochter des Dodo, Markgraf in der Lausitz, liegt in Meli begraben.

Ernest des III. | Sohn und 6 Töchter.

5. Markgr.
Leopold III., der Schöner,
geb. 1073, folgt seinem Vater 1095, als 22 J., starb †
1136, als 63 Jahr, regierte 41 Jahr.

Leopold des III. | Sohn und 6 Töchter.

6. Markgr.
Leopold IV., der Heilige,
geb. den 29. September 1073, folgt seinem Vater 1096, als 23 J. Erbaut
1104 auf dem Kahlenberg, starb 1136.

Leopold des IV. | 6 Söhne und 5 Töchter.

7. Markgr.
Leopold V., der Freygebige,
geb. den 1. Jan. 1158, folgt seinem Vater 1141, als 33 Jahr,
† b. 11. Oct. 1194.

Leopold des V. | 2 Söhne und 1 Tochter.

8. Markgr. u. H.
Heinrich II. Jasomirgott,
geb. den 2. April 1114, Erhält von K. Friedrich Herzogthum Oesterreich.

Heinrich des II. | 2 Söhne und 1 Tochter erster Ehe.

Leopold VII., der Glorreiche,
folgt seinem Vater 1198, als 22 J.

Leopold des VII. | 3 Söhne und 4 Töchter.

Heinrich V., der Grausame,
geb. den 18. October 1208.

Heinrich des V. | Tochter.

Friedrich II., der Streitbare,
geb. den 25. April 1211, folgt seinem Vater, als 19 J.

Friedrich des II. | stirbt 1246 der Mannstamm der Babenberger.

Heinrich IV.

Leopold des VI. | 2 Söhne und 1 Tochter.

Margaritha,
geb. den 10. April 1205.

Agnes 50.

gleich 985 als Sieger gegen die bis gegen Passau vorgedrungenen Ungarn ankündigte. Nach ihm sind noch 12 Herrscher, nähmlich: Heinrich I. der Starke; Albert der Sieghafte; Leopold II. der starke Ritter genannt; Ernst der Tapfere; Leopold III. der Schöne; Leopold IV. der Heilige; Leopold V. der Freygebige; Heinrich II. Jasomirgott, der erste Herzog von Österreich (durch den Gnadenbrief Kaiser Friedrich's I. vom 17. Sept. 1156); Leopold VI. der Tugendhafte; Friedrich I. der Katholische; Leopold VII. der Glorreiche und Friedrich II. der Streitbare (der 1246 im Kriegszuge gegen die Ungarn gebliebene letzte Babenberg) aus dieser Dynastie ruhmvoll erstanden. — Die hier aufgezählten Markgrafen und Herzoge, s. unter ihren eigenen Artikeln. Eine genealog. Übersicht gewährt die beygefügte Tabelle.

Babia-Gora, galiz. Berg im Myslenicer Kreise, unter den carpathischen Flöz- und Nebengebirgen der größte, 5,000 Fuß über dem baltischen Meere, mit imposantem Wasserfall, der häufig besucht wird.

Babinagreda, großes slavon. Pfarrdorf in der Militärgränze im Brooder Regimentsbezirke mit 4,180 Einw., kath. Kirche und alter Burg.

Babinopaglie, dalmat. Dorf im Kreis von Ragusa, auf der Insel Meleda, in dessen Nähe die beyden Kalkhöhlen Ostasevizza und Movrizza sich befinden. Erstere ist ein Felsgewölbe von 80 Klft. Länge, 60 Klft. Breite und 50 Klft. Höhe; die zweyte geht 100 Klft. tief in den Berg und zeichnet sich durch ihre schönen Tropfsteinbildungen aus.

Babnigg, Ant., einer der besseren deutschen Tenorsänger, wurde geboren zu Wien den 10. Nov. 1794. Seine künstlerische Ausbildung begann und vollendete er daselbst, wurde, nachdem er auf der Pesther Bühne Beyfall geerntet hatte, um 1820 im Theater nächst dem Kärnthnerthor engagirt und kam später nach Dresden, wo er gegenwärtig beym Hoftheater erster Tenorist ist. Er ist kein besonderer Schauspieler und als Sänger besitzt er mehr äußere Fertigkeit als Schönheit des Ausdrucks. Seine besten Rollen mögen wohl: Johann von Paris, Rodrigo in Othello, Belmont in der Entführung und Fernando in Cosi fan tutte seyn.

Babocsa, ungar. Marktflecken und Hauptort des gleichnähmigen Bezirks in der Schümegher Gespanschaft mit magyarischen und croatischen Einwohnern, kathol. Pfarre, und herrschaftlichen Gebäuden. Ehemahls war hier eine starke Festung.

Babocsay, Isaak von, gegen das Ende des 17. Jahrhunderts Notar des ungar. Marktfleckens Tarczal in der Zempliner Gespanschaft, Verfasser der wichtigen in magyar. Sprache geschriebenen Chronik Tarczal's von 1670—1700. Sie ist zuerst in Rumy's Werk: Monumenta Hungarica (Pesth 1815; 2. Aufl. eb. 1817) abgedruckt, und von ihm historisch und philologisch erläutert.

Babolna, ungar. Dorf im Comorner Comitat, hier ist ein königl. Militär-Gestüte und eine große Merinoschäferey in einer fruchtbaren grasreichen Ebene. Im Hauptcastell sieht man die Winter- und Sommerreitschule, und die schönen Stallungen.

Babor, Joh., Dr. der Theologie, emerit. Director des theologischen Studiums an der Universität zu Olmütz, Titulardechant und
Pfarrer zu Ollschan, geb. den 8. März 1762 zu Radomischel in
Böhmen. Nachdem er die Humanioren zu Böhmisch-Krumau, die
Philosophie zu Passau studirt, trat er 1780 in das Benedictinerstift
Seitenstetten, dessen Bibliothek in ihm die Neigung zur Literatur,
besonders zur Geschichte entwickelte und nährte. Von 1783 an lag er auf
der Wiener Universität dem Studium der Kirchengeschichte und der mor-
genländ. Sprachen ob. Nach Seitenstetten zurückgekehrt, ward er
Studien-Präfect des Seminars, Correpetitor im Hebräischen und der
Hermeneutik des alten Testaments. 1789 erhielt er die Lehrkanzel der
Letzteren in Olmütz, mit der auch jene des neuen Testaments verbunden war. Zum Doctor der Theologie wurde er 1792 promovirt. 1794
trug er Dogmatik vor, und ward Rector des Lyceums. Bey seiner durch
rastlose Studien und Arbeiten geschwächten Gesundheit zog er sich von dem
Lehramte zurück, und erhielt zuerst die Pfarre Sternberg in Mähren.
Seiner durch Gelehrsamkeit und aufgesammelte Materialien so wohl begründeten Neigung zu schriftstellerischer Wirksamkeit mochte er dennoch
nicht ganz entsagen. Seine Schriften sind: Der Ursprung ꝛc. der Excom-
munication unter den Christen, Wien, 1787.— Abhandlung über die
Weissagung Jacobs, 1789 (anonym). — Einleitung in das alte Testament, Wien, 1794. — Die Alterthümer der Hebräer, eb. 1794. —
Über die Abstammung der Deutschen, eb. 1798. — Übersetzung des neuen
Testaments, mit Anmerkungen, 3 Bde., eb. 1805. — Über die philosophische Historiographie ꝛc., Olmütz 1818. — Wohlthätige Leitungen
der göttl. Vorsehung bey Kriegen, eb. 1820.

Bacher, steyerm. ausgedehntes Gebirge im Marburger und
Cillier Kreise, von O. nach W. gedehnt, und zu dem wasserscheidenden
Zuge gehörig, welcher zwischen der Save und der Drave aus Kärnthen
durch Steyermark nach Croatien zieht. Dieses weitläufige, bey 17
Quadratm. Flächenraum einnehmende Bachergebirg ist in jeder Hinsicht
interessant. Ungeheure Urwälder lagern auf seinem Rücken und seinen
Seiten, welche zu einem bedeutenden Handel mit Läden in die Türkey
das Material liefern, zum Theil zum Bedarfe der 4 auf ihm bestehenden Glashütten, oder der 2 Eisenbergbauer und mehrere Schmelzen und
Hammerwerke benutzt werden. Weinbau von ausgezeichneter Qualität
wird an seinem nördl., östl. und südl. Fuße häufig betrieben. Die Nahmen: Pickerer, Raster, Radiseller, Rittersberger, Brandner, Go-
novitzer Wein ꝛc. gehören dieser Gegend an. Eine besondere Bemerkung verdienen die vielen an den ausgezeichneten Stellen befindlichen
Gotteshäuser, deren es im ganzen Umfange dieses Gebirges nahe an
50 gibt.

Bachiglione, Küstenfluß im Venetianischen, nimmt seinen Ursprung in den Tridentin. Alpen, trägt bey Vicenza Schiffe, strömt
dann durch Padua und bey Canche ins adriatische Meer.

Bacs, ungar. Marktflecken, in der gleichnahmigen Gespanschaft,
am ungesunden Moraste Mosztonka, mit 2770 Einw. Hier sind die
Ruinen des von Stephan I. erbauten Schlosses B.; von diesem hat

die Gespanschaft den Nahmen. Die ganze Umgebung ist ungemein fruchtbar; Obst und rother Wein gedeihen in Menge; die Waldungen geben
viel Bauholz und gute Eichelmast. Ansehnlich ist der Commissions- und
Speditionshandel. Ehemahls war B. eine k. Freystadt mit Befestigung;
fernerhin auch der Sitz eines kathol. und griech. Bisthums; ersteres
wurde mit dem Erzbisthum Colocsa vereinigt, letzteres nach Neusatz übersetzt.

Bacs-Bodrogher Gespanschaft in N. Ungarn, im Kreise dießseits der Donau, 170 Q. M. groß, zählt 297,760 Einw., die theils
zu den eigentlichen Ungarn, theils zu den Slaven und Raizen gehören,
und in 3 Freystädten, 9 Marktfl., 98 Dörfern und 19 Prädien wohnen,
die in 4 Districte getheilt sind. —Die Vereinigung beyder Gespansch. hatte
durch Reichstagsbeschluß vom J. 1802 Statt gefunden. Die vereinigte Gespansch. ist in dieser Gestalt eine der größten des Kreises, und durchaus eine
Ebene zwischen der Donau und der Theiß, welche durch den Franzens-
canal hier verbunden werden. Nebstbey hat sie zahlreiche Seen. Der vorzüglichste ist der Palitscher, der sehr viel Alkali hat. Der rings mit Morästen umgebene Schoriner Berg ist so hoch, daß man von seiner Spitze
die königl. Freystadt Stuhlweißenburg (welche 14 Meilen weit
von ihm ist) sehen kann. Er ist mit Weingärten angebaut. Das Clima
dieser Gespansch. ist wegen der vielen Sümpfe ungesund. Doch ist der
Boden fruchtbar, insbesondere an Weizen, Tabak und Wein. Die
Rindviehzucht ist vortrefflich, die Schafzucht wird mit Veredlung betrieben. An Fischen ist Überfluß und an Wildpret fehlt es nicht,
obgleich es an Waldungen mangelt, und die Einwohner mit Stroh
und Kuhmist zur Feuerung sich behelfen müssen. Hier befinden
sich auch die sogenannten Römerschanzen, welche mehrere Meilen
lang sind.

Bacser-Canal, s. Franzens-Canal.

Badacson, hoher Berg in der Szalader Gespanschaft Ungarns,
mit einer weiten Aussicht über den Plattensee in die Schümegher und
Szalader Gespansch., und mit Weingärten umgeben, welche den berühmten Badacsoner Wein erzeugen.

Baden, niederösterr. landesfürstl. Stadt und berühmter Curort.
Obschon in den Schriften der Alten nur wenige Spuren zu finden, so
waren doch die Heilquellen Badens den Römern höchst wahrscheinlich
bekannt, da man 1769, als das Gebäude der Ursprungbäder errichtet
wurde, Ruinen eines römischen Dunstbades entdeckte, so wie auch bey
der Anlage des Parks uralte Grundfesten großer Gebäude unbestritten
römischen Ursprungs sind, da die dazu verwendeten Ziegel die Zeichen
der X. und XIV. Legion trugen. Nach dem Abzuge der Römer aus diesen
Gegenden gerieth B. wahrscheinlich wieder in Verfall, das Land wurde zur
Wildniß, und es blieb der in mancher Hinsicht so segensreichen Regierung der Babenberger vorbehalten, den Grund zum neuen Glanze
dieses Curortes zu legen. Jagdhunde entdeckten, der Tradition nach,
die heilsamen Quellen wieder, der Forst wurde gelichtet und neue Wohnungen entstanden. Zum erstenmahl urkundlich erscheint B. bereits
im 11. Jahrhunderte als bedeutender Ort (Markt), mit eigener Pfarre.

Kaiser Friedrich III., deſſen Gemahlinn Eleonore die Heilkraft dieſer Bäder mit vielem Erfolge verſucht hatte, erhob 1480 den Markt zur landesfürſtl. Stadt. Ungefähr um dieſelbe Zeit wurde ſie auch mit Ringmauern und feſten Thoren umgeben, auch führt die Stadt ſeit dieſer Zeit ihr eigenes, 2 badende Perſonen vorſtellendes Wapen. 1529, ſo wie 1683 litt die Stadt ſehr durch die türkiſchen Einfälle, beſonders im letztern Jahre, und ſie erholte ſich nur langſam wieder. 1714 äſcherte eine furchtbare Feuersbrunſt den größten Theil der Stadt ein, doch hatte ſich ſchon damahls die heilende Kraft ihrer Quellen ſo mächtig erprobt, daß ſie durch zahlreichen Beſuch ſchnell wieder zu Kräften kam. Die größten Fortſchritte aber begann B. unter der mütterlichen Regierung Maria Thereſiens zu machen, wozu auch theils die größere Würdigung, welche die berühmteſten Ärzte ihren Heilquellen ſchenkten, theils auch die damahligen unruhigen Zeiten, welche den Aufenthalt in andern berühmten Curorten unſicher machten, nicht wenig beytrugen. In neuerer Zeit wetteiferten Fremde und Einheimiſche, B. mit allen Bequemlichkeiten und Verſchönerungen auszuſchmücken; ſo wurde z. B. 1792 der Park, damahls Thereſiengarten genannt, auf einem der Stadt gehörigen Weingarten angepflanzt, 1793 die Stadt gepflaſtert und die Nachtbeleuchtung eingeführt; 1798 wurden die alten Stadtthore, Mauern und Gräben weggeräumt. Die beyden feindlichen Invaſionen 1805 und 1809 hatten wieder ziemlich nachtheiligen Einfluß auf B.s Wohlſtand, beſonders empfindlich aber war der große Brand, welcher den 26. July 1812 mehr als die Hälfte der Stadt verzehrte, 137 Häuſer wurden den Flammen zum Raube. Indeſſen wurde durch fortwährend ſich mehrenden Beſuch, durch allgemeine Theilnahme, directe und indirecte Beyträge, auch dieſer Schaden bald wieder erſetzt; B. ſtand ſchon nach Jahresfriſt wieder ſchöner als je da, und gewährt nunmehr durch ſeinen vortrefflich ausgeführten neuen Bau nicht nur alle Bequemlichkeit, ſondern auch jedem Bewohner größtmögliche Sicherheit. Seither geht die Verſchönerung dieſes berühmten Curortes und reizenden Sommeraufenthaltes alljährlich fort, die Zahl der B. jeden Sommer beſuchenden Badegäſte beträgt jährlich im Durchſchnitte an 3,000, für welche gegen 800 Miethwohnungen in Bereitſchaft ſtehen. Die Zahl der Fremden, welche des Vergnügens und der reizenden Umgegend wegen hieher kommen, iſt noch viel größer, und beträgt an manchen ſchönen Sonn- und Feyertagen leicht 10 bis 12,000. Die faſt jährliche Anweſenheit des Kaiſers und mehrerer Mitglieder der kaiſerl. Familie, beſonders der Erzherzoge Carl Ludwig und Anton Victor in den Sommermonathen, gewähren B. beſondern Glanz. — Die Stadt liegt 3 Meilen von Wien entfernt, am Eingange des reizenden St. Helenenthales; von Norden, Weſten und Süden iſt ſie durch die, jenes ſchöne Thal bildenden cetiſchen Gebirge, welche über den ungar. Gränzen erſt die Leithagebirge beſchließen. Sie zählt 420 Häuſer und über 2,500 Einw., mit Einſchluß jedoch der angränzenden Ortſchaften Guttenbrunn und Weikersdorf, welche, ſeit die Stadtthore abgebrochen wurden, mit der Stadt ein fortlaufendes Ganzes bilden, über 500 Häuſer und 4,000 Einw. Unter den Gebäuden der Stadt sind vorerst die Badhäuser anzuführen; deren sind 16, von welchen 11 im Gebiethe der Stadt liegen, 5 aber den benachbarten Guts= besitzern angehören, sie heißen: die Ursprungbäder, in einem nach orientalischem Geschmacke erbauten Gebäude am Fuße des sog. Cal= varienberges; das Theresienbad, unweit der vorigen; das Her= zogs= und Antonsbad im sog. Herzogshofe; das Frauenbad, ver= einigt mit dem 1821 im röm. Style neu erbauten schönen Carolinen= bade; das Josephsbad nächst der Fahrbrücke über den Schwechatbach; das Leopoldsbad in der Alleegasse; das Peregrinusbad in der Berggasse; das Johannisbad in Gutenbrunn; das Armenbad neben letzterem; das Sauerhofbad in dem, ebenfalls 1821 neu erbauten schönen Sauerhofe; die neu errichteten Engelsburgbäder nahe bey dem vorigen; endlich das Militärbad im Militärspitale, ehemahls Pe= tersbad und das Mariazellerbad im Mariazellerspitale. Die meisten dieser Bäder bestehen aus einem gemeinschaftlichen großen Wasserbe= hältniß, worin 50 bis 60, auch wohl an 100 Personen zugleich baden können. Es ist jedoch eine eigene Badekleidung vorgeschrieben, die man entweder selbst mit sich bringen kann, oder in der Bade=Anstalt gegen Vergütung erhält. Der sogenannte Ursprung oder die Calvarienquelle be= findet sich in einer Grotte am Fuße des Calvarienberges; die Quantität des hier in dem Zeitraume von 24 Stunden aufsprudelnden Heilwassers wird auf 13,440 Eimer berechnet. Hier befindet sich auch das Dunstbad; der Ursprung versieht indessen nur die 4 nahe liegenden Badehäuser mit warmem Heilwasser, die übrigen Bäder haben ihre eigenen Quellen, die unter den durchlöcherten Fußböden aufsprudeln. Das hiesige Mineral= wasser, wie es der Erde entströmt, ist klar und vollkommen durchsichtig. Wird es jedoch durch längere Zeit der atmosphärischen Luft und dem Lichte ausgesetzt, so wird es trübe und milchicht und bildet mit der Zeit einen Bodensatz, welchen man den Badschlamm nennt und welcher eben= falls als Umschlag gegen verschiedene Übel gebraucht wird. Mit dem Was= ser steigt aus den Quellen eine große Menge Gas in großen und kleinen Blasen mit Gezische empor. Das Wasser und dieses Gas hat einen hepa= tischen, den faulen Eyern ähnlichen Geruch, der Geschmack des Was= sers ist salzig=hepatisch. Die Temperatur der verschiedenen Quellen ist verschieden, und steht zwischen + 24° bis 30° nach Reaumur. Das specifische Gewicht dieses Mineralwassers ist vor seiner Abkühlung und Zersetzung an der freyen Luft jenem des reinen Wassers gleich; später nimmt es im geraden Verhältnisse mit der Abkühlung und Zersetzung zu. Die Menge des den gesammten hiesigen Quellen entströmenden Wassers, welche man auf beyläufig 80,640 Eimer österr. Maßes binnen 24 Stunden anneh= men kann, bleibt sich in jeder Jahrszeit und bey jeder Witterüng, so wie auch seine Temperatur gleich. Veränderungen der Atmosphäre, besonders aber außerordentliche Naturrevolutionen haben auch auf diese Mineral= quellen auffallenden Einfluß; so entstand z. B. zur Zeit des großen Erd= bebens in Lissabon 1755 die Engelsburgquelle. Das hiesige Mineral= wässer ist ein Schwefelwasser, seine chemischen Bestandtheile sind in mancherley Zeitaltern verschieden angegeben worden. Nach der Angabe des berühmten Physikers Volta, der das hiesige Mineralwasser an

Ort und Stelle untersuchte, und welche ziemlich allgemein als richtig angenommen wird, enthält 1 medic. Pf. davon: Schwefelsaures Natron 1 Gr.; salzsaures Natron $2\frac{3}{7}$ Gr.; schwefelsaure Kalkerde $2\frac{1}{7}$ Gr.; kohlensaure Kalkerde $3\frac{3}{7}$ Gr.; schwefelsaure Bittererde $1\frac{6}{7}$ Gr.; kohlensaure Bittererde $1\frac{1}{7}$ Gr.; salzsaure Thonerde $\frac{3}{4}$ Gr.; kohlensaures Gas $7\frac{2}{7}$ und geschwefeltes Wasserstoffgas $3\frac{3}{7}$ Cubikzoll. Nach dem Ausspruche der berühmtesten Ärzte wird durch den Gebrauch des Badner Schwefelwassers als Bad das ganze Hautorgan kräftig aufgeregt, und wird deßwegen vorzüglich bey den verschiedenen Hautkrankheiten, wie auch bey Gicht oder Rheumatismen und andern Übeln mehr, mit vielem Erfolge angewendet. — Die andern merkwürdigen Gebäude B.s sind: Die alterthümliche Pfarrkirche zum heil. Stephan; das einfache, jedoch sehr niedliche Wohngebäude des Kaisers auf dem nicht sehr geräumigen Platze; das Palais des Erzherzogs Anton, dieses großmüthigen Gönners der Stadt, welchem sie und ihre Umgebungen so vieles verdanken; mehrere andere geschmackvolle Palläste im modernen Style; das Rathhaus, nach dem Brande 1812 von Grund aus neu und sehr geschmackvoll erbaut; das städtische Theater, 1810 nach Kornhäusel's Angabe entstanden, der bereits erwähnte Sauerhof, ein schönes, der Familie der Freyherren v. Dobblhoff gehöriges, mit englischen Anlagen umgebenes Gebäude, 1821 errichtet; der Herzoghof, das vormahlige Augustinerkloster, welches seit 1812 zu einem schönen geräumigen Wohngebäude eingerichtet wurde, und noch mehrere schöne Privatgebäude. An Wohlthätigkeitsanstalten besitzt B.: das Bürgerspital, den Mariazellerhof in der Berggasse, welchen der jetzt regierende Kaiser von dem Religionsfonde ankaufte und zur Verpflegung und Unterbringung armer Badebedürftigen bestimmte, das große Militärspital, das Marienspital, von dem Vereine der adeligen Frauen erbaut, und ebenfalls Kranken und armen Badebedürftigen gewidmet, und noch 2 Lazarethe. An Spaziergängen besitzt B. außer dem bereits erwähnten Park mit seinen schönen Chiosk und dem Tempel des Äskulap, welcher besonders Mittags und Abends die eleganteste Promenade bildet, noch die schönen Lang'schen Anlagen, von dem städtischen Park angefangen bis beynahe auf den Gipfel des Calvarienberges, welche unter B.s erste Zierden gehören. Zierliche Alpenhütten, Brücken über Felsenschluchten, Grotten und angenehme Rasensitze wechseln hier mit einander ab, womit eine herrliche Aussicht verbunden ist. Diese so wie mehrere Spaziergänge werden durch die Großmuth des Erzherzogs Anton im guten Stande erhalten; ferner der Guttenbrunner Schloßgarten, der Weikersdorfer Schloßgarten, die gräfl. Alexandrovich'schen Berganlagen ꝛc. Der Lieblingsort der B.er Curgäste ist jedoch mit Recht das reizende Helenenthal mit seinen großen Naturschönheiten, ehrwürdigen Resten der alten und prachtvollen Werken der modernen Baukunst. Der Eingang in dieses herrliche Thal ist nur eine Viertelstunde südwärts von der Stadt, und es erstreckt sich in einer Länge von 3 Stunden bis in das Gebirge von Heiligenkreuz. Vor allem erwähnenswerth sind die Ruinen der drey sich in geringer Entfernung gegenüber stehenden Ritterburgen Rauhenstein, Rauhenegg u. Scharfenegg, wovon sich besonders erstere, auf hochgethürmten Felsen, noch

in voller Kraft des Mittelalters prangend, auszeichnet; letztere, Schar=
fenegg jedoch nur mehr unbedeutende Ruine iſt. Rauhenegg iſt ſeines
ungeheuern, dreyeckigen Wartthurms von rieſenmäßiger Stärke und der
unermeßlichen Ausſicht von deſſen Zinnen wegen höchſt merkwürdig. Be=
queme Spazierpfade verbinden dieſe intereſſanten Ruinen mit einander,
und die koloſſalen Thürme Rauhenſteins und Rauheneggs kann
man mit voller Sicherheit auf darin angebrachten Stufen beſteigen. Spen=
der dieſer Genüſſe iſt ebenfalls Erzherzog Anton, der dieſe, ſo wie
alle übrigen Spaziergänge des Helenenthales theils ſelbſt erſchuf, theils
mit wahrhaft fürſtl. Liberalität erhalten läßt. Auf dem Fuße der bedeu=
tenden Anhöhe, welche die Feſte Rauhenegg krönt, erhebt ſich das
herrliche Prachtgebäude Schloß Weilburg, eine der größten Zierden
dieſes ſchönen Thales, die Sommerreſidenz des Erzherzogs Carl, 1822
durch den vortheilhaft bekannten Architekten Kornhäuſel im edelſten
Style erbaut. Schließlich ſind unter den vielen Schönheiten und Merk=
würdigkeiten dieſes herrlichen Thales, noch beſonders anzuführen: der
große Holzrechen, welcher jährlich über 10,000 Klafter Holz aus weit
entlegenen Wäldern zuflößt; das Felſenthor durch den Urthelſtein; das
alte St. Helenenkirchlein unter der Feſte Rauhenſtein; die Hauswieſe,
dieſer Sammelplatz der eleganten Welt; die Schönfeld'ſchen Anlagen;
die neue Capelle ꝛc., und endlich die ſogenannten Krainerhütten, welche
ſich jedoch ſeit einigen Jahren in ganz artige Gebäude verwandelt haben,
wo man nach zwar eben nicht kurzer, jedoch ſehr angenehmer Wanderung
mit Erfriſchungen aller Art bedient wird.

Badgaſtein, ſ. Gaſtein.

Bäder, Brunnen, Heilquellen ꝛc., ſ. als Geſammtüber=
ſicht bey den Ländern, und die vorzüglichſten als ſelbſtſtändige Artikel in
der alphabetiſchen Reihe.

Bährn, mähr. Stadt im Olmützer Kreiſe, nahe am Urſprung
der Fiſtritz, an der Poſtſtraße von Olmütz nach Troppau, gehört
zur fürſtl. Liechtenſtein'ſchen Herrſchaft Sternberg, hat 2 Kirchen,
eine Pfarre und einen Magiſtrat, zählt 1,500 Einw. Die in der Nähe
befindlichen Grauwackenfelſen geben der Gegend ein wild=ſchönes An=
ſehen.

Bär, Joſ., berühmter Clarinettiſt und Concertmeiſter der königl.
Hofcapelle zu Berlin, war geboren 1744 zu Grünwald im Leit=
meritzer Kreiſe Böhmens. Sein armer Vater konnte ihm nur höchſt dürf=
tigen Unterricht ſowohl im Leſen, Schreiben und Rechnen, als auch
in der Muſik ertheilen laſſen. 1758 ging B. ohne Wiſſen ſeiner Ältern
im 7jährigen Kriege mit den franzöſ. Truppen nach Paris, trat da=
ſelbſt als Hautboiſt in Militärdienſte und wurde endlich, ſeines ausge=
zeichneten Spieles auf der Clarinette wegen, in die Capelle des Herzogs
von Orleans mit bedeutendem Gehalte angeſtellt. Nach einem 22jäh=
rigen Aufenthalte daſelbſt, beſuchte B. Holland, England, Polen,
Schweden, Dänemark, ganz Deutſchland, Italien und endlich Ruß=
land, wo er ſich wieder geraume Zeit aufhielt, und wurde allenthalben,
ſeines vortrefflichen Spieles wegen, mit allgemeinem Beyfalle aufge=
nommen. 1792 ließ er ſich zu Prag, während der Krönungszeit

11 *

Franz II. zum König von Böhmen, wieder mit vielem Beyfalle hören und wurde dann als Concertmeister bey der königl. Hofcapelle zu Berlin angestellt. Sein Vortrag war der Zartheit und Empfindung wegen, womit er sein, nicht eben leicht zu behandelndes Instrument spielte, höchst ausgezeichnet zu nennen.

Bärnstadt, böhm. Stadt im Königgrätzer Kreise an der schles. Gränze, mit dem Schlosse Schatzlar und 900 Einw., welche sich mit Weben grober und mittelfeiner Leinwanden beschäftigen, größtentheils aber Spinnerey für die Leinwandfabriken des Kreises besorgen.

Bärringer, s. **Perninger.**

Bätzdorf, schles. Dorf im Troppauer Kreise mit 1,370 Einw., kathol. Pfarre und k. k. Gränz-Zollamt.

Bäuerle, Adolph, ist geboren zu Wien den 9. April 1786. Seine schon sehr frühzeitige lebhafte Neigung zum Theater-Dichter ward durch sein Talent angeregt und glücklich unterstützt. Bereits in seinem 16. Jahre hatte er ein Lustspiel verfaßt, das auf dem Wiener Leopoldstädter Theater beyfällig aufgenommen wurde. Dieser günstige Erfolg eiferte ihn zu fortgesetzter Thätigkeit an. Er schrieb eine bedeutende Anzahl von Lustspielen und Possen, die zum Theile zur grotesken Gattung gehören. Blühende Phantasie, genialer Humor, und Beruf zum Volksdichter bezeichnen fast alle seine dramatischen Hervorbringungen, und sichern ihnen fortwährend günstige Wirkung, wenn auch mehrere schon außer der Zeit sind. In seinem Staberl in den „Bürgern in Wien," hat B. einen recht interessanten stehenden Charakter geschaffen, der auch von andern Dichtern nachgebildet wurde. B. hat besonders das Verdienst, die jämmerlichen Personagen eines Casperl und Thaddädl von der Wiener Volksbühne gänzlich verdrängt zu haben. Seine Stücke sind unter dem Titel: Komisches Theater 1820—26 in 6 Bdn. zu Pesth erschienen. Seit Gewey's Tode setzte er, doch nicht mit demselben Geschicke, die Briefe eines Eipeldauers ꝛc. (s. d.) bis zum Jahre 1821, wo sie aufhörten, fort. Seine Theaterzeitung, bereits 1806 begonnen, und jetzt: Allgemeine Theaterzeitung und Originalblatt für Kunst, Literatur, Musik, Mode und geselliges Leben genannt, ist sehr bunt, mannigfaltig und inhaltreich. Sie liefert auch illuminirte Mode- und Costumebilder, und seit 1834 durch die vielen Pfennig-Magazine und ähnliche Erscheinungen bewogen, zugleich Holzschnitte von Höfel, Eißner ꝛc. Der starke Absatz dieser Zeitung rührt einerseits von der eigenen, kein zum Zweck führendes Mittel verschmähenden Operationsweise des Herausgebers, anderseits von dem Umstande her, daß das Blatt augenscheinlich nichts weniger, als für das eigentlich gebildete Publicum eingerichtet ist. An Würze bedeutend gestiegen ist das Blatt durch den neuerlichen Beytritt des witzübersprudelnden humoristischen Proteus M. G. Saphir, dessen unerschöpfliche Kräftfülle hier in allen Formen und Farben umherschimmert. B. hat ferner herausgegeben: (Auf die Wiedergenesung des Kaisers) Gott erhalte Franz den Kaiser. Erinnerungsbuch: Wien, 1827. — Das 60ste Geburtsfest Franz I., Seitenstück zu Gott erhalte ꝛc. eb. 1828. — Denkmähl der Unterthansliebe und Volkertreue während der Regierung Franz I. eb. 1830. — Was verdankt

Österreich der beglückenden Regierung Sr. Majestät Kaiser Franz des Ersten? mit 3 Kupfern, eb. 1834. Alle diese, der gebührenden Verherrlichung des besten Landesvaters gewidmeten Schriften machen sich wie durch ihre profane Textirung so durch eine gewisse überschwängliche Manier bemerkbar, die der echten Begeisterung und wahren Huldigung nicht eigen zu seyn pflegt. — B. erwirkte seit mehreren Jahren für verschiedene aus Elementar-Unfällen verunglückte Dorf= und Stadtbewohner durch öffentliche Aufrufe und sonstige Verwendung nahmhafte Unterstützungen, und erhielt in Folge dessen die Titel eines Ehrenbürgers von 6 Städten des Kaiserthums. Den Ertrag seiner obigen zwey erstgenannten Denkbücher hat er dem Privatverein zur Versorgung erwachsener Blinden gewidmet; selber mag sich über 8000 fl. belaufen haben. Die erfolgreichen Resultate seiner Wirksamkeit hatten die Aufmerksamkeit der Regierung auf sich gezogen, auch Beyfallsbezeigungen für B. veranlaßt.

Bagolino, lombard. Marktflecken in der Delegation **Brescia,** in einem Gebirgsthale am Flusse Caffaro, hat 3,650 Einw., die der Sage nach gallischer Abkunft sind; Eisenschmelzöfen, Eisen= und Stahlhämmer.

Baja, ungar. großer Marktflecken in der Bacser Gespanschaft, zählt 12,000 Einw. verschiedener Abkunft, Ungarn, Deutsche, Raizen und Juden, hat eine katholische, eine evangelisch=reformirte und eine griechisch=nicht unirte Kirche, nebst einer Synagoge; ferner ein Castell, Caserne, Comitatshaus und ein Franciscanerkloster. Die Getreidemärkte sind hier bedeutend.

Bajmocz (Bojniz), ungar. Dorf im Neutraer Comitate, mit warmen Bädern und einem mit Wällen umgebenen gräfl. **Palffy'schen** Schlosse. Die deutschen Colonisten verfertigen hier mehrere tausend Sattelbäume für die Caballerie, und außerdem werden hier und in der Gegend viele gemeine Holzarbeiten gemacht.

Bajna, 1) ungar. Marktflecken in der Neutraer Gespanschaft, mit 1,100 Einw., sehr gutem Obst= und Weinbau und einem großen Militärspital. 2) ungar. Dorf in der Gräner Gespanschaft, hat 1,600 Einw., kathol. Kirche, gräfl. **Sandor'**sches Castell mit einem weitläufigen Thiergarten.

Bajza, Jos., den 31. Jänn. 1804 in **Szücsi** in Ungarn, von adeligen Ältern, lutherischer Confession, geboren; erhielt im väterlichen Hause eine sorgfältige Erziehung. Seine Studien begann er 1811 auf dem Gymnasium zu **Gyöngyös,** setzte sie 1817 in **Pesth** fort und bezog daselbst 1818 die Universität, von wo er 1824 nach **Preßburg** überging, auf der dasigen Akademie den juridischen Curs zu beenden. Das folgende Jahr brachte er in **Orosci** bey **Gyöngyös,** wo sein zu dieser Zeit verstorbener Vater Gutsbesitzer war, mit juristischer Praxis zu, und ward 1825 von der Heveser Gespanschaft ihrem Reichstagsdeputirten als Kanzleyschreiber zugetheilt, in dessen Folge er zwey Jahre in **Preßburg** verblieb, und erst im Nov. 1827 zu **Pesth** den Eid als Notar der königl. Tafel ablegte. Die Liebe zur Poesie erregte in ihm zuerst die Lecture der alten Classiker, bis er, vorzüglich durch

Kazinczy's Schriften, die ungär. Literatur liebgewinnend, ſelbſt einige Verſuche in ungar. Sprache wagte, wobey er ſich der Idyllenform bediente; der er aber gänzlich entſagte, als er durch einige lyriſche Ar= beiten Carl Kisfaludy's Aufmerkſamkeit auf ſich ziehend, und in ihm bald einen herzlichen Freund findend, von ihm zu Verfolgung dieſer Bahn aufgemuntert wurde. Seine Gedichte ſind in den ſechs letzteren Jahrgängen der Aurora, in der Aſpaſia, u. ſ. w. (theils mit der Un= terſchrift Julius bezeichnet) zerſtreut, und unter ihnen war das Bö= rének jenes, das zuerſt allgemeine Begeiſterung erweckte, und des Dich= ters Ruf begründete. Seine Poeſien zerfallen in Lieder, Romanzen und Epigramme.

Bakabánya, ungär. Fluß in der Honter Geſpanſchaft im Kreis= diſtrict der Donau, der auf den Hontergebirgen entſpringt, und ſich in einen Arm des Fluſſes Gran ergießt, worauf er den Nahmen Szikinze erhält. Er verurſacht oft großen Schaden durch Überſchwemmung.

Bakabánya (Püganz), ungär. königl. Freyſtadt in der Honter Geſſanſchaft, im Kreisdiſtrict der Donau. Sie iſt eine von den 7 Berg= ſtädten Ungarns. Sie liegt am Fuße eines gold= und ſilberhaltigen Ge= birges, allein die Ausbeute der Bergwerke hat ſehr abgenommen. Die Einwohner ſind meiſtens Slowaken und einige Deutſche, die ſich vom Feld=, Wein= und Gartenbau, vom Bergbau, vom Branntwein= brennen und von einigen Handwerken, beſonders von der Töpferey nähren.

Bakacz, Thom. v., Cardinal=Prieſter der heil. röm. Kirche, Primas und päpſtlicher Legat in Ungarn, ein Mann von großen Talen= ten, welchen deßhalb ſchon Math. Corvinus zu ſeinem Secretär aus= erkor und ihm den Adel verlieh. Er wußte die Wahl des Königs von Polen, Wladislaw II., zum König von Ungarn zu betreiben und wurde dafür Reichskanzler. Sein Eifer, mit dem er gegen die Türken das Kreuz predigte, brachte 1513 ein bedeutendes Heer zuſammen, worunter ſich aber meiſtens unſicheres Volk befand, welches, anſtatt ge= gen die Türken zu fechten, Unruhen im Innern erregte, die jedoch bald unterdrückt wurden. B. ſtarb 1521.

Bakonybel, ungär. Dorf in der Weszprimer Geſpanſchaft, mit einer Benedictiner=Abtey, in der Mitte des Bakonyer=Waldes, welche König Stephan I. der Heilige 1030 ſtiftete.

Bakonyer=Wald, großer Wald in Ungarn, in der Weszpri= mer Geſpanſchaft, 12 Ml. lang und 2 bis 5 Ml. breit. Er prangt mit den ſchönſten Eichen, Buchen und Linden, doch iſt er ſchon ziemlich ge= lichtet. Man mäſtet darin Schweine, Bakonyer genannt, in Heerden mit den ſich in außerordentlicher Menge erzeugenden Eicheln und Bu= cheln. Von letzten preßt man auch gutes Öhl zu Lampen und zu Speiſen. Das übermäßige Pottaſchebrennen hatte dieſem Walde ſchon ſehr geſchadet, bis 1770 eine Forſt= und Waldordnung bekannt gemacht wurde. Man findet hier viel Wildpret.

Balásfalva, ſ. Blaſendorf.

Balaſſa, berühmtes adeliges, ſpäterhin in den Freyherrnſtand erhobenes Geſchlecht in Ungarn. Einen beſonders ausgezeichneten Nah=

men erwarben ſich: Franz B. v. Gyarmath, Ban von Croatien, ſeit
1504. König Ludwig II. ſandte ihn 1522 nach Mähren, um die Landes-
bewohner zur Hülfe gegen die Türken anzueifern. Er fiel in der Schlacht
bey Mohacs 1526. Sein Sohn Emerich, Woywod von Siebenbürgen ſeit 1534, wußte ſich zum Obercapitän von Siebenbürgen hinauf-
zuſchwingen, mußte aber wegen Bedrückungen das Land verlaſſen, und
ſtarb in Ungarn. Melchior, ein Bruder Emerich's, war ein großer Anhänger König Ferdinand's I., der ihn 1552 zum Commandirenden in Ungarn ernannte, obſchon er auch der Partey der Königinn
Iſabella gehuldigt hatte. 1556 ergriff er förmlich Iſabellens Partey, und führte mehrmahl ihre Truppen an. Sein Wankelmuth führte ihn wieder zu Ferdinand zurück, nach deſſen Tode er für Maximilian gegen die Anhänger des jüngern Zapolya mit Vortheil
kämpfte; 1566 ſchlug er die Türken bey Rimaſzombad, und ſtarb 1567
in einem Alter von 62 Jahren zu Wien. Ein anderer Bruder Emerich's, Johann, Obergeſpan des Honter und Sohler Comitats,
auch Obercapitän der Bergſtädte unter Ferdinand I. und Maximilian, wurde 1555 auf dem Reichstage zu Preßburg zum Obercapitän der adeligen Inſurrection der Geſpanſchaften Arva, Thurocz,
Sohl, Hont, Barſch und Neograd erwählt; kämpfte 1562 unglücklich gegen die Türken, kam 1569 in den Verdacht der Untreue gegen Maximilian, der ihm 1572 wieder Verzeihnng angedeihen
ließ. Johann's Sohn Valentin (ſ. unten).—Paul Freyh. von B.
ſtudirte unter den Jeſuiten, trat in ihren Orden, bekleidete mehrere
geiſtliche Würden, bis er endlich Boſoner Biſchof und General-Vicar
des Graner Erzbiſchofs wurde; ſt. zu Tyrnau 1805.

Balaſſa, Valent. v., der erſte ungar. Dichter von Bedeutung,
des obigen Johann Sohn, ward 1550, auf ſeiner väterlichen Burg
geboren, und vorzüglich zum Kriegsdienſte erzogen. In den gymnaſtiſchen
Übungen war er ſo ausgezeichnet, daß er bey Gelegenheit der Krönungs-
feyerlichkeit König Rudolph's zu Preßburg 1572, durch die mei-
ſterliche Ausführung eines grotesken, äußerſt ſchwierigen Schäfertanzes,
die königl. Familie und alle Anweſenden in Erſtaunen ſetzte. Doch genoß er auch einer, für jene Zeit großen Geiſtesbildung, wovon ſowohl
ſeine vollkommene Kenntniß der lateiniſchen, italieniſchen und polniſchen
Sprachen, als ſeine Gedichte zeugen, die er ſchon 1572, zu Krakau
drucken ließ. Als der ſiebenbürgiſche Prätendent Békéſi, den Fürſten
Steph. Báthory zu ſtürzen, 1575 in Siebenbürgen einfiel, zog,
jenem beyzuſtehen, auch B. mit ſeinen Reiſigen dahin; ward aber auf
der Gränze vom fürſtl. Feldherrn Kornis geſchlagen, in der Flucht erreicht, verwundet, und einige Zeit von Báthory gefangen gehalten.
Rückkehrend trat er in königl. Dienſte, und ſcheint in Erlau commandirt zu haben. Zum Dichter hat ihn die Liebe gemacht. Er huldigte in
ſeiner früheſten Jugend der, ihrer Schönheit wegen berühmten Gräfinn
Turnovski, welche damahls am Hofe des ungar. Kronprätendenten
Johann Siegmund von Siebenbürgen lebte, und ſcheint unerhört
geblieben zu ſeyn. B. verließ 1589 ſeine Heimath; 1594 finden wir ihn
wieder in Ungarn, wo er am 20. May deſſelben Jahres bey der Beſtür-

mung von Oran, zur Seite des Niklas Palffy, an beyden Schenkeln
verwundet, fiel. Die Liebe zur Poeſie dauerte bis an ſein Ende, da wir
von ihm Gedichte haben, die er noch einige Tage vor ſeinem Tode, unter dem Waffengeklirre des Lagers, ſchrieb. Seine Lieder gab zuerſt
Nadányi, dann wiederhohlt Rimai heraus, worauf noch bis auf
neuere Zeiten viele Auflagen folgten und den Beyfall, deſſen ſie ſich erfreuten, bewähren.

Balaſſa-Gyarmath, ungar. Marktflecken im Neograder Comitat, Stammort der berühmten Familie Balaſſa (ſ. d.), in einer ſchönen und ſehr fruchtbaren weizenreichen Gegend, nahe an der Eipel, mit
3,980 Einw., unter denen es mehrere Knopfmacher gibt. Das alte feſte
Schloß, das ſich mehrmahls tapfer gegen die Türken vertheidigte, liegt
nun in Trümmern. Im J. 1626 fand hier ein Friedenscongreß zwiſchen
den Oſterreichern und Türken Statt.

Balaton, ſ. Plattenſee.

Balbi, Adrian v., kaiſerl. Rath, berühmter Geograph und
Statiſtiker, iſt geb. 1783 zu Venedig aus altem Geſchlechte. Er genoß einer äußerſt ſorgfältigen Erziehung, beſonders aber zogen ihn ſchon
in früheſter Jugend die geographiſchen Wiſſenſchaften und das Studium
der Landcharten an, auch Mathematik ſtudirte er mit vielem Eifer. Nach
vollendeten Studien erhielt B. eine Anſtellung als Profeſſor der Phyſik
und Geographie in ſeiner Vaterſtadt und begann bereits, ſich mit Herausgabe von geographiſchen Werken zu beſchäftigen. 1820 begab ſich B.
nach Portugall, wo er auf auszeichnende Weiſe aufgenommen wurde und
in den reichhaltigen Archiven der Regierung, vornehmlich durch den damahligen Miniſter der auswärtigen Angelegenheiten, Marquis von
Palmella begünſtigt, viele Materialien zu ſeinem Werke über Portugall ſammelte. Nach einigen Jahren Aufenthalt daſelbſt, beſuchte B.
Paris, wo er ebenfalls mit den vorzüglichſten Gelehrten und Staats-
männern bekannt wurde und ſich durch längere Zeit mit literariſchen Forſchungen beſchäftigte. Endlich verfügte ſich B., nach einem längern Aufenthalte in Venedig und Italien überhaupt, nach Wien, wo er
1834, durch Cabinetsentſchließung den Titel eines kaiſerl. Rathes mit
einem jährlichen Gehalte von 1,500 fl. und der ehrenden Verbindlichkeit
erhielt, die ihm bey vorkommenden Fällen von den hohen Behörden vor-
gelegten Fragen über Statiſtik und Geographie zu beantworten. Außerdem erhielt er ſchon früher die große goldene Medaille und auch von auswärtigen Regenten ehrende Auszeichnungen. Im Drucke erſchienen von
ihm: Prospetto politico geografico dello stato attuale del globo.
Venedig 1808. — Compendio di Geografia univers. etc. eb. 1817. —
Elementi di Geografia ad uso de' giovanotti. eb. — Prospetto fisico-
politico dello stato attuale del globo. eb. 1818. — Tableau polit.
statistique de l'Europe en 1820. Liſſabon, 1820. — Variétés polit.
statist. sur la Monarchie portugaise. Paris, 1828. — Essai statistique
sur le royaume de Portugal et d'Algarve. 2 Bde. eb. 1822, welches treffliche Werk unter andern einen merkwürdigen Abſchnitt über Portugall zur Römerzeit und viele vorher ganz unbekannte Angaben über
die Literatur und Kunſt dieſes Landes enthält. — Atlas ethnographique

du Globe, ou classification des peuples anciens et modernes d'après leurs langues, 2 Bde. eb. 1826, ein vortreffliches Werk, worin B. die Franzosen mit den Forschungen Abelung's, Vater's und anderer deutscher Sprachvergleicher bekannt macht und zu dem Bekannten viel Neues und Nützliches fügt.—Essai historique et statistique sur le royaume de Perse. eb. 1827.—Balance politique du globe etc. eb. 1828. Dieses Werk erschien in englischer Übersetzung zu Edimburgh und wurde fast ganz in deutsche, spanische, russische, italienische und selbst amerikanische periodische Schriften aufgenommen. — La Monarchie franç. comparée aux principaux états du monde. Paris, 1829. —Statist. comparée des crimes et de l'instruction en France. eb. 1829.—L'empire russe comparée aux principaux états du monde. eb. 1829. — The World compared with the british empire. eb. 1830, auch in französ. Übers. —Essai hist., géogr. et statist. sur le royaume des Pays-bas. eb. 1831.—Abrégé de géographie. Eb. 1832. 2, Abdruck. eb. 1834, von welchem trefflichen Werke 1834 eine deutsche Übersetzung bey Reichard in Güns, oder eine Bearbeitung von Cannabich, Littrow, Sommer, Wimmer und Zeune erschienen ist.—Bilancia politica del globo. Padua, 1833. — Essai d'un tableau statistique de la terre, précédé des prémisses généraux de la statistique et suivi d'un aperçu sur l'étendue de l'empire d'Autriche, sur sa population et son mouvement, comparée à la population et le mouvement dans les principaux états du monde. Dieses Werk wird zu Wien in deutscher, zu Paris in französischer und zu Padua in italienischer Sprache 1835 erscheinen.

Balbi, Hieron., Bischof von Gurk in Kärnthen, geb. zu Venedig, um die Mitte des 15. Jahrh. In seiner Jugend war er ein Schüler des berühmten Humanisten Pomponius Lätus zu Rom, der seiner Neigung für die alte Literatur die erste Richtung gegeben zu haben scheint. Er kam 1485 nach Paris und wurde einige Jahre nachher als Lehrer der Humaniora bey der dortigen Universität angestellt. In offne Fehde verwickelt mit Wilh. Tarbif, P. Faust, Andrelini und dessen Vertreter R. Gaguin, hatte er zwar nicht selten die Lacher auf seiner Seite, mußte aber dafür auch manche Anzüglichkeiten von seinen Gegnern hinnehmen, und sah sich 1496 genöthigt, sein Lehramt niederzulegen. Nach einem kurzen Aufenthalt in England, begab er sich nach Padua, und ward von da 1497 als Lehrer des kaiserl. Rechts nach Wien und von da 1499 nach Prag als Lehrer der Humanioren berufen, wo er aber seinen Charakter, oder doch seine Sitten zu verdächtig machte. Der üblen Gerüchte ungeachtet, die sich über ihn verbreiteten, verlangte ihn dennoch König Ladislaus von Ungarn zum Erzieher seines Sohnes und seiner Tochter 1512. Er belohnte auch seinen dreyjährigen Fleiß 1515 mit einer Propstey in Preßburg. Im Nahmen seines Herrn übernahm er verschiedene Gesandtschaften nach Wien, Krakau, Augsburg, Aachen u. a. O., wo seine Beredsamkeit mehr als einmahl siegte, da er mit tiefer Einsicht in die Geschäfte, nach dem Zeugnisse seiner Zeitgenossen, auch eine ungemeine Beredsamkeit verband. Der Erzherzog Ferdinand von Österreich, seine Verdienste

anerkennend, übertrug ihm 1522, das durch die Ernennung des berühm=
ten M. Lang zum Erzbischof von Salzburg erledigte Bisthum
von Gurk, deſſen Geſchäfte er ſchon ſeit 1519 als Coadjutor verwaltet
hatte. Noch in eben dieſem Jahre ging er als Abgeordneter nach Rom,
und bald darauf zum zweyten Mahle dahin, wo er ſich geraume Zeit auf=
hielt, und das Vertrauen Clemens VII. genoß. Schon im März
1523 hatte ihm der Papſt mit ſeiner Einwilligung einen Coadjutor ge=
geben, und im Jun. 1526 war ſeine Reſignation, mit Beybehaltung
ſeiner biſchöflichen Würde, in der allgemeinen Kirche aufgenommen wor=
den. Im hohen Alter begleitete er noch als geheimer Rath den Kaiſer
Carl V. nach Bologna, wohnte der Krönung deſſelben bey, und
ſchrieb bey dieſer Veranlaſſung ſein merkwürdiges Buch de coronatione.
Seitdem lebte er im Stillen, und ſtarb vermuthlich 1535. Er war ein
höchſt merkwürdiger Mann ſeines Zeitalters, der auf die wiſſenſchaftliche
Cultur deſſelben bedeutenden Einfluß übte. Von ſeinen Schriften beſitzen
wir folgende geſchätzte Ausgabe: H. Balbi Opera poetica oratoria
et politico-moralia e codd. mss. primisque typis coll. et praefat.
eſt J. de Retzer. 2 Bde. Wien, 1791.

Balbinus, Bohusl. Aloyſius, Jeſuit, geb. 1621 zu Königs=
grätz aus einem ritterlichen böhm. Geſchlechte. Er ſtudirte in dem Be=
nedictinerkloſter zu Braunau (Brzewnow) und in dem kaiſerl. Convict
zu Olmütz, trat darauf 1636 in den Jeſuitenorden, und theilte nun=
mehr ſeine Zeit zwiſchen dem Unterrichte der Jugend und hiſtoriſchen For=
ſchungen über die Alterthümer, Geſchichte und Literatur Böhmens. In
der letztern Abſicht durchreiſte er beynahe das ganze Königreich, ſpürte
überall alten Denkmälern nach, durchſuchte Bibliotheken und Archive,
und brächte allmählig einen großen Vorrath alter Urkunden, Hand=
ſchriften und anderer hiſtoriſcher Denkwürdigkeiten zuſammen. Aus die=
ſen Sammlungen erwuchſen ſeine, für die böhm. Geſchichte, Genea=
logie und Topographie reiche Materialien darbiethenden Werke: Epitome
rerum bohemicarum lib. I—V. Prag, 1677. lib. VI—VII. eb.
1673, 2 Bde. (die 2 letzten Bücher ſind ſelten). — Miscellanea hi=
storica regni Bohemiae. Decas I. lib. 1 — 8. eb. 1680 — 88.
Decas II. lib. 1 et 2 eb. 1687. — Bohemia docta, opus posthumum,
edit. notisque illustr. a Raph. Ungar. eb. 1777 — 80. 3 Thle. Der
erſte Theil dieſes letztern Werks enthält eine Geſchichte der Univerſi=
tät Prag, und im Anhange eine Abhandlung von den älteſten Schulen
in Böhmen, der 2. Theil gibt von mehrern berühmten böhm. Gelehrten
Nachricht, und der dritte liefert ein Verzeichniß der Handſchriften, die
in böhm. Bibliotheken befindlich ſind. Der dritte Theil dieſes Werkes iſt
ſelten, ſo wie eine von F. M. Pelzel aus des B.'s Nachlaß
herausgegebene Dissertatio apologetica pro lingua slavonica, prae=
cipue bohemica! Prag, 1775. — Außer dieſen ſeinen Hauptwerken
ſchrieb B. auch hiſtoriſche Nachrichten von den Gnadenbildern der Mutter
Gottes zu Wartha in Schleſien, zu Turas in Mähren, und am heil.
Berge zu Przibram in Böhmen (Diva Wartensis, Turzanensis
et S. Montis). Ferner: Origines Comitum de Gutenstein, Vita
Arnesti, primi Archiepiscopi Pragensis, auch Epigramme (Exa=

mien Melissaeum, seu Epigram. lib. 6) und andere latein. Gedichte. Sehr beträchtlich ist die Anzahl seiner ungedruckten Arbeiten. Er
starb zu Prag den 29. Dec. 1688 als Professor der Rhetorik und Präfect der Schulen und Congregation der heil. Jungfrau.

Baldacci, Ant. Freyh. v., Präsident des k. k. General-Rechnungs-Directoriums, wirkl. geheimer Rath, Großkreuz des österr. Leo-
polds- und Commandeur des St. Stephans-Ordens, Inhaber des goldenen Civil-Ehrenkreuzes, Großkreuz der französ. Ehrenlegion, des
preuß. rothen Adler-, des sächs. und des würtemberg. Civil-Verdienst-
Ordens, dann des großherzogl. baden'schen Ordens vom Zähringer-
Löwen. Er wurde 1767 zu Preßburg aus einer adeligen ungar. Familie geboren, die aus Corsika herstammend, in den Freyheitskriegen
wider Genua, ihr Vaterland freywillig verließ. — B.'s aufkeimendes
Talent fand gar bald einen entschiedenen Beförderer an dem Grafen
Balassa, der unter Joseph II. und Leopold II. in den ungar.
Angelegenheiten eine Rolle spielte, und als letzterer Monarch eine eigene
illyr. Hofkanzley errichtete, an die Spitze derselben trat. B. zeichnete
sich in allen Verwaltungszweigen so sehr aus, daß er 1797 bey der galiz.
Hofkanzley unter dem Grafen Mailath, wirkl. Hofrath und Referen-
där wurde, 1802 aber Sitz und Stimme im Staatsräthe erhielt. —
Seine ungeheure Thätigkeit, bey einer fast immer wankenden Gesundheit, hob ihn im öffentlichen Vertrauen eben so sehr, als die bewunderungswürdige Energie seines Charakters, die sich vorzüglich in den Kriegen gegen Frankreich äußerte; 1808 und 1809, in den Jahren der
Landwehr, der Reserven, der Tyroler Insurrection, war B. mit dem
Grafen Stadion die Seele dieses Krieges. Die glänzendste Epoche
waren aber die Jahre 1813, 1814 und 1815, wo er als Armee-Mi-
nister endlich in Paris das Ziel aller seiner großen Arbeiten, seiner
unerschrockenen Aufopferung und jahrelangen Beharrlichkeit erlebte.
Nach wiederhergestelltem, allgemeinen Frieden, trat B. in die Leitung
des General-Rechnungs-Directoriums zurück, immer auch zugleich im
Cabinet des Monarchen zu den wichtigsten Staatsgeschäften verwendet.

Baldamus, Carl Max., geb. den 14. Oct. 1787 zu Roßla
in Thüringen, studirte zu Schulpforte und Leipzig, die Rechte zu
Wittenberg. 1806, 20 Jahre alt, folgte er seinem Oheim dem
Etatsräthe Gottschalk als Bürgermeister und Gerichtsdirector zu
Blekade im Lüneburgischen, rückte auch in dessen sehr ausgebreitete
und einträgliche Advocatur ein. Durch die Einverleibung des Fürsten-
thums Lüneburg mit dem Königreiche Westphalen hörten seine ämtlichen
Verhältnisse zu Blekade auf. Unter dem Justizminister Simeon
wurde er 1811 Justiz-Procurator bey dem Tribunale I. Instanz zu
Harburg, darauf bey dem zu Ulsen, und durch die Verwendung des
Staatsrathes Joh. v. Müller, Steueranwalt. Kurze Zeit vor der
Auflösung des Königreichs Westphalen begab er sich als Advocat nach
Lüneburg, und 1820 nach Hamburg, wo er als Gelehrter priva-
tisirte. 1825 trat B. in Leipzig nicht ohne bestimmenden Antheil
Adam Müller's von der protestantischen zur römisch-katholischen Kir-
che über. Seit dem Herbste 1826 lebte er in Wien von dem Ertrage

seiner Feder, und vertauschte es, da ihm dieser nicht entsprechend schien, im Sommer 1833 mit München. Seine nennenswertheren Schriften, die sich durch Talent charakterisiren, sind: Oscar und Theone. Lüneb, 1814. — Eranen, eb. 1815. — Zeitsprossen, eb. 1818. — Onotheren, ein Liederkranz. Wien, 1822. — Eckhard, genannt Koch, eb. 1828. — Klänge nach Oben, eb. 1829. — Chronologisch geordneter Bildersaal oder (130) Porträts und Lebensbeschreibungen der berühmtesten Männer und Frauen seit Beginn der histor. Zeit bis zum Tode des Imperators Augustus. 2 Bde, eb. 1833. Jetzt beschäftigt ihn eine (leider bisher noch nicht vorhandene) pragmatische Biographie Kaiser Maximilian's I.

Balko, **Franz Xav.,** rühmlich bekannter Maler, war geb. zu **Breslau** 1724. Von seinem Vater, der selbst Maler war, lernte B. die Anfangsgründe seiner Kunst, studirte sodann unter **Bibiena** die Architektur in **Wien,** und besuchte dann Italien, wo er sich vorzüglich nach dem Muster der venetianischen Schule ausbildete. Nach Deutschland zurückgekehrt, wurde B. zum Hofmaler der Churfürsten von Sachsen und Bayern ernannt, und mit vielen Aufträgen beehrt. Vorzüglich geschickt war B. in der Frescomalerey, und wußte den nassen Kalk mit vieler Kunst zu behandeln. In der Folge ging er nach **Prag,** wo er verschiedene seiner besten Arbeiten lieferte, und 1767 starb. Unter seine vorzüglichsten Frescomalereyen gehören: Die schöne Kuppel in der St. Niclaskirche zu **Prag,** die Kirche zu **Kuttenberg,** eine Capelle in **Königsaal,** wie auch das Sommerrefectorium und einige Deckenstücke in den Zimmern des dortigen Stiftes. Von seinen Ohlgemälden sind mehrere schöne Altarblätter in **Prag, Kuttenberg** und andern Orten, ein Heiland, eine Maria, die zwölf Apostel, welche sich im Königssaaler Stifthause zu **Prag** und eine heilige Familie, welche sich in der kaiserl. Gemäldegallerie zu **Wien** befindet, so wie die Porträts Joseph's II. u. Leopold's II. in ganzer Figur mit Auszeichnung zu nennen.

Ballabene, ehemahls berühmtes Banquierhaus in **Prag,** welches **Carl Anton B.,** geb. 1743 zu **Frankfurt an der Oder,** mit einem bedeutenden Fond, 1773 gründete. Er st. 1803, nachdem er sich durch Begünstigung der Fabriken und mehrerer nützlichen Anstalten in Böhmen wesentliche Verdienste erworben hatte, in deren Würdigung ihm der Titel eines k. k. Rathes beygelegt worden war. 1826 fallirte dieses ausgezeichnete Haus.

Ballmann, **Joh. Mich.,** Conrector des evangel. Gymnasiums zu **Mediasch** in Siebenbürgen, geb. daselbst den 15. Dec. 1765, verdienstlicher statistischer Schriftsteller seines Vaterlandes, welcher nebst seinem Schulamte als Conrector, zugleich Philosophie und Geschichte lehrte. Außer seiner statistischen Landeskunde von Siebenbürgen, Hermannstadt 1801, lieferte er statistische Aufsätze in die siebenbürg. Quartalschrift und Provinzialblätter.

Balogh, ungar. Fluß in der Gömörer Gespanschaft, im Kreise dießseits der Theiß, entspringt im Gebirge Klonocetzko, durchläuft einen großen Theil der Gespansch. von N. W. nach S. O. und vereinigt sich unter **Lenárfalva** mit dem Flusse Sajó. **Balogh,** eine jetzt in Ruinen liegende Burg auf dem Berge Várhegy oder Hradestye neben den Dörfern **Alsó-**

(Unter) und **Felsö**-(Ober) **Balogh** in der Gömörer Gespansch. in O. Ungarn, auf welchem Berge jetzt neben den Ruinen der alten Burg ein Thiergarten für wilde Schweine angelegt ist. Diese Burg ist in der ungar. Geschichte sehr merkwürdig.

Balogh von Ocsa, Pet., ein als Staatsmann und Gelehrter gleich wichtiger Mann, geb. am 24. Aug. 1748. Er bildete sich auf den evangel. Lyceen in **Kesmark** und **Preßburg,** und wurde bereits in seinem 23. Jahre von dem Neograder Comitate zum Stuhlrichter erwählt. Bald darauf wurde er zum Vicegespan, dann zum Beysitzer der königl. Tafel, später zum Beysitzer der Septemviral-Tafel und endlich zum Referenten bey der ungar. Hofkanzley ernannt. Seine zerrütteten Gesundheitsumstände riefen ihn jedoch von diesem ruhmvoll bekleideten Posten ab. Er ward hierauf wirkl. geheimer Rath und Obergespan der Torontaler, später Obergespan der Sohler Gespansch. Nebst diesen Würden ward ihm auch 1789 die Stelle eines General-Inspectors der evangel. Gemeinden A. C, in Ungarn anvertraut. — Der Landtag von 1790 bis 1791, wo B. durch seine glänzende Redekunst zu der damahls begründeten Religionsfreyheit seiner protestantischen Glaubensbrüder so viel beytrug, erscheint dießfalls in den Annalen der vaterländischen Geschichte als wichtig. — Die Huld, mit welcher er die Gelehrten ermunterte, die Waisen versorgte, unbemittelte Jünglinge unterstützte, die vielen brauchbaren Beamten, deren Emporkommen er bewerkstelligte, sind ewige Denkmähler seines thatenreichen Lebens. Er starb in seinem 70. Jahre am 16. Oct. 1818.

Balsam, natürlicher Art, gibt es im Inlande zweyerley, nähmlich: 1) der carpathische, **Balsamus carpathicus,** s. **Lipani,** von Pinus Cembra, auf den Carpathen. Er ist sehr flüssig und durchsichtig, farblos, und riecht und schmeckt wie Wachholderöhl; 2) der ungarische, **Balsamus hungaricus,** Krummholzbalsam, ein aus Pinus Mugho (einer Varietät des Pinus sylvestr. auf den österr. und ungar. Gebirgen, in Tyrol 2c.) dicklich ausfließender feiner Terpenthin von rothgelblicher Farbe. Er wirkt innerlich und äußerlich, wie der Terpenthin. Aus ihm wird das Krummholzöhl, **Oleum templinum,** eine Art schwächeren Terpenthinöhls bereitet.

Balzer, Ant., ein geschickter Kupferstecher, Sohn des, seiner Productivität und besondern Geschicklichkeit wegen allbekannten **Joh. B.,** wurde geb. zu **Prag** 1771, und erhielt daselbst unter den Augen seines Vaters die erste wissenschaftliche und Kunstbildung. Dann studirte B. an der Akademie der bildenden Künste zu **Wien,** später an jener zu **Dresden.** 1792 bereiste er das ganze Riesengebirge, wovon er 1794 eine Beschreibung mit Abbildungen herausgab. Nach dem Tode seines Vaters machte sich B. in **Prag** ansäßig und starb daselbst den 19. Dec. 1807. Außer obigem Werke gab er noch 1804 eine Sammlung malerischer Gegenden von Oberösterreich, Salzburg, Berchtesgaden, Tyrol und einem Theil des venetianischen Gebiethes braun und illuminirt in gr. Folio heraus.

Balzer, Greg., Kupferstecher, war geb. um 1775 zu **Lissau** in Böhmen, wo er sich zuerst in seiner Kunst übte und selbe dann in

Prag unter Anleitung seines rühmlich bekannten Bruders Joh. B. vervollkommte. Größtentheils verfertigte B. heil. Bilder und Landschaften. Unter seine vorzüglichsten Arbeiten gehören: Heil. Franz v. Assisi, Verlobung Mariä, Mariä Empfängniß und heil. Aloys, nebst zwei Titelblättern und Vignetten für die böhm. Ausgabe des Telemachs.

Balzer, Joh., vorzüglicher Kupferstecher, war geb. 1738 zu Kukus in Böhmen. Seine erste Kunstanleitung erhielt er in der Schule des berühmten Renz. Hierauf ging B. auf Reisen, besuchte die meisten Akademien in Deutschland, wo er sein Talent vollends ausbildete. Nach seiner Rückkehr ins Vaterland ließ sich B. zu Lissau in Böhmen häuslich nieder, und begann mit großem Fleiße zu arbeiten. Der Beyfall, welchen die meisten seiner Kupferstiche fanden, bewog ihn 1790 nach Prag zu übersiedeln, wo er reichliche Gelegenheit fand, seine Kunst auszuüben, und er erwarb sich bald ausgebreiteten Ruf und bedeutendes Vermögen. 1791 wurde B. zum Mitgliede der Wiener Akademie der bildenden Künste ernannt, und starb zu Prag am 14. Dec. 1799. Die Zahl seiner Werke ist sehr groß; sie zeichnen sich meistens durch einen netten, kräftigen Grabstichel und fleißige Ausführung aus. Die vorzüglichsten derselben sind nahe an 100 Abbild. böhm. und mähr. Gelehrter und Künstler, meist nach Zeichnungen von Kleinhardt, wovon die meisten sehr gelungen ausgeführt sind, dann noch mehrere andere Porträts, Christus mit der Hostie, Franz von Assisi, Arche Noe, heil. David, Marienbild, heil. Georg, und noch mehrere andere Heiligenbilder. Die Abbildung der Domkirche in Meißen, zu deren Geschichte von J. Fr. Ursinus; ein Jüngling, unter einem Baume sitzend und die Flöte spielend; ein Mädchen mit einem Canarienvogel in der Hand; der Exjesuit im Weltpriestertalare, eine Allegorie; Sammlung der merkwürdigsten Städte und Festungen, welche in den Jahren 1788—90 von den öster. und ruß. Armeen den Türken abgenommen wurden, 30 Kupferstiche in Querfolio; 50 Landschaften nebst vielen Conversationsstücken und ländlichen Vorstellungen nach Norbert Grund; ferner noch viele kleine Kupferstiche, Vignetten, Sinnbilder und Wapen; endlich das große Alphabet in fünf Sprachen: deutsch, böhm., latein, franzöß. und italien. in 25 Kupferblättern.

Ban, Banus, eine alte Rathswürde (Erzamt) in Ungarn, benannt von dem slavischen Worte Ban, Herr. Der B. von Croatien, Dalmatien und Slavonien (oder jetzt auch nur der B. von Croatien genannt) ist unter den Erz-, Kron- und Reichsbeamten des Königreichs Ungarn der Dritte. Bey der Krönungsfeyer trägt er den Reichsapfel. Ehemahls hatte er die Pflicht, die Gränzen von Ungarn zu beschützen, im Kriege seine Gränzmiliz anzuführen, und in Friedenszeiten, dem Volke Recht zu sprechen. In der Folge gerieth jedoch dieses wichtige Erzamt in Verfall. Es wurde zwar auf den Reichstagen des 17. und 18. Jahrhunderts mit ansehnlichen, politischen und militärischen Rechten wieder hergestellt, doch ist sein Wirkungskreis theils durch den Verlust, den das Königreich Ungarn in jenen Gegenden wider die Türken und Venetianer erlitten hat, theils durch die eingeführte militärische Gränzverfassung und die aus den Ereignissen neuerer Zeit hervorgegangenen

Veränderungen weit enger, als derselbe vor den Zeiten des Königs Ferdinand I. gewesen ist. Ehemahls gab es in dem Königreiche Ungarn mehrere B. e. Der Bezirk ihrer Herrschaft hieß B a n a t. Am längsten erhielt sich dieser Nahme bey dem Temeser Comitat, der selbst noch jetzt vorzugsweise B a n a t heißt.

Ban, ungar. Marktflecken in der Trentschiner Gespanschaft, im Kreise dießseits der Donau, auf einer Anhöhe am Flusse Bár, gehört dem Grafen I l l y é s h á z y. Das gräfl. Castell ist unansehnlich. Die 2300 slovak. Einwohner sind Katholiken, auch wohnen 360 Juden hier. Von den 2 katholischen Kirchen wird eine von der Herrschaft, die andere von den Unterthanen unterhalten. Der Boden ist fruchtbar. Es werden hier jährlich 9 Jahrmärkte gehalten. Der Mangel an Holz wird von den umliegenden Dorfschaften ersetzt. Von diesem Orte führt die ganze I l l y é s h á z y'sche Herrschaft Ban oder Banowetz ihren Nahmen, welche aus dem Castell und dem Marktfl. B. nebst 14 Dörfern bestehet.

Banal-Militärgränze, im Militärgränzlande, $33\frac{1}{4}$ Q. M. groß, mit 95,600 Einw., gränzt gegen Osten an den Grabiscaner Regimentsbezirk und an Civil-Croatien, gegen Westen an den Szluiner Regimentsbezirk, gegen Süden an Bosnien. Der Bezirk des ersten Banal-Regiments enthält $15\frac{1}{2}$, des zweyten $17\frac{3}{4}$ Q. M. Ersterer mit dem Hauptort G l i n a besteht aus der freyen Militär-Communität P e t r i n i a und 130 Dörfern, letzterer aus der freyen Militär-Communität C o s t a i n i c z a und 139 Dörfern. Die B. M. ist mehr Gebirgsland und ziemlich fruchtbar an Getreide und Hülsenfrüchten; auch der Mais kommt gut fort, so wie Flachs, Hanf und Färberröthe; Schaf- und Schweinzucht ist nicht unbeträchtlich. Die Save und die beyden in dieselbe strömenden Flüsse Kulpa und Unna sind die vorzüglichsten des Landes, welches durch L e o p o l d I. den Türken abgenommen wurde, und im Carlowitz e r Frieden von 1699 dem Hause Oesterreich verblieb.

Banaltafel, die zweyte Gerichtsinstanz für Croatien und Slavonien zu Agram, an welche von der Districtualtafel in Civilprocessen appellirt wird. Dieselbe besteht aus 8 Beysitzern, an deren Spitze der Banus von Croatien als Präsident steht. Zu dieser Gerichtsstelle gehören noch ein Protonotar, ein Protokollist, ein Archivar, ein Expeditor und ein Armen-Advocat. Ihre Jurisdiction ist dieselbe, welche der königl. Tafel in Ungarn eigen ist, daher auch die Appellation von der B. nicht mehr an die königl. Tafel, sondern seit 1807 vermög Reichstagsbeschluß unmittelbar an die Septemviraltafel selbst zu geschehen hat.

Banat. Das sogenannte Banat, ein bedeutender District im südlichen Ungarn, umfaßt die drey 1779 errichteten Comitate: Temes, Torontal, Krassó, nebst den anliegenden 2 Gränz-Regimentern, dem deutsch-banat. und wallachisch-illyr. So volksthümlich und mundgerecht sich indessen der Nahme B. gemacht hat, so ist doch ganz und gar kein gültiger Grund zu dieser Benennung vorhanden, und die Herstammung derselben läßt sich, trotz den angestrengtesten Forschungen vieler Gelehrten, nicht mit haltbarem Grunde nachweisen. Daß dieser Nahme mehreren Vermuthungen zur Folge, von Banus (Landesgouverneur) herstamme, ist, nach C s a p l o v i c s's geistreicher Definition ganz unerweislich, da dort nie ein Banus, sondern immer ein Comes (Temesiensis) befehligte; am wahrscheinlichsten ist die von Manchen geäußerte Vermuthung, daß nach Eroberung des Severiner Comitates, dessen Gouverneur den Titel Banus führte, durch die Türken, das nächstgelegene Temeser Comitat zum Banat erhoben wurde, indessen läßt sich bis jetzt durchaus nichts Gewisses darüber angeben. Übrigens ist das sogenannte B. weder, wie einige Ausländer vermuthen, ein von Ungarn abgesonderter Körper, noch, wie selbst noch einige treuherzige Inländer glauben, eine sterile Steppe, mit gräulichen Morästen angefüllt, und der Sitz der verheerendsten Krankheiten, mit einem Worte: Österreichs Sibirien; im Gegentheil ist die ganze Strecke des sogenannten B.s eine der fruchtbarsten in Europa; die Flüsse: Donau, Theiß, Maros, Körös, Nera und Temes durchströmen und bewässern es. Der Boden ist für Getreidebau sehr geeignet, im Osten gebirgig, nur im Westen etwas sumpfig. Der Hauptort des Temeser Comitates, Temesvar, gehört zu den regelmäßigsten, bestgebauten und reinlichsten Städten, die gesammten 3 Comitate zu den bevölkertsten und gewerbthätigsten Ungarns. Es wird hier auf Gold, Silber, Eisen und Kupfer gebaut, Getreide aller Art, Tabak, Wein, Holz, Torf und Sumpfreis werden in nicht unbedeutenden Quantitäten gewonnen. Bienen- und Schafzucht ist im guten Stande, die Banater Baumwolle (s. d.) ist berühmt, selbst auch Seidenwürmer werden gepflegt. Noch findet man im B. viele römische Alterthümer. Einer der merkwürdigsten und besuchtesten Orte im B. ist der Markt Mehadia mit seinen berühmten Bädern und Alterthümern (s. d.).

Banater Baumwolle. Die ersten Versuche, die Baumwolle im Inlande zu cultiviren, machten die Brüder Christoph und Cyrill v. Nako um 1783 mit dem Samen der macedonischen Baumwolle in der Gegend von Temesvar auf ihren Herrschaften Groß-Szent Miklos und Marienfeld. Schon diese Versuche, obwohl sie nach einigen Jahren aufgegeben wurden, hatten gezeigt, daß der Same der Baumwollstaude in den südlichen Theilen Ungarns doch einigermaßen reif werden könne. Noch mehr hoffte man von den erst vor wenigen Jahren bey Fünfkirchen und in mehreren Districten des Banats und der Militär-Gränze wiederhohlten Cultur-Versuchen der krautartigen Baumwollpflanze, wovon seit 1809 die ersten Proben nach Wien eingeschickt wurden. Vielfaches Verdienst hat sich um den Anbau derselben im Temesvarer Banate der Feldzeugmeister Freyh. v. Duca erworben, nebst welchem man hier auch den königl. Cameral-Präfecten Johann von Klanitzay zu Werschetz, den Major von Keughel und den Oberstlieutenant von Hordinßky unter den Beförderern des Baumwollbaues anführen darf. Sehr merkwürdig waren die Resultate, welche die Verspinnung der 1811 erzeugten inländischen Baumwolle gewährten. Es wurden dreyerley Sorten zu Mulegespinnst verarbeitet. Die Baumwolle aus dem deutsch-banatischen Regimentsbezirke war unter allen die feinste und längste. Die Baumwolle aus dem Temesvarer Banate war ebenfalls ziemlich fein und lang. Die schlechteste Sorte war die aus der Peterwardeiner Gränze; sie war kurzhaarig und sehr unrein. In der letzten Zeit scheinen diese Pflanzungen ganz eingegangen zu seyn, da das Clima doch zu dem Anbaue der Baumwollstaude keineswegs so geeignet ist, daß die Samenkapseln derselben die volle Auszeitigung im Freyen erhalten können. Überhaupt darf die Feinheit der aus inländischer Baumwolle erzeugten Garne nicht auffallen; denn gerade, wenn die Baumwolle nicht vollkommen ausgezeitigt ist, behält sie ein seidenartiges Ansehen; jedoch ist sie zu kurz, und der einzelne Faden zu wenig fest, um gutes, dauerhaftes Baumwollengarn zu liefern. — Ein anderer merkwürdiger Versuch, welchen Joh. Wurm, der Vater des Erfinders der Flachs-Spinnmaschine, mit der krautartigen Pflanze zu Ebenthal in Kärnthen gemacht hat, darf hier nicht übergangen werden; ungeachtet das Clima Kärnthens noch weniger dem Baumwollbaume angemessen ist, als das Clima des südlichen Ungarns und Slavoniens.

Banater Militär-Gränze, ein Haupttheil des österr. Militär-Gränzlandes, gränzt gegen Süden an Serbien, gegen Osten an die kleine Walachey und Siebenbürgen, im Norden an das Temeswarer Banat, gegen Westen an die Militär-Bezirke des Peterwardeiner Regiments und der Tschaikisten-Bataillons in der Bacser Gespanschaft. Der Flächeninhalt der B. M., welche in die Bezirke des deutsch-banatischen und walachisch-illyr. Gränzregiments, außer den beyden Militär-Communitäten Pantsowa und Weißkirchen, getheilt ist, beträgt 145¼ Q. M. Die Zahl der Einwohner wird auf 165,000 angeschlagen. Der deutsch-banatische Regimentsbezirk schließt 48, der walachisch-illyrische 112 Dörfer in sich. Der Boden ist theils eben, theils sehr gebirgig, jedoch größtentheils fruchtbar für Getreide, Obst, Wein, Holz. Die von dem General Veterani den Nahmen führende Veteranische Höhle ist berühmt. Flüsse sind: die Donau, Theiß, Czerna, Nera und Körös; übrigens durchströmt der schiffbare Bega-Canal einen Theil des deutsch-banatischen Regimentsbezirkes. Die Viehzucht bildet einen Hauptnahrungszweig, auch die Bienen- und Seidenwürmerzucht wird betrieben. Einige Flüsse und Bäche führen Gold mit sich.

Banco-Obligationen, s. **Obligationen Wiener Stadt Banco.**

Bancozettel wurden schon unter der Kaiserinn Maria There sia zum leichteren Handelsverkehr zu 12 Mill. in Curs gesetzt. Mit dem 1. Juny 1785 kamen neue B. in Umlauf, und diese betrugen 20 Mill. Gulden. Im Laufe der langwierigen und äußerst kostspieligen Kriege, in welche Österreich gegen das Ende des vorigen und im ersten Jahrzehent des jetzigen Jahrhunderts verwickelt war, wurde die Masse der B. allmählig so sehr vermehrt, daß sich im Monath Februar 1811 die gesammte Summe derselben auf 1,060,798,753 Gulden belief. Diese Vermehrung machte den Credit derselben so sehr fallen, daß der Staat nothwendig fand, in Betreff dieses Papiergeldes neue Maßregeln zu treffen. Ein unterm 20. Febr. ausgefertigtes, und am 15. März 1811 publicirtes Patent setzte also die B. auf das Fünftheil ihres Nennwerthes gegen den Nennwerth eines neuen Papiergeldes herunter, und mit Ende Jänner 1813 durch Einlösung gänzlich außer Curs. — Statt derselben wurden für die Summe von 211,159,750 Gulden Einlösungsscheine zu 1, 2, 5, 10, 20 und 100 Gulden, datirt vom 1. März

1811, in Umlauf gesetzt. — Für Capitalsrückzahlungen der Schuldner an ihre Gläubiger in neuem Papiergelde wurde eine gesetzliche Scala über den Curs der B. vom Monath Jänner 1799 an bis zum Monath März 1811 zu 103 bis herab 500 nach dem Maßstab ihrer nach und nach erfolgten Entwerthung in dem angeführten Patent bestimmt; so daß seit October 1810 auch Capitalien nicht im geringsten mehr als das Fünftel des Nominalbetrags so wie die B. selbst ausmachten. Die entstandenen sogenannten Scala = Processe haben durch mehrere Jahre die Gerichtsbehörden viel beschäftigt.

Banderie heißt in Ungarn jedes unter einer eigenen Fahne versammelte Insurgentencorps (Banderium, Bannerium, deutsch Banner oder Panier), und bezeichnet im grammatischen Sinn eine Fahne, und figürlich eine Schar Krieger unter eigenem Panier, oder der nähmlichen Fahne, Standarte. Zur Abwehrung feindlicher Gränzstreifereyen waren in alter Zeit die nächsten Prälaten mit ihren Lehensmännern, die Reichs- und die großen Erbbarone mit ihren Fahnen (Banderien) und der in der Nachbarschaft cantonirende kleine Adel, oft groß und stark genug; wenn aber die Landesgränze vom Feinde durchbrochen wurde, rückten sie alle unter einem Panier aus dem großen Reichslager. Der Edelmann ohne Besitz reihte sich persönlich unter die Fahne des Königs.

Banduri, Anselm, geb. in Ragusa 1670. Schon in seinem jugendlichen Alter trat er in den Benedictinerorden. Er studirte zuerst in Neapel, die Liebe zu den antiquarischen Wissenschaften brachte ihn dann nach Florenz. Der Großherzog Cosmus III. schickte ihn bald darauf nach Paris zu seiner weiteren Ausbildung, dazu hatte ihm nähmlich der gelehrte Alterthumsforscher Montfaucon, welcher B. auf seiner ital. Reise kennen lernte, gerathen. In Paris wurde B. 1715 Ehrenmitglied der Akademie der Inschriften, 1724 Bibliothekar des Herzogs von Orleans und starb am 14. Jän. 1743. Sein gelehrter Nahme lebt in folgenden, die Geschichte, Verfassung und Verwaltung des oströmischen Reiches erläuternden Schriften: Imperium orientale, sive antiquitates Constantinopolitanae, Paris, 1721 (nachgedruckt zu Venedig 1729) in 2 Bdn. mit Kupf. Durch diese Arbeit wurde B. veranlaßt, eine Sammlung von allen Medaillen der römischen Kaiser, von Trajan bis zur Einnahme von Constantinopel zu veranstalten, die er in 2 Bben. unter dem Titel herausgab: Numismata imperatorum romanorum a Trajano inde Decio ad Palaeologos Augustos. Paris, 1718.

Banfalva, s. Apetlan.

Bánffy, ein altes adeliges Geschlecht in Ungarn von der Familie Thonisoba abstammend. Unter dem Gubernator Johann von Hunyad zeichneten sich Benedict B. von Lossony und Stephan B. von Alsó Lindva aus. Unter dem trägen Wladislaw II. war Nicolaus B. einer der Unterfeldherrn gegen den mächtigen Herzog von Ujlak. Joh. B. nahm Theil an der unglücklichen Schlacht bey Mohács d. 29. Aug. 1526, entrann der Niederlage, ward Palatin des Gegenkönigs Joh. Zápolya, und starb 1534. Dafür ergriff Balthasar B. die Partey des rechtmäßigen Königs Ferdinand I., von dem er zum Woywoden von Siebenbürgen ernannt wurde. Dionys.

B. reiste als Abgeordneter der Siebenbürger nach Wien, und war einer der vornehmsten Rathgeber des letzten siebenbürg. Fürsten Michael Apafi. Früher schon zeichnete sich aus Lukas B., zuerst Bischof von Erlau, dann (von 1158 bis 1174) Erzbischof von Gran, unter den Königen Geysa II., Stephan III. und Stephan IV., gest. 1174. Er war ein warmer Patriot und staatskluger Mann, der Ungarn von der Unterjochung des schlauen byzantinischen Kaisers Manuel rettete. Die Familie besitzt den Marktflecken Bánffy Hunyad in der Gespanschaft Klausenburg mit einem Schlosse.

Bánffy, Georg, Graf v., siebenbürg. Gouverneur. Er war geb. am 24. Dec. 1747 zu Páski im Hunyader Comitate. Zur Ausbildung seiner früh sich äußernden Fähigkeiten sandte ihn sein Vater 1756 in das Theresianum nach Wien. Die große Kaiserinn Maria Theresia, die jenes Institut ins Leben gerufen, würdigte die Zöglinge desselben besonderer huldvoller Aufmerksamkeit. B.'s Talent und Verwendungen konnten ihr nicht entgehen. Nachdem er unter den Auspicien der Kaiserinn öffentliche Disputation gehalten, verlieh sie ihm die k. k. Kämmererwürde, und ließ ihn bey der siebenbürg. Hofkanzley, der königl. ungar. Hofkammer und dem Staatsrathe practiciren. Die vorzüglichste Geschäftsanleitung ward ihm durch den Staatsrath Gebler. Die gleichstimmigen Berichte seiner Vorgesetzten vermochten sie, ihn 1771 beym mähr. schles. Gubernium als Rath anzustellen, wo er zum Mitgliede der Sanitäts=Commission erwählt wurde. Das nächste Jahr ward er Rath beym siebenbürg. Thesaurariat. Als solchen beehrte ihn die Kaiserinn mit der Obergespanswürde des Klausenburger Comitates, und vertraute ihm die Stelle eines Directors des Klausenburger Lyceums 1777. Zum Rathe beym siebenbürg. Gubernium wurde er 1781 befördert. Er war 1782 schon zum Thesaurarius bestimmt, als die siebenbürg. Hofkanzley mit der ungarischen vereinigt wurde, und Kaiser Joseph's Vertrauen ihn zum Vice=Kanzler dieser Hofstelle ernannte und 1783 mit dem Commandeurkreuze des St. Stephansordens schmückte. Er war unter Kaiser Joseph einer der sieben dienstthuenden Kammerherren und begleitete in dieser Eigenschaft den Monarchen auf der Reise durch Siebenbürgen (1786). 1787 stellte der Kaiser den noch nicht vierzigjährigen B. als Gouverneur nach Siebenbürgen, der aber die Geschäfte mit solcher Einsicht leitete, daß das ehrenvolle Vertrauen seines Monarchen stets wuchs, und ihm die Achtung und Liebe des Landes in so hohem Grade zufiel, daß, als die Josephinische Ordnung der Dinge durch seinen Nachfolger Leopold II. wieder geändert wurde, die 1790 versammelten Stände ihn neuerdings als Gouverneur installirten. Ihre Zufriedenheit mit seinen Diensten bezeigten Leopold II. durch seine Ernennung zum wirkl. geheimen Rath, Kaiser Franz aber durch die Verleihung der Großkreuze des Stephans= 1792, des Leopoldsordens 1810, und des goldenen Civilverdienst=Kreuzes 1815. — Er starb den 5. July 1822.

Bank, s. Nationalbank.

Bank=Actien, österr. Sie beruhen auf der 1816 eingetretenen Errichtung einer priv. österr. Nationalbank in Wien. Die Anzahl der

B. A. wurde nach den Statuten der Nationalbank vom 15. Jul. 1817 auf 100,000 Stück, und die Einlage für eine Actie auf 1000 fl. W. W. und 100 fl. C. M. bestimmt. Am Schlusse 1819 waren schon die Einlagen für 50,621 B. A. gemacht. Bey dem raschen Anwachsen des Fonds fand es die Bank ersprießlich, der Staatsverwaltung ihren Wunsch auszudrücken: daß, um die Bezüge der Actionäre nicht zu sehr zu schmälern, die Vermehrung der Actien bis zu einer gleichmäßigen Erweiterung der fruchtbringenden Geschäfte unterbrochen werde. Es sind daher die noch nicht ausgegebenen 49,379 Actien zur freyen Disposition der Bank selbst gestellt worden; wodurch sie die Mittel erlangte, ihren Fond in dem Verhältnisse erweitern zu können, als es der Betrieb ihrer Unternehmung und die Thunlichkeit, daraus einen Vortheil für die Actionäre zu ziehen, erheischt. Die B. A. lauten auf bestimmte Nahmen. Jeder angegebene, jedoch nicht förmlich bey der Bank vorgemerkte Nahme, wird als ein willkürlich gewählter (fingirter) Nahme betrachtet. B. A. auf fingirte Nahmen lautend, können ohne weitere Förmlichkeit übertragen werden. Die B. A. hingegen, wovon die Nahmensfertigung vorgemerkt ist, werden nur dann von der Bank zur Umschreibung angenommen, wenn deren Cession (Übertragung) mit eben jener vorgemerkten Nahmensfertigung versehen ist. Jene Besitzer von B. A., welche deren Vormerkung auf eigene Nahmen in den Bankbüchern erwirken wollen, haben nebst den B. A., hierüber ein förmliches Gesuch an die Bank-Direction einzureichen. Sowohl die Vormerkung als Umschreibung der B. A. geschieht bey der Bank unentgeltlich. Die Interessen der B. A., welche Dividende heißen, sind zweyerley: ordentliche und außerordentliche. Die ordentliche Dividende beträgt jährlich 30 fl. C. M. Die außerordentliche Dividende wird aus dem Gewinne der Bankgeschäfte gebildet, von der Bankdirection öffentlich bekannt gemacht, und halbjährig (Jänner und July) mit der ordentlichen Dividende zugleich bezahlt. Der Curs der B. A., welche übrigens regelmäßig mit Coupons versehen sind, richtet sich gewöhnlich nach der vermuthlichen jährlichen Dividende im Vergleiche der jährlichen Erträgnisse anderer verzinslichen Staatspapiere. Der Käufer einer B. A. hat dem Verkäufer nebst dem bestimmten Curse den laufenden Betrag der ordentlichen Dividende zu vergüten (s. Nationalbank).

Bankalgefäll, s. Zollgefäll.

Banknoten. Unter die Anordnungen zur endlichen Regulirung des Geldwesens in der österr. Monarchie vom J. 1816 gehörte auch die Bestimmung, daß die Nationalbank, nach Verhältniß der ihr zufließenden Münzvorräthe, Zahlungs-Anweisungen unter dem Nahmen von B. n. auszustellen habe, welche den Inhabern bey der dazu dotirten Auswechslungs-Casse nach ihrem vollen Betrage in Metallmünze umgewechselt werden können. Die B. n. werden von der Nationalbank, und in ihrem Nahmen ausgestellt, und zwar in Beträgen von 5, 10, 25, 50, 100, 500 und 1000 Gulden. Sie sind Anweisungen auf die Nationalbank, welche verpflichtet ist, dieselben auf Sicht dem Besitzer, wenn er es verlangt, nach dem Nennwerthe in vollwichtiger Conventionsmünze auszuzahlen, und nie mehr B. n. ausstellt, als die zur Verwechslung derselben

beſtimmten und bey ihr niedergelegten Fonds erſtatten. Das im Wege
der Einlöſung bey der Nationalbank eingefloſſene Papiergeld darf in kei=
nem Falle mehr ausgegeben, ſondern muß von Zeit zu Zeit vernichtet
werden. Durch dieſe Operation wird das gegenwärtig mit einem feſtge=
ſetzten Verluſt von 60 Percent gegen C. M. noch im Umlauf befindliche,
ſeiner gänzlichen Tilgung immer näher gebrachte Papiergeld der Einlö=
ſungs= und Anticipationsſcheine, im Wege der an die Nationalbank über=
tragenen freywilligen Einlöſung in einigen Jahren gänzlich aus der Cir=
culation gezogen, und das Geldweſen bloß auf die Grundlage der conven=
tionsmäßig ausgeprägten Metallmünze zurückgeführt ſeyn. Die B., welche
die Staatsverwaltung in allen öffentlichen Caſſen gleich der Conventions=
Münze nach ihrem Nominalwerthe annimmt, und welche als ein, von
den Geſetzen anerkanntes Zahlungsmittel erklärt ſind, gehören daher
vermög geſetzlicher Anordnung zu denjenigen öffentlichen, als Münze
geltenden Creditspapieren, deren Nachmachung die öſterr. Criminalge=
ſetz, mit dem Tode des Verbrechers, des Mitſchuldigen, und Theilnehmers
beſtrafen. Der bloße Verſuch wird mit ſchwerem Kerker von 10 bis 20
Jahren und bey beſonderer Gefährlichkeit mit lebenslänglichem ſchweren
Kerker beſtraft.

  Banngerichte, landesfürſtliche in Steyermark, beſtehen gegen=
wärtig 3 im ganzen Lande, und ſind die einzigen in der ganzen öſterr.
Monarchie; daher eine Eigenthümlichkeit der Provinz Steyermark. Sie
beſorgen unter der Leitung des inneröſterr. küſtenländ. Appellations= und
Criminal=Obergerichtes bey den nicht privilegirten Landgerichten die Cri=
minal=Unterſuchungen. Die Spur dieſer Einrichtung geht bis in das 12.
Jahrhundert zurück, wo man dieſe ambulirenden Criminalrichter prae=
cones (Waldbothen) nannte. In früheren Zeiten gab es im ganzen
Lande nur ein B., und einen Bannrichter. Kaiſer Carl VI. reſol=
virte mit 21. April 1717 einen zweyten zur Aushülfe des erſten,
welches am 28. May 1726 dahin abgeändert wurde, daß nun beyde von
einander unabhängig, einer für Oberſteyer, der andere für Unterſteyer
erklärt, und der Sitz des erſtern in Leoben, jener des letztern in Grätz
beſtimmt wurde. Mit 25. Febr. 1742 wurde endlich noch ein drittes
B. zu Cilli gegründet. Die Gränzen dieſer dermahligen B. ſind
für das erſte der Judenburger und Brucker Kreis, bis auf die Brücke
nächſt der Herrſchaft Weyer ober Frohnleiten. Das zweyte wird durch
den Lauf der Drau am linken Ufer begränzt; das dritte faßt den übri=
gen Theil von Steyermark über der Drau. Die weitern Unterabtheilun=
gen ſiehe unter dem Artikel Landgerichte.

  Banniza von Bazan, Joſ. Leonh., beyder Rechte Doctor,
k. k. niederöſterr. Regierungsrath, Präſident des Univerſitäts=Conſiſto=
riums zu Innsbruck und öffent. ordentl. Profeſſor des bürgerl. u. peinl.
Rechtes daſelbſt, war geb. den 29. März 1733 zu Würzburg, ſtu=
dirte in ſeiner Vaterſtadt, begab ſich ſodann auf Reiſen, und beſuchte die
berühmteſten Univerſitäten. 1755 begab ſich B. nach Wien, ſetzte da=
ſelbſt die juridiſchen Studien fort und erhielt den Doctorhut, bey wel=
cher Gelegenheit ihm die Kaiſerinn Maria Thereſia, welcher er ſeine
Inauguraldiſſertation zueignete, eine goldene Kette zum Geſchenke

machte. 1762 wurde B. als Professor der gemeinen und besonderen österr. Proceßlehre an der Wiener Universität angestellt, und erhielt zugleich den Titel eines kaiserl. niederösterr. Regierungsrathes; 1768 wurde er nach Innsbruck zu oben angeführten Stellen berufen, und erhielt zum Beweise der Anerkennung für seine thätige Verwendung in allen Geschäftszweigen die goldene Medaille. B. starb zu Innsbruck den 20. Dec. 1800. Unter andern erschienen folgende Werke von ihm im Drucke: Disquisitio ex jure naturae de testamenti validitate. Wien, 1752. — Disquis. ex jure publico universali de Majestate tempore interregni. eb. 1758. — Disquis. ex jure ecclesiastico de jure patronatus. eb. 1758. — Disquis. de analogia juris germanici civ. comm. cum jure provinc. Austr. Hungar. Bohem. Moravico, et Tyrolensi quoad tutelam. eb. 1761. — Disquis. ex Jurisprudentia judic. hodierna communi et provinciali Austr. quod litis contestationum. eb. 1766. — Vollständige Abhandlung von den sämmtl. österr. Gerichtsstellen. eb. 1767. — Disquis. de analogia juris germanici civilis comm. cum jure provinc. Austr. quoad success. practicam. eb. 1763. — Delineatio juris criminalis secundum constitutionem Carolinam ac Theresianam etc. Innsb. 1772. — Anleitung zu dem allg. bürgerl. Gesetzbuche 1. Thl. Wien, 1787. — Alphabet. Gesetzlericon über das allgem. bürgerl. Gesetzbuch 1. Thl. eb. 1788.

— **Baradla,** große Tropfsteinhöhle bey dem Dorfe Aggtelek in der Gömörer Gespanschaft. Der Eingang gewährt einen furchtbar erhabenen Anblick durch seine Größe und Höhe. Die Natur schuf ungeheure Massen, aus denen sich die verschiedensten Gestalten bildeten, wovon der sogenannte Blasebalg, die Kanzel, der Hochaltar ꝛc. am meisten bekannt sind. In den 30 — 50 Klafter weiten Gewölben wiederhallt ein dumpf tönendes Echo.

Baranyavár, ungar. Dorf im Baranyer Comitat, von welchem dasselbe seinen Nahmen hat, mit einem Schlosse.

Baranyer Gespanschaft, eine der bevölkertsten Ungarns, im Kreise jenseits der Donau, zwischen der Drau und Donau. Die Einwohnerzahl beträgt 205,000, und der ganze Flächeninhalt 91$\frac{1}{10}$ Q. M. Die Begränzung ist nach Osten durch die Bacser, nach Norden durch die Tolnaer, nach Westen durch die Schümegher und nach Süden durch die slavonische Gespanschaft Vöröcz und die Drau. Der Boden ist sehr fruchtbar und meistens eben, liefert Getreide, Wein, Obst, Holz, Küchengewächse und Futterkräuter. Die Viehzucht ist im guten Stande. Das alte Schloß Barany a gibt der Gespansch. den Nahmen, welche in 6 Processe oder Bezirke eingetheilt ist, und nebst einer königl. Freystadt (Fünfkirchen), 11 Marktflecken und 341 Dörfer in sich faßt. Bey dem Dorfe Abaligeth ist eine berühmte Höhle.

Barbier, Adr. Nicol. Freyherr v., geb. zu Brüssel am 10. July 1758, trat 1777 daselbst in österr. Dienste, und wurde 1791 zum Rathe der Rechenkammer, dann 1794 zum Domainen- und Finanzrathe ernannt. Bey den im Nov. 1792, dann im Juny 1794 erfolgten Besitznahmen Belgiens durch französische Truppen wußte er zur Rettung des österr. Staatseigenthums kräftigst und mit dem günstigsten Erfolge zu wirken, und wurde nach ſeiner Ankunft in Wien in belgiſchen Geſchäften verwendet, nachher zur Dienſtleiſtung bey der Hoffammer berufen, und 1802 zum wirkl. Hofrathe, dann 1809 zum Vicepräſidenten der allgem. Hoffammer und k. k. wirkl. geheimen Rathe ernannt. Nach glücklichem Ausgange des Krieges von 1813 erhielt er die Beſtimmung über die Forderungen an Frankreich in Paris die Verhandlungen zu pflegen, nachher auch nebſtbey die Geſchäfte des öſterr. Armee-Miniſteriums dort zu beſorgen. Während des Congreſſes in Wien waren ihm verſchiedene einſchlägige Arbeiten und Berathungen anvertraut. Bey der wiederholten Beſetzung der Stadt Paris durch die Truppen der vereinigten Mächte nach dem 1815 erneuerten Kriege, hatten die großen Höfe rückſichtlich der Contributionen und ihrer Forderungen an Frankreich, Liquidirungs-Commiſſionen in Paris beſtellt. B. vertrat den öſterr. Hof, und wurde zugleich Präſident dieſer Commiſſionen. Seine Umſicht, Thätigkeit und Rechtlichkeit bey dieſen verwickelten und beſchwerlichen Geſchäften blieben nicht erfolglos. Die Anerkennung ſeiner Auszeichnung in dieſen und in den früheren Zeiträumen, wo er während der Feindeseinfälle in die öſterr. Staaten die wichtigſten Dienſte in verſchiedenen Verhandlungen der Finanzen und zur Rettung des Staatseigenthums geleiſtet hatte, wurde ihm durch die Verleihung des goldenen Civil-Verdienſtkreuzes und des Commandeur-Kreuzes des ungar. St. Stephans-Ordens zu Theil. Auch viele andere Mächte haben ihn mit ihren Orden betheilt. So iſt er auch Ritter des ruſſ. St. Annen- und des preuß. rothen Adler-Ordens 1. Claſſe, Großkreuz des bayer. und des ſächſ. Civil-Verdienſt-, des dän. Danebrogs- und des ſardin. St. Mauriz- und Lazarus-, Commandeur des toscan. St. Joſephs-, des belg. Löwen- und des conſtant. St. Georgs-Ordens von Parma, wie auch des heſſ. Löwen- und des päpſtl. Ordens vom goldenen Sporn.—1822 bis 28 mußte er ſich einem gleichen Liquidirungsgeſchäfte in den Niederlanden widmen. Zurückgekehrt nach Wien wurde er den 4. Sept. 1830 zum Gouverneur der öſterr. Nationalbank ernannt.

Barcſay, Abraham v., aus dem Geſchlechte des Achaz Barcſay, Fürſten von Siebenbürgen (ſ. d.) war den 2. Febr. 1742 zu Páski im Hunyader Comitat geb., wo ſein Vater Stuhlrichter war. B. ſtudirte bis in ſein 16. Jahr im Collegium der Reformirten zu Enyad, und trat, in einer Woche beyder Ältern beraubt, 1762 in die neuerrichtete ungariſche Leibgarde zu Wien. Hier, von Beſſenyei's und Báróczi's ſchönem Streben und Wirken entflammt, widmete ſer ſich den Wiſſenſchaften mit beſonderer Liebe. Nach 5 Jahren ward er Hauptmann im Dragoner-Regiment Prinz Leopold; ehelichte 1778, bevor er noch ins ſchleſiſche Lager zog, die Gräfinn Suſanna Bethlen, ging 1779 zur katholiſchen Kirche über, machte unter Joſeph II. die Schlachten bey Szabács, Bubicza, und Belgrad mit, und wurde 1787 zum Oberlieutenant der Garde mit dem Charakter eines Obriſten im Regimente befördert.—Als Dichter trat er zuerſt 1777 in Beſſenyei's Tarsáság auf, und erfreute ſich bereits einer beſondern Aufmerkſamkeit des Publicums, als ſeine Poeſien, meiſt Epiſteln, 1789 Révai ſammelte und mit Orczy's Schriften zu Preßburg herausgab. Auffallend ist die Ähnlichkeit zwischen den Werken beyder Freunde, sie scheinen eben so eines Geistes Erzeugnisse zu seyn, wie B. u. Orczy im Leben ein Herz waren. B. war in Wien, wie überall, gesucht, mit der Zuneigung der vornehmsten und trefflichsten Männer beehrt, und genoß der besondern Huld Joseph's II. und Leopold's II. 1794 zog er sich, in Ruhestand versetzt, auf seine Güter zurück, und wohnte wechselweise in Maros-Solymos und in Csóra. 1806 den 6. März früh ward er vom Schlage getödtet gefunden, und unter einem, ihm sehr werthen Apfelbaum bestattet, dessen Abbild er in seinem Siegelring führte, mit der Aufschrift: Arniékban zöldül. Graf Gabriel Haller feyerte sein Andenken in einer französisch geschriebenen, schönen Lobrede, die Kazinczy ungarisch herausgab.

Barcsay von Nagybarcsa, Achaz, Fürst von Siebenbürgen, früher dortiger Gubernator und Obergespan der Hunyader Gespanschaft. Als Georg Rakotzy II., Fürst von Siebenbürgen, von den Türken verdrängt worden war, wurde B. 1658 von dem Großvezier, unter Androhung des Lebensverlustes gezwungen, die Fürstenwürde anzunehmen. Er konnte sich nur kurze Zeit behaupten, da Rakotzy wieder in Siebenbürgen einfiel, und 1659 wieder förmlich als Fürst von Siebenbürgen auftrat. B. floh nach Temeswar, wurde aber von dem türkischen Heere wieder nach Siebenbürgen zurückgeführt, von welchem Rakotzy am 22. May 1660 gänzlich geschlagen ward, und an erhaltenen Wunden starb. Auch nach diesen Vorfällen erhielt sich B. nicht lange auf dem Fürstenstuhle; von der Rakotzy'schen Partey und noch übrigen Truppenanzahl unter dem Feldherrn Joh. Kemeny mächtig gedrängt und von seinen Anhängern verlassen, entsagte er 1660 der Fürstenwürde, welche die Stände an Kemeny übertrugen. B. suchte Widersetzlichkeiten gegen diesen anzuzetteln, welcher dadurch entrüstet, B. gefangen nehmen und am 12. Juny 1661 bey Repa zusammenhauen ließ. Schwäche des Charakters und viele Gelderpressungen mußten B.'s Regierung bald ein Ende machen.

Bardoczer Stuhl, s. unter Udvarhelyer Stuhl.

Bardolino, venet. Dorf in der Delegation Verona, mit seinen Mauern und Thürmen in den Gardasee vortretend, hat einen guten Hafen, lebhaften Verkehr und gewinnt gutes Ohl. In der Villa Gianfilippi befindet sich eine merkwürdige Sammlung alter Waffen.

Barichevich, Adam, Pfarrer an der Hauptkirche zu Agram, geb. daselbst 1756, wurde Jesuit, und nach in Wien vollendeten Studien und Aufhebung des Jesuitenordens, Professor der Humanioren in seiner Vaterstadt. Er hat sich in der vaterländischen Literaturgeschichte einen rühmlichen Nahmen gemacht, wie dieses seine Schriften: De scriptoribus patriae, und Historia literaria Croatiae, beweisen.

Barko, Vinc. Freyh. v., k. k. Feldmarschall-Lieutenant und commandirender General in Ungarn, geb. 1719 zu Verövitja in Slavonien, hat sich seit seinem Eintritt in die militärische Laufbahn als Fähnrich 1731 stets ausgezeichnet. Im 7jährigen Kriege nahm er den preußischen General Zettwitz mit 300 Mann gefangen. Das nach ihm benannte Husaren-Regiment hat sich die Tapferkeit seines Inhabers zum Muster genommen, und wurde in allen Feldzügen von dem Feinde gefürchtet. B.'s Talenten vertraute der Hof wichtige Sendungen und seine glänzenden Waffenthaten beförderten ihn bis zum Feldmarschall-Lieutenant, Ritter des Marien Theresien-Ordens und Freyherrn. Er starb als Commandirender von Ungarn, zu Pesth den 11. März 1797.

Barkóczy, Franz Graf v., wurde auf dem Familienschlosse Csicsva in Ungarn geboren, studirte auf der Universität zu Thyrnau die Philosophie, die Theologie zu Rom. 1744 ernannte ihn Maria Theresia zum Bischof von Erlau, wo er schon früher Pfarrer, und dann Domherr war. B. errichtete das bischöfl. Lyceum zu Erlau, brachte den Vergleich zwischen Ungarn und Polen wegen der verpfändeten 13 Zipser Kronstädte zu Stande; und zwar schon in der Würde als Erzbischof von Gran und Fürstprimas des Königreichs Ungarn, seit 1761. B. war ein für das Wohl der Kirche eifriger Prälat und als Staatsmann von tiefen Einsichten, als welcher er während 20 Jahren zugleich bey der ungar. Septemviraltafel und der Statthalterey mitarbeitete. Er st. 1765 den 18. Juny, bald darauf als er den erwähnten wichtigen Vergleich abgeschlossen hatte.

Barmherzige Brüder. Diese katholischen Ordensgeistlichen, deren wesentliche Bestimmung bekanntlich in der ärztlichen Pflege männlicher Kranken besteht, wurden im Österreichischen ursprünglich von dem Fürsten Carl v. Liechtenstein um 1605 in Feldsberg aufgenommen. Er empfahl sie dem Kaiser Rudolph II. für Wien, worauf Kaiser Mathias sie um 1614 dahin setzte. So dankenswerth sie sich für das Wohl der leidenden Menschheit bewährten, so verhaßt waren sie anfangs den Wienern wegen der Neuheit ihres Ordens, aus einer unbegreiflichen, nur durch die damahligen Begriffe erklärbaren Kurzsichtigkeit. Sie erfuhren das grelle Schicksal, sowohl von den Bürgersleuten, als von der Geistlichkeit verfolgt zu werden; und hätten sich gewiß genöthigt gesehen, wieder abzuziehen, wenn nicht die Jesuiten sich dieses wohlthätigen Ordens angenommen, ihn allenthalben in der Monarchie auf das Nachdrücklichste empfohlen, und dadurch seine Existenz gesichert hätten. Die ersprießliche Wirkung dieses Schutzes war, daß die b. B. sich in den österr. Ländern rasch verbreiteten. Ihr segenvoller Orden blüht nun in: Agram, Brünn, Eisenstadt, Erlau, Feldsberg, Fünfkirchen, Görz, Grätz, Großwardein, Kukus (Böhmen), Lettowitz (Mähren), Linz, Neustadt an der Mettau (Böhmen), Ofen, Papa, Prag, Preßburg (2 Häuser), Prößnitz, Skaliz, Temesvar, Teschen, Varvallya (Ungarn), Waitzen, Wien (mit 138 Betten und großem Reconvalescentenhause), Zebrzidowitz (Galizien) ic. Im Ganzen nehmen sie jährlich 15,000 Kranke auf; von diesen werden im Durchschnitte $\frac{9}{10}$ geheilt entlassen. In dieser wahrhaft christlichen Anstalt wird jeder Kranke ohne Rücksicht auf seine Standes- und Religionsverhältnisse unentgeldlich aufgenommen, verköstigt, gepflegt, und ärztlich behandelt. Die Mittel dazu fließen den b. B.n, wiewohl nichts weniger als reichlich, durch Stiftungen und Einsammeln von Almosen zu. Jedes dieser Klöster zählt wenigstens 12 Brüder, von denen einer Priester ist, unter einem Prior. Alle 3 Jahre ist Provincialwahl. Das Wiener

Barmherzigenspital hat 6 Priester, 10 Brüder, 22 Almosensammler, 5 Apotheker, 4 Practicanten, 13 Assistenten und 13 Novizen.

Barmherzige Schwestern. Dieser wohlthätige Orden hat ein Spital zu Stams in Tyrol; 1831 kam derselbe aus dem dortigen Mutterhause nach Wien, wo nun ein Spital der b. S. in der Vorstadt Gumpendorf errichtet ist. Die Anstalt hat einen eigenen Arzt und Wundarzt.

Baroczy, Alex. v., geb. zu Ipsalanka in Siebenbürgen am 11. April 1735, hat sich um die Beförderung der ungar. Sprache und Literatur durch seine Werke große Verdienste erworben. 1760 kam er zur ungar. adeligen Leibgarde, und starb als K. k. Oberst am 24. Dec. 1809 in Wien. Seine Schreibart war voll Anmuth, Reinheit und Kraft; mit den römischen Classikern vertraut, wußte er viel von ihrem Schmuck und Reiz in die Nationalsprache zu übertragen, in welcher er die Correctheit zu einer hohen Stufe brachte. Anfänglich trat er, seit 1774 mit einigen Übersetzungen auf (moralische Briefe von Dusch; einige moralische Erzählungen Marmontel's). 1790 gab er eine Vertheidigung der magyarischen Sprache, später: „Röschens Geheimnisse,“ und „der neue Adept“ heraus. Seine sämmtlichen hinterlassenen Werke sammelte Kazinczy und besorgte die Ausgabe derselben in 8 Bdn. mit Kupf. 1813—14.

Baronate in Ungarn, s. Reichsbaronate.

Baróti-Szabó, Dav., ward den 10. April 1739 zu Barót im Haromszegher Stuhl der Szekler in Siebenbürgen, von altadeligen Ältern geboren, endigte die Humanitätswissenschaften zu Udvarhely, und trat 1757 zu Trentsin in das Ordensnovitiat der Gesellschaft Jesu. Nach überstandenen zwey Probejahren wiederholte er 1760 im Ordenshause zu Skalitz das Studium der griechischen und lateinischen Sprache, brachte es aber nur in letzterer zur Vollkommenheit. Nun docirte er wechselweise zu Stuhlweißenburg und Klausenburg die Elementarwissenschaften, zu Erlau die Humaniora, und hörte in Tyrnau Philosophie, Theologie in Kaschau, bis er 1769 die Priesterweihe bekam, und wieder in Großwardein und Neusohl-Humaniora lehrte, nach der Aufhebung des Ordens aber (1773, als er sich zu Neusohl eben der 3. Ordensprobe unterzog) dieselben Wissenschaften bis 1776 zu Komorn vortrug, endlich in der Eigenschaft eines königl. Professors derselben an's Kaschauer Gymnasium abging, wo er bis 1799 verblieb. B. hat schon 1773 zu Neusohl versucht, die epischen und lyrischen Versarten der Griechen in die ungar. Poesie einzuführen; der Versuch gelang, denn die Sprache schmiegte sich ohne Zwang in die neuen Formen, und schon 1777 gab er in einem Band heraus: Uj mértékre czedett versék. Három Könyv (Kaschau), enthaltend: Oden, didact. Gedichte, Heroiden, Elegien, Episteln, Epigramme, Eklogen und epische Gedichte. Den Gedichten ist eine Abhandlung über die Grundsätze einer ungar. Prosodie vorangesandt. Die neue Idee erregte Aufmerksamkeit, welche den Dichter veranlaßte, Vanier's damahls sehr beliebte didact. Gedicht Praedium rusticum in Hexametern zu übersetzen (Paraszti majorság. Kaschau, 1779—80.

2 Bde.) und schon 1786 eine zweyte Ausgabe seiner Poesien folgen zu lassen (Verskoszorú, 3 Bde. 3. Aufl. unter dem Titel: Költeményes munkáji. eb., 1789. 2 Bde. 4. Aufl. Komorn, 1802, 3 Bde.), worin unter dem vielen Neuen sich auch ein Epos in sechs Gesängen: Az elvecz. sett Paradicsom nach Neumann's lat. Bearbeitung des Milton'schen Gedichtes, befindet. Bald nach B.'s erstem Erscheinen sind auch Révai und Rájnis mit gleichen Versuchen aufgetreten, und warfen Jenem manche unzulässige Freyheiten vor, welche er sich des Verses wegen, auf Kosten grammatischer Richtigkeit erlaubte. Der Federkrieg ward von B. und Rájnis mit vieler Bitterkeit geführt, vom Ersteren in einer eigenen, ziemlich weitläufigen Streitschrift (Ki nyertes á hangmérseklesben. Kaschau, 1787), von Rájnis in seiner berüchtigten Mentö irás. — 1788 vereinte sich Kazinczy mit B. und Batsányi zur Herausgabe der Zeitschrift: Magyar Museum, worin Batsányi B.'s Sache wider Rájni's führte. 1799 verließ B. seine Lehrkanzel, und zog sich nach Virth bey Komorn zurück, woselbst er im Alter von 66 Jahren Virgil's Eklogen und dessen Aneide, beyde in einem Zeitraume von 6 Jahren, im Versmaße des Originals übersetzte, und alle seine Concurrenten bey diesem Unternehmen verdunkelte. Der 1. Bd. erschien in Wien 1810, der 2. in Pesth 1813; dieses war B.'s letztes Werk. — Man hat auch manches Philologische von ihm; Orthographia és Prosodia, Komorn, 1800. Magyarság virági. eb. 1803, vorzüglich aber ein, für die ungar. Lericographie äußerst wichtiges, aber nicht genug benütztes Wörterbuch: Kisded szótár, Kaschau, 1784 und eb. 1792, Provinzialismen, veraltete und neugebildete Wörter enthaltend. B. starb in einem Alter von 80 Jahren den 22. Nov. 1819.

Bars, ungar. Marktfl. und ehedem Festung und königl. Freystadt an der Gran, in der davon benannten Barser Gespanschaft, und von der Gran in 2 Theile auf dem linken und rechten Ufer gesondert.

Barser Gespanschaft in Ungarn, im Kreise dießseits der Donau, 49 Q. M. groß; ein von der Gran und andern Flüssen bewässertes Land, ist reich an Korn und Vieh, liefert Wein und Metalle, viel Gold, hat Sauerbrunnen und warme Bäder. Die Einw. an 116,000 sind größtentheils Slaven. Außer den beyden Bergstädten Kremnitz und Königsberg, enthält die Gesp. 11 Marktfl., 206 Dörfer und 24 Prädien in 4 Districten.

Bar-sur-Seine. Die Einnahme dieser Stadt Frankreichs (im Departement Aube an der Seine) durch die Verbündeten erfolgte den 2. März 1814. Nach mehreren erlittenen Unfällen vermied Marschall Macdonald, welcher dem 4. Armeecorps der Verbündeten unter Befehl des Kronprinzen von Würtemberg entgegenstand, die Offensive, und nahm eine Stellung bey B. Hieher folgte ihm der Kronprinz und Gyulay mit dem 3. Armeecorps. Erst an der Seine, deren Brücke mit Fuhrwerken verrammelt, und deren Ufer von zahlreichen Plänklern vertheidigt wurden, fand das Letztere Widerstand, Brücke und Straße bestrichen 2 am Stadtthore aufgeführte Feuerschlünde, rechts und links von ihnen hielten starke Cavalleriemassen, auf den Höhen feindliches Fußvolk. Die Brücke wurde unter feindlichem Feuer abgeräumt, und die besetzten Höhen schnell genommen. Das feindliche Geschütz, durch eine herbeygeeilte Batterie bald zum Schweigen gebracht, zog sich in die Stadt zurück, wohin die Reiterey folgte. Da das Thor verrammelt war, drang eine Abtheilung der Alliirten durch einen Mauerbruch ein, und drängte den feindlichen Nachtrab aus derselben. Die Franzosen, aus einer Stellung in die andere geworfen, und in Gefahr, von der Reiterey des 3. Armeecorps überflügelt zu werden, zogen sich zurück. Das 4. Corps langte auf einer andern Seite gerade in dem Augenblicke an, als die feindlichen Massen ihren Rückzug angetreten hatten, und übernahm deren weitere Verfolgung gegen Troyes, wobey es noch zu einer Kanonade kam.

Bartenstein, Joh. Christoph Freyh. v., aus einem altadeligen niedersächsischen Geschlechte, welches sich zuletzt in Straßburg seßhaft machte, geb. daselbst 1689, kam 1714 nach Österreich, und trat von der protestant. zur katholischen Kirche über; mit tiefen Kenntnissen im Fache der politischen Wissenschaften, des Cameralwesens, des Staatsrechtes, ausgestattet, ist er zu höhern und wichtigen Ämtern in Österreich verwendet worden. 1721 erhielt er schon eine Hofrathsstelle, wurde 1727 geh. Staatssecretär; 1733 erlangte er den Freyherrnstand, 1753 die geh. Rathswürde und wurde Vicekanzler bey dem General-Directorium, auch Präsident verschiedener Hofcommissionen, trug als geh. Staatssecretär vorzüglich zur Gründung des geh. Haus-, Hof- und Staatsarchives bey, und führte die Direction desselben. Er, der an der pragmatischen Sanction wesentlich mitgearbeitet, und in den bedrängnißvollen Zeiten der Kaiserinn Maria Theresia größe Treue und Ausdauer an den Tag gelegt, hatte auch an der Erziehung des Thronfolgers Joseph II. den thätigsten Antheil genommen, und zum Unterrichte desselben als Kronprinzen gehaltvolle Compendien über den Kaiserstaat und dessen Verwaltung, Nachrichten von den ungar. und siebenbürg. Bergwerken, Rechtscompendien ꝛc. in 9 Bdn. geschrieben, welche in der berühmten Cerroni'schen Manuscriptensammlung vorkommen. 1764 mit dem Commandeurkreuz des neu errichteten königl. ung. St. Stephansordens geschmückt, st. er zu Wien 1767, am 5. Aug. — Sein Sohn Joseph Freyh. v. B., Reichshofraths-Vicepräsident, in der historischen und publicistischen Literatur rühmlich bekannt, wohnte den Kaiserwahlen Joseph's II. und Leopold's II. zu Frankfurt, als zweyter Wahlbothschafter bey.

Bártfay, Ladisl., auch unter dem Nahmen Vándorfi bekannt, den 6. May 1797 zu Felsö-Vandsz in Ungarn geb., studirte zu Kaschau bis 1815, und weihte sich 2 Jahre der juristischen Praxis. Zu dieser Zeit ward er mit der deutschen Literatur bekannt, und gewann Goéthe vor allen Andern lieb. Ein Lustspiel und mehrere lyrische Gedichte waren die ersten Versuche seiner Muse. 1817 legte er zu Pesth den Eid als Notar der königl. Tafel ab; doch bald darauf wurde das Creiren neuer Advocaten suspendirt, und B. fand sich dadurch veranlaßt, bey der gräfl. Károlyi'schen Familie die Secretärstelle anzunehmen. In dieser Eigenschaft bestand er 1823 die Prüfung zur Erhaltung des

Advocatendiploms. Er schrieb Sonette (Aurora, 1822—24) und eine große, in jeder Beziehung treffliche Novelle: Királyi fény es kegyel-messég (Aur. 1826), die ihm unter den besten ungar. Prosaikern einen Rang verschafft.

Bartfeld, ungar. königl. Freystadt im nördl. Bezirk des Saroser Comitats, auf einer Anhöhe an den Bächen Tepla und Lauka gelegen, eine der ältesten Städte Ungarns, die, mit Einschluß ihrer Vorstädte, aus 708 Häus., die häufig geschmacklos gebaut, bemalt und mit langen Inschriften versehen sind, und 6,000 deutschen und slavischen Einw. besteht. Der Hauptplatz bildet ein längliches Viereck, in dessen Mitte das Stadthaus mit dem an alten Documenten sehr reichen Stadtarchiv steht; die kathol. Stadtpfarrkirche ist ein altes gothisches Gebäude ohne Thurm. B. hat noch eine kathol. Kirche und eine kathol. Hauptschule, ein Franciscanerkloster, eine evang. luth. Kirche, ein Militär-Knaben-erziehungshaus, ein k. k. Salz- und Postamt, ein Bürgerspital, Theater mit Tanzsaal, 3 Papiermühlen, gute Töpfereyen, einen Eisenhammer und treibt Handel mit Wein, Hanf, Garn und Leinwand, aber die größte Merkwürdigkeit sind das auf dem Wege nach Zboró, nahe bey B. an 3 Orten quellende berühmte Sauerwässer zum Trinken, und die 2 Bäder, welche von zahlreichen Curgästen aus Ungarn, Galizien und Polen besucht werden, und der Stadt den Nahmen des ungar. Pyrmont erworben haben. Das Wasser enthält in bedeutender Menge: Kohlenstoffsäure; kohlens. oder luftf. Eisen, deßgleichen Natron; salzs. Natron; kohlen- und luftf. Kalkerde. In geringer Menge enthält es: Extractivstoff, Glaubersalz, Magnesia, Kiesel und Alaunerde. Es ist eines der stärkendsten Stahlwässer.

Barth, Jos., k. k. Rath und wirkl. Leibaugenarzt, emeritirter Professor der höheren Anatomie, Physiologie und Augenheilkunde, war 1745 zu Maltha geb. Schon in frühester Jugend hatte B. so unwiderstehliche Neigung zur Zergliederungskunst, daß er sich zu diesem Behufe nicht nur Thierkörper, sondern auch auf alle erlaubte Art und Weise menschliche Cadaver zu verschaffen wußte. Die Studien der Anatomie begann er an seinem Geburtsort und setzte sie dann in Rom fort, wo er im heil. Geistspitale eine Anstellung als Practicant erhielt. Der würdige Commandeur des Maltheser-Ordens, Smitmer, nahm ihn darauf nach Wien, wo B. unter den berühmten Ärzten Swieten und Störk seine großen Talente vollständig ausbildete. Nebst dem fleißigen Studium der höheren Anatomie, war besonders jenes der Augenheilkunde seine Lieblingsbeschäftigung, was damahls für den österr. Staat um so heilbringender war, weil man noch keinen eigentlichen Augenarzt daselbst aufweisen konnte. 1773 wurde B. von der Kaiserinn Maria Theresia als öffentlicher Lehrer der Augenheilkunde an der hiesigen Universität angestellt. 1774 wurde B., nachdem er eine sehr vortheilhafte Anstellung zu Pavia aus Vorliebe für Wien abgelehnt hatte, zum Professor der Augenheilkunde und der Anatomie ernannt und ihm der kaiserl. Rathstitel ertheilt. Er zeichnete sich nicht nur durch die größte Thätigkeit und eifrigste Verwendung in seinem Berufe, sondern auch durch die uneigennützige Art, womit er sich der Pflege der leidenden

Menschheit widmete, ganz vorzüglich aus. So operirte und behandelte er in einer von ihm eigens dazu errichteten Privatanstalt durch viele Jahre eine große Anzahl dürftiger Augenkranken völlig unentgeldlich. 1786 ernannte ihn Kaiser Joseph, welchen B. selbst von einem sehr schmerzhaften Augenübel befreyt hatte, zum Leibaugenarzte und zum Professor der höheren Anatomie und Physiologie. Unter dem unmittelbaren Schutze dieses großen Regenten erbaute B. auf Kosten des Staates zuerst ein zweckmäßiges anatomisches Amphitheater, welches bis dahin noch nicht vorhanden war, mit diesem verband er eine treffliche Seciranstalt zur Übung eines jeden Studirenden, auch stellte er seine mit unsäglicher Mühe, Kunst und Kostenaufwand seit vielen Jahren eingerichtete anatomisch = pathologische Präparatensammlung zum öffentlichen Gebrauch auf (dieses in seiner Art einzige Museum erkaufte späterhin Kaiser Joseph um 2,000 Ducaten und machte der medicinischen Facultät ein wahrhaft kaiserl. Geschenk damit), und errichtete auch, durch freywillige Hingabe eines großen Theiles seiner reichhaltigen und kostbaren medicinisch=chirurgischen Büchersammlung, eine sehr nützliche Lehranstalt in dem Universitätsgebäude, welche auch in jenen Tagen und Stunden offen stand, in welchen alle andern hiesigen Bibliotheken geschlossen waren. Gleiche Thätigkeit und ausgezeichnete Verwendung übte B. auch unter den Regierungen Leopold's II. und Franz I. und erhielt zu wiederholten Mahlen die Anerkennung der Zufriedenheit dieser Regenten, obschon er bereits 1791, nachdem seine Liebe und Thätigkeit für alle öffentlichen Arbeiten mit dem Tode Kaiser Joseph's, seines großen Gönners, gelähmt waren, um Entlassung von dem öffentlichen Lehramte ansuchte, welche ihm unter den schmeichelhaftesten Ausdrücken gewährt wurde. Nun zog er sich mehr in das stille Privatleben zurück, wo er sich dennoch sorgfältig um alle Fortschritte bekümmerte, welche Anatomie, Physiologie und Ophthalmologie von Zeit zu Zeit machten, und auch Rath und Hülfe bey vorkommenden Fällen nie versagte. Er starb den 7. April 1818. Seine Muskellehre, mit 45 Kupf. Wien 1819 neu ausgegeben, ist ein treffliches Studienwerk.

Barth v. Barthenheim. Ein in Österreich im gräfl. Barthenheim'schen Stamme anfäßiges Geschlecht, das bereits 856 nach Christi Geburt bekannt war, indem ein B. als miles und Anführer der Reiterey Ludwig's I., in einer Schlacht gegen die Wenden unweit der Elbe fiel. 1206 bis 1210 war Hermann v. B. 3. Hochmeister des deutschen Ordens in Palästina, starb an seinen bey der Belagerung von Tripoli erhaltenen Wunden, und wurde in der Kirche des marianischen Hospitals vor der Stadt Accon, neben seinen beyden Vorgängern im Hochmeisterthume Heinrich Waldbot von Paßenheim und Otto dem Kargen beygesetzt. Hermann's Bruder Johannes v. B. ist, in nachgewiesener, ununterbrochener Stammfolge, der Ahnherr Caspar's v. B. geb. 1488 gest. 1570, seit 1517 Albert's Markgrafen zu Brandenburg, Cardinals, Erzbischofes von Magdeburg und Churfürsten von Mainz, Kanzler, dieser wurde 1544 auf dem Reichstage zu Speyer von Kaiser Carl V. zum Ritter geschlagen. Dessen Sohn Christian v. B. Reichskammer=Gerichtsaßessor zu Speyer, geb. 1529, geſt. zu Regensburg 1607, iſt aber, mit ſeiner Gemahlinn Ottilia v. Lampertheim (der letzten ihres adeligen elſaſſiſchen Geſchlechtes, deſſen Wapen nun mit dem Barthenheim'ſchen verbunden iſt) Gründer der, der vormahls reichsunmittelbaren Ritterſchaft im Unterelſaſſe immatriculirten nunmehr nach Oſterreich verpflanzten Barthenheim'ſchen Linie, deſſen Enkel Ignaz 1662 die freyherrliche Würde erlangte. Des letztern Urenkel Adolph Michael, des heiligen röm. Reichs Frey- und Panierherr von B., geb. den 22. Aug. 1742, geſt. 4. Jän. 1824, trat 1810 in den Herrenſtand des Erzherzogthums unter der Enns, wurde in demſelben Jahre in den Grafenſtand des öſterr. Kaiſerſtaates erhoben.

Barth-Barthenheim, Joh. Bapt. Ludw. Ehrenreich Graf v., Ritter des Maltheſer-Ordens und des Ordens beyder Sicilien, k. k. wirkl. Kämmerer, n. ö. Regierungsrath, Beyſitzer der n. ö. Erbſteuer-Hofcommiſſion und der n. ö. Steuer-Regulirungs-Provinzial-Commiſſion, und wirkl. Mitglied der k. k. Landwirthſchafts-Geſellſchaft in Wien. Er iſt der Sohn Adolph Ludw. Ign. Grafen von B., ob der ennſiſchen Regierungsrathes und ob der ennſiſchen Ausſchußrathes auf der alt-Rudolphiniſchen Herrenbank. Den 5. März 1784 zu Hagenau im Elſaſſe geb., hinterlegte er mit ſeinem älteren Bruder 1794—99 ſeine Gymnaſialſtudien in Carlsruhe, ſtudirte hierauf bis 1803 Philoſophie und die Rechte auf der damahls noch öſterr. Univerſität zu Freyburg im Breisgau, und von 1803—4 auf der Univerſität zu Göttingen die Rechte. 1804 trat er in öſterr. Staatsdienſte. Gleich beym Anbeginn ſeiner Laufbahn, vermißte er, bey einer unüberſehbaren Maſſe von politiſchen Geſetzen und Anordnungen, welche ſich an die voluminöſen Folianten des Codicis austriaci anſchloſſen, jene Ordnung, Richtung und zweckmäßige Anreihung, ohne welchen es einem Geſchäftsmanne bey dem beſten Willen und regſten Streben, nicht wohl möglich iſt, ſeinem Berufe mit voller Beruhigung zu entſprechen. Mit beſonderer Vorliebe zur Sache, und mit unermüdetem Eifer, benützte er daher ſeine ämtliche Stellung, um neben ſeinen Berufspflichten, jene von ihm ſo ſehr gefühlte Lücke zu ergänzen; und die erſte Frucht ſeiner Bemühungen war: das politiſche Verhältniß der verſchiedenen Gattungen von Obrigkeiten zum Bauernſtande im Erzherzogthume unter der Enns, in 3 Bden. und einem Regiſterbande 1818, Wien 1820, welchen ein Ergänzungsband nebſt Regiſter folgte. Mit welchem Erfolge dieſer erſte literariſche Verſuch im In- und Auslande gekrönt wurde, beweiſet, rückſichtlich des erſten, deſſen ämtliche Empfehlung an alle k. k. Kreisämter der Provinz, und deſſen ehrenvolle Würdigung in den vaterländiſchen Zeitſchriften, rückſichtlich des Auslandes aber, die allgemeine Haller Literatur-Zeitung, Jahrg. 1820 Nr. 110, worin dieſe Schrift zu jenen gerechnet wird, welche zu Rath zu ziehen ſind, wo immer in Deutſchland von der Geſetzgebung über bäuerliche Verhältniſſe gehandelt wird, deren Grundſätze überall ähnlich ſind, und wie es darin heißt, deren Einrichtungen im Erzherzogthume Oſterreich ſich überdieß im Allgemeinen noch dadurch empfehlen, daß unter ihnen die Bauern wohlhabend geworden ſind. Als B. 1817 bey der

bestandenen k. k. Stadthauptmannschaft in Wien. Gewerbs = Referent
wurde, sah er sich ferner in die willkommene Lage versetzt, von den im
Gebiethe der Industrie und des Handels erlassenen Gesetzen und Anord=
nungen an der Quelle gründliche Kenntniß zu nehmen, mit aufrichtiger
Benützung dieser Materialien, dieses, für den allgemeinen Wohlstand
so wichtige Feld der politischen Administration pragmatisch zu bearbeiten,
und auf dieser Bahn den Absichten der obersten Comerzialleitung zu be=
gegnen. Als nähmlich die 1816 errichtete k. k. Commerz=Hofcommission sich
ihrer Bestimmung gemäß, zur vorzüglichen Aufgabe machte, dem in der
österr. Monarchie bestehenden Gewerbs = und Handelssysteme überhaupt
eine den veränderten Verhältnissen entsprechende Einrichtung zu geben,
jedoch vorhin eine genauere Kenntniß der in den einzelnen Provin=
zen unter mancherley abweichenden Formen bestehenden gewerblichen Ein=
richtungen zu erlangen, damit die Grundsätze des beabsichtigten Gewerbs=
und Handelssystems, zwar mit Rücksicht auf die Fortschritte der Zeit, aber
auch mit besonderer Beachtung der bestehenden Provinzial=Anordnungen
festgestellt werden, richtete gedachte Oberst=Commerzialleitung ihre Auf=
merksamkeit auf das ihr bekannt gewordene verdienstliche Unternehmen
B.'s, und forderte ihn bereits 1817 auf, dessen Vollendung nach Mög=
lichkeit zu beschleunigen. Dieser Aufforderung wurde auch von ihm voll=
kommen entsprochen, indem bereits Anfangs 1819 B.'s allgemeine österr.
Gewerbs= und Handelsgesetzkunde, mit besonderer Rücksicht auf das Erz=
herzogthum Österreich u. d. Enns, in 3 Bden.; — 1820 dessen beson=
dere österr. Gewerbs= und Handelsgesetzkunde u. s. w. in 4 Bden., nebst
einem gemeinschaftlichen Registerbande und 1824 einem Ergänzungs=
bande nebst Register, insgesammt in Wien, im Drucke herauskamen.
— Dieses classische Werk wurde von der k. k. Commerz=Hofcommission
so beyfällig aufgenommen, daß es von derselben sämmtlichen politi=
schen Länderstellen der österr. Monarchie mit dem Bedeuten zugestellt
wurde, ähnliche Ausarbeitungen für die ihrer Leitung anvertrauten Pro=
vinzen zu liefern, und hierbey im Wesentlichen von Abtheilung zu Ab=
theilung die Verschiedenheit der Verfassung mit pragmatischer Genauig=
keit und mit getreuer Anführung des Urtextes der Urkunden und Actenstücke,
worauf sich solche gründen, ersichtlich zu machen; welche Aufforderung
sohin das Erscheinen ähnlicher Werke, nach dem Barthenheim'schen
Leitfaden, für Böhmen, Österreich o. d. Enns, Steyermark und
Kärnthen, Illyrien und insbesondere Küstenland, Tyrol und Vorarl=
berg, für die Lombardie, für Venedig, Mähren und Schlesien, Gali=
zien und Lodomerien, Ungarn, Siebenbürgen und Dalmatien, und
endlich, in Folge eines speciellen Auftrages des Präsidiums der k. k.
Commerz=Hofcommission an den Professor Kopetz in Prag, die Be=
arbeitung einer Generalübersicht, auf der Grundlage aller dieser Pro=
vinzialausarbeitungen, zur Folge hatte, und von denen die Gewerbs= und
Handelsgesetzkunden für Galizien und Lodomerien, für Steyermark und
Kärnthen und für die venetianischen Provinzen, und endlich 1829 und
1830 in Wien, die zwey ersten Bände erwähnter General=Übersicht,
unter dem Titel: allgemeine österr. Gewerbsgesetzkunde oder systemati=
sche Darstellung der gesetzlichen Verfassung der Manufactur= und Han=

belsgewerbe in den deutschen, böhm., galiz., italien. und ungar. Provinzen des österr. Kaiserstaates von W. Gust. Kopetz, im Druck erschienen sind. Nach dieser einfachen factischen Darstellung bedarf es wohl
keines andern Beweises, welchen wichtigen Einfluß das Werk B.'s
auf erwähnte so wichtige Tendenz der obersten Commerzialleitung gewonnen hat, und daß ihm das Verdienst zukommt, zur Verbreitung einer vollständigen Kenntniß der österr. Gewerbs- und Handelsverfassung
wesentlich beygetragen zu haben, daher auch dem Kaiser, welchem das wahre
Verdienst nie entgeht, demselben 1819 und 1820 sein Wohlgefallen durch
das Präsidium der k. k. Commerz-Hofcommission zu wiederholtenmahlen
zu erkennen gab. Durch diesen neuen Erfolg aufgemuntert, gab B. 1821
— 23 in Wien Beyträge zur politischen Gesetzkunde im österr. Kaiserstaate, in der ausgesprochenen Absicht heraus, dem augenblicklichen Bedarf einer gründlichen Kenntniß einzelner Zweige der politischen Gesetzkunde abzuhelfen; daher diese Beyträge der Aufnahme solcher Aufsätze von kleinem Umfange gewidmet wurden, welche einzelne ganz besonders wichtige Materien und einzelne politische Institutionen, deren
Kenntniß besonders dringend erscheint, zum Gegenstande haben, und,
wiewohl selbstständig und erschöpfend, dennoch als Vorarbeiten in die
Fugen des großen Gebäudes der politischen Gesetzkunde, dem Endziele
seiner literarischen Leistungen, passen. Bisher sind jedoch hiervon erst
3 Bände erschienen. Der erste Band enthält: Die politische Verfassung
der Israeliten im Lande u. d. Enns und insbesondere in Wien; der zweyte Band: Die österr. Staatsbürgerschaft, deren Erlangung und Erlöschen,
und die politisch bürgerliche und religiöse Verfassung der Akatholiken im
österr. Kaiserstaate; endlich im 3. Bande die Verfassung der l. f. und
freyen Ortschaften im Erzherzogthume Österreich u. d. Enns, und
Grundzüge der allerneuesten österr. Gesetzkunde. Die Reichhaltigkeit und
Vollständigkeit des so zweckmäßig bearbeiteten Inhaltes dieser Beyträge,
welche selbst der franzöf. Literatur nicht fremd geblieben sind, wie die
Revue encyclopédique bewährt, welche unter der Aufschrift: Aperçus
sur l'organisation politique de l'Autriche bereits 1827 Auszüge aus
denselben aufgenommen hat, werden das Bedauern rechtfertigen, daß seit
1824 diese periodischen Lieferungen zu erscheinen aufgehört haben. Sollte
übrigens das Vorhaben B.'s sich realisiren, von 1835 an, mit Anfang eines jeden Jahres eine systematische Darstellung der in dem verflossenen
Jahre erlassenen politischen Gesetze und Anordnungen, so wie der darauf
beruhenden Fortschritte, in der polit. Verwaltung, und in ihren Institutionen herauszugeben, so würde er gewiß den ungetheiltesten Dank der
gesammten österr. Geschäftswelt einernten. 1829 und 1830 erschien
dessen System der österr. administrativen Polizey, mit vorzüglicher
Rücksicht auf das Erzherzogthum Österreich u. d. Enns, in 4 Bdn. Wien.
Das von ihm gewählte System weicht von dem gewöhnlichen, nach welchem die Polizey nur in 2 Theile, nähmlich in die öffentliche und in die
Privat-Sicherheits-Polizey zerfällt, ganz ab, indem der Verfasser
das Ganze in 2 Theile theilt, nähmlich in das Polizeyrecht, und in das
Verfahren in Polizeysachen; das Polizeyrecht aber in die Staats-, Lan-
des-, Orts-, Haus- und Privat-Sicherheits-Polizey zergliedert, und als

praktischer Geschäftsmann, diese von ihm gewählte Eintheilung in der Dienstanwendung weit brauchbarer findet. — Welchen praktischen Werth dieses wichtige Werk hat, wurde übrigens am besten dadurch anerkannt, daß der Kaiser dem Verfasser durch die k. k. Oberst=Polizey= und Censur= Hofstelle zu wiederhohlten Mahlen sein Wohlgefallen zu erkennen gab. Überhaupt bleibt B. das unbestreitbare Verdienst, daß alle seine literari= schen Leistungen eine besondere praktische Tendenz haben, so daß kein po= litischer Geschäftsmann, wenn er anders in seinem Amte sicher vorgehen will, dessen Werk entbehren kann. Selbst der von ihm 1834 (Wien) herausgegebene Leitfaden für sämmtliche Hausinhaber und Haus=Admi= nistratoren der Haupt= und Residenzstadt W i e n in Hauszinssteuer= Angelegenheiten, beweiset, wie sehr es ihm zu thun ist, auch durch kleine Monographien im Gebiethe der politischen Administration seinen Mit= bürgern im praktischen Leben zu nützen; so wie er auch als Präses und Director des Pensions=Instituts für Witwen und Waisen herrschaftlicher Wirthschaftsbeamten in Niederösterreich, für das Gedeihen des dießfälligen Fonds mit Umsicht sorgt, damit den Theilnehmern der ihnen gebüh= rende Genuß nicht nur sichergestellt bleibe, sondern nach Möglichkeit noch erhöht, und überhaupt diese wichtige Anstalt vor den Gefahren bewahrt werde, welche, nach der Erfahrung, so manchen ihrer Schwe= stern so verderblich geworden sind.

　　Bartholomäides, Ladisl., evangel. Prediger zu O st i n a in der Gömörer Gespanschaft Ungarn's, war 1754 geboren zu K l e n o c z im Klein=Honther Districte derselben Gespanschaft, wo sowohl sein Va= ter, als auch sein Groß= und Urgroßvater Prediger waren. Er studirte die Theologie auf der Universität zu W i t t e n b e r g. Nach manchen Drangsalen in seiner Jugend gelang es ihm endlich 1783 die Prediger= stelle zu O st i n a zu erhalten, der er bis zu seinem Tode vorstand. Er war ein biederer, gelehrter Mann, der außer einigen slavischen Schrif= ten (worunter ein Lehrbuch der Geographie, Neusohl, 1798), schätz= bare geographische, statistische und historische Werke über Ungarn in la= teinischer Sprache herausgab, nahmentlich: De Bohemis Kis - Hon= thensibus antiquis et hodiernis Commentatio historica. Wittenberg, 1783. (2. Ausgabe, Preßburg 1796.) — Memorabilia Provinciae Csetnek. Neusohl, 1799. — Tractatus historico - philologicus de nomine Gumur et ei similibus apud Anonymum Belae Regis No= tarium obvii etc. Leutschau. 1804. — Notitia historico-geographico- statistica Inclyt. superioris Hungariae Comitatus Gömöriensis, eb. 1808. (Ein classisches Werk, aus welchem Dr. Rumy in den vater= ländischen Blättern für den österr. Kaiserstaat einen freyen Auszug mit Ergänzungen und Berichtigungen lieferte.) Er starb den 19. April 1825.

　　Bartl, Franz Conr., Erfinder der Tasten=Harmonika, geb. zu W e y p e r t h in Böhmen den 14. Juny 1750, starb als Professor der Mathematik am Lyceum zu O l m ü tz den 28. Oct. 1813. Er hatte den Grund zu den Wissenschaften an dem Gymnasium zu S ch l a ck e n= w e r t h gelegt, studirte Philosophie, Rechte und höhere Mathematik an der Prager Universität, und erlangte aus ersterer die Doctorswür= de. Er wandte sich zum Lehramt in seinem Lieblingsfache, nähmlich den

mathematischen Wissenschaften, ward 1775 mit einer Lehrstelle der
Arithmetik und Geometrie an der Normalschule zu Prag betheilt, 1779
außerordentl. Professor der Mathematik an der Prager Universität, und
1782 ordentl. Professor dieser Wissenschaft zu Olmütz. Die meiste Zeit
neben seinem Lehramte verwendete er auf die Harmonika, welche bisher
bloß mit Fingern gespielt wurde. Das beste Exemplar seiner selbst verfertigten Tasten-Harmonika befindet sich in dem k. k. physikalisch-astrono-
mischen Cabinet zu Wien. Von seinen Schriften erwähnen wir folgende: Nützliche Kenntnisse aus der Weltweisheit, Prag, 1778; — Abhandlung von allen möglichen Arithmetiken, Olmütz, 1781; 2. Aufl. eb.
1795; — Lehrbegriff von der Mechanik und Optik, Wien, 1787; 2.
verbesserte, mit dem Lehrbegriff der Astronomie vermehrte Aufl. mit
27 Kupf., eb. 1788; — Nachricht von der Harmonika, Olmütz, 1796;
— Abhandlung von der Tasten-Harmonika, m. K., Brünn, 1798;
Lehrbegriff von den nöthigsten Gegenständen aus der angewandten Mathematik, mit Rücksicht auf höhere Geistesbildung, eb. 1808.

Bartsch, Adam v. der k. k. Erblande und des österr. kais.
Leopoldsordens Ritter, k. k. Hofrath, erster Custos der Hofbibliothek,
wirkl. Mitglied der Akademie der bildenden Künste in Wien, Künstler
und Schriftsteller, war geboren zu Wien den 17. Aug. 1757. Sohn
eines herrschaftlichen Oberbeamten, der ihn nach vollendeten Schulstu-
dien auch in der Zeichenkunst unterrichten ließ, wozu B. besondere Neigung und Talent zeigte. Unter Schmuzer's Leitung übte sich B. dann
in der Kupferstecherkunst, in welcher er es bald zu bedeutender Vollkommenheit brachte, so daß ihn bereits 1771 die Erzherzoginn Maria
Anna bey ihrem in Kupfer gestochenen numismatischen Werke verwendete. 1777 wurde er als jüngster Scriptor bey der Hofbibliothek angestellt. 1783 bey Gelegenheit der Versteigerung der berühmten Bibliothek des Herzogs von La Vallière, reiste B. mit dem ersten Scriptor
Strattmann nach Paris, mit dem Auftrage, bey den zu eben dieser
Zeit daselbst vorfallenden Versteigerungen von Kupferstichsammlun-
gen Einkäufe zu machen. B. entledigte sich dieses Auftrages auf das Eh-
renvollste, er machte nicht allein in Paris sondern auch bey seiner
Rückreise zu Amsterdam und Leyden schätzbare Erwerbungen für
die Hofbibliothek. 1791 wurde B. zum Aufseher der kaiserl. Kupferstichsammlung mit dem Range unmittelbar nach den 3. Custoden und einem
Gehalt von 1,000 Gulden ernannt, bald darauf, nach des Custos
Schwändner's Tode, ward er zum 3. Custos mit Beybehalt seiner
Aufseherstelle ernannt. 1797 ernannte ihn die Akademie der bildenden
Künste, rücksichtlich seiner Verdienste als Künstler und Kunstkenner zu
ihrem wirkl. Mitgliede. 1806 wurde B. zweyter Custos und erhielt 1812
in Rücksicht seiner, als Literator und Künstler überhaupt, so wie um
die Hofbibliothek insbesondere sich erworbenen ausgezeichneten Verdienste
den Leopoldsorden und wurde bald darauf auch, den Statuten des Ordens gemäß, sammt seinen männlichen Nachkommen in den Ritterstand des
österr. Kaiserstaates erhoben. 1816 endlich wurde er zum ersten Custos
der Hofbibliothek mit dem Range und Gehalte eines kais. Hofrathes ernannt. Nachdem B. der Hofbibliothek durch 45 Jahre die ersprießlichsten

13 *

Dienſte geleiſtet und ſich als Künſtler und Menſch jederzeit gleich achtungs=
werth bewieſen hatte, ſtarb er in Hietzing den 21. Aug. 1821. Von
ihm waren im Drucke erſchienen: Le peintre graveur, 21 Bde.,
Wien, 1803 bis 1821, mit 2 Heften Copien nach den ſeltenſten Ku=
pferſtichen, ein ſo allgemein geſchätztes und originelles Werk, daß es je=
dem Kunſtgelehrten und Sammler von Kupferſtichen zu einer ſyſtematiſch=
wiſſenſchaftlichen Richtſchnur vorzugsweiſe dient; Catalogue raisonnée
des estampes gravées à l'eau forte par Guido Reni, et de celles
de ses disciples etc. Wien, 1795. — Catalogue raisonnée de toutes
les estampes qui forment l'oeuvre de Rembrandt et de ses principaux imitateurs. 2 Bde., eb. 1797. — Catalogue raisonnée
de toutes les estampes qui forment l'oeuvre de Luc de Leyde,
eb. 1798. — Catalogue raisonnée de l'oeuvre d'estampes de Molitor. Nürnberg, 1813. — Anleitung zur Kupferſtichkunde. 2 Bde.,
Wien, 1821, mit Kupfertafeln, ſein letztes Werk, wodurch er ſich
durch Angebung der beſtimmteſten Merkmahle zur Unterſcheidung der Co=
pien von den Originalen von Kupferſtichen älter Meiſter des Dankes aller
Sammler, Liebhaber und Künſtler auf immer verſicherte. Im Manuſcripte
hinterließ er: Über die Verwaltung der Kupferſtichſammlung der k. k.
Hofbibliothek, nebſt einem Anhange: Über die Cataloge der Kupferſtich=
ſammlung und ihre Führung. Seine eigenen, ſehr zahlreichen Kupfer=
ſtiche reihen ihn zu den geſchickteſten Künſtlern mit dem Griffel und der
Radiernadel. Beſonders erwähnenswerth darunter ſind: ſeine Roma
triumphans, ſeine Thierſtudien, ſeine Nachſtiche von Rembrandt,
Potter u. ſ. w. In 505 Blättern nach Gemälden jeder Periode und
Schule arbeitete er auch verſchiedene Manieren durch und verſuchte ſich
mit Glück in der farbigen Lavismaniet bey Landſchaften. — Sein Sohn
Friedrich v. B., welcher bereits 1814 an der Hofbibliothek als Prac=
ticant angeſtellt und 1816 zum Scriptor ernannt wurde, hat gegenwär=
tig als Cuſtos der Hofbibliothek, die Kupferſtichſammlung unter ſeiner
Aufſicht und bringt ſeinem Fache durch gediegene Kenntniſſe Ehre. Er
gab das Verzeichniß des ganzen Kupferſtichwerkes ſeines Vaters unter dem
Titel heraus: Catalogue des estampes de J. Ad. de B. Wien, 1818.

Baſalt von Schemnitz in Ungarn. Es iſt dieſes ein haltba=
res, ſprödes, ſehr ſchwer zerſprengbares Geſtein von lichterer oder dunk=
lerer grauer Farbe, eines der vorzüglichen Glieder der merkwürdigen,
wohl größtentheils durch Feuer entſtandenen Flötztrapp=Formation, die
ziemlich allgemein verbreitet iſt. In ſeltenen Fällen findet er ſich auf eige=
nen Gängen im Gneiß, Syenit, Sandſtein u. ſ. w. Er iſt entweder
rein oder mit anderen Foſſilien, als Olivin, Augit, Hornblende,
Glimmer, magnetiſchem Eiſenſtein u. ſ. w. gemengt, theils compact,
theils porös. Man verwendet ihn als ſehr dauerhaften Mauerſtein, als
Pflaſter= und Chauſſeeſtein, zu Eckſteinen und Pfeilern (hierzu vorzugs=
weiſe den ſäulenförmig abgeſonderten), ferner zu verſchiedenen Stein=
metz=, Steinſchleifer= und Bildhauerarbeiten, zu Amboſen für Goldſchlä=
ger und Goldſchmiede, zu Probirſteinen, als Zuſchlag bey Schmelz=
proceſſen u. dgl. Er wird mit Schmirgel oder ſcharfem Sande durch un=
gezähnte Sägen zerſchnitten, mit Meißeln und Hämmern zugerichtet,

mit Bimsſtein geſchliffen, mit Holzkohle polirt, auch zuweilen mit Öhl getränkt, und ſchwach ausgeglüht. Nach Verſuchen, die in Böhmen ge- macht worden ſind, dient der B. auch zur Bereitung eines dunkelgrü- nen Bouteillenglaſes.

Baſſano, venet. Stadt an der Brenta in der Delegation Vi- cenza auf einer Anhöhe. Die Stadt hat eine ital. Meile im Umfange, mehrere Vorſtädte, 12,000 Einw., 6 Thore, 30 Kirchen, 4 Nonnenklö- ſter, 2 Spitäler, Leihbank und viele andere ſchöne Gebäude. Sie hat be- deutende Fabriken in Seide, Wolle, Strohhüte; Handel mit Seiden- waaren, Tuch, Leder und Wein; 3 Papiermühlen. Zum Handel die- nen ſtark beſuchte Meſſen und Wochenmärkte. B. iſt der Sitz eines Bi- ſchofs, es iſt hier ein Stadtgymnaſium, ein Knabenerziehungs-Colle- gium und mehrere Wohlthätigkeitsanſtalten. B. iſt in Ob.-Italien die Gränze des Öhlbanes; nördlicher gerathen die Oliven nicht mehr. Die Stadt iſt die Vaterſtadt der 3 berühmten Maler der venet. Schule, Franz, Jakob und Leander da Ponte, die ſich von dieſer Stadt B. nannten und des Albus Manutius, berühmten Gelehrten und Buchdruckers in Venedig (ſt. 1488). Die 1663 zu B. errichtete Remondini'ſche Buchdruckerey iſt von ihrem Flor tief herabgekom- men. In der Stadt ſteht die alte Burg, welche einſt dem Tyrannen Ezzelino gehörte. Hier erreichte Bonaparte am 8. Sept. 1796 den Nachtrab des Feldmarſchalls Wurmſer, der zum Entſatz von Mantua gegen Verona vordrang, griff ihn an, ſchlug ihn und zwang ſo Wurmſer, ſeinen Marſch zu beſchleunigen. Es war dieß mit Urſache, daß ſich Wurmſer ſpäter nicht außerhalb Mantua halten konnte, ſondern ſich einſchließen mußte. Am 6. Nov. 1796 fiel hier ein neues Gefecht vor, da beym neuen Vordringen der Oſterreicher gegen Mantua, Davidovich hier eine Diviſion Maſſena's angriff, und die Brenta zu verlaſſen zwang.

Baſta, Georg Gráf, war k. k. Generallieutenant in Siebenbür- gen. Er war in Neapel um 1550 geboren, wo ſein Vater in kaiſ. Dien- ſten ſtand. Unter Alexander Farneſe's Statthalterſchaft in den Nie- derlanden führte B. bereits mit Auszeichnung ein Regiment Albaneſer und wurde von dieſem Helden 1582 zum Generalcommiſſär der Cavalle- rie ernannt. In dieſer Eigenſchaft wirkte er bey der Belagerung von Antwerpen 1584, der Eroberung von Bonn 1588 und dem Feldzug nach Frankreich 1596 mit. Zum kaiſ. Generallieutenant in Siebenbürgen ernannt (1599) ſchlug er den Woywoden der Walachey Michael aus dem Lande. Im folgenden Jahre unterlag auch der Fürſt Siegmund Bathory ſeinen Waffen. Der Woywode Michael, welcher mit dem Kaiſer verſöhnt, bey dem letzten Ereigniſſe wieder an B.'s Seite gefochten hatte, wurde bald darauf auf des Feldherrn Geheiß, wegen verrätheriſcher Einverſtändniſſe mit den Türken, in ſeinem Zelte getödtet (1601). 1604 wurde B. auch der Oberbefehl in Ungarn anvertraut, wo er Gran mit großer Tapferkeit vertheidigte. Als im folgenden Jahre Grans Fall nicht länger verhindert werden konnte, ſetzte er ſich bey Comorn feſt und hielt das überlegene türkiſche Heer vom weitern Vordringen auf. B. widerrieth dem Kaiſer den hierauf erfolgten Frieden, mit den Türken, er wurde aber nicht gehört und ſeine Feinde bemerkten höhniſch, er ſuche das Kriegsfeuer zu unterhalten, um ſich noch länger dabey zu wärmen. Der gekränkte Krieger zog ſich hierauf zurück, und brachte ſein übriges Leben, bis zu ſeinem 1612 erfolgten Tode, in Ruhe zu. Früchte ſeiner Muſe waren zwey ſehr geſchätzte taktiſche Werke: Maestro di campo generale. Venedig, 1606. — Governo della cavalleria leggiera. eb., 1612.

Baſtianberg, ſ. Sebaſtiansberg.

Bata, ungar. Dorf in der Raaber Geſpanſchaft, mit einer kath. Pfarrkirche. Die Einwohner ſind adelige Prädialiſten. Der Fruchtboden iſt hier von vorzüglicher Güte.

Bataszek, ungar. Marktflecken in der Tolnaer Geſpanſch:, mit einer Abtey, einer kathol. und griechiſch-nichtunirten Pfarrkirche, zählt 3,400 kathol. und 200 griechiſch-nichtunirte Einw., gehört mit 6 Dörfern zu der gleichnahmigen Stiftsherrſchaft des k. k. Thereſianums in Wien. Der Getreideboden iſt ſehr fruchtbar, und der Wein bey B. ſehr gut.

Báthory, ein altes, in der ungar. und ſiebenbürg. Geſchichte höchſt merkwürdiges Geſchlecht, Es leitet ſeinen Urſprung von dem deutſchen Helden Wenzelin, der dem König Stephan I. die gaſtfreye Aufnahme, welche er bey dieſem fänd, dadurch vergalt, daß er den Rebellen Kupa in der Schlacht überwand und tödtete, und dafür wieder von dem dankbaren Könige viele Güter erhielt. Einige leiten jedoch die Abkunft der Familie von einem andern deutſchen Ritter, Nahmens Stephan von Gutgeld ab, der unter Friedrich Barbaroſſa's Regierung zum König Geyſa II. nach Ungarn floh. — Als ſpäter das Geſchlecht der B. ſich auszweigte, theilte es ſich in 2 Hauptäſte von Somlyo und von Ecſed. Vom Stamme der B. von Somlyo gelangten 5 Abkömmlinge auf den Fürſtenſtuhl Siebenbürgens. Andreas B. war Biſchof zu Großwardein. Er erbauete daſelbſt im J. 1350 den Clariſſer Nonnen ein Kloſter, und ſchenkte ihnen das Dorf Zeben. Er ſtarb 1345. Lucas B. Bruder, und Stephan B., Neffe des Vorigen. König Carl I. ſchenkte Erſteren 1325 Ecſed, und erlaubte ihm daſelbſt ein Schloß zu bauen und Hivſég (Treue) zu nennen. Letzterer (Stephan) war zuerſt (1423) Erztruchſeß. Unter König Albrecht ward er (1435) Ober-Landesrichter. Nach dem Tode dieſes Königs hielt er es mit König Wladiſlaw von Polen, und fiel in der Schlacht bey Warna 1444, in welcher er die königl. Fahne trug, an der Seite ſeines unglücklichen Königs. — Nicolaus B, (v. Ecſed) 1475 Waitzner Biſchof, ſtudirte in Italien; wo ſeine Gelehrſamkeit allgemein bewundert wurde. König Mathias Corvin nahm ihn unter ſeine Räthe auf. — Stephan B., Bruder des Vorigen, ein tapferer Held, war unter Mathias I. Woywode von Siebenbürgen und Ober-Landesrichter. Er zeichnete ſich in allen Kriegen ſeines Königs aus, vorzüglich 1479 in der Schlacht auf dem Brodfelde mit den Türken, wo dieſe gänzlich geſchlagen wurden. Nach Mathias Tode kämpfte er erſt gegen deſſen natürlichen Sohn Johann, und dann gegen Kaiſer Maximilian, welche Beyde Anſprüche auf den ungar. Thron machten. Er ſtarb 1493. Stephan, Sohn des Vorigen, Palatin, wurde 1525 auf dem Reichstage zu Hatvan, auf Veranlassung Joh. Zapolya's abgesetzt. Doch bewirkte er bald die Entlassung seines Nebenbuhlers, und erhielt so die Palatinwürde wieder. Er starb 1535. — Bonaventura Andreas (v. Ecsed), war Woywode von Siebenbürgen, Ober=Landesrichter und Commandirender unter Ferdinand I. und Maximilian. Er endigte sein thatenreiches Leben 1566. — Nicolaus, Bruder des Vorigen, hielt es eine Zeitlang mit Zapolya's Witwe, kehrte jedoch bald wieder zu Ferdinand I. zurück. Er starb 1567. — Stephan (v. Somlyo), Commandant von Großwardein, dann Fürst von Siebenbürgen und endlich König von Polen. Als Letzterer bewährte er durch eine 10jährige weise und glückliche Regierung längst erworbenen Ruhm. Er führte den mit Rußland 1577 ausgebrochenen Krieg mit großer Energie, und der 1582 geschlossene 10jährige Waffenstillstand ließ die Krone von Polen im Besitz von ganz Liefland und der Woywodschaft Polocz. Er starb 1586 im 54. Jahre seines Lebens. Seine 1703 erschienenen Briefe sind sehr wichtig für die Geschichte. — Christoph, der Bruder des Vorigen und Stellvertreter desselben in Siebenbürgen. In seiner Jugend hatte er Reisen nach Deutschland, Italien, Frankreich, England und Spanien gemacht. Er führte 1579 die Jesuiten ein, und starb 1581, nachdem er die Wahl seines Sohnes Siegmund zum siebenbürgischen Fürsten bewirkt hatte. Dieser Siegmund strebte vergebens seinem Oheim auf Polens Thron nachzufolgen. 1588 wurde er von den Ständen gezwungen, die Jesuiten aus dem Lande zu verweisen. 1594 schloß er einen Tractat mit Rudolph II., dem zu Folge das Heimfallsrecht Siebenbürgens nach Siegmund's Tode dem Hause Österreich zugesichert wurde. In der Absicht in den geistlichen Stand zu treten, kam Siegmund nach Prag zu Rudolph II., und übergab 1598 dessen Abgesandten das Land. Doch bald kehrte der unbeständige Siegmund nach Siebenbürgen zurück, und trat das Land lieber an seinen Vetter Cardinal Andreas B. ab. Dieser wurde jedoch 1599 ermordet, und Siegmund selbst, der sich wieder zum Fürsten hatte ausrufen lassen, wurde von den kaiserl. Truppen allenthalben geschlagen. Er trat daher neuerdings das Fürstenthum gegen die böhm. Herrschaft Lobkowitz nebst einem Jahresgehalt von 50,000 fl. ab. 1610 wurde er heimlicher Händel und Anschläge mit den Türken verdächtig und nach Prag in anständige Verwahrung gebracht, nach 2 Jahren erst wurde seine Unschuld bewiesen, und er in Freyheit gesetzt. Er starb zu Prag 1613. — Gabriel B. (v. Somlyo), Fürst von Siebenbürgen, ein Mann von großer Schönheit, pflichtete 1608 dem Wiener Frieden bey, und bestätigte die Verhältnisse Siebenbürgens zu Ungarn. Doch bald zeigte er sich als Siebenbürgens Nero; es erregte sein grausamer Charakter 1610 eine Verschwörung gegen ihn, welche jedoch mißlang, und die Verschworenen wurden hingerichtet. 1613 ermordete er seinen besten General Nagy mit eigener Hand, und bedrohte seinen treuesten Diener Gabr. Bethlen mit einem ähnlichen Schicksale. Dieser erbath sich Hülfe von der Pforte, welche auch 2 Heereshaufen nach Siebenbürgen schickte, um Gabr. B. abzusetzen. Von allen Seiten bedrängt, flüchtete er nach Großwardein, wo er 1513 im 26. Jahre ſeines Alters ermordet wurde.

Batorkeſz (Batorkeſzy), ungar. Marktflecken in der Graner Ge= ſpanſch., mit 1900 magyar., ſlowak., deutſch. und jüd. Einw., kathol. Pfarre, ſchönem gräfl. Palffy'ſchen Herrſchaftsſchloß, Synagoge, und Weinbau.

Batſányi. Gabriele v., geb. v. Baumberg, talentvolle Dich= terinn, geb. zu Wien 1775, wo ſie im Cirkel ausgezeichneter Dichter und Dichterinnen Nahrung für ihren gebildeten Geiſt gefunden hatte. Mehrere ihrer Gedichte ſind zuerſt 1789 und 90 in dem Wiener Muſen= Almanach von Blumauer und Ratſchky aufgenommen worden. 1800 erſchienen zu Wien ihre geſammelten Gedichte und 1806 gab ſie Ge= dichte mit einer Abhandlung über die Dichtkunſt heraus. Das gelungenſte Product ihrer Muſe iſt: Amor und Hymen; Wien, 1807. Sie iſt die Gattinn des Joh. v. B. (ſ. d.)

Batſányi, Joh. v., den 11. März 1763 zu Tapolcza in Ungarn geboren, beſuchte die Schulen von Weszprim, Odenburg und Peſth, woſelbſt ihn Horányi beſonders auszeichnete, und ihm behülflich war, in Lorenz Orczy's Haus, als Privatlehrer von deſſen Sohn Stephan, zu gelangen. Daſelbſt machte er ſich durch ein hi= ſtoriſches Denkbuch: A Magyarok' vitézsége (Peſth, 1785) bekannt. Nach dem Tode ſeines Schülers, 1785, kam er zur Kaſchauer Cameral= Adminiſtration, von wo er 1793 zum Grafen Niklas Forgács als Secretär abging. Doch ſchon das folgende Jahr machte er ſich ſeiner po= litiſchen Freyheit verluſtig, die er 1796 wieder erlangend, beym Banco= amt in Wien Dienſte erhielt, 1803 beym Directorium daſelbſt Hono= rar=, 1805 aber actueller Concipiſt wurde, und ſich mit der Wiener Dich= terinn Gabriele Baumberg vermählte. Von 1809 bis 1813 befand er ſich zu Paris. Gegenwärtig iſt ihm Linz zum Wohnorte angewie= ſen. — B.s erſtes Auftreten in der Magy. Muſa als Äſthetiker zeigte von Kenntniſſen und Urtheil, und ließ für die Zukunft viel erwarten, zu= mahl als ſich 1788 Kazinczy mit ihm und Baróti zur Herausgabe des **Magyar Museum** vereinte, welches aber nur bis 1792 beſtehen konnte. Zu dieſer Zeit erfreute ſich B. des ausgebreitetſten Wirkungskrei= ſes, da der bedeutende Einfluß, den dieſe Zeitſchrift in die ungar. Poeſie hatte, größtentheils ihm zuzuſchreiben iſt. Seine, in derſelben erſchiene= nen Gedichte hatten viel Beyfall, ſo wie ſeine Überſetzungen aus Oſ= ſian, den er zuerſt in Ungarn einführte. Mehrere unglückliche Schick= ſale, die ihn wiederholt trafen, hemmten ihn in ſeinem Streben, und ſeine lange Entfernung von der Heimath ließ ihn mit dem vorſchrei= tenden Geiſt der ungar. Literatur nicht gleichen Schritt halten, ſo ward er in der Literatur fremd, und die Ausfälle, die er in neuerer Zeit (in einer eigenen Broſchüre: A' magyar ludósokhoz. Peſth, 1821, und im Anhange zu Faludi's Gedichten) auf die neue Schule machte, muß= ten nothwendig erfolglos verhallen. Selbſt ſeine Gedichte, die er mit neuen vermehrt herausgab (Versei. Elsökötet. Peſth, 1827), er= freuten ſich nicht des alten Beyfalls. — Ihm verdankt man die Heraus= gabe von Anyos's Gedichten, und eine neue Auflage der Faludi'ſchen.

Gegenwärtig soll er den ganzen Offian, metrisch übersetzt, herauszugeben gesonnen seyn.

Battaglia, venet. Städtchen in der Deleg. Padua an dem Canal von Monfelice, dem hier der Canal von B. entgegenläuft, hat in der Nähe heiße Bäder und ein Badhaus von 60—70 Zimmern mit guter Einrichtung.

Batthyany, ein angesehenes, nun in den Grafen= und Fürstenstand erhobenes ungar. Geschlecht. Ihr Stammschloß Batthyan liegt, unweit Stuhlweissenburg. Der Ursprung dieses für sein Vaterland so verdienten Geschlechtes verliert sich in jene graue Vorzeit, in der noch keine Urkunden irgend einen Anhaltspunct gewähren. Über dieses Geschlecht erschien von Georg Szklenar ein eigenes Werk 1776 zu Preßburg unter dem Titel: „Origo et Genealogia illustris Batthyanorum gentis." Nach diesem Werke war Eörse, einer der ersten tapfersten sieben Heerführer der alten Hunnen, der Stammvater dieses Geschlechtes. Doch von der Schwierigkeit überzeugt, ungarische Geschlechter mit Gewißheit nur bis ins 12. Jahrhundert zurückzuführen, können wir nur mit Wahrscheinlichkeit annehmen, daß Rainold von Eörse um das Jahr 1160 lebte, und das B.'sche Geschlecht gründete. Albert (I.) nannte sich der erste von B., starb um das Jahr 1435. Franz (II.), Sohn des Balthasar (III.), geb. 1577, wurde seiner rühmlichen Kriegsthaten wegen in den Freyherrnstand erhoben, und 1603 in den Grafenstand. Er starb 1629. Die steyerische Linie gehört zur ältern Linie der Grafen von B., und stammt von Siegmund (I.), Grafen von B., welcher 1728 starb. Sein Sohn Adam (III.) war Herr von Nemeth=Ujvar und Szentgrott in Ungarn und Burgau in Steyermark, geb. den 22. März 1697, starb den 11. Nov. 1782. Seine Söhne: Franz, geb. den 22. July 1738, Carl, geb. den 9. Aug. 1743, und Johann Nep., geb. den 16. Aug. 1744, erbten seine Güter. Graf Ehrenreich, Ernst und Siegmund Joseph wurden den 1. Dec. 1736, und Johann Nep. den 24. Dec. 1813 in die steyrische Landmannschaft aufgenommen. Die fürstliche Würde nach dem Rechte der Erstgeburt besteht bey diesem Hanse seit 1764 (s. den folg. Art.). Der jetzige Fürst Philipp v. B., geb. am 13. Nov. 1781, Sohn des am 15. July 1806 verstorb. Fürsten Ludwig und Enkel Ad. Wenzel's Fürsten v. B., ist Erbobergespan des Eisenburger Comitats. Außer den Erbgütern in Ungarn, besitzt Fürst Philipp v. B. auch mehrere Majoratsgüter in Österreich, und führt zugleich den Nahmen eines Grafen von Strattmann. Sein Großoheim Carl Graf, nachmahls Fürst v. B. (s. d.) hat 1755 mit seinem Bruder Ludwig die kaiserl. Concession erhalten, den Geschlechtsnahmen ihrer Mutter Eleonore Gräfinn v. Strattmann in Rücksicht der ihnen als Majorat angefallenen mütterl. Herrschaften für ihre Descendenz zu führen.

Batthyany, Carl Fürst von, geb. 1697, ein Sohn des 1703 verstorbenen Adam Grafen v. B. (Banus von Croatien). Er wurde wegen seiner wichtigen Verdienste um das Haus Österreich am 3. Jän. 1764 in den Fürstenstand erhoben, diente zuerst im Türkenkriege, und ging 1719 mit der österr. Gesandtschaft nach Constantinopel. Als

Feldmarschall-Lieutenant und Inhaber eines Dragoner-Regiments wohnte er den letzten Feldzügen des Prinzen Eugen am Rhein und dem letzten Türkenkriege unter Kaiser Carl VI. bey. Dieser ernannte ihn 1740 zum wirkl. geh. Rathe; Maria Theresia aber zum Banus von Croatien. Im österr. Erbfolgekriege war er es, der durch den Sieg bey Pfaffenhofen über die Franzosen und Bayern unter Segur (15. April 1745) und die Eroberung Bayerns, den Frieden zu Füßen (22. April 1745) bewirkte. In der Folge commandirte er am Rhein und in den Niederlanden, wenn auch nicht immer mit Glück, doch von Freunden und Feinden geachtet. Nach dem Aachner Frieden wurde er Obersthofmeister des nachherigen Kaisers Joseph II., legte aber diese Würde 1763 nieder, weil er die Folgen des Alters und ausgestandener Kriegesmühen fühlte. Er starb zu Wien 1772, und vermachte von seinem großen, 5 Millionen betragenden Vermögen, seinem Regimente 50,000 fl. Sein Neffe Adam Wenz. succedirte ihm in der fürstl. Würde und Gütern. Thätigkeit und Edelmuth bezeichneten seinen Charakter.

Batthyany, Ignaz Graf von, Bischof zu Erlau, dann seit 1780 Bischof von Siebenbürgen und k. k. wirkl. geh. Rath. Er war geb. zu Nemeth-Ujvar in der Eisenburger Gespanschaft, einem Marktflecken der gräfl. B.'schen Familie, am 30. Juny 1741. Sein Vater war Graf Emerich B., Präsident der obersten Gerichtstafel des Königreichs Ungarn. Nachdem er zuerst bey den Piaristen in Pesth studirt hatte, wurde er zur Erlernung der Beredsamkeit nach Tyrnau in das adelige Erziehungshaus geschickt. Hier ließ er sich später in die Zahl der Priester der Graner Erzdiöcese einschreiben. Wegen seines Fleißes wurde er, während er noch Theologie studirte, zum Abt des heil. Ritters Georg v. Ják ernannt. Zur Fortsetzung seiner theologischen Studien und zur weitern Ausbildung überhaupt wurde er nach Rom in das Collegium Apollinare geschickt, in welchem ihm die Aufsicht über die Bibliothek anvertraut wurde. Nach Beendigung seiner Studien wurde er Dr. der Theologie und zum Priester geweiht. Schon damahls stand er im Briefwechsel mit dem berühmten ungar. Gelehrten Adam Kollár in Wien, und Daniel Cornides (einem Protestanten) in Pesth. Da sich nach seiner Zurückkunft von Rom keine für ihn passende Stelle in dem Graner Erzbisthum fand, besuchte er in Erlau den dasigen Bischof, Grafen Carl Esterhazy von Galantha, um sich nach dessen Anleitung für eine höhere geistl. Würde vorzubereiten. Noch während dieses Besuches nahm er die Stelle eines eben verstorbenen Erlauer Domherrn an. Später wurde er Probst. Schon in Erlau bewies er sich als Mäcen, und trat zugleich selbst als Schriftsteller auf. Er beförderte durch Geldunterstützung die Ausgabe des kirchenhistor. Werkes von Joh. Molnár, und gab selbst 1779 eine Schrift heraus, in welcher er gegen den berühmten Gelehrten Gottfried Schwarz (aus Iglo, damahls in Rinteln) die Echtheit der Urkunde Stephan's I. vom J. 1001 für die Benedictiner-Abtey des heil. Martin de monte Pannoniae zu vertheidigen suchte, was ihm freylich nicht gelang. Am 28. Aug. 1780 wurde er zum Bischof von Siebenbürgen, k. k. wirkl. geh. Rath, zum Rath bey dem siebenbürg. Gubernium und zum Präses der Commission in kirchlichen und

Studien-Angelegenheiten in Siebenbürgen ernannt. Im zweyten Jahre seines Bisthums gab er für die geistlichen Seminaristen im Druck heraus: Norma vitae clericalis, Carlsburg, 1781, und 1784 für dieselben eine Schrift, in welcher die Amtspflichten der Geistlichen nahmentlich in Betreff der Krankenbesuche erörtert werden. Graf B. bemerkte und sammelte auch durch Unterstützung von andern Gelehrten, von der Zeit an, als er in den Priesterstand getreten war, Notizen über Alterthümer, besonders in Betreff der ungar. Nation und Kirche. Aus den Materialien dieser Sammlung arbeitete er 3 Werke aus, nähmlich die Leges ecclesiast. Hungariae, wovon der 1. Theil 1785 zu Carlsburg, und der 2. zu Clausenburg 1811 im Druck erschien, dann: Acta et scripta S. Gerardi, episcopi Csanadiensis, cum serie episcop. Csanad.; dieses Werk erschien ebenfalls zu Carlsburg 1790. Das dritte Werk: De rebus gestis inter Ferdinandum et Joann. Sigism. Zápolya etc., blieb ungedruckt. Sein Hauptverdienst um die Wissenschaften besteht in der Gründung einer Sternwarte zu Carlsburg, die seinen Nahmen auch bey den späten Nachkommen erhalten wird. Nachdem der Bischof dieses patriotische Werk vollendet hatte, starb er in demselben Jahre, am 17. Nov. 1798.

Batthyany, Joseph Graf von, ein um Kirche und Staat hoch verdienter ungar. Prälat, selbst dem Kaiser Joseph theuer, Sohn des Grafen Ludwig v. B., nachmahligen Palatins von Ungarn (1751 —65). Er wurde zu Wien am 30. Jän. 1727 geb. 1751 erhielt er zu Preßburg die Priesterweihe, ward anfangs, sogleich im nächsten Jahre, Domherr zu Gran, sodann infulirter Propst, erst des damahligen Collegiatstifts zu Steinamanger, dann zu Preßburg, 1759 Bischof von Siebenbürgen, 1760 Erzbischof von Colocsa, 1776 Fürst-Primas von Ungarn und Erzbischof von Gran, endlich 1778 Cardinalpriester. In den schwierigsten Lagen seines Vaterlandes war er der thätigste Vermittler, Aussöhner und Förderer. Er starb zu Preßburg am 23. Oct. 1799.

Batthyany, Vincenz Graf von, Erbherr zu Nemeth-Ujvar, k. k. geheimer Rath, Vicepräsident der allgemeinen Hofkammer, und Obergespan der Honther Gespanschaft, früher Hofrath bey der königl. ungar. Hofkanzley, Administrator der Graner Gespansch. und Referent bey der vormahligen Commerz-Hofcommission in Wien, geb. zu Grätz am 28. Febr. 1772. Sein Vater, der 1806 verstorb. k. k. Kämmerer und geh. Rath, gewesener Hofkammer-Vicepräsident zu Wien, auch vormahliger innerösterr. Gubernialrath zu Grätz, Joh. Georg Graf v. B., ließ ihn auf das sorgfältigste erziehen, und bildete dadurch aus ihm nicht nur einen echten Patrioten und trefflichen Geschäftsmann, sondern auch einen Schriftsteller, der mit durchdringendem Beobachtungsgeiste, tiefen Kenntnissen und einer edlen Freymüthigkeit eine schöne Schreibart verbindet. Natürlich und anmuthig sind die Farben, mit welchen er das ungarische Küstenland in seinen Briefen (Pesth, 1805) malt. Nicht minder anziehend sind die Briefe über seine Reise nach Constantinopel, zuerst in Schedius's Zeitschrift von und für Ungarn (1802—3) abgedruckt, und dann besonders herausgegeben (Pesth, 1810).

Seine Reise durch einen Theil Ungarns, Siebenbürgens, der Moldau und Bukowina, die er im J. 1805 unternommen hatte, erschien erst nach 6 Jahren (Pesth 1811) in effectvoller Gediegenheit. Er starb am 3. Dec. 1827.

Baßn (Battſyn) ungar. Dorf in der Peſther Geſpanſchaft mit 2,450 magyariſchen und ſerbiſchen Einw. und kathol. Pfarre. Der Ort hat viel Holz und Weide; viel ſchaden ihm jedoch die Donau-Überſchwemmungen.

Baudirectionen, ſ. Oberbaudirectionen.

Bauer, Edler v. Adelsbach, Joſ. Heinr., Magiſter der Philoſophie und Doctor der Medicin, Senior der medic. Facultät, Stadtphyſicus der Kleinſeite zu Prag, und Mitglied mehrerer gelehrter Geſellſchaften, war geb. den 3. May 1719 zu Würzburg. Nach zurückgelegten Studien zu Freyburg, zu Straßburg, und dann 1751 zu Altdorf erhaltenem Doctorate, übte er die Heilkunde in den Hoſpitälern mehrerer Länder aus. 1751 kam er nach Prag, 1753 ward er Mitglied der Reichsakademie der Naturforſcher. Während des 7jährigen Krieges ernannte ihn die böhm. Landesſtelle 1756, 57 und 58 zum dirigirenden Arzt im Militär-Spitale. 1778 wurde er Stadtphyſicus, 1784 und 86 Decan, 1790 Senior der medic. Facultät an der Prager Univerſität; 1793 geadelt. Seine ungemeinen Kenntniſſe, Erfahrungen, menſchenfreundlichen Aufopferungen und edlen Eigenſchaften überhaupt haben ihm ein dauerndes dankbares Andenken geſichert. Er ſtarb 83 Jahre alt, den 27. Febr. 1802 zu Prag. Er ſchrieb: Dissertatio de Cholera, Altd. 1751.—Tractatus de fonte miner. Tetschinensi, Wien, 1770. Letzterer deutſch in 2 Aufl.; die 2. Prag, 1771. — Unterſuchungen ꝛc. des Sauerbrunnens zu Liebwerda, eb. 1785 u. ſ. w.

Bauer, Ferd., rühmlich bekannter Pflanzenmaler, war geb. zu Feldsberg in Niederöſterr. um 1775, bildete ſich zu Wien in ſeiner Kunſt durch eifriges Studium aus, und begleitete den berühmten Robert Brown auf ſeinen großen botaniſchen Reiſen bis Neu-Holland, auf welchen ſich B. einen Schatz von Kenntniſſen ſammelte, den er nach ſeiner Zurückkunft praktiſch anwendete. Er ſtarb den 17. März 1826 in Wien und hinterließ ein unſchätzbares Herbarium, ſo wie eine Menge Originalzeichnungen, welche, ſo wie erſteres, auf Rechnung des Hofes für eine bedeutende Summe erkauft wurde. — Joſ. B., deſſen Bruder, war Inſpector der fürſtl. Liechtenſtein'ſchen Gemäldegallerie, Maler, Zeichner und Kupferſtecher, ohne ſich jedoch durch bedeutende Leiſtungen auszuzeichnen.

Bauernfeld, Eduard von, lyriſcher und dramatiſcher Dichter, geb. zu Wien den 12. Jän. 1802, widmete ſich den juridiſchen Studien auf der Wiener Univerſität, und erhielt nach deren Vollendung eine Anſtellung bey der niederöſterr. Landesregierung, ſodann bey dem Kreisamte V. U. W. W. und iſt jetzt Concepts-Practicant bey der k. k. allgem. Hofkammer. Zuerſt trat dieſer talentvolle Dichter mit einem Gedicht an Grillparzer in einem Theateralmanache auf, welches allgemeinen Beyfall erhielt. So gelungen übrigens auch die meiſten ſeiner lyriſchen Leiſtungen, welche in verſchiedenen Zeitſchriften erſchienen, waren; so entschied sich B. doch bald für das dramatische Fach, für welches er auch unverkennbaren, erfreulichen Beruf zeigt. Seine ersten Producte in diesem Fache waren einige Übersetzungen Shakspeare'scher Dramen, so z. B. die beyden Edelleute von Verona, das Lustspiel der Irrungen, Troilus und Cressida, Heinrich VIII., welche in der Gesammtausgabe Shakspeare's in Wien 1825 erschienen; wer die großen Schwierigkeiten der Übersetzung Shakspeare'scher Lustspiele mit ihrer Fülle von unübersetzbaren Wortspielen kennt, wird an B.'s, in poetischer Hinsicht gelungenen Arbeiten keinen zu strengen Maßstab legen, besonders da die Übertragung im Metrum des Originales geschah. Mit natürlich viel größerer Freyheit bewegte sich B. in eigenen Schöpfungen, deren er bereits 1828 nicht weniger als 20 in seinem Pulte verwahrte, Beweis seines Berufes und seiner Bescheidenheit. Im Herbste desselben Jahres endlich wurde sein Lustspiel: Der Brautwerber, in 5 Acten und in Alexandrinern, auf dem Hofburgtheater dargestellt. Sprache und Versification fanden verdiente Anerkennung, nur der magere Stoff sagte nicht zu. Bald darauf erschien: Leichtsinn und Liebe; dann 1831: Das Liebesprotocoll, und erhielten, besonders das letztere vielen Beyfall. Weniger sprach das 1832 gegebene Lustspiel: Der Musicus von Augsburg an, obwohl es auf mehreren auswärtigen Bühnen gefiel. Diesem folgte: Das letzte Abentheuer, und 1833 das Lustspiel: Die Bekenntnisse, und das Schauspiel: Helene, wovon besonders letzteres ausgezeichneten Beyfall erhielt; Der Zauberdrache hingegen, sprach nicht an. Sein neuestes Charaktergemälde Franz Walter, fand im Hofburgtheater Beyfall. 3 seiner Lustspiele: Leichtsinn und Liebe, das Liebesprotocoll, und Ewige Liebe erschienen 1832 in einem Bändchen im Drucke. Außerdem lieferte B. kleine Stücke in Versen, Gedichte ꝛc. in mehrere Taschenbücher und letztere auch in Zeitschriften. B. besitzt als dramatischer Dichter gefälligen, ungezwungenen Witz, und jenen feinen Conversationston, der ihn vorzüglich für das höhere Lustspiel, im Geschmacke der bessern französischen, eignet, und bleibt sonach, bey allem unbestreitbaren Mangel an Erfindungsgabe, doch immer eine sehr willkommene Erscheinung bey der jetzigen Dürre im Felde des deutschen Lustspieles.

Bauernstand, ist in der Monarchie allenthalben persönlich frey. Die Leibeigenschaft wurde, wo sie bestand, in Böhmen und Mähren 1781, in Ostgalizien 1782, in Ungarn durch den 35. Artikel des Reichstags vom J. 1791, und in Westgalizien 1799 aufgehoben. Die Bauern in Böhmen, Mähren und Galizien konnten das von ihnen bearbeitete Grundstück, das sie bisher gleichsam als Erbpächter erbunterthänig inne gehabt, von den Gutsherren käuflich als Eigenthum an sich bringen; seitdem ist hier jeder Bauer selbstständiger Besitzer seines Grundes geworden, und kann nach Belieben darüber verfügen. Der Bauer ist zwar noch in jenen Ländern und Gegenden, wo der Frohndienst in keine stellvertretende-angemessene Abgabe verwandelt worden, zu gewissen Spann- und Handdiensten, so wie allenthalben zu gewissen Abgaben verbunden, die auf dem Besitze seines Ackers und Bodens haften; allein diese hängen nicht mehr von der Willkühr der Herrschaften ab, sondern sie sind durch das Gesetz (Urbarium) genau bestimmt. Der Bauer in Ungarn ist nicht

mehr an den Boden gewachsen, sondern er kann seinen Wohnort und
Grundherrn frey verlassen und vertauschen; nur muß er mit dem Dorfe,
aus welchem er wegzieht, und der Herrschaft vorher Rechnung halten,
und der Abschied darf nicht in die Erntezeit fallen. Das unter Maria
Theresia entworfene Urbar, welches der Willkühr steuernd, das gegenseitige Verhältniß der ungar. Edelleute, als Grundbesitzer, und der Bauern,
welche für sich Unbewegliches nicht besitzen können, worauf nur der Adel
das Besitzrecht hat, jedoch ihnen die Früchte des Fleißes überlassen muß,
rücksichtlich der nach Maß der Ansässigkeit und Genüsse entfallenden Abgaben und Frohnen feststellte, ist auf den Reichstagen von 1791 und 92
als Regulativ angenommen worden. In Siebenbürgen ist zwar seit 1791
die Freyzügigkeit des Bauers unter gewissen Bedingungen, aber ein
allgemeines Urbar über die Rechte und Verbindlichkeiten des Grundherrn
und Bauers gesetzlich nicht eingeführt. Bey der sächs. Nation in Siebenbürgen gibt es keine Bauern. Die Sachsen in Siebenbürgen werden den
Bürgern gleich geachtet. In Ansehung des freyen Eigenthumsrechtes erscheinen vornehmlich die böhm. Freysaßen als eine besondere Classe von
Landeseinwohnern, indem sie eigene, unmittelbar unter dem König stehende Höfe und Güter besitzen. Dagegen kann der ungar. Bauer, wenn
er auch kraft der bestehenden Grundgesetze, so wie jeder Unadelige, in
Ungarn überhaupt des Besitzes unbeweglicher mit adeligen Rechten ver-
bundener Güter nicht fähig ist, doch mit Beobachtung des Vorkaufrechtes
seines Grundherrn, seine Naturalien frey vertauschen und verkaufen.
Die Bauern der österr., böhm. und galiz. Erbländer werden übrigens in
Getreide-, Wein- und Waldbauern eingetheilt. Getreidebauern werden
nicht selten Grundholden genannt. Ihre Grundstücke bestehen: 1) in
Hausgründen, welche ein unmittelbarer Theil des Wohnhauses sind und
ohne diesem nicht verkauft werden können; 2) in Hausüberlandgründen,
welche eigentlich keinen Theil des Hauses ausmachen, aber doch einzeln,
ohne Haus, nicht veräußert werden können; dergleichen Gründe haben
ihre eigene Gewähr; 3) in Überlandgründen, welche keinen Theil
des Hauses bilden, daher auch ohne Haus verkauft werden können; sie
haben ebefalls ihre eigene Gewähr, und unterliegen keinem Frohndienste.
Nach den bestehenden Frohndiensten sondern sich diese Bauern in Ganz-,
Halb- und Viertellehner ab. — Der Weinbauer, Winzer, im gemeinen Leben Hauer, erzielt bloß Wein; zum Unterschied des Grundholds
wird er Berghold genannt. — Die Waldbauern bauen eigentlich kein
Getreide; sie beschäftigen sich bloß mit Holzführen, Kohlenbrennen, Holz-
schlagen, Viehzucht ꝛc. Außer den 3 Gattungen Bauern gibt es auf
dem offenen Lande auch noch sogenannte Inleute; sie besitzen keine Realitäten, sondern treiben entweder ein Handwerk oder gehen dem Tagwerk
nach. Endlich gibt es noch eine Gattung von Bauern unter dem Nahmen:
angelobte Unterthanen, welche die Real- und Personal-Gerichtsbarkeit
einer Herrschaft über sich erkennen, indessen die Grundholden bloß des
besitzenden Grundes wegen unter dem Dominium stehen. Außer den Frohndiensten, bestehen die Dienstleistungen des Landbauers in Vorspann,
Militärquartier, Bothengang ꝛc. Die Steuern desselben theilen sich in
landesfürstl. und herrschaftl. Eine andere Art seiner Abgaben ist der pfarr-

herrliche Zehent (f. b.). (In Ungarn gehört der größte Theil der Zehente den Bischöfen.) Der B. hat sich in neuerer Zeit bedeutend gehoben. Seine Verhältnisse sind aber nach Maßgabe der provinziellen Eigenthümlichkeit verschieden; in jedem Falle genießt der Bauer, wie schon bemerkt, seiner persönlichen Freyheit. In den deutschen und galizischen Staaten bestand schon vor 1781 wie in Böhmen und geringen Theils in Mähren eine Classe ganz freyer Landleute; der Bauer in Tyrol nimmt selbst an der Landstandschaft Theil. Eine andere Classe war zwar persönlich frey, ist jedoch der Herrschaft in ihrem Verhältniß als Mayer oder Erbzinsmann zu Dienst-leistungen, Robotten und baren Steuern pflichtig. In den ungar. Erb-ländern gab es auch von jeher einige Classen ganz freyer Landleute wie die Jazyger und Cumaner, die Colonisten. In dem lombardisch-venetiani-schen Königreiche hat der Bauer, freyer Eigenthümer seines Grundes und Bodens, bloß die Abgaben an den Staat und an den Gutsherrn zu leisten.

Baumberg, Gabriele v., f. Batsányi.

Baumeister, Jof. Edler v., war geb. zu Wien den 20. Nov. 1750. Er studirte die Rechte, und erhielt das Doctor-Diplom an der Wiener Universität. Mit Eifer widmete er sich dem Studium der Ge-schichte. Früchte desselben sind seine Schriften: Versuch einer Staaten-geschichte von Steyermark, Wien 1780. — Die Welt in Bildern, 6 Bde., mit 280 Kupf. (meist von Kohl) eb. 1788. — Chronol. synchr. Über-sicht der Weltgeschichte, eb. 1798. — Stammtafel des Babenbergischen, Habsburgischen und Lothringischen Stammes, 4 Blätter in Fol., eb. 1814. Er hatte eine Buchdruckerey angelegt, aus der, nebst seinen ei-genen Werken, unter Andern auch Schmidt's Geschichte der Deutschen hervorging. B. war im Inlande einer der ersten, welche geschmackvolle Lettern einführten. Unter seinen literarischen Freunden war auch Alxin-ger, dessen Umgang er täglich genoß. 1792 übertrug ihm der Kaiser Franz die Stelle eines Erziehers, bey seinen Brüdern den Erzherzogen, welche Stelle er später, da die übrigen Prinzen andern Erziehern anver-traut wurden, bey den Erzherzogen Ludwig und Rudolph über-nahm. Als Anerkennung seiner trefflichen Dienste erhielt er 1808 den Titel eines Regierungsrathes. Er starb den 6. Oct. 1819. — Sein Vater Joh. Bapt. Edler v. B. stand 44 Jahre, letztlich bey der k. k. Hofkammer, in Staatsdiensten, und ward 1754 von der Kaiserinn Maria Theresia in den deutsch-erbländischen Adelstand erhoben.

Baumgärtner, Joh. Wolfg., sehr geschickter Maler, geb. 1712 zu Kuefstein in Tyrol. Er hattte sich selbst gebildet, und lieferte Landschaften und Prospecte in Ohl und Fresco, wie auch auf Glas. Von seinen schönen Arbeiten ist noch Manches in Süddeutschland, besonders in Augsburg vorhanden. Er starb in letzterer Stadt 1761.

Baumgarten, der schönste und besuchteste Spaziergang der Pra-ger in den Umgebungen der Stadt, ehemahls ein Thiergarten, jetzt ein Eigenthum der böhm. Stände. Natur und Kunst vereinigen sich hier zu einem der reizendsten Vergnügungsorte, das auf einem sanften Berg-rücken liegende ehemahlige Jagdschloß, geschmackvoll eingerichtet, gewährt eine herrliche Aussicht. Hier ist eine Fülle mannigfaltiger Anlagen, der

Sammelplatz der eleganten Welt, und der luxuriösesten Equipagen. Die engl. Parthien, welche den Platz umgeben, ziehen sich theils an die, eine Insel bildende Moldau, theils die benachbarten Hügelreihen hinan, von denen man wieder angenehme Aussichten genießt.

Baumgartner, Andr., Doctor der Philosophie, Director der Ärarial-Porzellan-Gußspiegel- und Smalte-Fabriken, früher Professor der Physik und der angewandten Mathematik, außerordentl. Professor der Mechanik an der Universität zu Wien, ist geb. zu Friedberg in Böhmen den 23. Nov. 1793. Er studirte zu Linz Philosophie, und hörte in Wien die Vorlesungen der höhern Mathematik. 1815 wurde er Adjunct des philosophischen, 1816 des physikalisch-mathematischen Lehrfaches daselbst, 1817 Professor der Physik am Lyceum zu Olmütz, 1823 Professor desselben Lehrfaches an der Wiener Universität. Seine Werke sind: Aräometrie x. m. K., Wien, 1820. — Die Mechanik in ihrer Anwendung auf Künste x. m. K., eb. 1823, 2. umgearbeitete Aufl. eb. 1834. — Die Naturlehre nach ihrem gegenwärtigen Zustande m. K., 3 Bde., eb. 1824. Dieß ist die erste Auflage. Das treffliche Werk ist auch auswärts Vorlesebuch, und von selbem ist 1832 bereits die vierte Auflage umgearbeitet und vermehrt erschienen; ein Supplementband war 1831 herausgekommen. Seit 1826 gibt B. mit dem Professor v. Ettingshausen eine sehr geschätzte Zeitschrift für Physik und Mathematik heraus.

Baumkircher, Andr. v., aus einem altadeligen Geschlechte Obersteyermarks, war um 1409 geboren. Selbes war mit der Familie Rindsmaul, Welser, Galler, Stubenberg, Polheim x. verschwägert, und erlosch 1508. B. brachte, wie sein Vater Wilhelm, der Hauptmann zu Wippach in Krain war, in diesem Lande ansehnliche Besitzungen an sich. Er war von riesenhafter Gestalt und Stärke, von beyspielloser Tapferkeit und Kühnheit, und erwarb sich durch diese ritterlichen Vorzüge, in denen er wie einer der alten Athleten des Nordens glänzte, einen ausgebreiteten Ruhm. Indeß fiel seine Erscheinung unglücklicher Weise in die bedauerungswürdigste Periode Österreichs: in die Zeit Friedrich's III. mit seiner 50jährigen Regierung. Mit Löwenmuth hatte er in oftmahligen Fehden für Friedrich gekämpft; persönlich war B. zwey Mahl sein Retter von der augenscheinlichsten Gefangenschaft; seine Habe und sein Blut vergeudete er an seinen Herrn. Des classischen Alterthums würdig, in Gesang, Rede und Bild auch verherrlicht, ist seine herculische That auf der Brücke des Wiener Thores zu Neustadt. Da hielt er, ein einzelner Mann, die einstürmende Macht der Böhmen und Österreicher, mit den Ungarn-gekommen, deren jungen König Ladislaus Posthumus aus Friedrich's Vormundschaft mit bewaffneter Faust zu befreyen, so lange auf, bis das Schutzgitter könnte heruntergelassen, das Thor verrammelt werden. 13 Wunden erschöpften nicht seinen Muth, nicht seine Kraft, und sein Herr war gerettet. Dieß vollführte B., ein zweyter Horatius Cocles am Morgen des 29. Aug. 1452. Mit demselben Geist und derselben Kraft rettete B. dem Kaiser gegen seinen Bruder Albrecht VI., 1461 die Wiener Burg, und schlug Albrecht's Heer in die Flucht.

Das Jahr darauf, als Friedrich in seiner Burg belagert, schon auf dem Puncte war, verloren zu seyn, war wieder B. mit seiner Hülfe da, indem er sich dem Entsatzheere Georg Podiebrad's des Böhmenkönigs anschloß. — Dieser nähmliche Mann ward den 23. April 1471 zu Grätz enthauptet. B. war, was in jener Zeit häufig geschah, Diener eines Andern, des ungar. Königs Mathias geworden. Er hatte für Friedrich's Sache große Schulden gemacht, er sah sich hämisch angeschwärzt, barbarisch gedrängt. Er mit andern griff zu den Waffen. Bald aber trug er Friedrich Unterwerfung an; es ward ihm freyes Geleit nach Grätz zugesagt, das sollte von der Früh- bis zur Spätglocke währen. Listig hielt man ihn hier, er schöpft Argwohn. Er wirft sich auf sein Roß; er enteilt; das äußere Murthor schlägt zu; er wendet um, auch das innere schließt sich. Da schlägt die Spätglocke. Sie ist sein Todesgeläute. Der Scharfrichter mit einem Priester tritt heran, sein Haupt fiel. — Geradheit und Wahrheitsliebe war B.'s Verbrechen. — Die Stola, mit der B. getauft worden, und im sogenannten Flaschenkeller B.'s waren seinem Geburtsorte, dem Dörflein Baumkirchen, noch vor Kurzem kostbare Überbleibsel. Als geehrtes Andenken seines Hauses stand da ein mächtiger Ulmenbaum vor der Kirche, der verdorrend 1789 umgehauen wurde.

Baumwolle, die macedonische (in der europäischen Türkey gebaut), wird in der Monarchie am häufigsten verarbeitet und in ungeheurer Menge von Salonichi aus über Semlin nach Wien, und von hier nach allen westlicher gelegenen österr. Provinzen, so wie nach mehreren deutschen Staaten, in die Schweiz, u. s. w. ausgeführt. Wien macht gleichsam den Mittelpunct des Handels mit dieser Waare aus; nur ein kleiner Theil davon geht nach Kronstadt in Siebenbürgen. Der Handel ist ganz in den Händen griechischer Kaufleute, welche die B. selbst bis nach Deutschland liefern. Der Verkauf geschieht in Ballen oder Bündeln von 1½ Cent. oder eigentlich 135 bis 145 Pfund, wobey man 7 Pfund Tara rechnet. Die mit Rohr gebundenen Bündel, sind nie so vortheilhaft einzukaufen, als solche ohne Rohr, weil dieses statt des ursprünglichen Gewichtes von 20 Drachmen, oft 50 bis 70 Drachmen wiegt, ein Umstand, welcher nicht nur die Frachtkosten unnöthig erhöhet, sondern auch großen Verlust an der Waare selbst herbeyführt. In den achtziger Jahren kostete der Centner dieser B. noch 30, höchstens 40 fl. In der Folge aber war er bey Verschlimmerung des Papiergeldes oft bis über 500 und 600 fl. gestiegen, und dennoch war die türkische B. wohlfeiler, als die amerikanische und ostindische, welche während der Handelssperre eine geraume Zeit gar nicht zu finden waren. Die österr. Spinnfabriken waren daher beynahe ausschließend auf die türkische B. beschränkt. — S. Banater-Baumwolle.

Baumwollspinnerey. Diese theilt sich bekanntlich in die Handspinnerey und in die Maschinenspinnerey. — Die Handspinnerey hat durch die Verbreitung der Maschinenspinnerey sehr abgenommen, und wird jetzt nur noch in wenigen Ländern, und dort meistens nur zum eigenen Gebrauche derjenigen betrieben, die sich noch dieser wenig einträglichen Arbeit bedienen. Die ehemahls von Fabriken errichteten Factoreyen sind fast sämmtlich eingegangen, oder werden doch so schwach unterhalten, daß sie beynahe ganz unbeachtet bleiben. Vormahls hatten die österr. Kattunfabriken selbst in Böhmen bedeutende Factoreyen, wo sie spinnen ließen; so hatte vor mehreren Jahren die Neunkirchner Zitz- und Kattunfabrik eine solche Factorey zu Neubistritz in Böhmen. Auch die Leinen- und Baumwollwaarenfabrik Lorenz Foramiti's zu Cividale ließ im Friaul'schen auf eigene Rechnung spinnen und färben, und in der Fabrik von Andrea Martini und Comp. in Venedig wurde noch vor einigen Jahren bloß mit der Hand gesponnen. In den lombard. Gemeinden Busto, Gallarate, Seregno und deren Umgegend wird noch viel gröbes Garn mit der Hand gesponnen. Die Handspinnerey der Baumwolle, so wie die Weberey auf dem Lande, waren schon durch das Patent vom 23. Febr. 1740 für freye Gewerbe erklärt worden. Diese Spinnerey mit der Hand oder dem einfädigen Spinnrade, die in früherer Zeit in Österreich ganz unbekannt war, und ihren Anfang erst mit dem Entstehen der Kattun- und Barchetfabrik zu Schwechat (1726) nahm, verbreitete sich nach und nach, so wie das Bedürfniß der größeren Baumwollwaaren- und Druckfabriken an Garnen und Geweben stieg, immer mehr. Aus der Schweiz wurde sie durch das Vorarlbergische nach Österreich, aus Sachsen nach Böhmen verpflanzt. In Böhmen war der erste Unternehmer von B.- Weberey und Druckerey Jos. Leitenberger zu Wernstädtel. Er war auch einer von den Ersten, welche einfädige Spinnräder aus Sachsen verbreiteten, da man früher die Baumwolle mit der Handspindel wie den Flachs verspann, und ließ zugleich in der Krämpeley unterrichten. Eben so ließ er verbesserte Webestühle bauen, und die Verbreitung der Schnellschützen in Böhmen dürfte wohl nur ihm und dem Grafen Rottenhan zu verdanken seyn. Gewiß ist es, daß die Schnellschütze in jenen Gegenden Böhmens schon 10 bis 12 Jahre früher allgemein im Gebrauche war, als man in Frankreich erst durch Belehrungen und Aufmunterungen von Seite der Regierung ihre Anwendung zu verbreiten suchte. — Die Maschinenspinnerey hat dagegen in der neuesten Zeit allenthalben die bedeutendsten Fortschritte gemacht, und eine Höhe erreicht, von der man zu Anfang dieses Jahrhunderts gar keine Vorstellung hatte. Die zuerst erfundenen Spinnmaschinen, die sogenannten Jennys, sind ihrer vielen Unvollkommenheiten wegen schon lange verschwunden, und im Wesentlichen nur noch beym Spinnen der Schafwolle kennbar; bey der Baumwolle dagegen sind ganz neue Maschinen und Vorrichtungen an deren Stelle getreten, und noch gegenwärtig geht das Erfinden und Vervollkommnen seinen raschen Gang vorwärts.

Was den Zustand der engl. Spinnfabriken im österr. Kaiserstaate anbelangt, so haben sie seit den letzteren Jahren nicht nur in Hinsicht ihrer Vermehrung und Ausdehnung, sondern noch mehr in Hinsicht der Vervollkommnung ihrer Maschinen und Erzeugnisse sehr erhebliche Fortschritte gemacht. — Jos. Leitenberger zu Wernstädtel in Böhmen, der um die Mitte des vorigen Jahrhunderts unter den Beförderern der Baumwollfabrikation, der Druckerey und des Grappbaues als der erste Unternehmer in Böhmen sich große Verdienste erworben hat, errichtete 1796 auch die erste Maschinenspinnerey in Böhmen. So viel bis jetzt bekannt ist, war dieß auch die erste Unternehmung von englischen Spinnmaschinen, Water=Frames und Mule=Jennys, im österr. Staate; denn die sogenannten sächs. oder deutschen Maschinen (West=Jennys oder Klappmaschinen) waren schon mehrere Jahre früher vom Grafen Canal in Prag und vom Grafen Rottenhan eingeführt worden, und wurden auch sehr zeitig in der Gegend von Wien, jedoch nicht ausgedehnt, betrieben. Bald folgten auch Graf Rottenhan und Fürst Auersperg zu Tupadl in Böhmen in der Errichtung engl. Maschinen nach. Diese böhm. Spinnereyen wurden aber nicht in erheblicher Ausdehnung und auch nur zum eigenen Gebrauche der von den Unternehmern errichteten Baumwollwaaren= und Druckfabriken betrieben; es bleibt also immer der k. k. priv. Pottendorfer Garnmanufactur=Gesellschaft das Verdienst, die erste große Spinnerey zum Garnverkaufe im österr. Staate 1801 errichtet zu haben, eine Manufactur, welcher in der Ausdehnung außer der in Gebweiler keine französische gleich kommt, und die man auch in England unter die Zahl der größten Etablissements rechnen würde, wobey sie in der Qualität ihrer Gespinnste mit den vorzüglichsten Spinnereyen in Osterreich und auf dem Continente wetteifert. Im Verlaufe weniger Jahre entstanden außer der Pottendorfer noch 6 andere Spinnereyen in Osterreich u. d. Enns. Es läßt sich leicht denken, daß einem so neuen Gewerbe in dem Mangel an geschickten Arbeitern, an Erfahrung und an hierzu ausgebildeten Hülfsgewerben große Schwierigkeiten entgegenstehen mußten, die nur durch außerordentlichen Aufwand und durch besondere Beharrlichkeit und Anstrengung zu überwinden waren. Indessen wurden die Spinnereyen damahls durch die lebhafte Nachfrage nach ordinären Garnen und durch die damahls sehr hohen Garnpreise unterstützt. Sie hatten zwar durch Einwirkung fremder Concurrenz 1804 und 1807 eine ungünstige Periode zu überstehen, genossen aber dagegen bald einen Antheil an dem erhöhten Verkehre, welchen die zunehmende Vermehrung des Papiergeldes, dessen höherer Werth im Auslande, und endlich die französ. Continental=Sperre hervorriefen. Es entstanden daher 1810 bis 14 mehrere neue Spinnereyen in Osterreich, von denen in den folgenden Jahren mehrere wieder eingingen, 7 aber bestehen blieben, obgleich einige unter anderen Eigenthümern. Seit 1814 gerieth überhaupt die Spinnerey, wie die meisten anderen Gewerbe, in eine drückende Lage, besonders da sich zu einer Menge bekannter nachtheiliger Einwirkungen noch eine immer weiter um sich greifende auswärtige Concurrenz gesellte. In dem Zeitraume von 1820 bis 26, wo die Staatsverwaltung mehrere, zur Aufrechthaltung des Prohibitiv=Systems dienende Maßregeln ergriff, entstanden in Osterreich mehrere neue Spinnereyen.

Mit der wachsenden Ausdehnung und Vermehrung der unterösterr. Spinnereyen nahm auch die Vervollkommnung ihrer Einrichtung und ihrer Erzeugnisse zu. Das Streben nach Vervollkommnung hat sich besonders seit 1820 und mit auffallend beschleunigten Schritten seit 1823 dargethan. Man verdoppelte, ja verdreyfachte zum Theil die Quantität der Erzeugnisse von der gleichen Spindelzahl, und stellte überdieß eine weit

14 *

vorzüglichere Qualität der Garne her, so daß diese nunmehr allen billi=
gen Anforderungen der übrigen Baumwollgewerbe entsprechen, so weit
es das vorhandene und um verhältnißmäßige Preise erreichbare Materia=
le zuläßt. Alles, was im Gebiethe dieser wichtigen Fabrication in Eng=
land, Frankreich und der Schweiz neu erfunden worden ist, wurde in
den größeren österr. Garnmanufacturen ohne Rücksicht auf Kosten und
Mühe angewendet, und überdieß wurden in Österreich selbst Erfindun=
gen gemacht, die für eben so sinnreich als nützlich anerkannt worden sind.
Fortdauernd werden zweckmäßige Einrichtungen jeder Art, theils durch
Reisen nach England und Frankreich, theils durch Correspondenz=Ver=
bindungen mit jenen Ländern, durch Maschinen=Einfuhr von dorther,
so, wie durch Anstellung geschickter Mechaniker benutzt, vermehrt und
verbessert. Mehrere der größeren unteröster. Spinnereyen können als
vollendete Meisterwerke jedem ausländischen Etablissement dieser Art an
die Seite gestellt werden, und es bedarf nur der Fortdauer des Schu=
tzes der auf alle Industriezweige unausgesetzt aufmerksamen Staatsver=
waltung, um bey der hohen Regsamkeit der Unternehmer dieses wichti=
gen Industriezweiges dahin zu kommen, daß Österreich in Bezug auf
Baumwollgarne bald vom Auslande ganz unabhängig seyn wird.

 In Böhmen, wo früher als in Österreich mehrere, jedoch meistens
kleine Spinnerey=Unternehmungen begonnen hatten, blieb dieses Ge=
werbe lang an Ausdehnung und selbst in der Vervollkommnung der Er=
zeugnisse zurück. Hierzu mögen wohl mehrere Umstände beygetragen ha=
ben, z. B., daß man dort nicht über so bedeutende Capitalien schalten
konnte, als in Österreich, daß überhaupt die ungünstigen Perioden,
welche die öster. Industrie zu bestehen hatte, in Böhmen härter gefühlt
wurden x.; die Hauptursache lag aber sicher in der stärkern Einwirkung
einer übermächtigen auswärtigen Concurrenz. Neuerlich haben sich jedoch
auch in Böhmen die Spinnereyen bedeutend vermehrt, und sowohl in
der Quantität der Production von einer Spindel, als auch in der Qua=
lität derselben Fortschritte gethan. Böhmen ist an schicklichen Wasserge=
legenheiten zum Betriebe großer Manufacturen im Ganzen weit ärmer,
als Unteröstreich; dagegen biethet es aber einen Reichthum an Stein=
kohlen dar, den wohl kein anderes Land von gleichem Flächeninhalte auf
dem Continente aufzuweisen hat. Aus diesem Grunde möchte es daselbst
vorzüglich rathsam seyn, Dampfmaschinen zum Manufactur=Betriebe
anzuwenden, und wirklich sind bereits gelungene Anwendungen derselben
gemacht worden. Jac. Lang unterhielt zu Drüßowitz auf der Herr=
schaft Königseck im Taborer Kreise eine Spinnerey mit 60 Mule=Ma=
schinen, die folglich zu den größten in Böhmen gehört. In Reichen=
berg beschäftigen sich nicht weniger als 6 Spinnereyen, welche immer
zusammen 80 Feinspinnmaschinen zählen, und beyläufig 1,400 Ctr.
Gespinnste jährlich lieferten. — In Mähren ist die k. k. priv. Ehren=
ström'sche Baumwollgespinnstfabrik zu Mayers von Bedeutenheit.
— Die oberöster. und vorarlberg. Spinnereyen erreichen zusammen in
der Anzahl der Maschinen die böhmischen nicht zur Hälfte. Zu den wich=
tigsten k. k. erbländ. priv. Baumwoll=Maschin=Garngespinnst=Fabriken
nach engl. Art gehören: Die Fahrafelder, Ebergassinger, Möllers=

dorfer, Pottendorfer, Schönauer, Steinabrückler, Theesdorfer, Wiener-Neuſtädter ꝛc.; zu den nicht auf obige Weiſe privilegirten: die Neunkirchner, Neuſteinhofer, Ebenfurther ꝛc.

Baumwollſtoffhandel. Der Handel mit B. iſt ungemein leb-haft, da der Verbrauch derſelben in der Monarchie außerordentlich zu-genommen hat. Oſterreich und Böhmen machen in weißen und gedruck-ten Waaren erhebliche Geſchäfte nach den meiſten Provinzen der Mon-archie. Wien insbeſondere ſchickt einen großen Theil ſeiner Kunſtwe-berey-Artikel, z. B. durchbrochene und geſtickte Tulles, broſchirte Klei-derſtoffe, feine Halstücher ꝛc. nach Italien. Bey Böhmen iſt es nicht zu überſehen, daß die meiſten der dortigen Fabrikanten die Märkte in anderen Provinzen beſuchen und auf ſolche Art anſehnliche Quantitäten ihrer wohlfeilen Erzeugniſſe abſetzen. Die Ausfuhr an Baumwollwaaren aus Böhmen nach dem Auslande beträgt über 16,000 Ztr. Die Handels-leute von Reichenberg ſetzen gewöhnlich an dortigen Erzeugniſſen ge-gen 120,000 Stück Kattun, ſchottiſche Leinen, Cambrics ꝛc. ab, das Stück im Durchſchnitte zu 11½ fl., folglich zuſammen für 1,380,000 fl. C. M. Bunte Baumwollwaaren gehen meiſtens nach Italien. Der ge-ſammte Werth der von Reichenberg allein in den Handel gebrachten Baumwoll-Erzeugniſſe belief ſich 1826 auf ungefähr 1,600,000 fl. C. M. Das Vorarlbergiſche ſchickt den größten Theil ſeiner Erzeugniſſe nach Italien, einen Theil auch nach Oſterreich. Selbſt aus Siebenbür-gen gehen jährlich für 150,000 fl. baumwollene Vortücher in die Moldau und Walachey.

Baur, Joh. Wilh., geb. zu Straßburg 1600, lernte hier die Malerey bey Friedrich Brentel, einem geſchickten Miniaturmaler; da er bald ſeinen Lehrer übertraf, ſo reiſte er nach Italien. Die herrlichen Umge-bungen Rom's waren eine reichhaltige Quelle zu ſeinen Studien. Um das Meer mit ſeinen Schiffen kennen zu lernen, begab ſich nach Nea-pel, verkürzte jedoch ſeinen Aufenthalt daſelbſt, weil ihn die Liebe einer jungen Römerinn zurückrief. Nachdem er auch zu Tivoli und Fras-cati ſeine Mappe bereichert hatte, ging er 1637 nach Venedig, wo ſeine Arbeiten großen Beyfall erhielten. Endlich ging er nach Wien in die Dienſte Ferdinand III., wo er 1640 ſtarb. Ungeachtet ſeines langen Aufenthaltes in Italien behielt B. jedoch immer eine ſchwerfällige Zeich-nung in den Figuren. Er wußte ſie zwar zu beleben, doch fehlt ihnen die leichte Bewegung. Alle ſeine Gemälde ſind klein, auf Pergament mit Waſſerfarben gemalt. Auch als Kupferätzer erwarb ſich B. einen Nah-men, ſeine zahlreichen Blätter ſind mit einer zarten und geiſtreichen Nadel ausgeführt.

Bayer, Franz Rud., einer der ausgezeichnetſten tragiſchen Schauſpieler, geb. zu Wien den 30. Nov. 1780. Seine Neigung zur Schauſpielkunſt, genährt durch den Beyfall, welchen er auf Liebhaber-Theatern erntete, vorzüglich aber der Schauſpieler Solbrig, mit dem er in freundſchaftlichem Verhältniſſe ſtand, beſtimmten ihn, ſich ihr zu weihen. Nach vielfältigen Verſuchen und Vorbereitungen trat er auf dem ſtändiſchen Theater in Prag den 19. Nov. 1802 zum erſten Mahle auf, und zwar in „Verbrechen aus Ehrſucht." Er fand Beyfall, trotz einer etwas ungelenken Declamation. Doch bald hatte er diese und mehrere andere Schwierigkeiten glücklich besiegt, und sich zu einer solchen Sicherheit und Vollendung ausgebildet, daß ihm allgemeine Anerkennung zu Theil wurde, sowohl in Prag selbst, als auf seinen verschiedenen Gastreisen. B.'s Vorbild war der unvergeßliche Lange. Zu seinen Glanzrollen gehören: Czaar Peter, Don Gutierre, Carl Moor, Balboa, Fiesco, Wallenstein, Hamlet, Macbeth ꝛc.

Bayer, Thad. Edler v., k. k. Professor, Sanitätsrath, Vice-Director der medicinischen Facultät zu Prag, Protomedicus der österr. Armee, war 1737 geb. zu Herrnbaumgarten in Österreich, gest. zu Wien 1808. Seine Schriften sind: Grundriß der Pathologie, Wien, 1782. — Grundriß der Semiotik, Prag, 1787. — Grundriß der Hygiena, eb., 1788.

Bayerischer Erbfolgekrieg. Ohne Erben seiner Linie starb Maximilian Joseph, Churfürst von Bayern, am 30. Dec. 1777; sein nächster Verwandter war Carl Theodor, Churfürst von der Pfalz, nach einem Erbvertrage zu Pavia 1329 zwischen den beyden Ästen des Wittelsbach'schen Stammes, Bayern und Pfalz. Österreich forderte jedoch einen großen Theil von Bayern unter dem Titel von böhmischen, österreichischen und Reichslehen für sich, und Carl Theodor erkannte diese Ansprüche als gültig an. Österreich hätte wirklich die in Anspruch genommenen Districte besetzt, welcher Vergrößerung sich der König von Preußen Friedrich II. mit Rußland widersetzte, und Carl Theodor glaubte nun selbst, die Forderungen Österreichs zu voreilig anerkannt zu haben. Den 5. July 1778 rückten die Preußen in Verbindung mit den Russen und Sachsen, welche die Abtretungs-Urkunde Carl Theodor's zu Gunsten Österreichs ebenfalls nicht gelten lassen wollten, in Böhmen ein. Joseph II. stand in einer durch die Natur schon festen, durch Schanzen und Überschwemmungen fast unnehmbar gemachten Stellung mit 100,000 Mann bey Königgrätz, Feldmarschall Loudon mit 50,000 M. an der sächsischen Gränze. Ersterem rückte Friedrich entgegen, ohne jedoch einen Angriff zu wagen; Letzteren drängte Prinz Heinrich von Preußen mit einem preußisch-sächsischen Heere bis hinter die Isar bey Münchengrätz zurück, wo sich Loudon mit der Hauptarmee in Verbindung setzte und eine feste Stellung nahm, aus der er sich selbst durch die Detachirung des Generals Platen in seinem Rücken nicht locken ließ. — Nach diesem vergeblichen Hin- und Herziehen beyder Armeen in Böhmen, wünschte die Kaiserinn Maria Theresia, und eben so Friedrich II. den Frieden; man fing deßhalb zu Jaromierz Unterhandlungen an. Obschon Joseph II. den Krieg fortsetzen wollte, wurde doch 1779 den 13. May der Friede zu Teschen geschlossen. Österreich bekam von der angesprochenen Erbschaft das Innviertel und Bräunau, und entsagte allen übrigen Forderungen. — Vergl. Fürstenbund.

Beamte. Die bedeutende Anzahl der öffentlichen B.n des großen Kaiserthums theilt sich zuvörderst in die 2 Hauptclassen der Staats- und Privat-B.n. Die Staats-B.n zerfallen dann wieder mit Inbegriff des Lehramtes in Civil- und Militär-B.n; die Privat-B.n dagegen in städti-

sche oder Magistrats=und Herrschafts=, auch sogenannte Wirthschafts=B.;
zu den Privat=B.n sind noch die ständischen B.n zu zählen, und die B.n
der fürstl. Landrechte in Schlesien, des erzbischöfl. Lehnrechts in Mähren, der Privatinstitute ꝛc. Zu den Civil=B.n gehören auch Geistliche,
in so fern sie zugleich Civilämter bekleiden. — Die wichtigsten Beamten-
classen erscheinen unter ihren eigenen Schlagwörtern.

  Beatrix Maria Riccarda von Este, Erzherzoginn v. Österreich, Herzoginn zu Massa und Carrara, einzige Tochter des Herzogs **H e r -
k u l e s III. R e i n a l d** von Modena aus dem alten u. berühm. ital. Für-
stenhause **E s t e**, Sternkreuzordensdame, geb. den 7. April 1750, verlobt
den 26. April 1770, und vermählt den 15. Oct. 1771 mit **F e r d i n a n d,**
Erzherzog von Österreich, General = Feldmarschall, Gouverneur und Ge-
neral=Capitän der österr. Lombardie (bis 1796); wurde Witwe den 24. Dec.
1806. Ihr Vater hatte sich schon 1741 mit der Erbinn des Herzogthums
Massa und Carrara, **M a r i a T h e r e s i a von C i b o = M a l a s p i n a**
(st. 1790) vermählt, verlor aber 1797 im Frieden von **C a m p o = F o r -
m i o** die sämmtlichen Staaten an die Franzosen, und erhielt dafür durch
den **L ü n e v i l l e r - F r i e d e n** 1801 den österr. **B r e i s g a u**, dessen Regierung er bald darauf seinem Schwiegersohne, Erzherzog **F e r d i n a n d**
überließ, und 1803 als letzter Mann des Hauses **E s t e** zu **T r e v i s o** starb.
Allein das Breisgau'sche ging 1805 durch den **P r e ß b u r g e r F r i e d e n**
für **F e r d i n a n d** und B. ebenfalls verloren, und der jetzt in **M o d e n a**
regierende Herzog **F r a n z IV.**, Erzherzog v. Österreich=Este (s. d.), ihr ältester Sohn, gelangte erst 1814 wieder zum Besitz der Modena'schen Staaten. Um dieselbe Zeit trat auch B. die Regierung des schon 1790 von
ihrer Mutter vererbten Herzogthums Massa und Carrara an, womit der
Wiener Congreß noch die kaiserl. Lehen in der Lunigiana mit der Bestimmung verbunden hat, daß nach ihrem Tode dieses gesammte Herzogthum
an ihren genannten Sohn zu gelangen hätte. Dieser Fall ist am 14.
Nov. 1829 durch den in **W i e n** erfolgten Tod der Erzherzoginn B. ein-
getreten. Ihr anderweitiges großes Privatvermögen, wozu auch 2 Palläste in **W i e n** gehören, ging hauptsächlich an ihre 2 jüngern Söhne,
die Erzherzoge **F e r d i n a n d** und **M a x i m i l i a n** über. Von 9 Kindern (4 Erzherzoge und 5 Erzherzoginnen) sind mehrere vor ihr gestorben; 1809 verlor sie den Erzherzog **C a r l**, Primas von Ungarn
und Erzbischof von Gran; 1816 die Kaiserinn von Österreich **M a r i a
L u d o v i c a.** Die älteste Tochter und Erstgeborne (1. Nov. 1773) **M.
T h e r e s i a** starb als Witwe des Königs von Sardinien **V i c t o r E m a -
n u e l,** den 28. März 1832, und war die Mutter der jüngern Königinn
von Ungarn **M a r i a A n n a C a r o l i n a.** Noch lebt eine Tochter von
B., **M. L e o p o l d i n a**, geb. 1776, Witwe des am 16. Febr. 1799
verstorbenen Churfürsten von Pfalz=Bayern **C a r l T h e o d o r,** mit
dem sie nur 4 Jahre vermählt war.

  Beaulieu, Johann Peter Freyherr v., stammt aus einem
alten niederländischen Geschlecht. In **N a m u r** 1725 geb., trat er 1743
als ein Jüngling von 18 Jahren als Fähnrich in das Regiment Herzog
von **L o t h r i n g e n**, und rückte in 14 Jahren bis zum Hauptmann vor.
In demselben Jahre wurde er zum Generalquartiermeisterstabe übersetzt

(1757) und bey dem Feldmarschall Daun als Adjutant angestellt. Seine vorzügliche Brauchbarkeit erwarb ihm bald den Majorsgrad. Bey Kollin, vor Schweidnitz und Breslau, in den Schlachten bey Leuthen und Hochkirchen, bey Gera und Maren, zeichnete sich B. als einsichtsvoller Colonnenführer aus, und erhielt 1760 das Ritterkreuz des Marien=Theresienordens, bald nachher den Rang eines Oberstlieutenants im Generalstabe. — Der Hubertsburger Friede und die darauf folgende lange Waffenruhe war für ihn eine Veranlassung, seine militärischen Kenntnisse und seinen Kunstsinn auszubilden. In Rücksicht auf letzteren ward ihm der Auftrag, die kaiserl. Lustschlösser zu verschönern. 1768 wurde B. zum Obersten ernannt, und im Gouvernement Mecheln angestellt. Bey Ausbruch der niederländischen Unruhen war er noch auf diesem Posten. Als ein noch rüstiger Mann von 64 Jahren erhielt B. 1789 die Stelle eines Generalquartiermeisters in dem Corps, welches der Feldzeugmeister Baron Bender im Luxemburg'schen zusammenzog, und gab bey Tirlemont, Löwen, Roumont u. a. O. theils als Leiter der Bewegungen gegen die Insurgenten, Beweise von großer Umsicht und erprobter Tapferkeit. Sein einziger Sohn fiel als Hauptmann den 23. May 1789 bey einem Angriffe auf eine feindliche Batterie im Walde von Waillet, wozu er ihn selbst befehligt hatte. — Der Kaiser belohnte B.'s zahlreiche Verdienste 1790 durch die Ernennung zum Generalmajor; auch wurde er in demselben Jahre noch zum Feldmarschall-Lieutenant befördert. Für den am 19. Dec. 1789 bey Nassogne gegen bedeutende Übermacht errungenen Sieg ward ihm außerdem noch das Commandeurkreuz des Maria Theresienordens zu Theil. — Der Ausbruch des französischen Revolutionskrieges war für B. der Anfang einer ruhmvollen Feldherrnlaufbahn. Er befand sich den 23. April 1792 zu Mons, als die Kriegserklärung einlangte. Sogleich begab er sich zu seiner an der Gränze stehenden Division von 1,800 M. Infanterie, 1,500 Reitern und 10 Geschützen, wurde den 29. vom General Biron mit 12,000 M. angegriffen, vertheidigte sich bey Jemappes mit großer Standhaftigkeit, rückte am folgenden Tage selbst gegen die sorglosen Franzosen, schlug sie bey Quiévrain in die Flucht, und ließ die Flüchtigen durch seine Husaren bis an die Thore von Valenciennes verfolgen, wobey 5 Kanonen erobert wurden. Von da an bis zur Schlacht bey Jemappes vertheidigte B. unter Herzog Albrecht's von Teschen Befehlen die niederländische Gränze gegen alle Einfälle der Franzosen mit Erfolg. — Nach dem Rückzuge der Preußen aus der Champagne rückte aber Dümouriez mit Übermacht gegen die Niederlande, und besiegte den Herzog am 5. Nov. bey Jemappes, wo B. den linken Flügel befehligte und den Rückzug deckte. Weder die Weisheit der Führer, noch der Muth der Truppen konnte die nur schwach besetzten Niederlande retten, und der Rückzug war unvermeidlich. Hinter der Erft nahmen die Österreicher zwischen Euskirchen und Gräfenbroich Stellung, und wurden von den Franzosen fehlerhafter Weise auch nicht weiter zurückgedrängt. B. war aber schon von Hall aus mit 12,700 Mann zur Deckung der Maas nach Huy entsendet worden. Vom General Valence in Fronte und Flanke mit übermacht bedroht, zog er sich gegen Arlow zurück, wo er sich mit dem Fürsten Hohenlohe vereinigte. — In dem glücklicheren Feldzuge 1793 erhielt B. den Befehl, die linke Flanke der niederländischen Armee zu decken, und die Verbindung mit der bey Trier stehenden Division des Fürsten Hohenlohe zu unterhalten. Hätte Dümouriez, statt von einer Eroberung Hollands zu träumen, die Ardennen-Armee verstärkt, und zwischen der Maas und Mosel vordringen lassen, so würde B. in dem bergigen Waldlande Mühe gehabt haben, seiner Bestimmung zu genügen. Aber bey den ercentrischen Operationen der französischen Nord-armee wurde seine Aufgabe leicht. Nach dem schnellen Rückzuge dieser Armee marschirte B. nach Namur, dem Stützpunct des linken Flü-gels, stieß aber im August zur Armee des Prinzen von Coburg, und stellte sich bey Cysoing an der Marque auf. Da die Franzosen ihre Streitkräfte damahls zu einem entscheidenden Schlage auf der Gränze von Westflandern concentrirten, so hatte B. nur einen nicht angefoch-tenen Flächenraum zu decken. Nachdem aber der Herzog von York bey Handschooten und Dünkirchen, der Prinz von Oranien bey Werwick und Menin geschlagen worden war, leistete B. mit seinem kleinen Corps den Verbündeten einen wesentlichen Dienst, und rettete dadurch den Herzog. Zum Rückzug nach Courtray genöthigt, ließ nähmlich der französische Obergeneral Houchard, als er die Holländer bey Menin gänzlich in die Flucht geschlagen hatte, die Division He-douville gegen Courtray rücken, um auch B. zu besiegen, der höch-stens 8,000 M. hatte. Gelang dieses Unternehmen, so war der, im Marsche auf Menin begriffene Herzog von York und mit ihm ganz Westflandern verloren, was nachher auch den Rückzug des Prinzen Co-burg, welcher mit kaum 40,000 M. das Land zwischen der Schelde und Maas zu decken hatte, zur Folge haben mußte. Aber B. widerstand nicht nur den Angriffen Hedouville's vor Courtray, sondern trieb ihn bis Menin zurück, welches den Franzosen wieder entrissen wurde, und verfolgte diese so lebhaft, daß sie sich erst hinter der Marque in Sicherheit glaubten. Am Tage nach der Wiedereroberung von Menin (15. Sept.) traf York's Avantgarde daselbst ein, und nun war die Ver-bindung zwischen den beyden Hauptcorps gesichert. Die französische Re-gierung erkannte die Wichtigkeit dieses Ereignisses, und bestrafte ihren Obergeneral dafür, daß er nicht mit aller Macht gegen B. gerückt sey, mit dem Tode. — Während der fruchtlosen Belagerung von Maubeuge marschirte B. nach Dinant, um die Verbindung mit Luxemburg wieder herzustellen. Dieselbe Aufgabe wurde ihm auch im Feldzuge 1794 zu Theil. Als die Franzosen im April mit 20,000 M. der Moselarmee gegen ihn rückten, wich B. von Arlon zurück, welches nunmehr die Franzosen besetzten. Doch kaum hatte er erfahren, daß seine Gegner in sehr ausgedehnter Stellung unthätig blieben, so ging er 14 Tage später in 3 Colonnen zum Angriff vor, und trieb die Franzosen mit Verlust von 6 Geschützen zurück. Im May machte B. einen Streifzug nach Bouillon, um der Ardennen-Armee Besorgnisse für ihre rechte Flanke einzuflößen; er verursachte der dort stehenden 6,000 M. starken Division zwar manchen Verlust, doch hatte das Unternehmen wenig Einfluß auf

die französischen Operationen. Als Jourdan später gegen Arlon rück=
te, wich B. von Stellung zu Stellung bis Namur zurück, und nahm
mit seinem Corps einen rühmlichen Antheil an den Gefechten an der
Sambre, wobey er fortwährend gegen Jourdan's rechte Flanke ope=
rirte, und in den beyden Schlachten von Fleurus fast immer am glück=
lichsten kämpfte. Der allgemeine Rückzug der Verbündeten führte B.
nach Tirlemont und über den Rhein. Der Kaiser belohnte seine gelei=
steten Dienste mit dem Großkreuz des Maria Theresienordens. — Im
Feldzuge 1795 war B. General=Quartiermeister der Rheinarmee unter
Clerfayt. Am 4. März 1796 wurde er zum Feldzeugmeister befördert,
und erhielt den 17. den Oberbefehl der Armee in Italien. Bereits ein Greis
von 71 Jahren, sollte B. einem jugendlichen, thatendurstigen Feldherrn,
Bonaparte gegenüber, welcher den Krieg mit einer außerordentlichen
Energie führte, mit unzureichenden Kräften, dieses schöne Land vertheis=
digen. Diese Aufgabe war zu schwierig, und B. nach allen Umständen
durchaus nicht in der Lage, sie zu lösen. Er ward bald zum Rückzuge nach
Tyrol genöthigt, und legte wegen seiner sehr geschwächten Gesundheit
den 21. Juny den Feldherrnstab nieder. — B. verlebte den Rest seiner
Tage auf seinem Landsitze bey Linz in philosophischer Zurückgezogenheit
und in der Erinnerung an die Wandelbarkeit des Erdenglücks. Er hatte
schmerzliche Verluste zu betrauern, den einzigen Sohn, einen Adoptiv=
sohn (Major von B.) und bedeutende Kunstschätze, welche die Bra=
banter Insurgenten bey Zerstörung seiner Schlösser vernichteten. Auch
sein letzter Aufenthaltsort blieb von den Verheerungen des Krieges nicht
verschont. Er endete den 22. Dec. 1819 zu Linz, in einem Alter von
94 Jahren.

Bebek, Bubek, ein altes berühmtes Geschlecht Ungarns. Die
Sage schmückt den Ursprung desselben mährchenhaft aus. Ein Schäfer in
der Gömörer Gespanschaft, am Flusse Sujo mit seiner Heerde auf der
Weide, entdeckte in einer Berghöhle ungeheure Schätze. Er baute durch
ihren Besitz nicht weniger als 7 mächtige Burgen, unter diesen Mu=
rány, Kensznahorka und Pelsöcz in der Gömörer, Szadvar in
der Tornaer=Gespanschaft. Sein Reichthum wuchs, die Familie vergrö=
ßerte sich, und theilte sich in 2 Äste, mit den Prädicaten von Pel=
söcz und von Csetnek. In der Kirche des Marktfleckens Csetnek be=
findet sich eine Grabschrift, welcher zu Folge der gemeinsame Stamm=
vater Matthäus hieß, der Sohn Dietrich, der Enkel Benedict,
der Urenkel Dominik B.

Beccaria, Cäsar Bonesana Marchese v., 1735 zu Mailand
geboren. Schon von früher Jugend faßte B. eine große Neigung für
die Philosophie; den größten Eindruck machte auf ihn, seiner Angabe nach,
Montesquieu und dessen Lettres Persannes. In der 1764 und 1765
in Mailand erschienenen Zeitschrift: Il Caffè, sind die anziehendsten
Artikel aus seiner Feder geflossen. 1764 erschien seine merkwürdige Schrift:
Dei delitti e delle pene, München, 1764, welche er zuerst anonym
herausgab, und die dann unzählige Mahl nachgedruckt, commentirt,
und endlich 1770 ins Deutsche übertragen worden ist. 1768 wurde
zu Mailand eine Lehrstelle über die Staatswirthschaft errichtet, und

dieselbe mit B. besetzt. Er starb daselbst 1793. Seine Vorlesungen
kamen erst 1804 heraus. Seine sämmtlichen Werke erschienen jedoch schon
1770 zu Neapel: Opere diverse del Marchese Cesare Beccaria; die
beste Ausgabe seiner Schrift dei delitti e delle pene ist zu Venedig
1781; die beste deutsche Übersetzung von Bergk, Leip. 1798, erschienen.
— Philosophischer Geist und humane Freysinnigkeit, wissenschaftliche
Gründlichkeit und Streben nach heller Bestimmtheit der Vorstellungen
und des Ausdruckes beurkunden sich in allen Schriften B.'s.

Becher, Dav., Doctor der Arzneykunde und Physikus zu Carlsbad in Böhmen, war geb. zu Carlsbad 1725. Seine Studien
vollendete er zu Prag mit vielem Erfolge und begab sich nach erlangter
Doctorwürde wieder in seine Vaterstadt, wo er sich durch viele glückliche
Curen auszeichnete, und bald das Physicat erlangte. Er gab im Drucke
heraus: Dissertatio inauguralis medica, observatio methodica
ration. necess. ad formandam veram prognosim in febribus acutis.
Prag, 1751. — Neue Abhandlung vom Carlsbade. 3 Thle. eb. 1766
—68. 2. Aufl. 1772.

Bechin, böhm. Stadt im Taborer Kreise, am Flusse Luschnitz
mit 1,900 Einw., 2 Vorstädten, prächtigem Schloß, 1 Dechantkirche,
ungemein schönem Landhause und einem Thiergarten, der 34,680 Schritte
im Umfange hat, in welchem 6—700 Stück Schwarz- und Rothwild ge-
hegt werden.

Beck's, Friedr. (Universitäts-) Buchhandlung in Wien,
ist eine der solidern Verlagshandlungen, und macht auch nahmhafte Sortimentsgeschäfte. Unter ihrem Verlage ist noch Viel von dem
vorigen Besitzer Wappler (in dessen Gesellschaft Beck's Vater die
Handlung überkommen): Denis Merkwürdigkeiten der Garelli'schen
Bibliothek; dessen Wien's Buchdruckergeschichte; Jacquin collectanea;
Jahn's biblische Schriften ꝛc. F. B. verdient für den schönen Eifer, mit
welchem er für die, das Vaterland selbst betreffende Literatur thätig ist,
gewürdigt zu werden. Ridlers Archiv 1831—33 hat er selbst mit Schaden fortgesetzt. Sonst gehören zu seinen Verlagsartikeln: Hanthaler
recensus archivi Campilil.; — Host Flora Austriaca, — mehrere Schriften Littrow's; — Mosel's Geschichte der Hofbibliothek; —
Scholz's Chemie; — Tripartitum, sive de analogia linguarum; —
Tschischka's Reisegefährte; — Zang's blutige Operationen ꝛc. B. hat auch
die Hauptcommission der österr. National-Encyklopädie, und der Kaltenbäck'schen österr. Zeitschrift.

Beck, Joh. Nep., Dr. der Arzneykunde, k. k. Sanitätsrath,
Stadt- und Badearzt in Baden, Ordinarius des dortigen Marien-
spitals, geb. zu Pruszka in Ungarn den 13. Dec. 1789, studirte die
Berufswissenschaften an der Wiener Universität, woselbst er graduirt
wurde. Nachdem er einige Zeit als Secundararzt im Wiener allgemeinen Krankenhause angestellt war, zog er es vor, sich in dem Curort
Baden, zur Ausübung der ärztlichen Praxis, seßhaft zu machen. Seit
1821 auf dieser Bahn glücklich fortschreitend, hatte er sich ein solches Zutrauen erworben, daß ihm 1827 die Stelle als Stadt- und Badearzt,
nach Schenk's Resignirung übertragen wurde. 1832 erhielt B. in Rück-

sicht der, sich durch seine gemeinnützige Thätigkeit erworbenen Verdienste, den auszeichnenden Titel eines k. k. Sanitätsrathes, starb aber schon den 16. April 1833, viel zu früh für die leidende Menschheit, geachtet als uneigennütziger, Armen und Reichen mit gleichem Eifer Hülfe bringender Arzt. Er hat sich auch als Schriftsteller über den Curort Baden bemerkbar gemacht, durch: Baden in Niederösterreich, in topographisch-statistischer, geschichtlicher, naturhistorischer, medicinischer und pittoresker Beziehung, m. K., Wien, 1822; — Chronik der Heilquellen von Baden in Österreich, 1. Jahrg. eb. 1827, 2. Jahrg., mit 2 Steintaf. 1828.

Beck v. Leopoldstorf, Hieron., war Ferdinand I. und Maximilian II. Hofkammerrath, und oberster Proviant-Commissär in Ungarn. Er war ein Mann von Gelehrsamkeit und mehrerer auch orientalischer Sprachen kundig. Noch während sein Vater lebte, bereisete er fast ganz Europa und einen großen Theil Asiens. 1550 zog er zu dem großen Weltjubiläum nach Rom, und von da über Sicilien nach Constantinopel. Hier brachte er für eine große Summe zwey merkwürdige Manuscripte an sich: Res gestae familiae Ottomanae und Reges Arsacidarum. Bey seiner Rückkunft nach Wien verehrte er beyde Ferdinand I. Sie kamen in die Hofbibliothek. Ersteres wurde von Löwenklau (Leunclavius) übersetzt und gedruckt unter dem Titel: Beck etc. annales Sultanorum Ottomanides etc. Frankfurt 1588. B. erbaute das Schloß Ebreichsdorf in Niederösterreich, in welchem er den 28. Nov. 1596 starb. Er hinterließ eine bänderreiche und kostbare Bibliothek, besonders viele seltene Manuscripte, welche nachmahls Kaiser Mathias erkaufte, und der Wiener Hofbibliothek einverleibte.

Beckstein (Böckstein, Pöckstein), salzburg. Dorf nächst Gastein am Fuße des Rathhausberges, mit einem Gold- und Silberbergwerke. Die betreffenden Werke sind 30—33 Wochen des Jahres in Thätigkeit. Sie verarbeiten während diesen an 1,000 Kübel Pochgänge, die in der Regel jährlich bey 70 Mark Gold und bey 700 Mark goldisches Silber liefern, und dadurch einen reinen Ertrag von 12—15,000 fl. abwerfen. Das Vicariat- und Verweserhaus, 3 Poch- und Waschwerke, eine Goldmühle, und die Wohnungen der Bergwerksbeamten befinden sich in geringer Entfernung von B., welches selbst nur 20 Häuser zählt.

Becs, ungar. Benennung der k. k. Haupt- und Residenzstadt Wien.

Becse, s. O-Becse und Uj-Becse.

Becser-Canal, s. Canäle.

Becska (Betska), slavon. Dorf in der Militär-Gränze im Peterwardeiner Bezirk mit 1,640 Einw., und 2 griechischen nicht unirten Pfarren.

Becskerek, s. Groß-Becskerek und Klein-Becskerek.

Beczkó, ungar. Marktfl. im Trentsiner Comitat, nahe am linken Ufer der Waag, mit 2,000 Einw., und weit ausgedehnten fruchtbaren Äckern, Weingärten und Obstpflanzungen.

Beczy, Emil, den 16. May 1784 zu Klausenburg geb., besuchte daselbst das Gymnasium, und befreundete sich frühzeitig schon

mit der röm. Literatur. 1799 bezog er die Akademie zu Kaschau, wo
er den philosophischen Curs endete. Hier zog die ungar. Literatur zuerst
seine Aufmerksamkeit auf sich, indem er durch Kazinczy's Orpheus mit
einer günstigen Seite derselben bekannt wurde. B. wollte sich anfangs
der Rechtsgelehrtheit widmen, und zu Klausenburg 1801 den
juristischen Curs machen, trat aber dann, geänderten Vorhabens, 1803
in den Piaristen-Orden, woselbst er Gelegenheit fand, unter des berühm=
ten Horanyi Anleitung mit dem besten Erfolg sich dem Studium der
griechischen Sprache und Literatur zu unterziehen. Nachdem er, den Or=
densstatuten gemäß, zwey Jahre als Docent an den Gymnasien von Klau=
senburg und Bistritz zubrachte, trat er aus dem Orden, ging
nach Wien die Theologie zu studiren, primicirte, und ward Professor
der Rhetorik zu Hermannstadt. Mißlicher Gesundheitsumstände wegen
verließ er 1816 seine Kanzel, und privatisirte bis 1821. In diese Zeit
fallen seine ästhetischen Aufsätze (im Erdélyi Museum gedruckt), die den
trefflichen Denker und philosophischen Kenner der alten Literatur beur=
kunden. Nach wiedererhaltener Gesundheit, bestieg er den Lehrstuhl der
Moral= und Pastoral=Theologie im Seminar zu Carlsburg. Von sei=
nen zahlreichen Gedichten, meist lyrischer Gattung, sind nur wenige im
Erdélyi Museum erschienen.

Bedekovich v. Komor, Franz Freyh., Commandeur des
St. Stephans=Ordens, Inhaber des silbernen Civil=Ehrenkreuzes, Ober=
gespan des Kreutzer Comitats, und k. k. Staats= und Conferenzrath, war
den 6. Febr. 1755 zu Warasdin geb. Er stammte aus einer edlen
Familie Croatiens her, welcher die Landeschronik schon im 13. Jahr=
hunderte ehrenvoll erwähnt. Sein Vater Nicolaus, königl. Rath und
Beysitzer bey der Banaltafel, weihte sich ganz der Erziehung seiner Kin=
der, und erntete den Lohn seiner väterlichen Bemühungen durch die glück=
liche Entwicklung der Geistesanlagen B.'s, die auf der Hochschule zu
Wien sorgfältig ausgebildet wurden. Kaum aus den Hörsälen getreten,
begann der hoffnungsvolle Jüngling, erst 20 Jahre alt, seine bürgl.
Laufbahn als Ober = Fiscal in der Warasdiner Gespansch. (1775), ein
durch die Vertretung der Steuerpflichtigen an sich schon sehr wichtiges
Amt, das aber damahls durch die Einführung des Urbariums noch un=
gleich bedeutender wurde, und bey den besondern und schwierigen Pflich=
ten einen Mann erheischte, der mit der genauen Kenntniß der Landesge=
setze auch ein scharfes Urtheil und einen festen Willen verband, sollte an=
ders die edle Absicht der gütigen Landesmutter erfüllt werden. Nachdem
er auf diesem Posten seinen Ruf auf eine ehrenvolle Weise begründet,
wurde er zum Notar in der Agrämer Gespanschaft, und 1782 zum Hof=
Concipisten bey der vereinigten ungar. siebenbürg. Hofkanzley ernannt.
Hier geschah es, daß er durch einen gründlichen und lichtvollen Vortrag
die Aufmerksamkeit Kaiser Joseph's II., der gerade dieser Sitzung bey=
wohnte, auf sich zog, was seine Beförderung zum königl. Rath und
Hofsecretär (1783), und 2 Jahre darauf (1785) zum königl. ungar.
Statthaltereyrath zur Folge hatte. Ungeachtet dieses königl. Amtes von
den Ständen Croatiens und Slavoniens zum Abgeordneten auf den Land=
tag 1790 gewählt, schloß er sich den Männern an, die sich bemühten,

die Vertheidigung der königl. Rechte zu befördern. — 1794 zum Hofrath bey der ungar. Hofkanzley befördert, erwarb er sich schnell die Liebe seiner Amtsgenossen durch sein sanftes Benehmen, die Achtung seiner Vorgesetzten hingegen durch seine gehaltvollen Vorträge. Durch diese erprobte er seine tiefen Kenntnisse in der vaterländischen Geschichte und Gesetzgebung und seine genaue Kunde des Landes in so kurzer Zeit, daß man in vollem Vertrauen auf so rühmliche Eigenschaften ihn mit dem Auftrage beehrte, zur Regulirung der Freysassen in Croatien (Banderien) einen erschöpfenden Bericht zu verfassen. Er bereiste daher als königl. Commissär die 3 Comitate, und erhob an Ort und Stelle die ihm noch nöthigen Auskünfte und Belege. Die Vollendung einer so umfassenden Aufgabe schien jedoch mehrere Jahre zu erfordern; allein er kürzte diese Zeit, freylich mit Anstrengung aller seiner geistigen und physischen Kräfte, auf wenige Monathe ab; so daß er bereits beym Anfange des Landtages 1802 seinen Bericht lieferte, der wegen seiner Gediegenheit den ungetheilten Beyfall der ersten Staatsbeamten erhielt. — Seine Ernennung zum Armeecommissär 1805 und seine Berufung ins Hoflager nach Holitsch entschieden über seine fernere Laufbahn; durch mehrere mündliche Vorträge und Rathschläge dem Kaiser nun genauer bekannt, wurde er 1806 im Staatsrathe angestellt, und bereits 1807 zum wirkl. Staats- und Conferenzrathe ernannt. In dieser Eigenschaft begleitete er seitdem den Landesfürsten auf mehreren seiner größern Reisen, als auf die Landtage von 1807 und 1811; während der Feldzüge 1809, 1813 und 1814; auf der Reise nach Siebenbürgen 1817, und in das Übungslager bey Pesth 1820. — Wie vielfältig und wohlthätig er auf diesem einflußreichen Posten gewirkt, weisen viele Staatsschriften, die ihrer hohen Bestimmung gemäß mit Sorgfalt im Staatsarchive aufbewahrt werden. — Ein rastloser Eifer für das Beste des Staates und die stets gleiche Anhänglichkeit an die Person des Monarchen blieben bey dessen Gerechtigkeit auch nicht unbelohnt. 1808 sah B. seine Brust mit dem Ritterkreuze des königl. ungar. St. Stephan-Ordens, zu Paris aber 1814 mit dem Commandeurkreuze eben dieses Ordens, später auch mit dem silbernen Civil-Ehrenkreuze geschmückt, und 1822 wurde er in den Freyherrnstand erhoben. Zum Administrator des Kreutzer Comitates ernannt, erhielt er, bevor er noch diese Stelle angetreten, 1809 die Obergespanswürde des Békeser Comitats; allein auf seine Bitte verlieh ihm der Kaiser dieselbe Würde in der Kreutzer Gespanschaft (1825), und gab ihm seinen Sohn Ludwig als Administrator bey. 53 Jahre dem Vaterlande, und unter diesen 21 im Staatsrathe mit unermüdetem Fleiße dienend, hatte der Kaiser dem ehrwürdigen Greise bereits einen höhern Wirkungskreis zugedacht, als er den 15. Juny 1825 verschied.

Bedö, ungar. Dorf in der Marmoroscher Gespanschaft, mit lutherischen Einwohnern, die sich meist von Fluß-Transporten auf der Theiß nähren. Auf einem Berge ist ein Kloster griechischer Mönche.

Beecken, Georg Adalb. Edler v., war geb. zu Grätz den 27. Dec. 1741. Schon in früher Jugend zeigte er einen außerordentlichen Diensteifer und unendlichen Fleiß. Er erwarb sich viele Kennt-

nisse, besonders in Sprachen, was ihm bey seinen Reisen und An=
stellungen sehr zu Statten kam. Er wurde zum Hofrath bey der k. k.
Hofrechnungskammer, zum Director bey der Hofbuchhalterey milder
Stiftungen, und 1790 zum Gubernial=Vice=Präsidenten in Triest
befördert. Quiescirend starb er zu Grätz den 8. Oct. 1801. Er schrieb:
Begriff der Staatsbuchführung. — Erklärung der Staatsbuchführung
1772. — Abhandlung über die Münze J. A. Widmanstädts (in Köh=
lers Münzbelust. Band 3).

Beer, Georg Jos., einer der berühmtesten Augenärzte, geb.
zu Wien 1763. Er war Professor der Augenheilkunde daselbst, und
hatte eine starke und glückliche Praxis. Als Schriftsteller seines Faches
war er sehr thätig und geschätzt. Er starb zu Wien 1818. Seine vor=
züglichsten Werke sind: Beobachtungen über den grauen Staar, mit K.;
Wien, 1791. — Beobachtungen über Augenkrankheiten, mit K., eb.
1791. — Repertorium aller bis 1797 erschienenen Schriften über die Au=
genkrankheiten, 3 Thle., eb. 1799. — Pflege gesunder und geschwäch=
ter Augen, Leipzig, 1800. — Ansicht der staphylomatösen Metamor=
phose des Auges, mit K., eb. 1805. Nachtrag 1806. — Das Auge ꝛc.,
mit K., eb. 1813. — Lehre von den Augenkrankheiten, 2 Bde., mit
K., eb. 1813—15.

Beer, Peter, israelit. Schullehrer zu Prag, ist geb. den 19.
Febr. 1764 zu Neubidschow in Böhmen. Autodidact, wie die Mei=
sten seiner Glaubensgenossen der Vor=Josephinischen Zeit, wurde er an=
fangs zum Studium des Talmud bestimmt, dem er aber keinen rechten
Geschmack abgewann, was ihn auf die pädagogische Laufbahn lenkte.
Nach einem einjährigen Aufenthalte in Prag wurde er 1784 — dem
Zeitpuncte der seiner Nation in Österreich hereinbrechenden Morgenrö=
the — bey der israelitisch=deutschen Normalschule zu Mattersdorf
in Ungarn als Lehrer angestellt, dann 1785 in gleicher Eigenschaft an
seinen Geburtsort übersetzt, wo er durch 25 Jahre dieses Amt bekleide=
te, immer auf sich selbst und wenige literarische Hülfsmittel beschränkt,
als Vater einer zahlreichen Familie nach dem gewöhnlichen Loos der
Landschullehrer mit Entbehrungen aller Art ringend, doch immer unge=
beugten Geistes trotz lähmender Verhältnisse und flacher Umgebung mit
dem Genius der Zeit fortschreitend, stets voll Feuereifer bemüht, mit=
zuwirken zur heilsamen Reform und Cultivirung der Juden. Manches
Nützliche hat B. in dieser Hinsicht als Schriftsteller zu Tage gefördert,
besonders da seine äußern Verhältnisse sich verbesserten und sein Wirkungs=
kreis sich erweiterte, indem er 1811 die Lehrstelle der Moral, Geogra=
phie und Geschichte an der israelitisch=deutschen Hauptschule zu Prag
erhielt, wozu er noch 1812 provisorisch, mit dem Unterrichte in der re=
ligiösen Moral für die an den 3 Prager Gymnasien studirenden israelit.
Jünglinge, beauftragt wurde. 1834 erhielt er für seine lehrämtlichen
Verdienste die mittlere goldene Ehrenmedaille und eine Personalzulage.
Seine Schriften sind: Biblische Geschichte, hebräisch mit deutscher Über=
setzung und moralischen Anmerkungen, in mehreren Auflagen. — Kelch
des Heils, Prag, 1802. (Aufsätze über die bürgerliche Verbesserung
der jüdischen Colonie in Böhmen.) — Geschichte der Juden nach Jose=

phus Flavius, Wien, 1808. — Das Judenthum, 2 Bdchen., Prag, 1810. (Religiöses Lehrbuch.) — Die mosaischen Schriften, eb. 1815. (Unvollendet.) — Handbuch der mosaischen Religion, 2 Curse, Wien, 1821. — Geschichte, Lehren und Meinungen aller religiösen Secten der Juden, 2 Bde., Brünn, 1823. (Hauptwerk. Mit Fleiß und Gründlichkeit zusammengestellt.) — Handwörterbuch der deutschen Spra= che, 2 Bde., Wien, 1827. — Leben und Wirken des Rabbi Moses von Maimon, Prag, 1834. Dieser fleißige Schulmann hat auch ein Gebethbuch für gebildete Frauenzimmer mosaischer Religion edirt, so wie mehrere Gelegenheitsschriften, Reden ꝛc., und war ein besonders thätiger Mitarbeiter an den Annalen der österr. Literatur.

Beethoven, Ludw. van, der berühmteste und genialste In= strumental=Componist neuerer Zeit, wie überhaupt einer der größten Tonsetzer aller Zeiten, wurde geb. zu Bonn den 17. Dec. 1772. Sein Vater, Anton v. B., war Tenorist in der Capelle des Churfür= sten Max. Friedrich v. Cölln, und ertheilte ihm den ersten Musik= Unterricht. B.'s großes Genie erwachte schon im frühesten Knabenalter, er zog die Musik jedem Vergnügen vor, an welchem Kinder wohl sonst Freude zu haben pflegen. Bald genügte der Unterricht seines Vaters nicht mehr. Der Hoforganist van der Eden, der beste Clavierspieler in Bonn zu damahliger Zeit, übernahm ihn nun, und B. machte bald so reißende Fortschritte, daß er in der ganzen Gegend das musikali= sche Wunderkind genannt wurde. Nun wurden seine außerordentlichen Talente auch dem Churfürsten bekannt, und B. durfte sich oft in der Capelle und auch in den Privatzimmern desselben hören lassen, was ihm zu großer Aneiferung diente. 1782, nach v. d. Eden's Tode, wurde der rühmlich bekannte Christian Gottlob Neefe, B.'s Lehrer, welcher seinen Schüler gleich an die Quelle des besten Geschmackes führte, und ihn mit den Meisterwerken Sebastian Bach's bekannt machte, die den jungen Künstler mit Entzücken erfüllten und einen Eindruck auf sein Gemüth machten, der sein ganzes Leben durch unauslöschlich blieb. Durch das eifrige und freudige Studium der Bach'schen Werke, bildete sich nicht allein B.'s Geschmack auf das richtigste aus, sondern seine Hände erwar= ben sich zugleich jene Fertigkeit, durch welche er sich in spätern Jahren so sehr auszeichnete; so spielte er schon in einem Alter von 11 Jahren das durch seine Vortrefflichkeit und Schwierigkeit gleich ausgezeichnete wohltemperirte Clavier mit einer Präcision und Fertigkeit, daß er allge= meinen Beyfall, selbst von Künstlern erntete. Eine Stelle im Kra= mer'schen Magazin der Musik 1785 enthält über diesen Gegenstand fol= gende interessante Prophezeyung, welche, dem Schicksale neuerer Prophe= zeyungen entgegen, obendrein eintraf, und zwar in vergrößertem Maß= stabe: „L. v. B. ein Knabe von 11 Jahren und vielversprechendem Talente. Er spielt sehr fertig und mit Kraft das Clavier, liest sehr gut vom Blatte, und um alles mit einem zu sagen: er spielt größtentheils das wohltem= perirte Clavier von Sebast. Bach, welches ihm Hr. Neefe unter die Hände gegeben. Wer diese Präludien und Fugen durch alle Töne (wel= che man fast non plus ultra nennen könnte) kennt, wird wissen, was das bedeute. Hr. Neefe hat ihm auch, so ferne es seine übrigen Ge=

schäfte zuließen, einige Anleitung zum Generalbaß gegeben. Jetzt übt er ihn in der Composition und zu seiner Ermunterung hat er 9 Variationen von ihm für's Clavier über einen Marsch, in Mannheim stechen lassen. Dieses junge Genie verdiente Unterstützung, daß er reisen könnte. Er würde gewiß ein zweyter Mozart werden, wenn er so fortschritte, wie er angefangen." — Bald erschienen auch 3 Claviersonaten und einige Lieder, von B. componirt, im Stiche, welche Arbeiten sich zwar nur als Versuche geltend machen konnten, doch dem jungen Künstler zur Ehre gereichten. Maximilian Friedrich war indessen gestorben, und der neue Churfürst Maximilian von Österreich übernahm mit gleicher Vorliebe die Sorge für den vielversprechenden Knaben und bestimmte ihn, da er sich auch auf der Orgel auszeichnete, zu Neefe's Nachfolger; ja B. erhielt schon 1791 im 19. Jahre den Titel eines Hoforganisten. 1792 schickte ihn der Churfürst nach Wien, um unter dem großen Jos. Haydn die Composition vollständig zu erlernen. Ausgestattet mit solchen Talenten, ließ sich erwarten, was unter solcher Leitung Vortreffliches hervorgehen würde, und die Zeit hat diese Erwartung gerechtfertigt, ja übertroffen. Nun lernte B. auch die allgewaltigen Werke Händel's kennen, die ebenfalls großen und unvergänglichen Einfluß auf seine Kunst- und Geschmacksbildung hatten. 1795 wurde Haydn zu einer zweyten Reise nach London bewogen und er übergab B. seinem Freunde, dem berühmten Conträpunctisten Albrechtsberger, der dessen Unterricht mit Liebe und Sorgfalt übernahm und nach Haydn's Zurückkunft mit diesem theilte. 1801 verlor B. seinen großen Gönner, den Churfürsten, welcher starb, und da auch nunmehr alle Aussicht auf eine Versorgung in Bonn verloren ging, so entschloß sich B. um so eher die Kaiserstadt zum bleibenden Aufenthalte zu wählen, als sich seine Compositionen schon einen solchen Ruf erworben hatten, daß die Musikalienhändler wetteiferten, sie von ihm zu erhalten; gleich große Aufmerksamkeit zog er durch sein vortreffliches Spiel auf sich. Sein Triumph war die freye Phantasie, so wie die Kunst ein Thema zu variiren, oder mehrere derselben auf das Künstlichste zu verflechten. Seine Fertigkeit in der Überwindung großer Schwierigkeiten war bewundernswürdig. Der Genüsse wegen, die er dadurch verschaffte, buhlte man darum, ihn in Gesellschaften zu ziehen und seine Virtuosität fand allgemeine Anerkennung. Langsamer ging es mit jener seiner Compositionen, da sie der Zeit so weit schon vorgeeilt waren und sich in einem, zwar äußerst genialen und grandiösen, doch eben ihrer großen Originalität wegen, fremdartig scheinenden und dem Gewohnten entgegenstrebenden Charakter bewegten. Doch brach sich sein Genius, zwar langsam, doch desto bleibender Bahn, und als man erst seinen Geist durch wiederholtes Anhören seiner Werke gefaßt hatte, wurden sie ihres großen Erfolges gewiß; freylich erfordert B. wie andere ihm verwandte große Geister z. B. Shakspeare, Jean Paul, daß man zur allgemeinen Erleuchtung noch sein eigenes Lichtchen mitbringe, auch fanden, um gerecht zu seyn, mehrere seiner Meisterwerke nur darum Gegner, weil sie in damahliger Zeit fast immer mangelhaft vorgetragen wurden, was indessen wieder auf ein Nichtauffassen seines Geistes und zwar auf

die betrübendste Weise, hinausläuft: Ungefähr um 1810 schlug B. einen
vortheilhaften Ruf nach England aus, da ihn sowohl Bande der Dank-
barkeit, als auch des Blutes an Österreich fesselten, wohin ihn 2 Brüder gefolgt waren, in deren Nähe er Familienfreuden fand, die seinem
Herzen das Theuerste waren. Später aber hätte er sich fast bewogen gefunden, einen zweyten, als Capellmeister des damahligen Königs von
Westphalen anzunehmen, indem ihm bey dem Druck, welchen die Künste
zu dieser Zeit durch die immerwährenden Kriege erlitten, eine feste Stelle
mit gesicherter Einnahme wünschenswerth schien, doch dieser unersetzliche
Verlust wurde durch die Bemühungen des erhabenen Kunstkenners und
Schätzers, des Erzherzogs Rudolph, so wie der für die Kunst zu früh
verstorbenen Fürsten Lobkowitz und Kinsky noch glücklich abgewendet,
und B. wurde eine jährliche lebenslange Pension von 2,000 fl. unter der
einzigen ehrenvollen Bedingung angebothen und zu Theil, daß er den
Aufenthalt in Österreich nie gegen jenen im Auslande vertausche. Bey
solcher Begünstigung konnte nun B. nicht bloß sorgenfrey, sondern auch
bequem leben, da er noch außer dem bedeutenden Honorar für seine Werke
manches werthvolle Geschenk für Dedicationen empfing. Nachdem er schon
mehrere seiner classischen, an unvergänglichen Schönheiten überströmen-
den Symphonien geliefert, und sich dadurch bereits mit Recht den Nahmen
des ersten und größten Instrumental-Componisten erworben hätte, erschien
auch 1814, während der Anwesenheit der verbündeten Monarchen, seine große Oper: Leonore (in neuerer Bearbeitung Fidelio) zum hohen Entzücken
jedes Fühlenden und Gebildeten, und zeigte, wie Herrliches der Meister auch im Felde der dramatischen Kunst vermöge, und zwar trotz der
damahls etwas mangelhaften Aufführung, besonders von Seite des Orchesters, wovon zum Beweise hinlänglich ist, daß die schöne und charak-
teristische, zu dieser Oper gehörige Ouverture in C-dur, welche jetzt bey
jedesmahligem Anhören mit dem größten Enthusiasmus aufgenommen
wird, damahls ganz spurlos vorüber ging, ja daß sogar B. gezwungen
war, eine neue in E-dur, ebenfalls vortreffliche, nur geräuschvollere
dazu zu schreiben. Seither hat die Oper: Fidelio, allenthalben, wo sie gut
gegeben wurde, großes Glück gemacht, und wurde erst neuerlich in London und Paris mit ungetheiltem Entzücken aufgenommen. Nun war B.s
Ruhm durch die gerechte Anerkennung seiner gebildeten Zeitgenossen gegründet, einzelne Haarspalter, die sich zum angenehmsten Geschäfte machen,
die Flecken der Sonne zu untersuchen, und sich dabey die blöden Augen noch
mehr verderben, wurden wie billig übersehen, da dergleichen Leute, nach
Salomon's Ausspruch, zwar im Mörser gestoßen werden können, aber
dennoch ganz bleiben. Nebstdem wurden ihm auch die ehrendsten Auszeichnungen zu Theil. Nach der ersten Aufführung seines charakteristischen Ton-
werkes: die Schlacht bey Vittoria, ein Meisterwerk an sich, doch die nächste
Gelegenheit zur Verirrung, wäre bey einem Genius, wie B., Verirrung
denkbar, sandte ihm die verstorbene Kaiserinn Elisabeth von Rußland
200 Ducaten; in England vereinigte sich eine Gesellschaft, B. ein Geschenk mit einem Fortepiano aus den Händen des ersten dortigen Meisters zu machen, und der Wiener Magistrat ernannte ihn zum Ehrenbürger der Stadt. Von dieser Zeit (1815) an, begann sich jedoch ein

Übel zu äußern, welches die betrübtesten Folgen ahnen ließ, das feine Gehör, wodurch sich B. nähmlich in seiner Jugend auszeichnete, verminderte sich allmählig, und alle Versuche, die Quelle dieses Übels aufzufinden und seine Fortschritte zu hemmen, blieben vergebens. Wahrscheinlich lag der Grund in der außerordentlichen Reizbarkeit seiner Hörwerkzeuge. Endlich trat leider völlige Taubheit ein, die fast jede Unterhaltung mit ihm, ausgenommen durch Schreiben, unmöglich machte, indem ihn die durch den Trichter nicht genügte und Schmerzen verursachte. Eine außerordentliche Erscheinung, wie sein Genius überhaupt, war seine ungeschwächte Schöpfungskraft bey diesem Zustande. Nun zog sich B. auch aus allen größeren Gesellschaften zurück, und hielt nur noch Umgang mit solchen Freunden, an die er so gewohnt war, daß er ihnen fast das Meiste am Munde absehen konnte. Die schöne Jahreszeit brachte er gewöhnlich auf dem Lande, und zwar in Mödling zu. Dabey beschäftigte er sich mit dem Studium der Geschichte und mit gewählter Lecture; Shakspeare war sein Lieblingsschriftsteller, Beweises genug, daß es ihm nicht an Bildung fehlte, wie es einige, den Sinn dieses Wortes vielleicht für zierlichen Modeton und Savoir vivre in eleganter Hinsicht nehmend, gerne Wort haben wollten. Nachdem sich B. schon durch mehrere Jahre gänzlich der Öffentlichkeit entzogen hatte, jedoch kund geworden war, daß er verschiedene größere Werke componirt habe, ergingen mehrere öffentliche Aufforderungen zur Veröffentlichung derselben an ihn, in deren Folge B. 1825 unter eigener Direction zwey große musikalische Productionen seiner neuesten Schöpfungen (nahmentlich seiner letzten genialen Symphonie in D-moll, wo er die gewaltigen Massen des Instrumental-Orchesters im Schlußsatze mit der Macht der Singstimmen verband, und einer großen Messe) die erste im Kärnthnerthor-Theater, die zweyte im großen Redoutensaale veranstaltete und dabey mit wohlverdientem, jubelnden Enthusiasmus aufgenommen wurde. Es war dieses leider sein letztes öffentliches Auftreten. Obschon B.s Gesundheit in seinen früheren Jahren sehr fest war, so wurde sie doch später durch manches Herzensleid, vielleicht auch, daß die heftig lodernde Flamme seines Genie's seine körperliche Kraft zerstörte, wankend gemacht. Bereits im Spätjahre 1826 wurde ihm ärztliche Hülfe nothwendig, die ihm jedoch nur Linderung, nicht aber Hebung des Übels verschaffen konnte. Endlich ging die Krankheit in Wassersucht über, die ihm unaussprechliche Schmerzen verursachte; B. ertrug sie indessen mit vieler Fassung, und fühlte sich durch die allgemeine Theilnahme getröstet. Eine Gesellschaft in England bewies bey dieser Gelegenheit die uneigennützigste Großmuth, indem sie ihm eine bedeutende Summe zu seiner bessern Verpflegung übersandte, und dem auszahlenden Wiener-Hause auftrug, im Nothfalle noch mehr auf ihre Rechnung zu geben. Mochte nun B. diese Unterstützung nöthig haben oder nicht, wie es ihm denn auch wirklich in Wien an keiner Pflege mangelte, so zeigte sich doch der Kosmopolitismus dieser Engländer dadurch im schönsten Lichte, und wäre häufigerer Nachahmung werth, indem der große Künstler nicht einem Orte, sondern der ganzen Welt angehört. B. blickte seinem Tode mit vieler Ergebung entgegen; in seinen letzten Tagen wurden zwar die

15 *

Leiden des Kranken durch Beklemmung auf einen hohen Grad gesteigert, sein Tod war jedoch ein sanftes Entschlummern. Er starb den 26. März 1827, „um unsterblich im Gesang zu leben." Was er an Vermögen hinterlassen, vermachte er seinem Neffen; seine vorhandene Barschaft bestand indessen nur mehr in 4,000 fl. C. M., wäre indessen weit mehr gewesen, hätte er seiner Familie nicht jederzeit so bedeutende Wohlthaten erwiesen. Sein Begräbniß wurde, um sein Andenken gebührend zu feyern, und die Erbschaft seines Neffen nicht zu schmälern, auf Kosten seiner Freunde besorgt. Das Leichenbegängniß hatte am 29. März Nachmittags um 4 Uhr Statt. Eine unermeßliche Menge Menschen begleitete den Trauerzug, bey welchem Wien's erste Künstler und andere ausgezeichnete Männer den Reigen führten. Der Leichnam wurde nach dem schönen Friedhofe zu Währing gebracht, an seinem Grabe, welches nunmehr ein einfach schönes Denkmahl schmückt, hielt der rühmlich bekannte Hofschauspieler Anschütz eine, von Grillparzer verfaßte, vortreffliche Trauerrede. Eine Stelle derselben, gleich ausgezeichnet durch poetische Kraft, wie durch die gelungenste Bezeichnung von B.'s Charakter als Künstler und Mensch möge hier am Schlusse Platz finden. „Ein Künstler war er, und wer steht auf neben ihm? Wie der Behemoth die Meere durchstürmt, durchflog er die Gränzen seiner Kunst. Vom Girren der Taube bis zum Rollen des Donners, von der spitzfindigsten Verwebung eigensinniger Kunstmittel bis zu dem furchtbaren Puncte, wo das Gebildete übergeht in eine regellose Willkühr streitender Naturgewalten, Alles hatte er durchmessen, Alles erfaßt. Der nach ihm kommt, wird nicht fortsetzen, er wird anfangen müssen, denn B. hörte nur da auf, wo die Kunst aufhört. — Adelaide und Leonore! Feyer der Helden von Vittoria und des Meßopfers gläubiges Lied, Kinder ihr, der drey- und viergetheilten Stimmen! Brausende Symphonie! Freude, schöner Götterfunken, du Schwanengesang! Muse des Liedes und des Saitenspiels, stellt euch rings um sein Grab und bestreut's mit Lorbeern! Ein Künstler war er, aber auch ein Mensch, ein Mensch in des Wortes vollkommenster Bedeutung. Weil er von der Welt sich abschloß, nannte sie ihn feindselig, und weil er der Empfindung aus dem Wege ging, gefühllos. Ach, wer sich hart weiß, der flieht nicht. Gerade das Übermaß der Empfindung weicht der Empfindung aus. — Wenn er die Welt floh, so war's, weil er in den Tiefen seines liebenden Gemüthes keine Waffe fand, sich ihr zu widersetzen; wenn er sich den Menschen entzog, so geschah's, weil er ihnen alles gegeben, und nichts zurück empfangen hatte. Er blieb einsam, weil er kein Zweytes fand. Aber bis zum Tode bewahrte er ein menschliches Herz allen Menschen, ein väterliches den Seinen, Gut und Blut aller Welt. So war er, so starb er, so wird er leben für alle Zeiten!"

B.s Werke sind in systematischer Zusammenstellung folgende: I) Clavier-Musik. 1) Sonaten für das Pianoforte allein, 35 Nummern. 2) Verschiedene Stücke für das Pianof. allein, 13. Nrn. 3) Variationen für das Pianof. mit und ohne Begleitung a) für das Pianof. allein, 20 Nrn. b) mit Begleitung, 22 Nrn. 4) Musik für das Pianof. zu 4 Händen, 4 Nrn. 5) Duetten für Pianof. und Violine, 10 Nrn. 6) Duetten für Pianof. und Violoncell, 6 Nrn. 7) Terzetten für Pianof., Violine und Violoncell, 7 Nrn. 8) Quartetten und Quintetten für das Pianof. 2 Nrn. 9) Cantaten für das Pianof. mit Begleitung des Orchesters, 8 Nrn. — II) Violin=Musik: 1) Terzetten für Violine, Viola und Violoncell, 6 Nrn. 2) Quartetten für 2 Violinen, Viola und Violoncell, 17 Nrn. 3) Quintetten für 2 Violinen, 2 Violen und Violoncell, 3 Nrn. 4) Sextetten und Septetten für die Violine ꝛc. 2 Nrn. 5) Concerte und Romanzen für die Violine mit Begleitung des Orchesters, 3 Nrn. III) Gesang=Musik. 1) Gesänge und Lieder mit Begleitung des Pianoforte, 74 Nrn. 2) Gesänge mit mehrstimm. und mit Orchester=Begleitung, 12 Nrn. 3) Messen, Oratorien, Opern ꝛc. 6 Nrn. IV) Orchester= Musik. 1) Symphonien für das ganze Orchester, 10 Nrn. 2) Ouverturen für das ganze Orchester, 10 Nrn. 3) Tänze und Ballete für das ganze Orchester, 6 Nrn. 4) Musikstücke für Blasinstrumente, 5 Nrn. — B.s Studien im Generalbasse, Contrapuncte ꝛc. erschienen aus seinem handschriftlichen Nachlasse, gesammelt von Ign. Ritter v. Seyfried, Wien, 1832. — Wie das kunstsinnige Wien B.s Andenken ehrte, ist notorisch bekannt; auch Prag, Berlin, Breslau, und mehrere Städte Deutschlands wetteiferten, dem Verewigten die letzte Huldigung darzubringen, und feyern jetzt noch alljährig seinen Todestag auf die würdevollste Weise.

Befestigung des Donauthales in Oesterreich ob der Enns. (Maximilians=Thürme.) Diese neue Befestigungsart von der Erfindung des Erzherzogs Maximilian von Este, und unter seiner Leitung ausgeführt, ist der Grundidee nach für Österreichs Macht und Sicherung von ungemeiner Wichtigkeit, indem sie durch 32 Thürme, deren 22 auf dem rechten, und 10 auf dem linken Donau=Ufer, eine unbezwingliche Schanze gegen Westen bildet. Dennoch ist das Ganze, wie alle großen Ideen, höchst einfach; verhältnißmäßig mit geringen Kosten hergestellt, und durch eine sehr kleine Besatzung zu unterhalten. Der Durchmesser eines solchen einzeln stehenden Thurms ist an 80, seine Höhe 30, sein Souterrain 10 Fuß. Der Thurm hat 3 Stockwerke. In dem untersten sind die Magazine, der mittlere ist das Quartier der Mannschaft, auf dem obern ist Wurfgeschütz, auf der Plattform sind 10 Kanonen, Sechzehnpfünder, aufgestellt. Den Thurm umgibt ein Graben, an dessen jenseitigem Rande erhebt sich ein Erdmantel von gleicher Höhe mit dem Thurme. Bey den kräftigen Portee der Kanonen, der bequemen wechselweisen Unterstützungsfähigkeit der Thürme, ist dieser Erdmantel noch ein Verhinderungsmittel mehr gegen einen horizontalen Angriff, während ein verticaler bey dem geringen Durchmesser des Gebäudes wohl nur zufällig und unbedeutend beschädigen kann. In dem Souterrain befindet sich die Munition und ein Brunnen. Mit der Anwendung dieser merkwürdigen neuen Fortificationsweise ist bey Linz begonnen worden. — Als die Festungen Ulm und Ingolstadt ꝛc. rasirt wurden, sah man schon die Nothwendigkeit, daß im Lande Österreich selbst zur Deckung der Haupt= und Residenzstadt und der Verbindung mit Böhmen an der Donau und der Hauptstraße dahin, die Anlegung einer Festung unumgänglich nothwendig sey, daher wurde beyläufig vor 30 Jahren der Oberst Dedovich vom Ingenieurs=Corps mit einer zahlreichen Abtheilung Ingenieurs nach Enns geschickt; das hiezu erwählt war, seiner vortheilhaften Lage we=

wegen zwischen der Donau, Traun und der Enns. Einige Jahre war er mit Aufnahme des Plans und der Bauprojecte hiezu beschäftigt, der Ausbruch des Krieges 1809 störte dieses Vorhaben, bis der Erzherzog Maximilian von Este die Befestigung von Linz statt Enns mit einer eigenen Idee von ihm, durch Thürme in Form eines verschanzten Lagers, in Anregung und zur Ausführung brachte. Am linken Donauufer sind nur 10 Thürme, zwey Batterien, eine Klause und eine Warte, dann die Befestigung des Pöstlingberges, die aus 5 Thürmen, für sich abgesondert, besteht. Auf dem rechten Donauufer aber sind 22 Thürme, eine Warte und eine Klause; sie liegen in einem Umkreise von beyläufig 3 Stunden, und führen folgende Nummern und Nahmen, wie Nachstehendes zeigt:

		rechtes Donauufer.			linkes Donauufer. rechtes Donauufer.
Thurm 1. Rosalie			Thurm 18. Dorothea		
" 2. Sophie			" 19. Cäcilia		
" 3. Barbara			" 20. Theresia		
" 4. Lucia			" 21. Regina		
" 5. Elisabetha			" 22. Theodora		
" 6. Petronella			" 23. Ehrentrudis		
" 7. Eulalia			" 24. Wilfridis		
" 8. Margaretha			" 25. Justine		
" 9. Apollonia			" 26. Agatha		
" 10. Gertrudis			" 27. Sabina		
" 11. Ludwine			" 28. Irene		
Victoriens Vorwerk			" 29. Susanna		
" 12. Agnes			" 29½. Brigitta		
" 13. Genoveva			" 30. Isabella		
" 14. Hildegardis			" 31. Christine		
Walburgis Warte					
Adelgundens Klause			**Pöstlingberg.**		
Cunigundens Klause					
Edelburgens Warte			Eingang zur Nothburgens Warte.		
Thurm 15. Luitgarde		linkes Donauufer.	Thurm 1. Ottilia		
Theclas Batterie			" 2. Marie		
Thurm 16. Seraphine			" 3. Julie		
Claras Batterie			" 4. Beatrix		
Thurm 17. Catharina			" 5. Euphemia.		

Thurm Nr. 1 liegt an der Hauptstraße von Linz nach Ebelsberg. Thurm Nr. 2—5 zieht sich rechts vom obigen gegen Wels. Thurm Nr. 6—9 gegen Leonding. Thurm Nr. 10—12 gegen den Kienberg. Thurm Nr. 13—14 gegen Wilhering. Die Warte und die Klause am rechten Donauufer sperrt die Poststraße, welche von Efferding kommt. Die Klause und Warte am linken Donauufer sperrt die Commerzialstraße von Ottensheim, und diese beyden Werke rechts und links vertheidigen die Donau. Thurm Nr. 15, 16, 17, rechts im Gebirge gegen den Pöstlingberg laufend. Nun folgen die 5 Thürme und eine Warte als Befestigung des Pöstlingberges, das eigentliche Castell des Ganzen. Thurm Nr. 18—21 ziehen sich gegen den Haselgraben herab; 22—24 schließen sich an die Donau, und sind gegen die aus Böhmen kommende Poststraße gerichtet. Thurm Nr. 25—31 liegen auf dem Terrain, wo sich die Donau in einem halben Zirkel gegen die Einmündung des Traunflusses biegt, schließen sich an Nr. 1, und damit den Kreis des Ganzen.

Beförderung (Avancement). Die sämmtlichen Hof- und Staats- würden und alle Bedienstungen höhern Ranges, oder die eine Leitung (Direction) bey den Hofstellen in sich schließen, sowohl im Civil als Mili- tär, wie nicht minder höhere geistliche Ämter, vergibt ohne Ausnahme über Vortrag der Hofstellen der Monarch selbst. Die Hof- und Länder- stellen besetzen zwar gewisse Ämter, aber nur im Nahmen des Sou- verains, kraft delegirter Gewalt. Die B.en zu politischen und Ca- meral-Dienstplätzen, wie insbesondere in den Bestimmungen vom 24. Jän. 1800, 30. Dec. 1806 und 28. April 1832 vorgezeichnet wird, beschränken sich auf jene, welche zu den nicht selbstständigen und eigentlich untergeordneten und zu den mindern Bedienstungen gehören. So können die betreffenden Hofstellen (auch der Hofkriegsrath) vom Hof- concipisten an B.en (nach der bestehenden besondern Bestimmung sofort in den Ländern) vornehmen; die vereinigte Hofkanzley kann z. B. in den Län- dern Kreiscommissärsstellen, die Polizey- und Censur-Hofstelle, Polizey- commissärs-, Bücherrevisorsstellen 2c. vergeben, so wie es in dem Wir- kungskreis der allg. Hofkammer liegt, bey ihr untergeordneten Behörden in den Provinzen die Secretärs- und Concipistenstellen zu besetzen. Der Wirkungskreis des General-Rechnungs-Directoriums, als der über alle Buchhaltungen gesetzten Hofstelle, erstreckt sich aber bis zur B. zu Rech- nungsräthen. Die Gubernien und Regierungen befördern die Beamten bis ausschließlich zum Gubernial- oder Regierungs-Secretär, und mit Aus- schluß der Kreiscommissäre. Sie vergeben alle mindern Dienststellen bey den Fiscalämtern, bey den Baubehörden, Cassen 2c. Die verschiedenen Ge- fällsverwaltungen können die Stellen des untergebenen Personals selbst besetzen. Die Wahl des kleineren Kreispersonales vom Kanzellisten ab- wärts kann von dem Kreisamte vorgenommen werden. Die ungar. und die siebenbürg. Hofkanzley verleihet die erledigten Stellen vom Concipi- sten, und was dem gleich kommt, abwärts und andere mindere Staats- dienste. Die Benennung und Gradual-B. aller bey der ungär. Hof- kammer, bey der ungär. Statthalterey, bey dem siebenbürg. Gubernium und Thesaurariate angestellten Beamten, vom Concipisten herab, sind diesen Behörden überlassen. Im Justizfache hingegen hängen alle B.en, vom Se- cretär an, von der obersten Justizstelle ab, oder unterliegen wenigstens der Bestätigung dieser Hofstelle, indem auch alle Kanzellistenstellen dahin unterzogen werden müssen. Auf andere Art wird in Ungarn verfahren, wo zwar die Septemviraltafel, als oberste Justizbehörde, auch die B. seiner Subalternen vornimmt; dagegen bey der königl. Tafel meh- rere Stellen theils vom Reichspalatin, theils vom königl. Personal, der auch der Präsident dieser Tafel ist, allein abhängig sind. Die königl. Tafel, die 4 Districtualtafeln, die Banäl- und croatische Gerichtstafel geht mit allen B.en der subalternen Beamten vor; nur ist insbesondere zu bemerken, daß die B.en zu Beysitzern bey den Districtualtafeln, ob- wohl sonst Räthe und Beysitzer über Vortrag der Hofstellen nur vom Kaiser ausgehen, der königl. ungar. Hofkanzley überlassen sind, welche auch die Notare wählt. Über die bey den Hofstellen und in den Ländern vorgenommenen B.en werden die Quartalausweise dem Kaiser vorgelegt.

Im Militär ist die B. zum Unterofficier und Officier bis einschließlich zum Hauptmann oder Rittmeister ein Vorrecht der Regiments-Inhaber, und dessen Ausübung kann dem Obersten überlassen werden. Die Ernennung der Landwehr-Officiere, vom Hauptmann abwärts, ist den General-Commanden überlassen; die Unterofficiersstellen bey der Landwehr sind theils durch ausgediente Leute von der Armee, theils durch andere dazu gebildete Landwehrmänner auf den Vorschlag der Landwehrbataillons-Commandanten von den Commandanten des Werbbezirks-Regiments zu ersetzen. Bey den Jäger- und Garnisons-Bataillons, bey dem Pioniers-Corps, und bey dem Pontoniers-Bataillon ist zwar die B. zu Unterofficiersstellen den Commandanten überlassen, die Oberofficiersstellen aber werden vom Hofkriegsrathe, und nur in Kriegszeiten von dem commandirenden General der Armee, in dem Falle vergeben, als die ihm ertheilte Vollmacht auch dieses Recht in sich begreift. In der Artillerie ernennt der General-Director die Unterofficiere und Officiere bis zum Hauptmann. Die B. von der Feld- zur Garnisons-Artillerie, und der letzteren unter sich, gehört ebenfalls zu den Befugnissen des General-Artillerie-Directors. Bey dem Mineurs- und Sappeurs-Corps hängt es von dem General-Genie-Director, welchem die Inhabersrechte über dasselbe eingeräumt sind, ab, welches Befugniß er in Ansehung auf B.en dem Commandanten dieser Corps zu ertheilen für gut findet. Dasselbe kann sich übrigens nur auf Unter- und Oberofficiersstellen beziehen. Will der Regiments-Inhaber, und zu Kriegszeiten der Regiments-Commandant ein bey der Artillerie, beym Mineurs- oder Sappeurs-Corps dienendes Individuum zu seinem Regimente befördern, so muß er die Genehmigung von der General-Artillerie- oder Genie-Direction einholen, und da auch der Dienst beym Pioniers-Corps besondere Kenntnisse erfordert, und es nicht gleichgültig ist, ein dazu gebildetes Individuum zu verlieren, so kann auch die B. von Individuen dieses Corps zu andern Regimentern, nur im Einverständnisse mit dem General-Quartiermeister geschehen. — Im Fuhrwesens-Corps ertheilt der Fuhrwesens-Corps-Commandant die B.en vom Wachtmeister abwärts. Die Ernennung eines Wachtmeisters zum Officier, die Übersetzung eines Officiers einer andern Truppengattung zum Fuhrwesen und die B. der Fuhrwesens-Officiere geschieht über Vorschlag des Corps- und General-Commando, von Seite des Hofkriegsrathes; in Kriegszeiten aber pflegt der commandirende General der Armee dazu ermächtigt zu werden. — Die B.en zum Corporal, Wachtmeister oder Adjutanten bey den Gestüten-, Beschäl- und Remontirungs-Departement hat der Remontirungs-Inspecteur, sobald alle überzähligen Chargen der Cavallerie und des Fuhrwesens eingebracht sind, selbst zu veranlassen; über die B. der Oberofficiere aber dem Hofkriegsrathe den Vorschlag zu machen. — Vom Stabsofficier an werden die höhern Stellen im Militär von dem Kaiser besetzt. So lange bey einem Regimente oder Corps überzählige Stabs-, Ober-, oder Unterofficiere vorhanden sind, findet keine B. (Avancement) Statt. Eben so besteht im Civil der Grundsatz, daß, in so fern zum Dienste taugliche Quiescenten vorhanden sind, diese bey B.en, auf ihren Kenntnissen entsprechende Dienstplätze unterzubringen sind. Selbst Ober = und Unterofficiere, wenn sie die Eigenschaften zu Civilanstellungen ausweisen, werden aus dem Pensions= oder Invalidenstande zu Civilanstellungen befördert. Die Verzeichnisse solcher Individuen werden vom Hofkriegsrathe den andern Hofstellen zur Einleitung der erforderlichen Berücksichtigung bey vorkommenden B.s = Fällen mitgetheilt. So wie nun bey B.en im Civil nur auf die, in jeder Betrachtung geeignetsten, würdigsten und verdienstlichsten Mitwerber das Augenmerk zu richten ist, eben so darf im Militär die B. keineswegs nach Willkühr, sondern sie muß ohne Parteylichkeit und nur mit Rücksicht auf das Verdienst, die Eigenschaften und Conduite des zu Befördernden geschehen. Besitzet ein lang und gut dienender Officier die nöthigen Eigenschaften zur höhern Charge, so darf ihm ein im Range jüngerer nicht vorgezogen werden; einem Individuum aber, von dem sich nicht erwarten läßt, daß es in der bevorstehenden Charge seine Pflichten werde erfüllen können, ist solche auch nicht zu verleihen. — Wenn nur mittelmäßige Eigenschaften des im Range ältern Officiers auf einer, und ausgezeichnete Talente, höhere Kenntnisse, Verdienste und ein vorzüglicher Diensteifer des im Range jüngeren Officiers auf der andern Seite, besonders aber sogar bey solchen B.en vorliegen, wo die höhere Charge wichtige Obliegenheiten mit sich führt, so verdient der im Range jüngere Officier allerdings, und in dem bezeichneten Falle noch entschiedener den Vorzug. Nach diesen nähmlichen Grundsätzen hat der Regiments=Inhaber bey Erledigung der Stabs-Officiersstellen, die über Vortrag des Hofkriegsrathes von dem Kaiser besetzt werden, den an den Hofkriegsrath zu erstattenden Vorschlag einzurichten.

Bega, Fluß in Ungarn, entspringt an der siebenbürg. Gränze, nimmt bey B e l e n die Temes auf, und fällt bey T e r i a s v a r o s in die Theiß.

Bega = Canal in Ungarn. Er beginnt in der Krassoer Gespanschaft, in der Nähe von L u g o s, durchzieht die Temeser Gespanschaft, und mündet sich in die Theiß. Schiffbar ist er nach Aufnahme der Temes, die durch eine Schleuße in selben geleitet wird, und des Facseter Canals; als solcher zieht er bey T e m e s w a r vorbey, und fällt bey A r a d a z in den großen weißen Sumpf, der durch das Austreten der Theiß entsteht. Durch diesen fahren die Schiffe in die Theiß, woran sie aber durch das seichte Wasser oft verhindert werden. Dieser Canal ist für den ungar. Handel sehr wichtig, aber seit einiger Zeit ziemlich verwahrloset. Er hat von F a c s e t bis B e c s k e r e k eine Länge von 16 Meilen.

Begecs, ungar. Dorf in der Bacser Gespanschaft mit 2,000 Einw. und griechisch nicht=unirter Pfarre.

Behamb, Joh. Ferd., Doctor und Professor der Rechtswissenschaft zu L i n z, geb. zu P r e ß b u r g, studirte die Rechte zu S t r a ß b u r g, und stand im Rufe tief gelehrter Rechtskenntnisse, der sich unter andern durch folgende Schriften bewährte: Institutiones jurisprudentiae, Linz, 1670. — Notitia Hungariae, Straßburg, 1676. (In diesem Werke führte er das Staatsrecht Ungarns aus.) — Roßtäuscherrecht, Linz, 1678.

Behörden. A. Staats- und Conferenz-Ministerium. — Es besteht dermahlen aus 4 Gliedern, von welchen nur der Fürst Metternich als dirigirender Minister der auswärtigen Geschäfte, und als solcher zugleich Haus-, Hof- und Staatskanzler ein förmliches, selbstständiges Departement bildet. Gewöhnlich werden in dem Staats- und Conferenz-Ministerium keine bestimmten Sitzungen gehalten. Ein k. k. Hofrath ist Referent und Protocollsführer der Staats-Conferenz. — Die ganze Finanzverwaltung steht unter der Oberleitung des Ministeriums, welches seine organischen Maßregeln im Wege der allgemeinen Hofkammer zu Wien und der königl. Hofkammer zu Ofen, so wie des siebenbürg. Thesaurariats zu Hermannstadt in Ausführung bringt. — Bey Ergreifung wichtiger Maßregeln pflegt der Monarch dieses Ministerium zur Berathschlagung zusammen zu berufen, und dabey in eigener Person, welche bey Verhinderung von dem jüngern Könige von Ungarn oder von dem Erzherzoge Ludwig vertreten wird, zu präsidiren, bedient sich aber sonst der Meinungen und Gutachten seiner Glieder für einzelne Fälle. — **B. Der Staats- und Conferenzrath für inländische Geschäfte.** — Er besteht dermahlen aus 3 Sections-Chefs über die politischen, Finanz- und Cameral-, die Militär- und die Justiz-Angelegenheiten (Graf Kolowrat, Staats- und Conferenzminister, Freyh. von Mohr, General der Cavallerie und Freyh. von Fechtig); ferner aus 7 Staats- und Conferenzräthen und geh. Referendären, dann 7 staatsräthlichen Referenten, worunter 5 k. k. wirkl. Hofräthe (aus den verschiedenen Hofstellen berufen) und 2 Militärs höhern Ranges. 2 Mitglieder arbeiten vornehmlich in den ungar. und siebenbürg. Angelegenheiten in einer eigenen Section unter dem Staats- und Conferenzminister Grafen Nadasd; die anderen theilen sich in die Justiz-, Militär-, politischen, Cameral-, Finanz-, Medicinal- und Studien-Geschäfte; ohne daß jedoch weder die eigentliche Zutheilung genau bekannt, noch die Form der Verhandlung immer dieselbe ist. Denn theils werden auch die Staatsräthe und die staatsräthlichen Referenten (so wie außer ihnen auch wohl die Chefs einiger Hofstellen) mit zu den Conferenz-Ministerial-Sessionen gezogen, theils referiren sie einzeln unmittelbar dem Monarchen, theils und gewöhnlich circuliren ihre schriftlichen Referate unter einander, kommen dann zur Begutachtung an die mit dem activen Dienst beauftragten Conferenzminister und Sections-Chefs, und gelangen dann erst mit diesen Votis an den Kaiser. Endlich ist der Staatsrath als letzte oder höchste, wesentliche Geschäfts-Instanz für die inneren Angelegenheiten zu betrachten, wiewohl er in einigen Branchen, z. B. in eigentlichen Militär- und zum Theil auch wohl in Finanz-Gegenständen weniger einzuwirken hat, und manches sich der Monarch für sein Cabinet (s. geh. Cabinet) vorzubehalten pflegt, welches als Organ seiner ganz unmittelbaren, eigenen Befehle und Bestimmungen, vorzüglich in Gnadensachen und wohlthätigen Privatunterstützungen zu betrachten ist, und von welchem aus die bekannten kais. Cabinetsschreiben (Handbillets) in der Regel zu fließen pflegen, durch welche der Kaiser den Ministern, Chefs und Stellen und anderen Personen seinen Willen kund macht; insbesondere auch noch über Bittschriften welche dem Monarchen persönlich überreicht, und von ihm nicht bloß signirt werden. Die mit dem Nahmen des betreffenden Chefs der Hofbehörde signirten Gesuche ziehen der Vorschrift gemäß, eine Auskunft und Gutachten desselben nach sich, worüber der Kaiser dann im Cabinetswege eine Entschließung schöpft. Der Staatsrath ist daher nicht in dem Sinn zu nehmen, wonach er ein permanentes, deliberatives Collegium ist, mit dem Hauptgeschäft activ, und mit der Initiative, über alle Staatsangelegenheiten, auch die auswärtigen, Beschlüsse zu fassen, und sie nach des Regenten Genehmigung den verschiedenen Ministern zur Vollziehung zu übertragen. Er erscheint vielmehr gar nicht als Collegium, sondern seine Räthe verrichten nur im Nahmen des Kaisers die passive Leitung der verschiedenen Hofstellen für den inneren Dienst nach der herkömmlichen Verfassung, stehen nicht über den Ministern, sind ihnen aber auch nicht geradehin untergeordnet, sondern vielmehr als Räthe des Kaisers zu betrachten, deren er sich bedient, um da, wo sich Parteyen mit den Entscheidungen der Hofstellen noch nicht beruhigen, oder letztere selbst instructionsmäßige Vorträge, Anfragen, Vorschläge, Pläne vorlegen, begründet die höchste Entscheidung vorzuschlagen. Endlich controllirt der Staats- und Conferenzrath für die inländischen Geschäfte die Verrichtungen der Hofstellen, nimmt Einsicht in ihre Protocolle, hat übrigens für seinen Dienst ein eigenes Conceptspersonale, welches aus einem Staatsraths-Secretär, 9 Concipisten und 10 Officialen besteht, ein eigenes Einreichungs-Protocoll, eine förmliche Expedition und Registratur. Das Concepts- und Kanzley-Personale bildet zusammen die k. k. geh. Staatsraths-Kanzley, welcher ein Kanzleydirector mit dem Charakter eines k. k. Hofrathes vorsteht. — Sehr nützlich und wohlthätig für das Allgemeine ist die stete Observanz, daß auch bey der Wahl der unmittelbaren Räthe des Kaisers durchaus nicht allein auf Geburt, Rang, Verbindung mit großen Familien und Vermögen gesehen wird, sondern vielmehr vorzugsweise Männer ohne Hervorragung in diesen Qualitäten berufen werden, wenn sie im vollsten Grade die erforderlichen reellen Eigenschaften besitzen, und dadurch das persönliche Zutrauen des Monarchen sich erworben haben. — C. Hofstellen, sämmtlich in Wien. — Durchaus ist bey diesen und den ihnen untergeordneten Stellen die Collegial-Verfassung herrschend, vermöge welcher eine jede aus mehreren beysitzenden Räthen besteht, denen die Geschäfte nach den Gegenständen oder Provinzen, oft wechselnd, zugetheilt werden. Sie bearbeiten dieselben mit Hülfe ihrer Secretäre, Concipisten, auch Practicanten bey minder wichtigen; bey erheblichern allein, tragen sie ihr Referat in den Sitzungen vor, über welches die Stimmenmehrheit erst einen Beschluß bildet, der theils ausgeführt wird, theils dem Kaiser oft mit besonderen abweichenden Votis des Referenten, einzelner Räthe und Präsidenten vorgelegt wird; wo dann die Entscheidung nicht selten für die Minorität ausfällt, oder auch ganz abweicht. — Groß und wichtig ist der Wirkungskreis der Hofstellen. — 1) Die k. k. vereinigte Hofkanzley. — Sie ist eine der wichtigsten dirigirenden Stellen, denn sie umfaßt alle inneren sogenannten politischen Angelegenheiten mit Ausnahme — a) in Absicht auf die Provinzen: von Ungarn, Siebenbürgen und der Militärgränze; — b) in Absicht auf den Geschäftskreis: von den Finanz=, Commerzial=, Bergwerks=, Rechnungs=, Justiz=, Polizey=, Censur=, Studien= und eigentlichen Militär=Gegenständen. — Unter ihr stehen sämmtliche Landesregierungen und Gubernien in den deutsch=böhmisch=galizischen und in den ital. Provinzen. Sie ist zugleich das Organ, durch welches alle allgemeinen Gesetze, alle politischen, Finanz=, Commerz=, Polizey= und andere (nur nicht eigentliche Militär= und Justiz=) Verordnungen in den deutsch=böhmisch=galizischen und ital. Erblanden bekannt gemacht werden. Sie hält wöchentlich zweymahl Sitzungen. — 2) Die königl. ungar. Hofkanzley für alle ungar. Angelegenheiten. — Durch diese Stelle ergehen alle Entscheidungen des Königs für Ungarn, die nach der Verfassung von seinem Willen abhängen. Dahin gehören alle Gnaden= und Patronat=Sachen, Schenkungen, Anstellungs=Decrete, Adels = Diplome, Pfründen = Verleihungen. Durch sie übt er alle Souveränitäts=Rechte der obersten Aufsicht und der vollziehenden (nicht aber gesetzgebenden) Gewalt aus. Durch sie leitet er nicht nur alle politischen Angelegenheiten des Inneren, die gesammte Polizey, sondern auch die Justizpflege, wodurch der Wirkungskreis dieser Stelle weit ausgedehnter, als der k. k. vereinigten Hofkanzley ist. Der königl. ungar. Hofkanzley sind die Königsbücher (libri regii) anvertraut, welche seit Ferdinand I. alle wichtigen Acten in Absicht auf Donationen, Standeserhebungen, auch über Testamente, Verträge ꝛc. enthalten. Sie hat zu wachen, daß die Würde und Vorrechte der Krone nicht geschmälert, aber auch Gesetze und Staatsverfassung aufrecht erhalten werden. — 3) Die königl. siebenb. Hofkanzley, für alle siebenb. Angelegenheiten, mit ganz ähnlichem Wirkungskreise, wie die vorige. — 4) Die k. k. allgemeine Hofkammer; für alle, durch ihren Titel schon bezeichneten Gegenstände in allen Provinzen. — Sie leitet sämmtliche staatswirthschaftliche Gegenstände der gesammten Monarchie, hat also einen weit ausgebreitetern Wirkungskreis, als die vereinigte Hofkanzley, und führt die Oberaufsicht über: a) Sämmtliche Credit= und Finanzgeschäfte. b) Alle Staatscassen, Casse=Dispositionen, Pensions= und Provisions=Gegenstände. c) Zollsachen. d) Tabakswesen, da die Tabaks=Fabrikation und dessen Verschleiß außer Ungarn ein Staats=Regale ist. e) Commerzial=Gegenstände, Consumtions = Gefälle und Accisen. f) Lotto=Gegenstände. g) Stämpel=Gefälle. h) Wegmauth. i) Salzwesen. k) Darlehns = Gegenstände. l) Post= und Tarsachen. m) Contrebande und Malversationen. n) Domänen. o) Die landesf. Fabriken. — Alle Cameral=Behörden in den Provinzen. Vergl. Hofkammer. — 5) Für das Münz= und Bergwesen besteht seit Nov. 1834 eine eigene Hofbehörde: k. k. Hofkammer im Münz= und Bergwesen genannt. 6) Die k. k. oberste Justizstelle für alle Provinzen, außer Ungarn, Siebenbürgen und der Militärgränze. Unter ihr stehen zugleich alle Appellationsgerichte der Provinzen mit ihren untergeordneten Stellen. Sie hält wöchentlich in der Regel zweymahl Sitzung. — 7) Die k. k. oberste Polizey= und Censur=Hofstelle, unter welcher zugleich das Bücher=Censurwesen steht, leitet die Polizey in den Provinzen, wo ihr nicht nur die Polizey=Directionen untergeordnet sind, sondern wo selbe auch

unmittelbar auf die Regierung, Gubernien und ihre Chefs einwirkt.
— 8) Der k. k. Hofkriegsrath. Dieser wird von einem Präsidenten und
einem Vicepräsidenten geleitet. Unter dem Hofkriegsrath stehen nicht nur
die gesammten Armeen, und alle eigentlichen Militär=Gegenstände in al=
len Provinzen, sondern auch die Militärjustiz und der politische Ver=
waltungstheil der Militärgränze. — 9) Das k. k. General=Rechnungs=
Directorium, unter welchem die Rechnungs=B. (sogenannte Buch=
haltungen) sämmtlicher Provinzen und aller Verwaltungs=Branchen,
auch der militärischen stehen. — Diese Hofstelle ist mit der Censur der
Staats=Rechnungen, mit der Übersicht und Controlle über sämmtliche
Staats=Einkünfte und Ausgaben, und mit der obersten Leitung über
sämmtliche Baugegenstände der Monarchie beauftragt. — 10) Die k. k.
Studien=Hofcommission, welche seit 1808 außer Ungarn das gesammte
Schul= und Studienwesen leitet. — An sie berichten die Landes=Guber=
nien und Regierungen der Provinzen. In letzteren stehen die Gymnasien,
höheren Schulen, Universitäten unter eigenen Directoren, die unteren
aber unter einem gemeinsamen Ober=Schulaufseher. — 11) Die Hof=
Commission in Justiz=Gesetzsachen, zur Revidirung und Verbesserung der
bestehenden Justizgesetze, zur Entwerfung, Beurtheilung und Prüfung
neuer Gesetzes=Entwürfe. — D. Den Hofstellen unterge=
ordnete Länderstellen.—a) In allen Provinzen.—Die 12
General=Militär=Commanden: 1) In Wien für Nieder= und Oberöster=
reich. 2) In Grätz für Illyrien, Steyermark und Tyrol. 3) In Prag
für Böhmen. 4) In Brünn für Mähren und Schlesien. 5) In Lemberg
für Galizien. 6) In Ofen für Ungarn. 7) In Peterwardein für
Slavonien. 8) In Agram für die vereinigte Banal=Warasdiner=Carl=
städter=Militärgränze. 9) In Temeswar für die Banater Militär=
gränze. 10) In Hermannstadt für Siebenbürgen. 11) In Verona
für das lombardisch=venetianische Königreich. 12) In Zara für Dal=
matien. — Ein commandirender General ist der Chef dieser für alle
Branchen des Militärwesens organisirten und dem Hofkriegsrathe unter=
geordneten Stelle. — Die Individuen derselben sind in das politische,
ökonomische, Verpflegs= und Justiz=Departement vertheilt, und außerdem
wird noch von einigen rechtskundigen Mitgliedern unter dem Präsidium
des Generals und dem Beysitz zweyer Landräthe in den deutsch=böhmisch=
galizischen Erblanden, in Ungarn, der Militärgränze, in Siebenbürgen,
im lombardisch=venetianischen Königreiche; in Dalmatien aber von mili=
tärischen Justiz=Mitgliedern eine Gerichtsstelle, das sogenannte Judi=
cium delegatum etc. gebildet. Vor dieser verhandeln alle Militärpar=
teyen, die keiner Regiments=Gerichtsbarkeit unterworfen sind, z. B.
pensionirte Officiere, ihre Angelegenheiten. — b) In den deutsch=
böhmisch=galiz. und in den ital. Provinzen. I. Politische B.
Die beyden Landes=Regierungen in Österreich u. d. Enns zu Wien,
und ob d. Enns zu Linz. — Die 10 Landes=Gubernien. Für Steyer=
mark zu Grätz. Für Böhmen zu Prag. Für Mähren und Schle=
sien zu Brünn. Für Galizien zu Lemberg. Für Illyrien zu Lai=
bach. Für das illyrische Küstenland zu Triest. Für Tyrol und Vor=
arlberg zu Innsbruck. Für die Lombardie zu Mailand. Für das

Venetianische zu Venedig. Für Dalmatien zu Zara. — Sie stehen zunächst sämmtlich unter der vereinigten Hofkanzley; doch in eigentlichen Finanzsachen auch unter der Hofkammer, so wie in Polizey- und Censur-Gegenständen unter der Polizey- und Censur-Hofstelle; sorgen für die Bevölkerung, Leben, Gesundheit, Unterricht und Aufklärung der Einwohner, haben die Aufsicht über Polizey, Censur, Kirchen, Schulen, Stiftungen, Landwirthschaft, Gewerbe, den Handel, die Steuer-Vertheilung und Erhebung, Unterthans-Verhältnisse gegen die Grundherren, Militär-Bequartierung und Verpflegung, machen die Verordnungen des Monarchen kund, und bringen sie in Ausübung. An ihrer Spitze steht der Chef der Provinz (gewöhnlich Gouverneur genannt). — II. Justiz-Stellen. — Die 9 Appellations- und Criminal-Obergerichte. Für Österreich ob und u. der Enns zu Wien. Für Innerösterreich (Steyermark, Kärnthen und Krain) und für das Küstenland zu Klagenfurt. Für Böhmen zu Prag. Für Mähren und Schlesien zu Brünn. Für Galizien zu Lemberg. Für Tyrol und Vorarlberg zu Innsbruck. Für Dalmatien zu Zara. Für die Lombardie in Mailand. Für die venet. Provinzen in Venedig. Die 7 erstgenannten stehen sämmtlich unter der obersten Justizstelle in Wien. Die beyden letztern unter der Senatsabtheilung dieser Hofstelle in Verona. — III. Cameral-Gefällen-Verwaltungen zu Wien, Prag, Lemberg, Brünn, Laibach, Innsbruck, Linz, Grätz. — Noch vor wenigen Jahren bestanden zur Verwaltung mehrerer Gefälle in den Provinzen besondere Administrationen, welchen alle für das specielle Gefäll errichteten Unterbehörden und Ämter unterworfen waren, und die selbst bald mittelbar — durch eine Direction (Central-Verwaltungs-Behörde dieses Gefälls) — bald unmittelbar der allgemeinen Hofkammer unterstanden, wobey theilweise auch noch die Landeschefs eine Mitaufsicht über diese Gefälle übten. In dieser Art bestanden Zoll- oder Bancal-Gefälls-Administrationen, für die Verwaltung der Zölle, der Mauthen, zum Theil auch des Salzwesens; die Tabak- und Stämpel-Gefällen-, die Domänen-, die Lotto-Gefälls-Administrationen. Die letzteren wurden durch bloße Lotto-Ämter in den Provinzen ersetzt, deren Geschäfte ihren Centralpunct in der Lotto-Gefällen-Direction zu Wien finden. Die Provinzial-Verwaltung der übrigen Gefälle aber wurde dadurch wesentlich vereinfacht, daß nach den Bestimmungen vom Jahre 1830 an die Stelle der speciellen Administrationen, die Cameral-Gefällen-Verwaltungen eingesetzt wurden, bey welchen die Geschäfte, so wie früher, ebenfalls collegialisch verhandelt werden, und deren Wirkungskreis in der Regel sich immer über einen ganzen Gouvernements-Bezirk erstreckt, ja jener der Cameral-Gefällen-Verwaltung zu Laibach begreift den illyrischen und küstenländischen Bezirk zugleich in sich. Außer den Verwaltungsgegenständen der aufgelösten Gefälls-Administrationen, nähmlich dem Zollwesen, den Straßen-, Wasser- und Brückenmauthen, dem Navigations-, dem Salz-, Tabak- und Stämpel-Gefälle, den Staats- und öffentlichen Fondsgütern, dehnt sich die Wirksamkeit dieser neu eingesetzten Mittelbehörden auch auf die allgemeine Verzehrungssteuer, das Taxwesen (in

Galizien auch auf die Oberleitung der Salzsiedereyen) und auf die Lotto-Gefälls-Übertretungen aus, welche letztere bis dahin patentmäßig den Landesstellen zur Notionirung zugewiesen waren. In allen oben erwähnten Verwaltungsangelegenheiten geht der Geschäftszug direct an die allgemeine Hofkammer; Tabak- und Stämpel-Gefällssachen ausgenommen, in welchen er zunächst an die für diese Gefälle noch bestehende eigene Direction zu leiten ist. — Bey der früheren vereinzelten Verwaltung der Gefälle und ähnlichen Staatseinnahmen hatten die Administrationen in der Regel wieder Unterbehörden zur Aufsicht und Leitung aller in einem gewissen beschränkteren Umfange bestehenden Einnahms- oder Verwaltungsämter, wie z. B. die Inspectorate für das Zollwesen, die Verzehrungssteuer u. s. w. Auch diese Einrichtung wurde dadurch wesentlich vereinfacht, daß an die Stelle dieser mannigfaltigen Unterbehörden die Cameral-Bezirks-Verwaltungen gesetzt wurden, welche in den einzelnen Bezirken, in welche das ganze Territorium einer Cameral-Gefällen-Verwaltung getheilt ist, in der Hauptsache die nähmlichen Geschäfte besorgen, zu deren Leitung im ganzen Territorium die Cameral-Gefällen-Verwaltung berufen ist. Doch haben die Cameral-Bezirks-Verwaltungen keine collegialische Verfassung, sondern die Geschäftsleitung und die unmittelbare Verantwortlichkeit für das Gedeihen des Verwaltungszweiges im Bezirke liegt ausschließend dem Bezirks-Vorsteher ob, welchem jedoch zur Unterstützung in der Erfüllung seiner Obliegenheit das übrige Verwaltungspersonale zugegeben, und als dessen gesetzlicher Stellvertreter der erste Cameral-Bezirks-Commissär bestimmt ist. — IV. Die Cameral-Magistrate zu Mailand und Venedig. — V. Die Finanz-Intendenz zu Zara; sind gleichmäßig der allgem. Hofkammer; — VI. die verschiedenartigen Münz- und Bergwesensbehörden und Ämter in Österreich und Steyermark, in Illyrien, in Tyrol und Vorarlberg, in Böhmen, Mähren und Galizien ihrer eigenen Hofkammer untergeordnet. — VII. Die 12 Provinzial-Staatsbuchhaltungen in Österreich ob und unter der Enns, Steyermark, Böhmen, Mähren und Schlesien, Galizien, Krain und Kärnthen, im Küstenlande, in Tyrol und Vorarlberg, in der Lombardie, im Venetianischen und in Dalmatien, stehen unter dem General-Rechnungs-Directorium. — VIII. Die Polizeyhofstelle hat außer der Polizey-Oberdirection in Wien die Polizey-Directionen in Linz, Grätz, Laibach, Triest, Innsbruck, Prag, Brünn, Lemberg, Zara, die General-Polizey-Directionen in Mailand und Venedig und zunächst als oberste Censurbehörde die k. k. Büchercensur und das Bücher-Revisionsamt zu Wien unter sich; ferner die Bücherrevisionsämter zu Linz, Salzburg, Grätz, Laibach, Triest, Innsbruck, Prag, Brünn, Lemberg, Zara, Mailand, Venedig. — c) In Ungarn. — Die königl. Statthalterey zu Ofen, unter dem Präsidium des Palatins und unter der königl. ungar. Hofkanzley. Ihre Hauptbestimmung ist: Vollziehung der Reichsgesetze, Kuntmachung (durch Intimata) der königl. Befehle und deren Handhabung. Im übrigen stimmt ihr polit. Wirkungskreis mit dem der Gubernien in andern Provinzen überein. — In der Justiz ist a. die Septemviraltafel zu Pesth unter dem Präsidium des Pa-

latins, das höchste Appellationsgericht, von welchem weiter keine an=
dere Entscheidung Statt findet. b. Die königl. Tafel zu Pesth
unter dem Präsidium eines eigenen königl. Stellvertreters (Personalis,
praesentiae Regiae in judiciis locum tenens), Personal genannt.
Diese ist theils Appellationsgericht, an welches man sich von den Ent=
scheidungen der Comitats = Districtual= und von den Gerichten mehrerer
königl. Frey=, so wie der Haiducken= und Zipser=Städte wenden kann,
theils eine Stelle erster Instanz, z. B. bey Hochverraths=Verbrechen,
Streit über Gesetze und Urkunden selbst. Die Bergwerks=Processe gehö=
ren auch hierher. c. Die Banaltafel im Königreiche Croatien, unter
dem Vorsitz des Banus von Croatien. Sie hat einerley Gerichtsbarkeit
mit der königl. Tafel, und der Appellationszug geht von ihr gleich an
die Septemviraltafel. — Ein Kronfiscal, Beysitzer der königl. Tafel,
vertheidigt die Rechte des Königs in Absicht seiner Regalien. Unter ihm
stehen mehrere, auf den königl. Domänen vertheilte Cameral = Fis=
cale. — Die oberste Landes=Cameral=Behörde ist die königl.
ungar. Hofkammer zu Ofen, unter welche die Fiscal= und Kronschatz=
angelegenheiten, also die Cameral = Administrationen zu Kaschau,
Temeswar, Szigeth, Agram und der 16 Kronstädte zu Iglo,
die Salinenbehörden, die Verwaltungen der königl. Kron= und Came=
ral=Dominien, der königl. freyen Städte und das oberste Seideninspec=
torat gehören. — d. In Siebenbürgen. — 1. Das seit 1693 von
Leopold I. errichtete, der königl. siebenbürg. Hofkanzley untergeordnete
königl. Gubernium in Klausenburg, von einem weiteren Wirkungs=
kreise, als alle anderen Gubernien. Denn es ist die oberste Behörde im
Großfürstenthum für alle politischen, kirchlichen und gerichtlichen Zweige der
Staatsverwaltung, zugleich die höchste Gerichtsstelle, von der nur eine
Appellation an die Person des Landesfürsten Statt hat. — 2. Das seit
1790 vereinigte Cameral = und montanistische Thesaurariat in Her=
mannstadt, welches als siebenbürg. Cameralbehörde, (die Land=
steuer ausgenommen) alle übrigen Finanz=, Bergwerks = und Münz=
gegenstände leitet, und unmittelbar unter den Hofkammern in Wien
steht. — Der allgemeine Gang der Geschäfte in diesen mancherley Col=
legien ist folgender: Der Chef vertheilt die Geschäfte unter die Räthe,
so daß jedem sein Referat über bestimmte Gegenstände zugetheilt wird.
Daher der Nahme Referent im österr. Staate ein sehr wichtiger und hoch=
geachteter ist. Von seiner Ansicht der Dinge, wie er sie aus den Acten
und seinen eigenen Grundsätzen auffaßt, von seiner Darstellung und
seinem Vortrage in der Collegialsitzung, hängt vornehmlich in den mei=
sten Fällen der Erfolg ab, obwohl nicht selten die Majorität der abstim=
menden Räthe für eine ganz entgegengesetzte Meinung den Ausschlag
gibt, und der Chef in Gegenständen, die den höheren Behörden vorge=
legt werden, durch ein Separat=Votum, welches zuweilen sowohl vom
Antrage des Referenten, als vom Beschluß des gesammten Collegiums
abweicht, besonderen Einfluß nehmen kann. — Präsidialgeschäfte.
— Außer diesem collegialischen Geschäftsgange durch die eben genannten
co= und subordinirten Stellen, findet auch noch der sogenannte präsidiali=
sche, bey den politischen Hof= und Länderstellen in einer weiteren Aus=

dehnung Statt. — Jeder Chef hat hier seine eigene Kanzley, in welcher alle die Geschäfte verhandelt werden, welche sich ihrer Natur nach nicht zum langsamern und öffentlichen collegialischen Gang eignen. — Geschäftsgang der politischen Unterbehörden in den deutsch= böhmisch=galizischen Erblanden. In den Städten sind die Magistrate, wo sie organisirt sind, die erste Instanz. Auf dem Lande, wo= zu auch alle Städte ohne organisirte Magistrate zu zählen sind, ist das Amt des Gutsbesitzers (gewöhnlich Wirthschaftsamt genannt) die erste Instanz. Daher repräsentiren auf eine merkwürdige Art alle Oberbe= amte, der Güterbesitzer in der Regel eine doppelte Person. Einmahl sind sie gleichsam Staatsbeamte erster Instanz, und haben als solche, auf Aufrechthaltung der Gesetze innerhalb des Gutes oder der Herrschaft und auf Ausführung der höheren Orts erhaltenen Befehle mit Verantwort= lichkeit, ohne dafür besonders bezahlt zu werden, oder eigener Vor= züge zu genießen, zu wachen. Anderntheils sind sie vom Gutsherrn bezahlten, und ganz von ihm abhängenden Diener, da sie in erster Ei= genschaft eigentlich nur seine Rechte ausüben. Sie sind als erste Instanz äußerst wichtige Hauptorgane zwischen Regierung und Volk, — fast die einzigen Führer des letztern, und Auskunftgeber für die erstere in allen politischen, Militär=, Bildungs=, Steuerangelegenheiten und im Wirth= schaftswesen selbst. — Sowohl die Wirthschaftsämter, als die Magistrate und die Grundobrigkeiten selbst, stehen unter dem Kreisämte, als näch= ster Instanz. Da die deutsch=böhmisch= galizischen Erblande in Kreise ge= theilt sind (z. B. Böhmen in 16, Mähren in 6), so hat jeder Kreis sein eigenes Kreisamt als dirigirende Behörde. Chef ist der Kreishauptmann, der mit dem ihm zugetheilten Personale (vorzüglich mit den 3—4 Kreis= commissären, zuweilen auch mit einem Vice= Kreishauptmann) das Re= giment im ganzen Kreise eben so, nur mit höherer Gewalt führt, wie der Oberbeamte auf seiner Herrschaft. Diese Kreisämter sind die Zwischen= organe der Landesregierungen und Gubernien auf der einen, und der Magistrate und Wirthschaftsämter auf der andern Seite. Sie verlaut= baren die Verordnungen der Regierung, haben die Kreise zu bereisen, und zu dem Ende (den 11. März 1784) eine außerordentliche Instruction erhalten, deren Erfüllung zur genauesten Landeskenntniß und zu den segenvollsten Resultaten führen muß. Ganz besonders aber sind sie die schützende Behörde der Unterthanen gegen Eingriffe und Bedrückungen der Grundobrigkeiten und die erste schiedsrichterliche Instanz bey ent= standenen Mißhelligkeiten zwischen Beyden. Merkwürdig ist, daß hier die Collegial= Verfassung der höheren B. aufhört, keine Sitzungen Statt finden, keine Stimmenmehrheit entscheidet, sondern der Kreis= hauptmann, welcher die Urtheile seiner Commissäre gänzlich refor= miren kann, nur allein für seine Verfügungen verantwortlich ist. — Von den Kreisämtern geht der Recurs an die Landesgubernien oder Re= gierungen; von diesen an die vereinigte Hofkanzley, und von dieser zu= letzt an den Kaiser selbst, der durch das Organ des Staatsrathes in letzter Instanz entscheidet. Die italienischen Provinzen haben eine gleich= artige Kreiseinrichtung und Kreisverwaltung. — Im Rechtszuge hat der Adel, die Geistlichkeit, der landesfürstl. Fiscus, und der Freysasse,

ein eigenes privilegirtes Forum in den deutsch=böhmisch=galizischen Län=
dern, nähmlich die sogenannten Landrechte. Ihre Ober=B. sind die
Appellationsgerichte. — Das Militär hat seine eigenen Gerichts=B.,
bey den Regimentern, General=Commanden, und zuletzt beym allge=
meinen Appellationsgericht der Armee in Wien. Alle übrigen Staats=
bürger auf dem flachen Lande machen ihre Rechtssachen in den italieni=
schen Provinzen vor den Prätüren, in den deutschen vor den Landgerich=
ten, Bezirksgerichten, Pfleggerichten, in den böhmisch=galizischen auf
dem Lande bey den Justizämtern der Dominien (gewöhnlich durch Justi=
ziäre, von der Grundherrschaft besoldet, oder durch Delegation an die
nächsten Magistrate versehen) in den Städten bey den Magistraten,
welchen auch die Criminal=Gerichtsbarkeit, gemeiniglich eine in jedem
Kreise, anvertraut ist, anhängig. Von da geht der weitere Rechtsgang
an die Appellationsgerichte. Streitigkeiten mit der adeligen Grund=
herrschaft gehen gleich in erster Instanz an die Landrechte; in zweyter
an die Appellationsgerichte und von diesen ist dann überhaupt der Re=
visionszug an die oberste Justizstelle in Wien offen. Nur in Bergwerks=
gegenständen sind eigene berggerichtliche Substitutionen (zum Theil ein
Vorrecht der ständischen Grundherren in Böhmen und Mähren) in erster
Instanz angestellt, von welchen der Zug an die Berggerichte in Oster=
reich, Steyermark, Böhmen und Galizien, und von da für Böhmen und
Mähren an das Gubernium in Prag und das dasige Appellationsge=
richt, in den anderen Provinzen an die dazu bestimmten Appellations=
gerichte, z. B. nach Klagenfurt für Steyermark und Kärnthen gehen.
Zuletzt geht der Revisionszug an die oberste Justizstelle. — Endlich hat
der Handelsstand eigene Mercantil= und Wechselgerichte in den vornehm=
sten Handelsplätzen. — **Provinzial=Eigenthümlichkeiten
der Staatsverwaltung in Ungarn.** Charakteristisch ist hier:
1) daß nur die executive Gewalt ganz in den Händen des Königs ist;
2) daß die politischen und Justizinstanzen, besonders die unteren, weit we=
niger sorgfältig getrennt, und weit mehr in einander verschmolzen sind,
als in den andern Erblanden. Der Palatin vereinigt die oberste poli=
tische, richterliche und militärische Staatswürde in Ungarn in seiner Per=
son, und wird aus den 4 vom Könige vorgeschlagenen Candidaten von
den Ständen auf Lebenszeit ernannt. Er ist Vormund des minder=
jährigen Königs, Verweser des Reichs bis zu dessen Großjährigkeit;
Präsident der ganzen Reichstagsversammlung und der Magnatentafel
insbesondere; Statthalter des abwesenden Königs, und präsidirt in die=
ser Eigenschaft im Statthaltereyrathe; er ist Obergespan der vereinigten
Gespanschaften Pesth, Pilis und Solth; Oberaufseher des
Reichsarchives; und kann an die Krone verfallene Fiscalgüter, wenn
sie die Zahl von 32 Bauerhöfen (Sessiones) nicht übersteigen, an Edel=
leute vergeben. Er ist bey entstandenen Mißhelligkeiten zwischen
König und Ständen der Vermittler. Er führt bey der obersten Ge=
richtsstelle in Ungarn (bey der Septemviraltafel) den Vorsitz, und er=
nennt bey der königl. Tafel den Landrichter, der dort seine Stelle als
Vice=Palatin (Protonotarius Palatinalis) vertritt. Er ist Oberrichter
der Kumänen und Jazygen, und schlichtet alle Gränzstreitigkeiten zwi=

schen den Gespanschaften. Er ist endlich der oberste Landes- und Insurgen-ten-Capitän. — Der Erz = Hof= und Landrichter, Reichsober-richter (Judex Curiae) hat großen Einfluß auf die Leitung, sowohl der po-litischen, als Judicial-Gegenstände; jenen als Mitglied des Statthalterey= Raths, diesen als Beysitzer der Septemviral-Tafel. — Der Banus von Croatien ist zwar dem Range nach der dritte unter den obgenannten ho-hen Reichsbaronen Ungarns, aber mit bey weitem geringerem Wirkungs= kreis; er ist übrigens Beysitzer im Statthalterayrathe. — Der Reichs-Erzschatzmeister (Tavernicus) ist ebenfalls Beysitzer bey dem Statthalterayrathe und der Septemviral-Tafel. Er bildet eine eigene Gerichtsbehörde, den sogenannten Tavernical = Stuhl, welcher der Her-renstuhl der Tavernical-Städte oder derjenigen königl. Freystädte ist, die ein Peculium der Krone sind, an welchen sie als zweyte Instanz appelli-ren. — Die 46 Comitate (Grafschaften, Gespanschaften). Das Königreich ist in ähnliche Territorial = Bezirke eingetheilt, wie die andern österr. Provinzen, nur heißt hier Comitat, was dort Kreis genannt wird. Wie jedem Kreise dort ein Hauptmann vorsteht, so hier jedem Comitat ein Comes oder Gespan mit der abermahls charakteristischen Ab-weichung, daß zwar in der Regel beyde vom Souverain ernannt werden, dennoch aber hier 12 erbliche Obergespäne vorkommen. So z. B. ist die Obergespanswürde im Comorner Comitate der gräfl. Nadasdy'schen Fa-milie als ausgezeichnete Gnade von Maria Theresia verliehen wor-den. Eine andere Abweichung von der Kreisverfassung ist die Einfüh-rung permanenter Stellvertreter des Chefs; daher in jedem Comitat 2 Vicegespäne, der eigentliche Vicecomes ordinarius (in den Kreisen der erste Commissär); sein Substitutus und der Obergespan die Comitats-B. bilden. Letzterer ist also der erste Beamte im Comitat, unter welchem die übrigen stehen, welche nicht nur, (wie die Kreisämter) die politischen und Polizeygegenstände nach Vorschrift der Gesetze und ihrer Ober = B. handhaben, Steuern eincassiren c., sondern auch (und dieß ist ganz eigenthümlich) zugleich die bürgerl. und peinliche Gerichtsbarkeit verwalten. Die 2 Vicegespäne sind um so wichtigere Personen, da wegen öfterer Abwesenheit der Obergespäne, denen oft zugleich andere Staatsämter an-vertraut sind, sie allein dann die ganze Leitung der Geschäfte über sich haben. Ihnen sind noch ein Notar, mehrere Stuhlrichter (Polizeybeamten und Richter in einer Person) und Fiscale (öffentliche Ankläger, Beschützer der Armen und Unterdrückten) zugetheilt. Außerdem sorgen noch eigene Beamte für Beytreibung und Einnahme der Contribution. Alle diese Beamte (außer dem Obergespan) wählen die Stände des Comitats alle 3 Jahre in der General = Congregation. — Als politische B. stehen die Comitate unter der Statthalterey. — In Rechtssachen wird von ih-ren Sprüchen an die königl. Tafel appellirt. — Aber die stärkste Abwei-chung von der deutschen Kreisamts-Verfassung liegt wohl darin, daß die Kreisämter täglich (auch Sonntags) ihre Functionen von Früh bis Abend verrichten, die General-Congregationen sich aber nur alle Vierteljahre ein-mahl versammeln. — Nur aber machen die Comitats-Beamten, Vice-gespäne, Ober= und Unterstuhlrichter, Notare, nicht wie die Kreisämter eine Stelle für sich aus, die im unmittelbaren Zusammenhange mit der

Statthalterey stünde, und deren Befehle und Aufträge sogleich vollziehen könnte; vielmehr müssen diese, so wie alle Comitatsangelegenheiten,
bey den General- oder Particular-Versammlungen aller Mitglieder des
Comitats erst verhandelt werden. Für jene spart man alle wichtigeren Angelegenheiten, wodurch sie sich aber so häuffen, daß man kaum fertig
wird. Diese werden unter dem Vorsitz des Vicegespans und mit Zuziehung einiger Beysitzer, nur bey Gegenständen gehalten, die nicht den
mindesten Verzug leiden. Endlich ist die Aufmerksamkeit bey Publication
königl. Befehle nicht sowohl auf ihren Sinn und die Art ihrer Befolgung, als vielmehr darauf gerichtet, ob nicht darin dem Interesse und
den Rechten der Stände zuwiderlaufende Puncte vorkommen, in welchem Falle, statt der Vollziehung Gegenvorstellungen an den König ein-
gereicht werden. — Die königl. Freystädte haben ähnliche Verfassungen,
wie die in den deutschen Provinzen, stehen aber, (wie diese, unter dem
Kreisamte) nicht unter dem Comitat, sondern in politischer Beziehung
unter der Statthalterey, in judicieller, theils unter dem Tavernical-
Stuhl, von welchem die Appellation sogleich an die Septemviral-Tafel
geht, theils unter dem königl. Personal, welcher dann letzter Richter
bleibt; in allen Wirthschafts-Angelegenheiten aber unter der ungar. Hofkammer. Ihr Rechtsgang ist weit kürzer, und weniger an Formalitäten
gebunden, wie bey den Comitaten. Jede hat eben so ihren Fiscal. —
Die Grundherren als Lehensherren haben sowohl die Polizey-, als die
Civil-Rechts-Jurisdiction über ihre Unterthanen; die peinliche ist nur
ein Vorrecht weniger Familien. In den kleineren Fällen kann sie der Herr
selbst bis zur Verurtheilung von 24 Stockstreichen ausüben, in wichtigeren muß der Rechtsweg gegangen werden. Der Herrenstuhl (Sedes
dominalis) ist sowohl in Urbarial- als andern Civil-Processen die erste
Instanz und der Grundherr (meistens ein Substitut) bey demselben der
erste Richter (oder auch der Stuhlrichter mit ihm beygegebenen Geschwornen), es mag der Bauer oder auch der Grundherr selbst der Verklagte
seyn. Der Grundherr ist jedoch an die Gesetze und die Gerichtsform des
Stuhls gebunden, bey welchem der Stuhlrichter des Comitats und ein
Geschworner als Zeugen gegenwärtig seyn müssen. Ist der Grundherr
selbst angeklagt, so vertritt der Comitats-Fiscal den Bauer, welcher
sich bey dem Comitat, sofort bey dem Stadthaltereyrath beschweren und
bis zum König appelliren kann. — Die Stuhlrichter mit den Geschwornen sind die erste Rechts-Instanz in Streitsachen der Edelleute unter einander, für gewisse mindere Fälle, z. B. bey Schuldsachen bis 3,000 fl.,
für wichtigere muß das Präsidium des Vicegespans hinzukommen. Andere
gehören wieder vor eine Districtual-Tafel, noch andere, und zwar die
wichtigsten vor die königl. Tafel; aber Stuhlrichter und Vicegespane werden von eben denjenigen auf 3 Jahre gewählt, über die sie Recht sprechen sollen. — Von diesen untern Instanzen geht die Appellation an das
Comitatsgericht (Sedes judiciaria, Sedria). Alle Urbarialsachen aber müssen der Statthalterey zur Revision vorgelegt werden, welche, gerade wie
die Kreisämter in den andern Provinzen, es sich zum Gesetz macht, den
Unterthan gegen den Grundherrn zu schützen. Zuletzt bleibt wie gesagt,
den Bauern selbst der Weg zum Throne unverwehrt. Sonst entscheidet

das Comitatsgericht über alle im Comitat vorfallende Processe, diejenigen ausgenommen, welche das Gesetz in erster Instanz an die königl. Tafel weiset, oder welche vor das geistliche Forum, vor die Obrigkeiten einiger privilegirter Districte und der königl. Freystädte gehören. Da aber die Comitate zugleich politische Instanzen und schon dadurch mit einer Menge Geschäfte überladen sind; so bleibt selbst für die Justizverwaltung die Zeit zugemessen. — Die Districtual-Tafeln (vier in Ungarn, zu Tyrnau, Güns, Eperies und Debreczin; eine für Croatien und Slavonien zu Agram) sind in Civil-Processen für mehrere Fälle eine Zwischenbehörde zwischen dem Comitatsgerichte und der königl. Tafel, an welche übrigens sowohl von den Tafeln, als von den Comitaten appellirt werden kann. Doch kann in Croatien auch noch zuvor an die Banaltafel gegangen werden. — Die königl. Tafel ist bey Landesverrath und einigen anderen Fällen erste Instanz, von welcher nur noch an die Septemviral-Tafel appellirt werden kann. — Die Septemviral-Tafel (unter dem Präsidium des Palatins aus 4 Prälaten, 10 Beysitzern aus den Magnaten und 5 aus dem Ritterstande bestehend) ist das letzte und höchste Appellations- und Revisionsgericht. — Diese Verschiedenheit der ersten Instanzen, besonders bey den Streitigkeiten des Adels, noch mehr die Dunkelheit der Gesetzgebung über ihre Competenz in den verschiedenen Fällen ist ein großer Mangel in der ungar. Justizverfassung. Auffallend ist, daß von den wichtigsten Processen der königl. Tafel nur noch eine einzige Appellations-Instanz Statt findet, während die unbedeutendsten Sachen 3 Appellations-B.en haben. Die königl. Tafel ist zugleich erste Instanz und Appellations-Behörde; sie wird daher mit Geschäften so sehr überladen, daß die Processe oft sehr lange nicht zu Ende kommen. Die privilegirten Districte Jazygien und die beyden Kumanien haben jeder ihre eigene, auch die peinliche, dann alle drey zusammen eine gemeinschaftliche Gerichtsbarkeit und als obersten Richter den Palatin. Sie führen ihre eigene Contributional- und Domestical-Casse und unterliegen der Insurrectionspflicht; sind keinem Privat-Grundherrn unterthänig, sondern so, wie die königl. Freystädte, ein Krongut (peculium coronae). Ihre Unterrichter und Beamte ernennen sie selbst, den Palatinal-Obercapitän aber über alle drey der Palatin. Sie zahlen weder Wegmauthen noch bischöfliche Zehenten, von denen keine königl. Stadt frey ist, und genießen noch sonst verschiedene Regalien und adelige Vorrechte. — Die 6 Haiducken-Städte im Sabolcser Comitate stehen unter einem eigenen Capitän, schicken 2 Deputirte zum Reichstag und genießen einiger adeliger Privilegien, müssen aber Contribution zahlen. Sie appelliren von ihrem Magistrat an ihren Director, und von diesem an die königl. Tafel. Die 16 Zipser-Städte sind in Polizey- und Rechtssachen vom Zipser Comitate exímirt, und stehen unter einem selbst gewählten Grafen und unter einem Cameral-Administrator, von welchem an die königl. Tafel appellirt werden kann, zahlen dem Könige einen jährlichen Grundzins und außerdem ihre Contribution. — Der Groß-Kikindaer District im Torontaler Comitat und der Theißer District im Bacser Comitat genießen ähnlicher Privilegien. — Provinzial-Eigenthümlichkeiten der Staatsverwaltung in Siebenbürgen. I. Politische Stellen. 1) Im Lande der Ungarn. Jedes der 11 Comitate hat seinen Chef, den Obergespan (Supremus Comes), welchem Vicegespane, königl. Oberstuhlrichter, Obernotare, Steuereinnehmer, Unterrichter ꝛc. beygegeben, sind. Es wird wenigstens einmahl im Jahre eine General-Versammlung des ganzen Comitats, die sogenannte Marcal-Congregation (Marcalis Sedria) veranstaltet. Jeder der 2 ungar. Districte hat seinen Ober- und Vice-Capitän mit ähnlichem Personal wie die Comitate, nur daß die Oberstuhlrichter fehlen. Die Dörfer haben ihre Dorfrichter und Geschwornen. — 2) Im Lande der Szekler. Die Verwaltung in den 5 Stühlen ist eine ähnliche, nur unter anderen Benennungen. Der erste Beamte heißt Ober-, der zweyte Vice-Königsrichter. Dann folgen die Dullones (Unterrichter) u. s. w. Die General-Versammlung heißt die Szekler Universität. — 3) Im Lande der Sachsen. In jedem Kreise sind ebenfalls 2 Oberbeamte, davon der erste bald Bürgermeister, bald Königsrichter, der andere aber bald Stuhl- oder Districtsrichter, bald Stadthann, (Villicus quaestor) genannt wird. Jeder Marktflecken und jedes Dorf hat seinen Richter, dann noch Geschworne und eine Markt- oder Dorf-Communität. — Die oberste politische Stelle bekleidet aber hier der Graf der sächsischen Nation (Comes) mit seinem Personale. Er ist zugleich Präsident der aus 22 Mitgliedern bestehenden Universität der sächsischen Nation, die er zusammenberuft, ihre Kreise bereiset und alles Nöthige verfüget. 4) In den Taxal-Ortschaften der Ungarn und Szekler ist in jeder ein Richter mit einigen Assessoren, Unterrichtern ꝛc. — II. Gerichtsstellen. 1) Die ersten Instanzen in allen freyen Kreisen sind die Ortsrichter (Hannen), Geschwornen, in den unterthänigen Orten die Grundherren, Unterrichter, die Dullonen bey den Szeklern, die Stuhlrichter oder Stadthannen bey den Sachsen. — 2) Die zweyten Instanzen sind in den ungar. Comitaten und Szekler-Stühlen die Sedes judiciariae partiales oder filiales, dann die Sed. jud. generales, bey den Sachsen die Magistrate und Stadtämter. — 3) Die dritte Instanz: a) Für die Ungarn und Szekler die königl. Gerichtstafel (Tabula regia judiciaria) zu Maros Vasarhely, ein zahlreiches richterliches Collegium. — b) Für die Sachsen die ansehnliche sächsische Universität. — 4) Die letzte Instanz bildet das königl. Gubernium, von dem man noch im Wege der obersten Revision an die siebenbürg. Hofkanzley in Wien appelliren kann. S. auch die besondern B.-Art.

Beisteiner, Elise, vermählte Pohl, eine beliebte und lobenswerthe Alt-Sängerinn, 1805 in Wien geboren, bildete sich in der Wiener Kunstschule, sang daselbst oft in Concerten und auch im Kärnthnerthortheater mit Beyfall, dann besuchte sie Italien, wo sie auf Bühnen mittleren Ranges in mehreren Rollen gefiel, und von den philharmonischen Gesellschaften zu Florenz, Bologna und Verona zum Ehrenmitglied ernannt wurde. 1830 machte sie eine Kunstreise durch Norddeutschland und ist gegenwärtig in Cassel engagirt. Durch ihr zwar nicht sehr kräftiges aber angenehmes Organ, bedeutende Geläufigkeit und gutes Spiel zeichnet sie sich vorzüglich in Operetten aus, und gefällt besonders in Rollen, wie die Müllerinn, Rosine im Barbier u. dgl.

Békes, ungar. großer Marktflecken in der gleichnahmigen Gespanschaft, im Kreise jenseits der Theiß. Das Ortsgebieth ist sehr weitläufig.
Getreide, besonders Weizen, dann auch Wein und Flachs wird in Menge gebaut; Viehzucht und Viehmärkte sind hier beträchtlich. An Holz ist
Mangel. Der Ort hat eine katholische, reformirte und griechisch nichtunirte Kirche. Die Zahl der Einwohner beträgt 20,600, wovon über 13,000
reformirt und 7000 katholisch. Das Austreten der schwarzen Körös verursacht nicht selten Überschwemmungen, die Sümpfe zurücklassen.

Békeser Gespanschaft in Oberungarn im Kreise jenseits der Theiß.
Der Flächeninhalt beträgt 65 Quadratm., die Länge 9 bis 10 Ml., die
Breite eben so viel. Fünf Flüsse durchströmen die Gespanschaft. Die weiße und die schwarze Körös, welche beyde von Westen gegen Norden flie-
ßen, die schnelle Körös und den Brettyó aufnehmen und sich mit der
Theiß vereinigen. Der Boden ist einer der fruchtbarsten, dagegen ist das
Trinkwasser schlecht und das Clima durch die meilenlangen aus den Flüssen sich erzeugenden Sümpfe (Sártét) ungesund. Es gedeiht hier ein
vortrefflicher Weizen und schmackhafte Wassermelonen. Wiesenwachs und
Weide sind trefflich, Futterkräuter, besonders Klee, sind bereits stark
angebaut. Der Wein ist jedoch nicht der beste und an Holz ist großer
Mangel, es wird letzteres durch Stroh, Rohr und Kuhmist zu ersetzen gesucht, der häufige Torf wird sonderbar genug nicht benutzt. Die
Rindvieh-, Pferde-, Schaf- und Bienenzucht sind sehr einträglich. An
schmackhaften Fischen und Krebsen, so wie an Schildkröten ist großer
Überfluß. Die Gespanschaft wird in 2 Bezirke eingetheilt, in den Gyu-
laer gegen Osten, und in den Csabaer gegen Westen; hat zwar nur 5
Marktfl. und 15 Dörfer; jedoch sind die meisten sehr groß und volkreich,
darunter das Dorf Csaba mit der außerordentlichen Bevölkerung von
18,000 Einw. Die Gesammtzahl der Einwohner dieser Gespanschaft beläuft sich auf 125,900, sie sind Magyaren, Slowaken, Deutsche,
Walachen und Juden. Die Mehrzahl derselben bekennet sich zur reformirten, dann zur evang. Kirche A. C., wenigere zur römisch-kath. und
noch wenigere zur orientalisch-griechisch nichtunirten.

Bel, Carl Andr., Doctor der Rechte und Professor der Dichtkunst in Leipzig, geb. zu Preßburg den 13. July 1717, studirte zu Altdorf, Jena und Straßburg, wo besonders
Schöpflin sich um seine Bildung verdient machte. 1743 erhielt er in
Leipzig ein außerordentliches und 1757 ein ordentliches Lehramt. Am 5. April 1782 lag er neben seinem Bette erwürgt, sehr wahrscheinlich durch Handanlegung an sich selbst. Seine vorzüglichsten gelehrten
Arbeiten sind theils in einzelnen Programmen, theils in den Actis Erudi-
torum, deren Direction er von 1754 — 81 zugleich mit der Herausgabe
der Leipziger gelehrten Zeitung besorgte, abgedruckt. Er behandelt oft
Materien aus der ungar. Geschichte, als: De Maria, Hungariae regina, commentat. historico-critica. Leipzig, 1742. — De Maria
Hungariae non rege, sed regina. eb. 1744. — De vera origine et
epocha Hunnorum, Avarum, Hungarorum in Pannonia. eb.
1757. Von A. Bonfini's hist. Werk über Ungarn besorgte er 1771 zu
Leipzig eine vorzügliche Ausgabe, und A. L. v. Watteville's Ge-

schichte des Schweizerbundes übersetzte er. (Lemgo 1762) mit Anmerkungen aus dem Französischen ins Deutsche. Außer latein. Gedichten schrieb er auch viele sogenannte Panegyricos bey den jährlichen öffentlichen Promotionen.

Bel, Mathias, Vater des Vorigen, geb. am 24. März 1684 zu Ocsowa bey Neusohl. Nachdem er in verschiedenen ungar. Schulanstalten unterwiesen worden war, studirte er zwey Jahre in Halle die Arzneywissenschaft, trat aber dann zur Gottesgelehrsamkeit über. Schon damahls übersetzte er zur Ausbreitung christlicher Erkenntnisse in seinem Vaterlande und in Böhmen einige ascetische Schriften von Freilingshausen und Arndt in die Sprache dieser Länder, und ließ 1709 in Halle das neue Testament in böhm. Sprache drucken. Das Jahr zuvor war er als Rector an die evang. Schule nach Neusohl berufen worden, und 1714 nach Preßburg. Hier wurde er 1719 Prediger der evangelisch-deutschen Gemeinde. Er gab 1722 die ganze Bibel in böhm. Sprache nach dem hebräischen und griech. Grundtert auf's genaueste übersetzt, nebst einer Einleitung zur Lesung der heil. Schrift, und 1724 eine Ethica Davidico-Salomonea heraus. Von dem kathol. Clerus verfolgt, wurde er sogar wegen seiner Ausgabe von Thom. a Kempis de imitatione Christi verklagt. Indessen behauptete er sich ehrenvoll auf seinem Posten, verließ aber weiterhin doch sein Vaterland, und starb den 29. Aug. 1749 als Senior der evang. luther. Prediger zu St. Petersburg. Er war Mitglied der Akademien der Wissenschaften zu St. Petersburg, London und Berlin, und seinem unermüdeten histor. Forschergeist danken wir folgende Werke von anerkanntem Werthe: De vetere literatura hunno-scythica. Leipzig, 1718. — Adparatus ad historiam Hungariae sive collectio miscella monumentorum ineditorum etc. Preßb., 1735 — 46. Dec. 1. Monum. I — X. Dec. 2. Monum. I. Hungariae antiquae et novae prodromus. Nürnb., 1723, der Vorläufer seines Hauptwerkes: Notitia Hungariae novae historico-geographica, divisa in partes IV. Wien, 1735. Es sollten eigentlich 6 Bde. von diesem Buche erscheinen, allein während der 5. Bd. gedruckt wurde, starb B. Vom 5. Bde. wurden also nur 71 Seiten über die Wieselburger Gespanschaft gedruckt. Dieser Theil ist sehr selten. Die Handschrift des Verfassers zu dem rückständigen Theile dieses Werkes und seine übrigen Sammlungen zur ungar. Geschichte kaufte nach seinem Tode der Cardinal Erzbischof von Gran und Primas des Reichs Graf Jos. Batthyány, und gab sie der Bibliothek des Domstiftes zu Preßburg in Verwahrung. Sie scheinen später in das Graner Primatial-Archiv übertragen worden zu seyn.

Belény, ungar. Berg in der Biharer Gespanschaft jenseits der Theiß, dem Marktfl. Belényes gegenüber, der viel Bau- und Brennholz liefert. — Auch schöner Marmor wird allda gebrochen.

Belényes, ungar. großer Marktfl. in der Biharer Gespanschaft an der siebenbürg. Gränze, dem Großwardeiner Bisthum gehörig, mit einem herrschaftl. Castell, einer kathol. griechisch unirten und nichtunirten Pfarre, wie auch einer reformirten Kirche. Die 5,000 Einwohner sind Magyaren und Walachen.

Belgrad (Griechisch=Weissenburg), Hauptstadt und Fe=
stung des Fürstenthums Serbien an der Mündung der Save in die
Donau, Semlin gegenüber, mit 30,000 meist serb. Einw. B. kam
zuerst 1086 an Ungarn, als der Ungarkönig Salomon es dem
griech. Kaiserreiche entriß. 1456 rettete es der große Joh. Hunyady.
1521 fiel es nach tapferer Gegenwehr wieder an die Türken. 1717 er=
öberte es der große Eugen von Savoyen, worauf B. mit 4 Mill.
Kosten befestigt ward. Bis 1739 blühte es als Handelsstadt. In Folge
des Belgrader Friedens kam es in diesem Jahre wieder an die Türken.
1789 den 8. Oct. nahm Loudon B. ein; im Frieden darauf ward es
wieder türkisch. Der Verkehr zwischen B. und Semlin ist sehr be=
deutend. S. a. **Friedensschlüsse.**

Bellatinz, ungar. großer Marktfl. in der Szalaber Gespan=
schaft, der gräfl. Czáky'schen Familie gehörig, mit einem großen
herrschaftl. Schloß, fruchtbarem Boden, 2000 slav. Einw. und kath.
Kirche.

Bellegarde, das Geschlecht. Es stammt aus den ältesten
niederländ. Edlen, ließ sich dann in Savoyen nieder, und gehört zu den
berühmtesten des tapfern savoyischen Adels. Aus der Geschichte dieser
Familie ist besonders zu bemerken, daß Johann Herr v. B. Staats=
rath, Général de finances et maître d'hôtel, um das Jahr 1495;
Franz v. B. de Mons de Marches, et d'Antremont, Gouverneur
von Nizza, Gesandter des Herzogs Carl von Savoyen bey
Kaiser Carl V. war. Dieser leistete diesem großen Kaiser so wichtige
Dienste auf seinen Heereszügen, daß er ihm dd. Brüssel am 13. Sept.
1540 den doppelten Adler in sein Wapen aufzunehmen erlaubte,
welchen diese Familie noch heutigen Tages führt. Johann Franz
war Staatsrath, General=Commissär und Oberst eines Regiments
Fußvolk um das Jahr 1589. Janus v. B., Marquis de Marches,
Comte d'Antremont, Großkanzler von Savoyen, erhielt mit
14. Juny 1682 das Marquisat, und die Grafschaft Antremont. Jo=
hann Franz war 1687 Präsident der Kammer, und Bothschafter
in Paris. Claude Marie Graf v. B. war Generallieutenant
und königl. poln. und churfürstl. sächs. Bothschafter in Paris. Fried=
rich Moriz Georg, dessen Sohn, war Generallieutenant des Chur=
fürsten von Sachsen, und Inspector der Cavallerie; dessen Oheim
Johann Franz, General der Infanterie, Kriegsminister und Gou=
verneur von Dresden.

Bellegarde, Graf Heinr., Ritter des goldenen Vließes, Groß=
kreuz des St. Stephans= und des Leopolds=Ordens, Ritter des kais. Ordens
der eisernen Krone erster Classe und Kanzler dieses Ordens; Commandeur
des Maria=Theresien=Ordens, Inhaber des goldenen Civil=Ehrenkreuzes,
Ritter des russ. Ordens des heil Andreas, des heil. Alexander=Newsky
und der heil. Anna erster Classe, des sardin. Ordens der Annunciade;
Großkreuz des sicil. St. Ferdinands= und Verdienst=Ordens; Ritter des
bayer. St. Hubertus=, dann Großkreuz des Max=Josephs= und des Con=
stantin. St. Georgs=Ordens von Parma; k. k. wirkl. Geh. Rath,
Staats= und Conferenz=Minister, General=Feldmarschall und zweyter

Inhaber des Chevaurlegers-Regiments-Kaiser Nro. 1. Er wurde 1760 zu Chambery geboren. Früh trat er in österr. Dienste, und zeichnete sich zuerst in dem Feldzuge v. 1793 — 95 aus. Er hatte Theil an den Siegen von Valenciennes und Maubeuge, so wie an der Berennung von Landrecy. Als der Erzherzog Carl das Commando der Armee in Deutschland übernahm, wurde B. Mitglied seines Kriegsrathes, und am 12. März 1796 Feldmarschall-Lieutenant. Im April 1797 schloß er den Waffenstillstand zu Leoben mit Bonaparte. 1799 befehligte er ein Corps, welches die Verbindung zwischen Suwarow und Erzherzog Carl erhalten sollte, er war glücklich gegen den General Lecourbe bei Finstermünz (20. März), wurde aber von Moreau den 20. Juny in der Schlacht bei Giuliano geschlagen. Er nahm Theil an den Zusammenkünften zwischen Suwarow und Lord Minthe in Betreff der Subsidien zur Unterhaltung der russ. Truppen und ging darauf nach Wien, Prag und Berlin, um die Friedensunterhandlungen zu beschleunigen. Im Feldzuge von 1800 commandirte er in Italien gegen Brune, wurde von diesem am 26. Dec. bey Valeggio am Mincio geschlagen, und schloß den Waffenstillstand von Treviso. Er ward commandirender General von Innerösterreich zu Grätz und General der Cavallerie, trat 1801 in den Hofkriegsrath und erhielt nach dem Abgange des Erzherzogs Carl 1805 das Präsidium desselben. Im July desselben Jahres ward er General-Gouverneur der venet. Staaten, 1806 Feldmarschall, General-Gouverneur von Galizien, 1808 Oberhofmeister des Kronprinzen. 1809 befehligte er das erste und zweyte Armeecorps, welches von Böhmen aus auf dem linken Donau-Ufer agirte; er vertrieb den Marschall Davoust aus Regensburg, ging über die Donau, und stieß zur großen Armee unter Erzherzog Carl. In den Schlachten von Aspern und Wagram commandirte er das erste Armeecorps, und unterhandelte am 10. July mit dem Herzog von Ragusa wegen eines Waffenstillstandes. Dieser kam jedoch nicht zu Stande. B. folgte den Bewegungen der Armee und erlitt auf den Höhen von Znaym (12. July) einen bedeutenden Verlust. Nach dem Wiener Frieden (14. Oct. 1809) übernahm er zum zweyten Mahle das Gouvernement von Galizien, wo er bis zum Ausbruch des Krieges von 1813 blieb. Als Präsident des Hofkriegsrathes nach Wien berufen, mußte er jedoch im Sept. zur Armee nach Italien abgehen, wo er gegen den Vicekönig Eugen focht. Am 5. Febr. 1814 erließ er eine Proclamation aus Verona an die Völker Italiens, in welcher er sie aufforderte, die Sache Frankreichs zu verlassen und sich an ihren alten Beschützer, an das Haus Österreich anzuschließen. Nach der Entsetzung Napoleon's, schloß er am 16. April eine Militärconvention mit dem Vicekönig von Italien. Nach dem Frieden von Paris blieb er General-Gouverneur der österr. Staaten in Italien, und schlug sein Hauptquartier in Mailand auf, von wo er die Angelegenheiten auf den alten Fuß organisirte. Als Napoleon 1815 in Frankreich landete, brach der König von Neapel den am 11. Jän. 1814 mit B. abgeschlossenen Vertrag; B. schlug ihn bey Ferrara und an der Brücke von Occhiabello.

und zerstreute das neapolitanische Heer in der Schlacht von Tolentino (2. und 3. May). Nach dem Frieden verweilte er einige Zeit zu Paris. Als Fürst Schwarzenberg zur Herstellung seiner Gesundheit aller Dienstleistung im July 1820 enthoben wurde, kam B. einstweilen wieder an die Spitze des Hofkriegsrathes, blieb aber, nach Schwarzenberg's Tode (15. Oct. 1820) auch zum Staats= und Conferenzminister er= hoben, nun mit der Oberleitung des Kriegswesens fortan beauftragt, von welcher er im Oct. 1825, unter der ehrenvollsten von dem Kaiser öffent= lich ausgesprochenen Anerkennung seiner ausgezeichneten Verdienste, we= gen überhand genommener Augenschwäche abgetreten ist, und als Oberst= hofmeister des jüngern Königs von Ungarn und Kronprinzen der übrigen Erbstaaten, die Dienste bis 1832 fortsetzte, welche dann der Oberst= jägermeister Ernst Graf v. Hoyos=Sprinzenstein aus seinen Hän= den übernahm.

Bellovar, croat. Stadt und freye Militär=Communität im Kreu= ter Regimentsbezirke in der Warasdiner Gränze mit 2,150 Einw. 2 Pfarrkirchen, einer Haupt= und Mädchenschule und einem Spital. Hier befindet sich der Stab der beyden Warasdiner Gränz=Infanterieregimen= ter, nähmlich des Kreutzer= und des St. Georger=Gränz=Regimentes, wie auch ein Piaristen=Seminar und ein Postamt. Die Einw. nähren sich vom Handel und Gewerben, Seiden=, Getreide= und Weinbau.

Belluno, venet. Deleg. Nach der frühern Abtheilung gehörte das Gebieth von B. zur Trevisaner Mark. Sie gränzt an Tyrol und die Delegationen Friaul, Treviso und Vicenza, begreift 68 Q. M. und zählt, in 8 Bezirke eingetheilt, 125,000 Einw. Das Land ist durchaus rauh und gebirgig. Der Hauptfluß ist die Piave, von Seen ist der Lago Capicino und der Lago d'Alßhego zu merken. Der Boden ist reich an Getreide, Wein, Früchten und vorzüglich an Holz. Die vortrefflichen Weiden ernähren Rinder und Schafe in großer Menge. Das Mineralreich liefert Kupfer, Bley, Eisen, Alaun, Schwefel, Kalk, Pfeifenthon und Marmor.

Belluno, venet. Hauptstadt der gleichnahmigen Deleg., liegt auf einem Hügel an der Piave, in welche sich hier der Ardo ergießt. Sie ist der Sitz der Deleg., der Provinzial=Congregation, des Provinzial= Gerichtshofes und des Bischofs von Belluno und Feltre, zählt jetzt 9,800 Einw. Außer dem Holzhandel treiben diese Seidenspinnerey, Gärberey ꝛc. Die Kathedrale ist nach dem Modell Palladio's gebaut; die Stadt zählt noch 13 Kirchen nebst einem Nonnenkloster, Hauptschule und Spital. Merkwürdig ist die große schöne Wasserleitung, welche eine Meile weit aus dem Gebirge klares Wasser in die Stadt führt.

Bellye, ungar. Dorf im Baranyer Comitat, mit einem vom Prinzen Eugen erbauten Schlosse, der Hauptort einer großen, dem Erzherzoge Carl gehörigen Herrschaft, welche auf 15 Quad. M. 35 Ortschaften mit 28,000 Einw. enthält. In B. ist beträchtlicher Hausenfang.

Belnay, Georg Aloys, Professor der Universal= und ungar. Geschichte an der königl. Akademie zu Preßburg, geb. 1765, gest. 1809, studirte die höhern Wissenschaften an der Universität zu Pesth. Er errichtete zu Preßburg nachmahls eine Buchdruckerey und Buchhandlung, und

war Herausgeber, eine Zeitlang auch Redacteur der Zeitung: Ephemerides statistico-politicae. Von seinen zahlreichen Schriften werden hier
angeführt: Historia Imperii Romanorum Germanici. Preßburg,
1794. Historia literarum bonarumque artium in Hung. Wien und
Preßburg, 1799. — Geographie und Geschichte des Königreichs Ungarn.
Preßburg, 1800. — Historia Regni Hungariae, eb. 1804. — Frag-
menta ad historiam ecclesiasticam Hungariae, eb. 1802.

Belobanya, vormals eine ungar. kleine Bergstadt in der Honther
Gespanschaft, ist in den neuern Zeiten, so wie **Bakabanya** sehr her-
abgekommen, ja sogar bereits aus der Reihe der 7 niederungar. Bergstädte verschwunden, und jetzt als Vorstadt mit **Schemnitz** vereinigt.
Die 1,180 Einw. sind Slowaken und Deutsche.

Beltek, ungar. Marktfl. in der Szathmarer Gespanschaft mit
1,200 Einw. und Potaschesiedereyen.

Beltew, galiz. Fluß. Er zieht von West nach Nord, nimmt oberhalb **Kawionka** die Salotwina auf, und ergießt sich mit ihr bey **Horod-
witce** in den Bug.

Belvedere, merkwürdiger Pallast in der Wiener Vorstadt am
Rennwege, vom Prinzen **Eugen von Savoyen** zu seinem Sommeraufenthalt erbaut, von ihm angelegt 1693, nach dem Entwurfe des
Hofarchitekten **Joh. Luc. v. Hildebrand** 1724 vollendet. Der
kaiserl. Hof kaufte denselben, und ließ 1777 die große Gemäldegallerie
in dem oberen größeren Gebäude, dem sogenannten oberen B. aufstellen,
welches südlich auf einer Anhöhe steht. Hier ist der Haupteingang, der
auf ein großes Plateau führt, in dessen Mitte ein imposantes Wasser-
reservoir angebracht ist. Zu beyden Seiten dieses Wasserspiegels, auf welchem **Stuwer** seit einiger Zeit Feuerwerkskünste zu produciren pflegt und
das Schlittschuhlaufen im Winter auch viele Menschen versammelt, reihen sich schattige Alleen. Das Hauptgebäude, vor welchem 2 kolossale
Statuen, der, die Rosse am Zügel haltenden Dioskuren Castor und
Pollux stehen, ist ein freyes längliches Viereck, mit einer zierlichen
Fronte. Über die sehr breite doppelte Stiege gelangt man hinter einer
Colonnade in den Marmorsaal, welcher den Eingang auf beyde Seiten-
flügel öffnet, deren jeder 7 Zimmer und 2 runde Cabinete enthält.
Im obern Stockwerke befinden sich auf jeder Seite 4 Zimmer. Im linken Flügel des Hauptgebäudes ist die, mit dem Altarblatte **Solimena's**
gezierte Hauscapelle. Von der Terrasse am Gebäude gegen die Stadt hat
man die Aussicht über ganz Wien. Mit der Terrasse verbindet sich der im
franz. Geschmack angelegte, bis an das untere B. hinablaufende, Garten.
Dieser kleinere Pallast, das untere B. genannt, hat zwar kein Stockwerk,
aber auch in der Mitte einen Marmorsaal, und sowohl links als rechts
herrliche Zimmer. S. Ambraser-Sammlung, Bildergallerie.

Belz, galiz. Städtchen im Zolkiewer Kreise, nördlich von **Zolkiew**
mit 2,400 Einw., worunter 600 jüdische und auch viele griechische,
und einem Schlosse. In den benachbarten Eichenwäldern wird viele Pot-
asche gebrannt.

Bembo, **Pietro**, aus Venedig, geb. 1470, starb zu Rom
den 18. Jän. 1547. Er studirte auf den hohen Schulen zu **Padua** und

Ferrara und bestimmte sich für das kirchliche Leben. Papst Julius II. verlieh ihm die Johanniter-Comthurie zu Bologna, Leo X. ernannte ihn zum Geheimschreiber und Paul III. erhob ihn zur Cardinalswürde. Er hat auf mannigfaltige Art sich für Beförderung des guten Geschmacks wirksam bewiesen. Unter seinen Schriften sind die vorzüglichsten: Carmina, darunter Benacus carm. heroicum, Venedig, 1553. — Gli Asoláni lib. 3, eb. 1505, vermehrt 1530.—Rime, eb. 1530, vermehrt 1548. — Epistolarum Familiarium lib. 6, eb. 1535. — Rerum Venetarum históriae lib. 12, eb. 1552.

Benczur, Jos., ein gründlicher ungar. Geschichtsforscher und Publicist, geb. 1748 zu Jeszenova in der Arvaer Gespanschaft, hatte in Jena und Halle studirt, und empfahl sich bey seiner Rückkehr ins Vaterland durch eine publicistische Schrift gegen die preuß. Ansprüche auf Schlesien. 1755 wurde er als Rector an dem evangelisch-luth. Lyceum zu Käsmark angestellt. 1760 erhielt er den Ruf in dieser Eigenschaft nach Preßburg, doch kehrte er 1771 wieder als Rector nach Käsmark zurück. Mehrere seiner mittlerweile erschienenen Werke brachten ihm großen Ruhm. Anfangs 1776 wurde er Magistratsrath zu Preßburg, und 1784 erhielt er den Ruf als k. k. Bibliothekar nach Wien, starb aber noch in demselben Jahre. — Nennenswerth ist seine Schrift: Hungaria semper libera suique juris, etc.; Wien, 1764.

Benda, Franz, geb. 1709 zu Altbenatek in Böhmen, war erst Chorsänger in Prag und in Dresden. Als er seine Stimme verloren, ging er mit seiner Violine unterm Arm, um das Brot zu verdienen, unter eine Bande herumziehender Musikanten, bildete sich dann auf diesem Instrumente zu Prag zum Virtuosen aus und machte endlich im 18. Jahre seines Alters eine Kunstreise nach Wien. Nach 2 Jahren kam er in die königl. Capelle zu Warschau. 1786 starb er zu Potsdam als königl. preuß. Concertmeister.

Benda, Georg, Sachsen-Gotha'scher Capelldirector und seiner Zeit berühmter Componist, war geb. 1721 zu Jüngbunzlau in Böhmen. Sein berühmter Bruder, Franz B., ertheilte ihm den ersten Unterricht im Violinspiel, 1740 wurde er bey der zweyten Geige in der königl. Capelle in Berlin angestellt, 1748 trat B. in die Dienste des Herzogs Friedrich III. von Sachsen-Gotha. Dieser Fürst, ein großer Freund der Tonkunst, ließ B. 1765 eine Reise nach Italien machen, wo sich seine Talente für die Composition besonders durch Schweizer's und Hasse's Umgang, die sich damahls in Venedig befanden, vollständig ausbildeten. Nach seiner Zurückkunft wurde B. mit erhöhtem Gehalte als Capelldirector angestellt. Gegen 1778 nahm er seinen Abschied und machte eine Reise durch Deutschland. 1781 erhielt er einen Ruf nach Paris, um dort sein beliebtes Melodram, Ariadne, dem man einen französ. Text unterlegt hatte, selbst aufzuführen. Hinlänglich für diese Reise entschädigt, kehrte B. nach Verlauf einiger Monathe wieder nach Gotha zurück, und lebte fortan bald zu Georgenthal, einem angenehmen Walddorfe, 3 Stunden von dieser Stadt, bald zu Ronneburg und endlich zu Köstritz ganz zurückgezogen, wo er auch 1795 starb. Seine eigene originelle Lebensweise, so wie seine be-

Demetrius Polyorcetus und Phocion n. 2 Gemälden von Professor Caucig; die heil. Familie, oder Ruhe unter den Palmen, nach dem Gemälde aus Raphaels Schule in der kaiserl. Gallerie, welches wohlgelungene Blatt ihm die Aufnahme unter die Mitglieder der kaiserl. Akademie verschaffte.

Benedetti, Thomas, einer der vorzüglichsten neuern Kupferstecher und tüchtiger Zeichner, wurde geb. den 1. May 1797 zu London, wo sein Vater, der verdiente Kupferstecher Michael B., Schüler Bartolozzi's, lebte. Doch schon im zartesten Alter, 1801, kam B. nach Wien, wo ihn ein glücklicher Zufall zu dem berühmten Augenarzt und Anatomen Barth führte, der sich seiner väterlich annahm, und dessen Liebe zur bildenden Kunst auf den jungen B. überging, der in der Folge auch Erbe der bedeutenden Kunstschätze Barth's wurde. Der junge Künstler wurde, nach erhaltener gründlicher Anleitung in jedem Fache der bildenden Kunst, von Barth vorzüglich für dessen Sammlung von Gemmen, Intaglios, Büsten und Statuen verwendet, die er als Kenner katalogisirte, und in Kupferstich herauszugeben den Vorsatz hatte. Leider kam durch Barth's Tod, die Unternehmung nicht zu Stande, und die bereits fertigen Platten wurden zertrümmert, nur eine einzige ist noch übrig, einen Junokopf vom innigsten und zugleich edelsten Ausdruck vorstellend. Bald darauf genoß B. das Glück, den verdienstvollen Director des Münz- und Antiken-Cabinetes Steinbüchel (s. d.) auf einer Reise nach Rom und durch ganz Italien begleiten zu dürfen, wobey ihm seine bereits erlangten Kenntnisse des classischen und plastischen Alterthums ganz vorzüglich zu Statten kamen und wodurch er seine ausgezeichneten Talente vollständig ausbildete. Seit seiner Rückkehr widmete sich B. mit besonderer Vorliebe dem Grabstichel, womit er Vieles, besonders im Porträtfache sehr Ausgezeichnetes leistete. Besonders ist seine richtige Zeichnung, die Reinheit, Wärme und Lebendigkeit seiner Ausführung zu rühmen. Seine vorzüglichsten Blätter sind: die Grablegung Christi, n. Tizian; eine Gruppe aus dem Abendmahl n. Leonard da Vinci, die Porträts des Kaisers Franz nach Amerling; seines väterlichen Freundes Barth; des Britten Sinclair; Hormayr's n. Daffinger; des Abbé Dobrowsky n. Tkadlik; Porträt einer alten Frau, von dem Künstler gezeichnet und gestochen, ein vortreffliches Blatt; ein Schulmädchen von Ischl; Porträt des Herzogs von Reichstadt.

Benefizien-Verleihung. Das Recht, die geistlichen Benefizien zu verleihen, ist jedem Bischof eigen, und konnte auch von Niemand andern, als von den Bischöfen, ausgeübt werden, so lange die B. V., dem alten Kirchengebrauche gemäß, mit der Ordination verbunden war. Nachdem sie aber davon getrennt worden, fingen die Päpste an, sich dieses Rechtes zu bedienen. Den sich dabey ergebenden Anständen suchten die Regenten durch Concordate abzuhelfen. In Österreich ist es von päpstlichen Reservationen der Benefizien gänzlich abgekommen. Da die Gewalt zu ordiniren dem Bischofe zukommt, so hat er in der Regel alle Benefizien in seiner Diöcese zu vergeben, sofern nicht Jemand auf eine rechtmäßige Art das Präsentationsrecht dazu erworben zu haben,

zeigen kann. Auch die von den rechtmäßigen Patronen auf ein Benefizium Präſentirten, hat der Biſchof zu prüfen, und zu approbiren.
Uberhaupt kann Niemand irgend eine geiſtliche Gewalt, oder Jurisdiction in der Diöceſe anders, als von dem Biſchofe erlangen. In
ſeiner Macht ſteht es auch, Benefizien zu errichten, und aufzuheben,
ſie zu vereinigen und zu zerſtücken, wozu er jedoch der Bewilligung
des Capitels bedarf. Die biſchöfliche Verleihung wird frey, collatio
libera, oder collatio im eigentlichen Sinne genannt, wenn die Beſtimmung der Perſon zu einem Benefizium von der Auswahl des Biſchofs abhängt. Aber auch dann, wenn ein Anderer das Recht zu
präſentiren hat, muß der Präſentirte von dem Biſchofe eingeſetzt
werden, und dieſe Einſetzung heißt alsdann collatio oder inſtitutio
necessaria. Man unterſcheidet eine dreyfache Art von canoniſcher Einſetzung: 1) Jene, wodurch das kirchliche Recht zu dem Benefizium verliehen wird, inſtitutio tituli collativa, dieſe geſchieht bey der freyen
Verleihung unter einem Acte mit der Benennung der Perſon, bey
der collatio necessaria aber, mit der Acception der von dem Patrone
geſchehenen Präſentation. 2) Jene, wodurch die Jurisdiction zur Seelſorge verliehen wird, inſtitutio authorisabilis; dieſe iſt gewöhnlich
mit der erſteren verbunden. 3) Jene, wodurch der Beſitz des Benefiziums verliehen wird, oder die Inveſtitur, inſtitutio realis, welche
die Wirkung hat, daß mit dem Tage der Inveſtitur der wirkliche
Beſitz des Benefiziums, und der Genuß der Einkünfte beginnt. Nebſt
der Inveſtitur pflegt auch im Orte des Benefiziums eine ſogenannte
Inſtallation in ſpiritualibus, eigentlich eine Vorſtellung des neuen
Seelſorgers an die Gemeinde, durch den Dechant und in temporalibus eine ſymboliſche Ubergabe der Temporalien durch den Patron
vorgenommen zu werden. Bey den landesfürſtlichen Pfründen, die mit
Realitäten dotirt ſind, hat die Inſtallation in temporalibus, zugleich mit der biſchöflichen Inveſtitur durch einen Commiſſär der Landesſtelle, der dabey erſcheint, und dem Inveſtirten die Temporalien übergibt, zu geſchehen.

Beneſchau, 1) böhm. Stadt im Beräuner Kreiſe, mit Pfarrkirche, Piariſten-Gymnaſium und 1800 Einw., die Stadtgewerbe und
Ackerbau treiben. — 2) (Benſen, Penzen), böhm. Marktfl.
im Leitmeritzer Kreiſe, mit 400 Einw. Daſelbſt wird Böhmen's beſtes
Papier fabricirt. — 3) böhm. Marktfl. im Budweiſer Kreiſe mit
ſchöner Pfarrkirche, 350 Einw. und guter Garnſpinnerey.

Beniczky Pet., Eques auratus, lebte in der 1. Hälfte des
17. Jahrhunderts. Von ſeinen Lebensumſtänden iſt uns nichts Näheres
aufbehalten. Seine Gedichte gab der Graner Domherr Stephan
Bartok in Tyrnau, 1664, unter dem Titel: Beniczky, Peter, rhyth-
musai, heraus; ſie wurden in der Folge noch oft aufgelegt, (letzte Aufl.
Preßburg, 1806) und ſind noch in den Händen der mittlern Stände.
Seine Gedichte zerfallen in geiſtliche und weltliche Lieder; dann in
Sentenzen, welche in Hinſicht ihrer Behandlung auch hieher gehören.

Benigni, Edler von Mildenberg Joſ. Heinr., k. k.
Feld-Kriegsſecretär und Kanzleydirector bey dem ſiebenbürgiſchen General-

commando in Hermannstadt, ist geb. zu Wien am 20. Jän.
1782, wo sein Vater als böhmisch-österreichischer Hofagent, Advocat
und Wechselgerichtsnotar lebte. Durch das Beyspiel seines Vaters an-
gespornt, und durch den Gebrauch der auserlesenen väterlichen Bibliothek unterstützt, entwickelte sich früh in ihm die Neigung zu den
Wissenschaften, besonders für Philologie und Geschichte. Aber der frühe
Tod seines Vaters, und die dadurch herbeygeführte ungünstige Lage
seiner Verhältnisse, nöthigten ihn, den Lauf seiner Studien zu unter-
brechen und schon am 20. Jän. 1797 bey dem 2. Feldartillerie-Regi-
mente in Kriegsdienste zu treten. Nach dem Frieden von Campo Formio verließ er, durch Krankheit und Anstrengung geschwächt, die
Kriegsdienste, kehrte mit doppeltem Eifer zu den Studien zurück
und trat zugleich am 4. September 1798 in die amtliche Praxis bey
dem k. k. Hofkriegsrathe. Bereits 1802 wurde er zum Feldkriegsconci-
pisten bey dem siebenbürgischen Generalcommando ernannt, machte in
dieser Eigenschaft den Feldzug 1805 in Italien mit, wurde 1807
als Hofconcipist zu dem k. k. Hofkriegsrathe berufen, 1810 neuerdings dem siebenbürgischen Generalcommando zur Dienstleistung zugetheilt, und daselbst 1813 zu seiner gegenwärtigen Dienststelle befördert, wo ihm in der Leitung der politischen Verhältnisse des Sani-
täts-, Schul- und Erziehungswesens an der siebenbürgischen Militärgränze ein seinen Wünschen und seiner Tendenz ganz entsprechender
Wirkungskreis zu Theil geworden ist. Seine Schriften sind: Versuch
über das siebenbürgische Costum. Hermannstadt, 1807. 1. u. 2. Heft
mit colorirten Kupf. — Charakterschilderungen, interessante Erzählungen
und Züge von Regentengröße, Tapferkeit und Bürgertugend aus der
Geschichte der österr. Staaten. 6 Bdchn. Wien, 1809. — Statistische
Skizze der siebenbürgischen Militärgränze. Hermannstadt, 1816. 2.
verm. und ganz umgearbeitete Aufl., eb. 1834. — Kurzer Unterricht in der Geographie Siebenbürgens zum Schulunterrichte. Hermannstadt und Kronstadt, 1823. 2. verb. Auflage, eb. 1833. —
Kurze Schilderung der feyerlichen Aufstellung der Büste Franz I.
Kaisers von Österreich auf der Franzensallee in Hermannstadt, eb.
1829. — Geschichte der siebenbürgischen Militärgränze sammt dem dazu gehörigen Urkundenbuche. Statistik derselben. Beleuchtung der Anträge zur Regulirung derselben. 6 Bde. in Folio. Manuscript zum
Gebrauche des kais. kön. Hofkriegsraths bestimmt und ausgearbeitet
1807 — 12. Er lieferte auch zahlreiche Beyträge zu den Annalen der österr. Literatur und der Wiener Liter. Zeitung v. J.
1805 — 16, zu den vaterl. Blättern für den österr. Kaiserstaat, zu
Hormayr's Archiv für Geographie, Geschichte, Staats- und Kriegskunst, zu den interessanten Länder- und Völkergemälden und den neuen
historischen und geographischen Gemälden von Schütz, und, außer den
genannten, zu mehreren andern Zeitschriften. Für die allgemeine En-
cyclopädie von Ersch und Gruber bearbeitete er die Siebenbürgen
betreffenden geschichtlichen und geographischen Artikel. Gemeinschaftlich
mit dem Magistratsrathe Carl Neugeborn in Hermannstadt besorgt er die Redaction der daselbst erscheinenden neuen Zeitschrift

Transsylvania, worin mehrere Aufsätze von ihm enthalten sind. Seine wenigen Mußestunden widmet er einer ausführlichen Geschichte Siebenbürgens, von welcher der erste Band, welcher den Zeitraum bis zum Erlöschen des Arpad'schen Königsstammes umfaßt, beynahe ganz vollendet ist.

Benikowa, sehr merkwürdige Tropfsteinhöhle in der Liptauer Gespanschaft. Von der Decke dieser Höhle starrt der schönste Tropfstein in großen Zapfen herunter, die interessantesten Gruppen von Säulen, Cascaden, Pyramiden rc. darstellend.

Benisch, schles. Stadt, Troppauer Kreises, im Liechtenstein'schen Herzogthume Jägerndorf mit 2,600 Einw., die Garn- und Leinwandhandel treiben.

Benke, Franz, ungar. Schauspieler zu Miskolcz in der Borsoder Gespanschaft; interessant als vaterländischer Schriftsteller. Er gab in magyar. Sprache heraus: Magyar. Theater = Almanach, sammt den Schicksalen der National-Schauspieler-Gesellschaften, von 1806—10, Pesth, 1810. — Zweck und Nutzen des Theaters, Ofen, 1809. — Fabeln in Versen, Miskolcz, 1817.

Benkö, Franz, reformirter Prediger zu Groß = Enyed in Siebenbürgen, seinem Vaterlande, woselbst er seine erste Bildung erhielt. Philosophie und Theologie studirte er auf deutschen und holländischen Universitäten; von Göttingen, wo er sich als Erzieher von 2 adeligen Jünglingen 1781—83 aufgehalten hatte, zurückgekehrt, ward er Prediger zu Hermannstadt, darauf zu Groß=Enyed. Mineralogie und Geographie waren die vorzüglichen Fächer seines schriftstellerischen Wirkens. Er gab in magyar. Sprache heraus: Werner über die äußern Kennzeichen der Fossilien, mit Zusätzen über die vaterländischen Fossilien, Hermannstadt, 1784. — Ungarische Mineralogie, Klausenburg, 1786. — Jährliche Unterhaltung auf dem Parnaß, 7 Thle. — Ungarische Geographie, 3 Bde., Klausenb., 1801—2. — Biographie des Historikers Jos. v. Benkö, eb. 1820. Außerdem hat er mehrere Erbauungsschriften herausgegeben.

Benkö, Jos. v., siebenbürg. Historiker, geb. zu Badocz den 20. Dec. 1740. Er hat um die ältere Geschichte und Landeskunde Siebenbürgens bedeutende Verdienste. In den ersten Jahren der Regierung des jetzigen Kaisers erhielt er für seine Winke rücksichtlich der Blätter des siebenbürg. Gerber- oder Essigbaums zur Bearbeitung des sogen. Corduan-Leders die 20 Ducaten schwere Ehrenmünze als Anerkennung. Seine vorzüglichsten Werke sind: Transylvania, sive magnus Transylvaniae Principatus etc., 2 Bde., Wien, 1778. — Milkovia, sive antiqui Episcop. Milkov. etc. explanatio, 2 Bde, eb. 1781. — Comitia transylvanica, Hermannstadt, 1791. — Imago inclytae in Transylv. nationis Siculicae, etc., eb. 1791. — In magyar. Sprache: Über den Tabak, eb. 1791. — Diese anregende Schrift blieb nicht ohne Wirkung. Interessante Beyträge von B. enthält (Windisch's) ungar. Magazin. Handschriftlich hinterließ er die 3 letzten Bände seiner Transylvania, und eine gediegene Abhandlung in magyar. Sprache über diejenigen Historiker Siebenbürgens in derselben Sprache, deren Arbeiten nur in Manuscripten existiren. Dieser verdiente Gelehrte war fast immer in den dürftigsten Umständen, und starb privatisirend 1815.

Benkö, Samuel, Doctor der Philosophie und Medicin, Physikus der Borsoder Gespanschaft, und ausübender Arzt zu Miskolcz, ein geborner Siebenbürger. Auf deutschen und holländischen Universitäten studirte er Philosophie und Medicin, letztere noch in Tyrnau und Ofen. Zu Leyden ward er Doctor der Philosophie, 1778 zu Ofen der Arzneykunde. 1783 ward ihm das Accessit bey der von der gelehrten Gesellschaft zu Dijon ausgeschriebenen Preisfrage über die Erkenntniß des bösartigen Charakters der Fieber zu Theil. Zu seinen gehaltvollern Werken gehören: Topographia oppidi Miskoltz historico-medica, Kaschau, 1782. Neue Auflage von Dr. Jos. Szathmary 1818. — Problema chirurgicum etc. eb. 1783. — Tentamen philopatriae etc. Wien, 1787. — Ephemerides meteorologico-medicae 1780 — 93 in comitatu Borsod. etc. factae. 5 Bde., eb. 1794., deutsch von Eyerel, 1 Bd., Wien, 1794. — Novae Ephemerides etc. 1794 — 1801, eb. 1802. — Ratio medendi arcanis mixta. Miskolcz, 1818. — B. starb 1825 zu Miskolcz, nachdem er daselbst fast ein halbes Jahrhundert die Arzneykunde ausgeübt hatte, 82 Jahre alt.

Bénye (Binye), ungar. Dorf in der Pesther Gespanschaft mit 1,900 Einw., die guten Feldbau haben.

Beobachter, österreichischer, s. Oesterr. Beobachter.

Beraun oder Mies, böhm. Fluß, entspringt im Böhmerwalde in der Gegend von Plan nach Tachau, durchfließt einen Theil des Pilsner, Rakonitzer und Berauner Kreises, nimmt bey Beraun die Litawka auf, legt seinen bisherigen Nahmen Mies ab, und ergießt sich bey Königssaal in die Moldau.

Beraun, böhm. königl. Stadt im Berauner Kreise, am Einfluß der Litawka in die Mies, welche hier erst den Nahmen B. erhält, mit 2,200 Einw., einer Dechantey, einer Piaristenresidenz. Das Hauptgewerbe besteht in der Landwirthschaft und in der Verfertigung irdener Geschirre.

Berauner Kreis in Böhmen ist von den 3 Kreisen, welche die Mitte dieses Königreichs einnehmen, der südwestliche. Er enthält $52\frac{3}{4}$ Quadratm., ist 11 Mln. von Westen nach Osten lang, $7\frac{1}{2}$ Mle. breit, und macht etwa den 18. Theil des Königreichs aus. Darin der königl. Kreisstadt Beraun (Amtssitz des B. K.s ist Prag), 2 königl. Bergstädte, 8 Schutzstädte, 22 Marktfl. und 771 Dörfer; bewohnt von 160,690 Menschen. Der ganze Kreis ist sehr gebirgig und waldig, fast mehr als irgend ein Kreis Böhmens, vorzüglich in der westlichen Hälfte, aber die Gebirge sind weder hoch noch rauh. Die Moldau, Litawka, Beraun und Sazawa bewässern ihn. Erstere durchfließt ihn von Süden nach Norden, und nimmt erst bey Dowley die von Osten herkommende Sazawa, dann später die von Westen herkommende Beraun auf. — Überhaupt enthält der Kreis 69 Dominien, einen Freysassen Ältesten und über 300 Gemeinden. Die vorzüglichsten Mineralproducte dieses Kreises sind: Eisen, welches in ausgezeichneter Vollkommenheit verarbeitet wird; Silbererze und silberhältiges Bley (ehemahls auch Gold); schwarze

Steinkohlen; Kalk (auch als Marmor); Kieselschiefer; Mandelstein. Holz ist das wichtigste Product des Pflanzenreichs, es wird sowohl als Brenn- wie als Bauholz verwendet. Als Fabrikanstalten zeichnen sich die Zuckerraffinerien von Königssaal, dann die Steingutfabriken in Teinitz, die Baumwollspinnfabrik bey Carlstein aus. Tuchmacherey, Garnspinnerey und Leinweberey wird am meisten betrieben. In der Nägelfabrikation ist dieser Kreis einer der stärksten in Böhmen.

Berchtesgadner= oder Berchtoldsgadner Waaren, bekanntlich die aus Holz geschnitzten oder gedrehten Spielsachen, und Haus= oder Wirthschaftsgeräthe, welche früher fast ausschließend in dem Fürstenthume Berchtesgaden erzeugt wurden. Nun aber bringen deren im österr. Kaiserthume fast jede Provinz, besonders aber Tyrol hervor. Daselbst werden im Grödner Thale aus Zirbelholz allerley Thiere, Puppen, Uhrstöcke und Figuren aller Art in großer Menge verfertiget. Fast in jedem der 450 Häuser dieses Thales wird diese Holzarbeit getrieben, wobey jeder Arbeiter sich auf einen und denselben Gegenstand beschränkt, welchen er dann aber auch mit bewundernswerther Schnelligkeit zu Stande bringt. Der Ackersmann, welcher im Winter fast kein Geschäft hat, arbeitet mit seiner Familie am Schnitztische; das aus der Schule nach Hause gekommene Kind macht sich mit Eifer an ein Stück Zirbelholz, und schnitzelt mit dem flach und hohl geschliffenen Meißel eine Kuh, ein Lamm ꝛc. In diesem Thale sind nun über 2000 solche Holzarbeiter. Seit 30 Jahren werden diese Schnitzwaaren auch lackirt; es sind da über 100 eigene Lackirer beschäftigt. Die Zirbelnußkiefer hat jedoch eine vernachlässigte Bewirthschaftung erfahren, darunter leidet der ganze Erwerbszweig im Grödner Thale; denn der Arbeiter ist genöthigt, das Holz aus den benachbarten Gemeinden, ja selbst aus dem entferntern Fassa=Thale herbeyzuschleppen, und das härtere, gröbere Fichtenholz zu gebrauchen. Nach Tyrol besteht in Österreich ob d. Enns die stärkste Holzwaaren = Fabrikation, nähmlich zu Gmunden, Ebenweyer und Hallein. Im Traunkreise zusammen sind an 70 Fabrikanten. Im Lande u. d. Enns hatte die Tirnitzer=Fabrik noch vor kürzer Zeit 30 Holzschnitzer und 5 Drechsler. In Böhmen zieht die auf der Herrschaft Friedland ganz von Bergen und Wäldern eingeschlossene Gemeinde Weißbach ihre einzige Nahrung aus der Verfertigung weißer und gefärbter Holzarbeiten dieser Art. Auch Rothenhaus in Böhmen liefert deren; diese stehen aber dem tyrolischen nach. In Ungarn werden dergleichen zu Beharocz in der Liptauer=, und zu Milocho in der Trentsiner Gespanschaft erzeugt. Die andern Provinzen liefern wenige, und nur gemeinere Arbeiten dieser Gattung. In Wien besteht eine k. k. erbländisch=priv. B.=Holz= und Kinderspielerey=Waaren=Fabrik sammt Niederlage unter der Firma Joh. Haller sel. Witwe (alter Fleischmarkt Nr. 707). Der Handel mit B. W. ist im Allgemeinen nicht ohne Bedeutung, und besonders muß hierin das Grödnerthal die größten Vortheile genießen. Man rechnet, daß von dort jährlich 400 Kisten in's Ausland versendet werden, welche, jede zu 100 fl. gerechnet, dem kleinen Bezirke die Summe von 40,000 fl. C. M. einbringen. Dieser

Handel wird von Grödnern ausschließend selbst getrieben. Jünglinge von 16 bis 18 Jahren beginnen ihn im Kleinen, kehren jährlich in ihre Heimath zurück, und bey fortschreitendem Glücke verbinden sie mit dem Holzwaarenhandel noch gewöhnlich den Handel mit Galanteriewaaren. Bereits in jedem größern Handelsplatze wird man ansehnliche Gewölbe, von Grödnern geführt, antreffen, wie dieß in Warschau, Amsterdam, Hamburg, Leipzig, Frankfurt am Main, Paris, Lyon, Venedig, Triest, Ancona, Florenz, Rom, Chirti, Neapel, Madrid, Cadir und Valencia der Fall ist.

Berchtold, Leop. Graf v. geb. den 19. July 1759 zu Pläcz (auch Straz) in Böhmen. Nachdem er seine Studien zu Olmütz und Wien zurückgelegt hatte, ward er 1775 bey dem Olmützer Kreisamte angestellt, und schon 1779 als substituirender Kreishauptmann nach Iglau versetzt. Doch beseelt von dem heiligen Feuer der Menschenliebe gab er seinen Posten auf und durchreiste die halbe Welt um Menschenelend aufzusuchen und es zu lindern. So durchzog er Italien, Malta, Creta und Candien (1780), ganz Frankreich (1783—86) und Großbritannien. Darauf ging er nach Spanien (1790), Portugall und den canarischen Inseln, durchreiste von 1794—97 einen Theil von Asien und Afrika, und kehrte 1797 über Constantinopel und Ungarn nach Mähren zurück. Noch in demselben Jahre vermählte er sich mit der Gräsinn von Magnis, und fuhr fort in seinem Streben den Unglücklichen auf alle mögliche Art zu helfen. So stiftete er die Humanitätsgesellschaft in Mähren, und ließ in Prag auf eigene Kosten ein Rettungshaus für Scheintodte erbauen. Sein Schloß zu Buchlowitz in Mähren gestaltete er zu einem Krankenhause um, wo auch nach der Schlacht bey Aspern 1809 die Verwundeten sorgfältig und liebreich gepflegt wurden. Damahls wurde er selbst ein Opfer seiner unbegränzten Menschenliebe. Die Rettung eines Scheintodten zog ihm ein nervöses Fieber zu und er verschied am 26. July 1809 in dem Badeorte Smradiatka bey Buchlowitz. — Auf den Zweck der Humanität waren auch alle seine Schriften gerichtet, die er immer in der Sprache der Länder schrieb, in welchen er sich eben aufhielt, und größtentheils unentgeldlich vertheilte. So macht er in seinem Essay to direct and extend the Inquiries of patriotic travellers etc. London, 1789, 2 Bde., die Reisenden darauf aufmerksam, sich nach den Mitteln zur Erhaltung des Lebens und zur Versorgung der Armen, so wie nach den, von den Barbaresken gefangenen Unterthanen seefahrender Staaten und den Maßregeln zu deren Befreyung und ändern dergleichen Gegenständen zu erkundigen. Er selbst wurde in London Mitglied der bekannten Human Society oder Rettungsgesellschaft, beförderte Fothergill's und Pope's Rettungsschriften und sorgte dafür, Struve's Hülfstafel in Umlauf zu setzen. Seine nächste in Wien 1791 ohne Nahmen erschienene Schrift war die nach Frank, Hufeland und andern Ärzten bearbeitete: Kurzgefaßte Methode alle Arten von Scheintodten wieder zu beleben, und der allergrausamsten Mordthat, Lebendige in das Grab zu legen, vorzubeugen, bekannt gemacht von einem reisenden Deutschen; die er unentgeldlich vertheilen und noch in demselben Jahre, ins Französische übersetzt, der

Nationalversammlung in **Paris** vorlegen ließ. Später machte er sich, bey seinem Aufenthalte in **Portugall**, durch ebenfalls unentgeldlich in Umlauf gebrachte portugiesische Schriften um die Verbreitung menschenfreundlicher Gesinnungen verdient, wie: Versuch zur Erhaltung des menschlichen Lebens in verschiedenen Gestalten, Lissabon, 1792. Versuch zur Erweiterung der Gränzen der Wohlthätigkeit, eb. 1793. Letztere Schrift deutsch, Wien, 1800. Von seinem gewagten Unternehmen, die Pest an Ort und Stelle kennen zu lernen, und von dem dagegen empfohlenen specifischen Mittel der (Oliven=) Öhleinreibungen, belehrte er das Publicum in seiner Nachricht: Von dem im St. Antonsspitale in **Smyrna** mit dem allerbesten Erfolg gebräuchten einfachen Mittel die Pest zu heilen, und sich vor selber zu bewahren, dort selbst gesammelt und zur unentgeldlichen Vertheilung herausgegeben. Zugleich in ital. Übersetzung. Wien, 1797. In den spätern Jahren sorgte er eifrig für die Verbreitung der Schutzpocken. Bey diesen kosmopolitischen Bestrebungen vernachlässigte er keineswegs sein Vaterland. Er errichtete 1801 auf seiner Herrschaft **Buchlau** eine Baumschule für die Jugend, unterstützte in dem Hungerjahre 1805—6 die bedrängten Bewohner des Riesengebirges, für die er an 65,000 fl. sammelte, gab 1807 Tabellen für Ackersleute und Handwerker über die Gefahren bey ihrem Berufe, und Mittel dagegen, und 1809 Beyträge zur Veredlung des österr. Landwehrmannes heraus. Dieses war seine letzte Schrift.

Berchtold, Maria Anna **Reichsfreyinn** v., geb. zu **Salzburg** 1751, mit dem Reichsfreyh. Joh. v. B. vermählt 1784, seit 1801 Witwe, die Schwester des unsterblichen **Mozart**. Ihr Vater, der fürstbischöfl. salzburg. Vice=Capellmeister **Leop.** Mozart, ertheilte ihr Unterricht in der Musik. Sie war eine vorzügliche Clavierspielerinn.

Bercsenyi, Daniel v., Assessor der Sümegher Gespanschaft zu **Mikla,** aus einem ansehnlichen adeligen Geschlechte evangel. Confession, wurde den 7. May 1776 zu **Hetyn** in Ungarn geb., und studirte am luther. Gymnasium zu **Odenburg.** Talent, Fleiß und patriotische Gesinnungen erwarben ihm die Achtung Aller, die ihn kannten. Er ward Mitglied der daselbst von **Kis** errichteten ungar. Gesellschaft; die Bemühungen dieser, und das Studium der alten Literatur munterten ihn zu poetischen Versuchen auf; und so widmete er sich nach seiner Rückkehr von den Schulen ins väterliche Haus 1796 ausschließend den Wissenschaften, vorzüglich den schönen. **Kis,** damahls Prediger zu **Nagy=Dömölk,** sah die Arbeiten des jungen B. mit Entzücken, munterte ihn zur Verfolgung seines Zieles auf, und machte ihn mit **Kazinczy** bekannt. Der Briefwechsel, der sich in der Folge zwischen Beyden entspann, mußte auf B. höchst entscheidend einwirken. Seine Sprache ward correcter, sein Geschmack verfeinerte sich. Jene kriegerischen Zeiten, wo die Freyheit der Nationen so sehr auf dem Spiele stand, erweckten in ihm Gefühle, die in den kräftigsten Tönen hervorbrachen. 1813 gab **Helmecz** B.'s Gedichte in drey Büchern (Versei, Pesth,) heraus; das Publicum verschlang die herrlichen Producte, und bald mußte eine zweyte Auflage mit dem vierten Buche vermehrt folgen.

Beregher Gespanschaft in Oberungarn, im Kreise dießseits der Theiß. Die von Unghvar über Munkacz führende Straße, theilt die Gespanschaft in den nördl. und südl. Theil. Jener ist gebirgig, dieser eben. Die Größe beträgt 67 Q. M. Die Zahl der Einw. 81,500, worunter 53,932 Römisch-Katholische und Unirte, 23,342 Reformirte und 4,146 Juden. — Diese bewohnen 10 Marktfl., 261 Dörfer, 7 Prädien. An der nördl. und westl. Gränze ist der hohe Berg Osztra und die Szinnaer Berge, welche die Gebirgskette bis Munkacz und die Thäler der sich in den beträchtlich großen Fluß Latorcza ergießenden kleineren Flüsse Isdennava, Pinye, Hrabronicza und Viznicza bilden. Weit von diesen Bergen steht einzeln der Munkaczer Berg mit seinem Schlosse. Die Gespanschaft ist reich an kleinen Flüssen und Bächen. Die Theiß ist gegen Süden ein Gränzfluß, in welcher die Gewässer zusammenströmen. In dem südl. Theil fließt die Hosva mit der aus der Marmaroser Gespanschaft kommenden Borsova zusammen, der vereinigte Fluß erhält den Nahmen Verke, vereinigt sich mit dem aus dem großen Sumpfe Szernhe (welcher 2 Meilen lang und eine Meile breit ist) kommenden Fluß und fließt unter dem Nahmen Szernye bis Ansteleck. — Das Klima ist gesund, in dem untern Theil ist es jedoch wärmer als in dem obern. Auf den Ebenen wächst Getreide, aber nicht hinlänglich. Der Hanf-, Hafer-, Mais- und Obstbau ist beträchtlich, in manchen Gegenden auch der Weinbau. — Die Berge und Ebenen sind mit Waldungen bedeckt, in welchen man viel Wildpret findet, auch werden Schweine und Hornvieh darin geweidet. An Fischen ist Ueberfluß und an Federvieh kein Mangel. Auch findet man hier sehr große Schildkröten. An Mineralien findet man hier Eisenerze, Spuren von Golderzen (bey Muszai), kleine Krystalle und vorzüglich viele Alaunsteine; in den Alaunsiedereyen wird Alaun verfertigt, der dem berühmten römischen an Güte nicht nachsteht. Die Gespanschaft wird eingetheilt in 4 Bezirke (Procesfe), den Munkacser, Felvidecker, Fiszaháter und Kaszanner.

Beregh-Szász, ungar. Marktfl. in der Beregher Gespanschaft, mit 4,000 magyar. und rußniak. Einw. Hier haben die Comitatsversammlungen Statt. Es gibt hier eine katholisch-unirte ruthenische und eine reformirte Pfarre. Die hiesigen Mühlsteine sind von der besten Gattung. Weinberge, Wiesen, Waldungen und Feldbau ergiebig.

Berettyo, ungar. Fluß, entspringt auf dem Beregher Gebirge, durchspült die Biharer Gespanschaft, und mündet sich zwischen Tur und Szarvas in die Körös. Er hat viele Fische, Krebse, Schildkröten und wildes Geflügel, und verursacht häufig Ueberschwemmungen und viele Moräste.

Berettyo-Ujfalu, ungar. Marktfl. in der Biharer Gespanschaft mit 4,600 Einw. und reformirter Pfarre. Zu ihm gehören 8 Prädien.

Bergakademie zu Schemnitz in Ungarn. Diese berühmte, großartige Anstalt zur Bildung künftiger Berg- und Hüttenmänner, hat 1 Director und 6 ordentliche Professoren für folgende Zweige: 1) Mathematik, Physik und Bergmaschinenlehre. 2) Geognosie, theoretische Markscheidekunst, Bergbaukunde und Bergrecht. 3) Buchhalterey und

Staatsrechnungswissenschaft. 4) Chemie, Oryctognosie, Probier- und Hüttenkunde. 5) Zeichenkunst und practische Markscheidekunst. 6) Forstkunde. Die Professoren haben den Charakter eines k. k. Bergrathes. Zum Besten der Söhne unbemittelter Bergbeamten, welche verhindert sind, die philosophischen Wissenschaften auf Lyceen und Akademien zu studiren, ward 1809 eine außerordentliche Professur der Logik, Metaphysik, reinen Mathematik und allgemeinen Physik errichtet. Der akademische Unterricht dauert 3 Jahre. Practicanten sind über 100, von welchen 70 aus dem österr. Staate gebürtige ein Stipendium von 200 fl. beziehen. Dieses musterhafte Institut wird auch von Ausländern, oft aus weiter Ferne besucht; von Sachsen, Dänen, Schweden, Russen, selbst Spanier und Amerikaner aus Merico, Peru und Chili befanden sich unter seinen Zöglingen. — Die B. zu S. wurde von Maria Theresia 1760, also während des 7jährigen Krieges gegründet. Die Professur der Forstkunde stiftete Franz I. 1807; die der Buchhalterey und Staatsrechnungswissenschaft besteht seit 1795. Die k. Statthalterey führt die Oberleitung in Studien- und Polizeysachen; übrigens sind die Professoren als k. k. Bergräthe zugleich Beysitzer des Oberst-Kammergrafenamtes.

Bergamo, lombard. Deleg. Sie begreift 58 □. M. und zählt 365,000 Einw. Der nördl. Theil ist sehr gebirgig und waldig; der südl. hingegen eben und fruchtbar. Die bedeutenderen Flüsse, die sie durchströmen, sind der Serio und Brembo, beyde nicht schiffbar; außerdem ist der Oglio und Cherio, welcher letztere aus dem großen Lago di Spinone entspringt. Ein zweyter See ist der Lago Iseo. Die Provinz besteht aus 18 Districten und umfaßt 1 Stadt, 22 Marktfl. und 333 Dörfer. Die Seiden- und Tuchmanufacturen und Feldbau beschäftigen die meisten Hände; nächst ihnen die Eisenminen, Stahlhämmer, Marmor- und Wetzsteinbrüche. Der Getreidebetrag langt nicht für das Bedürfniß der Provinz; dagegen ist die Viehzucht, unterstützt durch treffliche Weiden und Wiesen, sehr bedeutend.

Bergamo, lombard. Hauptstadt der gleichnahmigen Deleg., ist auf mehreren Hügeln amphitheatralisch gebaut, und hat mit den Vorstädten 7 italien. Meilen im Umfange. Ihre Lage ist fest von Natur; die Mauern, Wälle und Castelle sind jetzt zur Vertheidigung unbrauchbar. B. zählt 65 Kirchen und Capellen, Hospital, 6 Waisen- und Versorgungshäuser, 2 Theater und 30,500 Einw.; ist der Sitz eines Bischofs der Delegation, Provinzial-Congregation und eines Gerichtstribunals, hat ein Lyceum und einige gelehrte Gesellschaften. — Hier sind bedeutende Seiden- und Baumwollmanufacturen. Ansehnlich ist die Messe von B. gegen Ende des Aug., welche 14 Tage lang in dem großen massiven Marktgebäude (Fiera), das gegen 500 Buden faßt, gehalten wird. Die Gegenstände des Handels sind: fein gezwirnte Seide, Wolle, Seiden- und Eisenwaaren, Wein, Obl, Korn, Leinwand. Auch der Viehmarkt von B. hat einen Nahmen. Die Familie Tasso gehört zu den ältesten der Stadt, und Bernardo Tasso, Vater des in B. durch 2 Bildsäulen gefeyerten Torquato, ist hier geboren.

Bergbau. Österreichs Berge sind unter allen europäischen am reichsten ausgestattet. Seine Mittelgebirge enthalten außer Platina alle übrigen ganzen und halben Metalle; manche besitzt es einzig, andere in hoher Vollkommenheit; das Tellurerz, was die Karpathen einschließen, hat selbst Amerika bis jetzt noch nicht aufzuweisen. Siebenbürgen ist das wahre europäische Eldorado, wo nicht nur viele ergiebige Bergwerke in Arbeit stehen, sondern auch alle Flüsse und Bäche, selbst diejenigen, welche durch Regenwasser entstehen, Gold führen. Der siebenbürg. Goldbau soll schon über 2,000 Jahre bestehen. Vorzüglich gesegnet ist auch das Mineralreich Ungarns, der Steyermark, Kärnthens und Böhmens; unerschöpfliche Silberadern hat das nördliche Ungarn; Kupfer, außer England, mehr als irgend ein Land, Südungarn; Zinn, Böhmen; Bley, Kärnthen; Eisen und Stahl, Steyermark und die Lombardie; Quecksilber, Friaul; Zinnober, Krain; Galmey, Kärnthen; alle übrigen Halbmetalle und viele edle Steine Böhmen, Ungarn und Siebenbürgen; Salz macht den Reichthum Galiziens, Siebenbürgens, Tyrols, Salzburgs und des Landes ob der Enns aus. — Der B. ist im Österreichischen alt und von jeher mit Vorliebe betrieben worden; seine höhere Vervollkommnung beginnt indeß erst mit der zweyten Hälfte des 18. Jahrhunderts. Freylich bleibt auch hier noch manches zu wünschen übrig, besonders Vereinfachung der Manipulation, einförmigere und allgemeine Bergordnungen und mehr technische Bildung der Bergbeamten. Doch sorgt, was das Letztere betrifft, die Regierung sehr, daß es wenigstens nicht an tüchtigen Oberbeamten fehle, und hat zu diesem Zwecke eine eigene Bergakademie zu S c h e m n i t z gestiftet. — Zur Begegnung des ersteren Vorwurfs hat man auf den kais. Gewerken Vieles gethan, und nur auf den Privatbergwerken arbeitet man ohne Achtung des Bessern, meistens nach hergebrachter Weise. — Überhaupt könnte bey dem Reichthum der Berge der Bau bey weitem stärker betrieben werden, wenn in der Nähe der Bergwerke auch immer starke Waldungen wären. — Ungarns B. theilt sich in 4 Bezirke ab : a) Das Oberstkammergrafenamt von Niederungarn zu S c h e m n i t z, welchem das Berggericht zu S c h e m n i t z und das Münzamt zu K r e m n i t z beygeordnet sind; es unterhält 1 Goldscheidungs-, 3 Silber-, 2 Kupfer- und 2 Bleyhütten mit 11,000 Berg- und Hüttenleuten. — b) Das Oberinspectorat und Berggericht zu S c h m ö l n i t z in Oberungarn mit 4 Schmelzhütten, 1 Eisen- und 1 Kupferhammer, und 9,000 Berg- und Hüttenleuten. — c) Das Oberinspectorat und Berggericht zu N a g y b a n y a mit dem dasigen dann dem Gold- und Silbereinlösungsamte zu Ofen, 12,000 Berg- und Hüttenleuten. — d) Die Bergdirection und das Berggericht zu O r a v i c z a in dem Banate mit 2 Schmelzhütten, 1 Eisenhammer, 13,000 Berg- und Hüttenleuten. Das ganze Bergwesen leitet die königl. Hofkammer zu Ofen. — Der siebenbürg. B. steht unter der Leitung des Thesaurariats unter der Berg-Administration zu Z a l a t h n a und unter der Eisenwerks-Administration zu H u n y a d. — Der B. in den deutschen, galizischen, illyrischen und lombardischen Erbländern ist der k. k. Hofkammer in Münz- und Bergwesen zu W i e n untergeordnet. — Für die Länder unter und ob der Enns besteht ein Berggericht zu Steyer, und ein Salinenoberamt zu Gmunden, eine Berg = und Salzwesens-direction zu Salzburg. — Für Steyermark die Innerberger haupt-gewerkschaftliche Direction; die Eisenoberverwesämter zu Neuberg und Mariazell; die Messingverschleißfactorie zu Grätz; ein Ober-bergamt und Berggericht zu Leoben. — Für Kärnthen, Krain und das Küstenland ein Oberbergamt und Berggericht zu Klagenfurt mit den Bergämtern zu Idria, Bleyberg und Raibel und den Substitutionen zu Bleyberg und Laibach, dann die Bergwerksproducten-Verschleißfactorie zu Triest. — Für Böhmen die Oberbergämter und Berggerichte zu Joachimsthal, Przibram, Mies und Kutten-berg; und für Mähren und Schlesien eine Berggerichts = Substitution zu Brünn. — Für Galizien die Salinenbergverwaltungen zu Boch-nia und Wieliczka, die Schwefelwerksverwaltung zu Schwoszo-wice, und die beyden Berggerichte zu Boharodczan und Sambor. — Für Tyrol die Berg = und Salinendirection und das Berggericht zu Hall mit seinen untergeordneten Berggerichts = Substitutionen. Vergl. den Art. Berggerichte. — Alles, was Österreich jährlich den Eingeweiden der Erde abgewinnt, schätzt Liechtenstern auf 47 Mill. Gulden, wovon der Werth der Metalle 12 bis 13 Mill. ausmachen soll. — In nachfolgender Tabelle ist der Geldwerth der vornehmsten Me-talle, Salze und brennbaren Stoffe nach einem mäßigen Anschlage auf 43,859,353 fl. berechnet, wobey die Metalle zu 19,799,352 fl. angeschlagen sind. Hierzu kommen nun noch Schwefel, Salpeter, Natrum, Torf, Marmor, Gyps, Mühl-, Bau- und Flintensteine, Opale, Granaten und sonstige Mineralien, welche einen Werth von 6 Mill. haben dürften. Wahrscheinlich bringt daher das ganze Mine-ralreich der Monarchie gegen 44 Mill. Gulden ein. Die Bergproducte machen auch einen Hauptzweig der Ausfuhr aus. Schon in früherer Zeit (1807) wurden nach den Zollregistern für 3,996,796 fl. ausge-führt, worunter Eisen zu 2,409,675, Quecksilber und Zinnober zu 400,000, Bleyweiß zu 132,000, Salz zu 275,000, Bley zu 127,555, Messing und Kupfer zu 170,000, Juwelen und edle Steine zu 556,478, und Schmalte zu 91,000 fl. angegeben waren. Die Einfuhr belief sich an Bergproducten nur auf 1,952,716 fl., worunter die Edelsteine mit 1,378,279 fl. die stärkste Rubrik ausmachten. In den 3 folgenden Jahren führte Österreich im Durchschnitte jährlich für 2,040,288 fl. aus und für 704,160 fl. ein; allein damahls hatte es Idria, Bleyberg und die Hälfte von Wieliczka verloren. — Jetzt, wo die wieder erworbenen Bergwerke von Idria jährlich zwischen 3—4,000 Centner Quecksilber; jene von Bleyberg 30—35,000 Centner Bley liefern, und durch den wieder erlangten ganzen Besitz der Salzbergwerke von Wieliczka und Bochnia einige 100,000 Centner Salz mehr gewonnen werden, ergibt sich der Export dermahlen auch weit höher.

Österreichs Bergproducte	Ausbeute in Centnern		Werth eines Centners in Gulden	Geldwerth der ganzen Ausbeute in Gulden
	nach Villefosse	nach andern Daten		
Gold	26 ³/₁₀	23 ⁹/₁₀	75,200	1,749,222
Silber	462 ¹⁷/₂₀	462 ¹⁹/₂₀	4,800	2,318,232
Kupfer	60,060	54,765	48	2,629,336
Zinn	2,000	5,500	100	550,000
Bley	45,809	76,506	12	918,172
Eisen	1,010,400	1,688,458	4	6,753,832
Quecksilber	10,760	5,240	167	875,080
Zinnober	—	7,800	150	1,170,000
Kobalt	10,000	9,405	18½	174,178
Gálmey	3,400	6,950	22	152,900
Antimonium	—	6,900	12	82,000
Wismuth	—	700	36	28,200
Braunstein	—	850	10	8,500
Arsenik	—	226	75	50,625
Berggrün	—	1,250	55	68,475
Salz	—	5,928,189	3	17,784,507
Vitriol	1,915	10,120	12	121,440
Alaun	2,000	8,104	15	121,560
Steinkohlen	640,000	1,177,000	¼	292,334
Summe	—	8,988,480 ¹/₂₀	—	35,848,593
Hierzu die übrigen Mineralien				8,010,760
Total	—	—	—	43,859,353

André gibt in seiner neuesten Zahlenstatistik die Ausbeute der Goldbergwerke: I. In Siebenbürgen auf 2 — 2,500 auch wohl 3,400 Mark*) oder 10 — 12 — 17 Cehtner, (davon Zalathna 10, Vöröspatak 5, Nagyak 2.) — Letzteres (oder auch Szekeremb) gab 1802 nach Abschlag der Schmelze, Münzkosten und des Zehents . . . . 217,812 fl. 55 kr.
Die Bergbaukosten betrugen . . . . 174,475 fl. 24 kr.

Reiner Gewinn also . . . . 43,337 fl. 31 kr.
II. In Ungarn auf 2,000 Mark oder 10 Centner. a) Im niederungarischen (Schemnitzer und Kremnitzer) Bergwerksdistrict auf 15 — 1800 Mark. b) Im Nagybanyaer auf 4 — 500 Mark. III. In Salzburg am Radhausberge bey Beckstein 30 — 60 durch Amalgamation. Lend verarbeitet die Schätze von Beckstein und Rautis und liefert auch 30 Mark. — Die Silberbergwerke in Ungarn: a) Der

---

*) 1 Mark Gold gibt 8,133 Dukaten; 100 Mark Gold sind gleich ¼ Cent. 500 Mark Gold geben 40,766 Dukaten, oder 183,447 fl. 2,000 Mark Gold, geben 163.064 Dukaten oder 733,788 fl.

niederungarische (Schemnitzer und Kremnitzer) Bergwerksdistrict lieferte bis 1812 noch jährlich 60 — 80,000 Mark. — b) Der oberungarische (Schmölnitzer) 3 — 4000 Mark. — c) Der Nagybanyaer Bergwerks-district lieferte 18 — 20,000 Mark. — d) Der Banater 2,000 Mark. In Siebenbürgen, sonst von Zalathna 5,000 Mark, von Nagyak für 200,000 fl.; jetzt etwa noch 3,000 Mark. — Ungarn und Sieben-bürgen lieferten 1740—73 an Gold und Silber in 33 Jahren für 150 Mill. Gulden, fast 5 Mill. jährlich; unter Joseph II. nur noch 2½ Mill. Dermahlen kann man von beyden Ländern annehmen 92,000 Mark Silber, oder 460 Centner, wovon etwa $\frac{1}{6}$ auf Siebenbürgen fällt. Außerdem noch: in Böhmen (1816) 8,870 Mark (7182 von Przi-bram und 1688 von Joachimsthal). — In Steyermark, Kärnthen, Galizien 2,000 Mark. — In Salzburg von Lend jährlich 300 Mark. — Im Ganzen kann man den Werth der gesammten Silberausbeute ohne Abzug der Unkosten auf 2,300,000 fl. CM. anschlagen. — Vergl. **Bergakademie zu Schemnitz; Böhmische Bergbauord-nung; Ungarisches Bergwesen.**

Bergenstamm, Aloys Groppenberger von, verdienter Besitzer reichhaltiger Materialien zur vaterländischen Geschichte; emsiger im Sammeln als glücklich im Forschen. Er war geb. zu Wien den 1. Aug. 1754. Dem Studium der Alterthumskunde lag er, beson-ders in seiner Jugend, mit regem Eifer ob. 1795 ward er als nie-derösterreichisch-ständischer Secretär von dem verordneten Collegium be-auftragt, eine Beschreibung der ältern und neuern Mark- und Grund-steine Wien's zu liefern. Dieser, ihm so sehr zusagenden Arbeit ent-ledigte er sich mit Liebe und Erfolg. Eine lange Reihe von Jahren hatte er keine Gelegenheit versäumt, seine Sammlung von Urkunden, Siegeln, Büchern und Handschriften zur Geschichte und Topographie vorzüglich Niederösterreich's und Wien's zu vermehren, die denn auch zu einer stattlichen Masse angewachsen war, als ihn am 13. Febr. 1821 der Tod hinwegnahm. Seine Sammlung hatte er den Ständen überlassen. — B. verband mit einem treuen Gedächtniß einen uner-müdlichen Sammlerfleiß. In dieser seiner Sphäre wirkte er jedoch mehr anregend und äußerlich fördernd, als selbst wissenschaftlich produci rend, da ihm auch die Gabe der Darstellung mangelte. Auf diese Weise ent-standen, selbst unter fremdem Nahmen, manche vaterländische Schriften, zu denen das Material von ihm geliefert worden, z. B.: Denkmahl rühmlich erfüllter Bürgerpflichten in der Geschichte der Bürger Wiens, mit Kupf. Wien, 1806. — Geschichte von Wienisch-Neustadt, (unter dem Nahmen Gleich) eb. 1808. — Geschichte von Heiligen-stadt, eb. 1811. — Geschichte der Vorstädte und Freygründe Wiens vor dem Stubenthore, eb. 1812. — Geschichte des untern Werds, eb. 1812. — Geschichte der Kirche St. Salvator, eb. 1812. — Geschichte der Kirche St. Rupert, eb. 1813. — Leben Heinrichs Jasomirgott, eb. 1819. — B. bleibt als nicht geringes Verdienst, zur vaterländischen Geschichte und Topographie Manches ans Licht gefördert zu haben, was sonst in den Archiven brach geblieben wäre. Er hatte auch Antheil bey dem Beginnen (1824) des vaterl. Werkes: Historische und topographische Darstellung der Pfarren, Stifte und Klöster im Erzherzogthum Osterreich; auch: Kirchliche Topographie von Osterreich.

Berger, Christian Joh., geachteter Arzt, geb. den 14. Aug. 1724 zu Wien, gest. zu Kiel den 2. April 1789; studirte auf dem Gymnasium zu Preßburg, in der med. anatom. chir. Akademie zu Berlin und Kopenhagen besonders Chirurgie, dann zu Straßburg Geburtshülfe; wurde 1758 Mitglied und Prof. der Anatomie bey der Maler= und Bildhauerakademie zu Kopenhagen, 1759 Beysitzer in der Hebammencommission und Doctor der Medicin, 1774 Prof. der Medicin, Chirurgie und Hebammenkunst zu Kiel, 1776 Etatsrath. Er vermachte der Kieler Universität seine Bibliothek und 4,000 Thaler.

Berggerichte. Den B.n unterstehen solche Personen und Sachen, welche auf den Bergbau Beziehung haben. Diese Gerichtsstellen theilen sich in zwey Classen: In eigentliche B. und in B.s=Substitutionen, welche letzteren außer Delegationsfällen, bloß instruirende, den B.n unterworfene Behörden sind. Die B. bestehen aus einem Präses, welcher den Nahmen eines Bergrichters führt, und wenigstens 2 B.s=Assessoren nebst einem Actuar. Die Substitutionen werden von einem B.s=Substituten (B.s=Assessor) und einem Actuar versehen. Die B. beyder Arten sind landesfürstl. Gerichtsstellen; in Böhmen, Mähren und Schlesien üben jedoch auch Private die Berggerichtsbarkeit in dem, den Substitutionen zukommenden Wirkungskreise aus. Es bestehen dermahlen folgende landesfürstl. B. und berggerichtliche Substitutionen: 1) Das k. k. B. zu Steyer, für das Erzherzogthum Osterreich unter der Enns, mit den Substitutionen: a. zu Thalern und zu Reichenau. 2) Das k. k. B. zu Salzburg, für das Herzogthum Salzburg und das Innviertel. 3) Das k. k. B. zu Leoben, für das Herzogthum Steyermark. 4) Das k. k. B. zu Klagenfurt, für das Herzogthum Kärnthen, Krain und für das Küstenland. Demselben unterstehen die B.s=Substitutionen: a. Bleyberg für Kärnthen und b. zu Laibach für Krain und das Küstenland. Im Königreiche Böhmen befinden sich nachstehende B.s= Behörden: 5) Das k. k. Districtual=B. zu Joachimsthal, für den Saatzer, Ellbogner und Leitmeritzer Kreis mit Inbegriff des Eger'schen Bezirkes. Diesem unterstehen die Substitutionen: a. zu Schlaggenwald, b. zu Platten, c. zu Gottesgab, d. zu Bleystädt, e. zu Presnitz, f. zu Klostergrab. 6) Das k. k. Districtual=B. zu Przibram, für den Berauner, Prachiner, Rakonitzer und Kaurzimer Kreis, mit der Substitution zu Eule. 7) Das k. k. Districtual=B. zu Mies, für den Pilsner und Klattauer Kreis. Endlich 8) das k. k. Districtual=B. zu Kuttenberg für den Czaslauer, Chrudimer, Bunzlauer, Bidschower, Königgräzer, Taborer und Budweiser Kreis Böhmens, dann für Mähren und Schlesien. Demselben ist die berggerichtliche Substitution zu Brünn, für Mähren und Schlesien untergeordnet. Für Tyrol und Vorarlberg besteht: 9) das k. k. tyrolisch-vorarlbergische B. zu Hall mit den Substitutionen a. zu Bäumle, b. zu Imst; c. zu Schwatz; d. zu Brixleggs; e. zu Kitzbühel; f. zu Sterzing; g. zu Klausen; h. zu Ahrn; i. zu Lienz; k. zu

Cavalese, und l. zu Pergine. Von den drey Districtual-B. n Galiziens
zu Wieliczka, Bodhoroczan und Sambor, gehört nur jenes
10) zu Wieliczka hieher, deſſen Bezirk die Kreiſe: Myslenice,
Bochnia, Sandec, Tarnow, Jaslo, Rzeszow und die
Theile des Sanoker und Przemysler Kreiſes bis an den Sanfluß
begreift. In den Provinzen Böhmen, Mähren und Schleſien gibt
es auch Privat = Berggerichtsbehörden. In Böhmen dürfen nähmlich
die den Bergbau gegenwärtig oder künftig treibenden Privatdominien,
welche vermög der böhmiſchen Bergwerksverträge von den Jahren 1534
und 1575 der Bergwerkslehen und Gerichtsbarkeit fähig ſind, in Möh-
ren und Schleſien alle, ſowohl dermahl, als in Zukunft bauenden
Grundherren des Herren = und Ritterſtandes, in ihrem herrſchaftlichen
Bezirke die Berggerichtsbarkeit ausüben; jedoch nicht anders, als in der
Eigenſchaft einer berggerichtlichen Subſtitution, mithin auch nur nach
den Gränzen derjenigen Thätigkeit, welche den B.s-Subſtitutionen überhaupt vermög Patent vom 10. July 1783 §. 3 eingeräumt iſt. Dabey
ſind ſie mit dieſer ihrer B.s = Subſtitution demjenigen landesfürſtl. B.
unterworfen, das für den Bezirk, in dem ſie beſtehen, beſtimmt iſt. —
Demnach unterſtehen gegenwärtig dem Joachimsthaler Diſtrictual-B.
17 grundobrigkeitliche B.s-Subſtitutionen in Böhmen, und dem k. böhmiſchen B. zu Kuttenberg 15 Privat-B.s = Subſtitutionen in Böhmen, 7 in Mähren, und 5 im öſterr. Schleſien. Zugleich aber wurde
zur Erleichterung der Privatdominien geſtattet, daß jedes derſelben die
Berggerichtsbarkeit in ſeinem Bezirke zu allen Zeiten an die nächſtgele-
genen landesfürſtl. B. oder B.s-Subſtitutionen übertragen könne. Die
Ernennung der bey einem landesfürſtl. B. angeſtellten Perſonen geſchieht
auf dieſelbe Art, wie bey den übrigen landesfürſtl. Collegial-Juſtizſtellen.
Die Privaten üben die Gerichtsbarkeit durch ihre Juſtiziäre aus. Nur
muß jeder, der bey einem B. als Richter angeſtellt zu werden ſucht,
auch über die in den Bergwerksgeſchäften ihm nöthige Wiſſenſchaft und
Erfahrung Zeugniſſe beybringen und ſich der bey den B.n beſtimmten
Prüfungsart unterziehen. Dieſe Prüfung aus den Berggeſetzen geſchieht
durch einen von dem Appellationsgerichte zu dem Acte der Prüfung aus
den übrigen Rechtswiſſenſchaften beygezogenen Bergrath. Zur Gerichtsbarkeit der B. gehören im Allgemeinen jene Geſchäfte, welche gemäß des
Patents vom 1. Nov. 1781 der berggerichtlichen Gerichtsbarkeit vorbehalten wurden. Dieſes Patent nun weiſet denſelben folgende Gegenſtände
zu: 1. Alle Streitigkeiten, welche den Bergbau und alles, was dahin
gehörig iſt, betreffen, als: Wenn über Bergwerksbelehnungen, Feld-
grubenmaße, Ab = und Zugewährung der Bergtheile, über Gänge,
Klüfte, Flötze, Stockwerke, Schachte, Stollen, Läufte, Erz = und
Gängſtraßen, Feldörter, Erze, Mineralien, über Berg =, Poch =,
Schmelz =, Rad =, Hammerwerks = und Bergfabriken, oder Werkgaden-
erzeugniſſe und Vorräthe, Stollenneuntel oder Siebentel, dann anderes Stollenrecht oder Genuß =, Schacht =, und Stollenſteuern, Vierten-
pfennig oder andere Steuern, Bergbruderladsvermögen, Bergwerks-
verlagsſchulden, Zehenten oder Frohnen, Ausbeute, Zubußen, und
was ſonſt ſowohl in den Gruben unter der Erde, als außer denſelben am

Tage auf den Halden, in Kauern, Göppeln, Kunſtgebäuden, Zechen
und Huthäuſern, Bergſchmieden, Poch-, Waſch- und Seifenwerken,
Schmelz-, Sud-, Brenn- und Schwefelhütten, Plachhäuſern, Rad-
und Hammerwerken, Bergfarbmühlen und andern Werkgaden und damit verbundenen Gebäuden und Plätzen, wie auch über Waſſerleitungen,
Stege, Wege und über andere Dinge Streitigkeiten vorfallen, die zum
Bergbaue gehören, davon herkommen, oder auch vorhinein dazu gehört
haben, und etwa wieder in das Freye verfallen ſind. 2. In Tyrol insbeſondere ſind bey der, in dieſer Provinz ob der Waldungen beſtehenden Verfaſſung den B.n noch fortan jene Streitigkeiten zugewieſen, welche die
zum Bergbau vorbehaltenen Waldungen betreffen, und auf deren Ein-
ſicht, Regulirung des Holz- und Kohlengebaue, die Kohlungen, die
Unterſuchung und Beſtrafung der Waldexceſſe, das Erz-, Kohl-, Holz-
und Förderungsfuhrweſen Einfluß haben. Es hat daher für dieſe Provinz die unterm 21. Aug. 1783 für die übrigen Provinzen ergangene
Anordnung, durch welche die ehemahligen Bidumsbezirke als aufgehoben erklärt, der freye Genuß der Waldungen nach den allgemeinen Grund-
ſätzen des Eigenthumsrechts eingeführt und alſo keine beſtimmten Waldungen dem Bergbau vorbehalten, ſomit die Gerichtsbarkeit der B. in
dieſer Beziehung als erloſchen erklärt wurde, keine Anwendung, und
es iſt ſich daſelbſt bloß nach dem Patente vom 1. Nov. 1781 fortan
zu benehmen. Wenn bey Eröffnung eines Concurſes die Anmeldung einer
Forderung vorkommt, die Gegenſtand betrifft, der dem Vorhergeſag-
ten gemäß der Gerichtsbarkeit der B. unterworfen iſt; ſo ſoll die Anmeldung zwar beym Concursrichter geſchehen, der Gläubiger aber ange-
wieſen werden, nicht allein die Richtigkeit ſeiner Forderung, ſondern
auch das Recht, kraft deſſen er in dieſe oder jene Claſſe geſetzt zu
werden begehrt, wider einen eigens aufzuſtellenden Vertreter der Maſſe
bey dem B. zu erweiſen und auszuführen. 3) Alle jene gerichtlichen
Vorſchreitungen, welche auf eine Entität des Bergbaues eine unmittelbare Beziehung haben, als da ſind: Die Sperre, Inventur, Schätzung, Feilbiethung, Vormerkung, Einantwortung, Augenſchein u. dgl.
Zu dieſen Entitäten werden jene Schmelz- und Hammerwerke gerechnet, welche das von der Schmelzhütte kommende rohe Eiſen zum Cent-
nergute, das iſt zu dem eigentlichen Kaufmanns- oder zu dem, zur
Fabrikation und Bearbeitung den Manufacturiſten tauglichen Gute
aufarbeiten, mithin alle Eiſenhammerwerke, welche das rohe Eiſen
zerrennen; folglich auch die das Roheiſen zerrennenden Blechſchmieden, da
ſie Hammerwerke ſind, und die, aus Zerrennung des rohen Eiſens
aufgebrachten oder von andern Zerrennhammern übernommenen Blech-
hämmer, die noch ein rohes Eiſen ſind, in Blechplatten oder Centnergut ausſchlagen und centnerweiſe verkaufen. Als Entitäten des Bergbaues können aber nicht angeſehen und behandelt werden: a) Alle
andern Hammerwerke, die das gearbeitete rohe, das iſt, das ge-
ſchlagene Eiſen oder das Centnergut zu verſchiedenen Gattungen von
Waaren effabriciren. b) Die Senſenhämmer, über welche die Realge-
richtsbarkeit mit ihren Wirkungen, folglich auch mit dem Rechte der
Sperre, Inventur, Schätzung, Feilbiethung derjenigen Gerichtsbehörde

zusteht, unter deren Gerichtsbarkeit der Grund und Boden gehört, auf welchen mit landesfürstlicher Concession die Sensenschmiede erbauet wurde. 4) Alle Angelegenheiten, welche mit dem Dienste der wirklichen Bergbeamten, Bergarbeiter, und andern Bergwerksverwandten in unmittelbarer Verbindung stehen und eigentlich die Disciplin betreffen. 5) Die Injurienstreitigkeiten, welche zwischen Bergbeamten, Bergarbeitern und Bergwerksverwandten unter sich, wegen zugefügter Beschimpfungen oder Thätlichkeiten entstehen. 6) Die Vornahme eines Arrestes wider die genannten Personen. In allen übrigen Angelegenheiten unterstehen aber die Bergbeamten, Bergarbeiter und Bergwerksverwandten dem über sie, nach ihrem Stande und Aufenthaltsorte, competenten Personalgerichte. Diesem gehört: a) Die Verlassenschaftsabhandlung dieser Personen; somit ist die von den Abgeordneten der B. (als Realinstanz) erstattete Relation über die vorgenommene Sperre, so wie das errichtete Inventar der Verlassenschaftsbehörde zu übergeben. b) Die Vergerhabung der Pupillen eines verstorbenen Bergbeamten, Bergarbeiters oder Bergwerksverwandten und die Aufnahme der Vormundschaftsrechnung; selbst dann, wenn unter dem Pupillarvermögen eine Bergwerks-Entität begriffen ist. In diesem Falle hat jedoch das B. zu sorgen: 1) daß, wenn der Vormund die zur guten Verwaltung einer unter dem Pupillarvermögen begriffenen Bergwerks-Entität hinlängliche Fähigkeit nicht besäße, demselben mitgegeben werden soll, einen bergwerksverständigen Assistenten zur Verwaltung der Bergwerks-Entität anzusuchen, der ihm hierauf von der Pupillarinstanz nach vorläufiger Einvernehmung der Behörde zugegeben ist, wo sodann die, in einem solchen Falle. 2) von dem Assistenten über das seiner Verwaltung anvertraute Bergwerksgut abzulegende Rechnung dem Gerhaben als eine Beylage zu seiner Gerhabschaftsrechnung übergeben, von ihm mit seiner Gerhabschaftsrechnung der Pupillarinstanz überreicht und von ihr die Aufnahme und Erledigung allein besorgt werden soll. Doch hat die Pupillarinstanz vorläufig die B.s-Behörde jedesmahl über die, das Bergwerksgut betreffenden Rechnungen und auffallenden Erinnerungen zu vernehmen, und hierauf die gehörige Rücksicht zu nehmen. c) Die Concursverhandlung über die der Berggerichtsbarkeit unterstehenden Personen. Eben so wenig haben sich die B. in die Angelegenheiten, welche die bey Bergbeamten, Bergarbeitern und Bergverwandten angestellten Dienstleute betreffen, auf irgend eine Art einzumengen. Zum Wirkungskreise der berggerichtlichen Substitutionen gehört: 1) Die Aufnahme mündlicher Klagen. 2) Da, wo Gefahr am Verzuge haftet, die Ertheilung der einstweilen nöthigen Sicherstellungsmittel. 3) Die Annahme von Intabulations-, Pränotirungs-, Extabulations- und Umschreibungsgesuchen, welche auf montanistische Entitäten, die in Substitutionsdistricten liegen, Bezug haben; derley Gesuche sind mit Abhängigkeit des Vorrechts von der Präsentirung der competenten Substitution bey dieser letzteren einzureichen; jedoch sind alle dießfälligen Gesuche dem vorgesetzten B. zur Cognition vorzulegen. 4) Die Instruirung der Rechtsführung oder anderweitige Beschäftigungen des richterlichen Amtes per delegationem des vorgesetzten B.s in allen Fällen, wo die streitenden Parteyen vom Orte des B.s zu weit ent-

fernt wären, oder, wo es die Beförderung der Justiz und Erleichterung
der Parteyen ohne Abbruch der guten Ordnung zuläßt und anrathet.
(S. ungar. Berggerichte.)

Berghofer, Amand, quiescirter Director der deutschen Hauptschule zu Steyer in Oberösterreich, war daselbst Lehrer der deutschen
Sprachlehre und der schriftlichen Aufsätze, geb. den 1. Dec. 1745 zu
Grein in Oberösterreich. Er zeichnete sich stets durch seine (wohl etwas
ultra-) humane, allerdings rechtliche, doch gar sehr caustische Denkungsart
aus, die er auch in seinen Schriften mit vielem Marke wiedergab. Diese sind:
Empfindungen aus meinem Leben, Wien, 1774. — Briefe zu den
Empfindungen aus meinem Leben, eb. 1774. — B.'s Schriften, eb.
1783. — 2. (verminderte verbesserte) Aufl. eb. 1784. — B.'s neueste
Schriften, eb. 1785. — Noch sind von ihm anonym erschienen: Verbo-
thene Schriften, 2 Thle., Straubing, 1800. (Aufsätze enthaltend,
deren Drucklegung ihm von der österr. Regierung nicht gestattet worden). — Selbstbiographie, 1819. — Hofleben. — Empfindsame Philosophie ꝛc. B. hielt viel darauf, für einen Sohn der Natur zu gelten.
Schlecht aber wollte es auf ihn passen, wenn man ihn hier und da den
österr. Rousseau nannte. Er starb zu Grätz, wo er seit seiner Quies-
cirung (1814) lebte, am 7. Febr. 1825.　　　　　　　　　　　B.

Bergler, Jos. fürstbischöfl. Passau'scher Cabinets-Maler und
Truchseß, Director der, von der Privatgesellschaft patriot. Kunstfreunde
zu Prag, daselbst errichteten Akademie der bildenden Künste, Ehrenmitglied der Akademie S. Luca zu Rom, geb. zu Salzburg den
1. May 1753. Von seinem Vater Joseph B., einem vorzüglichen
Bildhauer und Maler, erhielt er Unterricht im Zeichnen und Malen.
B.'s geniale Kunstanlagen sprachen sich bald lebendig aus, da unterstützte ihn der kunstliebende Cardinal und Fürstbischof von Passau, Graf
v. Firmian, mit einer Pension, und ließ ihn zur Ausbildung nach Italien reisen. In Mailand verweilte B. 5 Jahre. Er zeichnete nach der
Natur und nach Antiken, copirte die Werke großer Künstler, und begab
sich nun nach Rom. Daselbst copirte er unter andern Zampieri's und
Raphael's unsterbliche Fresco-Gemälde. Mit Feuereifer drang er in
das Wesen der Kunst. 1784 ward ihm von der Akademie zu Parma
der aus einer 50 Ducaten schweren Gold-Medaille bestehende Preis für
sein Gemälde: Samson als Gefangener der Philister. Nach einem 6jäh-
rigen Aufenthalte in Rom kehrte er 1786 in die Heimath zurück. Anfangs wollte ihm das Glück nicht lächeln, bis ihn der Fürstbischof von
Passau, Cardinal Graf Auersperg, als Kammermaler anstellte.
Sein Nachfolger Graf Thun ernannte ihn zum Truchseß. B.'s Ruf
war gegründet. In Folge dessen sah er sich 1800 von einer Gesellschaft
von Kunstfreunden in Prag, die daselbst eine Kunstschule errichten
wollte, eingeladen, die Organisirung derselben zu übernehmen. B.
folgte dieser schmeichelhaften Einladung mit Genehmigung seines Fürsten, und ward in Kurzem Director der Akademie. In diesem seinem
Talent und Eifer so zusagenden Wirkungskreise erwarb sich B. unvergängliche Verdienste; die größere Aufnahme der Kunst nicht nur in
Prag selbst, sondern in Böhmen überhaupt, und die zahlreichen Schü-

ler, die sich durch ihn gebildet, sprechen dafür. B. that sich hauptsäch=
lich im histor. Fache hervor; in Kirchengemälden, hat er sich ebenfalls
ausgezeichnet, nicht minder durch Porträte. Er starb den 25. Juny
1829. Von seinen Werken sind vorzüglich anzuführen: Eine heil. Familie
nach Raphael, (Firmian verehrt, und nachmahls an den Marschall
Soult als Geschenk gekommen.) — Darstellungen aus Böhmen's
Vorzeit (3 große Gemälde und viele Zeichnungen); — Herrman und Thus=
nelde (nach Klopstock); — Libussa; — Carl IV. zu Pisa im Aufruhr der
Gambacorti durch böhm. Herren befreyt ꝛc. Er lieferte viele Altarbilder,
die zum Theil in Kirchen und Capellen Böhmens sich befinden, theils,
wie so manche seiner andern Arbeiten, in das Ausland gingen. Als Ku=
pferstecher sind seine Leistungen nicht ohne Belang, das Meiste hat er
mit der Radirnadel gearbeitet.

Bergler, Steph., geb. zu Kronstadt in Siebenbürgen
1676, bekannt als gründlicher Philolog. Den Buchhändlern Fritsch
in Leipzig und Wetstein in Amsterdam war er von wesentli=
chem Nutzen durch mehrere von ihm veranstaltete Ausgaben alter Classi=
ker, auch hatte Joh. Alb. Fabricius in Hamburg an ihm einen
getreuen Gehülfen bey der Herausgabe seiner Bibliotheca graeca und
des Sextus Empiricus. Er wurde endlich an den Hof des gelehrten
Fürsten Alexander Maurocordato nach Bucarest berufen, des=
sen Söhne er unterrichtete, seine Schriften in's Lateinische übersetzte,
und eine kostbare Bibliothek für ihn anlegte, welche Maurocordato
an die Patriarchalkirche in Constantinopel vermachte. Er starb
1739. Man hat von ihm: Pollucis Onomasticon gr. et l. Amster=
dam, 1706. — Homeri opera gr. et l. eb. 1706. 2 Bde. (Eine früher
geschätzte Ausgabe.) — Animadversiones quaedam ad Jac. Gro=
novii emendationes in Suidam, und Animadversio in novam edi=
tionem Herodoti a Gronovio curatam in den Act. Erud. Leip=
zig, 1712 — 13. — Alciphrontis epistolae cum notis gr. et l.
eb. 1715. — Jos. Genesii de rebus Constantinopolitanis libri 4.
gr. et l. Venedig, 1733.

Bergmann, Jos., Custos am k. k. Münz= und Antikenca=
binet und der k. k. Ambraser=Sammlung, Philolog, besonders Hel=
lenist, war geboren den 13. Nov. 1797 zu Hüttisau im vordern
Bregenzer=Walde in Vorarlberg, Sohn eines Malers. Er begann seine
Studien 1809 zu Feldkirch und setzte sie, 1811 bis 1814 zu Kemp=
ten fort, wo er seine Richtung zur Philologie vorzüglich dem Prof.
Böhm verdankt. 1814 kam B. nach Wien, hörte daselbst den 3jähri=
gen Lehrcurs der philosophischen Studien, setzte unter dem verdienten
Veteran Anton Stein auch seine philolog. Studien fort und hielt,
ebenfalls unter dessen Leitung, während seiner juridischen Studien (bis
1822) durch 4 Jahre auf der Universität Repetitionen und Vorträge
über griechische Grammatik und Classiker. So zum Lehrfache vorbe=
reitet, wurde B. 1826 Professor am Gymnasium zu Cilly und nach
dem Tode des hochverdienten Custos und Gelehrten Aloys Primisser
(dessen numismatische Vorlesungen B. auch 1818 gehört hatte) wurde
er zu dessen Nachfolger in der k. k. Ambraser=Sammlung und am k. k.

18 *

Münz= und Antikencabinete berufen, in welch' letzterem ihm die Sec=
tion der mittelalterlichen und modernen Münzen und Medaillen besonders
anvertraut ist. Seit dem Herbste 1831 hat er auch die Ehre, drey Söhne des
Erzherzogs Carl Ludwig in verschiedenen Gegenständen zu unterrich=
ten, und zwar die Erzherzoge Albrecht und Ferdinand Carl in
der österr. Staatengeschichte, und den Erzherzog Friedrich in der Ge=
schichte und der latein. Sprache. B. lieferte mehrere philologische und
histor. Aufsätze, größtentheils anonym, in verschiedene Zeitschriften, dann
numismatische in das österr. Archiv 1831. Außerdem sammelt er auch mit
großem Fleiße und vielem Erfolge Materialien zu einer Geschichte Vor=
arlberg's, deren Erscheinung, wodurch eine bedeutende Lücke in der va=
terländischen Literatur ausgefüllt werden dürfte, sich hoffentlich nicht
lange mehr verzögern wird.

Bergmayr, Ign. Franz, seit 1832 General=Auditor=Lieu=
tenant und Referent im Justiz=Departement bey dem k. k. General=Mi=
litär=Commando in Nieder= und Oberösterreich zu Wien, vorher in
Siebenbürgen zu Hermannstädt; ist geb. 1784 zu Wels. Er stu=
dirte die Rechte auf der Universität zu Wien, und trat 1805 bey dem
erwähnten General=Commando als beeideter Auditoriats=Practicant
ein. Als wirklicher Auditor diente er bey mehreren Regimentern. 1816
kam er zur hofkriegsräthlichen Normalien=Commission; 1818 wurde er
während dieser Zutheilung Stabs=Auditor mit Majors=Rang. Er
schrieb: Handbuch zu dem peinlichen Verfahren bey der k. k. österr. Ar=
mee und in den Militär=Gränzen; Wien, 1812; Anhang, eb. 1821.
— Verfassung der k. k. österr. Armee, eb. 1821. — Kriegsartikel für
die k. k. österr. Armee, eb. 1823; 2. Aufl., eb. 1825. — Das bürgl.
Recht der k. k. österr. Armee und der Militär=Gränzprovinzen; 3 Bde.
eb. 1827—33.

Bergobzoomer, Joh. Bapt., Schauspieler, geb. den 9.
Sept. 1742 zu Wien, erlernte die Buchdruckerey, wurde hierauf Sol=
dat, und widmete sich endlich auf Anrathen Weiskern's in Wien dem
Theater. 1764 trat er zum ersten Mahle auf, und vier Jahre später
wurde sein erstes Lustspiel „der Officier" zur Darstellung gebracht, dem
in kurzer Zeit mehrere folgten. München, Innsbruck und Prag
bewunderten ihn hierauf als gewandten Schauspieler; 1774 aber kehrte
er wieder nach Wien zurück, wo er am 12. Jän. 1804 als Hofschau=
spieler starb. Seinen Werth als Theaterdichter dürfte die Beachtung
erhöhen, daß er in eine Zeit fiel, wo der Hanswurst in Wien noch
Alles galt, das Streben der Besseren kaum im Stande war, die liebe
alte Gewohnheit zu erschüttern, und somit des Kopfes bedurfte, der
eine schönere Richtung genommen hatte. Nicht sehr bedeutenden Werth
haben seine 1768 — 75 gedruckten 9 dramatischen Stücke. 16 andere
wurden aufgeführt, aber nicht gedruckt.

Bergreichenstein (Ober=Reichenstein), böhm. kleine Berg=
stadt im Prachiner Kreise mit 4,100 Einw., Pfarrkirche und Papier=
mühle. Seit das einst sehr ergiebige Goldbergwerk fast nicht mehr betrie=
ben wird, nähren sich die Einwohner meist vom Ackerbau.

Berka, Joh., Kupferstecher von bedeutendem Talente und großer Productivität, ein geborner Böhme. In seiner frühesten Jugend
widmete sich B. der Musik, und war als vortrefflicher Sänger bekannt,
weßhalb er auch 1775 an der Metropolitankirche zu Prag als Funda-
tist angestellt wurde, nebenbey beschäftigte sich B. mit verschiedenen Zeichnungen in Tuschmanier, und begann sowohl Gemälde als Kupferstiche von
guten Meistern nachzuzeichnen. Durch den damahligen Weihbischof von
Prag unterstützt, trat B. in die Schule des Kupferstechers Salzer,
und fing schon nach einigen Jahren an, auf eigene Rechnung zu arbeiten. Seine Producte sind sehr zahlreich und nicht von gleichem Werthe.
Die vorzüglichsten derselben sind: Mehrere Porträts. — Grundriß der Prager Metropolitankirche. — Innerer Prospect der neu erbauten Bibliothek
in Strahow. — Die Unterredung des Peleus mit der Göttin Athene zur
böhm. Übersetzung der Iliade. — Die Heiligen zu den Lebensbeschreibungen
der Landespatronen von Schiffner. — Ein schlafendes Jesuskind, heiliger
Ignaz, heiliger Aloys, endlich viele Wapen, Grundrisse, Vignetten ꝛc.

**Bermann's, Jerem., Kunst- und Musikalienhandlung in
Wien.** B. wurde 1770 zu Osdorf in Westphalen geboren, verlebte
seine Jugendjahre in Berlin, bereiste als fürstlich Waldeck'scher Ober-
commissär Frankreich, England und Italien zu wiederhohlten Mahlen,
und kam 1807 nach Wien, wo er die älteste Tochter des Kunsthänd-
lers Jos. Eder (s. d.) heyrathete. Zur Zeit der französ. Invasion 1809
Hauseigenthümer in der Leopoldstadt, verwaltete er unentgeldlich die
Stelle eines Secrétaire interprète beym damahligen Commandanten
zur Zufriedenheit der Gemeinde; 1811 associirte er sich mit seinem
Schwiegervater, und 1816 übernahm er von demselben die schon damahls
bedeutende Kunst- und Musikalienhandlung, welche er seitdem in allen
Zweigen ihres ausgebreiteten Detail-Sortiments, vorzüglich aber durch
den Verlag eines zahlreichen Lagers von Stickmustern (die mit den berühmten Berliner-Dessins rivalisiren und durch halb Europa versandt
werden), durch Jugendschriften mit Kupfern, Gesellschaftsspiele u. dgl.
rastlos mehr und mehr emporzubringen bemüht ist.

Bermann, Joh. Sigm., Kunsthändler in Wien, Neffe des
Vor., geb. zu Osdorf in Westphalen 1794. Von früher Jugend an mit
Liebe für die Kunst erfüllt, durchreiste er, um seine Kenntnisse zu vermehren, verschiedene Länder Europa's, kam 1815 nach Wien, wurde 1820 bey
der k. k. Akademie der bildenden Künste in Wien angestellt, welchen Dienst
er 1829 freywillig aufgab, und 1830 die vormahlige Stöckl'sche
Kunsthandlung übernahm, welcher er nunmehr unter seiner eigenen Firma
(Sigm. Bermann) vorsteht. Raisonnirende Kunst-Cataloge, so wie
Übersetzungen in französ. Sprache, z. B. Les eaux amères de Saidschitz en Bohème, Description de Vienne, sind von ihm durch den Druck
bekannt. Mit bedeutenden Kenntnissen im Kupferstich-Fache ausgerüstet,
führt er mit unermüdeter Thätigkeit seine Kunsthandlung, wo der Liebhaber außer vielen eigenen Verlags-Artikeln, auch die neuesten Kupferstiche, Lithographien ꝛc. des Auslandes neben einem ungemein zahlreichen Sortiment alter und ältester Kupferstiche, Holzschnitte und Ra-
dirungen aller Schulen, nach dem Peintre-Graveur, Zani's Encyklo-

pädie, Heinecken's Werken geordnet, so wie eine bedeutende Auswahl von Handzeichnungen, auch Gemälde alter und neuer guter Meister und eine ungewöhnlich zahlreiche Porträts-Sammlung vorfindet. B. zeichnet sich durch vielseitige Kenntnisse und feine Bildung vorzüglich aus.

Bernegger, Mathias, Professor der Geschichte zu Straßburg, geb. den 8. Febr. 1582 zu Hallstadt im Traunviertel Oberösterreichs. Er studirte anfangs zu Wels, seit 1598 zu Straßburg. Auf einer Reise durch Ungarn, Böhmen, die Pfalz und Tyrol machte er mit vielen Gelehrten Bekanntschaft, und setzte sich in solchen Ruf, daß man ihm mehrere Ämter und sogar das Rectorat in Durlach antrug. Er kehrte aber nach Straßburg zurück, und erhielt dort die Professur der Geschichte und später auch jene der Redekunst. Er starb den 3. Febr. 1640. Das wichtigste was er geschrieben, ist: Hypoboliamaea D. Mariae Deiparae Camera, seu idolum Lauretanum etc. dejectum. Straßb., 1619. — De jure eligendi reges et principes, eb. 1627. — Observationes historico-politicae. Tübingen, 1656. — Observat. miscellae, ex autographis ejus a filiis Joh. Casp. e Tob. Berneggera edita. Straßb. 1669. — Von römischen Autoren bearbeitete er den Tacitus, Justinus, Florus, den jüngern Plinius ec. Mit Kepler und Grotius stand er im Briefwechsel, welcher (mit letzterem) gesammelt unter dem Titel erschien: Epistolae mutuae Hugonis Grotii et M. Berneggeri. Straßb., 1667.

Bernolak, Anton v., aus einer adeligen Familie in der Arvaer Gespanschaft Ungarns, kathol. Pfarrer, zuerst zu Czeklez oder Landschütz, dann zu Erseck-Ujvár, wo er am 15. Jän. 1813 starb. Er trat früh in den geistlichen Stand. Seine freyen Stunden widmete er der slavischen Philologie, vorzüglich aber dem slowakischen Dialect in Ungarn, der seine Muttersprache war. Da er wohl wußte, daß die slavische Literatur der Böhmen, Polen, Russen, Serben, Croaten, Dalmatier bereits bedeutende Fortschritte gemacht hatte, so bedauerte er, daß die slavischen Gelehrten in Ungarn ihre kräftige und wohlklingende Mundart, die slowakische, ganz vernachlässigten, und sich des böhm. Dialects zur Schriftsprache bedienen. Er trat daher als Apologet seiner Muttersprache, des slowakischen Dialects, auf, schrieb eine Orthographie und Grammatik derselben, empfahl sie seinen Landsleuten in Ungarn, und kämpfte gegen die, den böhm. Dialect als Schriftsprache und zum mündlichen Vortrag in Predigten einführenden, slavisch-protestantischen Schriftsteller und Prediger in Ungarn. Leider mischte sich kirchlicher Antagonismus in den Streit. Die kathol. Gelehrten traten sämmtlich zur Partey B.'s, die protestantischen kämpften für die böhm. Mundart. B. gab im Druck heraus: Dissert. philologico-crit. de literis Slavorum etc. Preßburg, 1787. — Grammatica slavica, eb. 1790. — Etymologia vocum slavicarum etc., Tyrnau, 1791. Sein slowakisches Wörterbuch kam erst 1825 zu Ofen in 6 Theilen ans Tageslicht, unter dem Titel: Lexicon slavicum boh.-lat.-germ. ungar.

Bernt, Jos., Doctor der Medicin, Magister der Geburtshülfe und Professor der Staatsarzneykunde an der hohen Schule zu

Wien, wurde geb. zu Leitmeritz in Böhmen den 14. Sept. 1770; studirte daselbst die Humaniora, die Philosophie und Medicin aber zu Prag. Er erhielt 1797 das Doctorat; practicirte hierauf im Leitmeritzer, Bunzlauer, zuletzt im Bidschower Kreise. 1800 reisete er auf Privatkosten, der Schutzpocken wegen, nach Bamberg, und brachte deren Einimpfung in Böhmen zuerst in Gang. Bey der 1804—7 wegen der Hungersnoth im böhm. Riesengebirge errichteten Wohlthätigkeits-Commission war er als Arzt angestellt; er wurde 1808 an der Prager, 1813 an der Wiener Universität zum Professor der medicinischen Polizey und gerichtlichen Arzneykunde, in der Folge von einigen gelehrten Gesellschaften zum Mitgliede ernannt und von der Behörde mit der Abfassung des Entwurfes zu einem neuen Pestnormativ beauftragt. Seine vorzüglichsten Schriften sind: Monographia Choreae Sti. Viti, Prag, 1810. — Systematisches Handbuch der gerichtlichen Arzneykunde, eb. 1813. 2. Aufl., Wien, 1818, 3., 1828, 4, 1834. — Systematisches Handbuch der öffentlichen Gesundheitspflege, eb. 1816. — Syst. Handb. der öffentlichen Krankenpflege, eb. 1817. — Beyträge zur gerichtlichen Arzneykunde, 6 Bde., eb. 1818—23. — Syst. Handb. des Medicinalwesens nach den k. k. österr. Medicinalgesetzen, eb. 1819. — Vorlesungen über die Rettungsmittel beym Scheintode und in plötzlichen Lebensgefahren; mit 5 Kupfertafeln, eb. 1819. — Anleitung zur Abfassung medicinisch-gerichtlicher Fundscheine und Gutachten, eb. 1821. — Sammlung gerichtlich-medicinischer Visa reperta und Gutachten, 2 Bde., eb. 1827. — Programma, quo nova pulmonum docimasia hydrostatica proponitur, mit Kupfert., eb. 1821. — Experimentorum docimasiam pulmonum hydrostaticam illustrantium Centuriae I. Sect. I—IV., eb. 1823—27. — Das Verfahren bey der gerichtlich-medicinischen Ausmittelung zweifelhafter Todesarten der Neugebornen, eb. 1826. (Die gegen diese Lungenprobe von Wildberg, Mende, Henke, J. W. Schmidt gemachten Einwürfe, findet man in den Beyträgen zur gerichtlichen Arzneykunde, 6. Bd., S. 3—26, in den medicinischen Jahrb. des k. k. österr. Staates, neue Folge, 1. Bd., 6. St. S. 611, 3. Bd., 1. St. S. 138 beleuchtet und entkräftet.) — Das Rettungsverfahren beym Scheintode und in plötzlichen Lebensgefahren. Ein Taschenbuch, eb. 1830. — Über die Pestansteckungen und deren Verhütung, eb. 1832.

Berres, Jos., Magister der Chirurgie und Professor der Anatomie an der Universität zu Wien, geb. den 18. März 1796 zu Göding in Mähren, studirte in Wien und ward Assistent im allgemeinen Krankenhause. Anatomie war sein Hauptstudium. Durch seine bedeutende Sammlung anatomischer Präparate, die dem Museum dieses Krankenhauses einverleibt wurde, machte er sich vortheilhaft bemerkbar. 1817 wurde er, 21 Jahre alt, Professor der Anatomie an der Lemberger Universität. Hier machte er sich verdient durch seine Secir-Anstalt und die vielen lehrreichen Präparate, mit denen er das anatomische Museum beschenkte, zu dessen Vervollkommnung er auch überhaupt mannigfach beytrug. Er ist jetzt Professor der pathologischen Anatomie an der Universität zu Wien. B. schrieb: Anthropotomie, Wien, 1821. —

2. verbeſſerte und vermehrte Aufl. 1. Bd. eb. 1835. — Über die Holz-
ſäure, ebd. 1823.

Berſenburg, ſ. Bars.

Berſetz, illyr. Stadt im Mitterburger Kreiſe, mit 950 Einw.
und Hafen. Hier wird dunkelrother guter Wein gebaut, und treffliches
Ohl bereitet.

Bertholdsdorf, richtiger **Perchtoldsdorf,** auch **Petersdorf**
genannt, landesfürſtlicher Markt mit einem Landgerichte im V. U. W. W.
von reichen Weingebirgen umgeben und mit manchen Merkwürdigkeiten
verſehen, deren größte die herrliche alterthümliche Kirche, (leider von Innen
mehrfach renovirt) ſammt dem impoſanten Thurm, eines der ſchätzbarſten
Denkmahle kühner altdeutſcher Bauart iſt. Hinter derſelben ſtehen noch ſehr
beträchtliche Ruinen eines von Albrecht II. um 1370 erbauten Schloſſes,
welches mehreren Fürſtinnen aus Habsburg'ſchem Geſchlechte, beſonders
aber Beatrix von Zollern, der Witwe Albrecht's III. zum Wit-
wenſitze diente. In geſchichtlicher Hinſicht ſpielte B. mehrmahls wichtige
Rollen. Seine Ringmauern wahrten den Ort 1529 vor der Wuth der Türken, doch 1683 durch Unterhandlungen getäuſcht, ergaben ſich die Bürger
gegen Zuſicherung freyen Abzugs und wurden, 3,800 an der Zahl, nieder-
gemetzelt und der Ort verbrannt. Eine Colonie Steyermärker bevölkerte
ihn nach dem Abzug der Feinde aufs Neue. Gegenwärtig zählt der Ort
305 Häuſer und 2,226 Einwohner. Seit einigen Jahren beſitzt er
auch ein Heilbad.

Berzeniczy (Bresznitz), ungar. Marktflecken der Somogyer
oder Sümegher Geſpanſchaft mit 2,070 Einw. und 2 kathol. Kirchen.
Ehedem war es eine berühmte Feſtung, von der noch Trümmer und Schanzen zu ſehen ſind. Es liegt in einer erhöhten Ebene. Die daſigen Mühlen werden für die beſten in der ganzen Geſpanſchaft gehalten.

Berzeviczy, das Geſchlecht. Es gehört unter die älteſten Adels-
geſchlechter Ungarns. Als Ferdinand II. den 30. May 1550 das
Wapen deſſelben erneuerte, hatte es bereits vierthalb Jahrhunderte geblüht. Rudger, ein tyroliſcher Edelmann, der eine Dame vom Hofe des
Königs Andreas II. geehlicht, war der Stammvater dieſer Familie.
Rudger's 2 Söhne erſcheinen urkundlich unter den Nahmen Comes Herr-
mannus, alias Pelanus und Comes Ricolphus de Scepus. Sie thaten
ſich in den Kriegen unter Ladislaus IV. hervor. Die Nachkommenſchaft des Erſteren erloſch im 15. Jahrhundert. Die Söhne des Letzteren
Johannes de Lomnicz und Ricolphus de Tarkö wurden die Stammväter der Familie B. und Tárczny. Der Marktfl. Berzevicze in
der Saroſcher Geſpanſchaft ward gegen 1317 angelegt; der Erbauer
der Burg Berzevicze war Michael, zweyter Sohn des Joh.
Lomniczi. Die jetzigen B. ſtammen von Jacob und Stanislaus
ab, die um 1470 lebten. Letzterer ſtarb 1480.

Berzeviczy, Franz v., geb. den 3. Dec. 1679, geſt. 1715;
aus dem Orden der Jeſiten, wollte mit einer Miſſion nach China,
blieb aber zu Coimbra, woſelbſt er den 4. Curs der Theologie ſtudirte. Nach Ungarn zurückberufen, lehrte er zu Tyrnau Mathematik,
dann zu Kaſchau Philoſophie.

Berzeviczy, Gregor v., geb. den 15. Juny 1763 zu Groß-Lomnitz in der Zipser Gespanschaft. Er studirte zu Käsmark die Humanioren, Theologie und Jurisprudenz. Nachdem er in der Szabolczer Gespanschaft sich der juridischen Privat-Praxis gewidmet, und das Diplom als ungar. Landes-Advocat erhalten, ging er 1784 nach Göttingen, den höhern Studien unter Feder, Meiners, Schlözer, Spittler 2c. obzuliegen, und 2 Jahre darauf nach Frankreich, den Niederlanden und England, um größere, klarere und schärfere Ansichten von Welt und Menschen zu gewinnen. Handel und Industrie waren Hauptaugenmerke seiner Beobachtungen und Forschungen; der wesentliche Zweck derselben, auf die commerziellen Verhältnisse seines eigenen Vaterlandes belebend einzuwirken. Mit Kenntnissen und Erfahrungen ausgerüstet, kehrte er heim, bestand ehrenvoll die Prüfung, deren Joseph II. ihn unmittelbar persönlich würdigte, und kam im Herbste 1787 in der Zipser Gespanschaft an. Er ward Honorar-Notar des Comitats, und bald darauf Concipist der Statthalterey in Ofen, welches Amt er aber 1797 niederlegte, um sich auf seine Besitzungen in der Zips zurückzuziehen. Hier sann und arbeitete er für Ungarns Industrie und Gemeinwohl überhaupt, und lebte den Wissenschaften und Künsten. 1797 ward er zum Capitän des Zipser Insurrections-Corps erwählt. Bey den Congregationen seiner Gespanschaft unterschied er sich einer Seits durch geist- und kenntnißreiche gemeinnützige Vorschläge, anderer Seits jedoch durch wenig begränzte Freymüthigkeit, welch letzterem Umstande es vielleicht zuzuschreiben ist, daß er vergebens nach einem öffentlichen Amte bey der Gerichtstafel oder nach einer höhern politischen Stelle strebte. 1801 ward er zum Districtual-Inspector der Theißer Superintendenz Augsb. Confession gewählt. Zur Emporbringung der Lyceen derselben, so wie jener zu Käsmark, Leutschau und Eperies both er alles Mögliche auf. — Gedruckt sind aus B.'s Feder erschienen: De commercio et industria Hungariae. Leutschau 1797; deutsch (von seinem Freunde Rumy) Weimar, 1802. — De conditione et indole rusticorum in Hungaria; Leutschau, 1806. — Ansicht des asiatisch-europäischen Welthandels, Pesth, 1808 (eigentlich Rumy's Arbeit; der Herausgeber B. hatte sie den Zipser Gelehrten aufgegeben, und Rumy den Preis zuerkannt). — Die Erweiterung des nordischen Handels, Wien, 1814; ungarisch vom Grafen Jos. Desöffy, Leutschau, 1815. — Nachrichten über den jetzigen Zustand der Evangelischen in Ungarn, Leipzig, 1822, (alsbald nach seinem Tode erschienen). — In Bredetzky's Beyträgen sind Aufsätze von ihm. Einen rüstigen und wichtigen Mitarbeiter hatten an B. unter Andern folgende Zeitschriften: Andrè's patriot. Tageblatt, Schedius's Zeitschrift, Österreichische Annalen, Vaterländische Blätter, Hormayr's Archiv, Magazin für österr. Geschichte, (Göttingen) Stäudlin's Archiv, Voß's Zeiten, politische Annalen 2c. — Eine Abhandlung über das Militär-System in Ungarn, und mehrere staatswissenschaftliche Tractate hinterließ er als Handschrift. — Theißer Districtual-Inspector, als welcher er mit ungemeinem Eifer wirkte, war er 21 Jahre bis zu seinem Tode, der den 13. Febr. 1822 zu Groß-Lomnitz erfolgte. Merkwürdig iſt, daß B. bey der glühenden Vorliebe für ſein Vaterland, dennoch einem eben ſo glühenden Kosmopolitismus anhing. So incorrect er latein ſchrieb, ſo gewandt verſtand er deutſch zu ſchreiben.

Beſchäl-Anſtalten, ſ. Geſtüte.

Beskiba, Joſ., Profeſſor der Elementar-Mathematik an der Realſchule des k. k. polytechniſchen Inſtituts, geb. zu Wien den 17. März 1792, ſtudirte im daſigen k. k. Stadt-Convicte, woſelbſt er 1813 und 1814 die Stelle eines Repetitors der Mathematik verſah, erhielt 1816 proviſoriſch das Lehramt der Elementar-Mathematik im polytech-niſchen Inſtitute, 1817 auch das der Phyſik; 1818 wurde er wirklicher Profeſſor der Mathematik in dieſer Anſtalt, und trug 1820 und 1821 an der Wiener Univerſität die höhere Mathematik im 1. Jahrgange vor. Er gab heraus: Auflöſungslehre der Gleichungen. Wien, 1819. — Lehrbuch der Elementar-Mathematik, 3 Bde., eb. 1822 — 26.

Beſſel, Gottfr. v., Abt der Benedictiner-Abtey Göttweih in Niederöſterreich, geb. den 5. Sept. 1672 zu Buchheim im Main-ziſchen. Seine erſte wiſſenſchaftliche Bildung erhielt er in den Schulen zu Aſchaffenburg, Bamberg und Würzburg; Philoſophie und Theologie hingegen ſtudirte er zu Salzburg, und trat dann 1672 zu Göttweih in den Benedictiner-Orden. Zu Wien erhielt er die theologiſche Doctorswürde, und lehrte dann in dem Mainziſchen Kloſter Seligenſtadt die Philoſophie und Theologie. Der Churfürſt von Mainz, Lothar Franz, B.'s Einſichten vertrauend, bediente ſich ſeiner auf Geſandtſchaften nach Rom, Wien und andern Orten, und nahm ihn in ſeinen geheimen Rath auf. Die Würde eines Abtes von Göttweih erhielt er vom Kaiſer Carl VI. 1714; zwey Jahre darauf beehrte ihn dieſer Monarch mit dem Titel eines kaiſerl. Theologen, und 1720 ſandte er ihn nach Kempten, um die daſelbſt entſtandenen Irrungen beyzulegen. Er ſtarb 1749. — B. war hochverdient um die Förderung der wiſſenſchaftlichen Cultur in ſeiner Abtey, die er nach dem Brande 1718 prächtiger wieder aufbauen, und mit einer an wich-tigen Manuſcripten, alten Drucken und andern Seltenheiten reichen Bibliothek verſehen ließ. Er unternahm es nähmlich, eine diplomatiſche Geſchichte ſeiner Abtey herauszugeben, wovon aber nur der in der Ge-ſchichte der deutſchen Diplomatik Epoche machende Prodromus erſchienen iſt. Das Werk führt den Titel: Chronicon Gottvicense sive Anna-les monasterii Gottvicensis ord. S. Benedicti faciem Austriae antiquae et mediae exhibens, ex codd. antiq., depromptum etc. Tom. 1. sive prodromus. Tegernſee, 1732, (in 2 Foliobänden). Dieſer Prodromus, an dem auch Hahn Antheil nahm, enthält eine auf die ſorgfältigſten urkundlichen Unterſuchungen gegründete Anlei-tung zur alten Geographie und Kenntniß der alten deutſchen Gauen, und eine kritiſche Graphik und diplomatiſche Topographie, allen folgenden ähnlichen Arbeiten zur Grundlage dienend. B. blieb nicht dabey ſtehen, ſondern hatte noch 2 Bde. des eigentlichen Chronicon verfaßt. Nun ſteht die Erſcheinung des 2. Bandes zu gewärtigen.

Beſſenyei, Georg v. Dieſer große Denker, der auch als Dichter einen bedeutenden Einfluß auf die ungar. Poeſie ausübte, indem er, als der Stifter der französischen Schule in derselben zu betrachten ist, ward um das Jahr 1740 zu Berczel in der Szabolcser Gespanschaft gebo= ren. Sein Vater trug so wenig Sorge für die Erziehung seines vortreff= lichen Sohnes, daß dieser nach 4 auf den Sárospataker Schulen zu= gebrachten Jahren schon nach Hause mußte, wo er bald auch sein weni= ges Latein vergaß. In der Folge trat B., ein schöner stattlicher Jüng= ling, in die neuerrichtete ungar. Leibgarde zu Wien ein. Der Ehrgeiz trieb ihn zur Selbstbildung mächtig an, und bald mit der deutschen und franzöſ. Sprache bekannt, mit den neueren europäischen Literaturen, besonders der französischen sich befreundend; vom Eifer der Deutschen, welche durch eine eigene Literatur die fremden in ihre Schranken zurück= zuweisen trachteten, angeregt, bildete er sein glückliches Talent sorgfäl= tig aus, um bey seiner Nation ein gleiches Feuer zu entflammen. So trat er 1772 unter andern mit folgenden (in Wien gedruckten) poetischen Werken auf: Hunyadi László, Tragödie in 3 Acten; von Virág, nicht am glücklichsten, neu bearbeitet. — Agis, Tragödie in 5 Acten, mit einem Nachspiele. — Az embernek próbája, ein philosophisches Gedicht in 4 Briefen, durch Pope's Essay on Man veranlaßt, jedoch keine Übersetzung. — Buda, Tragödie in 5 Acten (Preßb., 2. Aufl., eb. 1787). Die aufgezählten Schriften sind sämmtlich in Alexandrinern nach französ. Mustern verfaßt, welche auf B.'s Beyspiel in der ungar. Poesie zu jener Zeit fast allgemein wurden. Doch nun legte sich B. be= sonders auf die Philosophie und Theologie, und trat 1779 zur kathol. Kirche über. In diesem Zeitraume widmete er sich der Prosa, versuchte sogar den Lucan in ungebundner Rede zu liefern, und gab zur Probe dessen erstes Buch, nach Marmontel übertragen, auch wirklich heraus (Preßb. 1776), fand aber, wie billig, wenig Beyfall. 1777 folgte, A' philosophus, ein Lustspiel in 5 Acten ebenfalls in Prosa (Wien), und eine Sammlung kleinerer poetischer und prosaischer Aufsätze von ihm, Orczy und Barcsai, unter dem Titel: Sársasaga es sutó darabjai (Wien). — Magyarság (eb. 1778), enthaltend Ideen über ungar. Sprachcultur. Einstimmige Anerkennung erhielt das Holmi (eb. 1779), eine Sammlung philosophischer, literarischer, poetischer Aufsätze kleine= ren Umfangs. Bald nachher ließ er seine französ. geschriebenen Lettres galantes auch ungar. drucken, und übersetzte Crebillon's Triumvirat in der Versart des Originals (eb. 1779). Von dieser Zeit bis 1784 befand sich B. als Custos an der kais. Hofbibliothek, und genoß weniger Muße. Indessen hatte er die Freude zu sehen, wie mächtig sein Beyspiel wirke, und wie Ungarns beste Köpfe zu dem von ihm angedeuteten Zwecke sich muthig vereinten. Als Kaiser Joseph die deutsche Sprache in Ungarn allgemein zu machen strebte, und dadurch noch mächtiger die Nation zur Festhaltung ihrer eigenen Sprache anregte, verfaßte B. den Plan einer zu errichtenden Gelehrten=Gesellschaft. Diese Broschüre gab Revai 1799 zu Wien heraus. Batsányi theilte 1789 im Magyar. Mu= seum (I. S. 106—116) Nachrichten über folgende Handschriften B.'s mit (welche der Verfasser selbst in der Bibliothek des Paulinerklosters zu Pesth niederlegte, die aber leider verloren gegangen sind): 3 philoso= phisch=politische Schriften über Gesetz im Allgemeinen, das ungarische

insbeſondere, und Geſpräche über die Kunſt Menſchen auszubilden; außerdem noch: Hunyadi Mátyás, ein Heldengedicht in 8 Geſängen, aus
welchem am erwähnten Orte mehrere Probeſtellen abgedruckt ſind. B.
war indeſſen aus den Dienſten getreten, und zog ſich in ſeine Heimath
zurück, wo er auf ſeinem Gute Berettyó Kovácſi im Biharer Comitate lebte, und als Mitglied der Gerichtstafel den Verſammlungen
derſelben beywohnte. Indeſſen hatten Andere ſeine Schriften verdrängt,
es erblühte ein neuer ſchöner Zeitraum der ungar. Literatur, deren Fortſchritte er freudig mit anſah. So ſtarb er im May 1811.

Beſtandtheile des Kaiſerthums, ſ. Geographie.

Beszkéd (Beskid). 1) Ein Theil der Karpathen in der Trentſi-
ner Geſpanſchaft in Niederungarn, dießſeits der Donau. Er ſcheidet
Ungarn von Galizien, Mähren und öſterr. Schleſien. 2) Ein hoher
Berg, ebenfalls ein Theil der Karpathen in den Geſpanſchaften Zemplin
und Beregh in Oberungarn, dießſeits der Theiß, der ſich 8 Meilen
weit von der Saroſcher bis zur Unghvarer Geſpanſchaft erſtreckt, und
Oberungarn von Galizien ſcheidet.

Bethlen (Betlen), das Geſchlecht. Uralte ſiebenbürg. Familie.
Betlen, der Urenkel der Sarolta, jüngſten Schweſter Stephan's I.
von ihrem zweyten Gemahl, Enkel des Grafen Marhárd und Sohn
des But? war der Stammvater. Seine Söhne waren Peter, Olivier und Nikolaus. Olivier iſt der Stammvater der Bethlen
de Bethlen, oder Bethleni v. Betlen, Peter der Stammvater der Bethleni v. Jktár.

Bethlen v. Bethlen, Franz, war ſiebenbürg. Erzmarſchall
der beyden Fürſten Rakóczy. Er war Socinianer. Mehrere ſeiner
an Ruarus gerichteten Briefe ſind in den Centuriis epistolarum Rua-
rii, Amſterdam, 1681, abgedruckt.

Bethlen v. Jktár, Gabriel (Gabor), geb. 1580. In ſeiner
Jugend hielt er ſich bey Siegmund Bathory auf, nachmahls
bey Gabriel Bathory, den er jedoch, als ihm dieſer in toller Wuth
nach dem Leben ſtrebte, verließ. Als darauf Gabriel Bathory in
Großwardein ermordet worden war, wählten die Stände auf dem
Landtage zu Klauſenburg den 28. Oct. 1618 B. zum Fürſten, der
die Zügel der Regierung mit feſter Hand lenkte. Die Pforte ertheilte
ihm die Beſtätigung, obwohl der öſterr. Hof ſich faſt immer feindſelig
gegen ihn bewies. Bey der Empörung der Böhmen rückte er im Auguſt
1619 mit 18,000 Mann in Ungarn ein, eroberte Preßburg (den
20. Oct.) und brach nun gegen Wien auf, um vereint mit Mathias
Thurn die Belagerung der Hauptſtadt zu beginnen. Die Niederlage
zweyer Corps nöthigte ihn jedoch zum Rückzuge nach Preßburg, und
ein 9monathlicher Waffenſtillſtand mit Ferdinand II. folgte nicht
lange darauf. Auf dem Reichstage zu Neuſohl in Ungarn (den 15.
July 1620) wurde B. zum König von Ungarn erwählt, verzichtete aber
auf den Königstitel durch den Frieden zu Nikolsburg den 31. Dec.
1621, und lieferte die Reichsinſignien aus. Öſterreich erkannte jedoch
ihn und ſeine männlichen Erben als Fürſten von Siebenbürgen und des
heiligen römiſchen Reichs, und ertheilte ihm auf Lebenszeit die Herzog-

thümer Oppeln und Ratibor, so wie den Genuß der königl. Einkünfte aus mehreren Gespanschaften. Ungeachtet dieser Frieden auf dem Reichstage zu Oedenburg den 3. April 1622 bestätigt worden war, so ließ sich doch B. durch den Markgrafen von Jägerndorf und den Grafen von Mänsfeld im folgenden Jahre verleiten, von Neuem verwüstend in Ungarn und den österr. Staaten einzufallen. Da aber die deutsche Hülfe ausblieb, so endete der Wiener Friedenschluß (den 8. May 1624) diesen Krieg. Schon 1626 brach der Krieg wieder aus. Der Friede von Preßburg im April 1627 sicherte ihm einige neue Besitzungen und ruhig beherrschte er nun bis zu seinem Tode, den 16. Nov. 1629, Siebenbürgen, wo Wissenschaften, Künste und Gewerbe während der Dauer seiner Regierung geblüht hatten. Nach seinem Wunsche übernahm seine Witwe Catharina, Churfürsten Johann Siegmund's v. Brandenburg Schwester (seit dem 28. Febr. 1626 mit ihm vermählt), die Regierung des Landes; allein die Stände zwangen sie auf dem Landtage zu Klausenburg (den 16. Aug. 1630) die Regierung niederzulegen, und das Land zu verlassen. Gabriel's Bruder, Stephan, wurde zum Fürsten erwählt; allein Georg Rakoczy bemächtigte sich der Regierung, wurde auf dem Landtage zu Schäßburg, den 20. Sept. 1630, anerkannt, und B. trat in den Privatstand zurück.

Bethlen v. Iktár, Gabriel, war in der verhängnißvollen Schlacht bey Mohács 1526 Anführer von 6000 Lanzenträgern, späterhin Rath und Obercapitän des Johann v. Zápolya.

Bethlen v. Bethlen, Joh., ein Mann von Klugheit und Gelehrsamkeit. Er war Obergespan des Albenser Comitats, Kanzler dreyer siebenbürg. Fürsten, des Barcsay, Kéméry und Mich. Apafi. Er stellte das helvetische Gymnasium zu Enyed wieder her, und stiftete das zu Udvarhely. Er starb 1678. Sein Werk: Epitome rerum in Transylvania etc., Amsterdam, 1663, erschien deutsch unter dem Titel: das bedrängte Dacien, Nürnberg, 1606. Die Fortsetzung seiner Arbeit bis 1674 ist nicht gedruckt.

Bethlen v. Bethlen, Nicol., 3. Sohn Johann's B. v. B. (s. b.), geb. 1642. Er studirte auf siebenbürg. Gymnasien, vervollkommnete seine Kenntnisse durch mehrere Reisen im fernen Auslande, und erfreute sich des Umgangs und der Gunst Leopold's I. und der Großen. 1676 verlor er durch Verleumdung mehrerer Widersacher, welche ihn der Theilnahme an den Rakoczy'schen Unruhen beschuldigten, die Freyheit; doch alsbald entzog ihn der Kaiser dem Kerker, und entschädigte ihn reichlich dadurch, daß er ihn zum Kanzler von Siebenbürgen ernannte, in den Grafenstand erhob, und ihm bedeutende Güter schenkte. Nach einer wiederhohlten Anklage seiner Feinde rechtfertigte er sich persönlich bey seinem Monarchen, und verweilte von nun an in Wien, woselbst er den 17. Oct. 1716 starb. B.'s Betrieb ist zuzuschreiben, daß Siebenbürgen das Leopoldinische Diplom erhielt, mit der Bekräftigung seiner Verfassung und Vorrechte. In seiner Druckschrift: Gemebunda Transylvania etc., 1685, sucht er dießfalls auf seine Landsleute zu wirken. Er schrieb ferner: Columba Noe, cum ramo olivae. — Sudores et cruces N. Bethlen. — Apologia pro ministris helvet. confess. etc. 1675. — Seine Biographie von 1642 — 1703 hinterließ er handschriftlich. Unecht sind ihm zugeschrieben: Mémoires histor. conten. les dern. troubles de Transylvanie, 2 Bde. Amsterdam, 1736. Selbe hat ein Abbé Reverend compilirt. — **Bethlen v. Iktár, Stephan,** siebenbürg. Gubernator, als welcher er sich jedoch nur kurze Zeit behaupten konnte. 1630 trat er die Fürstenwürde an Georg Rakoczy ab. Er ging zum Katholicismus über, erhielt später seine Besitzungen wieder, und verlebte ruhig seine letzten Tage.

Bethlen v. Bethlen, Farkas, Wolfg., Sohn des Franz B. (s. d.), berühmter siebenbürg. Geschichtschreiber, geb. 1648. Er war geh. Rath des Fürsten Mich. Apafi, Provinzial-Kanzler und Obergespan des Albenser Comitats, ein Mann von Talent, Freund und Pfleger der Wissenschaften. Seinen Herrn bey der Pforte zu rechtfertigen, ging er 1678 mit Clem. Mikesch als Gesandter nach Constantinopel. Er starb das Jahr darauf in seinem Vaterlande. B. schrieb eine Geschichte Siebenbürgens von der Schlacht bey Mohács 1526 — 1606. Den Druck derselben besorgte sein Bruder Alexius 1687 in der Druckerey des Schlosses Keresd. Selber hörte aber mit der Seite 832 auf, woran die Tökely'schen Unruhen Schuld waren. Die Exemplare wurden zerstreut, zum Theil versteckt, und beschädigt. Nach einer besondern Behauptung wurden sie in einen Weinkeller geworfen, und verfaulten da. Das Buch ist allerdings sehr selten; indeß dürften, nach einer sehr begründeten Annahme eines Buchhändlers, der allein in Deutschland und der Schweiz 17 Exemplare sah, deren wohl über 50 existiren. Bey dem Werke fehlt auch der Titel. Eine vollständige, aber äußerst schlecht ausgestattete Ausgabe in 6 Bänden veranstaltete Jos. Benkö zu Hermannstadt 1782 — 93.

Betska, s. Becska.

Bettfedern. Mähren, Böhmen, Österreich, Ungarn ꝛc. gewinnen erstaunlich viel solcher Federn. Sie werden entweder in den Haushaltungen geschliffen, oder es geschieht diese Arbeit erst, wenn sie schon ein Eigenthum der Federnhändler geworden. Der Handel damit ist in einem großen Theile des österr. Staates in den Händen der Juden, zumahl der böhmischen, die in mehreren österr. Ländern die rohen Federn zusammenkaufen, und in ihre Niederlagen nach Prag liefern. Das Meiste geht von Prag aus nach Leipzig, nach den Hansestädten, und in andere Gegenden Deutschlands. Auch die Städte Schüttenhofen, Przeznitz, Winterberg, Sebastiansberg, Schluckenau, Teplitz ꝛc. handeln mit böhm. Federn nach Sachsen, Bayern u. s. w. Unstreitig ist der böhm. Federnhandel, der sich ins In- und Ausland verbreitet, von vieler Bedeutung, nachdem in der neueren Zeit die Federnpreise so sehr in die Höhe gegangen.

Bewohner des Kaiserthums gehören mehreren ganz verschiedenen Volksstämmen an, so daß außer Rußland kein Staat in Europa besteht, welcher von so verschiedenartigen Völkern bewohnt wäre. Die Zahl der sämmtlichen Einwohner, welche beträchtlich im Wachsthum ist, wird gegenwärtig auf 34,152,348 angeschlagen. Österreich hat daher in Europa, nach Rußland, die meisten Einwohner, und übertrifft jetzt hierin schon Frankreich.

Diese gesammte Bewohnermasse gehört 4 Hauptnationen und mehreren Nebenvölkern an. Die Hauptnationen sind: 1) die Germanen, 2) die Slaven, 3) die Magyaren, 4) die Italiener; zu den Nebenvölkern rechnet man die Walachen, Juden, Zigeuner, Armenier, Griechen, Albanier oder Clementiner und endlich die Fremden, als Franzosen, Osmanen rc. — Die Germanen oder Völker deutscher Abstammung sind auf ursprünglich heimischem Boden ansäßig, jetzt aber in beschränkterer Ausdehnung, als in der ältesten Zeit, da slavische Völker viele ehemahls den Deutschen gehörige Gebiethe in Besitz genommen haben. Die Deutschen bewohnen das Erzherzogthum Osterreich mit geringer Ausnahme, ganz Obersteyermark, einen großen Theil von Kärnthen, ein Stück von Krain, das nördl. Thyrol, die Gränzgegenden Böhmens gegen Bayern, Sachsen und Preußen, die Gränzgegenden Mährens gegen Osterreich und Schlesien, einen Theil von österreichisch Schlesien, die Gränzgegenden Ungarns gegen Osterreich und Steyermark, nebst einem Theile der Zips und mehreren, zum Theile ganz zerstreuten Gegenden und Ortschaften, ferner das Land der Sachsen in Siebenbürgen und einzelne Colonien in Galizien. Ein kleiner Bezirk des Venetianischen, nahmentlich die Sette Comuni, ist ebenfalls von deutschen Abkömmlingen bewohnt, und in Siebenbürgen lebt außer der Hauptnation der Sachsen, noch eine, größtentheils aus deutschen, neueingewanderten Colonisten bestehende Nebennation, Landler genannt. Alle Germanen zusammen mögen die Zahl von 6,200,000 erreichen. Ihre Sprache ist die deutsche in mehreren Mundarten, die sämmtlich zur oberdeutschen Hauptmundart gehören und deren Verschiedenheiten ohne Zweifel daher rühren, daß der österr. Staat fast aus allen süd- und mitteldeutschen Landschaften Anpflanzer erhalten hat. Man kann im eigentlichen Osterreich, Steyermark und Kärnthen, mit Ausschluß aller übrigen Provinzen, und selbst Salzburg ausgenommen, 15 sehr wesentlich verschiedene germanische Mundarten zählen. Mehrere derselben sind durch Beymischung fremder, vorzüglich slavischer Wörter, verunreinigt worden. Die vorzüglichsten darunter sind: die österreichische, die tyrolische, die Zipser, welche der meißnischen nahe kommt, und die sächsische in Siebenbürgen. — Die Slaven sind unter den B. n des österreichischen Staates der bey weitem zahlreichste Volksstamm, indem sie wenigstens 15,650,000 Köpfe stark sind. Auch sie theilen sich in mehrere Zweige, mit besondern Mundarten. Im österr. Staate wohnen davon folgende Zweige: 1) Die Czechen oder Tschechen in Böhmen und Mähren, welche einen slavischen Dialect, den sogenannten böhmischen, sprechen, welcher härter klingt als die Mundart der benachbarten slavischen Völker, und welche unter den slavischen Bewohnern dieses Staates wohl die meiste Bildung besitzen. Von ihnen unterscheiden sich einigermaßen die böhm. Mährer. 2) Die Hannaken in Mähren, von ihrem Sitze am Flusse Hanna so benannt. 3) Die Slowaken im westl. Theile des nördl. Ungarns und in Mähren, wo sie den östl. Theil gegen die Karpathen einnehmen. Sie sind ein Überbleibsel des alten mächtigen mährischen Reiches, und reden heutzutage mehr rere Mundarten, welche nach Gegenden und Ortschaften benannt werden! Die mährischen Slowaken, welche man auch Crowaten nennt, theilt man wieder in eigentliche Slowaken, in Walachen, in gemischte Slowaken oder Zalesaken, in Kopaniczaren, Wasserpolaken 2c. 4) Die Polen im westlichen Theile Galiziens, im Flußgebiethe der Weichsel. Diejenigen, welche die Gebirge bewohnen, nennt man Goralen, die B. der Ebene aber Mazuraken. Sie reden den sogenannten polnischen Dialect. 5) Die Rußniaken oder Russen in den galiz., ungar. und siebenbürg. Karpathen. Die B. der galiz. Ebenen, besonders im Osten des Sanflußes, nennt man insgemein Rothreußen; die B. der Karpathengegenden in Galizien, in Siebenbürgen Pokutier; die Rußniaken auf der ungar. Seite der Karpathen Ruthenen oder Russen. 6) Die Wenden oder Winden, die richtiger Slowenen genannt werden sollten, in Untersteyermark, Kärnthen, Krain, Friaul, im nördl. Provinzial-Croatien und in einem kleinen Theile des westl. Ungarns an der steyermärk. Gränze, wo man dieses Volk unrichtig mit dem Nahmen Vandalen belegt. Die Wenden in Krain unterscheidet man in die Krainer und in die Slowenzen, die aber in ihren Dialecten nur wenig verschieden sind, und beyde eine arme Sprache reden. Die Geilthaler (Silauzi, Selauzi) in Kärnthen, gehören zu den Wenden. 7) Die Croaten oder Sloweno-Horwaten in dem größten Theile des eigentlichen Croatiens und der croatischen Militär-Gränze und in einem kleinen Theile des westl. Ungarn, wo sie neben den Wenden einen Landstrich bewohnen; dann noch in einzelnen Niederlassungen in Osterreich und in Mähren. Sie haben ihren eigenen croatischen Dialect. Die ersten Einwohner der Carlstädter Gränze im 16. Jahrh., die Uskoken (Entflohene, Überläufer), die noch in der Gegend von Zengg und im Sichelburger Districte leben, sind kein eigener Zweig, sondern entweder Serben oder Horwaten; ihr Nahme Uskoken ist ihnen nur als türkischen Flüchtlingen beygelegt worden. 8) Die Slavonier in den slavonischen Comitaten und im ungar. Bacser Comitate, in Schokaczen und Bunyewczen getheilt. Ihren Dialect nennt man den slavonischen. 9) Die Serben, Serbier oder Illyrier, auch unter dem Nahmen Raazen oder Raizen bekannt, in Provinzial- und Militär-Slavonien und in einigen Gegenden des südl. Ungarn, sämmtlich der griech. Religion zugethan. Man unterscheidet bey ihnen den gemeinserbischen Dialect, der auch der sloweno-serbische heißt, und den serbischen (slowenischen) Kirchendialect. 10) Die Morlaken in Dalmatien, besonders in den Gebirgen dieses Landes, sind eingewanderte Serben und Bosniaken. Die B. der östl. Gegenden werden Ragusaner und Bocchesen genannt. Die in Dalmatien übliche slavische Sprache gehört dem herzegovinischen Dialecte an, der an der Küste durch viele Italismen verunreinigt wird. — Die Magyaren oder Ungarn sind gänzlich asiatischen Ursprungs. Ihre heutigen Wohnsitze an der Theiß und Donau haben sie erst seit ihrer Einwanderung im 9. Jahrh. inne. Sie bewohnen den schönsten, ebensten und fruchtbarsten Theil Ungarns und den größten Theil Siebenbürgens, und sind selbst in ihrem Vaterlande ganz von Nationen fremder Zungen umschlossen, indem sie nirgends bis an die Gränze reichen. Man schätzt ihre Zahl in beyden Ländern auf beyläufig 4,500,000 Köpfe. Besondere Abtheilungen derselben sind die Szekler in Siebenbürgen, die Kumanen und Jazygen in Ungarn. Die magyarische Sprache hat 2 Hauptmundarten: die Biharer oder Debrecziner, und die Raaber; außerdem aber gibt es in den verschiedenen Gegenden des Landes noch mancherley Abweichungen. — Die Italiener bewohnen beynahe das ganze lombardisch=venetianische Königreich, das südl. Tyrol, einen großen Theil der illyrischen und dalmatinischen Seeküste und der dalmatinischen Inseln, zusammen gegen 4,650,000 Seelen stark. Die Hauptdialecte sind der lombardische und venetianische, welche von dem florentinischen Dialecte ziemlich abweichen. — Von den Nebenvölkern sind die Walachen (Dako=Walachen) die zahlreichsten. Sie nennen sich selbst Rumuni und stammen, wie die neuesten Forschungen dargethan haben, von den Römern ab, welche früher nach Dacien verpflanzt und unter Aurelian wieder über die Donau wandern durften, sind jedoch sicher nicht unvermischt geblieben. Ihre Wohnsitze sind im östl. Ungarn, beynahe längs der ganzen siebenbürg. Gränze, in Siebenbürgen selbst und in der Bukowina, die früher einen Theil der Moldau gebildet hat, und ihre Zahl soll sich zusammen auf 1,820,000 belaufen. Zu den Walachen rechnet man die Unguränen, die aus Siebenbürgen entflohen sind und sich in Ungarn niedergelassen haben; die Kalibassen in Siebenbürgen; die Zinzaren (Macedo=Wlachen) in Ungarn, die Moldauer oder Moldawenen in der Bukowina u. s. w. Die walachische Sprache ist eine Tochter der römischen und wahrscheinlich das verdorbene Latein der römischen Ansiedler, mit manchen Abweichungen und vielen fremden Einmischungen. Die Neugriechen oder Macedonier halten sich meistens als Handelsleute in Städten auf und sind vielleicht nur 4,000 Köpfe stark. Die Armenier, die 1672 aus Persien und der Türkey nach Siebenbürgen zogen, sind nun auch in Galizien und Ungarn ansäßig, doch beträgt ihre Anzahl nur bey 13,500. Juden sind in Oberösterreich, Steyermark, Kärnthen, Krain und Tyrol keine; in allen übrigen Provinzen sind sie zahlreich, am stärksten aber in Galizien und Ungarn. Im Ganzen berechnet man ihre Zahl auf 475,000. Es gibt darunter deutsche, polnische, und in einigen Gegenden auch türkische (maurische) Juden, welche noch jetzt ihren spanischen und portugiesischen Dialect reden. Die Albanier oder Clementiner, mit einer ganz eigenthümlichen Sprache, bewohnen nur 2 Dörfer der slavonischen Militär=Gränze. Die Zigeuner sind bey 110,000 Köpfe stark, und wohnen in Siebenbürgen, Ungarn, Galizien, und zum Theil in Dalmatien. Ihre Sprache ist aus walachischen, slavischen und ungarischen Wörtern zusammengesetzt, hier und da mögen auch noch indische Worte zu hören seyn, als Überbleibsel ihrer ursprünglichen Sprache, die sie aus Indien mitgebracht und bey der Zerstreuung nach und nach abgelegt haben. Zu den Fremden rechnet man die im Staate ansäßigen Wallonen und Franzosen, die Moldauer, Osmanen rc.

Unter diesen B.n sind alle Erwerbs= und Beschäftigungsarten verbreitet. Die Jagd wird in Tyrol und so weit das Alpengebirge reicht, noch meist kunstlos und zur Befriedigung der nächsten Bedürfnisse des

Lebens getrieben, während sie in einem großen Theile des Reiches als ein Zweig der Forstcultur wissenschaftlich gelernt und geübt wird. Die See= fischerey an der Küste des adriatischen Meeres ist, wegen des reichlichen Ertrages und wegen des größtentheils unfruchtbaren Bodens der Küsten= länder, zu anlockend, als daß sich nicht Tausende derselben widmen soll= ten; frische und getrocknete Fische sind einen großen Theil des Jahres die Hauptnahrung vieler Einwohner in Illyrien und Dalmatien, und ge= ben ihnen noch außerdem durch den Verkauf einen erheblichen Gewinn. Nicht weniger beträchtlich ist die Süßwasserfischerey, da alle Provinzen einen seltenen Reichthum an fischreichen Seen, Teichen, Flüssen und Bächen besitzen. Die Viehzucht ist überall beträchtlich, in manchen Län= dern, z. B. in einem Theile Ungarns noch ganz asiatisch, wobey große Heerden von eigenen Viehhirten, die noch Halbwilden gleichen, Jahr aus Jahr ein, ohne freyen Himmel auf den sogenannten Puszten gehalten werden; in den Alpenländern mit Alpenwirthschaft, wo der Hirte (Senne) im Frühling das Vieh auf die Alpen, und je wärmer es wird, desto höher hinauftreibt, und wo er in einfachen Holz= hütten (Sennhütten) wohnt und sich meist von Milch, Molken, Käse und Butter nährt, bis ihn der anfangende Winter mit seinem Vieh wie= der ins Thal herabtreibt; in andern Gegenden mit gewöhnlicher Hutung und nächtlicher Einstallung; auf manchen Gütern ist durch die Verbesse= rung der Wiesencultur und durch die möglich gemachte Stallfütterung die Rindviehzucht sehr gehoben. Viel Eigenthümliches biethet die Pferde=, Schaf= und Schweinezucht in Ungarn. Des Staates Hauptreichthum bil= det aber der Feldbau, welcher allenthalben betrieben wird, wo nicht un= besiegbare physische Hindernisse den Anbau des Bodens unmöglich machen. Am fleißigsten wird der Feldbau in den deutschen Ländern betrieben. In manchen Gegenden wandern beym Eintritt der bessern Jahreszeit oder zur Mahd und Ernte Tausende von Menschen beyderley Geschlechtes in solche Gegenden aus, wo es an Menschenhänden gebricht, um bey den ländlichen Arbeiten behülflich zu seyn; nach Beendigung der Feldarbei= ten kehren sie mit dem Ersparten wieder in ihre Heimath zurück. Wo die höhere Lage und das kältere Clima dem Getreidebau nicht mehr recht zu= sagt, da bildet der Flachsbau einen andern wichtigen Zweig der land= wirthschaftlichen Betriebsamkeit, höchst einflußreich wegen der vielfälti= gen Beschäftigung, welche die weitere Verarbeitung dieser Pflanze arbeit= samen Händen gewährt. Den Garten= und Obstbau treibt besonders der Deutsche mit Einsicht, und in den deutschen Provinzen besitzt jeder Landmann seinen Garten, woraus er das für seinen Haushalt nöthige Gemüse und Grünzeug zieht. Doch kommen alle übrigen Provinzen nicht dem lombardisch=venetianischen Königreiche nahe, welches mit seinem un= gemein fruchtbaren Boden einem großen Garten gleicht und eine Physiog= nomie zeigt, welche dem Nordländer gänzlich fremd ist. Hunderttausende beschäftigt der Weinbau mit seinen mancherley Verrichtungen. Die Bie= nenzucht und die Seidencultur sind nur Nebenbeschäftigungen des Land= mannes, und insbesondere ist die letztere einträglich. Im Betriebe des Bergbaues übertrifft der Deutsche und Slave alle andern Nationen. — Wie in ihren ländlichen Beschäftigungen, so biethen die B. des

Staates auch in ihrem Äußern, in der Beſchaffenheit ihrer Conſtitution und ihrem Charakter die größten Verſchiedenheiten dar. Im Ganzen genommen, ſind dieſe Völker von gutem feſten Körperbaue, doch übertreffen die Slaven durch ihr ſtärkeres Knochen- und Muskelgebäude die übrigen Nationen, und wenn der Slave breitſchulterig und unterſetzt, der Deutſche ſchwerfällig iſt, ſo iſt dagegen der Magyare ſowohl ſchlank als behend und übertrifft an Körpergröße und ſchöner Körperhaltung alle Völker Europa's, und der Italiener, wiewohl nicht durch Körpergröße ausgezeichnet, iſt leicht beweglich und wohlgebildet. Indeſſen ſind auch die Slaven nach dem Clima, unter deſſen Einfluß ſie ſtehen, nicht unter einander gleich. Die Ruſſen und Czechen ſind klein oder mittlerer Größe und unterſetzt, die Illyrier, Croaten und Polen ſchlank und nach guten Verhältniſſen gebaut. Auch die Gebirgsbewohner ſind gewöhnlich, im Vergleich gegen die Bewohner der Ebenen, von ſtarkem unterſetztem Körperbaue, von feſtem Knochengebäude, ſtarken Nerven und kraftvollen Muskeln, ſo wie überhaupt die Schönheit und Geſtalt der Völker vom Clima, der Nahrung, dem Waſſer und von phyſiſchen und ſittlichen Gewohnheiten abhängt. Ein Fehler, der in der Conſtitution mehrerer Gebirgsbewohner der öſterr. Staaten getroffen wird, ſind die Kröpfe und der Cretinismus. Unter den Polen herrſcht auch der Weichſel- oder Wichtelzopf. Bey dem faſt allenthalben geſunden Clima, iſt ein Alter von 80 bis 100 Jahren nicht ungewöhnlich und in den Gebirgsgegenden hat man ſchon Greiſe gefunden, die 120 Jahre und darüber erreicht haben. Auf dem flachen Lande rechnet man im Durchſchnitte auf 36 Perſonen einen Sterbefall, doch iſt dieſe Sterblichkeit in großen Städten viel größer, vorzüglich in Wien; welches in der Gradation der Sterblichkeit einen der erſten Plätze einnimmt. Von Geburten rechnet man im Durchſchnitte auf 25 Lebende eine. — In Anſehung der Nahrungsmittel findet zwiſchen den B.n des Reiches ebenfalls ein großer Unterſchied Statt. Wie klein iſt die Summe der Nahrungsmittel, welche der Italiener, der Walache, der Slave im ſüdl. Ungarn und der Wende in Steyermark und Illyrien zu ſeinem Unterhalte braucht, im Vergleiche gegen die, welche der Deutſche, der Czeche und Mähre, und der größere Theil der Ungarn als wahres Bedürfniß anſieht! Brotfrucht iſt bey den Deutſchen, zum Theil auch bey den Ungarn, Böhmen, Mährern und Galiziern, Weizen und Roggen; bey den Wenden in Steyermark und Illyrien, den Italienern, Slavoniern und Serben großentheils auch der Mais, in höhern Gebirgsgegenden ſelbſt Hafer und Gerſte. In keinem Staate wird vielleicht eine ſo große Menge von Mais unter mancherley Geſtalten verzehrt, wie im öſterreichiſchen. Selbſt aus dem Mehle von Heidekorn werden in Illyrien und zum Theil in Tyrol, im Venetianiſchen, in Böhmen, Mähren, Galizien und Ungarn nicht nur ſchmackhafte Speiſen, ſondern hier und da auch Brot bereitet. Das ſchmackhafteſte Brot findet man in Öſterreich und Ungarn. Von Gemüſen wird am häufigſten der weiße Kopfkohl genoſſen. Die Conſumtion des Fleiſches hat in allen Theilen des Staates ſeit 40 Jahren ſehr zugenommen. Dem Ungar war aber Schweinefleiſch und Speck ſchon früher eine Lieblingſpeiſe. Als Getränke dient in Böhmen, Mähren und Schleſien vorzüglich Bier, in Oberöſterreich Bier und Obstwein (Cider), in Unterösterreich Bier und Wein, in den südlichen Provinzen, in Ungarn und Siebenbürgen meist Wein. Die Liebhaber des Branntweins sind in allen Provinzen sehr zahlreich, am zahlreichsten in Galizien. — In Kleidungen kann kein europäischer Staat, Rußland ausgenommen, eine so große Verschiedenheit aufweisen, und hier ist selbst das schönste europäische Costum, das ungarische, einheimisch, so wie das ärmlichste unter den Slowaken und Walachen. Ein allgemeiner Abriß läßt sich nicht geben; als Hauptabtheilungen aber kann man dreyerley Kleiderformen, die deutsche, ungarische und polnische, annehmen. In Städten herrscht die allgemeine europäische Tracht, die nach den Vorschriften der Mode aus Wien und Paris geregelt wird. — Auch in den Wohnungen herrscht von den elenden Hütten, in welchen der Mensch gemeinschaftlich mit seinem Vieh das Gemach theilt, oder von der trogloditischen Erdhöhle bis zum Pallaste des Reichen die größte Mannigfaltigkeit, welche wohl alle Varietäten von Wohngebäuden in sich schließt. Die schönsten und bequemsten Wohnungen hat der Italiener; auch die Deutschen, die westlichen Slaven und ein Theil der Ungarn haben recht wohnliche Gebäude, welches bey den Walachen, den Serben und den untersten Classen der Ungarn nicht gerühmt werden kann. Im Innern dieser Gebäude und Hütten trifft man bey der größten Reinlichkeit, auch den größten Schmutz, und in Galizien ist es nichts ungewöhnliches, daß das Feuer frey in der Stube brennt, und der Rauch sich selbst den Ausgang durch irgend ein Loch suchen muß. In mehreren Provinzen, zumahl in Gebirgsgegenden, liebt man einzeln stehende Häuser, um in der Nähe seiner Grundstücke leben zu können, aber in neuester Zeit hat die Staatsverwaltung die Zusammenziehung der Ortschaften begünstigt, weil dadurch Sicherheit und geselliges Verhältniß mehr befördert werden. Ungarns große Ebenen haben die größten Märkte und Dörfer. Der Character so verschiedenartiger Nationen läßt sich in einem allgemeinen Bilde nicht darstellen. Nur so viel kann bemerkt werden, daß Gutartigkeit und Gutmüthigkeit, Anhänglichkeit an die Regierung, Abneigung gegen Unruhen und Revolutionen, Muth und Tapferkeit im Krieg, Anspruchlosigkeit mit vielen reellen Vorzügen, Charakterzüge sind, welche alle diese Völker mit einander gemein haben.

Was den Kunstfleiß dieser Völkerschaften anbelangt, so muß zwischen dem westlich und östlich wohnenden ein Unterschied gemacht werden. Bey den letztern, welche Galizien und die sämmtlichen ungar. Länder bewohnen, ist Gewinnung der Naturproducte Hauptbeschäftigung, die Veredlung derselben in der Regel nur Nebensache; daher findet man hier wenige Fabriken und ins Große gehende Gewerbsanstalten, wenig Maschinen. Was für das Hauswesen der einzelnen Familien nothwendig ist, wird hier größtentheils aus eigenem Naturerzeugniß vom Hausvater oder der Hausmutter verfertigt; freylich mit höchst einfachen Werkzeugen und in gänzlicher Unbekanntschaft mit allen künstlichen Hülfsmitteln der Mechanik und Technik. Doch gibt es hier einige eigenthümliche Erzeugnisse, welche nicht nur recht gelungen genannt werden können, sondern auch von der Art sind, daß sie nirgends und in keiner Fabrik so verfertigt werden, wie sie für den Hausgebrauch und die Nationaltracht

dieser Völkerschaften erforderlich sind. Außerdem sind unter ihnen aber
auch viele Handwerker angesiedelt, welche die übrigen Erzeugnisse lie=
fern, und in neuerer Zeit haben sich selbst mehrere Fabriken nicht ohne
Erfolg etablirt, besonders in Gegenständen, welche ihrer Natur nach
von der häuslichen Betriebsamkeit ausgeschlossen sind, da sie viele Hän=
de und große Capitalien erfordern. In den westlichen Provinzen dage=
gen, nahmentlich in Böhmen, Mähren und Schlesien, in Österreich,
Steyermark, Tyrol, Illyrien und Oberitalien hat auch die Gewerbs=
industrie sehr mächtige Fortschritte gemacht, und Italien steht zugleich
als ackerbauender und als Fabrikstaat auf einer hohen Stufe.

Beyträge zur Landeskunde Oesterreichs u. d. Enns.
Dieß ist der Titel eines Werkes, das auf Anlaß und auf Kosten der
niederösterr. Stände zu Wien, in Commission der Beck'schen Univer=
sitäts=Buchhandlung erscheint. Redacteur ist der Registraturs= und Ar=
chivs=Director bey dem Wiener Magistrat Franz Tschischka (Ziska).
Allmählig sollen sie eine Masse von Materialien zu einem größern ge=
schichtlichen und landeskundlichen Werke dieser Provinz liefern. Diese
Beyträge haben vor, darzubringen: Abhandlungen über wichtige Epo=
chen der Profan=, Kirchen= und Culturgeschichte, Genealogien, biogra=
phische Notizen, noch unbekannte Urkunden und Aufsätze über österr.
Quellenschriftsteller, Reisebeschreibungen, topographische Darstellungen,
Aufsätze zur Naturgeschichte, über Gebräuche, Sprachgegenstände,
Landwirthschaft, Gewerbe, Institute 2c. Halbjährig soll ein Band
kommen. Die erschienenen 4 (1832 — 34) enthalten Arbeiten von
B ö h e i m, F i t z i n g e r, F r a s t, K o l l a r, L i t t r o w, P a r t s c h,
S c h e i g e r, J. G. W e b e r, T s c h i s c h k a, W e i d m a n n, Z a h l=
b r u c k n e r 2c.

Bezenye (Palesdorf, Pallersdorf), ungar. Dorf an der
Preßburger Landstraße, mit 900 Einw., Pfarre und gutem Ackerbau.

Bezirksgerichte, s. Ortsgerichte.

Biala, galiz. Fluß und Nebenfluß der Weichsel. Er ist an der
schles. Gränze, sehr wasserreich, entspringt am Berge Glimpschak,
und vereinigt sich mit dem Dunajec.

Biala, galiz. Munizipalstadt im Wadowicer Kreise, am rechten
sanften Thalrande der Biala, über welche eine steinerne Brücke nach der
schles. Stadt B i e l i t z führt. Die 4,000 Einw. sind sehr betriebsam,
und nähren sich, wie die benachbarten Bielitzer, hauptsächlich von Tuch=
und Leinwandweberey. Sie sind durch ihre Industrie meistens wohlhabend.

Bianchi, Friedr. Freyh. v. Duca di Casalanza, k. k. Feld=
marschall=Lieutenant, Ritter des kais. österr. Ordens der eisernen Krone
erster Classe, Commandeur des Maria=Theresien= Ritter des russ. St.
Annen= und des Alexander=Newsky=Ordens 1., dann des St. Georg=
Ordens 3. Classe, wie auch des preuß. rothen Adlerordens 1. Classe,
Großkreuz des sardin. St. Mauritz= und Lazarus=, dann des sicil. St.
Ferdinands= und Verdienst=Ordens, wirkl. geh. Rath und Inhaber des
Infanterie=Regiments Nr. 63., als Held und Menschenfreund gleich
ehrenwerth. Er wurde 1771 zu Wien geboren. Als Zögling des Ge=
niecorps machte er solche Fortschritte, daß er bereits 1788 als Unter=

lieutenant beym Geniecorps der Armee in Syrmien angestellt wurde. Bey den Stürmen der Festung Dubitza 1789 wurde B. unter den Bravsten genannt und von Loudon zum Oberlieutenant befördert. Im Jahre 1792 wirkte er in verschiedenen Gefechten mit, und wurde Hauptmann im Generalstabe. In der Folge kam er als Adjutant des Feldzeugmeisters Alvinczy zur italienischen Armee und wohnte mit Ruhm den Schlachten von 1796 bey. Inzwischen war der Ruf von B.'s Talenten bis zu dem Kaiser gedrungen, der ihm die ehrenvolle Bestimmung ertheilte, den jungen Erzherzog Ferdinand von Este auf seinen Feldzügen zu begleiten. Nun begann für ihn eine rasche Beförderung. Er wurde Major beym Generalstabe; Oberstlieutenant bey dem ungar. Infanterie-Regimente Nr. 2., damals Erzherzog Ferdinand; und dann Oberst bey dem ungar. Infanterie-Regiment Nr. 48.; damals Bukassevich; endlich wurde er Maria-Theresien-Ordens-Commandeur, Freyherr, Regimentsinhaber und General en Chef. Seine Waffenthaten, unter welche der sechswöchentliche Feldzug gehört, der Murat's Herrschaft in Neapel ein Ende gemacht, wird ganz Europa anerkennen. Nebst Auszeichnungen von mehreren Souveräns erhob ihn der König beyder Sicilien zum Herzog von Casalanza mit einer nahmhaften Rente, und Kaiser Franz bewilligte ihm eine Zulage von 1,000 fl. jährlich zu seinen andern Genüssen. B. lebt gegenwärtig vom öffentlichen Geschäftsleben, dem er sich zuletzt als k. k. Hofkriegsrath in Wien gewidmet hat, zurückgezogen, bereits seit einigen Jahren zu Treviso.

Biblioteca italiana, o sia giornale di letteratura, scienze ed arti. Der Jahrgang 1834 ist bereits der 19. dieser gehaltvollen, zu Mailand in Octav erscheinenden Monathschrift. Ihre vorherrschende Tendenz ist die Bekanntmachung der vorzüglichsten neuen Werke Italiens aller Fächer der Wissenschaft und Kunst; selbe werden nach Maßgabe ihrer Bedeutsamkeit entweder gründlich recensirt, oder nur kurz angezeigt. Unter der Rubrik Varietà werden vermischte Notizen, Preisaufgaben, Anfragen 2c., geliefert. Diese B. ist eine italienische Universal-Literatur- und Kunstzeitung, deren Werthhaltigkeit eher gestiegen ist, als abgenommen hat. Am meisten hat sie der Thätigkeit und Einsicht Acerbi's (s. d.) zu danken, welcher sie seit 1818 redigirt, und mit trefflichen eigenen Beyträgen ausgestattet hatte. Jetzt wird sie von einem Gelehrten-Vereine geleitet.

Bibliotheca austriaca. Dieses ist der Titel eines Verzeichnisses von ältern, seltenen und neuern Büchern über das Kaiserthum Österreich im Allgemeinen, und seine einzelnen Länder insbesondere, in Hinsicht auf Geographie, Statistik, Geschichte u. s. w., welche bey dem Wiener Antiquar-Buchhändler Franz Gräffer um ermäßigte Preise vorräthig sind. Dieß Verzeichniß, welches fortgesetzt wird, ist bereits 19 Druckbogen stark, und enthält über 6,500 größere und kleinere Werke. Da diese Unternehmung sowohl den zahlreichen Sammlern vaterländischer Werke willkommen, als zu einer noch mangelnden Central-Literatur-Übersicht der österr. Länder- und Völkerkunde nützlich ist, so wird sie als nicht unverdienstlich selbst im Auslande gewürdigt, wie denn unter Andern unlängst das Foreign quarterly review ihrer mit Anerkennung erwähnte.

Bibliotheca hungarica, nach der Idee der Bibl. austr., I. Verzeichniß, unternommen von dem Buchhändler Landes in Preßburg.

Bibliotheken, s. unter ihren Orts = oder Eigenthümer-Nahmen.

Bicsa, ungar. Markt sammt Schloß in der Trencsiner Gespanschaft mit 2,500 Einw., einer eigenen Pfarre und Gerichtsbarkeit, einem Salzamte, einem herrschaftl. Verwaltungsamte, mehreren Mühlen und Überfahrt über die Waag.

Bidschower Kreis, in Böhmen, war vormahls (nähmlich bis 1751) mit dem östlich angränzenden Königgrätzer Kreise vereiniget, aber seit dem von diesem getrennt, und hat nach der neuen Kreiseintheilung einen Flächeninhalt von 46¾ Quadr. M., 9 Städte, 19 Märkte und 610 Dörfer. Ihrer Abstammung nach sind die 248,500 Einw. dieses Kreises größtentheils Böhmen, bis auf wenige Ortschaften an der preußisch=schlesischen Gränze, welche Deutsche bewohnen. — Die vorherrschenden Nahrungszweige der Kreisbewohner sind Kunstgewerbe und Handel; denn der Ackerbau leidet durch das weit ausgedehnte Gebirge und das rauhe Clima zwischen und nächst demselben im nördlicheren Theile des Kreises eine Einschränkung; die Viehzucht ist ebenfalls hier nicht blühend, und der Ausdehnung des landwirthschaftlich benützten Bodens wenig angemessen. — Die wichtigsten Gewerbsanstalten, die hier bestehen, sind Baumwoll= und Leinenwaaren=Manufakturen, Bleichen, einige Eisenwerke, die Glas= und Glaswaaren=Erzeugung; die Papierfabrication und einige andere, die nur für den einheimischen Bedarf, selbst verschiedene Waaren erzeugen. Mit den Erzeugnissen der erwähnten Kunstgewerbe wird auch der meiste Handel von hier aus betrieben, welchen einige zweckmäßig angelegte Commercialstraßen, die durch diesen Kreis geführt sind, sehr erleichtern. Nordöstlich am Fuße des Riesengebirges ist der Ursprung der Elbe, in welche hier die Gidlina mündet.

Biecz, galiz. königl. Stadt im Jasloer Kreise an der Ropa, größtentheils mit hölzernen Häusern, zählt 1,920 Einw., und steht auf den Trümmern einer Stadt, die ehemahls ansehnlich und wohlhabend war. Es befindet sich hier eine alte gothische Pfarrkirche, und ein griech. Reformatenkloster.

Bielitz, schles. Fürstenthum im Teschener Kreise, ein fürstl. Sulkowsky'sches Majorat, ist 1¾ Meilen lang und breit, begreift (nebst den, andern Besitzern gehörigen Gütern Ernsdorf und Czechowitz) 1 Stadt, 19 Dörfer, 2 Colonien, 2,560 Häuser und nahe an 10,000 Einw., wovon die Hälfte Protestanten, die Hälfte Katholiken sind.

Bielitz, Stadt und Hauptort des gleichnahmigen schles. Fürstenthums am nordwestlichen Fuße der Karpathen, hart an der Gränze von Galizien am linken Ufer der Biala, mit 550 Häusern und 6,000 Einw., wovon die meisten sich mit der Tuchmacherey, nicht weniger aber auch mit der Färberey und der Druckerey verschiedener Stoffe beschäftigen. Die hiesigen 4 Schönfärbereyen machen große Geschäfte und stehen in besonderem Rufe, so daß aus Mähren jährlich viele tausend Stück hieher zum Färben gesendet werden; daher hier starker Wollen= und Tuchhandel nach Ungarn, Italien, Polen, Rußland und in die Moldau, wie auch mit ungar. Weinen nach Preuß. Schlesien und Galizien getrieben wird. Es ist hier ein Gränzpostamt, die Hauptniederlage des galiz. Steinsalzes für den Bedarf Mährens und Schlesiens von 4—500,000 Centner, das Zoll-Legstatt- und das Salztransports-Oberamt. Außer 2 kathol. Kirchen und einer Schule hat die Stadt auch eine protestant. Kirche und Schule.

Bienenzucht. Die B. ist im Ganzen in den österreichischen Staaten noch vernachlässiget. In Ungarn, wo alles sie begünstigt, wird sie äußerst einfach betrieben. Die Stöcke sind meistens aus Stroh, seltener aus Reisig geflochten, hie und da dienen ausgehöhlte Baumstämme (Klotzbeuten) zur Aufnahme eines Schwarmes. In honigreichen Jahren hilft der Bauer dem Bau des Insects durch einen Untersatz wohl nach; dieß ist das einzige, was er für die Zucht thut. In Siebenbürgen, wo der Bienenwirth überhaupt nur 10 Stück verzehntet, er mag so viel haben als er will, ist sie mehr im Flore und es gibt Stände von 200 bis 300 Stöcken. Marienburg schätzt die Zahl der Bienenstöcke in dieser Provinz auf 471,670 Stück, und schon brachte der Honig allein, ohne Wachs, die Summe von 1,836,664 Gulden ein. Der Banater Honig ist vortrefflich. Hier, wie in Galizien, gibt es viele Waldbeuten. In Dalmatien werden zum Theile die Bienenstöcke von dicht verkittetem Marmor gemacht, dessen obere Platte abgenommen werden kann. Am regelmäßigsten wartet man die Bienen in den deutschen und ital. Staaten; hier sieht man Magazinstöcke, und schickt häufiger die Stöcke von ihrem Stande auf honigreichere Weiden. — Die Honig- und Wachserzeugung reichte immer für den Staat zu: 1807 führte solcher zwar für 16,672 fl. mehr ein, als aus, in den 3 folgenden Jahren aber stieg die Ausfuhr auf 269,300, und die Einfuhr betrug nur 262,699 fl. Ungarn allein exportirte schon 1802 für 203,865 fl. Nach der Erwerbung der Lombardie und Dalmatien dürfte jetzt die Schale ganz zu Österreichs Vortheil sinken und die Ausfuhr ergiebiger seyn. — Doppelstöcke für die Bienen, in Ungarn erfunden, beschrieb der Erste Joh. v. Csaplovics, Wien 1814. In dieser Art von Bienenwohnungen geschieht die Theilung senkrecht, und so erhalten beyde Theile gleichen Vorrath an Honig, an Brut, an leeren Kuchen, an Volk, nebst andern vielen Vortheilen.

Bier. Die Bierbrauerey ist im Inlande ein sehr bedeutendes Gewerbe, besonders in Böhmen, Mähren und Österreich, weniger in den übrigen Provinzen; doch wird dieses Product leider nicht so gut und so rechtlich bereitet, als es seyn könnte und sollte. — In Österreich unter der Enns wird die Bierbrauerey sehr stark betrieben, besonders in und um Wien: In der Hauptstadt selbst sind 7 Brauhäuser, worunter das Neuling'sche in der Ungargasse, das fürstl. Liechtenstein'sche im Liechtenthal und das Leopoldstädter die berühmtesten sind. In den nächsten Umgebungen bestehen 24, die wichtigsten derselben sind zu Jedlesee, Hütteldorf, Schwechat, ꝛc. — Im Lande ob der Enns ist die Bierbrauerey sehr bedeutend, es wird daselbst vortreffliches Getränk bereitet, welches auch in Wien unter dem Nahmen Oberländer sehr beliebt ist. Die besten B. braut man zu Schärding und Braunau im Innkreise, zu Kaltenhausen im Salzburgischen und zu

Lützelberg im Hausruckkreise. — In der Steyermark wird gleichfalls bedeutend B. von vorzüglicher Güte erzeugt, weniger in Tyrol, des vielen Weinbaues wegen. — Es bestehen wohl auch in Italien, Illyrien und Ungarn Brauhäuser, doch der großen Weinerzeugung wegen, von geringer Bedeutung, desto wichtiger ist dieser Erwerbszweig jedoch in Böhmen, welches in den österr. Staaten die größten Brauhäuser hat; berühmt seiner Größe wegen, ist jenes zu Reichenberg, auch ist das böhmische B., seiner vorzüglichen Güte wegen, in besonderem Ruf. Mähren zählt ebenfalls viele Bierbrauereyen, von indessen nicht ausgezeichnetem Rufe. — In Galizien ist die Bierbrauerey, da man daselbst Branntwein vorzieht, ganz ohne Bedeutung. Der Handel mit B. ist im Ganzen genommen, in den österr. Staaten nicht von Belang, da der Transport zu Lande keine ferne Versendung der B.e gestattet. Wien bezieht sein B. größtentheils aus seinen eigenen Brauhäusern und aus der Nähe, da zu Lande nur aus einer Entfernung von 2 Meilen B. dahin gebracht werden kann, wenn es die Concurrenz im Preise bestehen soll. Doch werden auch aus Böhmen, Oberösterreich, ja selbst aus Bayern B.e eingeführt, welche jedoch ziemlich hoch im Preise zu stehen kommen. Die gewöhnlichen B.=Gattungen, welche in Wien getrunken werden, sind: sogenanntes Bayrisches, die gewöhnlichste Sorte; Kaiserbier, eine lichte süßere und substantiösere Gattung, und endlich Märzenbier, welches gewöhnlich im Winter oder Anfangs Frühling gebraut wird, größeren Malz = und Hopfenreichthum, und längere Haltbarkeit besitzt. In der Gegend von Horn wird auch Weißbier, sogenanntes Horner B. gebraut, welches, besonders in Krügen verpfropft, einen süßen, geistigen, fast weinähnlichen Geschmack hat. Die sogenannten Oberzeugbiere unterscheiden sich von den bey weitem beliebteren Unterzeugbieren dadurch, daß ihre Gährung nicht wie bey diesen, im Bottiche, sondern erst im Fasse vor sich geht. Die vor einiger Zeit durch allerley Zuthaten bereiteten Gesundheitsbiere, Weinbiere u. dgl. m. haben jetzt wieder allgemein jenen mit einfacher Bereitung Platz gemacht. Die Einfuhr an B. sowohl als an Branntwein und Essig, ist im österr. Staate stärker, als die Ausfuhr. Die Einfuhr betrug z. B. an B., Branntwein und Essig 1820: 367,000 fl., 1821: 477,000 fl., 1822: 514,800 fl., 1823: 259,400 fl., 1824: 190,400 fl., 1825: 480,300 fl., 1826: 348,300 fl.; die Ausfuhr an B. und Branntwein (ohne Essig) 1820: 222,200 fl., 1821: 153,000 fl., 1822: 292,500 fl., 1823: 312,900 fl., 1824: 248,900 fl., 1825: 243,500 fl., 1826: 150,700 fl. C. M. an Werth und so verhältnißmäßig weiter.

Biharer Gespanschaft in Oberungarn im Kreise jenseits der Theiß. Diese volkreiche Gespanschaft, die ehedem ein Herzogthum war, hat einen Flächenraum von 200 Quadr. Meil. Sie wird auf vielen Seiten von Morästen und Waldungen durchschnitten und ist östlich von dem karpathischen Gebirge umgeben, westlich jedoch eine weite Ebene. Doch trifft man auch hier häufig gegen 10 Klafter hohe Hügel an, welche man aber für künstliche Wachhügel (Warten), die man einst angelegt hat, erklären will. Die vorzüglichsten Flüsse dieser Gespanschaft sind: die schwarze Körös, welche Goldsand mit sich führt, die schnelle Körös und der Fluß Beretyó. Diese Flüsse überschwemmen häufig die Ebene, bilden viele Moräste und machen meilenweite Strecken zum Feldbau untauglich und das Clima dadurch ungesund. Zwischen den Bergen jedoch ist eine reinere und gesündere Luft, und auch das Korotscher Thal hat ein gesundes Clima. Dieses Thal ist 8 Meilen lang und 4 Meilen breit und ist einer der schönsten Theile der Gespanschaft. Es hat 1,500 Einw., welche in 56 Ortschaften wohnen. Überhaupt ist diese Gespanschaft eine der früchtbarsten. Sie hat Überfluß an Getreide, vorzüglich an Weizen und an Wein (meist weißen). Ferner an Tabak, Obst und Hanf; Holz jedoch ist nur auf den Bergen, in der Ebene ist gänzlicher Mangel daran. Die Viehzucht ist trefflich; Wildpret, Geflügel, Fische, Krebse und Schildkröten sind häufig. Auch an Mineralien besitzt diese Gespanschaft großen Reichthum. Man findet hier Gold, Silber, Kupfer, Bley und Eisen in großer Menge. Ferner findet man hier Granit, Kalk, Kreide, Porzellanerde, Steinkohlen, Steinöhl, Salpeter, Alabaster und vorzüglich den schönsten ungar. Marmor. Auch Mineralwasser und mineralhaltige Bäder hat diese Gespanschaft, Fingótó ist als heilsames Sodabad berühmt. Die Zahl der Einwohner beläuft sich auf 385,080, welche in 2 Städten (Debreczin und Großwardein), 20 Marktfl., 460 Dörfern und 55 Prädien wohnen. Sie bestehen aus Walachen, Magyaren, Rußniaken, Deutschen, Slaven und Juden. Ihr Haupterwerb ist die Landwirthschaft. Die Gespanschaft wird in 5 Bezirke (Processe) eingetheilt, nähmlich: in den Sareter, Szalontaer, Belenyeischen, Wardeiner und Ermelyeker.

Bildergallerie, k. k., in Wien. Die ursprüngliche Anlage dieser berühmten Sammlung rührt vom Kaiser Maximilian I., ihre Vergrößerung durch die Gemälde Correggio's von Rudolph II. und von dem Erzherzoge Leopold Wilhelm, Gouverneur der Niederlande her. Eine planmäßige Gallerie ward sie durch Carl VI. Dieser ließ den Gemäldevorrath im 2. Stockwerke der k. k. Stallburg (innere Stadt) unter Leitung des Grafen Gundacker von Althann, obersten Baudirectors, aufstellen, wo er 11 Gemächer einnahm. Joseph II. wies diesen Gemälden im Belvedere (s. d.) einen schicklicheren Platz an, und ließ sie durch den sehr geeigneten Mechel aus Basel 1778—81 in Ordnung bringen, wie auch mit neuen Rahmen versehen, die über 70,000 fl. kosteten. Unter diesem Fürsten erhielt die Gallerie einen ansehnlichen Zuwachs an Bildern, vornehmlich aus den aufgehobenen Klöstern. Gegenwärtig ist sie über 2,500 Gemälde stark, und enthält, was ihr zu einer besonders merkwürdigen Eigenthümlichkeit gereicht, und dem Kunstfreunde doppelt dankenswerth seyn muß, treffliche Werke aller Zeiten und Nationen, so, daß sie gewisser Maßen ein gerundetes Ganzes bildet. Unter dem jetzigen Director P. Krafft wird seit geraumer Zeit an einer allgemeinen Ausbesserung, Verschönerung und an einer neuen Aufstellung der Gemälde gearbeitet. Der Eintritt in diese Gallerie führt durch einen großen Saal, welcher ganz von Gold und Marmor glänzt, und dessen Decke mit allegorischen Figuren von Carlo Carloni bemalt ist; die architectonischen Nebenwerke sind von

Marc Anton Chianini und Cajetan Fanti. In diesem Saale sind die lebensgroßen Gemälde Maria Theresien's und Kaiser Joseph's II., gemalt von Anton v. Maron. Dieser Saal theilt das Gebäude in zwey Flügel, deren jeder 7 große Zimmer und 2 Cabinette enthält. In der Abtheilung rechts sind die Gemälde der italienischen Schule überhaupt, welche sich wieder in jene der venetianischen, florentinischen, bolognesischen, lombardischen, römischen und gemischten neapolitanischen zertheilen. Hierunter sind besonders merkwürdig, I. aus der venetianischen Schule: Christus, von Paolo Veronese; Leichnam Christi, von Palma; Porträt der Königin Cornaro v. Cypern, von Tintoretto; Grablegung, Danae, Diana im Bade, von Tizian; mehrere Porträts von demselben; Justina, von Pordenone; Heimsuchung, von Palma Vecchio, Violante Palma, Venus und Adonis, von Paris Bordone und mehrere Giorgione rc. II. Aus der römischen: Maria mit Jesus und Johannes, heil. Familie und Margarethe, von Raphael; drey heil. Frauen mit dem Kinde, von Perugino; Maria mit dem Kinde, von Sasso Ferrato; Tod des heil. Joseph, von Maratti; Geharnischte Krieger, Schlachtenstück, Buße des heil. Wilhelm, von Salvator Rosa, rc. III. Florentinische Schule: Ein Jüngling, den Globus haltend, und Frau mit dem Kinde, von Michael Angelo; Herodias, Christuskopf, von Leonardo da Vinci; Leichnam Christi, von Andrea del Sarto, heil. Maria, Sincerità, von Carl Dolce; Darstellung im Tempel, von Fra Bartolomeo rc. IV. Bolognesische Schule: Taufe Christi, Madonna, Sibylle, Venus, von Guido Reni; Johannes in der Wüste, von Guercino; Venus und Adonis, Grablegung, von Hann. Carracci rc. V. Lombardische Schule: Jo, von der Wolke umarmt, Ganymed, Der Bogenschnitzer, Christuskopf, von Correggio; Cimon, von seiner Tochter gesäugt, von Cignani; Johannes der Täufer, von Murillo; Rosenkranzfest, von Caravaggio, Franciscus Seraph. von Lud. Carracci; Christus unter den Gelehrten, von Spagnoletto, Judith, von Allori rc. VI. Gemischte neapolitanische Schule: Der verlorne Sohn, von Battoni; Franz von Assisi, von Bassano; Cain den Abel erschlagend, von Palma dem Jüngern; Magdalena, von Lupicini, mehrere Porträts und kleinere Gemälde von Tintoretto, Paolo Veronese, Bassano, Paris Bordone rc. Zur Linken des Haupteinganges des großen Saales befindet sich die sehr reichhaltige niederländische Schule, deren Hauptzierden sind: Mehrere vortreffliche Porträts von Rembrandt und van Dyck; Kind Jesu über dem Schooß seiner Mutter, Heiland im Purpurmantel mit dem Rohr in der Hand, Minerva in Vulkans Werkstätte, Christus am Kreuze, Magdalena, rc. von van Dyck; Bild eines zum Fenster heraussehenden Juden, von Hoogstraten; Philemon und Baucis, von Jordaens; die Vergänglichkeit, von Leur, viele sehr schöne Rubens, worunter Ignaz die Kranken segnend und die Besessenen heilend, dann derselbe einen Todten erweckend, die vier Hauptflüsse der Welt, sein eigenes Bildniß, drey schlafende Nymphen von einem Schäfer belauscht, das Fest der Venus, Helene Formans, besonders aber das große Bild: Maria über einem Thron mit Umgebung, zur Rechten die Infantinn Clara Eugenia, zur Linken Erzherzog Albrecht, damahls General-Gouverneur der Niederlande, ihr Gemahl, besonders auszuzeichnen sind. Viele ländliche Scenen und andere Darstellungen von dem berühmten Dav. Teniers, Ostade, Fr. Mieris, Schalken, Höllen- und Sammetbreughel, Brackenburg, Joh. Fyt, Ger. Dow; Landschaften und Blumenstücke von Poussin, Hunsum, Heemskerk, Ruysch, Ruysdael ꝛc. Thierstücke von H. Roos, Wouvermans, Hamilton, Bergher, Potter, van der Velde, endlich die beyden berühmten alten Köpfe von Bälth. Denner, mit bewundernswürdiger Genauigkeit ausgeführt. Im zweyten Stockwerke befinden sich die Gemälde aus der altdeutschen Schule, worunter Stücke von Wohlgemuth, Dürer, Hans Burgmayr, Cranach, Holbein ꝛc., endlich auch jene der neueren Schulen, bereits aus vielen, sehr schätzenswerthen Stücken bestehend, unter welchen Schnorr's herrliche Darstellungen aus Goethe's Faust, Rebell's und Schödlberger's Landschaften, Waldmüller's und Fendi's liebliche Genrebilder, Dannhauser's humoristische Darstellungen, Petter's geistreiche historische Gemälde, ein schönes Blumenstück von Knapp, die vortrefflichen Bilder: Abschied und Rückkehr des Landwehrmannes von Krafft, Thierstücke von Gauermann ꝛc. In den Sälen des Erdgeschoßes ist das Depot der zu restaurirenden oder noch nicht placirten Gemälde. Einen Catalog dieser Schätze gibt es leider seit 1796 nicht. Damahls erschien anonym der des Directors Rosa, 1783 war die treffliche Beschreibung Mechel's ans Licht getreten. Einen solchen Catalog zu verfassen, ist nur den bey der Gallerie selbst angestellten Beamten gestattet. Deßhalb mußte auch Weidmann sein schon weit vorgerücktes sorgfältiges Verzeichniß unvollendet lassen. Von und bey Carl Haas, Buchhändler in Wien (s. d.) erschien die k. k. B. als Kupferwerk mit deutsch. und franz. Texte. in 60 Heften, 240 Tafeln enthaltend. Der Eintritt in diese Gallerie ist mit echt kaiserl. Liberalität jedermann ohne Ausnahme alle Dinstage und Freytage an den vorgeschriebenen Stunden gestattet, doch sind die Fest- und solche Tage ausgenommen, an welchen sehr starkes Regenwetter eintritt und die Wege sehr kothig sind. Junge Künstler, welche Originale dieser Gallerie copiren wollen, haben sich deßhalb an den Director derselben zu wenden und erhalten sehr leicht die Erlaubniß dazu.

Bildungsanstalt, k. k. höhere, für Weltpriester. Diese besteht zu Wien im Augustiner-Klostergebäude in der innern Stadt. Sie wurde 1816 von dem Burgpfarrer J. Frint (zuletzt Bischof von St. Pölten), einem um das theologische Studienwesen so sehr verdienten Manne, gegründet. Der Zweck ist: An jungen Priestern Männer heran zu bilden, welche sowohl von Seiten ihres Verstandes als Herzens, durch ihre intellectuelle und moralische Bildung nach den Bedürfnissen der Zeit, durch Wissenschaft und Frömmigkeit geeignet sind, als Vorsteher der bischöflichen Seminarien, als Professoren ꝛc. an der Bildung weiser und frommer Priester thätig zu arbeiten. Der jeweilige k. k. Hofburgpfarrer ist Obervorsteher; die 3 Studiendirectoren sind Hofcapläne. Die Zahl der Stiftplätze ist 36. Die Zöglinge müssen sich zur Erlangung der theologischen Doctorwürde bilden. Die Gegenstände der Vorlesungen sind: Philologia sacra, Commentationes patristicae, Erklärungen der Concilien, theologische Literatur, Geschichte, Charakteristik der Bibel und der Kirchenväter, Kirchengeschichte der neuesten Zeit, Dogmengeschichte, kirchliche Statistik, Kanzelberedsamkeit ꝛc. In der Bibliothek dieser Anstalt werden auch die meisten Zeitschriften und zwar aller Confessionen gehalten; und ihr ist gestattet, Bücher aus der Hof- so wie aus der Universitäts-Bibliothek auszuleihen. Von den ausgetretenen Zöglingen sind 2, Bischöfe, 12, Domherren, und 60, Professoren der Theologie geworden.

Bilin, böhm. Herrschaft im Leitmeritzer Kreise zum fürstl. Lobkowitz'schen Majorat gehörig, an und zwischen dem Erz- und Mittelgebirge, von 2 Quadr. M. mit 8,000 Seelen, in 32 Ortschaften, worunter die Stadt B. mit 3,100 Einw. und Baumwollenspinnerey; altem und neuem Schloß, schöner Pfarrkirche und berühmten Sauerbrunnen, der im hiesigen Curgebäude getrunken, weit mehr aber versendet wird (über 60,000 Krüge jährlich); die Gegend ist noch durch den Bilinerstein, einen schroffen Berg von Basalt umgeben, merkwürdig. Die Herrschaft enthält 1) den Biliner Sauerbrunnen. 2) Das Saidschitzer Bitterwasser. 3) Die daraus bereiteten Salze und Magnesia. 4) Die Granatenschleiferey. 5) Die Braunkohlenbergwerke. 6) Etwas Silber. Die Hauptquelle des Biliner Sauerbrunnens liefert in jeder Stunde 2,381 Pf. Wasser. Die Wärme der Quelle ist 12 Gr. R., das Wasser enthält in einem Pfunde zu 16 Unzen: Luftsaures mineralisches Laugensalz: $30\frac{1}{2}$ Gr. Glauber'sches Wundersalz: $4\frac{2}{9}$ Gr., Kochsalz: $\frac{7}{9}$ Gr. luftsaure Bittererde: $2\frac{4}{9}$ Gr., luftsaure Kalkerde: $3\frac{4}{88}$ Gr., Kieselerde: $\frac{1}{4}$ Gr., Extractivstoff: $\frac{1}{7}$ Gr., Luftsäure 49 Kubikzoll und reine Luft 4 Kubikzoll. Der Genuß dieses Brunnens geschieht mit Nutzen bey Hypochondrie, schleimigen Schlagflüssen, Lähmungen, Kopfkrankheiten, bey Faulfiebern, Bräunen, Geschwüren, Hautausschlägen, Scropheln, Scorbut, in gichtischen und solchen Krankheiten, die Erschlaffung zum Grunde haben, bey Krankheiten des Unterleibes, der Harnwege ꝛc. Die Brunnen entquellen der Erde ganz rein, der Geschmack ist frisch, kühlend, säuerlich, das Wasser wirft viel Perlen und schäumt; besonders wenn es mit Wein und Zucker vermischt wird. Obschon es an Ort und Stelle viel getrunken wird, so ist doch dessen Ausführung noch stärker, besonders da Teplitz nur eine Stunde entfernt ist. Bey dem Dorfe Saidschitz befinden sich die 24 Bitterwasserbrunnen, welches weit und breit verschickt wird; in der Nähe ist wie zu B. im alten Schlosse ein Laboratorium zum Sieden des Bittersalzes und Bereitung der Magnesia. Die reichen Braunkohlenwerke befinden sich beym Dorfe Kutterschütz. Der seltene Polir- und Saugschiefer nebst Trippel bricht bey dem Dorfe Putschlin, schöner Marmor bey Selnitz und feine Porzellanerde bey Prohn, etwas Silberbergbau ist bey Niclasberg.

Birkenstock, Joh. Melch. Edler v., den 11. May 1738 zu Heiligenstadt im Eichsfelde geb. Nachdem er in Erfurt und Göttingen die Rechte studirt hätte, begab er sich 1763 nach Wien. Er ward in der Staatskanzley angestellt, bey mehreren Gesandtschaften verwendet, und in Folge seiner vielen Kenntnisse und großen Geschicklichkeit und Klugheit 1767 zum Staatsraths-Concipisten, und in der Folge zum Hofrath befördert. Vornehmlich legte er eine seltene Einsicht im Schulwesen an den Tag, in welchem Fache er denn auch unvergängliche Verdienste um Österreich sich erworben. Die Kaiserinn Maria Theresia trug ihm auf, einen Erziehungs- und Studienplan für die k. k. Erbstaaten zu entwerfen. Joseph II. erkannte und würdigte ihn deßhalb ganz eigens; er ernannte ihn zum Mitgliede der Studien-Hofcommission. Auf diesem Posten entwickelte er sein großes Talent, und wirkte segenreich auf die bessere Einrichtung des Schulwesens. Unter Leopold II. ward ihm die alleinige Leitung des gesammten Schul-, Studien- und Stiftungswesen übertragen. 1803 ward er in den Ruhestand versetzt. Er starb den 30. Oct. 1809. B. war Rath der k. k. Akademie der bildenden Künste, Mitglied der k. preuß. Akademie der Wissenschaften und der churpfalz. deutschen Gesellschaft. Der große Kauniß beehrte ihn mit seiner Gunst; die meisten gesandtschaftlichen Berichte hatte B. abzufassen. Er war ein Mann von Gelehrsamkeit und Geschmack, und besaß eine selbst gesammelte Bibliothek und Kupferstichsammlung, die unter die ansehnlichsten Wien's gehörten. Mit Grund genoß er, ein starker Lateiner und Grieche, den Ruhm, einer der ersten, vielleicht der allererste Lapidarist seiner Zeitgenossen zu seyn, wovon viele seiner Inschriften wie auch folgende 2 von ihm im Druck erschienenen Werke zeugen: Aeterna memoria Alexandri Leopoldi; — Monumentum aeternae memoriae Mariae Christinae Archid. Austriae a. ser. conjuge Alberto etc. Viennae in templo D. Augustini e marmore erectum opera Ant. Canovae (Wien 1813) mit schönen Kupfern von Agricola.

Birkhart, Ant., ein geschickter und sehr productiver Kupferstecher, wurde geb. in Augsburg 1677 und erhielt durch den berühmten Carl Gust. Ambling seine erste Kunstbildung. 1704 reiste B. nach Rom, verweilte daselbst über 6 Jahre und bildete sein Talent vollkommen aus, dann ging er über Venedig nach Frankreich und England, und kehrte über Holland in sein Vaterland zurück, wo er um 1720 zum Hofkupferstecher der Markgräfinn von Baden-Baden ernannt wurde, sich um 1730 in Prag häuslich niederließ und daselbst den 20. Jän. 1748 mit dem Rufe eines bedeutenden Künstlers starb. Seine Arbeiten sind äußerst zahlreich; die bedeutendsten derselben sind: Porträt des kaiserl. Kammerrathes in Böhmen, Joh. Christ. Borzek, nach Luna, in Folio; Abbildung eines Helden mit seinem Wapen; die Marienkirche auf dem weißen Berge unweit Prag; Carl VI. zu Pferde auf einem Felsen, aus welchem Wasser in Gestalt parabolischer Bögen herausspringt; Effigies familiae sacrae; La Madonna della Lettera; eine kleine Landcharte, worin alle Collegien der Gesellschaft Jesu in Böhmen, Mähren und Schlesien sammt dem Entfernungsstabe angeführt sind, Prospect der Marienkirche zu Linden in Preußen, die vom Grafen Waldstein 1723 zu Oberleuten angelegte Tuchfabrik in 20 Folioblättern, Märtyrertod von 40 portugiesischen Jesuiten nach Bourguignon, der leidende Heiland, in fünf Blättern, Belagerung von Prag, mit dem ganzen Prospecte der Stadt, 54 Porträts zur Geschichte Böhmens von Balbin; die Heiligen des Cisterzienser-Ordens in 24 Kupfertafeln; die Triumphbogen, welche bey der Heiligsprechung Johannes von Nepomuk an der Metropolitankirche aufgestellt waren, in 4 Blättern, die

Prager Metropolitankirche; Einzug der Kaiserinn Maria Theresia in Prag, Großfolio. Außerdem lieferte B. noch eine große Menge Porträts, Heiligenbilder, Titelblätter, Devisen, Wapen und symbolische Darstellungen.

Birkhart, Carl, geschickter Kupferstecher, Sohn Anton B.'s, wurde geb. zu Prag den 9. Oct. 1721, vollendete daselbst seine Studien bis einschlüssig der Philosophie und erhielt dann von seinem Vater Anleitung in der Kunst. Hierauf unternahm B. mehrere Reisen und wurde auf einer derselben dem Brzewnower Abte Benno bekannt, welcher ihn beredete in den geistlichen Stand zu treten, 1744 legte B. demnach die Ordensgelübde ab, wurde bald Subdiakon und starb als solcher den 11. Jän. 1749. Die Zahl seiner Arbeiten ist nicht bedeutend, sie bestehen meistens aus religiösen Gegenständen. Die vorzüglichsten derselben sind: Berg Bezdiez in Böhmen mit dem Benedictinerstifte, in 3 Quartblättern, Marienbild zum heiligen Berg in Böhmen, Marienbild von Mariazell, mit der Abbildung der Kaiserinn Maria Theresia, und verschiedenen historischen Beywerken, Sta. Maria Major, mit dem Prospect der Stadt Brünn.

Bisamberg (Biesenberg), niederöst. Pfarrdorf am gleichnahmigen Berge und Bache, mit Schloß im V. U. M. B. Hier wächst so guter Wein, daß er unter die besten Österreichs gehört.

Bischoff, Ignaz Rud., Doctor der Medicin, k. k. Rath und Stabsfeldarzt, zuvor Professor der speciellen Therapie und medicinischen Klinik, seit 1833 der Physiologie an der medicinisch = chirurg. Josephs = Akademie in Wien, Arzt des Officier = Töchter = Erziehungs = Institutes zu Hernals, Commandeur des churhessischen Löwenordens, Mitglied mehrerer gelehrt. Gesellschaften, ist geb. zu Kremsmünster den 15. Aug. 1784. Die medicinische Doctorwürde erhielt er 1808; 1812 die Lehrkanzel der medicinischen Klinik und speciellen Therapie für Wundärzte, an der Prager Universität. Eine mächtige Aufgabe für seine Thätigkeit war die 1813 zu Prag ausgebrochene Typhus = Epidemie. 1816 ward er Primar = Arzt im allgemeinen Krankenhause und Arzt im k. k. Gebärhause daselbst, 1826 Professor an der Josephs = Akademie zu Wien. 1833 wurde er auf sein Ansuchen von der Professur der speciellen Krankheitslehre und der Klinik enthoben, und ihm jene der Physiologie verliehen. Unter seinen Schriften zeichnen sich aus: Beobachtungen über den Typhus, Prag, 1815. — Ansichten der homöopathischen Krankheitslehre, eb. 1819. Englisch, London, 1827. — Grundsätze der practischen Heilkunde, 2 Bde., eb. 1819—25. — Klinische Denkwürdigkeiten ꝛc., eb. 1825. — Klinisches Jahrbuch ꝛc., eb. 1825. — Darstellung der Heilungsmethode an der k. k. Josephs = Akademie, Wien, 1829. — Grundsätze zur Erkenntniß der Fieber und Entzündungen, 2. Aufl., eb. 1830. — Grundsätze zur Erkenntniß der chronischen Krankheiten, 1. Bd., eb. 1830. Entscheidende Verdienste hat B. um die Ausbreitung der Kuhpockenimpfung in Böhmen. Sein dießfälliges, 1820 in Prag erschienenes: Dringendes Wort, wurde auf höheren Anlaß in 7000 Exemplaren deutsch, und in eben so vielen in böhm. Übersetzung vertheilt.

Bischofslaak (Laak), illyr. Stadt im Laibacher Kreise mit 1850 Einw. Es sind hier Leinweberey, Zwirnbleichen, und ein erheblicher Handel mit Leinwand, Zwirn und Pferden. In der Nähe ist ein verfallenes Bergschloß.

Bischof-Teiniz, böhm. Stadt im Klattauer Kreise, an der Beraun, mit 2100 Einw., Leinwand-, Band- und Spitzenfabriken, und Schloß, wozu ein großer Park nebst einer Fasanerie und einem Thiergarten, und ein Gestüte mit Reitbahn gehören; eine ¾ Stunden lange Wasserleitung versieht die Stadt mit gutem Trinkwasser. Sie ist der Hauptort einer großen fürstl. Trautmannsdorf'schen Herrschaft.

Bisenz, mähr. Stadt im Hradischer Kreise, mit 2550 Einw., liegt in einer Ebene am Fuße eines Gebirges, das Mährens besten Wein liefert, und hat ein ansehnliches Schloß, umgeben von großen Gartenanlagen. Weinbau, Gartenbau und Anpflanzung von Mais sind in dieser Gegend Hauptzweige der Landwirthschaft.

Bisinger, Jos. Constant, geb. zu Jamniz in Mähren den 17. Febr. 1771. Auf der Universität zu Wien studirte er bis 1795 Philosophie, die Rechte und die politischen Wissenschaften. 1798 kam er in die Theresianische Ritter-Akademie. Er bekleidete daselbst durch 6 Jahre die Stelle eines Präfecten und Professors der Statistik und des Natur-, allgemeinen Staats- und Völkerrechts, bald getheilt, bald vereint. Von 1804 an trug er bloß Statistik vor. Er starb den 6. Jän. 1825. Seine Schriften sind: General-Statistik des österr. Kaiserthums, 2 Bde. (der 3. ist nie erschienen), Wien, 1807—8. — Vergleichende Darstellung der Staatsverfassung der europäischen Monarchien ꝛc., eb. 1818. — Vergleichende Darstellung der Grundmacht aller europäischen Monarchien ꝛc., Pesth, 1823.

Bisthümer-Verleihung. Bey den österr. Bisthümern, das einzige Erzbisthum Olmütz ausgenommen, ist statt der Wahl des Capitels die landesfürstl. Ernennung der Bischöfe, nominatio regia, eingeführt. Da sie die Stelle der Wahl oder Postulation vertritt, so nimmt sie auch die Natur derselben an, und bringt eben dieselben Wirkungen hervor. Jene, die wahlfähig sind, können geradezu, die nur postulationsfähig sind, nur mit einer Postulation ernannt werden. Die päpstliche Bestätigung wird von Seite des Landesfürsten selbst durch die Gesandtschaft in Rom angesucht. Übrigens ist um Erlangung eines Bisthums zu suppliciren verbothen; die Geistlichen haben den Ruf dazu abzuwarten, und auf diejenigen, welche sich in Competenz setzen, soll gar nicht Bedacht genommen werden; denn eine solche ruflose Competenz widerspricht der christlichen Demuth, dem Geiste des Christenthums, der einen Oberhirten beseelen, der ihn zum Muster emporheben soll. Der König von Ungarn hat nicht nur das Ernennungsrecht der kathol. Bischöfe und Erzbischöfe des lateinischen und griech. Ritus, sondern auch der Titular-Bischöfe; ferner aller Äbte und Prälaten jener Stifte und Klöster, welche loca credibilia sind, d. i., welche das Recht haben, ein Siegel zu führen, und den von ihnen unternommenen Handlungen Authenticität damit zu geben, wie auch der Pröpste und Domherren. Noch ist in Ungarn das Besondere, daß die vom Könige ernannten Bischöfe, noch vor der päpſtlichen Beſtätigung alle biſchöflichen Handlungen unternehmen, die ſich nicht auf die Weihe, ſondern nur auf die Gerichtsbarkeit bezie=hen. Die freye Wahl, welche dem Olmützer Metropolitan=Capitel in Hinſicht auf ſeinen Erzbiſchof zukommt, gründet ſich auf die Begünſti=gung des Königs Wratislaw II. von Böhmen und Markgrafen von Mähren (1080), welche Przemiſl III. König von Böhmen (1207) beſtätigte. Dieſes freye Wahlrecht iſt nach der Hand auch von den nach=gefolgten Landesfürſten bey deren Thronbeſteigung jedesmahl beſtätigt worden. So darf auch der Olmützer Erzbiſchof vermög des Capitular=Statutes 1637, ohne Zuſtimmung des Capitels, einen Coadjutor weder verlangen noch annehmen. Doch wird für den Coadjutor jedesmahl die Genehmigung des Landesfürſten erfordert.

Biſtritz, mähr. Herrſchaft und dazu gehörige Stadt im Iglauer Kreiſe mit Schloß, 2 Kirchen, Pfarre, Spital und 1,900 Einw.

Biſtritz unterm Hoſtein, mähr. Marktflecken der gleichnähmi=gen Herrſchaft im Prerauer Kreiſe mit anſehnlichem Schloß, ſchöner Pfarrkirche und 1,460 Einw.

Biſtritz, ſiebenbürg. k. Freyſtadt im Diſtricte gleiches Nahmens. Sie liegt in einer angenehmen mit Obſtbäumen bepflanzten fruchtbaren Ebene am nördl. Ufer des Biſtritz=Fluſſes, hat mit Inbegriff der Vor=ſtadt einen Umfang von beynahe ½ deutſchen Meile und 6,500 Einw. Mitten auf dem Hauptplatze ſteht die evangel. Pfarrkirche mit ihrem 252 Fuß hohen Thurme. Die Piariſten haben hier ein Collegium nebſt einer Kirche; ſie verſehen auch die Profeſſorenſtellen an dem hieſigen kathol. Gymnaſium. Die Minoriten haben hier ein weitläufiges Kloſter. Die augsburgiſchen Confeſſionsverwandten haben hier ebenfalls ein Gymnaſium, eine Mädchenſchule und eine Buchdruckerey. Die 1795 neu erbaute walachiſche Kirche ſammt dem Pfarrhauſe und der Schule befindet ſich in den ſogenannten Meierhöfen. Unter die öffentlichen Ge=bäude gehören noch das Militär= und das Bürgerſpital. Das Kaufhaus oder der jetzt ſogenannte Kornmarkt, ein auf 20 Pfeilern ruhendes Gebäude, urſprünglich für die Kauf= und Handwerksleute der Stadt be=ſtimmt, iſt ein Denkmahl der Vorzeit, wo der Handel hier blü=hend war.

Biſtritzer=Diſtrict, nimmt den nordöſtlichen Theil Siebenbür=gens ein, mit einem Flächeninhalte von 33¼ Quadratm., und wird von 55,000 Menſchen bewohnt. Ein Zweig des karpathiſchen Gebirges trennt dieſen ſehr hoch liegenden Theil Siebenbürgens von Ungarn und der Mol=dau. Der Rodnaer Paß führt durch dieſe Gebirge in die Bukowina nebſt 12 andern Fußſteigen, welche theils nach Ungarn, theils nach der Mol=dau führen. In dieſen Gebirgsgegenden iſt das Clima rauh und ſchnell wechſelnd; in den niedern Gegenden jedoch gemäßigt. Der große Sa=mos, welcher dieſen Diſtrict von Oſten nach Weſten durchſchneidet, iſt der beträchtlichſte Fluß deſſelben. Der Salvafluß, in welchen die große Biſtritz ſtrömt (die kleine Biſtritz fließt nach der Moldau), vereinigt ſich bey dem Dorfe Salva mit der Samos. Es gibt in dieſem Diſtricte gegen 30 Sauerquellen. Die Waldungen ſind reich an Wildpret, die Flüſſe an Fiſchen, und die Viehzucht iſt trefflich. Nicht ſehr vorzüglich lohnend der Feldbau, des rauhen Clima's wegen, auch der Weinbau ist nur unbedeutend. Der District zählt mit Inbegriff der k. Freystadt Bistritz 51 Ortschaften, und wird in den sächsischen und in den walach. Kreis abgetheilt. Letzterer wurde bey Einrichtung der siebenbürg. Militärgränze 1761 zu derselben gezogen und bildet nun den größten Theil des zweyten walach. Gränz=Infanterie=Regiments.

Bittersalz, oder engl. Salz, ein sehr bitter schmeckendes Salz, das in regelmäßigen vierseitigen Säulen krystallisirt. Es ist natürlich gebildet in mehreren Mineralwässern vorhanden, vorzüglich zu Saidschitz, Pillna, Sedlitz und Bilin in Böhmen, an welch letzterem Orte dasselbe auf fürstl. Lobkowitz'sche Rechnung in beträchtlicher Menge nebst der vortrefflichen Magnesia oder Bittererde bereitet wird. So wie es im Handel vorkommt, bildet es nicht die großen säulenförmigen, sondern nur zarte spießige Krystalle. In früheren Zeiten haben viele Länder bloß engl. B. bezogen, das wahrscheinlich noch jetzt ausschließend in das lombardisch=venet. Königreich eingeführt wird. Das böhm. B. darf die Concurrenz des englischen nicht scheuen, da es diesem an Güte nicht nachsteht; so wie das von Gran in Ungarn auch sehr geschätzt wird.

Biwald, Leop., Professor der Physik am Lyceum zu Grätz, geb. den 26. Febr. 1731 zu Wien. Er war ein gelehrter Jesuit, und hat sich um die Naturwissenschaft Verdienste erworben, da er mit dem Geist der Prüfung in sie drang, und manche wichtige Entdeckung machte. Die Heimath wie das Ausland erkannten seinen Werth; er stand mit den berühmtesten Gelehrten im Briefwechsel, unter andern mit dem unsterblichen Linné. Der jetzige Kaiser belohnte ihn mit der goldenen Medaille, und mit einer jährlichen Gehaltszulage. Seine Werke: Physica generalis et particularis, 2 Bde., Grätz, 1767., und Institutiones physicae, 2 Bde., eb. 1786, waren die besten Vorlese= und Handbücher.

Blätter, vaterländische, s. Vaterländische Blätter.

Blahetka, Leopoldine, Virtuosinn auf dem Pianoforte, wurde geb. den 15. Nob. 1810 zu Güntramsdorf in Niederösterreich. Durch ihre Mutter, geborne Traeg, eine vorzügliche Harmonikaspielerinn, erhielt sie ihre erste musikalische Anleitung. 1815 bereits begann ihr förmlicher Musikunterricht; die rühmlich bekannten Künstler Joachim Hoffmann, Hieronym. Payer und auch Joseph Czerny hatten besonderen Einfluß auf Leopoldinen's musikalische Bildung, am meisten jedoch das vortreffliche Spiel der Frau Cibbini-Kozeluch, welche zu verschiedenen Perioden bedeutende Compositionen mit ihr einstudirte, und nach welcher sich B.'s Spiel vorzüglich ausbildete. Sie machte hierbey so schnelle Fortschritte, daß sie sich bald in Privatzirkeln mit vielem Beyfalle hören ließ, ja bereits den 1. März 1818 in einem öffentlichen Concerte, Variationen von Hummel zur allgemeinen Zufriedenheit spielte. Den 28. März 1819 gab sie selbst im landständ. Saale in Wien ihr erstes öffentliches Concert, und das Interesse des Publicums steigerte sich für sie mit jedem Auftreten. 1820 erhielt sie den ersten Unterricht im Generalbasse von dem geistreichen Musikkenner

Eduard Freyh. v. Lannoy (f. d.) und die Anleitung zur Composition nach der trefflichen Methode Hieron. Payer's. Im Sommer
1821 unternahm sie eine Kunstreise, und ließ sich in Prag, Carlsbad und Teplitz mit dem größten Beyfalle hören. Als 1824 Mo-
scheles und Kalkbrenner Wien besuchten, studirte die junge Künst-
lerinn mehrere Compositionen dieser Meister unter deren eigener Leitung
ein, welche Studien ihr gleichsam die letzte Weihe ertheilten. 1825 und
1826 unternahm sie in Begleitung ihrer Mutter eine Reise durch ganz
Deutschland, und ließ sich in vielen bedeutenden Städten mit dem größten Beyfalle hören. Auch spielt sie die Physharmonika mit Fertigkeit.
Gegenwärtig befindet sie sich mit ihren Ältern zu Marseille. Ihre, mit
Kenntniß des Satzes geschriebenen, doch eben nicht besonders bedeutenden, meistens nur für Bravour berechneten Compositionen sind: Mehrere Variationen für's Clavier allein, Variationen mit Quartett-Be-
gleitung, Variationen mit Violine, Variationen mit Orchester, Trio
für Clavier, Violine und Violoncello, Nachtgesang von Kosegarten
mit Clavierbegleitung, 12 deutsche Tänze, Variationen für Clavier und
Violoncello, Concertstück mit ganzem Orchester, Concert-Polonaise für
Clavier und Violoncello, 6 Lieder von dem deutschen Improvisator
Wolff mit Clavier-Begleitung, Rondeau, brillant für's Clavier
allein 2c.

Blank, Joh. Conr., Professor der Mathematik an der k. k.
Akademie der bildenden Künste in Wien, war geb. zu Weiler im Vorarlberg'schen den 8. Juny 1757. Die Humaniora absolvirte er zu Constanz, die letzte Classe zu Wien bey den Piaristen in der Josephstadt.
Er trat dann in den Orden der Schwarzspanier, Nach der Aufhebung
desselben wurde er Hofmeister bey dem Sohne eines Doctors der Medicin, Nahmens Buswald in Wien. Hierauf erhielt er die Coopera-
torstelle in Altlerchenfeld, kurz darauf aber durch die Verwendung des
Abbé Hofstätter die Lehrkanzel der Mathematik in der Theresianischen Ritterakademie, und als dieß Institut an die Piaristen überging,
wurde B. Professor der Mathematik bey der architectonischen Abtheilung
der k. k. Akademie der bildenden Künste. Er starb den 13. Febr. 1827 zu
Wien durch Mördershand. Die von ihm verfaßten Handbücher empfehlen sich durch Klarheit und Gründlichkeit. Er gab unter andern heraus: Anfangsgründe der Meßkunst, mit Kupf., Wien, 1814. — Anfangsgründe der Kegelschnitte, mit Kupf., eb. 1814.—Anfangsgründe
der ebenen und sphärischen Trigonometrie, mit Kupf., eb. 1818. —
Tafeln der Logarithmen 2c., eb. 1816. — Kleine Mathematik, mit
Kupf., eb. 1826.

Blansko, mähr. Marktflecken im Brünner Kreise. Er liegt an
der Zwittawa und zählt 980 Einw. Diese leben hauptsächlich von der Ei-
senfabrication in den berühmten Salm'schen Werkstätten. Man ver-
kohlt hier das Holz durch Thermolampen, oft gegen 80 Klft. auf einmahl. In der Nähe sind die schönen Anlagen, so wie die großen Kalkhöhlen sehenswerth.

Blaschke, Joh., akademischer Kupferstecher, war geboren
zu Preßburg den 12. Dec. 1770. In frühester Jugend kam er mit

20 *

seinem Vater, welcher Hofmusiker war, nach Wien, besuchte daselbst die Akademie der bildenden Künste, studirte die Zeichenkunst unter Professor Schmuzer, und verlegte sich in der Folge auf die Kupferstecherkunst, in welcher er, besonders im Technischen derselben, bald bedeutende Fortschritte machte. 1789 starb sein Vater, und der 19jährige Jüngling ernährte nun dessen ganze zurückgebliebene Familie durch fleißige Arbeit. Mittlerweile hatte sich B. unter dem rühmlich bekannten Clem. Kohl mehr ausgebildet; sein stetes Vorwärtsstreben, so wie sein anhaltender Fleiß machten ihn im In= und Auslande bekannt, und er erhielt zahlreiche Bestellungen, welchen zu genügen er seine ganze Zeit anwenden mußte, wodurch denn freylich strenges Studium nicht Statt haben konnte, und in der Folge eine gewisse Monotonie in seinen Leistungen bemerkbar wurde. Dazu kam noch, daß B. bereits in seinem 40. Jahre von einer schmerzhaften Krankheit befallen wurde, die sich als eine der langwierigsten zeigte, und in deren Folge er den 11. April 1833, mit dem Griffel in der Hand, am Schlagflusse starb. Seine Arbeiten waren äußerst zahlreich, die vorzüglichsten derselben sind: Ein großes Blatt nach Murillo, eine große Porträts=Sammlung für G. Fleischer in Leipzig, mehrere Blätter zu dem Haas'schen Galleriewerk, viele Kupfer zu Taschenbüchern, dann auch die Titelkupfer zu den schönern Döll'schen Ausgaben von Schiller, Wieland, Goethe rc.; die 10 Gebothe, mehrere Vignetten rc.

Blasendorf (Bálásfalva), ansehnlicher siebenbürg. Marktfl. im Unteralbenser Comitat des Landes der Ungarn, mit 4,000 walach. Einw., liegt im Vereinigungswinkel des großen und kleinen Kokelflusses in einer sehr fruchtbaren Gegend. Zu B. hat seit 1733 der griechisch=unirte Landesbischof seinen Sitz, der sich vom vorigen Wohnsitze noch Bischof von Fagaras nennt. Man trifft hier das Domcapitel, die bischöfl. und noch eine griechisch=kathol. Kirche, Lehranstalt für Theologen, Diöcesan=Seminar, Gymnasium, Normalschule, bischöfl. Buchdruckerey, griech. Basilitenkloster. Auch ist hier eine kathol. und eine reformirte Kirche. B. ist der Hauptort der gleichnahmigen bischöfl. Dotationsherrschaft.

Blasenstein, ungar. uraltes, in Trümmern liegendes Schloß im Preßburger Comitat, erhebt sich östl. von Groß=Schützen auf einem steilen Felsen. In der Nähe des alten Schlosses B. besucht man die im hohen Berge Rachstuen entdeckte Tropfsteinhöhle, welche bey 60 Klafter lang und 19½ hoch, übrigens aber mehr Kunst= als Naturproduct ist.

Blasinstrumente, hölzerne. So sehr man noch vor ungefähr 40 Jahren in Wien, wie überhaupt in den österr. Staaten, in der Verfertigung hölzerner B. zurück war, so große Fortschritte hat dieser Gewerbszweig in der neuern Zeit daselbst gemacht. Man kann nun mit vollem Rechte behaupten, daß diese Instrumente in Wien so gut, vielleicht noch besser als in Frankreich, England und in den deutschen Bundesstaaten gemacht, daher solche auch häufig nach dem Auslande, besonders nach Italien, Frankreich, Deutschland, Polen, Rußland rc. verschickt werden. Unter den 8 derley Instrumentenmachern Wien's müssen mit Auszeichnung genannt werden: In Clarinetten, Oboen, Fagotten, englischen und

Bassethörnern Joh. Merklein, Joh. Tob. Uhlmann und dessen Sohn Jacob u. a.; in Flöten Steph. Koch und Melch. Harrach nebst m. a. Merklein hat sich insbesondere durch seine Verbesserungen des Clarinetts, durch die Erfindung der Orphinette, durch die Abänderung des Contrafagotts u. s. w.; Koch und Harrach haben sich durch Erweiterung des Umfanges der Flöten, durch bequemere Einrichtung der Klappen ꝛc. verdient gemacht, die von ihnen verfertigten Flöten haben wesentliche Vorzüge vor den beliebten Straßburger und Pariser Flöten. Überdieß werden bey den Drechslern in Wien noch viele Stockflöten (Flötenstöcke, Czakans) verfertiget. Außer Wien sind in den meisten Provinzialhauptstädten und anderen größeren Städten, nahmentlich in Prag, Brünn, Pesth, Preßburg, Grätz, Marburg, Venedig, Mailand u. s. w. nun auch ähnliche Arbeiter. Graslitz und Schönbach in Böhmen verdienen wegen der fabriksmäßigen Erzeugung musikalischer Instrumente noch insbesondere genannt zu werden, und zwar der erstere Ort wegen seiner hölzernen B., der zweyte wegen seiner Geigeninstrumente. B. werden aus Wien und Böhmen nach allen Provinzen verführt, und zwar die Wiener wegen ihrer Vorzüglichkeit, die böhmischen wegen ihrer Wohlfeilheit. S. Flötenwerke.

Blaskowich, Andr., geb. in Croatien 1722. Studirte die Humaniora zu Agram, trat 1744 in den Orden der Jesuiten, studirte dann die Philosophie und Theologie zu Wien und Grätz, und docirte hierauf in Agram Philosophie, Moraltheologie und Kirchenrecht. Nach Aufhebung des Jesuiten-Ordens beschäftigte er sich ganz mit Literatur und trat als Geschichtschreiber und Geschichtforscher über Pannonien auf. Man hat von ihm in dieser Beziehung mehrere historische Dissertationen, theils gedruckt zu Agram 1781 und 1794, theils ungedruckt.

Blatna, böhm. Städtchen im Prachiner Kreise, mit 1,500 Einw. Zwischen blendenden Teichspiegeln steht das in gothischem Geschmack erbaute Schloß, an welches sich Gärten anschließen.

Blauenstein, s. Balassa-Gyarmath.

Bley (Naturproduct). Bleybergwerke bestehen in mehreren Provinzen des österr. Kaiserstaates, berühmt sind jene Kärnthen's, die im Inlande das reinste B. liefern, welches unter dem Nähmen Villacher B. auch im Auslande vortheilhaft bekannt ist. Die berühmtesten Gruben sind die Bleyberge nächst Villach, wo man noch vor Kurzem 6 Haupt- und 40 kleinere Gruben zählte. Kleinere Gruben bestehen noch zu Raibl, Jauken, Kreuzen und in den Bezirken Rossegg und Grünburg. Die jährliche Ausbeute beträgt in Oberkärnthen allein bey 50,000 Ctr. Die in Unterkärnthen im Baue stehende Grube auf der Schäffleralpe, am Obier, an der Mieß, zu Schwarzenbach und zu Windisch-Bleyberg liefern noch überdieß jährlich im Durchschnitte 6,000 Ctr. Krain hat nur eine kleine Grube zu Kronau nächst Weißenfels, deren Ertrag nicht bedeutend ist. Tyrol hat Bleygruben zu Biberwier und Feigenstein im Ober-Innthale, die Hauptschmelzhütte zu Brixlegg aber verarbeitet ihr erzeugtes B. selbst beym Silberreiben und erzeugt bey dieser Gelegenheit auch grüne und rothe Glätte daraus. Im Venetianischen wird nur zu Avronzo auf B. gebaut und der

Ertrag ist nicht bedeutend. In Böhmen hingegen wird B. in bedeutender Menge gewonnen, vorzüglich zu Przibram, Mies und Bleystadt; auch kommt dieses Metall häufig in Verbindung mit Silber bey Przibram, Ratiborzit, Jung- und Altwoschit vor, und in geringerer Menge noch in andern Orten. Die ganze Ausbeute wurde in neuerer Zeit auf beyläufig 14,000 Ctr. silberhaltiges Bley, 18,000 Ctr. Bleyerz ohne Silbergehalt und bey 11,000 Ctr. Bleyglätte angenommen. In Mähren wird bey Obergrund am Morsebruche in neuerer Zeit etwas B. gewonnen. Ungarn liefert sehr brauchbares B., obwohl es dem kärthnerischen an Güte nachsteht. Es gibt Bleygruben in den Comitaten Honth, Bacs, Liptau, Sohl, Mármaros, Szathmár, Bihár, Krassó ꝛc., welche zusammen bey, oder nach andern Angaben über 20,000 Ctr. B. und 2,000 Ctr. Glätte abwerfen. In Siebenbürgen beträgt die Bleyerzeugung jährlich bey 2,000 Ctr., welche bey der Zalathnaer Haupthütte verwendet werden; die bey der Abtreibmanipulation abfallende Glätte kann theils ihres beträchtlichen Goldgehaltes wegen, theils weil sonst die Hüttenmanipulation Mangel an Zeugen leiden würde, nicht verkauft werden, weßhalb die für die Gewerbe nöthige Glätte größtentheils aus dem Banate beygeschafft wird. Im Ganzen wird dieser Bergbau jedoch meistens nachlässig betrieben und ist in den Händen gemeiner Menschen dem Zufall überlassen. In der Militärgränze wird in den Bergwerken von Russberg, Berezk, Rodna ꝛc. auf B. gebaut, das ärarische Bleybergwerk im Kurutzelergebirge, wo 6 Gruben in Arbeit stehen, wirft jährl. über 1,300 Ctr. B. mit Silber- und selbst Goldgehalt ab.

Bleyburg, kärnth. Stadt im Klagenfurter Kreise am rechten Drauufer, in ältern Zeiten Auffenstein genannt, ist an einem Bergabhange erbaut; mit einem gräfl. Thurn'schen Schlosse und 600 Einw., welche sich größtentheils vom Commerzial-Fuhrwesen nähren.

Bleystifte. Die Fabrication der B. wird im Inlande in Fabriksanstalten und von so genannten Befugten betrieben, womit auch die Erzeugung der schwarzen Kreide und der Rothstifte verbunden ist. Vormahls wurden die meisten B.; die ganz ordinären ausgenommen, vom Auslande, besonders aus England und Nürnberg eingeführt, und es mögen dafür beträchtliche Summen dahin gegangen seyn. Jetzt aber ist die Fabrication im Inlande so sehr vervollkommnet, daß nicht nur die Einfuhr vom Auslande entbehrlich ist, sondern auch jährlich noch beträchtliche Quantitäten an B.n ins Ausland gehen. Jos. Hardtmuth war der erste in Wien, der diese Unternehmung fabrikmäßig betrieb, und wegen der vorzüglichen Qualität seiner Erzeugnisse ein förmliches Landesfabrikbefugniß erhielt; nach seinem Tode brachte dieselbe Jos. v. Ziolecki, als Führer der Firma: Jos. Hardtmuth sel. Witwe, durch Umsicht und Thatkraft in merkantilischer Hinsicht auf den höchsten Glanzpunct, welche Unternehmung nun unter Mitwirkung desselben als stiller Gesellschafter und Führer der Firma: Ludwig und Carl Hardtmuth fortbesteht, in Hinsicht auf Güte der Producte und Billigkeit der Preise verdient und genießt die Fabrik vorzügliche Anerkennung.

Bleyweiß. In Österreich macht man Kremser, Venetianer und Holländisches B., wovon das erstere fein gemahlen, geschlemmt, oft mit Gummiwasser abgerieben und in Formen gebracht wird, und noch immer unter jenem Nahmen erzeugt und gekauft wird, ungeachtet die zu Krems bestandene Fabrik schon seit mehr als 50 Jahren eingegangen ist. Aus Kärnthen erhält man Kremser, Venetianer B. u. a.; für das reinste und vorzüglichste wird das Herbert'sche gehalten. Ferner hat man im Inlande echtes Venetianer B., eine sehr feine, schöne Sorte; B. mit Holzessig bereitet von Dr. und Prof. Jasnüger in Wien; Emperger'sches B., auf dessen Erzeugung mittelst Holzessig die Brüder Ant. und Eugen v. Emperger in Grätz den 25. Febr. 1819 ein 6jähr. ausschl. Privil. erhielten. Auch Fr. Hagner aus Philadelphia hatte den 10. July 1818 auf seine neue Verfahrungsart zur B.=Fabrication ein ausschl. Privil. für die österr. Monarchie erhalten, so wie schon früher den 28. Sept. 1804, Jos. v. Saurimont in Wien ein Privil. auf 8 Jahre. Ganz verschieden und nur dem Nahmen nach ähnlich ist das Tyroler B., da es gar kein oder sehr wenig Bleyoryd, sondern fast nur gepulverten Schwerspath mit weißer Thonerde enthält.

Blindeninstitute. Fast jede Provinzialhauptstadt besitzt irgend eine Anstalt für Blinde, sey es nun ein Unterrichts= oder Erziehungs=, ein Versorgungs= oder sonstiges Humanitäts-Institut für solche Unglückliche. So hat Prag (seit Kurzem auch Brünn mittelst eines ständ. Stiftungs= capitals von 20,000 fl. C. M.) ein organisirtes Institut für blinde Kinder und Augenkranke, eine Blinden=Versorgungsanstalt; Linz eine Blinden= Lehranstalt ꝛc. Dieß sind jedoch speciellere Privatunternehmungen, wie sie jedes civilisirte Land hat und haben muß, und welche man daher als Bedingung stillschweigend schon voraussetzt. Eine hervorragende Bewandtniß hat es jedoch mit dem k. k. B. J. in Wien, welches eine ärarisch organisirte Centralanstalt bildet; doch war auch dieses vorher eine Privatunternehmung, 1804 gegründet und geleitet von Joh. Wilh. Klein, und zwar für blinde Kinder beyderley Geschlechts, um sie zu bürgerlicher Brauchbarkeit zu erziehen, zu welchem Zwecke Klein ein schätzbares Lehrbuch geschrieben (Lehrbuch zum Unterricht der Blinden ꝛc., mit 6 Kupf. Wien 1819). Dieß Institut vereinigte unter der treff= lichen Direction des überaus verdienstvollen Klein so viele Vorzüge, daß es 1808 zu einer Staatsanstalt erhoben wurde. Durch einen Kate= cheten, 5 Lehrer und 3 Gewerbmeister lernen hier die Zöglinge: Reli= gion, Kenntniß der umgebenden Dinge durch Gefühl, Gehör und Ge= ruch (wobey durch Modelle unterstützt wird), Lesen (plastischer Schrift), Rechnen, Singen und Musik (durch fühlbare Noten), Spinnen, Stricken, Verfertigen von Schnüren, Fransen, Bindfäden und Schuhen, Korb= flechten, Papparbeiten, Bandweben, Tischlerarbeit ꝛc. Zöglinge von Talent, oder besseren Vermögensumständen erhalten auch Unterricht im Schreiben, in der Geographie, Geschichte, Mathematik ꝛc. Die Zög= linge sind dreyerley: Solche, die auf öffentliche Kosten unterhalten wer= den; arme blinde Kinder von besondern Wohlthätern erhalten; und blinde Kinder von vermöglichen Ältern. Die Anstalt nimmt blinde Kinder (bey= derley Geschlechts) in dem Alter zwischen 7 und 12 Jahren an. Die Erzie= hungs= oder Lehrzeit ist, vom 10. Jahre des Alters an gerechnet, auf 6 Jahre bestimmt, worauf die Zöglinge ihren Ältern oder Verwandten zurückgegeben werden. Das Institut hat 8 gestiftete Plätze. Insbesondere hat der Hofkriegsrath einen Fond für blinde Militär-Kinder. Auch die Gesellschaft adeliger Frauen bestreitet jährlich die Erziehung einiger blinden Kinder. Der Fond ist sehr bedeutend; unter andern hat ihm der Herzog Albrecht von Sachsen-Teschen 50,000, der Tuchhändler Jos. Holzinger 5000 fl. zugewendet: — Unter dem nähmlichen Director ist mit diesem Institute die Versorgungs- und Beschäftigungs-Anstalt für erwachsene Blinde vereinigt. Sie entstand 1825 als Privat-Unternehmung. An ihrer Spitze stehen der Kaiser und die Kaiserinn, wie sämmtliche Mitglieder des Kaiserhauses. Der Erzherzog Anton führt das Protectorat. Dieß Institut gründet sich ebenfalls auf milde Beyträge; der Fond übersteigt bereits 22,000 fl. Bloß durch Bäuerle's Denkbücher auf des Kaisers Wiedergenesung und 60. Geburtsjahr waren über 8000 fl. eingegangen. In diese Anstalt treten die erwachsenen Zöglinge des k. k. Blinden-Instituts über; es können jedoch auch andere zur Verpflegung eintreten. Das Haus dieser Anstalt stößt an das Gebäude der ersteren (Josephstadt, Brunngasse). Das B. J. zu Prag entstand 1808 durch den k. k. Gubernialrath und Berauner-Kreishauptmann, Ritter v. Platzer, und ist für den wohlthätigen Zweck bestimmt, die Blinden durch angemessene Unterrichts- und Hülfsmittel dahin zu bringen, daß sie sich nützlich zu beschäftigen im Stande sind, und dadurch selbst weniger unglücklich und für die menschliche Gesellschaft brauchbar werden. Der Fond zur Gründung dieses Institutes bildete sich durch freywillige Beyträge, an welchen der Kaiser auf das freygebigste Theil nahm, ja demselben ein eigenes Haus auf dem Hradschin überließ. Mit diesem Institute steht auch eine Heilanstalt in Verbindung, und jährlich werden öffentliche Prüfungen gehalten, wobey die Zöglinge Proben von ihren erlangten Kenntnissen und Fähigkeiten ablegen, die oftmahls allgemeines Staunen erregen. Versorgungs- und Beschäftigungs-Anstalt für erwachsene Blinde in Prag, wurde den 1. März 1832 als dem denkwürdigen Erinnerungstage der vierzigjährigen Regierung des Kaisers gegründet, und den 4. Oct., als dessen Nahmenstage, mit passender Feyerlichkeit eröffnet. B. J. zu Brünn wurde 1822 gegründet, B. Lehranstalt zu Linz entstand 1824, B. J. zu Preßburg wurde 1826 durch Raphael Beitl und Bertelendy ins Leben gerufen, später aber nach Pesth verlegt. B. J. zu Pesth entstand durch die Verwendung des Erzherzogs Palatinus, und erhielt 1827 reichliche Spende von dem Kaiser.

Blotius (Bloß), Hugo, kais. Hofbibliothekar, war geb. 1533 zu Delft in den Niederlanden, studirte daselbst und zu Leyden, war nach Vollendung seiner Studien als trefflicher Redner berühmt und wurde öffentlicher Lehrer der Jurisprudenz zu Straßburg, von wo ihn Kaiser Maximilian II. 1570 als Hofbibliothekar nach Wien berief. Er stand diesem Amte mit vieler Energie und Thätigkeit vor, und ordnete die vor seinem Eintritt fast begraben gewesene Hofbibliothek auf das sorgfältigste, so daß man mit Hülfe von ihm verfaßter zweckmäßiger Cataloge jedes Buch ohne Schwierigkeit sogleich auffinden konnte. Außerdem vermehrte er dieselbe mit einer großen Anzahl neuer Werte. Gleich beym Antritte seines Bibliothekariats fragte sich B. an, ob es erlaubt sey, die Bibliothek besehen zu lassen, und Bücher aus derselben zu gelehrter Benützung zu verleihen, welches bedingungsweise gewährt wurde. Unter seiner Direction wurde die Hofbibliothek durch Ankäufe, werthvoller Bücher und Manuscripte bedeutend vermehrt, vorzüglich aus der Bibliothek des Sambucus. 1579 übergab B. dem Kaiser Rudolph II. Vorschläge zur Vermehrung, Verbesserung und Verschönerung der kais. Büchersammlung, welche sich damahls im Minoritengebäude befand, und wiederhohlte dieselben, da sie anfangs ohne Wirkung blieben, 1580 von den uneigennützigsten Anträgen begleitet. Nunmehr wurde ihm die Summe von 1000 Gulden zur Verwendung für die Bibliothek unter den, von ihm selbst gestellten Bedingungen, gewährt. Nach einigen Jahren hatten sich indessen die Verhältnisse sehr zu B.'s Nachtheil gestaltet, er war vielleicht im Ausleihen kostbarer Werke oder in der Liberalität zur Beförderung der Wissenschaften zu weit gegangen. Es kamen mehrere Anschuldigungen gegen ihn zu Tage, und es wurde eine Untersuchung angestellt, die nicht zu seinen Gunsten ausfiel. Die Folge war, daß Freyh. Richard v. Strein zum Curator der Hofbibliothek ernannt wurde, ohne dessen Beystimmung B. auch nicht ein einziges Buch Jemand zur Benützung überlassen oder irgend Jemand den Eintritt gestatten durfte. Erst 1600 nach Strein's Tode, erhielt B. die freye Verwaltung der Hofbibliothek wieder, und er übte fortan sein Amt ohne weitere Kränkung aus, nur gesellte man ihm in der Folge auf sein eigenes Ansuchen einen würdigen Gehülfen in der Person des Magisters Sebast. Tengnagel bey. B. starb den 29. Jän. 1608, und jener wurde sein Nachfolger. Von ihm wären im Drucke erschienen: Oratio in duorum juvenum, Adriani Frisii Tigurini et Laur. Eisleri Patricii Viennensis homicidas. — Oratio paraenetica Lovanii habita ad juventutem, an recto parentes liberos suos Loyanium, moribus studiisque informandos mittant? — Oratiuncula de Elephante, nuper in has regiones invecto, et de horologiis Lovaniensibus. Antwerpen, 1564. Außerdem besitzt die Hofbibliothek von ihm 14 Bde. Manuscripte verschiedenen Inhalts, und eine zahlreiche Sammlung von Briefen fast aller bekannten Gelehrten jener Zeit.

Bludenz, tyrol. Stadt im Vorarlberger Kreise am rechten Ufer der Ill, klein und düster, mit 1,865 Einw. und einem Bergschlosse.

Blumauer, Aloys, wurde zu Steyer in Österreich ob der Enns am 21. Dec. 1755 geboren, vollendete seine Studien in seiner Vaterstadt, und war durch ein Jahr zu Wien Jesuit. Er mußte sich darauf mehrere Jahre seinen Unterhalt durch Ertheilung von Privatlectionen und literarische Arbeiten erwerben, bis er bey der unter dem Vorsitz van. Swieten's bestandenen Censur-Commission als Bücher-Censor angestellt wurde. 1793 legte er diese Stelle nieder, und übernahm Rud. Gräffer's Buchhandlung, an welcher er schon seit 1789 einigen Antheil gehabt hatte. Er starb am 16. März 1798. Eine auf ihn verfertigte Grabschrift charakterisirt ihn als Epikuräer, Freygeist, Hagestolzen und Priesterfeind. Er war in den beyden

letzten Decennien des verflossenen Jahrhunderts einer der berühmtesten
Dichter Österreichs, durch ganz Deutschland beliebt und gelesen. Bey
der geistigen Gährung, die nach dem Regierungsantritte Joseph's II.
in den österr. Staaten entstand, machte er sich gleich anfangs als
einer der besten Köpfe bemerklich. Seinen Ruhm gründete er vornehmlich durch eine Sammlung vermischter Gedichte und seine travestirte Äneide. Von seinen Gedichten sind einige kräftig und gefühlvoll
in schöner männlicher Sprache und im Geiste Bürger's. Jedoch hat
man ihn mit Recht getadelt, daß sein ausgeströmter burlesker Witz all-
zutief sinkt, und sich bis ins Gebieth des Ekelhaften verirrt; selbst nicht
frey zu sprechen von einiger Rohheit, bey der er mit Behagen verweilt.
Seine Travestirung von Virgil's Äneide, ein Werk, worin er Alles mit
einer immer zunehmenden Fülle von satyrischer Laune, aber auch zum
Theil mit gesuchtem Witz und meist schroffer Kühnheit angriff,
gehörte gleichwohl längere Zeit nach seinem Erscheinen zu den gelesensten
Schriften in Deutschland, und behauptet noch jetzt seine Individualität.
B. hat es nicht vollendet, seine Parodie erstreckt sich nur bis auf
die 9 ersten Virgil'schen Bücher. Ein gewisser Schaber lieferte 1794
eine Fortsetzung, deren niedere Gemeinheit allgemeinen Unwillen erregte; auch fand B. der unberufenen Nachäffer noch mehrere; man travestirte die Iliade, die Metamorphosen Ovid's u. s. w., und eine dieser
jetzt vergessenen Arbeiten (Herkules, travestirt in 6 Bdn., von Blumauer, Frankf. u. Leipzig, 1794) mißbrauchte sogar B.'s Nahmen auf
dem Titel. B. erstes schriftstellerisches Werk war ein sehr mittelmäßiges
Trauerspiel: Erwine von Steinheim. Seine Gedichte wurden zu Wien
1782 gedruckt. Die Reise des Papstes Pius VI. nach Wien veranlaßte ihn zu einem prophetischen Prolog (von dem bald eine 2. Aufl. erfolgte) und einem Epilog. Gegen Nicolai's bekannte Reisebeschreibung
verfaßte er unter dem Nahmen Obermeyer einen satyrischen Prolog
(der im 2. Bde. seiner Gedichte wieder abgedruckt wurde); auch schrieb
er auf Veranlassung derselben: Beobachtungen über Österreichs Aufklärung und Literatur, Wien, 1783, und noch eine zweyte Schrift:
Proceß zwischen Nicolai und den 797 Pränumeranten u. s. w., Leipzig,
(Wien) 1783. Von der travestirten Äneide erschienen die ersten Bücher
einzeln als Probe, hierauf das Ganze in 3 Bdn., Wien, 1784, 1785
und 1788, welche einige Mahle wieder aufgelegt und nachgedruckt und von
Ossipi ins Russische übersetzt worden sind. 1784 ließ er Freymaurer-Lie-
der drucken (er war Mitglied dieses Vereins), welche 1791 eine neue
Auflage erhielten, und sich in seinen sämmtlichen Werken befinden. Schon
1780 erschien sein Gedicht: Die Buchdruckerkunst. Außer verschiedenen
andern kleinen Schriften und Aufsätzen lieferte er besonders noch viele
Gedichte in den Wiener Musenalmanach, den er von 1781 — 91
mit Ratschky herausgab. 2 Jahre lang (von 1782 — 84) besorgte er die Wiener Realzeitung, und hatte auch an der Jena'schen allg.
Literaturzeitung seinen Antheil. Nach B.'s Tode erschienen seine sämmtlichen Werke in 8 Bdn., Leipzig, 1801 — 3, mit Kupfern. Die 3 ersten Bände enthalten die travestirte Äneide, die 4 folgenden, Gedichte
(mit nicht hinlänglich sorgfältiger Auswahl), der letzte Band enthält prosai-

sche Aufsätze und das Trauerspiel Erwine von Steinheim. Seine sämmt=
lichen Werke erschienen späterhin noch 1809 in Wien, 9 Thle., 1827
in Königsberg, 4 Thle., und in München 1827 in 7 Thlen. Es sind
dieß aber fast durchgehends Nachdrücke zu nennen, da sie ohne Wissen,
oder Abfindung mit dem Originalverleger Rud. Gräffer, oder dessen
Erben erschienen. Merkwürdig ist, daß B. sich auf seine poetischen Er=
zeugnisse, die er oft in Wein= und Bierhäusern auf Speisezettel hin=
schrieb, gar wenig zu Gute that, um so mehr aber auf einen Zweig sei=
nes Wissens, der auffallend genug bisher von keinem seiner Biographen,
auch nur berührt, geschweige denn hervorgehoben wurde, nähmlich auf
seine bibliographischen Kenntnisse und Leistungen. In diesen konnte er
glänzen und liebte er zu glänzen. Ein thatsächlicher Beweis derselben liegt
unter andern in dem von ihm verfaßten Catalogue raisonné des livres
rares et prétieux qui se trouvent chez Blumauer, Wien, 1797.
Diese Cathegorie B.'s muß also hier eigens gewürdigt werden.

Blumen= und Pflanzen=Ausstellung in Wien. Dieses
interessante und anziehende Schauspiel, durch Zusammenstellung des
Schönsten und Edelsten, was die Residenz und ihre nahe Umgebung im
Felde der Pflanzen=Cultur in sich faßt, findet seit 1826 jährlich im Mo=
nathe May Statt. Das Locale der Ausstellung ist in dem schönen fürstl.
Schwarzenberg'schen Garten am Rennwege. Gründer dieser Anstalt
ist Carl Freyh. v. Hügel, Leiter derselben der Freyh. Sigm. v.
Prónay, zwey gelehrte begeisterte Botaniker, deren Gärten zu Hie=
tzing und Hetzendorf wahre Flora=Tempel sind. (Die Berichte über
die B. A. sind von der gediegenen Feder des Letzteren.) Protector ist
der gründliche Kenner der Botanik Erzherzog Anton, dessen hortensi=
lische Anlagen zu den Zierden Wien's und Baden's gehören. Theil=
nehmer derselben durch Blumen= und Pflanzeneinsendung sind alle Clas=
sen der Residenzbewohner und jene der umliegenden Orte, vom Kai=
serhofe und dessen Prinzen angefangen, bis zum schlichten Bürger,
der sich mit Blumistik und Gartencultur befreundet und beschäftigt. Hier
sind Gegenstände aus allen Zonen in jedem Zweige der Topfpflanzen=
Cultur als Resultate eifrigster Sorgfalt und großen Kostenaufwandes,
auf einen Vereinigungspunct zusammengestellt, welche dem Auge des
Kenners wie des Dilettanten seltenen Genuß, reichen Stoff der Be=
trachtung gewähren, und gewiß keine Ansprüche im Felde der edleren
Gewächscultur unbefriedigt lassen. Für die schönsten, seltensten, üppigst
blühenden rc. Pflanzen werden auch Preise, in entweder seltenen Pflanzen
oder deren Geldwerth bestehend, zuerkannt. Die näheren Bestimmungen
der Einsendung und Preisvertheilung sind: Jedermann ist befugt, Pflan=
zen für den Zweck der Ausstellung zu senden, diese müssen jedoch mit ir=
gend einem besondern Kennzeichen versehen und numerirt seyn. Die Zuer=
kennung des Preises geschieht in 6 Classen von hierzu gewählten kunstver=
ständigen und unparteyischen Richtern. Die 6 Preisclassen sind, mit ge=
ringer Abänderung nach der Verlautbarung 1834: 1) Der seltensten und
schönsten, zu einem gesteigerten Grad der Entwicklung gediehenen
Pflanze, deren Vaterland außer Europa — und deren Einführung in
Europa sehr neu ist — wobey eine blühende Pflanze bey der Würdigung

besonders berücksichtigt wird (Preis, eine Pflanzenprämie oder ein Geld-
bettag von 60 fl. C. M.). 2) Derjenigen außereuropäischen Zierpflanze, welche sich vorzüglich durch ihren üppigen Cultur- und Blüthen-
stand auszeichnet (Pr., Pfl. Pr. oder 50 fl. C. M.). 3) Der seltensten
und gefälligsten, Blüthen tragenden, europäischen Pflanze, mit besonderer Rücksicht auf inländischen Ursprung aus der österr. Monarchie,
in deren ganzem Umfange (Pr., Pfl. Pr. oder 20 fl.). Bey Ermanglung einer preiswürdigen Pflanze in dieser Cathegorie wird der dafür bestimmte Preis das Accessit für eine Pflanze in der zweyten Cathegorie.
4) Der schönsten, üppigst blühenden europäischen, oder, in deren Ermanglung außereuropäischen Zierpflanze, welche im Freyen ausdauert
(Pr., Pfl. Pr. oder 20 fl.). 5) Der schönsten in Blüthe stehenden Pflanze aus der Familie der Geraniceae, mit Rücksicht auf Seltenheit.
(Diese Cathegorie enthält zwey Preise in Pfl. Pr. oder 20 fl. für Geraniceae inländischen und ausländischen Ursprungs.) Endlich 6) der best-
cultivirten blühenden Pflanze aus der Familie der Rhodoraceae (Pr.,
Pfl. Pr. oder 20 fl.). Da übrigens der Zweck der Bl. und Pfl. Ausst.
die höhere Garten-Cultur betrifft, so wird auch in der Betheilung der
um Preise concurrirenden Pflanzen, die Schönheit der Art, wie des
Exemplares, hauptsächlich berücksichtigt. Die verschiedenen, den Pflan-
zen-Cathegorien angemessenen, in schönen und seltenen Pflanzen-Exem-
plaren bestehenden Preise werden im Locale der Ausstellung während der
Dauer derselben aufgestellt. Jedem Eigenthümer einer durch schiedsrich-
terliches Urtheil gekrönten Pflanze steht es übrigens frey, entweder die
betreffende Preispflanze oder den entsprechenden, schon vorhinein berechneten Geldpreis sich anzueignen; nur kann dasselbe Pflanzen-Exemplar,
welches in einer Ausstellung den Preis erhalten hat, das folgende Jahr in
derselben Preis-Cathegorie nicht wieder gewinnen. Außer diesen 6 Preis-
Classen haben in den letzteren Jahren zwey Beförderer der Gartenkunst,
um dieser Ausstellung noch größere Ausdehnung und Theilnahme der
Preisbewerber zu geben, auch auf die Anzucht schöner und vorzüglicher
Blumen, abgesehen von dem botanischen Pflanzenwerthe und hauptsächlich nur den angenehmen Eindruck auf das gebildete, erfahrene Auge be-
rücksichtigend, Preise gestellt; so z. B. 1834, 1) einen Preis von 6 Ducaten in Golde für die schönste blühende Glashaus- oder überhaupt im
Blumentopfe gezogene Rose, inländischer neuer Entstehung, oder in
letzterer Zeit geschehener Einführung vom Auslande, oder ganz ungewöhnlicher Blüthezeit und auffallender Cultur-Vollkommenheit; 2) einen
Preis von abermahls 6 Ducaten in Gold für die schönste, nicht gemeine
einjährige Pflanze, oder in Ermanglung einer solchen, der bestcultivir-
ten blühenden Pflanze aus der Classe der beliebteren, ausgezeichneteren
Gartenblumen. Bey jeder dieser beyden Pflanzengattungen, welche auch
von der Concurrenz um die früher angegebenen Pflanzenpreise nicht ausgeschlossen sind, ist die zum Zweck führende, beste Cultur-Methode der
mit dem Preise betheilten Pflanze, zur gemeinnützigen Aufnahme und
Bereicherung der Blumen-Cultur, auf Verlangen offen und deutlich
durch den Pflanzen-Eigenthümer anzugeben. Um endlich jede Bemühung
im feinern Gartenwesen zu ermuntern, einerseits die Möglichkeit zur

Geltendmachung erworbener Fähigkeiten im Fache der Blumen- und Pflanzen=Cultur zu steigern, andererseits die Mannigfaltigkeit und Verschönerung der Ausstellung zu erhöhen, wurden in neuerer Zeit auch für die interessanteste und schönste Zusammenstellung abgeschnittener Blumen in Bouquets 2 Preise festgesetzt; einer derselben für die gelungenste wissenschaftliche Anordnung eines Bouquets, welches durch sinnige Zusammenstellung und den darin begründeten Gehalt das botanische Kennerauge in Anspruch nimmt; der andere für die geschmackvollste, edelste Zusammenfassung vorzüglicher oder doch wohlgefälliger Blumen in einen malerischen Strauß, worin ein feinerer Kunstsinn erkennbar seyn solle. (Preis für die erste Cathegorie eine seltene Pflanze oder 15 fl., für die zweyte, durch mehrere Damen bestimmter Preis, 5 Species=Ducaten.) Bey dieser Preisbewerbung ist noch besonders zu bemerken: Um den letztangeführten Preis können nur Gartenbesitzer und Gärtner concurriren; die Blumenbouquets müssen mit einer anpassenden kurzen De= vise versehen und bis zu einer in der Ankündigung bestimmten Stunde übersendet werden, nach deren Verlauf auf ein später eintreffendes Bouquet keine Rücksicht mehr genommen wird; jeder Eigenthümer eines der überbrachten Bouquets erhält bey der Übergabe, als Entschädigung für die abgeschnittenen Blumen bis 5 fl. C. M., außer er leistet auf diese Vergütung Verzicht. Nach erfolgter Preisentscheidung, wobey es nicht sowohl auf die Größe des Bouquets, als auf die gelungene Zusammenstellung ankommt, wird diesen Bouquets der Nahme des Übersenders angeheftet. Nach der erfolgten Preis=Zuerkennung, welche an einem bestimmten Tage gewöhnlich um die Mittagsstunde erfolgt, steht diese Bl.=Ausst. an demselben Tage von 3 bis 6 Uhr Abends und den folgenden und dritten Tag von 6 Uhr Morgens bis Mittags 12 Uhr, und von Nachmittags 3 Uhr bis 7 Uhr Abends gegen den Eintrittspreis von 10 kr. C. M., dessen Einnahme entsprechenden Gartenzwecken zugewendet wird, jedermann offen. Den vierten Tag, als dem Schlußtage der Ausstellung ist die Besichtigung derselben von Morgens 6 bis Mittags 12 Uhr unentgeldlich freygegeben. Denselben Tag, von 3 Uhr Nachmittags angefangen, kann jeder Theilnehmer der Ausst. seine eingesandten Gewächse wieder abhohlen lassen. Als die vorzüglichsten Stützen und Beförderer dieses schönen und nützlichen Institutes sind mit Auszeichnung zu nennen: Die k. k. Hofgartenanstalt, Erzherzog Anton, die Freyherren Carl von Hügel und Sigm. v. Prónay, Fürst Metternich, Erzherzog Carl, Fürst Schwarzenberg, Freyh. Geymüller, dann auch die Handelsgärtner Held, Seidel, Frühauf, Baumann, Klier, Holomautzky und Angelotti; endlich der Wirthschaftsbesitzer Franz Joseph Kolb. Den ersten Preis erhielt 1834 eine Pflanze: Astronium fraxinifolium aus dem k. k. Hofpflanzengarten zu Schönbrunn, welcher Preis jedoch dem ersten Accessit überlassen wurde. Ein allgemeiner (österr.) Verein für höhere Gartencultur ist so eben im Werden. Privatausstellung in Wien, s. Rupprecht.

Blumenbach, W. C. W., eigentlich Wenzel Carl Wolffgang Wabruschek=Blumenbach, vaterländischer Schriftsteller und Bücher=Censor, geb. zu Wien den 1. Jän. 1791. Schon als

Knabe kam B. in das Cisterzienserstift Wilhering in Oberösterreich, wo er Musik lernte und sich zu den ferneren Studien vorbereitete. Bereits im frühsten Jünglingsalter entwickelte B. ungemeine Neigung
für geographische Studien, welche während der Anwesenheit der Franzosen 1800 in Oberösterreich durch den Obergeneral Moreau beyfällig
bemerkt wurde, der ihm eine Stelle in der militärischen Schule zu La fleche
in Frankreich erwirkte. Der Abt des Stiftes Wilhering wußte ihn jedoch
den Augen der Franzosen zu entziehen. 1801 wurde B. durch seinen
Vater nach Wien gebracht, wo er die Normalschule, und dann das
Gymnasium bey St. Anna besuchte, endlich auch die juridischen Studien
zurücklegte. Während seiner Studienzeit versuchte sich B. in schriftstellerischen Arbeiten; mit besonderem Eifer aber widmete er sich der
Geographie, Mineralogie, Technologie und Statistik, in den Ferien
machte er kleine Reisen zu mineralogischen und botanischen Zwecken in
verschiedene Theile des Kaiserstaates. Bald erregte seine Geschicklichkeit
im Zeichnen der Landcharten auch die Aufmerksamkeit des Professors
Döttler, der ihm auftrug, für das physikalische Cabinet der Universität einen kleinen Globus zu zeichnen. B. entledigte sich dieses Auftrages
zur größten Zufriedenheit. Vielfache Gelegenheit, seine Kenntnisse zu
erweitern, both ihm auch das damahls bestehende kosmographische Bureau
des Freyh. von Liechtenstern, mit welchem eine bedeutende Sammlung von Büchern, Handschriften, Landcharten und Originalzeichnungen
verbunden war. 1813 wurde B. Secretär in diesem Institute, und blieb
es bis 1815; seit dieser Zeit widmete er sich, obschon er seine juridischen
Studien vollendet hatte, bloß den Wissenschaften und der Schriftstellerey.
Seit 1819 nahm er gemeinschaftlich mit Steph. Ritter v. Keeß (s. b.)
Theil an der Ausbildung des durch den jüngern König von Ungarn und
Kronprinzen Ferdinand gegründeten vaterländischen technologischen Ca-
binettes, auch besorgt er seit 1825 dessen Privatbibliothek, Kupferstich-
und Chartensammlung, 1829 wurde er Büchercensor. Er gab im
Drucke heraus: Neueste Landeskunde des Erzherzogthums Österreich
unter der Enns, Wien, 1816; 2. Aufl., 2 Bde. Güns, 1834. —
Kais. österr. Toleranzbothe, oder neu eingerichteter allgemeiner Kalender für alle Religionsgesellschaften in den österr. Erbstaaten. Jahrgang
1817 — 21; seit 1822 unter dem Titel: Allgemeiner Kalender. —
Darstellung des Fabriks- und Gewerbswesens im österr. Kaiserstaate
(gemeinschaftlich mit Steph. Ritter v. Keeß). 3 Bde. Nachtrag 1 Bd.
eb. 1819 — 24. — Systematische Darstellung der neuesten Fortschritte in
den Gewerben und Manufacturen und des gegenwärtigen Zustandes derselben, als Fortsetzung und Ergänzung des obigen Werkes. 2 Bde. eb.
1829 u. 1830. — Wiener Kunst- und Gewerbsfreund, oder der neueste
Wiener Geschmack in Gold-, Silber-, Bronze-, Eisen-, Stahl-
und anderen Metallarbeiten ꝛc. 6 Hfte. eb. 1825. — Neuestes Gemälde
der österr. Monarchie, 3 Bde. (in Schütz's allgemeiner Erdkunde)
eb. 1833. Auch lieferte er verschiedene Aufsätze wissenschaftlichen Inhalts
in mehrere Zeitschriften, und unterhielt seit 1812 einen Briefwechsel mit dem Professor Chr. G. D. Stein in Berlin bis zu dessen
Tode.

Blumenegg (Blumeneck), tyrol. Schloß und Herrschaft im Bregenzer Kreise, mit 10 Dörfern, der Propstey St. Gerold mit 2 Dörfern und vielen Waldungen. Die Ebene hat Wein und Obst.

Blumen = Fabrication und Handel. Unter den Ländern, welche den österr. Kaiserstaat bilden, ist das lombardisch = venetianische Königreich in Ansehung des Blumenmachens unstreitig das erste gewesen; indem dort schon lange her künstliche Blumen (die sogenannten wälschen Blumen) zum Putze und zur Verzierung von Kirchen und anderen öffentlichen Versammlungsörtern verfertigt wurden. Noch immer werden, sowohl im Mailändischen als im Venetianischen künstliche Blumen in großer Menge verfertiget. Papierblumen werden in Venedig von einzelnen Arbeitern, welche die fertige Waare an Kaufleute abgeben, in vielen Sorten gemacht; Blumen aus Coconshäutchen (Fiori di bozzolo) macht man in Venedig und Vicenza, Blumen aus Leinwand, Velutiewolle, Seidenstoffen 2c. zu Venedig; doch sind die Papierblumen bey weitem die häufigsten, wozu ihre Wohlfeilheit das Meiste beyträgt. Aus den übrigen Provinzen verdient Niederösterreich, und nahmentlich Wien, welches in Ansehung der Vollkommenheit noch Venedig übertrifft, die erste Stelle. Auch Triest ist durch vorzügliche Arbeiten bekannt; in Prag, Preßburg, so wie auch in den meisten Nonnenklöstern der Provinzen werden Blumen gemacht. In Siebenbürgen machen viele Weiber und Mädchen künstliche Blumen und zwar feine von buntem Wachspapiere und Flittergold, und noch feinere aus gefärbten Woll= und Seidenstoffen. Der Handel mit Blumen erstreckt sich von Wien aus nach den meisten Provinzen, selbst bis nach Siebenbürgen, da die ganz feine Arbeit dort nicht gemacht wird. Auch Venedig versendet seine Blumen in die nächst gelegenen Länder, besonders nach ganz Ober-Italien, nach Dalmatien, und selbst an die römische und neapolitanische Küste. Wien aber hat nach dem Auslande keinen Absatz, dieser ist ihm durch die französischen Blumen benommen. Das Inland ist jedoch vollkommen gedeckt, so daß auch keine Einfuhr nöthig ist.

Blutegel. Mit diesen wird seit einigen Jahren ein bedeutender Ausfuhrhandel nach Frankreich getrieben. Früher pflegten sie in den sumpfigen Theilen des Neusiedler = See's in Ungarn nur von einigen armen Leuten gefangen, und meist nach Wien zum Verkauf gebracht zu werden. Während der französischen Invasion, 1809, wurde ein solcher Egelträger von französischen Wachtposten angehalten, und nach den gewöhnlichen Fragen zu dem Vorsteher eines Militärspitals geführt. Aufgefordert, den Preis zu bestimmen, wagte der arme Mann kaum die kleine Summe auszusprechen, die er gewöhnlich in Wien dafür erhielt. Den Fingerzeig, den die Franzosen dadurch bekamen, ließen sie nicht unbenutzt. Bald zogen einige Unternehmer aus Frankreich an die Ufer des Neusiedler-See's, und betrieben den Handel mit B.n von da direct in ihr Vaterland. Dieser Handel muß nach und nach beträchtlich geworden seyn, denn es wurde darauf die fürstlich Esterhazy'sche Domänen-Direction aufmerksam und veranlaßt, den Fang zu verpachten. An Reugeld wurden 200 fl., an Pacht=Caution 1000 fl. C. M. gefordert. 1825 haben sich nun 5 aus der Nähe von Paris gebürtige Männer zu Neufiedl niedergelaffen, einen mit gutem Quellwaffer verfehenen Garten gemiethet, und ein ſtabiles Depot von B.n errichtet. An die Hundert= tauſende werden in der Umgegend gefangen, an dieſe Männer verkauft und von ihnen eingeſetzt. Ein eigens gebauter Wagen wird jetzt alle Monathe mit einer Ladung B. durch Poſtpferde von Neuſiedl nach Frankreich und Holland ſpedirt. Jene 5 Franzoſen ſollen geäußert haben, der Neuſiedler-See mit ſeinen Umgebungen ſey die reichſte Vorraths= kammer an B.n in Europa. — 1827 erſchienen in Carlſtadt (in Croa= tien) mehrere B.=Sammler aus Frankreich, um in Moſzlavina und in den Umgebungen von Sziſzek, in den dortigen Sümpfen B. zu ſam= meln. Nach ihrer Verſicherung kommt in Frankreich ein ärztlich applicir= ter B. auf einen Franc zu ſtehen. — Im Jüly desſelben Jahres erſchien eben da ein B.=Sammler aus Baſſano. 1832 kamen B.=Sammler aus Breslau in Munkacs an. Es iſt anzunehmen, daß dieſer Ausfuhrhandel noch immer im Wachſen ſey. In einem glücklichen Jahre beträgt dieſe Ausfuhr über 300,000 fl. Merkwürdig iſt noch, daß die in Frankreich fortgepflanzten B. nicht brauchbar ſind; es müſſen rein ungar. B. ſeyn.

Böbrka, galiz. Städtchen im Brzezaner Kreiſe, mit 2,600 Einw., welche grobe Leinwand weben.

Bocche di Cattaro, ſ. Cattaro.

Bochnia, galiz. Salinenbergſtadt im Bochnier Kreiſe, woſelbſt ſich das Kreisamt, wie auch die Berg= und Salinenämter befinden, iſt von einem mäßigen Gebirge umgeben; hat mehrere Kirchen, ein Gym= naſium, eine Haupt= und eine Mädchenſchule, 4,800 Einw. Die größte Merkwürdigkeit iſt das Steinſalzbergwerk, mit einem jährlichen Erträgniß von 230,000 Ctrn.

Bochnier Kreis in Galizien, begreift 49½ Q. M., worauf ſich 5 Städte, 9 Märkte und 377 Dörfer befinden, mit einer Bevölkerung von 178,760 Seelen. Unmittelbar gränzt der B. K. an den Tarnower Kreis, von welchem ihn an einigen Stellen der Fluß Dunajec ſcheidet. Gegen Norden folgt ſeine Gränze dem Thalwege der Weichſel und gegen Oſten und Süden berührt ſie den Mislenicer und Sandecer Kreis. Neben Landwirthſchaft und Handel iſt der Bergbau der wichtigſte Nahrungs= zweig der Einw.; vorzüglich der Salzbergbau. Leinen= und Eiſen= waarenfabrication iſt auch nicht unbeträchtlich. Endlich biethet die große Handelsſtraße in dieſem Kreiſe, nebſt mehreren Commerzialſtraßen, für den eigenen Verkehr vielfache Gelegenheit dar.

Bocklet, Carl Maria v., der erſte unter den jetzt lebenden Cla= vier=Virtuoſen Wien's, iſt geb. 1801 zu Prag, in welcher kunſtſin= nigen Stadt ſich auch ſein ſchönes Talent zuerſt entwickelte, und in dem dortigen berühmten Conſervatorium der Muſik ſeine vollkommene Ausbil= dung erhielt. Um 1820 kam B. nach Wien, wo er ſich noch gegen= wärtig befindet und auch Unterricht im Fortepianoſpielen ertheilt. Sein Spiel iſt großartig gedacht und empfunden. Obſchon er Meiſter jeder Art von Bravour iſt, und die größten Schwierigkeiten mit Leichtigkeit über= windet, ſo geht doch ſein äußerſt lobenswerthes Streben mehr dahin, ein Muſikſtück dem Geiſte des Componiſten gemäß, mit Richtigkeit und

Gefühl vorzutragen, als in Rouladen, Fermaten und einzelnen Paſ-
ſagen zu glänzen, wofür ihm der Genius der echten Muſik immer dankbar ſeyn wird. Dafür ſind es auch vorzugsweiſe Beethoven'ſche Com-
poſitionen, in deren Vortrage B. ſeine ganze Meiſterſchaft entwickelt,
und gewöhnlich den lauteſten Enthuſiasmus erregt. B. leiſtet auch im
Violinſpiele Vorzügliches. Er hat auch mehreres für das Fortepiano componirt, und damit ebenfalls Beweiſe ſeines großen Talentes und richtigen
Geſchmackes geliefert.

Bocskay, Steph., geb. 1558, Befehlshaber von Großwar-
bein und Oheim des ſiebenbürg. Fürſten Siegm. Báthory, nach
deſſen Abdankung und Rückkehr er der Partey dieſes Fürſten zugethan
war. Von dem Grafen Belgiojoſo befehdet, wandte er ſich vergebens
um Hülfe an Rudolph II., ſuchte, darüber entrüſtet, die Heiducken
für ſich zu gewinnen, und vernichtete mit ihrer Hülfe, von Ingrimm
erfüllt, die kaiſ. Infanterie. Der oberungar. Adel und mehrere große
Städte erklärten ſich für ihn (1604). Von dem kaiſ. Feldherrn Baſta
zur Schlacht gezwungen, verlor er dieſe zwar, doch erhohlte er ſich bald,
und zwang jenen (1605) ſich nach Preßburg zurückzuziehen. Nun
wurde er, als ſein Neffe abermahl das Land aufgegeben hatte, zu Sze-
rents förmlich als Fürſt von Siebenbürgen und eines Theils von Ungarn
anerkannt. Den 9. Febr. 1606 ſchloß er mit Mathias II. den bekannten Wiener Frieden, nach welchem den Proteſtanten Religionsfreyheit,
ihm aber ein Theil von Ungarn zugeſichert wurde. Allein ſchon am 29.
Dec. d. J. ſtarb er in ſeinem 49. Jahre zu Kaſchau. Sein Kanzler
wurde, als angeblicher Urheber ſeines Todes, von der Leibgarde nieder-
geſäbelt.

Bocza, ungar. Bergflecken im Liptauer Comitate, merkwürdig
durch ſeine Goldgruben, die aber nach und nach weniger ergiebig geworden
ſind; würde es der Gewerkſchaft gelingen, die alten reichhaltigen Gruben
vom Waſſer zu befreyen, ſo könnten die B.er Gruben wieder aufblühen.
B. liegt zwiſchen hohen Bergen, worunter der Djumber 6170 Par. F.
über die Meeresfläche erhoben iſt. Die durch Volksſagen verrufene Teu-
felshochzeit hat zwar ſchlechte Wege, iſt aber bey weitem nicht ſo hoch,
wie ihre Nachbarn, die Benuszka, der Leiſtroch u. m. a. Die athle-
tiſchen Gebirgsbewohner dieſer Gegend, Nachkömmlinge ehemahliger Colonien aus Deutſchland, treiben den Bergbau. B. hat 970 Einw. und
gehört theils zur königl. Kammer, theils der adeligen Familie Szent-
Iványi. Es beſteht aus Ober-, Mittel- und Unterbocza. In
Oberbocza iſt eine evangel. Kirche.

Bod, Peter, zu Felſö-Cſernaton in Siebenbürgen 1712
geb., kam mit 12 Jahren auf das reformirte Gymnaſium zu Enyed,
an welchem er ſpäter Bibliothekar und Lehrer der hebräiſchen Sprache
wurde. Dieſe Stelle legte er 1740 nieder, ſtudirte 3 Jahre zu Leyden
in dem daſigen theol. Collegium, und wurde nach ſeiner Rückkunft Prediger der reform. Gemeinde zu Hewiß, und (1749) zu Magyar-
Igen in Siebenbürgen, wo er 1768 ſtarb. Er beſaß viele gelehrte
Kenntniſſe, wovon ſeine zahlreichen Schriften zeugen, von denen wir
bemerken: Judiciaria fori ecclesiastici praxis, 1757, und Synopsis

juris connubialis, 1763 zu Hermannstadt gedruckt. Nach seinem Tode erschien 1776 zu Leyden die schätzbare Historia Unitariorum. Vieles Historische über Ungarn und Siebenbürgen hinterließ er in Handschriften.

Boden des österr. Kaiserthums. Die angemessenste Cultur desselben ist offenbar Ackerbau im weitern Sinne des Wortes. Wenige europäische Staaten besitzen so viele Quellen eines wesentlichen und unabhängigen Reichthums. Fast jedes Product dieses Erdtheils ist unter seinen verschiedenen Climaten einheimisch. — Aber noch steht die producirende Industrie in dieser Monarchie nicht auf der Höhe, wozu die Natur sie berufen zu haben scheint. Zwar ist die Lombardie wie ein Garten angebaut, zwar benutzt der Oberennser, der Steyrer, Tyroler, Schlesier und Gebirgsböhme jeden Fleck, welchem er Ertrag abzwingen kann; aber gerade diejenigen Provinzen, über welche die Natur die ganze Fülle ihres Segens ausgegossen hat, werden von dem sorglosen Slaven, dem schläfrigen Walachen und dem stolzen Magyar auf das Nachlässigste behandelt; große Strecken des besten Bodens liegen ganz öde, oder werden nicht gehörig benutzt, und nur, wo in den Karpathenländern deutscher Fleiß die Erde düngt, entwickelt sich eine bessere Cultur. — Wenn die Naturanlagen des Staates schon völlig ausgebildet wären, würde es einem großen Theile von Europa mit dem Überflusse seiner Producte aushelfen können. Daß sie das bey weitem nicht sind, beweisen die Einfuhrlisten. Artikel, für deren Hervorbringung kein Boden geeigneter ist: Vieh, Pferde, Leder, Häute, Butter, Käse, Obst, Früchte, selbst Flachs und Hanf, kosten Österreich jährlich nahmhafte Summen. — An der Regierung liegt die Schuld nicht! Sie hat in neueren Zeiten Vieles für die Aufnahme der Landwirthschaft gethan. Besonders räumte der unvergeßliche Joseph II. durch Aufhebung der Leibeigenschaft, durch Milderung und feste Bestimmung der Robotten, durch Sicherung des Eigenthums und durch treffliche Agrarialgesetze, die vornehmsten Hindernisse hinweg, welche den Fleiß des Landmannes lähmten. Nur vermochte sein kurzes Wirken nicht überall auf den Geist seiner Völker einzudringen, und manche seiner weisesten, vielleicht zu raschen Einrichtungen gediehen nicht zur Reife, oder gingen im Sturme der Zeit unter. Fortan verfolgte Franz I. mit gleicher Energie und Umsicht, aber mit gemessenen Schritten, dem Zeitpunct der Reife der wichtigsten und heilbringendsten Resultate nie voreilend, das Vorbild seines großen Oheims.

Folgendes ist die classificirte Übersicht des Bodens des österr. Kaiserthums. (Nach geogr. Q. M.) 1) Pflugland, 4137; 2) Wiesen, 833; 3) Weiden, 859; 4) Wälder, 3,317; 5) Weingärten, 185; 6) Obst- und Küchengärten, 137. Ganze benutzte Fläche 9,468 Q. M., oder 94,615,091 Joch, à 1,600 Quadrat-Klaftern. Davon kommen auf I. das Erzherzogthum Österreich mit Salzburg 5,830,156 Joch. II. Innerösterreich, Illyrien und das Küstenland 6,308,167 Joch. III. Böhmen 7,764,610 Joch. IV. Mähren und Schlesien 4,221,909 Joch. V. Galizien 11,850,472 Joch. VI. Ungarn 31,815,124 Joch. VII. Siebenbürgen 7,128,361 Joch. VIII. Militärgränze: a) Siebenbürgische 176,033 Joch. b) Ungarische 4,368,213 Joch. IX. Dalmatien 1,670,187 Joch. X. Lombardisch-Venet. Königreich 7,221,960

Joch (Mailand 3,540,500). Venedig 3,681,460 Joch). **XI.** Tyrol 3,613,830 Joch. Gesammter nutzbarer Boden an Äckern, Wiesen, Weiden, Wäldern, Weinland und Gärten: 1) Ackerfelder, 41,375,000 Joch; 2) Wiesen, 8,335,597 Joch; 3) Weideland, 8,397,500 Joch; 4) Wälder, 33,175,000 Joch; 5) Weingärten, 1,850,000 Joch; 6) Obst- und Küchengärten, 1,376,777 Joch.

Bodensee, im Nordwesten Tyrols, dessen Gestade, so weit es zu Tyrol gehört, eine Länge von 2½ Meilen hat. Er liegt 1,119 ᵂ⁄₁₀ W. F. über der Meeresfläche, und ist einer der schönsten Seen des deutschen Landes. Seine größte Tiefe ist zwischen Friedrichshafen und Rohrschach, 846 W. Fuß.

Bodenstadt, kleine mähr. Stadt im Prerauer Kreise, mit 1,200 Einw., worunter viele Tuch- und Leinweber, mit einer Pfarrkirche, und einem herrschaftl. Schlosse des Grafen Desfours-Walderode.

Bodrogh, ungar. beträchtlicher Fluß in der Zempliner Gespanschaft, der sich bey Tokáy in die Theiß ergießt. Er entspringt oberhalb der Ortschaft Zemplén. Von da fließt er zwischen Ladnócz und Szomotor, und dann zwischen Szőlőske und Szigeth herab, ferner bei Borsi Ober- und Unterbereuz vorbey, läßt hierauf von jener Seite Sátorallja Ujhely, von der andern Vajda liegen, fließt bey Ardó unterhalb Saros Patak, wo er bereits sehr breit und tief ist, und viele schmackhafte Fische, nahmentlich Hechte und Karpfen liefert, bespült nun das Gebieth der Ortschaften Petraho, Olaszi, Zsadany ꝛc., und fällt endlich bey Tokay in die Theiß, welcher fischreiche Fluß durch die B. noch mehr mit schmackhaften Fischen bereichert wird. Bey Szőlőske führt über die B. eine große Brücke, nahe dabey ist ein großer Damm, der eine halbe Stunde bis Rakomasz geht, mit 7 Brücken versehen, und sowohl für Fahrende als Fußgänger mauthbar.

Bodrogh-Keresztur (Keresztur) ungar. Marktflecken in der Zempliner Gespanschaft, mit 4,500, meist magyar. Einw., katholischer, griechisch-unirter und nicht unirter Pfarre, reformirter Kirche, und einer Synagoge. Das treffliche Weingebirge wird mit zur Hegyallya oder zum Tokayer Gebirg gerechnet. Der B. er Wein wird auch häufig als Tokayer verkauft. B. hat starken Viehhandel und 4 berühmte Jahrmärkte. Der B. er Steinbruch gibt gute Bausteine.

Bódva, ungar. Fluß in den Gespanschaften Abaujvár, Torna und Borsod. Sein Ursprung ist auf den Jásser Bergen; er läuft bey Boboló und Péder vorüber, in die Tornaer Gespanschaft, in welcher er die Jolsva und Potrajnek aufnimmt, und mündet sich in der Borsoder Gespanschaft unweit Miskolcz in den Sajo-Fluß.

Böcking, Wilh., k. k. Rath und Professor, geb. den 26. April 1742 zu Wallenda in der Gegend von Coblenz, zog, von dem glücklichen Operateur Dr. Humburg in Wien aufgemuntert, 1762 nach dieser Hauptstadt. Das Glück war ihm nicht günstig. In seiner ganz unbemittelten Lage ließ er sich bey dem Regimente Deutschmeister als gemeiner Soldat anwerben. In seinem Drange zum Studium der Chirurgie verschaffte er sich Bücher, las und dachte, und besuchte in sei-

21*

nen Freystunden fleißig das Regimentsspital. Er hatte sich so viele Kenntnisse erworben, daß er nach zurückgelegter 6jähriger Capitulationszeit
als Unterarzt bey seinem Regimente angestellt wurde. Mit diesem in den
Niederlanden, dann in Mähren, zeichnete er sich durch Eifer und Geschicklichkeit in hohem Grade aus. Er begann berühmt zu werden. 1775
erlangte er den Magistertitel, 1778 ward er zum Corpsarzt bey den
Jägern, 1781 zum Regimentsarzt bey de Ligne befördert. Mit diesem
Regimente aus den Niederlanden nach Wien zurückgekehrt, konnte er mit
seinen seltenen Eigenschaften der Würdigung des berühmten Brambilla
nicht entgehen. Dieß veranlaßte, daß B. vom Kaiser Joseph II.
den Befehl erhielt, zu seiner fernern Ausbildung Paris und London
zu besuchen. Er flog nach Paris, wo er, mit der Freundschaft eines
Fabre, Sabatier, Dessault ic. beehrt, und zu den Sitzungen
der königl. Akademie der Wundarzneykunst eingeladen, sein hehres Ziel
rastlos verfolgte, und sofort nach London abging. Hier lag er vorzüglich der Anatomie ob. Pott, Hunter, Fordyce, Cruikshank
u. A. lernten ihn achten; Loder und Scarpa, reisend, wurden seine
Freunde. 1783 kehrte er nach Wien zurück. Bald erhielt er, in
der medicinisch-chirurgischen Josephs-Akademie die Professur der Anatomie und Physiologie. B. bekleidete sein Lehramt mit Auszeichnung,
und erwarb sich das vollste gegründetste Vertrauen. In Folge eines eigenen Handbillets des Kaisers aus dem Lager von Semlin erhielt und
vollzog B. den Auftrag, die Feldspitäler Croatiens und Slavoniens zu
untersuchen und zu verbessern. Nachdem er sich dessen auf das Befriedi-
gendste entledigt, eben so die Reserve- Divisions-Spitäler zu Korneuburg, Krems ic. besichtigt, und 1790 eine Dienstreise zur Untersuchung der Invaliden nach Tyrnau gemacht hatte, erhielt er mit
dem Prof. Gabriely vom Kaiser den Befehl, die in Syrmien ausgebrochene Pest zu erforschen, und gegen ihre weitere Verbreitung zu wirken. Dieses schwierige Geschäft, welches seine Thätigkeit vom 28. Aug.
1795 bis zum Ende desselben Jahres in Anspruch nahm, führte er auf
das Entsprechendste aus, und erhielt zum Zeichen der Anerkennung eine
Staatsobligation von 1,000 fl. zum Geschenke. B. starb den 11. Oct.
1804. Er war ein tiefer Denker, ein kritischer Geist, in seinem rationellen Wesen stets den höhern Ansichten der Wissenschaften zugewendet;
deßhalb beschäftigte ihn auch mit vorherrschender Liebe das Studium der
Natur der Nerven. — Das Gedächtniß dieses würdigen Arztes und Lehrers wird nicht untergehen. Geschrieben hat B. bloß eine Abhandlung
über syphilitische Geschwüre, und Beobachtungen über Brustwunden,
in den Abhandlungen und Beobachtungen der Akademie abgedruckt.

Böheim, Ferd. Carl, magistratischer Beamter in Wiener-
Neustadt, ist 1794 in Znaym geb. Seine Chronik von Wiener-
Neustadt, 2 Bde. mit Kupf. Wien 1830, seine archäologischen Aufsätze
über einzelne Denkwürdigkeiten jener Stadt in den „Beyträgen des niederösterr. ständischen, historisch-statistisch-topographischen Vereins zur Landeskunde von Niederösterreich" haben ihm den Ruf eines unermüdeten und
gründlichen Forschers, eines gewissenhaften, treuen Mittheilers begründet. Seine wissenschaftliche Bildung hat er sich selbst erworben. Das vom

Pauliner **Fuhrmann** so musterhaft geordnete, vorzüglich wichtige Archiv von Wiener-Neustadt hat er mit aufopfernder Anstrengung, wie Keiner vor ihm benützt. Sehr ist zu bedauern, daß er bey dem furchtbaren Brande dieser Stadt 1834 seine Manuscripte, Bücher und unvollendete Arbeiten einbüßte.

Böhm, Jos., Prof. der Violine am Conservatorium zu Wien, und Tonsetzer, geb. den 4. März 1795 in Pesth. Er hat als Spieler große Fertigkeit, schönen gehaltvollen Ton; richtigen, sichern und gefälligen Vortrag. Er ist verdienstvoll im Unterricht und schrieb auch folgende Compositionen: Große Polonaise mit Orchester und im Quintett, — Zweyte in D, im Quintett. — Variations brillantes in D. — 5 Variationen mit Coda für Orchester, im Quintett mit Pianof. 4 Variationen für das Pianof. — Concertino. Sämmtlich in Wien aufgelegt. — Concert in D. Paris. — Böhm und Payer Potpourri für Violin und Pianof. — Böhm und Pixis Variationen für Violine und Pianof.

Böhm, Jos. Daniel, kaiserl. Kammermedailleur, wurde geb. von protestantischen Ältern, zu Wallendorf in der Zips, den 16. März 1794. Schon in seinem 7. Jahre starb ihm sein Vater und die unbemittelte Mutter suchte ihn in eine Handlung zu Iglo (Neudorf) unterzubringen, wo er 6 Jahre in der Lehre zubrachte. Schon in frühester Jugend war indessen B.'s reger Kunsttrieb erwacht und es entwickelte sich ein Talent in ihm, welches seine spätere Bestimmung bereits ahnen ließ. In seinen freyen Stunden beschäftigte er sich unablässig mit kleinen Schnitzwerken aus Kernen des Steinobstes, die in seinem Kreise vielen Beyfall fanden und zu Ohrgehängen u. dgl. verwendet wurden, ja er wagte sich wohl auch an größere Versuche, verzierte z. B. das Haus eines Edelmannes plastisch und bildete einen Bacchus und eine Ceres zur Bezeichnung des Handelszweiges desselben. Solche gelungene Versuche regten seinen Kunsttrieb immer mehr auf und er wandte sich nach beendigter Lehrzeit an den Maler Zausig in Leutschau, der ihn freundlich aufmunterte und ihm Anleitung in der Zeichenkunst ertheilte. Zugleich wußte ihm dieser so viel von den Kunstschätzen und Bildungsanstalten Wien's zu erzählen, daß der wißbegierige Jüngling auf einmahl, uneingedenk seiner frühern Bestimmung, im July 1813 sein Bündel schnürte und mit geringer Barschaft nach der vielersehnten Hauptstadt wanderte. Fremd und sich selbst überlassen, gelangte B. erst nach einigen Mißgriffen in das Akademiegebäude der bildenden Künste, und wurde nach einigem Bedenken zur Probe gelassen. Diese gelang über alle Erwartung wohl; eine trefflich gelungene Copie des Anatomiekopfes Prof. Fischer's erwarb ihm dessen Gunst im hohen Grade. Bald war jedoch B.'s kleine Börse erschöpft, um so eher, da ihn schon damahls die Liebe zu eigenem Kunstbesitz zu manchen Ausgaben verleitete. Zu guter Stunde wies ihm ein Mitschüler kleine, aus Kirschkernen geschnitzte Körbchen, welche demselben hinreichend Verdienst gewährten, und B. wagte sich nun mit einem, schon früher, ungleich kunstvoller verfertigten, ganzen Halsband ähnlicher Art hervor, welches ganze Figuren, Köpfe, Embleme und geschmackvolle Verzierungen, alles auf den beendigten Krieg und die Anwesenheit der alliirten Monarchen in Wien 1814 bezüglich, enthielt. Dieses gelungene Werk bahnte B. den Weg in die angesehensten Häuser und kam später in den Besitz des Grafen Moritz v. Fries, an welchem Kunstfreund B. in der Folge einen großen Gönner fand. Er erhielt dafür 25 Ducaten in Gold und kam auch dadurch in Berührung mit dem damahligen Vorsteher der höchstbedeutenden Fries'schen Kunstsammlungen, v. Rechberger, dessen Kunstgeschmack und geläuterte Ansichten großen Einfluß auf B. übten; auch war nunmehr seine Erhaltung durch Nebenarbeiten dieser Art gedeckt, deren er mehr bekam, als er verfertigen wollte. Nun trat auch B.'s Talent immer bedeutender und eigenthümlicher hervor, neben seinen fleißigen Studien auf der Akademie besuchte er auch die Werkstätte Joh. Straut's und erlernte daselbst practisch die Kunst in Holz zu schnitzen. Auf Anregung Director Zauner's verlegte sich B. auch auf das Fach der Steinschneiderey und bildete sich auch darin mit großem Eifer aus. Die meisten dieser Arbeiten gingen von Wien hinweg, außer einem Siegelring, welchen Fürst Metternich besitzt und dem Siegelring mit dem Porträt des Kaisers, welcher sich im kaiserl. Antikencabinet befindet. Bald schwanden jedoch die Aussichten, in diesem Fache hinreichende Beschäftigung zu finden, und nun wandte sich B. dem Medaillenfache zu; den mechanischen Theil der Stahlarbeit erlernte er handwerksmäßig bey einem Schlosser. Mit der Medaille zu Ehren des berühmten Jof. Freyh. v. Jacquin bewarb er sich um den Reichel'schen Preis und erhielt ihn. 1821 wurde B. durch die Unterstützungen seiner großen Gönner, der Grafen Lamberg und Fries, in den Stand gesetzt, seinem lange gehegten Wunsche nach, Italien besuchen zu können. Eine neue Kunstwelt stand hier vor seinen Augen. Nahmen, die er vorher einzeln als höchste Muster hatte nennen gehört, standen hier in enger Verbindung mit ihren Vorgängern, die Bahn und Entwicklung ihres eigenen Genius bezeichnend, da B., dem schon in Wien an Martin Schongauer (Schön) ein neues Licht aufgegangen war, hing mit Vorliebe an den ihm ähnlichen Fiesole, Giunta, Andrea Pisano, Montegna und überhaupt an der ältern Kunst, aus deren gehaltvollen Tiefen die Raphael, Mich. Angelo und Leonardo da Vinci 2c. hervorgegangen waren. Wesentlichen Eindruck auf B.'s Gemüth machten die Innigkeit, Unschuld und Einfalt des Glaubens, welche sich in den ältern Meistern aussprach, und wandte ihn jenem Glauben selbst zu; er trat nähmlich zur katholischen Mutterkirche zurück. In Rom fand B. bey dem großen Bildhauer Thorwaldsen, dessen Freundschaft er gewonnen hatte, die Ägineten, welche dieser zu restauriren hatte, und ward von diesem ältern griechischen Kunstwerk in hohen Grade begeistert; er nahm auch einige Abgüsse davon, welche gegenwärtig die kaiserl. Akademie besitzt. Zu eigentlicher Kunstthätigkeit befeuerte B. vorzüglich der schöne Dom zu Ovieto, welche viele der schönen Werke Pisano's enthält, und an welchen er durch 6 Wochen copirte, auch modellirte er den Brunnen von Perugia, ebenfalls ein herrliches Werk Pisano's, ganz im Kleinen; einen Theil dieser vortrefflichen Sculpturen führte B. in Kehlheimerplatten aus, welcher bey ihm zu sehen ist, hoffentlich wird auch das Ganze zu Stande kommen. Später arbeitete B. viele Porträts in diefer Steinart, und diefe wurden fein befter Erwerbszweig; Graf Fries befaß allein eine ganze Sammlung derfelben. Außerdem hatte B. auch einige Steine, theils für Thorwaldfen, theils für Fremde gefchnitten. Ende 1822 kehrte er nach Wien zurück, und fand manche Befchäftigung (obwohl einer feiner Gönner, Graf Lamberg, geftorben war, und das reiche Haus Fries bald darauf fallirte); fo verfertigte er z. B. die Preismedaillen für die kaiferl. Landwirthfchafts-Gefellfchaft, die fchönen Medaillen auf die berühmten ital. Gefangsheroen, Fodor und Lablache, auch ließ Erzherzog Johann mehrere größere plaftifche Werke für feinen Brandhof in Steyermark von B. ausführen; doch konnte er noch fo eigentlich keinem Fache recht treu bleiben, fein Nahme galt zwar in einem engeren Kreife für bedeutend, ein weiterer jedoch fuchte ihn, als einer gewohnten Bahn gefährlich entgegenwirkend, darzuftellen. Der kunftfinnige Graf Rud. v. Czernin war unterdeffen Präfident der Akademie geworden, B. hatte fich ebenfalls deffen Gunft zu erfreuen, und er wurde 1825 auf 4 Jahre als Penfionär im Medaillenfache nach Rom gefchickt; fein zweiter Aufenthalt dafelbft fiel in die Zeit der Ankunft der fogenannten Elgin marbles. Mit Begeifterung ftudirte B. diefe authentifchen Denkmahle der blühendften antiken Kunftzeit und copirte mit päpftlichem Privilegium einen Theil derfelben mit der geiftreichften Auffaffung und kunftgemäßeften Behandlung. Nebenher arbeitete B. mehrere Medaillen und viele Porträts in Kehlheimer Stein. Neben feiner künftlerifchen Ausbildung bildete fich in B. die Idee einer allgemeinen practifchen Kunftgefchichte, und hätten feine Mittel fo weit gereicht, als fein Wille und feine Kenntniffe, fo hätte fich das Vaterland einer Privatfammlung zu erfreuen, für Kunft- und Alterthumsforfcher gleich belehrend und intereffant, und wie fie, nur folche Kenntniffe und Einficht zufammenzubringen im Stande find. Demungeachtet aber ift es ihm gelungen, eine äußerft lehrreiche und hier gewiß einzige Reihe von Incunabeln aus der chriftlichen Kunftgefchichte fowohl, als von Reften der griechifchen, römifchen, ja felbft egyptifchen Vorzeit, fo wie des Mittelalters zu fammeln, welche dem finnigen Befchauer ein lebendiges Bild des gefammten Kunftganges vor Augen zu bringen im Stande find. Vorzüglich merkwürdig möchten in B.'s fehr fchätzbarer Sammlung 2 in Holz gefchnitzte antike Köpfe feyn, die an Ausdruck und Wahrheit der Darftellung kaum ihres Gleichen finden möchten. 1829 kehrte B. wieder nach Wien zurück, und verfertigte bald darauf die Medaillen auf Rud. v. Habsburg, und auf die Albaneferinn, welche jedoch, fo wie eine Darftellung der Scene, worin der Kaifer dem jüngern König von Ungarn feinen Segen ertheilt, bis jetzt ungeprägt geblieben find. 1831 wurde B. durch die Anerkennung und Huld des Kaifers zum Kammermedailleur befördert, eben als fich ihn das Ausland zuzueignen gedachte. Seine neueften Arbeiten find: eine Medaille für den Fürft-Erzbifchof von Olmütz, Grafen von Chotek, eine auf die Anwefenheit der Ärzte und Naturforfcher in Wien, die 3 Preismedaillen für die Jofephinifche Akademie und einige andere, die noch nicht im Gepräge erfchienen. B.'s Werke tragen alle einen eigenthümlichen Stämpel der Behandlung. Überall ift ein Streben nach einfacher Größe, ein Aufopfern des Unbedeutenden zu Gunsten des Bedeutenden, das was man Styl zu nennen pflegt, und welches eben in Verbindung mit jener charaktervollen Bedeutenheit in jener kunstgemäßen Behandlung des Stoffes besteht, ohne diesem mehr zuzumuthen, als es seine Natur verträgt. Darum mögen manche seiner Stämpel gegen andere etwas hart, und seinen Bild= werken jene schmiegsame geglättete Weichheit zu fehlen scheinen, welche uns an andern Kunstwerken, fast zur Betastung reizt, allein B. strebt nach dem Geist, nicht bloß nach der Lieblichkeit der Kunst, mehr nach dem Ganzen, als nach dem Theile, mehr nach dem innern als dem äußern Leben, und bildet dadurch einen heilsamen Gegensatz der Be= strebung so Mancher, welche sich in sclavischen Naturnachahmungen ge= fallen, ohne den Geist der Kunst dabey erfassen zu können.

Böhmen, das Königreich. I. Geschichte. B.s älteste Geschichte ist größtentheils nur auf Sagen gegründet, welche die Schriftsteller Roms als Bruchstücke in den Darstellungen der römischen Eroberungen und Feldzüge der Nachwelt aufbewahrt haben. Dahin gehören die Nach= richten von der Auswanderung der Bojer, eines gallischen Volkstam= mes unter Sigove's Anführung aus ihrem Vaterlande; ihr Zug durch den großen Wald von Hercynien, und ihre Ankunft in einem von hohen, bewaldeten Gebirgen eingeschlossenen, fruchtbaren Lande, bewohnt von Menschen unbekannter Abstammung, die sie entweder tödteten, vertrie= ben, oder nach deren Unterwerfung sich ihr Land zueigneten. Dahin ge= hören ferner die Nachrichten von einzelnen Begebenheiten, die sie be= troffen haben, wie schon 280 Jahre vor unserer Zeitrechnung die An= griffe der Cimbern von ihnen abgewiesen worden waren, sie aber endlich doch in dem Zeitalter des Augustus den Marcomannen unter ihrem berühmten Könige Marbod weichen mußten, der (wahrscheinlicher nach seiner Würde, als nach seinem Geschlechte so genannt) anfänglich sein Volk vor den Römern in den Hercynischen Wald zurückzog, dann das benachbarte Land der Bojer entdeckte, und da es ihm hier gefiel, die Einwohner daraus vertrieb und von dem Lande Besitz nahm. Hier er= richtete er den mächtigen Bund, durch Vereinigung der Hermunduren, Quaden, Semnonen, Longobarden und anderer zum Angriffe der Nordwest=Deutschen mit den Cheruskern und ihrem Fürsten Herr= mann verbundenen Völker. Aber Marbod wurde besiegt, und ent= floh zu den Römern, dennoch erhielt sich noch lange sein Stamm, und rückte sogar seine Gebiethsgränzen bis zur südlicheren Donau vor; dafür bezogen sarmatische Völker, Slaven aus Polen und Pannonien, das Bojerheim, welches immer noch den Nahmen seiner älteren Einwohner behielt. — Wie die Marcomannen und ihre Verbündeten später in die südlichen (römischen) Länder vorgedrungen waren, so wurden (erst nach dem Jahre 166) die in Böhmen eingewanderten Slaven auch daselbst vorherrschend; aber bey der Dürftigkeit der Nachrichten von den slavischen Stämmen zu dieser Zeit, bleiben ihre übrigen Verhältnisse gänzlich un= gewiß. Sie erhielten den Nahmen Czechen (die vorderen) in Rücksicht der Lage ihres Wohnsitzes, von den übrigen östlichen slavischen Volks= stämmen, und haben ihn später selbst angenommen, aber erst nachdem sie den Angriffen der Avaren und Hunnen ausgesetzt waren, und in

Gefahr geriethen, von diesen aus ihrem Lande vertrieben zu werden, wählten sie sich aus ihrer Mitte eigne Anführer. — Die Sagenwelt hat auch einige Nahmen dieser ältesten heidnischen Herzoge Böhmens aufbewahrt; sie erwähnt der Fürsten Czech, Krock mit seiner Tochter, der fürstlichen Zauberinn Libussa und Przemysl, der zwischen 722 und 745 regierte. Letzterer wurde der Stammherr einer lange herrschenden Dynastie, aber erst seit dem Jahre 805 tritt die böhm. Geschichte aus dem Dunkel der Ungewißheit, seitdem nähmlich des großen fränkischen Carl's Heere tiefer in ihr Land eindrangen. Von ihm hat sich der noch unbekannte Königsnahme Kral bis auf den heutigen Tag in ihrer Sprache erhalten. — Deutschen Einwanderern verdanken die Böhmen ihre Civilisation. Vierzehn böhmische Herzoge und Fürsten ließen sich mit ihrem Großherzoge Borziwoy schon im Jahre 894 taufen; aber erst seinem Sohne Spitignew gelang es, die christliche Religion in B. wirksam zu befördern und auszubreiten. Die mährischen Unruhen nach des mächtigen Königs Swatopluck Tode bewogen ihn 908, sich mit dem deutschen Reiche näher zu verbinden, und er vereinigte bald hierauf einen Theil des mähr. Reiches, dessen Schützling noch sein Vater war, mit B. Unter dem frommen zweyten Boleslaw erhielt B. 972 ein eigenes Bisthum zu Prag, und Herzog Brzetislaw führte 1053 zuerst die Erbfolge-Ordnung (Justitia Boëmorum) als Staatsgesetz ein, nach welchem allezeit der Familien-Älteste seines Stammes der Regierungsnachfolger des verstorbenen Herzogs seyn sollte, was aber nur in einigen Fällen beobachtet wurde. Des zweyten Spitignew's Bruder und Nachfolger, Wratislaw II., erhielt 1075 die Lausitz sammt dem königl. Titel auf dem Wormser Reichstage, und wurde von dem Erzbischof von Trier 1086 gekrönt; aber seine Nachfolger bedienten sich nicht alle desselben, obschon er 1158 Wladislaw II. von dem Kaiser zu Regensburg erneuert wurde. — Unter dem Herzoge Sobieslaw hofften die Stände, nach dem Tode Kaiser Heinrich's V., den deutschen Einfluß durch die Verordnung zu entfernen: „Daß in Böhmen nie ein Fremder herrschen, oder ein Amt verwalten soll;" dennoch blieben unter den schwäbischen Kaisern die abhängigen Verhältnisse fortdauernd, und noch unter seiner Regierung erhielt der sächs. Herzog Friedrich, obschon er, zum Mißfallen der böhm. Clerisey und des Volkes, der Landessprache ganz unkundig war, den Prager bischöflichen Sitz. Noch weniger wurde später diese Verordnung geachtet, als Przemysl Ottokar auf den Thron gelangte, und von seinem Jugendfreunde und Waffengefährten Kaiser Philipp im Jahre 1198 die königliche Würde nicht bloß für sich, sondern für alle seine Nachfolger erhielt, welche ihm auch 1204 durch ein päpstliches Breve bestätiget wurde. Vielmehr begünstigte sowohl er als sein Sohn Wenzel und sein Enkel Ottokar II. die Einwanderung deutscher Handwerker und Künstler, mit welchen er die Städte besetzte, und ihren Flor beträchtlich erhob. Der Handel erhielt verschiedene Freyheitsbriefe, und die Industrie wurde durch alle Mittel erweckt, welche sodann in ihrer Rückwirkung Wohlstand und Überfluß erzeugten. Die Ruhe und Ordnung wurden durch Gesetze, welche die vornehmsten Städte schriftlich

auffetzen ließen, hergestellt, und durch ihre sorgfältige Handhabung erhalten. Der Adel war reich und mächtig, und der königliche Hof nach
jenem des Kaisers, der glänzendste in ganz Deutschland. — Wenzel
hatte die österr. Gesandten, welche durch Böhmen reiseten, um den
Markgrafen Heinrich von Meissen zur Verwaltung ihres Landes
einzuladen, durch gute Worte und wichtige Gründe aufgehalten, und
bewogen, seinen Sohn Ottokar, einen blühenden Jüngling, kriege-
risch und klug, den österr. Ständen zum Herrn, und Margarethen,
der jüngeren Schwester des letzten österr. Herzogs, zum Gemahle zu
empfehlen. Er erreichte auch vollkommen seine Absicht. — 1248 trat
Ottokar II. die Regierung von Böhmen und Mähren an, und
war zugleich Herr von Osterreich, Steyermark, Kärnthen, Krain, der
windischen Mark, dem Seehafen Portenau, von Schlesien und Theilen
von Polen und Preußen. Wie sein Vater und Großvater, hat auch er
die Deutschen begünstiget. Ihre Sprache war Hofsprache und deßhalb
das Mittel, wodurch deutsche Künste und Wissenschaften auf böhmischen
Boden um so leichter übertragen wurden, und der Flor des Landes
immermehr stieg. Im Kampfe mit Rudolph von Habsburg über
die österr. Erbfolge endete er nach der verlorenen Schlacht auf dem
Marchfeld 1278 durch zwey Verräther sein Leben. Sein Sohn Wenzel II. erhielt sich aber im Besitze von B., und bekam Mähren und die
Lausitz wieder zurück, als er sich mit Judith, Kaiser Rudolph's
Tochter, 1286 vermählte; auch ertheilte ihm der Kaiser das Gebieth von
Eger, und 1291 das als eine verpfändete Reichsdomäne eingelöste
Pleisner Land, wozu er für kurze Zeit Meissen pfandweise an sich brachte,
aber bald wieder mit Vortheil an Brandenburg überließ; dagegen 1300
zum Könige von Polen gewählt wurde, nachdem er schon 1290 die
polnischen Herzogthümer Krakau und Sendomir in Besitz genommen
hatte. — Ihm folgte 1305 in der Regierung sein unwürdiger Sohn
Wenzel III., der Polen und Ungarn verlor, und schon 1306 den
bisherigen einheimischen böhmischen Regentenstamm (durch einen Meu-
chelmörder getödtet) beschloß. Dieses Anlasses bediente sich Kaiser Albrecht, nachdem er mit seinem Schwager Wenzel II. mehrmahls
ohne Vortheil gebrochen hatte, um die böhm. Stände zu nöthigen,
seinen Sohn Rudolph zum König anzunehmen. Da aber dieser schon
im nächsten Jahre starb, folgte ihm durch die Wahl der Stände für
kurze Zeit der kärnthnerische Herzog Heinrich; allein bald wurde auch
Albrecht (1308) von seinem Neffen ermordet, und die mit Heinrich
mißvergnügten Stände folgten gern dem Antrage von Albrecht's Nachfolger im deutschen Reiche, Heinrich's von Luxemburg, dessen
Sohn Johann 1311 zu ihrem Könige zu wählen, welcher zugleich
auch die Schwester des letzten Wenzel's, Elisabeth, ehelichte. Höchst
merkwürdig und folgenreich für B. war seine lange Regierung, nicht
bloß, weil er es durch einige Erwerbungen in der obern Lausitz und
durch den Lehenverband der schlesischen Fürsten wieder vergrößerte, sondern vielmehr durch den Einfluß, den er auf Sitten, Gewohnheiten,
und selbst auf die Bekleidung und andere Eigenschaften der Böhmen gewann. Unter ihm wurden die ersten geschriebenen deutschen Stadtrechte

von teutschen Rathsmännern zu Prag entworfen. Deutschen vertraute er die Regierungsgeschäfte an, und die Böhmen durch das Neue und Ungewohnte, das sie an seinem Hofe sahen, mächtig gereizt, nahmen eine bis dahin unbekannte Lebensart und Gebräuche an, die erst vorzüglich unter seinem Sohne Carl IV. zur wohlthätigen Wirksamkeit reiften. Er war es, der B.s Wohlstand auf das Höchste gebracht, und mit der ihm von Deutschlands Churfürsten übertragenen Kaiserwürde auch allen Glanz des kaiserlichen Hofes in sein Land gezogen hatte. Prag wurde unter ihm nicht nur die volkreichste Stadt Deutschlands, sondern auch der Sammelplatz der Künste und Wissenschaften, welche durch die 1348 neu gestiftete Universität noch mehr ausgebildet, und von hier verbreitet werden sollten. Durch seine erste Gemahlinn Anna, des Pfalzgrafen Rudolph's Tochter, erhielt er 1351 verschiedene Städte und Schlösser in der obern Pfalz, die er nachher nochmals käuflich von dem Churfürsten Ruprecht, Bruder und Nachfolger Rudolph's, an sich brachte, als seine Gemahlinn, ohne Erben zu hinterlassen, nach einer kurzen Ehe starb. Diese Güter wurden 1373 dem Herzog Otto von Bayern um einen Theil des Kauffschillings für die Mark Brandenburg überlassen, welche Carl mit B. vereinte. Eben so trennte er 1355 Schlesien völlig von Polen, und verband es nebst der obern Lausitz für immer mit B. Unter seinem Sohne Wenzel erhielt B. die erste in der Landessprache verfaßte Landgerichtsordnung, aber auch Huß und Hieronymus von Prag fingen unter seiner Regierung ihr Reformations-Werk an, das bald für B.s Wohlstand die nachtheiligsten Folgen herbeyführte. Der wirksame Einfluß des Huß schien anfangs höchst nützlich für die Cultur seiner eigenen Nation zu seyn; aber bald wurde sie durch das erregte Interesse an Untersuchungen über alle theologische Lehrbegriffe, über die Verhältnisse der geistlichen Macht u. s. w., einseitig und verderblich. — Huß's Verdammung zum Scheiterhaufen konnte den beabsichtigten Zweck nicht erreichen, seine Lehre selbst zu unterdrücken; denn schnell erschienen nach seinem Tode (1414) mehrere Schutzschriften derselben, welche seine Partey verstärkten, unruhiger machten, und den Bürgerkrieg herbeyführten, der unmittelbar nach Kaiser Wenzel's Ableben 1419 ausbrach, und den größten Theil von B., theils durch die Taboriten unter ihrem Anführer Ziska, theils durch die kaiserlichen Kriegsvölker, welche die Aufrührer züchtigen sollten, der Verwüstung Preis gab. Wenzel's eigene Inconsequenzen seiner Regierung, seine unglücklichen Neigungen, die von ihm erhöhten Steuern, seine Härte und die Streitigkeiten mit dem Clerus, bey welchen er auch einen sehr verehrten Priester, Johann von Nepomuk, ersäufen ließ, der nachher B.s Schutzheiliger wurde, hat zur allgemeinen Verbreitung der Unruhen im Lande schon bey seinen Lebzeiten hingewirkt, ihn auf eine Zeit lang von der Regierung entfernt, und in der letzteren Zeit sehr beschränkt; aber ihr Charakter war von anderer Art, da sich Wenzel selbst der neuen Lehre nicht ungünstig zeigte, die ihre Anhänger erst nach seinem Tode mit Waffengewalt erhalten zu müssen glaubten, und unter welchen Johann von Mies, Niklas von Hussinez, Johann Thwal, der ehemahls kathol.

Priester Wenzel Korenta, und besonders Joh. von Trocznow (Trautenau), mit dem Beynahmen Ziska, die ausgezeichnetsten Anführer waren. Erst 1436 konnte Kaiser Siegmund, Wenzel's Bruder, seit 1387 König von Ungarn, und auch seit dem 30. July 1420 schon als König von B. gekrönt, die Regierung B.s selbst antreten, nachdem er die hussitischen Unruhen mit Mühe, und nur durch die Trennung der Hussiten selbst, nach Ziska's (den 12. Oct. 1424 erfolgtem) Tode, und nach der Niederlage der Hauptfanatiker 1434 bey Hrzib und Böhmisch-Brod, so wie durch die Gewinnung des ehrgeizigen Johann Rockyczana, des geistlichen Vorstehers einer Hauptparrey, beygelegt hatte, starb aber bereits 1437. Von eben so kurzer Dauer war auch seines Schwiegersohns Kaiser Albrecht II. Regierung, dem zwar sein Sohn Ladislaus Posthumus nachfolgte, aber in der Blüthe seiner Jahre starb. — Nach ihm wählten die böhm. Stände den bisherigen Statthalter während Ladislaus's Minderjährigkeit, Georg Podiebrad, im Jahre 1458 zum König. — Sowohl mit dem Kaiser Friedrich IV. (III.), mit dem Papste, mit dem Könige Mathias von Ungarn, als auch mit seinen eigenen Unterthanen, den Schlesiern, gerieth er in viele Streitigkeiten, behauptete sich aber bis an seinen Tod (1471) und erhielt von dem Kaiser für seinen Sohn die fürstliche Würde, die dessen Nachkommen als Herzoge von Münsterberg und Ols bis zu ihrem Aussterben 1647, beybehielten. Für B. erwarb Georg die sogenannten pfälzischen Lehen durch einen Vergleich mit dem jüngeren Pfalzgrafen Otto von Mosbach, welcher der Krone B.s die Städte und Schlösser Hollenstein, Heimberg und Freyenstadt zu Lehen antrug, und dieselben von Georg mit den Städten und Schlössern Rothenburg, Aurbach, Eichenbach und Bernau, und mit den früheren Eroberungen Tennesberg, Hohenfels, Hartenstein, Stitzberg, Petzenstein, Derndorf, Höhlemberg und Strahlenfels zu Lehen erhielt, wie sie auch Bayern als solche bis zum Teschner Frieden besessen hat. — Dem Könige Podiebrad folgte durch Wahl Wladislaw II., des weisen polnischen Königs Casimir Sohn, 1471; allein bereits mit seinem Sohne Ludwig, der in der Schlacht bey Mohacz den 29. Aug. 1526 gegen die Türken in den dortigen Morästen umkam, erlosch auch wieder der männliche Stamm dieser Dynastie, und der österr. Erzherzog Ferdinand, Gemahl von Ludwig's Schwester, wurde von den böhm. Ständen den 24. Oct. 1526 zu ihrem Könige erwählt. Seine Regierung macht den Anfang einer neuen, höchst merkwürdigen Periode in der böhm. Geschichte, sowohl darum, weil er zuerst B. in seinem Hause erblich machte, und die großen Theils hussitischen böhm. Stände 1547 in der Macht ganz freyer Königswahl beschränkte, als auch, weil mit ihm eine neue Culturs-Epoche beginnt, die er durch Liberalität und Freygebigkeit herbeyführte. Die in B. bald aufgenommene und schnell verbreitete Buchdruckerkunst wurde hier ein Mittel, die Geistesproducte alter und neuer, einheimischer und ausländischer Schriften in Umlauf zu bringen, und wenn schon Ferdinand der Verbreitung lutherischer und calvinischer Lehrsätze durch Vertreibung der Picarden,

durch Einführung der Jesuiten, durch die Wiederherstellung des Prager
Erzbisthumes und durch die von ihm eingeführte Bücher=Censur Einhalt
zu thun suchte, so war Letztere doch zugleich sehr gemäßigt, und der
König selbst nahm die Zueignung der böhm. Uebersetzung der Erasmi=
schen Paraphrasen des Matthäus an, und erlaubte den Druck meh=
rerer anderer Werke des Erasmus. Noch weiter ging die Duldung
seines Nachfolgers, Maximilian's II., der 1567 eine allgemeine
Religionsfreyheit gestattete, und die böhm. Confession der drey utra=
quistischen Stände genehmigte. Allein da die Protestanten selbst durch
lebhafte Controversen und zu ausgedehnte Forderungen schon unter des
stillen und den Wissenschaften mehr als den Regierungsgeschäften erge=
benen Kaisers Rudolph und seines Bruders Mathias Regierung
zu den traurigsten Ausbrüchen der Parteywuth Anlaß gegeben hatten,
schien dem zweyten Ferdinand (einem Enkel des ersten), der seinem
Oheim, Kaiser Mathias 1619 in der Regierung folgte, nachdem er
schon bey dessen Lebzeiten, 1617, gekrönt wurde, eine Einschränkung
der böhm. Protestanten nöthig zu seyn, welches aber nur den Ausbruch
eines äußerst blutigen und für den Kaiser selbst anfangs gefährlich gewor=
denen Aufstandes veranlaßte. Die Böhmen unter Thurn's Anleitung
opferten die kaiserlichen Räthe ihrer Wuth, errichteten ein sogenanntes
Defensions=Werk, und bothen die Krone dem Pfalzgrafen Friedrich an,
der sie aus eitler Ruhmbegierde und Glaubenseifer, vielleicht noch mehr
aber auf Andringen seiner Gemahlinn, des englischen Königs Jacob I.
Tochter, zu seinem Unglücke 1619 annahm, indem er sie als Folge der ver=
lorenen Schlacht am Weißenberge bey Prag (den 8. Nov. 1620) mit
seinen älteren Erblanden wieder einbüßte. — Das wohlgeführte Schwert
seines Bundesgenossen, des großen Maximilian's von Bayern, und
seines Wallenstein's, hatte dem Kaiser Ferdinand sowohl den
Besitz seiner Erblande wieder verschafft, als auch Schätze zur glücklichen
Fortführung auswärtiger Kriege gegen Schweden, Frankreich nebst
ihren Alliirten, und die Macht gegeben, die Fundamentalgesetze B.s
dem Interesse seines Hauses gemäß abzuändern, und sich dieser Krone
mehr für dasselbe zu versichern. Dennoch blieb B. nicht von fernerern
Unfällen befreyt. Es sollte hier der dreyßigjährige Krieg enden, wo er ange=
fangen hatte, und die Schweden mußten erst in dieses Reich nochmahls
eindringen, und einen Theil seiner Hauptstadt erobern, bis er unter
Ferdinand III. durch den westphäl. Frieden 1648 beendigt werden
konnte. In diesen Zeiten der größten Trübsale während des dreyßigjäh=
rigen Krieges wurde B. so sehr an Menschen und Geldmitteln erschöpft,
daß es sich durch einige folgende ruhige Regierungen nicht ganz zu er=
hohlen vermochte, und erst im 18. Jahrhunderte einen Theil seines vor=
mahligen Wohlstandes wieder erhielt. B. konnte bereits beym Antritte
der Regierung der einzigen Erbtochter Carl's VI., Maria There=
siens, seine treue Ergebenheit für diese Fürstinn wirksam bewähren,
die nachmahls so viel für sein Aufblühen gethan hat. Zwar wurden zwey
Kriege mit Preußen größten Theils inner seinen Gränzen geführt, auch
ein großer Theil des Landes hart gedrückt; dennoch erhohlte es sich bald
wieder, und wurde vielmehr unter der Regierung dieser wirklich großen

Frau volkreicher und blühender, als es je unter den Luxemburgern und in den ersteren Jahren unter Rudolph II. gewesen ist. — Der Kaiserinn Maria Theresia verdankt B. die Aufhebung der Leibeigenschaft, des drückendsten Verhältnisses der bey weitem größten Mehrzahl seiner Einwohner und des Haupthindernisses aller Industrie, daher auch seines Wohlstandes. Ihr und ihren Söhnen und Enkeln verdankt B. eine besser geordnete Justizpflege, so wie unzählbare, auf die intellectuelle Bildung seiner Bewohner und auf ihr wahres Wohl berechnete politische Verfügungen und Einrichtungen. Aber auch eingedenk und dankbar für die großen Wohlthaten, die ihnen durch ihren gegenwärtigen Regentenstamm zu Theile wurden, bewiesen sich die heutigen Bewohner dieses Landes in der gefahrvollen Crise der durch zwanzig Jahre gegen Frankreich fortgesetzten Kriege, wo sie mit kraftvoller Anstrengung und ausharrendem Muthe alles beygetragen hatten, was die Erhaltung des Thrones und der mit demselben unzertrennlich verbündete Flor ihres Landes erheischten. Im großen Befreyungskriege 1813 hatte Napoleon auf B.s Boden bedeutende Colonnen vordringen lassen, was zu großen Gefechten mit den verbündeten, Armeecorps Anlaß gab, welche siegreich die Franzosen über B.s Gränzen hinauswiesen. Am 29. und 30. August 1813 fiel in der Umgebung von Culm, am Fuße des Erzgebirges, die denkwürdige Schlacht vor, welche zwischen den Franzosen unter General Vandamme, und den vereinigten Heeresabtheilungen Oesterreichs, Rußlands und Preußens, unter den Befehlen des Fürsten von Schwarzenberg und der Grafen Hieronymus Colloredo, Kleist und Ostermann gekämpft, und bey welcher das französische Heer in einer Stärke von 40,000 Mann nicht nur gänzlich geschlagen, sondern auch sein Anführer zum Gefangenen gemacht wurde. Später machte Napoleon, der sich persönlich bis auf der Höhe des Nollendorferberges, über welchen die Chaussee nach Sachsen führt, befand, einen zweyten Versuch auf B., welcher aber gleichfalls an dem tapfern Widerstande des Feldzeugmeisters Grafen von Colloredo-Mansfeld, bey Arbesau am 17. Sept. 1813 scheiterte.

Böhmen, d. Königreich. II. Geographie u. Statistik. Lage. Die mathematische Begränzung dieses Reichs fällt zwischen 29° 59′ 25″ — 34° 26′ 45″ östl. Länge, und von 48° 33′ 58″ — 51° 2′ 39″ nördl. Breite. Gebirgsketten machen fast durchaus die natürlichen Gränzen. Gränzen: Diese sind im Norden Sachsen und Preußen (Schlesien), gegen Osten Preußen (Glatz) und Mähren, gegen Süden Oesterreich und Bayern, und gegen Westen Bayern und das Vogtland. Eintheilung. Das Stadtgebieth von Prag in der Mitte des Reichs wird von 16 Kreisen umschlossen: 1) Der Elbogner Kreis nebst dem Eger'schen und Ascher Bezirk (der Sitz des Kreisamtes ist Elbogen). 2) Der Saazer (Saaz). 3) Leitmeritzer (Leitmeritz). 4) Bunzlauer (Jungbunzlau). 5) Bidschower (Gitschin). 6) Königgrätzer (Königgrätz). 7) Chrudimer (Chrudim). 8) Czaslauer (Czaslau). 9) Taborer (Tabor). 10) Budweiser (Budweis). 11) Prachiner (Pisek). 12) Klattauer (Klattau). 13) Rakonitzer (Schlan). 15) Kaurzimer und 16) Berauner Kreis, welche beyde letztere den Sitz des Kreisamtes in Prag haben. — Clima. Ist im Ganzen, wegen der hohen Lage und vielen Gebirge, rauh, am mildesten ist es in den Niederungen der Hauptstadt und des Elbthales, im Leitmeritzer Kreise. Im Erz= und Riesengebirge und im Böhmerwalde ist oft 2 Klafter hoher Schnee zu finden, der bis in den halben April dauert. Gebirge. Gegen Norden, vom Fichtelge= birge an, bis zu den Ufern der Elbe erstreckt sich das Erzgebirge, wel= ches B. von Sachsen scheidet. Der höchste Punct desselben ist der Schwarzwald gegen 645 Toisen hoch, tiefer ins Land und links an der Elbe läuft mit jenem parallel das Trapp= oder Mittelgebirge, dessen höchster Punct der Milischauer oder Donnersberg ist. Gegen die Grän= ze der Lausitz erhebt sich das hinterländische und an der Gränze von Schlesien das Isar= und Riesengebirge (die Sudeten im engern Sinne). Der höchste Punct der letztern, die Schneekoppe, erhebt sich 825 Toi= sen über die Meeresfläche. Gegen Osten das Glatzische Gebirge, südöstl. das mähr. oder Saarer Gebirge nächst der österr. Gränze. Südwestlich an der Gränze von Böhmen, Österreich und Bayern erhebt sich das Böhmerwald=Gebirge (zum hercynischen Walde der Alten gehörig), wel= ches sich dann mit dem Fichtelgebirge vereinigt. Boden. Böhmen er= scheint als ein großes Kesselthal von Bergen rings umgeben. Das Land, im Ganzen genommen fruchtbar, ist dem Pflanzenbau aller Gattung, und vorzüglich der Production des Getreides höchst günstig. Der Flächeninhalt beträgt 950 Quadratm., davon stehen 777 Quadratm. in Cultur, und zwar 381 Quadratm. für den Feldbau; 231 Quadratm. für den Wald= bau, 79 Quadratm. für den Wiesenbau, 61 Quadratm. Weideland, 8 Quadratm. für den Gartenbau, für den Weinbau kaum $\frac{1}{2}$ Quadratm. Der Leitmeritzer und Saazer Kreis gelten als Kornkammer Böhmens, nächst diesem erzeugt der Bunzlauer, Rakonitzer, Kaurzimer, Bud= weiser und Prachiner Kreis das meiste Getreide. Die höhern Gebirgs= gegenden, so wie auch einige kleine Landstriche, an der Elbe und Isar, sind jedoch ihres steinigen Bodens wegen weniger fruchtbar. Gewässer. Flüsse sind: Die Elbe mit der Aupe, Chrudinka, Isar, Eger, Moldau, letz= tere mit der Wattawa, Sazawa, Mies oder Beraun, die Elbe hat ein Ge= bieth von 262, die Moldau von 473 Quadratm. bis zu ihrer Vereinigung bey Melnik. An Canälen sind die beyden fürstl. Schwarzenberg'schen Holzschwemmcanäle merkwürdig. An Mineralwässern besitzt B. einen unschätzbaren Reichthum. Obenan stehen Carlsbad, Teplitz, Eger und Marienbad, als 4 der vorzüglichsten Heilquellen Deutschlands. An den beyden ersten Orten sprudeln heiße Quellen. Einige werden bloß getrunken, und zum Theil weit verschickt (Saidschitz, Sedlitz, Bi= lin, Eger); andere dienen bloß zum Baden, die meisten zu beydem. — (Die Übersicht sämmtlicher Bäder und Gesundbrunnen B.s sind am Schlusse dieses Art.) — Naturproducte. Aus dem Mineralreiche fin= det man in B. Gold und Silber (ehemahls häufig, jetzt selten); Zinn, Bley und vorzüglich Eisen als Hauptproduct unter B.s Metallen jährlich 210,000 Ctr.; ferner Kupfer, Quecksilber, Zinnober, Zink, Wismuth, Galmey, Kobalt, Arsenik, Braunstein, Graphit u. a. m. Salz jedoch entbehrt B. fast gänzlich, und erhält seinen

Bedarf meist aus Österreich. Die so häufig von Schriftstellern aufgeführten, vielen Edelsteine B.'s schwinden n bis zur Seltenheit oder
gar zur Fabel herab. Ausgezeichnet an Größe und Schönheit unter allen Edelsteinen seiner Art ist jedoch der böhm. Granat. Auch findet man
häufig Achate, Chalcedone, Carneole, Heliotrope, Jaspise und Topase.
Auch an Schwarz- und Braunkohlen ist B. reich; die Torflager
sind bedeutend. Aus dem Pflanzenreiche liefert B. viel Getreide, darunter vorzüglich Korn und Hafer, Weizen 3 Millionen Metzen, Roggen
15 Mill., Gerste 6½ Mill., Hafer 13 Mill., vortreffliche Kartoffeln
in großer Anzahl (ein Hauptnahrungsmittel der Gebirgsbewohner als
Ersatz des hier mangelnden Getreides), Flachs von vorzüglicher Güte,
Hopfen in großer Menge und Vortrefflichkeit (am meisten im Saazer
Kreise), etwas Wein (26,145 Eimer), davon der Melniker und der weiße
Czernosecker sehr geschätzt sind, und herrliches Obst. — Unter andern
botanischen Producten findet man hier das isländische Moos in bedeutender Menge auf dem Riesengebirge, welches nicht nur als Arzney, son-
dern auch als Nahrungsmittel beachtet zu werden verdient. An Holz ist
das Land, vorzüglich in der westlichen Hälfte, außerordentlich reich.
Der Prachiner Kreis ist das Hauptholzmagazin B.s. Im Ganzen
geben die Waldungen jährlich 2,170,000 Klft. Holz. — Der Viehstand
ist im Durchschnitte bedeutend und stets im Steigen. Man zählt 142,036
Pferde, 243,779 Ochsen, 650,779 Kühe, 1,590,672 Schafe. Der
Pferdeschlag ist im Ganzen klein; im Saazer, Leitmeritzer und Chrudimer
Kreis ist er jedoch schön und kräftig. Das Rindvieh ist klein und kraftlos
(wegen Mangel hinlänglich guten Futters), wovon nur das Egerland
eine Ausnahme macht; der Fleischbedarf der Städte muß daher durch
Ochsen aus Polen und der Moldau gedeckt werden. Die Schafzucht ist
sehr gut (der Grund zur Veredlung wurde durch spanische Widder gelegt), und ist noch immer im Zunehmen. Wild, der edelsten Art findet man
in unglaublicher Menge, als: Hirsche, Rehe, Eber, Fasanen, Schne-
pfen u. a. m. Nicht minder auch schädliches Wild, als: Füchse, Mar-
der, Iltis u. a. Die Wölfe und Bären sind jedoch fast ausgerottet.
Fische liefern die Flüsse und Teiche von den herrlichsten Gattungen, als:
Hechte, Karpfen, Forellen, und in der Elbe und Moldau auch Lachse
und Welse. Die Herrschaft Pardubitz allein liefert jährlich 2000 Ctr.
Fische. — Bewohner. Um die Zahl der Bewohner und der Ortschaften
im Ganzen so wie in den einzelnen Kreisen kennen zu lernen, mag folgende tabellarische Übersicht dienen:

Kreis	auf d. Meile	Städte und Märkte	Dörfer	Bevölkerung		Zu- sammen
				städtische	rurale	
Bunzlau . .	78,1	46	1,034	86,152	301,746	387,898
Leitmeritz .	69,0	43	954	66,976	274,749	341,725
Königgrätz .	60,0	40	811	69,805	250,143	319,948
Chrudim . .	59,9	34	762	68,922	225,604	294,526
Fürtrag .	2,670	163	3,561	291,855	1,052,242	1,344,097

Kreis	auf Q. Meile	Städte und M.	Dörfer	Bevölkerung städtische	rurale	Zusammen
Übertrag	2,670	163	3,561	291,855	1,052,242	1,34y,997
Prachin	90,6	57	985	52,431	204,158	256,589
Bidschow	44,6	28	612	45,154	200,486	245,640
Czaslau	59,9	44	840	62,720	171,545	234,265
Elbogen	56,	40	615	78,302	155,411	233,713
Budweis	79,1	37	897	52,919	150,956	203,875
Pilsen	68,5	29	663	46,797	151,653	198,430
Tabor	57,4	35	716	55,219	142,138	197,357
Kaurzim	52,3	42	681	46,175	139,120	185,295
Klattau	45,9	26	640	36,963	134,738	171,701
Beraun	52,8	34	769	35,778	131,023	166,801
Rakonitz	39,8	18	508	21,330	135,996	157,326
Saaz	42,9	29	464	38,288	91,682	129,970
Zusammen	956,5	562	11,949	863,931	2,861,148	3,725,079
Hiezu Prag	—	1	—	103,670	—	103,670
Im Ganzen	956,5	563	11,949	967,601	2,861,148	3,828,749

Diese 3,828,749 Bewohner zerfallen in 1,799,277 männlichen, und 2,029,472 weiblichen Geschlechts; rechnet man dazu 32,000 Mann Militär, so ergibt sich eine Gesammtsumme von 3,860,749 Personen. Demnach kommen auf 1 Quadratm. 4003 Menschen. Somit nimmt B. unter den Provinzen des Kaiserstaates hinsichtlich der Zahl seiner Bewohner den ersten Rang nach dem lombardisch-venetianischen Königreich ein. Die Totalsumme der böhm. Ortschaften beträgt 12,515 mit 555,448 Häusern. Es finden sich daher im Durchschnitte 13 Ortschaften auf 1 Quadratm., worunter 12 Dörfer. Städte sind 287, Marktflecken 277. Die Summe der städtischen Bewohner beträgt gegen 967,601 (mit Einschluß der Marktflecken); die der Dorfbewohner gegen 2,861,148. Ein böhm. Dorf zählt im Durchschnitte 240, ein Markt 914, eine Municipalstadt 1798, und eine königl., Prag ausgenommen, 8250 Bewohner. Auffallend ist es, daß B. gar keine Stadt zweyten oder dritten Ranges (jene zu 50 bis 100,000, diese von 15 bis 50,000 Einw.) aufzuweisen hat. Auch im vierten Range (zu 5 bis 15,000 Einw.) zählt es nur 15 Städte. Im ganzen Königreiche werden gezählt 4,107 Geistliche, 2,184 Adelige, 8,461 Beamte und Honoratioren, 43,441 Industrielle und 133,372 Bauern. In den Gebirgen des Nordens und Ostens ist trotz des dürftigen Bodens die Bevölkerung am stärksten. — Völkerstämme. Die Slaven bilden den Hauptstamm des Landes; Gesanglustigkeit und Musikliebe sind ihnen besonders eigen, so wie man ihnen auch natürlichen Verstand und Gedächtniß nicht absprechen kann.

Die Deutschen (etwa 900,000) bewohnen hauptsächlich die Gränzgegenden von Sachsen, Preußen und Bayern, vom Pilsener Kreise an,
durch den Elbogner, Saazer, Leitmeritzer, Bidschower bis zum Königgrätzer Kreise. Sie sind die Gewerbfleißigsten des Königreichs. Die Juden scheinen alte Bewohner des Landes zu seyn. Mehrere Inschriften
uralter Leichensteine u. a. beweisen, daß sie schon zu den Zeiten der
Marcomannen im 1. Jahrhunderte hier gewesen. Ihre Zahl ist (nach den
Patenten von 1789 und 1797) auf 3,600 Familien festgesetzt, welche
nicht überschritten werden soll; in religiöser Beziehung stehen sie unter einem Ober- und mehreren Kreisrabbinern. Ihre Hauptbeschäftigung ist der Handel mit Getreide, Vieh, Leder, Wolle, Geld und
Staatspapieren, welchen sie mit der ihnen eigenen Thätigkeit betreiben.
Die meisten der vielen Branntweinbrennereyen und nicht wenige Bierbrauereyen sind in ihren Händen. Gewöhnlich pachten sie auch die Pottaschensiedereyen. — Eine Colonie Italiener, welche sich unter Carl IV.
in Prag ansäßig machte, im Hussitenkriege auswanderte, aber wieder zurückkehrte, befindet sich noch heute daselbst. Sie beschäftigen sich
ausschließend mit dem Handel. — Sprache. Die gemeine Volkssprache
ist die slavische nach eigenthümlich böhm. Dialect, vorzüglich auf dem
Lande unter den mittlern und untern Ständen. Indessen spricht sie auch
fast jeder aus den höhern. Sie ist die National- und Landessprache;
wenn gleich im Geschäftsgänge der Stellen, in der gebildeten und gelehrten Welt die deutsche sich vorherrschend behauptet. Fast ausschlie
ßend herrscht bey dem Bauernstande die böhm. Sprache im Rakonitzer,
Prachiner, Czaslauer, Berauner und Kaurzimer Kreise. Nach mehreren Schicksälen, welche sie erlitten, indem sie zu allen Zeiten begünstigt wurde, ward sie endlich in neuester Zeit wieder sehr gehoben.
Es lassen sich mehr als 200 böhm. Schriftsteller zählen, welche theils
Originalwerke, theils Uebersetzungen lieferten. Vorzüglich erhob sich auch
die böhm. Poesie, deren ältestes Denkmahl Hanka in der König inhofer Handschrift (s. d.) auffand. In den Gränzgegenden an deutschen Ländern, besonders aber in den 3 nördlichen Kreisen gegen Sachsen wird
allgemein nur deutsch gesprochen. Die deutsche Sprache wurde in B. überhaupt allgemeiner, seitdem Maria Theresia den förmlichen Unterricht darin anordnete. — Industrie=Production. Mineral=Producte:
Die Gesammtproduction des Roh- und Gußeisens kann man jährlich auf
350,000 Ctr. berechnen, wovon ungefähr ¼ auf die Herrschaften Hörzowitz und Ginetz im Berauner Kreise (deren Werke den ersten Rang
behaupten) fällt; so wie überhaupt in diesem so wie im Pilsener Kreise
das meiste und beste Eisen gewonnen und verarbeitet wird. Der Productionswerth der gesammten Hütten- und Hammerwerke wird auf
1,600,000 fl. geschätzt. Ueber 6000 Menschen werden durch diese Fabrication beschäftigt; gegen 1,500 in ungefähr 70 Hochöfen, 1000 in 160
Eisenhämmern. Eisenblechwaaren zum Theil verzinnt fertigen gegen 360
Arbeiter für 470,000 fl. Ferner gibt es über 1000 Nagelschmiede, 600
Drahtzieher, 50 Sensenschmiede, 170 Waffen- und Wagenschmiede, 80
Zeug- und Cirkelschmiede, und einige hundert Schlosser und Messerschmie

be. Die meisten Zinngießer sind im Elbogner Kreise. Die meisten Gold-
und Silberposamentirer findet man im Elbogner, Budweiser, Königgrätzer Kreise und in Prag, die meisten Goldgalanteriewaarenarbeiter eben
da. Eine Bleyweiß- und Mennig-Fabrik findet man zu Joachimsthal, Messingfabriken zu Graßlitz und Lustdorf im Leitmeritzer
Kreise. Schnallen, Löffel und Knöpfe werden vorzüglich in Prag und
Peterswalde erzeugt, die Verfertigung der letztern beschäftigt allein
über 300 Arbeiter. Die Benutzung der die ausgebreiteten Steinkohlenflöße
begleitenden Schwefelkiese zu mannigfaltigen Producten, als: Schwefel, Vitriol, Alaun, vorzüglich aber Schwefelsäure, Scheidewässer
und Berggrün, wird an vielen Orten betrieben. Man kann die Schwe-
felproduction auf 4000 Ctr. annehmen; Eisenvitriol gegen 11,000 Ctr.;
Alaun gegen 5000 Ctr.; Bleyerz über 50,000 Ctr. Das Glas ist ein
Hauptproduct B.s, schon im 13. Jahrhundert blühte dieser Industriezweig, doch wurde in der neuesten Zeit sein Absatz durch englische
und französ. Producte sehr verringert. In 60 (vormahls das Doppelte)
Glasfabriken sind gegen 4000 Menschen beschäftigt. Dieser einzige Artikel setzt jährlich 8 Millionen (sonst 12 Mill.) in Umlauf, wozu das
Ausland über 5 Millionen steuert. Leichtigkeit, Dauer und Wohlfeilheit erhalten das böhm. Glas im Werth, das nur vom schweren englischen an der Weiße übertroffen wird. Granatschleifereyen findet man im
Leitmeritzer und Czasläuer, Steingutfabriken vorzüglich im Elbogner
Kreise. — Pflanzenproducte: Der Flachs kann als die Hauptnährpflanze
des böhm. Gebirges betrachtet werden. Sein Anbau, Verarbeitung und
Verschleiß beschäftigt viele tausend Menschen, und macht ihre Subsistenz
in Überfülle der Bevölkerung in den rauhen, brotarmen Gebirgsgegenden möglich. Man findet in den nördlichen und östlichen Gränzgebirgen
mit der Leinwand-Industrie mehr als 11 — 15,000 Menschen auf
1 Quadratm. zusammengedrängt, und man muß das Ganze als eine ungeheure in viele tausend Hütten zerstreute Fabrik betrachten, in welcher man alle nur erdenklichen Linnengattungen nach allen Stufen der
Vollkommenheit verfertigt. — Wenigstens 500,000 kann man annehmen, die sich hauptsächlich mit Spinnerey für den Absatz ernähren, und
jährlich gegen 37 Millionen Stück Garn spinnen, von welchen durch
55,000 Weber 200,000 Schock Leinwand bereitet werden, 425,000
Schock als gebleichte Garne und gegen 40—50,000 Schock als Zwirn
in den Handel kommen. Der Gesammtwerth aller Leinwand-Erzeu-
gung schätzt man auf 10 Millionen. Dieser Zweig sinkt aber, der gestiegenen Baumwollwaaren-Erzeugung halber, von Jahr zu Jahr.
Außer diesem werden über 100 Ctr. linnene Bänder von 1,100 Arbeitern
verfertigt. Feine Spitzen in Menge werden von 20,000 Menschen fabricirt. Der Werth dieser Fabrication (die ordinären mitgerechnet) beträgt gegen
500,000 fl. Zwirn wird in B. für die ganze Monarchie um 1 Mill. gearbeitet. Wegen der Menge und Güte seiner Papiere zeichnet sich B. vorzüglich
aus. Über 100 Papiermühlen beschäftigen einige tausend Menschen. Den
Productionswerth kann man auf 1¼ Mill. anschlagen. Die Verarbeitung
der Baumwolle hat in den letzten Jahrzehnten mit der Leinwandfabrica-
tion gleichen Schritt gehalten. Kattune aller Art mögen für 3 Mill. ge-

22 *

arbeitet werden. Kittan, Barchent, Manchester, Wallis, Ribs, Piqué, Battist 2c. 2c. ungefähr für 2½ Mill. Man kann annehmen, daß in B. jährlich gegen 100,000 Stück Kattune gewebt werden, welche außer den Maschinenspinnereyen von 20,000 Handspinnern und 8—10,000 Webern verfertigt werden. Das feinere Garn kommt aus England. Außerdem sind noch 18,000 Menschen, welche Strümpfe, Mützen 2c. verfertigen, deren Werth auf 1½ Mill. geschätzt wird. Die Bleichereyen in Garn und Zwirn sind bedeutend. Man zählt 500 Hauptbleichen, worauf jährlich gegen 40 Mill. Stück Garn, 200,000 Schock Leinwand und 100,000 Schock Kattun gebleicht werden. Die größte Bleiche (vielleicht in der ganzen Welt) ist die Exxleben'sche zu Landskron im Chrudimer Kreise mit 12 Bleichhütten (s. d.). Die gesammte Productionswertherhöhung der Bleichen kann auf 1,500,000 fl. berechnet werden. Unter den Holzwaaren sind hauptsächlich die musikalischen Instrumente zu nennen, welche vorzüglich in Prag gearbeitet werden. Die Pottaschesiedereyen zum Behufe der Glasfabriken 2c. 2c. beschäftigen über 6000 Menschen, welche für mehr als 200,000 fl. Pottasche fabriciren. Die Bierbrauereyen und Branntweinbrennereyen sind ein um so wichtigerer Betriebsgegenstand, da B. nicht zu den Weinländern gehört. Zu jenen werden Gerste, zu diesen Roggen und Kartoffeln gebraucht. Besondere Liqueurs- und Rosoglio-Fabriken finden sich allein gegen 25 in Prag. Die Tabakfabrik zu Sedletz versieht ganz B. mit seinem Bedarfe. Da der Tabak ein Regale der Regierung ist, so werden außer 147 Districtsverlegern für den größern Vertrieb, noch 7,270 sogenannte Trafikanten für den Kleinhandel damit versehen. — Thierproducte: Ordinäre Tücher und Wollenzeuge werden in bedeutender Menge verfertigt, so daß nach der Flachs- und Baumwollen-Industrie die Wollverarbeitung die meisten Leute beschäftigt. Die Tuch- und Casimirbereitung allein beschäftigt gegen 8000 Menschen mit einem Productionswerth von 5 Mill., 60,000 Ctr. Wolle werden dabey verarbeitet; davon fällt fast die Hälfte auf den Bunzlauer Kreis, wo die Stadt Reichenberg als der Hauptsitz des böhm. Tuchgewerbes für mittelfeine Waare zu betrachten ist. Überhaupt beschäftigt die Wollindustrie einige 70,000 Menschen, darunter gegen 55,000 Spinner, 11—12,000 Tuchmacher, —4000 Wollenzeugweber, 2—3000 Strumpfstricker. Die Fabrication des Leders und der Lederwaaren, in ihren verschiedenen Zweigen beschäftigt gegen 4000 Menschen mit einem Werthe von 3 Mill. Über 1,200 Personen beschäftigen sich mit der Fertigung von Hüten, meist aus Hasenhaaren, in einem Werthe von über 500,000 fl. Über 1000 Kürschner verarbeiten um 300,000 fl. Waare 2c. 2c. Überhaupt kann man annehmen, daß mit wichtigern Fabrications-Gegenständen über ⅒ der gesammten Bevölkerung beschäftigt ist. — Handel und Straßen. Die Ausfuhr B.s kann man auf folgende Weise anschlagen: Aus dem Mineralreiche (vorzüglich Glas) gegen 4 Mill., aus dem Pflanzenreiche 5 Mill., aus dem Thierreiche (vorzüglich Wolle, Federn, beyde meist durch jüdische Industrie) etwa für 3⅛ Mill. Gulden. Die Gesammtausfuhr beträgt 12 Millionen; die Gesammteinfuhr 14½ Millionen. Prag ist als Hauptstadt und Hauptsitz der Großhandlungen und Wechselhäuser eben so sehr

als durch die geographische Lage der Centralpunct des Handels. Haupt=
sächlich durch die nach allen Seiten auslaufenden zahlreichen und vor=
trefflichen Kunststraßen wird der böhm. Handel befördert. Man zählt
jetzt über 368 Mln. ausgebaute und in Unterhaltung des Staates ste=
hende Kunststraßen. Besonders zu erwähnen ist die große Eisenbahn
zwischen Budweis und Linz, eine zweyte zwischen Pilsen und
Prag. Ein anderes Beförderungsmittel ist die Flußschifffahrt. Hier
steht die Elbe, besonders durch den neuen Schifffahrtsvertrag, oben an.
Belebend wirkt die periodische Ausstellung böhm. Industrie=Producte,
so wie der neue Verein zur Ermunterung des Gewerbfleißes in Prag. —
Religionszustand. Die kathol. Religion ist die herrschende. Der
Säcular=Clerus derselben besteht 1) aus den Bischöfen, 1 Erzbischof zu
Prag, 3 Bischöfen zu Leitmeriz, Königgräz und Budweis,
1 Weihbischof und 12 Prälaten. 2) Dom= und Collegiatstiften mit ih=
ren Pröpsten, Dechanten und Domherren. Mit jedem Domstift ist ein
bischöfl. Consistorium verbunden. 3) 7 Propsteyen, 11 Erzdechanteyen,
133 Dechanteyen. 4) 1,107 Pfarreyen, 83 Pfarradministrationen,
340 Localien und 82 Exposituren. Der Regulär=Clerus erlitt starke Be=
schränkungen, doch besteht er noch immer aus 75 Manns= und 6 Frauen=
klöstern. Die Akatholiken bilden 10 Gemeinden Augsburgischer, mit etwa
13,000, und 36 Helvetischer Confession mit etwa 45,000 Seelen. Die
62,000 Juden stehen in Betreff ihrer religiösen Angelegenheiten unter
einem Oberrabbiner zu Prag. — An Wohlthätigkeitsanstalten besitzt B.
viele Landspitäler, wo über 3,400 Pfründner unterhalten werden, meh=
rere Militärspitäler, 5 Spitäler der Barmherzigen und Elisabethinerin=
nen für Krankenpflege, 1 Israelitenspital, so wie eine große israelit. Brüder=
schaft für Krankenpflege, ferner 2 adelige Damenstifte zu Prag, 119
Stiftungsplätze zur Versorgung bürgerl. Mädchen, über 1000 Schul=
stipendien, ein Witwen=, Waisen= und Taubstummen=Institut, ein
Blindeninstitut, ein Verein zur Unterstützung der Hausarmen (eine der
trefflichsten Anstalten), das italische Waiseninstitut, das Waisenhaus
zu St. Johann dem Täuf., verschiedene Witwen= und Waisengesell=
schaften, 1 Versorgungsanstalt für schuldlos Verunglückte, 1 Pensions=
anstalt für die Prager Schauspieler, 1 Gesellschaft zur Rettung der
Scheintodten, 1 Damenverein zur Unterstützung weiblicher Kunstfertig=
keit, 1 dramatischer Adelsverein zur Unterstützung der Kranken= und Ar=
menanstalten. Ferner: Das allgemeine Kranken= und Irrenhaus, 1 Fin=
del= und Gebärhaus, 1 Curhaus für weibliche Gesunkene, 1 allgemei=
nes Siechenhaus, die allgemeine Armenanstalt und das neue Armen=
haus, die Sparcasse, und die Brandschaden=Versicherungsanstalt,
sämmtlich zu Prag. — An Bildungsanstalten besitzt B. 1 Haupt= und
Musterschule, 40 Haupt= und sehr viele Trivialschulen (2,500 kathol.,
36 akathol. und 20 israelitische). Besondere Mädchenschulen sind
bey den englischen Fräulein in Prag und bey den Ursulinerinnen in
Prag und Kuttenberg. Die Israeliten haben ein Lehrinstitut der
Moral zu Prag, welches aus einer Haupt= und Mädchenschule besteht.
Zu Rakoniz ward mit dem Schuljahr 1833—34, die von dem
verstorbenen Prager Fürst=Erzbischof Wenzel Leopold v. Chlum=

czansky dotirte Realschule eröffnet. Die eigentliche wissenschaftliche Bildung befördern: die Universität zu Prag, 26 Gymnasien, 3 philosophische und 3 theologische Lehranstalten, ein polytechnisches Institut, eine Malerakademie, ein Conservatorium der Musik, Militär-Erziehungs- und mehrere ständische Anstalten. Noch andere Institute zur Beförderung der Cultur, Künste und Wissenschaften sind: Die Gesellschaft der Wissenschaften, in dieser Art die einzige des österr. Staates, vorzüglich für Geschichte, Naturkunde und Mathematik. Die ökonomisch-patriotische Gesellschaft, welche sehr gemeinnützig (vorzüglich durch ihre Schriften) auf bessere Methode in der Landwirthschaft einwirkt, das vaterländische Nationalmuseum zur Aufstellung alles Ausgezeichneten in vaterländischer Wissenschaft und Kunst, die Gesellschaft patriotischer Kunstfreunde, der Verein zur Beförderung der Tonkunst ꝛc., eine königl. Sternwarte, eine öffentliche Bibliothek (reich an slavischen Manuscripten), mehrere Naturalien-Cabinete ꝛc. B.s sämmtliche Bäder und Gesundbrunnen sind: Dorf Abaschin, Pilsener Kr. Sauerbr. — Dorf Albenreut (Neu-), Elbogner Kr. Sauerbr. — Dorf Albrechtsthal, Bunzlauer Kr. Brunnquelle. — Dorf Altwasser, Bidschower Kr. Heilbad. — Dorf St. Anna, Taborer Kr. Heilbad. — Dorf St. Anna (Annadorf), Czaslauer Kr. Heilbad. — Stadt Bechin, Taborer Kr. Heilbad. — Stadt Bilin, Leitmeritzer Kr. Gesundbr. — Dorf Bründler-Bad, Königgrätzer Kr. Gesundbad. — Markt Brünel, Budweiser Kr. Kaltes Bad. — Dorf Brünler-Bad, Königgrätzer Kr. Heilbad. — Freye Stadt Carlsbad, Elbogner Kr. Warme Bäder und Sauerbr. — Stadt Chlumetz, Bidschower Kr. Heilbad. — Dorf Deschtiekrey, Bidschower Kr. Gesundbr. — Dorf Dobritschan, Saazer Kr. Stärkendes Bad. — Stadt Dur, Leitmeritzer Kr. Warme Bäder. — Stadt Eger, Elbogner Kr. Säuerling. — Stadt Eisenbrunn, Elbogner Kr. Gesundbr. — Meierhof Elwanczicz, Taborer Kr. Bad- und Gesundbrunnen. — Dorf Forst, Bidschower Kr. Kaltes Bad. — Dorf Franzensbrunn, Elbogner Kr. Badeort. — Dorf Gemnik, Bunzlauer Kr. Gesundbad. — Gießhübler Buchsäuerl., Elbogner Kr. Gesundbad. — Kloster Graupen, Leitmeritzer Kr. Gesundbrunnen. — Dorf Gutwasser, Budweiser Kr. Berühmtes Gesundbad. — Dorf Gutwasser, Prachiner Kr. Gesundbrunnen. — Dorf Gutwasser, Taborer Kr. Gesundbad. — Dorf Hagek, Chrudimer Kr. mit einem Badehaus im Walde. — Dorf Hagensdorf, Saazer Kr. Sauerbrunnen. — Dorf Hammer, Chrudimer Kr. Gesundbad. — Schloß Hammerhof, Pilsener Kr. 3 Gesundbrunnen. — Stadt Herzmaniestez, Chrudimer Kr. Gesundbrunnen. — Schloß und Dorf Hradek, Prachiner Kr. Gesundbrunnen und Bad. — Dorf Johannesbad, Bidschower Kr. Warmes Bad. — Johannesbad (St.), Königgrätzer Kr. Gesundheitsbad. — Markt Jungfernteinitz, Rakonitzer Kr. Gesundbrunnen. — Dorf Klatowka, Klattauer Kr. Gesundbrunnen. — Wirthshaus Klokoczka, Bunzlauer Kr. Kaltes Bad. — Dorf Kneba, Elbogner Kr. Gesundbrunnen. — Wirthshaus Königsfeld, Chrudimer Kr. Gesundbad. — Markt Königswart,

Elbogner Kr. Sauerquellen. — Dorf Kollosoruk, Saazer Kr. Bit-
terwasserbrunnen. — Meierhof Komeozany, Berauner Kr. Sauer-
brunnen. — Stadt Kralup, Saazer Kr. Sauerbrunnen. — Dorf
Krzeschitz, Leitmeritzer Kr. Gesundbrunnen. — Dorf Kuchelbad,
Berauner Kr. Gesundbrunnen und Bad — Markt Kukus, Königg-
grätzer Kr. Gesundbad (Coxbrunn). — Dorf Kunnersdorf, Saazer
Kr. Sauerbrunnen. — Dorf Kuttenau, Pilsener Kr. Gesundbrunnen.
— Lamb=Bad (St.); Hegerh. Klattauer Kr. Gesundbad. — Dorf
Landeck, Pilsener Kr. 3 Sauerbrunnen. — Dorf Lettin, Klattauer
Kr. Gesundbad. — Dorf Libin, Elbogner Kr. Sauerbrunnen. —
Dorf Libnicz, Budweiser Kr. Gesundbrunnen. — Dorf Libach,
Leitmeritzer Kr. Gesundbrunnen und Bad. — Stadt Libochowitz,
Leitmeritzer Kr. Gesundbrunnen. — Dorf Liebwerda, Bunzlauer
Kr. Gesundbrunnen. — Dorf Lusading, Pilsener Kr. Gesundbrunnen.
— Markt Maleschau, Czaslauer Kr. Gesundbrunnen. — Kloster
Mariaschein, Leitmeritzer Kr. Gesundbrunnen — Dorf Marien-
bad, Pilsener Kr. Luft= und Moorbad — Dorf Martrau, Pilsener
Kr. Gesundbrunnen. — Dorf Mastig, Bidschower Kr. Gesundbad. —
Stadt Mies, Pilsener Kr. Gesundbad. — Markt Milletin, Bid=
schower Kr. Sauerbrunnen und Bad. — Dorf Modletin, Czaslauer
Kr. Gesundbad. — Dorf Mohr, Saazer Kr. Gesundbrunnen. —
Schloß Mostau, Elbogner Kr. Sauerbrunnen. — Dorf Mscheno,
Rakonitzer Kr. Eisenhältiges Bad. — Dorf Mühlesen, Elbogner
Kr. Sauerbrunnen. — Dorf Müllestau, Pilsener Kr. Gesundbrun-
nen. — Stadt Nachod, Königgrätzer Kr. Gesundbad. — Dorf Net=
schich, Saazer Kr. Gesundbrunnen. — Nikolai (St.) b. d. Stadt
Wrzlab, Chrudimer Kr. Berühmtes Gesundbad. — Stadt Packa
(Neu=), Bidschower Kr. Gesundbrunnen. — Paußt, beym Markt
Neu=Czerekwe, Taborer Kr. Gesundbad. — Dorf Petrowice,
Rakonitzer Kr. Gesundbad. — Dorf Petterkau, Czaslauer Kr.
Gesundbad. — Dorf Pilna, Saazer Kr. Bitterwasser. — Stadt
Plan, Pilsener Kr. Gesundbad. — Stadt Poczatek, Taborer Kr.
Gesundbrunnen und Bad. — Dorf Podolt, Chrudimer Kr. Gesund=
bäder. — Stadt Prag, Gesundbäder. — Badhaus Prokop=Bad,
Chrudimer Kr. Kaltes Bad. — Dorf Rankowitz, Pilsener Kr.
Sauerbrunnen. — Dorf Ratmierzitz, Kaurzimer Kr. Gesund-
brunnen (St. Libori). — Dorf Rebitiz, Elbogner Kr. Gesund-
brunnen. — Resek bey Reustadt, Königgrätzer Kr. Gesundbad.
— Dorf Rauth (Nieder=), Elbogner Kr. Gesundbrunnen.
— Markt Richenburg, Chrudimer Kr. Mineralquelle. — Dorf
Rodisfort, Elbogner Kr. Sauerbrunnen. — Dorf Röhr, El-
bogner Kr. Sauerbrunnen. — Markt Rosenthal, Budweiser Kr.
Gesundbrunnen. — Dorf Rostiez, Czaslauer Kr. Gesundbrunnen.
— Dorf Ruschinow, Czaslauer Kr. Gesundbad. — Dorf Said-
schitz, Leitmeritzer Kr. Bitterwasser — Dorf Satschitz, Saazer
Kr. Gesundbad. — Markt Sazowa, Kaurzimer Kr. Mineralquelle.
— Dorf Schaben, Elbogner Kr. Sauerbrunnen. — Dorf Schönau,
Leitmeritzer Kr. Warme Bäder. — Dorf Schwadowitz, Königgrätzer

Kr. Gesundbad. — Dorf Sebeltitz, Elbogner Kr. Sauerbrunnen. — Dorf Sedlitz, Saazer Kr. Bitterwasser. — Stadt Sedlitz, Prachiner Kr. Gesundbad. — Dorf Songenberg (Klein-), Pilsener Kr. Sauerbrunnen. — Dorf Steinwasser, Saazer Kr. Gesundbad. — Dorf Sternberg, Rakonitzer Kr. Eisenhältiges Bad. — Dorf Stecknitz, Saazer Kr. Mineralquelle. — Stadt Tachau, Pilsener Kr. Sauerbrunnen. — Stadt Tepel, Pilsener Kr. Gesundbrunnen. — Dorf Teplitz, Leitmeritzer Kr. Gesundbad. — Stadt Teplitz, Leitmeritzer Kr. Warme Gesundbäder. — Teplitzer Jägerhaus, Leitmeritzer Kr. Mittelwarme Bäder. — Stadt Teschen, Taborer Kr. Mineralbad. — Dorf Umlowitz (Klein-), Budweiser Kr. Ladislai-Gesundbrunnen. — Wirthshaus Wodollenka, Prachiner Kr. Gesundbad. — Wolfgangs-Bad, Klattauer Kr. Gesundbad. — Dorf Berzotin, Rakonitzer Kr. St. Blasius-Gesundbrunnen.

Böhmerwald. Das Waldgebirge, welches Böhmen von Bayern scheidet. Es zieht sich um West- und Südböhmen herum, und heißt auf der österr. und mähr. Gränze Saarergebirg; der Aber und der Rachelberg sind die höchsten Spitzen. In dem B. sind viele Glashütten, Berg- und Hüttenwerke.

Böhmisch-Aicha, böhm. Städtchen im Bunzlauer Kreise, mit 1,900 Einw., worunter viele Leinweber.

Böhmisch-Brod, böhm. Stadt im Kaurzimer Kreise, mit 1,700 Einw. In der Nähe verloren die Taboriten eine Hauptschlacht.

Böhmisch-Grätzen, böhm. Schutzstadt im Budweiser Kreise, sehr nahe an der österr. Gränze, mit 1,600 Einw., einem alten Schlosse (dessen Archiv reichhaltig) und einem zierlichen Park. Zu der gräfl. Bucquoy'schen Herrschaft dieses Nahmens gehören 5 bedeutende Glashütten, wovon die Silberberghütte schwarzes, rothes und buntes Hyalith liefert.

Böhmisch-Hirschberg, böhm. Städtchen im Bunzlauer Kreise, mit 1,900 Einw., worunter viele Weber, und einer vorzüglichen Kattundruckerey, in der eine große Dampffärberey nach englischer Art besteht, und die Weißbleiche durch Dampfapparate betrieben wird.

Böhmisch-Kamnitz, eine bedeutende Herrschaft im Leitmeritzer Kreise Böhmens, besteht aus 2 Städten, Kamnitz und Kreibitz, dem Markte Schönlinde und 43 Dörfern, mit 27,000 Einw. auf 3¼ Quad. M. Der Boden ist gebirgig und nicht sehr lohnend. Zwey Drittel der Herrschaft sind mit Wald bedeckt und geben jährlich 30,000 Klafter Holz. Die Einw. nähren sich meist von Gewerben und Handel. Am zahlreichsten sind hier die Garnspinner, welche den Flachs vom Riesengebirge verspinnen. Vorzüglich mit dem Abbleichen des Zwirns und Garns beschäftigen sich 130 Bleichen. Außerdem gibt es viele Leinwand- und Baumwollenweber und Strumpfwirker. Hier ist der Hauptsitz der Glasschleifer, Schneider, Vergolder und Maler, welche die rohen Glaswaaren der böhm., mähr. und österr. Glashändler veredeln.

Böhmisch-Kamnitz (B.-Chemnitz), böhm. Stadt im Leitmeritzer Kreise mit 2,450 Einw., welche Strumpfstrickerey, Spinnerey,

Verfertigung von Bast- und Strohhüten, und Glasschleiferey treiben. Hier sind bedeutende Garnbleichen.

Böhmisch-Krummau, böhm. Municipalstadt im Budweiser Kreise, an der Moldau, zählt 5,600 Einw. Es ist hier nebst einer Haupt- und einer Mädchenschule, ein Militär-Knabenerziehungshaus, eine ansehnliche Papierfabrik, eine Tuchfabrik, Salpetersiederey. In der Nähe ist das Bad Umlowitz, und der Schwarzenberg'sche Canal (s. d.). Diese Stadt ist der Hauptort eines fürstl. Schwarzenberg'schen Herzogthums, welches einen Flächenraum von 220,000 Joch oder 22 österr. Geviertm. umfaßt, worauf 48,000 Menschen leben. Hoch über der Stadt sieht man auf einem Felsen das weitläufige Schloß, dabey befindet sich ein Park im ältern Styl. Auf dem Gipfel einer Anhöhe prangt ein Denkmahl zur Erinnerung an die Thaten des Feldmarschalls Carl Fürsten von Schwarzenberg.

Böhmisch-Leippa, böhm. Stadt im Leitmeritzer Kreise mit 5,700 Einw., einem Gymnasium und einer Hauptschule, Kattun- und Tuchfabriken, Glasschleiferyen und Töpfereyen.

Böhmisch-Lissa, böhm. Städtchen im Bunzlauer Kreise an der Elbe, mit 2,200 Einw., Thier- und Fasangarten, Schloß mit Bibliothek.

Böhmisch-Wiesenthal, böhm. kleine königl. Bergstadt im Elbogner Kreise, mitten im Ober-Erzgebirge, deren 750 Bewohner sich großentheils mit Bandweben, Klöppeln, Verkauf der Zwirnspitzen und mit Drahtziehen rc. ernähren.

Böhmische adelige Garde. Bey Eröffnung des Feldzuges 1813 hatte sich aus dem böhm. Adel eine freywillige a. G. gebildet, welche den Kaiser ins Feld begleitete, und nach Beendigung des Krieges wieder aufgelöst wurde. Jene Mitglieder derselben, die schon aus früheren Militärdiensten einen Officiers-Charakter bekleideten, haben diesen auch nach der Auflösung beybehalten, den übrigen wurde zwar die Tragung ihrer Uniform und der Ehrenzeichen bewilliget, sie gehören aber ganz unter die Civil-Gerichtsbarkeit. Das Ehrenzeichen besteht aus einem roth emaillirten goldenen Kreuze mit dem weißen böhm. Löwen, das an einem weißen, mit einem rothen Streifen versehenen Bande getragen wird.

Böhmische, auch mährische Brüder. Diese sind eine christliche Secte, welche nach Beendigung des Hussitenkrieges entstand. Nachdem sie sich anfangs an die Calixtiner gehalten, weßhalb sie oft in Streit gerathen waren, stifteten sie 1457 eine eigene Kirchengemeinde, und nannten sich Brüder vom Gesetze Christi. Bald aber nannten sie sich kurzweg Brüder, und darauf hieß die Gemeinschaft Brüder-Unität. Der berühmte Comenius (s. d.) war einer ihrer Lehrer, und nachmahls ihr Bischof. Ein Theil dieser Brüder zog nach Polen. Unter Maximilian II. genossen sie einige Freyheit. Ihr Hauptsitz war zu Fulneck in Mähren, weßhalb sie auch mährische Brüder hießen. Anfangs des 17. Jahrhunderts zogen viele nach Ungarn, wo sie Habaner hießen. Unter Maria Theresia traten sie gänzlich zum Katholicismus über.

Böhmische Bergbauordnung. Der Bergbau steht unter Leitung der Hofkammer im Münz- und Bergwesen in Wien. Die ersten Instanzen in Bergwerksgegenständen sind die sogenannten bergrichterlichen Substitutionen; ein Vorrecht des böhm. und mähr. Adels ist, auf seinen Herrschaften selbst einen Bergrichter ernennen zu dürfen. Ein solcher steht unter den Districtual=Berggerichten, diese wieder unter den Oberbergämtern, von welchen der Zug weiter an das Gubernium oder an das Appellationsgericht in Prag, und zuletzt nach Wien an die Hofkammer oder oberste Justizstelle geht. Es bestehen 2 Oberbergämter zu Joachimsthal und Przibram. Unter dem Joachimsthaler steht das District=Berggericht des Elbogner, Saazer, Leitmeritzer Kreises, und des Eger'schen Bezirks; dann alle besonderen Berg=, Schicht= und Waldämter und Berggerichts=Substitutionen zu Joachimsthal, Schlackenwald, Platten, Gottesgab, Bleystadt, Prestnitz, Klostergrab, Katharinenberg. Unter dem Przibramer stehen: 1) Die Bergämter zu Kuttenberg, Mies, Eule, Rudolphstadt. 2) Die Districtual=Berggerichte: a) Des Berauner, Rakonitzer, Prachiner und Kaurzimer Kreises, zu Przibram. b) Des Czaslauer, Chrudimer, Bunzlauer, Bidschower, Königgrätzer, Taborer und Budweiser Kreises, dann von ganz Mähren und österr. Schlesien zu Kuttenberg. c) Des Pilsener und Klattauer Kreises zu Mies. — Zur Unterhaltung des Joachimsthaler Bergbaues sind die dem sogenannten Aerario montano gehörige Herrschaft Joachimsthal im Elbogner; dann die Güter Döberney im Königgrätzer und Hodkow im Czaslauer Kreise bestimmt. Da aber ihr Ertrag dazu nicht hinreicht, muß der allgemeine Cameralfond aushelfen. Es bestehen für Böhmen folgende Bergwerks=ordnungen: 1) Die Wenceslai'sche als die älteste, wonach die Bergwerke Eigenthum des Staates und der Obrigkeit sind und von diesen nur verliehen werden können. Die Bergbaufreyheit war außer dem Jedem gestattet. 2) Die Ferdinand'sche von 1534, und 3) die Maximilian'sche von 1575 sind Verträge mit den Ständen, worin diesen verschiedene Vorrechte eingeräumt werden. 4) Die Joachimsthal'sche von 1548. 5) Die Rudolph'sche von 1589. 6) Die Kuttenberger Bergwerks=Reformation von 1604. Die drey letzten machen noch immer die Hauptgrundlage der Berggesetzgebung aus; obgleich sie durch einzelne neue Verordnungen auf mancherley Weise modificirt werden. — Hauptpflichten der mit dem Bergregale Beliehenen gegen den Staat sind: 1) Fortwährende Benutzung des erlangten Berglehens. 2) Verzordnungs= und kunstmäßiger Bau der Zeche. 3) Rechnungslegung, mit Entrichtung der Quatember= und Fristgelder. 4) Überlassung des gewonnenen Goldes und Silbers an die Regierung um bestimmten Preis. 5) Entrichtung der Frohngebühr. Abgabe für erzeugte Metalle und Mineralien; gewöhnlich ein Zehntel.

Böhmische Oberst=Landes= und Erbämter. Diese Ämter sind größtentheils gerade so beybehalten, wie sie in den Zeiten des alten Königreichs gegründet wurden: 1) Die obersten Landesämter sind ein Attribut des Herren= und Ritterstandes und die damit Bekleideten heißen die obersten Landesofficiere. Der erste derselben ist der Oberstburggraf als Stellvertreter des Königs; jedoch nicht auf den Landtagen, weil ihm hier die Leitung der Verhandlungen aller versammelten Stände obliegt, daher hier besondere Commissarien die Stelle des Königs vertreten. Die Oberstlandhofmeisterwürde, als die zweyte dem Range nach, vereinigte in der Regel der jedesmahlige Präsident des Appellationsgerichtes, so wie der Landrechtspräsident die des obersten Landrichters in sich. Die Oberstlandmarschalls-, die Oberstlandeskämmerers und einige andere Würden sind bloße Ehrenämter oder erhalten nur am Krönungsfeste Bedeutung. Der böhm. Oberstkanzler bekleidete das 6. oberste Landesamt, war sonst der Chef der königl. böhm. Hofkanzley, als letzter königl. Instanz in allen politischen Angelegenheiten und mußte daher immer dem Könige zur Seite bleiben. Er war das Organ aller königl. Verordnungen, die er unterfertigte. Als die Könige aus dem österr. Hause in Wien residirten, folgte der böhm. Oberstkanzler mit der Kanzley (zuerst unter Ferdinand I.) dahin, behielt seinen Titel bey, wenn er gleich auch die oberste Leitung erst der österreichischen und dann der galizischen Angelegenheiten mit den ihm zugetheilten Hofräthen besorgte. In neuester Zeit ist der böhm. Oberstkanzler zwar nicht ganz verschwunden, denn er erscheint immerdar unter den böhm. obersten Landesofficieren in seiner Reihe und Ordnung dem Herkommen gemäß im Schematismus des Königreichs aufgeführt, jedoch ist nun überhaupt ein oberster Kanzler an der Spitze der k. k. vereinigten Hofkanzley gesetzt worden, welcher die politischen Angelegenheiten sämmtlicher Provinzen des österr. Kaiserstaates mit Ausnahme Ungarns und Siebenbürgens leitet. Außer diesen Landesbeamten aus dem Herrenstande waren ursprünglich noch 5 aus dem Ritterstande: 1) Der Oberstlehnrichter oder sonstige Hofrichter; seine Benennung zeigt dessen ehemahliges Geschäft. 2) Der Oberstlandschreiber, besorgte die Einregistrirung der Urkunden, Acten und öffentlichen Verhandlungen bey der königl. Landtafel. 3) Der Landesunterkämmerer, leitet die ökonomischen Angelegenheiten der königl. Freystädte. 4) Der königl. Unterkämmerer, unter welchem sonst die für den Unterhalt der königl. Witwe bestimmten königl. Leibgedingstädte standen, deren ökonomische Angelegenheiten er auch noch jetzt besorgt, indeß die frühern anderweitigen Functionen aufgehört haben. 5) Der Burggraf des Königgrätzer Kreises. Die Erbhofämter sind 10 Hofämter, die auf den Ältesten bestimmter Familien haften, welche bey Belehnungs- und Krönungsfeyerlichkeiten auftreten.

Böhmische Schocke, 60 böhm. Ellen einer ordinären zum Bedrucken gewidmeten Leinwand, 5—6 Viertel breit.

Böhmisches Museum, s. Vaterländisches Museum 2c.

Boër, Lucas Joh., eigentl. Boogers, Dr. der Arzneyk., k. k. Leibchirurg, emerit. Prof. und Schriftsteller über Geburtshülfe, wurde geb. den 20. April 1751 zu Uffenheim im Anspach'schen. Seine erste Bildung erhielt B. bey den Jesuiten in Würzburg und er wurde bereits in seinem 16. Jahre Magister philosophiae. Da er sich jedoch zu keiner Standeswahl entschließen konnte, brachte er noch 2 Jahre mit Latein und Mathesis zu; 1771 machte ihm Prof. Siebold, Leibchirurg des Fürstbischofs von Würzburg, den Antrag, sein Zögling zu werden, worauf B. in das dortige Juliusspital eintrat und bereits um 1777, bey Gelegenheit eines in Franken ausgebrochenen bösartigen Fiebers, auf

Siebold's Vorschlag den Bezirk Märzbach zugetheilt erhielt, um denselben ärztlich zu versorgen. Bey dieser Gelegenheit erwarb sich B. durch seine thätige Verwendung und sein menschliches Benehmen allgemeine Achtung und Liebe; der Fürstbischof belobte und belohnte den jungen Mann nach Verdienst und stellte ihm frey, sich eine Gnade zu erbitten. B. bath ohne Bedenken um die Erlaubniß, nach Wien gehen zu dürfen, um daselbst die Vorlesungen des damahls sehr berühmten Prof. de Haen zu hören. Er erhielt sie, und besuchte nach seiner Ankunft sehr fleißig de Haen's und nach dessen Tode Stoll's Vorlesungen, die Chirurgie hörte er unter Leber, wurde bald Magister chirurgiae, widmete sich dann auch der Geburtshülfe unter Dr. Lebmacher und ward Magister obstetriciae (später auch Dr. medicinae). Um 1780 wurde B. zum Chirurgen in der Findelanstalt ernannt. Hier lernte ihn Kaiser Joseph II. kennen, verwandelte seinen Nahmen Booger's in Boër und ließ ihn zu Anfang Nov. 1784 eine wissenschaftliche Reise nach den Niederlanden, Frankreich, England und Italien antreten, von wo er mit erweiterten Kenntnissen und, nachdem er mit den berühmtesten Männern dieser Länder Bekanntschaft gemacht hatte, im Sept. 1788 wieder in Wien eintraf. 1789 wurde B. Professor in der neuen Gebäranstalt, dann zum Doctor promovirt und zum k. k. Leibchirurg ernannt. Die gelehrten Gesellschaften und Akademien zu Erlangen, Paris, Wilna, St. Petersburg, Heidelberg ꝛc., dann die Joseph's-Akademie in Wien hatten ihn zu ihrem Mitgliede ernannt. Von ihm sind im Drucke erschienen: I. Unter dem Nahmen Booger's: Bemerkungen über Guérard's Entbindungsart. Wien, 1780. — Über die Anwendung und den Gebrauch des Hebels, eb. 1783. — Hrn. v. Combon's Schreiben, 3 Schambeintrennungen betreffend, aus dem Franz. mit Anmerkungen ꝛc. eb. 1783. II. Unter dem Nahmen Boër: Abhandlungen und Versuche geburtshülflichen Inhalts. Wien 1791—93. — Einfache und naturgemäße Geburtshülfe, eb. 1810. — Natürliche Geburtshülfe und Behandlung der Schwängern, eb. 1817. — Supplement zum vorigen Werke, eb. 1826. — Naturalis medicinae obstetriciae libri 7, eb. 1812. — Supplement. eb. 1826. — Libri de arte obstetriciae, eb. 1830. — Sieben Bücher über natürl. Geburtshülfe, eb. 1834.

Börse, k. k. öffentliche, in Wien (Weihburggasse Nr. 939), errichtet 1771, steht unter der niederösterr. Landesregierung, wird von einem k. k. Börsecommissär, welcher zugleich niederösterr. Regierungsrath ist und einen Adjuncten zur Seite hat, dirigirt. Nebst diesen sind dabey 15 k. k. Wechsel- und Börsensensale angestellt. Hier werden die Geldgeschäfte auf Verkauf und Verwechselung der Staatspapiere und förmlichen Wechselbriefe geschlossen. Man kann sich bey den Geschäften auf der B. nach Belieben einen Sensal wählen, welcher das geschlossene Geschäft in das Journal einzutragen und dafür die mit 30 kr. von 1,000 fl. bestimmte Sensariegebühr abzunehmen hat. Die B. ist Mittags 12 bis 2 Uhr das ganze Jahr hindurch, mit Ausnahme der Sonn- und Feyertage, des Faschingdinstags und Charfreytags, für Handelsgeschäftsleute geöffnet.

Bogdany, ungar. Marktfl. in der Pesther Gespanschaft mit 2,300 Einw. und katholischer Pfarre. Hier ist sehr fruchtbarer Boden und guter Weinbau.

Bohadsch, Joh. Bapt., Naturforscher und Ökonom, studirte die Arzneywissenschaft, und erhielt daraus die Doctorswürde, war dann seit 1755 Professor der Naturgeschichte an der Universität zu Prag, und starb daselbst 1772. Durch mehrere Schriften und Abhandlungen suchte er die Landwirthschaft in Böhmen emporzubringen, z. B. Vom Gebrauch des Waids u. a. m. Wichtig für die Naturgeschichte ist sein Werk: De quibusdam animalibus marinis eorumque proprietatibus minus notis, Dresden, 1764, deutsch mit Anmerkungen von M. G. Leske, eb. 1776. Die Übersetzung hat Vorzüge vor dem Original.

Bohemia (Nebenblatt der Prager Zeitung) erschien im Anfange 1828 unter dem Titel: Unterhaltungsblätter, und nahm erst 1830 den Nahmen B. an; enthält neben Aufsätzen für Unterhaltung viel Vaterländisches aus und über Böhmen. Die B. erscheint in Prag, unter der Redaction und im Verlage von Gottl. Haase's Söhne, wöchentlich dreymahl in 4.

Bohmann's, Pet. Erben, Buch- und Kunsthandlung in Prag. Unter ihrem Verlage befinden sich mehrere größere und interessante Werke als: Forbin's Reise in das heilige Land, mit vielen Aquatintakupf. von Döbler; — Wietz's Abbildung und Beschreibung sämmtlicher geistlicher und weltlicher Orden; — Ottenberger's ägyptische, griechische und römische Alterthümer. In vaterländischer Hinsicht gebührt dieser Handlung Anerkennung durch die in ihrem Verlage erschienenen, mit Kunstwerth ausgeführten Werke: Hanka's Geschichte Böhmens, mit 72 Kupf.; — Morstadt's Ansichten von Prag.

Bohusch, Georg v., geb. zu Neusohl 1687, Rector des evangel. Gymnasiums zu Käsmark in der Zipser Gespanschaft, starb 1722. Es erschien von ihm: Descriptio Inclyti Comitatus Scepusiensis geographico-historica, in Math. Bel's Prodromus Hungariae, und eine Oratio panegyrica Carolo VI. sacra, 1713. Im Manuscript ließ er eine Geschichte der königl. Freystadt Käsmark zurück.

Bohusch, Samuel v., ein berühmter Jurist, Bruder des Vorigen. Außer einem ungedruckten Tractat de dignitate palatináli, verfaßte er ein sehr schätzbares Werk über das Jus civile Hungaricum, in lateinischer Sprache, um den von Carl VI. ausgesetzten Preis von 30,000 fl. zu verdienen. Dasselbe wurde auch von den Preisrichtern nach Verdienst gewürdigt, doch bevor es noch gedruckt wurde, starb der Verfasser und der Druck unterblieb.

Bojnicz, s. Bajmocz.

Boldogaszszoni (Frauenkirchen, Frauenhain), ungar. großer Marktfl. in der Wieselburger Gespanschaft mit 1,738 Einw., einer kathol. Pfarre und Kirche, einem berühmten Gnadenbilde, wovon der Ort seinen Nahmen hat, und einem großen Franciscanerkloster.

Bolla, Mart., geb. zu Sümegh in der Weszprimer Gespanschaft, trat 1769 in den Piaristen-Orden, zeichnete sich bald als lateinischer und magyarischer Dichter vortheilhaft aus, wurde 1784 Professor der Geſchichte an der königl. Akademie zu Klauſenburg und endlich Director der Akademie und des daſigen adeligen Convicts. Später wurde er als Profeſſor der Geſchichte an das biſchöfl. Lyceum zu Waitzen verſetzt. Wegen ſeines hiſtoriſchen Werkes: Primae lineae historiae universalis, in usum studiosae juventutis Clausiopolitanae, 3 Bde. Klauſenburg 1798—99, belohnte ihn der Kaiſer 1800 mit einer goldenen Denkmünze. Dieſes Werk wurde nun verbeſſert und fortgeſetzt 1820 in Peſth wieder aufgelegt.

Bolza, Peter Freyh. v., St. Stephans-Ordens-Ritter und geheimer Rath, war der Sohn des Joh. Pet. B., eines Niederlags-Verwandten zu Wien, und wurde daſelbſt am 26. Febr. 1721 geb. 1740 betrat er als Acceſſiſt bey der Hofkriegskanzley zuerſt jene Laufbahn, die er rühmlich verließ, 1745 wurde er Feldkriegskanzelliſt, und 1747 Hofconcipiſt bey der Hofdeputation von Siebenbürgen, dem Banate und Illyrien. Schon 1753, in der noch kurzen Zeit ſeiner Dienſtleiſtung, wies er Verdienſte auf, in deren Rückſicht er in den Ritterſtand erhoben und bald darauf zum Univerſal-Cameral-Zahlamts-Controlor, ſo wie 1756 zum Cameral-Zahlmeiſter in Wien befördert wurde. 1759 ward er zum wirkl. Rathe der niederöſterr. Repräſentation und Kammer ernannt, wobey er aber zugleich wegen der ihm anvertrauten Cameral- und Kriegszahlamts-Geſchäfte von Frequentirung der Sitzungen diſpenſirt wurde. 1764 erhielt er die kaiſerl. Truchſeßwürde, und bald darauf eine Hofrathsſtelle bey der Hofkammer und Miniſterial-Banco-Hofdeputation, wobey ihm zugleich in Anſehung ſeiner bey der Caſſa-Manipulation erworbenen, beſonderen Kenntniſſe die General-Direction aller erbländiſchen Caſſen übergeben wurde. Auf dieſem Poſten ward ihm 1793 der Stephans-Orden und Freyherrnſtand, 1796 bey ſeiner Verſetzung in den Ruheſtand, auch die geheime Rathswürde verliehen. Er ſtarb zu Wien den 25. Nov. 1803.

Bolzano, Bernh., Weltprieſter, Doctor der Philoſophie, ehemahliger k. k. Profeſſor der Religionslehre an der Univerſität zu Prag und Mitglied der königl. Geſellſchaft der Wiſſenſchaften daſelbſt, war geb. zu Prag den 5. Oct. 1781, vollendete daſelbſt ſeine Studien, erhielt 1805 die Prieſterweihe, dann die philoſophiſche Doctorwürde an der däſigen Univerſität. Noch in nähmlichen Jahre erhielt B. auch die an derſelben neu errichtete Lehrkanzel der Religionsphiloſophie, von welchem Lehramte er jedoch 1820 enthoben wurde. Von ihm erſchienen im Drucke: Betrachtungen über einige Gegenſtände der Elementargeometrie, Prag 1804. — Beyträge zu einer begründeteren Darſtellung der Mathematik, eb. 1810. — Erbauungsreden für Akademiker, eb. 1813. — Der binomiſche Lehrſatz und als Folge aus ihm der polynomiſche, ſammt mehreren Reihen, die zur Berechnung der Logarithmen und Experimentalgrößen dienen, ſtrenger als bisher erwieſen, eb. 1817. — Die 3 Probleme der Rectification, der Complanation und die Cubirung ohne Betrachtung des unendlich Kleinen, ohne die Annahme des Archimedes ꝛc. gelöſet, Leipz. 1817. — Rein analytiſcher Beweis des Lehrſatzes, daß zwiſchen 2 Werthen, die ein entgegengeſetztes Reſultat gewähren, wenigſt eine reelle Wurzel der Gleichung liege, eb. 1817.

Bombardier-Corps, f. Artillerie.

Bondi, Clem., Abbate, einer der geschätztesten neueren italienischen Dichter und Übersetzer, war 1742 zu Mizzano im Parmesanischen
geb. Nach sorgfältig vollendeten Studien, trat B. in den Orden der
Jesuiten, kurz vor der Aufhebung desselben. Durch mehrere gelungene
Dichtungen und Übersetzungen wurde B. dem Erzherzog Ferdinand,
damahligem Statthalter der Lombardie, bekannt, welcher ihn bald seiner Geschicklichkeit, Redlichkeit und Gelehrsamkeit wegen so lieb gewann,
daß er ihm die Erziehung seiner Kinder anvertraute. Nun trat B. auch
nach und nach als lyrischer, beschreibender, satyrischer und elegischer Dichter, so wie als geistreicher Übersetzer größerer Werke auf, und wußte durch
seine zierlichen, leichtfließenden, harmonischen Verse sowohl, als auch
durch seinen einfach edlen, von allem Gesuchten und Übertriebenen freyen
Styl bald die allgemeine Aufmerksamkeit zu fesseln. Besonders wurde
B. der Lieblingsschriftsteller gebildeter, zart fühlender Frauen, welchen
das Weiche, Elegische seiner Poesien vorzüglich zusagt. B. starb zu
Wien den 20. Juny 1822. Seine sämmtlichen Poesien erschienen 1808
in einer Prachtausgabe bey Degen in Wien, 3 Bde. unter dem Titel:
Poesie. Eine frühere Sammlung war 1799 zu Pisa in 2 Theilen herausgekommen. Elegie due, ebenfalls Prachtauflage von Degen in Re-
galfolio. Die vorzüglichsten seiner Dichtungen sind: La conversazione,
la felicità, il governo pacifico; la moda, la giornata villereccia, seine
Übersetzungen von Virgil's Äneide, 2 Bde. Parma, Bodoni, Prachtauflage 1793, und des Landbaues von Virgil, so wie von Ovid's Metamorphosen, 2 Bde. Parma, Bodoni 1806. Der übrige Inhalt besteht in Sonetten, Episteln, Elegien, Canzonen, Cantaten und anderen kleinen Gedichten. In einer Prachtauflage in Fol. von Alberti
in Wien erschien seine Orazione nelle esequie di Leopoldo II.

Bonelli, Carl v., geb. zu Trient in Tyrol den 16. Dec. 1756,
als Präsident des k. k. Justiz-Tribunals erster Instanz gest. zu Verona
1823. Philosophie studirte er zu Leipzig und Prag; die juridische
Doctorwürde erhielt er 1781, das Jahr darauf nach Schrötter das
Lehramt des österr. Staatsrechtes an der Wiener Universität; 1784
das des canonischen Rechtes im geistl. Seminar zu Erlau; 1795 ward
er zum Hofkammer-Procurators-Adjuncten in Wien, 1803 zum Kam-
mer-Procurator und Gubernialrathe in Venedig, kurz darauf zum
Appellationsrath daselbst befördert, 1806 als Appellationsrath nach Prag,
1807 in dieser Eigenschaft nach Klagenfurt berufen; hier mit dem
Hofrathscharakter ausgezeichnet, 1815 als Präses des damahligen Stadt-
und Landrechtes in Trient und endlich durch Cabinetsschreiben aus
Venedig vom 14. April 1816 zum Präsidenten des Civil- und Criminal-
Tribunals in Verona ernannt. Er war einer der gelehrtesten österr.
Juristen. Außer einer Berichtigung der Abhandlung des Hofrathes Keeß
über Wuchergesetze schrieb er eine gewichtige Schrift über die Ertheilung
der Panisbriefe. Wien 1784.

Bonfini, Ant., ein gelehrter Humanist und Geschichtsforscher, geb.
1427 zu Ascoli im Kirchenstaate. Er studirte in seinem Vaterlande,
lehrte zu Reccanuti die Humanioren und war mehrere Jahre Rector

des Collegiums daselbst. Wir verdanken ihm die lat. Übersetzung mehrerer griech. und die Erklärung einiger röm. Schriftsteller, wodurch König Mathias Corvinus aufmerksam auf ihn wurde und ihn an seinen Hof einlud. Er empfahl sich daselbst so sehr, daß er mit einem ansehnlichen Gehalt in seine Dienste aufgenommen wurde, mit dem Auftrage, die Geschichte von Ungarn zu schreiben. Unter Mathias Nachfolger Ladislaus setzte er seine Arbeit fort, bis er 1502 starb. Sein Werk, welches sehr überschätzt worden, ist größtentheils nur eine rhetorische Ausführung dessen, was vor ihm Thurocz in seiner Chronica Hungarorum im einfachen Chronikenstyl erzählt hatte, ohne das Fabelhafte abzusondern und mit Beymischung von vielen, mit der ungar. Geschichte in keiner Beziehung stehenden Ereignissen. Indessen trug sein Werk doch dazu bey, den Sinn für das Studium der Nationalgeschichte zu wecken, auch gereicht es dem Verfasser zur Ehre, daß er nicht bloß die Größe seines Wohlthäters, Mathias Corvinus, gepriesen, sondern auch dessen Schwächen freymüthig aufgedeckt und über diese Periode viele glaubwürdige Nachrichten mitgetheilt hat. Zuerst gab Martin Brenner 1543 nach einer unvollkommenen Abschrift nur 30 Bücher von dem Werke heraus. Sambucus aber fand die übrigen 15, und edirte dasselbe so weit vollständiger und correcter 1543 zu Basel. Die beste latein. Ausgabe (es gibt auch deutsche Übersetzungen) ist A. Bonfini rerum hungaricarum libri 45 recensuit C. A. Bel. Leipz. 1771. — Des B. Symposion Beatricis, sive dialogi tres de pudicitia conjugali et virginitate, Basel 1572 und 1621, kam in den römischen Index verbothener Bücher.

Bonneval, Claud. Alexand., Graf von, einer der merkwürdigsten Männer des 18. Jahrhunderts, geb. zu Paris 1672, von einer alten Familie in Limosin abstammend, nahm frühzeitig Kriegsdienste, und zeichnete sich unter Catinat und Vendome in Italien aus. Ausschweifungen und Erpressungen, und dadurch gehinderte Aussicht, zu höhern Stellen zu gelangen, bewogen ihn in kaiserl. Dienste zu treten, wo er 1706 als Generalmajor angestellt wurde, und unter Eugen gegen sein Vaterland focht. Bey dem zu Rastadt 1714 geschlossenen Frieden, bewirkte Eugen, daß der gegen ihn als Hochverräther anhängige Proceß niedergeschlagen ward, und seine Güter ihm zurückgegeben wurden. Darauf kämpfte er von 1716—18 gegen die Türken als Feldmarschall-Lieutenant, trat nach dem Frieden von Passarowitz (den 21. Juny 1718) in den Hofkriegsrath zu Wien; aber Leichtsinn, Spottsucht und der Hang, sich in Eugen's häusliche Angelegenheiten zu mischen, bewogen diesen, ihn zu entfernen. Er wurde nach den Niederlanden als Generalfeldzeugmeister geschickt (1723). Aus Rache beging er dort eine Menge unverzeihlicher Streiche, suchte den Marquis v. Prie, Eugen's Günstling und Unterstatthalter in den kaiserl. Niederlanden, zu stürzen, und erhielt endlich Befehl, in Wien persönlich Rechenschaft zu geben. Statt aber dem Befehle sogleich zu gehorchen, correspondirte er nach Frankreich, und unterhielt einen Umgang mit den span. und franz. Gesandten. Als er endlich seine Reise nach Wien antrat, wurde er, noch ehe er Wien erreichte, als Gefangener auf das

Schloß Spielberg bey Brünn gebracht, ihm der Proceß gemacht, und das Leben abgesprochen. Der Kaiser verwandelte diesen Urtheilsspruch in einjährigen Arrest auf den Spielberg, und, nach Ablauf dieser Zeit, in Verweisung von deutschem Boden. Er ging nach Venedig, suchte in venetianische und russische Dienste zu kommen, und ging, da ihm dieß mißlang, nach Constantinopel. Weil er früher gefangene Türken menschenfreundlich behandelt hatte, wurde er freundlich aufgenommen, unterwarf sich der Beschneidung, und trat unter dem Nahmen Achmet Pascha zum Islam über. Obgleich er um eine Commandantenstelle in Serbien sich bewarb; so hinderte doch die Eifersucht des Großvezirs seine Anstellung, und so nützlich er bey seinem Ehrgeize der türkischen Armee hätte werden können, beschränkte man ihn doch nur darauf, als Chef der Bombardiers mit 12,000 Thaler Gehalt, diesen wichtigen Zweig des Kriegswesens nach europäischer Ansicht zu verbessern. Er starb den 24. März 1744, und seine Memoires erschienen zu London 1755 in 5 Bdn.

Bonyhad, ungar. Marktfl. in der Tolnaer Gespanschaft, groß und volkreich, liegt von Wiesen und Weinbergen umgränzt, in einem angenehmen Thale, neben welchem die herrschaftlichen Allodialgebäude sich befinden. Es zählt 4,700 Einw., welche sich mit dem Getreidebau, vorzüglich aber mit dem Tabakbau beschäftigen.

Boos, Franz, Director der k. k. Hofgärten, wurde den 23. Dec. 1753 zu Frauenalp im Baden'schen geb. Frühzeitig widmete er sich der Gartenkunst und wißbegierig drängte es ihn, die Naturschätze des Auslandes an Ort und Stelle kennen zu lernen. Im Oct. 1771 ging B. über Wien nach der fürstl. Dietrichstein'schen Herrschaft Seelowitz in Mähren. Hier arbeitete er 2 Jahre, eben so lange als Geselle im fürstl. Liechtenstein'schen Garten zu Eisgrub, und erhielt endlich 1776 durch den verdienten Hofgärtner van der Schot eine Anstellung zu Schönbrunn. Als Kaiser Joseph II. die Restauration dieses Gartens beschloß, ließ er B. mit dem Professor Märter nach Amerika reisen. Im April 1783 gingen sie von Wien ab. Anfangs reiste B. nach der südcarolinischen Hauptstadt Charlestown und durchzog die dortigen Gegenden mit dem besten Erfolge, so daß er 6 Wägen voll Pflanzenschätze ausbeutete. Den 6. Sept. 1785 kam er wieder nach Wien zurück. Der Kaiser war mit dieser Sendung sehr zufrieden und trug ihm nun an, eine botanische Reise nach Afrika zu machen. B. war sogleich dazu entschlossen und reiste mit Scholl, einem andern Gärtner, im Oct. desselben Jahres ab. Anfangs May 1786 trafen sie am Cap ein. Nachdem B. hier eine große Sammlung von allerley Naturalien, besonders von lebenden Pflanzen und Thieren, worunter viele seltene Vögel, gemacht hatte, schiffte er sich im Febr. 1787 auf einem spanischen Schiffe nach der Isle de France und Bourbon ein, wo er im April ankam. Von dem dortigen franz. Gouverneur großmüthig aufgenommen und unterstützt, bereiste B. beyde Inseln ringsum und die Quere durch, und machte neuerdings eine äußerst reiche Ausbeute an lebenden und getrockneten Pflanzen, Conchylien, Schmetterlingen, Kleidern und Waffen der Beherrscher von Madagascar rc., wobey sich zwey Bergkrystalle von dieser Insel (einer davon 162 franz.

Pfunde schwer) und 2 Wägen voll rothes, schwarzes und marmorirtes Ebenholz befanden. Die ganze Sammlung füllte 52 Kisten an. Den 28. Nov. 1787 schiffte sich B. wieder ein, ging durch den Canal Mosambique, wo ihn ein heftiger Sturm seiner Schätze zu berauben drohte, langte jedoch den 20. Jän. 1788 glücklich wieder in der Tafelbay am Cap an. Den 5. Febr. verließ B. diese holländ. Colonie und kam über Gibraltar durch das Mittel- und adriatische Meer den 28. Juny desselben Jahrs in Triest an. Von hier aus machte er mit seiner Sammlung die Landreise nach Wien, und kam den 22. Aug. in Schönbrunn an. Seine mitgebrachte Sammlung vom Vorgebirge der guten Hoffnung bestand allein aus 2 lebenden Zebra, 10 Affen, 250 lebenden Vögeln und 10 Kisten mit ausgestopften Vögeln, Thierhäuten, Pflanzensamen, Zwiebeln, Liliengewächsen, getrockneten Pflanzen ꝛc. Ein großer Theil seiner Sammlung kam noch mit seinem einstweilen am Cap zurückgebliebenen Gefährten Scholl nach. B. erhielt nun, außer der Bezeigung der Zufriedenheit des Kaisers für seine erfolgreiche Sendung, die er mit so wenig Kosten vollbrachte, daß man darüber erstaunte, aus Kaiser Joseph's eigener Hand 200 Ducaten und bald darauf eine Adjunctenstelle im holländ. Hofgarten und der Menagerie. 1790 wurde B. Menagerie-Director und Hofgärtner im holländisch-botanischen Hofgarten. 1807 ernannte ihn der jetzt regierende Kaiser Franz I. zum Director sämmtlicher k. k. Hofgärten; 1810 erhielt er den k. k. Rathstitel. Da B. bereits im May 1827 zu kränkeln begann, so wurde er im Dec. d. J. mit seinem ganzen Gehalte, mit Beybehaltung seiner ganzen Wohnung und einer ehrenvollen Anerkennung seiner langen, unermüdeten und rechtlich geleisteten Dienste in Pensionsstand gesetzt, und starb den 23. Febr. 1832. Er schrieb: Schönbrunn's Flora, Wien, 1810.

Borgondio, Gentile, eine der berühmtesten italien. Contra-Altsängerinnen, geb. 1795 in der Lombardie, bildete sich auf den Bühnen zu Mailand und Neapel, wo sie bald die größte Sensation machte. 1816 kam sie mit der italien. Operngesellschaft nach Wien, und feyerte daselbst in der Rolle des Tancred in der Rossini'schen Oper gleichen Nahmens die größten Triumphe. Später war sie auch eine Zeitlang bey den italien. Theatern zu München und Dresden angestellt, und machte vor etwa 13 Jahren eine Kunstreise durch Europa, wobey sie abermahls Wien besuchte, und hier wie überall großen Beyfall erntete. Sie besitzt eine klangreiche Fülle der Stimme mit großer Geläufigkeit verbunden, wobey sie noch durch eine große volle Gestalt und edle ausdrucksvolle Gesichtszüge unterstützt wird, weßhalb ihr auch heroische Rollen vorzüglich zusagen. Seit einiger Zeit hat man indessen nichts mehr von ihrer öffentlichen Wirksamkeit gehört.

Borie, Egyd. Val. Felix Freyh. v., österr. Reichstagsgesandter zu Regensburg, zu Stockbach im Vorderösterreichischen den 8. Nov. 1719 geb. Er studirte zu Marburg, Ingolstadt und Würzburg, practicirte einige Zeit am Kammergericht zu Wetzlar, wurde 1739 Hof- und Regierungsrath zu Würzburg und 1749 geh. Referendar. So lange er dieses Amt verwaltete, verwendete er vorzügliche Sorgfalt auf Verbesserung der Landescultur und des Fa-

brikwefens, befonders der Wöllen= und Leinwandmanufactur. Verdrieß=
lichkeiten wegen der Sedisvácanz bewogen ihn, 1754, die Würzburg=
schen Dienste zu verlaffen, und den Ruf als kaiferl. Hofrath in Wien
anzunehmen. In diefer Stelle erlangte er durch feinen beharrlichen Fleiß
und feine ausgezeichneten Talente einen vorzüglichen Ruf, und erhielt
deßwegen die einträgliche Stelle eines Referendars. Diefe verfchaffte ihm
freyen Zutritt zum Kaifer Franz I., wodurch er auch der Kaiferinn
Maria Therefia bekannt wurde, die ihm fo großes Vertrauen
fchenkte, daß fie ihn in unmittelbare Dienfte zog, und zum Staatsrath
ernannte. Bey der deutfchen Königswahl Jofeph's II. 1764 wurde
ihm, als dritten churböhm. Wahlbothfchafter, die geheime Inftruction vom
Hofe anvertraut, und da er zur Befchleunigung der Wahlcapitulation
vorzüglich beytrug, fo erhielt er bey feiner Rückkunft von Frank=
furt das Commandeurkreuz des königl. ungar. St. Stephansordens,
und ward wirkl. kaiferl. geh. Rath. Seit 1770 bekleidete er zu Re=
gensburg die erzherz. öfterr. Directorial=Gefandtenftelle, führte dane=
ben noch die fürftl. Stimmen von Bamberg, Würzburg, Fulda,
Dietrichftein, Thurn und Taxis, und ftarb 1793 zu Regens=
burg. Er war einer der größten Publiciften feiner Zeit, und befchäftigte
fich meiftens mit dem, was in die Reichsjuftiz einfchlug, daher auch feine
Vorfchläge, die Vifitation und Beförderung des Juftizwefens betreffend,
Regensburg, 1772. Nachtrag dazu, 1773; feine Beyträge zum came=
ralgerichtlichen Juftizwefen. eb. 10 Stücke 1782 — 92, u. a. Werke
feine Kenntniffe und patriotifchen Eifer rühmlich beurkunden.

Boris, jüngerer Sohn des ungar. Königs Colomann, von
feiner zweyten Gemahlinn der ruff. Predslava, die aber der eifer=
füchtige König wegen Verdacht des Ehebruchs verftieß und nach ihrer
Heimath fandte (1112), wo fie den unglücklichen Prinzen gebar und
als Nonne ftarb. Dennoch erwarb fich der junge B. die Zuneigung feines
Halbbruders Stephan II., der ihn zum Obergefpan des Zipfer Comi=
tats, und bald darauf zum Fürften von Halics und Przemisl
erhob. Die Vorliebe des Königs für den Prinzen machte die Großen des
Reichs beforgt. Sie erfchraken, als der König den Prinzen zu feinem
Nachfolger erklärte, und von ihnen deßhalb einen Eid forderte. Zuletzt
gab der König der allgemeinen Abneigung gegen B. nach, und der
blinde Bela folgte ihm (1131). B. aber wagte es, fein Erbrecht zu
behaupten. Seine Partey vergrößerte fich zwar, allein in feinen Ver=
fuchen unglücklich konnte er fich nicht behaupten, und feine Bemühungen
um Beyftand in Öfterreich und Böhmen hatten keinen günftigen Erfolg.
Als König Ludwig VII. von Frankreich eben mit feinem Heere
durch Ungarn nach dem gelobten Lande zog, fchloß fich B. heimlich
feinem Gefolge an, ward aber verrathen, und nur der König konnte
ihn großmüthig retten (1147). Er floh nach Griechenland und diente bey
dem Heere Manuel's gegen die Ungarn, ohne ihnen großen Schaden
zufügen zu können. Zuletzt ftarb er in der Verbannung (1155).

Borkovich, Martin, geb. 1597 zu Demagovicz unweit
Carlftadt, lernte als erwachfener Jüngling erft die Anfangsgründe
der lateinifchen Sprache, trat in feinem 30. Jahre in den Einfiedler=

23*

orden des heil. Paul, studirte nach Beendigung seines Noviziats in
Rom die Theologie, und empfing nach einem vierjährigen Aufenthalte
daselbst, 1635, die Priesterweihe. Bey seiner Zurückkunft nach Slavonien wurde er zum Vorsteher des Klosters zu Lopoglava erwählt.
1640 wurde er Generalvicar und endlich 1657 Ordensgeneral. Während
seines Generalats vergrößerte er seinen Orden mit 3 Klöstern in Mähren,
Steyermark und Polen. 1667 erhob ihn Kaiser Leopold I. zum
Agramer Bischof und wirklichen k. k. Hofrath. Nun zeigte sich B.
nicht nur als ein frommer Diener des Herrn, sondern auch als ein
kluger und treuer Diener des Staates, so daß Kaiser Leopold I.
ihn 1686 zum Erzbischofe von Colocsa ernannte. Am 31. Oct. 1687 beendigte er seine irdische Laufbahn im 91. Jahre seines Alters. Ein reich-
liches Legat vermachte er dem dortigen Hospital für Arme und Nothlei-
dende, welches er vier Jahre vor seinem Tode gestiftet hatte.

Born, Ign., Edler v., geb. den 26. Dec. 1742 zu Carlsburg in Siebenbürgen, erlernte die Elementarkenntnisse in Hermannstadt. Nachdem er in Wien Humaniora und Philosophie studirt hatte, trat er in die Gesellschaft Jesu, verließ sie aber wieder, und
begab sich nach Prag, wo er die juristischen Vorlesungen hörte. Nach
Vollendung seines akademischen Cursus bereiste er Deutschland, Holland, die Niederlande und Frankreich, und als er wieder in sein Vaterland zurückgekommen war, weihte er sich ausschließend dem Studium
der Mineralogie, Naturlehre und der Bergwerkswissenschaften. Er wurde 1770 Beysitzer in dem obersten Münz- und Bergmeisteramte zu
Prag, und unternahm in demselben Jahre eine mineralogische Reise
nach Niederungarn, Siebenbürgen und Krain. Die scharfsinnigen Resultate dieser Reise enthalten seine an den berühmten Mineralogen J. J.
Ferber geschriebenen und von diesem herausgegebenen reichhaltigen
Briefe über mineralogische Gegenstände, Frankfurt und Leipzig, 1774,
mit Kpfn. von Raspe, ins Englische (London 1777), zu Venedig ins
Italienische (1778), und von Monnet ins Französische (1780)
übersetzt. Nachdem er Nic. Poda's Beschreibung der bey dem Bergbau zu Schemnitz in Niederungarn errichteten Maschinen (Prag 1771)
herausgegeben hatte, erschien sein nach Cronstadt geordnetes, viele
neue Mineralien enthaltendes: Lithophylacium Bornianum s. index fossilium, quae collegit, in classes et ordines degessit Ign.
de B., Prag, 1772—75, 2 Bde., und schon damahls rechneten es
sich die Akademien zu Stockholm, Siena, Padua und London zur Ehre, ihn unter ihre Mitglieder zu zählen. Obgleich Natur-
forschung immer seine Hauptbeschäftigung blieb, so nahm er doch auch
an andern literarischen Unternehmungen Antheil, und förderte ihr Gedeihen. Die (von Pelzel und Andern herausgegebenen) Abbildungen
böhm. und mähr. Gelehrter und Künstler nebst kurzen Nachrichten von
ihrem Leben und Werken, Prag, 4 Thle. die Acta literaria Bohemiae et
Moraviae und die Abhandlungen einer Privatgesellschaft in Böhmen zur
Aufnahme der Mathematik, der vaterländischen Geschichte, und der
Naturgeschichte, Prag, 1775—84, 6 Thle., würden vielleicht ohne
ihn nicht vorhanden seyn. Die letztere Gesellschaft dankte ihm ihre Stif-

tung, und er bereicherte die Schriften derselben, deren Herausgeber er war, mit vielen gehaltvollen Aufsätzen. Eine Folge dieser ausgezeichneten Verdienste war es, daß ihn die Kaiserinn Maria Theresia 1776 nach Wien berief, um das k. k. Naturaliencabinet neu zu ordnen. Er entsprach nicht nur diesem Befehle, sondern erwarb sich zugleich ein neues Verdienst um die Naturkunde durch Herausgabe des Index rerum naturalium Musei Caesar. Vindob., Testacea, Wien, 1778, neu gedruckt und prächtig ausgestattet, unter dem Titel: Testacea Musei Caesar. Vindob. quae jussu Mariae Theresiae deposuit et descr. Ign. a Born, eb. 1780, mit 18 Kupf. Die Kaiserinn ernannte ihn 1779 zum wirkl. Hofrath bey der Hofkammer im Münz- und Bergwesen, und da er jetzt seinen beständigen Aufenthalt in Wien hatte, so sammelte er auch hier die verdienstvollsten Männer um sich, und benützte unter andern seine Verbindungen zu wissenschaftlichen Zwecken, und durch die unter seiner wirksamsten Theilnahme erschienenen: Physikalischen Arbeiten der einträchtigen Freunde in Wien; Wien, 2 Jahrgänge oder 7 Quartale 1783—91. Durch alle Welttheile aber erscholl seines Nahmens Ruhm als Verbesserer der Amalgamation, oder des Anquickens der, edlere Metalle haltenden Mineralien, die er 1784 nach Besiegung zahlloser Schwierigkeiten, und nach einer Menge gelungener Versuche glücklich zu Stande brachte. In dieser Hinsicht schrieb er: Über das Anquicken der gold- und silberhaltigen Erze, Rohsteine, Schwarzkupfer und Hüttenspeise, Wien, 1786, mit 21 Kupf. Auch französisch übersetzt. Der Kaiser, welcher die neue Amalgamations-Methode, die anfangs vielen Widerspruch fand, in allen seinen Erbstaaten einführte, und sie sich von da nach Sachsen, Schweden bis nach Merico verbreitete, bewilligte dem Erfinder auf 10 Jahre den 3. Theil der Summe, welche durch diese Einrichtung an den Kosten der gewöhnlichen Schmelzarbeit erspart wurde, und auf die folgenden 10 die Zinsen von ebenfalls dem 3. Theil der ersparten Summe. Ein neues Verdienst erwarb sich B. durch die mit dem Berghauptmann von Trebra gemeinschaftlich besorgte Herausgabe des wichtigen Werkes: Bergbaukunde, Leipzig, 2 Bde., 1789, und durch die Bearbeitung des Catalogue méthodique et raisonné de la collection des fossiles de Mad. Eléonore de Raab. 2 Bde. Wien, 1790, deutsch unter des Verfassers Aufsicht 1790, der in der Mineralogie zu den classischen Arbeiten gezählt wird. An der Vollendung mehrerer anderer Erfindungen und literarischen Arbeiten hinderte ihn seine anhaltende Kränklichkeit, und die empfindlichsten Körperschmerzen, die er mit bewunderungswürdiger Gedulb ertrug, bis der Tod am 24. July 1791 sein Leben endigte. Anonym war von B. erschienen: Die Staatsperücke, Wien, 1772 (Satyre). Viel Aufsehen machte sein satyrisches Werk: Physiophili specimen etc. Wien, 1783; deutsch, eb. 1783; das Original vermehrt: Physiophili opuscula, Augsburg, 1784. Auch englisch und französisch übersetzt; deutsch mehrmahls nachgedruckt.

Bornemisza, Joh., aus niederer Herkunft zu Tolna geboren, wurde von König Mathias I. geadelt, und endlich zum Schatzmeister ernannt. Er hatte großen Antheil an der Unterdrückung des Bauernaufstandes unter Székely (1514). Auf seinen Rath stiftete Wladislaw II. eine Eheverbindung zwischen seinen Kindern und dem kais. Hause, und begab sich zur Erreichung dieses Zweckes selbst nach Wien. Der unglücklichen Schlacht bey Mohacz (1526), welche er wider- rieth, wohnte er aus Altersschwäche nicht bey, unterstützte jedoch den König durch 300 Reiter und mehrere tausend Ducaten. Bald darauf starb er. Auf seinem Todtenbette ließ er mehrere ungar. Große berufen, übergab ihnen den königl. Schatz, und ließ sie schwören, daß sie solchen sammt dem Preßburger Schlosse der Schwester des gefallenen Königs Ludwig, Anna, Gemahlinn Ferdinand's I., übergeben werden.

Bornemisza, Gregor, wurde von seinen Zeitgenossen Ger- gely Deák (Gelehrter) genannt; denn, sein Vater obwohl ein Schlos- ser, bestimmte ihn den Wissenschaften, doch der Sohn vertauschte sie bald mit den Waffen. 1552 ward er bey der Vertheidigung der Festung Erlau an der Hand verwundet, wofür ihm Ferdinand I. das Dorf Bartosfalva schenkte, und 1553 war er bereits Commandant der Festung Erlau. Im folgenden Jahre wurde er bey einem Angriff von den Türken gefangen und nach Constantinopel geschickt, wo er am 12. Dec. 1554 anlangte. Der Großvezir ließ ihn in die sieben Thürme werfen; doch wurde ihm Befreyung versprochen, wenn er Muselmann werden und zur Partey der Königinn Isabella übergehen würde. Da aber B. dem Christenthume und seinem König treu blieb, so wurde er endlich strangulirt, mit der Begünstigung, daß statt des Henkers ein Freund ihn erdrosselte.

Bornemisza, Joh., Sohn des Gregor B., zeigte sich als ein treuer Diener des Fürsten von Siebenbürgen und poln. Königs Stephan Báthory, vorzüglich 1579 in dem Kriege gegen die Rus- sen. Nach dem Tode dieses Königs leistete er dem Fürsten Siegmund Báthory gegen Maximilian Hülfe, und trug sehr viel zu dem Siege bey Biczin (in Schlesien, 1588) bey. 1594 schickte ihn Sieg- mund Báthory dem König Rudolph gegen die Türken zu Hülfe, doch bald ließ ihn Siegmund, dieser mißtrauische grausame Fürst, nebst vielen andern Magnaten gefangen nehmen, und am 12. Sept. zu Gyalu hinrichten.

Bornemisza, Paul, aus geringem Stande geboren, wurde bereits 1553 Bischof zu Carlsburg in Siebenbürgen. Treu dem König Ferdinand I. verließ er 1556, als Isabella wieder nach Siebenbürgen zurückkehrte, dieses Land, und bewog sogar einige der ihn der Sicherheit wegen begleitenden siebenbürgischen Großen sich dem rechtmäßigen König Ferdinand anzureihen. Dafür wurden ihm von Isabellen die Einkünfte seines Bisthums entzogen (die siebenb. Bi- schöfe in Ungarn mußten sich auch seit damahls lange Zeit noch mit ih- rem bloßen Titel begnügen), wofür ihn jedoch, 1558, Ferdinand durch die Administratur des Neutraer Comitates zu entschädigen suchte. 1566 begleitete er Maximilian II. gegen die Türken, 1569 war er bey dem Preßburger Reichstage, erhielt darauf ein Belobungsschreiben vom Papste, und wurde endlich königl. Statthalter, welche Würde er jedoch, wegen Altersschwäche, 1572 niederlegte. Er starb 1579 im 87. Jahre seines Alters.

Borromini, Franz, geb. 1599 zu Bissone, im Mailändischen, als Maler, Bildhauer und Architekt gleich ausgezeichnet, doch
zeigte sich in allen seinen Werken wunderliche Übertreibung. Der König
von Spanien und Papst Urban VIII. schmückten ihn mit Orden. Er
starb 1667. Die Façade der Kirche der heil. Agnes in Rom wird für
sein bestes Werk gehalten.

Borsod, ungar. Pfarrdorf in der Borsoder Gespanschaft, Szen-
dröer Bezirks am Flusse Bódva, mit einer reformirten Kirche. Es gehört
mehreren adeligen Familien, und war in früherer Zeit ein befestigter
Ort.

Borsoder Gespanschaft in Oberungarn im Kreise dießseits der
Theiß, mit einem Flächeninhalt von 63 Quadratm. und 138,000 Einw.
Die bedeutendsten Flüsse sind die Theiß, Sajó, Hernad, Bódva,
Szinyva, Hezó ꝛc. Der Fluß Barsonyos bildet eine Insel. Der Feke-
tó ist unter den vielen Morästen der größte. Man findet hier mehrere
Schwefelbäder, Sauerbrunnen und andere mineralische Quellen. An
Getreide, vorzüglich an Weizen, an Wein und Obst ist die Gespanschaft
sehr reich. Die Waldungen sind sehr ergiebig an Holz aller Art, und
liefern viel Wild. Die Viehzucht ist ausgebreitet. Die Flüsse sind sehr
fischreich. Man findet hier viel Eisen, welches in Diósgyör zu Stahl
verarbeitet wird, ferner etwas Kupfer und viel Kalkstein. Unter den
Gebirgen sind vorzüglich die Erdöhátjáger und Szárazvolgyer zu merken; ferner von Bergen der große Belkö, Eged und der wildpretreiche
Berg Osztra. Von mehreren Höhlen ist besonders merkwürdig die ausgebreitete Diósgyörer Höhle. Die Hügel sind mit Reben bepflanzt, die
Thäler und Ebenen mit fetten Triften gesegnet, das Clima ist gemäßigt
und angenehm, das Wasser gesund, und die Luft rein. Die Gespanschaft wird in 4 Bezirke eingetheilt: Der Miskolczer, Erlauer, Szen-
dröer und Szent Peterer. Der Hauptort ist Miskolcz. Sie treibt mit
ihren Naturproducten einen großen Activhandel.

Borszek, Dorf in der siebenbürgischen Gränze des Militärgränzlandes, mit beim seines trefflichen Wassers wegen mit Recht im In- und
Ausland berühmten Gesundbrunnen, der unter die an Kohlenstoff reichsten
alkalinischen Sauerbrunnen der Monarchie gehört. Er quillt in einem
hochromantischen Gebirgsthale gegen die moldauische Gränze hervor.
Ein wesentlicher Vorzug dieses Sauerwassers liegt darin, daß es weit
verführt, und lange Zeit aufbewahrt, sehr wenig von seiner ursprünglichen Kraft verliert, wenn nur die Flaschen gehörig verstopft sind. Ein
Apothekerpfund dieses Sauerwassers enthält nach der damit vorgenommenen chemischen Analyse 30 Kubikzoll kohlensaures Gas, an festen
Bestandtheilen aber 16 Gran mit Soda nebst etwas in Salzsäure auf-
gelöstem Eisen. Mit Wein vermischt, gibt es ein sehr angenehmes Getränk.

Borten (Treffen). Die Fabrication der echten Gold- und Sil-
ber-B. ist in Wien am weitesten gekommen; außer Wien gibt es
nur wenige Posamentirer, die dieses Gewerbe in der Ausdehnung und
Vollkommenheit, wie die Wiener, betreiben. In Arbeiten dieser Art sind
durch längere Zeit Berlin, Zerbst, Lyon und Moskau berühmt

gewesen, und in der neueren Zeit ist auch Wien hinzugekommen; doch leidet der Absatz nach dem Auslande durch die Nürnberger=Fabriken. Die B. aus Lyon und Berlin finden aber auch fortwährenden Beyfall, was den Absatz der inländischen im Auslande noch mehr zu verringern scheint.

Boschini, Marcus, Maler, Kupferstecher und Dichter aus Venedig, der um die Mitte des 17. Jahrhunderts lebte. Die öffentlichen Gebäude und Kirchen seiner Vaterstadt enthalten viele Gemälde von ihm, die Ansichten von Candia und des Archipelagus hat er in Kupfer gestochen. Sein Werk: La carta del navegar pittoresco 1658, beschreibt in einem gereimten Dialog die Kunst Venedigs. Zur Kunstgeschichte seiner Vaterstadt lieferte er noch: Le Maniere della Pittura publiche di Venezia, ma delle isole circonvicine (1664), (sehr vermehrt 1720, 2 Bde.) wovon seine Giojelli pittoreschi ein Auszug sind.

Boscovich, Roger Jos., berühmter Mathematiker und Astronom, wurde geb. zu Ragusa 1711, und trat 1725 zu Rom in den Jesuitenorden. Er studirte daselbst Mathematik und Philosophie mit einem solchen Eifer, daß er, bevor er noch den Cursus seiner Studien beendigt hatte, zum Professor dieser beyden Wissenschaften am Collegio Romano ernannt wurde. Seine schätzbaren Eigenschaften erwarben ihm gar bald das Vertrauen und die Achtung Aller, die ihn kannten. Die päpstliche Regierung beauftragte ihn mit der Aufsicht über die Reparatur der Peterskirche, deren Kuppel einzustürzen drohte, und ernannte ihn zum Mitglied der Commission, welche die Mittel zur Austrocknung der pontinischen Sümpfe prüfen sollte. Die Republik Lucca wählte B. zum Vertheidiger ihrer Ansprüche an Toscana, mit welchem sie in Gränzstreitigkeiten gerathen war, und sandte ihn zu dem Ende als Deputirten an den kais. Hof nach Wien. 1785 ließ er einen Abriß des Newton'schen Systems, unter dem Titel: Philosophiae naturalis theoria zu Wien erscheinen. Dieses Buch fand vielen Beyfall, und ist späterhin häufig benützt worden. Nach Aufhebung seines Ordens nahm er den Ruf zu einer Professur an der Universität zu Pavia an, 1773 wurde er nach Paris berufen, und erhielt daselbst die Stelle als Director der Optik bey der Marine mit 8,000 Livres Gehalt. Vorzüglich legte er sich nun auf die Theorie der achromatischen Fernröhre, und gab Opera pertinentia ad opticam et astronomiam. (Bassano, 1785) in 5 Bdn. heraus. Besonders gewann hierau die Optik große wissenschaftliche Erweiterungen. Durch mancherley Verdrießlichkeiten bewogen, legte er sein Amt nieder und zog nach Mailand, wo ihn Kaiser Joseph II. mit der Messung eines Meridiangrades in der Lombardie beauftragte. Hier starb er 1787. Die vorzüglichsten seiner Werke sind: Elementa universae matheseos, Rom, 1754, 3 Bde. — De lentibus et teloscopiis dioptricis, eb., 1755. — Dissertationes quinque ad dioptricam pertinentes. Wien, 1767. Von seiner Schrift: De literaria expeditione per pontificiam ditionem ad dimetiendos duos meridiani gradus, Rom, 1755, erschien 1770 zu Paris eine franz. Übersetzung mit Zusätzen des Verfassers, und 1772 ebendaselbst das Journal d'un voyage de Constantinople en Pologne en 1762.

Boskovitz, mähr: Stadt und Herrschaft im Brünner Kreise mit 24 Dörfern, 1136 Häusern und 9,000 Einw., einer Alaun= und Glas= hütte. Die Stadt zählt 3,600 Einw., hat ein neues Schloß, mit über Hügel sich ausbreitenden Gartenanlagen, Ruinen eines alten Berg= schlosses, Pfarre, großes Amtshaus, und eine Judengemeinde von 300 Familien. — Das hiesige Bier steht in gutem Ruf.

Bosovics (Posovics), ungar. große Militär=Comunität in der Temeser Gespanschaft, im banatischen Gränzdistricte am Flusse Nera, mit 205 Häusern und größtentheils walachischen Einw. Es hat eine eigene Pfarre, eine große vortreffliche Caserne, und gehört zum zweyten banatischen walachisch=illyrischen Gränzregimentscantone. Die dasigen Zigeuner beschäftigen sich mit dem Auswaschen des Flußgoldes aus der Nera. Auf der Letztern findet man auch die soge= nannten kleinen Löffelmühlen.

Bossacza, ungar. Dorf in der Trencsiner Gespanschaft an der mähr. Gränze, mit einer kathol. Kirche und Pfarre. Die 1,500 Einw. erwerben wegen des unfruchtbaren Bodens ihre Nahrung meist durch Branntweinbrennerey.

Bossi, Jos., rühmlich bekannter Maler, geb. zu Mailand 1777, gest. daselbst 1815. Nach einem 6jährigen Aufenthalte in Rom kehrte er in sein Vaterland zurück, und verwaltete mit Umsicht das ihm übertragene Secretariat der Kunstakademie. Bey derselben als Pro= fessor angestellt, eröffnete er späterhin eine eigene Scuola di principj generali dell' arte, di disegno e della grande teoria della com= posizione. Er besaß eine bedeutende Sammlung seltener Werke, worunter eine beynahe vollständige Reihenfolge aller Ausgaben des Dante, merkwürdige Handschriften, z. B. von Fortigueri, Pie= tro della Francesca da Vinci, kostbare Alterthümer, Gemälde, Kupferstiche und Handzeichnungen, selbst von Raphael und Leonardo da Vinci. Auch fertigte er nach höhern Orts erhaltenem Auftrage eine tief durchdachte Copie des weltberühmten Abendmahls von da Vinci. Sein Verfahren dabey beschrieb er selbst: Del Cenacolo di Leonardo da Vinci libri IV. Mailand, 1810, welches ihm das Rit= terkreuz des Ordens der eisernen Krone und die Ehrenmitgliedschaft des italienischen Istituto reale di scienze, lettere ed arti, so wie meh= rerer auswärtigen Kunstvereine verschaffte.

Botestagno (Beitelstein), tyrol. Gericht im Brunecker Kreise. Es liegt im Pusterthale und hat 7,000 Einw. und ein Bergschloß.

Bothe von und für Tyrol und Vorarlberg. Das politische Blatt dieses Titels erscheint wöchentlich zwey Mahl in Innsbruck, und enthält im Anhange höchst schätzbare geschichtliche, statistische und litera= rische Nachrichten, und Abhandlungen über diese Provinzen.

Bothschafter und Gesandte, k. k. in auswärt. Staaten. Für kleinere Staaten, wie Anhalt=Bernburg mit Köthen und Dessau, Schwarzburg-Sondershausen und Rudolstadt, auch für Belgien und Brasi= lien sind bloß Legationsräthe als Geschäftsträger abgeordnet. In Dänemark befindet sich ein Legationssecretär in dieser Eigenschaft; Hohenzollern-Hechin= gen und Sigmaringen haben einen einfachen Geschäftsträger. Außerordent=

liche Gesandte und bevollmächtigte Minister sind in Baden, Bayern, Braun-
schweig, Hannover, Hessen-Cassel, Hessen-Darmstadt, den Niederlanden,
Lucca, Modena, Parma, Portugall, Preußen, Sachsen, Sardinien,
Schweden, der Schweiz, beyden Sicilien, Spanien, Würtemberg, und
Griechenland. Außerordentliche Bothschafter heißen die k. k. Gesandten in
Frankreich, Großbritannien, Rom, Rußland und Toscana. Bey der freyen
Stadt Frankfurt, besteht ein Resident; in der freyen Stadt Krakau ist
ein Resident und General-Consul; k. k. Minister-Residenten sind ferner:
Bey den großherzogl. Häusern von Mecklenburg-Schwerin und Mecklen-
burg-Strelitz; für Nassau, Oldenburg und die freyen Hanse- und Bundes-
städte: Hamburg, Lübeck, Bremen. Der k. k. Gesandte auf dem
deutschen Bundestage ist zugleich präsidirender Gesandter. Den Gesandtschaften in den größern auswärtigen Staaten sind Legationsräthe, Le-
gationssecretäre, Legationscommis, endlich auch sogenannte Attachés
beygegeben. In Frankfurt ist auch ein eigener Director der k. k.
Präsidial-Gesandtschafts- und der deutschen Bundeskanzley. Der B.
in der Türkey heißt Internuntius und bevollmächtigter Minister, welcher auch 3 Dolmetsche und mehrere Dolmetschgehülfen bey sich hat.
Bey der Internuntiatur ist übrigens ein Cancelliere und ein Postexpeditor,
welche zugleich den Titel k. k. Räthe führen, dann ein k. k. Marine-
Adjunct angestellt. Zu den k. k. Bothschaften und Gesandtschaften im
Auslande gehören auch noch die k. k. Agentien, General-Consuln, Consuln und Vice-Consuln in den auswärtigen Staaten.

Bozen, tyrol. Kreisstadt, mit 9,000 Einw., hat ein k. k. Civil-,
Criminal- und Wechselgericht, einen eigenen Mercantil-Magistrat, ein
Gymnasium, bedeutende Seidenfabriken, 4 berühmte Jahrmärkte und
Weinbau.

Bozener Kreis in Tyrol an der Etsch. Er wird in 23 Gerichtsbezirke getheilt und enthält auf 60½ Quadr. M. 103,340 Einw., welche
der Mehrzahl nach Deutsche sind. Außer den Deutschen wohnen, besonders
im südlichen Theile, viele Italiener, deren Sprache hier schon sehr gewöhnlich
zu werden anfängt. Der Hauptfluß des Kreises ist die Etsch. Man baut
hier Getreide aller Art, Flachs, Hanf, und vorzüglich guten Wein.
Das Weingewächs um Meran (Köchelberger) und um Bozen (Leitacher)
wird besonders geschätzt. Die Obstbaumzucht ist von Wichtigkeit und die
sogenannten Bozner Käse werden in das Ausland weit verführt. Die
Vieh- und Seidenwürmerzucht ist bedeutend; letztere vorzüglich im südlichen Theile. Zu den Gewerben gehören: Seidenspinnerey, Lederberei-
tung, Leinwand- und Baumwollweberey, das Spitzenklöppeln und das
Schnitzen hölzerner Spielsachen und Geräthe, womit sich im Grödnerthale
über 1600 Einw. beschäftigen und damit einen ausgebreiteten Handel treiben.

Bovolenta, venet. Marktflecken in der Delegation Padua,
liegt am Bachiglione und hat 2,800 Einw.

Bozza, Fluß in Siebenbürgen, der Goldsand mit sich führt. Er
vereinigt sich mit den Flüssen Strimla, Kraßna, Doblen und der
kleinen B., und strömt durch den Bozzaer Paß in die Walachey.

Brahe, Tycho de, ein berühmter Astronom und einer der gelehrtesten Männer des 16. Jahrhunderts, geb. den 14. Dec. 1546 zu Knud-

strup, einem seiner Familie zugehörigen Dorfe in Schonen (sein Vater
Otto war dänischer Reichsrath und Amtmann zu Helsinburg), zeigte
von Jugend auf die größte Neigung zu mathematischen Wissenschaften,
und trieb, als er 1562 nach Leipzig geschickt wurde, um die Rechte
zu studiren, fast nur Astronomie. Nach vollbrachten Studien durchreiste
er von 1561 — 71 Deutschland und Italien, widmete sich darauf in
Kopenhagen der Astronomie, erfand einige mathemat. Instrumente,
und lehrte auf königl. Befehl die Kenntniß der Planeten. Nach einer
neuen Reise durch Deutschland und Italien (1575) schenkte ihm König
Friedrich II. von Dänemark die Insel Huen nebst einem Canonicat zu Rothschild, und ersetzte ihm auch die auf die Erbauung des Schlosses Oranienburg verwendeten Unkosten, die sich auf
100,000 Thaler beliefen. Auf diesem Schlosse setzte B. seine astronomischen Bemühungen fort, und verfertigte die trefflichsten Instrumente.
Hier erfand er auch das astronomische Lehrgebäude, nach welchem sich
die Sonne und der Mond um die Erde, alle übrigen Planeten aber
um die Sonne bewegen sollen, und welches nach ihm das Tychonische
genannt wurde. Nach Friedrich II. Tode wußten seine Feinde es
beym König Christian IV. so weit zu bringen, daß er nicht nur
sein Schloß und Canonicat verlor, sondern auch, als er nach Kopenhagen kam, nicht einmahl die Erlaubniß erhielt, seine Beobachtungen
auf dem Stadtthurme fortzusetzen. Er ging daher 1597 zu Herrn v.
Ranzau in Holstein, und blieb auf dessen Schlosse Wandesburg
bey Hamburg, bis er vom Kaiser Rudolph II. als Mathematiker
und Rath nach Prag berufen wurde. Er erhielt einen sehr ansehnlichen Gehalt. Rudolph, sein huldvoller, freygebiger Gönner schenkte
ihm die Herrschaft Lyssa und Benatek, und ließ ihm in letzterer
ein Observatorium erbauen, wie auch ein chemisches Laboratorium errichten. Nach 2 Jahren bezog er in Prag selbst ein für seine Arbeiten
eigens eingerichtetes Haus. Er starb daselbst am 6. Oct. 1601, ward
in der Teinkirche begraben und der gelehrte Typotius setzte die
Grabschrift auf, die noch heutigen Tags auf dem Marmorstabe bey
der ersten Säule gegen den großen Altar zu lesen ist.

    Braikovich, *Martin*, gebürtig aus Segnia in Dalmatien,
Agramer Bischof und Abt von Topuszka. Wir besitzen von ihm eine
Historia episcopatus Corbaviensis Modrussam translati, welche
in dem 4. Bande von Farlati's Illyricum sacrum enthalten ist.
B. starb zu Wien, 1704.

    Brambilla, *Joh. Alexand. Ritter v.*, k. k. Hofrath, Director
der medicinisch-chirurgischen Josephs-Akademie, Leibarzt und Leibchirurg
Joseph's II., geb. zu Pavia 1728, war einer der verdientesten
Männer Österreichs. Er stand nicht nur ungemein hoch in der Achtung
seines großen Fürsten, sondern dieser war auch sein Freund, und vertraute ihm unbedenklich wie ungefährdet seine Geheimnisse. B. begleitete den Kaiser auf seinen Reisen, in seinen Feldzügen, in seinem
Privatleben. Diese beneidenswerthe Stellung benützte B., bey dem für
alle Verbesserungen und Civilisations-Anstalten so empfänglichen Monarchen, die Idee zu einem medicinisch-chirurgischen Institute anzuregen.

Joseph ging sogleich darauf ein, und B. als eigentlicher Urheber, ward Mitbegründer und Vorsteher desselben, mit welchem ein Militär-Spital verbunden ward. In diesem, besonders für eine geist-, kenntniß- und erfahrungsreiche Kraft wie die B.'s, so mächtigen Wirkungs-kreise, waltete er mit unermüdlicher Energie durch That und Schrift, durch Lehre und Beyspiel bis 1795, wo er in den Ruhestand versetzt wurde. Seine Grundtendenz war (wie die seines unsterblichen Freundes Peter Frank) die innige und stete Verschmelzung der Medicin und Chirurgie, beyde in ihrer höchsten Wissenschaftlichkeit zur Einheit zu potenziren. In welchem Geiste er in seiner Sphäre als Director jener Akademie wirkte und strebte, spricht sich in folgenden Werken aus: Instruction für die Professoren der k. k. medic.-chirurg. Militär-Akademie, 2 Bde. Wien, 1784. — Verfassung und Statuten der Josephinisch-medicinisch-chirurgischen Akademie, eb. 1786; — Reglement für die k. k. Feldchirurgen in Friedenszeiten, 2 Bde. eb. 1794. — Von seiner Erfindung sind viele wundärztliche Instrumente; viele andere hat er verbessert. Sein Kupferwerk: Instrumentarium chirurgicum militare-austriacum, Wien, 1782, weiset auch in diesem technischen Zweige seine Verdienste aus. Ganz seines umfassenden, eindringen-den und überall das Practische erzielenden Geistes würdig, war sein Unternehmen, die Geschichte der von den Italienern gemachten Entdeckungen in der Physik, Medicin, Chirurgie, Anatomie ꝛc. dar-zustellen. Er that dieß in dem Werke: Storia delle scoperte fisico-mediche-anatomiche-chirurghiche etc. 3 Bde, Mailand, 1780, wovon der 1. Bd. 1788 zu Wien in deutscher Übersetzung erschien. Von seinen übrigen Werken führen wir hier an: Abhandlung von der Phlegmona, 2 Bde. Wien, 1773 — 75 ; 2. Aufl. eb. 1786. — Über die Entzündungsgeschwulst, aus dem Italien. 2 Thle. eb. 1786. B. starb 1800 zu Padua. Die Universität zu Pavia besitzt ein reiches, prächtiges Armamentarium als Geschenk von ihm.

Brand, Gottfr. k. k. Hofbuchhalter, Interims-Director der k. k. Real-Akademie und öffentlicher Lehrer der Staatsrechnungswissenschaft an der Universität zu Wien, und an der k. k. Theresiani-schen Ritter-Akademie, geb. zu Wien, widmete sich von seiner frühen Jugend an dem Rechnungsfache. Er wurde 1766 von der Kaiserinn Maria Theresia als Calculator bey der Hofbuchhaltung angestellt, nach der Hand zur Einleitung neuer Rechnungsmethoden in verschiedenen Ländern verwendet, und schwang sich durch seine Kenntnisse und Verdienste bald zum Rechnungsrathe, endlich auch zum Hofbuchhalter und Interims-Director der Real-Akademie empor. Schon 1773 betrat er die Lehrkanzel an der Universität, an der damahligen Savoyischen Ritter-Akademie, und an der Realschule. Er machte sich überdieß durch das von ihm verfaßte, 1793 in 3 Bdn. herausgegebene Lehrbuch der Staatsrechnungswissenschaft in dem ganzen gelehrten Deutschland be-rühmt. Er starb zu Wien den 8. August 1801.

Brand, Joh. Christian, Landschaftsmaler, k. k. Rath, und Professor der Landschaftsmalerey an der k. k. Akademie der bil-denden Künste zu Wien, wurde daselbst den 15. Nov. 1723

geboren. Sein Vater, Joh. Chriſtian Gotthelf B., war ebenfalls Landſchaftsmaler und außer dem Unterrichte, den er auf der Akademie empfing, ſein einziger Lehrer. B. wurde ſehr bald zum Studium
der Kunſt angeregt, die Natur war ſeine vorzüglichſte Leiterinn, die
großen Verdienſte um ſeine Kunſt, die ihn im ganzen verfeinerten Europa bekannt machten, hatte er nur ſeinem eigenen Genius und ſeinem
raſtloſen Fleiße zu verdanken. Er zeichnete ſich bald ſo ſehr aus, daß
ihm Kaiſer Franz I. auftrug, die großen Wandgemälde in dem kaiſ.
Luſtſchloſſe Laxenburg zu malen. Der Kaiſer, Kenner und ſelbſt
Dilettant, war mit ſeiner Arbeit ſo zufrieden, daß er ihm den Titel
eines Kammermalers beylegte. Als 1771 der akademiſche Lehrer der
Landſchaftsmalerey, Weirotter, ſtarb, ward B. zu ſeinem
Nachfolger ernannt. Seine Arbeitſamkeit war gränzenlos, und währte
bis an ſein Ende. Es iſt merkwürdig, daß er etwa 17 Jahre vor ſeinem
Tode durch den ſchwarzen Staar den Gebrauch des einen Auges verlor,
ſeinen kleinſten und zarteſten Gemälden aber darum doch nichts von der
außerordentlich mühſamen Ausarbeitung bis ins Kleinſte entging. Sein
unausgeſetztes Arbeiten, das ſelbſt in ſeinem hohen Alter durch wenig
Zerſtreuungen unterbrochen wurde, bewirkte eine zunehmende Entkräf-
tung. Er verſchied den 12. Juny 1795, allen, die ihn kannten, ſeines
ſanften, wohlwollenden Charakters wegen unvergeßlich. Als Künſtler
hat er ausgezeichnete Verdienſte. Seine kleineren Cabinetsſtücke zeichnen
ſich durch ein ſehr liebliches, lebhaftes und treffendes Colorit, durch die
beſonders glückliche Wahl der Gruppirungen aus. Seine vorzüglichſten
Stücke ſind: Die Schlacht bey Hochkirchen, in der k. k. Gallerie im
Belvedere, wo ſich noch einige andere Stücke von ihm befinden, und das
Schloß Auſterlitz, das der Staatskanzler, Fürſt Kaunitz, Beſitzer dieſer Herrſchaft, ihm zu malen auftrug. Der bekannte Wiener-
Kaufruf, eine Folge von 30 Blättern, iſt von B. nach der Natur gezeichnet, und von verſchiedenen Künſtlern in Kupfer geſtochen worden.
B. hat auch mehrere Stücke ſelbſt radirt, welche an der Zahl 49 betragen. Die vorzüglichſten Kupferſtecher, die nach ſeinen Gemälden gearbeitet haben, ſind Zink und Dequevauviller; Bartſch, der auch
B.'s Porträt radirte, hat nach einigen ſeiner Studien gearbeitet. Seine
merkwürdigſten Schüler ſind: Janſcha, Schönberger, Schall-
has, Molitor, Rechberger.

Brandeis, Hirſchmann, Doctor der Heilkunde, Sohn eines
ſehr dürftigen jüdiſchen Rabbi in Prag, geboren daſelbſt 1793, begab
ſich frühzeitig nach Frankreich, woſelbſt er ſich ausbildete, verweilte einige Zeit in Wien, und lebt jetzt in Rußland als practiſcher Arzt. Er
gab heraus: Die echten Hippokratiſchen Schriften, verdeutſcht und erklärt, 1. Thl. (Aphorismen), Wien, 1812. — Mediciniſches Wörterbuch ꝛc. der griech. Wörter, Tüb., 1820.

Brandeis, böhm. offenes Städtchen im Kaurzimer Kreiſe, hat
ein königl. Schloß, 2,500 Einw., eine Piariſtenreſidenz mit Hauptſchule, und ein Filial des Invalidenhauſes in Prag. — Unter den
Mauern der Stadt dehnt ſich ein liebliches, durch vielfältige Anlagen
immer mehr verſchönertes Thal von der Elbe bis zur Iſar aus. In der

Nähe gibt es Siegelerde. Über die Elbe führt eine Brücke nach dem Wallfahrtsorte Alt=Bunzlau.

Brandel, Pet. Joh., berühmter Maler, wurde geboren zu Prag 1660. Schon in frühester Jugend verrieth er Neigung und Talent zur Kunst, verließ deßhalb alle andern Studien, und begab sich 1675 zu dem Prager Hofmaler Schröter, wo er mit solchem Erfolg studirte, daß er seinen Lehrer bald übertraf. Sorgfältiges Studium der älteren Meisterwerke in der damahls noch ganz in Prag befindlichen königl. Bildergallerie bildete sein Talent vollends aus, besonders glücklich war er im Copiren derselben. Obschon indeß B.'s Arbeiten sehr beliebt und gesucht waren, und er auch mit besonderer Leichtigkeit und Schnelligkeit malte, so kam doch, theils weil er in der stolzen Über= zeugung, es könne ihm bey seiner Geschicklichkeit nie etwas fehlen, nichts zu Rathe zu halten wußte, theils durch Verlust bey einer Bergwerk= unternehmung, sein Hauswesen gänzlich in Verfall, und er starb 1739 zu Kuttenberg in größter Dürftigkeit. Die Zahl seiner Werke ist ziemlich groß, die meisten derselben zeichnen sich durch kühne Ausfüh= rung, lebhaftes Colorit, richtige Zeichnung, gute Gruppirung und eine eigene Leichtigkeit und Ungezwungenheit aus. Die vorzüglichsten derselben sind: Der Streit der Engel, bey St. Michael in der Alt= stadt Prag befindlich. — Joseph, seine Brüder in Ägypten aufnehmend. — Der heil. Hieronymus, eines seiner berühmtesten Gemälde. — Die Taufe Christi in der Metropolitankirche zu Prag. — Die Himmelfahrt Maria, ein 20 (böhm.) Ellen hohes Bild. — Die Ehebrecherinn vor Christus, welches sich jetzt in der kais. Gemäldegallerie im Belvedere zu Wien befindet, endlich noch viele Altarblätter in den Kirchen zu Prag und andern Orten Böhmens, so wie auch einige Porträts, worunter sein eigenes vorzüglich gelungen ist.

Brandhof, der, Steyermarks isolirte Alpenwirthschaft im Brucker Kreise, am nördlichen Abhange des Seeberges, theils im Mariazeller, theils im Aflenzer Bezirke, merkwürdig durch seinen Besitzer seit 1818, den Erzherzog Johann, den beglückenden Genius Steyermarks, der hier oftmahls weilt, mehr für das Beste dieses Landes sinnend und wir= kend, als seiner eigenen Erhohlung wegen. Das geräumige Wohnge= bäude mit seiner Einrichtung, den verschiedenen Aufschriften ꝛc., charac= terisirt deutlich den edlen philosophischen und humanen Sinn des erhabe= nen Prinzen.

Brandis (Brandeiß, Brandeis), das Geschlecht. — Die B., oberste Erbland=Silberkämmerer in Tyrol, stammen aus Grau= bündten, waren auch in früherer Zeit unter die schwäbischen Grafen ge= zählt, da sie im schwäbischen Kreise unmittelbare Reichsgrafschaften be= saßen. Der Stifter des tyrol. B.=Geschlechts ist Henricus dictus de Launa, der 1180 lebte, die Launeburg an der Launa inne gehabt, und das Schloß Brandis erbaut hat. Randolf (Gandolf) von B. (Prandis) war 1380 Obersthofmeister des Herzogs Leo= pold von Österreich, der bey Sempach Schlacht und Leben ver= lor. Ortlieb v. B. war 1475 und 1489 Bischof zu Chur. Andr. v. B. war 1542 Ritter des deutschen Ordens, und Ferdinand's I.

Oberster in Oberungarn und Siebenbürgen. Von ihm in dieser Eigen=
schaft bewahrt das k. k. Hofkammer=Archiv in Wien noch ein merkwür=
diges Berichtschreiben aus Neumarkt im Szeklerlande vom 10. May
1553. — Johann Heinr. v. B. war Maximilian's II. Mund=
schenk, sofort Kämmerer und Rath; er lebte am Kaiserhofe zu Wien,
und wurde 1573 mit den Seinigen in den Freyherrnstand erhoben. —
Von Jac. And. Freyh. von B.'s 13 Kindern gründete Andr. Wilh.
die niederösterr., Veit Benno, die jüngere Linie von Tyrol. Sie
wurden von Ferdinand III. den 24. März 1654 sammt ihrer
Nachkommenschaft in dem alten Reichsgrafenstand förmlich bestätiget.
Ersterer, niederösterr. Hofkammerrath, später Vicepräsident, wurde
den 14. März 1623 niederösterr. Herr und Landmann; er starb den
18. April 1662. — Franz Adam Graf v. B., Sohn Veit Ben=
no's, geh. Rath, verewigte sich durch sein allbekanntes quellengülti=
ges Werk: Des tyrolischen Adlers immergrünendes Ehrenkränzlein,
wovon die erste Auflage zu Botzen 1678, die vervollständigte bessere
1759 zu Augsburg erschien. Er starb den 7. Sept. 1695. — Adam
Wilhelm Graf v. B. ein Sohn des Andr. Wilhelm, war 1662
Verordneter des Herrenstandes, 1667 kais. Hofkammerrath und Oberst=
hofmeister der Erzherzoginn Maria Elisabeth, er starb den 6. April
1699. Mit seiner Gemahlinn Anna Maria Gräfinn v. Khißl hatte
er die Herrschaft Obermarburg in Steyermark überkommen. —
Franz Jac. Adam Graf v. B. verwaltete seit Nov. 1724 das vacan=
te Obersthofmarschallamt, war 1728—32 der niederösterr. Landschaft
Verordneter des Herrenstandes, wurde den 10. Jän. 1738 in die Land=
mannschaft Steyermarks aufgenommen, und starb den 22. April 1746.
— Der von seinem Sohne Heinr. Franz Adam adoptirte Vetter
Joh. Baptist, geb. den 30. Juny 1751, ward den 15. July 1790
in die steyermärk. Landmannschaft aufgenommen, und Verordneter der
steyr. Stände. Als Anerkennung seiner vorzüglichen Dienste ward ihm
den 26. Febr. 1810 das Commändeurkreuz des Leopoldsordens zu
Theil. Er starb als geh. Rath und Vice=Präsident der Einlösungs=
und Tilgungs=Deputation den 1. May 1812. — Der eine seiner bey=
den Söhne, Clemens, geb. den 4. Febr. 1798, gab 1821 in Wien
ein werthvolles Werk: Tyrol unter Friedrich von Österreich, mit 165
Urkunden heraus. Sein älterer Bruder Heinrich Adam, geboren
den 20. Oct. 1787, ist dermahlen Oberst=Erbland=Silberkämmerer
in Tyrol.

Brandraketen=Corps, k. k., wurde 1812 errichtet. Die
Stationirung desselben ist in einem eigenen Gebäude am Steinfelde bey
Wiener=Neustadt, wo auch die Übungen und Experimente Statt
finden. Große Verdienste um die Vervollkommnung und bessere Einrich=
tung dieser Waffe erwarb sich der Commandant des Raketen=Corps, Vin=
cenz Freyh. von Augustin, k. k. General=Major, Ritter des kais.
österr. Leopold=Ordens, und des königl. schwed. Schwert=Ordens,
welcher diese Erfindung der Engländer wesentlich verbesserte, so, daß
nunmehr die österr. Raketen den Vorzug vor allen übrigen haben, da
man mit denselben auch ein bestimmtes Ziel treffen kann.

Brandversicherungs=Anstalten. Deren sind 7: 1) Die er=
ste österr. Brandversicherungs=Gesellschaft. Sie trat mit
dem 18. Oct. 1824 zu Wien ins Leben, und verdankt einer Gesell=
schaft von Actionären ihre Gründung. Sie übernimmt sowohl in allen
Gegenden des österr. Kaiserthums, als auch im Auslande Versicherun=
gen. Ihre Haftung gegen die Versicherten besteht außer den eingehenden
Prämien (Versicherungsgebühren) in einem eigenthümlichen Capitale
von 2 Millionen Gulden, von welchen zur Deckung der Beschädigten
600,000 fl. stets liquid sind. Die Gesellschaft vergütet insbesondere die
erweislichen Lösch= und Rettungskosten, und zahlt Belohnungen für
außerordentliche Verwendung bey Rettung versicherter Gegenstände. Die
Zeit der Versicherungsdauer ist längstens auf 5 Jahre festgesetzt, nach
welchem Verlauf eine Erneuerung Statt finden kann. — 2) Die k. k.
priv. wechselseitige Brandschaden=Versicherungs=Anstalt.
Sie ist vorerst auf das Erzherzogthum Österreich u. d. Enns beschränkt,
kann jedoch auch in andern Provinzen Versicherungen annehmen. Sie
besteht aus einem Vereine von Gebäude=Eigenthümern, welche sich den
Ersatz des an ihren Gebäuden sich ergebenden Brandschadens wechselsei=
tig versichern. Es ist dieß gleichfalls eine Privat=Anstalt in Wien, die
jedoch am Anfang 1825 mit tief begründeter Gemeinnützigkeit auftrat,
und von der Vereins=Direction verwaltet wird, gebildet aus einem Ge=
neral=Director, einem Administrator (als dessen Stellvertreter), 8 Aus=
schußgliedern, einem Rechtsgelehrten und 2 Bauverständigen. Nach dem
Vorbilde der so wohlthätigen wechselseitigen Brandassecuranz in Wien
sind ähnliche, doch ganz selbstständige, die jedesmahlige Provinz umfassende
Institute in der Monarchie errichtet worden; daher 3) k. k. priv. inner=
österr. wechselseitige Brandschaden=Versicherungs=An=
stalt zu Grätz, die vorzüglich für Kärnthen und Krain thätig ist; 4)
k. k. priv. böhm. wechselseitige Brandschaden=Versiche=
rungs=Anstalt zu Prag; 5) k. k. Brandschaden=Versiche=
rungs=Anstalt für Mähren und Schlesien zu Brünn.
Noch ausgedehnter für den Umfang des ganzen Kaiserstaates wirken die
in Triest bestehenden Versicherungs=Anstalten, die nicht nur gegen
Feuerschäden auf Gebäude, sondern auch auf darin befindliche Möbeln,
Geräthschaften, Waarenlager, sonstige Vorräthe 2c. Versicherungen
ertheilen, daher als Brandassecuranzen hier zu nennen sind und zwar 6)
die k. k. priv. Azienda Assicuratrice in Triest, und 7) die k. k.
priv. Assicurazioni generali austro-italiche allda (erst 1833 ent=
standen). Beyde haben General=Agentschaften in Wien.
Branntweinbrennerey und Branntweinhandel. Die B.
wird in allen Ländern der österr. Monarchie, besonders in den polnischen,
ungarischen, böhmischen und deutschen Ländern, weniger im lombar=
disch=venetian. Königreiche betrieben. Am stärksten ist sie vielleicht in
Galizien und Ungarn, und in ersterer Provinz schätzt der Grundherr
seinen Reichthum noch größtentheils nach dem Ertrage des Branntweins.
Galizien, wo jedes größere Dorf seine B. hat, erzeugt meistens Korn=
branntwein, in geringerer Menge Branntwein aus Gerste, Hafer,
Buchweizen, Mais, Kartoffeln, Baumfrüchten u. dgl. In Ungarn

haben nicht nur sehr viele Wirthschaften ihre eigenen Bränntweinkessel, sondern es gibt dort auch mehrere große B.en, wie z. B. zu Ercsi u. a. O. Zwetschkenbranntwein oder Sliwoviz ist in Ungarn ein Haupterzeugniß, außerdem auch Branntwein aus Getreide, Weintrebern, Kartoffeln und anderen Früchten; zu Ercsi und in der Zuckerraffinerie zu Odenburg auch Rum. In der ungar. Militär=Gränze allein wurde sonst das Jahr über 16,000 Eimer Sliwoviz gebrannt. Siebenbürgen macht nicht nur viel Zwetschkenbranntwein, sondern benützt zu diesem Ende auch andere Früchte, besonders Wachholderbeeren, theils für sich, theils als Zusatz, zumahl im Csiker Stuhle, aus welchem der sogenannte Kronowetbranntwein (Fenyővicz) durch das ganze Land verführt wird. Böhmen, Mähren und Schlesien haben mehrere sehr bedeutende B.en, die fast alle benannten Sorten verfertigen. Das Erzherzogthum Österreich hat gleichfalls einige ansehnliche B.en. Zwetschkenbranntwein brennt man in Österreich ob der Enns. Die Zuckerraffinerie zu Wiener= Neustadt brennt auch Rum. Auch in den übrigen Provinzen ist die B. nicht unerheblich. — Der Handel mit Branntwein dürfte sich im Ganzen wohl auf mehrere Millionen Gulden belaufen, da dieses Getränk in den meisten Ländern der Monarchie häufig genossen wird. Großen Theils wird dieser Handel und der Absatz im Kleinen durch Juden betrieben, wie dieß in Galizien und in einem Theile Ungarns, Mährens, Schlesiens ꝛc. der Fall ist. Galizien versendet auch sehr viel Aquavit, die minderen Sorten aber werden nicht ausgeführt. Aus Böhmen und Mähren wird viel ordinärer, 18grädiger Branntwein zum Schenken nach Österreich gebracht, und aus Österreich ob der Enns bezieht Wien vielen Zwetschkenbranntwein. Noch stärker ist die Einfuhr des letztern aus Ungarn und Slavonien, woher man den besten Sliwoviz erhält. Die Juden bringen aus Schlesiens Teschner Kreise viel guten Branntwein nach Wien, eben so aus Galizien und Mähren Branntwein, der über aromatische Stoffe, vorzüglich Anies, Kümmel ꝛc. abgezogen ist, und von dem gemeinen Manne als Rosoglio häufig getrunken wird. Aus dem Auslande wird noch viel Weingeist, besonders aus Frankreich, dann französ. Bränntwein zum Behufe der Parfümerie= und Liqueur=Fabrication, ferner Rum ꝛc. eingeführt.

Brasilische Expedition und brasilisches Museum. Auf Befehl des Kaisers **Franz** wurde mit der 1817 vor sich gegangenen Reise seiner Tochter, der Erzherzoginn **Leopoldine** (s. d.) nach Rio=Janeiro, als Gemahlinn des damahligen Kronprinzen von Brasilien **Dom Pedro**, eine wissenschaftliche Expedition verbunden, deren Absicht war, die Naturerzeugnisse dieser noch so wenig gekannten Erdgegend zu erforschen, und die vaterländischen Sammlungen mit neuen Merkwürdigkeiten zu bereichern. Es wurde daher eine Anzahl von Gelehrten und Naturforschern ausersehen, welche mit Genehmigung des Königs von Portugall diesen Zweck ausführen sollte. Der Kaiser von Österreich wies die nöthigen Geldsummen dazu an, und übertrug die oberste Leitung dieser gelehrten Reise dem Staats= und Conferenz=Minister Fürsten von **Metternich**. Der Director v. **Schreibers** ward mit dem Entwurf der nöthigen Instructionen und mit der Führung des Referates beauftragt. Die zu dieser Expedition in wissenschaftlicher und artistischer Hinsicht bestimmten Personen waren: Dr. Mikan, für Naturgeschichte überhaupt, und für Botanik insbesondere; Dr. Pohl für Mineralogie; Assistent Natterer vom k. k. Hof-Naturalien-Cabinete, für Zoologie; der k. k. Gärtner Schott der Jüngere für das Hortensilische; der k. k. Leibjäger Sochor als Jagdgehülfe; ferner Thom. Ender als Landschafts- und Joh. Buchberger als Pflanzenmaler. Mikan und Ender schifften sich auf der Fregatte Austria, Natterer, Schott und Sochor, auf der Fregatte Augusta ein, welche beyden Schiffe den 9. April 1817 von Triest absegelten. Pohl und Buchberger, mit R. Schüch, Bibliothekar und Frick, naturhistorischem Maler der Erzherzoginn, waren bestimmt, sich in ihrem Gefolge auf den portugiesischen Linienschiffen im Hafen von Livorno einzuschiffen. Mit Pohl hatte sich für den Großherzog von Toscana der Naturforscher Radi, mit Mikan hatte sich für den König von Bayern, Dr. Spix als Zoolog, und Prof. Martius als Botaniker eingeschifft. Die ersten Nachrichten gingen zahlreich von Natterer ein, und gewährten die schönsten Hoffnungen. Wie gegründet diese waren, erwies sich durch den, unter Begleitung Mikan's im Nov. 1818 in Wien angelangten Haupttransport der an die k. k. Hof-Naturalien-Cabinetsdirection eingesendeten naturhistorischen Gegenstände. Von diesen erschien unterm 1. Sept. 1819 ein nach den Nahmen der betreffenden Einsammler geordneter Bericht, welcher Nachrichten über die, von jedem Einzelnen vorgenommenen Reisen und ihren gemachten Sommlungen gibt. — Im wünschenswerthesten Einklang mit dem reichhaltigen ersten Transporte standen auch die ferneren, so daß sich binnen wenigen Jahren jene herrliche Sammlung gestalten konnte, welche nunmehr unter den Nahmen: Brasilisches Museum in Wien bekannt ist. — Selbes wurde vom Kaiser 1821 förmlich errichtet. Es befindet sich einstweilen in einem dazu gemietheten Privatgebäude (Stadt, Johannesgasse Nr. 972), bis nach der ehestens zu erwartenden Rückkehr des letzten nach Brasilien abgegangenen Naturforschers, mit dessen Resultaten dann diese ganze wissenschaftliche Unternehmung geschlossen werden soll, sämmtliche Gegenstände dem k. k. Hof-Naturalien-Cabinete einverleibt werden können. Das brasilische Museum nimmt in jenem interimistischen Locale außer den Magazinen und Laboratorien 13 Gemächer ein, deren 7 auf die zoologische Sammlung kommen. Nachstehendes ist eine allgemeine Übersicht dieses Museums: A) Zoologie. 1) Säugethiere; 790 Exemplare von 144 Gattungen. Davon befinden sich in dem Hof-Naturalien-Cabinete kaum die Hälfte. Darunter sind 23 affenartige, 39 fledermausartige, 7 katzenartige, 14 Beutelthiere und 29 Arten Nagethiere. 2) Vögel; 7,726 Exemplare von 960 Arten. Davon sind 750 noch nicht im Hauptcabinet; und viele sind als ganz neu noch unbeschrieben. Es befinden sich darunter 32 Adler und Falken, 48 Würger, 160 Fliegenfänger und Singvögel, 44 Papageyen, 47 Spechte, 52 Certhien, 20 Eisvögel, Ameisenfänger 56 (Brasilien eigenthümlich), 21 Manakins, 51 Tangnens, 51 Colibri's, 2c. 3) Amphibien, 1,169 Exemplare von 167 Arten. Der größte Theil geht in der Hauptsammlung noch ab; bey 60 sind neu. Es sind darunter 46 froschartige, 11 Arten

Schildkröten, mehrere Arten theils sehr große Krokodille, 33 Arten Eidechsen, 74 Arten Schlangen, darunter 6 aus der Klapperschlangen= familie. 4) Fische, 955 Exemplare von 265 Arten. Bey 250 fehlen in der Hauptsammlung. Arten der Salme sind da 74, der Welse 51; 2, 7 Fuß lange Riesenhechte (Sudis Gigai). 5) Insecten, über 20,000 (aus 56,409 gewählte) Exemplare von mehr als 8,000 Arten, wovon wenigstens 4,000 neu sind. Käferartige sind 4,000; Carabicinen 140, Malakodermien 130, Serrikornen 220, Lamellikornen 130, Melolon= then und Cetonien 200; Helopiden und Tenebrioiden 150, Kurkulio= niden 800, Cerambycinen 500, Chrysomelinen mehr als 1,000 (dar= unter Chlamys 50, Colaspis 70, Erotylus 60, Hispa 30, Cassida 140, Galleruca und Haltica 200); Geradflügler über 200 (darunter die Arten Phasma 26, und Mantis 26), Halbflügler über 800 (wor= unter Cimiciden 450, Cicodarien 370); Netzflügler an 100; Haupt= flügler über 500 (darunter Ichneumoniden 120, Bienen 70, Ameisen 60); Schmetterlinge, Schoppenflügler an 1,800 (darunter an 700 Tag= falter: Equides 64, Heliconien 62, Hesperien 212, 80 Abendfalter: Castnia 20; Nachtfalter bey 1,000); Zweyflügler über 300 (worunter 50 Tabanus); ungeflügelte über 40; Krebse 283, Mollusken und Strahlthiere 1,115 Exemplare; Eingeweidewürmer über 1,000 Arten. — B) Botanik. 1) 40,000 getrocknete Pflanzen von fast 8,000 Species, wovon mehr als die Hälfte neu ist. 2) Holzsammlung von 614 Stücken. 3) Über 1000 Stücke getrocknete einzelne Pflanzentheile.—C) Minera= logie. 4,829 Exemplare. Ausgezeichnet sind: 1) Die Granitformalien von Rio de Janeiro. 2) Die Bergkrystalle von der Serra de Krystaes in Gojaz. 3) Die Eisenglimmer und Quarzschiefer von Tagahoncango (ganz neue Gebirgsgattungen). 4) Die Suiten des Itakaluenten (elasti= schen Sandsteins). 5) Die großen Massen von Wavellit, Cyanit, Rosen= quarz, Anrydrit, Magneteisenstein, faserigem Braun= und Rotheisen= stein. 6) Die Edelsteine. 7) 32 Gattungen reines Gold aus den Seifen= werken von Gojaz und Minas geraes.—D) Ethnographisches: Kleidungsstücke, Waffen, Utensilien, Geräthschaften verschiedener Art, Kunsterzeugnisse ꝛc. der Puris, der Capitanie von Rio Janeiro, der Kiroados, Kapapos, aus der Capitanie von Gojaz; der Botokuden und der Marakalis von Minas geraes ꝛc., zusammen von 40 Völkerschaf= ten und Horden. — E) Zeichnungen: 1) Von Ender: 367 Blätter: Landschaften, Prospecte einzelner Gegenden und Städte, Abbildungen von Trächten ꝛc. 2) Von Sandler: Über 1,000 Umrisse und Analysen von Pflanzen. — Über die botanische und zoologische Parthie des Bra= silischen Museums sind indeß 2 vorzügliche Prachtwerke erschienen. Das Eine auf des Kaisers Befehl von Dr. Pohl herausgegebene, ist: Plantarum Brasiliae icónes et descriptiones hactenus ineditae, Wien 1827—31; das andere von Prof. Mikan, auf dessen Kosten ans Licht getreten, heißt: Delectus florae et faunae Brasiliae, 4 fasc. eb. 1825. Beyde könnten in Genauigkeit der Zeichnung, Schön= heit der Ausführung und Pracht der Farbengebung mit den glän= zendsten Prachtwerken Frankreichs und Englands wetteifern. Durch die eifrigen Bemühungen des rühmlich bekannten kaiserl. österr. Naturfor=

schers Joh. Natterer, dessen Zurückkunft aus Brasilien nun baldigst erwartet wird, erhielt das k. k. Museum noch unlängst sehr bedeutende Bereicherungen. Anfangs Oct. 1834 sandte er vorläufig 22 große Kisten mit Naturalien und ethnographischen Gegenständen, nebst vielen Mustern von feinen Holzarbeiten im Großen von Para ab, die um so schätzbarer erscheinen, indem diese Gegenstände größtentheils neu und noch ganz unbekannt sind, da sie aus den öden, wenig bevölkerten und mit Ur-wäldern bedeckten Gegenden am Rio negro und Rio branco, den Pro-vinzen Para, Rio negro, Guyana ꝛc. herstammen. Auch die bereits so reichhaltige Sammlung von ethnographischen Gegenständen erfreut sich durch diese Sendung einer wesentlichen Bereicherung, sie enthält Waf-fen, Effecten ꝛc. von nicht weniger als 24 verschiedenen wilden Völker-schaften und zwar von den Banaiva, Vaupé, Jabahani, Mainatari, Marunáui, Panshiana, Vapeshana, Porocotos, Macushi, Schuri, Passe, Poropuru, Mura, Catauishi Schubiri Kobéu, Varequeno, Caishana, Culina, Mansberona, Omanas, Ticunoas, Isshur unas, Mané, Pareatintin und Mandurucu. Endlich bringt der geachtete Na-turforscher auch noch 135 seltene und merkwürdige Thiere, wo möglich lebend mit, worunter sich, außer vielen, in Europa noch nie lebend ge-sehenen Affen und Papageyen, auch ein Tapir, mehrere Arten von Anten und hühnerartige Vögel befinden, deren Acclimatisirung und Fortpflan-zung wünschenswerth und vielleicht möglich ist. Mit der Rückkehr Nat-terer's schließt denn auch die große wissenschaftliche Expedition nach Bra-silien, welche durch volle 18 Jahre in Thätigkeit war und dadurch reiche Ausbeute zur Gründung dieses schätzenswerthen und reichhaltigen, wenn gleich nur temporären Museums gab. — Mikan war ungefähr 1 Jahr in Brasilien und beschränkte seine Ausflüge auf die Provinz Rio de Ja-neiro, wo er bis nach Cabo frio kam, eben so Schott, der 3½ Jahr in Brasilien verweilte, und bis nach Canto Gallo kam. Pohl brachte 3 Jahre 3 Monathe in jenem Lande zu, bereiste die Provinz Rio bis zum Districte von Ilha grande, dann jene von Minas geraes und Goyaz, und Natterer, wenn er noch bis zum nächsten Frühjahre daselbst zu-bringt, war volle 18 Jahre in Brasilien, durchforschte die Provinzen von Rio und San Paul bis Curitiba, dann jene von Goyaz und Mato-grosso, in welch letzterer er beynahe 5 Jahre verweilte und seinen treuen Gefährten Sochor im Dec. 1826 zu San Vincente verlor, machte dann die große Reise auf den Flüssen Guaporé und Madeira in die Pro-vinz Rio negro, wo er bis nach Marabitunas und in einem Theil der ehemahls spanischen Provinz Venezuela, an den Fluß Cassignaire kam, und während der letzten 3 Jahre noch die Provinz Guyana bis zur nörd-lichsten Gränze und jene von Para besuchte.

Braun, Mathias v., berühmter Bildhauer, war geb. 1684 zu Innsbruck. Nachdem er die Anfangsgründe der Bildhauerkunst erlernt hatte, begab sich B. 1698 nach Italien, wo er bey verschiedenen großen Meistern arbeitete und sich vollends ausbildete. Nach seiner Zurückkunft nach Tyrol 1704 lernte ihn der große Kenner und Beförderer der Künste und Wissenschaften, Graf Franz Ant. Spork, kennen und nahm ihn mit auf seine Güter in Böhmen, wo B. zu Kukus und Lissa meh-

rere Jahre auf das thätigste arbeitete. 1710 begab er sich nach Prag,
ließ sich daselbst häuslich nieder und erhielt viele Bestellungen. Um 1720
wurde B. vom Kaiser Carl VI. nach Wien berufen und mit ansehnli=
chem Gehalte als Hofbildhauer angestellt; allein die Wiener Luft war
seiner Gesundheit nicht zuträglich, er kehrte bald wieder mit Beybehal=
tung seines Titels nach Prag zurück, arbeitete noch vieles für den Gra=
fen Wrtby, damahligen Oberstburggrafen von Böhmen, wie auch für
die Grafen Kolowrat, Czernin, Bucquoy und Gallas, und
starb daselbst den 15. Febr. 1738. Die Anzahl seiner Werke ist sehr be=
deutend. Er arbeitete mit Leichtigkeit und Geschwindigkeit, seine Erfin=
dung war lobenswerth, doch übertrieb er manchmahl die Stellungen und
den Ausdruck. Seine Draperie hatte ebenfalls etwas Gesuchtes, Manie=
rirtes an sich, und bey seinen letzten Arbeiten, wo er sein Studium der
Anatomie zu sehr an Tag legen wollte, verfiel er in das Trockene und
Magere. Seine Zeichnung, so wie alle architectonischen Beywerke und
seine Gruppirung war jedoch vortrefflich. Unter seine vorzüglichsten Werke
rechnet man: Die Geburt und Aufopferung Christi mit der Anbethung
der Hirten und der Ankunft der 3 Könige; — Die 7 Haupttugenden und
die 7 Todsünden vor der Klosterkirche zu Kukus in Böhmen befindlich;
— Die Statue der heil. Luitgarde, so wie des heil. Ivo für die Pra=
ger Brücke; mehrere Bildsäulen von Heiligen, weit über natürlicher
Größe; — Die Dreyfaltigkeitssäule in der Neustadt zu Prag mit einer
reichen Zusammensetzung von Figuren; — Das Dreyfaltigkeitsdenkmahl auf
dem Platze zu Teplitz mit ebenfalls reichen Gruppirungen; — Das Stand=
bild Kaisers Carl VI. in weißem Marmor, seine letzte Arbeit. Endlich
sind viele Statuen und andere Verzierungen in mehreren Pallästen und
Häusern zu Prag, Lissa, Kukus, so wie auch im großen Garten zu
Dresden von seiner Hand.

Braun, Pet. Freyh. v., ein Mann, der durch seine Thätigkeit für
Kunst und Industrie, durch seinen Unternehmungsgeist und edlen Geschmack,
besonders in dem Andenken der Wiener noch lange blühen wird. Er war ein
Sohn des k. k. Hofrathes Joh. Gottl. v. B., trat 1777 in Staats=
dienste, wurde bey der Cameral=Buchhaltung Ingrossist, dann Rechnungs=
Official, darauf bey der Hofrechenkammer Hofconcipist, und alsbald Hof=
secretär. Der Aufschwung, welchen in Österreich damahls Industrie und Han=
del nahmen, bestimmte ihn, die Dicasterialbahn zu verlassen, und sich die=
sem Zweige zu widmen. Um die vaterländische Industrie begann er 1788
sich verdient zu machen. Die Seidenstofffabriken ließen damahls noch viel
zu wünschen übrig. B. errichtete eine solche Fabrik, und scheute die be=
deutenden Kosten nicht, Arbeiter aus Lyon dazu kommen zu lassen. Die
Unternehmung zeichnete sich bald aus, und veranlaßte die nützlichste Nach=
eiferung. Joseph II. bezeigte ihm seine Zufriedenheit, und ernannte
ihn das Jahr darauf zum Truchseß. 1790 trat B. eine Großhandlung
an. 1792 sendete ihn der Kaiser zur Unterhandlung von Darlehen an die
Reichsfürsten, 1794 überließ er ihm die Leitung und Verwaltung der
beyden Wiener Hoftheater, und spendete denselben einen jährlichen Zu=
schuß von 40,000 fl. Seiner mannigfachen Vorzüge und Verdienste we=
gen, wurde B. 1795 tarfrey in den Freyherrnstand erhoben. 1796

kaufte B. die Herrschaft Schönau nächst Wien. Hier entwickelte er wahr=
haft großartigen Kunstsinn, indem er mit ungeheuren Kosten einen
prachtvollen Park anlegte, der Nacht einen herrlichen Tempel voll Kunst=
wunder widmete, und den ganzen Edelsitz zu einem feenartigen Aufenthalt
gestaltete. Dann verschrieb er Leute aus Italien, um in Schönau
Strachina= und Parmesankäse zu bereiten, was so wohl gelang, daß sie
den echten völlig gleich kamen. Er führte auf seinen Gütern die italieni=
sche Bewässerungsmethode ein, und ließ deßhalb Italien eigens von ei=
nem seiner Beamten (dem jetzigen Oberregenten sämmtlicher Güter des
Erzherzogs Carl, Ritter v. Wittmann) bereisen. B.'s landwirth=
schaftliche Verbesserungen und Verschönerungen wurden für viele ein auf=
munterndes Vorbild. In demselben Jahre (1796) wurde B. Hof=
banquier und kaiserl. Rath. 1801 brachte er eine der vortrefflichsten
mähr. Herrschaften, Jaslowitz, käuflich an sich, hielt daselbst 300
Tyrolerkühe, und führte eine Käsefabrication wie zu Schönau ein,
welche noch fortbesteht. 1804 erhielt er vom Kaiser den Befehl, die galiz.
Tranksteuer zu reguliren. In demselben Jahre kaufte er das Theater an
der Wien. Er veräußerte selbes wieder 1807, und überließ die beyden
Hoftheater einer Gesellschaft von Cavalieren, nachdem er selbe zu voller Zu=
friedenheit des Kaisers und des Publicums 13 Jahre verwaltet, und un=
zählige Beweise seiner uneigennützigen Liebe zur Kunst dargelegt hatte.
Es war dieß eine wahre Blüthenperiode für diese beyden Theater, da
auch Kotzebue als Präsident einflußreich wirkte. Späterhin legte B.
2 große engl. Baumwollspinnereyen in Schönau und Sollenau an.
Die Producte derselben erreichten einen solchen Grad von Vollkommen=
heit, daß sie mit denen des Auslandes auf gleicher Linie standen, und
das Wiener polytechnische Institut selbe in der k. k. priv. Wiener Zei=
tung öffentlich anpries. Er war gewohnt, den Bürger und Hand=
werker, den Bauer und Landmann mit Lehre und Mitteln großmüthig
zu unterstützen. Wie er viel geleistet für die Kunst selbst, war er auch
den Künstlern ein edler Mäcen; viele hatten ihm Wohlstand und Ruf zu
verdanken, wie der Maler Schönberger, der ausgezeichnete Maschinist
Mälzel ꝛc. Er starb den 15. Nov. 1819, 61 Jahre alt.

Braun v. Braunthal, Carl Joh. Ritter, geb. zu Eger in
Böhmen 1802, ist einer von jenen Menschen, deren geistige Entwick=
lung, frey von allen Schulsystemen, nur als das Ergebniß seltsamer
Schicksale, schmerzlicher Erfahrungen, und einer leicht entzündlichen Ein=
bildungskraft erscheint; bey denen sonach alles, was sie nun immer schaffen
mögen, das Gepräge der Selbstständigkeit, der Originalität an sich trägt.
Die dichterischen Producte solcher Köpfe leiden nicht den Normalmaßstab
jeder Zeit, am wenigsten oft jener, in der sie leben; immer aber regen
ihre Werke das Nachdenken an, und fordern zum Weiterbilden auf. —
Schon in seinem 14. Jahre älternlos, entwickelte B. sich ganz selbst
überlassen, eine sehr lebhafte Geistesthätigkeit; noch nicht 18 Jahre
alt, hatte er die Antigone von Sophokles, einen großen Theil
von Virgil's Äneis, und die besten Oden von Horaz metrisch über=
setzt, während er den gewöhnlichen Studien oblag, und die deutschen
Classiker fleißig las. Dieß munterte ihn zum Selbstschaffen auf, und die

Wiener Zeitschrift für Kunst, Literatur ꝛc. nahm schon 1822 von ihm ein größeres Gedicht auf, welchem bald in Kind's Abendzeitung und in andern Blättern, wie auch Taschenbüchern, mehrere folgten. So schien sich in dem jungen Manne, durch die günstige Aufnahme dieser Präludien theils, mehr aber gewiß durch sein, an den bittersten Erfahrungen reiches Leben der Entschluß ausgebildet zu haben, ausschließend der Kunst anzugehören, und auf alle Vortheile einer, den regelmäßigen Studiengang belohnenden, sicheren Existenz zu verzichten; er las und studirte nach Belieben, und gab von Zeit zu Zeit seinen Gefühlen und Lebensansichten Worte. So erschienen fast gleichzeitig zu Wien 1825—26 seine geistlichen Dichtungen unter dem Titel: Die Himmelsharfe, und Briefe über weibliche Erziehung: Die Glückliche. Diesem folgte schnell ein Trauerspiel, Loda, nach Ossian, womit sich gewissermaßen ein Abschnitt seines Lebens schloß, denn im Spätherbste 1826 verließ er Wien und Österreich, und ging nach Breslau, zufolge einer Einladung des Grafen Schaffgotsche, der ihm die Erziehung seines Sohnes übertrug. Hier lernte er Steffens kennen, Runge und Hoffmann, in deren Umgange er sich belehrte, während er sich im steten Verkehre mit dem dortigen Adel jene Kenntniß der feinen und verwickelten Lebensverhältnisse erwarb, die er in seinen späteren Schriften niederlegte. Aber schon im Frühjahre 1829 gab er diese Stelle auf, und ging nach Berlin, wo er sich alsogleich mit der literarischen Welt befreundete, und eine 2. Auflage der „Glücklichen" besorgte. Im Winter desselben Jahres las er dort öffentlich vor: Sein fünfactiges historisches Trauerspiel: Graf Julian und: Die Geopferten, Trauerspiel in 4 Acten, welches 1827 mit bedeutendem Beyfalle aufgeführt worden war. Sein Herz zog ihn nach Österreich, er kehrte 1830 zurück nach Wien, wo er seine Ästhetik für Frauen herausgab. Denselben Winter indessen ging er abermahls nach Berlin, wo er durch ein halbes Jahr an der Führung des Königstädter Theaters Theil nahm, und sein Trauerspiel: Graf Julian, drucken ließ. Seitdem erschienen aus seiner Feder, außer vielen Aufsätzen in Journalen des In- und Auslandes, die humoristischen Werke: Fragmente aus dem Tagebuche eines jungen Ehemannes, Wien, 1833. — Antithesen: oder Herrn Humors Wanderungen durch Wien und Berlin, eb. 1833. — Novellen, eb. 1834. Seine sämmtlichen Gedichte, unter dem Titel: Morgen, Tag und Nacht aus dem Leben eines Dichters, Leipz. 1834. — Ein Band Mährchen, Lieder und Fabeln, und ein Drama: Shakspeare, sind noch ungedruckt.

Braunau (Brzewnow), böhm. Stiftsherrschaft und Stadt im Königgrätzer Kreise mit 2,900 Einw., Pfarre, Benedictinerstift, und Gymnasium in einer reizenden Gegend; berühmt durch ihre Tuchfabrication (vorzüglich scharlachrother Tücher). Auch treibt sie Leinwandhandel.

Braunau, oberösterr. Stadt am Inn im Innviertel, mit 1,780 Einw., 2 Kirchen, ist der Sitz des k. k. Pfleggerichtes und des Distrits-Commissariats.

Braune, Franz Ant. v., gewesener fürstl. Salzburgischer Hofkammersecretär im Berg- und Salzwesen, ist geboren den 16. März 1766 zu Zell im salzburg. Pinzgau. Seine Studien vollendete er zu Salzburg als Zögling des Lodronisch=Rupertinischen Collegiums, und wurde 1790 als Gerichts=Accessist zu Werfen, 1794 jedoch als Kanzellist der fürstl. Hofkammer zu Salzburg angestellt, und 1801 zum Secretär im Salz= und Bergwesen bey derselben Stelle befördert. Die Botanik war jederzeit sein Lieblingsstudium, in früherer Zeit hatte sich B. auch mit schöner Literatur beschäftigt. Im Drucke erschienen von ihm: Cuenna und Vivonne, oder: Untreue und Rache, Trauerspiel in 5 Aufzügen, Salzb., 1793. — Salzburgische Flora, oder: Beschreibung der im Erzstifte Salzburg wildwachsenden Pflanzen ec., 3 Thle., mit Kupf., eb. 1797. — Über den unechten Akacienbaum, dessen Kennzeichen, Nutzen und Cultur ec., in Heldenberg's Förster 1797. — Salzburg und Berchtesgaden ec., Taschenbuch für Reisende ec., Wien, 1821, 2. Aufl., eb. 1829. Auch lieferte B. in Hoppe's botanisches Taschenbuch mehrere Aufsätze, so z. B: Supplementum primum Florae Salisburgens. inchoatum. — Excursion nach dem Untersberg und den Salzburgischen Gegenden. — Über botanische Belustigungen, oder Excursionen im Spätherbste und Winter. — Nachrichten von der Flora des Berges Hohenstaufen. — Versuch, die flüchtige Blumenfarbe einiger Campanula=Arten beym Trocknen festzuhalten. — Sammlung von Trivialbenennungen, welche einige Alpenpflanzen führen ec.

Braunsberg, mähr. offenes Städtchen im Prerauer Kreise, mit 2,000 Einw., und vielen Tuchmachern.

Braunstein. Das häufigste Erz ist (zumahl im österr. Staate) der graue B., wovon es nach Werner eine strahlichte, blättrige, dichte und erdige Art gibt, und dann der schwarze. Er kommt meistens auf Gängen und Lagern mehr in den Übergangs= und Flötz=, als in den Urgebirgen vor, und ist in der Natur sehr weit verbreitet, indem unzählige Massen anderer Fossilien ihre Farben vom B. haben. Im inländischen Handel wird der meiste B. aus Böhmen von Platten, Presnitz ec. bezogen, neben welchem aber der bessere sächsische noch immer gesucht wird. Der Oraviezaer oder Banater B. kommt dem sächsischen ebenfalls nicht gleich, doch ist es gewiß, daß es nur festen Entschluß braucht, um den sächs. B. ganz zu verdrängen. Wollten die inländischen Consumenten ihre Vorurtheile beseitigen, und würde man die Braunsteinlager zu Markomoze im Nagy=Banyaer Districte und in Böhmen gehörig benutzen; so würde man aus dem ersteren eben so vorzüglichen grauen und aus dem zweyten trefflichen schwarzen B. erhalten können.

Brechainville, Graf, Feldmarschall=Lieutenant und Inhaber eines Infanterie=Regiments, war aus Nancy, in der ehemahligen Provinz=Lothringen, gebürtig, und stand schon zu Anfang des 7jährigen Krieges, als Flügel=Adjutant des berühmten General=Feldmarschalls Grafen Daun, in k. k. Diensten. Als er 1789 das Interims=Commando zu Prag führte, und das Brot den Armen zu theuer wurde, war er derjenige, durch dessen Vermittlung man sie um einen leidentlichen Preis mit Commisbrot versah, und der nebenher Viele von ihnen im Stillen unterstützte. Er starb zu Prag am 13. Febr. 1799.

Bredetzky, Sam., geboren den 18. März 1772 zu Deutsch=Jakobjan in Ungarn, bildete sich vorzüglich zu Odenburg, von wo aus er in seinem 24. Jahre die Universität zu Jena bezog. Sehr unterrichtet, kehrte er 1798 in sein Vaterland zurück, wurde Lehrer an der Bürgerschule zu Odenburg, und gab 1801 ein Elementarbüchlein zum Gebrauche beym öffentl. Unterricht, und 1802 ein topograph. Taschenbuch von Ungarn heraus. Dasselbe Jahr kam er als Vicar und Catechet der evangel. Gemeinde A. C. nach Wien. Hier gab er bis 1805 allmählich 4 Bändchen seiner Beyträge zur Topographie des Königreichs Ungarn heraus, denen 1807 neue Beyträge folgten. Für das literarisch=kritische Wiener=Blatt, welches 1803—4 erschien, für die Annalen der österr. Literatur und verschiedene Zeitschriften, für Wächter's und Cleynmann's practische Bibliothek, lieferte er viele Beyträge. 1805 erhielt er einen Ruf nach Krakau als Prediger der dasigen evangelisch=luther. Gemeinde, doch blieb er nur, ein Jahr daselbst, indem er 1806 als Prediger nach Lemberg berufen wurde. Hier, so wie in Krakau, fanden seine Predigten großen Beyfall, worauf er auch zum galiz. Superintendenten ernannt wurde. Nun gab er seine Reisebemerkungen über Ungarn und Galizien, 2 Bde., Wien, 1809, heraus; ferner einen kurzen Umriß der biblischen Geschichte, einen historisch=statistischen Beytrag zum deutschen Colonialwesen in Europa, einzelne Predigten, wirkte thätig zu den vaterländischen Blättern, An dr e's Hesperus, zur Jena'schen allgemeinen Literaturzeitung, und fortwährend zu den Annalen der österr. Literatur mit. 1812 wurde eine von ihm verfaßte Preisschrift über galiz. Industrie gekrönt. Er starb am 20. Juny desselben Jahres. Manchmahl ließ sich dieser fleißige und verdiente Mann doch verleiten, über Dinge abzusprechen, die er gründlich zu beurtheilen nicht verstand, daher er sich dann auch öffentlichen Verweis seiner Blößen ohne Widerrede gefallen lassen mußte, um nicht noch auffallender in zu weit getriebenen schalen Controversen zu unterliegen.

Bregenz (Bregenzer=Ach), Fluß in Vorarlberg, entspringt oberhalb dem Dorfe Schröcken, krümmt sich in nordwestlicher Richtung durch den langen, von hohen Bergen umschlossenen Bregenzerwald, und ergießt sich fast ½ Meile westlich von der Stadt Bregenz, zwischen Mehrerau und Hard, in den Bodensee. — Die B. führt das Bau= und Brennholz des Bregenzerwaldes, besonders Millionen von Rebstöcken, in den See.

Bregenz, Vorarlberg. Stadt im gleichnahmigen Kreise am Bodensee, eine der ältesten Städte Deutschlands. Sie besteht aus der obern und untern Stadt; jene, die eigentliche ummauerte alte Stadt, die sich den Hügel hinanzieht, ist häßlich und alt; sie ist das alte Brigantinum der Römer. Die untere, hübscher gebaute Stadt, ist ganz offen, und wird eigentlich aus den am See gelegenen Vorstädten gebildet. Die reizende Lage begünstigt zugleich den Handel. Die Gegenstände desselben sind vorzüglich: Getreide, Fettwaaren, Nutzvieh, Holz, Alpenhütten, die zu Schiffe nach der Schweiz geführt, und dort mit 7—800 fl. bezahlt werden. Die Vieh= und Obstbaumzucht ist bedeutend, nur der Wein gedeiht hier schlecht. Zu den übrigen Nahrungszweigen gehören: Die Benutzung der Waldungen, dann Garnspinnerey, Linnen=, Kattun=, Musselin=, Battist=Webereyen und Sticke=

Brenta, lomb. venet. Fluß, entspringt aus 2 Seen in Tyrol, wird unweit Padua schiffbar, nimmt einige schiffbare Canäle auf, und fällt in zwey Mündungen in den Golf von Venedig. Die Ufer rings umher sind mit reizenden Dörfern und Gebäuden besäet.

Brera, s. unter **Akademien.**

Brescia, lombard. Delegation im Gouvernement Mailand, mit einem Flächeninhalt von 55½ Q. M. und einer Volksmenge von 310,000 Einw. Sie ist größtentheils eine fruchtbare Ebene und nur gegen Norden etwas bergig. Der Hauptfluß ist der Oglio mit den Nebenflüssen Mella und Chiese. Die Luft ist mild und heiter. Die Naturproducte sind Getreide, Flachs, Hanf, Oliven, wovon eine bedeutende Menge Ohl gewonnen wird, viele Citronen, guter Wein, ferner Seide, Eisen, Kupfer ꝛc. Die Seidenindustrie beschäftigt viele Hände, außerdem die Wollen- und Flachsmanufacturen. Das Eisen setzt viele Werke in Bewegung; die Papiermühlen liefern jährlich 200,000 Pes. Papier. Die Delegation zerfällt in 17 Districte und 238 Gemeinden und zählt eine Stadt, 32 Marktflecken und 202 Dörfer.

Brescia, Hauptstadt in der gleichnahmigen Delegation, am Fuße der Alpen, an den Flüssen Mella und Garza in einer fruchtbaren Gegend, mit 35,000 Einw. Sie ist der Sitz eines Bischofs und der Delegationsbehörden. Sie hat ein festes Schloß, prächtige Kirchen, mehrere Hospitäler, Armen- und Krankenhäuser, ein wissenschaftliches Athenäum, ein Lyceum, eine öffentliche Bibliothek mit einer kleinen Bildergallerie, ein Naturalien- und mehrere Kunstcabinete, ein Theater ꝛc. Sie ist ein bedeutender Fabrikort und treibt starken Handel.

Brescianer Stahl, Schmelzstahl, eine der besten Stahlsorten, wird in Steyermark und Kärnthen verfertigt.

Breslau, Friede zu, s. **Friedensschlüsse.**

Bresznitz, s. **Berzenicze.**

Bretfeld-Chlumczansky, Franz Jos. Freyh. v., k. k. wirkl. Staatskanzleyrath, Commandeur und Ritter mehrerer Orden, Schatzmeister des k. k. Sternkreuzordens, Ehrenmitglied der k. k. Akademie der bildenden Künste, Mitglied mehrerer gelehrten Gesellschaften, geb. zu Prag, studirte daselbst die Humanioren und höhern Schulen, und trat als Conceptspracticant in das böhmische Landesgubernium. Hier ward er Concipist, kam in derselben Eigenschaft zur böhmischen Hofkanzley in Wien, 1808 zur Staatskanzley, bey der er Hofsecretär und nachmahls Staatskanzleyrath wurde. B. besitzt merkwürdige Sammlungen, nähmlich: Eine Bibliothek von 8,000 Bänden, wichtig in Geschichte und Numismatik; ein sehr reiches Cabinet von großen Theils höchst seltenen Münzen und Medaillen, über 30,000 Stücke stark, eine ungemein bedeutende genealogisch-heraldisch-sphragistische Sammlung, eine ansehnliche Kupferstichsammlung ꝛc. Geschrieben hat B.: Geschichte der böhm. Landtage (bis 1458), Prag, 1810. — Gallerie der merkwürdigsten Erfinder, Wien, 1810. — Geschichte des Leitmeritzer Bisthums, eb. 1811. Vergl. den Artikel: **Chlumczansky, Wenzel Leop. Ritter v.** Erzbischof.

Bretschneider, Heinr. Gottfr. v., k. k. Hofrath, ein durch Schicksale, Charakter und Talente ausgezeichneter Mann, geb. zu Gera den 6. März 1739. Er studirte in dem Gymnasium seiner Vaterstadt, und kam schon in seinem 16. Jahre als Cornet unter die sächsischen Drago- ner, die zur österr. Armee unter Daun gestoßen waren. Später verließ er die Armee und trat als Rittmeister bey einem preuß. Freycorps in Dienste, gerieth in franz. Gefangenschaft, und erhielt erst nach dem Hubertsburger Frieden 1763 seine Freyheit wieder. Da das Freycorps aufgelöst wurde, so kam er nach mancherley Abenteuern als Lan- deshauptmann in Nassau'sche Dienste nach Jbstein, wurde Major, und nahm, da verschiedene Reductionen vorgenommen wurden, seinen Abschied. Nachdem er seit 1772 sich längere Zeit in Frankreich, Holland und England aufgehalten hatte, kam er nach Coblenz, arbeitete daselbst einige Zeit unter dem Minister von Hohenfeld, und begab sich darauf nach Wien, wo ihm Freyherr von Gebler zu einer Anstellung behülflich war. Zuerst kam er als Vice-Kreishauptmann in dem damah- ligen Temeswarer Banat, unter, dann 1778 als Bibliothekar der Hochschule nach Ofen mit dem Charakter eines k. k. Raths, und 1784 in gleicher Eigenschaft nach Lemberg, mit dem Charakter eines k. k. Gubernialraths. Auf sein Ansuchen wurde er 1809 mit dem Charakter eines k. k. Hofraths pensionirt, hielt sich dann in Wien, Nürnberg, Wiesbaden und Erlangen auf; zuletzt begab er sich auf das Schloß Krzimitz bey Pilsen in Böhmen, das ihm sein Freund, der Graf von Wrtby, zur Wohnung eingeräumt hatte, und starb daselbst den 1. Nov. 1810. Er hinterließ einen einzigen Sohn, einen General von Bretschneider in österr. Diensten. Viele seiner zahlreichen, meistens anonym erschienenen Schriften in Prosa und in Versen, satyrischen, romantischen, literarischen und dramatischen Inhalts, hatten locale Be- ziehungen und ein temporelles Interesse, und haben sich deßwegen zum Theil aus dem Buchhandel verloren, z. B.: Graf Esau, komisches Heldengedicht, Frankfurt a. M., 1768 (eine Satyre auf einen Ge- sandten). — Papilloten, eb. 1769. — Eine entsetzliche Mordgeschichte von dem jungen Werther, eb. 1774. — Fabeln, Romanzen und Sinnge- dichte, Pesth, 1781. — Musenalmanach, Lemberg. — Eine Schrift unter dem Titel: Theodor, gegen Napoleon gerichtet, worüber sich der französische Gesandte beklagte. Andere Schriften von B. sind: Familien- geschichten und Abenteuer des Junkers Ferdinand von Thon. Nürn- berg, 1775, 2 Thle. — Almanach der Heiligen. Rom (Wien) 1788. — Waller's Leben und Sitten, Cöln. (Berlin) 1793. — Mehrere Jahre schrieb er die Frankfurter gelehrte Zeitung fast allein; zahlreich sind seine unter den Chiffern Fr. und Dp. abgedruckten Recensionen, in- teressant sehr viele, besonders z. B. von Eckartshausen's Aglais, Bd. 75. S. 143 ff. und von Swedenborg's Schriften, Bd. 107. S. 15 — 37. Seine Reise nach London und Paris, herausgegeben von Gö- cking k, Berlin 1817, hatte er schon 1801 geschrieben. Vermischte Nachrichten und Bemerkungen, Erlangen, 1816, dann historische und literarische Unterhaltungen, Coburg, 1818, hat uns sein alter ver- trauter Freund, der berühmte Literator Meusel mitgetheilt.)

Breuner, die Grafen v., zogen sich von Utrecht und Cöln am Rhein im 14. Jahrhundert nach der Steyermark. Ihr Geschlecht lieferte durch einige Jahrhunderte berühmte Staatsmänner und Krieger. Conrad und Andreas B. erschienen zuerst 1385, wo Andreas B. 1400 Herzog Wilhelm's und Ernest's von Österreich Hauptmann zu Judenburg war. Philipp B. war 1452 — 58 Landesverweser in Steyermark. Andreas II. war 1476 Kaiser Friedrich's Pfleger zu Gösting, und 1483 Landesverweser. Hans B. war landesfürstlicher Pfleger zu Pfannberg 1467, er besaß 1479 die Herrschaft Berchtoldstein. Durch seine Gattinn Veronika Fladnitzer erbte er einen Theil der Fladnitzer'schen Güter. Sein Sohn Friedrich war Herr zu Stübing, dessen Söhne Philipp und Christoph mit ihren Vettern Friedrich und Georg die Herrschaft Schachenthurm bey Radkersburg laut Revers vom 6. May 1528 um 2500 fl. vom Landesfürsten pfandweise inne hatten. Hier theilt sich diese Familie, indem Philipp B. die niederösterr., sein Bruder Christoph aber die steyr. Linie fortpflanzte. Christoph B., Freyh. zu Stübing, Fladnitz und Rabenstein lebte noch 1559. Sein Sohn Caspar war Erzherzog Carl's Kämmerer, starb 1616. Dessen Sohn Jacob, geb. 1565, wurde 1602 geh. Rath und 1606 kaiserlicher Obersthofmarschall, vermählte sich 1591 mit Magdalena Freyinn von Preysing. Sein Sohn Maximilian ward geb. 1593, sein Taufpathe war Erzherzog Maximilian (welcher ihm eine große goldene Medaille sammt Kette, und einen silbernen vergoldeten Becher zum Pathengeschenke einband). Er wurde Hofkammerrath, dann 1630 Kaiser Ferdinand's II. geh. Rath, und Hofkammerpräsident in Wien, starb 1634. Er war vermählt mit Regina Gräfinn von Wagensperg. Sein Sohn Carl Gottfried errichtete für die Seinigen in Steyermark ein Fideicommiß, welches Kaiser Leopold I. 1676 bestätigte. Er gründete zu Mautern ein Franziscaner-Kloster, zu welchem Raimund, Abt zu Admont, am 27. Oct. 1669 den ersten Grundstein legte. Den Stiftsbrief fertigte er dd. Gratz 19. Jän. 1670. Seine erste Gemahlinn war Maria Anna geb. Gräfinn von Meggau, Witwe Caspar's, Grafen von Starhemberg. Seine zweyte Gemahlinn war Maria Magdalena, Freyinn von Gaisruck. Er starb den 23. July 1675 ohne Kinder. Ferdinand Ernst, jüngerer Sohn Maximilian's, war 1667 Commandant der Festung Copreinitz in Croatien, und 1673 Generaleinnehmer und Landeskriegscommissär in Steyermark. Sein Sohn Carl Weichard, Erbe des Vorigen, geb. 1656, wurde Landeshauptmann in Steyermark, starb den 11. Dec. 1729. Carl Adam Graf v. B., Carl Weichard's Sohn, geb. den 28. Oct. 1689, wurde 1732 innerösterr. Hofkammer-Vicepräsident, 1735 Landeshauptmann in Steyermark, 1751 Präsident der obersten Justizstelle in Wien, geh. Rath, und 1759 Ritter des goldenen Vließes, starb den 16. Jän. 1777, liegt zu Mautern in der Franziscanerkirche begraben. Sein Sohn Carl Thomas, geb. den 13. Oct. 1719, wurde 1791 Landeshauptmann in Steyermark, war früher Präsident der innerösterr. Regierung in Gratz, dann inneröſterr. Appellations-Präſident. Sein Bruder Franz Xaver Ludwig wurde den 15. Juny 1786 Fürſt-Biſchof zu Chiemſee. Der obige Philipp B. wurde durch Diplom dd. Wien 12. April 1550 mit dem ganzen Stamme in den Reichsfrey-herrnſtand und 1552 vom Hofkammerrath, zum geh. Rath und Hof-kammerpräſidenten erhoben; Seyfried Chriſtoph, Freyh. von B., niederöſterr. Landmarſchall, erhielt aber mit ſämmtlicher Deſcendenz dd. 25. April 1624 von Kaiſer Ferdinand II. den Reichsgrafenſtand. Er ſtiftete aus ſeiner, vom Kaiſer Rudolph II. ſchon 1611 zur Grafſchaft erhobenen Herrſchaft Aſparn in Niederöſterreich ein Majorat ſeines Ge-ſchlechts mit kaiſerl. Conſens v. J. 1621, und das Jahr zuvor (1620) erwarb er ſeiner Familie das erledigt gewordene Erbkämmereramt in Nie-deröſterreich. 1659 wurde der Grafenſtand auf das ganze B.'ſche Geſchlecht extendirt. Der jetzige Majoratsherr iſt Auguſt Graf v. B., Graf von und zu Aſparn an der Zaya, edler Herr auf Staatz, Freyh. auf Stübing ꝛc., k. k. Kämmerer und Hofrath der allgem. Hofkammer, Mitglied gelehrter Geſellſchaften, Oberſt-Erblandkämmerer im Erzherzog-thum Oſterreich unter der Enns.

Brezo, ungar. Dorf in der Kis-Honther Geſpanſchaft mit 430 Einw., einer evangel. luth. Kirche und 2 Eiſenhammerwerken. Man verfertigt hier ſehr viele und gute Töpferwaaren. In dem daſigen Berge Szinez findet man 50 bis 60 Pfund ſchwere Kryſtalle und Topaſe. Auch gibt es hier 2 Sauerbrunnen.

Brezowa, ungar. Marktfl. in der Neutraer Geſpanſchaft, dem Grafen Erdödy gehörig, mit kathol. und evangel. reform. Kirche, 6,150 Einw., welche von allen Naturalroboten befreyt ſind, und ſich von Branntweinbrennen, Leder- und Hornviehhandel nähren.

Briebir, illyr. Dorf, im Mitterburger oder Iſtrier Kreiſe, mit 3,000 Einw. und ſtarkem Weinbau, der jährlich bey 18,000 Eimer abwirft.

Briefe eines Eipeldauers an ſeinen Herrn Vetter in Kakran ꝛc., eine Monathſchrift, welche im Wiener Volkstone die gleichzeitigen Sitten, Eigenthümlichkeiten und Tagsvorfälle Wiens, oft mit ſatyriſcher, ja ſarkaſtiſcher Geißel, meiſt aber in humoriſtiſchem Ausdruck ſchilderten, in früherer Zeit auch häufig politiſche Epiſoden ent-hielten, und eines ziemlichen Beyfalls ſich erfreuten, bis ſie endlich von einem edleren Geſchmack verdrängt wurden. Sie waren 1785 von Joſ. Richter (ſ. d.) gegründet, ſpäterhin von Geway (ſ. d.), und zu-letzt von Bäuerle geſchrieben, der ihnen auch 104 Kupfer beygab. Sie erſchienen bis 1821, außer 2 Heften, die 1809 während der franzöſiſchen Invaſion ausblieben, ununterbrochen, ſo daß ein voll-ſtändiges Exemplar, jetzt ſchon zu den Seltenheiten gehörend, 285 Hefte haben muß. Eine ähnliche Tendenz haben Jörgel's Briefe ꝛc., S. Gleich.

Briefpoſt-Einrichtung. Den Briefverkehr, ſowohl im Innern der kaiſerl. Staaten, als mit dem Auslande beſorgt das Oberſthofpoſt-amt in Wien (Wollzeile Nr. 869), woſelbſt alle Briefe täglich bis halb acht Uhr Abends angenommen werden. Die zu recommandirenden Briefe aber müssen von 3 bis 6 Uhr aufgegeben werden, wobey der Aufgeber eines solchen Briefes auf der Rückseite desselben seinen Nahmen, Charakter und Wohnort genau anzugeben hat. Die Briefgebühr wird, laut noch immer in Kraft stehender Verordnung vom 10. April 1817, nach Verhältniß der Entfernung der Aufgabsorte von dem der Abgabe in 7 Abstufungen von 3 zu 3 Poststationen entrichtet. Die 7. Stufe ist demnach die höchste. Für Briefe in fremde Staaten und aus denselben, sind 5 Abstufungen bestimmt, wonach die fünfte Stufe, die höchste ist. In Hinsicht letztgedachter Briefe wird die Gebühr nur nach der Entfernung inner der Länder des Kaiserstaates vom Aufgabsorte bis zur Gränze, oder von der Gränze bis zum Aufgabsorte entrichtet; die Transito-Gebühr, in so weit sie fremde Länder durchziehen, muß besonders vergütet werden. Bey der inländischen Correspondenz ist die Briefgebühr nur einmahl, und zwar von dem Empfänger des Briefes zu entrichten. Ausgenommen sind: 1) Briefe, welche, obgleich nur für das Inland bestimmt, bey der Aufgabe frankirt werden, und sonach der Empfänger von der Zahlung der Gebühr freygehalten wird. 2) Briefe, welche an portofreye Individuen oder an öffentliche Behörden aufgegeben werden, und endlich 3) Briefe in das Ausland. Diese Briefe müssen den Postbeamten eingehändigt, und die Gebühr muß bey der Aufgabe entrichtet werden (für Rubrik 2 nur das halbe Porto), da hingegen für die Aufgabe jener Briefe, wovon die Gebühr bey der Abgabe zu entrichten ist, bey allen Postämtern Behältnisse bereit stehen, in welche zur bestimmten Zeit die Briefe eingelegt werden können. Sollten Briefe oder Packete, für welche die Gebühr bey der Aufgabe entrichtet werden muß, ohne Entrichtung derselben in das Briefbehältniß eingelegt werden, so darf das Postamt selbe in keinem Falle, selbst wenn sie an öffentliche Behörden lauten, weiter senden, sondern es wird in diesem Falle eine Abschrift der Adresse mit Bemerkung des Tages der Aufgabe, und daß die Absendung wegen unterlassener Zahlung der Gebühr nicht erfolgte, öffentlich in dem Postamte angeheftet. Dem Eigenthümer steht es sodann frey, die Absendung durch Erlag der Gebühr zu bewirken, oder den Brief, nach gehöriger Erweisung des Eigenthums, zurückzunehmen. Geschieht binnen 4 Wochen weder das Eine, noch das Andere, so wird der Brief unter öffentlicher Aufsicht verbrannt. Es steht ferner Jedermann frey, die an ihn gerichteten Briefe anzunehmen oder die Annahme zu verweigern. Im letzten Falle wird der Brief an die Aufgabsstation zurückgesendet und dort die Adresse öffentlich angeheftet. Wird ein solcher Brief binnen 2 Monathen nach der Anheftung nicht erhoben, so folgt ebenfalls dessen Verbrennung. Auf der Adresse jedes Briefes muß nebst der Aufgabsstation auch der Abgabsort, und wenn sich in demselben kein Postamt befindet, das nächste Postamt, so wie auch das Land oder die Provinz, in welchem Letzteres gelegen ist, genau und lesbar angegeben seyn. Packete, welche mehr als 5 Pfund betragen, dürfen auf jenen Straßen, wo der Postwagen fährt, für die Briefpost nicht angenommen werden; ungebundene Bücher, Broschüren, Musikalien und andere Druckwerke, so wie auch Waarenmuster, können jedoch in Folge einer Hofkammerverordnung vom 20. May 1824, wenn sie unter Kreuzband mit beygeschriebener Adresse versendet werden wollen, auf die Briefpost aufgegeben werden; die Postgebühr ist jedoch sogleich bey der Aufgabe, und zwar mit dem dritten Theile jenes Betrages zu entrichten, welcher, nach den bestehenden Tariffen, für Briefe zu entrichten seyn würde, jedoch darf dieser Betrag nie minder seyn, als die Taxe für den einfachen Brief. Sollte der Adressat die Annahme des Packets verweigern, und sonach die Zurücksendung desselben an den Versender erfolgen, so findet keine Zurückzahlung der Gebühr Statt. Das k. k. Obersthofpostamt leistet, laut Patent vom 1. Juny 1786, für die mit Geld und Obligationen beschwerten Briefe mit der reitenden Post keine Gewähr, sondern eine solche Versendung geschieht auf Jedermanns eigene Gefahr, da sie in der Regel nur mittelst des Postwagens zu geschehen hat.

A. Tariff für den einfachen inländischen Brief bis einschlüssig ein hal Loth schwer.

I. Stufe, v. 1 bis 3 Post-Stat.	II. Stufe, v. 3 bis 6 Post-Stat.	III. Stufe, v. 6 bis 9 Post-Stat.	IV. Stufe, v. 9 bis 12 Post-Stat.	V. Stufe, v. 12 bis 15 Post-Stat.	VI. Stufe, v. 15 bis 18 Post-Stat.	VII. Stufe, über 18 Post-Stat.
2 kr.	4 kr.	6 kr.	8 kr.	10 kr.	12 kr.	14 kr.

B. Tariff für den einfachen, in fremde Staaten zu befördernden, oder aus denselben kommenden Brief, bis einschlüssig ein halb Loth an Gewicht.

I. Stufe, von 1 bis 3 Post-Stat.	II. Stufe, von 3 bis 6 Post-Stat.	III. Stufe, von 6 bis 9 Post-Stat.	IV. Stufe, von 9 bis 12 Post-Stat.	V. Stufe, über 12 Post-Stat.
2 kr.	8 kr.	10 kr.	12 kr.	14 kr.

Die Briefgebühren steigen vom einfachen Briefe bis einschlüssig 16 Loth, in gleichem Verhältnisse. So wie das Gewicht aber 16 Loth übersteigt, bis einschlüssig 32 Loth oder ein Pfund, ist für jedes halbe Loth Mehrgewicht als 16 Loth, nur die Hälfte der Gebühr für einfache Briefe zu entrichten. Übersteigt jedoch das Gewicht ein Pfund, so wird die Gebühr in diesem Verhältnisse fortschreitend, jedoch nach vollen Lothen berechnet, so daß ein jeder Bruchtheil eines Lothes der Partey freygelassen wird. Besondere Gebühren sind zu entrichten: Für einen recommandirten Brief, 4 kr., für ein jedes Recepisse über recommandirte Briefe, sowohl bey der Auf- als Abgabe, 2 kr., und endlich für jedes Retour-Recepisse, wodurch die Einantwortung eines Briefes bestätigt wird, bey dem Hofpostamte in Wien, 20 kr., bey den übrigen Postämtern, 12 kr. Sämmtliche Postgebühren sind in Conventionsmünze zu entrichten. — Für den Briefverkehr in der Stadt und in den Vorstädten Wien's wurde 1830, nach Aufhebung der bisher in Wien

bestandenen kleinen Post, eine Stadtpost zur Vermehrung der Corre=
spondenzgelegenheit, größerer Bequemlichkeit der Aufgabe und schnelleren
Vertheilung der angekommenen Briefe errichtet. Das Stadtpost=Oberamt,
(ebenfalls in der Wollzeile Nr. 867) im Oberhofpostamtsgebäude befindlich,
steht mit 5 Filialpostämtern in den Vorstädten in Verbindung, welche
durch täglich 5 Mahl ab= und zugehende einspännige Cariolwägen unter=
halten wird. Außerdem bestehen in der Stadt 15 und in den Vorstädten
50 Briefsammlungen, welche durch täglich 5 Mahl ab= und zugehende
Bothen mit obigen Ämtern in Verbindung sind. Das Stadtpost=Oberamt
ist täglich von 7 Uhr Früh bis 7 Uhr Abends an Wochen=, und bis Mittag
an Sonn= und Feyertagen geöffnet, und bey demselben werden auf=
genommen: Alle Briefe, Geldsendungen und Packete bis zum Gewichte
von 10 Pfund, jedoch nur für die Bewohner Wien's und der umlie=
genden Ortschaften. Die Filialpostämter stehen täglich von 7½ bis 11 Uhr
Vormittags, dann Nachmittags an Wochentagen von 12½ bis 6 Uhr,
und an Sonn= und Feyertagen bis 1½ Uhr offen. Bey denselben werden
angenommen: Alle Briefe an die Bewohner Wien's und die umliegen=
den Ortschaften, alle mit der Post weiter gehenden Briefe, sie mögen
für das Inland oder Ausland bestimmt, frankirt oder nicht frankirt,
recommandirt oder nicht recommandirt seyn, alle mit Geld beschwerten
Briefe, alle Geldposten und Packete bis zum Gewichte von 10 Pfund,
sie mögen an Bewohner Wien's lauten oder mit der Post weiter zu
senden seyn, auch können sich Personen daselbst zu Eil= und Postwagen=
fahrten einschreiben lassen, und auch Pränumerationen auf in= und aus=
ländische Zeitungen leisten. Bey den Briefsammlungen werden angenom=
men: Alle Briefe und werthlose Packete bis zum Gewichte von 1 Pfund
an hiesige Einwohner, sie mögen recommandirt seyn oder nicht, endlich
auch alle Briefe, die mit der Post weiter befördert werden, wenn sie an
Personen innerhalb der österr. Monarchie lauten, und wenn sie weder
frankirt, noch recommandirt werden sollen. Die Postgebühr für einen
Brief bis einschlüssig 4 Loth von einem hiesigen Einwohner an den an=
dern ist 2 kr. C. M. außerdem ist für jeden Brief, der bey einem Fi=
lialamte oder einer Briefsammlung aufgegeben wird, bey der Aufgabe
1 kr. als Sammlungsgebühr zu entrichten. Der Briefverkehr zwischen
Wien und den umliegenden Ortschaften wird durch eigene k. k. Brief=
sammler (Bothen genannt) besorgt, auch besteht seit 1832 die zweck=
mäßige Einrichtung, daß Briefe und Packete bis zur Schwere von
5 Pfund, welche in dringenden Angelegenheiten an Bewohner Wien's,
oder der umliegenden Ortschaften gesendet werden, und nicht mit
Geld oder Geldeswerth beschwert sind, von Seite des Stadt=Oberpostamts
unverzüglich durch eigene Bothen bestellt werden, wofür, wenn der Brief
in der Stadt bestellt wird, 10 kr., wenn er in die Vorstädte zu bestellen
ist, 15 kr., und in die umliegenden Ortschaften, nach Maßgabe der
Entfernung zu bezahlen ist.

Briel (Brühl) ein 2 Stunden von Wien, hinter Möd=
ling liegendes, höchst romantisches Thal, welches in die vordere und
in die hintere B. eingetheilt wird, und seit 1808 dem Fürsten Joh.
v. Liechtenstein angehörig ist, dem es sehr viel an Verschönerung zu

danken hat. Nachdem man Mödling verlaſſen, gelangt man durch
die ſogenannte Klauſe oder auch über den Felſenweg hinter der Kirche
von Mödling, welcher ungleich angenehmer und romantiſcher iſt, in
die vordere B. Die Gegend iſt hier eine der maleriſchſten und reizendſten; gigantiſche Kalkgebirge erheben ſich zu beyden Seiten in den ſon-
derbarſten Formen, und bilden eine Schlucht, in welcher das Dörfchen
Klauſen liegt, und welche von dem ſogenannten Mödlinger Bache durchfloſſen wird. Südlich erheben ſich die Ruinen der alten Herzogs-
burg Mödling, und auf den jenſeitigen Bergen liegt das ſehenswer-
the alte und neue Schloß Liechtenſtein in einem anmuthsvollen
Parke; erſteres enthält eine merkwürdige Sammlung alter fürſtlicher
Familien = Porträts, ſo wie altritterlicher Waffen und Rüſtungsſtücke;
letzteres wurde von dem jetzt regierenden Fürſten ganz neu auf das ge-
ſchmackvollſte erbaut. Die hintere B., in welche man durch die vordere
B. gelangt, iſt ein liebliches Thal, welches im Schooße üppig bewach-
ſener Hügel liegt. Von der vordern B. ſcheidet es ein Berg, auf deſſen
Gipfel ſich der berühmte Tempel, Öſterreichs Waffenruhm gewidmet,
in edlem Styl gebaut, auf Säulen ruhend, erhebt. An der Südſeite deſſelben iſt das dunkle, feyerliche Grabgewölbe, welches die Gebeine jener
Tapfern umſchließt, welche dem Fürſten Joh. Liechtenſtein 1809 im
Schlachtgewühle das Leben retteten, ihr eigenes dafür hingebend, und zu
deren unvergänglichem Ruhme ſich dieſer Tempel erhob. Von dieſem Tempel genießt man auch eine der ſchönſten und ausgedehnteſten Ausſichten
über Wien, die weite Ebene des Marchfeldes, die Donau bis über die
ungar. Gränzmarken, dann gegen Weſten über die herrlichen noriſchen
Gebirgsreihen, den Schneeberg, Semmering und das Ötſchergebirge,
bis zu den ſteyr. Alpen. Im Innern des Tempels ſteht die Bildſäule der
Minerva, Trophäen und paſſende Inſchriften zieren ihn von außen,
ſeine Beſtimmung verkündend. In der hintern B. befindet ſich auch eine
ſchöne, erſt 1832 in geſchmackvollem Style neu erbaute Kirche. Die
B. iſt der Glanzpunct der Umgebungen Wien's, und daher auch trotz
der Entfernung (1¼ Poſt von der Stadt), ſehr beſucht, auch wohnen
zur Sommerszeit viele Wiener hier.

Bries, ungar. Freyſtadt im Sohler Comitat an der Gran mit
3,500 ſlav. Einw., welche ſich vorzüglich mit Viehzucht, Holzhandel
und auch mit Ackerbau beſchäftigen. Auch wird hier der ſchmackhafte
ungar. Brieſer= oder Brinſenkäſe verfertigt, der auch im Auslande im
guten Rufe ſtehet.

Brigade und Brigadier. Zwey Regimenter von gleicher, oder
auch von verſchiedener Waffengattung, oder ein Regiment mit einem
oder mehreren Bataillons oder Corps, bilden eine B., und ſtehen unter
dem Befehle eines General = Majors (General = Feldwachtmeiſters). Sein
Wirkungskreis iſt die genaueſte Handhabung der Vorſchriften des Dienſt-
und Exercir = Reglements ſowohl, als der von Zeit zu Zeit ergehenden
Verordnungen und Befehle. In Kriegszeiten und vor dem Feinde leitet
der B. die Aufſtellung, Bewegung und Manövers der ihm anvertrauten Regimenter und Bataillons nach den von dem höhern Befehlshaber

25 *

ihm ertheilten Instructionen, und nach Erforderniß der augenblicklich sich ergebenden Vorfälle.

Brigitten-Aue und Brigitten-Kirchweihfest. Die B. A. in Wien stößt unmittelbar an den Augarten (s. d.) und an die Donau, gegen deren Austreten sie mit Dämmen durchschnitten ist. — In dieser Aue geschah es am Brigitta-Tage 1645, daß der Erzherzog Leopold Wilhelm von Österreich, dem schwed. Heere gegenüber campirend, von einer neben ihm niederfallenden feindlichen Kugel unbeschädigt blieb. Dieß ist der Ursprung des Nahmens dieser Aue, und der Erbauung der niedlichen Brigitta-Capelle. Es befinden sich hier ein Jägerhaus und 4 Wirthshäuser. Die großen freyen Wiesenplätze dieser Aue geben geeigneten Raum zu dem alljährlich im July, zur Zeit des Leopoldstädter-Margaretha-Jahrmarktes stattfindenden B. K. An den zwey Tagen desselben spricht sich der Volkshumor der Wiener am lebendigsten und ungezwungensten aus. Wohl 60—80,000 Menschen finden sich da ein; am zweyten Tage besieht diese Volksbelustigung die elegante Welt, der höhere Bürgerstand, der Adel, meist auch Glieder der kais. Familie. Da sind hunderte von Buden, von Wein-, Bier- und Branntwein-Schenken, von Tanzböden mit den possirlichsten Aushängeschildern, Lauben; von Leyerkästen, um die im Grase getanzt wird, von Taschenspielern, Marionettengauklern u. dgl. Alles wogt und treibt sich in buntem völlig entfesselten Gewühl durcheinander, trinkt und schmaust, tanzt und singt, musicirt und jubelt; und das ohne auffallende ärgerliche Auftritte, mit einer gewissen Besonnenheit, und vernünftigen Haltung, so daß nur äußerst selten Excesse vorfallen. Dieser Umstand characterisirt nicht anders als auf das Vortheilhafteste die Natur des Wieners, wie überhaupt jedes Österreichers, dem Ordnung über alles gilt, und der sich im Gefühl der Gesetzlichkeit und Ziemlichkeit stets zu beherrschen weiß. Daß es bey gewissen Fällen und Individualitäten Ausnahmen gebe, wo sich die Lust zum Culminationspuncte steigert, braucht wohl kaum erwähnt zu werden. Ein Glas Wein mehr wirkt in Gemüthern, welche jedem Eindrucke offen stehen, Wunder; übrigens kann bey dem Wiener Volke die auf den höchsten Grad gesteigerte Lust bey gewissen Gelegenheiten wohl zuweilen in Ausgelassenheit, ja in eine gewisse Derbheit, nie aber in offenbare Rohheit, oder wohl gar Tücke und Bösheit ausarten. Sehr ergötzlich für den unbefangenen Zuschauer ist die bey diesem Volksfeste herrschende Abwechslung: Polichinells, Leyermänner, Seiltänzer, Gaukler aller Art, Savoyarden mit Affen und Murmelthieren; Männer mit Gewichten und Wagen, Baumkletterer, Sänger und Tänzer drängen sich in buntem Gewirre; Niemand ist unthätig; und jedes Dargebothene willkommen; auf den Grasplätzen lagern sich lebenslustige ehrenfeste Familiengruppen, kalte Küche, in großen Körben mitgebracht, verzehrend, der Flasche fleißig zusprechend, und dem tollen Treiben in behaglicher Ruhe zusehend, während sich die ehrsamen Bürger mit muntern Gesprächen ergötzen, und die frohe Jugend auf dem grünen Boden herumtummelt. Gegen die Mitternacht vom Montag auf den Dinstag hört diese tobende Lust allmählich auf, und die Tausende von Menschen wandeln gemüthlich nach Hause. Einen schönen Gegensatz zu diesem Treiben

der niedern Volksclasse bildete des erfindungsreichen rastlosen Math. Czer-
mack glänzendes Restaurations- und Ball-Etablissement daselbst, ein
eigenes Gebäude, auf das Eleganteste decorirt, verbunden mit Illumi-
nation, Feuerwerk und ähnlichen Festlichkeiten und Unterhaltungen.

Brisau, mähr. Stadt im Olmützer Kreise, bekannt durch das vortreffliche Mehl, das auf den umliegenden Mühlen aus Hannaweizen gemahlen wird, mit 750 Einw., welche größtentheils Tuchmanufactur betreiben.

Brixen, Carl Ant. v., k. k. General-Major und Brigadier,
geb. den 9. Dec. 1755 zu Pavia. Er trat im Jän. 1770 in kais.
Dienste als Cadet bey Ellrichshausen Infanterie, avancirte daselbst
1772 zum Fähnrich, 1775 zum Grenadier-Lieutenant, 1784 zum
Oberlieutenant, 1790 zum Pionier-Hauptmann, 1793 kam er als
Oberstlieutenant in Churcölnische Dienste, und wurde daselbst 1795 zum
Obersten befördert, 1797. aber in dieser Eigenschaft zu dem kais. Regimente Deutschmeister übersetzt, von wo er im Oct. 1800 zum General-Major avancirte. Er diente in den Feldzügen von 1778 und 1779
gegen die Preußen, dann 1790 gegen die Brabanter Insurgenten, und
in den französ. Kriegen in den Feldzügen von 1792 bis 1797 in den Niederlanden, in Frankreich und am Rhein, von 1799 bis 1801 aber in
Italien, mit besonderer Auszeichnung, und erwarb sich überall den Beyfall und die Zufriedenheit seiner Vorgesetzten. Er starb zu Wien am
7. März 1803.

Brixen, tyrol. Stadt im Pusterthaler Kreise. Sie ist von Bergen
umgeben, hat einige schlecht gepflasterte Gassen und 3,600 Einw.,
Gymnasium, Mädchenerziehungs-Institut der engl. Fräulein und Mädchenschule im Kloster der Tertianerinnen. Die Gegend ist freundlich, das
Clima mild. Die Gebirge sind mit Reben besetzt, und der rothe Wein
gedeiht hier vorzüglich. Sie liegt an der Eisack und Rienz, und ist der
Sitz eines Bischofs. Bey dem bischöfl. Seminar ist eine theol. Lehranstalt.

Brixenthal, tyrol. Landschaft von 8 Quad. M. im Umfang mit
trefflicher Viehzucht. Das Hauptthal ward einst von den Burgen Yt-
ter (Utter) und Engelberg beschützt, woraus das Pfleg- und Landgericht Hopfgarten, mit dem gleichnahmigen Marktflecken erwuchs. Außerdem sind Hof, Brixen mit einer herrlichen Pfarrkirche, Kirch-
berg ꝛc. bedeutende Ortschaften.

Brockmann, Joh. Franz Sieron, berühmter Schauspieler,
geb. zu Grätz in Steyermark den 30. Sept. 1745. Sein Vater, ein
Zinngießer, gab ihn in seinem 12. Jahre zu einem Bader in die Lehre,
da aber der Knabe während seiner Lehrjahre sich übel benahm, so überließ ihn sein Vater einem Officier eines Bataillons Ticcaner, welches damahls durch Steyermark in die Heimath zog. Der Knabe zog gerne
mit den Soldaten; doch da der Officier ihn wie einen Leibeignen behandelte, so entfloh er endlich in die Gebirge des Landes. Dort nahmen
ihn die Mönche eines Klosters auf, doch als der junge B. merkte, daß
sie ihn für das Kloster zu gewinnen suchten, so entfloh er auch von hier,
und streifte im Lande umher. 1760 gerieth er endlich zu einer Seiltän-
zertruppe, welche auch kleine Schauspiele gab, und in einem solchen

trat B. am 25. Oct. 1760 zu Laibach zum ersten Mahle auf. Mit dieser zog er 10 Monathe herum, und mußte die niedrigsten Dienste bey ihr verrichten, endlich gelang es ihm als Schreiber bey der Ökonomie-Verwaltung des Klosters Arnoldstein angestellt zu werden. Die Neigung zum Theaterleben führte ihn 1762 zu der Bodenburg'schen Gesellschaft, bey welcher er sich aufnehmen ließ, und mit ihr nach Laibach, Triest ꝛc. zog. 1765 vermählte er sich mit der ältesten Tochter der Directorinn. In Hermannstadt war es, wo der dortige Gouverneur in Gegenwart des Directors der Wiener Bühne, Graf Duazzo, viel Lobenswerthes von B. und seiner jungen Frau erzählte, welcher sobann das junge Ehepaar nach Wien einlud. Sie kamen zu Ostern 1766 daselbst an. Mad. B. debutirte als Colombine, und erhielt großen Beyfall. B. selbst spielte eine Nebenrolle, und wurde gar nicht bemerkt; auch in der Folge wurde er nur zu unbedeutenden Rollen verwendet, er nahm daher mit seiner Frau 1767 seinen Abschied. Sie engagirten sich hierauf bey Mad. Kurz, welche in den Reichsländern eine wandernde Truppe herumführte. 1769 erhielt Mad. B. einen Ruf nach Wien, sie ging dahin ab, und B. blieb bey der Gesellschaft. Sein Talent bildete sich immer mehr aus, und er erhielt 1771 einen Ruf zur Schröder'schen Bühne nach Hamburg. Unter Schröder's Leitung studirte er, und ward bald ein Liebling des Publicums. Er versäumte auch die übrige Ausbildung seines Geistes nicht, und suchte durch den Umgang mit den höhern Ständen sich jene feine Politur zu verschaffen, die ihn noch in seinem späten Alter zu einem der liebenswürdigsten Gesellschafter machte. Sein Hamlet war das Gespräch Deutschlands, und alle Zeitschriften und Almanache erschöpften sich in Lobeserhebungen über ihn. Damahls bereiste Müller, der Vater, auf Kaiser Josephs Kosten, ganz Deutschland, um die vorzüglichsten Künstler für die Wiener Bühne zu gewinnen. B. wurde mit 2000 fl. Gehalt engagirt. Er reiste über Berlin nach Wien. Schon in ersterer Stadt erregte sein Spiel einen ungemeinen Enthusiasmus. Mendelssohn, der fast nie ein Theater besuchte, ward bewogen, ihn als Hamlet zu sehen. Schink schrieb eine Analyse seines Spiels. Abramson verfertigte eine Schaumünze auf ihn. In Wien entfaltete er nun den reichen Schatz seines Talents und Studiums. Der Beyfall wuchs mit jeder Rolle, und der Kaiser ertheilte ihm persönliche Auszeichnungen. 1789 wurde er alleiniger vom Kaiser aufgestellter Director der Hofbühne und auf Reisen gesandt, um neue Mitglieder zu engagiren. 1791 endete sein Directorat. 1803 besuchte er abermahls Berlin. Er starb als k. k. Hofschauspieler zu Wien am 12. April 1812. B. war ein Schauspieler, der neben Schröder, Iffland und Eckhof als Stern der ersten Größe glänzte. Seine Vielseitigkeit war sein schönstes Verdienst, indem er im komischen so wie im heroischen Fache gleich Ausgezeichnetes leistete. Als Schriftsteller danken wir ihm: Die Witwe von Ketskemet, den Juden, nach Cumberland, das Schloß Limburg, nach Marsollier und das Familiensouper.

Brody, galiz. Stadt im Zloczower Kreise, am Bache Sucha wielka in ebener Gegend, nahe an der russ. Gränze, seit 1779 zu einer freyen Handelsstadt erhoben. Sie zählt 2,600 Häuser, 24,000 Einw. darunter 18,000 Israeliten, und hat ein mit dem Magistrate vereinigtes Mercantil- und Wechselgericht, 3 griechische, 1 katholische Pfarrkirche, 1 Synagoge, 1 Kloster der barmherzigen Schwestern. B. hat starke Spedition, Transito, lebhafte Messe. Mit Landes-Producten wird der meiste Verkehr bewerkstelligt, sonst werden auch in Colonial-Waaren, mit Juwelen, Perlen, Galanterie-, Rauch- und Tuchwaaren, Anis, gedörrtem Obst, Wachs, Pferden, beträchtliche Geschäfte besonders nach Rußland und der Türkey gemacht. Der Commissions- und Speditionshandel ist sehr ausgedehnt. Die hiesigen Handelsleute sind beynahe durchaus Israeliten.

Brokoff, Joh. Ferd., geschätzter Bildhauer, war geboren in Prag 1688. Von seinem Vater, Joh. B., der ebenfalls Bildhauer war, sich jedoch nicht über die Mittelmäßigkeit erhob, erhielt er den ersten Unterricht, und kam dann in die Schule des damahls sehr berühmten Quiteiners, mit welchem B. gemeinschaftlich mehrere Arbeiten ausführte. Er hatte auch große Lust, Italien zu besuchen, allein seine Dürftigkeit und Mangel an Unterstützung verhinderten ihn daran. Anhaltender Fleiß und Studium der Natur aber schufen ihn zu einem bedeutenden Künstler, ohne daß er Italien gesehen hätte. 1730 erhielt B. einen Ruf nach Schlesien, um daselbst eine Arbeit von großer Wichtigkeit auszuführen, eine schleichende langwierige Krankheit hinderte ihn jedoch daran, er kehrte auf Anrathen der Ärzte nach Böhmen zurück, und starb zu Prag 1731. Unter seine besten Arbeiten gehören 7 Statuen auf der Prager Brücke, besonders aber das Gräbmahl Wratislaw's bey St. Jacob in Prag. Auch verfertigte B. mehrere Bildsäulen und andere architectonische Verzierungen an Gebäuden und Kirchen in Prag, welche von Kennern gepriesen werden. Sein jüngerer Bruder, Jos. B., war ebenfalls Bildhauer, erhob sich jedoch nicht über die Mittelmäßigkeit.

Bronzearbeiten. Es ist beyläufig 35 Jahre, daß man im Inlande angefangen hat, die B. in größerer Menge zu verfertigen. Dieser Fabricationszweig erhielt sich durch mehrere Jahre im Schwunge, und scheint besonders um 1810 bis 1812 am stärksten betrieben worden zu seyn. Wien macht hierin die meisten Fortschritte. Außer der k. k. priv. Fabrik von Joh. Georg Danninger gehören noch Redingson, Franz Danninger, Widmayer, Wiese, Kirchmayer, Weiß, Schmid, Geißler zu den vorzüglichsten Arbeitern. Außer Wien wird in Bronze wenig gearbeitet, einige größere Städte ausgenommen, wie z. B. Mailand, wo die Gebrüder Manfredini sich hierin auszeichnen, Prag u. a. m. Im allgemeinen aber scheint jetzt dieser Fabricationszweig in Rücksicht des Begehrens mehr in Ab- als Zunahme begriffen zu seyn, wozu wohl das meiste die gefirnißten Waaren und die Vermehrung der Arbeiten aus Silber beygetragen haben. — Der Handel mit B. erstreckt sich von Wien aus durch die meisten Provinzen der Monarchie. In das Ausland geht davon nur wenig, weil Frankreich so große Quantitäten erzeugt, und in Italien, Deutschland, Polen u. s. w. nahmentlich aber auf den Hauptmessen zu Frankfurt und Leipzig als der mächtigste Concurrent auftritt.

Brood, slavon. befestigte Stadt im Brooder Regimentsbezirke des Militär-Gränlandes, liegt an der Save, ist seit 1819 zu einer Militär-Communität oder Stadt erhoben, hat 2,200 Einw., ein Contumazamt, eine Haupt- und illyr. Gemeindeschule, lebhaften Verkehr mit der Türkey, und stark besuchte Wochenmärkte.

Brooder Regimentsbezirk, s. unter Slavonische Militär-Gränze.

Broos, siebenbürg. Marktfl. und Hauptort des Brooser Stuhles, wird von 3,300 Individuen, theils Ungarn, theils Sachsen, bewohnt, welche Handwerke und Landbau treiben. Es ist hier der Sitz der Stuhlbeamten, eine kathol. und 2 reform. Pfarrkirchen nebst reform. Gymnasium. Der Ort ist zwar ohne Mauern, hat aber in seiner Mitte das Kirchencastell mit einem Wassergraben.

Brooser Stuhl in Siebenbürgen (Land der Sachsen), mit 8 Quadr. M. im Umfange, worauf, durchströmt vom Maros, in 12 Ortschaften 20,400 Einw. auf einem größtentheils fruchtbaren Boden, der allen Arten von Früchten gedeihlich ist, vielseitige Nahrungszweige finden. Durch die Unfälle, welche diesen Stuhl öfters in den ungarisch-siebenbürgischen Unruhen betroffen haben, verlor er die meisten seiner deutschen Einwohner, an deren Stelle sich Ungarn und Walachen ansiedelten, welche jetzt die bey weitem größere Mehrzahl der Einwohner des B. St.s ausmachen.

Brosche, Joh. Nep. Jos., Doctor der Medicin, Wund- und Geburtsarzt, k. k. n. ö. Landesveterinär und Mitglied der k. k. Wiener- und königl. sächs. ökonomischen, so wie der für Beförderung der Veterinärkunde in Kopenhagen bestehenden Gesellschaft, wurde geb. den 16. July 1775 zu Liebenau in Böhmen, erhielt daselbst seine erste Erziehung, absolvirte darauf zu Jungbunzlau die Humaniora und studirte sodann die Chirurgie, anfänglich in Hirschberg, dann an der Josephinischen Akademie in Wien. 1793 trat B. als Unterfeldarzt in die k. k. Armee, 1795 wurde er Feldbataillonsarzt, 1800 wurde er zum wirkl. Oberarzt befördert. 1805 nahm B., nachdem er noch zu Olmütz privatim Philosophie studirt hatte, seine Entlassung, wiederhohlte das practische Studium der Chirurgie im Wiener allgemeinen Krankenhause, wurde zum Wund- und Geburtsarzte promovirt und ging hierauf zum Studium der Medicin über. Nach Vollendung desselben wurde B. an der Pesther Universität auch zum Dr. der Medicin promovirt. 1808 trat er, nachdem er sich früher schon dem Studium der Thierheilkunde besonders gewidmet hatte, als Interims-Correpetitor in das kaiserl. Thierarzney-Institut zu Wien, wurde 1811 wirkl. Correpetitor, bald darauf Professor supplens und 1812 o. ö. Professor der Zootomie und verwandter Gegenstände, welche Stelle er bis 1817 lobenswerth bekleidete. In diesem Jahre wurde ihm sein Doctordiplom der Philosophie, welches Studium er, den Gesetzen entgegen, privatim gemacht hatte, abgefordert; da er sich jedoch nicht zur Abgabe desselben entschließen konnte, erfolgte die Entlassung von seinem Lehramte. Er ging, einem erhaltenen Rufe zufolge, nach Dresden und wurde als Professor in der dortigen Thierheilanstalt angestellt, 1820 kehrte er jedoch wieder, da ihm die dortigen Verhältnisse durchaus nicht zusagten, nach Österreich zurück und erhielt die Stelle eines niederöfterr. Landes-Veterinärs, die er seitdem mit vieler Auszeichnung bekleidet. Im Drucke erschienen von ihm: Handbuch der Zergliederungskunde des Pferdes 2c. 2 Bde. Wien, 1812—13. — Beurtheilung und Erkenntniß der Beschaffenheit des äußeren lebenden Pferdes 2c. eb. 1812. — Beyträge für eine allgemeine Naturlehre der Pflanzen, Thierkörper und des Menschen überhaupt, so wie unserer vorzüglichsten Haussäugethiere insbesondere. eb. 1817. — Einige Bemerkungen über Thierarzneywissenschaft als Programm. Dresden, 1817. — Die Maul- und Klauenseuche der Rinder, Schafe, Ziegen und Schweine 2c. eb. 1820. — Über die Drehkrankheit der Schafe 2c. Wien, 1827. — Über die Trommelsucht des Schaf- und Rindviehes 2c., eb. 1828.

Browne, Marim. Ulysses Reichsgraf v., auch **Braune** genannt, geb. zu Basel am 23. Oct. 1705, ward für den Kriegerstand erzogen und machte bereits 1733 den polnischen Successionskrieg als Oberstlieutenant mit. 1734 wurde er Oberster, zeichnete sich in dem Treffen bey Quistello und Guastalla aus, und stieg schon im folgenden Jahre bis zum Generalfeldwachtmeister. Nach dem Frieden wurde er 1736 kaiserl. wirkl. Kämmerer. 1737—39 wohnte er unter Seckendorf und Wallis den 3 Feldzügen gegen die Türken bey und zeichnete sich so aus, daß er endlich 1739 Hofkriegsrath, und im folgenden Jahre Feldmarschall-Lieutenant wurde. Nach dem Belgrader Frieden erhielt er das Commando in Schlesien. Bey dem Einbruch Friedrich's II. in das Land, benahm er sich tapfer und entschlossen. Er befehligte in der Schlacht bey Mollwitz den rechten kaiserl. Flügel und wurde leicht verwundet. 1742 befehligte er in der Schlacht bey Czaslau die Infanterie, im Frühling 1743 aber meistentheils die Avantgarde der Armee in Bayern und hatte großen Antheil an der Vertreibung der Franzosen aus Bayern. 1743 begab er sich von Hanau, wohin er zum Empfang des Königs Georg II. geschickt wurde, nach Wien, als kaiserl. geheim. Rath. 1744 ging er nach Italien und führte bey Veletri die wichtigste Unternehmung dieses Feldzugs aus. 1746 commandirte er in der Schlacht bey Piacenza den linken Flügel der Österreicher gegen die Franzosen. Nach vielen glänzenden Waffenthaten kam er 1749 nach Wien und erhielt den Posten eines Gouverneurs von Siebenbürgen, welchem er aber nur 2 Jahre bekleidete, indem er 1751 das Generalcommando in Böhmen erhielt. 1754 erhielt er die Feldmarschallwürde. Am 1. Oct. d. J. lieferte er den einfallenden Preußen die Schlacht bey Lowositz, und trotz des ungünstigen Ausganges derselben trat er dennoch den bekannten Marsch nach Sachsen an, um die bey Pirna eingeschlossene sächsische Armee zu befreyen. Zur Berathschlagung des Hofkriegsrathes 1757 nach Wien berufen, konnte er daselbst seine Ansichten (welche für eine offensive Operation waren) nicht durchsetzen, man entschied sich für ein strenges Vertheidigungssystem. Prinz Carl von Lothringen erhielt die Oberbefehlshaberstelle, und B. wurde derselben untergeordnet, das goldene Vließ entschädigte ihn jedoch für diese Zurücksetzung. In der Schlacht bey Prag schlug er den ersten Angriff der Preußen mit großer Tapferkeit zurück. Im

Begriff, ſeinen Vortheil zu verfolgen, wurde er tödtlich verwundet und, mit ihm wich das Glück von den Oſterreichern. Er ſtarb zu Prag am 26. Juny 1757, nicht ohne durch die Nachricht von dem Siege der Seinigen bey Collin in ſeiner Sterbeſtunde erfreut worden zu ſeyn. Der kluge und vorſichtige B. befolgte die methodiſche Kriegskunſt Khevenhüller's, es fehlte ihm aber auch nicht an der kühnen Entſchloſſenheit Eugen's.

Bruck an der Leitha, niederöſterr. Stadt im W. U. W. W., ungefähr 3 Poſten von Wien, am Leithafluſſe, welcher hier die Gränze zwiſchen Ungarn und Oſterreich bildet. Die Stadt zählt 312 Häuſer, 2,600 Einw., und beſitzt eine Maſchinenfabrik, ſo wie auch engliſche Baumwolleſpinnereyen; nahe an derſelben iſt das alterthümliche gräfl. Harrach'ſche Schloß mit dem ſogenannten Römerthurm, welcher eine weitumfaſſende Ausſicht gewährt. In dem Familienſaal des Schloſſes ſind alle Harrache, vom erſten Beſitzer bis auf den Vater des jetzigen, im Coſtume ihres Zeitalters, lebensgröß abgebildet. Der Park iſt ſehr weitläufig und ſowohl der ſchönen, gut gewählten Anlagen, als auch der vielen ſeltenen Gewächſe wegen, die er enthält, einer der ſchönſten im öſterr. Kaiſerſtaate. So beſteht unter andern eine künſtlich angelegte Waldparthie ganz aus den ſeltenſten ausländiſchen Gewächſen, ſo z. B. der italieniſchen Cypreſſe, dem Alpen-Rhamnus, der amerikaniſchen Birke, dem Judasbaum, der Pinus pineá, der nordamerikaniſchen Bierſichte, dem virginiſchen Wachholder ꝛc. Die den Park durchſtrömende Leitha, über welche zierliche Brücken aller Art führen, biethet ebenfalls ſehr angenehme Parthien. An mancherley Überraſchungen, intereſſanten Fernſichten, künſtlichen Zuſammenſetzungen und Gebäuden fehlt es hier ebenfalls nicht. Die ſehenswürdigſten Parthien ſind kurzgefaßt: Eine Orangeriegruppe, ein artiges Luſthaus von einfacher, geſchmackvoller Verzierung, das Achteck genannt, die Thränenweidengruppe, deren Zweige, tief in das Waſſer hinabreichend, eine Grotte bilden, durch deren Wölbung man von fern die waſſerſprühenden Räder einer Mühle erblickt, welche, von der Sonne beſchienen, einen magiſchen Effect machen, die Faſanerie, ein ländlicher Tempel, eine Brücke, über welche man an einen alten dicken Weidenbaum kommt, der den Ausgang zu verſchließen ſcheint, ſich aber auf einen Druck öffnet und auf eine Inſel führt, in deren Mitte ein einfacher Tempel ruht, von ringsumſchließendem düſtern Gehölz in tiefe Schatten gehüllt, endlich die Fiſcherparthie, der Pflanzengarten u. ſ. w.

Bruck an der Mur, ſteyermärk. Stadt im Brucker Kreiſe mit dem Kreisamte, 200 Häuſern und 1,500 Einw. Sie liegt in einem Bergkeſſel und hat eine alte Burg, eine Militärproviant-Commiſſion und ein Hauptzollamt. Es iſt hier eine über 1,000 Klafter tiefe Höhle merkwürdig.

Bruck, ſ. Kloſterbruck.

Bruckenthal, Sam. Freyherr v., und **Bruckenthal'ſches Muſeum**. B. war ſiebenbürg. Landesgouverneur, geh. Rath und Großkreuz des St. Stephans-Ordens. Geb. den 26. July 1721 zu Löſchkirch, einem ſiebenbürg. Marktfl., bildete er ſich auf den Akademien zu Halle und Leipzig, und trat nach ſeiner Heimkunft zu Hermannſtadt in Staatsdienſte. Gar bald wußte er ſich durch Gewandtheit und

völlige Ergebenheit für das Interesse des Hofes das Vertrauen Maria
Theresien's, zu erwerben. Rasch gelangte er nun von Amte zu Amte,
und die Großmuth der Königinn, von der er in manchem Jahre bis
36,000 fl. erhielt, kam seiner Prachtliebe, dem Hauptzuge seines Charakters, vollkommen zu Statten. Er erwarb ansehnliche adelige Landgüter,
und da er kein lebendes Kind hatte, ward der größte Theil seiner Einkünfte auf Prachtgebäude, Gärten, Hausgeräth und verschiedene Sammlungen verwendet, die mit einer Art von Glanz erscheinen konnten. Alles
dieses ward durchreisenden Fremden gezeigt, und es konnte nicht fehlen,
daß dieselben, besonders wenn sie aus den türkischen Staaten gekommen
waren, bey ihrem Eintritt in die österr. Länder von diesen eine sehr vortheilhafte Meinung erhielten. Noch eine vortheilhaftere Folge davon war
es, daß vortreffliche Handwerker ins Land gezogen wurden; auch wirkte
das Beyspiel des Freyherrn v. B. mächtig auf die Nacheiferung des siebenbürg. Adels. Aus Mangel einer bestimmten Aufsicht und wegen andern nothwendigen Verrichtungen konnten seine literarischen und Kunstsammlungen von Studirenden nicht gleich benützt werden; diese Art von Glanz
und Verewigung seines Andenkens hatte sich B. bis nach seinem Ableben versart. Er starb, seit 1787 im Ruhestand lebend, am 9. April
1803 im 82. Jahre. Seinem Testamente zu Folge kam sein ganzes Vermögen, mit Ausnahme einiger Vermächtnisse, als ein unveräußerliches
Fideicommiß in die Hände des den Bruckenthal'schen Nahmen führenden männlichen Erben seines Neffen, mit der Pflicht, die Zinsen von
36,000 fl. zur Vervollkommnung und öffentlichen Benützung der Sammlungen zu verwenden. — Das jetzt sogenannte Bruckenthal'sche Nationalmuseum wurde daher 1817 an das evangelische Gymnasium zu Hermannstadt übergeben. Dasselbe besteht: 1) aus der Büchersammlung,
welche 15,000 Bde. stark ist; am besten ist das Fach der Erdkunde mit
der kostspieligen Suite der Voyages pittoresques und jenes der Alterthümer bestellt; auch von den Sammlungen der Geschichtschreiber verschiedener Völker sind die meisten vorhanden; das Fach der ungarisch-siebenbürgischen Geschichte wird fortan vorzüglich beachtet; die auf den siebenbürg. Landtagen des 16. und 17. Jahrhunderts ausgefertigten Gesetze sind in authentischer Form, mit dem Siegel der Fürsten, in beträchtlicher Anzahl vorräthig; — 2) aus der Gemäldesammlung, wobey
sich auch Zeichnungen und Antiken befinden; diese hat Originalgemälde
vieler berühmter Maler aufzuweisen, als: Guido Reni; Caravaggio; Albani, Domenico Zampieri, Carlo Cignani, Domenico Canuti, Carlo Maratti, Andrea del Sarto, Giordano,
Pozzo, Bassano, Feti, Trevisani, Polidoro, Spagnoletto, Casanova, Offembeck, Rubens, van Dyk, Bronk-
horst, Berghem, Wouwermanns, Rembrandt, Fyt, Teniers, Alb. Dürer, Altdorfer, Holbein, Sandrart, Stru-
bel, Hans Graaf, Ferg, Ch. Brand, Agricola, Schin-
nagel, Stampart, Dietrich, Sambach, Querfurt, Meytens, Kupeczky, Hamilton, Kneller; — 3) aus der Münzen-
sammlung (griech. röm., deutsche, päpstliche, vorzüglich ungar. und
siebenbürg. Münzen); — 4) aus der Mineraliensammlung. Diese hat

ganz das Gepräge des reichen, prachtliebenden Mannes. Siebenbürgi=
sche Goldstufen und ungar. Silberstufen wird man nicht leicht in der
Menge beysammen finden, wie sie hier sind. Von manchen Varietäten
sind bis zwölf Exemplare vorhanden. Unter den Goldstufen sind einige,
die einzig in ihrer Art, oder höchst selten sind. Der Gebrauch dieser Samm=
lung wird ungemein erleichtert durch einen bereits vorhandenen Catalogue raisonné vom Abbé Eder, der nebst der genauen Beschreibung
jedes Stückes, auch geognostische Bemerkungen über siebenbürg. Mine=
ralien aufstellt.

Brucker Kreis im Herzogthum Steyermark, durchströmt von der
Mur, Mürz, Lissing, Salza rc. Die hohen Gebirge der Gams=, Zel=
ler=, Buch=, Wildalpen rc. von denen der ganze Kreis durchzogen wird,
bilden mehrere große Thäler, wovon einige Mineralquellen enthalten. Der
Kreis ist reich an Eisen, und auch Kupfer und Bley findet man daselbst,
ferner an Holz, Wild (vorzüglich Gemsen), Fischen rc. Der Flächen=
raum beträgt über 73 Quadr. M. mit 62,000 Einw., welche meist von
Bergbau und Viehzucht leben.

Bruckner, Pet., Provinzial des Piaristen=Ordens in Böhmen,
Mähren und Schlesien, k. k. Rath, geb. zu Ottenfeld in Nie=
derösterreich 1747, trat in den Orden 1767, lehrte die Grammatical=
und Humanitätsclassen in verschiedenen Ordens = Gymnasien Mährens,
und übernahm 1789 das Rectorat der Piaristen=Residenz zu Kremsier;
im folgenden Jahre wurde er nicht nur Präfect des dortigen Gymnasiums,
sondern auch Director der deutschen Schulen. 1792 unterzog er sich,
nebst diesen Geschäften, auch dem Lehramte der Theologie im Ordens=
hause, und nahm 1796 den theologischen Doctorgrad. 1803 wurde er zu
Leutomischel zum Provinzial gewählt, behielt dabey seine Geschäfte
als Rector und theologischer Professor in Kremsier, und als 1804 die
Piaristen berufen wurden, den Unterricht in der k. k. Theresianischen
Ritterakademie zu übernehmen, wurde B. von Kaiser Franz zum Direc=
tor derselben ernannt. Er blieb noch so lange bey seinen Ämtern in Krem=
sier, bis er 1806 zur unmittelbaren Direction der Akademie nach Wien
abging, jedoch verblieb er zugleich Provinzial. Zu diesen Würden führte
ihn sein durchdringender Verstand, seine practische Geschäftskenntniß im
Lehrfache, sein offener und liebenswürdiger Charakter, mit welchem er
festen Willen und durchgreifendes Wirken zu vereinigen wußte. 1810
wurde ihm der k. k. Rathstitel beygegeben; als er bereits sein fünf=
zigjähriges Priesterthum zurückgelegt hatte, verzichtete er bey dem Nach=
lasse seiner Kräfte, mit kaiserl. Zustimmung, auf seine Würde als Director
der Akademie und zog sich in das Collegium zu Nikolsburg in Mäh=
ren zurück. Er starb zu Aufpitz in Mähren am 19. July 1825, wohin
er sich als Provinzial zur Visitation der dortigen Residenz der Piaristen
begeben hatte. B. war ein sehr gelehrter Mann, der sich durch fleißiges
Stu ium der Alten, wie auch der neueren deutschen Classiker einen kör=
nigen Styl beygelegt hatte, wovon er auch einen öffentlichen Beweis in
seinen zu Brünn 1789 herausgegebenen humanistischen Reden lieferte.

Brugnatelli, Luigi, Professor der Chemie an der Universität
zu Padua, Mitglied des italienischen Institutes und vieler anderer ge=

lehrten Akademien, war geb. zu Padua um 1770, studirte daselbst, wurde um 1790 graduirt und zeichnete sich seit dieser Zeit durch viele, sehr gelungene Leistungen und Übersetzungen in der Literatur seines Faches besonders aus. Seine vorzüglichsten im Drucke erschienenen Werke sind: Traduzione de consulti medici di Tomaso Tompson. Pavia, 1792. — Bibliotheca fisica d'Europa, eb. in 20 Bdn. — Farmacopea ad uso degli speziali e medici moderni della Republica italiana. 8 Bde. eb. 1802. — Elementi di chimica appoggiati alle piu recenti scoperte chimiche e farmaceutiche. 4 Bde. eb. 1804. — Farmacopea ad uso degli speziali e medici moderni, ossia Dizionario delle preparazioni farmaceutico-mediche, eb. 1807 (wurde 1811 in das Französische übersetzt). — Annali di Chimica, über 20 Bde. — Riforma alla nomenclatura chimica. Dieses Werk fand viele Gegner. Auch gab er folgende Zeitschriften heraus: Giornale fisico-medico etc. per servire di seguito alla Biblioteca fisica d'Europa. — Giornale di fisica, chimica e storia naturale etc.

Brünn (mähr. Brno), Hauptstadt des Markgrafthums Mähren. *Geschichte.* Mit Gewißheit läßt sich nicht angeben, woher B. seinen Nahmen führt. Einige wollen ihn von den einstens hier etwa so vielen bestandenen Brunnen herleiten. Nach anderen Meinungen soll B. von dem damahligen Beherrscher dieser Gegend, Brno, einem slavischen Fürsten, zu der Zeit des mährischen Königs Mogemir, um das Jahr 800, so benannt worden seyn, welcher die Stadt anlegte und erweiterte. Als die wahrscheinlichste Bedeutung jedoch, wird es von dem polnischen Worte Brne (ich wate), abgeleitet, so daß Brünn, so viel als eine Furth bedeuten soll. — Schon um 1274, unter König Ottokar, hatte die Stadt Ringmauern und Thore, und die Vorstädte Bäckergasse und Altbrünn waren damahls schon bekannt. — Im Febr. 1364 errichtete hier Kaiser Carl IV., mit seinen Brüdern, dann Rudolph, Albert und Leopold, Herzogen von Österreich, und mehreren Reichsfürsten und Bischöfen, den Erbverbrüderungs-Vertrag zwischen den Häusern Luxemburg und Österreich. Auch kam 1459 Kaiser Friedrich III. aus Österreich zu dem Könige Georg hieher, um mit ihm ein Freundschaftsbündniß zu schließen. — 1619 entschlossen sich die hier versammelten nichtkatholischen Stände, dem Bündnisse der Böhmen beyzutreten, und huldigten am 4. Febr. 1620 dem hier angelangten Pfalzgrafen Friedrich. — Von harten Schicksalen wurde B. ofters heimgesucht. So entzündeten einmahl, während eines fürchterlichen Gewitters bey der Nacht, mehrere Blitze die Stadt, wobey auch das Rathhaus mit dem Archiv in Asche gelegt wurde. 1262 brannte abermahls das kaum erbaute Rathhaus ab, nebst einem großen Theile der Stadt, und 1428 wurde durch Gewitter zum dritten Mahle Stadt und Rathhaus ein Raub der Flammen. — Dasselbe Jahr belagerten die böhm. Taboriten mit einer großen Macht die Stadt und den Spielberg, welche aber von den Bürgern heldenmüthig vertheidigt wurden, und wobey durch häufige Ausfälle der Feind großen Schaden litt. Die hier 1558 eingerissene Pest raffte gegen 4,000 Menschen weg, zu deren Andenken die Bürger eine Denksäule auf dem großen Platze errichteten. 1643 kam zum ersten Mahle das Heer der Schweden hieher, und steckte die kaum hergestellten Vorstädte wieder in Brand, so daß auch die große Kirche auf dem Petersberge nebst der Propstey und andern Häusern ein Raub der Flammen wurden. Zwey Jahre darauf, 1645, erfolgte die eigentliche Belagerung der Stadt und des Spielberges durch das Heer der Schweden, unter der Anführung des berühmten und siegreichen Torstenson. Aber durch die tapfere Gegenwehr der Besatzung und der Bürgerschaft, unter Gen. Souches, wurde die Hoffnung des Feindes so vereitelt, daß er ohne Erfolg abziehen mußte, obwohl er, während der viermonathlichen Belagerung, die Stadt häufig und mit vieler Anstrengung bestürmte. Nebst mancherley andern Befreyungen und Belohnungen, welche der Stadt für diese bewiesene Treue und Tapferkeit der Bürgerschaft zu Theil wurde, erhob Kaiser Ferdinand III. auch alle damahligen Mitglieder des Magistrates in den Adelstand, und vermehrte das städtische Wapen mit dem zweyköpfigen Adler. — Im Jän. 1742 näherten sich die feindlichen Sachsen und Preußen, welche die Stadt einige Wochen hindurch die Zufuhr abschnitten, aber im April die Gegend schon wieder verließen. — 1805 und 1809 wurde B. durch die feindlichen Truppen der Franzosen beunruhigt, jedoch, außer der Demolirung eines Theils des Spielberges, nicht beschädigt. Den Rang einer Hauptstadt, welcher früher Olmütz zu Theil war, behauptet B. nun seit längerer Zeit, nachdem es der Sitz des Landesguberniums, der Justiz-, Cameral-, politischen und Militärbehörden ist. — Topographie. B. liegt in einer angenehmen Gegend, ist zum Theil auf einer Anhöhe erbaut, mit Mäuern und Gräben umfangen, hat lichte meistens gutgebaute Gassen, mehrere Plätze mit Trottoirs, und durch seine hohe Lage reizende und ausgebreitete Aussichten, sowohl von der Citadelle Spielberg, als vom Franzensberge. Die Flüsse Schwarza und Zwitta umfließen die Stadt. Die gesammte Häuserzahl, mit Inbegriff der Vorstädte, beläuft sich auf 2,300. Die Häuser sind meistens regelmäßig gebaut. Unter den Gebäuden der Stadt zeichnen sich besonders aus: Das sogenannte Dicasterialhaus (vormahliges Augustinerkloster), worin der Landesgouverneur wohnt, und die meisten Dicasterien, wie auch die ständischen Behörden untergebracht sind. (In dem großen ständischen Landtagssaale wird noch der Pflug aufbewahrt, mit welchem Kaiser Joseph II. bey Rausnitz ackerte.) Die Militär-Ökonomie am Dominicanerplatze (ehemahls das Landhaus) im großartigen Style. Das Rathhaus, mit gothischen Verzierungen, mit dem von Winterhalder ausgemalten Rathsaale, worin die Marmorbüste des Kaisers Franz, von Kiesling, aufgestellt ist. Das städtische Theater, mit dem darin befindlichen Redoutensaale, auf dem Krautmärkte; das adelige Damenstift Märiaschul mit einer Capelle; die Garnisons-Caserne (ehemahliges Jesuiten-Collegium) mit 7 Höfen, einer schönen Kirche und ständischen Reitschule (die nördliche Fronte nimmt die ganze Jesuitengasse ein); die bischöfliche Residenz auf dem Petersberge; der Olmützer Erzbischofhof; das fürstl. Dietrichstein'sche und das Czikann'sche zur schönen Sclavinn benannte Haus auf dem Krautmarkte; dann das fürstl. Kaunitz'sche, fürstl. Liechtenstein'sche und das gräfl. Zierotin'sche Haus auf dem großen Platze; das ehemahls fürstl.

Salm'sche Haus in der Judengasse, welches jetzt ein Ärarialhaus ist, worin die Cameral=Gefällen=Verwaltungsämter sich befinden. — Unter den Kirchen sind bemerkenswerth: Die Cathedralkirche zu St. Peter, auf dem Petersberge, einfach und gefällig, mit Bildhauerarbeiten von Schweigel, und mit Altargemälden vom Kremser Schmidt; die säulenreiche St. Jacobs=Kirche, ein hehres Denkmahl altdeutscher Baukunst, ganz mit Kupfer gedeckt, erbaut 1315, mit dem Grabmahl des Feldmarschalls Grafen Souches, Retters der Stadt gegen die Schweden. Die metallene Statue, den Helden gepanzert und in halb knieender Haltung vorstellend, ist lebensgroß. Der 46 Klft. hohe Thurm, mit der 115 Ctr. schweren Glocke, ist wegen seiner cylinderartigen Spitze und einer Doppelstiege merkwürdig. Bey dieser Pfarrkirche befindet sich eine merkwürdige Bibliothek von mehreren 100 Bänden der seltensten Incunabeln. Die Minoritenkirche mit dem Lorettohause und der heil. Stiege; die Kirche der Capuziner (sie hat das vorzüglichste Gemälde B.s, die Kreuzerfindung von Sandrart zum Hochaltarblatt); das protestantische Bethhaus, welches in seiner Einfachheit der niedlich marmorirte Altar und Taufstein ziert. In den Vorstädten gibt es auch sehenswerthe Kirchen, als: Die Obrowitzer Pfarrkirche, welche früher zu dem 1784 aufgelösten, nun zu einem Militärspital umgewandelten, Prämonstratenser=Stiftsgebäude gehörte, ist mit Altargemälden von Mäulbertsch und dem Kremser Schmidt geschmückt, das Gewölbe und die Seitenwände sind in Fresco gemalt von Pichler und Winterhalder; die Augustinerkirche, ehemahls die Kirche des Königinnklosters zu Altbrünn, 1323 durchaus gothisch erbaut, von der böhm. Königinn Elisabeth gestiftet, und für Cistercienser=Nonnen bestimmt; diese hat 1782 Joseph II. aufgehoben, und 1783 die Augustiner von St. Thomas dahin verlegt; die Kirchen der barmherzigen Brüder und der Elisabethinerinnen mit ihren Spitälern in Altbrünn. — Die Einwohnerzahl ist 34,300 Einheimische, 2,700 Fremde und 3000 Militärs. — Die Spaziergänge B.s sind sehr angenehm, worunter der Franzensberg mit seinen Gartenanlagen den ersten Platz einnimmt. Ihn ziert ein, 1818 errichteter, 60 Fuß hoher Obelisk, aus grauem mähr. Marmor, Franz, dem Befreyer des Vaterlandes, seinen beharrlichen Bundesgenossen und Österreichs tapferem Heere, als Denkmahl des Dankes, von dem treuen Mähren und Schlesien geweiht. Den Grundstein hat der jüngere König von Ungarn und Kronprinz Ferdinand am 4. Oct. 1818, unter großer Feyerlichkeit gelegt. — Der Augarten ist ein schöner Park, theils im französ., theils im engl. Geschmack angelegt, und von Joseph II. dem Publicum gewidmet. — B. ist der Sitz des Landesguberniums, des General=Militärcommando's, des Appellationsgerichtes, des Landrechtes, eines Magistrats, des ständischen Landesausschusses, eines Bischofs, des Consistoriums, nebst vieler anderer politischen, Cameral= und Militär=Behörden, dann der mähr. schles. Gesellschaft zur Beförderung des Ackerbaues, der Natur= und Landeskunde, mit welcher das, 1818 entstandene, mähr. schles. Landesmuseum, unter dem Nahmen Franzensmuseum, in Verbindung steht. Die Bestandtheile desselben sind: Bibliothek, Charten, Kupfer=

stiche und Zeichnungen, mathematisches und physikalisches Cabinet, Münz- und Siegelkunde, vorzüglich durch die alterthümliche höchst interessante Cerroni'sche Siegelsammlung, ein Vermächtniß des verewigten Cerroni, bereichert; Gemälde und Kunstarbeiten, Fabricationsproducte, Maschinen, Geräthe und Modelle, Pflanzen, Conchylien und besonders Fossilien. Das Ganze ist durch verschiedene Beyträge und Gaben entstanden, zumahl in Folge des Aufrufs des damahligen Landesgouverneurs, dermahligen Obersten Kanzlers, Ant. Friedr. Grafen v. Mittrowsky, welcher nicht nur auf seinem Standpuncte als Landeschef und Curator, ja selbst zeitweiliger Director der Gesellschaft, das Entstehen und die weitere Organisirung des Museums bewirkte, und demselben durch seinen Einfluß zu einem Locale in dem Olmützer Erzbischofhofe zu B. verhalf, sondern auch als hochherziger Patriot in großmüthigen Geschenken andern hochsinnigen Patrioten, wie die Grafen Jos. Auersperg und Hugo Salm, nicht nachstand. — An Lehr- und Bildungsanstalten hat B. eine Normalschule, ein Gymnasium, eine philosophische Lehranstalt und ein theologisches Studium; letzteres in Verbindung mit dem bischöflichen Alumnat; ferner eine Mädchenschule bey St. Joseph, unter den Ursulinerinnen, welche zugleich in weiblichen Handarbeiten Unterricht ertheilen, und nebst der Kleinkinderwartanstalt mehrere Pfarrschulen; dann eine protestantische Schule, für welche die Gemeinde von Zeit zu Zeit treffliche Männer gewonnen hat, wie Riecke, André, Zeller, Buse ꝛc. — Unter den wohlthätigen und gemeinnützigen Anstalten sind außer den bereits bemerkten Spitälern noch anzuführen, das von Joseph II. 1785 errichtete allgemeine Krankenhaus, die Gebär- und Irrenanstalt, das Waiseninstitut und Siechenhaus. Zum Unterhalt der Hausarmen und zur Verhinderung des Gassenbettelns, besteht der Männerverein, welcher aus den freywilligen Beyträgen und Sammlungen, die täglichen Gaben nach Maßgabe der Erwerbsunfähigkeit in kleinen Beträgen veranstaltet. Nebst einer Brandschaden = Versicherungsanstalt für Mähren und Schlesien bestehen in B. Pensionsinstitute des Brünner bewaffneten Bürgercorps; für Lehrer = Witwen und Waisen in Mähren und Schlesien, für Livrébediente; ein Blinden= und ein Taubstummeninstitut, und eine mähr. ständische Leihbank. — Außer dem Spielberger Strafhause ist hier auch das Provinzial-Straf= und Arbeitshaus; eine bedeutende Anzahl Fabriken ist noch immer in B. vorhanden, obschon viele Tuchfabriken durch die Zeitverhältnisse eingegangen sind. Zu den vorzüglichen Feintuchfabriken gehören: Die Offermann'sche, die Schoeller'sche; dann sind zu erwähnen Delhais's und Eliardi's Tuchmanufactur und Maschinenfabrik, und die Lederfabrik von F. J. Lettmayer's Erben. — Von den noch bestehenden Klöstern der Minoriten, Capuziner und der Augustiner = Eremiten ist das Augustinerstift, welches von dem mähr. Markgrafen Johann 1350 gestiftet wurde, hier näher anzuführen. Nachdem 1783 die Augustiner = Eremiten ihr gegenwärtiges Kloster in Altbrünn, anstatt des vormahligen zu St. Thomas in der Stadt B. bezogen hatten, übertrugen sie auch das in ihrer vorigen Kirche verehrte Marienbild, mit dem silbernen Altar, in ihre jetzige Stiftskirche, welche zur Pfarrkirche der Vorstadt Altbrünn bestimmt wurde. Das Stift steht unter einem Abte, der zugleich infulirter Prior desselben und Prälat des Markgrafthums Mähren ist. Die gegenwärtigen Stiftsgüter bestehen in dem Markte Neu-Hwiezlitz, den Dörfern Borschau, Kozlan, Malkowitz, Schardütz, Tscheschen, Alt-Hwiezlitz und einem Antheile Tschertschein. Das jetzige Klostergebäude wurde in neuerer Zeit erweitert und verschönert. Die Stiftsbibliothek ist zahlreich, und hat in den letztern Jahren durch die einzelnen Büchersammlungen gelehrter Stiftsmitglieder ansehnliche Vermehrungen erhalten. Unter dem jetzigen Abte Cyrill Napp, der sich nicht nur durch seine gelehrten Kenntnisse, sondern auch als Geschäftsmann (ständischer Ausschußbeysitzer) und wirksamer Theilnehmer an den wissenschaftl. und Humanitäts-Anstalten B.s, auszeichnet, hat die ökonomische Verwaltung der Stiftsgüter sehr gewonnen. — Von den Vorstädten B.s ist Altbrünn noch besonders zu erwähnen. Sie hat eine eigene Marktgerechtigkeit, und ist sowohl dem Nahmen als der Lage nach, älter als die Stadt selbst. Altbrünn, mit mehreren Dörfern, war früher eine Religionsfondsherrschaft, indem sie zu dem aufgehobenen Königinnkloster gehörte, wurde 1830 öffentlich veräußert und von dem rühmlich bekannten Ökonomen, Franz Ritter v. Heintl, käuflich erstanden, der sie gegenwärtig besitzt.

Brünner Kreis, in Mähren, ist 87 Quadratm. groß, mit 322,000 Einw. Ein Theil des B. K.es, der an den Olmützer, und noch mehr jener, der an den Iglauer Kreis gränzt, besteht fast gänzlich aus Gebirgen, die jedoch viele Ebenen und guten Getreideboden enthalten; der südliche Theil gegen Österreich, hat mehr ebenes Land und fruchtbaren Boden, auch vielen Weinbau, der sich von der österr. Gränze bis in die Gegend bey Brünn erstreckt, wo derselbe gegen Norden gänzlich aufhört. Die Flüsse Zwitta, Schwarza und Igla bewässern den Kreis. Sie werden von der Thaya aufgenommen, welche in der südlichen Ecke des Landes, bey Landshut sich in die March ergießt. Die Einwohner sind meistens böhm. Mährer (Horaken) und sprechen die Landessprache, jene aber gegen Österreich sind Deutsche, mit Ausnahme der croat. Abkömmlinge (Podluzaken) auf den Herrschaften Lundenburg und Dürnholz, welche ihre Sprache, Kleidung und Sitten beybehalten haben. Alle diese Einwohner nähren sich vom Feld- und Weinbau, vom Fuhrwesen, von der Spinnerey und verschiedenen Handarbeiten, wozu vorzüglich die Tuch- und Casimir-Fabriken Gelegenheit verschaffen. Dieser Kreis hat auch die meisten Pottaschesiedereyen, hier wird das meiste und gutes Papier gemacht; Hopfen, Flachs, Grapp, Weber- und Rauhkarden erzeugt.

Brüx, böhm. königl. Stadt im Saazer Kreise, hat lichte geräumige Gassen, 3 Marktplätze, ein alterthümliches Rathhaus, mehrere Kirchen, ein Piaristen-Collegium mit Gymnasium, ein Militär-Knabenerziehungshaus und 3,000 Einw., die viel Getreide und Obst bauen, ein Steinkohlenbergwerk bearbeiten, und aus Seblitzer Wasser Bittersalz bereiten.

Brunecken (Brunegg), tyrol. Stadt und Sitz des Kreisamtes Pustetthal am Rienz, mit 1,500 Einw., Kloster der Ursulinerinnen, und von ihnen versehener Mädchenschule.

Brünecker Kreis, s. Pusterthal.

Brzezaner Kreis in Galizien, mehr als 113 Quadratm. groß, etwas bergig, durchströmt von dem Dniester und seinen Nebenflüssen Stripa und Lipa, mit 175,000 Einw., in 3 Städten, 14 Marktflecken und 290 Dörfern, welche sich mit Ackerbau, Viehzucht, Jagd, Holzhandel u. beschäftigen.

Brzezany, galiz. Stadt im Brzezaner Kreise am Lipa, mit einem Kreisamte, Gymnasium, Kreishauptschule, und 5,000 Einw., welche starke Gerberey treiben.

Brzeznitz, böhm. Municipalstadt im Prachiner Kreise, mit 2,000 Einw., einem Schlosse und einer Hauptschule.

Brzostek, galiz. Städtchen an der Wysloka und an der Kaiserstraße nach Ungarn, mit 850 Einw.

Brzozow, galiz. Stadt im Sanoker Kreise, am Stebnicabache, mit einem Schlosse und 2,400 Einw., die sich zum Theil von der Leinwandweberey nähren.

Bubek s. Bebek.

Bubna, Ferd. Graf v., Großkreuz des Leopold- und Ritter des militärischen Maria Theresien-Ordens, Ritter erster Classe der kaiserl. russischen Orden St. Alexander-Newsky und St. Anna, des königl. preuß. vom rothen Adler, der königl. sardinischen der Annunciade und der heil. Mauriz und Lazar, wie auch Großkreuz des constantinischen St. Georgs-Ordens von Parma, k. k. wirkl. geheimer Rath und Kämmerer, General-Feldmarschall-Lieutenant, Oberster und zweyter Inhaber des den Nahmen Großherzog von Toscana führenden k. k. 4. Dragoner-Regiments, commandirender General in der Lombardie. Er war geb. zu Zamersk in Böhmen den 26. Nov. 1768. — Im 16. Jahre trat er als Cadet in kaiserl. österr. Kriegsdienste und zeichnete sich in den darauf folgenden franzöf. Kriegen auf das Rühmlichste aus. 1796 wurde er Rittmeister, 1797 Major und Flügeladjutant des Erzherzogs Carl bey der Rheinarmee, 1801 ward er bereits zum Obersten befördert, und als Erzherzog Carl nach Beendigung der Feindseligkeiten die Oberleitung des Hofkriegsrathes antrat, versah B. die Stelle eines, den Vortrag führenden General-Adjutanten. 1805, Generalmajor, nahm er an dem Feldzuge thätigen Antheil und war sodann Begleiter des Fürsten v. Liechtenstein bey den Friedensunterhandlungen in Brünn. 1809 folgte er, mit dem Vertrauen des Kaisers beehrt, in dessen Begleitung den Bewegungen der Armee und wurde den 1. Sept. desselben Jahres zum Feldmarschall-Lieutenant befördert. Bey den Friedensverhandlungen zu Wien wirkte er abermahls thätig mit. 1812 wurde B. von dem Kaiser mit außerordentlichen Aufträgen an Napoleon nach Paris und im May 1813 an denselben nach Dresden gesandt. Beym Ausbruch der Feindseligkeiten commandirte er eine österr. Heeresabtheilung mit vieler Auszeichnung und erhielt 1814 den Oberbefehl des österr. Heeres, welches über Genf in das südl. Frankreich eindrang, wobey er sich eben so sehr durch vorsichtiges Vorrücken als durch sein schonendes und gemäßigtes Betragen gegen die aufgeregten Einwohner auszeichnete. Darauf blieb er bis zum Rückmarsche der verbündeten Heere in Lyon und begab sich alsdann nach Wien. Nach dem Wiederauftritte Napoleon's 1815 führte B. ein österr. Corps unter Frimont's Oberbefehl gegen Lyon und both in Savoyen dem Marschall Suchet die Spitze, bis Paris erobert und dieser über Lyon zurückmarschirt war. Nun besetzte er diese Stadt und errichtete daselbst ein General=Gouvernement und Kriegsgericht, wodurch die bereits begonnene Wallung einer zahlreichen aufgeregten Volksmasse bald beschwichtigt wurde. Im Sept. dess. J. trat er seinen Rückmarsch nach Österreich an und wurde von seinem Kaiser sowohl, als auch von andern Monarchen für seine ersprießlichen Dienste mit mehreren Auszeichnungen belohnt. Bey den piemontesischen Unruhen 1821 erhielt B. den Oberbefehl über die österr. Truppen, welche in Piemont eindrangen, um daselbst die alte Verfassung wieder herzustellen, und legte bey dieser Gelegenheit solche Energie an den Tag, daß binnen 5 Tagen daselbst Ruhe, Ordnung und die rechtmäßige Regierung wieder hergestellt waren. Nach Vollziehung dieses Auftrages wurde B. neuerdings mit Ehrenbezeigungen begabt und zum General=Commandanten der Lombardie ernannt. Er starb in dieser Eigenschaft zu Mailand den 6. Juny 1825.

Buccari, Freystadt im ungar. Küstenlande (Litorale), mit einem Hafen, festen Schlosse und 1,900 Einw., welche vom Holz=, Wein=, Kohlenbau, vom Schiffbau und Fischfang leben.

Bucelinus, Gabr., Sohn Joh. Jacob's B. aus uraltem Geschlechte, war Benedictiner im Stifte Weingarten, und Prior des dahin gehörigen Priorates St. Johann zu Feldkirchen in Vorarlberg (welches Abt Georg Wegelin von Weingarten vom Malthefer=Orden 31. Dec. 1610, um 62,000 Gulb. kaufte), wo er um 1680 starb und mit 21 Conventualen von Weingarten ruhet. Außer seinem Hauptwerke: Germania topo-chrono-stemmatographica sacra et profana, 4 Bde. Augsb., Frankf. und Ulm, 1662—78, ist für die Geschichte von Rhätien und dann insbesondere von Feldkirch bemerkenswerth: Rhaetia sacra et profana topo-chrono-stemmatographica, Ulm, 1676.

Buchau, böhm. Städtchen im Elbogner Kreise, an der Carlsbader Straße, mit 1,250 Einw. und einer eisenhaltigen Mineralquelle.

Buchdruckerey. In den österreichisch=deutschen Provinzen war Jos. v. Baumeister einer der ersten Buchdrucker, welcher die veralteten Schriftformen und Manipulationen, welche sich bis auf Trattner's (s. d.) Zeiten so ziemlich unverändert erhalten hatten, zu beseitigen bemüht war. Ihm folgte unmittelbar Jos. v. Kurzbeck. Auf dessen Veranlassung schnitt Mannsfeld in Wien geschmackvollere Schriftstämpel, und die hiervon gegossenen Lettern wurden unter dem Nahmen der Mannsfeld'schen Schriften bekannt und beliebt. In der Folge etablirte sich der Kupferstecher Alberti zugleich als Buchdrucker, vereinigte sich mit Mannsfeld, und sie lieferten gemeinschaft-

26 *

lich Werke, welche jedem ausländischen in typographischer Eleganz gleich kamen. (1789—94). Ihr Beyspiel wirkte vortheilhaft auf die Erregung des Kunstfleißes mehrerer anderer Buchdrucker, und es gingen in dem Zeitraume von 1794—1800 aus den Buchdruckereyen von Bauer, Hraschanzky, Math. Andr. Schmidt, Ant. (jetzt Edler v.) Schmid, so wie aus jener der Witwe v. Kurzbeck, viele in typographischer Hinsicht sehr geschätzte Werke hervor. 1800 ging die Alberti'sche B. an Jos. Vinc. Degen (später v. Elsenau, s. d.) über, welcher die neuesten in diesem Kunstfache gemachten Verbesserungen des Auslandes auch auf seine Officin zu übertragen sich bestrebte, eine eigene Schriftgießerey errichtete, sich die geschmackvollsten Lettern aus dem Auslande verschrieb, und so viele jetzt noch gesuchte Prachtausgaben lieferte. 1801 errichtete der damahlige Factor der Alberti'schen B. Ant. Strauß (s. d.) eine eigene B. und Schriftgießerey, und wirkte durch seine ausgezeichneten practischen Kenntnisse, wie durch seine unternehmende Thätigkeit im Laufe der Jahre wesentlich auf die Verbesserung der B. en im ganzen Inlande. 1804 wurde die k. k. Hof- und Staatsdruckerey errichtet, und die Leitung derselben dem vorerwähnten, um die österr. Typographie so verdienstvollen Jos. Vinc. Degen v. Elsenau anvertraut, dessen eigene B. zum Theile aufgelöst, zum Theile von dessen Factor, Ackermann, übernommen wurde. 1810—25 gingen mehrere B. en Wien's an junge thätige Männer über, die, angeregt durch das Beyspiel der früher Genannten, so viel in ihren Kräften lag, für die Vervollkommnung ihrer Officinen sorgten. Die dadurch entstandene Concurrenz trug das Ihrige bey, und obgleich im Allgemeinen das B. Wesen in Österreich noch Vieles zu wünschen übrig läßt, so verdient dennoch bey Berücksichtigung der für diesen Industriezweig so überaus ungünstigen Verhältnisse, das so ziemlich allgemein gewordene Bestreben nach Besserem, die gerechteste Würdigung. Die bedeutendste B. Wien's und selbst im ganzen Staate, ist gegenwärtig die k. k. Hof- und Staats-B. (im Franziscaner-Gebäude, Singerstraße). Sie wird ausschließend nur mit Ärarial-Arbeiten beschäftigt, und hat gegenwärtig mit Einschluß ihrer eigenen Gießerey einen sehr bedeutenden Personalstand, welchem 2 Oberfactore und 5 Factore vorstehen. Nach Degen's Tode wurde deren Leitung dem schon durch viele Jahre dabey angestellten, einsichtsvollen Jos. Ant. v. Wohlfarth übertragen. Außer dieser großartigen ämtlichen Anstalt verdienen unter den Privatgewerben in Wien noch mit Auszeichnung genannt zu werden: Die Anton Strauß'sche (seit dem Tode des Stifters von dessen Witwe fortgeführt). Diese behauptet noch immer den ersten Rang. Sie hat nebst vielen deutschen und lateinischen, auch griechische, hebräische, arabische und persische Lettern, und eine eigene Schriftgießerey. An sie schließen sich jene mit den neuesten und geschmackvollsten Schriften wohleingerichtete B. en des thätigen Buchhändlers C. Gerold, die der v. Ghelen'schen Erben (s. d.), in welcher die k. k. priv. Wiener Zeitung auf 3 (in Wien von Fried. Helbig erbauten) Schnellpressen gedruckt wird, jene von A. Edlen v. Schmid, welche vorzugsweise hebräische Arbeiten liefert, die von J. P. Sollinger, wo sich ebenfalls eine Schnellpresse befindet, und wo nebst vielen sehr geschmackvollen Arbeiten auch der jetzt so beliebte Congrevédruck in großer Vollkommenheit erzeugt wird, endlich noch die von J. B. Wallishauffer und jene der Mechitaristen-Congregation, ihrer Ausdehnung wegen. Tüchtige Factoren haben: Unter Andern Strauß sel. Witwe, Gerold, von Ghelen, ꝛc. Die B.en in den Provinzen hielten mit denen der Hauptstadt so ziemlich gleichen Schritt, und es bestehen gegenwärtig in deren Hauptstädten mehrere bedeutende Officinen, deren Leistungen Beachtung verdienen. Vor Allen muß die königl. Universitäts-B. in Ofen aufgeführt werden. Die bedeutende Anzahl ihrer Pressen (mit einer in England verfertigten Walzenpresse), der große Vorrath an Lettern, worunter nebst allen europäischen auch die meisten orientalischen Schriften zu finden sind, so wie mehrere damit in Verbindung stehende Neben-Anstalten, so z. B. Schrift- und Stereotypengießerey, Buchbinderey, 3 stets beschäftigte Papierfabriken ꝛc. und die überaus zweckmäßig eingerichteten großen Localitäten, machen sie, nebst der k. k. Hof- und Staats-B., zur ersten Anstalt dieser Art im ganzen Kaiserstaate. Noch finden sich in Ungarn mehrere bedeutende und wohleingerichtete Officinen, worunter die Trattner'sche und Landerer'sche in Pesth vorzüglich zu nennen sind. Sehr bedeutende B.en sind im lomb. venet. Königreiche, wo sowohl in Mailand, als auch in Venedig, Verona, Padua, Bergamo ꝛc. sich mehrere ausgedehnte und sehr wohl eingerichtete B.en befinden. Böhmen, wo die Industrie mit Riesenschritten fortschreitet, ist auch in diesem Fache nicht zurückgeblieben, und die Druckereyen der Brüder Haase in Prag, jene von Medau in Leitmeritz und einige andere liefern Arbeiten, welche den besten Leistungen des Auslandes nicht nachstehen. Erstere haben 2 Schnellpressen, eine eigene Gießerey, und liefern auch geschmackvolle Arbeiten im Congreve- und Färbendruck. Unter den B.en der übrigen Provinzial-Hauptstädte dürften noch jene von Eurich in Linz, Wagner in Innsbruck, Kienreich und Leykam in Grätz, Weiß in Triest, Gastl in Brünn, Skarnitzel in Olmütz ꝛc. theils ihrer Ausdehnung, theils ihrer, den Anforderungen der Zeit entsprechenden Einrichtungen wegen, Beachtung verdienen. Endlich sind noch einige B.en zu erwähnen, welche sich ausschließend mit dem Drucke hebräischer und orientalischer Werke beschäftigen. Das älteste im österr. Kaiserstaate gedruckte hebräische Buch ist ein Commentar über den biblischen Commentar, Raschi, betitelt: Gur Arjeh, Prag, 1578. In Wien erschien der erste, obwohl schlechte hebr. Druck in dem Werke: De bello Turcis inferendo Elegia etc. 1544. B.en, ausschließend für die hebr. Sprache bestimmt, bildeten sich, nach Erscheinung des Josephinischen Toleranz-Edictes, an mehreren Orten, namentlich in Mähren, Böhmen und Wien. In letzterer Hauptstadt war Joseph Edler v. Kurzbeck der Erste, welcher sich mit vielen Kosten die mit Recht allgemein geschätzten Amsterdamer Stämpel und Matrizen verschaffte, und einige sehr wichtige und voluminöse Werke auflegte, wie z. B. den Talmud, Mischnajoth und Machsorim, womit er allgemeinen Beyfall erntete. Mit Kurzbeck's Bemühungen wetteiferte Joseph Hraschanzky nicht unglücklich, jedoch mit beschränkteren Mitteln. 1792 er-

kaufte Anton (nunmehr Edler von) Schmid, k. k. priv. deutsch=
und orientalischer, auch niederösterr. Landschafts=Buchdrucker und Buch=
händler, die Amsterdamer Stämpel, Matrizen und Lettern von Kurzbeck,
und wirkte mit ganz vorzüglichem Fleiß und Eifer an dem von Letzterem
begonnenen Werke, auf eine Art fort, die nichts zu wünschen übrig
läßt. Dieser um die Vervollkommnung der hebr. Typographie, so wie
um die Cultur der Israeliten, durch seine großen literarischen Unterneh=
mungen sowohl, als durch ansehnliche Geschenke, welche er der hebr.
Schule und der Hofbibliothek gemacht hat, sehr verdiente Geschäftsmann
erhielt 1816 zum Lohne seiner Verdienste die große goldene Ehrenme=
daille und wurde 1825 in den österr. Adelstand erhoben. Schmid's
Druckerey genießt eines so ausgezeichneten Rufes, daß deren Auflagen
selbst von Ausländern gesucht werden. Durch sein Beyspiel wurden an=
dere hebräische Buchdrucker in den Provinzen aufgemuntert, ihre Lettern
zu verbessern und überhaupt mehr Fleiß auf ihre Kunst zu verwenden,
wie sich die gute Folge davon auch schon in den hebräischen B.en zu
Prag und Lemberg merklich äußert. Auch für die türkischen Juden
wurden in Wien Werke in der sogenannten gemischten, einer verdor=
benen altspanischen Sprache (Ladina genannt) gedruckt. Auf diese
Weise wurde der, erst seit einem halben Jahrhundert entstandene hebr.
Buchhandel vorzüglich durch Schmid's thätiges Streben auf einen
so hohen Grad von Bedeutenheit gebracht, daß derselbe nicht nur allein
die große israelitische Population in Böhmen, Mähren, Ungarn und
Galizien mit allen erforderlichen Lehr= und Gebethbüchern versieht, und
dadurch nicht allein dem Staate seit mehr als 20 Jahren Millionen er=
spart, sondern demselben auch noch manche bedeutende Summe aus dem
Auslande zuwendet. Gegenwärtig bestehen in der österr. Monarchie fol=
gende hebr. B.en: In Wien, die Anton Edlen v. Schmid'sche,
als die bedeutendste und blühendste, die von Georg Holzinger (ehe=
mahls Hraschanzky), welche jedoch ganz still steht, außerdem besitzt
auch die Strauß'sche Druckerey hebräische Lettern, druckt jedoch
wenig, die Landau'sche zu Prag, und endlich jene zu Lemberg,
Zolkiew und Przemysl. Hebräische Buchhändler sind zu Wien:
Ant. Edler v. Schmid, zu Pesth: Ephraim Levi, zu Prag:
Schmelkes und zu Collin: Müller. Seit 1800 ist die Einfuhr
fremder hebräischer, chaldäischer und rabbinischer Werke verbothen. —
Trotz dem, alle Achtung verdienenden Streben vieler Einzelnen nach
Vervollkommnung der Typographie im österr. Kaiserstaate verdient den=
noch Manches gerechte Rüge. Man achtet im Allgemeinen ziemlich wenig
auf Correctheit, B.en von 4 bis 6 Pressen sind nicht selten ohne Cor=
rector, und an einer förmlich organisirten Correctur=Anstalt, wie man
deren in Frankreich, England und selbst in vielen B.en Deutschlands
findet, fehlt es durchaus. Da noch überdieß an grammaticalisch gebilde=
ten Setzern Mangel, und von der Kenntniß fremder Sprachen ohnehin
fast nicht die Rede ist, indem man leider meistens Lehrlinge aufnimmt, die
kaum des Lesens und Schreibens kundig sind, so wirken diese Umstände
sehr nachtheilig auf ihre Erzeugnisse. Auch über Mangel an guter Drucker=
schwärze wird mit vielem Grunde geklagt. Diese Mängel verlangen um

so mehr Abhülfe, da bey dem Umstande, daß in letzterer Zeit sowohl die Schriftgießereyen als Papierfabriken einen bedeutenden Aufschwung nahmen; und dadurch die Klage über Mangel an geschmackvollen Lettern und gutem Papiere so ziemlich gehoben ist, es auch den Buchdruckern nicht mehr schwer werden dürfte, ihre Erzeugnisse denen des Auslandes in jeder Beziehung gleich zu stellen. Übrigens dürfen B. en im österr. Staate nur in den Hauptstädten der Provinzen, oder in den Städten, wo ein Kreisamt seinen Sitz hat, errichtet, und diese Befugnisse nur nach dem Bedürfnisse des Landes und Ortes ertheilt werden.

Buchhandel. Der inländische B. theilt sich in den sogenannten modernen und in den antiquarischen. Der moderne Buchhändler kann selbsterzeugten Verlag, Sortiment (oder fremden Verlag) und zugleich auch antiquarische Bücher führen, während dem Antiquar-Buchhändler nur bereits gebundene Bücher gestattet sind, und er sich des eigenen Verlags, wie des eigentlichen Sortiments-Handels enthalten muß. — Einen Kaufladen seines eigenen Verlages zu halten, ist jedem Buchdrucker bewilligt; auch kann jeder Autor seine eigenen Werke, und wären es auch nur Redactionsartikel (wie z. B. Zeitschriften), in seiner Wohnung, oder in einem Gewölbs-Locale ausbiethen und verschleißen. — Die Buchhandlungsbefugnisse sind nur persönliche Rechte, (können aber in der Regel auf die Witwe oder auf die Söhne übergehen), einige wenige alte Universitätsfreyheiten ausgenommen, denen ein Verkaufsrecht anklebt. Buchhandlungen überhaupt dürfen nur in den Hauptstädten oder in Kreisstädten errichtet werden. — Ein förmlich organisirter Buchhandel begann in Österreich erst gegen die Periode der Kaiserinn Maria Theresia, nachdem selbst die trefflichsten vaterländischen Werke eines Bessel, Huber, Pez, Valvasor ic. auswärts gedruckt und verlegt worden waren. Während ihrer Regierung selbst aber entfaltete er sich auf eine stattliche Weise, bis er sich unter ihrem großen Sohne, seltsam genug, größtentheils in jämmerliche Broschüren-Artikel zersplitterte, und erst unter dem jetzigen Kaiser wieder begann, sich würdiger zu entwickeln. Dessen ungeachtet kann der jetzige B. mit dem unter Maria Theresia nicht verglichen werden, wo Kraus, Trattner, Kurzbeck, Rud. Gräffer wirkten, und eine so mächtige Reihe imposanter Werke, wie die Jacquin's, Herrgott's, Pray's, des Lambecius und Denis, Meninsky's Lexicon (2. Aufl., bey der die Kaiserinn selbst mit 8,000 fl. auf 100 Exemplare pränumerirte) u. s. w. an das Licht trat. — Der österr. B. verhält sich zum Auslande durchaus passiv, besonders, seitdem (was an und für sich längst schon wünschenswerth gewesen) der Nachdruck hat aufhören müssen. In den sogenannten sciences exactes wie in der Medicin steht er wohl im Gleichgewicht; aber für Philologie, Philosophie, Geschichte, Politik, schöne Literatur, Zeitschriften, Taschenbücher und für generelle Werke wie z. B. das Conversations-Lexicon gehen sicherlich Hunderttausende von Thalern in das Ausland, denn die im Inlande erscheinenden Artikel dieser Fächer finden im Ganzen nicht sehr viele Käufer. An diesem Zustande des österr. B. hat der Umstand keinen geringen Antheil, daß bey den Lehrlingen nur darauf gesehen wird, ob sie eine zweyte Sprache verstehen, statt daß Kenntniß der Literargeschichte und Bibliographie, als Terrainlehre des Buchhandels, Hauptbedingung und Gegenstand einer förmlichen Prüfung wäre ꝛc. Sonst ist Oesterreich, besonders jetzt bey der so gestiegenen Geistescul= tur und Leselust, ein sehr günstiger Boden für den B., was sich schon aus den sehr lebhaften Geschäften der Sortiments=Buchhändler entnehmen läßt. — Es hat auch eine reiche Fülle wissenschaftlicher und gelehrter, genialer, geist= und talentvoller Köpfe; manche aber ziehen es vor, nichts für den Druck zu schreiben. — Der Hauptstapelplatz des österr. B.s ist Wien. Die vorzüglichsten Verleger Wien's, welches 26 Buchhandlungen zählt, sind: Armbruster, Beck, Ge= rold, Heubner (tüchtige wissenschaftliche Artikel), die Mechita= risten, Mösle, Tendler und Wallishausser; mit Ausnahme der Handlungen Armbruster und Mösle treiben selbe auch starken Sortimentshandel, so wie Schaumburg und Comp., Rohrmann und Schweigerd (am stärksten sortirt), welche beyde Handlun= gen die bedeutendsten Geschäfte mit französischen und englischen Artikeln machen, und Volke (sich hauptsächlich auf italienische Literatur verlegend). Der ansehnliche Verlag der k. k. Ararial=Staatsdruckerey besteht meist, wie jene der Schulbücheranstalt, aus Büchern für die verschiedenen Zwecke der Staatsverwaltung (Gesetzbücher, Schematismen, Militär=Regle= ments ꝛc.) Dasselbe ist bey den k. k. Staatsdruckereyen Mailand's und Venedig's der Fall. Von wissenschaftlichem Werthe ist der sehr bedeu= tende Verlag der königl. Universitäts=Buchdruckerey in Ofen, für den jedoch kaufmännisch nicht im Mindesten gewirkt wird. — In den Pro= vinzen haben schönen Verlag die Handlungen Enders und Calve, beyde in Prag, Hartleben in Pesth, die Ferstl'sche und Kien= reich in Grätz (letztere meist Nachdrücke), Stella in Mailand, die Mechitaristen zu St. Lazar in Venedig. In den Provin= zialhauptstädten, deren jede im Durchschnitt 4 Buchhandlungen zählt, (Prag jedoch hat 10) sind die ansehnlichsten: in Prag: Borrosch und André, Calve, Dirnböck, Enders; in Brünn: Gastl; in Pesth: Eggenberger, Hartleben, Kilian; in Preßburg: Landes; in Grätz: Ferstl'sche (Greiner), Damian und Sorge; in Klagenfurt: Siegmund; in Mailand: Stella; in Ve= nedig: Battaglia, Missalia; in Padua: Zambeccari. Der Antiquar=B. ist nichts weniger als bedeutend; er beschränkt sich fast durchaus auf den Umfang des Kaiserthums selbst. Zu den vorzüg= lichern Antiquar=Handlungen gehört außer einigen in Padua, Verona und Venedig (in Letzterem besonders Sanguirio), in Wien die Schmid'sche Buchhandlung und die Antiquar=Buchhand= lung Kuppitsch (dessen Privatsammlung s. Kuppitsch). Ein tüch= tiger Routinier war der verstorb. Binz in Wien, der in der Periode der Josephinischen Klosteraufhebung mächtiges Material erwarb, und damit als Monopolist einige Jahrzehnte lang ergiebigen Handel trieb, arm lebend, um reich zu sterben. Eigentlich nur Liebhaber, fast gar nicht Kaufmann war eben da Haselmayer, voll Kenntniß der ältern, voll Verachtung der neuern Literatur. In Grätz (kundiger und rühriger

Eigenthümer Eduard Ludewig) ist die Trötscher'sche. In Ungarn, Croatien und Slavonien geschieht für diesen Handelszweig so gut als nichts. Der einzige Antiquar in Pesth, Jvanich, hat viele gute Kenntnisse und viele gute Bücher, will aber (à la Binz in Wien) kaum einige gute Käufer haben. In Böhmen befindet sich der Antiquar-B. in den Händen von Israeliten. Hebräischer B. f. Buchdruckerey. Die vorzüglichsten Buchhandlungen f. unter eigenen Artikeln.

Bucholz, Franz Bernh. Ritter v., wurde 1790 zu Münster aus einer mit altem Grundbesitz im Lande angesessenen, katholischen Familie geboren. Seine Erziehung und erste Ausbildung blieb nicht unberührt von den Vortheilen, welche ein (in neuester Zeit mehrfach in Schriften erwähntes) Zusammentreffen ausgezeichneter Persönlichkeiten und Bestrebungen in seiner Vaterstadt damahls in eigenthümlicher und merkwürdiger Weise gewährte. Die höhern Studien, für welche B. die an der damahls noch bestehenden Universität zu Münster gehaltenen Vorlesungen durch mehrere Jahre benutzt hatte, ergänzte er zu Göttingen 1811 bis 1813. Die großen Begebenheiten des letztgedachten Jahres und der Umschwung der Dinge stellten sich ihm eben so anschaulich als unerwartet zuerst auf einer in den Osterferien jenes Jahrs nach Hamburg mit von dort gebürtigen Bekannten unternommenen Ferienreise dar, von welcher nach Göttingen zurückzukehren die militärisch=politischen Maßregeln nicht mehr gestatteten. Er entschloß sich damahls, nach Österreich zu gehen; von Jugend auf gehegte Anhänglichkeit an das Kaiserhaus, und warmes, durch so manche frühere Begebenheiten oft schmerzlich getroffenes Vaterlandsgefühl für Deutschland, trugen zu dieser Entschließung bey. Zu Wien widmete er sich bey der in Folge der Schlacht bey Leipzig eingetretenen Entwicklung der Dinge, dem Dienste des Auswärtigen, insbesondere für die deutschen Angelegenheiten. Durch theilnehmende Einwirkung des k. k. Staatsministers Grafen v. Stadion erhielt er gegen Ende jenes Jahres eine Verwendung bey dem damahligen k. k. Generalgouvernement zu Frankfurt, unter dem verdienten Freyh. v. Hügel, welcher zugleich Gesandter bey den benachbarten Höfen war. — Bey Eröffnung des Bundestages erhielt B. seine erste feste Anstellung bey der österr. Präsidial-Gesandtschaft, und blieb zu Frankfurt bis Mitte 1818. — Damahls ging er mit Genehmigung seiner Obern nach Wien zurück, machte später, fremde Nationen auch aus eigener Anschauung zu kennen wünschend, mit Urlaub eine Reise nach Rom und Neapel (1819), so wie eine nach Paris und zugleich in seine Heimath (1824). — Übrigens erhielt er nun eine feste Anstellung als Hofconcipist, und später als Hofsecretär in der geh. Hof= und Staatskanzley zu Wien; und unterbrach den dortigen Aufenthalt nur durch gelegentliche, meist durch Familienverhältnisse unternommene Reisen nach Deutschland. — Den Anfang seiner literarischen Arbeiten bezeichnen einige Flugschriften von 1814 und 1815. (Unser Volk, und Ideen zu einer magna charta für die inneren Verhältnisse der deutschen Staaten.) Später suchte er zur richtigeren Kenntniß des Mittelalters beyzutragen, durch eine Übersetzung des vortrefflichen Geschichtschreibers Lambertus von Aschaffenburg,

in Verbindung mit Wippo=einer= und Otto von Freysingen an=
dererseits, mit Einleitung und Bemerkungen. Zerstreute Aufsätze, meist
publicistischen Inhalts, erschienen in verschiedenen Zeitschriften. Nah=
mentlich erwähnt mögen noch werden: Einer dem Andenken des Ministers
Freyh. v. Fürstenberg, dem Gesetzgeber seines Vaterlandes, beson=
ders in Ansehung des Studienwesens, gewidmeter Aufsatz in den zu
Leipzig erschienenen deutschen Staatsanzeigen, so wie ein anderer,
dem Andenken des berühmten Grafen Friedr. Leopold zu Stoll=
berg, einem Gestirne seiner Jugend, gewidmeter Aufsatz in der Concor=
dia. — Als der erste Herausgeber der Jahrbücher der Literatur,
Matthäus v. Collin, sich von der Redaction derselben zurückzog,
wurde auf Collin's Vorschlag B. mit derselben beauftragt, die er
durch vier Jahre (bis 1825 einschließlich) führte, dann aber, aus dem
Grunde, um freyere Muße für eigene, zumahl historische Arbeiten zu
haben, anheimsagte. (Eigene Aufsätze von ihm in dieser Quartalschrift
sind: im Jahre 1819: die Anzeige von Merkel über Deutschland, und
Darstellung unserer Zeit; — 1821: Kieler Blätter, und: Historische
Werke von Heeren; — 1822: Les séductions politiques, und
Menzel; — 1823: Die Artikel: Görres und Fiévée; — Lowe,
Tschirner (erste Anzeige); Schmitt, und im Anzeigeblatt: Das vorrö=
mische Italien; — 1824: Cicero's Fragmente vom Staat; — 1825:
Keozi=Rubichon (über den brittischen Nationalreichthum) — Deby, und
im Anzeigeblatt: Die Schreiben aus Paris. — 1834 (im letzt erschiene=
nen Bande): Über Einheit und Würde der Gesellschaft. — In den politischen
Artikeln bewies sich B. durchgehends als einen Anhänger der in Ständen
und Gemeinden, wie Gliedern eines lebendigen Körpers, organisirten
Monarchie und wahren Gemeinwesens, so wie des gegebenen, aber aus
dem Leben zu ergänzenden Rechts. — Für das Verhältniß des Staats
zur Kirche zeigte sich derselbe nie als Anhänger der entgegengesetzten ex=
tremen Meinungen, welche jene diesen, oder diese jenen einseitig unter=
werfen möchten; und faßte eben so wenig das gegenseitige Verhältniß der
Gewalten als gänzliche Trennung und Zersetzung auf, sondern vielmehr
als beyderseitige Selbstständigkeit und Freundschaft. — Durch eine Reihe
von Jahren hat übrigens B. die ihm von amtlicher Verwendung frey
gebliebene Zeit beynahe ganz der Ausarbeitung eines größeren geschicht=
lichen Werkes über einen der wichtigsten und folgenreichsten Abschnitte
der Nationalgeschichte, nähmlich die Regierungsepoche Ferdinand I.
(1520 — 64) gewidmet, und den Gegenstand aus dem k. k. Staats=
archive, dem vormahligen deutschen Reichsarchive zu Frankfurt, dem
Prager und andern Archiven in ein vollständigeres Licht zu setzen nicht
ohne Erfolg versucht, und sich dabey zugleich eine sorgsame Benutzung
der in den neuesten Werken aus den Archiven anderer Staaten gegebenen
reichlichen Aufschlüsse zur Aufgabe gemacht. Die bis jetzt erschienenen 5
Bde. (Wien, 1830 — 34) enthalten zusammen 34 Abschnitte, in wel=
chen mehrentheils, als in eben so vielen Büchern oder kleinern Werken,
ein bestimmter Gegenstand auf besonderem Titelblatt angedeutet, in
solcher Art abgehandelt wird, daß er auch für sich gelesen werden könnte.
Die Beylagen sind sechzehn, verschiedenen Gegenständen gewidmet. —

Dieses Werk befleißt sich, bey Erzählung der politischen und staatsrecht-
lichen sowohl, als der kirchlich-religiösen Zerwürfnisse jener, wohl der
ächten Geschichtsforschung angehörenden Unparteylichkeit, welche nicht
sowohl in der Abwesenheit oder gänzlichen Verschweigung alles eigenen
Meinens, sondern in einer vollständigen wahrhaften, kein thatsächliches
Moment verdeckenden Mittheilung und gründlichen Nachweisung des
Factums besteht, wie es auch bey verschiedenen Meinungen unbestreitbar
und gemeinsam anzuerkennen ist.

Buchweitzen, Heidekorn oder Heiden, eine aus dem Orient abstammende Fruchtgattung, welche aus länglichen, dreyeckigen, der äußeren Form nach den Bucheln ähnlichen, in schwarzbraune Schalen ge-
hüllten Körnern besteht, die zwar ein hübsches, weißes Mehl und gute
Grütze geben, aber in der österr. Monarchie, wo sich andere Getreide-
gattungen mit mehr Vortheil bauen lassen, keiner sonderlichen Aufmerksamkeit gewürdiget wird. Der meiste wird in Galizien, Siebenbürgen,
Steyermark und Illyrien gebaut, in den übrigen Ländern der Monarchie nur in geringer Ausdehnung. Für Länder, in welchen die Bienenzucht betrieben wird, ist der Heidebau von Wichtigkeit. Man pflegt die
Bienenkörbe zur Blüthezeit aus weiten Entfernungen auf solche Heiden-
felder zu führen. Vergl. Bienenzucht.

Bucquoy, das Geschlecht. Der älteste Nahme desselben ist
Longueval. Es ist in der Picardie entsprossen; das alte Stammgut
liegt in der Grafschaft Artois unweit Arras. Landelin Longueval Herr v. Baur was der Vater Auber's I. Dessen Sohn Auber II.
war mit seinem Sohne Ason nach Cambray gezogen. Letzterer war
der Vater Johann I. Longueval's. Von diesem entsproß Joh. II.;
von diesem Joh. III. und Carl Longueval, welch letzterer sich im
französischen Kriege 1421, 1430 und 1435 als Feldherr auszeichnete. In
der Stammreihe folgten Landelin II., Carl und Adrian. Dieser
Letztere, des Erzherzogs Philipp von Österreich und Königs von
Castilien Kämmerer, starb 1524. Sein Sohn Joh. Longueval,
Baron de Baur, war Carl V. Obersthofmeister und Ritter des goldenen Bließes. Er war der Vater Maximilian Longueval's Baron
de Baur, Grafen von und zu B., der 1581 als spanischer General und Commandirender, bey der Belagerung von Tournay
geblieben. Dessen Sohn war Carl Bouaventura von Longueval
Graf von B. (s. d. folg. Art.) Dieß sind die ältesten Vorfahren des
Bucquoy'schen Hauses.

Bucquoy, Carl Bonav. Longueval, Graf v., geboren
1571, trat in spanische Dienste, stieg bald zum Obersten und 1602
zum General der Artillerie. Er wohnte vor und nach dem J. 1600 den
wichtigsten Ereignissen des niederländischen Krieges bey, war unter andern 1596 bey der Eroberung von Calais, 1600 in der Schlacht bey
Nieuport, wo er verwundet ward, u. s. w. Erzherzog Albrecht
von Österreich machte ihn zum Gouverneur von Hennegau, und
Philipp III. von Spanien ertheilte ihm den Orden des goldenen
Bließes. Beym Ausbruche des 30jährigen Krieges trat er in die Dienste des
Kaisers Mathias, dem ein erfahrener Feldherr mangelte, doch mit

Vorbehalt seiner frühern Anstellung in den Niederlanden. Im Nov. 1618 drang er zuerst in Böhmen ein, mußte sich aber vor der Übermacht zurückziehen. 1619 ging er mit 12,000 Mann von Neuem nach Böhmen, und lieferte dem Grafen Ernst v. Mannsfeld am 10. Juny bey Tein ein glückliches Treffen. Durch diesen Sieg, an welchem der damahlige Küraffieroberst Wallenstein vorzüglichen Antheil hatte, rettete er den Kaiser Ferdinand II., der in seiner Hauptstadt Wien von dem Grafen Thurn belagert wurde. Er eroberte hierauf Wittingau, Tein und andere Städte, und verstärkte sein Heer bis auf 17,000 Mann, welche einen Theil Böhmens grausam verwüsteten. Bald aber mußte er der Hauptstadt zu Hülfe eilen, welche Thurn im Verein mit dem Fürsten von Siebenbürgen, Gabriel Bethlen, von Neuem hart bedrängte. Durch kluge Vorsicht und Wallenstein's kräftige Unterstützung rettete er Wien zum zweyten Mahle (1619). Im folgenden Jahre vereinigte er sich mit der liguistischen Macht unter Herzog Maximilian von Bayern, drang mit ihm in Böhmen ein, eroberte Pisek mit Sturm, worin Niemand verschont würde, und siegte am 8. Nov. 1620 auf dem weißen Berge vor Prag. Hierauf ging er mit dem kaif. Heere nach Mähren, unterwarf es ohne Mühe und überbrachte dem Kaiser nach Wien 85 eroberte Fahnen. Er hatte darauf den Krieg gegen Gabriel Bethlen in Ungarn zu führen, wo er die Festung Neuhäusel belagerte. Hier wurde er am 10. Juny 1621 bey einem Ausfalle der Ungarn von den Seinigen abgeschnitten, und als sein Pferd getödtet war, nach der tapfersten Gegenwehr mit 16 Wunden umgebracht. Er war ein bewährter Feldherr, hatte sich aber hart und grausam gezeigt. Sein Leichnam wurde in der Minoritenkirche zu Wien beygesetzt.

Bucquoy, Georg Franz August Longueval, Graf v., geb. den 7. Sept. 1781 zu Brüssel, studirte in der Theresianischen Ritterakademie zu Wien. 1803 kam er durch Erbschaft zu einem bedeutenden Vermögen, und bereiste nun die Schweiz, Frankreich und Italien. Er lebt seit seiner Zurückkunft, nach welcher er sich verehelichte, auf seinen Gütern in Böhmen den Wissenschaften, und der Aufsicht über seine bedeutenden Fabriken, zu deren Vervollkommnung er viel beyträgt. Die Schönheit der von ihm erfundenen Hyalithmasse ist vortheilhaft bekannt. Von seinen zahlreichen Schriften, die er meist auf seine Kosten bey Breitkopf und Härtel in Leipzig erscheinen läßt, sind zu nennen: Erläuterungen zu Schubert's physischer Astronomie, 1. Hälfte. 1811. — Analytische Bestimmung des Gesetzes der virtuellen Geschwindigkeit, 1812; welchem mehrere Werke ähnlichen Inhalts folgten, Ferner: Die Theorie der Nationalwissenschaft nach einem neuen Plane, 1815, welchem gleichfalls mehrere inhaltsverwandte Schriften folgten. — Skizzen aus einem Gesetzbuch der Natur, 1817. — Ideelle Verherrlichung des empirisch erfaßten Naturlebens, 2 Bde. 1826. — Auswahl aus meinen philosophisch-wissenschaftlichen Schriften und contemplativen Dichtungen, 3 Bde. Prag, 1825—27. — Anregungen für philosophisch-wissenschaftliche Forschungen und dichterische Begeisterung, 1825 ꝛc. In Oken's Isis lieferte er Abhandlungen und Aufsätze.

Bucquoy, Joh. Longueval, Graf v., wurde am 28. Juny 1741 zu Prag geboren. Sein Vater war **Franz Leop.** Graf v. B., oberster Landeshofmeister im Königreich Böhmen, k. k. wirkl. geh. Rath, und Ritter des goldenen Vließes. Er vollendete seine juridischen Studien 1760 auf der Prager hohen Schule mit dem besten Erfolge, disputirte am 19. Aug. desselben Jahres öffentlich, und gab eine Abhandlung: de jure puniendi in statu naturali heraus. — Er wurde 1762 als Rath bey der alten Appellations-Kammer angestellt. 1763 wurde er zum Lehensreferendarius ernannt, und 1765 zum Assessor bey der Fundations-Commission resolvirt. — 1767 ernannte ihn **Maria Theresia** zum Gubernialrathe; endlich wurde er 1768 Assessor bey der in Judensachen verordneten Commission, und erhielt 1769 das Referat in commercialibus als Assessor des Commerzial-Congresses. 1770 wurde er zum wirkl. geh. Rath ernannt, und 1771 resignirte er seine durch 9 Jahre geleisteten Dienste als Beysitzer bey dem Gubernialsenat in judicialibus, und bey dem Consesse in commercialibus, wegen der ihm so sehr am Herzen liegenden Administration seiner Güter zum Besten seiner Unterthanen. — Die Verbesserung des Schulwesens und die Bildung der Jugend beschäftigten ihn anhaltend. Von seiner Herrschaft **Gratzen** verbreitete sich dieselbe in die Residenzstadt und in die Erbländer. Zu solchen Anstalten bestimmte er ansehnliche Summen, und gründete eine Anstalt zur Versorgung der wahrhaft Armen. 1779 wurde das Armen-Institut nach seinem Plane auf seinen Gütern auf eine Art eingeführt, die noch jetzt von denjenigen, welche Augenzeugen waren, mit Entzücken erzählet wird. Dem unsterblichen Kaiser **Joseph II.** entging die Nützlichkeit des von B. auf seinen Herrschaften eingeführten Institutes nicht, er berief ihn 1783 nach **Wien,** und übertrug ihm die Einführung und dießfalls erforderliche vorzügliche Mitwirkung zu den, auf dessen eigenthümlichen böhm. Herrschaften mit so gutem Erfolge gegründeten Armen-Instituten, auch in den übrigen Erbländern, und zwar vorzüglich in **Wien** und in Niederösterreich. Zur Erreichung dieser seiner Absicht machte der Kaiser allen Behörden seinen Willen durch besondere Rescripte bekannt. Überzeugt von der besondern und ruhmwürdigen Thätigkeit B.'s, so wie von dem guten Erfolge seiner Unternehmungen erweiterte der Kaiser die Einführung des Armen-Instituts auf alle Länder der Monarchie. 1784 übertrug er B. die Oberleitung aller Stiftungssachen, Institute und frommen Vermächtnisse als Präsidenten derselben. — Das Präsidium bekleidete B. bey der Stiftungs-Oberdirection bis zum 7. Dec. 1787, wo er auf seine neuerlich eingebrachte Resignation entlassen wurde. — Er starb den 11. April 1803.

Buczacz, galiz. Flecken im Stanislawower Kreise an der Stripa, mit 2,200 Einw. und einem griech. Basilianerkloster, bey welchem ein Gymnasium und eine Hauptschule besteht.

Budik, Pet., k. k. Lyceums-Bibliothekar zu Klagenfurt, früher in der Wiener Hofbibliothek angestellt, ist geboren zu **Butschowitz** in Mähren den 18. Oct. 1792. In Straßnitz und Brünn studirte er Humaniora und Philosophie, in Olmütz und Wien die Rechte. Der Literatur, den schönen Wissenschaften und der Philologie

widmete er sich mit besonderem Eifer und schrieb: Ährenlese, eine Samm=
lung der vorzüglichsten Elegien und Epigrammen, den lateinischen Dich=
tern des 16. — 18. Jahrhunderts nachgebildet. Wien, 1822. — Leben
und Wirken der vorzüglichsten lateinischen Dichter des 15. — 18. Jahr=
hunderts, 3 Bde. ebs. 1827. Der Werth des zweyten hier genannten
Werkes, einer schönen Frucht philologischen Wissens und gediegener
Darstellungsgabe, scheint noch nicht gebührend erkannt zu seyn. Ferner
erschienen von ihm: Vorbereitungsstudien für den angehenden Bibliothe=
kar, Wien, 1834. Für die Presse bereit sind: Faërni fabulae cen=
tum übersetzt und kritisch beleuchtet; Ursprung, Ausbildung, Abnahme
und Verfall des Turniers u. s. w.; Handbuch der Bibliographie mit
kritischer Angabe der Literatur; Unterhaltungen aus der Literargeschich=
te, Bibliographie ꝛc. Vermischte prosaische und poetische Beyträge von B.
finden sich in Hormayr's Archiv; in den Jahrbüchern der Literatur,
Schick h's Wiener Zeitschrift für Kunst, Literatur ꝛc., in der Iris,
Kueffner's Taschenbuch für Frohsinn, Gräffer's Conversationsblatt,
Ceres, Aurora und Philomele ꝛc.

Budua (Budoa), dalmat. Stadt im Kreise von Cattaro, auf
einer kleinen Erdzunge am Meere, mit alten Mauern umgeben, eng
und unregelmäßig gebaut und 780 Einw. zählend, welche sich von Vieh=
zucht, Fischerey und Obstbau nähren. Die bey dieser Stadt liegende
Felseninsel St. Nicolo ist unbewohnt.

Budowecz v. Budowa, Wenz., böhm. Appellations=Präsi=
dent, geboren zu Prag. Nachdem er zu Hause guten Grund zu ver=
schiedenen Wissenschaften gelegt hatte, besuchte er im 18. Jahre seines
Alters das Ausland, um seine Kenntnisse auf andern Akademien zu er=
weitern. Am längsten hielt er sich zu Paris auf; dann durchreiste er
England, Dänemark, Deutschland, die Niederlande und endlich Ita=
lien. Durch den lehrreichen Umgang mit den berühmtesten Gelehrten bil=
dete er seinen Verstand ungemein aus, und kehrte, mit stattlichen Kennt=
nissen ausgerüstet, 1577 wieder in sein Vaterland zurück. Er war kaum
in Prag angekommen, so erhielt er schon den Auftrag, den Gesandten
Kaisers Rudolph II., Joachim v. Zinzendorf, nach Constan=
tinopel zu begleiten, und langte am 1. Jän. 1578 mit dem Gefol=
ge der Gesandtschaft daselbst an. Hier brachte er die Zeit, welche ihm
seine Amtsgeschäfte übrig ließen, nicht müßig zu, sondern befliß sich
die arabische und türkische Sprache zu erlernen, und studirte fleißig
den Koran. Nach einem Aufenthalte von 4 Jahren zu Constantino=
pel kam er wieder nach Prag zurück. Kaiser Rudolph belohnte seine
Dienste damit, daß er ihm die Würde eines Hofraths verlieh. 1584
wurde er als Appellationsrath auf der Ritterbank installirt, und darauf
zum Obersteuereinnehmer im Königreiche Böhmen befördert. — So
lange die Ruhe in Böhmen herrschte, brachte er seine Zeit mit gelehrten
Beschäftigungen zu. Der Eifer, sein Religionssystem, welches das cal=
vinische oder jenes der böhm. Brüder war, unter seinen Unterthanen zu
verbreiten, brachte ihn dahin, daß er alle Sonntage selbst die Kanzel
bestieg und predigte; und da er mit einer hinreißenden Beredsamkeit viele
Gelehrsamkeit verband, kostete es ihm nicht viel Mühe, seine Absichten

zu erreichen. Bald darauf öffnete sich ihm ein weiteres Feld, worin er seine Stärke in der Redekunst im glänzendsten Lichte öffentlich zu zeigen Gelegenheit fand. Denn als 1608 der Erzherzog Mathias den Kaiser Rudolph, seinen Bruder, zur Abtretung der böhm. Krone an ihn zu bewegen suchte, trat B. auf die Seite des Erzherzogs, und zog auch die Meisten der Mitstände nach sich. Als eben um diese Zeit das Volk vom Kaiser eine vollkommene Religionsfreyheit zu erzwingen suchte, verfertigte er die Artikel, und trug sie dem Kaiser Rudolph im Nahmen der Stände vor. Weil er dießmahl länger, als man geglaubt hatte, auf dem Schlosse geblieben war, so verbreitete sich in der Stadt das Gerücht, Rudolph habe ihn ins Gefängniß werfen lassen. Die Bürger griffen zu den Waffen, und es wäre ganz gewiß zu einem allgemeinen Aufstande gekommen, wenn ihn B. durch seine Rückkunft nicht gestillt hätte. Das Volk konnte sich kaum vor Freude fassen, als er ihm die Nachricht brachte, daß der Kaiser den Majestätsbrief, wodurch in Böhmen die Gewissensfreyheit festgesetzt wurde, an diesem Tage, es war der 12. July 1609, unterfertigt habe. Zu gleicher Zeit war auch die Universität zu Prag den Protestanten überliefert worden; da sie aber damahls in einem schlechten Zustande war, so wurde auf sein Andringen beschlossen, diese hohe Schule wieder in Aufnahme zu bringen. Zu diesem Endzwecke wurden nun 24 ansehnliche Männer, 8 aus jedem Stande, am 10. Oct. 1609 ernannt, und zu Beschützern (Defensores) der hohen Schule bestimmt; diese besetzten die erledigten Lehrstühle mit geschickten Professoren, vermehrten den damahligen Zeitumständen gemäß ihren Gehalt, und erließen verschiedene neue Verordnungen sowohl für die Schulen in Prag, als auf dem Lande. Unter der Zahl dieser Defensoren war auch B. Allein diese guten Anstalten zur Aufnahme der Wissenschaften, wovon B. der Urheber war, wurden einige Jahre darauf durch die schreckliche Catastrophe des ganzen Königreiches wieder zerstört. Unter der kurzen Regierung Friedrich's von der Pfalz, wurde B. zum Appellations-Präsidenten und Bewahrer der böhm. Krone ernannt; überdieß war er auch einer aus den Directoren, welche das Königreich vor der Ankunft Friedrich's verwalteten. B. stand jedoch diesen Ämtern nicht lange vor, denn Friedrich's Heer wurde 1620 auf dem weißen Berge aufs Haupt geschlagen, und Prag erobert. B. führte nun seine Gemahlinn und Kinder auf seine Güter, und kehrte sogleich wieder nach Prag zurück; denn er wollte lieber sich selbst in die Hände der Überwinder liefern, als die Krone, deren Bewahrung ihm die Stände aufgetragen hatten, im Stiche lassen. Er wurde am 10. Febr. 1621 verhaftet, zum Tode verurtheilt, und am 21. Juny desselben Jahres im 70. seines Alters als Empörer öffentlich enthauptet. — Von ihm sind folgende Schriften: Historica narratio de rebus in Bohemia inter proxima regni comitia, in negotio religionis gestis, 1609. — Antialkoran, Prag, 1614. — Circulus horologii lunaris et solaris etc., repraesentans seriem praecipuarum ecclesiae et mundi mutationum, Hannover, 1616. — Gnomon apologeticus circuli horologii historici, Frankfurt, 1617. Auch war

B. Mitverfasser der Apologien, welche die protestantischen Stände in Böhmen herausgaben.

Budweis, böhm. Stadt im gleichnahmigen Kreise, mit 710 Häus., 7,400 Einw., Kreisamt, Bisthum, 7 Kirchen, Piaristen-Gymnasium, philosophischer Lehranstalt, Diöcesan-Seminar und theolog. Lehranstalt, Eisenbahn, bedeutenden Pferd- und Getreidemärkten. Auch Tuch und Salpeter wird hier verfertigt. B. hat hinsichtlich der Handlung eine sehr vortheilhafte Lage an der Moldau, wo die Schifffahrt bis Prag ordentlich unterhalten wird, was zum großen Vortheile für die aus Triest, Ungarn, Steyermark, Oberösterreich ꝛc., theils nach Prag, theils weiter nach Sachsen durchziehenden Güter gereicht. Bey mittlerer Wasserhöhe der Moldau beträgt die Schiffsladung 400—450 Ctr. Bedeutende Versendungen von hier geschehen in gefärbten Tüchern aller Gattung, Leinöhl, medicinischen Gartenkräutern ꝛc.

Budweiser Kreis in Böhmen, mit einem Flächenraum von mehr als 79 Quadratm., ist der südlichste Theil von Böhmen, durchaus gebirgig. Er hat die Gebirge: Hum, Dreysessel, Horstein, Plockenstein, Hochfürchtl. Seine Flüsse sind: Die Moldau, Malsch und Luschnitz, und er ist von mehreren stehenden Gewässern (als: der Rosenberger-Teich ꝛc.) bewässert. Er ist sehr fruchtbar an Getreide, und reich an Silber, Eisen, und hat viel Wild, Schafe und Fische. Die Industrie besteht aus Eisen-, Glas-, Baumwollwaaren-Erzeugung und Papierfabrication, von welchem sich 203,875 (größtentheils deutsche) Einw. in 12 Städten, 25 Marktfl. und 897 Dörfern ernähren. Der Schwarzenberg'sche Canal, der in diesem Kreise die Donau mit der Moldau verbindet, ist sehr nennenswerth.

Bücher-Censur. Als die Päpste nach dem 8. Jahrhundert einen großen Theil der politischen Regierung an sich zogen, ging ihr Streben auch dahin, das landesfürstl. Recht über das Lesen und Nichtlesen der Bücher ihrer Aufsicht unterzuordnen. Martin V. excommunicirte Alle, welche ketzerische Bücher oder die Schriften der Wiclefiten und Hussiten lesen würden. Leo X. ließ, als im 15. Jahrhundert der Druck die Bücher vermehrte und das Lesen bequemer machte, alle Bücher Luther's verbrennen. — Kaiser Ferdinand I. gestattete 1527 aus eigener landesfürstl. Machtvollkommenheit, ohne päpstlicher Einwirkung, den Druck und das Lesen der lutherischen Bücher nicht. Ein gleiches thaten die übrigen Fürsten, erlaubten aber jene Bücher, welche ihre Würde und Gerechtsame gegen die Geistlichkeit vertheidigten. — Papst Paul IV. ließ sich nicht hindern, alle Bücher zu verbiethen, welche die weltlichen Fürsten wider die Eingriffe der Geistlichkeit in Schutz nahmen. Die dadurch beleidigten Fürsten brachten 1562 ihre Klagen bey dem Concilium zu Trient vor; viel wurde darüber gestritten, jedoch kein Entschluß gefaßt. — Kaiser Maximilian II., unwillig über diese Verzögerung, ordnete 1573 bey der n. ö. Regierungsbehörde eine eigene Censur an, welche späterhin an die Wiener Universität übertragen wurde, und sohin, besonders bezüglich der theolog. Bücher, in die Hände der Jesuiten fiel. 1751 erfolgte die Einleitung, daß das Censurwesen nach verschiedenen Fächern an bestimmte Censoren überging, wie von

Swieten, Riegger, Justi ꝛc. 1753 ertheilten die Facultäten über die Bücher ihres Faches wieder das Imprimatur, allein Maria Theresia machte bald dieser Einrichtung ein Ende, und bestellte eine eigene Bücher-Censur-Commission, welche 1782 mit der Studien-Commission vereinigt wurde. Die in den Provinzen eingeführten Bücher-Censur-Commissionen wurden 1781 aufgehoben, den Länderstellen die Handhabung des Censurwesens anvertraut, und alle zum Druck bestimmten Schriften von Belange der Wiener Censur zugewiesen. Joseph II. hat die Presse unter sehr gemäßigten Censurgesetzen freygegeben. Seit der französ. Revolution wurden jedoch in Österreich die Gränzen der Preßfreyheit enger gezogen, und die Censur wurde der böhm.-österr. Hofkanzley untergeordnet; 1801 wurde der Polizey-Hofstelle die Leitung der Censurgeschäfte übertragen. 1803 fing die Recensurirungs-Commission aller, bis 1792 unter Joseph II. erlaubten, Bücher an; nach zweyjähriger Arbeit hatte man über 2,500 Bücher verbothen, denn unglücklicher Weise waren sehr viele der damahls erschienenen Schriften von einer Art, die bey der leidigen Sucht, unzeitige Gedanken und Aussprüche gedruckt zu lesen, bis an Aberwitz gränzte. Am 1. Nov. 1810 trat eine neue Vorschrift für die Leitung der Censur und für das Benehmen der Censoren in Wirksamkeit, welche durchaus den Charakter einer angemessenen Liberalität an sich trägt. Den Censoren ist es übrigens zur Pflicht gemacht, die zum Censuriren eingelaufenen Bücher mit möglichster Schnelligkeit abzufertigen. Professoren und eigentlichen Gelehrten werden Bücher ihres Faches jener Vorschrift gemäß nie versagt, ausgenommen sie beständen neben ihrer Gehaltlosigkeit bloß aus Schmähungen. Die Bücher-Censoren bey der Central-Censur in Wien werden von der k. k. Polizey- und Censur-Hofstelle ernannt, welche dabey nicht allein auf Gelehrsamkeit, Kenntnisse und Schärfe der Beurtheilung, sondern auch auf bewährte Rechtschaffenheit mit Strenge und Überzeugung ihr Augenmerk richtet. Übertretungen der Büchercensur-Vorschriften sind nach dem österr. Strafgesetzbuche schwere Polizey-Übertretungen, welche in den verschiedenen Fällen theils mit Geldstrafen von 200—500 fl., theils mit Arreststrafen von 1—6 Monathen, gegen Buchhändler und Buchdrucker aber in Wiederhohlungsfällen mit dem Verlust der Gerechtsame des Buchhandels oder der Buchdruckerey geahndet werden. Dieser Verlust und zugleich strenger Arrest von 1—6 Monathen trifft den Buchhändler und Buchdrucker, wenn das gegen Verboth der B. C. gedruckte oder verkaufte Buch zum Verderbniß der Sittlichkeit gereicht. Diejenigen, die sich zum Ausrufe einzelner Blätter und Flugschriften ohne Erlaubniß der Behörde gebrauchen lassen, werden mit 3tägigem Arrest, bey jeder weitern Übertretung aber körperlich bestraft. Alle Übertretungsfälle, in Bezug auf Bücher, Flugschriften und einzelne Blätter, werden auf gleiche Art bey gestochenen und lithographirten Blättern jedes Gegenstandes angesehen. — In Ungarn leitet der königl. Statthaltereyrath die B. C. Es sind demselben mehrere Bücher-Censoren beygeordnet, und die Handhabung der Censurgesetze überlassen.

Bücher-Revisionsämter, sind in Censursachen gewissermaßen die ersten Instanzen, an welche sich die Parteyen unmittelbar zu wenden haben. Größtentheils bestehen sie in jenem Orte, wo die Landesregierung oder das Gubernium den Sitz hat, nähmlich in Wien, Linz, Salzburg, Grätz, Prag, Brünn, Lemberg, Mailand, Venedig, Zara, Laibach, Triest und Innsbruck. Durch die politischen Landesstellen oder ihre Präsidien, als Mittelinstanzen, geht der weitere Zug an die k. k. oberste Polizey= und Censurhofstelle. Jedes im Auslande gedruckte Buch oder bildliche Kunstwerk muß, ehe es von einem österr. Buchhändler oder Kunsthändler zum Verkauf ausgebothen und ehe es überhaupt an einen Privaten hinausgegeben wird, dann jedes Manuscript und noch nicht aufgelegte bildliche Kunstwerk, wie nicht minder jedes inländische, zu einer neuen Auflage bestimmte Buch vor dem Drucke bey dem Revisionsamte zur Censur überreicht werden. In dieser Beziehung ist schon die Einleitung getroffen, daß alle Bücher von den Zollämtern an die B. R. gelangen, wo sie vorschriftsmäßig revidirt werden. Die Bücher, welche der Revisor zur Censur geeignet findet, werden abgesondert und das zur Censur bestimmte, auf Kosten des Eigenthümers broschürte Exemplar, wird von dem Revisor in den Journalbogen eingetragen, mit Bezeichnung der Druckschrift und Beyfügung der Nahmen des Eigenthümers und des Censors. Jeder Censor erhält mit dem ihm zugetheilten Buche ein Quartblatt, worauf sein Nahme, der Titel des Werkes, die Nummer und der Tag der Einlangung zu stehen kommen. Auf dieses Blatt schreibt der Censor seine Meinung. Läßt er das, als ganz unbedenklich befundene Buch passiren, so schreibt er auf das Blatt: Admittitur. Transeat schreibt der Censor bey Büchern, bey welchen nur einige anstößige Stellen und Ansichten auffallen, was zur Folge hat, daß das Buch von den Buchhandlungen zwar verkauft, jedoch nicht öffentlich angekündigt und nicht in den Auslagkasten gestellt werden darf. Führt ein Werk intellectuelle oder moralische Gebrechen mit sich, die man vernünftiger Weise nicht gutheißen kann, so wird es als bedenklich mit erga schedam erledigt, was soviel heißt, daß das Werk nur an Personen überlassen werden kann, die dazu eine eigene Erlaubniß von der Censurhofstelle erhalten. Diese wird nur Personen von bewährten, guten Grundsätzen und von Bildung, gegen ihre schriftliche Erklärung (scheda), gegeben, daß sie es bloß für sich gebrauchen und nicht weiter mittheilen wollen. Das Damnatur bezieht sich auf Werke von der größten Gefährlichkeit, und eine solche Erledigung schließt in der Regel jedermann von dem Besitze derselben aus; nur Gelehrten vom Fache und besonderes Vertrauen verdienenden Personen wird erga schedam erlaubt, dieselben an sich zu nehmen und zu besitzen. Wenn die Erledigungen an das Revisionsamt zurückgelangen, so wird der Tag, an welchem das Exemplar von dem Censor wieder einlangte, nebst dem Bescheide, in den Journalbogen aufgezeichnet. Aus den letztern geschieht die alphabetisch geordnete, zur schnellen Auffindung führende, Eintragung in die Hauptbücher. Eine ähnliche Manipulation findet bey den Handschriften, welche zum Drucke bestimmt sind, oder den Büchern, welche wieder aufgelegt werden sollen, Statt. Für diese werden besondere Journalbögen geführt, in welche der Tag der Einreichung und derjenige, der sie vornimmt 2c. eingetragen werden. Bey Manuscripten ist die Censurerledigung im Falle der vollkommenen Unbedenklichkeit ein einfaches Imprimatur, bey bildlichen Gegenständen Excudatur. Wenn der Druck nur gegen Veränderungen oder Weglassungen gestattet wird, so lautet die Censur-erledigung: Correctis corrigendis oder omissis omittendis oder deletis delendis admittitur; dagegen non admittitur, wenn der Druck als unzulässig erkannt wird. Der verderbliche Inhalt wird mit der Formel Damnatur und ein seichter oder sinnloser Inhalt mit der Formel: Typum non meretur erledigt. Die erfolgten Erledigungen werden sohin den Parteyen, unter Zurückstellung der Bücher und Manuscripte von Seite der B. R., unter Beyfügung der erwähnten Formeln hinaus-gegeben. Von den in Wien erscheinenden Werken der Literatur und Kunst, erlaubten und verbothenen Zeitschriften, dann von den verbothe-nen Büchern ergeben von Zeit zu Zeit gedruckte oder lithographirte Ver-zeichnisse durch das Central-Bücher-Revisionsamt in Wien an die Län-derstellen und die Provinzial-B. R. Das Central-B. R. in Wien, welches zugleich die Einreichungs- und Expeditionsgeschäfte der Wiener k. k. Bücher-Censur besorgt, und unmittelbar an die Censur-Hofstelle seine Berichte erstattet, hat einen Amtsvorsteher, 2 Revisoren, 1 Kan-zelisten und 2 Amtsdiener. In den Provinzen bestehen nur zu Prag, Mailand und Venedig Amtsvorsteher, mit beygegebenen Revisoren; sonst sind in den Provinzen (auch in Ungarn) nur einzelne Revisoren an-gestellt. Im lombard.-venet. Königreiche hat jede Delegation auch ihren eigenen Büchercensor und Revisor. Kleinere Gegenstände, insofern sie durchaus unverfänglich sind, Kunst- und Büchercataloge, verschiedene An-kündigungen und sonstige Nachrichten ꝛc. werden gleich bey den B. R. unmittelbar mit dem Imprimatur versehen. Endlich haben die B. R. bey allen Verlassenschaften einzuschreiten, wo sich Bücher, Kupferstiche, Landcharten und Steinabdrücke vorfinden, um wegen allenfalls verbothe-nen Stücken Amt zu handeln. In dieser Hinsicht müssen der Regel nach, die Verzeichnisse den B. R. von den Verlassenschaftsbehörden mitgetheilt werden. Zur Drucklegung der Ankündigungen von Büchern, Kupfer-stichen, Landcharten, Steinabdrücken ꝛc. wird nothwendig das Imprima-tur der B. R. erfordert.

Budishegy, hoher Berg im Háromszéker Stuhl Siebenbürgens. Am Fuße desselben entspringt ein schwefelhaltiger Gesundbrunnen, dessen Wasser einen angenehmen Geschmack hat. Östlich von dieser Quelle be-finden sich 4 Schwefelhöhlen, von welchen die größte jedoch 1802 bey-nahe ganz verschüttet wurde.

Bürg, Joh. Tob. v., berühmter Astronom, k. k. Rath, Rit-ter des Leopold-Ordens, geb. zu Wien den 24. Dec. 1766. Sein Vater wollte, daß er sich lieber einem Handwerke widme, als stu-diere. Durch die Verwendung eines seiner Lehrer jedoch, der des Jüng-lings Talent würdigte, konnte B. seiner wissenschaftlichen Neigung fort-hin obliegen. Seine außerordentlichen, mit dem unermüdlichsten Fleiße verbundenen Fortschritte, konnten dem großen van Swieten nicht unbekannt bleiben. B. genoß dessen Unterstützung. Mathematik und Astronomie waren nun die Gegenstände seines eifrigsten Studiums. In letzterer bildete er sich unter Triesnecker, Adjuncten der k. k. Stern-

27 *

warte zu Wien, weiterhin aus. 1791 ward er Professor der Physik am
Lyceum zu Klagenfurt; das Jahr darauf erhielt er Triesnecker's
Stelle an der Sternwarte. Späterhin traf ihn das Unglück, sein Gehör
zu verlieren. Zuletzt privatisirte er zu Wiesenau in der Nähe von
Klagenfurt, stets mit wissenschaftlichen Arbeiten beschäftigt. Seine gelehrten Werke, für deren Verdienste ihm der Leopolds-Orden ward, verbürgen ihm einen unvergänglichen Nahmen. 1798 hatte das französ.
Nationalinstitut die Preisaufgabe ausgeschrieben, die Epoche des Apo-
geums und des Knotens der Mondbahn aus wenigstens 500 Beobachtungen nachzuweisen. Somit trat B. mit nicht weniger als 3,000 Beobachtungen auf, indem er zugleich die andern Elemente der Mondbahn verbesserte. Nächst B. war Alexander Bouvard, der des Preises würdigste Concurrent, oder das Institut wußte vielmehr nicht, welchem von
Beyden der Preis zuzuerkennen sey. Es ward daher die Theilung desselben beschlossen, als der Consul Bonaparte in großartiger Würdigung
dieses den Wissenschaften sowohl, als den beyden siegreichen Kämpfern
so sehr zum Ruhme gereichenden Falles, die Verdoppelung des Preises
aussprach. Diese meisterhaften Tafeln B.'s gab das Nationalinstitut 1806
heraus. Die von B. in der Folge bekannt gemachten noch vollkommeneren
Mondtafeln, gelten durchaus für die besten. Werthvolle Arbeiten von B.
stehen in Triesnecker ephemerides astronom.; in Zach's monathlicher
Correspondenz, in Bode's astronom. Jahrbuch ꝛc. B. starb in seinem
Wohnorte den 25. Nov. 1834.

Bürgerliches Gesetzbuch. Dieses verdanken wir der Sorgfalt des
Kaisers Franz I. für das Wohl seiner Völker. Es zeichnet sich durch Klarheit und Gemeinfaßlichkeit aus. Vertraute Bekanntschaft mit der Theorie
des Civilrechtes ist die nothwendige Vorbedingung, um sich zu einem, der
Absicht des Gesetzgebers entsprechenden österr. Rechtsgelehrten zu bilden.
Da das Studium des römischen Rechtes, wodurch jeder Rechtsgelehrte
seine Bildung vorzugsweise erreicht, an unsern Universitäten auf eine würdige Weise gepflegt, und das österr. b. G. gleichermaßen als Wissenschaft behandelt, folglich jeder Satz kritisch untersucht und die, dem
ganzen System zum Grunde liegende Theorie aufgestellt wird, so werden auch die österr. Gerichtshöfe hoffentlich fortwährend mit Männern
ausgestattet seyn, welche das b. G. in seinem wahren Geiste anwenden. In
Folge des Kundmachungs-Patentes vom 1. Juny 1811, ist das allgem.
b. G. mit dem 1. Jän. 1812 in Ausübung gekommen, nachdem der von
der Hofcommission in Gesetzsachen zu Stande gebrachte Entwurf, durch
gediegene Meinungen der vorzüglichsten österr. Rechtsgelehrten und so vieler Sachverständigen bey den eigens aufgestellten Provinzial-Commissio-
nen vollends geläutert, inzwischen aber schon in Galizien der erste Entwurf 1797 (prüfungsweise) als Gesetz kundgemacht und die aus der Anwendung eingeholte Erfahrung benützt worden war. Somit wurde das
bisher angenommene gemeine Recht, der am 1. Nov. 1786 kundgemachte
1. Theil des unvollendet gebliebenen b. G.es Joseph's II., das für
Galizien, wie erwähnt, gegebene b. G., sammt allen bezüglichen Gesetzen und Gewohnheiten, außer Wirksamkeit gesetzt. Die Vorschriften
des gegenwärtigen b. G.es sind zwar allgemein verbindlich, doch bestehen

für das Militär besondere privatrechtliche Vorschriften. Handels = und Wechselgeschäfte werden nach den hierüber bestehenden Gesetzen, insofern sie von den Vorschriften des b. G.es abweichen, beurtheilt. Auch ist sich in politischen, Cameral = und Finanzgegenständen nur an die, die Privatrechte beschränkenden oder näher bestimmenden Verordnungen, wenn sie auch in dem b. G. nicht ausdrücklich bezogen sind, zu halten. Der deutsche Text des b. G.es ist der Urtext, wornach alle Übersetzungen in Landessprachen der verschiedenen Provinzen zu beurtheilen sind. Von dem, aus der k. k. Hof= und Staatsdruckerey 1811 in 3 Theilen erschienenen allgem. b. G. für die gesammten deutschen Erbländer der österr. Monarchie, wovon 1814 in der nähmlichen Druckerey eine Ausgabe in 3 Theilen, mit dem Porträt des Kaisers Franz I., veranstaltet wurde, ist 1811 ebendaselbst eine durch den, in der Nationalsprache tief bewanderten und auch in deutschen Ausarbeitungen, wegen seiner seltenen, den Gegenstand zugleich erschöpfenden Präcision, sehr schätzbaren k. k. Hofrath der obersten Justizstelle und Kämmerer, Mich. v. Stojowski, besorgte polnische Übersetzung, in Druck herausgekommen. (Er lebt dermahlen mit kaiserl. Bewilligung zu Krakau im Jubilationsstande und Genusse seines ganzen Gehaltes.) Der k. k. Rath, Dr. der Rechte und Landesadvocat in Böhmen, wie auch Professor der böhmischen Sprache und Literatur, Joh. Negedly, lieferte 1812 eine böhmische Übersetzung, welche zu Prag bey Casp. Widtmann erschien. Italienische Übersetzungen erschienen zu Wien aus der Hof= und Staatsdruckerey 1815; zu Venedig bey Pinelli und Andreola 1815; bey Parolari 1816; letztere colle citazioni delle leggi romane, was eine Privatarbeit ist, obschon beyde letztern Ausgaben auf dem Titel als ämtliche ausgedrückt sind. Eine Privatübersetzung des b. G.es in die italienische Sprache ging bereits zu Venedig 1814 aus der Druckerey Fracasso hervor, und eine 2. durchgesehene und verbesserte Auflage hiervon zu Venedig, 1815, bey Santini. Diese Übersetzung wurde von mehreren italienischen Gelehrten unternommen, noch ehe das b. G. im lombardisch = venetianischen Königreiche kundgemacht wurde. Allein die officielle, durch eine eigene ämtliche Commission zu Stande gebrachte ital. Übersetzung hat vor dieser Privatarbeit einen entschiedenen Vorzug. Eine latein. Übersetzung kam endlich auch in der k. k. Hof= und Staatsdruckerey 1817 heraus. Schon 1812 unternahm aber auch der Professor des österr. bürgl. Rechts zu Lemberg, dermahlen zu Wien, Dr. und k. k. Rath Jos. Winiwarter, eine latein. Übersetzung des neuen b. G.es, vorzüglich für Galizien, wo sowohl in der Schule, als im Gerichtshofe der Gebrauch der latein. Sprache herrschend ist. Zugleich muß hier Zeiller's Commentar über das b. G. (4 Bde, in 7 Theilen, m. Register, Wien 1811—13) erwähnt werden. Niemand konnte mehr berufen seyn, den echten Sinn des neuen b. G.es darzustellen, als derjenige, welcher selbst an dem Entwurfe desselben den wichtigsten und meisten Antheil durch eigene Ausarbeitungen genommen hatte. Gleich bey dem Erscheinen dieses Commentars erscholl im In= und Auslande nur eine Stimme über die Gründlichkeit und den Scharfsinn des gelehrten Verfassers. Als das österr. b. G. auch für das lombard.-venet. Königreich kundgemacht wär, sind mehrere Übersetzer des Zeiller'schen Commentars aufgetreten, nähmlich der Advocat Jos. Carozzi in Mailand (Commentar 7 Bde.; Register 2 Bde.; Mailand, 1815—16, aus der Druckerey des J. J. Destefanis); Franz von Calderoni (diese Arbeit zerfällt in 4 Bde. in 6 Theilen, Triest, 1815—16); Benedict Bertolini (zugleich mit latein. Text, 4 Bde. Venedig, 1815—16); der Advocat Onuphrius Taglioni zu Mailand lieferte einen eigenen Commentar über das b. G. in 8 Bdn. 1816—22, unter dem Titel: Commentario al codice civile universale austriaco (Mailand, Placido Maria Visaj). Der Verfasser, als juristischer Schriftsteller in Italien ehrenvoll bekannt, strebt überall nach Selbstständigkeit in seinen Ansichten; darum ist er eifriger Gegner vieler in Zeiller's Commentar aufgestellten Behauptungen. Nach dem Tode Taglioni's setzte Carozzi sein Werk 1825 bey R. Fanfani fort. Noch ist zu erwähnen ein weitläufiges Werk von mehr als 16 Bdn.: Giurisprudenza del codice universale della monarchia austriaca, divisa in diversi trattati esposti secondo l'ordine delle materie in esso contenute. Mailand, Visconti u. Martinelli, 1818—23. Man kann nicht unbemerkt lassen, daß in diesem Werke nicht immer der wahre Sinn der österr. Gesetze aufgefaßt ist. Der theoretisch-practische Commentar endlich, über das b. G., von dem k. k. Rathe, und Professor des österr. bürgerl. Rechtes an der Präger Universität, Dr. Mich. Schuster, Prag, 1818, ist ein pandectenartiges Werk über die österr. Civiljurisprudenz. Einen Ergänzungsband hiezu erhielten wir durch seine Abhandlung: Über das Baurecht, Verbiethungsrecht, den Gebrauch und Nichtgebrauch der Dienstbarkeiten, dann über die einzelnen Gattungen, Ersitzung und Verjährung derselben, Prag, 1819. — Über die Literatur des österr. b. G. es besitzen wir in der „Darstellung" derselben von Dr. Joh. Ritter Vesque v. Püttlingen, Wien, 1827, ein Werk, wofür ihm der österr. Rechtsgelehrte, der Vaterlandsfreund und jeder Literator stets Dank wissen wird.

Bürger-Militär oder **Bürger-Miliz** hat fast jede Provinzial-Hauptstadt des Kaiserthums nach Maßgabe ihrer Bevölkerung und individuellen Verhältnisse überhaupt, sowohl in Hinsicht der Anzahl als der Art der Equipirung. Wien hat seit der ersten türkischen Belagerung 1529 eine förmliche Miliz. Schon damahls war die gesammte Bürgerschaft nach den vier Vierteln der innern Stadt in eben so viele Compagnien (Haufen genannt) abgetheilt, und solche nach selben Stuben-, Kärnthner-, Widmer- und Schottencompagnie genannt. Bey der zweyten Belagerung durch die Türken (1683) wurde, weil die Bevölkerung schon zugenommen hatte, die Miliz um vier Compagnien vermehrt, und diese erhielten die Nahmen Jungstubner, Jungkärnthner, Jungwidmer und Jungschotten. Auch hatte die Bürgerschaft schon damahls ihre eigene Artillerie und eine Schützencompagnie, dann ein Corps Cavallerie. Jede Compagnie hatte ihren eigenen Hauptmann, und die nöthigen Subaltern-Officiere, sämmtlich aus dem Bürgerstande, die Stabsofficiers-Chargen aber waren von Magistratspersonen bekleidet, der Bürgermeister war immer zugleich Oberst, der Stadt-Oberkämmerer,

Oberstlieutenant, und ein Magisträtsrath, der zugleich die Geschäfte der Bürgermiliz im Rathe vorzutragen hatte, Major. 1740 ist das Cavallerie-Corps aufgelöst, aber seitdem (1805) wieder errichtet worden. — Die Bewaffnung der schutzverwandten Gewerbsleute ohne Bürgerrecht, aus welchen sich seither das zweyte Regiment gebildet hat, fällt in das Jahr 1745, und es war die Rückkehr der Kaiserinn M a r i a T h e r e s i a von F r a n k f u r t a m M a i n, welche dazu Anlaß gab. — Das Artillerie-Corps wurde 1732 unter dem Nahmen Artillerie-Regiment errichtet. Von Zeit zu Zeit wurden in der Organisation der bewaffneten Bürgerschaft Reformen und Verbesserungen vorgenommen; die wesentlichste 1760, wo auch den Officieren des bürgerlichen Regiments die militärischen Ehrenzeichen verliehen wurden. — Damahls, und auch in den folgenden Jahren, waren übrigens nicht sämmtliche bewaffnete Bürger, sondern nur die Ober- und Unterofficiere, die Schützen und Artilleristen uniformirt, die Übrigen unterschieden sich bloß durch die Federbüsche, die bey jeder Compagnie anders waren. Obschon jeder Bürger bey Ablegung des Bürgereides in die Regimentsliste eingetragen, und nach dem Viertel seiner Wohnung einer der acht Compagnien zugetheilt wurde, so pflegte doch (seltene Ausnahmsfälle abgerechnet) nicht die ganze Bürgerschaft auszurücken, sondern es zogen bloß das Schützen-Corps und die Artillerie, dann die Unterofficiere der acht Compagnien auf, welche letztere für sich ein Bataillon bilden. — Zu Folge der noch vorhandenen Standesliste hatten 1793 die acht Compagnien, und die neunte Schützencompagnie nebst den erwähnten 3 Stabsofficieren, 71 Ober- und 683 Unterofficiere, nebst 6218 Gemeinen. Nebst dem wird darin ein ungar. Corps aufgeführt, das aber nur zwey Ober- und vier Unterofficiere hatte. Der Stand der Gemeinen dieses Letzteren wird darin nicht angegeben. — Im Nov. 1805 wurde das bürgerliche Cavallerie-Corps wieder errichtet. — Die sogenannten Befugten oder schutzverwandten nicht bürgerlichen Gewerbsleute, die sich 1805 und 1806 freywillig zum Dienste anbothen, bildeten ein ansehnliches Corps, welches dann mit Vorwissen des Kaisers zum zweyten Regimente der Stadtmiliz erklärt wurde. In das nähmliche Jahr fällt auch die bleibende Formirung des Corps der Akademie der bildenden Künste (welches schon 1740 und 1797 vorübergehend zusammengestellt war); dann die Errichtung der ersten (blau uniformirten) Grenadier-Division, und bald darauf die Bildung der zweyten, (grün gekleideten) Grenadier-Division, welchen sich in Kurzem die bey dem zweyten (grauen) Regiment formirte dritte Grenadier-Division anschloß. — Die ewig denkwürdigen Jahre 1805 und 1809 gaben der Wiener Bürgermiliz neue Gelegenheit, ihre Treue und Ausdauer zu bewähren, indem sie die von ihrer Garnison ganz entblößte Residenz ausschließend bewachte, und mit größter Aufopferung die Ordnung aufrecht hielt, als die Hauptstadt von feindlichen Truppen besetzt ward. Ihre mit patriotischem Eifer und vieler Geschicklichkeit geleisteten Dienste in den Zeiten der feindlichen Invasion erwarben ihnen die vollste Zufriedenheit des Kaisers, ja selbst die Hochachtung des Feindes. Den 4. Oct. 1810 erhielt die Bürgerschaft, zur Anerkennung ihrer Verdienste, von dem Kaiser 6 neue Kanonen von Bronze zum Geschenke, welche mit vielen andern Requisiten und Trophäen, so wie mit ihren Fahnen in ihrem Zeughause aufbewahrt, und bey feyerlichen Gelegenheiten gebraucht werden. Während des letzten französischen Krieges 1813 — 14, versah die B.M. über ein Jahr lang ganz allein den Garnisonsdienst in Wien in seinem ganzen Umfange. Der Zweck der B.M. ist ihrer innern Natur nach dreyfach. Sie hat, nach allgemeiner Bürgerpflicht, bey ausbrechender Feindesgefahr ihre Vaterstadt inner den Linien zu schützen und zu vertheidigen, oder zur Aufrechthaltung der innern Ruhe und Sicherheit mitzuwirken, oder endlich zur Verherrlichung öffentlicher Feyerlichkeiten auf bestimmten Plätzen zu paradiren. Bey allen Feyerlichkeiten, welche die Stadt insbesondere betreffen, versehen sie auch die Wache. In Allem und Jedem stehen die Bürgercorps unter der Leitung des Magistrats, der sich indessen bey Functionen und Dienstleistungen mit dem General- und Platzcommando in Einvernehmen zu setzen hat. Im Nothfall oder auf ausdrücklichen Befehl des Kaisers muß jeder Bürger, in so ferne es sein Alter oder körperliche Beschaffenheit zulassen, zum Garnisonsdienst inner den Linien der Residenz unter die Waffen treten, welche den Gemeinen des Bürgerregiments und jenen des 2. Regiments der Stadtmiliz aus dem städtischen Zeughause verabfolgt werden. Alle Auslagen der B.M. in Wien werden auf Rechnung der Corps-Glieder bestritten. Daher bestehen bey allen Regimentern eigene Cassen, worin die jährlichen Cassagebühren jedes Individuums, vom Hauptmann bis zum Gemeinen, dann die Charge-Taxen bey Beförderungen einlaufen. Die Uniformirung findet durchgehends auf eigene Kosten Statt, die Mannschaft, welche vom bürgerl. Zeughause armirt wird, hat das Gewehr, mit den andern Armaturstücken nach vollendetem Dienste dahin selbst wieder abzugeben, so wie auch jedermann vom Feldwebel abwärts auf das strengste befohlen ist, sein Obergewehr, sowohl im Dienste, als auch nach demselben selbst nach Hause zu tragen, oder es im Verhinderungsfalle im Zeughause oder bey seinen nächsten Bekannten zu hinterlegen und Tags darauf abzuhohlen zu lassen. Ferner ist der Mannschaft das Tragen ihrer Uniformen, und den Ober-Officieren, das Tragen der Schärpen nur im Dienste gestattet, gänzlich verbothen aber an öffentlichen Orten oder auf Reisen. — Der gegenwärtige Stand der Wiener B.M. ist wie folgt: I. Stab, nähmlich, Oberst, Oberstlieutenant, 2 Majore, Caplan, Stabsadjutant mit Hauptmanns-, Regimentsadjutant mit Oberlieutenantsrang, Regimentsarzt, Capellmeister, Stabsfourier, Regimentstambour ꝛc. Die Stabsofficiere tragen bey feyerlichen Aufzügen blaue Uniform mit rothem Aufschlag. — II. Erstes Bürger-Regiment, welches sich durch bedeutende Stärke und schöne Adjustirung vortheilhaft auszeichnet. Nur wirkliche Bürger Wien's werden in demselben aufgenommen. Die Uniform besteht in blauen Fracken mit rothen Aufschlägen, im Sommer weiße Leinwand-Pantalons, im Winter grautüchene mit rothen Seitenstreifen. Der gegenwärtige Stand dieses Regiments ist ungefähr 3,700 Mann, die in 8 Compagnien eingetheilt sind, so zwar, daß die innere Stadt Wien zu jeder derselben Mannschaft liefert, woran sich die Vorstädte anschließen. — III. Das zweyte Regiment der Stadtmiliz, besteht aus

Fabrikanten, unbürgerlichen Hausinhabern, befugten oder schutzver=
wandten Gewerbs = und Handelsleuten; das Offiziercorps desselben aber
auch aus Beamten, Bürgern oder Honoratioren, und theilt sich in
8 Compagnien oder 2 Bataillons. Die Uniform ist mohrengrau mit
blauen Aufschlägen und Kragen. Die Stärke beläuft sich auf beyläufig
3,700 Köpfe, worunter jedoch 2,665 Nichtuniformirte sind.—IV. Die
bürgerliche Cavallerie beläuft sich im effectiven Stande auf 261 Pferde,
und bildet eine Division, deren Werbbezirk im Umkreise der Stadt
und in allen Vorstädten ist. Die Uniform ist blau mit rothen Aufschlä=
gen. In Parade erscheint der bürgerl. Cavallerist mit Kampquasten und
Epaulets, weißen Hosen, hohen Stiefeln und Aufschnallspornen, en
Campagne jedoch ohne Kampquasten, Epaulets und in Reithosen mit
gelben Knöpfen. Die Division ist in 2 Escadrons, jede Escadron in
4 Züge getheilt.—V. Das Bürger=Grenadier=Bataillon besteht aus bey=
nahe 650 Köpfen, worunter den Stab, welchen ein Stabsofficier, ein
Adjutant, ein Fahnenführer, ein Capellmeister, 40 Glieder der Musik=
bande und ein Bataillonstambour bilden. Das Bataillon ist aus 3 Di=
visionen zusammengesetzt, wovon die erste dem ersten Bürger=Regimente
gehört, ausschließlich von Bürgern gebildet wird, und dunkelblaue Röcke
mit hochrothem Aufschlag und Kragen, goldene Epaulets, gelbe Knöpfe
und weiße Beinkleider trägt. Die 2. Division ist dem Scharfschützen=
corps zugetheilt, besteht aus Bürgern und Befugten, und ihre Uniform
ist: Dunkelgrüne Röcke, hochrothe Aufschläge und Kragen, Achselschnüre
und Epaulets, gelbe Knöpfe und weiße Beinkleider. Die 3. Divi=
sion gehört zu dem 2. Regimente, und ist gleich ihm aus Befugten
zusammengesetzt. Uniform: Mohrengraue Röcke, himmelblaue Auf=
schläge und Kragen, weiße Knöpfe und weiße Beinkleider, Camaschen.—
VI. Das Scharfschützencorps führt den Titel: k. k. priv. ritterlich=bür=
gerliches Scharfschützencorps, und ist aus allen Classen von Honora=
tioren, Bürgern und Befugten zusammengesetzt. Seine Stärke ist über
400 Köpfe, und es ist in 6 Compagnien eingetheilt. Uniform in Galla:
Dunkelgrüne Röcke mit hellrother Egalisirung und gelben erhabenen
Knöpfen, goldene Epaulets, weißtüchene Beinkleider, im Sommer
Pantalons von weißem engl. Leder, dreyeckig gestülpte Hüte mit Gold
und grünen Rosetten, eine goldene Schleife, an deren Schlusse ein Jä=
gerhorn, in deren Mitte sich ein gelber Knopf mit F. I. in zwey Lor=
beerkränzen befindet, ein schwarzer Federbusch von Straußfedern mit
einer gelben Schwungfeder und Stiefeln nach Militär=Vorschrift. Cam=
pagne=Uniform: Capoträcke und Pantalons von mohrengrauem Tuche,
erstere mit dunkelgrüner Egalisirung und derley Achselwülsten. Armatur:
Ein Kugelstutzen mit 24zölligem Laufe, woran ein grünseidener Riemen
mit 4 gelb eingewirkten Streifen. Ein stahlmontirter Säbel mit Gold
und grünem Port=Epee, eine schwarz lackirte Spannkuppel mit stählerner
Schließe, in der Mitte ein vergoldeter Adler, endlich ein Pulverhorn mit
Bronze=Verzierung, einer grünen Schnur von Schafwolle und zwey
derley Quasten.—VII. Das Bürger=Artillerie=Bombardiercorps ist in
6 Compagnien eingetheilt, die mit Einschluß der Officiere einen Effectiv=
stand von ungefähr 500 Köpfen bilden. Die Uniformirung derselben ist:

Dunkelblaue Fracke, roth ausgeschlagen, weiße Hosen und dreyeckige Hüte. — VIII. Das Corps der bildenden Künstler bildete ein Bataillon mit 4 Compagnien, gegenwärtig ist jedoch der Stand desselben so klein, daß diese Eintheilung nicht Statt hat. Ihre Uniformirung ist grün mit kirschrothen Krägen und Aufschlägen, gelbe Knöpfe und weiße Beinkleider. — Die Errichtung der ältesten Bürgermiliz zu Prag geht sehr weit zurück. Schon 1421, 1507 und 1590 sehen wir die Prager Bürgerschaft unter eigenen Befehlshabern die Stadt vertheidigen; den Gedenkbüchern zu Folge befahl König Wladislaw die Prager Bürgermiliz qua Militares anzusehen, und Kaiser Ferdinand III. bestätigte nach der schwedischen Belägerung der Stadt Prag die damahligen zwölf Bürger-Compagnien unter dem Commando ihrer Officiere, und so wie alles damahls bestand, folglich auch mit den geführten Fahnen, Estandarten, Trompeten und Pauken, Spiel und Uniformen, dergestalt, daß sie in Kriegs- und Friedenszeiten bey allgemeinen Festen, sogar in Anwesenheit des Hofes, von dem zu Prag garnisonirenden k. k. Militär für eine mit k. k. Waffen begabte Miliz angesehen und geachtet werden sollen. Kaiser Leopold I. bestätigte den 30. July 1680 die von seinen Vorfahren den Schützen ertheilten Privilegien, und diese werden nach ihrem ganzen Inhalte darin angeführt. Sie sind von Kaiser Ferdinand I. (1537) und von Kaiser Maximilian II. (1571); in dem ersteren wird sich jedoch auf noch ältere Privilegien von Kaiser Carl IV., König Wenzel, Kaiser Sigmund, König Georg Podiebrad und König Ladislaus bezogen. — Sie betreffen die Widmung der kleinen, oberhalb der Brücke gelegenen Moldau-Insel (welche daher die Schützeninsel heißt) zu den Übungen der einverleibten Schützen der drey Prager Städte, und die Zugestehung des Rechts, diese Insel gegen Einbrüche des Stromes zu verbauen, sie auf beliebige Art zu benützen, bey den Schießübungen Ordnung zu erhalten, und Ruhestörer zu verhaften. — 1782 sind diese Privilegien der Schützen-Confraternität (wie sie damahls genannt wurde) unter dem nähmlichen Vorbehalte bestätigt worden. — Die uniformirten Schützen zu Olmütz erhielten schon 1691 die Bewilligung, aus der dortigen Salzkammer jährlich drey Schilling Salz zu fassen, welche bey dem sogenannten Salzschießen als Preise ausgesetzt wurden. — Bey der schweren Belägerung, welche Olmütz 1758 durch die Preußen ausstand, vertheidigte die Bürgerschaft tapfer und treu ihre Stadt. Der Tag des Entsatzes (2. July) wird jährlich feyerlich begangen. An demselben rückt die Bürgerschaft bewaffnet mit klingendem Spiele und flatternder Fahne aus, und marschirt die Hauptwache vorüber, von welcher sie die militärischen Ehrenbezeigungen (nähmlich das klingende Spiel und die Präsentirung des Gewehres) erhält. Diesem folgt ein Rohr- und Flintenschießen, und ein Festgelage. Zur Bestreitung der Ausgaben dieser Feyerlichkeit sind jährlich 800 fl. bewilligt. Das Corps bestand anfänglich aus einer Schützen- und drey Füsiliers-Compagnien, wurde aber später in zwey Schützen- und vier Füsiliers-Compagnien abgetheilt. Die Uniform ist dunkelblau, mit rothem Kragen und Aufschlägen. — Die Provinzial-Hauptstadt Brünn erhielt erst

1796 ein bewaffnetes Bürgercorps, deſſen Beſtätigung zwey Jahre
ſpäter erfolgte. — Die älteſten Nachrichten vom Bürgercorps zu Grätz
ſind von 1728, obgleich ſchon weit früher ein ſolches vorhanden geweſen
ſeyn muß, weil in mehreren Acten die etwas ſonderbare Behauptung
vorkommt, daß das Grätzer Bürgercorps vom Urſprunge der Stadt
an beſtanden habe. In dem angegebenen Jahre, wo die Huldigung
Carl VI. zu Grätz Statt hatte, ward nebſt dem Bürgercorps noch
ein beſonderes Corps des Handelsſtandes errichtet; welches aber bald
wieder erloſchen zu ſeyn ſcheint. Als 1765 die Kaiſerinn Maria
Thereſia dieſe Stadt beſuchte, fand ſich die Bürgerſchaft dadurch veranlaßt, ſich neu zu kleiden. Die Uniformen waren ganz
jenen des ſavoy'ſchen Regiments gleich, und das Corps beſtand aus
einer Grenadier- und einer Füſilier-Compagnie. Gleichzeitig wurde
ein Jägercorps errichtet, welches ſeine beſondere Fahne hatte. Dieſes
war 100 Mann, die Bürger-Diviſion beyläufig vier Mahl ſo ſtark.
Es ward zwar noch die Errichtung eines dritten, roth und ſchwarz
zu kleidenden Corps (immer ſchlechtweg das rothe Corps genannt)
in Anregung gebracht; dieſer Plan iſt aber nicht zur Ausführung gekommen. Unter der Regierung Leopold's II. kam noch ein Cavalle-
riecorps hinzu. Die Port-Epées der bürgerl. Officiere ſind, um von
jenen der Militär-Officiere unterſchieden zu werden, nicht von Gold
mit ſchwarzer Seide, ſondern ganz von Gold. — Die Lemberger
Bürgermiliz wurde 1797 errichtet. Sie beſtand aus der Schützen-
geſellſchaft, dem Artilleriecorps und dem Corps des Handelsſtandes.
Erſtere wurde grün mit ſchwarzen Aufſchlägen und gelben Unterkleidern, das Artilleriecorps blau mit rothen Aufſchlägen und ſchwarzen Beinkleidern, das Corps des Handelsſtandes dunkelblau mit ſchwarzen Aufſchlägen und weißen Unterkleidern uniformirt. Als Ehrenzeichen der Officiere aller drey Abtheilungen wurden goldene mit
rother Seide durchwirkte Port-Epées und ähnliche Hutquaſten bewilligt. Damit nicht in Abweſenheit der Garniſon die Beſchwerde des Wach-
dienſtes ausſchließend dieſen drey Corps zur Laſt falle, iſt 1816 die
Einrichtung getroffen worden, auch die nicht uniformirte Bürgerſchaft
zum Garniſonsdienſte zu verwenden; zugleich wurden Caſſen errichtet,
um mittelſt Einzahlung mäßiger Beyträge den Bürgern die Anſchaf-
fung der Uniformen und den Eintritt in die Corps zu erleichtern. —
Die Reiſe des Kaiſers durch Linz 1792, veranlaßte dort die Errichtung zweyer bürgerlichen Corps, unter den Nahmen des grünen und
des blauen, wovon das erſte zu Fuß diente, das andere beritten war.
— Auch zu Klagenfurt war es ein eben ſo freudiges Ereigniß,
welches die Bildung des Bürgercorps herbeyführte, nähmlich die Reiſe
der Kaiſerinn Maria Thereſia durch die Hauptſtadt von Kärnthen 1765. — In Tyrol iſt bekanntlich die ganze Bevölkerung zur
Landesvertheidigung berufen. 1768 war den Officieren der tyrol. Scharf-
ſchützen gleich jenen der Wiener bürgerl. Schützen-Compagnie, Port-
Epées, Schnüre und Quaſten zu tragen erlaubt, nachdem ihnen ſchon
3 Jahre früher Port-Epées von rother Farbe mit Gold zu tragen bewilligt worden war. — Die Beſtimmung und Pflicht der Bürgercorps

ist zu Folge der neuesten, 1826 vom Kaiser genehmigten Grundsätze, die Handhabung der innern Sicherheit und die Bedeckung der Ärarial-Transporte nach dem Abzuge der Garnisonen, in so weit selbe nicht von der hierzu eigens, und vorzugsweise bestimmten Landwehr geleistet werden kann. — Die Bürgercorps können, ihrer Bestimmung nach, auf keinen Fall unter die Landwehranstalten gerechnet, und es können zu denselben keine Individuen genommen werden, welche zum Militärdienste vorgemerkt oder für die Landwehr bestimmt sind. In der Uniformirung der Bürgerschaft, so wie an ihren Decorationen und Ehrenzeichen ist, in so weit selbe mit den genehmigten übereinstimmen, nichts zu ändern, jene aber, welche usurpirt sind, müssen abgestellt werden. Die Uniformen und Ehrenzeichen dürfen nur an den zu besondern Feyerlichkeiten bestimmten Tagen getragen werden. Eben so soll die Ausrückung der uniformirten Bürgercorps bloß an einigen im Jahre festgesetzten Tagen Statt finden. Diese gewöhnlichen Ausrückungen sind am Frohnleichnamstage, am Geburtsfeste des Kaisers und an andern denkwürdigen Tagen; z. B. in Wien zur Gedächtniß der glücklichen Abwendung der Pestgefahr, zu Olmütz, wie bereits oben erwähnt wurde, zur Erinnerung an den Entsatz der belagerten Festung; in außerordentlichen Fällen jedoch wird die Erlaubniß zu einer Ausrückung von der Landesstelle nach vorläufiger Benachrichtigung der Militärbehörden ertheilt. — Wenn das Militär und die bewaffneten Bürgercorps zugleich ausrücken, so nimmt das erstere seinen gewöhnlichen Platz ein, für das letztere wird ein angemessener Platz bestimmt, und dieser, im Voraus einverständlich zwischen den Civil- und Militärbehörden ausgemittelt. — In allen, die Bürgercorps betreffenden Angelegenheiten stehen sie unter dem Magistrate, und in höherer Instanz unter der Landesstelle und der k. k. vereinigten Hofkanzley, welche, wenn militärische Rücksichten eintreten, mit den Militärbehörden Rücksprache pflegen. Für die Zeit, wo diese Corps in Festungen oder sonst Garnisonsdienste leisten, sind sie in Hinsicht ihrer Dienstesobliegenheiten zwar an das Platz- oder Militär-Commando angewiesen, wenn aber ein Mann inzwischen etwas sträfliches begeht, so ist er gleich oder nach geschehener Ablösung mittelst Species facti an die Civilbehörden zur gesetzlichen Behandlung zu übergeben. — Um zu verhüthen, daß ein zum wirklichen Militärdienste vorgemerkter, oder für die Landwehr bestimmter Mann bey dem Bürgercorps eintrete, besteht die Vorschrift, daß die Standes-Rapporte und die Ausweise über den Zuwachs und Abgang dieser Corps von den Magistraten in den Hauptstädten vierteljährig, von jenen in den Provinzialstädten aber halbjährig abgegeben werden. — Diese Ausweise werden durch die politischen Landesstellen den General-Militärcommanden mitgetheilt. — Die Vorschläge zur Besetzung der Officiersstellen bey den Bürgercorps in den Hauptstädten müssen der Genehmigung der Landesstellen, in den Provinzialstädten aber jener der Kreisämter unterzogen werden. — Übrigens sollen nur dort, wo diese Bürgercorps schon bestehen, selbe fort nach den voran bestimmten Grundsätzen bestehen, neue nicht ohne angesuchte Bewilligung errichtet werden.

Bürgerspital in Wien. Die erste urkundliche Spur eines eigentlichen Spitals für die Bürger Wien's datirt sich schon vom 16. April
1257. Damahls bestand eine solche Anstalt außerhalb des Kärnthner-
thores, dießseits des Wienflusses, in der Gegend der noch unlängst vorhanden gewesenen steinernen Säule. Zu diesem Spitale gehörte nachmahls
auch das zum Klagbaum auf der Wieden. St. Marx (Márkus) bestand schon 1394. Das besondere Spital zum heil. Geist auf dem sogenannten heil. Felde vor dem Kärnthnerthor war ohne Zweifel auch ein
Eigenthum der Wiener Bürger. Ein anderes war das im Siechen-
thal, für die Pestkranken. Die Stätte des heutigen großen Gebäudes in der Stadt auf dem Lobkowitzplatze, das B. heißend, ist diejenige auf welcher sich 1303 das Claren-Kloster erhob: (Der Platz
hieß damals Schweinsmarkt.) 1529 bey der Belagerung Wien's
flüchteten die Nonnen nach Villach. Ferdinand I. versetzte dahin
das Bürgerspital an der Wien, dessen Gebäude von den Türken gänzlich zerstört worden war: 1784 ließ Kaiser Joseph II. aus dem ebenfalls zum Bürgerspitale in der Stadt gehörigen St. Marxer Spitale,
welches 1706 unter Kaiser Joseph I. erweitert, und in vier Abtheilungen verschiedener Kranken eingetheilt wurde, alle Kranken in das
eben erbaute allgemeine Krankenhaus in der Alsergasse auf für sie bestimmte Zimmer bringen, die armen Versorgten aus der Stadt in das leere
B. (nunmehr eigentliche Versorgungshaus) zu St. Marx verlegen,
ersteres in der Stadt aufheben, die alten Gebäude niederreißen, und
neue zu Zinswohnungen aufbauen; in Folge dieser Translocirung der
kranken Armen hat auch nun der B.s Fond jährlich sehr bedeutende
Summen an das allgemeine Kranken-, das Waisen- und Findelhaus
beyzutragen, und St. Marx hat seither die Bestimmung: Abgelebte,
kränkliche, verarmte Bürger, Bürgerinnen, Bürgerssöhne und Töchter, welche aller Unterstützung beraubt sind, zu verpflegen, und ihnen
die letzten Lebenstage zu erleichtern. Solche Pfründner befinden sich nun
400 zu St. Marx in 40 Zimmern, außer demselben werden aber 700
Personen, jene mit 18, diese mit 11 kr. täglich betheilt, und erstere,
falls sie arbeitsfähig sind, können durch Ausübung einer Profession auch
im Hause selbst ihr Los verbessern, allwo die Verwaltung dafür sorgt,
daß der Pfründner um 18 kr. mit wohlbereiteter Bespeisung genährt werde. Auch der Kranke verpflegt sich selbst; verzehrt er ordinationsmäßig
mehr als 18 kr., so zahlt die Anstalt darauf, im entgegengesetzten Falle
erhält er den Überschuß zurück. Das Institut hat eine eigene Verwal-
tungs-Apotheke und Badeanstalt, einen Hausphysicus, zwey Wundärzte, und zwey Beneficiaten. Die Einkünfte dieser wohlthätigen Anstalt sind ungemein bedeutend, sie hat ein Realvermögen an Zins-,
Brau- und Wirthshäusern, Wäldern, Grundstücken, Gefällen, Ju-
risdictionen u. s. w. von 1,700,000 fl.; an öffentlichen Staatspapieren
bey 580,000 fl., und bezieht sowohl hiervon, als durch sonstige Legate,
Beyträge u. s. w. eine Gesammteinnahme bey 180,000 fl. Das nunmeh-
rige große Zinsgebäude in der Stadt, Nr. 1100, dem der Nahme B.
geblieben, hat nicht weniger als 10 Höfe, 20 Stiegen, 4 Stockwerke,
220 selbstständige Wohnungen, über 300 Parteyen, mehr als 1,300

nstalt, jedoch hiervon ganz abgesondert, hat auch der Bürger-
ladsfond (Hausarmen=Bürgerlade). Die Einkünfte desselben bestehen
aus dem Zinserträgnisse des schönen Fondshauses (Stadt, Wollzeile Nr.
793) den Interessen von mehr als 150,000 fl. öffentlichen, dem Fonds-
eigenthümlichen Staatspapieren, bestimmten Legaten, Innungsbey-
trägen, gewissen politischen Strafen, Vermächtnissen u. s. w.; zusammen jährlich bey 9,400 fl., und es werden hiervon 540 Personen mit
monathlichen 3 fl. betheilt. — Gewöhnlich treten diese Pfründner bey
größerer Gebrechlichkeit in die V.s=Versorgung ein.

Bürgerstand, begreift die Classe derjenigen Einwohner von
Städten und Marktflecken in sich, deren Rechte in der Betreibung von
Gewerben, in dem Genusse von Privilegien ihres Wohnortes und in
dem Besitze unbeweglicher Güter des dortigen Jurisdictions=Bezirkes
bestehen. Landgüter mit herrschaftlichem Rechte kann ein unadeliger Bürger in der Regel nicht besitzen. Jedoch ist bei der Übergang aus dem Bür-
ger= in den Adelstand mit erworbenen wesentlichen Verdiensten um den
Staat, in keiner Art erschwert. Personen, welche das bey dem Magistrate oder Marktgerichte angesuchte Bürgerrecht erhalten, haben den
Bürgereid abzulegen, die Bürgertaxe zu bezahlen, sich in die Bürgerlade (Bürgerbuch) einschreiben zu lassen, den Bürgerzettel (das Attest
über die geschehene Eintragung in das Bürgerbuch) zu lösen, und die
Bürgersteuer zu bezahlen. Nicht jeder Gewerbtreibende muß Bürger
seyn, denn es gibt Beschäftigungen, womit das Bürgerrecht nicht nothwendig verbunden ist.

Bürgstein (eigentlich **Birkstein**), böhm. Herrschaft im Leitmeritzer Kreise. Die 14,550 Einw. in einer freyen Schutzstadt (Haida) und
26 Dörfern beschäftigen sich nebst der Leinen=Kunstweberey und der Baum-
wollenzeug=Weberey mit Kattun= und Spiegelfabrication, mit Glas-
Verschönerung in verschiedenen Arten, endlich mit Glashandel, welcher von
besonderer Bedeutsamkeit ist, und in die entferntesten Gegenden sich verbreitet. Im Dorfe B. ist ein, 1730 erbautes herrschaftliches Schloß mit
einem Garten, eine Pfarrkirche und ein Spital, die Hauptdirection
der Herrschaft, (gräfl. Kinsky'schen) Spiegelfabrik. Auf einem isolirten
Sandsteinfelsen, Ein

1822. — Zusammenstellung der Dienstespflichten, gemäß dem Militär-Ökonomie-System 2c. eb. 1826.

Bundwein, ein junger mit eingekochtem Moste versüßter Wein, der gewöhnlich auch geschwefelt ist, und der vorzüglich in Sirmien gemacht wird.

Bunzlau, s. **Altbunzlau.**

Bunzlauer Kreis in Böhmen, mit einem Flächenraum von mehr als 78 Quadratm. und 387,900 Einw. Dieser gebirgige Kreis wird nächst den bedeutenden Teichen von der Iser, der Neiße, dem Polzen-fluß 2c. bewässert. Die Naturproducte sind, außer Getreide, (wenig) Obst, Flachs, Hopfen, Wein (der berühmte Melniker), Wild, Fische, auch noch Eisen, Zinn, Edel- und Halbedelsteine. Die gewerbfleißigen Bewohner erzeugen Tuch-, Leinwand-, Baumwollen-, Eisen-, Glas-waaren und Papier in großer Menge und Güte. Sie sprechen theils deutsch, theils böhmisch.

Burano, kleine Insel und Dorf bey Venedig, mit 8000 Einw., 3 Schiffswerften für Kauffahrer, schöner Pfarrkirche, 2 Nonnenklöstern und 1 Hospitale. Die Einwohner leben vom Fisch- und Vogelfange und Spitzenklöppeln. Vormahls war hier das wichtigste Archiv der Republik Venedig.

Burde, Jos. Carl, Maler und geschickter Kupferstecher, war geboren zu Prag den 14. May 1779. Von seinem Vater, Carl B., einem allgemein geschätzten Graveur, erhielt er den ersten Kunstunterricht, und begann nach wenigen Jahren schon die besseren Meister nachzuahmen. Durch die Gunst des bekannten Kunstschätzers und Gönners, Grafen Franz v. Sternberg, wurde B. 1801 in die Akademie im Clementinum aufgenommen, und 1804 als Custos der Bildergallerie des Grafen v. Czernin angestellt. Hier übte sich B. auch in der Kunst, alte beschädigte Gemälde wieder herzustellen, und brachte es darin zu großer Fertigkeit. Seine Gemälde sind ziemlich zahlreich, meistens Copien nach berühmten Meistern. Die Anzahl seiner Kupferstiche ist ebenfalls nicht unbedeutend, worunter nebst mehreren Conversationsstücken nach Gemälden, mythologischen Darstellungen, religiösen Gegenständen auszuzeichnen seyn dürften: Der Schleifer, der Kesselflicker, nach eigener Erfindung radirt, eine Venus, nach Lucas Cänbiasi, 8 Köpfe nach Raphaël, und einige recht gelungene Versuche in acqua tinta, so wie mit Scharfpunzen.

Burg in Wien, s. **Hofburg.**

Burg, Adam, ordentl. öffentl. Professor der höheren Mathematik am k. k. polytechnischen Institute zu Wien, Mitglied mehrerer in- und ausländischer gelehrten Gesellschaften, geb. daselbst den 28. Jän. 1797. Für des Vaters (Mechaniker) Gewerbe bestimmt, blieb er bis 1819 in dessen Werkstätte, wo er zugleich an der Leitung des Geschäftes lebhaften Antheil nahm. Bald nach Gründung des polytechnischen Institutes (1815) besuchte er die dortigen Vorlesungen und verlegte sich mit solchem Eifer auf das Studium der Naturwissenschaften, daß er sehr bald zu den ausgezeichneten Zöglingen dieser Lehranstalt gezählt wurde. Er verließ aus Liebe für die Wissenschaften seine frühere, sich vortheilhaft gestaltende

Laufbahn und übernahm dabey schon 1820 provisorisch die Assistenten= und Repetitorsstelle der höheren Mathematik, in welcher er auch (zur Zeit der eigentlichen Erledigung dieser Stelle) 1821 definitiv bestätigt wurde und diese zu voller Zufriedenheit bis zum Schlusse 1825 versah. Gleich= zeitig bereicherte er die vom Regierungsrath und Director Prechtl her= ausgegebenen Jahrbücher des k. k. polytechnischen Institutes mit sehr vielen gehaltvollen Original-Abhandlungen aus dem Gebiethe der reinen und angewandten Mathematik. In dieselbe Zeit fällt auch sein Studium der theoretischen und practischen Astronomie an der Wiener Hochschule, und die Einreihung mehrerer Abhandlungen verwandter Gegenstände in die Annalen der k. k. Sternwarte. Im Studienjahr 1826—27 supplirte er die Elementar=Mathematik am polytechnischen Institute, ward 1827 zum ordentl. Professor der Elementar=Mathematik am k. k. Lyceum zu Salzburg, und schon am Ende desselben Jahres zum Professor der höheren Mathematik am k. k. polytechnischen Institute zu Wien, welche Lehrkanzel durch den Tod seines würdigen Lehrers Jos. Hantschl in Erledigung gekommen war, ernennt. Außer vielen und mannigfalti= gen Abhandlungen erschienen in Wien aus seiner Feder folgende tief durch= dachte Werke: Lehrbuch der analytischen Geometrie (1824). — Abhand= lungen über einige wichtige Gegenstände der practischen Geometrie (1825). — Handbuch der geradlinigen und sphärischen Trigonometrie (1826). — Auflösung algebraischer Gleichungen des ersten und zweyten Grades (1827). — Sammlung trigonometrischer Formeln m. K. (1827); und: Ausführliches Lehrbuch der höheren Mathematik, in 3 Bdn. (1833); welchem Werke ein Compendium, als Leitfaden, bey seinen öffentlichen Vorlesungen folgen wird.

Burger, Joh., Doctor der Medicin und k. k. Gubernialrath, auch Mitglied mehrerer gelehrten Gesellschaften, geb. zu Wolfsberg in Kärnthen den 5. Aug. 1773, studirte zu Klagenfurt, dann die Arzneykunst zu Wien und seit 1797 zu Freyburg im Breisgau. Seine vorherrschende Neigung zur Landwirthschaft verfolgte er besonders von 1804 an, indem er ein eigenes Grundstück und zwar nach höheren Principien cultivirte. Hiedurch sowohl als durch seine Übersetzung von Sismondi's Tableau de l'agriculture de Toscane, Tüb. 1805 und seine werthvolle Abhandlung über die Naturgeschichte ꝛc. des Mais, Wien 1808, gründete er sich einen vortheilhaften Ruf, und ward letzteres Jahr Professor der Landwirthschaft am Klagenfurter Lyceum. Seine öko= nomischen Studien practisch fortsetzend, ließ er außer mehreren Beyträgen in Zeitschriften erscheinen: Untersuchungen über die Zuckererzeugung aus inländ. Pflanzen, Wien 1811; — Geschichte der Löserdürre ꝛc. 1813; — Über die Theilung der Gemeindeweiden; gekrönte Preisschrift, Pesth 1816. Während des Feldzuges 1814 Director eines Militär=Spitals, beobachtete er die Natur des Typhus, und legte darüber seine Ansichten in den Wiener medicinischen Jahrbüchern nieder. Fortwährend mit sei= nen landwirthschaftlichen Studien beschäftigt, trat er 1819 mit seinem Lehrbuch der Landwirthschaft auf (2 Bde. Wien), dessen außerordentliche Vorzüge veranlaßten, daß 1830 bereits die 3. Auflage erschien. 1820 wurde B. die Direction der Grundabschätzung des Küstenlandes übertragen, welches Geschäft mit dem Rang eines Gubernialrathes verbunden war. Derselben Function lag er 1825 in Steyermark ob. Mit selber im Küstenlande noch nicht zu Stande, ward er 1828 ebenfalls in Catastral=Geschäften nach Mailand gesendet. Die Resultate seiner landwirthschaftlichen Beobachtungen in dem lombardisch=venetianischen Königreiche übergab er der Welt in seinem gehaltvollen Werke: Reise durch Oberitalien 2c. Wien, 1831. Schon 1829 nach Triest zurückgekehrt, vollendete er das Jahr darauf sein Schätzungsgeschäft im Küstenlande, und ward hierauf zum Behufe des Catastral=Geschäftes in Niederösterreich nach Wien berufen, wo er der k. k. n. ö. Steuerregulirungs=Provinzial=Commission als Beysitzer und Referent angehört.

Burggraf, s. **Oberst=Burggraf.**

Burzenland (Kronstädter District) sächsischer District in Siebenbürgen, mit einem Flächeninhalt von 30 Quadr. Meil. Er ist sehr hoch gelegen, sein niedrigster Punct liegt 198 und sein höchster (der Gipfel des Butsets) 1,360 W. Klafter höher als die Meeresfläche. Die bedeutendsten Flüsse desselben sind die Alt und die Burzen. Ein Theil der Karpathen, welcher dieses Land durchzieht, erhebt sich zu bedeutenden Höhen, als der Butsets, Königstein, Zeidnerberg und das Schüber=gebirge. An den 3 Hauptpässen, welche durch diese Gebirge in die Walachey führen, Tärtzburg, Tömösch und Altschanz, befinden sich die königl. Dreyßigstämter, und an den beyden ersteren auch Contumazämter. Der Boden ist reich an Getreide, Hülsenfrüchten und Küchengewächsen (in vorzüglicher Menge und Güte) Flachs, Hanf, Obst und auch besonders an Holz, der Wein jedoch gedeiht hier nicht. Auch findet man Vieh und Wild in zahlreicher Menge. Das Mineralreich liefert bloß Töpferthon. Das Clima ist gemäßigt, jedoch unbeständig. Die Bevölkerung beläuft sich auf 80,000 Seelen, welche in 1 königl. Freystadt (Kronstadt), 4 Marktfl. und 25 Dörfern leben.

Busau, mährische Herrschaft im Olmützer Kreise, mit 14 Ortschaften, über den gleichnahmigen Marktfl., welcher 450 Einw. in sich schließt, ragt das alte Bergschloß hoch empor. Die dem deutschen Orden seit 1696 zugehörige Herrschaft B. ist sehr gebirgig und enthält gegen 3,000 österr. Morgen Acker= und Weideland, 300 Joch Wald und etwas Wiesenwachs. Die hiesigen vielen Kalksteinbrüche sichern den Unterthanen mancherley Gewerbe.

Busbecke, Angerius Gislain v., Aufseher über die kaiserl. Hofbibliothek in Wien, war geb. 1522 zu Commines in Flandern. Von der Natur mit den glücklichsten Geistesanlagen ausgestattet, bildete er dieselben auf den ersten Universitäten Frankreichs und Italiens auf das sorgfältigste aus und wurde, da er bey einer Geschäftsreise, die er 1555 nach England unternahm, besondere diplomatische Talente entwickelt, von Kaiser Ferdinand I. nach Wien berufen und als Bothschafter bey der ottomanischen Pforte nach Constantinopel gesandt. In dieser Eigenschaft blieb er durch 7 Jahre daselbst und legte während dieser Zeit nicht nur ausgezeichnete diplomatische Kenntnisse an den Tag, sondern sammelte auch für die Wiener Hofbibliothek eine große Anzahl verschiedener Manuscripte mit unermüdetem Fleiße und bedeutenden Kosten.

Nach B.'s Zurückkunft aus Constantinopel war Ferdinand bereits gestorben, dessen Nachfolger Maximilian II. aber schenkte ihm gleiches Zutrauen, ja er ernannte ihn zum Erzieher seiner Söhne und vertraute ihm auch die Oberaufsicht über die Hofbibliothek, ohne daß B. jedoch damit einen bestimmten Titel verband. 1570 begleitete er die Erzherzoginn Elisabeth, auf ihrer Reise nach Frankreich zur Vermählung mit Carl IX. und übernahm daselbst die Leitung ihres Hauses. Als diese Fürstinn nach dem Tode ihres Gemahls Frankreich wieder verließ und sich nach Wien zurückbegab, blieb B. als Bothschafter des Kaisers Rudolph II. noch bis 1592 daselbst, in welchem Jahre er eine Reise nach Flandern unternahm, jedoch aber in Folge eines, ihm auf der Reise zugestoßenen Unfalls, sich auf das Schloß Maillet bey Rouen bringen ließ, wo er den 28. Oct. desselben Jahres starb. Sein Körper wurde daselbst bestattet, sein Herz jedoch in einem silbernen Gefäße nach Busbecke gebracht, welches Gut Erzherzog Albert, damals Statthalter in den Niederlanden, sein Andenken zu ehren, zu einer Baronie erhob. Die reiche Ausbeute seiner von hohem Kunstsinn geleiteten Sammlungen in der Türkey und andern Ländern waren: Eine große Menge von Münzen, welche das kaiserl. Münzcabinet zu Wien besitzt, 240 Manuscripte, wovon die kostbarsten ebenfalls der kaiserl. Bibliothek zu Theil wurden, und mehrere herrliche alte Kunstwerke, jetzt in Verwahrung des kaiserl. Antikencabinetes. Unter den Manuscripten befand sich eines der kostbarsten, aus dem Alterthume erhaltenen, nähmlich das Pflanzenwerk des Dioskorides durchaus mit Uncialbuchstaben, und mit Abbildungen der aufgeführten Pflanzen, welches der älteste Codex dieses Classikers ist, und noch heute eine der Hauptzierden der kaiserl. Bibliothek ausmacht. Unter den übrigen Schätzen, welche dieselbe dem Sammlerfleiße B.'s verdankt, sind besonders merkwürdig: 106 theologische Codices, 27 kirchenhistorische, welche einst als Schriften der orientalischen Partey vieles Licht über das Schisma verbreiten dürften, 11 juridische und 34 medicinische, endlich 30 philosophische und philologische Codices, worunter auch ein reicher Schatz noch unedirter Grammatiker und Lexikographen, durchaus in echt griechischen Handschriften. Seine Schriften sind: Legationis turcicae epistolae IV., Antwerpen, 1595; Hannover 1605. München 1620 (mit Kupf. v. Sadeler), Basel 1740; deutsch Freyberg, 1793 (fehlerhaft), franz. mit Anmerk. von Foy Paris, 1748, 3 Bde. — Epistolarum legationis gallicae lib. II.; liber de vera nobilitate; tractatus de re militari contra Turcas instituenda; itinera Constantinopolitarum et Amasianum. Seine sämmtlichen Werke erschienen, Leyden 1633; weniger schön, Amst. 1640; gute Ausgabe, Basel 1740.

Busk, galiz. Stadt im Zloczower Kreise mit 3,000 Einw. welche Leder, Papier und vorzüglich Töpferwaaren verfertigen.

Bussolegna (Bussolengo), venet. Marktflecken in der Delegation Verona mit 3,000 Einw., welche sich mit Leinwandindustrie beschäftigen.

Butschowitz, mähr. Herrschaft im Brünner Kreise, aus dem Markte gleichen Nahmens und 19 Dörfern bestehend, mit 9,530 Einw.

28 *

8 herrschaftlichen Meierhöfen und eben so viel Schäfereyen, in welchen 3,500 veredelte Schafe gehalten werden. Man findet hier 1 Brauerey, 7 Branntweinbrennereyen, 25 Mahl=, 2 Loh=, 2 Öhlmühlen und 1 Säge= mühle, 1 Pottaschensiederey, 3 Ziegelbrennereyen und 13 Wirthshäuser; 3 Pfarren mit 3 Filialen, 6 Schulen und 2 Spitäler. Der Markt B. mit einem großen, ehedem sehr festen, und jetzt noch sehenswerthen fürstl. Liechtenstein'schen Schlosse zählt 2,000 Einw., hat 1 Feintuch= und Kasimirfabrik, mehrere Woll=, Leinwand= und Kunstweber.

Butsets, siebenbürg. Berg. Er besteht aus zwey Bergrücken, die ein Thal von einander trennt; der südl. größere und höhere gehört zur Walachey, der nördl. zum Kronstädter District. Seine höchste Spitze ist 1,360 W. Klafter über die Meeresfläche erhaben, der Schnee liegt oben mehrere Jahre hindurch ohne zu zerschmelzen.

Butzel, eine gebleichte Leinwand in Böhmen, $1\frac{5}{4}$ Ellen breit und 58 Ellen lang, wird in großer Menge nach England und Amerika ver= sandt.

C.

C, auf österr. Münzen, bedeutet den Münzort Prag.

Cadeten. Die Charge eines k. k. Cadeten ist bloß für wirkliche Officierssöhne bestimmt, und die Verleihung derselben hängt vom Hof= kriegsrathe ab. Die k. k. C. werden zwar im Stande, bey dem Regiments= stabe geführt, jedoch sind sie bey den Compagnien zugetheilt, und kön= nen, wenn sie hierzu die Fähigkeit besitzen, zu Unterofficiers = Diensten verwendet werden, ohne daß jedoch in der für sie ausgemessenen Gage deßwegen eine Änderung geschieht. — Ein jeder hat sich übrigens nach derjenigen im Reglement enthaltenen Vorschrift zu verhalten, welche auf die von ihm bekleidete Charge Bezug nimmt. — Den Regiments= Inhabern wird auch überlassen, außer den für jedes Linien = Infanterie= Regiment bestimmten, vom Hofkriegsrathe zu ernennenden, 6 kaiserl. C., gebildete, diensttaugliche junge Leute, von welchen sich der Dienst geschickte Unterofficiere und in der Folge auch brauchbare Officiere ver= sprechen kann, als unobligate, auf eigene Kosten sich stellende Privat= C. aufzunehmen, und assentiren zu lassen. Jedoch darf kein solcher Pri= vat=Cadet gleich von seinem Eintritte an als Unterofficier verwendet, und demselben der Stock zu tragen erlaubt werden; sondern diese sind gleich den übrigen Gemeinen, und dann als Stellvertreter oder Vice=Cor= porals zu verwenden, und bey erworbenen Kenntnissen in offene Gefrey= tens=, Corporals= oder Feldwebels=Stellen nur nach Verdienst zu be= fördern, sonach aber auch in den Stand und in die Gebühr als solche ordentlich einzubringen und aufzuführen. — Söhne der Beamten und Honoratioren, so wie andere junge Leute von besserer Bildung, welche von der Militärstellung nicht befreyet sind, können sich zwar auch gegen Beyschaffung der Montur ex propriis stellen, werden bey Vergehen gleich den C. mit keinen Stockstreichen bestraft, und können mit Unter=

officieren, oder unter sich zusammen schlafen; sie bleiben aber in allen Obliegenheiten des Gemeinen in Hinsicht der Capitulation, und der Beschränkung, daß sie nur bey dem Bezirks-Regimente assentirt werden, der allgemeinen Vorschrift unterworfen, und verlieren die obbesagten Vorzüge, wenn sie sich eine kriegsrechtliche Bestrafung zuziehen. — Bey den Cavallerie-Regimentern gibt es keine C. ex propriis, die k. k. C. werden wie bey der Infanterie behandelt. Die C. des Bombardier-Corps sind insbesondere zum Besuche der Corps-Schule anzuhalten, und werden bey guten Fortschritten gleich zu Officieren befördert. Die C.-Compagnien zu Olmütz und Grätz sind zur Ausbildung der C. durch die in allen nöthigen Wissenschaften und körperlichen Übungen angestellten Lehrer gehörig organisirt. — S. Militär-Akademie, und Marine-Cadeten-Collegium.

Cadeten-Compagnien (Cadetenhäuser), zu Olmütz und Grätz, bestehen seit 1808. Gewöhnlich werden in jede 124 Cadeten aufgenommen. Die Aufsicht führen ein Inspecteur (in Olmütz der jeweilige Festungs-Commandant) und ein Compagnie-Commandant. Officiere vom Hauptmann abwärts sind als Lehrer angestellt. Die Cadeten erhalten während eines dreyjährigen Lehrcurses Unterricht in der Mathematik, Taktik, Geschichte, Geographie, deutschen und böhm. Sprache, im Styl, Schönschreiben, in der Situationszeichnung, practischen Geometrie und Aufnahme, in der Feldbefestigung, Terrain-, Gefechts-, Waffen- und Geschützlehre, endlich im Abrichtungs- und Exercier-Reglement. Religionslehrer ist der Garnisons-Caplan. Im Fechten und Schwimmen sind eigene Meister aufgestellt.

Cadore, venet. Marktfl. in der Delegation Belluno. Der Nahme dieses Ortes ist berühmt geworden durch den großen Maler Tizian, welcher in demselben geboren wurde. Seine Lage in hohen Gebirgen an der Piave, macht ihn zum Handel mit Holz und Eisen, als den reichhaltigen Producten dieser Gegend, geeignet, von welchem sich der größte Theil seiner Einwohner, deren er gegen 1,600 zählt, nebst der Viehzucht und der bedeutenden Beschäftigung in den Eisenbergwerken, ernährt. Der District C. in hohen Gebirgen hat 23,000 Einw. und bedeutende Viehzucht.

Cäsar, Aquilinus Julius, geboren zu Grätz den 1. Nov. 1720, vollendete die untern Schulen daselbst, trat 1736 in das regulirte Chorherrnstift zu Vorau, legte im darauffolgenden Jahre die Gelübde ab, und wurde 1743 zum Priester geweiht. Erst im Orden als regulirter Chorherr hörte er die Philosophie und Theologie auf der Jesuiten-Universität zu Grätz, erwarb sich Beyfall bey den öffentlichen Prüfungen, und wurde nach einiger Zeit selbst Lehrer in den Schulen des Stifts. 1761 ward er Pfarrer zu Dechantskirchen, und 4 Jahre darauf zu Friedberg. Sein etwas schwächlicher Körperbau und die mit einer Landpfarre nothwendig verbundenen körperlichen Beschwerden bewogen ihn 1784 seine Stelle niederzulegen; er zog sich freywillig zurück, und verlebte mit seiner kleinen Stiftspension in einer immer geschäftigen Ruhe die letzten Jahre bey seinem Jugendfreunde, dem damahligen, allgemein geschätzten Kreis-Dechante Joseph Peinthor am

Waizberge, unweit Grätz, wo er auch am 2. Juny 1792 sein Leben beschloß. — Sein Eintritt in das Stift Vorau hatte ihm Gelegenheit verschafft, sich mit den, in der dortigen Bibliothek befindlichen, historischen Werken, vorzüglich aber mit so manchen, die vaterländische Geschichte betreffenden Urkunden und Diplomen bekannt zu machen. Er nutzte diese Gelegenheit und hat durch seinen Fleiß als Forscher allerdings einem künftigen eigentlichen Geschichtschreiber Steyermarks in vielen Stücken gut vorgearbeitet, obschon man in seinen historischen Forschungen einen hellen Blick und eine prüfende Kritik vermißt, und seine historischen Arbeiten bloß als ein Magazin von tauglichen und untauglichen Materialien anzusehen sind. Seine Betriebsamkeit und sein Fleiß erhellet übrigens aus folgender Angabe seiner vorzüglichsten Schriften: Annales Ducatus Styriae, 3 Bde. Wien, 1768 — 79. (Der 4. ganz fertige Band blieb aus Mangel an Unterstützung ungedruckt, und ist zu Wien in Verlust gerathen.) — Beschreibung des Herzogthums Steyermark, 2 Bde. Grätz, 1773. — Beschreibung der Hauptstadt Grätz, Salzburg, 1781. — Staats= und Kirchengeschichte des Herzogthums Steyermark, 7 Bde. Grätz, 1785—88. — National=Kirchenrecht Österreichs, 6 Bde. eb. 1788—91. — Geschichte der Gelehrten Innerösterreichs, wovon nur der erste Theil erschienen ist.

Calderari, Otto Graf, berühmter Baukünstler, zu Vicenza geboren. Seine Vaterstadt und die Umgegend haben mehrere Palläste, Lustschlösser und Kirchen aufzuweisen, deren Erbauer er war. In Verona ist das für ein Meisterwerk gehaltene Seminario archivescorile, benfalls von ihm. Sein Hauptverdienst besteht in einer gleichsam vollendeten Vertheilung des Ebenmaßes, reiner Formen und vermiedener Überladung von Verzierungen. Nach seinem, 1804 erfolgten Tode, ist eine Prachtausgabe seiner Werke, unter dem Titel: Disegni e scritti di Architettura, 3 Bde. Vicenza, 1808—20 erschienen.

Caldiero, venet. Dorf in der Delegation Verona, am südlichen Abhange eines Gebirgszweiges der tyrol. Gränzalpen, links der von Vicenza nach Verona führenden Straße, mit warmen Schwefelquellen. Bey C. wurde Massena vom Erzherzog Carl am 30. Oct. 1805 besiegt. Während 1805 die österr. Waffen in Deutschland ein schweres Unglück traf, war das Beginnen des Feldzugs in Italien um desto glänzender. Hier stand Massena dem Erzherzog Carl entgegen, und führte den Krieg angriffsweise, indem er am 18. Oct. über die Etsch setzte, und die Feindseligkeiten durch heftige Gefechte bey Verona eröffnete. Nachrichten über die Vorfälle bey Ulm trieben ihn zu neuen rasenden Angriffen auf die Stellungen der Österreicher bey C., Colognola, Stra und Chiavicca del Cristo, in welchen Molitor den rechten, Duchesme den linken Flügel und Gardanne das Centrum des Erzherzogs angriff. Doch vergeblich waren alle diese verschiedenen Angriffe, in welchen von beyden Seiten mit der größten Hartnäckigkeit gekämpft wurde. Die österr. Grenadiere unter Führung des Feldmarschall=Lieutenants Vogelsang zeichneten sich besonders aus. Massena's Truppen wichen, auf allen Puncten geschlagen, zurück, nachdem sie durch den breytägigen Kampf um 8,000 geschmolzen waren. Der Sieger Rück=

zug, durch die Ereignisse bey Ulm zum Schutze der eigenen Provinzen nothwendig geworden, geschah langsam und in vollkommenster dem Feinde imponirenden Ordnung.

Callot, Magdal. Freyinn v., in Wien, Romanschriftstellerinn, ward geboren zu Wien 1774. Ihre erste Erziehung genoß sie im Hause ihres Vaters von Wachmuth. Schon in frühester Jugend zeigte sie entschiedene Neigung zu den schönen Wissenschaften, und begann sehr bald, sich mit eigenen Versuchen zu beschäftigen. Sie vermählte sich sodann mit Freyherrn von Callot, einem k. k. Obersten im Artillerie=Corps. Ihre Schriften sind: Licht= und Schattengemälde in gemüthlichen Erzählungen, Brünn, 1822. — Kleine Romane und Erzählungen, Wien, 1823. — Myrthenreiser, Erzählungen, 3 Thle. eb. 1826.

Caltern, tyrol. Dorf im Botzener Kreise, mit einer, wegen ihrer schönen Fresco= und Ohlgemälde, sehenswerthen Pfarrkirche, einer öffentlichen Mädchenschule bey den Tertianerinnen, herrlichem Weinwachs und angenehmen Spaziergängen am fischreichen Calterersee.

Calve'sche Buchhandlung in Prag, eine der vorzüglicheren Sortiments= auch Verlagsbuchhandlungen, in welch' letzterer Hinsicht Stransky's Staat von Böhmen von Cornova, André's Hesperus, Sommer's Gemälde der physischen Welt, dessen Taschenbuch zur Verbreitung geographischer Kenntnisse, dessen Werk: Das Königreich Böhmen ꝛc. André's ökonomische Neuigkeiten ꝛc. zu nennen. Nach des Gründers C. Tode hatte diese Handlung C. C. André's Schwiegersohn, der betriebsame Tempsky übernommen, dessen Witwe sie nun mit dem Gesellschafter Ehrlich fortführt.

Cameral=Bezirks=Verwaltungen sind die seit 1833 errichteten Behörden, welchen in dem ihnen zugewiesenen Amtsbezirke die unmittelbare Verwaltung des Zollgefälls und der damit verbundenen Zweige, dann der Weg=, Brücken= und Wassermauthen, der allgemeinen Verzehrungssteuer, des Tabak= und =Stempelgefälls, der Cameral=, Fonds= und Stiftungsgüter mit Einschluß des Forstwesens, in so ferne es damit in Verbindung steht, die Leitung der Gränzwache und der inneren Gefällsaufsicht, ferner die Aufsicht über die Vollziehung der das Lotto= und Salzgefäll betreffenden Vorschriften, endlich die Mitwirkung in Bezug auf das Taxwesen und auf die übrigen den k. k. Cameral=Gefällen=Verwaltungen, als ihren vorgesetzten Landesbehörden zugewiesenen Geschäftszweige, obliegt. — Sie haben in engerer Beziehung die gleiche Bestimmung und den gleichen Zweck vor Augen zu halten, welche den Landesverwaltungen vorgezeichnet sind.

Cameral=Gefällen=Verwaltungen, vereinte k. k., sind die seit 1830 für jede altösterr. Provinz der Monarchie errichteten administrativen Behörden, welche das Zollgefäll, die Weg=, Brücken= und Wassermauthen, die allgemeine Verzehrungssteuer, das Salz=, Tabak= und Stempelgefäll, dann die Staats= und Fondsgüter, endlich das Tax= und Lottowesen, die beyden letzteren jedoch nur in einer vorgezeichneten Beschränkung zu bewachen und zu leiten haben. — Insbesondere sind weiters diesen Verwaltungen, und zwar jener in Galizien das Bergwesen in theilweiser Beziehung, und allen diesen Behörden die Ärarial=

Caſſen und das Caſſeweſen, in ſo ferne ſolches von der Finanzverwaltung abhängig iſt, untergeben. — Dieſe Verwaltungen ſind übrigens ſelbſtſtändige Landesbehörden, welche bey der Leitung der ihnen anvertrauten Gefällszweige dahin zu wirken haben, daß die finanziellen Zuflüſſe geſichert, und ſo viel wie möglich vermehrt, und daß zugleich der mit ihrer Erhaltung verbundene Aufwand, ſo weit es mit dem geregelten Gange der Verwaltung und mit der Sicherheit der Gefälle vereinbarlich iſt, vermindert werde.

Cameral-Magiſtrate zu Mailand und Venedig im lombardiſch-venet. Königreiche, ſind als die Landesſtellen für Commerzial- und Finanz-Geſchäfte anzuſehen, auf ähnliche Weiſe, wie die Gubernien die politiſchen Landesſtellen ſind. Im Weſentlichen haben ſie einen gleichen Wirkungskreis mit den Cameral-Gefällen-Verwaltungen in den deutſchen Provinzen, nur iſt der ihrige noch ausgedehnter, indem mehrere finanzielle Geſchäfte dahin gehören, für deren Leitung in den übrigen Ländern eigene Directionen beſtehen, wie z. B. das Tabak-, das Stempel-, das Lottogefäll, das Münzweſen u. ſ. f. Auch haben ſie die Einbringung der directen Steuern in ihren Provinzen zu leiten. Sie ſtehen direct unter der allgemeinen Hofkammer.

Campi, Antonia, geborne Michalowicz, Bravourſängerinn, aus Polen. Sie war früher als ital. Sängerinn in der Opera buffa in Prag angeſtellt, und kam dann 1808 auf das Schikaneder'ſche und ſpäter auf das Hof-Opern-Theater in Wien. Für ſie ſchrieb Mozart zu ſeinen Opern die Bravour-Arien, welche damahls Niemand ſonſt vortragen konnte, wie z. B. in der Zauberflöte die Arien der Königinn der Nacht, in Don Juan die Arien der Donna Anna u. ſ. w. Sie behielt ihre bewunderungswürdige, biegſame und umfaſſende Stimme bis zu ihrem Tode bey, die außerordentliche Höhe derſelben war rein wie eine Silberglocke, und ihre Triller blieben ſich in den längſten Haltungen gleich. Mit ihrem kunſtgerechten und ſchönen Geſange vereinte ſie auch ein gutes Spiel. Sie ſtarb, über 60 Jahre alt, in München, wo ſie noch mit großem Beyfall Gaſtrollen gegeben.

Campo Formio, venet. Dorf in der Provinz Udine oder Friaul, wo man das unbedeutende Haus zeigt, in welchem den 17. Oct. 1797 der Friede zwiſchen Oſterreich und Frankreich abgeſchloſſen wurde. S. Friedensſchlüſſe.

Canäle kommen unter ihren Benennungen vor. S. auch Ujbecſe.

Canal, Eman. Joſ. Malabaila Graf v., k. k. wirkl. geh. Rath und Präſes der k. k. patriotiſch-ökonomiſchen Geſellſchaft in Böhmen, Mitglied der Landwirthſchaftsgeſellſchaft in Wien, der Geſellſchaft zur Beförderung des Ackerbaues, der Natur- und Landeskunde in Brünn, der ruſſiſch-kaiſerl. Geſellſchaft der Naturforſcher in Moskau, der ökonomiſchen Geſellſchaft in Sachſen, der landwirthſchaftlichen Vereine in Bayern und Baden, der literariſchen Geſellſchaft und der Geſellſchaft des Ackerbaues in Krakau, Ehrenbürger der königl. Hauptſtadt Prag; geb. den 3. Juny 1745 in Wien, wo ſein Vater Eman. Malabaila Graf von C. ſich als königl. ſar-

dinischer Gesandter am kaiserl. österr. Hofe befand, betrat schon in zarter
Jugend die militärische Laufbahn, in welcher er sich in den österr. Kriegs=
diensten bis zur Würde eines Oberstlieutenants emporschwang. 1770 zog
er sich aus den Kriegsdiensten zurück, um sich seinem angebornen Triebe
nach Gemeinnützigkeit, welcher den Verewigten bis an seine letzten Le=
benstage ausgezeichnet hat, um so freyer überlassen zu können. In der
That scheint sein Leben von dieser Epoche an nicht mehr ihm allein
angehört zu haben; es war vielmehr ein Gemeingut geworden, auf wel=
ches die ganze Menschheit Anspruch nehmen konnte. Mit glühendem Eifer
umfaßte er alles, was gut und gemeinnützig war, was seine unbegränzte
Liebe für Fürst und Vaterland bewähren, die Verbreitung der Wissen=
schaften begünstigen, das Vergnügen seiner Mitbürger befördern, und
ihre Leiden mildern konnte; und es waren seinem hochherzigen Sinne
keine Opfer zu kostbar oder zu schwer, sobald es sich um die Erreichung
eines dieser Zwecke gehandelt hatte. — Das Waisenhaus zu St. Johann
in Prag zählt ihn unter die Zahl seiner ersten und vorzüglichsten Grün=
der, indem er zu dessen Errichtung auf das thätigste mitwirkte; und
als hierauf das Armeninstitut in Prag eingeführt wurde, war er der
Erste, welcher die persönliche Sammlung der Beyträge übernahm, und
sie mit rastloser Thätigkeit betrieb. — 1787 kaufte er seinen berühmt
gewordenen Garten vor dem Roßthore zu Prag, in welchem er das
Nützliche mit dem Angenehmen zu vereinen, unausgesetzt bestrebt war.
Seit 1791 errichtete C. in diesem Garten auf eigene Kosten eine botani=
sche, mit den erforderlichen Bedürfnissen freygebig ausgerüstete Lehran=
stalt, an welcher die ökonomisch=technische Botanik gelehrt wurde. Um
die Aufnahme dieses Studiums noch mehr zu befördern, hat der edel=
müthige Gründer seit mehreren Jahren ansehnliche Geldprämien für
die Studirenden ausgesetzt. Auf seine Veranlassung und Unterstützung
schrieb F. W. Schmidt die erste Flora Böhmens (4 Hefte, Prag
1793—94), so wie J. F. Tausch weiterhin den „Hortus Canalius"
(Prag 1823). — Von der k. k. patriotisch=ökonomischen Gesellschaft in
Böhmen 1789 zum wirklichen Mitgliede ernannt, ward C. 1793 zu
ihrem Präses erwählt. Durch den langen Zeitraum von 33 Jahren, durch
welchen er dieser Gesellschaft vorstand, war er fortwährend bemüht, jede
Gelegenheit zu ergreifen, welche dazu dienen konnte, die Verbreitung
der nützlichsten Kenntnisse zu bewirken. Zahlreiche Unterrichte über die
verschiedenen Zweige der Landwirthschaft von dieser Gesellschaft ausge=
gangen, vielfältige in seinem Garten und auf seine Kosten durchgeführte
Anbauversuche, die Überlassung desselben zur Abhaltung practisch=ökono=
mischer Vorlesungen, die Errichtung einer Musteranstalt zum unent=
geldlichen Unterrichte in der Fabrication des Syrups und Zuckers aus
Runkelrüben, die mehrjährige Unterhaltung einer Sammlung von 6 bis
700 Obstbäumen in Scherben u. s. w., sind sprechende Beweise von seinem
Eifer für die Beförderung des öffentlichen Wohlstandes, und der wissen=
schaftlichen Ausbildung des landwirthschaftlichen Geschäftes. Er lieferte
auch eine Abhandlung über das Johanniskorn und den deutschen Moor=
hirse, wovon mehrere tausend Exemplare, in deutscher und böhmischer
Sprache auf seine Kosten aufgelegt, unentgeldlich im Lande vertheilt

vertheilt worden sind. — Doch sein Edelsinn beschränkte sich nicht bloß darauf, der Mit- und Nachwelt nur auf den vorbezeichneten Wegen nützlich zu werden; seine Mitbürger sollten ihm auch den schönen Genuß fröhlicher und anständiger Geselligkeit in der freyen Natur zu verdanken haben. Mit hoher und seltener Menschenfreundlichkeit öffnete er seinen Garten dem Publicum durch mehr als 30 Jahre, ohne Beschränkung irgend einer Zeit; und sparte keine Kosten, ihm den Aufenthalt und das Lustwandeln in demselben täglich angenehmer zu machen. — Er starb zu Prag am 20. Febr. 1826, im 81. Jahre seines Alters.

Canale, illyr. Marktflecken im Görzer Kreise des küstenl. Gouvernements Triest, am linken Ufer des Isonzo, über welchen 1822 eine neue herrliche Brücke, 50 Fuß lang, mit 3 Bogen und 17 Fuß 18 Zoll breit, erbaut wurde, hat 500 Einw., eine Leinwandfabrik, welche unlängst noch 200 Stühle beschäftigte, und über 400 Ctr. Flachs und Hanf verbrauchte.

Candiszucker, s. unter Zucker.

Canova, Ant., einer der berühmtesten Bildhauer der neueren Zeit, wurde den 1. Nov. 1757 zu Possagno im Venetianischen geboren. Sein Großvater Pasino C. war auch, wie sein verstorbener Vater Pietro, ein Steinmetz, aber ein Mann von ausgezeichneten Talenten, der die Baukunst trieb, richtig, leicht und gefällig zeichnete, geschmackvolle Verzierungen arbeitete, zuletzt auch Reliefs und selbst Statuen aus Marmor verfertigte. Der Enkel versuchte sich aus innerem Triebe an allem diesem und ahmte nach, was er vor sich sah. Ein Herr von Falier, der in der Nähe ein Landgut und für Pasino viel Achtung hatte, fand sich auch bald von dem Enkel angezogen, der so viel Talent verrieth. Er führte ihn in seine Familie, wo C. dem Bildhauer Torretto, der damahls in dem nahe gelegenen Pagnano lebte, bekannt wurde. Mit väterlicher Sorgfalt nahm sich dieser der Ausbildung des Knaben an, dessen Künstlerberuf nicht zu bezweifeln war. Dieß bewog den Herrn von Falier zu rühmlicher Unterstützung. Nach Verlauf von 2 Jahren begab sich Torretto nach Venedig; C. begleitete ihn, sah sich aber, da sein Lehrer kurz darauf starb, bald auf sich selbst angewiesen. Er wendete sich zunächst an das Studium der Natur, und besuchte auch die Theater in der Absicht, um den Blick für das Characteristische der Formen und der Stellungen immer mehr zu üben. Außerdem waren die Akademie der schönen Künste und die Gallerie Farsetti, fast die einzigen Orter, die er besuchte. Der Eifer seines Studiums ward durch glücklichen Erfolg gekrönt; in einem Alter von 16 Jahren verfertigte er für seinen Gönner eine Statue der Eurydice, die er bald darauf durch seinen Orpheus übertraf. Als Modelle arbeitete er während seines Aufenthaltes zu Venedig noch: Apollo und Daphne, Äsculap, Herkules den Schlangenwürger und eine Colossalfigur. In Marmor führte er aus: Die lebensgroße Porträtstatue des Marchese Poleni, und die lebensgroße Gruppe Dädalus und Ikarus. Mehr oder minder sah man allen diesen Arbeiten an, daß er seine Studien nur nach der wirklichen und einer oft dürftigen Natur gemacht hatte; allein wer in einem Alter von 22 Jahren schon so viel leistete, der mußte noch größere

Erwartungen für die Zukunft erregen. Damit diese ganz in Erfüllung gehen möchten, hatte Falier nichts Angelegeneres, als den jungen Künstler nach Rom zu verpflanzen. Dahin ging er gegen Ende 1780, von Falier dringend an seinen Freund, den Gesandten Girolamo Zuliani empfohlen. Dieser, ein Kenner der Kunst, nahm sich des jungen Künstlers aufs Eifrigste an. Die Gruppe des Dädalus und Ikarus war die erste, die er zu Rom ausstellte, und sein Gönner versammelte um ihn den Rath eines Volpato, Battoni, Cadez, Hamilton, Succini, Garino, deren Urtheil dahin ausfiel, daß zwar das Fleisch mit Sorgfalt behandelt und der Natur getreu nachgeahmt, der Styl in beyden Figuren aber nicht zu der Höhe gediehen sey, welche der Künstler erreichen könne. Zu Ende 1781 gelang es seinen Gönnern, ihm eine Pension von 300 Ducati auf 3 Jahre auszuwirken, wodurch er in den Stand gesetzt wurde, seinen Studien und Arbeiten ruhiger obzuliegen, und auch den seiner Kunst unentbehrlichen Wissenschaften, an deren Kenntniß es ihm noch gebrach, sich zu widmen. Die Gruppe des Theseus als Sieger des Minotaurus, war das erste Werk, welches er zu Rom ausführte. Ein glücklicher Zufall fügte es, daß Volpato ihm die Arbeit eines öffentlichen Werkes übertragen konnte: Die Verfertigung des Denkmahls für den Papst Clemens XIV. (Ganganelli) in der Kirche degli Apostoli. Ein anderes öffentliches Monument, das des Papstes Clemens XIII. aus dem Hause Rezzonico ward ihm einige Jahre später aufgetragen und 1792 in der Peterskirche aufgestellt. Sein Ruf war nun durch ganz Italien verbreitet. Er führte dann noch 2 öffentliche Denkmähler aus, eines für Venedig, das Monument des Admirals Emo, das andere für Wien das Monument der Erzherzoginn Christina von Österreich. Während der Revolution begleitete er seinen Gönner, den Prinzen Rezzonico, nach Deutschland. Die Reise ging über Wien, Dresden, bis Berlin; erst nach Vertreibung der Franzosen aus der Lombardie kehrten beyde wieder nach Italien zurück. Das erste Werk, welches C. seitdem ausstellte, war sein Perseus, wodurch sein Ruhm den höchsten Gipfel erreichte; wiewohl Kenner der bald nachfolgenden stehenden Gruppe, Amor und Psyche, den Vorzug ertheilen. 1802 wurde C. nach Paris berufen; er erhielt den Auftrag, zu einer colossalen Statue Napoleon's die Büste desselben zu verfertigen. Sie ward ein Meisterwerk, in einem großen und edlen Style behandelt. Der Künstler hat nachher noch mehrere Personen der Bonaparte'schen Familie dargestellt, unter denen die Mutter Napoleon's, von ihm 1805 in Marmor ausgeführt (jetzt zu Rom in einem Pallaste der Familie Canino), voll Adels, wie die antike Agrippina sich auszeichnet. In demselben Jahre führte er seine siegreiche Venus aus, deren Kopf bekanntlich Bildniß der Prinzessinn Pauline Borghese ist. 1811 vollendete er die, nachher nach Parma gebrachte Statue der Göttinn der Eintracht, und wählte dabey zu seinem Modell die Kaiserinn Marie Louise. Eine seiner Tänzerinnen, mit der Lyra im Arm ist die Porträtstatue der Gemahlinn Lucian Bonaparte's. — Nach der großen Umwandlung der Dinge in Frankreich kam C. 1815 wieder nach Paris, um unter dem Titel eines päpstlichen Ambassadeurs aus

dem französischen Museum die von Rom weggeführten Kunstwerke zu=
rückzufordern, und das Zurückschaffen anzuordnen. Nach Beendigung
dieses Geschäftes machte er eine Reise nach England, wo der damahlige
Prinzregent, nachmahls König Georg IV., ihn sehr gnädig aufnahm.
Er kehrte 1816 nach Rom zurück. — Von seinen Kunstwerken sind noch
folgende Denkmahle zu bemerken: Auf die Marquise de Santa Croce,
auf Alfieri, Volpato, den Grafen Souza, portugiesischen Ge=
sandten in Rom, den Prinzen Friedrich von Oranien, auf den
Grafen Tadini, Pius VI. und den Cardinal von York, dann
ein Cenotaph für seinen Gönner Falier, und das Modell zu einem
Mausoleum für Nelson. Seine Statue Washington's, der großen
amerikanischen Nation gewidmet, ist im Saale des Senats von Caro=
lina aufgestellt. — Selten sind durch Verdienst oder Gunst des Glücks
auf einen Künstler so viele Ehren und Reichthümer gehäuft worden, als
auf C. Er war geadelt von Asolo, Marchese von Ischia mit einem
jährlichen Einkommen von 3,000 Scudi, Ritter beyder päpstlichen, des
österr. Leopolds=, des russ. St. Georgs=Ordens, und des Ordens beyder
Sicilien, Commandeur des Ordens der eisernen Krone, Bürger der
Republik S. Marino, Aufseher der Künste und Alterthümer im rö=
mischen Staate mit jährlicher Pension von 400 Scudi, Präsident zweyer
Kunstakademien, Mitglied des franz. und italien. National=Instituts,
und fast aller nahmhaften europäischen Kunstakademien. Die größte
Ehre aber, die ihm als Künstler zu Theil wurde, war, daß sein
Perseus und seine beyden Faustkämpfer Kreugas und Damoxenos
für das Museum Pio=Clementinum angekauft wurden, worin
bis dahin kein Werk der neuern Kunst stand; ja daß man seinen Per=
seus für würdig erkannte, auf dem Fußgestelle aufgestellt zu werden,
welches durch die Wanderung des Apollo von Belvedere nach Paris
ledig geworden war. Der Papst bestätigte das Urtheil der röm. Kunst=
richter, und nannte C. in einem Decret den Nebenbuhler des Phidias
und Praxiteles. — C. starb am 13. Oct. 1822 zu Venedig, wo
er am 4. Oct. angekommen, und sogleich erkrankt war. Am 17. Oct.
wurden ihm in der St. Marcuskirche die Exequien gehalten, und sein
Leichnam dann in seinen Geburtsort abgeführt, um in der dortigen neuen
Kirche nach Beendigung derselben beygesetzt zu werden. Diese Kirche ist
seine eigene Stiftung und nach einem großen Plane angelegt, eine
Rotunda, deren Frontispice genau nach dem Pantheon zu Athen
copirt ist. Die Säulen daran sind so groß, als die am Pantheon zu
Rom. Ein Schmuck des Inneren wird seine Statue der Religion, zu
welcher er 1815 das Modell verfertigte. Er hinterließ ein Vermögen
angeblich von 7 Millionen Scudi. C.'s Werke sind unter Andern von
H. Moses 1828 zu London in 3 Bdn. erschienen. — Französisch
von Reveil, 10 Hefte, Paris 1825. Viele seiner vertrauten Briefe
sind in Venedig gedruckt, und von Kollmann ins Deutsche über=
tragen für die steyermärk. Zeitschrift.

Canzi (eigentl. Kanz), Catharina, verehelichte Wallbach,
eine vorzügliche neuere Sängerinn nach italienischer Schule, war geb.
zu Baden nächst Wien, wo ihr Vater Buchbinder war. Früh schon

zeigte sie große Anlage zum Gesange und genoß des berühmten Salieri Unterricht, welcher sie in der italienischen Methode zur trefflichen Sängerinn bildete. Sie trat auch zuerst auf italienischen Theatern, nahmentlich zu Florenz, Mailand u. a. m. mit vielem
Beyfall auf. Später machte sie eine Kunstreise durch Norddeutschland,
ließ sich auf den Bühnen zu Berlin, Dresden, Leipzig,
Weimar, Cassel u. s. w. ebenfalls mit großem Beyfall hören,
und erhielt ein Engagement zu Leipzig, das sie jedoch später gegen
eines in Stuttgart wieder aufgab. Geläufigkeit und Grazie im
Vortrage sind ihre vorzüglichsten Eigenschaften, welche sie besonders für
die italien. Oper und Operette eignen.

Canzo, Berg in der Lombardie, dessen westliche Spitze 4,230
Par. F. hoch ist.

Canzo, lomb. Ortschaft in der Provinz Como, am Fuße eines
halbmondförmigen Gebirges. Hier ist der schöne Wasserfall Vallategna,
dessen Wasser die Triebwerke mehrerer Maschinen in Bewegung setzt.

Capistran, Joh., wurde am 24. Juny 1386 zu Capistrano
im Neapolitanischen geboren. Er widmete sich anfangs der Rechtsgelehrsamkeit, und wählte erst in seinem 30. Jahre den geistlichen Stand,
indem er zu Samnio in den Franziscanerorden trat. Hier zeichnete
er sich durch Sittenstrenge und Andacht, besonders aber durch seinen
Feuereifer gegen die religiösen Secten aus, die damahls in Italien
zahlreich und ausgebreitet waren. Der Glaubenseifer C.'s erwarb demselben ein so großes Ansehen, daß Papst Nicolaus V. ihn als Legaten nach Deutschland sandte, um durch ihn die Verbreitung der hussitischen Ketzereyen zu hemmen, und die Deutschen zu einem Kreuzzuge
gegen die Türken zu begeistern. Er begab sich in Begleitung des Mino-
ritenbruders Jacob von Piacenza dahin, und der ihm vorangeeilte
Ruf seiner Heiligkeit bereitete ihm überall, wohin er kam, eine ehr-
furchtsvolle Aufnahme. Das Volk umgab in unzählbarer Menge seinen
Weg, feyerliche Processionen kamen unter Glockengeläute, mit Vortra-
gung der Reliquien, an den Städten ihm entgegen, und Kranke wurden
zu ihm gebracht, daß er durch Händeauflegen sie heilen sollte. 1450 kam
er von Wiener-Neustadt, wo Kaiser Friedrich III. ihn
mit größer Erbauung gehört und reichlich beschenkt hatte, nach Wien,
wo er auf den Straßen und Plätzen bey einem unermeßlichen Zulauf
predigte. Der deutschen Sprache nicht mächtig, konnte er nur lateinisch
reden, und mußte durch eine lebhafte Geberdensprache Sinn in seine,
den Zuhörern unverständliche Worte zu legen suchen; dennoch hörte das
Volk ihn Stunden lang an. Was er lateinisch gesprochen hatte, übersetzte, obgleich mit geringerer Wirkung auf die Zuhörer, ein Dolmetscher in die Landessprache. Von Wien, wo man an der Stephanskirche noch die Kanzel sieht, auf der er gedonnert, ging er nach Mähren,
und predigte in Olmütz gegen die Hussiten mit so glänzendem Erfolge,
daß ein mähr. Magnat, Wenzel von Boskowitz, mit 2,000 seiner
Unterthanen, von der hussitischen Lehre zur katholischen übertrat, und
außerdem an 16,000 Hussiten sich wieder mit der römischen Kirche vereinigt haben sollen. Wahrscheinlich um seinem Bekehrungseifer ein Ziel

zu ſetzen, trug der huſſitiſche Erzbiſchof Joh. Rockyczana von Prag, ihm an, ein Religionsgeſpräch mit ihm zu halten, und überließ ihm die Auswahl des Ortes der Zuſammenkunft unter. 3 in Böhmen gelegenen Städten. C. beſtand darauf, daß die Disputation in Olmütz oder Brünn gehalten werde, und als jener damit nicht einverſtanden war, unterblieb das Geſpräch. Darauf ging C. nach Böhmen, und zwar nach Krummau, einer damals der Familie v. Roſenberg gehörigen Stadt. Von da mußte er ſich aber ſchleunig wegbegeben, weil der Reichsſtatthalter, Georg Podiebrad, dem Ulrich von Roſenberg, Herrn von Krummau, verbothen hatte, ihn aufzunehmen. Deſto ehrenvoller wurde er in Pilſen, Brüx und Kaaden empfangen, wiewohl er auch in dieſen Städten nur wenig Gehör fand, da Rockyczana ihn dem Volke verdächtigte, der Reichsſtatthalter aber ſeiner Wirkſamkeit viele Hinderniſſe in den Weg legte. C. eiferte in ſeinen Predigten im Tone der Propheten des alten Bundes gegen die Sittenverderbniß ſeiner Zeitgenoſſen, drohte mit dem nahen Eintreffen der göttlichen Strafgerichte, und ließ nicht ſelten Karten, Bretſpiele, Schmuck und andere Gebrauchſtücke des Luxus und des Vergnügens auf öffentlichen Plätzen verbrennen, oder bewog ſeine Zuhörer, dieſes ſelbſt zu thun. — Um die Fürſten zur Theilnahme an dem Türkenkriege zu bewegen, veranlaßte Aneas Sylvius den Kreuzprediger auf den Reichstagen zu Frankfurt am Main (im Sept. 1454) und Wiener-Neuſtadt (2. Febr. 1455) zu erſcheinen. Er richtete aber nichts aus; daher wandte er ſich wieder an das Volk, bey welchem er auf mehr Glück hoffen durfte. Er durchzog noch mehrere deutſche Länder, rührte die Gewiſſen durch ſeine Strafpredigten, und warb eine große Menge reuiger Sünder als Kreuzfahrer an, die er nach Ungarn führte, welches Land damals gerade von den Türken auf eine höchſt gefährliche Weiſe bedroht war. Der Sultan Mahomed II. war nähmlich mit einem Heere von 150,000 Mann gegen Ungarn vorgerückt, und hatte Belgrad belagert. Der berühmte Feldherr Joh. Corvin Hunyad konnte den Türken nur 10,000 Mann entgegenſtellen, daher hatte er ſeine Hoffnung allein auf die Kreuzfahrer geſetzt. In dieſer gefahrvollen Lage des ungar. Reiches zeigte C. ſich äußerſt wirkſam und tapfer, und er kann, ohne daß das, durch den Verdienſten des heldenmüthigen Hunyad nahe getreten wird, der Retter Ungarns genannt werden. Er richtete durch ſeine feuervollen Predigten die verzagten Gemüther der Ungarn wieder auf, trieb unaufhörlich durch Bitten, Ermahnungen und Drohungen das Volk zur Ergreifung der Waffen, und brachte durch ſeine raſtloſen Bemühungen ein Heer von 60,000 Kreuzfahrern zuſammen, welches er dem Hunyad zuführte. Nicht weniger wie hiedurch, wurde C. dem ungar. Feldherrn durch ſeinen Rath nützlich. Denn als Hunyad die belagerte Feſtung mit Lebensmitteln zu verſehen, und eine Truppenverſtärkung hineinzubringen wünſchte, ihm aber, weil der Platz von der Waſſerſeite ſowohl, als zu Lande eingeſchloſſen war, kein Weg dazu offen ſtand, da rieth ihm der kluge Prieſter, einige hundert kleine Schiffe zuſammenzubringen, und damit die türkiſche Flotte anzugreifen. Dieſes geſchah, C. und Hunyad begleiteten mit ihren

Heeren, von beyden Seiten des Flusses, die Schiffe, die sie, als die türkische Flotte ihnen entgegenkam, bestiegen, um den Angriff zu leiten. Hunyad befehligte auf der rechten, C. auf der linken Seite, jener mit dem Schwerte, dieser mit dem Crucifix in der Hand, jener an den Waffenruhm der Ungarn und die Gefahr des Vaterlandes die Seinigen erinnernd, dieser den Streitern Christi den gewissen Sieg verheißend. Der Kampf war hart und langwierig, endigte aber mit der gänzlichen Zerstörung der türkischen Flotte. — Doch wie nützlich C. durch die Zusammenbringung und Leitung des Kreuzheeres schon wurde, so sollte bey der Vertheidigung von Belgrad sein Verdienst um Ungarn und die gesammte Christenheit doch noch höher steigen. Mahomed hatte beschlossen, Belgrad um jeden Preis zu nehmen, und ließ den Platz so lange ununterbrochen beschießen, bis große Öffnungen in den Festungswerken entstanden, die den Türken das Eindringen in die Stadt erleichterten. Die Besatzung zog sich ins Schloß zurück, und selbst der tapfere Hunyad gab die Stadt verloren. Nicht so aber C., der sein schlecht bewaffnetes Kreuzheer herbeyführte, sich an die Spitze desselben stellte, und auf das heldenmüthigste kämpfend, den Türken den Übergang über die Brücke, die aus der Vorstadt nach der Stadt führte, verwehrte. Der Sultan geboth nun einen allgemeinen Sturm, befahl die Gräben auszufüllen, und ließ durch die Maueröffnungen seine Krieger in die Stadt eindringen. Doch auch jetzt verlor C. den Muth nicht, sondern stellte sich dem furchtbaren Feinde muthvoll entgegen. Seine von ihm zu übermenschlicher Anstrengung begeisterten Kreuzfahrer kämpften mit Löwenmuth gegen die Angreifenden, als auch Hunyad mit seinen Kriegern herbeykam, das ganze türkische Heer in die Flucht geschlagen wurde, und eine völlige Niederlage erlitt. In der Krankheit dieses Helden, die eine Folge der großen Anstrengungen vor Belgrad war, und der er unterlag, wich C. nicht von dessen Lager. Die heldenmüthige Vertheidigung Belgrad's, von welcher damals allein die Rettung Ungarns und der angränzenden christlichen Länder abhing, muß der einflußreichen Wirksamkeit C.'s verdankt werden. Der Gifthauch des Schlachtfeldes bey Belgrad hatte auch ihn auf das Krankenlager geworfen. Während seiner Krankheit besuchte ihn der König Ladislaus. Er starb den 23. Oct. 1456 in dem Franciscaner-kloster zu Illok. — Die Sittenreinheit dieses außerordentlichen Mannes, sein Eifer für die Religion, die Alles überwältigende Kraft seiner Rede, endlich der große Erfolg des von ihm zusammengebrachten und geleiteten Kreuzheeres; dieses Alles machte schon bey seinem Leben seinen Nahmen durch ganz Europa, besonders aber in Ungarn, hochverehrt, und der Glaube, daß er ein Heiliger und Wunderthäter sey, war allgemein. Der Ruf von seiner Wunderkraft vermehrte sich nach seinem Tode. Das Volk wallte scharenweise zu seinem Grabe, und viele Umstände sollen es dargethan haben, daß C. ein Fürbitter bey Gott und des Ranges eines Kirchenheiligen würdig sey. Schon 4 Jahre nach seinem Tode bemühte sich der König Mathias Corvinus um C.'s Heiligsprechung, die jedoch damals nicht erfolgte. Erst seit 1690 wurde er von Alexander VIII. zum Kirchenheiligen erhoben, und der 23. Oct.

zu seiner Feyer festgesetzt, nachdem er bereits von Leo X., Paul V.
und Gregor XV. selig gesprochen worden. Als Schriftsteller hat er
sich durch folgende Arbeiten bekannt gemacht: Speculum clericorum.
— De potestate Papae et conciliis. — De poenis inferni et pur-
gatorii. — Eine Streitschrift gegen Joh. Rokyczana.

Capitäne, 1) der Arcieren, 2) der ungarisch-adeligen, 3)
der Trabanten-Leibgarde. — Jeder Garde-Capitän übt die Gerichtsbarkeit über alle zum Stande der Garde gehörigen Individuen sowohl in
bürgerlichen als peinlichen Rechtsfällen aus, mit bloßer Ausnahme derjenigen, die aus dem Civil-Stande als Ärzte, Bereiter oder Lehrer einer
Wissenschaft oder freyen Kunst aufgenommen sind, und sich nicht, ausschließend dem Dienste bey der Garde widmen, und derjenigen von der
verheiratheten Dienerschaft, die außer dem Umfange des Gardehauses
wohnen. Kriegsrechtliche Urtheile über Gardisten, oder zum Gardestand
gehörige Stabs-Parteyen mit Officiers-Rang, müssen aber vor der
Kundmachung dem allgemeinen Militär-Appellations-Gerichte, und
von diesem mit dem Referate dem Hofkriegsrathe unterlegt werden. —
Die Heyrathsbewilligungen für die bey den Garden befindlichen Generäle,
Stabs- und Ober-Officiere und Stabs-Parteyen hängen in jedem einzelnen Falle von der Entschließung des Kaisers ab; den Unter-Officieren
und Gemeinen der Trabanten-Garde wird die Heyrathsbewilligung von
dem Capitän dieser Garde ertheilt. — Vergl. Hofburgwache.

Capitän-Lieutenant, s. unter **Hauptmann**.

Capitulation (der obligaten Mannschaft). — Die C. der gestellten oder auch freywillig conscribirten Individuen ist auf 14 Jahre
festgesetzt. Bey den von der Conscription ausgenommenen Inländern
kann sie rücksichtlich der Infanterie auf 6, der Cavallerie auf 10 Jahre
zugestanden werden. Die C.-Zeit haben auch die ex propriis gestellten
jungen Leute von besserer Bildung auszudienen. Die C. der Italiener
und Thyroler ist auf 8 Jahre bestimmt; doch bleiben letztere nach Verlauf
derselben noch 6 Jahre zum Zuzug dienstpflichtig. — Die C. wird bey
der Artillerie, dem Mineurs- und Sappeurs-Corps nicht zugestanden; sie kommt auch den Reserve-Männern nicht zu, sondern läuft
ihnen erst vom Tage ihres Einrückens in die wirkliche Dienstleistung.
Sie geht jedoch während der Zeit, als ein Mann mit Urlaub abwe-
send, oder in der Kriegsgefangenschaft befindlich ist, fort (sofern er
nicht feindliche Dienste genommen). Die C. kann nicht anders als
mit freyem Willen des Mannes, oder durch einen gerichtlichen Spruch,
verlängert, oder aber ganz aufgehoben werden. — Die C., der Ausländer darf bey der Infanterie nicht unter 6, bey der Cavallerie nicht
unter 10 Jahren zugestanden werden. Sie dürfen nicht Deserteurs
einer fremden Macht seyn.

Capo d'Istria, illyr. Stadt im Mitterburger oder Istrier Kreise
des Gouvernements Triest, an einem Busen des Meeres, Valle,
Stagnon, in dessen Nähe sich der Risanobach ins Meer ergießt, auf
einem vom Meere umgebenen Felsen, oder durch eine lange Brücke mit
dem festen Lande verbunden ist, hat eine Citadelle, 30 Kirchen, 1,092
Häuser und 5,000 Einw., aber enge Gassen, die der Stadt ein düste-

res Ansehen geben; doch zeichnen sich mehrere ansehnliche Gebäude, besonders die Cathedralkirche aus. Hier ist der Sitz eines Bischofs mit dem Domcapitel, ein Collegium der Piaristen, ein Gymnasium, eine Hauptschule, eine Mädchenschule, ein Provinzial-Strafhaus. Die vorzüglichsten Nahrungszweige der Einw. sind Wein- und Ohlbau, Seefischerey, bedeutende Bapsalzschlemmereyen, Handel, Schiffbau und Schifffahrt; auch Leder- und Seifenfabriken. Ihrer Lage wegen, leidet die Stadt Mangel an Trinkwasser, es wird daher theils durch Regenwasser aus Cisternen ersetzt, theils durch künstliche Wasserleitungen vom festen Lande hergeschafft. Der Hafen ist groß, wird aber fast nur von Fischerbarken besucht.

Caprara, Aeneas Sylvius, Graf v., geb. 1631, war ein Neffe Ottavio Piccolomini's und ein naher Verwandter des Montecuculi, den er auch nach dem 30jährigen Kriege auf seiner Reise nach Schweden, durch Deutschland und in Italien begleitete. Er benutzte diese treffliche Gelegenheit, Erfahrung im Welt- und Kriegerleben zu sammeln; eben so folgte C. dem großen Feldherrn in die Kriege gegen die Ungarn und Franzosen. Im Feldzuge von 1674 befand er sich an der Spitze der kaiserl. Völker am Rheine, mußte aber da seinen Plan, im Elsaß einzufallen, aufgeben, und sich unter den Kanonen von Heidelberg lagern. Bey den Versuchen zum Vorrücken, die er und Herzog Carl IV. von Lothringen unternahmen, hatte er Gelegenheit sich mit Turenne bey Seinsheim zu messen, und wenn auch das Gefecht von den Kaiserlichen nicht gewonnen ward, so machte ihnen doch ihr achtmahliges Erneuern des Angriffes und die Ordnung ihres Rückzuges die größte Ehre. C. vereinigte sich mit dem Hauptheere, besetzte die Schanze am Rheinzolle vor Straßburg, und erwarb sich bedeutenden Ruhm in dem Treffen bey Ensheim, wo er als Commandant des rechten Flügels mit den kaiserl. Kürassieren kühn in die feindlichen Reihen drang. Bey Mühlhausen gerieth C. in französ. Gefangenschaft, blieb aber nicht lange darin, da er 1675 im Treffen von Sasbach wieder erwähnt wird; in den darauf gefolgten Gefechten führte er die Reiterey. Er stand mit vor Philippsburg, versah 1676 Freyburg und Offenburg mit Kriegsbedürfnissen, ging 1677 mit dem Belagerungsgeschütz nach Thionville, und nahm 1678 thätigen Antheil am Entsatz von Offenburg. 1683 diente C. als Befehlshaber der Reiterey gegen die Insurgenten in Ungarn, vertrieb dann beym Entsatze von Wien den Feind aus dem stark verschanzten Nußdorf, so wie er 1684 bey der Belagerung von Ofen dem Churfürsten von Bayern zugegeben war. Im folgenden Jahre betrieb C. die Angriffe auf Neuhäusel, welches mit Sturm genommen wurde; viele andere Städte ergaben sich durch Capitulation. Im dritten Feldzuge des französ. Krieges 1691 befehligte er am Rheine, 1692 aber fiel er mit dem Herzog von Savoyen in die Dauphiné ein, und eroberte dort Cap und Embrun. Im Treffen bey Marsaglia, 1693, führte er den rechten Flügel, der zwar manche Vortheile erfocht, das Schicksal des Tages aber doch nicht günstig wenden konnte. 1694 commandirte er wieder in Ungarn, und schlug dort alle Angriffe der Türken auf seine Stellung bey

Peterwardein zurück. Er führte den Oberbefehl bis zur Ankunft des Churfürsten Friedrich August von Sachsen, und nach dessen Entfernung wieder so lange, bis der Prinz Eugen von Savoyen ankam; hierauf nahm er seinen Platz im Hofkriegsrathe ein. — Man legt dem Feldmarschall C. und wohl nicht mit Unrecht zur Last, daß er nie solche Unternehmungen begünstigte, von denen die Ehre nicht unmittelbar ihm selbst werden konnte; dagegen ward aber auch mancher Fehler anderer ihm aufgebürdet, und er ward aus Mißgunst oft nicht gehörig unterstützt. In 44 Feldzügen hatte jedoch C. stets hohen Muth und keine geringen militärischen Einsichten bewiesen. 1701 starb er, 70 Jahre alt.

Carabelli, Edler v. Lunkaszprie, Georg, Dr. der Chirurgie, Professor der Zahnarzneykunde an der Universität und kaiserl. Leibzahnarzt in Wien, durch Industrie und Schicksalsgunst einer der berühmtesten Zahnoperateurs, ward geboren den 11. Dec. 1787 zu Pesth. Nachdem er in der medicinisch-chirurgischen Josephs-Akademie das Doctorat erhalten, und als untergeordneter Feldarzt die Kriege 1809 und 1813 mitgemacht, verlegte er sich auf die Zahnarzneykunst, gab seine Stelle auf, und erhielt die Erlaubniß zu einer neuen Lehrkanzel dieses chirurgischen Zweiges an der Wiener-Universität. C. ließ die Gebrechen des Mundes in Elfenbein darstellen, und verehrte ein Exemplar der Universitäts-Sammlung, ein zweytes der Josephs-Akademie. Zum Lohne sowohl hiefür als seiner ärztlichen und sonstigen Thätigkeit erhielt er eine mit seinem ungar. Adelstande und dem oben genannten Prädicate verbundene Dotation. Des Kaisers unmittelbare Benützung seiner zahnärztlichen Dienste verschaffte ihm die Ernennung zum Leibzahnarzte. Unter dem Titel: Über die Zahnheilkunde, ließ C. den ersten Theil eines Lehrbuchs im Druck erscheinen.

Caravaggio, lombard. Ortschaft in der Delegation Bergamo, Geburtsort des Malers Angelo Amerigli, genannt Angelo da Caravaggio, so wie des berühmten Polidoro di Caldara, genannt Caravaggio, von dessen Hand sich in Wien mehrere sehr schätzbare Gemälde befinden.

Carbonari (Köhler), eine revolutionäre Secte, welche in Neapel entstand, und von 1818 bis 1821 auch in Ober-Italien ihr Unwesen trieb. Das Ritual der C. ist vom Kohlenbrennen genommen, die Grundlage ihrer Symbole war Reinigung des Waldes von Wölfen, d. i. Kampf gegen Tyranney. Anfangs (unter Napoleon's Regierung) verstanden die C. darunter die Befreyung von ausländischer Herrschaft, später entwickelten sich aber daraus demokratische und antimonarchische Grundsätze, welche die Sicherheit der Staaten gefährdeten und Maßregeln zu ihrer Unterdrückung nothwendig machten, darum wurden seit der Unterdrückung der neapolitan. und piemontes. Revolution 1821 die C. in ganz Italien für Hochverräther erklärt, und als solche nach den Gesetzen bestraft.

Carinthia, ein der Klagenfurter-Zeitung beyliegendes, nicht unwichtiges Wochenblatt für die Provinz Kärnthen, redigirt früher von Dr. Gottfr. Kumpf, nunmehr von Sim. Mart. Mayer, enthält seit 1813 viele gehaltreiche Aufsätze von Burger, Kumpf, Mitterdorfer ꝛc., und wird auch gegenwärtig in der lobenswerthen Tendenz, zur Erweiterung der Kenntniß von Kärnthen, fortgeſetzt.

Carl IV. als römiſch=deutſcher Kaiſer; I. als König von Böh= men, einer der gefeyertſten Regenten dieſes Landes, war geboren den 16. May 1316 zu Prag, Sohn Königs Johann des Blinden (ſ. d.) von Böhmen, aus dem Hauſe Luxemburg, und Eliſabeth's, der Tochter Königs Wenzel des Ältern von Böhmen. C. wurde, da ſein Vater Bundesgenoſſe des Königs Carl IV. von Frankreich war und auch ſpäter in der Schlacht bey Creſſy gegen die Engländer fiel, in Paris erzogen, wo er auch erſt bey der Firmelung zu Ehren des fran= zöſ. Königs den Nahmen Carl annahm, da er eigentlich Wenzel ge= tauft war. 1326, nach dem Tode dieſes Königs, ging C. wieder nach Böhmen zurück, und traf daſelbſt ſpäter, während der Abweſenheit ſeines Va= ters, mehrere ſehr zweckmäßige Einrichtungen. Den 11. July 1346 wur= de er gegen Ludwig den Bayer zum röm. Könige gewählt und nach dem Tode ſeines Vaters, den 21. Aug. d. J., beſtieg er auch den böhm. Thron. In Deutſchland konnte er ſich jedoch lange nicht gegen Lud= wig behaupten, obwohl er die Stimmen des Papſtes Clemens VI. und von 5 Churfürſten für ſich hatte. Da er weder in Frankfurt noch in Achen zur Wahl und Krönung eingelaſſen wurde, ſo erfolgte dieſelbe zu Bonn den 25. Nov. d. J. Selbſt der Tod ſeines Gegners (1347) verſchaffte C. anfangs noch nicht den ruhigen Beſitz der kaiſerl. Würde, da ihm mehrere Reichsfürſten, an deren Spitze die Söhne des vorigen Kaiſers, feindlich entgegenwirkten. Zuerſt wählten ſie Eduard III. von England zum Gegenkaiſer, welcher jedoch, damahls mit Frankreich in Krieg verwickelt, gegen die Zuſicherung von Böhmens Neutralität die Krone ausſchlug. Der hierauf gewählte Markgraf Friedrich der Strenge von Meißen gab ebenfalls ſeine Anſprüche gegen 10,000 Mark Silbers auf. Gefährlicher würde C.n die nun erfolgte Wahl des weiſen, tapfern und tugendhaften Grafen Günther's von Schwarz= burg geweſen ſeyn, wäre dieſer nicht bald darauf, 1349, plötzlich und nicht ohne Verdacht einer Vergiftung geſtorben. Nun ließ ſich C. noch= mahls zu Achen krönen, und ſtrebte aus allen Kräften, ſich mit ſei= nen Feinden zu verſöhnen. So vermählte er ſich mit einer Tochter des Churfürſten von der Pfalz, und belehnte den Churfürſten Ludwig von Brandenburg mit Tyrol, welcher ihm dafür die Reichsinſignien aus= lieferte, die C., obwohl gegen ſein Verſprechen, eiligſt nach Prag in Verwahrung bringen ließ. 1354 zog er nach Italien, um ſich vom Papſte Innocenz VI. krönen zu laſſen und zwar, auf deſſen Anſu= chen, ohne alle Heeresmacht. Zu Mailand zum König der Lombarden gekrönt, beſtätigte er, ſeinen dem Papſt gemachten Verſprechungen zu Folge, das Geſchlecht Visconti in ihren Uſurpationen, hob gegen eine Summe von 100,000 Goldgulden, die von ſeinem Großvater, dem Kaiſer Heinrich VII., verfügte Reichsacht gegen Florenz auf, und traf mehrere ähnliche Verfügungen, welche ihm die Gemüther der italieniſchen Großen, die ihm anfangs ſehr geneigt waren, wieder ab= wendig machten. 1355 kam C. nach Rom, wurde daſelbſt gekrönt, reiſte jedoch ſchnell wieder ab, da er den Bitten vieler vornehmer Rö=

29 *

mer, ihre Stadt als Eigenthum des Reiches zurückzufordern, nicht will-
fahren konnte und wollte. Nach seiner Rückkehr nach Deutschland erließ
C. die berühmte goldene Bulle, welche bis auf die neuesten Zeiten Grund-
gesetz des deutschen Reichs blieb. Noch einmahl zog C. auf Verlangen
des Papstes Urban V. 1364 nach Italien, um den übermüthigen
Barnaba Visconti, welcher ganz Italien seinem Joche zu unterwerfen drohte, zu demüthigen, bey welcher Gelegenheit er seine 4.
Gemahlinn, Elisabeth von Pommern, zu Rom krönen ließ. Mit
großen Schätzen kehrte C. nach Deutschland zurück, und widmete seine
Zeit nun gänzlich den Regierungsgeschäften und der Wohlfahrt seiner
Erbländer, die er durch kluge Unterhandlungen, Heyrath, Kauf ꝛc. beträchtlich vermehrt, und zu einer der bedeutendsten Mächte gesteigert
hatte. C. starb den 29. Nov. 1378 in Prag. — Obschon seine Regierung
im Ganzen eben für Deutschland nicht besonders wohlthätig zu nennen
war, so geschah von ihm desto mehr für die Blüthe seiner eigenen Länder,
mit welchen er noch den größten Theil der Oberpfalz, ganz Schlesien, und
nach dem Tode des Churfürsten Ludwig den ganzen brandenburg. Chur-
staat verbunden hatte. Die Grafschaft Glatz und der Eger'sche Bezirk
wurden von ihm ebenfalls dem Königreiche Böhmen einverleibt. Er erhob
das Bisthum Prag zum Erzbisthum, stiftete daselbst 1348 eine Universität, die erste auf deutschem Boden, machte die Elbe und Moldau
schiffbar, legte mehrere neue Städte, Dörfer und Schlösser an, so
z. B. die schöne Neustadt Prag's, das schöne Schloß Carlstein, in
welchem sonst die Reichsinsignien aufbewahrt wurden ꝛc., begann den Bau
der großen Moldaubrücke in Prag, und brachte durch die zweckmäßigsten Verfügungen Handel, Bergbau und Kunstfleiß überhaupt auf bedeutende Höhe, auch bildete er den böhm. Lehennexus über alle an Böhmen gebrachte Länder aus. Seinem ältesten Sohn Wenzel (nachmals
Kaiser) hinterließ er Böhmen und Schlesien, dem zweyten, Siegmund,
Brandenburg und dem dritten, Johann, die Lausitz.

Carl V., römisch-deutscher Kaiser, König von Spanien ꝛc.
Dieser aus Habsburg'schem Stamme entsprossene mächtigste Fürst der
Christenheit, in dessen unermeßlichen Besitzungen (in zweyen Welttheilen) die Sonne nicht unterging, war geboren den 24. Febr. 1500 zu
Gent in den Niederlanden. Sein Vater war Philipp, genannt der
Schöne, Sohn Kaiser Maximilian's I. und Mariens von Burgund, seine Mutter: Johanna, Tochter Ferdinand's des Katholischen und Isabellens von Arragonien. Die Geschichte dieses
außerordentlichen Mannes gehört jedoch nur in so weit hierher, als selbe
auf Österreich Bezug hat. C. wurde in den Niederlanden auf das sorgfältigste erzogen, nach dem Tode Ferdinand's seines Großvaters mütterlicher Seite (sein Vater Philipp war schon früher gestorben) nahm
er 1516 den Titel eines Königs von Spanien an, nach dem Tode Kaiser Maximilian's I. erbten C. und dessen Bruder Ferdinand I. auch
die österr. Staaten, C. wurde überdieß 1520, auf den Vorschlag Friedrich's des Weisen von Sachsen, zum Kaiser gewählt. Dasselbe Jahr
vergrößerte er die österr. Erbländer, indem er das Herzogthum Würtemberg von dem schwäbischen Bunde um 220,000 Gulden kaufte. Den 21.

April 1521 theilten C. und Ferdinand zu Worms die österr. Staaten auf folgende Weise: Ferdinand erhielt Österreich ob und unter der Enns, Steyermark, Kärnthen und Krain, der Kaiser aber Tyrol, Vorder=Österreich, Elsaß, Breisgau, Görz und die Küstenlande. Endlich aber den 7. Febr. 1722 verzichtete C. auf sämmtliche deutsche Länder, welche seit dieser Zeit von Ferdinand allein besessen wurden. 1532, als C. seinem Bruder mit der Reichsarmee gegen den erneuten Einfall der Türken in Österreich zu Hülfe eilte, hielten beyde kaiserl. Brüder den 12. Sept. unter dem Donner der Kanonen und dem Jubel einer zahllosen Volksmenge ihren feyerlichen Einzug in Wien, wobey C. in ungar. Tracht erschien und daselbst bis 13. Nov. verweilte, wo ihn sodann die Religionsangelegenheiten und die bevorstehende allgemeine Kirchenversammlung (zu Trient) nach Italien abrief. 1552 befand sich C. in Innsbruck, wo er die Berathschlagungen der tridentinischen Kirchenversammlung theilte und Pläne gegen Frankreich und die Türkey im Sinne hatte, als Churfürst Moritz von Sachsen unerwartet an der Spitze eines bedeutenden Heeres in Tyrol einfiel. C. wäre beynahe in Innsbruck in einer stürmischen Nacht überfallen worden, er entkam nur durch schnelle Flucht in einer Sänfte auf ungebahnten Wegen. Seit dieser Zeit betrat C. nicht mehr das österr. Gebieth. 1556 übergab er seinem Sohne Philipp die spanische Königskrone, dasselbe Jahr auch seinem Bruder Ferdinand die römische Kaiserwürde und starb 1558 als Mönch im Kloster St. Justi in Spanien.

Carl VI., römisch=deutscher Kaiser, der letzte männliche Sprosse des Hauses Österreich=Habsburg, war geb. den 1. Oct. 1685, zweyter Sohn des Kaisers Leopold I. und der Kaiserinn Eleonore Magdalena, geb. Prinzessinn von Pfalz=Neuburg. Nach dem Tode des kinderlosen Königs Carl II. von Spanien 1700, hatte C. die gerechtesten Ansprüche auf diese Krone, und er schiffte sich auch unverzüglich nach Spanien ein, wo indessen durch die französ. Partey ein Testament des verstorbenen Königs producirt wurde, in welchem derselbe, mit Übergehung des Hauses Österreich, dessen Näherrecht keinem Zweifel unterworfen war, den Herzog Philipp von Anjou, zweyten Enkel Ludwig's XIV., zum Erben der spanischen Monarchie ernannt hatte, welcher auch sofort durch französ. Waffen in das Land eingeführt wurde, und davon Besitz nahm. Österreich jedoch, im Bündnisse mit England, Holland, dem deutschen Reiche, Portugall und Savoyen, widersetzte sich dieser Verfügung und eröffnete den Krieg, der mit wechselseitiger Erbitterung und abwechselndem Erfolge geführt wurde. Zuerst gelang es C. sich Barcellona's zu bemächtigen, wo er lange von Philipp vergeblich belagert wurde. Unterstützt durch das engl. Heer, drang C. zweymahl bis Madrid vor und ließ sich daselbst als König unter dem Nahmen C. III. ausrufen, er mußte sich jedoch wieder nach Catalonien zurückziehen. Mittlerweile erhielten auch die Tories im brittischen Parlamente die Oberhand, welche den Frieden wünschten und Unterhandlungen mit Frankreich eröffneten. Trotz dem war jedoch die Sache C.'s in Spanien noch bey weitem nicht als verzweifelt anzusehen, als seines ältern Bruders, Kaiser Joseph's I. frühzeitiger Tod, 1711 der europäischen Politik plötzlich eine andere Richtung

gab, da, indem dieser keine männlichen Erben hinterlassen hatte, C. in
den Besitz der österr. Erblande kam. Er verließ nun Barcellona; Herzog
Eugen von Savoyen hatte indessen auch C.'s Kaiserwahl betrieben, und
er wurde den 22. Dec. 1711 zu Frankfurt zum deutschen Kaiser, den
21. May 1712 zu Preßburg zum König von Ungarn gekrönt, wo er
auch den Vertrag von Szathmar bestätigte. Dabey behielt er jedoch
noch immer den Titel eines Königs von Spanien bey und setzte den spani=
schen Erbfolgekrieg fort. Als jedoch nach dem Rückzug des engl. Heeres
auch die übrigen Verbündeten 1713 zu Utrecht Frieden mit Frankreich
schlossen, unterzeichnete C. ebenfalls 1714 zu Rastadt den Frieden,
erkannte das Haus Anjou auf den spanischem Thron und behielt sich nur
die europäischen Nebenländer, wodurch ihm der Besitz von Neapel, Mai=
land, Mantua, Sardinien (in der Folge gegen Sicilien vertauscht)
und der spanischen Niederlande gesichert wurde. Der wieder begonnene
Krieg mit den Türken endigte sich nach Eugen's Siegen bey Peter=
wardein und Belgrad 1718 glücklich durch den zu Passarowitz
geschlossenen Frieden, wodurch Österreich das Banat, ganz Serbien,
die Walachey bis an den Fluß Aluta, den türkischen Antheil von Sla=
vonien und Bosnien bis an die Save bekam. Die unbestimmten und durch
öftere Theilungen veränderten Erbfolgegesetze in dem Stamme Habsburg,
der jetzt nur noch in C. VI. als dem einzigen männlichen Zweige bestand,
so wie die in dem spanischen Kriege über streitige Erbschaften gemachten
Erfahrungen, bewogen den Kaiser 1724 die pragmatische Sanction als
Hausgesetz kund zu geben, nach welchem die österr. Staaten ungetheilt
vererben und in Ermangelung männlicher Nachkommen zunächst auf seine
Töchter, nach deren Tode auf die Töchter seines Bruders Joseph, dann
auf die nächsten Abkömmlinge des Hauses nach dem Rechte der Erstge=
burt im männlichen und weiblichen Stamme übergehen sollten. Nur zögernd
und nach langen Verdrießlichkeiten und Unterhandlungen erfolgte die An=
erkennung dieser Maßregel von den europäischen Hauptmächten. Als nach
dem Tode August's II. von Polen sich Österreich und Rußland für dessen
Sohn August III., Frankreich, Spanien und Sardinien für Stanis=
laus Lescinsky erklärten, entspann sich darüber der polnische Erbfol=
gekrieg, welcher jedoch unglücklich für Österreich ausfiel. Die Franzosen fie=
len in Lothringen, die Spanier in Italien ein, und obschon sich August III.
in Polen behauptete, so verstand sich doch C. zur Abtretung der König=
reiche Neapel und Sicilien (wofür er Parma und Piacenza erhielt)
an den spanischen Infanten Carlos. Lothringen, welches dem Schwie=
gersohne des Kaisers, Franz Stephan, gehörte, wurde gegen Tos=
cana vertauscht und die pragmatische Sanction nun auch von Frankreich,
Spanien, Neapel und Sardinien anerkannt. 1737 wurde C. kraft
eines früheren Vertrages mit Rußland, wider Willen in Krieg mit den
Türken verwickelt, welcher sich nach 3 unglücklichen Feldzügen dahin
endigte, daß die Pforte 1739 im Frieden zu Belgrad, Serbien und
die Walachey zurückbekam. C. starb den 20. Oct. 1740 und mit ihm er=
losch der Mannsstamm der Habsburg'schen Dynastie. — Dieser Kaiser
war als Regent und als Mensch gleich ausgezeichnet. Ein eifriger Be=
förderer der Künste und Wissenschaften, war er in den ruhigen Jahren

seiner Regierung auf das Thätigste besorgt, den Flor, seiner weitläufigen
Staaten zu erheben und den Kunstfleiß, seiner Unterthanen anzueifern.
Besonders war er für Musik eingenommen, seine große ital. Oper war
ausgezeichnet zu nennen, der Kaiser war selbst sehr musikalisch gebildet, und dirigirte nicht selten bey Privatvorstellungen in der kaiserl.
Favorite am Flügel, während seine Prinzessinnen die Bühne betraten.
Wien verdankt dem kunstsinnigen und prachtliebenden Kaiser mehrere
der herrlichsten Gebäude. Durch ihn entstand die prächtige Carlskirche, die
Reichskanzley, das kaiserl. Bibliotheksgebäude, die große Sommerreitschule,
sämmtlich durch den berühmten Fischer von Erlach erbaut; auch das
majestätische Gebäude der k. k. Marställe verdankt ihm seine Entstehung,
so wie die verschiedenen kaiserl. Kunstsammlungen wichtige Bereicherungen. Nicht weniger war er auch für Emporbringung von Industrie und
Handel in seinen Staaten besorgt, so errichtete er z. B. die levantische
Handelsgesellschaft, baute Häfen an der Küste des adriatischen Meeres
und errichtete den Freyhafen Triest. Von seiner Gemahlinn Elisabeth
von Braunschweig-Wolfenbüttel hatte C. folgende Kinder: Leopold,
geb. und gest. 1716; Maria Theresia, geb. 1717, seine Nachfol-
gerinn in der Regierung; Maria Anna, geb. 1718, vermählt an
Herzog Carl von Lothringen, Bruder des nacherigen Kaisers Franz I.,
gestorben 1744.

Carl Ambros, Erzherzog von Österreich-Este, königl. Prinz
von Ungarn und Böhmen, war geb. zu Mailand 1785, vierter Sohn
des Erzherzogs Ferdinand und der Erzherzoginn Maria Beatrix
von Este. Er war in seinen Knabenjahren von sehr schwächlicher Gesundheit, gewöhnte sich jedoch durch häufige körperliche Leiden so sehr an
Ergebung und Geduld, daß der geistliche Stand, dem er bestimmt wurde,
recht sein eigentlicher Beruf zu nennen war. Er wurde auf der Burg zu
Szerencs in der Zempliner Gespanschaft in Ungarn zum geistlichen
Stande vorbereitet und machte in kurzer Zeit solche Fortschritte in seinem
Berufe, daß er, noch bevor er das kanonische Alter erreicht hatte, vom
Kaiser Franz I. in Berücksichtigung seiner ausgezeichneten Kenntnisse
und seines Eifers mit Einwilligung des römischen Stuhles zum Administrator des Bisthums von Waitzen und nach kurzer Zeit zum Erzbischof
von Gran und Primas des Königreiches Ungarn ernannt wurde. In
allen seinen hohen Würden zeichnete er sich durch Verdienste um die Kirche,
den Staat und die Wissenschaften aus, dabey war seine Wohlthätigkeit
ohne Gränzen. Als man ihn, da 1808 viele Familien in den niedrig gelegenen Vorstädten Ofen's durch eine große Überschwemmung ihre Habe
verloren hatten, erinnerte, daß durch seine königl. Freygebigkeit gegen
die armen Verunglückten seine Casse ganz erschöpft sey, antwortete er
ruhig: „Deus providebit!" Besonders lag ihm auch die Erziehung und
Bildung der jungen Geistlichen sehr am Herzen und der ungarische Clerus
hat ihm in dieser Hinsicht viele Verbesserungen zu verdanken. Er bereiste
selbst, oder ließ, wenn er durch Geschäfte verhindert war, öfters seine
Diöcesen bereisen, um die Bedürfnisse der Geistlichkeit und des Volkes
zu erforschen, die Armen und Hülfsbedürftigen zu trösten und zu unterstützen und ließ sich bey der Rückkehr seiner Stellvertreter genaue Dar-

stellungen über den Erfolg ihrer Reise mittheilen. 1809, als Ungarn von
den vordringenden Franzosen bedroht wurde und die auf dem kurzen Reichs=
tage zu Preßburg versprochene Kriegsbeyhülfe nicht schnell genug ge=
leistet wurde, bereiste der Primas in Eile die nördlichen, so wie der
Palatin die südlichen Gegenden, und befeuerte die Stände mit begeistern=
den Reden, um durch Truppen und Lieferung von Kriegsbedürfnissen die
Monarchie und das Königreich Ungarn zu vertheidigen. Treu seinem
schönen Berufe, überall als Retter zu erscheinen, ließ er sich auch we=
der durch Gefahren noch Bedenklichkeiten abhalten, diesem zu folgen, und
unterlag ihm auch endlich in der Blüthe seiner männlichen Jahre. Im
Aug. 1809 besuchte er nähmlich die kranken Soldaten in den Spitälern,
wurde daselbst vom Typhus angesteckt und starb zu Dotis nach einem kur=
zen Krankenlager, allgemein bejammert, den 2. Sept. 1809. Zu Mo=
dena wurde ihm ein schönes Monument, von dem Bildhauer Pisani
verfertigt, gesetzt, es zeigt den Primas in einem steinernen Sarge lie=
gend, dessen Deckel ein Engel emporhebt, indem ein anderer Engel gen
Himmel sieht, um seine Auferstehung anzudeuten. Dieses Monument
wurde von dem Medailleur Lange in Wien auch auf einer Denk=
münze dargestellt. Noch ein größeres Denkmahl soll dem verewigten
Primas in der neu erbauten Cathedralkirche zu Gran errichtet werden.

  Carl Ludw. (Joh. Jos. Laur.), kais. Prinz und Erzherzog
von Osterreich, königl. Prinz von Ungarn und Böhmen; Ritter des
goldenen Bließes, Großkreuz des milit. Maria=Theresien=Ordens, der
königl. franz. Ehrenlegion, des kais. brasil. Ordens vom südlichen Kreuze,
und des großherzogl. toscan. St. Joseph=Ordens; Gouverneur und Ge=
neral=Capitän des Königreichs Böhmen, k. k. General=Feldmarschall,
Inhaber des Infanterie.Regiments Nr. 3 und des Uhlanen=Regiments
Nr. 3; geb. zu Florenz den 5. Sept. 1771. Die erste Bildung ver=
dankt der Erzherzog C. größtentheils dem nachmahligen Wiener Erzbischofe
Grafen Hohenwart; 1790 folgte er seinem erlauchten Vater, dem
Kaiser Leopold, gewesenem Großherzog von Toscana, aus Florenz
nach Wien, besuchte da die Sitzungen der Hofstellen und kam noch in
seinen Jünglingsjahren 1791 nach den Niederlanden, als die Erzher=
zoginn Christine, Gemahlinn des Herzogs Albrecht von Sachsen=
Teschen, General=Gouverneurs der Niederlande, ihn an Sohnesstatt
angenommen hatte. Hier bey seinen Adoptiv=Altern nützte er die Gele=
genheit den Ministerial=Conferenzen zu Brüssel beyzuwohnen; zugleich
folgte er seiner Neigung den Krieg zu studiren, und so seine später
strahlenden Feldherrntalente in der Theorie auszubilden. Bey dem Be=
ginnen des Krieges gegen die franz. Republik focht er bey Jemappes;
1793 stand er bereits mit seiner Brigade an der Spitze der Avantgarde
und hatte wesentlichen Antheil an dem Siege bey Aldenhofen; vom
Generalmajor zum Feldmarschall=Lieutenant vorgerückt, commandirte er
in dem glänzenden Gefechte gegen Dumouriez bey Tirlemont, er=
hielt bey Neerwinden das Großkreuz des Maria=Theresien=Ordens,
wohnte dann fast allen Gefechten dieses Feldzuges in Flandern rühmlich
bey, und übernahm, als seine Adoptiv=Altern 1793 von Brüssel ab=
gegangen waren, die Stelle als General=Gouverneur der wiedererober=

ten Niederlande. 1794 befehligte er in der Schlacht bey Landrecy eine Division, bey Tournay und Courtray gegen Pichegru den ganzen linken Flügel, bey Fleurus das Centrum. Hierauf kam er als Feldzeugmeister zur Armee des Oberrheins, die der Herzog Albrecht von Sachsen-Teschen commandirte. 1795 blieb er wegen geschwächter Gesundheit in Wien. Im May 1796 erhielt der Erzherzog C., nachdem der siegreiche Clerfayt das Commando niedergelegt hatte, den Oberbefehl über die Armee am Niederrhein, und als Wurmser, Befehlshaber am Oberrhein, mit 40,000 Mann nach Italien abberufen wurde, das Obercommando über die ganze Rheinarmee. Ende Juny wurde er an 2 Puncten von Jourdan, der unterhalb Coblenz über den Rhein ging, und von Moreau, der bey Kehl den Übergang erzwang, angegriffen, und mußte sich, trotz der hartnäckigsten Vertheidigung, im Treffen bey Malsch vor der großen Übermacht zurückziehen. Rasch drang Jourdan auf dem linken Donau-Ufer, doch weit nördlich dieses Stromes durch Franken gegen Nürnberg, Moreau durch Schwaben und Bayern gegen Regensburg vor. Vorsichtig und klug zog sich der Erzherzog zurück; doch plötzlich warf er, ohne daß Moreau es bemerkte, einen beträchtlichen Theil seines Heeres, denselben von der Vertheidigung gegen Moreau heimlich abziehend, vom rechten nach dem linken Donau-Ufer, schlug Ende Augusts und Anfang Septembers Jourdan bey Teining, Amberg, Würzburg, und nöthigte ihn, in wilder Flucht über den Rhein zurückzukehren, wendete sich sodann gegen Moreau, und zwang denselben, da er dessen Flanken und Rücken immerwährend bedrohte, ebenfalls zum Rückzug. Die Siege des Erzherzogs an der Elz bey Emmendingen und Sahlingen, im Oct. 1796, zwangen Moreau, von seinem Rückzuge nach Kehl ab, und oberhalb Basel über den Rhein zu gehen. Nun wurde Kehl und der Brückenkopf von Hüningen belagert, allein noch ehe sie erobert waren, wurde der Erzherzog C. im Frühjahr 1797 nach Italien abberufen. Dort war Bonaparte rasch vorgedrungen, hatte Beaulieu's, Wurmser's und Alvinczy's Armeen geschlagen, Mantua erobert, und rückte jetzt gegen die österr. Erbstaaten vor. Der Erzherzog fand dort eine schwache Armee, die Verstärkungen vom Rhein folgten ihm langsam; dagegen hatte Bonaparte 3 Divisionen Verstärkung erhalten. Der Erfolg war vorauszusehen. Joubert drang in Tyrol ein, besetzte Brixen und hatte vom Brenner herab die Eingänge in das Innthal und durch das Pusterthal nach Kärnthen in Besitz. Bonaparte selbst warf die Österreicher am Tagliamento zurück, drang an den Isonzo vor, nahm Gradisca und Triest, und zwang die Generale Bajolich, Ocskay und Graffen zu capituliren. So war denn der Erzherzog trotz der größten Tapferkeit, die er entwickelte, bis Judenburg und Leoben in Steyermark zurückgedrängt worden. Es erfolgte der Waffenstillstand von Judenburg, und bald (am 18. April 1797) der Präliminarfrieden von Leoben. Nach dem Frieden von Campo Formio (17. Oct. 1797) wurde der Erzherzog C. zum Gouverneur und General-Capitän von Böhmen ernannt. Er verweilte theils zu Prag, theils suchte er in den Bädern zu Teplitz seine durch das Kriegsungemach, gesunkenen Kräfte herzustellen. Im erneuerten Kriege 1799 übernahm er wieder das Obercommando über die Rheinarmee, und siegte im März 1799 bey Ostrach und Stockach. Als das russische Hülfsheer unter Suwarow und Korsakow eintraf, nahm der Erzherzog im August seine Stellung am Mittelrhein. Hier siegte er bey Mannheim und Neckerau, und entsetzte Philippsburg, als ihm plötzlich die Nachricht von Korsakow's Niederlage zukam. Er zog sich nun an die Donau, und mußte einen Theil seiner Truppen nach Tyrol und Graubündten detaschiren. Seine sehr gesunkene Gesundheit zwang ihn, den Oberbefehl im März 1800 niederzulegen, worauf Feldzeugmeister Kray denselben übernahm. Der Erzherzog ging nun nach Wien, und von hier nach Prag; der Kaiser bestimmte ihn zur Vorbereitung der Vertheidigungsmaßregeln in Böhmen und Mähren. Er electrisirte die Böhmen und Mährer auch dergestalt, daß über 25,000 Freywillige zu einer Legion sich stellten. Nach der unglücklichen Schlacht von Hohenlinden übernahm er den Oberbefehl wieder, und schloß den Waffenstillstand von Steyer am 25. Dec. 1800. Er wurde nun am 9. Jän, 1801 zum Feldmarschall und Hofkriegsraths-Präsidenten ernannt. In letzterer Eigenschaft entwarf er den Plan zur neuen Organisirung des Kriegswesens in Osterreich. Energisch faßte er die Sache an; Talente kamen an ihren rechten Platz; Alles gestaltete sich zu erhöhter übereinstimmender Wirksamkeit. Zugleich wurde er Coadjutor des Hoch- und Deutschmeisters Erzherzogs Maximilian, und trat nach dessen Ableben (27. July 1801) in diese Würde ein. Eine bedeutende Krankheit ließ sehr für sein Leben fürchten; es wurde ihm sein Bruder, der Erzherzog Johann, 1802 in allen Militärgeschäften zur Erleichterung an die Seite gesetzt. 1804 resignirte der Erzherzog C. als Großmeister des deutschen Ordens; 1805 wurde er zum Kriegsminister erhoben, und der bisherige commandirende General in Mähren und Schlesien, Graf Baillet-Latour, wurde Hofkriegsraths-Präsident. Bey dem 1805 ausgebrochenen Kriege gegen Frankreich erhielt der Erzherzog das Commando in Italien, schlug dort nach dem Unglück von Ulm, den 29. und 30. Oct. bey Caldiero und Colognola seinen Gegner Massena, mußte sich aber dann in Folge der Ereignisse in Deutschland langsam und fechtend zurückziehen, um sich mit dem Erzherzog Johann, der aus Tyrol kam, zu vereinigen, was bey Kranichfeld erfolgte. Erzherzog C. stand nur mehr mit dem vereinigten Heere, wenige Posten von Wien, als die Schlacht bey Austerlitz, am 2. Dec., das Schicksal der Monarchie entschied. Napoleon wünschte, von Achtung gegen den Erzherzog durchdrungen, dessen persönliche Bekanntschaft zu machen; die Zusammenkunft fand zu Stammersdorf bey Wien Statt. Den 10. Febr. 1806 wurde Erzherzog C. zum Generalissimus der österr. Armee, und zum Kriegsminister mit unumschränkter Vollmacht ernannt. Von Neuem begann nun die Reorganisation der Armee, von ihm noch kräftiger als das erste Mahl geleitet. Er gab herrliche Instructionen, wirkte durch ausgezeichnete Unterrichtsanstalten kräftig für die intellectuelle Bildung der Officiere und Soldaten, verbesserte den Unterricht durch gute Lehrbücher, gab ein völlig neues, mehr zeitgemäßes Regle-

ment, gründete ein eigenes Kriegsarchiv und eine militärische Zeitschrift
für die Armee. Überhaupt regte der Erzherzog die literarische Thätigkeit in
allen Zweigen der Kriegswissenschaft ermunternd und unterstützend auf.
Von ihm ging der Impuls zu den schätzbaren Arbeiten aus, welche der
Generalquartiermeisterstab, das Kriegsarchiv und die Kriegsverwaltung
im Fache der Charten und Plane, der Geschichte, Kriegswissenschaft
und der militärischen Gesetzgebung geleistet haben. Als sich Österreich
wieder zum neuen Kampfe gegen Frankreichs Anmaßungen rüstete,
traten 1808 die Reserven und die Landwehren durch seine Thätigkeit
ins Leben. Bald waren die Linientruppen 300,000 Mann, die Reserven
und die Landwehre 200,000 Mann stark. Das Volk war vom höchsten Enthusiasmus begeistert. Der Erzherzog wurde an die Spitze
der großen Armee in Deutschland gestellt. Am 9. April 1809 über-
schritt er die Gränze, und drang bis Landshut und Regensburg vor. Schon fürchtete Napoleon bis an den Rhein zurückwei-
chen zu müssen, als er sich, weit schwächer an Zahl, zu dem Wagniß
entschloß, die österr. Armee anzugreifen. Er warf sich gerade auf den
Punct, der der schwächste des österr. Heeres war. Es wurde in den
letzten Tagen des Aprils bey Abensberg, Landshut, Eckmühl
und Regensburg geschlagen, und verlor gegen 40,000 Mann.
Meisterhaft zog sich der Erzherzog nach Budweis in Böhmen zurück,
und ließ den Weg nach Wien nur durch eine starke Arrieregarde vertheidigen. Er hegte den Plan, entweder die Donau bey Linz wieder zu
überschreiten, und so dem französischen Heere in den Rücken zu kommen,
oder Wien, das sich einstweilen halten sollte, noch vor den Franzosen
zu erreichen. Letzteres zog er vor, allein Napoleon war so rasch vorgeeilt, und der Marsch der Österreicher hatte durch den Bogen, den
sie machen mußten, und durch mancherley Hindernisse so viel Zeit erfordert, daß der Erzherzog Maximilian von Este, nicht in der Lage,
Wien ferner ernstlich zu vertheidigen, es schon seit 7 Tagen übergeben
hatte, als der Erzherzog C. am linken Donau-Ufer im Angesichte der
Stadt erschien. Napoleon rückte ihm sogleich entgegen, allein die an-
geschwollene Donau und oberhalb des Stromes hineingeworfenes Bauholz zerrissen die Brücken über den Hauptarm der Donau, als kaum
zwey Drittheile der französ. Armee den Fluß überschritten hatten. Diese
waren aber bereits den 21. May im Treffen mit den Österreichern und
entgingen kaum durch die heldenmüthigste Tapferkeit der Gefangenschaft.
Sie wurden den 22. May nach der Insel Lobau zurückgeworfen und
dort dem Mangel aller Art ausgesetzt. Diese zwey blutigen Tage der
Schlacht von Aspern, gehören zu den denkwürdigsten in der Kriegsgeschichte. Die Franzosen rüsteten sich nun zu einem zweyten, kräftiger
unterstützten Übergang, führten denselben auch Anfangs July aus, und
drangen nach der gewonnenen Schlacht von Wagram (6. July) und
dem Gefecht bey Znaim (11. July) bis über Brünn vor, welche
Ereignisse dann den Frieden von Wien herbeyführten. Der Erzherzog
C., bey Wagram verwundet, legte am 31. July 1809 zu Littau
in Mähren seine Stellen als Kriegsminister und Oberbefehlshaber nieder,
begab sich von hier nach Teschen, und kehrte später nach hergestelltem

Frieden, nach Wien zurück. Erst 1815 nahm er wieder nur auf kurze
Zeit eine öffentliche Stelle, die als Militärgouverneur in Mainz an,
vermählte sich in Weilburg den 17. Sept. 1815 mit der Prinzessinn
Henriette von Nassau-Weilburg, legte hierauf auch diese Stelle
nieder, und begab sich nach Wien zurück. Hier lebt er seitdem, zurückgezogen von allen öffentlichen Geschäften, sich und seiner Familie,
aus welcher leider seine geliebte Gemahlinn, die allgemein verehrte
Erzherzoginn Henriette (geb. den 30. Oct. 1797) nach einer kurzen
Krankheit den 29. Dec. 1829 viel zu früh dahin schied. Seine 6 lebenden
Kinder sind: Maria Theresia (Isabella), geb. den 31. July
1816; Albrecht (Friedrich Rudolph), Ritter des gold. Bließes,
k. k. Oberst und Inhaber des Inf. Reg. Nr. 44., geb. den 3. Aug. 1817;
Carl Ferdinand, k. k. Oberst und Inhaber des Inf. Reg. Nr. 51. geb.
den 29. July 1818; Friedrich (Ferdinand Leopold), geb. den 14.
May 1821; Maria Carolina (Ludovica Christina), geb. den
10. Sept. 1825; Wilhelm (Franz Carl), geb. den 21. April 1827.
Ein Sohn Rudolph Franz, geb. den 25. Sept. 1822, starb schon den
11. Oct. 1822. 1821 ließ der Erzherzog C. wie durch einen Zauber das
Schloß Weilburg nächst Baden entstehen, welches mit seinem überaus
anmuthigen, seit 1830 noch mehr erweiterten Gartenanlagen, einen Sommeraufenthalt sondergleichen gewährt. Hier verlebt der Erzherzog und seine
Familie gewöhnlich ganze 5 Monathe der bessern Jahreszeit. Nach dem
1822 eingetretenen Ableben des Herzogs Albrecht von Sachsen-Teschen,
succedirte der Erzherzog C. in dessen große Besitzungen, und allem übrigen
Reichthum, wozu auch der prächtige Pallast in Wien, mit allen seinen
herrlichen Kunstschätzen gehört. Die Sammlung der Handzeichnungen enthält mehr als 13,000 Stücke der bewährtesten Meister aus allen Schulen;
darunter 36 von Michael Angelo, 20 von Andreas del Sarto,
112 von Raphael Sanzio, 132 von Albrecht Dürer. Die
Sammlung von Kupferstichen übersteigt die Zahl von 100,000 Blättern.
Die Werke der größten Maler sind von den größten Kupferstechern dargestellt; Dürer's Werke sind vollständig, in den schönsten Abdrücken
vorhanden. Das sich hier vorfindende Blatt Finiguerra's (geb. 1415)
von Durand in Paris erkauft, kostete 3,500 Francs.—Die Bibliothek
wird auf 18,000 Bände geschätzt, ist kostbar, und vorzüglich reichhaltig
die Fächer der Geschichte, mit ihren Hülfswissenschaften, der Kriegskunst
und Staatswirthschaft, der Naturgeschichte und der schönen Künste;
dabey die vorzüglichsten Classiker aller Nationen in den schönsten Hand-
und Prachtausgaben, die meisten auf die bildenden Künste sich beziehenden Kupferstichwerke, die schönsten botanischen Werke der Deutschen,
Franzosen und Engländer, nebst einer sehr vollständigen Sammlung der
besten Landcharten, und einer bedeutenden Anzahl gezeichneter Plane.—
Die von dem Erzherzog C. selbst gesammelte Handbibliothek in allen
Fächern der Kriegswissenschaften nebst Charten und Planen ist über 6000
Bände stark. — Zu seinen militärischen Schriften legte der Erzherzog C.
schon in seinem öffentlichen Leben den Grund. Wir führen sie hier vollständig an: Instruction für die Generäle der österr. Armee, Wien, 1806,
2. Aufl. 1808. — Beyträge zum practischen Unterricht im Felde, für die

Officiere der österr. Armee; in Heften, eb. 1806—13. — Grundsätze der Strategie, erläutert durch die Darstellung des Feldzuges von 1796 in Deutschland. 3 Thle. mit 11 Kupf., Plänen und Charten, eb. 1813, 2. Aufl. 1814; ins Franz. übersetzt unter dem Titel: Principes de Stratégie développés par l'histoire de la campagne de 1796 en Allemagne. Ouvrage traduit de l'allemand par un officier autrichien. 3 Thle. mit Plänen. Wien, 1818. — Geschichte des Feldzuges von 1799 in Deutschland und in der Schweiz, vom Verfasser der Grundsätze der Strategie, mit Charten und Plänen. 2 Bde., Wien, 1819. Die Pläne in groß Colombier-Format. Ins Franz. übersf. unter dem Titel: Campagne de 1799 en Allemagne et en Suisse, par l'auteur de principes de Stratégie développés par l'histoire de la campagne de 1796 en Allemagne. 2 Thle. mit Charten und Plänen, 1820. — Die militärische Zeitschrift, 1812, 11. Heft, S. 37—61 und 12. Heft, S. 3—12 enthält einen Aufsatz: Grundzüge der in dem k. k. Exercier-Reglement enthaltenen Vorschriften, bestehend aus einer Einleitung, welche auf S. 39 mit C**I. unterzeichnet ist, dann einem 1. Abschnitte, welcher von den Grundzügen des Infanterie-Exercitiums, und einem 2. Abschn., der von den Grundzügen des Cavallerie-Exercitiums handelt.

Carl Alexander, Herzog v. Lothringen, k. k. Feldmarschall und Generalissimus. Ein Enkel des berühmten Lothringer Herzogs und Türkenbezwingers **Carl V.** (s. d.), Bruder des deutschen Kaisers **Franz I.,** wurde am 12. Dec. 1712 zu Lüneville geboren. Leopold Joseph Herzog von Lothringen, und Elisabeth Caroline Herzoginn von Orleans waren seine Ältern. Er trat als Oberst 1736 in österr. Dienste. Kaiser **Carl VI.** beförderte ihn bald zum Generalmajor. Als solcher wohnte er der vom Feldmarschall **Wallis** 1739 verlorenen Schlacht bey Kroczka bey. Maria Theresia ernannte ihn, nachdem sie den Thron bestiegen, zum Feldmarschall, und übergab ihm den Oberbefehl in Böhmen. Hier vertheidigte er die Gegend von Budweis gegen die französisch-bayrischen Truppen, reinigte 1742 Mähren von den preußischen, und maß sich mit dem Könige Friedrich II. bey Czaslau in der bekannten blutigen Schlacht, wo die bessere Kriegszucht der Preußen siegte. Hierauf erfolgte der Breslauer Frieden, nach welchem sich C. gegen die Franzosen, welche im westlichen Böhmen die Meister zu spielen anfingen, wandte, sie bis Prag zurückwarf, und dort einschloß, von wo später die Marschälle Broglio und Bellisle mit dem größern Theil der Besatzung durchkamen, und der Rest sich ergeben mußte. Hierauf ging C. nach Bayern, schlug den bayrischen General Minuzzi 1743 bey Simpach, und drängte den Feind nach und nach bis an den Rhein, über welchen ihm jedoch der Übergang erst im folgenden Jahre gelang, wo er das Heer des Kaisers **Carl VII.** über diesen Fluß trieb, den Marschall Coigny, der das linke Rheinufer bewachen sollte, täuschte, und in zwey Heeressäulen hinübersetzte. Hier machte er glückliche Fortschritte durch die Einnahme der Linien von Germersheim, Lauterburg und Weissenburg, und drang bis Molsheim vor. Von hier mußte schnell der Rückzug angetreten werden, da Friedrich II. in Böhmen eingefallen war. Er wurde so meisterhaft vollzogen, daß das Heer gerettet in Böhmen ankommen, und die eingedrungenen Preußen ganz herauswerfen konnte. Durch die Vermählung mit der Erzherzoginn Maria Anna, Theresiens einzigen Schwester, knüpfte er in demselben Jahre ein doppeltes Verwandtschaftsband mit dieser Herscherinn, welche ihn jetzt zum General-Capitän der Niederlande ernannte. Das Jahr 1745 war durch die verlornen Schlachten bey Striegau und Trautenau, in welchen er das Heer befehligte, für ihn nicht glücklich. Nach dem Dresdner Frieden ging C. auf seinen Posten als Statthalter der Niederlande, und wohnte der Schlacht von Rocroy 1746 bey, wo der Herzog von Cumberland den Oberbefehl führte. Aus den Niederlanden wurde er beym Ausbruch des siebenjährigen Krieges im 2. Feldzuge zum Commando des Heeres in Böhmen berufen. Er verlor hier im May 1757 die berühmte Schlacht bey Prag nach einem hartnäckigen Widerstande, warf sich in die Stadt, wurde eingeschlossen, und erst durch den Sieg bey Collin befreyt. Nun ging er dem Heere des Herzogs von Braunschweig-Bevern entgegen, und schlug es bey Breslau im November, wofür Friedrich bey Leuthen am 5. Dec. eine blutige Genugthuung nahm. Der Herzog legte nun den Befehl nieder, und sorgte von jetzt an für das Beste der Niederländer auf eine Weise, welche ihm allgemeine Liebe erwarb. Dort starb er auf dem Schlosse Teruen am 4. July 1780.

Carl V. Leopold, Herzog von Lothringen, kaiserl. General Lieutenant, des heil. röm. Reichs Feldmarschall; Ritter des goldenen Vließes ꝛc. der Türkenbesieger, war geb. zu Wien 1643. Da sein Oheim, Herzog Carl IV., sein Land an Frankreich verloren hatte, nahm sich der kaiserl. Hof des jungen Herzogs an, er wurde mit dem Erzherzog (nachmahligen Kaiser) Leopold erzogen, seine Studien vollendete er jedoch in Paris. Trotz aller Bemühungen konnte er aber das vorenthaltene Erbe seines Hauses von Frankreich nicht zurückerhalten; im Gegentheile verhinderten noch französ. Ränke mehrmahls seine Vermählung und zweymahl die Aussicht auf den polnischen Königsthron. 1662 verließ der Prinz Frankreich, und wendete sich sogleich an seinen Jugendfreund Leopold, der inzwischen den Kaiserthron bestiegen hatte. Er fand in Wien die bereitwilligste Aufnahme, und der Kaiser übergab ihm sogleich ein Cavallerie-Regiment, mit welchem sich der Herzog bereits in dem Treffen bey St. Gotthard (1664) sehr auszeichnete. Sechsmahl rannte er gegen den Feind, und erbeutete eigenhändig mit großer Tapferkeit eine Fahnenlanze. Bald darauf leistete er auch in dem Feldzuge gegen die ungar. Mißvergnügten wichtige Dienste, und eroberte, an der Spitze der Freywilligen, das feste Schloß Murany. In den Feldzügen gegen die Franzosen von 1672 bis 1675, bildete sich C. vollends zum Heerführer aus, und die Zwischenzeit mit ihren Unfällen war für ihn fruchtbar an Beobachtungen. Er war siegreich in den Gefechten am Renchen und an der Schutter; im Oberbefehle der Reiterey, den er vom Grafen Spork übernahm, zeigte er bey jedem Auftrage so viel Einsicht und Geschicklichkeit, daß Montecuculi (s. d.) den Prinzen 1676 zum Oberfeldherrn vorschlug, zu welchem er auch unverzüglich ernannt wurde. Nun siegte er in 2 Gefechten bey Gabern, nahm die Festung Philippsburg und brach 1677 durch Frankreichs deutsche Besitzungen in sein Erbland Lothringen ein, wo ihn seine Unterthanen mit Freuden aufnahmen. Kleine siegreiche Gefechte versprachen den besten Erfolg, bald jedoch mußte der Herzog, den Verwüstungen der Franzosen in den Rheinländern zu steuern, und das Reichsheer zu retten, dahin zurückkehren. In der Zwischenzeit bis zum folgenden Feldzüge vermählte sich der Herzog mit Kaiser Leopold's Schwester, Eleonora, verwitweten Königinn von Polen, erhielt sodann die Statthalterschaft von Tyrol, schlug zu Innsbruck seine Hofhaltung auf, und begab sich dann wieder zur Armée an den Rhein. Vergebens versuchte er 1678 den französ. Marschall de Crequi aus seinen verwahrten Stellungen zur offenen Feldschlacht zu locken; überhaupt wurde dieser Feldzug ziemlich zwecklos gemacht, woran hauptsächlich der verwahrloste Zustand der kaiserl. Truppen Schuld hatte. Der Friede von Nymwegen folgte 1679, und durch denselben sollte C. auch seine Länder zurückerhalten; aber Frankreich machte solche Bedingungen, daß der Herzog seine vollgültigen Ansprüche einem erniedrigenden Besitze nicht aufopfern wollte. Er beschloß demnach eine glücklichere Gelegenheit für die Behauptung seiner Rechte abzuwarten, und zog sich in das Privatleben zurück. — Bald jedoch öffnete sich seiner Thätigkeit ein neuer Wirkungskreis. Die friedfertigen Gesinnungen der Pforte hatten sich geändert: sie verweigerte die Waffenstillstandsverlängerung und beschützte die ungar. Mißvergnügten unter Tökely; die einzige Hülfe, welche der Kaiser fand, war ein Bündniß mit Polen, Bayern und Sachsen; vor der Hand betrug jedoch das kaiserl. Heer in Ungarn, an dessen Spitze sich C. stellte, kaum 40,000 Mann, das der Feinde hingegen über 280,000. Zwar ersetzte der tapfere Herzog durch Tactik und Muth, so viel möglich, den Mangel an Truppenzahl, doch mußte er bey dem ersten Vordringen der Türken, die schon weit gediehene Belagerung von Neuhäusel aufheben, und, um Österreich näher zu seyn, sich nach Comorn und auf die Insel Schütt ziehen. Er eilte darauf nach Wien, um sich mit dem Kaiser zu berathschlagen. Das Vordringen der feindlichen Gesammtmacht geschah indessen mit solch reißender Schnelle, daß sich die noch immer bey Comorn stehende kaiserl. Armée bald überflügelt und abgeschnitten gefunden hätte, daher mußte der schnell wieder herbeygeeilte Herzog seinen vorgefaßten Plan, dem Feinde den Donau-Übergang zu wehren, aufgeben, und auf den schnellsten Rückzug bedacht seyn, um, wo möglich, die Hauptstadt zu decken. Das erste Gerücht dieses Rückzuges brachte in Wien große Bestürzung hervor, ja die Flüchtlinge sagten den Herzog bereits als todt an, aber in Kurzem wurde er einer der tapfersten Befreyer dieser Hauptstadt, die vom 14. July bis 12. Sept. 1683 von einem ungeheuren türkischen Heere durch unzähliges Geschütz, durch Minen und Stürme beängstigt ward. Schon war es aufs Äußerste gekommen, die letzten Kräfte der Belagerten schwanden, als den 11. Sept. der heißersehnte Entsatz heranrückte. Mit den Reichstruppen verstärkt, eilte C. auf Wien zu, schlug bey Preßburg den Grafen Tökely, bey Stammersdorf den Pascha von Großwardein, und vereinigte sich bey Tuln mit dem posn. Hülfsheer unter dem König Johann III. (Sobieski). Die Feldherren beschlossen, den kürzern, wenn auch beschwerlicheren Weg über den Kahlenberg zu nehmen, weil die verzweifelte Lage Wien's keinen fernern Aufschub gestattete. Noch in der Nacht machten Feuersignale vom Herrmannskogel der beängstigten Hauptstadt die nahe Rettung kund, und mit Sonnenaufgang schmetterten die Trompeten zum Angriffe. Heftig entglühte das Gefecht, die Hohlwege von Nußdorf und Heiligenstadt, jedes Haus, ja jeder Schutthaufen wurde von den Türken mit äußerster Hartnäckigkeit vertheidigt, und obschon, um 2 Uhr Nachmittags die Polen aus den Wäldern von Dornbach hervorbrachen und sich mit Löwenmuth auf die feindlichen Massen warfen, so schwankte dennoch das Geschick des Tages, als auf einmahl der Herzog, den rechten Augenblick gewahrend, allgemeinen Sturm auf den rechten Flügel der Türken befahl, wodurch dieser in Unordnung gebracht und das Schicksal des blutigen Kampfes entschieden wurde. Der Feind floh nach kurzem, verzweifeltem Widerstande in wilder Hast, über 25,000 Todte, seine ganze Artillerie, Kriegsvorrath und das unermeßlich reiche Lager zurücklassend. Von nun an hätten die kaiserl. Waffen fortwährend über die Türken die Oberhand. Den 9. Oct. desselben Jahres fand die blutige aber siegreiche Schlacht bey Barkan Statt, welche durch C. und Sobieski erstritten ward, und bald darauf den Fall von Gran und mehrerer festen Plätze zur Folge hatte. Vor Anfang des Feldzuges 1684 gelang es dem Herzog auch durch begeisterte Rede in den Versammlungen zu Preßburg, die meisten der mißvergnügten ungar. Stände zu vermögen, daß sie dem Kaiser den Eid der Treue leisteten, wodurch die Unternehmungen im Felde sehr erleichtert wurden. Die Türken verloren den 16. Juny das wichtige Wissegrad, den 28. Juny und den 10. July schlug C. den Pascha von Ofen total, Waitzen, Pesth und Verovitza gingen über; die Belagerung von Ofen mußte jedoch bey dem Eintritte der rauhen Witterung aufgegeben werden. Auch 1685 wüthete der Krieg in Ungarn fort, der Herzog erfocht den 7. Aug. den glänzendsten Sieg über das türk. Heer bey Gran, welcher 2 Tage darauf auch den Fall der lange belagerten Festung Neuhäusel zur Folge hatte. Den 2. Sept. 1686 endlich wurde auch Ofen nach wiederhohlten blutigen Stürmen durch den Herzog erobert, wodurch sich der Geist des siegreichen kaiserl. Heeres bedeutend hob. Mehrere Festungen ergaben sich bald darauf. 1687 erfocht C. mit dem Churfürsten Maxim. Emanuel bey Darda einen so vollständigen Sieg über den Großvezier, daß die Feinde über 15,000 Mann, ihr wohlverschanztes Lager nebst ihrem Geschütze verloren. Von der Eröffnung des folgenden Feldzuges (1688) ward der Herzog durch eine Krankheit zurückgehalten. In dem 1689 zu Regensburg beschlossenen Reichskriege gegen Frankreich trat C. in seiner eigenen Angelegenheit rücksichtlich seines vorenthaltenen Erbes als Bundesgenosse auf. Als kaiserl. und Reichsfeldherrn ließ man ihm jedoch die Ehre, den Plan des Feldzuges zu entwerfen. Er übernahm das Commando der Hauptarmee, eroberte Mainz, und zeichnete sich durch mehrere glänzende Waffenthaten aus. Als die Truppen ihre Winterquartiere bezogen, ging der Herzog nach Innsbruck, um seine zer-

rüttete Gesundheit wieder herzustellen, und sich für die folgenden Feldzüge im Kreise seiner Familie durch Ruhe zu stärken, allein das Schicksal wollte, daß nunmehr seine glänzende Rolle zu Ende ging. Noch nicht
vollkommen hergestellt, reiste C. im Frühjahre nach Wien, um sich
mit dem Kaiser zu berathschlagen, er kam aber nur bis Wels, wo er
erkrankte, und nachdem er sowohl von dem Kaiser, als auch von seiner
Familie nur mehr schriftlich hatte Abschied nehmen können, starb er daselbst den 18. April 1690.

Carl Ludw. v. Bourbon, Herzog von Lucca, geboren den
22. Dec. 1799, Sohn des Königs Ludwig von Etrurien und Maria
Louisens, Tochter des Königs Carl IV. von Spanien. Nach dem
Tode der letzteren folgte er 1824 in der Regierung des Herzogthums
Lucca (19½ Quadratm., 145,000 Einw.), hat jedoch noch die Anwart-
schaft auf die Herzogthümer Parma, Piacenza und Guastalla nach dem
Tode der Erzherzoginn Maria Louise; das Herzogthum Lucca fällt
dagegen Toscana zu. Der Herzog vermählte sich 1820 mit Maria
Theresia, Tochter des verstorbenen Königs Victor Emanuel von
Sardinien, welche ihm 1823 einen Sohn, Ferdinand Carl, gebar.

Carl, Carl, Schauspieler und gegenwärtig in Wien Director
des k. k. priv. Theaters an der Wien, wurde geboren daselbst den 8. Oct.
1791. Obschon nicht von Geburt dazu bestimmt, entwickelte sich jedoch
schon früh ein so mächtiger Drang zur Schauspielkunst in ihm, daß man
ihn bey seinem Zuhauseseyn auf der Bühne wohl mit Recht einen gebornen Schauspieler nennen kann. Nachdem C. seine Studien vollendet
hatte, ergriff er die nächste Gelegenheit, seinem Drange zur Darstellung genug zu thun; er spielte mehrere Rollen mit Beyfall, und wurde bald am königl. bayr. Hoftheater am Isarthore zu München engagirt, dessen Direction C. in der Folge übernahm, und durch mehrere
Jahre mit vieler Umsicht führte. Während dieser Zeit gab C. auch einige
Mahle mit seiner Gattinn Margaretha C. Gastrollen in Wien,
und gefiel, trotz seines mangelhaften Sprachorgans und seiner manchmahl outrirten Beweglichkeit und Lebhaftigkeit, an die man sich damahls
in Wien noch nicht gewöhnt hatte, so ziemlich in der durch ihn entstandenen neuen Charaktermaske des Staberl, welcher von dem drolligen
Wiener Urbilde, starrsinnigen und treuherzigen Andenkens, nur den
Nahmen mehr hatte. Besonders aber fand seine Frau in ernsten Rollen
Beyfall, so z. B. als Käthchen von Heilbronn rc. 1827 übernahm C.
die Direction des damahls ziemlich in Verfall gerathenen Theaters an
der Wien, und wußte durch unermüdete Thätigkeit, freylich nicht immer mit den gewähltesten Mitteln, wieder Leben in die stockende Maschine zu bringen. Daß es ihm weniger darum zu thun ist, ästhetische
Genüsse zu biethen, als durch stete Abwechslung zu ergötzen, kann ihm
zwar nicht zum Vorwurfe gereichen, da das große Haus sich erstens
schwer bloß mit Zusehern der feinsten Bildung füllen läßt, zweytens für
höhere Genüsse in Wien ohnedieß hinreichend gesorgt ist, indessen ist
in dieser Hinsicht neuerlich in der That zu viel zum Nachtheile des guten
Geschmackes geschehen. C. ist auch Bearbeiter und Zusammensteller mehrerer Lustspiele und Quodlibets, unter welch' letzteren der: Unzusam-

menhängende Zusammenhang, troß des barocken Titels, besonders gelungen ist; ferner weiß er den Geist der Parodie sehr gut aufzufassen,
extemporirt manchmahl vortrefflich, und ist ein graziöser Tänzer. Seine
Gattinn versuchte sich vor einigen Jahren in Übersetzung von Theaterstü-
cken aus dem Französischen nicht ohne Glück, so ist z. B. aus ihrer Feder: Das Irrenhaus zu Dijon.

Carlau, steyermärk. Dorf außerhalb der Murvorstadt von Grätz,
mit dem Provinzial-Strafhause.

Carlburg, ungar. Marktflecken im Wieselburger Comitat, hat
ein schönes gräfl. Zichy'sches Schloß mit prächtigem englischen Garten.
Ein starker Damm schützt den Ort gegen die Fluthen der Donau.

Carl-Ferdinand's-Universität, k. k., zu Prag, verdankt
ihre Entstehung, so wie vieles andere Gute und Schöne in Böhmen
Carl IV., welcher in Paris erzogen, die dortige hohe Schule kennen lernte, und da er dieses Institut als eine Pflanzschule, sowohl guter Staatsdiener als nützlicher Bürger und Künstler ansah, hatte er
kaum die Regierung seines Staates angetreten, als er darauf bedacht
war, die einzelnen Abtheilungen, worin die Gegenstände der vier Facultäten abgesondert vorgetragen wurden, in ein Ganzes zu vereinigen,
und schon 1348 den Grund zu Prag's Universität legte, welcher er
große Vorrechte und Begünstigungen verlieh, so daß die Studirenden
eine eigene, von dem Stadtrathe unabhängige Gerichtsbarkeit erhielten,
und bloß unter dem akademischen Rathe standen, der sowohl in bürgerlichen als Criminalfällen unumschränkt zu entscheiden hatte. Die Ausländer, welche Prag's hohe Schule zu besuchen kamen, wurden von
allen Zöllen und andern Auflagen befreyt, und die Zollbeamten durften
das Gepäck eines Reisenden und seiner Bedienten nicht einmahl untersuchen, sobald er sich mit einem P ss als Studirender auswies. Die
Folge dieser Vorzüge war natürlich, daß die Jünglinge des Auslandes
von allen Seiten sehr häufig zuströmten, und die hohe Schule, welche
im ersten Jahre 722 Studirende besaß, zählte nach den Aussagen
gleichzeitiger Schriftsteller unter der Regierung König Wenzel's,
an 60,000. Der Lehrplan der Pariser Universität wurde als Grundlage
angenommen, und zur Beförderung einer Gleichförmigkeit in der Lehrart setzte der Kaiser alle früher in Prag vorhandenen Schulinstitute unter die unmittelbare Leitung und Verwaltung der Universität, und stat-
tete solche mit reichen Einkünften zum Unterhalte ihrer Lehrer aus; da
aber Böhmen in jener Zeit nicht genug Gelehrte besaß, um alle Lehr-
stellen mit Söhnen des Vaterlandes zu besetzen, so wendete der Monarch
Alles an, die ausgezeichnetsten Männer des Auslandes an seiner Hochschule zu vereinigen, und ordnete vor der Hand an, daß die Fremden
bey Entscheidung der akademischen Angelegenheiten drey, die böhm. Lehrer nur eine Stimme haben sollten, so daß die Glieder der Universität
vier Abtheilungen (die böhm., deutsche, poln. und bayer. Nation genannt) ausmachten; doch erhielt diese Begünstigung nie eigentliche Ge-
setzkraft, und wurde schon unter Wenzel IV. wieder aufgehoben. Den
ersten Raum für seine Hochschule gewann Carl IV. durch den Ankauf
eines Hauses von dem Israeliten Lazar, in der Nähe der gegenwärti-

gen Judenstadt, aber sein Nachfolger, König Wenzel, welcher für
die Universität nicht minder Vorliebe hegte, und nicht allein alle Vorrech=
te der Akademiker bestätigte, sondern ihnen neue Freyheiten zugestand,
und ihre Einkünfte vermehrte, ließ das gegenwärtige Universitätsgebäu=
de zur Aufnahme der Studirenden erbauen, und nannte es nach sei=
nem Vater Collegium Carolinum; doch leider erhob sich unter die=
sem Fürsten die Flamme der Zwietracht unter den Gliedern der Universi=
tät, zwischen den Fremden und Einheimischen, welche letztere das Über=
gewicht der Stimmenkraft jener nicht dulden wollten, und verlangten,
man sollte sich nach dem Stiftungsinstrumente halten, wie auf den
Universitäten zu Paris und Bologna, wo die Franzosen und Ita=
lier auch das Übergewicht über die Ausländer behaupteten. Schon bald
nach dem Tode Carl's IV., doch ohne eigentlichen Erfolg, und erst
später, als Wenzel die einheimischen Lehrer, unter ihnen Johann
Huß, seinen politischen Ansichten gehorsamer als die Ausländer fand,
erklärte er, es sey unbillig und unschicklich, daß Fremdlinge, die sich
auf kein Recht als auf den bisherigen Gebrauch stützen könnten, größere
Vortheile genießen sollten, als die Landeskinder, und, den streitigen
Punct gewaltsam lösend, ließ er jenen nur eine Stimme, und gab die=
sen drey. Die ausländischen Lehrer verließen nun ihre Lehrkanzeln und das
Königreich. 16,000 Studirende folgten ihnen binnen kurzer Zeit, und
bald war Prag von den meisten ausländischen Schülern verlassen,
welche sich nach den neuerrichteten Hochschulen in Sachsen, Bayern und
Polen wandten. König Wladislaw fand 1472 für gut, Wenzel's
Entscheidung zu bestätigen, woraus sich abnehmen läßt, daß Ausländer
doch wieder dahin zurückgekehrt seyn müssen. So schnell die Universität
zu Prag sich zu einer bedeutenden Blüthe erhoben, eben so schnell
schien sie nun dem Falle entgegenzueilen, und in den verhängnißvollen
Tagen der ersten Hälfte des 15. Jahrhunderts wurden die Schulen sogar
auf einige Zeit geschlossen, dann aber katholische und utraquistische Leh=
rer bey der Hochschule angestellt, die nie zu einer wahren Einigkeit ge=
langten, bis Ferdinand I. der Carolinischen Universität, welche da=
mahls ganz mit utraquistischen Lehrern besetzt war, eine zweyte unter
der Leitung der Jesuiten entgegenstellte. Beyde Universitäten bildeten
einen Wettstreit in theologisch=polemischen Verhandlungen, die ihren
wahren Zweck keineswegs förderten, und die Einkünfte beyder, zumahl
der Carolinischen, geriethen in großen Verfall, bis Kaiser Rudolph
sich bemühte, den Zank der Hochschulen beyzulegen, durch Anweisung
neuer Fonds den Unterhalt der Lehrer sicherte, und Gelehrten und Künst=
lern des In= und Auslandes ohne Rücksicht auf Stand und Glauben an=
sehnliche Gnadengehalte und Ehrenstellen verlieh. Er war es, der Ty=
cho de Brahe nach Prag berief, und ihm eine eigene Sternwarte zu
seinen Beobachtungen über Natur und Bahn der Himmelskörper er=
bauen ließ, wichtige Handschriften, antike Bildsäulen, Gemälde, Na=
turalien wurden gesammelt; um die Studien zu erleichtern, ein bota=
nischer Garten an der Burg angelegt, und Kunst und Wissenschaft jeder
Art und Gestalt fand einen vaterländischen Beschützer an dem Monar=
chen. Doch unter seinen Nachfolgern entzündeten sich neue Kriegsstürme,

30 *

und beyde Universitäten geriethen in Verfall, bis Ferdinand III.
sie unter dem Nahmen: C. F. U. in Eine vereinigte, zu deren immerwährend en Kanzler er den jeweiligen Erzbischof von Prag ernannte,
und dem wiedergebornen Lehrinstitute neue, reiche Stiftungen verlieh;
es erhielt nach und nach seine gegenwärtige Gestalt, die ihm noch
immer einen Platz unter den ausgezeichneten Hochschulen gewährt. —
Die Mitglieder der Universität werden noch wie in ältern Zeiten in vier
Facultäten: Die theologische, juridische, medicinische und philosophische
abgetheilt, und die Wissenschaften, welche nach dem neuesten Schul-
plane in den Hörsälen der letzteren in zwey Jahrgängen vorgetragen
werden, sind folgende: Theoretische und practische Philosophie, reine
und angewandte Mathematik, Experimental-Physik, lateinische Philologie und Religionsunterricht. Zu den freyen Gegenständen, unter denen die Zöglinge wählen können, welche sie für ihre künftige Bestimmung als nothwendig erkennen, gehören: Allgemeine Naturgeschichte
mit Benützung der gesammelten neueren Ansichten, allgemeine Geschichte, österr. Staatengeschichte, Erziehungskunde, höhere Mathematik,
theoretische und practische Astronomie, practische Geometrie, classische
Literatur, griechische Philologie, Ästhetik, Geschichte der Philosophie,
Diplomatik und Heraldik, Landwirthschaft, böhm., ital., franzöf.
und engl. Sprache und Literatur. Die vierjährigen Studien der Theologie begreifen in sich: Christliche Kirchengeschichte mit Rücksicht auf Pa-
trologie und theologische Literargeschichte, griech. und hebr. Sprache,
hebr. Alterthümer, Einleitung und exegetische Vorlesungen über die
Bücher des alten und neuen Bundes, öffentliches und Privat-Kirchen-
recht, Dogmatik, Moral- und Pastoral-Theologie, Pädagogik und
Katechetik. Überdieß werden noch außerordentliche Vorlesungen über die
chaldäische, syrische und arabische Sprache, und besondere exegetische
über die Briefe des Apostel Paulus gehalten. — Das juridische Studium umfaßt in vier Jahrgängen: Eine kurze Encyklopädie des juridisch-politischen Studiums in Österreich, das natürliche Privat- und öffentliche, dann das peinliche Recht, das europ. Völkerrecht, allgemeine
europ. und österr. Statistik, Geschichte und Theorie des röm. Rechtes,
böhm. Staatsrecht, Bergrecht und bergrechtliches Verfahren, Kirchenrecht,
das österr. bürgerl. Privatrecht, Lehenrecht, die politischen Wissenschaften
und Gesetzkunde, Geschäftsstyl und das Verfahren in und außer Streitsachen. —Das medicinische Studium umfaßt fünf Jahrgänge und folgende Gegenstände in sich: Einleitung in das höhere medicinische Studium,
Zoologie, Anatomie, Mineralogie, Botanik, dann höhere Anatomie
und Physiologie, Chemie, allgemeine Pathologie und Semiotik, Re-
ceptirkunst und Pharmacologie, theoretische Chirurgie und Geburtshülfe
mit Übungen am Phantom, chirurgische Instrumenten- und Bandagenlehre;
ferner specielle Therapie innerer Krankheiten und medicinisch-practischer
Unterricht am Krankenbette im allgemeinen Krankenhause, chirurgische
Therapie, Operationslehre und chirurgisch-practischer Unterricht am Krankenbette, Augenheilkunde, Thierarzneykunde, gerichtliche Arzney- und
Zahnheilkunde. Es werden ferner Vorlesungen über Rettungsmittel beym
Scheintode und in plötzlichen Lebensgefahren auch für das nichtärztliche

Publicum gehalten. Für Civil= und Landwundärzte, Apotheker und Wehmütter werden die ihnen nöthigen Gegenstände in eigenen Lehrcursen vorgetragen.

Carl=Franzens=Universität, k. k., zu Grätz. Das bisherige Lyceum in der Hauptstadt Steyermarks wurde auf Ansuchen der Stände und der Stadt, den 19. April 1827 zur Universität erhoben und ihr ein ähnlicher Wirkungskreis wie den übrigen Universitäten des österr. Kaiserstaates zugetheilt. Sie besitzt auch eine ansehnliche Bibliothek von mehr als 100,000 Bänden aus allen Fächern der Wissenschaften, sammt einer physikalischen Modell= und Maschinenkammer. Die Zahl der Studirenden beträgt etwas über 300.

Carli, Giovanni Rinaldo Graf v., geh. Staatsrath und Präsident des Finanzcollegiums zu Mailand, Archäolog und Schriftsteller, war geb. zu Capo d'Istria im April 1720 aus alt= adeliger Familie. Seine Neigung zog ihn früh zu dem Studium der Alterthumskunde, besonders des Mittelalters und schon in seinem Knabenalter trat C. als dramatischer Dichter nicht ohne Glück auf. Auf der Universität zu Padua studirte C. Mathematik, besonders Geometrie, dann alte Sprachen. Im 18. Jahre schrieb er Gedichte und gab bald darauf auch eine Abhandlung über das Nordlicht heraus. 1740 wurde er bereits von der Akademie der Ricolorati zum Mitgliede aufgenommen und 1741 von dem venetianischen Senate als Professor der Astronomie und der Seewissenschaft angestellt. In dieselbe Zeit fallen auch seine literarischen Streitigkeiten mit den berühmten Alterthumsforschern Fontanini und Muratori, so wie jene lächerliche und ärgerliche mit dem Abte Tartarotti, deren Gegenstand nichts geringeres als das Daseyn der Hexen und die Existenz der Zauberey war, welche C. läugnete, Tartarotti aber behauptete. Endlich bewog C. die Verwaltung seines großen Vermögens, seine Professur niederzulegen und in sein Vaterland zurückzukehren, wo er sich fortan mit antiquarischen Forschungen und literarischen Arbeiten beschäftigte und mehrere wichtige Werke herausgab. Um 1760 wurde C. zum Präsidenten des höchsten Handelsgerichtes und des Studienrathes zu Mailand ernannt, als welcher er sich fast ausschließend dem öffentlichen Unterrichte widmete. Bald darauf wurde er geh. Staatsrath und Präsident des Finanzcollegiums daselbst, als welcher er zu Mailand den 22. Febr. 1795 starb. Seine sämmtlichen Werke erschienen unter dem Titel: Opere del commendat. G. R. Conte Carli etc. in 15 Bdn., Mailand 1784 — 94, mit Ausnahme jedoch seiner: Amerikanischen Briefe, welche für sich ein Werk von 5 Bdn. bilden.

Carlopago (Carlobago), kleine Seestadt in der Militärgränze, im Liccaner Regimentsbezirke der Carlstädter Gränze, hat 190 Häus. und 960 Einw., einen Hafen, dessen Handel sich aber nur auf die Umgegend beschränkt, und einen Sanitäts=Magistrat. Die vorzüglichsten Gegenstände des Handels sind: Wein, Honig und Wachs.

Carlowitz, Stadt im Peterwardeiner Regimentsbezirk in der slavonischen Militärgränze des Militär=Gränzlandes, am rechten Ufer der Donau und am Fuße des Carlowitzer Gebirges. Sie ist gut gebaut, hat eine griech. Cathedrale, 2 griech. und eine kathol. Kirche, ein Hospital, 5,800 meist serbische Einw. Sie ist der Sitz eines griech. nichtunirten Erzbischofes, unter welchem die Bisthümer zu Arad, Bacs, Ofen, Pankracz, Temeswar, Versecz und Carlstadt stehen, seines Consistoriums und Domcapitels, und hat ein Seminar für griech. Geistliche, ein griech. Gymnasium (illyrisches Lyceum genannt), eine serbische Nationalschule, eine Clericalschule und eine kathol. Hauptschule. Die mindere Gerichtsbarkeit ist in den Händen des, zur Hälfte kathol., zur Hälfte griech. Magistrates. Die Stadt treibt nicht unbedeutenden Handel, da die Hauptstraße von Ungarn nach Semlin und der Türkey hier durchgeht, hat ansehnlichen Fisch=, besonders Hausenfang und vortrefflichen Weinbau. Die Hügel, welche sich von C. bis Camenitz längs der Straße hinziehen, liefern den unter dem Nahmen Carlowitzer Ausbruch und Wermuth bekannten, wohlschmeckenden Wein. In geschichtlicher Hinsicht ist die Stadt merkwürdig durch die 1777 zur Einrichtung der Kirchen= und Schulverfassung hier gehaltene Synode der nichtunirten illyrischen Bischöfe, besonders aber durch den 1699 hier geschlossenen Frieden (s. Friedensschlüsse). Das Haus, in welchem damahls die Conferenzen gehalten wurden, schenkte Kaiser Leopold I. den Franciscanern zur Erbauung der Kirche Mariafried.

Carlsbad, böhm. Stadt und berühmter Curort im Elbogner Kreise. Geschichte. Nach Traditionen sowohl als älteren Schriftstellern soll schon im 7. Jahrhunderte die heiße Sprudelquelle den heidnischen Böhmen bekannt gewesen seyn, welche sie Tepliwoda nannten, und aus den Sprudelsteinen ihren Göttern Altäre bauten. Im 12. Jahrhunderte entstand im dichten Walde, ungefähr eine Stunde von dem Carlsbader Thale, ein Dorf, Nahmens Thiergarten; und daß den Einwohnern desselben die heiße Quelle bekannt war, beweisen die Überreste der dortigen Kirche St. Leonhard und eines Kellers, in deren Grundlage sich Sprudelsteine befinden; doch war der Ort zu entfernt von der Quelle, um von Fremden besucht zu werden, ja selbst die Einheimischen verfielen vielleicht nicht darauf, sich derselben zu bedienen, und so blieb jene ohne Untersuchung, bis in der zweyten Hälfte des 14. Jahrhunderts (am wahrscheinlichsten 1347 ein Jahr nach der bekannten Schlacht von Crecy, in welcher Carl unter Philipp VI., König von Frankreich, gegen Eduard III., König von England, gekämpft und am Schenkel verwundet, sein Vater, Johann von Luxemburg, Sohn Kaiser Heinrich's VII. aber getödtet worden war). Kaiser Carl IV. sein Hoflager zu Elbogen hielt, und in der Gegend des heutigen C.'s sich mit der Jagd belustigte. Der Kaiser verfolgte einen Hirsch bis auf die äußerste Spitze eines Felsens, nachher der Hirschenstein genannt; hier wagte das Wild, welches den Wurfspießen der verfolgenden Jäger auf keine andere Weise mehr entkommen konnte, den Sprung in diese Tiefe und entrann. Ein Jagdhund des Kaisers folgte ihm nach, stürzte in einen verborgenen Quell, und als man auf sein erbärmliches Geschrey ihm zu Hülfe eilte, entdeckte man das heiße Wasser, welches Carl's Leibarzt, Pet. Beier, sogleich für ein kräftiges Heilmittel erkannte, ein Übel seines Monarchen zu heben. Die Cur glückte, und der Kaiser befahl zum Besten der leidenden Menschheit die Errichtung eines Badeortes; berief

die Einwohner des Bergdorfes Thiergarten hieher, und verließ
den künftigen Bewohnern C.'s alle Freyheiten einer königl. Stadt, ja
erlaubte sogar, daß diese seinen Nahmen führen dürfe. Der Ruhm der
wohlthätigen Wirkungen des Wassers verbreitete sich von Jahr zu Jahr
mehr, und in eben dem Maße nahm die Zahl der Curgäste zu. Ein anderer Schriftsteller, der besser unterrichtet seyn will, bezweifelt die Geschichte mit dem Jagdhunde und gibt nur überhaupt an, daß Carl IV.
an dieser Stelle einen Badeort erbauen ließ, und mehrere Ansiedler
herbeyrief, denen er mancherley städtische Privilegien verlieh und einen
Theil der benachbarten Ländereyen schenkte, woraus mit der Zeit die
jetzige Stadt C. entstand. Von Kaiser Carl mit Vorrechten begabt,
und durch Wladislaw kräftig gegen die Ansprüche benachbarter
Edelleute beschützt, wurde C. auch von mehreren späteren Monarchen
Böhmens mit nahe liegenden Besitzungen, Geldsummen, Steuer-
nachlässen u. s. w. beschenkt. Unter diesen Wohlthätern werden vorzüglich Rudolph II., Ferdinand II., Ferdinand III., Leopold I., Joseph I., Carl VI., Maria Theresia, und vor
allen der jetzt herrschende Kaiser Franz I. genannt, welcher nicht
nur alle Privilegien der Carlsbäder, Befreyung von Militär-Einquartirun-
gen u. s. w. bestätigte, ihnen manche andere Lasten erließ, und dem Hospital
den Posthof schenkte, sondern sogar mitten in den verheerenden Kriegen
gegen Frankreich mit einem Aufwande von 160,000 fl. die Kunststraße in
das Carlsbader Thal erbaute; sie ist eines der herrlichsten Denkmähler der
neuen Straßenbaukunst und biethet eine wahrhaft entzückende Aussicht
in den blühenden Thalgrund dar. Ein nicht minder erfreuliches Werk,
welches C. der Huld des Kaisers verdankt, ist die 1826 am Fuße
der Kunststraße erbaute schöne und solide Granitbrücke über die Eger,
aus einem einzigen Bogen bestehend. — Topographie. Die Stadt
zählt über 500 Häuser und bey 3,000 Einw., ihre Häuser verzweigen
sich in drey Thäler und werden von dem Hammerberge, dem Kreuzberge
und dem Lorenzberge umgeben. Die Aussicht von diesen Höhen, besonders vom Kreuzberge, ist wahrhaft entzückend. Über der Stadt schwebt
immerwährend ein feiner Dampf, der einen ganz eignen Geruch verbreitet. Obschon noch jetzt viele Gebäude im Innern von Holz sind, so ist
doch ihr Aussehen im Ganzen ungemein gefällig und fast alle sind zur
Aufnahme Fremder geeignet, für deren Bequemlichkeit und Unterhaltung überhaupt immer auf das Beste gesorgt wird. Die schönsten Häuser
stehen auf der sogenannten alten Wiese am linken Ufer des Teplflusses.
Dieser Platz ist mit vielen Buden und Bäumen besetzt; am rechten Ufer
des Flusses, ihm gegenüber, liegt die neue Wiese, auf welcher das
Schauspielhaus (nach dem Muster des Manheimer) erbaut ist. Das sächs.
und böhm. Ballhaus, so wie das sogenannte polnische Haus sind durch
geschmackvolle Säle ausgezeichnet, wo sich oft die glänzendsten Zirkel
bilden. Sehenswerth ist auch noch das alte Rathhaus mit der Statue
Carl's IV., die Kirche und die, erst 1826 aus Granit in einen
Bogen erbaute Brücke über die Eger (Kaiser Franzensbrücke) mit
96 Fuß im Lichten und 30 F. in der Breite. Das Merkwürdigste
und Wichtigste sind jedoch die 8 Mineralquellen, welchen die Stadt

ihren Ursprung und ihre Erhaltung verdankt. Der berühmte Sprudel
mit vier offenen Mündungen ist die Hauptquelle, es wird jedoch nur eine
derselben zum Trinken benutzt, die übrigen werden zu der naheliegenden
Salzsiederey verwendet. Über dem Sprudel und der Salzsiederey ruht eine
in der Mitte durchbrochene Kuppel auf hohen Säulen, und zur Seite zieht
sich ein herrlicher gedeckter Säulengang für auf= und abgehende Curgäste.
Die Wärme des Sprudels ist 59 bis 60°. Die anderen Quellen sind: Die
1809 erst entstandene Hygiäensquelle mit den seit 1826 errichteten Dampf=
bädern; der Mühlbrunnen, welcher ebenfalls durch eine gedeckte Colon=
nade mit dem Neubrunnen verbunden ist, ferner der Bernhardsbrunnen,
der Theresiensbrunnen, Schloßbrunnen und Spitalbrunnen, welch' letze=
rer bloß zu den Bädern des Spitals benutzt wird. Die festen Bestand=
theile der Carlsbader Heilquellen gibt Reuß, nach seiner Analyse in
Einem medicin. Pfunde folgendermaßen an:

	Sprudel	Mühl=brunnen	Neu=brunnen	Bern=hards=brunnen	There=sienbrun=nen
Schwefelsaures Natron	13,850	13,362	13,537	11,950	11,809
Salzsaures Natron . .	6,700	6,537	6,625	5,925	5,837
Kohlensaures Natron .	7,500	7,775	7,875	6,750	6,645
Kohlensauren Kalk . .	2,575	2,719	2,587	2,581	2,788
Kiesel	0,475	0,412	0,425	0,375	0,350
Kohlensaures Eisenoxyd	0,025	0,025	0,025	0,025	0,012
Summe	31,725	30,930	31,074	27,606	27,441

Berzelius gibt die von ihm aufgefundenen festen Bestandtheile
des Sprudelwassers von 18° Temperatur nach der Cent. Scala in 1,000
Gewichtstheilen desselben also an:

　　　Schwefelsaures Natron . . . . . . 2,58713 Theile
　　　Salzsaures Natron . . . . 1,03852 „
　　　Kohlensaures Natron . . . . . . 1,26237 „
　　　Kohlensaurer Kalk . . . . 0,30860 „
　　　Flußspathsaurer Kalk . . . . . 0,00320 „
　　　Phosphorsaurer Kalk . . . . . 0,00022 „
　　　Kohlensaurer Strontian . . . . 0,00096 „
　　　　　　　　　　　　　　　　　　──────────
　　　　　　　　Fürtrag . . . 5,20100 Theile

Übertrag ... 5,20100 Theilen.

Kohlensaure Magnesia . . .	0,17834 „
Bas. phosphorsaure Thonerde . . .	0,00032 „
Kohlensaures Eisenoxyd . . .	0,00362 „
Kohlensaures Manganoxyd . . .	0,00034 „
Kieselerde . . .	0,07515 „

5,45927 Theile

Darnach enthält das Wasser in Einem Pfund zu 16 Unzen:

Schwefelsaures Natron . . .	19,8691 Gran
Salzsaures Natron . . .	7,9758 „
Kohlensaures Natron . . .	9,6959 „
Kohlensauren Kalk . . .	2,3706 „
Flußspathsauren Kalk . . .	0,0345 „
Phosphorsauren Kalk . . .	0,0016 „
Kohlensaures Strontian . . .	0,0073 „
Kohlensaure Magnesia . . .	1,3696 „
Bas. phosphorsaure Thonerde . . .	0,0024 „
Kohlensaures Eisenoxyd . . .	0,0278 „
Kohlensaures Manganoxyd . . .	0,0064 „
Kieselerde . . .	0,5771 „

41,9266 Gran

Berzelius hat auch das ihm zugesendete Wasser des Mühlbrunnens, des Neubrunnens und des Theresienbrunnens auf dieselbe Weise, wie das Wasser des Sprudels, untersucht, und in allen dreyen nicht allein ganz dieselben Bestandtheile, sondern diese auch ganz in denselben Mengen, wie in dem Sprudelwasser, gefunden, und hält diese völlige Übereinstimmung derselben für einen neuen überzeugenden Beweis, daß alle Carlsbader Wässer aus einem gemeinschaftlichen Behälter oder einem Hauptstrome kommen, und daß sie einzig und allein in der Temperatur und in dem Gehalte an Kohlensäure verschieden seyen, als im Neubrunnen und Sprudel. — Lithion suchte Berzelius 1822 im Carlsbader Wasser, doch ohne es zu finden; da er es aber später im Egerwasser fand, hielt er eine neue Prüfung nothwendig, um zu bestimmen, wie weit solches im Carlsbader Wasser gefunden werden kann; spätere Versuche zeigten ihm, daß allerdings Lithion darin zu finden sey, wenn gleich in so geringer Menge, daß wahrscheinlich der Gehalt nicht 3 Milligrammes auf 1,000 Gr. des Wassers übersteigt. Die Menge des in C. aufströmenden heißen Wassers ist allerdings erstaunungswürdig. Man hat mehrere Versuche gemacht, sie zu messen, alle aber waren so indirect, daß keines der Resultate für sicher angesehen werden kann. Nach einer von Dr. Reuß, Fuhrmann, Damm und Mitterbacher im Nov. 1811 angestellten Messung, gaben allein die Sprudelöffnungen, und die Hygiäensquelle in 24 Stunden 111,292 Eimer, oder 192⅔ Millionen Kubikfuß Wasser. Die übrigen größern und kleinern heißen Quellen von C. sollen nach Dr. Hofer's Berechnung 16,920 Eimer Wasser in Einem Tage geben. — Die nächsten Spaziergänge C.'s gehen nach Kleinversailles, nach dem Hirschensprung, welcher mit röthlichen Granitmassen über der Stadt anfängt, zu Lord Findlater's Obelisk, dem Belvedere, dem Choteck=schen Wege, der Vier=Uhr=Promenade mit dem Tempel der Dankbar=keit, und den schönen Aussichten in den Egergrund. Die Zahl der Cur=gäste hat in neuern Zeiten erstaunend zugenommen, 1764 betrug sie nicht mehr als 256, 1828 war sie auf 2,433 Parteyen angewachsen, unter welchen sich nicht nur Individuen aus allen Gegenden Europa's, besonders Britten und Nordländer, sondern auch Personen des höhern und höchsten Ranges befinden; so ist z. B. der König von Preußen fast jährlich unter den Curgästen; seine Lieblingsstelle bey Findlater's Obelisk heißt der Friedrich=Wilhelmsplatz. 1812 wurde hier auch ein Hospital für arme Fremde aller Nationen gegründet, in welchem jährlich gegen 130 fremde Kranke aufgenommen, verpflegt und betheilt werden.

Carlsbrunn, schles. Dorf im Troppauer Kreise, zur hoch= und deutschmeister'schen Herrschaft Freudenthal gehörig, in einem waldigen Thale, an einem Arme der forellenreichen Oppa. Es ist der berühmteste und besuchteste Curort von ganz Schlesien, und wird sowohl von In= als Ausländern, besonders von Preußen stark besucht. Das kohlensaure eisenhaltige Wasser der Maximiliansquelle wird bloß getrunken; das Wasser der höher liegenden Carlsquelle, das einen auffallenden Schwe=felgeruch von sich gibt, so wie das des Antonbrunnens und einer vierten an der Straße liegenden Quelle, dienen zum Baden, wozu das Wasser erwärmt werden muß. Es sind zum zweckmäßigen Gebrauche des Wassers alle Anstalten getroffen und selbst eine Hütte zur Bereitung von Schlacken=bädern ist vorhanden; auch fehlt es nicht an erheiternden Spaziergängen. Die hohe gebirgige Lage und die Nachbarschaft der höchsten Berge des Gesenkes geben dieser Gegend ein Clima, das den Curgästen in der Regel nur im hohen Sommer hier zu verweilen gestattet. Bey schöner trockener Witterung ist aber hier unter den schattigen, balsamisch duf=tenden Nadelhölzern im romantischen Hochgebirge, sehr angenehm und erquickend. Die Erzherzoge Maximilian, Carl und Anton haben als Hoch= und Deutschmeister, unablässig dafür gesorgt, diesen Curort immer mehr und mehr in Aufnahme zu bringen, welcher statt dem vom nahen Berge hergenommenen Nahmen Hinnewieder, die jetzige Be=nennung C. erhielt.

Carlsburg, siebenbürg. königl. Stadt im Unter=Albenser Comi=tat, im Lande der Ungarn, liegt an der Maros, besteht aus der eigent=lichen, auf einem Hügel liegenden Stadt oder Festung und der im Thale erbauten untern Stadt, und zählt im Ganzen bey 11,300 Einw. Die Festung, welche Carl VI. im Geiste der neuern Befestigungskunst an=legen ließ, ist mit 7 Basteyen umgeben und hat ein prachtvolles, mit den schönsten Bildhauerarbeiten geziertes Hauptthor. In ihr befindet sich die schöne kathol. Cathedralkirche des heil. Michael, welche 105 Schritte lang, 45 Schritte breit ist und viele Grab= und Denkmähler (z. B. des großen Helden Johann von Hunyad, seines Sohnes Ladislaus, der Königinn Isabella, des Königs Johann Sieg=mund, mehrerer Fürsten ꝛc.) enthält; die schöne Residenz des Bischofs von Siebenbürgen; das Collegium der Domherren mit dem Landesarchive;

die königl. Münze; die Sternwarte (216 Fuß über der Maros, 41° 14′ 15″ L., 46° 4′ 21″ Br.) mit schönen Instrumenten, einer eigenen Bibliothek und andern Sammlungen, ein Zeughaus, die Ökonomie-Commission, die Casernen und andere ärarische Gebäude. Den Fuß der Festung umgibt die untere Stadt, von wo eine 210 Schritt lange Brücke über die Maros führt. Es befindet sich in C. ein bischöfl. Lyceum (eigentlich theologische Lehranstalt, ein kathol. Gymnasium, eine Primarschule und ein Krankenhaus. Auch ist es merkwürdig, daß die Juden, welche sonst nirgends in Siebenbürgen eigentlich haussäßig sind, hier das volle Bürgerrecht genießen und unter dem besondern Schutze des Bischofs stehen.

Carlsdorf, schles. Dorf im Troppauer Kreise an der Mora, ist wegen des Wasserfalls dieses Flusses, der von der breiten Lähn in der Nähe des Petersteines an den sogenannten „hohen Fall" in mehreren Absätzen herabschäumt, interessant.

Carlstadt, croat. königl. Freystadt im Agramer Comitat, in einer sehr schönen Lage am Zusammenflusse der Kulpa, Korana und Dobra. Die Stadt ist ziemlich wohlgebaut, jedoch meist aus Holz, und hat mehrere Kirchen und einige nicht unansehnliche Gebäude. Sie besteht aus der innern Stadt, der Festung und der Vorstadt. Die Festung, die ehemahls gegen die Einbrüche der Türken bestimmt war, ist zwar noch mit Schanzen, Gräben und Pallisaden umgeben, aber klein; sie hat einen schönen Platz, auf welchem eine Caserne und ein Zeughaus steht. Die Stadt und Festung zusammen zählen 6,000 Einw., die bloß aus Holz erbaute Vorstadt Dubovacz, überdieß 300 Einw. Es sind hier 5 kathol. und eine griechisch-nichtunirte Kirche; auch hat hier ein griechisch-nichtunirter Bischof seinen Sitz. Ein Gymnasium, an welchem die Franciscaner lehren, eine Haupt- und Mädchenschule, ein Bürger- und Militärspital gehören zu den übrigen Merkwürdigkeiten der Stadt. Nicht erheblich ist die Gewerbsindustrie, desto wichtiger der Speditionshandel.

Carlstädter Gränze, Theil der croatischen Militärgränze, besteht aus vier Infanterie-Regimentsbezirken, nämlich dem Liccaner, Ottochaner, Oguliner und Szluiner Regimente. Im erstern Bezirke liegt die kleine Vorstadt Carlopago, im zweyten ist die königl. Freystadt Zengg.

Carlstein, ein von Carl IV. 1348 erbautes, sehenswerthes Schloß in Berauner Kreise Böhmens. Es ist dieß unter den 7 bis 800 Burgen Böhmens die merkwürdigste und enthält den reichsten Schatz an Denkmählern der ältesten deutschen und böhmischen Malerey; auch gibt es hier noch viele andere Sehenswürdigkeiten; daher dieses Schloß im Sommer zahlreich besucht wird. Die Marienkirche war die ehemahlige Hauptkirche der Burg; auch die Catharinencapelle ist sehenswerth. Eine Zierde des Schlosses ist der große, auf der höchsten Spitze des Felsens einzeln stehende, 5 Stockwerke hohe Thurm, der 84 Fuß lang, 56 Fuß breit, 121 Fuß hoch ist, und 15 Fuß dicke Mauern hat. In diesem Thurme ist die merkwürdige Capelle des heil. Kreuzes, in welcher sonst die religiösen Schätze und Reichskleinodien aufbewahrt waren, und zu der man auf 64 hohen Stufen hinansteigt; die Capelle ist nur 50 Fuß lang, 50 Fuß breit und 28 Fuß hoch.

Carnische Alpen, s. unter Alpen.

Carnuntum, eine alte celtische Stadt in Pannonien, von der zwischen Petronell und Altenburg in Niederösterreich noch heut zu Tage bedeutende Ruinen sichtbar sind, und wo fortwährend römische Alterthümer, z. B. Sarkophage, Münzen ꝛc. ausgegraben werden. Diese alte Stadt kennt schon Villejus Paterculus (II. 109) bey den ersten Unternehmungen des Tiberius an der Donau. Wichtig wurde sie erst durch den markomannischen Krieg, wo sie einige Jahre dem Kaiser Marcus Aurelius zum Aufenthalt und zum Mittelpunct seiner Unternehmungen gegen die Markomannen und ihre Verbündeten die Quaden, Vandalen, Sarmaten, Sueven u. s. w. diente. C. wurde im 4. Jahrhundert durch einen Überfall der Barbaren geplündert und zerstört. Doch wurde es, weil der Ort für die Römer viel zu bedeutend war, wieder hergestellt, blieb noch ferner der Mittelpunct der 14. Legion, und Kaiser Valentinian traf hier seine Anstalten gegen die Quaden; indeß erreichte C. seine alte Blüthe nicht wieder. Es erhielt sich noch unter der Herrschaft der Deutschen und Avaren, und ging bey dem Vordringen der Magyaren unter. Daß C. zwischen Petronell und Altenburg an der Donau lag, beweist auch das angegebene Maß der 28 Milliar. oder $5\frac{2}{5}$ geogr. Meilen von Wien. Die hier ausgegrabenen röm. Denkmähler sind in André's „Hesperus", von 1821, 4. Heft S. 143 beschrieben.

Caroline Auguste, Kaiserinn von Österreich, Königinn von Ungarn und Böhmen ꝛc. ꝛc., höchste Schußfrau des Sternkreuzordens, Oberprotectorinn des adeligen Damenstiftes zu Innsbruck, oberste Schußfrau und Oberdirectorinn des adeligen Damenstiftes zu Brünn, geb. den 8. Febr. 1792, zweyte Tochter des Königs Maximilian Joseph von Bayern mit Marie Wilhelmine Auguste gebornen Prinzeßinn von Hessen-Darmstadt. Sie genoß unter den Augen ihrer Ältern der sorgfältigsten Erziehung, und zeigte schon in ihrer frühesten Jugend eine seltene Herzensgüte und Geisteshöhe. 1808 vermählte sie sich mit dem (damahligen) Kronprinzen (jetzt König) Wilhelm von Würtemberg, welche Ehe jedoch 1815 mit beyderseitiger Einwilligung aufgelöst wurde. Am 10. Nov. 1816 war ihre feyerliche Vermählung mit Kaiser Franz I. von Österreich, bey welcher erfreulichen Gelegenheit eine Summe von mehr als 200,000 Gulden unter die Dürftigen der Haupt- und Residenzstadt vertheilt wurde. Von dieser Zeit an zeigte sich die hohe Frau bey allen Gelegenheiten als die zärtlichste Gattinn und treueste Theilnehmerinn aller frohen und trüben Stunden ihres erhabenen Gemahls, als die wohlthätigste und liebevollste Landesmutter. Unzählige humane Anstalten haben ihr Unterstützung und Beförderung, manche selbst das Daseyn zu verdanken, wie vor allen die Kinderbewahrinstitute, die Stiftung zur Bildung treuer und geschickter weiblicher Dienstbothen in Wien, die sich ihres, den Bestand unmittelbar stützenden Schutzes zu erfreuen haben. Den 25. Sept. 1825 wurde die Kaiserinn C. zu Preßburg feyerlich zur Königinn von Ungarn gekrönt. Im schönsten Lichte zeigten

sich ihre edlen Eigenschaften am Krankenbette des geliebten Landesvaters 1826; — bey der großen Überschwemmung im März 1830, so wie
bey mehreren Anlässen, die ihren treuen Unterthanen unvergeßlich bleiben
werden. Herzliche Milde und Freundlichkeit bilden den Hauptcharacter
der Kaiserinn.

Carolinenstift, in der Wiener Vorstadt Erdberg, zur Erziehung guter weiblicher Dienstbothen (Töchter verdienter Soldaten, vorzüglich Unterofficiere) gewidmet. Der Bau, die Stiftung und Erhaltung ist ganz das Werk der Großmuth und Sorgfalt der Kaiserinn
Caroline Auguste. Die Anzahl der Zöglinge reicht gegenwärtig
über 40.

Carpani, Giuseppe, Literator, Dichter und Kunstschriftsteller,
war geboren zu Mailand den 28. Juny 1752, vollendete daselbst seine
Studien, und gab durch mehrere Jahre eine Zeitschrift: il Corriere Milanese betitelt, heraus, auch schrieb C. mehrere Aufsätze und Abhandlungen in seinem vaterländischen Dialecte, worunter die vorzüglichste:
la Bosinada, welche er in Auftrag des damahligen Gouvernements gegen
die Grundsätze der französischen Revolution schrieb. Später begab sich C.
nach Wien. Der deutschen Sprache vollkommen mächtig, beschäftigte er
sich daselbst mit Übersetzung verschiedener deutscher lyrischer Gedichte ins
Italienische, und unterlegte auch der Schöpfung von Haydn den italien.
Text mit großer Geschicklichkeit. Am meisten Aufsehen machte jedoch sein
Werk über das Leben und Wirken dieses großen Tonkünstlers, den er
persönlich sehr genau kennen gelernt hatte. Es erschien unter dem Titel:
Le Haydine, overo lettere sulla Vita e le Opere del celebre
Maestro Giuseppe Haydn. Mailand, 1812; 2. Aufl. Padua 1823,
und besteht aus einer Reihe von Briefen, deren großer Werth darin
liegt, daß sie nebst der Geschichte der wichtigen musikalischen Epoche,
in welcher Haydn lebte, noch die richtigsten Beobachtnngen über
Kunst, ja gleichsam eine vollständige Theorie der Tonkunst darbiethen.
Am Schlusse liefert das Buch eine Übersicht der Werke Haydn's. Keine
der vielen erschienenen Biographien Haydn's kommt dieser auch nur entfernt an Werthe gleich. Ein Franzose, Namens Louis Alexander
Cesar Bombet, gab bald darauf eine französische Übersetzung dieses
Werkes als Original heraus, worin er C. die Ehre der Erfindung durch
mehrere literarische Kunstgriffe streitig machen wollte, allein C. rechtfertigte seine Autorschaft in einer Broschüre, welche 1815 in Wien erschien, und welcher zur Beglaubigung die Zeugnisse Salieri's, Weigl's
u. a. m. beygegeben waren. Sonst gab C. heraus: Spiegazione dramat. del monumento Cristina di Cahova, mit Kupf. Wien, 1806.
C. war ein Mann von Kenntnissen und Geist. Er starb zu Wien den
22. Juny 1825.

Carro, Joh. Ritter de, Doctor der Arzneykunde, Mitglied
der medicin. Facultäten von Wien, Prag und Edinburg, Badearzt zu Carlsbad, einer der gelehrtesten, berühmtesten und verdienstvollsten Ärzte, war geboren zu Genf den 8. August 1770 aus alt adeliger Familie der französischen Schweiz. Nach vollendeten Vorstudien
ging de C. 1790 nach Edinburg in Schottland, um sich auf der dor-

tigen Universität, für welche seine Landsleute von jeher große Vorliebe
hegten, dem Studium der Arzneykunde zu widmen. Den 24. Juny
1793 erhielt er die Doctorwürde, nachdem er öffentlich eine Inaugural-
Thesis: **De Hydrocephalo acuto** vertheidigt hatte, welche auch im
Drucke erschien. In sein Vaterland zurückgekehrt, fand er dieses in einem
Zustande von Gährung, der dem lernbegierigen Jünglinge, dem ruhigen
Forscher unerträglich war. Er wählte die Wiener Universität, um sich
weiter auszubilden, und kam 1794 dahin. Mehrere günstige Verhältnisse bewogen ihn, Wien zum bleibenden Aufenthalte zu wählen, er
verehelichte sich daselbst, und nachdem er sich den gewöhnlichen Prüfungen
unterzogen hatte, wurde er 1796 der Wiener medicin. Facultät förmlich
einverleibt. Da de C. gelehrte Verbindungen mit England unterhielt,
so wurde er nicht sobald von Jenner's wichtiger Entdeckung der Schutzpocken benachrichtigt und ihm dessen 1798 erschienenes Werk mitgetheilt,
als er sich auch schon, ganz der Wahrheitsliebe und Kunst des edlen
Jenner's vertrauend, Impfstoff zu verschaffen suchte, und ihn mit
edler Resignation bey seinen beyden Söhnen anwandte. Sie wurden sonach die ersten Schutzpocken-Impflinge auf dem europäischen Continent,
und folglich in dem österr. Kaiserstaate. Zwey Monathe später unterwarf
er Beyde, unter der Aufsicht verläßlicher Ärzte, der Gegenimpfung mit
Menschenblatternstoff, welcher, wie zu erwarten war, seine verderbende
Kraft an den Kindern nicht äußerte. Trotz mancherley Hindernissen, die
ihm Vorurtheile entgegensetzten, und selbst der Gegenwirkung einiger
Ärzte, namentlich der Doctoren Ferro und Gölis, welchen
er jedoch siegreich zu begegnen wußte, drang de C.'s gute Sache durch
Ausdauer und unermüdlichen Eifer durch. Mähren war die erste Provinz
des Kaiserstaates, wo der edle Graf Hugo v. Salm, unter de C.'s
Oberleitung, durch seine enthusiastische Beyhülfe die Kuhpocken-Impfung
in Kurzem allgemein verbreitete. — Vom Erzherzog Carl, als Generalissimus der Armee aufgefordert, eine Belehrung auszuarbeiten, wie die
Schutzpocken am zweckmäßigsten in allen Militär-Erziehungshäusern und
insbesondere bey den Gränzern einzuführen wären, bearbeitete de C. eine
lehrreiche gediegene Schrift über die Kuhpocken-Impfung, für welche
ihm der Erzherzog im Nahmen des Staats und des Heeres den wärmsten
Dank abstattete. Den 10. März 1803 verordnete der Hofkriegsrath die
Vertheilung von der deutschen Auflage dieses Werkes (Observations et
expériences sur la vaccine) unter die Feldärzte, um ihnen zum Unterricht und Vorschrift des Benehmens zu dienen. De C. verbreitete die
wohlthätige Sicherung gegen eines der verheerendsten und gefährlichsten
Übel nicht nur in den österr. Staaten, sondern auch in vielen andern Gegenden Europa's, und unterhielt zu diesem Endzwecke für seine
Person allein einen Briefwechsel, der in andern Ländern, wo die Regierungen sich der Ausbreitung dieser Wohlthat annahmen, einem eigens
gewählten Ausschuß mehrerer gelehrter Männer zugetheilt wurde. Nachdem
de C. zahllose Jünger gebildet, die Versendungsweise des Impfstoffes
vereinfacht und durch die Erfindung elfenbeinerner Nadeln verbessert hatte,
wollte er auch dem Lande, wo die Blattern als eine eigene bösartige
Gottheit gefürchtet wurden, der Wiege des Menschengeschlechtes, dem

herrlichen Indien, jenen schützenden Stoff zu Lande zukommen lassen, den alle Sorgfalt noch nicht vermocht hatte, unzersetzt und tauglich da- hin zu bringen. Die sinnreiche Art, wie er noch flüssigen Impfstoff von Wien bis Constantinopel, Bagdad, Bassora, Bushier im persischen Meerbusen, Bombay, Goa, Ceylon, Sumatra und die vorzüglichsten Inseln Asiens brachte, gelang auf das Vollkom- menste, und hatte die ehrendste Anerkennung mehrerer Behörden des Orients zur Folge, so z. B. erhielt er von dem Gouverneur von Bom- bay eine schöne goldene Tabatiere, von der ostindischen Compagnie einen prächtigen Caschemir = Shawl ꝛc. Ein zwar nicht so kostbares, aber seinem Herzen unendlich theures Geschenk, war eine Dose von dem berühmten Jenner, mit der einfachen Aufschrift: Edward Jenner to Jean de Carro. — De C. ging neben seiner Berufswissenschaft auch mit der Litera- tur gleichen Schrittes fort, und beschäftigte sich besonders mit Reise- beschreibungen, um die natürlichen Vorzüge entfernter Gegenden kennen zu lernen und dann den Mitteln nachzuspüren, wie das Beste in sein neues Vaterland zu verpflanzen wäre; zu Folge dieser Forschungen fiel ihm der Nahme des trockenen oder Bergreises auf, der allein schon die der Natur des gemeinen in sumpfigen Gegenden wachsenden Reises ent- gegengesetzten Eigenschaften dieser Pflanze aus den kühleren, höhern, trockenen Gegenden Asiens bezeichnet. Der Gedanke, diese Pflanze nach Europa zu bringen und anstatt des gewöhnlichen Reises einheimisch zu machen, beseelte ihn, und mit seiner gewöhnlichen Lebhaftigkeit schritt er zur Ausführung. Er schrieb an die zahlreichen Gönner und Bekann- ten, welche er in jenen Gegenden durch den Briefwechsel über Schutz- pocken erworben hatte, und verlangte von diesen nicht nur Reissamen, sondern auch alle jene Sämereyen, von welchen sich mit Grund vermu- then ließ, sie könnten in Europa mit Nutzen gedeihen. Vergebens waren indessen alle seine Bemühungen, über Bombay, Bagdad, Bas- fora etwas zu erhalten, mit glücklicherem Erfolge ging er jedoch den wackern Rehmann an, der die große Gesandtschaft des russischen Kai- sers nach China als Arzt begleitete. In Kiachta, der Gränzstadt Sibi- riens gegen China, konnte Rehmann seines Freundes Ansuchen nach- kommen, welches treulich und schnell geschah. Nähere und ausführliche Nachrichten über diese Pflanze, welche bereits, zu Ehren des verdienst- vollen Mannes Riz de Carro (Oryza mutica de Carro) genannt wird, findet man in der, in Genf herausgegebenen Bibliothèque Bri- tannique, zu welcher de C. ebenfalls viele wichtige Beyträge lieferte. Um seinem zweyten Vaterlande Österreich auf mehr als eine Weise nütz- lich zu seyn, übersetzte de C. Hormayr's österr. Plutarch ins Franzö- sische, und widmete diese Übersetzung der damahligen französ. Kaiserinn Marie Louise, welche ihn dafür mit einer prachtvollen Tabatiere be- schenkte. Auch veranstaltete de C. zu verschiedenen Zeiten große Sendun- gen echter Merinosschafe nach Gegenden, die der Schafzucht vorzüglich entsprachen, und trug dadurch zur Vermehrung des Nationalwohlstandes wesentlich bey. Er nahm ferner Antheil an der Ausgabe der Fundgruben des Orients, und übersetzte eine Denkschrift über die Abstellung des Negerhandels, wofür er von dem Vicomte Castlereagh, damahligem engl. Miniſter des Auswärtigen, ein ſchmeichelhaftes Schreiben erhielt, endlich führte er auch zuerſt die Schwefelräucherungen in Deutſchland ein, nebſt einem ſehr zweckdienlichen Mittel gegen Gicht und Drüſenbeſchwerden. Seit 1825 überſiedelte de C. von Wien nach Prag, und beſucht von dort aus alle Jahre regelmäßig während der Curzeit Carlsbad. Auf ſeinen Antrag wurden dort wohlthätige Dampfbäder eingerichtet. Eine ſehr ſchätzenswerthe Anerkennung ſeiner Verdienſte erhielt de C. auch durch den König Ludwig von Bayern, welcher 1825 deſſen Tochter Natalie (gegenwärtig Frau von Ziolecka) nach vorgegangener Adelsprobe die Decoration einer Canoniſſinn des edlen Capitels von St. Anna gewährte. Außer den bereits erwähnten Schriften gab de C. im Druck heraus: Carlsbad, ſes eaux minérales et les nouveaux bains à vapeur, Carlsbad 1823, mit einem Anhang 1829. Daſſelbe Jahr beſorgte er auch eine Polyglottenausgabe von des berühmten Bohuslaus Haſſenſtein v. Lobkowitz Ode zu Ehren der Carlsbader Quellen: In thermas Caroli IV. (durch Ritter von Rittersberg auch ins Deutſche überſetzt). Seit 1831 gibt er auch jährlich einen Bade-Almanach unter dem Titel heraus: Almanach de Carlsbad ou Melanges médicaux, scientifiques et littéraires. Eine Abhandlung für die Carlsbad ſo häufig beſuchenden Engländer, unter dem Titel: On the mineral waters of Carlsbad, Prag, 1835 befindet ſich unter der Preſſe.

Caſal maggiore, lombard. Stadt in der Delegation Cremona am Po, mit 4,226 Einw., einer Haupt- und Mädchenſchule, einer Knaben-Erziehungsanſtalt, einem Theater und mehreren Wohlthätigkeits-Anſtalten, worunter ein Krankenhaus, ein Knaben- und Mädchenwaiſenhaus, ein Almoſeninſtitut, Leihhaus, Verſorgungs- und Arbeitshaus. Es ſind hier auch 2 Glasöfen, welche nur Bruchglas einſchmelzen, und daraus Hohlwaaren und Tafelgläſer verfertigen.

Caſanova, Franz, geb. 1727 zu London, wo ſich ſeine Ältern der Schauſpielkunſt gewidmet hatten, und weiterhin wieder nach Venedig zurückkamen. Franz C. verlegte ſich hier zuvörderſt auf Schlachtenmalerey unter der Leitung Simonini's; arbeitete aber in der Folge bey ſeinem Aufenthalte zu Paris mehr im Geſchmack des Jacques Courtois. Diderot ließ über die von dem Künſtler aufgeſtellten Schlachtengemälde eine ſtrenge Kritik ergehen, was ihn veranlaßte ſich nach Dresden zu begeben. Ein großes Gemälde für die Dresdener Akademie verfertigt, verſchaffte ihm viele Beſtellungen. Später wählte er Wien zu ſeinem Aufenthalte. Daſelbſt malte er für die Kaiſerinn Catharina die Siege der Ruſſen über die Türken, welche die Monarchinn in ihrem Palaſte aufſtellen ließ. Fortwährend mit ſeiner Kunſt und mit der Radirnadel beſchäftigt, ſtarb er den 8. July 1805 in der Briel unweit Wien.

Caſanova de Seingalt, Joh. Jac., Bruder des Vorigen, geb. zu Venedig 1724, iſt der bekannte Abenteurer, der erſt in Padua die Rechtswiſſenſchaft ſtudirte, im 16. Jahre daraus die Doctorwürde, dann in Venedig die niedern Weihen erhielt und zu predigen anfing; dann Abbate ward; in Rom Secretär des Cardinals Agua-

viva; hierauf Fähnrich im Dienste der Republik Venedig; Violinspieler; Cabbalist. Nach manchem Umhertreiben erlangte er ausgebreitete Celebrität durch seine Gefangenschaft in den Bleykammern, aus
denen er mit eben so großer Umsicht als Kühnheit entfloh. Er schrieb
darüber: „Histoire de ma fuite des prisons de la république de
Venise, qu'on appelle les plombs, Prag, 1788. Eine andere Ausgabe dieses Buches, in der Tendenz eines interessanten und lehrreichen
Lesebuchs für junge Leute, hat Ch. C. André, Halle, 1797, veranstaltet. C. begab sich nach Paris, und von nun an beginnt der bun-
teste Wechsel eines abenteuerlichen Lebens, wie man es jetzt aus seinen
eigenen Memoiren kennt (Leipzig, 1822—28. 12 Bde.) Von Constantinopel bis Madrid, von Petersburg bis Neapel und
Rom, gibt es beynahe keine Hauptstadt, in welcher er nicht eine Rolle
gespielt hätte. Er erhob sich selbst zum Herrn von Seingalt. Mitten
unter seinem abenteuerlichen Treiben fand er doch auch Muße, sich mit
seinen vielseitigen Kenntnissen in andern Schriften zu zeigen, wie z. B.
Confutazione della storia del governo veneto, d'Amelot de la Hous-
saie, Amsterdam 1760. — Istoria delle turbulenze della Polonia,
3 Thle. Grätz, 1774. — Dell' Illiade di Omero, tradotto in ottave
rime, Venedig, 1778. — Icosameron, ou histoire d'Edouard et
d'Elisabeth, etc. aus dem Engl. (5 Thle., Prag und Leipzig, 1788 —
1800). — Solution du problème déliaque démontrée, Dresden, 1790.
— Corollaire à la duplication de l'Hexaëdre, eb., 1790. —
In Paris lernte ihn Graf Waldstein bey dem venetianischen Gesandten kennen, und machte ihm wegen seiner cabbalistischen und alchymi-
stischen Kenntnisse, den Antrag, mit ihm auf seine Güter nach Böhmen
zu geben. C., damahls eben ohne Geld und ohne Aussicht, nahm den
Vorschlag an, und wurde nun Bibliothekar des Grafen zu Dur bey
Teplitz in Böhmen, wo er die letzten 14 Jahre seines Lebens zubrachte. Er starb 1803. — Seine Memoiren nach dem 600 Bogen starken
französischen Original-Manuscripte fahren fort in Paris zu erscheinen.
Seit 1826 kamen 8 Bde. heraus. Das deutsche Werk ist ein mit Geist
und Gewandtheit bearbeiteter Auszug.

Casati, Christoph, mailändischer Patrizier, geb. 1722 zu
Mailand, gestorb. daselbst 1804. Sein früher Umgang mit Gelehrten, Literatoren und Künstlern erweckte in ihm Geschmack und Eifer
für die Studien, und er verlegte sich, nächst der Rechtsgelehrsamkeit,
vorzüglich auf Geschichte und Diplomatik. Von seinen zahlreichen
Schriften in diesen Fächern ist nur Eine gedruckt worden: Dell' origine delle auguste case d'Austria e di Lorena. Mailand, 1792.

Casimir, s. unter Tuch.

Casin Capra, berühmte Villa des Marchese Capra in der venetianischen Deleg. Vicenza, wird für Palladio's Meisterstück gehalten. Es dürfte sich wohl nirgends ein Landhaus finden, welches in
jeder Hinsicht so vollkommen ist, wie dieses. Lord Burlington, ein
Bewunderer Palladio's und selbst Architect, ließ diese Villa in seinem
Parke zu Chiswick nachahmen.

Caſſano, lombard. Stadt in der Delegation Mailand, auf einem Hügel, gewährt mit ſeiner langen Reihe 3 Stockwerke hoher Häuſer, 5 Kirchen und der 800 Schritte langen Brücke über die Adda einen ſchönen Anblick; und iſt merkwürdig durch die Schlacht vom 27. April 1799. Nach den Schlachten an der Etſch hatten die Franzoſen das mantuaniſche und venetianiſche Gebieth geräumt, und General Scherer führte die etwa noch 30,000 Mann zählende Armee hinter die Adda, um in dieſer Stellung Mailand zu decken. Die Diviſion Delmas ſtand als rechter Flügel bey Lodi, die Diviſionen Grenier und Victor in und bey C. (3¼ M. nördlich von Lodi). Die Diviſion Serrurier zur Deckung der obern Adda beſtimmt, war zum Theil bey Trezzo (1½ M. von C.) aufgeſtellt, mit Poſten bey Porto Imberzago und Lecco am ſüdöſtlichen Ufer des Comer = Sees. Bey C. hatten die Franzoſen auf dem linken Ufer der Adda einen Brückenkopf und vor demſelben mehrere kleine Verſchanzungen, welche durch den Canale ritorto gedeckt wurden; das rechte Flußufer iſt von da an bis Trezzo ziemlich ſchroff, bey letzterem Orte felſig mit ſehr ſteilem Abfalle, auch das linke hat hier gleichen Charakter, ſo daß die Adda in ein enges Felſenbett gedrängt, überaus reißend fließt. Auf der Kuppe der Felſen des rechten Ufers iſt das Caſtell von Trezzo gelegen, welches eben ſo, wie der Uferrand ſelbſt, von den franzöſ. Vorpoſten beſetzt war; das übrige Terrain weſtlich der Adda iſt eben und zur freyen Benützung aller Waffengattungen geeignet. — Das öſterreichiſch = ruſſiſche Heer unter Suwarow, war dem Feinde auf dem Fuße gefolgt, und langte, beynahe doppelt ſo ſtark als dieſer, am 25. April, — an welchem Tage Moreau von Scherer den Oberbefehl übernahm — ihm gegenüber an; der linke Flügel unter Melas ſtand vorwärts Triviglio (¼ M. öſtlich von C.), das Centrum von den Diviſionen Ott und Zoph gebildet, ging am 26. ſpät Abends, indeſſen Fürſt Roſenberg mit dem rechten Flügel Lecco erobert, und ſich auf dem rechten Ufer der Adda feſtgeſetzt hatte, bis hinter Gervaſio, Trezzo gegenüber. Die Franzoſen hielten hier wegen der reißenden Strömung des Fluſſes und ſeines felſigen Bettes einen Übergang für ſo unmöglich, daß ſie nicht einmahl Schildwachen am Fuße des Berges ausgeſetzt hatten. Der Generalquartiermeiſter der öſterr. Armee, Generalmajor von Chaſteler, benutzte ſchnell entſchloſſen dieſe Vernachläſſigung. Er ließ in der Nacht die nöthigen Pontons durch Soldaten das ſteile Ufer herab, an den Fluß tragen, wo hinter einem iſolirten ungeheuren Felſenſtück die weitern Vorbereitungen zum Brückenbau ungeſehen gemacht werden konnten. Am 27. früh 5½ Uhr war die Brücke vollendet, 5 Bataillons und 5 Escadrons gingen 200 Schritt vor den feindlichen Poſten über den Fluß, ohne bemerkt zu werden, ſie überfielen die unmittelbar hinter Trezzo ſtehende Abtheilung der Diviſion Serrurier und warfen ſie ſchnell bis Vaprio und Pozzo zurück. Moreau hatte auf die Meldung vom Übergange der Öſterreicher unter Roſenberg über die Adda die Diviſion Grenier aufbrechen laſſen; ſie war indeß kaum über Pozzo hinausgerückt, als ihr die von Trezzo zurückgeworfenen Truppen entgegenkamen. In Vereinigung mit ihnen hielt ſie den verfolgenden Feind auf, umging ihn nach einem sehr heftigen Infanteriegefecht, durch Abtheilungen der Division Victor verstärkt, in der rechten Flanke, und drängte ihn so endlich in Unordnung zurück. Das Gefecht schien für die Österreicher gänzlich verloren, als General Chasteler die letzten Truppen der Division Ott, 2 Grenadierbataillons und 2 Escadrons Husaren herbeyführte; er stellte ein Bataillon der Fronte des umgehenden Feindes entgegen, mit dem andern und den Husaren fiel er diesem selbst in die linke Flanke, und warf bald den ganzen linken Flügel der Division Grenier über den Haufen. Pozzo wurde erobert, Vaprio umgangen, die französ. Linie mußte sich in Unordnung nach Bettola (1 Stunde südwestlich von Vaprio, ¾ nordwestlich von C.) zurückziehen, wo sie, in Vereinigung mit den bey C. geworfenen Truppen, eine Aufstellung nahm. — Dort hatte während dem die Abtheilung unter General Melas die Verschanzungen hinter dem Canale erobert, und den weichenden Feind so schnell verfolgt, daß die Sieger mit ihm zugleich über die Brücke und in die Brückenschanze kamen. Die hier geschlagenen Reste der Division Victor vereinigten sich zwar bey Inzago (¼ St. südlich von Bettola) mit Grenier, allein die nun auch vereinigten Truppen von Melas und Ott verfolgten rasch ihre Vortheile, und warfen den Feind im ersten Anfalle bis Gorgonzola (1½ Meile westlich von C.); die Geschlagenen dankten nur der hereinbrechenden Nacht ihre Rettung. — Durch diese Gefechte im Centrum der Stellung waren die an der obern Adda stehenden Abtheilungen der Division Serrurier vom Hauptcorps abgeschnitten, die über den Fluß gegangenen Abtheilungen des österr. Heeres, welchen das ganze Rosenberg'sche Corps gefolgt war, erreichten sie bey Verderio, wo sich Serrurier, von allen Seiten umzingelt, nach tapferer Vertheidigung mit 3000 Mann kriegsgefangen ergab. Außer diesen verloren die Franzosen noch 6,000 Todte, Verwundete und Gefangene; die Verbündeten geben ihren Verlust zu 1,000 Mann an. Als unmittelbare Folge der Schlacht mußte der Feind die ganze Lombardie verlassen, und Suwarow zog schon am Tage darauf in Mailand ein.

Casteggio, venet, Dorf in der Deleg. Vicenza. Schlacht bey C. den 9. Juny 1800. Dem Vordringen der österr. Armee in Italien wurde durch das unerwartete Erscheinen einer neuen französ. Armee über den St. Bernhard Einhalt gethan. General Melas eilte sogleich an den Po zurück und beschloß, auf dem rechten Ufer desselben entweder den französ. Operationen zu folgen, oder durch eine Schlacht sich den Weg nach Mantua zu bahnen. Zu diesem Zwecke hatte der General Ott, von Genua, das capitulirt hatte, zurückkehrend, am 7. Juny seine beyden Divisionen bey Novi vereinigt, als er den Übergang der Franzosen unter Lannes über den Po erfuhr. Er brach daher gegen Voghera auf, kam am 8. daselbst an, und entsendete seine Avantgarde, unter dem Grafen O'Reilly nach C. Sein Corps, welches aus 16,000 Mann bestand, stellte er zwischen Voghera und Montebello auf. Die ersten österreichischen Vorposten standen bey Sta. Giulietta; der französ. General Watrin vertrieb sie bis Rivetta, und zog, nachdem er diesen Ort eingenommen hätte, ebenfalls nach C. So hatten sich beyde Corps bey diesem Orte

31 *

concentrirt und es kam hier zur allgemeinen Schlacht. Genral Vogelfang hatte fünf auf einander folgende Angriffe der Division Chamberchat zurückgeschlagen, während O'Reilly und Schellenberg
dem General Watrin die Spitze bothen. Doch die Ankunft des Generals Victor entschied den Sieg. General Ott verließ nach einem hartnäckigen Gefechte Montebello und zog unter dem Schutze der am
linken Coppoufer aufgestellten Geschütze, über den Gießbach. O'Reilly
deckte den Übergang über den Coppo. General Ott bezog bey Caſtelnuovo ein Lager. Die Oſterreicher verloren an Todten und Gefangenen
4—5,000 Mann, die Franzoſen 600 Mann. Bey letzteren heißt dieſe
Affaire das Gefecht von Montebello, und General Lannes erhielt
davon ſpäter den Nahmen eines Herzogs von Montebello.

Caſtel Cambio, dalmat. Dorf im Kreiſe Spalato, liegt auf
der ſchönſten und cultivirteſten Küſte Damatiens, der ſogenannten Ebene
de' Castelli, welche ſich zwiſchen dem Gebirge Karban und dem Meerbuſen von Salona ausdehnt. Es ſind dort 7 Dörfer, Caſtelle genannt,
weil jedes mit einem Thurme gegen die Überfälle der Türken verſehen
wurde. Zuſammen zählen ſie gegen 4,200 Einw., welche Pflanzungen
von Weinreben, Oliven-, Mandel- und Granatapfelbäumen beſitzen.

Caſtelfranco, venet. Marktfl. in der Deleg. Treviſo, ein ziemlich freundlicher Ort, in einer großen Ebene mit 6,500 Einw., der
ſehr hohe Ringmauern mit vielen Thürmen und Gräben hat, nebſt
einer Türkiſchrothfärberey und einem Spitale trifft man noch außer dem
Orte den ſchönen Palaſt Soranzo, welcher eine der größten, ſchönſten
und bequemſten Landwohnungen iſt.

Caſtellazzo, lombard. Luſtſchloß in der Deleg. Mailand, nordweſtlich von der Hauptſtadt Mailand, in einer ſchönen Ebene gelegen;
die alte Wohnung der Familie Arconati, jetzt der Marquiſe Busca
gehörig, mit großen Alleen und herrlichen Gärten, deren Gitter vergoldet und reich verziert ſind, und einer Menagerie. Man ſieht in C.
ſchöne Basreliefs von Bambaja (Überreſte des Mauſoleums Gaſtons
von Foix), und eine ſchöne coloſſale Statue des Pompejus, welche
aus Rom gebracht wurde. Boſſi hält ſie für eine Statue des Tiberius.

Caſtelli, Ignaz Franz, n. ö. Landſchaftsſecretär, Mitglied
des Repräſentantenkörpers der Geſellſchaft der Muſikfreunde des öſterr.
Kaiſerſtaates, Ehrenmitglied des ſteyerm. kärntn. und tyrol. Muſikvereins und der philharmoniſchen Geſellſchaft in Krain; einer der fruchtbarſten und beliebteſten vaterländiſchen Schriftſteller, wurde geb. zu
Wien den 6. März 1781. Sein Vater war Rechnungsrath bey der
Stiftungsbuchhalterey, ſeine Mutter, eine geb. Meyer, Tochter eines
Hausbeſitzers zu Mariahülf. Auf dem Univerſitäts-Gymnaſium ſtudirte
er die Grammaticalclaſſen, die Poeſie auf dem Gymnaſium bey St. Anna,
und trat dann wieder auf die Univerſität zurück, wo er die Philoſophie
und endlich auch die Rechte abſolvirte. 1790 wurde ſein Vater in den
Ruheſtand verſetzt und ſiedelte ſich in dem Städtchen Weitra, an der
böhm. Gränze an; der 9jährige Knabe blieb jedoch zur Vollendung ſeiner
Studien in dem Hauſe der Großmutter in Wien zurück, wo dieſe und

zwey Tanten mit aller Zärtlichkeit Älternstelle an ihm vertraten. Schon in seinem 10. Jahre begann C. für Dicht- und Schauspielkunst entschiedenen Hang zu äußern, und er wußte sich nicht leicht ein größeres Vergnügen, als die ziemlich reichhaltige Liedersammlung einer seiner Tanten durchzustöbern. In seinem 12. Jahre fing er an, Verse zu machen, deren einige er in der Folge, neu bearbeitet, in die Sammlung seiner Gedichte aufnahm, vorzügliches Talent jedoch zeigte er für darstellende Kunst. Nur um unentgeldlich das Theater besuchen zu können, nahm er Unterricht im Violinspielen und spielte dann durch mehrere Jahre im Orchester des alten Theaters auf der Wieden. Bey der Annäherung der Franzosen 1797 trat er in das Corps der Studirenden, und erhielt darauf das Ehrenzeichen. Allmählig begann er nun auch Theaterstücke zu schreiben, doch gelang es ihm geraume Zeit nicht, eines derselben zur Darstellung zu bringen. Auch bewarb er sich, da ein Versuch, eine Advocatur zu erlangen, fehlgeschlagen hatte, um irgend eine Practicantenstelle in einem öffentlichen Amte. Nach einem abermahligen vergeblichen Versuche, beym Feldkriegscommissariate und sodann bey der k. k. Hofkammer im Münz- und Bergwesen eine Anstellung zu erlangen, erhielt er 1801 eine Practicantenstelle in der landständischen Buchhaltung in Wien, wo er sich bis zum Rechnungsrath emporbrachte. Gegenwärtig bekleidet C. bey den niederösterr. Landständen eine Secretärsstelle. Mittlerweile hatte er sich auch die franzöf. Sprache eigen gemacht und übersetzte mit vielem Glücke mehrere Lustspiele und Opern. 1803 erschien von ihm auf dem Theater an der Wien das kleine Lustspiel: Todt und Lebendig, nach dem Französischen, als sein schriftstellerisches Debut, und gefiel. Nun begann er mit doppeltem Fleiße literarisch zu wirken und erwarb sich bald den noch heute unbestrittenen Ruf eines der gewandtesten Übersetzer und Bearbeiter. 1809 hatte er viele patriotische Gedichte verfaßt und wurde deßhalb nebst dem Hofrath von Collin (dem Verfasser der Wehrmannslieder) in Folge des französ. Gewaltsystems, im Moniteur förmlich proscribirt, mit dem Beysatze daß, wo beyde allenfalls gefunden würden, sie einem Militärgerichte zu unterziehen seyen. C. langte daher bey Annäherung der Feinde um seine Entfernung von Wien an; er wurde als Transportcommissär nach Ungarn gesendet und kam erst nach geschlossenem Frieden wieder zurück. Da er sich indessen mit seinen theatralischen Arbeiten immer mehr Beyfall erworben hatte, so zog ihn 1811 Fürst Lobkowitz als Hoftheaterdichter an das Kärnthnerthortheater, von welcher Stelle er 1814 (in welchem Jahre Graf Palffy die Hoftheater übernahm) abgetreten ist. Nebenbey schrieb er viele Gedichte und Aufsätze für Zeitschriften und spielte auch auf Privattheatern vortrefflich. Oft machte er in zwey kleinen Stücken, in einem die Zuseher weinen und im andern lachen, ja der allbeliebte Schauspieler Küstner hatte sich in vielen seiner komischen Rollen ganz nach C. gebildet. Als die Verbündeten 1815 zum zweyten Mahl Paris besetzten, wurde der ständische Verordnete, Graf v. Cavriani, zum Gouvernementsrath bey dem provisorischen Gouvernement in Frankreich ernannt und ihm C. als Secretär beygegeben. 1817 erhielt er vom Kaiser die mittlere goldene Verdienstmedaille mit Ohr und Band zur Auszeichnung und Belohnung; 1818 wurde er von der Gesellschaft der Musikfreunde des österr. Kaiserstaates zum Repräsentanten und Mitglied des leitenden Ausschusses dieser Gesellschaft ernannt; 1819 machte er eine Reise durch Bayern, Vorarlberg, einen Theil der Schweiz und Salzburg, und 1822 nach Italien, von welchen Reisen, wie von seiner ersten nach Frankreich in Zeitschriften interessante Mittheilungen erschienen. Auch seine neuesten Erzeugnisse tragen das Gepräge der Gemüthlichkeit und jener heitern Laune, die ihn bey einem gediegenen vortrefflichen Charakter so wohl kleidet. Er ist auch Sammler und besitzt an 3,000 Bände Schauspiele (beyläufig 12,000 deutsche Stücke enthaltend), ferner viele Porträts von Schauspielern und Schauspieldichtern und eine fast vollständige Sammlung von Wiener Theaterzetteln von 1600 bis auf die neueste Zeit. Unter seinen literarischen Arbeiten sind besonders auszuzeichnen: Thalia, ein Abendblatt, den Freunden der dramatischen Muse geweiht, Wien 1810—11.—Selam, ein Taschenbuch für Freunde des Mannigfaltigen, 7 Jahrg. eb. 1812—18. — Gedichte in 5 Bdchn. unter dem Titel: Poetische Kleinigkeiten. Wien 1816—22. — Zerrbilder menschlicher Thorheiten und Schwächen, mit Kupf., epigrammatisch erklärt, eb. 1818. — Hundert vierversige Fabeln, eb. 1822. — Huldigung den Frauen, ein Taschenbuch, bisher 13 Jahrg. eb. 1813—27; Leipz. 1828—35. — Lebensklugheit in Haselnüssen, Wien 1824. — Gedichte in niederösterr. Mundart, eb. 1825. — Da Baua ꝛc. eb. 1826 (in derselben Mundart, auf des Kaisers Genesung). — Wiener Lebensbilder, Skizzen aus dem Leben und Treiben dieser Hauptstadt, 2 Thle. eb. 1828—35. — Logogryphen-Ungeheuer, eb. 1829. — Bären, eine Sammlung von Wiener-Anecdoten, 12 Hefte, eb. 1832· — Dramatisches Sträußchen, welches seit 1809 in 18 Jahrg. mehr als 60 Stücke enthält, wovon viele aufgeführt wurden und mehrere die Gunst des Publicums im hohen Grade erwarben, so z. B. Haß allen Weibern, Verlegenheiten und Auswege, der buckelige Liebhaber, Gabriele, der Kuß durch Wechsel, Delva oder die russische Waise, Johann Hasel, die Familie Rückeburg ꝛc. Seine Parodien: Roderich und Kunigunde und: Der Schicksalsstrumpf, welch' letztere er mit Aloys Jeitteles gemeinschaftlich bearbeitete, gehören zu den besten dieser Gattung. Unter seine sehr zahlreichen Übersetzungen aus dem Französischen sind besonders bemerkenswerth die mit vielem Beyfall aufgeführten Opern: Das Lotterielos, Johann von Paris, Alle fürchten sich, der neue Gutsherr, Jeannot und Colin, der Schnee, die weiße Frau, Marie oder verborgene Liebe, die Schweizerfamilie, Semiramis, Ferdinand Cortez ꝛc.; ferner die beliebten Melodramen: die Waise und der Mörder, die Waise aus Genf, Abraham, Salmonäa und ihre Söhne, der Hund des Aubri de Montdidier, ꝛc. Außerdem lieferte er noch eine Menge kleinerer Aufsätze, Bemerkungen, Gedichte, Räthsel und Charaden, Erzählungen und Correspondenzen fast in alle Zeitschriften und Taschenbücher Deutschlands; nachdem er seines Talents und Rufes, so wie seines verläßlichen Charakters wegen von allen solchen Instituten stets in Anspruch genommen worden. Die 3 letzten Quartale des (Wiener) Conversationsblattes 1822 hat er mit Gewandtheit und Fleiß redigirt. — Durch seine kleine populäre Schrift über die Cholera hat er sich auch den gegründeten Beyfall der

Behörden erworben, wie er denn überhaupt für wohlthätige Zwecke mehr=
mahls mit edler Aufopferung gewirkt hat. Eine besondere Eigenheit C.'s
bildet seine gänzliche Abneigung gegen italienische Opernmusik, die so
weit geht, daß sie ihm, seinem eigenen Geständnisse nach, in Contro=
versen vieles Unangenehme, ja wirklich Feindschaften zuzog.

Castel nuovo, dalmat. Flecken im Kreise Cattaro, auf einem
steilen Abhange gegen das Meer, mit alten Festungsmauern, 2 festen
Schlössern und der Bergfestung Sulimanega. Die 9,500 Einw. treiben
Handel und Schifffahrt.

Castelruth, tyrol. Dorf im Botzener Kreise. Der Gemeinde ge=
hört die schöne und große Seiseralpe, welche die vorzüglichste im Lande
seyn soll.

Castiglione delle Stiviere, lombard. Marktflecken in der Pro=
vinz Mantua, auf einer Anhöhe mit einem Schlosse, mehreren Kir=
chen, 5,300 Einw. und einem Mädchenerziehungs=Stift. 1796 am
5. Aug. fiel hier eine Schlacht zwischen den Österreichern und Franzosen
vor. Wurmser wurde Bonaparte gegenüber von letzterem geschla=
gen, und mußte sich über den Mincio zurückziehen. Marschall Auge=
reau zeichnete sich bey dieser Gelegenheit so rühmlich aus, daß er in
der Folge von Napoleon von diesem Dorfe den Herzogstitel erhielt.

Castua, illyr. Stadt im Mitterburger oder Istrier Kreise, mit
Ringmauern und Thürmen umgeben, auf einem hohen Felsen an der
nördlichen Spitze des quarnerischen Meerbusens, 2 Stunden von Fiu=
me, vormahls Hauptort des alten Liburnien, mit 500 Einw.; die sich
vorzüglich mit Wein=, Ohl= und Kastanienbau beschäftigen.

Catharinaberg, böhm. Bergstädtchen im Saazer Kreise, mit
1,250 Einw., einem Kupfer= und Eisenhammer und Fabrication
hölzerner Spielwaaren.

Cattajo (Cattaggio), schönes Schloß in der venet. Delegation
Padua, dem Herzoge von Modena gehörig, am Canal von Bat=
taglia gelegen, und auf einem Hügel erbaut, hat reizende Umge=
bungen, und ist wegen seiner Alterthümer merkwürdig. Die meisten
Zimmer sind von Paul Veronese in Fresco gemalt; sie enthalten
viele schöne Gemälde, griech. und röm. Statuen, seltene musikalische
Instrumente und eine Sammlung alter Waffen, aus der merkwürdigen
Zeit Obizzo's, welcher dieses Schloß gebaut hat. Auf dem Gipfel
des Monte Celice bey C. stand im Alterthume ein Tempel des Jupiter,
und im Mittelalter eine Burg, wovon noch Ruinen zu sehen sind.

Cattaro, der südlichste und kleinste Kreis des Königreichs Dalma=
tien, welcher in seiner Ausdehnung nicht mehr als 26½ geogr. Q. M.
begreift, und von 30,000 Menschen bewohnt wird. — Dieses Gebieth
ist meistens steinig und nur wenig fruchtbares Gebirgsland, das der Golf
von C. in zwey ungleiche Theile trennt. Die Ufer dieses Meerbusens
sind trefflich angebaut, eben so einige Stellen an der übrigen Meeresküs=
ste; aber das Innere dieses kleinen Erdstriches ist es desto weniger, und
bringt nicht so viel Getreide hervor, als die Einwohner zu ihrem Unter=
halte bedürfen. Hauptproducte sind: Wein, Obst und Ohl, und die
Hauptnahrungszweige der Einwohner Schifffahrt und Handel; doch ist

erftere noch wichtiger als letzterer, weil er ſich bloß auf einen mäßigen Zwiſchenhandel, mit der Türkey und Italien beſchränkt. — Unter den Römern war das Gebieth von C. eine ihrer Colonien. Später wurde es der Sitz gefährlicher Seeräuber, bis es die Venetianer ganz in Beſitz nahmen.

Cattaro, dalmat. Kreisſtadt und Feſtung, im gleichnahmigen Kreiſe, von ſtarken hohen Wällen umgeben, liegt in einem von kahlen, unwegſamen hohen Felſen gebildeten Keſſel am Ende des Meerbuſens von Cattaro, hat 3 Thore, enge finſtere Gaſſen und keine ausgezeich= neten Gebäude; im Rücken der Stadt erhebt ſich auf einem hohen Felſen das Caſtell S. Giovanni. Hier hat ein Kreisamt und ein Biſchof ſei= nen Sitz, außer der Cathedral= und einer Collegialkirche, ſind hier noch 17 andere katholiſche Kirchen und Capellen, überdieß eine griech. Kirche, 6 Klöſter und ein Hospital; von Lehranſtalten hat die Stadt nur eine Hauptſchule. Sie zählt 4,000 Einw., hat einen großen und ſichern Hafen, der aber von fremden Schiffen wenig beſucht wird, und treibt Handel zur See und zu Lande, vornehmlich mit Montenegro, weßhalb jede Woche hier dreymahl Bazar gehalten wird. Die Fahrt auf dem Canale von C., von ſeiner Mündung bey der Punta d'Oſtro bis C. hat wegen der mannigfaltig wechſelnden Scenen viel Anziehendes. Eine Ei= genthümlichkeit dieſer Stadt beſteht darin, daß wegen der von 3 Seiten ſie einſchließenden hohen Gebirge die Sonne um eine Stunde ſpäter auf= und um eine Stunde früher untergeht, als im übrigen Lande.

Caucig, Franz, rühmlich bekannter Hiſtorienmaler, geb. 1762 zu Görz. In einem Alter von 15 Jahren kam er nach Wien, ſtu= dirte die Zeichnenkunſt durch 4 Jahre auf der daſigen Akademie, beſuch= te dann Bologna und Rom, wo er ſich vorzüglich dem eifrigſten Studium der Hiſtorienmalerey widmete. Nach ſeiner Zurückkunft in die Haupt= und Reſidenzſtadt wurde ihm eine Sendung in Kunſtangelegen= heiten nach Mantua aufgetragen, er verweilte dann über 5 Jahre zu Venedig, wo er Tizian und andere berühmte Künſtler fleißig ſtu= dirte, und dann wieder nach Wien zurückkehrte, woſelbſt er 1799 zum Profeſſor der Hiſtorienmalerey und akademiſchen Rath an der Aka= demie der bildenden Künſte ernannt wurde. 1808 erhielt er auch die Lei= tung der Maler in der k. k. Porzellan=Fabrik, und wurde endlich 1820 Director für die Schule der Maler, Bildhauer, Kupferſtecher und Mo= ſaikarbeiter an der Akademie. Mehrere ſeiner Werke verdienen zu den be= ſten der neuern deutſchen Schule gezählt zu werden.

Caution zur Verehelichung ꝛc.; ſ. Seyraths=Caution.

Cavaleſe, tyrol. anſehnlicher Markt im Trienter Kreiſe, nahe am rechten Ufer des Aviſio, im Fleimsthale, mit einem Schloſſe des Biſchofs von Trient. Das Fleimsthal (Val di Fieme) hat 11,200, zum Theil mit Gewerben, größtentheils aber mit Wein= und Ackerbau, Holzhandel ꝛc., beſchäftigte Bewohner. C. iſt der Geburtsort des Ma= lers Unterberger.

Cavallerie. Sie beſteht aus 8 Curaſſier=, 6 Dragoner=, 7 Chevaulegers=, 11 Huſaren= (mit Ausſchluß des Szekler=Gränz=Hu= ſaren=Regiments), und 4 Uhlanen=Regimentern, dann aus den Stabs=

Dragonern zu Kriegszeiten. — Die zu den Feldtruppen gehörigen 12 Husaren = Regimenter beziehen durchaus ihre Mannschaft aus Ungarn und Siebenbürgen. Die Uhlanen = Regimenter ergänzen sich theils mit Galiziern, theils mit andern Inländern, die der Stellung unterliegen, und haben nebst dem Säbel, dann dem Stutzen oder Carabiner und den Pistolen, auch eine Lanze zur Waffe, daher sie auch anderwärts Lanzenreiter genannt werden. — Der Stand eines Cürassier = und eines Dragoner = Regimentes besteht zur Friedenszeit aus dem Stabe und 6 Escadronen. — Der Friedensstand eines Chevaulegers =, eines Husaren und eines Uhlanen = Regimentes besteht nebst dem Stabe aus 8 Escadronen. — Eine Escadron bey den Chevaulegers, Husaren und Uhlanen besteht ganz aus denselben Chargen, wie bey den Cürassieren und Dragonern, nur ist die Zahl der Gemeinen und Pferde bey den drey erstern größer. — In Kriegszeiten wird für jedes Cavallerie = Regiment ohne Unterschied eine Reserve = Escadron errichtet, welche eben die Chargen, wie jede andere Escadron, aber eine größere Anzahl berittner Gemeine enthält. Auch bey den übrigen Escadronen werden alle Gemeinen beritten gemacht, und zugleich wird ihre Anzahl nach Erforderniß der Umstände und der davon abhängenden höhern Bestimmung, verstärkt. 2 Escadronen formiren eine Division; die erste, oder Oberstens = Division, hat an ihrer Spitze keinen eigenen Stabs = Officier, sondern der älteste Rittmeister ist Divisions-Commandant. — Die zweyte, oder Oberst-Lieutenants = Division, commandirt der Oberst = Lieutenant, und der Major befehligt bey den Cürassier = oder Dragoner = Regimentern die dritte, nach ihm Majors = Division genannt. Bey den Chevaulegers =, Husaren = und Uhlanen = Regimentern, welche vier Divisionen haben, commandirt die dritte Division der erste, die vierte der zweyte Major, wovon solche die Benennung erste und zweyte Majors = Division erhalten. So wie bey der Infanterie ist der Oberste Commandant des ganzen Regiments. — Jede Escadron wird in 2 Flügel oder 4 Züge abgetheilt. Die ganze Escadron steht unter dem Commando des ersten Rittmeisters, dem auch insbesondere alle auf Verpflegung, Montur, Rüstung ꝛc. Bezug nehmenden Dienstgeschäfte und Verrechnungen, zu deren Bearbeitung der erste Wachtmeister bestimmt ist, obliegen. — Unter der speciellen Leitung des ersten Rittmeisters steht auch der eine Flügel der Escadron, die Aufsicht über den andern Flügel hat der zweyte Rittmeister. Bey jedem Flügel befindet sich ein Ober = und ein Unter = Lieutenant; jeder von ihnen hat einen Zug unter sich, und jeder Zug wird in drey Corporalschaften untergetheilt. Der zweyte Rittmeister steht in der Regel gleich den übrigen Officieren unter den Befehlen des ersten Rittmeisters, dem er in allen Zweigen des Dienstes an die Hand zu gehen hat. — Stabs = Dragoner werden zu Kriegszeiten, je nachdem es nöthig befunden wird, eine oder mehrere Divisionen errichtet; ihre Bestimmung ist, bey der Generalität und bey den Verpflegs = Magazinen die Ordonanz = Dienste und die kleinen Commanden und Bedeckungen bey der Bagage und dem Verpflegswesen zu versehen, den Officieren des Generalstabes bey Recognoscirungen als Bedeckung zu dienen, und den General = Gewaltiger bey den von ihm zur Ergreifung der Marodeurs und sonstiger Excedenten

vorzunehmenden Streifereyen zu begleiten. — In Ansehung des Enga-
gements ist festgesetzt, daß die leichte C. keine Ausländer annehmen darf.
— Vergl. Armee.

Celakowsky, Franz Ladislaw, böhm. Dichter, geb. den
7. März 1799 zu Strakonitz in Böhmen, lebt zu Prag. Sein
Dichtertalent ist eben so kräftig als gebildet; er verbindet Originalität
mit echt vaterländischem Sinn; in diesem Geiste haben sich schon seine
Nationallieder (Prag, 1822) bewährt; seine vermischten Gedichte, wovon bereits zwey Auflagen vorhanden sind, sein Nachhall böhm. Lieder
(1830) u. m. a. reihen sich an die besten Erzeugnisse der neueren böhm.
Poesie.

Celtes, Conr., Professor der Dichtkunst und Beredsamkeit,
auch kaiserl. Bibliothekar zu Wien, der erste gekrönte Dichter Deutschlands, Stifter der gelehrten rhein. und Donaugesellschaft, einer der
thätigsten Beförderer der wiederaufblühenden Literatur in Deutschland,
und darum einer der merkwürdigsten Männer in der neueren Literaturgeschichte, war den 1. Febr. 1459 zu Wipfeld, einem Marktflecken
in der Nähe von Schweinfurt und Würzburg, geboren. Er führte es als eine Merkwürdigkeit seines Lebens an, daß er in einem Jahre
mit Kaiser Maximilian I., nur um wenige Wochen früher als dieser, geboren war. Sein Familiennahme war nicht, wie man gewöhnlich, aus unzureichenden Gründen, behauptet, Meißel oder Pickel;
sondern Schäfer oder Scheffer. Sein Vater war ein einfacher Landmann. C. erhielt schon im väterlichen Hause Unterricht in der lateinischen
Sprache und andern damahls gangbaren Kenntnissen, und obgleich
dieser Unterricht sehr mangelhaft seyn mochte, so wurden doch seine Talente dadurch frühzeitig geweckt, so daß er schon anfing, sich auch mit
der Dichtkunst zu beschäftigen. Ungeachtet dieser begonnenen höheren
Bildung, hatte ihn doch sein Vater nicht zum Gelehrten bestimmt, sondern nöthigte ihn, als sein Körper stark genug war, im Weinberge zu
arbeiten; aber C. konnte sich nicht zu dieser Lebensart entschließen, sondern entfloh seinem Vater, und kam zu Schiffe nach Cöln, wo er am
9. Oct. 1477 unter die Zahl der Studirenden aufgenommen wurde.
Hier studirte er nun die Wissenschaften, welche damahls auf den deutschen Universitäten im Gange waren, vorzüglich die scholastische Philosophie, die ihn aber wenig befriedigte, da sein Streben schon damahls
mehr nach den schönen Wissenschaften, der Geschichtkunde und ähnlichen
Kenntnissen hinging, welche dort ganz darnieder lagen. Er verließ daher diese Universität bald wieder, und wandte sich nach Leipzig, wo
er seine Studien fortsetzte, und auch die erste akademische Würde, eines
Baccalaureus der Philosophie, annahm. Hier hielt er sich jedoch ebenfalls nicht lange auf, sondern ging schon 1479 nach Erfurt. Im
Sommer 1484 begab er sich nach Heidelberg, vorzüglich durch Rudolph Agricola's Ruf bewogen. Im Drange, seine Kenntnisse auch
weiter zu verbreiten, verließ er Heidelberg, entweder kurz vor, oder
sogleich nach Agricola's, im Oct. 1485 erfolgtem Tode; denn er kam,
wo nicht noch in demselben, doch gleich zu Anfange des folgenden Mo-
naths, wieder nach Erfurt, wo er auch zu Anfange des Jahres 1486

die Magister = Würde annahm, und, wie alle Umstände; schließen laffen, als Lehrer seiner Lieblingswiffenschaften auftrat. Doch war sein Aufenthalt wieder nicht von langer Dauer; denn er wurde mit dem berühmten Arzte Martin Polisch von Mellerstadt bekannt, der, nach seiner Vorliebe für das Haus Sachsen, in deffen Dienften er ftand, ihn bewog, im Sommer 1486 nach Leipzig zu gehen, wo er nicht nur Vorlesungen über alte Sprachen und Dichtkunst hielt, sondern auch seine Ars versificandi et Carminum zum erstenmahl herausgab. Dieses, zwar noch sehr unvollkommene, aber für seine Zeit ganz neue und ausgezeichnete Werkchen machte solches Auffehen, daß der Churfürst von Sachsen ihn im folgenden Frühjahre mit sich auf den Reichstag nach Nürnberg nahm, und hier den Kaiser Friedrich bewog, ihm (am 18. April 1487) mit eigener Hand den Lorbeerkranz aufzusetzen, und ihn zum Dichter zu krönen; eine Ehre, die C. unter allen Deutschen zuerft empfing, und deßhalb nicht wenig schätzte. Er kehrte nun zwar nach Leipzig zurück, wo er eine Ausgabe der beyden Tragödien des Seneca, Hercules furens und Thyestes, besorgte; aber die Verfolgungen der alten Doctoren und Magister, die mit seiner neuen Lehrart und der daraus hervorgehenden Beeinträchtigung ihrer scholaftischen Weisheit unzufrieden, überdieß auf den glücklichen Erfolg seiner Bemühungen und die ihm widerfahrene Ehre neidisch waren, brachten ihn bald dahin, Leipzig wieder zu verlaffen. Er wandte sich nun nach Roftock; entschloß sich aber bald zu einer Reise nach Italien. Er trat sie vermuthlich noch 1487 an, und sie mag wohl ein volles Jahr gedauert haben. — An die Beendigung dieser ital. Reise schloß sich unmittelbar der Anfang jener weitläufigen Reisen durch Deutschland und andere benachbarte Länder, welche den größten Theil von C.'s Leben ausfüllten. Von Regensburg reiste er durch Böhmen und Schlesien nach Krakau, wo er zwey Jahre verweilte, und sich theils als Lehrer im Fache der alten Literatur und Dichtkunst beschäftigte, theils unter einem damahls berühmten Lehrer, Albert v. Brudlew (auch Albertus Brutus oder Prutenus genannt), dem Studium der Mathematik, welches nach damahligen Begriffen so viel sagen will, als der Aftronomie, oder vielmehr Aftrologie, widmete. Während dieser Zeit machte er, außer einigen kleinen Reisen, auch zwey größere; die eine nach Ungarn, die andere, dem Lanfe der Weichsel entlang, vom karpathischen Gebirge an, durch ganz Polen und Preußen, wo er besonders in mehreren preußischen Städten, die ihn noch an deutsche Art erinnerten, verweilte; auch, vermuthlich von Danzig aus, die Oftsee beschiffte. — Im Frühjahr 1491 kehrte er von Krakau wieder nach Deutschland zurück, verweilte einige Zeit in Prag, und machte von hier aus verschiedene Reisen durch Böhmen. Vermuthlich würde er sich für einen längeren Aufenthalt in Prag entschieden haben, aber allzu spöttische, beleidigende Außerungen über die Religionsgebräuche der Utraquiften, und über manche böhm. Nationalfitten, zogen ihm solche Feindschaft und Verfolgung zu, daß er sich genöthigt sah, im Aug. 1491 Prag in größter Eile zu verlaffen. 1492 trat er sein öffentliches Lehramt der Beredsamkeit und Dichtkunst in Ingolstadt an. Zum Be-

hufe seiner Vorlesungen gab er schon im April 1492 seine, vorzüglich
nach Cicero bearbeitete Epitome Rhetoricae heraus, wobey sich
eine besondere Anweisung zum Briefschreiben und zur Gedächtnißkunst
befindet. Bey Gelegenheit einer Reise, die er im Oct. 1492 nach
Wien machte, dachten seine dortigen Freunde auf Veranstaltungen,
ihn ganz dorthin zu verpflanzen. C. suchte daher um die Verlängerung
seines Lehrgeschäftes in Ingolstadt gar nicht nach, ging aber doch
nicht nach Wien, sondern nach Regensburg, wohin ein
gelehrter Domherr, Johann Tolophus, ihn auf eine sehr ehrenvolle und schmeichelhafte Weise eingeladen hatte. Bey diesem lebte er
ohne öffentliches Amt, wiewohl nach eigenem freyen Willen mit Unterricht beschäftigt, bis in den Herbst 1493, wo er durch Schwaben, über
Heidelberg nach Mainz reiste, und hier im Hause des gelehrten
Arztes Theodorich Gresemunt den Winter hindurch lebte. In
dieser Zeit ist ohne Zweifel auch der Anfang der berühmten rheini-
schen Gelehrten-Gesellschaft zu suchen, die in C. ihren Stifter verehrte, und sich daher auch wohl die Celtische Gesellschaft nannte. — Nun
wurde C. als Professor der Rede- und Dichtkunst, mit allen Rechten
und Vortheilen der übrigen ordentlichen Professoren in Ingolstadt angestellt, und kehrte daher ohne Bedenken dahin zurück.
Freudig aber nahm er den Ruf an, den er jetzt unmittelbar vom Kaiser
Maximilian I. nach Wien erhielt, wohin er im Herbst 1497 abging. Er vereinigte hier mit dem Lehramte der Beredsamkeit und Dichtkunst auch das der Philosophie, Geschichte und Geographie, und legte bey allen diesen Vorträgen meistens Werke der alten Classiker zum
Grunde. Zugleich übernahm er die Aufsicht über die kaiserl. Bibliothek,
die durch ihn eigentlich zuerst in Stand gesetzt wurde, und stiftete nach
dem Muster der rhein. Gelehrten-Gesellschaft, eine danubische, die auch
den Nahmen der österr. oder pannonischen führte, an welche sich
Augustin von Olmütz, Pierius Grachus, Johann Cuspinianus, Hieronymus Balbus, und andere der ausgezeichnetsten Gelehrten Wien's und der umliegenden Länder anschlossen. — Mit
Erlaubniß und Unterstützung des Kaisers begann er die größte seiner
Reisen 1498. Er reiste zuerst in die Schweiz, zu den Quellen des
Rheins, und folgte dann dem Laufe dieses Flusses, wobey er unterwegs
auf der Insel Reichenau verweilte, und seine Freunde zu Basel,
Straßburg und an andern Orten besuchte. Im May 1499 schiffte er nach Thule (womit ohne Zweifel Island gemeint ist). Seine
Rückreise machte er, so weit es sich thun ließ, größtentheils zu Lande,
und sah daher unterwegs Lappland und Liefland. In seiner Heimath wieder angekommen, ging er sogleich nach Tyrol, wo sich der Kaiser aufhielt. Derselbe stiftete zu Wien ein Collegium poeticum, als
einen besondern Theil der Universität, welches aus zwey Lehrern der
Dichtkunst und Beredsamkeit, eben so vielen Lehrern der Mathematik und
einigen (wahrscheinlich 12) Studirenden bestand, denen ein eigenes Haus
eingeräumt und bestimmte Stipendien angewiesen wurden. Der jedesmahlige ordentliche Professor der Dichtkunst (Lector ordinarius in
poetica) bey der Universität, damahls C., wurde zum beständigen Auf-

feher und Vorsteher des Collegiums bestimmt, und erhielt als solcher das
Recht, Dichter zu krönen, welche dieselben Rechte und Vorzüge, wie
die vom Kaiser unmittelbar gekrönten Dichter, genießen sollten. Am 1.
Febr. 1502 wurde das neue Collegium feyerlich eingeweiht. — C. verlebte die übrigen Jahre seines Lebens zu Wien größtentheils in stiller,
aber fruchtbarer Thätigkeit. Ehe er noch dazu kommen konnte, die
Früchte seiner mühsamen Studien, Reisen und Forschungen, wie er
Willens war, der Welt mitzutheilen, starb er am 4. Febr. 1508, also
wenige Tage nach der Vollendung seines 49. Jahres zu Wien; noch
heute ziert sein Grabmahl die Außenseite des St. Stephansdomes. Obgleich C. eigentlich in keiner Wissenschaft ausschließlich und zu ihrer inneren Vervollkommnung gearbeitet hat, so hat er sich doch um mehrere
derselben, und besonders um das ganze wissenschaftliche Leben seiner und
der zunächst folgenden Zeit große Verdienste erworben. Am meisten
glänzte er unter seinen Zeitgenossen als Dichter. Am verdienstvollsten
sind seine Oden, weniger poetischen Werth haben seine Elegien, und
die Sammlung derselben, die er, den Ovid nachahmend, Amores genannt hat, ist in mancher Hinsicht ganz mißlungen zu nennen, obwohl
sie einzelne schätzbare Stücke, und besonders viele Nachrichten zu seiner
Lebens- und Reisegeschichte enthält. Auch seine Epigramme geben meist
nur metrische Prosa. Seine dramatischen Gedichte, von denen nur zwey
durch den Druck bekannt geworden sind, gehören mehr zur lyrischen Gattung, und haben vom Drama wenig mehr, als die Vertheilung ihres
Inhalts unter verschiedene redend aufgeführte Personen. Ein episches
Gedicht, Theodoriceis, welches vermuthlich sein Hauptwerk geworden
wäre, blieb durch seinen Tod unvollendet. — Sein größtes und blei-
bendstes Verdienst hätte er sich ohne Zweifel in der Geschichte erworben,
wenn ihn sein früher Tod nicht verhindert hätte, die großen Plane seines
Lebens auszuführen. Durch seine Forschungen in den Bibliotheken kam
manches längst vergessene, wichtige Werk wieder ans Licht, wie die berühmte Reisecharte des röm. Reichs, die nach C.'s Tode an Peutinger
kam, und daher unter dem Nahmen der Tabula Peutingeriana (s.
Hofbibliothek) bekannt ist; die Werke der Roswitha und das historische Gedicht eines unbekannten Verfassers, Ligurinus genannt, welches die Thaten Kaiser Friedrich's I. besingt. — Von seinen Schriften, die jetzt fast alle zu den literarischen Seltenheiten gehören, nennen wir hier nur die merkwürdigsten: Ars versificandi et carminum.
Ohne Druckort und Druckjahr. Zwey Ausgaben, die eine ganz gewiß
zu Leipzig 1486, die andere aber nicht vor 1487, weil der Verfasser
schon das Prädicat eines gekrönten Dichters führt. — Prosenticum
ad Div. Friedericum III. pro laurea Apollinari. Nürnberg ohne
Druckjahr (1487). — Epitome in utramque Cicero-
nis Rhetoricam, cum arte memorativa nova et modo epistolan-
di utilissimo. Ohne Druckort und Druckjahr (1492). — L. Apuleji
Epitome de mundo seu Cosmographia. Memmingen, 1494. Wien,
1497. (C. brauchte dieß Buch zur Grundlage seiner philosophischen Vorlesungen.) — Opera Hrosvitae illustris virginis et monialis Ger-
maniae. Nürnberg, 1501. — Quatuor libri Amorum, secun-

arum et   ematicorum in Vienna.; — Carminum' libri
IV., Nürnberg, 1302. — Rhapsodia de laudibus et Victoria Maximiliani de Boemannis, Augsburg, 1505. (Ein Drama, worin die sieben Churfürsten, Apollo, Merkur, Bachus und die Musen redend auftreten, und welches in Gegenwart des Kaisers Maximilian zu Wien aufgeführt worden war.)

Teneda, venet. Stadt in der Deleg; Treviso, am rechten Ufer des Meschobaches, und am Fuße hoher Gebirge, mit 4,450 Einw., einer Domkirche und 5 andern Kirchen. Hier hat ein Bisthum mit Domcapitel seinen Sitz; auch befindet sich hier ein bischöfliches Gymnasium, ein theologisches Seminar mit philosophisch=theologischen Studien, 5 Papierfabriken, einige Gerbereyen, Webereyen und andere Gewerbe, und 3 Mineralquellen, nahmentlich eine Salz= und 2 Schwefelquellen.

Censur, s. Bücher=Censur.

Central=Casse=Anweisungen, gründen sich auf Geld=Anticipationen, die von Banquiers an die österr. Regierung auf eine bestimmte Zeit geleistet werden. Sie lauten auf Überbringer, sind über dreyerley Beträge als, über 1,000 fl., 3,000 fl. und 5,000 fl. ausgestellt, und nach 6 Monathen vom Ausstellungstage an, bey der k. k. Centralcasse zahlbar. Mittelst dieser Staats=Effecten können Private sehr leicht und bequem überflüssige Gelder auf eine bestimmte Zeit nutzbringend verwenden. Die Escomptirung derselben erfordert keine der besonderen Renntnisse und Vorsichten, welche beym Wechsel=Escompte nöthig sind, und der Verkehr mit selben geschieht ohne Giro und ohne verbindlicher Cession, bloß durch einfache Escompte=Noten.

Central=Congregation sämmtlicher lombard. Provinzen in Mailand und der venetianischen in Venedig. Die C. C. zu Mailand besteht aus 9 Deputirten aus der Classe der adeligen Besitzer, und aus ebenso viel Deputirten aus der Classe der nichtadeligen Besitzer. Es werden daher aus jeder der 9 Provinzen (s. d.) 2 Deputirte abgesendet. Deputirte von Seite der königl. Städte sind 10, für Bergamo, Brescia, Casal=Maggiore, Como, Crema, Cremona, Lodi, Mailand, Mantua, Pavia. Zur Geschäftsführung sind 3 Secretäre und das nöthige Hülfspersonale ben   eben. — Die C. C. u Vene=

schäftigen sich mit Vertheilung und Eintreibung der von dem Kaiser ausgeschriebenen außerordentlichen Steuern und Auflegung des Steueranschlags der Districte jeder Provinz, mit Untersuchung der Gemeindeausgaben und Lasten, und mit der Erörterung, welche Lasten die Städte und Gemeinden, welche die Provinzen, und welche die beyden Stände jeder für sich zu tragen haben; mit Überwachung der Militäreinquartierungen, mit der Oberaufsicht auf Brücken, Dämme, Straßen, die nicht unmittelbar vom Staate verwaltet werden, mit der Aufsicht auf Wohlthätigkeitsanstalten und die Verwaltung ihrer Einkünfte.

Cerroni, Joh. Pet. Maria, Gubernial-Secretär in Brünn, Censor, Bücherrevisor und Archivar, auch Mitglied der mähr. schles. Gesellschaft zur Beförderung des Landbaues u., geb. in der Stadt [illegible] in Mähren am 15. May 1753, besuchte das dortige Gymnasium, hörte die Philosophie in Olmütz und sämmtliche Rechte in Wien, ward hierauf bey der Robotabolition unter dem Hofrath v. Raab in Böhmen und Mähren verwendet, trat 1785 zur Grundsteuer-Regulirung unter dem Hofrath v. Kolschitz über, und erhielt durch seine Geschäftsgewandtheit den ehrenvollen Wirkungskreis eines Cameral-Secretärs bey der Administration der Staatsgüter in Mähren und Schlesien. Von dieser bewegten wichtigen Dienstleistung wurde C. durch ein eigenes Handbillet des Kaisers Joseph II. vom 1. Nov. 1789 zu dem Gubernium in Brünn beförderungsweise als Secretär übersetzt. Von Jugend auf für das literarisch-historische Studium Böhmens und Mährens mit einem besonders beharrlichen Fleiße beschäftigt, benützte er vorzüglich die in die Periode seiner Dienstthätigkeit gefallene Aufhebung der Stifte und Klöster in Mähren, und brachte als Kenner bey dem öffentlichen Verkauf ganzer Bibliotheken derselben, eine große Anzahl merkwürdiger Handschriften und alter Druckdenkmähler und seltener Urkunden [illegible] Vermögen (sein Vater war ein wohlhabender Kaufmann und der Landhandlung, der sich in Mähren ansässig gemacht hatte) mit bedeutenden Kosten an sich. C. hat sich durch seine tiefen Kenntnisse in der böhmisch-mährischen Literatur, welche auch vorzüglich für den öffentlichen Dienst [illegible] worden sind, allgemein anerkannte Verdienste erworben. Er [illegible] die meisten Materialien seiner gelehrten Forschungen und hinterließ gegen 100 Bände von seiner Hand, worunter die Bohemia literata in [illegible] Quartbänden, und die genealogischen Geschichten [illegible] 6 Bänden. Über die Cerroni'sche Bibliothek und Kupferstichsammlung ist nach seinem Tode (1. Sept. 1826) gedruckter Catalog erschienen.

Cerrola, von Kaiser Joseph II. [illegible]

capellen, deren Altäre mit den mühsamsten Muſivarbeiten aus Steinen aller Art geſchmückt ſind. Die Wände dieſer Capellen ſind mit ſchönen Fresco-Gemälden bedeckt. Die ganze Kirche iſt mit farbigem geſchliffenen Marmor gepflaſtert. Als die ſeltenſte Kunſtmerkwürdigkeit zeigt man ein Basrelief aus Wallroßzähnen. Nächſt dem Chor ſteht das Mauſoleum des Erbauers, jenes Johann Galeazzo Visconti, dem die Bau-kunſt mehrere Rieſendenkmahle verdankt.

Cesarotti, Melchior, beſtändiger Secretär der Claſſe der ſchö-nen Künſte an der Akademie der Künſte und Wiſſenſchaften zu Padua, einer der berühmteſten Literatoren Italiens des verfloſſenen Jahrhun-derts, war geb. zu Padua den 15. May 1730, aus altadeliger aber armer Familie. Seine Studien vollendete er an der Univerſität ſeiner Vater-ſtadt mit ausgezeichnetem Erfolge, beſondere Vorliebe zeigte er von frühe-ſter Jugend für die ſchönen Wiſſenſchaften. 1755 erhielt er die Profeſſur der Rhetorik, die er mit unermüdlicher Thätigkeit und zum großen Vor-theile ſeiner Schüler mehrere Jahre bekleidete, und ſich dabey über den Schlendrian und die alt hergebrachten Vorurtheile, in öffentlichen Schu-len unumwunden äußerte. 1762 erhielt C. die Erzieherſtelle in dem edlen Hauſe Grimani in Venedig und machte ſich in dieſer Stellung auch die Kenntniß der engliſchen Sprache eigen. 1768 wurde er Profeſſor der griechiſchen und hebräiſchen Sprache an der Akademie zu Padua, und wurde 1779 nach Gründung der Akademie der Künſte und Wiſſenſchaften daſelbſt zum beſtändigen Secretär der Claſſe der ſchönen Künſte ernannt, welche Stelle er auch unter der republikaniſchen Regierung und ſpäter unter Napoleon beybehielt und rühmlichſt verwaltete. Er ſtarb zu Padua den 3. Nov. 1808. Als Schriftſteller zeichnete ſich C. durch eine feurige, kraftvolle und lebhafte Proſa aus und brach ſich eine eigene Bahn, auf welcher er genug Bewunderer und Nachahmer fand, ob-wohl ſeine Schreibart auch von unzuläſſigen Neuerungen und beſonders Galliciſmen nicht frey zu ſprechen iſt. Im Drucke erſchienen von ihm: Drey Tragödien von Voltaire: Semiramis, la mort de César und Ma-homet metriſch ins Italieniſche überſetzt mit 2 einleitenden Abhandlun-gen: „Über das Vergnügen an der Tragödie" und „Über den Urſprung und die Fortſchritte der Dichtkunſt." — Die Überſetzung des Oſſian in ita-lieniſche Verſe, ſeine berühmteſte poetiſche Leiſtung, deren herrliche Ver-ſification allgemein bewundert wird. — Überſetzung des Demoſthenes, — Curſus der griechiſchen Literatur. — Homer, eigentlich eine doppelte Über-ſetzung der Ilias, eine ſehr wohlklingende verſificirte und eine in Proſa mit Einleitung und Anmerkungen. — Verſuch über die Studien. 1798. — Pronea, ein Lobgedicht auf ſeinen Wohlthäter Napoleon in reimloſen Verſen. Padua, 1807. Auch ſchrieb er über den Unterricht eines Staatsbürgers und über den aufgeklärten Patriotiſmus. Nach ſeinem Tode erſchien die vollſtändige Ausgabe ſeiner Werke, von ſeinem Freunde und Nachfolger Giuſeppe Barbieri fortgeſetzt und beendigt. Piſa, 1805 und ff. 37 Thle. in 39 Bdn.

Cetisches Gebirge. (Wienerwald-Gebirge), bildete mit dem heutigen Kahlengebirge beginnend, die öſtliche Gränzwand des alten Noricums. Man hieß dieſen ausgedehnten Gebirgszug das c. G.

von dem celtischen Worte Cet, welches Wald bedeutet. Der Zug der Gränzscheide war wahrscheinlich folgender: Vom Leopoldsberge, dessen Fuß die Donau bespült, zog sich die Linie ganz nach der Reihenfolge des Gebirgsstammes über seine größten Köpfe, den Hermannskogel, Sauberg, Klosterberg, Moschingerberg nach dem Roßkopf, wendete sich zu dem Tulbingerkogel, von welchem ein kleiner Zweig nach Westen abzieht, nach dem Hunberg, wo die Gränze zwischen den niederösterr. Vierteln ober und unter dem Wienerwald hinüberläuft. Diese Gränze findet den Höhenzug wieder, sobald er als Riederberg, südlich von der Straße nach Linz (welche über den Abhang desselben zieht) die Kuppe bildet. Nun geht er über den Saubiegel, den Trott=, Heinrichs= und Eilandsberg nach dem oberen Saubiegel, fällt gegen das Habagen und den Kellergraben ab, wo unfern dem zahnenden Hansel die Straße von Preßbaum nach Neulengbach darüber geht; steigt, immer der Richtung nach Süden folgend, über den Kaiserspitz nach der Hochstraße im Wienerwalde, wo abermahls die Gränze des Viertels dem Höhenzug bis über den Schöpfberg folgt. Nun fällt die Höhe wieder über die Klammerhöhe gegen die Straße, welche von Kaumberg nach Hainfeld führt, hebt sich südlich derselben auf den Sulzerkogel und Eckberg, findet bey dem Veiglerberge wieder die Viertelsgränze, die nun bis an Steyermark dem Höhenzuge treu bleibt. Vom Veiglerberge steigen die Höhen nach dem Harraseck, Staffkogel und Kieneck, auf welchem ein Kreuz sich befindet. Ein Fußweg führt von hier nach dem Kirchwald und Unterberg auf das Gschaid. Hier löst sich ein großer Bergzweig ab, der durch das Thier, über den Brandhof und Habernkogel auf den Rohrerberg, von diesem über den Streimling nach dem Schranerbauer geht und endlich mit dem Kaiserstein und dem Schneeberg sich verbindet. —Vom Gschaid bleibt die schon seit dem Kieneck befolgte Richtung südwestlich nach dem Jochart und nach der Linden in der Grill, dann geht sie nördlich bis an den Hegerberg, von wo sie südlich über das Hohenbergergschaid nach dem Hochkogel führt, sodann über den Wurzriegel, in der Prein oder Preneck nach dem Sattel, und weiter über den Lahnberg, Steinleiten, Steineralpe, nach dem Rauhensteinfelsen und Annaskogel, an die Gränze von Steyermark. Längs dieser Gränze läuft der Höhenzug fort, als: Naßberg, Raxalpe durch die Prein über den Trafikogel, und die Kampalpe nach dem Semmering, von wo sie weiter immer die Richtung südöstlich haltend über den Sattel nach dem Werel zieht. Der Schneeberg in Niederösterreich hat keine unmittelbare Verbindung mit dem Semmering. Sollte dennoch die alte Gränze Noricums und Oberpannoniens von Gschaid nach dem Schneeberg hingegangen seyn, so hätte sie sich wohl längs der Schwarzau bis Gloggnitz gezogen, und sich von da über Schottwien nach dem Semmering gewendet, oder wäre zwischen der Raxalpe und dem Schneeberg über die Schwarzau nach der Prein emporgestiegen, um dann dem Höhenzuge weiter zu folgen. — Noch, ehe diese Gränze den Werel erreicht, wendet sie sich auf dem Sattelberge nach dem Pfaffen, geht über die Spital= und Preduleralpen, fällt gegen Kathrein ab, und hebt sich dann wieder auf den Teufelsstein, folgt den Fischbacheralpen, dem Pöllerkogel, der Sommeralpe, der Teichalpe, dem Nachkogel nach dem Schöckel, der den nördlichen Rand des Grätzerfeldes bildet. Hier senkt sich das Gebirge gegen die Mur etwas ab, während es im Osten und Süden nach und nach in wellenförmiger Abstufung ganz in die Ebenen Ungarns verschwimmt. Der Zug des Gebirges geht daher über die Mur, steigt gegen Kärnthens Gränzen etwas aufwärts, übersetzt mit den Ausläufern des Nabels die Drau, folgt in seiner Verbindung mit dem Waldbacher, der gegen die Save abfällt, und nun dem linken Ufer bis an den Dran und den Trojanerberg, einen Zweig der Neuthaleralpen. Die meisten Alterthumsforscher lassen die fragliche Gränze der Save noch weiter folgen, in der Gegend des heutigen Krainburg über sie gehen, sich auf das Suchageberg heben, wo am Fuße desselben die dreyfache Mark Noricums, Pannoniens und Italiens (Carnias des cisalpinischen Gallien) zusammenstieß. Der beyden letzteren Gränze zog nun über den Puresenberg, Oslizberg und Birnbaumerwald bis gegen den Berg Javornig, dem alten großen Illyricum angehörig. — Dieß ist der Höhenzug des Gebirges, welches die römischen Schriftsteller das cetische hießen, und von dem das kleine Kahlengebirge nächst Wien eingeschlossen ward.

Cettina, Fluß in Dalmatien, entspringt auf dem Popilach, stürzt in seinem Laufe von etwa 16 italien. Meilen von einer Höhe nach der andern, und in einer wilden Felsengegend 150 Fuß herab als der Wasserfall Welika Gubaviza, bildet bald darauf einen kleineren Wasserfall, durchbricht den engen Paß von Miritz, breitet sich dann in einem Thale aus, und fällt endlich bey Almissa in das adriatische Meer. Dem Landstriche, durch welchen er strömt, gibt er den Nahmen: Terra di Cettina.

Chabert, Thomas v., k. k. Rath, orientalischer Dolmetscher bey dem niederösterr. Landrechte, ist 1766 zu Constantinopel geboren. 1780 ward er als Zögling in die Wiener orientalische Akademie aufgenommen, 1785 als Professor an dieser Akademie, und 1793 als Secretär bey dem k. k. niederösterr. Landrechte angestellt. 1817 legte er seine Professur nieder, und trat späterhin als niederösterr. Landessecretär in Pension, so daß er nur mehr die Dolmetscherssstelle bekleidet. Er schrieb: Kurze Anleitung zur Erlernung der türkischen Sprache für Militärpersonen, sammt einem Handlexicon, Wien, 1789. (Dieses Werkchen wurde bey Ausbruch des Türkenkrieges herausgegeben, und ist jetzt sehr selten). — Latifi, oder biographische Nachrichten von vorzüglichen türkischen Dichtern nebst einer Blumenlese aus ihren Werken. Aus dem Türkischen des Monla Abdul Latifi und des Aschik Hassan Tschelebi. Zürch, 1800. (Die diesem Werke beygefügten Noten sind von Joh. v. Müller.) — Hadgi Becktache, ou la Création des Jannissaires. Drame en langue turque, en trois actes, Wien, 1810. — C. hat auch mehrere Recensionen in verschiedene Literatur-Zeitungen geliefert, und beschäftigt sich seit vielen Jahren mit der Bearbeitung eines vollständigen, mit einer reichen Phraseologie versehenen französisch-türkischen Wörterbuchs.

Charten des öſterr. Kaiſerthums und ſeiner einzelnen Länder. — Deren gibt es folgende: *)

A. **Kaiſerthum überhaupt.** 1) General-Charten: Die öſterr. Erb-Monarchie, entworfen von Freyh. von Liechtenſtern und gezeichnet von Wüſtinger. Wien, 1806. In einem Blatte im $\frac{1}{3,000,000}$. — (Als eine gute Überſichtscharte der Monarchie, und des damahligen Länderbeſtandes nach dem Preßburger Frieden, 1805, empfeh-lenswerth.) — Charte der öſterr. Monarchie und der von öſterr. Prinzen und Prinzeſſinnen beherrſchten italieniſchen Staaten 2c., nach dem Wiener Congreſſe und ſpäteren Verträgen, von Friedrich. Wien. In 1 Blatte im $\frac{1}{1,728,000}$. (Zur Überſicht, mit der neuen politi-ſchen Eintheilung für den gegenwärtigen Länderbeſtand gut zu gebrau-chen.) — Allgemeine Charte des Kaiſerthums Öſterreich nebſt einem großen Theile Deutſchlands, der Schweiz, Italiens, der Türkey und Rußland 2c. Zur Überſicht der politiſch-öconomiſch-militäriſchen Lage der Monarchie gegen dieſe Länder, von Freyh. von Liechtenſtern. Wien, im Induſtrie-Comptoir, 1809, in 9 Blättern im $\frac{1}{9,340,000}$. (Zur aus-gedehnteren Überſicht der Nachbarſtaaten für die damahligen politiſchen Verhältniſſe von beſonderem Werthe.) — Der öſterr. Kaiſerſtaat nach ſeinem gegenwärtigen Zuſtand 2c., von Freyh. von Liechtenſtern. Wien, 1810. In 36 Blättern, ein Auszug aus der Charte von Mit-tel-Europa von Ebendemſelben im $\frac{1}{640,000}$. (Eine nach guten Materialien verfertigte Charte, gibt eine ausführliche Darſtellung dieſes Staates und deſſen Länderbeſtandes nach dem Wiener Frieden 1809.) — Charte der öſterr. Monarchie mit Angabe aller Poſtſtraßen 2c., von Möller und Pilſak. Wien, 1822. In 9 Bl. im $\frac{1}{1,100,000}$. (Eine gute geographiſche Charte mit Straßen und mit der neuen politiſchen Eintheilung, hat für denjenigen einen beſondern Werth, welcher nicht im Beſitz der nachfol-genden Charte des k. k. General-Quartiermeiſterſtabs iſt.) — Das öſterr. Kaiſerthum mit beträchtlichen Theilen der angränzenden Staaten. Im topographiſchen Bureau des k. k. General-Quartiermeiſterſtabs, unter Lei-tung des Oberſten Fallon entworfen und gezeichnet. Herausgegeben 1822. In 9 Bl. im $\frac{1}{864,000}$. (Iſt unſtreitig die vorzüglichſte aller Ge-neralcharten der Monarchie, gibt die beſte und richtigſte Darſtellung in oro- und hydrographiſcher Hinſicht, iſt mit allen Hauptcommunicationen, der neuen politiſchen Eintheilung und mit ſtatiſtiſchen Angaben verſehen.) — 2) **Hydrographiſche Charten:** Hydrographiſche Charte der öſterr. Erb-ſtaaten dießſeits des Rheins von F. F. Maire. 1786 in 4 Blättern im $\frac{1}{100,000}$. Hierzu ſechs Spezialcharten, nähmlich: Verbindung des adria-tiſchen Meeres mit der Kulpa im $\frac{1}{230,000}$. Verbindung der Drau mit der Säve im $\frac{1}{230,000}$. Verbindung der Waag mit dem Poprad im $\frac{1}{420,000}$. Verbindung des Poprad und der Dunajec mit dem Wisloka-Fluſſe, im $\frac{1}{340,000}$. Verbindung der Sah und des Bug mit dem Nieſter im $\frac{1}{34,000}$. Grundriß und Durchſchnitt zweyer Schleußen um die Bewe-gungsart zu zeigen, wie ein Schiff ſich ſtufenweiſe zu gewiſſen Höhen erheben und wieder abwärts gehen könne, im $\frac{1}{600}$. Zuſammen aus 10

---

*) Ausführlicher bearbeitet, da noch keine detaillirte Überſicht exiſtirt.

Blättern, wovon 4 die Charte bilden. — 3) Phyſicaliſche Charten: Natur-
und Kunſtproducten-Charte der öſterr. Staaten, gezeichnet durch H. W.
v. Blum, Freyh. von Kempen. Wien (Joh. Otto) in 10 Blättern
im $\frac{1}{1,000,000}$, mit einer General-Charte im $\frac{1}{4,000,000}$, und ein Grundriß von Wien im $\frac{1}{30,000}$, zuſammen 12 Blätter. — 4) Adminiſtrativ-
Charten: Poſt-Charte der k. k. Erblande, von Freyh. v. Metzburg.
Wien, 1782. In 4 Blättern im $\frac{1}{240,000}$. (Zur Überſicht der damahligen Poſt-Einrichtung, und zugleich über den damahligen Länderbeſtand
der öſterr. Monarchie vor dem Ausbruche des franzöſ. Revolutionskrieges.)
— Poſt- und Reiſe-Charte nebſt dem größten Theil der nach dem Wiener
und Preßburger Frieden dazugehörigen Länder, von Peter, 1823,
im $\frac{1}{1,440,000}$. — Poſt-Charte der öſterr. Monarchie, entworfen vom
k. k. General-Quartiermeiſterſtab, 1827. In 2 Blättern, im $\frac{1}{1,718,000}$.
Mit einem Poſt-Reiſebuch. (Mit reiner Beziehung auf das Poſtweſen,
mithin ohne Terrain, enthält dieſelbe die gegenwärtige politiſche Eintheilung, mit kleinen ſtatiſtiſchen Angaben, und das Poſtbuch iſt auch
für Reiſende bis zu den Hauptſtädten des Auslandes berechnet.) — General-
Poſt- und Straßen-Charte der öſterr. Monarchie von de Traux.
Wien, 1830. Dem Kaiſer bedicirt in 4 Blättern, im $\frac{1}{1,500,000}$. (Ele-
gant geſtochene Charte, mit dem öſterr. Monarchie- und ſämmtlichen
Provinzial-Wappen geziert, mit vorzüglicher Berückſichtigung auf das
Poſtweſen, enthält auch die Hauptgebirgszüge.) — Poſt-Charte der
öſterr. Monarchie von Ritter v. Freyenſtein. Wien 1832. In 2 Bl.,
im $\frac{1}{1,500,000}$. (Iſt mit den neueſten Poſtveränderungen, nach ämtlichen
Quellen bearbeitet, ohne Terrain.) — General-Poſt- und Handels-
Charte der öſterr. Monarchie mit einem großen Theil der angränzenden
Länder. Von Klenner, Wien, 1833. In 4 großen Blättern ſammt
Reiſebuch in 8., im $\frac{1}{1,728,000}$. (Dieſe Charte eignet ſich beſonders für
Reiſende, und erſtreckt ſich über einen großen Theil der Angränzungen.
Zur Grundlage hat dieſelbe die Charte vom k. k. General-Quartiermeiſter-
ſtab in 9 Blättern.) — 5) Hiſtoriſche Charten: Die öſterr. Erb-Monarchie
nach dem Lüneviller Frieden, von Freyh. v. Liechtenſtern, 1800,
in 1 Blatt, im $\frac{1}{7,200,000}$. — Allgemeine Charte der öſterr. Monarchie
zur Überſicht der neueſten Begränzung und Eintheilung des öſterr.
Hauſes in Deutſchland. Von Kipferling, 1803. In 1 Blatt, im
$\frac{1}{2,880,000}$. — Öſterr. Monarchie nach dem Preßburger Frieden, von
Freyh. v. Liechtenſtern. Wien, 1806. In 1 Blatt, im $\frac{1}{5,000,000}$. —
Öſterr. Monarchie mit der Begränzung nach dem Wiener Frieden.
Wien, 1810. In 1 Blatt, im $\frac{1}{1,800,000}$. (Für den früheren Länder-
beſtand vor der franzöſ. Revolution dient die Poſt-Charte von Metz-
burg in 4 Blättern, 1782; und für den gegenwärtigen Beſtand, die
Charte der öſterr. Monarchie von de Traux, in 4 Blättern, 1830.)

B. Geſammt-Charten verſchiedener Länder und
Theile des Kaiſerthums: Inneröſterreich oder die Herzogthümer
Steyermark, Kärnthen und Krain ꝛc., von Joſ. Kindermann.
Grätz, 1794. Aus 12 Kreis-Charten, im $\frac{1}{260,000}$, nähmlich vom
Grätzer, Marburger, Cillyer, Brucker, Judenburger, Klagenfurter,
Villacher, Laibacher, Neuſtädtler, Adelsberger, Görzer und Trieſter

Kreis; dann einer General=Charte, in 1 Blatt, im $\frac{1}{620,000}$. (Ist bis nun noch immer das verläßlichste Product über Steyermark, Kärnthen und Krain.) — Charte von Innerösterreich, von Jos. de Castro. Wien, 1812. In 6 Blättern, im $\frac{1}{280,000}$: (Gut gestochene und deutliche Charte mit Gebirgs= und Straßenzügen, eine der vorzüglichsten im Handel.) — Der westliche Theil des österr. Kaiserthums von Freyh. v. Liechtenstern, in 6 Blättern. Ein Auszug aus dessen Charte von der österr. Monarchie, in 36 Blättern. Wien, 1809, im $\frac{1}{640,000}$. (Hat auch denselben Werth, wie die vorerwähnte Charte.) — Carta delle Provincie Illiriche nel deposito della guerra di Milano, 1813. In 8 Blättern, im $\frac{1}{570,000}$. (Schöne, nach guten Materialien bearbeitete Charte, enthält die französ. illyrischen Provinzen mit einem großen Theil der angränzenden Länder.) — Übersichts=Charte der k. k. Militärgränze, verfaßt vom k. k. General=Quartiermeisterstab, lithographirt von Höllenstein. In 2 Blättern, im $\frac{1}{1,394,000}$. (Diese Charte ist in dem statistischen Werke über die k. k. Militär=Gränze, von Freyh. v. Hietzinger enthalten.) — Charte von Böhmen, Mähren, und österr. Schlesien, von R. v. L., Berlin, 1833, in 3 Blättern, im $\frac{1}{864,000}$. (Als Straßen=, Gebirgs= und Gewässer=Charte gut zu gebrauchen, im Übrigen aber ohne Detail.) —

C. Charten vom Königreiche Ungarn mit Croatien, Slavonien, Banat und Siebenbürgen. 1) General=Charten: Mappa geographica novissima Regni Hungariae, ab Ign. Müller. Wien, 1769. In 12 Blättern, im $\frac{1}{380,000}$. (Diese Charte, mit den Bildnissen des Königs Franz I. und der Königinn Maria Theresia geziert, war zu jener Zeit die beste Charte. Sie ist dem F. M. Graf Lacy dedicirt.) — Atlas Hungaricus, seu regnorum Hungariae, Croatiae et. Slavoniae comitatuum privilegiatorum districtum etc., a Görög. Wien, 1808, in 60 kleinen Blättern, mit einem Band Repertorium. (Diese Comitats=Charten in verschiedenen Maßstäben nach vortrefflichen Materialien bearbeitet, gewähren für denjenigen, welcher sich bloß auf einzelne Comitate beschränkt, den meisten Vortheil.) — Mappa generalis Regni Hungariae etc., per Joa. de Lipszky. Pesth, 1806. Mit 3 Supplementen. In 12 Blättern, im $\frac{1}{469,472}$. Mit 1 Band Repertorium in 4. (Bisher noch immer die beste Charte, theils wegen ihrer Ausführlichkeit, und insbesondere ihrer zweckmäßigen Einrichtung wegen, indem mit Hülfe des Repertoriums jeder kleinste Ort sogleich aufgefunden werden kann.) — Tabula generalis Regni Hungariae, Croatiae et Slavoniae, nec non magni principatûs Transylvaniae, conspectum Mappae generalis in IX. Sectiones etc., per Joa. Lipszky. Pesth, 1810. In einem Blatte, im $\frac{1}{1,144,000}$. (Diese zur obigen Charte gehörige General=Charte gewährt die beste Übersicht, und gibt das getreueste Bild dieses Landes.) — General=Charte des Königreichs Hungarn mit Einschluß von Siebenbürgen, Slavonien und Croatien ꝛc. Von Eduard Zuchery. Wien, 1812. In 4 Blättern, im $\frac{1}{500,000}$. (Ist eine sorgfältig reducirte Charte nach der von Lipszky in 12 Blättern, und für denjenigen von besonderem Werthe, welcher sich nicht im Besitz der vorerwähnten befindet.) —

Magyar Orszának és a hozzá Kaptsoltatott Horváth és Tóth Országoknak Táblaja etc. **Karacs Ferenz** fecit. Pesth, 1813. 4 Blätter, im $\frac{1}{1108000}$. (Ist ebenfalls eine Reduction aus Lipszky's großer Charte, und vorzüglich für National=Ungarn von besonderem Werthe.) — Charte von Hungarn = Siebenbürgen, nebst Theilen der angränzenden Länder, bearbeitet von **Roost**. München, 1830. 1 Blatt, im $\frac{1}{2000000}$. (Als Übersichts=Charte ist diese ganz neue und schön lithographirte Charte vorzüglich zu empfehlen. Sie ist eine getreue Copie der kleinen General=Charte von Lipszky.) — 2) Topographische Special= Charten: Comitatus Castri ferrei per **Kenedies**. Wien, 1780. In 2 Blättern, im $\frac{1}{115200}$. — Comitatus Szaladiensis, per **Thomasich**. eb. 1792. In 1 Blatt, im $\frac{1}{180000}$. — Comitatus Vesprimiensis, per **Berken**. eb. 1799. In 1 Blatt, im $\frac{1}{288000}$. — Comitatus Pesth. Pilis. et Solt. de **Balla**, eb. 1793. In 2 Blättern, im $\frac{1}{288000}$. — Comitatus Symeghiensis, per **Nagy**, eb. 1802. In 2 Blättern, im $\frac{1}{144000}$. — Comitatus Warasdiniensis, de **Beyschlag**, eb. 1802. In 1 Blatt, im $\frac{1}{96000}$. — 3) Geographische Special=Charten: Hungariae Regni Comitatus Marmarosiensis a Joanne **Reviczky** Directore, 1725. In einem Blatte, im $\frac{1}{336000}$. (Zur Übersicht dieser Landesstrecke brauchbar.) — Charte des Bacser Comitates, vom Ingenieur **Fischer**. Wien, 1785. In 1 Blatt, im $\frac{1}{374400}$. — **Mikovini's** Comitats=Charten vom Thuroczer, Honther, Nepgrader, Neutraer, Neusohler, Piliser, Solther, Liptauer, Pesther, und Preßburger Comitate, jede in 1 Blatte, ohne Jahrzahl, im $\frac{1}{144000}$. (Diese Comitats= Charten sind in den Jahren 1735 — 42 erschienen, und haben bloß historischen Werth.) — **Liechtenstern's** Comitats=Charten vom Odenburger, Bacser, Preßburger, Tolnaer, Comorner Comitate, vom Jahre 1793 und 1794, jeder in 1 Blatte, im $\frac{1}{149800}$. (Diese Charten empfehlen sich vorzüglich ihrer Deutlichkeit wegen.) — Einzelne Comitats=Charten von **Görög**. Wien, 1803, jede in 1 Blatt, in verschiedenen Maßstäben entworfen. (Obgleich der Maßstab und das Format dieser Charten sehr klein ist, so sind dieselben dennoch sehr detaillirt.) — 4) Hydrographische Charten: General=Charte, woraus ersichtlich ist, wie die königl. hungar. priv. Schifffahrtsgesellschaft mittelst vier Canäle, und Schiffbarmachung der dazwischen liegenden Flüsse, die Ausfuhr aus dem Königreiche Hungarn zum adriatischen Meere erleichtern und befördern will. Gestochen von Fr. Xav. **Müller** in Wien 1792. In 1 Blatt, im $\frac{1}{720000}$. (Eine gute Übersichts=Charte zur Ausführung dieses Projects, welches für die Gegenwart von besonderem Interesse ist.) — Plan des Schifffahrts=Canals, wodurch die Donau mit der Theiß in dem Bacser Comitate verbunden wird. Von den Gebrüdern **Jos.** und **Gabriel Kiß**, 1792. Mit Niveau=Erklärung und einer Grundriß=Schleuße. In 1 Blatte, im $\frac{1}{230400}$. — Mappa exhibens inundationes Chrysii velocis per Cutas Beyger et Cziget-er causatas et Canalem Szeghalomiensem etc., per Jos. **Losonczi**, Geometr. Wien, 1817. In 1 Blatte, im $\frac{1}{76000}$. (Gut detaillirte Charte mit einem gedruckten Texte, und einer Erklärung in deutscher und lateinischer Sprache.) — 5) Administrativ=Charten: Straßen=

Charte von dem Königreiche Ungarn und dem Banate, vom k. k. General-Quartiermeisterstab. In 9 Blättern, im $\frac{1}{43,000}$. — Straßen-Charte von dem Großfürstenthum Siebenbürgen vom k. k. General-Quartiermeisterstab. In 2 Blättern, im $\frac{1}{43,000}$. — Straßen-Charte von der croatischen Militärgränze in 1 Blatt im $\frac{1}{43,000}$. — Straßen-Charte von der slavonischen Militärgränze in 1 Blatt, im $\frac{1}{43,000}$. — Straßen-Charte von der banatischen Militärgränze in 1 Blatt, im $\frac{1}{43,000}$. (Diese Straßen-Charten enthalten die Chausseen, Post-, Land- und Commerzialstraßen, mit mehreren Verbindungswegen, so wie auch die Angabe der Posten und die Schiffbarkeit der Flüsse. Es gehört zu jeder Charte ein gedruckter Text unter dem Titel: Ergänzungstabelle zur Land- und Wasserstraßen-Charte von Ungarn ꝛc., welche jedoch nicht im Handel ist. — Mappa generalis Topographico-, Ecclesiastico-, Ethnographico-Statistica Regni Hungariae etc. Per Jos. Aszalay de Szendrö etc. 1825. In 7 Blättern, im $\frac{1}{700,000}$. (Noch im Erscheinen, ist sehr schön und gehaltvoll, besonders aber wegen den am Renvoy angeführten statistischen Angaben werthvoll.) — 6) Historische Charten: Nova et recens emendata totius Regni Ungariae, una cum adjacentibus et finitimis regionibus delineatio. Petrus Kaerius 1620 fecit, et Joannes a Deutechum excudit. In 1 Blatte, im $\frac{1}{1,300,000}$ ungefähr. (Ist in Betreff des damahligen Länderbestandes von besonderem Werth.) — Land-Charten des Königreichs Ungarn und den angränzenden Königreichen, Fürstenthümern und Landschaften sammt den Gränzposten ꝛc. Von Martin Stier, kais. Oberingenieur. 1664 Mauritius Lang sculpsit Viennae. In 12 Bl., im $\frac{1}{45,000}$. (Diese Charte zeigt die von den Türken besetzten Ortschaften an, während dieselben noch im Besitze von dem größten Theile Ungarns waren, und hat viel historischen Werth.) — Totius Regni Hungariae et adjacentium regionum Tabula, ob res bellicas inter Christianos et Turcas de novo correcta et innumeris locis aucta per Nicol. Vischer, 1687. In 1 Blatt, im $\frac{1}{2,900,000}$. (In kriegsgeschichtlicher Hinsicht, so wie auch in Betreff der Gränzerweiterung nach dem Carlowitzer Frieden von einigem Werth.) — Mappa der zu Carlowitz geschlossenen, hernach durch zwey gevollmächtigte Commissarios vollzogenen kaiserl. türk. Gränzscheidung, 1699. Von Christ. Weigl. In 1 Blatte, im $\frac{1}{860,000}$. — 7) Stadt-Pläne: Plan der beyden königl. freyen Hauptstädte Ungarns, Ofen und Pesth, dem Erzherzog Palatin von Ungarn gewidmet von Joh. Lipszky. Wien und Pesth, 1810. In 4 Blättern, $\frac{1}{7,200}$. (Ein vorzüglich guter Plan für die damahlige Zeit, hat gegenwärtig, besonders in Pesth durch die großen Bauten manche Veränderung erlitten.) — Situations-Plan der königl. Frey- und Krönungsstadt Preßburg in Ungarn, im Preßburger Meridian geometrisch aufgenommen von Joh. Leop. Neyder. Preßburg, 1820. In 9 Bl. im $\frac{1}{3,000}$. (Dieser Plan enthält nebst Numerirung der Häuser, auch die Benennung der Gassen, Plätze und vorzüglichsten Gebäude, dann einen beträchtlichen Theil der nächsten Umgebungen, folglich von besonderem Werthe.) — Lithographirter Plan von Ofen und Pesth sammt Umgebungen, für das Lager von 1820 entworfen vom k. k. General-

Quartiermeisterstab. Aus 7 ungleich großen Blättern mit einer Skelette, Titelblatt und General-Charte im $\frac{1}{14,400}$. Die General-Charte im $\frac{1}{57,600}$. (In diesem topographischen Plane sind nicht nur bedeutende Veränderungen durch neue Bauten und Anlagen enthalten, sondern derselbe dehnt sich östlich bis über die Rakos-Felder aus, welches der gewöhnliche Lager- und Manövrirplatz der Truppen ist.)

D. Charten vom Königreiche Böhmen: 1) General-Charten: Mappa geographica Regni Bohemiae, in duodecim Circulos divisa, cum Comitatu Glacensi et Districtu Egerano etc., a Joan. Christ. Müller, 1720. Michael Kauffer sculpsit Augustae Vindelicorum. In 25 Blättern, im $\frac{1}{225,000}$. (Eine zwar alte, aber noch immer brauchbare Charte dieses Landes, mit den Hauptstraßen und der Kreiseintheilung; dieselbe enthält überdieß alle Erzeugnisse der Cultur und Industrie.) — Regni Bohemiae in duodecim circulos divisae cum Comitatu Glacensi et Districtu Egerano Conspectus generalis cujus sectiones 25 uti junctum hic minori forma repraesentatur etc., a Joan. Christ. Müller, 1720. In einem Blatt im $\frac{1}{720,000}$. (Ist die eigentliche General-Charte zu der obigen, und gewährt eine klare und deutliche Übersicht des Ganzen.) — Mappa Chronographica novissima et completissima totius Regni Bohemiae in duodecim Circulos divisae etc. per Joan. Christ. Müller, 1720, hanc in formam reducta a Joan. Wolfg. Wieland, 1726. Ebenfalls in 25 kleineren Blättern, im $\frac{1}{450,000}$. (Eine Reduction der obigen Charte mit demselben Gehalt, nur im verjüngten Maße, und kann die obige ganz ersetzen.) — Carte Chorographique de la Bohème, divisée en 12 Cercles, avec le Comté de Glatz et le Territoire d'Eger en neuf feuilles égales aux vingt cinq petites de l'illustre Müller. Par Mr. le Rouge, Paris, 1757. In 9 Blättern, im $\frac{1}{675,000}$. (Ist ebenfalls eine Reduction der Müller'schen Charte, mit der veralteten Gebirgsdarstellung, wie die vorigen Charten, doch wegen Verfälschung der Rahmen und Weglassung vieler Ortschaften von weit minderem Werth.) — Charte des Königreichs Böhmen in deutscher und böhmischer Sprache, nach der neuesten Eintheilung in 16 Kreise mit dem Eger'schen Bezirke rc. Verfaßt und herausgegeben von Joh. Schwab und Mich. Stegmayer, 1799. In einem Blatte, im $\frac{1}{768,000}$. (Eine der besten und brauchbarsten Übersichts-Charten mit Post- und Commerzialstraßen, dann der neuen politischen Eintheilung. Zu derselben gehört auch ein alphabetisches Verzeichniß mit dem Inhalte der darauf befindlichen Orte und Gegenstände.) — Das Königreich Böhmen nach den neuesten astronomischen Ortsbestimmungen, gezeichnet von Fr. Schmoll. Wien, 1809. In 4 Blättern, im $\frac{1}{360,000}$. (Eine nach Müller bearbeitete Charte, mit Post- und Landstraßen, dann mit der Gebirgszeichnung nach neuer Art; ist sehr brauchbar und gut zu lesen. Besonders für militärischen Gebrauch geeignet.) — Charte von Böhmen nach den astronomischen Ortsbestimmungen David's und mehreren Aufnahmen rc. Von Kipferling. Wien, 1815. In 1 Blatte, im $\frac{1}{576,000}$. — Charte des Königreichs Böhmen nach den Ortsbestimmungen des k. Astronomen David, und nach zuverlässigen Hülfsmitteln bearbeitet und gezeichnet von F. J. H. Kreybich, Prag, 1820. In 1 Blatte, im $\frac{1}{288,000}$. (Diese beyden Charten gewähren eine sehr gute Übersicht dieses Königreichs, und sind unter die vorzüglichen zu zählen.) — Charte des nördlichen Theils von dem Königreiche Böhmen, welche die zur Leitmeritzer Diöces gehörigen Kreise nebst angränzenden Theilen, bis zur Hauptstadt Prag enthält. Von F. J. H. Kreybich. Prag, 1833. In 9 Blättern, im $\frac{1}{144,000}$. (Schöne und deutlich gestochene Charte des nördlichen Theiles mit allen Details einer guten geographischen Charte, würde bis nun die vorzüglichste seyn, wenn sie sich über ganz Böhmen erstreckte.) — 2) Topographische Special-Charten: Topographische Charte einer Gegend in Böhmen an der Iser, in 2 Blättern. Herausgegeben von F. W. Schmettau, Berlin, 1793. In 1 Blatt, im $\frac{1}{48,000}$. Enthält die Gegend an der Iser von Backofen bis zum Einfluß in die Elbe. — Topographische Charte eines Theiles von Böhmen in der Gegend von Prag. Herausgegeben durch F. W. Schmettau zu Berlin, 1794. In 2 Blättern, im $\frac{1}{48,000}$. (Diese enthält die Landesstrecke von der Elbe über Prag, Rakonitz und Chlumczan, und für diesen Theil brauchbar.) — Charte des Riesengebirges, nach den besten Hülfsmitteln und neuesten geographischen Ortsbestimmungen entworfen von Dr. Hoser. Wien, 1806. In 1 Blatte, im $\frac{1}{96,000}$. (Gibt eine gute Darstellung des Riesengebirges mit einigen Höhenmessungen, jedoch ohne Comunication.) — Topographische Charte der Umgebungen von der Provinzial-Hauptstadt Prag auf Befehl des Feldzeugmeisters und commandirenden Generals in Böhmen, Fürsten zu Liechtenstein, von einer Anzahl Militärs aufgenommen und gezeichnet, im Jahre 1830. Besteht aus 9 lithographirten Blättern mit 1 Skelette, im $\frac{1}{28,800}$. (Dieselbe enthält die Umgebungen bis auf eine Entfernung von 4 Stunden im Umkreise, und ist für die jährlich abgehaltenen Manövers in der Nähe von Prag vorbereitet worden, und im Handel nicht erschienen.) — Teplitz mit seinen Umgebungen, auf Befehl des k. k. General-Quartiermeisterstabs aufgenommen, im $\frac{1}{28,800}$. Wien, 1832. In 1 lithographirten Blatte. (Eine vortreffliche Charte, und zugleich ein Wegweiser für die Badgäste in die Umgebungen von Kulm, Außig, Graupen, Dux, Grab und Ossegg.) — 3) Geographische Special-Charten: Kreis-Charten des Königreichs Böhmen nach Müller's Charte entworfen und verlegt von Peter Franza, Prag, 1802. In 13 Blättern, mit General-Charte, worauf alle 16 Kreise des Königreichs enthalten sind, im $\frac{1}{172,800}$. (Dieselben gewähren einzeln dasselbe Detail, was in der großen Müller'schen Charte enthalten ist, und überdieß noch mehrere neue Straßenvermehrungen.) — Charte des Elbogner, Saazer, Rakonitzer, Berauner, Kaurzimer, Bidschower, Königgrätzer, Prachiner, Klattauer und Taborer Kreises von Dr. Kreybich in den Jahren 1824 bis 1832 herausgegeben, Prag. Bisher sind diese 10 Blätter erschienen, und zwar alle in gleichem Maßstabe von $\frac{1}{216,000}$. (Diese Kreis-Charten verdienen in ihrer Art eben so vorzüglich genannt zu werden, wie die Charte des nördlichen Theiles von Böhmen sich dieses Vorzuges unter den General-Charten schmeicheln darf.) — 4) Oro-hydrographische Charten: Oro-hydrographische Charte von Böhmen, Mähren und Schlesien, von R. v. L. in 3 Blättern, Berlin, 1833, im $\frac{1}{500'000}$. (Als Gebirgs=, Gewässer= und Straßen=Charte gut zu gebrauchen, im übrigen aber ohne Detail.) — Carte géographique de la nouvelle communication entre le Danube et la Moldau. Projettée et faite par Albert Baron de Sterndahl, 1768. In 1 Blatt, im $\frac{1}{720'000}$. (Zur Übersicht einer projectirten Wasserstraße zur Verbindung beyder Flüsse von einigem Interesse.) — 5) Administra= tiv= und physicalische Charten: Bohemia in 16 Circulos divisa, noti- tiis plurimis illustrata, limitibus, viis etc. Post Mülleri editionem ex actis publicis emendata opera Jos. Ferd. S. R. I. equitis a Bock et Pollach. Prag, 1808. In 4 Blättern, im $\frac{1}{300'000}$. (Eine mit reichhaltigen statistischen, administrativen Bemerkungen versehene Charte, enthält auch alle Kunst= und Naturproducte dieses Königreichs.) — Straßen=Charte des Königreichs Böhmen, entworfen und gezeichnet vom k. k. General=Quartiermeisterstab im Jahr 1827. Besteht aus zwey lithographirten Blättern, im $\frac{1}{432'000}$. (Dieselbe enthält die Chausseen, Post= und Commerzialstraßen und andere Nebenwege; ferner auch die Schiffbarkeit der Flüsse. Das hiezu gehörige gedruckte Heft Ergänzungs= Tabellen ist nicht im Handel.) — Charte der Eisenbahn zwischen Budweis und Linz von Schönerer. Wien, 1834. In 1 Blatte, im $\frac{1}{144'000}$. (Gibt eine gute Darstellung über das Steigen und Gefäll der Bahn, und über den Vortheil, den sie gewährt.) — 6) Stadt=Pläne: Neuer und accurater Original=Plan der königl. Stadt und Gränzfestung Eger im Königreiche Böhmen sammt allen Vorstädten und der nahe herum liegenden Gegend. Gestochen und verlegt durch Jacob Lidl in Wien, 1750. In 1 Blatte mit Prospect, im $\frac{1}{7'000}$. (In militärischer und histo- rischer Hinsicht hat dieser Plan vielen Werth.) — Accurate Abbildung der Stadt Kaiser Carlsbad sammt angränzender Gegend und Land- schaften ꝛc., von Math. Seutter in 1 Blatt, im $\frac{1}{165'000}$. — To- pographischer Plan von Carlsbad und seinen Umgebungen, litho- graphirt und gezeichnet durch E. Renner. Wien, 1816. In 1 Blatt, im $\frac{1}{28'800}$. (Beyde Pläne haben ihren besondern Werth für die Cur- und Badgäste.) — Plan der königl. Hauptstadt Prag mit den nächsten Umgebungen von Le Roy, Major à la Suite. Prag, 1825. In 1 Bl. im $\frac{1}{12'000}$. (Ein vortrefflicher Plan von Prag und seinen Umgebungen.) — Die Herrschaft Teplitz im Leitmeritzer Kreise des Königreichs Böhmen. Entworfen von M. A. F. Zürner, gestochen von J. G. Krügner in Leipzig, In 1 Blatte, im $\frac{1}{80'000}$. — Teplitz mit seinen nächsten Um- gebungen auf Befehl des k. k. General=Quartiermeisterstabs aufge- nommen, im $\frac{1}{28'800}$. Wien, 1832. (Alter und neuerer Plan von Tep- litz, wovon letzterer jedoch wegen seinen ausgedehnten Umgebungen einen besondern kriegsgeschichtlichen Werth hat.)

E) Lombardisch=venetianisches Königreich. 1) General= Charten. Nuova Carta dell' Italia settentrionale, e delle Alpi, che la circoscrivono, formata d'ordine di S. M. Siciliana del Reg. Geogr. G. A. Rizzi-Zannoni 1799. Neapel, 1800. In 5 Blät- tern im $\frac{1}{470'000}$. (Unter den älteren Charten ist diese eine der vorzüg- lichsten, worin die Gebirge perspectivisch dargestellt sind, auch hat diefelbe einigen hiſtoriſchen Werth in Hinſicht der vormahligen politiſchen Eintheilung.) — Carta dell' Italia superiore, e di parti degli Stati limitrofi. Riduzione della Carta di Bacler d'Albe, fatta nel deposito della guerra del Regno d'Italia. Disegnata ed incisa da G. Caniani. Mailand, 1813. In einen Blätte, im $\frac{1}{1000000}$. (Gewährt eine ſehr gute Darſtellung und Überſicht dieſes Landes, indem Thäler, Gebirge und Ebenen ſehr gut ausgedrückt ſind. Dieſelbe enthält noch die vormahlige Departements = Eintheilung.) — Charte des Königreichs Italien mit angränzenden Ländern, gezeichnet von A. F. Pinetty. Wien, 1814. In 9 Blättern mit einem Skelette, im $\frac{1}{300000}$. (Eine halb topographiſche Charte, mit vielen Details, enthält einen großen Theil der angränzenden Länder, mit einer deutlichen Schrift.) — Carta geografica e postale del Regno Lombardo - Veneto, compilata sulle migliori Carte generali e provinziali esistenti. Disegnata da C. Pinchetti sotto la direzione dell' Ingegnere Giov. Brenna. Mailand, 1831. In 4 Blättern im $\frac{1}{360000}$. (Eine vortreffliche Charte mit der neueſten politiſchen Eintheilung, und mit den Grundriſſen ſämmtlicher Provinzialſtädte verſehen.) — 2) Topographiſche Special = Charten: Carta topografica del Milanese e Mantovano, eseguita dietro alle più esatte dimensioni geografiche ed osservazioni astronomiche, all'ordine del Governo di Milano (1777). In 9 Blättern im $\frac{1}{300000}$. (Eine nach der alten Aufnahme reducirte Charte, mit allen topographiſchen Details, und der alten politiſchen Eintheilung verſehen.) — La gran Carta del Padovano di G. A. Rizzi-Zannoni etc. Padua, 1780. In vier Blättern, im $\frac{1}{9,300}$. Vorzüglich gut detaillirte Charte, mit allen Culturs = Gattungen des Terrähs und der einzelnen Caſinen.) — Topografia del Polesine di Rovigo, rilevato per Commissione da Domenico Marchetti l'anno 1786. In 10 Blättern, im $\frac{1}{35000}$. (Die vorzüglichſte Charte dieſer Gegend, nach der alten Aufnahme baſirt.) — Carta della Provincia di Belluno dall' Ing. Francesco Mantovanni. In einem Blatte, im $\frac{1}{160000}$. (Eine gute topographiſche Provinzial = Charte mit ſtatiſtiſchen Tabellen.) — Carta topografica della Provincia di Milano e Pavia dell' Ispettore Carlo Barca. In 2 Blättern im $\frac{1}{80000}$. (Wie obige.) — Carta topografica della Provincia di Lodi e Crema, dell' Ing. Andrea Terzi. Mailand, 1818. In 2 Blättern im $\frac{1}{50000}$. (Wie obige.) — Carta topografica della Provincia di Mantova, dell' Ing. Architetto Giuseppe Raineri 1818. In einem Blatte im $\frac{1}{120000}$. (Wie oben.) — Il Territorio della Provincia di Bergamo dall' Ing. Architetto Giuseppe Manzoni. Bergamo, 1818. In 3 Blättern im $\frac{1}{80000}$. (Wie oben.) — Topografia della Provincia di Cremona, dall' Ragioniere Giuseppe Legnani. In 1 Blatte im $\frac{1}{80000}$. (Wie oben.) — Carta topografica della Provincia di Como, degli Ingegneri Monticelli e Manzoni. Mailand, 1824. In 4 Blättern im $\frac{1}{80000}$. (Eine gute topographiſche Provinzial = Charte mit einer ſtatiſtiſchen Tabelle.) — Topografia della Provincia di Sondrio dall' Ingegnere Architetto Giuseppe Cusi. Mailand, 1825. In einem Blatte im $\frac{1}{50000}$. (Eine gute topographiſche Provinzial=Charte mit einer ſtatiſtiſchen Tabelle.) — Topografia della Provincia di Brescia dall' Ingegnere Manzoni, Brescia, 1826. In 4 Blättern im $\frac{1}{80000}$. (Wie oben.) — Carta topografica della Provincia di Friuli dall' Ingegnère Malvolti. Udine, 1830. In 2 Blättern im $\frac{1}{160000}$. (Wie oben.) — Carta topografica de' contorni di Milano. Disegnata ed incisa nell' Istituto geografico di Milano dell' Imp. Reale Stato Maggiore generale. In 4 Blättern im $\frac{1}{50000}$. (Vorzüglich ſchöne und gut detaillirte Charte der Umgebungen von Mailand auf 6 deutſche Meilen im Umkreiſe, mit allen Cultur=Gattungen des Terrains verſehen.) — Carta topografica della Lombardia, dello Stato Maggiore generale, nell' Istituto geografico di Milano, 1833. In 25 Blättern im $\frac{1}{86400}$. (Eine nach Grundlage des Cataſters reducirte Charte, mit allem topographiſchen Detail, iſt bisher die beſte Charte dieſes Landes.) — Carta topografica del Dipartimento dell' Adige, dal Signor Capitano Richard de Rouvre. Verona, 1813. In 2 Blättern im $\frac{1}{86400}$. (Iſt noch immer eine ſehr brauchbare topographiſche Charte dieſer Gegend, beſonders in militäriſcher Hinſicht von vielem Werth.) — 3) Geographiſche Special=Charten: Carta topografica dello Stato di Milano, secondo la misura censuaria. Per Carolum Galeatium, et Joannes Ramis sculpsit a Milano 1777. In 9 Blättern im $\frac{1}{150000}$. (Iſt keine topographiſche, wohl aber eine gute geographiſche Charte mit der damahligen Diſtricts=Eintheilung.) — Nuova Carta della Lombardia e delle sue regioni aggiacenti, formata per Ordine di S. M. Siciliana, dal Regio Geografo G. A. Rizzi-Zannoni. Neapel, 1795. In 4 Blättern im $\frac{1}{330000}$. (Eine gute Charte dieſer Zeit mit der damahligen politiſchen Eintheilung.) — Das Herzogthum Venedig auf Allerhöchſten Befehl in den Jahren 1801—1805 aufgenommen durch k. k. General=Quartiermeiſterſtab unter Leitung des Feld=Marſchall=Lieutenants Baron Zach. Herausgegeben von Marx Freyh. von Liechtenſtern. In 4 Blättern im $\frac{1}{240000}$. (Iſt bisher noch immer die beſte Charte dieſes Landes.) — Carta topografica del Paese Trevigiàno etc. dall' Ingegnere Giuseppe Malvolti, Baſſano, 1809. In 1 Blatte im $\frac{1}{170000}$. (Iſt ebenfalls keine topographiſche, wohl aber gute geographiſche Charte dieſer Provinz.) — Carta della Próvincia di Belluno dall' Ingegnere Francesco Mantovani. In 1 Blatte im $\frac{1}{160000}$. (Eine zum Theil topographiſche Special=Charte dieſer Provinz.) — 4) Hydrographiſche Charten: Charte der Provinz Venedig und den öſterr. Küſtenländern Iſtrien und Dalmatien, dann von dem adriatiſchen Meere, von Freyh. von Liechtenſtern. In einem Blatte im $\frac{1}{1800000}$. (Zur allgemeinen Überſicht des kaiſerl. öſterr. Littorale gut zu gebrauchen.) — Nuova Carta marittima del Golfo di Venezia, con tutte le Isole, Scogli di Dalmazia etc. Per Lodovico Furlanètto 1784. In 3 Blättern im $\frac{1}{57000}$. (War die beſte Seechàrte der damahligen Zeit über den venetian. Meerbuſen.) — Carte réduite du Golfe de Venise par Mr. Gaultier Capitaine de vaiſſèau publiée par ordre du Ministre de la Marine et des Colonies au Depôt général de la Marine en 1820. In einem Blatte im $\frac{1}{1500000}$. (Eine durch die Marine allgemein anerkannte gute See-

charte von dem Meerbusen von Venedig, enthält auch mehrere Special=
pläne der wichtigsten Häfen und Landungsplätze.) — Carta di Cabo=
taggio del Mare Adriatico. Disegnata ed incisa sotto la Direzio=
ne dell' Imp. Stato Maggiore generale nell' I. R. Istituto geo=
grafico di Milano. Pubblicata nell' anno 1822 e 1824. Besteht
aus 20 Küstencharten, einer Generalcharte in 2 Blättern, 7 Blätter
Küstenansichten und einem Band Beschreibung, betitelt: Portolano del
Mare adriatico etc. Die Küstencharte im Maaßstabe von $\frac{1}{175,000}$, die
Generalcharte im $\frac{1}{500,000}$. (Ein prachtvolles Werk und das vorzüglichste
Product einer vollständigen Seecharte über das adriatische Meer, mit
allen Häfen und Landungsplätzen ausgestattet.) — 5) Administrativ=
Charten: Carta amministrativa del Regno d'Italia nel deposito
della guerra di Milano, 1813. In 8 Blättern im $\frac{1}{500,000}$. (Eine vor=
zügliche General=, Post= und Straßencharte des vormahligen ital. Kö=
nigreichs, mit der damahligen politischen Eintheilung versehen.) — Stra=
ßencharte des Gouvernements Venedig vom k. k. General = Quartier=
meisterstab 1830 herausgegeben. In einem Blatte im $\frac{1}{43,000}$.
(Eine gute Übersicht der Post=, Land= und Commerzialstraßen, mit An=
gabe der Schiffbarkeit der Flüsse. Die hiezu gehörige Beschreibung
ist nicht im Handel.) — Straßencharte des Gouvernements der Lom=
bardie vom k. k. General=Quartiermeisterstab 1831 herausgegeben.
In einem Blatte im $\frac{1}{43,000}$. (Hat denselben Werth, wie die vor=
beschriebene Charte.) — Carta delle stazioni militari, naviga=
zione e poste del Regno d'Italia nel deposito della guerra di
Milano 1808. In 4 Blättern im $\frac{1}{500,000}$. (Eine Gebirgs= Gewässer=,
Post= und Straßencharte mit Angabe der Stationen und Entfernungen;
sehr brauchbar als Übersichtscharte.) — 6) Historische Charten: Etat de la
Seigneurie et République de Venise en terre ferme, dressée sur
les meilleures Cartes à Venise. Par P. Santini 1776. Ein Blatt im
$\frac{1}{660,000}$. (Eine Übersichtscharte für den damahligen Länderbestand.) —
Etat de la Maison d'Autriche en Italie d'après le Traité de Paix
de Campo Formio près d'Udine du 17. Oct. 1797. Par Remondini.
Bassano, 1798. In einem Blatte im $\frac{1}{500,000}$. (Für den Länderbestand
nach dem Frieden von Campo Formio.) — Carte de la République
Cisalpine suivant le Traité conclu entre la République française
et l'Empereur, divisée en 20 Départements etc. Par C. F. Della=
marche. Paris, an VI. In 1 Blatte im $\frac{1}{500,000}$. (Als Übersicht für
die damahlige neue Departemental = Eintheilung.) — Nuova Carta dei
Stati della casa d'Austria in Italia dopo il Trattato di Pace
di Luneville etc. Wien, 1805. In 4 Blättern im $\frac{1}{400,000}$. (Für
den Länderbestand nach dem Lüneviller Frieden sehr brauchbar.) —
7) Stadt=Pläne: Pianta della città di Verona, rilevata per pubbli=
co comando degli Ingegneri della Serenissima Repubblica. De=
dicata all' Illustr. Sig. March. Scipione Maffei. Incisa da Giuseppe
Jilosi 1737. In einem Blatte im $\frac{1}{2,880}$. (Ein alter aber dennoch guter
Plan von Verona.) — Pianta della città di Milano. Pubblicata nell'
anno 1826. Dai Fratelli Bettali. In einem Blatt in $\frac{1}{4,000}$. (Ein sehr
guter und brauchbarer Plan mit den neuesten Anlagen und Bauten.) —

Pianta topografica della città di Venezia con XIX de' suoi prospetti al nobile uomo Franc. Galbo Crotta, Mailand. In einem Blatte im $\frac{1}{10/400}$. (Vorzüglich guter und schöner Plan von Venedig, mit Prospecten der vorzüglichsten Gebäude im Renvoy.) — Pianta di Verona, pubblicata a Vienna. Disegnata ed incisa da Rodolfo Rottenburg. 1823. Ein Blatt im $\frac{1}{5/760}$. (Dieser Plan ist zur Zeit des Congresses erschienen, und bezeichnet alle Quartiere der Monarchen und Minister, welche damahls bewohnt worden sind.) — Pianta della regia città di Pavia. Mailand, 1823. Ein Blatt im $\frac{1}{13/000}$. (Ein schön gestochener Plan dieses in der Geschichte merkwürdigen Ortes.) Die Pläne von den anderen Provinzial-Städten sind auf den bereits genannten Provinzial-Charten im Grundrisse zu ersehen.

F) **Dalmatien mit Ragusa und Cattaro.** 1) General-Charten: Nouvelle Carte de la partie orientale et occidentale de Dalmatie. Dressée sur les lieux par Santini à venise, 1780. In 1 Blatte im $\frac{1}{450/000}$. (Eine alte geographische Charte ohne Straßen mit der damahligen Eintheilung.) — Nuova Carta della Provincia di Dalmazia, divisa ne' suoi territori, delineata dalli Ingegneri Melchiori e Zavoreo, e da Lodovico Furlanetto etc. Venedig, 1787. In 2 Blättern im $\frac{1}{370/000}$. (Eine der besseren Charten dieses Landes, nach der Aufnahme des Hrn. Zavoreo entworfen, mit Straßen und der vormahligen Eintheilung.) — Charte von Dalmatien und von dem Gebiethe von Ragusa aus echten Quellen gezogen und bearbeitet von Max de Traux. Wien, 1810. In 8 Blättern im $\frac{1}{390/000}$. (Ist bisher die beste Charte dieses Landes, und hat vielen inneren Werth.) — Carta generale del Regno di Dalmazia, con parte del Regno d'Illiria e delle Provincie confinanti etc. Disegnata da G. A. Capellaris, Wien, 1818. In 1 Blatte im $\frac{1}{900/000}$. (Gute geographische Charte mit der neuesten politischen Eintheilung.) — 2) Geographische Special-Charten: Nuova Carta topografica delle Bocche di Cattaro, Montenegro e parte dell' Albania. Delineata dal Sigr. C. T. S. Venedig, 1785. Per Lodovico Furlanetto. In 1 Blatte, im $\frac{1}{160/000}$. (Eine halb topographische Charte dieses Gebiethes mit vielen Details an Straßen, Wegen und Ortschaften, und mit der damahligen Eintheilung.) — Carte de bouches de Cattaro et du Montenegro. Par Max de Traux. Wien, 1808. In einem Blatte im $\frac{1}{200/000}$. (Ein sehr schönes und deutlich gestochenes Chärtchen der Bocca di Cattaro, ist als Supplement zur Charte von Dalmatien in 8 Blättern zu betrachten.) — 3) Administrativ-Charten: Neue Post-Charte von k. k. Dalmatien, Albanien und der Republik Ragusa, von Joh. Nep. Cratey. Wien, 1803. In 2 Blättern im $\frac{1}{450/000}$. (Außer einigen Straßen ist diese Charte eine bloße Copie der Charte von Santini.) — Straßen-Charte vom Königreiche Dalmatien vom k. k. General-Quartiermeisterstab, 1831. In 2 Blättern im $\frac{1}{43:/000}$. (Vorzügliche Charte mit Bezug auf Post- und Commerzialstraßen, und der Schiffbarkeit der Flüsse.) — 4) Stadt-Pläne: Alte Pläne von Zara, Sebenico, Spa-

latro, Trau, Cattaro, Elissa, Novigrado, Obbrovazzo, sind zu Amsterdam bey Pet. Mortier 1645 erschienen, welche veraltet, nur noch
einigen historischen Werth haben. Dieselben sind meistens im Grundriß
und Prospect entworfen. Neuere vorzügliche Pläne sämmtlicher Küsten-
städte von Dalmátien sind in dem Atlasse des adriatischen Meeres vom
k. k. General-Quartiermeisterstab, Mailand, 1824, unter den 20 Küsten-
Charten enthalten, welcher bereits unter den hydrographischen Charten
vom Venetianischen erwähnt worden ist.

G. **Königreich Galizien und Lodomerien mit der
Bukowina.** 1) General-Charten: Atlas der Königreiche Galizien und
Lodomerien, nebst dem Districte der Bukowina von F. J. Maire.
Wien, 1780. Besteht in einer General-Charte, dann in 10 besondern
Charten der 19 Kreise und in einem Titelblatte im $\frac{1}{345,600}$. (Eine geo-
graphische Charte mit der Eintheilung in Kreise, und Angabe der Haupt-
straßen versehen.) — Die General-Charte des Atlasses von Galizien und
Lodomerien nach der neuen Eintheilung in 19 Kreise mit dem Districte
der Bukowina, von Losenau 1786. In 1 Blatte im $\frac{1}{850,000}$. (Ist
als Übersichts-Charte zum vorhergehenden Atlasse gut zu gebrauchen.) —
Regna Galiciae et Lodomeriae nec non Bucovinae geometrice
dimensa a Jos. Liesganig, 1790. In 49 Blättern, wovon 9 das
Titelblatt bilden, im $\frac{1}{288,000}$. (Diese Original-Charte von Liesganig
war bis zur Ausgabe der verbesserten Auflage vom k. k. General-Quartiermeisterstab, welche 1824 erschienen ist, die beste Charte dieses Landes.) Nunmehr aber hat jene vom k. k. General-Quartiermeisterstab in 33
Blättern den Vorzug, in Betreff der vielen neuen Straßen, und anderen Verbesserungen. Der Titel lautet: Königreich Galizien und Lodomerien, 1790 herausgegeben von Liesganig. Nach den vorzüglichsten
neuen Hülfsquellen vermehrt und verbessert von dem k. k. österr. General-Quartiermeisterstab, 1824. In 33 Blättern, im $\frac{1}{288,000}$. Mit Bezug auf obige Anmerkung. — Das Königreich Galizien, entworfen und
gezeichnet von Weiland. Weimar im Verlage des geogr. Institutes,
1832. In 1 Blatte im $\frac{1}{1,152,000}$. (Eine vortreffliche Übersichts-Charte
nach sehr guten Materialien reducirt, mit Straßen und neuer Eintheilung. — 2) Topographische Special-Charten: Große topographische
Charte von Ost-Galizien und Lodomerien, nach den neuesten Aufnahmen
herausgegeben von dem galiz. Straßenbaudirector Groß. Wien. In
14 Sectionen und 1 Übersichts-Charte im $\frac{1}{140,000}$. (Obwohl bey dieser
Charte Zeichnung und Stich sehr schlecht sind, so hat dieselbe doch den
besonderen Werth, eine Reduction der Aufnahme zu seyn, worin die
neuesten Straßenzüge mit besonderer Rücksicht auf das Terrain genau
angegeben sind.) — 3) Geographische Special-Charten: Mappa von der
österr. Moldau, oder von dem sogenannten Bukowiner Districte von
Adam, 1786. In 1 Blatte im $\frac{1}{650,000}$. (Gibt eine gute Darstellung
von der geogr. und topogr. Beschaffenheit dieses Landstriches, obschon
ihr Stich nicht lobenswerth ist.) — 4) Administrativ-Charten: Straßen-
Charte von Ost-Galizien und Lodomerien vom k. k. General-Quartiermeisterstab. 1828 herausgegeben in 3 Blättern im $\frac{1}{432,000}$. (Eine gute
Übersichts-Charte mit Bezug auf Post-, Land- und Commerzialstraßen,

dann über die Schiffbarkeit der Flüsse.) — 5) Historische Charten: General=
Charte von West=Galizien auf allerhöchsten Befehl astronomisch=trigono=
metrisch aufgenommen, unter Leitung des Freyherrn von Metz=
burg. Wien 1799. In 2 Blättern im $\frac{1}{864/000}$. (Zur Übersicht des da=
mahligen Länderbestandes von West=Galizien, welches der österr. Mo=
narchie einverleibt war.) — Allgemeine Charte der Königreiche beyder
Galizien ꝛc. Entworfen von Jos. Marx Freyherrn von Liechten=
stern. Wien 1804. In 1 Blatte im $\frac{1}{864/000}$. (Zur Übersicht des da=
mahligen Länderbestandes, und der Vereinigung beyder Königreiche.) —
Ost= und West=Galizien entworfen und revidirt auf der Sternwarte See=
burg bey Gotha. Gezeichnet von G. R. v. Schmidtburg, Weimar.
Berichtigt nach dem Wiener Frieden vom 14. Oct. 1809. In 1 Blatt
im $\frac{1}{2225/000}$. (Für den damahligen Länderbestand, in Betreff der Ab=
tretung von West=Galizien.) — 6) Physikalische Charten: Représentation
des merveilleuses mines de Sel de Wiélitzka à trois petites lieues
de Cracovie en Pologne. Par Le Rouge à Paris. In 1 Blatte ohne
Maßstab, mit Grundriß, Prospect und Durchschnitt der Salzminen.

H. Illyrien. 1) General = Charten: Charte von Kärnthen und
Krain, nebst der Grafschaft Görz und Gradisca und dem Gebiethe von
Triest. Entworfen und gezeichnet von Jos. Kindermann. Wien
1803. In 1 Blatt im $\frac{1}{360/000}$. (Diese Charte enthält die Ländertheile,
woraus dieses Königreich zusammengesetzt ist, und gewährt eine gute
Übersicht desselben.) — Königreich Illyrien und Herzogthum Steyer=
mark in ihre Kreise eingetheilt, nebst den angränzenden Theilen von
Italien, Tyrol, Salzburg, Niederösterreich, Croatien und Hun=
garn, von Zürner. Wien 1809. In 4 Blättern im $\frac{1}{360/000}$. (Ist die
1813 erschienene Charte von Innerösterreich von Zürner mit einem
neuen Titel und neuer politischer Eintheilung versehen. Sie enthält
auch mehrere Angaben von den Naturproducten dieser Länder.) — 2) Topo=
graphische Special = Charten: Topographische Charte des Gebiethes von
Triest. Herausgegeben vom Kunst= und Industrie=Comptoir in Wien 1810.
In 1 Blatte im $\frac{1}{30/000}$. (Diese Charte gibt eine detaillirte Übersicht des
ganzen Gebiethes von Triest, mit der Situation der Stadt, des
Hafens und der hinführenden Straßen.) — 3) Geographische Special=
Charten: Ducatus Carniolae Tabula geographica etc. per Joan.
Dismann Floriantschitsch et per Abrahamum Kaltschmidt aeri
incisa 1744. In 12 Blättern im $\frac{1}{120/000}$. (Der Werth dieser alten
Charte besteht hauptsächlich in historischer Beziehung, und in der correcten
Schreibart der Ortsbenennungen.) — Carta della Contea di Gorizia,
di Gradisca, di Trieste e di Friuli Veneto dal Cesareo Regio
Ingegnere Giov. Capellaris in Gorizia 1797. In 1 Blatte im
$\frac{1}{1200/000}$. (Eine gute geographische Charte dieser Länderbezirke, mit ei=
nem Plane von Görz.) — Carta dell' Istria, riveduta ed aumentata
dal Cesareo Regio Ingegnere Giov. Antonio Capellaris l'anno
1797. In 1 Blatt im $\frac{1}{750/000}$. (Hat denselben Werth wie die vorherge=
hende.) — Neueste Special=Charte von Krain nach der dermahligen Ein=
theilung in Bezirke. Von Georg Ludwig Ritter, lithographirt,
Grätz 1831. In 1 Blatt im $\frac{1}{300/000}$. (Eine nach neueren Quellen ent=

worfene Charte mit braunen Farben, Umdruck der Gebirge, und einer interessanten statistischen Tabelle.) — 4) Hydrographische Charten: Carta idrografica del Golfo di Trieste con l'indicazione dei due fanali uno alla punta di Salvore, l'altro ora eretto a quella del Molo Sta. Teresa in Trieste. In 1 Blatte im $\frac{1}{108/000}$. — 5) Administrativ-Charten: Carta amministrativa delle Provincie Illiriche nel deposito della guerra di Milano 1813. In 9 Blättern im $\frac{1}{500/000}$. (Eine sehr brauchbare Charte der vormahligen franz. illyrischen Provinzen mit einem großen Theil der angränzenden Länder, enthält auch das gegenwärtige Königreich Illyrien.) — Straßen-Charte des Königreichs Illyrien, aus dem Gouvernement von Laibach und Triest bestehend; herausgegeben vom k. k. General-Quartiermeisterstab im Jahre 1831. In 1 Blatte im $\frac{1}{432/000}$. (Vorzüglich gute Übersichts-Charte mit Bezug auf Post-, Land- und Commerzialstraßen, dann in Betreff der Schiffbarkeit der Flüsse.) — 6) Stadtpläne. Plan der Provinzial-Hauptstadt Klagenfurt. Grätz 1823. In 1 Blatt im $\frac{1}{7/880}$. (Ein ausführlicher Grundriß der Stadt sammt Vorstädten, mit Benennung der Straßen und vorzüglichen Gebäude.) — Plan der Provinzial-Hauptstadt Laibach, mit den nächsten Umgebungen, von Major Reiche des k. k. General-Quartiermeisterstabes, 1829. In 1 Blatte im $\frac{1}{8/600}$. (Ist eine Reduction aus dem Cataster mit eingetragenem Terrain, und vorzüglich brauchbar.)

I. Erzherzogthum Österreich. 1) General-Charten: Neueste Charte des Erzherzogthums Österreich ob und unter der Enns von Ludwig Schmidt. Wien 1800. In 1 Blatt im $\frac{1}{345/000}$. (Bisher noch immer eine brauchbare Übersichts-Charte.) — Charte von Ober- und Unterösterreich von J. K. Kindermann. Wien 1803. In 2 Blättern im $\frac{1}{600/000}$. (Eine geographische Übersichts-Charte mit den Hauptstraßen. — Das Erzherzogthum Österreich ob und unter der Enns nach dem Entwurfe des Jos. Marx Freyherrn von Liechtenstern bearbeitet, und gezeichnet von Winkler. Wien 1810. In 12 kleinen Blättern im $\frac{1}{360/000}$. (Eine gute und brauchbare Charte von Österreich, jedoch nach Abtretung des Innviertels, welches nicht ganz in der Charte erscheint.) — Charte vom Erzherzogthum Österreich ob und unter der Enns in 6 Sectionen entworfen und bearbeitet von Ludw. Schmidt, k. k. hydrotechnischen Ingenieur, gestochen von List in Wien 1812. In 6 Blättern im $\frac{1}{300/000}$. (Eine der vorzüglichsten General-Charten, jedoch ohne Salzburg, welches jetzt zu Oberösterreich einverleibt ist.) — General-Charte vom Erzherzogthum Österreich ob und unter der Enns, vom k. k. General-Quartiermeisterstab in 2 Blättern im $\frac{1}{288/000}$. (Die beste und richtigste General-Charte dieses Landes, jedoch ohne Salzburg, welches ebenfalls auf einem besonderen Blatte erschienen ist, nach der großen Special-Charte genau reducirt.) — 2) Topographische Special-Charten: Special-Charte vom Herzogthum Salzburg, von dem k. k. österr. Generalstab in den Jahren 1806 und 1807 astronomisch-trigonometrisch vermessen, topographisch aufgenommen, und im Jahre 1810 reducirt und gezeichnet in 15 Sectionen und 1 Skelette im $\frac{1}{144/000}$. (Die vorzüglichste topographische Charte dieses Landes mit vortrefflichem Stich und vielem Ausdruck des Gebirges.) — Special-Charte des Erz-

herzogthums Österreich ob und unter der Enns aufgenommen und gezeichnet vom k. k. General = Quartiermeisterstab im Jahre 1813. Besteht
aus 30 Sectionen und 1 Skelette im $\frac{1}{144,000}$. (Diese Charte hat denselben Gehalt wie die vorhergehende, und gehört unter die vorzüglichsten Producte, welche im topographischen Fache erschienen sind.) — Topographische Charte der Umgebungen Wiens von Fried. Wien 1823. In
1 großen und 2 kleinen Supplementblättern im $\frac{1}{144,000}$. (Diese Charte
ist mit einiger Weglassung des kleineren Details, aus der Charte vom
General=Quartiermeisterstab formirt worden, und enthält die Umgebungen Wiens bis über Krems, Preßburg, bis Maria Zell und den Schneeberg.) — Topographische Charte der Umgebungen Wiens in Kreide-
manier vom k. k. General = Quartiermeisterstab. Von ihr sind bis nun
9 Lieferungen, jede in 4 Blättern im $\frac{1}{14,400}$ von 1828 erschienen;
nähmlich: Die 1. Lieferung aus den Umgebungen von Baden in 4 Blättern; die 2. aus jenen von Traiskirchen in 4 Bl.; die 3. aus jenen
von Vöslau in 4 Bl.; die 4. aus jenen von Laxenburg in 4 Bl.;
die 5. aus jenen von Tattendorf in 4 Bl.; die 6. aus jenen von Mer-
kenstein in 4 Bl.; die 7. aus jenen von Pottenstein in 4 Bl.; die 8.
aus jenen von Heiligenkreuz in 4 Bl.; die 9. aus jenen von der Vor-
der= und Hinter= Brühl in 4 Bl. Zusammen aus 36 Blättern, welche
einen Flächeninhalt von 9 Q. M. bilden. (Dieses topographische Werk,
mit mehreren Thonplatten in Farben gedruckt, gehört unter die ge-
lungensten, welche bisher in der Lithographie erschienen sind, und wird
sich in der Folge auch über die Umgebungen Wiens erstrecken.) — 3) Geographische Special=Charten. Mappa von dem Lande ob der Enns, auf
Befehl Sr. röm. k. k. apostol. Majestät Joseph II. 1781 reducirt, in
Kupfer gestochen von Schütz und geschrieben von Müller 1787. In
12 Blättern im $\frac{1}{88,400}$. (Ist die sogenannte ständische Charte von Oberösterreich, und nach einer älteren Militär = Aufnahme reducirt; sie
hat mit Ausnahme einiger Straßenveränderungen, noch immer vielen
Werth.) — Ober= und Unterösterreich in seine Viertel eingetheilt von
Jos. Marx Freyh. von Liechtenstern. Wien, 1803. In 6 Blättern im $\frac{1}{432,000}$. (Eine aus guten Materialien verfertigte Charte,
welche auch einzeln als Kreischarte gut benützt werden kann.) — Charte vom Herzogthum Salzburg vom k. k. General = Quartiermeisterstab in 1 Blatte im $\frac{1}{288,000}$. (Eine genaue Reduction der großen Charte
in 15 Blättern, gibt die beste und richtigste Darstellung dieses Landes.) —
4) Administrativ=Charten: Straßen=Charte vom Erzherzogthum Österreich
ob und unter der Enns von k. k. General=Quartiermeisterstab 1829
herausgeben in 2 Blättern im $\frac{1}{432,000}$. (Eine vortreffliche Übersicht mit
Bezug auf Post=, Land= und Commerzial=Straßen, dann in Hinsicht
der Schiffbarkeit der Flüsse. Die hierzu gehörigen Ergänzungs = Tabellen
in zwey gedruckten Heften sind mit im Handel.) — Charte der Eisenbahn zwischen Budweis und Linz von Schönerer. Wien, 1834. In 1
Blatt im $\frac{1}{144,000}$. (Diese gibt eine deutliche Darstellung über das Steigen und Gefäll der Bahn, dann über den Vortheil, den sie gewährt.) —
5) Historische Charten: Archiducatus Austriae superioris geographica
descriptio, facta anno 1667 a Georgio Mathaeo Vischer. In 6

Blättern im $\frac{1}{144,000}$. (Eine alte geographische Charte im perspectivischen Aufzuge, hat mehr historischen als geographischen Werth, und ist für Archive von besonderem Interesse. Eben so:) Archiducatus Austriae Inferioris accuratissima geographica descriptio ab Auctore Georgio Mathaeo Vischer Tyrolensi 1670. In 8 Blättern im $\frac{1}{144,000}$. (Hat denselben Werth.) — Archiducatus Austriae Inferioris geographica et noviter emendata accurata descriptio. Ohne Autor, gestochen von Hoffmann und Jacob Hermund. Herausgegeben 1697 mit einem Ortschafts = Register in 12 Blättern im $\frac{1}{144,000}$. (Ist ein Nachstich der obigen Charte mit einigen wenigen Veränderungen.) — 6) Stadt=Pläne: Historischer Grundriß der k. k. Haupt= und Residenzstadt Wien, von den ältesten Zeiten ihrer Entstehung bis auf die gegenwärtige Regierung. Gestochen von Mansfeld in Wien, 1802. In einem Blatt im $\frac{1}{7000}$. (Auf diesem Plane sind die zeitweisen Vergrößerungen Wiens vom Herzoge Heinrich Jasomirgott bis auf die gegenwärtige Regierung, so wie auch der befestigte Zustand Wiens während der ersten türk. Belagerung von 1529 dargestellt.) — Hanc Viennae, quam vides geometricam faciem Archimedem Syracusanum Augustinus Hirschvogel a suo depictam radio imitatus est. Anno 1547 im $\frac{1}{7000}$. (Ein sehr alter und seltener Plan der Stadt Wien, wie sich nähmlich dieselbe nach der ersten türk. Belagerung im Vertheidigungszustande befunden hatte.) — Accuratissima Viennae ichnographica delineatio. Augustissimo Röm. Imp. Josepho I., hanc delineationem in signum obsequiosissimi devotionis offerunt et dedicant L. Anguisola et I. Marinoni 1706. Gestochen von Pfeffel und Engelbrecht in Wien. In 4 Blättern im $\frac{1}{6000}$. (Einer der besten älteren Pläne, nach der Erbauung der Linien Wiens herausgegeben. Ist sehr selten und von großem Werth.) — Grundriß der k. k. Residenzstadt Wien, ihrer Vorstädte und der anstoßenden Orte unter glorwürdiger Regierung Joseph II. und Maria Theresia röm. Kaiserinn, unter Direction dero Hof=Mathematici Jos. Nagel aufgenommen von den Ingenieurs Jos. Neusserer und T. Braun 1770 in 16 Blättern im $\frac{1}{880}$. (Unter den älteren Plänen war dieser der vorzüglichste, hatte den folgenden Ausgaben meistens zur Grundlage gedient, und bleibt noch originell.) — Grundriß der k. k. Haupt= und Residenzstadt Wien mit ihren Vorstädten nach der neuen Hausnumerirung 1805. Gezeichnet von Max Grimm, Wien, 1805. In 4 Blättern im $\frac{1}{4200}$. (Dieser Plan hat seinen Werth in Betreff der nun zugewachsenen Bauten, welche eine neue Numerirung veranlaßten, so wie auch in historischer Hinsicht, wegen des Einzuges der Franzosen in diesem Jahre.) — Neuester Plan der Haupt= und Residenzstadt Wien mit allen von Sr. Majestät allerhöchst genehmigten Verschönerungen nebst dem Glacis und Eingang in die Vorstädte, mit höchster Bewilligung Sr. k. H. des General=Genie=Directors. Nach dem Original= Plan herausgegeben von Artaria und Comp. in Wien, 1819. In einem Blatt im $\frac{1}{3740}$. (Dieser Plan enthält nur die eigentliche Stadt mit dem Glacis bis an die Vorstädte, und gibt eine deutliche Darstellung der damahls angefangenen, nunmehr schon beendigten Verschönerungen Wiens. Eben diese Veränderungen geben auch dem vorhergehenden Plan einen

33 *

größeren Werth, indem dieser die alten Festungswerke mit dem alten Glacis bezeichnet, und den Begriff gibt, wie es früher war.) — Plan der Haupt= und Residenzstadt Wien mit sämmtlichen Vorstädten ꝛc. Von der k. k. Central=Catastral=Vermessung, bearbeitet und lithographirt von Guldenstein 1829. Aus 31 Blättern im $\frac{1}{1,880}$. (Ist der Original=plan, der für den Cataster aufgenommen wurde, worin jedes Haus sammt Hof und Garten in seiner wahren Gestalt in Grund gelegt, überhaupt alles mögliche Detail, mit der Numerirung der Häuser, und mit Begränzung der Stadt= und Vorstadtgründe genau angegeben ist.) — Grundriß der Haupt= und Residenzstadt Wien mit sämmtlichen Vor=städten nach der Aufnahme für das allgemeine Cataster 1832. Bearbei=tet und lithographirt von Guldenstein 1829. Aus 4 Blättern beste=hend in $\frac{1}{5,760}$. (Eine Reduction des vorhergehenden größen Plans, mit der größten Genauigkeit pantographirt, enthält in 4 Blättern beynahe dasselbe Detail, und ist für alle Stände sehr gut zu gebrauchen; kann auch jedermann als vorzüglich anempfohlen werden.)

— K. Herzogthum Steyermark. 1) General=Charten: Charté von Steyermark, entworfen und gezeichnet von J. C. Kindermann. Wien 1812. In einem Blatte im $\frac{1}{576,000}$. (Zur Übersicht dieses Herzog=thums mit der älteren Eintheilung versehen, mit statistischen Notizen.) — Wand=, Post= und Reise=Charte des Herzogthums Steyermark nach den besten und verläßlichsten Hülfsmitteln entworfen von Georg Schmid=feld. Wien 1831. Ein Blatt im $\frac{1}{300,000}$. (Eine gute Übersichts=Charte.) — General=Charte des Herzogthums Steyermark nach der Straßen=Charte des k. k. General=Quartiermeisterstabes, mit eingezeichnetem Terrain vom Hauptmann Hauslab in 12 kleinen lithographirten Blät=tern im $\frac{1}{432,000}$. (Ist bisher die beste General=Charte dieses Landes, nach sehr guten Materialien bearbeitet, und als Straßen=, Gebirgs= und Gewässer=Charte gut zu brauchen.) — 2) Geographische Special=Charten: Kreis=Charte von Steyermark von J. C. Kindermann. Gestochen zu Wien von Christ. Junker, Grätz 1794. Aus 5 Kreis=Charten bestehend im $\frac{1}{288,000}$. (War früher die beste und detaillirteste Charte dieses Landes, und als einzelne Kreis=Charte für jeden Geschäftsmann von vorzüglichem Werth, indem auf jedem Blatte statistische Notizen vorhanden sind.) — Neueste Special=Charte vom Herzogthum Steyer=mark nach den letzten Aufnahmen gezeichnet und bearbeitet von Jos. Freyherrn Gall v. Gallenstein, unter besonderer Mitwirkung des Carl Schmutz, Verfassers des historisch=geographischen Lericons. Grätz 1832. In 5 lithographirten Blättern im $\frac{1}{200,000}$. (Ist eigentlich eine nach der Kindermann'schen Kreis=Charte neu bearbeitete und verbesserte Auflage, mit neueren statistischen Angaben.) — 3) Topographische Special=Charten: Von der im Erscheinen begriffenen topographischen Charte von Steyermark im $\frac{1}{144,000}$, ist bis nun die 1. Lieferung der Sectionen Nr. 1. Umgebungen von Aussee und Tittel. Nr. 2. Umgebungen von Rottenmann. Nr. 3. Umgebungen von Bruck an der Mur, erschienen; und es wird die ganze Charte aus 16 Blättern bestehen. (Dieselbe gleicht im Stich, Schrift und Zeichnung vollkommen der Charte von Tyrol, und in Hinsicht ihrer guten topographischen Bearbeitung den andern vom k. k. General-Quartiermeisterstab gelieferten Arbeiten, und hat auch denselben Werth.) — 4) Administrativ - Charten; Straßen - Charte von Steyermark vom k. k. General-Quartiermeisterstab, 1823 herausgegeben in 1 Blatte im $\frac{1}{432,000}$. (Eine vortreffliche Übersicht mit Bezug auf Post-, Land- und Commerzialstraßen, dann in Hinsicht der Schiffbarkeit der Flüsse; die hiezu gehörige Ergänzungstabelle ist nicht im Handel.) — 5) Historische Charten: Styriae Ducatus fertilissimi nova geographica descriptio. Auctore G. M. Vischer 1678. In 6 Blättern im $\frac{1}{17,000}$. (Diese Charte hat in Hinsicht ihres Alterthums denselben archivarischen und historischen Werth für Steyermark, wie die Vischer'sche von Österreich.) — 6) Stadtpläne: Plan der k. k. Provinzial-Hauptstadt Grätz, mit einem Theile der Vorstädte und dem Schloßberge. Lithographirt von E. C. Rumbold 1824, Grätz. In 1 Blatt im $\frac{1}{2,880}$. (Derselbe enthält die Numerirung der Häuser, Benennung der Straßen, Plätze und Hauptgebäude.) — Plan der k. k. Provinzial-Hauptstadt Grätz, sammt ihren Umgebungen, lithographirt von E. C. Rumbold, Grätz 1825. In einem Blatte im $\frac{1}{28,800}$. — (Die Umgebungen dieses Planes erstrecken sich ungefähr über eine halbe Meile im Umkreise der Stadt, in welchem Rayon sich die schönsten und anmuthigsten Gegenden befinden.)

L. Markgrafthum Mähren mit österr. Schlesien. 1) General - Charten: Tabula generalis Marchionatus Moraviae in sex Circulos divisae per Joan. Christ. Müller 1720. In 4 Blättern im $\frac{1}{150,000}$. — (Eine zwar veraltete General-Charte dieses Landes, jedoch insbesondere ihrer Deutlichkeit wegen noch immer brauchbar, und als Original-Charte, nach der alle übrigen nachgearbeitet sind, von Werth.) — Tabula generalis Marchionatus Moraviae in sex Circulos divisae per Joan. Christ. Müller, Editio Joan. Bapt. Homani, Nürnberg 1740. In einem Blatte im $\frac{1}{45,000}$. (Eine Reduction der vorigen, als Übersichts-Charte gut zu brauchen.) — Charte des Markgrafthums Mähren, entworfen nach jener von Müller, und nach den besten und neuesten Hülfsquellen berichtigt von J. E. S. Wien 1804. In 2 Blättern im $\frac{1}{375,000}$. (Eine gute geographische Übersichts-Charte, mit den Hauptstraßen und der Kreiseintheilung; die Gebirgszeichnung nach neuerer Art.) — Mähren und österr. Schlesien, mit Benützung aller astronomischen und geographischen Hülfsmittel. Entworfen von Christoph Passy. Brünn 1810. In 4 Blättern im $\frac{1}{375,000}$. (Vorzüglich schön gestochene Charte mit Straßen und der politischen Eintheilung der Kreise versehen; gehört unter die brauchbarsten Charten dieses Landes.) — Charte des mährisch-schlesischen Gouvernements, nach den neuesten astronomischen Beobachtungen und geometrischen Vermessungen, gezeichnet von Jos. Bayer, Grundbuchverwalter der Staatsherrschaft Hradisch. Gestochen von Fr. Reisser in Wien 1818. In 4 Blättern sammt 2 Bdn. Repertorien, im $\frac{1}{260,000}$. (Diese Charte aus den Militär-Aufnahmen entnommen, ist bis nun die beste und verläßlichste Charte von Mähren.) — 2) Geographische Special-Charten: Marchionatus Moraviae Circulus Brunensis a J. Chr. Müller 1720. Editio Joan. Bapt. Homani, Nürnberg, 2 Blätter. Marchionatus Moraviae Circulus Olomucensis etc. 2 Bl., **Marchionatus Moraviae** Circulus Preroviensis etc. 2 Bl., Marchionatus Moraviae Circulus Znoymiensis et Iglaviensis, 1 Bl., Marchionatus Moraviae Circulus Hratistiensis etc. 1 Bl. Zusammen aus 8 Kreis = Charten im $\frac{1}{150,000}$. (Diese Kreis-Charten, welche aus der Müller'schen Charte in 4 Blättern genommen, haben auch denselben Werth wie die vorige.) — 3) Administrativ-Charten: Straßen = Charte des Markgrafthums Mähren, vom k. k. General = Quartiermeisterstab im Jahre 1825 herausgegeben in 1 Blatte im $\frac{1}{432,000}$. (Eine vorzügliche Übersichts = Charte mit Bezug auf Post-, Länd = und Commerzialstraßen, dann in Hinsicht der Schiffbarkeit der Flüsse; die hiezu gehörige Ergänzungstabelle ist nicht im Handel.) — 4) Stadt-Pläne: Brünn mit seinen Umgebungen, aufgenommen und gezeichnet durch den k. k. Hauptmann von Scheibenhof im Jahre 1816. In 1 Blatte im $\frac{1}{28,800}$. (Dieser Plan erstreckt sich nur bis an die nächsten Umgebungen, ungefähr auf eine halbe Stunde im Umkreise; ist schön und deutlich gestochen, und dient jedem Fremden zum Wegweiser.)

M. Grafschaft Tyrol und Vorarlberg. 1) General-Charten: Tirolis sub felici regimine Mariae Theresiae, Rom. Imp. Augusti chorographice delineata a Petro Anich et Blasio Hueber etc. Gestochen von Mansfeld in Wien 1774. Cum provincia Arlbergica a Pfaundler 1783. In 23 Blättern im $\frac{1}{110,000}$. (Diese alte Original-Charte von Tyrol, welche bis zur Ausgabe der Charte vom k. k. Generalstabe, bisher allen Charten zur Grundlage diente, hat jetzt noch als Original-Charte ihren besondern Werth.) — Carte du Tyrol vérifiée et corrigée sur les mémoires de Dupuis et la Luzerne et réduite d'après celle d'Anich et Hueber, publiée à l'an XI. par le dépôt de la guerre, Paris (1801). In 6 Blättern, im $\frac{1}{150,000}$. (Eine sehr genaue Reduction der vorigen Charte, ist eine der brauchbarsten Charten dieses Landes.) — Charte der gefürsteten Grafschaft Tyrol nach den vortrefflichen Charten des Pet. Anich und Blasius Hueber, mit der Begränzung der neuesten geographischen Bestimmungen, und letzten ämtlichen Eintheilungen. Entworfen und gezeichnet von Carl Jos. Kipferling. Wien 1804. In 1 Blatt im $\frac{1}{600,000}$. (Zur Hauptübersicht vollkommen geeignet.) — Charte von Tyrol nach Pet. Anich ꝛc. und neueren Hülfsquellen verfaßt von J. E. S.; Sr. k. k. Hoheit dem Erzherzog Johann gewidmet von Tranq. Mollo in Wien. Gestochen von Reiffer 1809. In 4 Blättern im $\frac{1}{300,000}$. (Eine gute Übersicht-Charte, welche besonders für den militärischen Gebrauch verwendet worden ist.) — General-Charte der gefürsteten Grafschaft Tyrol und Vorarlberg vom k. k. General = Quartiermeisterstab, in zwey Blättern im $\frac{1}{288,000}$. (Ist die genaue Reduction der vom k. k. General-Quartiermeisterstab im Jahre 1823 herausgegebenen Charte von Tyrol und Vorarlberg in 24 Blättern, und daher die beste und vorzüglichste General-Charte dieses Landes.) — 2) Topographische General-Charten: Charte der gefürsteten Grafschaft Tyrol nebst Vorarlberg mit dem souveränen Fürstenthum Liechtenstein astronomisch-trigonometrisch vermessen, topographisch aufgenommen und gezeichnet im Jahre 1823 von dem k. k. General-Quartiermeisterstab. (In 24 Blättern im $\frac{1}{144,000}$. (Ist unstreitig die beste

und verläßlichste Charte dieses Landes, und gibt im Ganzen ein so ge-
treues Bild dieses Gebirgslandes, wie es noch keine Charte gegeben
hatte.) — 3) Geographische Special-Charten: Provincia Arlbergica sequentes comitatus aliquosque, etc. secundum chartam a Blasio
Hueber colono Oberperfussiano chorographice confectam, accu-
ratissime delineata per Joan. Ant. Pfaundler. 1783. In 2 Blättern im $\frac{1}{110/000}$. (Diese Charte wird gewöhnlich mit der von Anich von
Tyrol vereiniget, indem sie einen gleichen Maßstab mit derselben hat,
und zum Anstoßen vorbereitet ist. Sie hat außer einem etwas abweichenden Stich, alles übrige Detail und auch denselben Gehalt wie die vorhergehende Charte.) — Der nördliche Theil Tyrols, oder der Schwätzer
Kreis nach Peter Anich, mit mehreren wesentlichen Verbesserungen
verfaßt und herausgegeben von Bened. v. Sardagna, k. k. Kreis-
officier. Gezeichnet von Ignaz Jos. Moser, gestochen von Tort-
ner in Wien 1795. In 1 Blatte im $\frac{1}{200/000}$. (Diese vortreffliche
Kreis-Charte enthält mehrere statistische und administrative Bemerkungen,
besonders in Bezug auf den Bergbau, ist daher für Mineralogen und
Geognosten von besonderem Werth.) — 4) Administrativ-Charten: Stra-
ßen-Charte von Tyrol und Vorarlberg vom k. k. General-Quartiermeisterstab
in dem Jahre 1823 herausgegeben, nähmlich die verbesserte Auflage.
In einem, lithographirten Blatte im $\frac{1}{432/000}$. (Eine gute Übersicht der
Post-, Land- und Commerzialstraßen, mit Angabe der Schiffbarkeit der
Flüße; die hiezu gehörige Ergänzungstabelle ist nicht im Handel.) — 5)
Historische Charten: Die freye Grafschaft Tyrol. Ein Holzstich von
Mathias Burglehner zu Thierburg und Volangsegg, D. O. O.
Regiments-Vice-Kanzler und Pfleger zu Freundsperg und Schwätz
(1629.) In sechs Blättern im $\frac{1}{150/000}$. (Eine sehr seltene Charte mit
dem Porträt des Erzherzogs Ferdinand von Tyrol, und seiner Gemahlinn der Philippine Welser.) — Tirolis Comitatus Augustissimo Imperatori Romano Leopoldo I. Archiduci Austriae, Tirolis
et Majestati suae etc. Von Martin Gump, Ingenieur und Architekten (im Jahre 1674.) In 4 Blättern im $\frac{1}{550/000}$. (Ist ebenfalls mehr
wegen ihres Alterthums, und historischen Werthes beachtungswerth; indem ihre Bearbeitung und Stich von wenigem Belange sind.) — 6) Pläne:
Gegend um Innsbruck auf etliche Stunden, von Pet. Anich. Gestochen
von Schauer zu Innsbruck. In 1 Blatte im $\frac{1}{180/000}$. (Eine halb topographische Charte dieser Gegend, aus dem Atlas von Tyrol gezogen.)
— Plan der Haupt- und Residenzstadt Innsbruck mit einem Theile der
umliegenden Gegend. Vom Oberlieutenant Viehbeck aufgenommen und
gezeichnet 1804, Wien. In 1 Blatte im $\frac{1}{43/800}$. (Ein kleiner, aber guter
und brauchbarer Plan.

Chasteler, Joh. Gabr. Marquis v., k. k. Feldzeugmeister, Inhaber des Inf. Reg. Nr. 27., geh. Rath rc., Commandeur
des Maria Theresien- und des Leopold-Ordens, Großkreuz des sarbin. St.
Mauritz- und Lazarus-Ordens, wurde am 22. Jän. 1763 auf dem
Schlosse Mulbais im vormahligen Hennegau geboren, und erhielt,
dem österr. Kriegsdienste gewidmet, seine Ausbildung in der Ingenieur-
Akademie zu Wien, so wie er denn auch seine Laufbahn bey dem In-

genieur-Corps begann. Vom bayerischen Erbfolgekrieg an, wo er sich
im Gefolge seines Landsmannes, des Fürsten de Ligne, befand, hat
er fast allen Feldzügen beygewohnt, in welchen österr. Heere den Kriegsschauplatz betraten. Mehrfache Auszeichnungen in dem Türkenkriege
hatten ihn schon zum Major und Ritter des Maria Theresien-Ordens
erhoben, als der französische Revolutionskrieg begann. 1793, bey den
Belagerungen in den Niederlanden beschäftigt, und zum Oberstlieutenant
befördert, nahm er, obwohl beym Blockadecorps von Maubeuge angestellt, an der Schlacht von Wattignies Theil, sprengte an der Spitze
einiger Escadrons eine Abtheilung französischer Infanterie, und erhielt
8 Bayonettstiche. Er wurde späterhin auch im diplomatischen Fache, und
nach dem Frieden von Campo Formio als Bevollmächtigter zur
Übernahme der venetianischen Provinzen und der Gränzregulirung gebraucht. Der wieder ausgebrochene Krieg rief ihn zur Armee; als Generalmajor und Generalquartiermeister bey Suwarow angestellt, fand
er in dem Feldzuge von 1799 in Italien vielfache Gelegenheit, den Verbündeten ausgezeichnete Dienste zu leisten. Dieß war nahmentlich in der
Schlacht von Cassano (am 27. April) der Fall. Bey der Belagerung
von Tortona schwer verwundet, mußte er seinen Posten verlassen,
und konnte erst im folgenden Jahre als Commandant einer Brigade in
Tyrol wieder Dienste leisten. Auch 1805 focht er in dieser Provinz,
so wie in Salzburg, mit Auszeichnung. Nach dem Frieden seiner ersten
Bestimmung zurückgegeben, leitete er die Befestigung von Comorn,
welches im Jahre 1809 bey der innigen Verbindung Frankreichs mit
Rußland, und dem verlängerten Aufenthalte der französ. Armee in
Schlesien, zu einem Hauptwaffenplatze für den denkbaren Fall erhoben
werden sollte, daß ein feindliches Heer die Karpathen überschritte. Bey
dem Ausbruche des Krieges 1809 war der Feldmarschall-Lieutenant Ch.
als Befehlshaber des 8. Armeecorps angestellt, welches mit dem 9. unter
des Erzherzogs Johann Oberbefehl in Italien operiren sollte; seine genaue Kenntniß von Tyrol, so wie die dort unterhaltenen Verhältnisse,
veranlaßten jedoch, daß er mit einem Theile seines Corps dahin gesendet
wurde. Die überraschenden Resultate, welche sich hier ergaben, sind
eben so bekannt, als Napoleon's Maßregel, durch einen Tagsbefehl
Berthier's vom 5. May bekannt machen zu lassen: „Daß ein gewisser
Chasteler, angeblich General im österr. Dienst, beschuldigt, die
Ermordung bayer. und französ. Gefangenen veranlaßt zu haben, im Fall
er gefangen werde, vor eine Militärcommission gestellt, und binnen 24
Stunden erschossen werden solle.“ — Nur durch eine so unwürdige Be-
schuldigung mochte eine Maßregel beschönigt werden, welche in unserem
Jahrhundert durchaus einzig dasteht. Nach dem unglücklichen Gefechte
bey Wörgl gegen Marschall Lefebvre verließ Ch. mit seinen Truppen
Tyrol und zog durch Salzburg und Steyermark nach Ungarn, wo sich
fernerhin keine Gelegenheit zu ausgezeichneter Theilnahme an dem
Kampfe darboth. Im Feldzuge von 1813 stand er an der Spitze
einer Grenadierdivision, mit welcher er bey Dresden im Centrum
focht. Bald nach der Schlacht bey Kulm wurde Ch. zum Feldzeugmeister und Festungscommandanten von Theresienstadt ernannt,

und führte in der zweyten Hälfte des Octobers eine Truppenabtheilung zu dem Blockadecorps von Dresden, wo ihm der Auftrag gegeben ward, dem Marschall St. Cyr zu eröffnen, daß die mit dem Ober= befehlshaber des Belagerungscorps, Grafen Klenau, geschlossene Convention die Genehmigung des Generalissimus nicht erhalten habe. Er ging, nachdem der Marschall sich in das Los der Kriegsgefangen= schaft gefügt, nach Theresienstadt zurück, ohne weiter thätigen Antheil an den folgenden Kriegsereignissen zu nehmen, und ward nach der Organisation des lombardisch=venetianischen Königreichs, Stadt= und Festungscommandant von Venedig, wo er am 10. May 1825 starb. Hat er auch hauptsächlich nur durch jene merkwürdige Achtserklärung ein allgemein historisches Interesse erlangt, so ist ihm doch als einem der ausgezeichnetsten Generale des österr. Heeres ein rühmlicher Platz in dessen Kriegsgeschichte sicher.

Chemische Fabrikate. Die Fabrikation der chemischen Waaren ist, wie sich von selbst versteht, keine zünftige Beschäftigung, und es werden auf die Betreibung derselben einfache und Landesfabriksbefugnisse verliehen. Die Waaren, welche die chemischen Fabrikanten verfertigen dürfen, wurden 1819 genau bestimmt, auch die Gränzlinie zwischen den Apothekern und den Fabrikanten chemischer Waaren festgesetzt. Wird eine Befugniß ertheilt, so muß der Fabrikant bey Erlangung derselben genau den chemischen Proceß anzeigen, und sich der Aufsicht über seine Manipulation unterwerfen. Er darf den Ort seiner Fabrikation nicht eigenmächtig verlassen oder ausdehnen. — Die Waaren selbst lassen sich, in so fern dafür einzelne Fabriken bestehen, in 4 Abtheilungen bringen: 1) in Salmiak, 2) in raffinirten Weinstein, 3) in Mercurial=Präpa= rate, und 4) in die Präparate der eigentlichen chemischen Producten= fabriken. Im Folgenden sind diese Gegenstände, in so weit deren Erzeu= gung den österr. Fabrikanten gestattet ist, einzeln aufgeführt, auch bey jedem Präparate die beste und neueste Bereitungsart in Kürze an= gegeben. — Die Fabrikation der chemischen Waaren wird theils in vielen, für einzelne Artikel bestehenden Fabriken, theils in Fabriken für eigent= liche chemische Waaren, theils auch in Apotheken, chemischen Labora= torien, Färbereyen, Bleichanstalten, Druckfabriken ⁊c. betrieben. Die bedeutendste Fabrik ist die k. k. Salmiak= Vitriolöhl= und chemische Waarenfabrik zu Nußdorf bey Wien. Die Fabrik erzeugt nebst der k. k. Fabrik zu Hall in Tyrol, und den kleineren Privatfabriken im lombardisch=venet. Königreich den ganzen inländischen Bedarf an Sal= miak. Die k. k. Nußdorfer Fabrik bereitet jährlich nahe an 600 Ctr. Salmiak, die Haller beyläufig den dritten Theil. Nebst dem Salmiak werden in der Nußdorfer Fabrik mehrere Säuren und Salze erzeugt. Unter ersteren nimmt die Schwefelsäure den ersten Platz ein, und es werden dort jährlich bey 500 Ctr. in 14 meist großen Bleykammern be= reitet. Auch gibt es in andern Provinzen, und nahmentlich im lombar= disch=venet. Königreiche, in Böhmen ⁊c. größere und kleinere Unterneh= mungen, die sich ausschließend mit der Bereitung chemischer Waaren befassen. Böhmen hat insbesondere die bedeutende fürstl. Auersberg= sche Fabrik zu Groß=Lukawetz im Chrudimer Kreise (auf der Herr=

ſchaft, Naſſaberg), welche ordinären und mittelfeinen, grünen, dann Salzburger und Cypriſchen oder blauen Vitriol, Schwefel in Stangen und Farben, ſehr gute braune und weiße Schwefelſäure, Schwefelblüthe, extrafeines Berggrün, rothe Erde, engliſch weißes Vitriolöhl, reines Scheidewaſſer, Salpetergeiſt, Salpeter= und Salzſäure, künſtlichen Alaun, Duplicatſalz, Glauberſalz ꝛc. fabricirt; und das gräfl. Wurmbrand'ſche große Vitriolwerk zu Weißgrün im Pilſener Kreiſe (auf der Herrſchaft Liblin); Siebenbürgen hat eine Mercurialfabrik bey Carlsburg, wo Sublimat erzeugt wird; Steyermark eine chemiſche Productenfabrik in Grätz. Auch Venedig hat geſchickte Arbeiter; und eben ſo iſt der raffinirte Weinſtein aus Venedig ſchon ſeit vielen Jahren bekannt. Zur Vervollkommnung der chemiſchen Waarenfabriken in den öſterr. Staaten haben die Vorleſungen des Freyh. v. Jacquin an der Univerſität in Wien über Chemie weſentlich beygetragen, um ſo mehr, da er immer mit größter Bereitwilligkeit das ihm bekannt gewordene Nützliche den Fabrikſinhabern mitzutheilen und ihre Arbeiten durch ſeinen Rath und oft eigene Handanlegung zu unterſtützen ſuchte. Für die weitere Emporbringung dieſes Fabrikzweiges iſt nun durch die Errichtung von Lehrkanzeln der allgem. und ſpeciellen techniſchen Chemie am k. k. polytechniſchen Inſtitute in Wien eingreifend geſorgt. — Der Handel mit chemiſchen Waaren, der nach allen Provinzen der Monarchie getrieben wird, iſt einträglich, da dieſe Waaren bey ſo vielen Gewerbsabtheilungen gebraucht werden. Salmiak wurde in früherer Zeit über Livorno, Archangel, Amſterdam und Hamburg aus Sibirien oder über Aleppo, Venedig, Marſeille und London aus Ägypten eingeführt. Jetzt iſt für den inländiſchen Bedarf mehr als hinreichend geſorgt, ſo daß Salmiak ein Artikel der Ausfuhr nach dem Oriente geworden. Mercurial=Präparate, Säuren und andere chemiſche Waaren ſind überhaupt bedeutende Gegenſtände der Ausfuhr. Weinſtein hat beſonders in den ſüdlichen Gegenden großen Abſatz. Die chemiſchen Waaren werden von den Materialwaarenhändlern geführt, meiſtens in wohlaſſortirten Lagern.

Cherſo, 1) eine der zu Illyrien gehörigen quarneriſchen Inſeln; 2) illyr. Stadt zum Mitterburger oder Iſtrier Kreiſe gehörig, und auf eben genannter Inſel am Meere gelegen, mit 700 Häuſern und 3,000 Einw. Der Hafen, der aber wenig beſucht wird, iſt 500 venet. Fuß lang, 1750 breit, und 65 tief.

Chevaulegers, ſ. unter Cavallerie.

Chezy, Selmine v., geb. v. Klenke, Enkelinn der berühmten Karſchin und Witwe des verdienſtvollen Orientaliſten Anton Leonard v. Chezy, ſchätzbare Schriftſtellerinn und Dichterinn. Sie wurde geboren zu Berlin den 26. Jän. 1783, und genoß von ihrer ſehr gebildeten Mutter, der Tochter jener Dichterinn, eine ſehr ſorgfältige Erziehung; erſt im 10. Jahre erhielt ſie auch Lehrer. Ihre Lernbegierde war ſo groß, daß ſie ſich bis zur Erkrankung anſtrengte. Schon in ihrem 16. Jahre wurde ſie aus ökonomiſchen Rückſichten an einen Freyh. von Haſtfer verheyrathet; dieſe Verbindung war indeſſen ſo wenig glücklich, daß ſie ſelbſt ſchon nach einem Jahre auf Scheidung drang, welche end=

lich nach großem Widerstreben ihres Gemahls im April 1801, jedoch mit Verlust ihres Eingebrachten bewerkstelligt wurde. In dieser verlassenen Lage folgte sie einem Rufe der Frau v. Genlis, welche sie schon als Kind in Berlin kennen gelernt hatte, nach Paris, und lebte durch 14 Monathe in der Nähe dieser Frau, jedoch in ihrer Erwartung nicht vollständig befriedigt. Endlich lernte sie bey Friedr. Schlegel, Chezy kennen, und vermählte sich 1803 mit ihm; zugleich hatte sie bereits die literarische Bahn betreten. Ihre erste Arbeit: Empfindungen und Erfahrungen einer jungen Deutschen in Paris, erschien in Feßler's Pannonia; dann war sie auch die Gründerinn und erste Herausgeberinn der bey Cotta erschienenen franzöf. Miscellen. 1804 wurde sie durch die Genlis der Mad. Murat zur Erzieherinn für ihre Kinder vorgeschlagen, allein noch zu jung zu diesem Geschäft gefunden. 1810 führten häusliche Mißverhältnisse in der Familie ihres Mannes, und Verschiedenheit ihrer Ansichten eine freywillige Trennung herbey, sie verließ mit ihren 2 Söhnen Frankreich und begab sich nach Deutschland, wo sich der damahlige Fürst-Primas besonders für die talentvolle Frau interessirte, die während ihres Aufenthaltes in Frankreich schon auf das Thätigste Theil an der deutschen Literatur genommen hatte. Ihre ganze Zeit widmete sie nun ihren Studien und Schriften, so wie der Erziehung ihrer Söhne. Ohne Anleitung lernte sie die italienische, spanische, englische und altfranzösische Sprache, nahm an vielen deutschen und französischen Zeitschriften thätigen Antheil, und ließ selbst die orientalische Sprache nicht ganz unbeachtet. Der Krieg von 1813 entflammte ihren Eifer für die Sache des Vaterlandes im hohen Grade, auch schloß sie sich dem deutschen Frauenverein für die Pflege verwundeter Krieger mit Eifer an, wurde jedoch dadurch in unangenehme Händel verwickelt. Sie richtete nähmlich einen Brief an den preuß. General Graf Gneisenau, worin sie ihn auf mehrere Mißbräuche aufmerksam machte, die sich bey der Verwaltung von Spitälern und Invalidenhäusern eingeschlichen hatten, und verlangte eine allgemeine Lazareth-Untersuchung; allein dieser Brief gerieth in die Hände jener, die sich durch die offene Darlegung des traurigen Schicksals der Invaliden verletzt fühlten, die Untersuchung wurde nun gegen Frau v. Ch. selbst, wegen Beleidigung gegen die Invaliden-Prüfungscommissäre, gerichtet, und nur nach vielen erlittenen Kränkungen und gerichtlichen Verhandlungen wurde sie 1817 durch ein königl. preuß. kammergerichtliches Erkenntniß von dem Vorwurfe freygesprochen, die Commission beleidigt zu haben. Seit dieser Zeit lebte sie in Berlin und Dresden, hierauf zog sie nach Österreich, wo sie mit ihren Söhnen in Wien und Baden, dann später in Salzburg lebte, 1833 aber ihren Aufenthalt in Bayern wählte. Ihre Schriften sind sehr zahlreich; als Dichterinn gebührt ihr im Liede, unstreitig ein bedeutender Rang. Besondern poetischen Schwung hat ihr Rittergedicht: Die drey weißen Rosen, im Taschenbuch Urania für 1821. Das dramatische Fach scheint ihr aber, wie überhaupt weiblichen Schriftstellern, am wenigsten zuzusagen. Außer sehr vielen und mitunter werthvollen Aufsätzen in fast allen vorzüglichen belletristischen Zeitschriften und Taschenbüchern Deutschlands gab sie im Druck heraus:

Leben und romantische Dichtungen der Tochter der Karschin, als Denk=
mahl der kindlichen Liebe. Frankfurt, 1805. — Leben und Kunst in
Paris seit Napoleon I. Weimar, 1805. — Thalie et Melpoméne
françaises ou recueil périodique des théâtres de Paris, Rudol=
stadt, 1808. — Gedichte der Enkelinn der Karschin, Aschaffenburg, 1812.
— Blumen in die Lorbeern von Deutschlands Rettern gewunden. Hei=
delberg, 1813. — Gemälde von Heidelberg. Mannheim, 1816. —
Poetisches Taschenbuch für Reisende. Heidelberg, 1816. — Neue aus=
erlesene Schriften der Enkelinn der Karschin. eb., 1817. — Emma's
Prüfungen, eb., 1817. — Aurikeln, Blumenlese von deutschen
Händen. Berlin, 1818. — Altschottische Romanzen, Übersetzung,
1818. — Iduna, Schriften deutscher Frauen. Chemnitz, 1820. —
Erzählungen und Novellen, 2 Thle. Leipzig, 1822. — Euryanthe,
für Webers Musik. Wien, 1823. — Stundenblumen, eine Samm=
lung Erzählungen, 4 Thle., eb. 1824 — 27. — Jugendschicksale ꝛc.
eines papiernen Kragens ꝛc. eb., 1829. — Norica, Handbuch für Alpen=
wanderer und Reisende durch das Hochland in Österreich ob der Enns.
München, 1833.

Chiaravalle, berühmtes ehemahliges Kloster in der lombard. De=
legation Mailand, vom heil. Bernhard gestiftet, in einer jetzt
durch die Reisfelder etwas ungesund gemachten Gegend. Der gothische
Glockenthurm der Kirche, den Lalande absurd und gefährlich nennt,
ist reich und kühn erbaut; hölzerne Basreliefs, Meisterwerke ihrer Art,
das Leben des heil. Bernhard darstellend, zieren die ehemahligen
Chorstühle, und die sonstige Klosterkirche hat schöne Fresken. In der
Mauer des Gottesackers bezeichnet ein kleiner Stein das Grab des be=
rühmten Pogano della Torre, Podestà von Mailand (gest.
1241). Auf demselben Gottesacker ward 1282 die Ketzerinn Gugliel=
mina begraben, und 1300 wieder ausgegraben, um mit zweyen ihrer
noch lebenden Schülerinnen verbrannt zu werden.

Chiari, beträchtlicher lombard. Marktflecken in der Delegation
Brescia, am Oglio, zählt gegen 8,000 Einw., welche vorzüglich
Seidenspinnereyen und Gerbereyen unterhälten.

Chiari, **Pietro**, gewöhnlich Abbate Chiari genannt,
war zu Brescia 1700 geb., wurde nach Vollendung seiner Stu=
dien Weltgeistlicher, und lebte, einzig mit seinen schriftstellerischen Arbei=
ten beschäftigt, zu Venedig; von dem Herzog von Modena er=
hielt er den Titel eines Hofpoeten. Gegen das Ende seiner Laufbahn
zog er sich nach Brescia zurück, wo er 1787 starb. Er hat sich als
dramatischer Dichter einen Nahmen unter seinen Landsleuten erworben;
seine Bestrebungen für das Theater fallen in eine Periode mit denen des
Goldoni und Carlo Gozzi. In 10 bis 12 Jahren wurden bey 60
seiner Lust= und Schauspiele neben denen Goldoni's in Venedig
aufgeführt. Er glaubte sich stets mit Goldoni auf einer gleichen Stufe;
allein in allen seinen Producten vermißt man wahres poetisches Leben
und komische Kraft. Die Trauerspiele stehen unter der Mittelmäßigkeit.
Eine Sammlung seiner dramatischen Werke erschien in 10 Bden. Comedie
in versi, Vened. 1756; dazu gehört noch: Nuova raccolta. eb. 1762.

2 Bde. Auch Romane, Lehrgedichte, Briefe, Abhandlungen hat Ch. geschrieben und drucken laſſen.

Chiavenna (Cläven, Clefen), lombard. Marktfl. in der Dleg. Sondrio, der ehemahlige Hauptort der Landſchaft Cläven, in ſehr ſchöner Lage, in einem Thalkeſſel an der wilden und waſſerreichen Mera, von Lorbeer- und Cypreſſenbäumen umgeben und, überragt von Felſengipfeln voll Schnee. C. hat 2900 Einw., Baumwoll- und Seidenweberey, und Tranſito-Handel. Beym Eingange des Orts ſteht ein großer und herrlicher Triumphbogen, welchen die dankbaren Einwohner dem Kaiſer Franz errichtet haben. Es ſind hier 6 Kirchen, von welchen die des heil. Laurenz ſich auszeichnet. Bemerkenswerth ſind der ehemahlige Pallaſt der Republik Graubündten, das Kaufhaus, die Seidenmühlen und Papierfabriken. Auf dem Schloßberge, der ſich 200 Fuß erhebt, und noch die Trümmer eines feſten Schloſſes trägt, hat man eine ſehr maleriſche Ausſicht. Dieſer Felſen iſt von einer 24 bis 30 Fuß breiten Kluft, la Cavurga genannt, durchſchnitten, welche wohl durch Menſchenhand entſtanden iſt; hinter dem Berge ward vormahls Töpfſtein gebrochen. Noch gibt es ſolche Gruben, hier Trone genannt, auf dem Wege von Ch. nach Proſto, und Drehmühlen für das daraus zu verfertigende Geſchirr, und in Proſto ſelbſt iſt eine Niederlage dieſes Geſchirrs. Da durch Ch. die berühmte Straße über den Splügenpaß führt und die Gebirgspäſſe des Septimer und Maloja zuſammentreffen, ſo iſt der Waarendurchpaß und Verkehr lebhaft. Nahe bey Ch. ſieht man den herrlichen Waſſerfall, die Piuro und das unbeſchreiblich reizende Plürſerthal, eine Stunde davon entfernt noch einen zweyten Waſſerfall, genannt die Gordona oder Caſcata della Bocia, der ſehr waſſerreich iſt.

Chiavennerſee, in der Lombardie, hängt mit dem Comerſee im Norden durch einen ſchmalen, aber ſchiffbaren Canal zuſammen. In den Canal mündet ſich die Adda aus dem großen Valtellinerthale. Das Geſchiebe und aller Schlamm, welchen dieſer Fluß mitbringt, erhöhen das Bett des Canals, verſtopfen denſelben, hemmen die Schifffahrt, und den Abfluß aus dem Ch., wodurch deſſen Waſſerſtand ſteigt und die Verſumpfung am ganzen nördlichen Ufer veranlaßt und vermehrt wird.

Chieſa, lombard. Dorf in der Deleg. Como, der vorzüglichſte Ort in dem weiter gegen Oſten gelegenen romantiſchen Malencothale, das ſich von Sondrio nordwärts gegen den Bernina und Oro erſtreckt. Bey Ch. theilt es ſich in 2 Arme, wovon der eine, das Thal von Lanzada genannt, ſich rechts hinanzieht, der andere unter dem Nahmen Thal von Malenco gegen Muretto und den Berg Oro hinläuft, wo der Maller aus einem See entſpringt.

Chimani, Leop., geſchätzter Jugendſchriftſteller, wurde geb. den 20. Febr. 1774 zu Lang-Enzersdorf in Niederöſterreich, wo ſein Vater Schullehrer war. Bis in ſein 11. Jahr genoß er zu Hauſe des väterlichen Unterrichtes und ward dann als Sängerknabe beym Chor zu St. Stephan in Wien aufgenommen, wobey er zugleich Muſikunterricht erhielt und das Gymnaſium bey St. Anna beſuchte. Er brachte 5 Jahre

daselbst zu, bildete sich unter manchen Kümmernissen, welche der Chor-
knabendienst bey kargen Mitteln mit sich bringt, und widmete sich dann
den philosophischen Studien, wobey er zwar für seinen Unterhalt selbst
sorgen mußte, jedoch bald Unterstützung von Menschenfreunden, so wie
durch seine erworbenen Musikkenntnisse fand. Schon weit in seinen Studien vorgeschritten, bewegten ihn die dringenden Vorstellungen seiner
Mutter am Krankenbette des Vaters, sich dem Lehramte zu widmen,
um bey dem Tode des Vaters den Schuldienst übernehmen und so für
die Erhaltung der Mutter und Geschwister sorgen zu können. Er verließ sonach die Universität, hörte pädagogische Vorlesungen und richtete
sein ganzes Augenmerk darauf, sich anfangs unter den Augen seines Vaters zum tüchtigen Lehrer auszubilden, wobey er jedoch in freyen Stunden das Studium der (Kant'schen) Philosophie fortsetzte. Nachdem Ch.
zwey Jahre in der Dorfschule zu Lang-Enzersdorf mit vielem Erfolge gelehrt, übernahm er den Unterricht bey den Söhnen des k. k. n. ö.
Regierungsrathes und Kreishauptmannes Freyherrn von Sala. 1798
erhielt er, nach Beförderung des bisherigen Directors Fr. A. Gaheis,
die Directorsstelle der k. k. Haupt- und Industrieschule in Korneuburg. Mit regem Eifer stand er auch diesem nicht sehr einträglichen Amte
durch mehrere Jahre vor. Er bildete in Korneuburg eine Erziehungsanstalt, anfänglich für 12 Knaben, deren Zahl jedoch bald höher anwuchs, so daß er ein Haus sammt Garten kaufte, für die Erziehungsanstalt einrichtete und fest entschlossen war, sich in Korneuburg für
immer festzusetzen. Allein ein Lungenübel, als Folge der Anstrengung
beym Unterrichte, veranlaßte ihn, diesem zu entsagen. Er suchte nun um
die erledigte Stelle eines Rechnungsfactors bey der k. k. Normal-Schul-
bücher-Verschleiß-Administration in Wien an, und erhielt sie auch 1807,
nachdem er durch 9 Jahre der Hauptschule in Korneuburg vorgestanden hatte und Ehrenbürger daselbst geworden war. In dieser neuen Anstellung bewies er seine Verwendbarkeit so genügend, daß er den 16. Jän.
1819 zum Administrator des k. k. Schulbücher-Verschleißes befördert
wurde und nebstbey noch seit mehreren Jahren als k. k. Bücher-Censor
aushülfsweise verwendet wird. Seine Mußestunden verwendete er jedoch
jederzeit, um Bücher zur Belehrung und Unterhaltung der Jugend zu
schreiben, welche größtentheils begierig gelesen und allgemein verbreitet wurden. Die Zahl seiner Jugendschriften reicht an 100, von welchen
wir die vorzüglichsten nennen: Erzählungen und belehrende Unterhaltungen aus der Länder- und Völkerkunde, aus der Naturgeschichte, Physik
und Technologie. Wien 1809—16 (2. Aufl.). — Wahre Geschichten,
welche sich in den letzten Jahren zugetragen haben; eb. 1821. (4. Aufl.) —
Vaterländischer Jugendfreund. 6 Thle. eb. 1827 (2. Aufl.) — Vaterländische
Unterhaltungen, 6 Thle. eb. 1815. — Wilhelms und Lina's Tagesbeschäfti-
gung und Erholungen; eb. 1816. — Tugendspiegel und Warnungstafeln;
eb. 1817. — Kinderpflichten; eb. 1827. (2. Aufl.) — Schule der Belehrung
und Warnung; eb. 1827. (3. Aufl.) — Sittengemälde zur Veredlung des
Herzens und Bildung des feineren Gefühles; eb. 1824. (2. Aufl.) — Vaterländische Merkwürdigkeiten, Biographien berühmter Männer ꝛc. eb.
1818. — Auserlesene Fabeln und Erzählungen für die Jugend; eb. 1823.

(2. Aufl.) — Ehren- und Sittenspiegel aus der alten und neuen Geschichte; eb. 1825. — Die fromme Königinn Mathilde; eb. 1826. — Religion und Tugend, 12 Bdchn. eb. 1827. — Bethe und arbeite, eine Sammlung neuer Erzählungen. 6 Bde. eb. 1828. — Meine Ferienreise von Wien durch das Land unter und ob der Enns; eb. 1830. — Der erzählende Kinderfreund; eb. 1831. — Biographien verdienter und berühmter Männer; eb. 1832 — Theoretisch- practischer Leitfaden für Lehrer in Kinderbewahr- anstalten; eb. 1832.

Chioggia: (Chiozza), venet. Stadt auf der gleichnahmigen Insel in der Deleg. Venedig, ist ansehnlich und ziemlich regelmäßig gebaut, hat 20,620 Einw. und einen schiffbaren Canal, welcher die Lagunen mit der Etsch verbindet. Die Stadt hängt mittelst einer steinernen Brücke von 43 Bögen mit der Landenge von Brondolo zusammen. Es ist hier der Sitz eines Bisthums, ein bischöfliches Gymnasium und ein Seminar mit philosophisch - theologischen Studien, ein Ursulinernonnen- kloster mit Mädchenerziehungsanstalt, ein Krankenspital, Waisenhaus, Armenhaus und frommes Institut, wo jeden Abend bey 300 Kinder der ärmeren Volksclasse, welche bey Tage keine Schule besuchen können, im Lesen, Schreiben und Rechnen unterrichtet werden. Die in der Nähe befindlichen Seesalzwerke versehen einen Theil des Venetianischen mit Salz; man verfertigt viele Schiffseile und Taue (auch aus spanischem Spartogras); der Schiffbau wird auf den 36 dafür bestimmten Bauplätzen thätig betrieben. Der Handel ist ziemlich lebhaft, zumahl mit ober- italischen und deutschen Waaren; der 17 Wr. F. tiefe Hafen wird von 2 Forts, S. Felice und Caraman, beschützt.

Chirurgische Instrumente. Obschon alle Messerschmiede zur Verfertigung der Ch. J. berechtiget sind, so verlegen sich doch nun einzelne Messerschmiede hierauf, größtentheils oder ausschließend, und in dieser Beziehung gibt es chirurgische Instrumentenmacher. — Eigentliche chirurgische Instrumentenmacher aber gibt es in der Regel nur in großen Städten, oder in der Nähe von Universitäten. Die vorzüglichsten Instrumente dieser Art werden ohne Zweifel in Wien von Math. Gockel, welcher den größten Theil der Ch. J. für die k. k. Armee liefert, und eine große Werkstätte hat, von Ign. Malliard, Joh. Purtscher u. a. verfertiget, so zwar, daß die Wiener-Instrumente mit den besten englischen wetteifern können. Die besten Schnäpper macht Fischer in Wien. Sigm. Wolffohn hat hier eine k. k. priv. Fabrik von chirurg. Maschinen 2c. Außer ihm verfertigen in Wien vorzüglich chirurg. Maschinen: Ant. Schlösser der ält. und jüng., Jos. Braunstätter u. a. Der Absatz obiger Gegenstände erstreckt sich auf die ganze Monarchie, und ist erheblich, da in den Provinzen nur wenig davon gearbeitet wird.

Chiusa, venet. Dorf in der Deleg. Verona, an der Etsch. Hier wird die Gegend wild und schauerlich, und der Fluß rauscht in der Kluft, die er sich selbst gebrochen hat; die Straße schmiegt sich an die Felsenwand, mit Mauern gegen den Abgrund gesichert. Oben im Felsen steht ein Fort.

Chladek, Augustin-Joh., ein sehr geschickter Tenorsänger und Organist. Er war zu Turnau in Böhmen 1761 den 13. April geb.

In seiner zartesten Jugend kam er nach Altbunzlau, wo er die Stiftung als Sopranist an der St. Wenzels- und Marienkirche erhielt, und die Humaniora absolvirte. Hierauf ging er nach Prag, trat an der St. Benedictskirche in der Altstadt Prag die Stelle eines Organisten an, und hörte zugleich die Philosophie, aus der er die Doctorswürde erhielt. In das königl. Stift Strahow des Prämonstratenserordens 1779 den 28. Aug. aufgenommen, legte er 1785 den 17. April die Ordensgelübde ab, und 1788 den 26. July las er die erste Messe. 1808 lebte er in Liboteinitz als Pfarradministrator, und war dann zu Auchonicz noch 1815 als Pfarrer. In seinen frühern Jahren studirte er die Partituren Haydn's und Mozart's, und den Generalbaß. Von ihm sind mehrere Lieder und Gesänge der besten deutschen Dichter in Musik gesetzt worden.

Chladek, Joh., ein geschickter Bildhauer in Turnau, aus Schlan gebürtig, Vater des Obigen. Er arbeitete sehr viele Bildsäulen für den Grafen von Waldstein, so wie auch mehrere Altäre für die Czerekwitzer Kirche, die er auf Kosten des Generals Browne verfertigte. Überhaupt arbeitete er in Stein, Holz und Elfenbein, und excellirte größtentheils in den kleinsten Figuren, welchen er die beste Stellung zu geben wußte. Er starb den 25. Jän. 1788 in Turnau.

Chlumczansky Ritter von Prestawelk und Chlumczan, Wenzel Leop., Fürsterzbischof zu Prag, des apostolischen Stuhles zu Rom durch Böhmen, dann der Diöcesen Bamberg, Meißen und Regensburg Legatus natus: des k. k. Leopoldordens Großkreuz; Inhaber des goldenen Civil-Ehrenkreuzes, wirklicher geheimer Rath, des Königreichs Böhmen Primas; Doctor der Philosophie und Senior der philosophischen Facultät der k. k. Carl-Ferdinandäischen Universität zu Prag; perpetuirlicher Kanzler und Protector Studiorum; wirkendes Mitglied der Gesellschaft des vaterländischen Museums und des pomologischen Vereins in Böhmen; Protector des Privat-Blindeninstituts und des Vereins der Kunstfreunde für Kirchenmusik in Prag; ward geb. den 15. Nov. 1749 zu Hostiz in Böhmen. Nachdem Ch. den ersten Unterricht in den Elementargegenständen im väterlichen Hause und am Gymnasium zu Deutschbrod erhalten, wurde er 1765 in das zu Prag unter der Leitung der Jesuiten bestandene St. Wenzels-Seminarium zur weitern Erziehung und Bildung übergeben. Vorzügliche Geistesfähigkeiten, unermüdeter Fleiß, kindliche Frömmigkeit und anspruchlose Bescheidenheit erwarben dem jungen Alumnen bald die Liebe und Achtung seiner Vorgesetzten und in deren Folge die rühmliche Auszeichnung, daß ihm, noch selbst einem Jünglinge, die Aufsicht über die übrigen adeligen Convictszöglinge anvertraut wurde. — Nach Vollendung der philosophischen Studien und Erlangung der philosophischen Magisterswürde trat er 1768 aus dem St. Wenzels-Seminar in das höhere Bildungsconvict zum heil. Bartholomäus über, um daselbst ebenfalls unter der Leitung der Jesuiten die Theologie, der er sich, von innerm Berufe angetrieben, zu widmen beschloß, zu studiren; und daß er diesem Studium mit rastlosem Eifer und erwünschtem Fortgange obgelegen, dürfte seine 1771 erfolgte Beförderung zum theologischen Baccalaureat an der Prager Carl-

Ferdinandäischen Universität zur Genüge beweisen. 1772 zum Priester geweiht, eilte Ch. voll brennenden Eifers für seinen heilwirkenden Beruf der ihm angewiesenen Caplansstation zu Klösterle (einem im hohen Gebirge des Saazerkreises gelegenen Städtchen) zu. Von da 1777 zur Gartißer Pfarrey befördert und 2 Jahre darauf mit der ansehnlichen Dechantey zu Tetschen betheilt, begründete er immer mehr den ihm vorangegangenen, guten Ruf, welches zur Folge hatte, daß er noch vor Ausgang 1779 von dem Prager Domcapitel zum wirklichen Mitgliede mit der Bestimmung gewählt wurde, die erledigte deutsche Kanzel zu versehen. Durch 11 volle Jahre verkündete Ch. von Böhmens erster Kanzel das Wort Gottes. — Durch allmählige Vorrückungen zu höheren Stufen gelangte er gemäß der bestehenden Capitularverfassung zur Würde eines Praelatus Archidiaconus, als er von dem Prager Fürsterzbischofe Wilh. Florentin, Fürsten zu Salm-Salm, zum Suffraganbischof gewählt, und nach erfolgter päpstlicher Bestätigung am 28. Sept. 1795 als Bischof von Canea in part. infid. in der Prager Domkirche feyerlichst consecrirt wurde. Sieben Jahre stand Ch. seinem Erzbischof zur Seite, als er 1802 vom Kaiser zum Bischofe in Leitmeriz ernannt, und als solcher vom Papste Pius VII. bestätigt wurde. Mit der Sorgfalt eines unermüdeten Oberhirten verband Ch. die unerschöpfliche Liebe eines Vaters gegen alle, die in irgend einem Verbande mit ihm standen, besonders aber erfreuten sich dieser Liebe die Armen und Nothleidenden aller Stände. — Obgleich er auf die Herstellung der Kirchen-, Schul- und Wirthschaftsgebäude auf den bischöfl. Herrschaften bedeutende Summen verwendete, und zu Drum eine herrliche Kirche aus seinem Vermögen neu aufführte, vergaß er keineswegs die Pflichten gegen seine Nebenmenschen, und die Armen erhielten von ihm reichliche Unterstützung. Der Kaiser legte ihm darum den ehrenvollen Nahmen eines „Vaters der Armen" bey, als derselbe ihn unter dem 6. Jän. 1808 zum Beweise seiner vollkommensten Zufriedenheit mit der Würde eines k. k. wirklichen geheimen Rathes auszeichnete. — In dem verhängnißvollen Jahre 1813, wo Ch. durch patriotische Opfer zur Unterstützung der um Leitmeriz gelagerten vereinigten Armee, und besonders durch die menschenfreundliche Sorge für die Unterbringung und Verpflegung der verwundeten Krieger, neue glänzende Verdienste um sein Vaterland sich erworben, berief ihn der Kaiser zum Erzbisthum ritus latini nach Lemberg, an die Stelle des 1812 verstorbenen Erzbischofs Cajetan Ricki von Ricki. Allein Unkenntniß der polnischen Sprache und die daraus entspringende Besorgniß, den gerechten Ansprüchen der ihm anzuvertrauenden Heerde nicht zu genügen, bestimmten ihn, um Enthebung dieser Beförderung zu bitten, nach deren Gewährung er in seiner vorigen Wirksamkeit nur mehr kurze Zeit verblieb, da er am 12. Dec. 1814 zum Fürsterzbischofe von Prag ernannt wurde. — Zu derselben Zeit erhielt er in Rücksicht seiner während der letzten Kriegsepoche 1813—14 geleisteten Dienste das goldene Kreuz des neugestifteten Civil-Ehrenzeichens. — Nichts unterbrach seine edle Thätigkeit. Unter ihm wurde das in seiner Bestimmung höchst wohlthätige, aber in Geldkräften gesunkene Pensionsinstitut für Schullehrerswitwen und Waisen reorganisirt, durch neue Zuflüsse gehoben, und in blühenden Stand gesetzt. — Ihm verdankt das Seminar seine dermahligen, den Bedürfnissen unserer Zeit mehr zusagenden Statuten, seine zweckmäßig eingerichtete Krankenanstalt nebst so vielen andern kostspieligen Herstellungen, besonders an den Gartengebäuden, der wohlthätigen Gaben nicht zu gedenken, die er an Geld und geistlichen Büchern alljährig unter die Alumnen vertheilen ließ. Selbst noch in seinem Testamente erwies sich Ch. wohlthätig gegen sein Seminar, da er demselben seine zahlreiche Handbibliothek legirte. — Bey der Vermehrung seiner Einkünfte erweiterte sich auch der Wirkungskreis seiner thätigen Nächstenliebe. Alle wohlthätigen Anstalten Prag's, an welchen die Hauptstadt, wie kaum eine andere reich ist, alle gemeinnützigen Unternehmungen im Königreiche, besonders aber die religiösen Institute der barmherzigen Brüder, der Elisabethinerinnen und Ursulinerinnen fänden in ihm den eifrigsten und thätigsten Beförderer, die Armen aus allen Classen ihren Vater und Wohlthäter, und arme Studirende den großmüthigsten Gönner. In seinem Alumnat erhielten 100 arme Studirende, welche zur Bedienung der Alumnen während der Eßzeit bestimmt, und dafür von Seite des Alumnats mit der nöthigsten Kost versehen werden, noch Spenden aus der Casse des Erzbischofs, und 25 davon, die unter Aufsicht eines Präfecten im Seminare wohnen, überdieß die nöthige Kleidung. Um den Bestand dieser Anstalt auch nach seinem Tode zu sichern, legirte er dem Prager Seminar 10,000 fl. C. M., mit der Verpflichtung, die hievon entfallenden Interessen zur bessern Verpflegung dieser armen Studirenden zu verwenden. Gleich beym Antritt des Erzbisthums übergab er in die Hände des damahligen Oberstburggrafen 16,000 fl. zur Unterstützung der Prager Armen, und als 1817 vom Kaiser ein Privatverein in Böhmen zur Linderung des in einigen Gegenden eingetretenen Nothstandes gestiftet wurde, trug Ch. als wirkendes Mitglied desselben 20,000 fl. bey. Nachdem aber von dem Überreste der nicht verwendeten Gelder ihm 8,000 fl. zurückgestellt werden sollten, widmete er auch diese zur Fundirung des gerade damahls im Entstehen begriffenen National-Museums, dessen literarische Schätze er überdieß durch zeitweilige Überlassung denkwürdiger Handschriften und Incunabeln bereicherte. 1825 überreichte Ch. dem römischen Stuhle zur Herstellung der in Rom abgebrannten Pauluskirche 1,000 Stück Ducaten. — Das schönste Denkmahl seines gemeinnützigen Sinnes hinterließ jedoch Ch. in der Gründung zweyer Realschulen zu Rakonitz und Reichenberg, von welchen jene der öconomisch-technischen, diese der commerziellen Bildung der vaterländischen Jugend bestimmt ist. Ch. sorgte in stiller Verborgenheit für das erforderliche Stiftungscapital. Im Nahmen eines ungenannten Patrioten ließ er durch den Piaristenordens-Provinzial Pet. Bruckner dem Landesgubernium den Vorschlag zur Gründung zweyer Realschulen an den besagten Orten machen, und dazu ein schon früher bey diesem Orden zum Behufe einer gemeinnützigen Lehranstalt niedergelegtes Capital anbiethen, welches mit letztem Oct. 1830 durch den Zuwachs der Zinsen bis zu dem Betrage von 104,905 fl. C. M. anwuchs. — 1818 wurde Ch. von dem Kaiser mit dem Großkreuz des Leopoldordens, und 2 Jahre darnach durch die Bestimmung ausgezeichnet, den Erzherzog Rainer mit Maria Elisabeth, Prinzessinn von Savoyen-Carignan, in der Prager Metropolitankirche zu trauen. — 1829 fand zu Prag das Jubelfest der Canonisation des heil. Johann von Nepomuk Statt; Ch. verewigte das Andenken an diese Feyerlichkeit durch Stiftungen an der Prager Metropolitankirche mit einem Capital von 20,000 fl. C. M. Er entschlief 1830 den 14. Juny im 81. Jahre seines Alters, der Letzte seines Stammes! — Aus seinem Testamente leuchtet derselbe Geist hervor, welchen Ch. bey Lebzeiten rücksichtlich der Kirchengüter an Tag gelegt hat, indem er seine ganze Nachlassenschaft, mit Ausnahme weniger Legate für seine Verwandten, denen er jedoch früher ein großmüthiger Wohlthäter gewesen, zu frommen und religiösen Zwecken und zur Erhaltung seiner Diener bestimmte.

Chlumetz, böhm. Städtchen im Bidschower Kreise an der Czidlina, ziemlich schlecht gebaut, mit 2,619 Einw. Ein ansehnliches Gebäude ist das gräfl. Kinsky'sche in Gestalt einer Krone gebaute Schloß Carlskron, in dessen Nähe sich ein großer Thiergarten mit Hoch-, Roth- und Schwarzwild befindet.

Chmel, Adam Matth., Professor der Physik und angewandten Mathematik, wie auch Senior der philos. Facultät am Lyceum zu Linz, geb. zu Teschen den 27. Aug. 1770, legte er seine Humanitätsstudien zum Theil im gräfl. Tenczin'schen Convicte daselbst unter der Leitung des gelehrten Scherschnik in den Jahren 1781 — 86 zurück. Mit den besten Zeugnissen und Empfehlungen ging er nun auf die hohe Schule nach Wien, und absolvirte daselbst die philosophischen Gegenstände, dann die Rechts- und politischen Wissenschaften, zugleich aber hörte er, durch Veranlassung des Freyh. van Swieten, auch die höhere Mathematik in den vorgeschriebenen Cursen mit Auszeichnung. 1794 concurrirte Ch. um die Genielehrersstelle an der mährisch-ständischen Akademie zu Olmütz, und erhielt das Anstellungsdecret vom 30. August desselben Jahres. Während seines 9jährigen Lehramtes als ständischer Ingenieur in Olmütz, unterwarf er sich noch zwey Concursen aus der Philosophie an der hohen Schule zu Wien für Krakau und Linz, und zweyen aus dem Naturrechte für Olmütz. 1803 wurde ihm dagegen die Lehrkanzel der Mathematik, sohin auch der Physik am Linzer k. k. Lyceum zu Theil. — Seine Schriften sind: Darstellung der Begriffe Recht und Pflicht (in den 6 ersten Heften des in Brünn bey Traßler erschienenen allg. europ. Journals, Jahrg. 1797) — Logarithmische Differenzialien (in demselben Journale 1798, April- und Mayheft). — Institutiones mathematicae. 2 Bde. Linz 1807. — Mehrere Gelegenheitsprogramme. — Als Lehrer des Geniefaches an der mähr. ständ. Akademie führte Ch. mehrere practische Arbeiten und Vermessungen aus und lieferte Plane davon.

Chmel, Jos., Chorherr des canonischen Stiftes vom heil. Augustin zu St. Florian und zweyter geheimer Hof- und Hausarchivar,

Sohn des Vorigen, geb. zu Olmütz den 18. März 1798, studirte zu Linz und im Convicte zu Kremsmünster, trat 1816 in das Stift zu St. Florian, wurde 1821 zum Priester geweiht, 1826 zum Bibliothekar und Archivar des Stiftes ernannt und durch eine Entschließung des Kaisers vom 6. März 1834 in das geh. Hof- und Hausarchiv als Archivar nach Wien berufen. Seiner unermüdlichen Forschbegierde verdankt die gelehrte Welt, und insbesondere die Quellenkunde für Österreichs Geschichte die wichtigste Ausbeute, durch seine Materialien zur österr. Geschichte, auch unter dem Titel: „Beyträge zur Geschichte Kaiser Friedrich's IV. Linz 1833 — durch seine Res gestae Ruperti Reg. Rom. Frankfurt 1834, welche die Gesellschaft für ältere deutsche Geschichtskunde in Frankfurt am Main edirte. Die Fortsetzung derselben bis zum Tode Maximilian's I. 1420—1519 ist bearbeitet, und wird von der genannten Gesellschaft ebenfalls durch den Druck bekannt gemacht werden.

Chocholna, ungar. Dorf im Trencsiner Comitat, liegt an der Waag, und ist bekannt durch seinen vortrefflichen Sauerbrunnen, der allgemeiner benutzt zu werden verdiente.

Chocolade. Mit der Verfertigung derselben beschäftigen sich die sogenannten Chocolademacher, welche in Österreich bürgerl. Zünfte ausmachen. Für die Wiener Zunft besteht eine Handwerksordnung vom 25. April 1744, wodurch die Lehrzeit auf 2 Jahre festgesetzt ist. Ch. mit etwas Zucker ohne Gewürze ist unter dem Nahmen der Gesundheits-Ch. bekannt; auch wird Chinarinde, jedoch selten, und immer nur nach angeordneter Bestimmung des quantitativen Verhältnisses, dem Teige beygemengt. Gewöhnlich formt man die Ch. in Tafeln (Tabletten, Zeltchen), wovon 4, 6, 8, 12 oder 16 auf das Pfund gehen; das Pf. Chocoladegewicht hält aber nur 28 Loth des Handelsgewichts. — Außer der angeführten Gesundheits-Ch. macht man noch andere Sorten von Medicinal-Ch., welche in manchen Krankheiten nicht undienlich sind, und gekocht oder roh genommen werden. Die Lichen- und Salep-Ch. sind davon die üblichsten. Die Lichen- oder Moos-Ch., welche zuerst seit 1813 von dem bürgl. Chocolademacher Jos. Genthon in Wien verfertiget wurde und jetzt noch von mehreren anderen in und außer Wien gemacht wird, enthält einen Zusatz von dem gepulverten trocknen Schleime (Gallerte) der isländischen Flechte (Lichen islandic.). Da man diesen Zusatz in verschiedenen Graden des Mischungsverhältnisses gibt, so entstehen dadurch mehrere Arten dieser Ch., sowohl mit als ohne Vanille. Von der Salep-Ch., welche statt des Lichens einen Zusatz von gepulverter Salepwurzel erhält, und welche unter dem Nahmen der Wiener-Brust-Ch. bekannt ist, ungeachtet sie schon früher in Paris gemacht wurde, hat man dreyerley Sorten: mit Zimmt, mit und ohne Vanille. Auch der Lichen-Ch. pflegt man zuweilen Saleppulver zuzusetzen, welches nicht nur als nährendes Mittel, sondern auch zur bessern gegenseitigen Bindung dient. — In allen Provinzen der österr. Monarchie wird jetzt Ch. gemacht; eine Art von Celebrität hat aber die Ch. von Mailand und Wien erlangt. Die Mailänder Ch. wird wegen der guten Materialien,

woraus ſie beſteht, und wegen der ſorgfältigern Bearbeitung (wohin
z. B. das Abbrühen der rohen Cacaobohnen im heißen Waſſer gehört,
wodurch ihnen die herben Theile entzogen werden, und ihr Geſchmack
viel milder und angenehmer gemacht wird) ſehr geſchätzt, beſonders dann,
wenn ſie mehrere Jahre gelegen hat. In Wien iſt die Ch.=Fa=
brikation in vorzüglich gutem Stande und Betriebe; es ſind daſelbſt 30
bürgerliche und befugte Chocolademacher, welche von der gewöhnlichen
Ch. 10 bis 12 Nummern, die ſich in Anſehung der Wahl und Güte der
Ingredienzen unterſcheiden, und nebſtdem noch Medicinal=Ch. verferti=
gen. Joſ. Genthon war der Erſte, welcher von den älteren Formen
abwich, und künſtliche Gegenſtände, als Hombre=Charten, Billets mit
Deviſen, Doſen, Porträts, Basreliefs ꝛc. aus der feinſten Vaniglie=Ch.
erzeugte; er iſt auch der Erfinder der Reis=Ch. — Zu den vorzüglichen
Chocoladeerzeugern gehören: Joh. Mich. und Joh. Nep. Bauer,
Carl Borler, Genthon, die Oßwald, die Rinaldi, Schmal=
hofer ꝛc. — J. M. Bauer verfertigt auch die von dem Conditor
Pollak in Berlin mit Eicheln bereitete Ch. — Der Handel mit Ch.
beſchränkt ſich nicht bloß auf das Inland, ſondern erſtreckt ſich auch ins Aus=
land, wohin beſonders die feineren Mailänder und Wiener Sorten gehen.
Eine beſondere Gattung der Ch. iſt von dem Pharmaceuten Joſ. An=
giello (Ancillo) in Venedig erfundene vegetabiliſch=animaliſche
oder Osmazom=Ch. (mit thieriſchem Aroma), worauf derſelbe den 2.
Sept. 1823 ein 5jähriges Privilegium erhalten hat, welches ſeitdem noch
auf weitere 5 Jahre verlängert wurde. — 1833 hat ſich eine Ch.=Fa=
brik des M. Kattner zu St. Veit nächſt Wien etablirt, welche
ihre Erzeugniſſe mittelſt einer Maſchine bereitet.

Cholera (aſiatiſche Brechruhr) **im öſterr. Kaiſerſtaate und
insbeſondere in Wien.** Nachdem dieſe Seuche von ihrer Wiege, dem
öſtl. Indien, ſeit 1817 den unheilvollen Lauf über Perſien, den Kaukaſus
und das aſiatiſche Rußland vollbracht hatte, drang ſie im Sept. 1830
in Europa ein und verbreitete beſonders im ſübl. Rußland und in Polen
die größten Verheerungen. In Erwägung der ſchnellen Fortſchritte die=
ſes Ubels und der drohenden Gefahr für die öſterr. Erbſtaaten durch ihre
Annäherung, ernannte der Kaiſer im Oct. 1830 eine eigene Central=
Sanitäts=Hofcommiſſion, welche unter dem Vorſitze des oberſten Kanz=
lers, Grafen von Mittrowsky, ſich mit Berathung über dieſe Krank=
heit beſchäftigte und die zweckdienlichſten Mittel zur Hintanhaltung des
Eindringens derſelben in die k. k. Staaten in Vorſchlag brachte. Uber
eine, in Folge dieſer Berathungen erlaſſene kaiſerl. Entſchließung
vom 2. Nov. 1830 traf die Central=Hofcommiſſion augenblicklich alle
zweckmäßig geachteten Verfügungen. Gegen Rußland und Polen wur=
den Sanitätscordone aufgeſtellt, die Gränze abgeſperrt und überhaupt
alle Maßregeln, z. B. Briefräucherungen, Quarantänen ꝛc. angeord=
net, welche ſchon früher bey drohenden Contagionen für zweckmäßig an=
erkannt worden waren. Allein, trotz aller Abſperrungen, drang die
Seuche unaufhaltſam vor, ſie überſprang den Cordon an der Wisloka,
zwang zu deſſen gänzlicher Auflaſſung und brach ſelbſt in ſolche Orte ein,

die sich aus eigenem Antriebe gegen dieselbe aufs strengste abgesperrt hatten. Nachdem die Ch. bereits schon im May 1830 in Galizien und namentlich in Lemberg ausgebrochen war, wurde Ungarn der ganzen galiz. Gränze entlang abgeschlossen; was Cordone nur immer zu leisten vermögen, wurde auch hier versucht und weder Mühe noch Aufwand gespart, allein auch hier zeigten alle Cordone und Absperrungen gleiche Unwirksamkeit. Schon den 13. Juny kam die epidemische Brechruhr zu Tisza-Ujlak im Ugocser Comitat zum Vorschein, was um so mehr Aufmerksamkeit erregte, da 2 Comitate, das Beregher und Marmaroser, hiebey ganz übersprungen waren. Sogleich wurde auch die Ugocser und Marmaroser Gespanschaft von dem übrigen Ungarn abgesperrt; dessen ungeachtet drang die Krankheit mit fürchtbarer Schnelle die Theiß abwärts, und auch ein dritter Cordon, von der siebenbürg. Gränze angefangen bis zum Granflusse, vermochte eben so wenig dem Vordringen dieses Übels Einhalt zu thun. Schon den 15. Juny brach die Seuche mit verheerender Wuth auch in Pesth aus; in ganz Ungarn, wie früher in Galizien, bothen die Gemeinden und Städte zu den Absperrungen und sonstigen Sanitätsmaßregeln willig selbst die Hand.-*). Doch ungeachtet aller Sicherheitsmaßregeln und ihrer gleichsam spottend, drang die Seuche unaufhaltsam vor und nirgends stand die Zahl der Erkrankten in

---

*) Abgerechnet nur eine kleine Unordnung zu Pesth, durch einige hundert Studenten, die nach in ihre Heimath reisen wollten und sich daher der angeordneten Absperrung der Donau widersetzten, so wie einen ebenfalls bald gedämpften Bauerntumult, von welchem der österr. Beobachter vom 7. Sept. 1831 folgende Meldung gibt: „Derselbe zum Volkswahn entartete, wiewohl vernunftwidrige Argwohn der unwissenden Menge, der auch in anderen von der Cholera heimgesuchten Ländern höchst beklagenswerthe Auftritte veranlaßte, daß nähmlich diese Seuche eine bloße Erfindung der Regierung und höherer Stände sey, daß Brunnen, Lebensmittel und Getränke vergiftet, die Arzneyen Gift, Ärzte, Grundobrigkeiten und Geistliche Giftmischer seyen, hat sich auch in einigen Gegenden von Ungarn des Landvolkes bemeistert, aber nur im Zipser und Zempliner Comitate ist die weit verbreitete Aufregung in einen Bauernaufstand ausgebrochen. Die zusammengerotteten Haufen haben in vielen Orten Gräuelthaten der wildesten Rohheit an Edelsitzen, Geistlichkeit mit Raub, Mord und Brand ausgeübt. Allein das bloße Erscheinen und über jedes Lob erhabene Benehmen einiger Compagnien der zu den dortigen Werbbezirken gehörenden Regimenter hat die Zerstreuung der Meuterhaufen und die Gefangennehmung der Rädelsführer in wenigen Tagen bewirkt, wovon einige die gesetzliche Strafe im standrechtlichen Verfahren bereits erlitten haben, die übrigen aber den betreffenden Behörden überliefert worden sind. Von dem ersten Augenblicke an, als diese unglücklichen Ereignisse zur Kenntniß Sr. Majestät gelangten, haben Allerhöchstdieselben sogleich das Einrücken einer hinreichenden Militärmacht aus dem benachbarten Galizien anzubefehlen und den zweyten Hofvicekanzler der königl. ungar. Hofkanzley, Ignaz Freyherrn von Eötvös, als königl. Hofcommissär, in die Comitate, in welchen die Ruhe gestört worden war, abzusenden geruht, von dem nun, da inzwischen durch das tapfere, kluge und rasche Benehmen des in jenen Gegenden befindlichen Militärs der Aufruhr gedämpft worden war, die weitern Untersuchungen gepflogen werden.

den entfernten Ortschaften gegen uncerhirte in günstigerem Verhältnisse und
überall wählte die Seuche, ohne Rücksicht auf Absperrungen, willkührlich ihre Opfer. In allen Provinzen und Orten der Monarchie, wo die
Ch. entweder schon ausgebrochen war, oder auszubrechen drohte, wurden zur Unterstützung der Kranken, Armen und Arbeitlosen, so wie zur
innern Einrichtung der neu organisirten Ch.-Spitäler Sammlungen veranstaltet, und es kamen bey dieser Gelegenheit nahmhafte Beträge von
edlen Menschenfreunden ein, besonders aber durch die Gnade des Monarchen selbst, dessen väterliche Sorgfalt sich in dieser Zeit der schweren Prüfung durch die Unterstützung Tausender von erwerblosen Individuen bey
dem angeordneten Canalbaue an der Wien aufs Neue im reinsten Lichte
zeigte. Doch aller angewandten geschärften Maßregeln der verstärkten
Sanitätscordone ungeachtet, drang die Seuche auch unaufhaltbar in
Niederösterreich ein und brach, nach vorhergegangenem dreytägigen Regenwetter, in der Nacht vom 13. auf den 14. Sept. plötzlich und auf das
Heftigste in Mitten der innern Stadt Wien aus, von wo sie sich mit
unglaublicher Schnelle auch in die Vorstädte verbreitete, und viele Opfer,
worunter mehrere aus den höhern Ständen, wegraffte. Nur durch die
unausgesetzte Sorgfalt und die persönliche Gegenwart des Monarchen,
so wie durch die allseitige Bereitwilligkeit, den, den Österreichern immer
eigenen frohen Muth und das allgemeine Zutrauen in die Maßregeln
der Regierung wurden die Schrecken dieses Übels in etwas gemindert und
den Behörden die Erfüllung ihrer Obliegenheiten wesentlich erleichtert.
Nachdem der Kaiser seinen bisherigen Aufenthalt zu Baden mit dem im
Lustschlosse Schönbrunn vertauscht hatte, kam er zum Troste seiner
bedrängten Unterthanen häufig in die Stadt, besuchte theils die öffentlichen Arbeiten, theils die für den Ausbruch der Ch. seit längerer Zeit vor-
bereiteten Spitäler, ertheilte die gewöhnlichen Audienzen und erschien
mehrere Mahle, von der Kaiserinn und den übrigen Gliedern der kaiserl.
Familie begleitet, im Burgtheater, wo dieselben jedesmahl von den Anwesenden mit herzlicher Rührung und dem lautesten Jubel empfangen
wurden. Die Communication mit dem kaiserl. Schlosse Schönbrunn
aber blieb fortwährend offen. Übrigens stieg die Zahl der an der Brechruhr Erkrankten, welche den 13. Sept. 5 betrug, den 14. auf 41, und
betrug den 15. schon 139, den 16., 127, den 17., 111 und den 18., 130.
Wäre die Sache nicht an sich eine zu traurige Erscheinung gewesen, so
hätten übrigens gewiß die bey der Annäherung und dem Eintreffen der
Seuche verschiedenartig angepriesenen und angewandten Präservatire und
Privatcernirungen eine lächerliche Seite dargeboten. Das Eine schützte
sich mit Kalt, das Andere mit Warm, jener mit Essig, dieser mit Wasser,
und beträchtliche Summen wurden für theures Camillenöhl und Ma-
gisterium Bismuthi im vollsten Wortverstande vergeudet. Gegen die
Contagiosität und Nichtcontagiosität wurden die lebhaftesten und nutzlose-
sten Debatten geführt, wobey die Ängstlichkeit immer mehr zu-, der Ge-
schäfts- und gesellschaftliche Verkehr jedoch abnahm, und die üblen Folgen dieses gespannten Zustandes wären in jeder Rücksicht unberechenbar
gewesen, hätte nicht Gottes Hand wieder sichtbar über Österreich gewal-

tet. In dem Augenblicke, wo es am meisten Noth that, ergriff dessen
weise Regierung das einzige Mittel, wodurch dem Umsichgreifen dieser
furchtbaren Seuche am wirksamsten begegnet und der übertriebenen Furcht
und Ängstlichkeit vor der Gefahr am besten gesteuert werden konnte. Es
war dieß der bereits den 18. Sept. ausgeführte weise und höchst wohlthätige Beschluß der Aufhebung aller Sperren und die unbeschränkte Wiederherstellung aller gesellschaftlichen Verhältnisse, deren Störung durch
die Absperrungen am meisten Sorge, Angst und eine gewisse unheimliche
Spannung und Stimmung der Gemüther hervorgebracht, und recht eigentlich für das verderbliche Miasma empfänglich gemacht hatte. So war es
denn hier. Österreichs erleuchtete Regierung, welche der drohenden Gefahr
am wirksamsten begegnete und allen anderen Staaten durch ihr zweckmäßiges Verfahren zum wohlthätigen Beyspiele wurde; hier ist denn
auch der Ort, des neuerlich an den Tag gelegten durchdringenden Verstandes und der richtigen Ansicht des ersten Urhebers dieser Maßregel, des
verdienstvollen geheimen Rathes und ersten Leibarztes des Kaisers, Andreas Freyh. von Stifft, dankbar und würdigend zu erwähnen.
Wirklich zeigten sich auch fast augenblicklich die wohlthätigen Folgen dieser Verfügung. Mit Aufhebung der Sperren kehrten wieder Muth
und Vertrauen, Ruhe und Besonnenheit in die Herzen der Bewohner der Hauptstadt, so wie des ganzen Landes zurück; willig, ohne
Furcht und Scheu, brachte wieder Jedermann den Erkrankten Rettung
und Hülfe, neue Lebenslust kehrte in die niedergedrückten Gemüther zurück, und äußerte ihre wohlthätige Wirkung. Schon den 20. Sept.,
den zweyten Tag nach Aufhebung der Sperren, minderte sich die Zahl
der Erkrankten auf 99, den 21. auf 76 und den 22. auf 60, eine eben so
günstige Änderung in den Krankheitsverhältnissen zeigte sich auf dem
flachen Lande und in den Provinzen. Am 17. Nov. kehrten der Kaiser und
die Kaiserinn unter den lautesten Freudenbezeigungen ihrer treuen und
dankbaren Unterthanen aus Schönbrunn wieder in die Hofburg zurück. — Am 28. Nov. zeigte sich die Ch. zuerst in Prag, und begann
nun auch Böhmen zu durchziehen; in Österreich wurden jedoch die Cho-
lerafälle von Tag zu Tag seltener, und verloren sich im Monath Decem-
ber fast gänzlich. Sie zeigte sich zwar, und wie es schien, mit erneuerter
Wuth, wieder im Frühling und Sommer 1832, besonders in den
Vorstädten Wiens und auf dem flachen Lande, wurde aber fortan wie
eine gewöhnliche epidemische Krankheit behandelt, und verlor allgemach
jenen lähmenden Charakter des Schreckens, welche sich allerorts verderb-
licher als die Seuche selbst bewiesen hatte. Mit Eintritt des Winters
1832 verließ sie endlich Österreich gänzlich, und richtete ihren unheilvollen Lauf, immer westlich fortschreitend, nach Frankreich, England
und bis in die andere Hemisphäre. Die größten Verwüstungen hatte die
Ch. im Königreiche Ungarn und nächst dem in Galizien angerichtet. In
Österreich unter der Enns hatte sie vorzüglich in der Hauptstadt und deren nahe gelegenen Orten gewüthet, und auch selbst der verstecktesten
Gebirgsgegenden in der anscheinend gesundesten Lage nicht geschont. In
der Stadt Baden, welche früher als ein sicheres Asyl betrachtet wurde, brach sie noch im Herbste 1832 mit ziemlicher Heftigkeit aus. Öster-

reich ob der Enns wurde seit dem 3. Oct. 1831, nur theilweise, am mei=
sten die Gegend von Wels, ergriffen; in Böhmen und Mähren zeigte sie
sich, besonders in den Hauptstädten (sie begann zu Prag am 28. Nov.,
zu Brünn schon den 21. Sept. 1831) ziemlich heftig, und hielt nah=
mentlich zu Prag lange an. Die südlichen Provinzen, z. B. Steyer=
mark, Illyrien, waren schon weniger davon ergriffen; Tyrol, und
die italien. Provinzen blieben ganz davon befreyt.

Chorinsky, Ign. Carl, Graf v., Freyh. von Ledske,
wirkl. geh. Rath, Staatsminister und Inhaber des goldenen Civil=Ehren=
kreuzes. Er war zu Brünn den 24. März 1770 geboren. In seinem 20.
Jahre betrat er in dem Gebiethe der inneren Verwaltung die öffentliche
Laufbahn. — Vielseitige Kenntnisse, die schon in dem untergeordneten
Dienstverhältnisse eines Kreis=Commissärs und niederösterr. Regierungs=
Secretärs seine Vorgesetzten an ihm zu würdigen wußten, verbunden
mit einer seltenen Liebe für seinen Beruf, und mit einem durch nichts
zurückzuhaltenden Pflichtgefühle, erhoben ihn bereits 1796 zu der
Stufe eines Gubernialrathes und Kreishauptmanns in West=Gali=
zien. 1798 auf sein Ansuchen zu der Landesstelle in Böhmen als Gu=
bernialrath übersetzt, verblieb Ch. daselbst bis 1804, in welchem Jahre er
zur Belohnung für die ausgezeichneten Dienste (auch bey der Verwaltung
der Prager Stadthauptmannschaft) zum wirkl. Hofrathe mit der Anstel=
lung bey der n. ö. Landesregierung befördert wurde, wo er die Stelle
eines Vice=Präsidenten zu versehen hatte. — In der schwierigen Epoche
während und nach der feindlichen Besetzung der Hauptstadt 1805 hatte
Ch. durch das kluge und feste Benehmen, welches er bey der ihm mittler=
weile übertragenen Leitung der n. ö. Landesregierung an den Tag leg=
te, die Aufmerksamkeit des Kaisers in dem Grade auf sich gezogen,
daß ihn derselbe 1807 zu dem Posten eines wirkl. Staats= und Con=
ferenzrathes in den Staatsrath berief. Von 1811 bis 1815 wur=
de Ch. nach einem kurzen Ruhestande, zuerst zum Vice=Präsidenten bey
der allgemeinen Hofkammer und zum wirkl. geh. Rathe, dann zum
Vice=Kanzler bey der vereinigten Hofkanzley, zum bevollmächtigten
Hof=Commissär in Mähren und Schlesien für die Zeit der nicht besetzten
dortländigen Gouverneursstelle, und endlich zum Präsidenten der n. ö.
Landesregierung ernannt. — Seine rühmliche Mitwirkung bey den Ver=
theidigungsmaßregeln, welche, während seiner Sendung nach Brünn
in den ihm verwalteten Provinzen, zum Schutze der Monarchie
1813 und 1814 ergriffen werden mußten, wurde durch die Verleihung
des dafür gestifteten Civil=Ehrenkreuzes erster Classe belohnt, und die
wichtigen Dienste, welche Ch. auf allen diesen Stufen geleistet hatte,
fanden 1816 durch die mit den huldvollsten Ausdrücken des Monarchen
begleitete Ernennung zum Präsidenten der allgemeinen Hofkammer, eine
höchst ehrenvolle Anerkennung, welches Amt er auch bis zum Schlusse
1822 bekleidete. — Die Periode, in welcher Ch. zu dieser Bestimmung
berufen wurde, war mit zahlreichen Schwierigkeiten verbunden. Ein
einsichtsvoller Minister hatte nach dem Befehle des Kaisers die Grund=
linien einer neuen Ordnung in dem Staatshaushalte Österreichs entwor=
fen. Ch. faßte die ihm nach seiner Stellung bey der Ausführung zugewiese=

renwürde eines Staatsministers, um ihn durch diese Auszeichnung und durch eine sorgenfreie Existenz für die mannigfaltigen Entbehrungen zu belohnen, die er sich während eines mühevollen Geschäftslebens für das Staatswohl auferlegt hatte. Allein es war ihm nicht vorbehalten, die Früchte einer ehrenvollen, wohlverdienten Ruhe lange zu genießen. Er starb den 14. April 1823.

Chotek, die Grafen, Erblandhofmeister in Österreich ob und unter der Enns, ein altadeliges Geschlecht im Königreiche Böhmen. — Wenzel Anton Ch., Freyh. von Chotkowa und Wognin, wurde 1723 von Kaiser Carl VI. in den böhm. Grafenstand, 1745 aber von Kaiser Franz I. mit seiner gesammten Nachkommenschaft in den Reichsgrafenstand erhoben. Joh. Carl Graf Ch. war 1755 k. k. geh. Rath und Kämmerer, dann General-Feldzeugmeister und General-Kriegs-Commissär, er erlangte auch für sich und seine männlichen Nachkommen das Erblandhofmeisteramt in Österreich ob und unter der Enns. Rudolph Graf Ch., geb. 1707, war Ritter des goldenen Vließes, oberster böhm. und erster österr. Hofkanzler. Joh. Rudolph Graf Ch. (f. dessen Artikel) war der Sohn des Grafen Joh. Carl. Von seinen Söhnen war Jos. Graf Ch., geb. 1776, k. k. Kämmerer und Oberst des Chevau-legers-Regimentes Fürst Rosenberg; er fiel den 5. July 1809 in der Schlacht bey Wagram. Ferdinand Maria Graf Ch., geb. den 7. Sept. 1781, ist Fürst-Erzbischof zu Olmütz. Er wurde bey seinen ausgezeichneten Eigenschaften 1831 vom Olmützer Weihbischof zum Bischof zu Tarnow in Galizien ernannt, und nach dem am 23. July 1831 erfolgten Hinscheiden des Erzherzogs Rudolph, Cardinals und Fürst-Erzbischofs zu Olmütz, vor dem dasigen Domcapitel zum Erzbischofe gewählt. Carl Graf Ch., geb. den 23. July 1783, ist Oberst-burggraf zu Prag, Präsident des Guberniums und Director des ständischen Ausschusses in Böhmen. (S. den folgenden Art.)

Chotek von Chotkowa und Wognin (Graf Carl) be ann

Ch. begann mit der Beschäftigung der höchst heterogenen Bestandtheile, aber damahls vernachlässigten nisse dieser interessanten, aber damahls vernachlässigten und physische Communication sorgte vor allem für geistige und physische Communication Schulen und Straßen, ferner für den Ausgrabung und Pflege gen Kartoffelbau. Auch der Ausgrabung widmete er seine mäßler in Pola und Aquileja widmete er seine famkeit. Als 1815 eine österr. Expeditions-Armee unter Bia Neapel gesendet wurde, und man eine provisorische besetzten Landestheile einführen wollte, wurde Ch. zum Gen verneur des Königreichs Neapel mit ten ausgezeichneten ernannt. Bianchi's schneller Siegeszug und die Rückkehr des Königs Ferdinand aus Sicilien machten diese überflüssig, und er folgte nun der Armee Bianchi's als Ge tendant nach Südfrankreich. Nach Triest zurückgekehrt, deren zum Hofrath bey dem dortigen Gubernium ernannt, deren auch nach dem bald erfolgten Tode des Gouverneurs, Graf fetti, übernahm und bis July 1818 führte. Die Einführung men-Instituts zur Abstellung des, in Triest bis zum be brauch getriebenen Gassenbettelns; die Gründung eines Zwangs-Arbeitshauses; die in einem Jahre gewünschten großen Reinlich te Erbauung eines freyen, ohne alle Belastung der Staatskasse Küste von Istrien, Zur Versorgung der des sehr verwirrten städtischen Vermögenszustandes; die Einr neuen Wasserleitung zur Steuerung des oft eintretenden Wass die Anlegung zweyer neuen Spaziergänge und Fahrten, an w Triest ganz fehlte, an den beyden entgegengesetzten Puncten, an die Einrichtung eines Dampfbootes zwischen Triest und Ve ersten in der österr. Monarchie; die Errichtung eines neuen

die Einführung einer Feuerschaden=Assecuranz, die Herstellung wichti=
ger Straßenstrecken und Umbauung der Straße über den Arlberg, die
Regulirung der Etsch, und dadurch bewirkte Austrocknung sehr bedeu=
tender versumpfter Landesstrecken, die Verbesserung der Pferdezucht und
viele andere wohlthätige Anstalten mehr, sicherten ihm ein dankbares
Andenken auch in diesem Lande. Der Kaiser berief ihn 1825 als Hof=
kanzler und Präsidenten der Studien=Hof=Commission nach Wien und
vertraute ihm 1826 die oberste Verwaltung des Königreichs Böhmen an,
die er aus den Händen des ausgezeichneten Grafen Kolowrat über=
nahm. Was der geniale und energische Staatsmann seitdem zum Be=
sten dieses Königreichs, seinem trefflichen Vater nacheifernd und die
Schritte seines edlen Vorgängers verfolgend, gethan, hat in alle
Zweige der Verwaltung kräftig eingegriffen. Es genüge nur an die Maß=
regeln zur Hebung der böhm. Industrie, an die Eisenbahnen, an die
zahlreichen Verbesserungen und Anstalten in den böhm. Badeörtern, an
die neuen Anlagen und Verschönerungen in und bey Prag, an die Or=
ganisirung der Armen=Institute Böhmens, die Gründung des Ar=
beitshauses und die zweckmäßige Einrichtung des allgemeinen Kranken=
hauses zu Prag u. s. w. zu erinnern. In Würdigung so vieler Ver=
dienste ward dem Grafen Ch. 1833 das Großkreuz des Leopoldordens
von dem Kaiser verliehen.

Chotek von Chotkowa und Wognin, Graf Joh. Rud.
Ritter des goldenen Vließes, geh. Rath, Staats= und Conferenz=
Minister, Präsident der königl. böhm. Gesellschaft der Wissenschaften,
geb. zu Wien den 17. May 1748. Mit vorzüglichen Geistesfähigkeiten
begabt, die eine sorgfältige Erziehung entwickelt, der Umgang mit
einsichtsvollen Männern und wohl vorbereitete Reisen ausgebildet hatten,
begann Graf Ch. bereits im 22. Jahr seine Laufbahn als nied. österr.
Regierungsrath, und zog durch seine Verwendung und Kenntnisse sehr
bald die Aufmerksamkeit eines scharfen Beobachters, Joseph's II., auf
sich, auf dessen Empfehlung Maria Theresia ihn auch 1776 zum
Hofrathe bey der böhm. österr. Hofkanzley, sein kaiserl. Gönner aber
einige Jahre darauf zum Hofkanzler ernannte. Wenn Graf Ch. schon
bey Bekleidung untergeordneter Ämter erprobt hätte, daß er sich stets
den Staatsgeschäften ganz weihe, so war er um so mehr von den Pflich=
ten, die ihm sein neues Amt auferlegte, durchdrungen, und er both alle
seine Kräfte auf, um dem ehrenvollen Zutrauen des Kaisers zu ent=
sprechen. Allein der übergroßen Anstrengung, welche bey dem raschen
Gang gehäufter Geschäfte sein Beruf und Pflichtgefühl forderte, begann
seine sonst feste Gesundheit gar bald zu unterliegen, und sie wurde end=
lich so sehr zerrüttet, daß er selbst fühlte, das Zurückziehen von den
Staatsgeschäften auf einige Zeit sey die unerläßliche Bedingung zu sei=
ner Genesung, und werde ihm als Pflicht der Selbsterhaltung gebothen.
Er legte daher 1788 sein wichtiges Amt, jedoch nicht ohne ein tiefes
wehmüthiges Gefühl, nieder. Die körperliche und geistige Ruhe, die
er im Kreise seiner Familie genoß und der Gebrauch kräftiger Heilbäder
stellten binnen 2 Jahren seine Gesundheit völlig her, und Leopold II.
zeichnete schon in dem ersten Monathe seiner Regierung den Grafen Ch.

durch sein volles Vertrauen aus; indem er ihm die Leitung der neu er=
richteten, für alle österr. Länder vereinten Finanz=Hofstelle übertrug.
Graf Ch. entsprach auch in seinem neuen ehrenvollen Wirkungskreise als
Finanzminister den Erwartungen seines Monarchen. Die tiefe Einsicht,
welche er im gesammten Finanz= und Creditwesen erprobte, der rasche
Gang, den die Geschäfte unter seiner Leitung nahmen, die Klarheit in
allen Einrichtungen, die er traf, das verständige Ineinandergreifen der
verschiedenen Geschäftszweige, die strenge Gerechtigkeit, die alle seine
Entscheidungen auszeichnete, verschafften der neuen Stelle in kurzer Zeit
einen hohen Ruf, ihrem Vorgesetzten hingegen die Liebe und Vereh=
rung aller ihm untergebenen Staatsbeamten und die volle Zufriedenheit
des Kaisers. Als aber 1793 wegen Vereinfachung der Geschäftslei=
tung, wie unter Joseph II., die Finanz=Hofstelle mit der Hofkanz=
ley unter dem Präsidium des Obersten Kanzlers mit dem Titel eines Di=
rectorial=Ministers wieder vereiniget wurde, benutzte Graf Ch. die
ihm gegönnte Muße, um sich der Erziehung seiner hoffnungsvollen
Söhne zu weihen, die er nach ihren Neigungen und Anlagen für ver=
schiedene Ämter im Staate zu bilden bemüht war, und den Wohlstand
seiner Unterthanen durch Eröffnung neuer Erwerbszweige zu befördern;
zugleich aber in der Pflege der Künste und Wissenschaften sich zu erhei=
tern. In dankbarer Erinnerung an den Fürsten, der ihn durch sein
Wohlwollen ausgezeichnet, und ehrend die Verdienste der Feldherren um
das Vaterland, errichtete Graf Ch. auf einem seiner Güter, dem ro=
mantischen Weldrus, nicht fern von der Stelle, wo Loudon in Ver=
folgung des Prinzen Heinrich von Preußen über die Moldau gesetzt
hatte, ein Denkmahl, das Joseph II., und den Verdiensten der bey=
den Feldherren Lacy und Loudon um Böhmens Vertheidigung 1778
geweiht war. Für die Wohlfahrt des Vaterlandes stets besorgt, richte=
te Graf Ch. seinen Blick unverrückt auf den Gang der großen Ereignisse.
Als ein feindliches Heer 1796 Böhmen mit einem Einfalle bedrohte,
trat er sogleich aus seiner Zurückgezogenheit hervor, und both sich zu je=
der Dienstleistung an, in der er während dieses gefahrvollen Zeitpunc=
tes dem Vaterlande nur immer zu nützen vermöge. Die Siege bey Am=
berg und Würzburg entfernten zwar schnell das feindliche Heer von
den Gränzen Böhmens; aber der patriotische Sinn Ch.'s, so wie dessen
frühere Verdienste um den Staat, blieben dem jetzigen Monarchen stets
gegenwärtig, und eine Würdigung derselben erfolgte 1802 durch seine
Ernennung zum Staatsminister und Oberstburggrafen von Böhmen,
eine Würde, die seinen Einsichten ein weites Feld zum wohlthätigen
Wirken darboth. Der Bau neuer Kunststraßen, die Errichtung mehrerer
Fabriken und Manufacturen, die Erhebung und Verbesserung der schon
bestehenden durch Einführung engl. Weberstühle und Spinnmaschinen,
die Verbreitung der Obst=Cultur, die bisher nur in dem Saazer und
Leitmeritzer Kreise mit Erfolg betrieben wurde, auch in andern Kreisen
durch das ermunternde Beyspiel, welches er auf seinen eigenen Gütern
gab, der neue kräftige Schwung, den der böhm. Handel erhielt, beur=
kunden nebst vielen andern wichtigen Vorschlägen, die jedoch wegen un=
günstiger Zeitverhältnisse unausgeführt geblieben sind, Ch.'s weise,

wenn auch nur kurze Verwaltung von Böhmen. Denn in dem damahligen Zeitpuncte großer politischer Stürme, welche Europa in seinen innersten Verhältnissen erschütterten, wünschte der Monarch den Rath seiner weisesten Staatsdiener zu vernehmen, und berief 1805 auch den Grafen Ch. ins Conferenz=Ministerium. Als 1809 die Hauptstadt abermahl durch ein feindliches Heer bedrohet wurde, bedurfte der Kaiser eines Mannes von Geist und Kraft, um durch eine weise Leitung der Geschäfte sein treues Wien vor größerem Unglücke zu bewahren, und die Härte der Zeitereignisse möglichst zu mildern. Er ernannte daher den Grafen Ch. zum Landes=Commissär in Österreich. Allein dieser hatte kaum mit Scharfsinn und gewohnter Raschheit manches in Wien angeordnet, was die damahligen Verhältnisse forderten, als in Folge eines neuen Beschlusses des Kriegsrathes, Wien dieses Mahl zu vertheidigen, um dem österr. Heere einen Übergangspunct auf das rechte Donauufer zu erhalten, das Landes=Commissariat aufhörte, da von nun an alle Civil=Behörden dem Befehle des Militär=Gouverneurs, Erzherzogs Maximilian von Este, untergeordnet wurden. Bey dieser gänzlich veränderten Lage begab sich Graf Ch. ins Hoflager. Nach hergestelltem Frieden erhielt Graf Ch. das wichtige Präsidium der Hof-Commission in politischen Gesetzsachen. Einen Theil seiner Muße widmete er fortan der Cultur seiner Güter, die er als Freund der schönen Natur nicht bloß durch reizende Anlagen und geschmackvolle Gebäude verschönerte, sondern auf welchen er auch alle Verbesserungen in der Landwirthschaft einführte, die nur immer mit dem Boden und Clima sich vereinigen ließen. Er starb in Wien am 26. August 1824.

Chotsch, hoher Berg in Niederungarn, diesseits der Donau, nachdem Krivan der höchste Berg der karpathischen Gebirgskette in der Liptauer Gespanschaft, von dessen Gipfel man über 100 Ortschaften der Gespanschaften Liptau, Thurocz und Arva zählen kann.

Christine (Marie), Erzherzoginn von Österreich, Herzoginn von Sachsen=Teschen, war geboren den 13. May 1742, vierte Tochter des Kaisers Franz I. und der großen Maria Theresia. Ihre Erziehung wurde unter den Augen ihrer erhabenen Ältern mit vieler Sorgfalt vollendet. 1766 vermählte sie sich mit Albrecht, königl. Prinzen von Polen (Sohn August's III. aus dem churfürstl. sächs. Hause) und brachte ihm, als Mitgift das Fürstenthum Teschen zu, österr. Schlesien zu, wornach er den Titel Herzog von Sachsen=Teschen führte. 1781 bis 1793 verwaltete sie gemeinschaftlich mit ihrem Gemahle die Statthalterschaft der österr. Niederlande, begab sich dann nach Wien zurück, und starb daselbst kinderlos den 24. Juny 1798. Ihre körperliche Schönheit, so wie ihr gebildeter Geist und ihre Liebe zur Wohlthätigkeit machten sie zu einer der ersten Frauen ihrer Zeit. Viele der nützlichsten Stiftungen und Anstalten haben dieser Fürstinn das Entstehen zu danken, worunter sich vor allen die Wasserleitung aus mehreren Bergquellen hinter Hütteldorf bis in die sonst Wassermangel leidenden Wiener Vorstädte Mariahülf, Neubau, Schottenfeld ꝛc. auszeichnet, wozu die Erzherzoginn in ihrem Testamente ein beträchtliches Legat bestimmte, und deren Ausführung ihr Gemahl sodann mit königl. Freygebigkeit zu Stande brachte. Das kostbare Grabmahl von Canova's Meisterhand, das er ihr in der Augustinerkirche errichten ließ, bewahrt die Erinnerung an die Menschenfreundinn auf die würdigste Weise. Vergl. Albrecht Cas. Herzog v. Sachsen-Teschen.

Chrudim, königl. böhm. Leibgedingstadt im Chrudimer Kreise, in einer getreidereichen Gegend am Flüßchen Chrudimka, zählt 5,625 Einw., und ist der Sitz des Kreisamtes. Von den Gebäuden zeichnet sich die alte Kirche mit einem hohen Thurme und einem St. Salvatorsbilde aus, dem viele Verehrer zuströmen.

Chrudimer Kreis im Königreiche Böhmen, hat zwischen dem Königgräzer, Bidschower und Czaslauer Kreise und der Markgrafschaft Mähren seine Lage, und eine Ausdehnung von $59\frac{9}{10}$ geogr. Q. M., zählt 9 Städte mit 13 Vorstädten, 25 Märkte, 762 Dörfer, die Zahl der Einwohner beläuft sich auf 294,530. Seine Producte sind: Getreide, Holz, Flachs, Pferde, Wild, Fische. Teiche sind über 300. In den Hauptfluß Elbe ergießt sich die Chrudimka. In diesem Kreise nimmt der Feldbau unter den Nahrungszweigen der Einwohner die erste Stelle ein, aber auch an größeren Kunstgewerbsanstalten fehlt es hier nicht, und vorzüglich sind es die Baumwollwaaren und Tuchmanufacturen, so wie die Glasfabrikation, die in der Art betrieben werden, daß ihre Erzeugnisse auch im Handel mit dem Auslande vorkommen.

Chudenitz, böhm. Marktfl. im Klattauer Kreise, ist der Stammort der Czernin von Chudenitz und Hauptort einer gräfl. Czernin'schen Herrschaft. Die außer dem Markte liegende St. Wolfgangsoder Fußstapfencapelle hat einen geschmackvollen gothischen Thurm.

Chwoyka, Adam, Professor der Dichtkunst, geb. zu Lischau in Böhmen den 24. Dec. 1742. Sein Vater, ein Hufschmied, schickte ihn, nachdem er zu Hause die Trivialschule besucht hatte, im 17. Jahre in das Seminarium nach Krummau in Böhmen, wo er sich durch seine besonderen Naturgaben und vorzüglichen Fleiß dergestalt auszeichnete, daß er am 21. Oct. 1765 in den Jesuitenorden aufgenommen wurde. Er erhielt 1770 das Lehramt der Anfangsgründe der lateinischen Sprache an dem Jesuiten-Gymnasium zu Kuttenberg. Nach erhaltener Priesterweihe ward er 1775 zum Professor der Grammatik am Znaimer Gymnasium ernannt, und lehrte daselbst ununterbrochen bis zu seinem Tode die Grammatik 6, die Rhetorik 6, und die Poesie 15 Jahre lang. Er starb am 12. July 1802 zu Znaym. Mähren verlor an ihm einen seiner vorzüglichsten Literatoren. Er schrieb 1796 eine kurzgefaßte Geschichte des Hauses Habsburg, und hinterließ im Manuscripte eine mähr. Geschichte von den ältesten bis auf die neuesten Zeiten, die seiner letztwilligen Anordnung zufolge, dem damahligen Hofrathe, Grafen von Mittrowsky, übergeben werden mußte.

Chyträus, David, eigentl. David Kochhafen, geb. zu Ingelfingen in Schwaben den 26. Febr. 1530, studirte zu Tübingen, dann zu Wittenberg, las dort über Rhetorik und Mathematik, machte 1550 eine Reise durch Deutschland, die Schweiz und Italien, wurde 1551 Professor zu Rostock, wohnte 1566 dem Reichstage zu Augsburg bey, und wurde vom Kaiser Maximilian II. nach

Öſterreich berufen, um die evangel. Kirchen-Agende zu verfaſſen, 1568 und 1569. Er ſtarb am 25. Juny 1600 zu Roſtock. Von ſeinen vielen theologiſchen, philologiſchen und hiſtoriſchen Werken nennen wir nur: Oratio de introductione Gymnasii recens instaurati Graecii; — De Imperatoribus Carolo V., Ferdinando et Maximiliano II; — De statu Ecclesiarum Graeciae, Asiae, Africae, Ungariae. Mit Ch. reiſete am 3. Dec. 1568 von Roſtock der talentreiche Jüngling Joachim Edeling von Paſſewalk in Pommern ab, der nach ſeiner Heimkehr ein für die perſönlichen und kirchlichen Verhältniſſe damahliger Zeit in Öſterreich nicht uninteressantes (ſehr ſeltenes) poetiſches „Hodoeporicum- Boëmicum- Austriacum- Ungaricum etc." Roſtock, 1571, herausgab. Edeling ward dann Paſtor an der Cathedralkirche zu Camin.

Cicognara, Leop. Graf, Kunſtfreund und Literator, geboren zu Ferrara 1780. Schon in früheſter Jugend verband er Vorliebe zu den ſchönen Künſten mit dem regſten Fleiß, und widmete ſeine Talente dem Studium der politiſchen und literariſchen Geſchichte ſeines Vaterlandes. Bey der Stiftung der cisalpiniſchen Republik erhielt er eine der erſten Verwaltungsſtellen, und machte ſich in der Folge auch bey Napoleon ſo beliebt, daß ihm dieſer den Orden der eiſernen Krone und die Präſidentenſtelle bey der Akademie der ſchönen Künſte in Venedig ertheilte, in welcher er auch 1814 vom Kaiſer Franz beſtätigt wurde. 1818 ſtand er an der Spitze der Deputation, welche der Kaiſerinn Caroline Auguſte die ihr von Venedig überſchickten Kunſtwerke nach Wien überbrachte; welchen Geſchenken Graf C. zugleich 100 Exemplare des von ihm veranſtalteten Prachtwerkes: Omaggio delle Provincie Venete alla Maestà di Carolina Augusta, in welchem dieſelben auf 18 Kupfertafeln, von benetianiſchen Meiſtern prächtig geſtochen, dargeſtellt waren, beyfügte. Von Wien aus machte er eine Reiſe durch das nördliche Deutſchland und hielt ſich dann einige Jahre in Paris auf. 1822 ging er nach Venedig zurück und begab ſich, nach kurzem Aufenthalt daſelbſt, nach Rom, wo er von nun an nur ſich und ſeinen Studien lebte. Seine Kunſtbibliothek iſt eine der gewählteſten, reichhaltigſten und vorzüglichſten, wie es der in 2 Bdn. zu Piſa 1821 erſchienene Catalogo ragionato dei libri d'arte et d'antichità posseduti dal Conte Cicognara beweiſt. Seine bibliographiſchen Notizen ſind ſehr ſchätzbar, und man findet die ſchönſten und ſeltenſten Kupferwerke, in bedeutender Anzahl vorhanden, aufgezählt. Seine eigenen Werke ſind außer dem oben erwähnten Omaggio (von welchem in allem nur 600 Abdrücke gemacht wurden, welche nie in den Buchhandel kamen): Memorie storiche dei letterati ed artisti Ferraresi. Ferrara, 1811. — Lettera sulla statua rappresentante Polimnia di Canova. Venedig, 1817. — Storia della scultura dal suo risorgimento in Italia sino al secolo di Canova. eb. 1816. — 2. Auflage, 1824. — Le fabbriche più cospicue di Venezia, misurate, illustrate ed intagliate da membri della Veneta R. Accademia di belle arti. eb., 1820. 2 Thle.; dann noch mehrere kleine.

Schriften, die theils in verschiedenen kritischen Journalen erschienen, theils gar nicht in den Buchhandel kamen.

Cilli (Cilly), alte steyerm. Stadt im Cillier Kreise, mit ärmlichen Häusern, an der Mündung des Ködingbaches in den San, das alte Claudia celeja der Römer, und noch im 15. Jahrhundert der Hauptort einer eigenen Grafschaft. Die Stadt zählt 240 Häuser mit 1,660 Einw., die einigen Handel mit Korn, Wein und Rohitscher Wasser unterhalten, ist der Sitz des Kreisamtes für den Cillier Kreis, und hat ein Gymnasium (seit 1808) nebst einer Hauptschule. Sie ist mit alten Mauern umgeben, an welchen mehrere römische Basreliefs und Denksteine zu sehen sind, hat zwar breite, aber schlecht gepflasterte Gassen, mehrere Kirchen und 2 Mannsklöster. An der deutschen Pfarrkirche, die im antiken Geschmack gebaut ist, befindet sich eine gothische Capelle, welche zu den merkwürdigsten Überresten gothischer Baukunst in Steyermark gehört. Der steyermärk. Heilige, Maximilian, Bischof zu Lorch, erlitt hier in seiner Vaterstadt den 12. Oct. 284 den Martertod. In der Nähe stehen auf einem Berge die Trümmer des Schlosses Obercilli, in welchem die mächtigen Grafen von Cilly lange Zeit ihre Residenz hatten. Ein anderes Schloß, Neucilli genannt, welches einer italienischen Villa ähnlich sieht, liegt eine Stunde westlich bey Sachsenfeld. Schmutz hat in seinem historisch-topogr. Lexicon der Steyermark, 1. Thl. S. 202 — 14 eine Anzahl von 51 röm. Inschriften verzeichnet, welche auf Denkmählern in C. und der Umgegend gefunden wurden.

Cillier (Cillyer) Kreis, im Herzogthum Steyermark, der südlichste der Untersteyermark und auch der ganzen Provinz, gränzt nördlich an den Marburger Kreis in der Untersteyermark, westlich an Kärnthen und Krain, südlich an Krain und Croatien. Dieser Kreis hat eine Größe von 64 Q. M. und wird in 40 Werbbezirke und 548 Steuergemeinden eingetheilt. Es befinden sich darin 4 landesfürstl. Städte (Cilli, Ran, Windisch-Feistritz, Windisch-Grätz), 25 Marktflecken, 1,092 Dörfer und eine Einwohnerzahl von 180,000. Fast alle Einwohner sind Katholiken. In kirchlicher Hinsicht gehört der C. K. zur Lavanter bischöfl. Diözese in Kärnthen. Der Kreis ist sehr gebirgig. Als Hauptflüsse werden die Save und der San mit Schiffen und Flößen, die Drave mit Plätten befahren. Die Ebenen dieses Kreises sind: Das Ranerfeld, oder der Ranerwald, 2 Meilen lang und eben so breit; der Sanboden, eine flache Strecke, durch welche der San läuft; das Schallthal. Der Boden ist fruchtbar und reich an Naturproducten. Der C. K. ist einer von jenen 3 Kreisen der Steyermark, in welchen Alpenwirthschaft, obwohl nicht so beträchtlich, wie in den andern, und Weinbau zugleich vorkommen. Die Einwohner sprechen größtentheils windisch und krainerisch; die Gränzen der eigentlichen wendisch-slavischen Mundart ziehen sich bey Windisch-Grätz aus Kärnthen bis zur croat. Gränze unter Rohitsch. Jenseits dieser Linie ist die krainerisch-slavische Mundart zu Hause. Indessen sprechen nicht nur viele Städte- und Marktflecken-Bewohner, sondern auch viele Landleüte, besonders längs den Hauptstraßen, auch deutsch.

Cilly, Ulrich Graf v., entsprossen aus dem mehr berüchtigten als berühmten steyr. Geschlechte der Freyherrn von Sonnek, welchen Ludwig der Bayer von ihrem Hauptsitz Cilly die Grafenwürde ertheilt hatte. Schon sein Vater, Graf Friedrich, war allen wilden Lüsten, allen Verworfenheiten ergeben, und seine Schwester Barbara, die Gemahlinn Kaisers Sigmund, hieß nur die Messaline ihrer Tage, und war die ärgste Feindinn ihrer eigenen edlen Tochter Elisabeth und deren Gemahls, Kaisers Albrecht II. Als die Ungarn und Österreicher von Kaiser Friedrich III. stürmisch die Auslieferung ihres Königs Ladislaus Posthumus verlangten, wurde dieser 1452 vor Wiener-Neustadt an den Grafen Ulrich C., seinen Groß-Oheim von mütterlicher Seite, übergeben, welcher mit dem jungen König einen prächtigen Einzug zu Wien hielt und sich in dessen Gunst so befestigte, daß er die größten Unbilden ungestraft verübte, und den König selbst durch den Reiz des Vergnügens und sinnlicher Genüsse gegen alles Hohe und Würdige abzustumpfen trachtete, hätte dieser nicht in seinen vortrefflichen Anlagen ein Schild gegen alle Verführungskünste besessen. Auch übte Graf C., der das unbeschränkte Vertrauen des Königs besaß, unleidliches Regiment in Österreich, und Niemand wagte ihm zu widerstehen, als der berühmte Johann Hunyad und dessen Haus. Freylich wurde dieser zur großen Freude C.'s die Beute eines frühen Todes (an der Lagerseuche), nachdem er die Türken vor Belgrad besiegt hatte; da C. jedoch dessen beyden Söhnen, Ladislaus und Mathias, Jünglingen von den herrlichsten Eigenschaften, nach dem Leben trachtete, und durch aufgefangene Briefe der Mordplan entdeckt wurde, ward er von den Hunyaden und ihrem Anhange überfallen und getödtet. — Mit ihm erlosch sein unheilvolles Geschlecht. Freylich rächte König Ladislaus diese That strenge, setzte beyde Brüder gefangen, und ließ Ladislaus Corvinus vor seinen Augen enthaupten, doch waltete auch hier bald sichtbar die Nemesis nach dem frühzeitigen Tode des jungen Königs, indem seine wichtigste Krone auf das Haupt Mathias Corvinus, des jüngern Bruders jenes Schlachtopfers der Rachsucht, gelangte.

Cinte, tyrol. Dorf im Trienter Kreise und im Tessinothale, dessen Einwohner Europa durchziehen, und mit Kupferstichen Handel treiben.

Cismone, venet. Marktfl. in der Deleg. Vicenza, wobey der in Tyrol entspringende gleichnahmige Fluß in die Brenta fällt; liegt in einem schauerlichen und so engen Gebirgsschlunde, daß darin kaum die Brenta und die Landstraße Raum haben. Er hat 1,850 Einw.

Cittadella, venet. Flecken und District in der Deleg. Vicenza, ein wohlhabender mit hohen Ringmauern und einem Wassergraben umgebener Ort, mit 6,600 Einw., breiten geraden Gassen, die gut gepflastert sind, geräumigen, mit Quadern belegten Plätzen und vielen neuen Gebäuden, worunter eine große Kirche, ein botanischer Garten und ein sehr niedliches Theater genannt zu werden verdienen. Es bestehen hier eine Papiermühle und ein Spital. Jährlich wird der um den Flecken laufende Graben einmahl mit Wasser eingelassen, und zu Wettrennen mit Gondeln benützt.

Città nuova, 1) Illyr. Stadt im Mitterburger oder Istrier Kreise, liegt auf einer Erdzunge an der Mündung des Quieto ins Meer, hat 830 Einw., ein Bisthum mit Cathedralcapitel, einen tiefen und sicheren Hafen; treibt Fischfang. Der Ort wird für ungesund gehalten, und ist daher meistens nur von Fischer=Familien bewohnt. 2) Dalmat. Marktfl. auf der Insel Lesina im Kreise **S p a l a t r o,** mit einem Hafen und 2,200 Einwohnern.

Città vecchia, dalmat. Marktfl. auf der Nordwestküste der zum Kreise **S p a l a t r o** gehörigen Insel Lesina, mit einem Hafen und 2,300 Einw., die Schiffbau, Schifffahrt und Fischerey treiben. Den Nahmen hat diese Ortschaft wahrscheinlich daher, weil sie aus den Trümmern der alten Stadt **Pharia** erbaut ist. Man findet hier noch griechische und römische Alterthümer. Das vorzüglichste Stück darunter, ist ein griech. Marmor, welcher eine Barke mit Segel und Steuerruder, und den Steuermann vorstellt. Das Ufer wird durch das von dem benachbarten Berge abgeschwemmte Erdreich immer mehr erhöht.

Cividale (Cividal del Friuli), venet. Stadt in der Deleg. Udine oder **F r i a u l,** ein alter, nicht unansehnlicher Ort, mit einer uralten Collegiatkirche, wobey sich ein merkwürdiges Archiv, schätzbare Fundgruben Friaul'scher Mittelzeit, und eine Bibliothek befindet. Außerdem zählt die Stadt noch 7 Pfarr= und mehrere andere Kirchen; sie hat 3,500 Einw., und ein Museum von Alterthümern, eine Mädchen= Erziehungsanstalt, ein Spital. Das Museum verdient eine ausführlichere Erwähnung; es besteht in Alterthümern aus den Zeiten der Römer und des Mittelalters, wie nicht leicht eine Provinzialstadt des österr. Kaiserstaates eine reichhaltigere Sammlung aufweisen kann. Dieselbe brachte der, seit 1801 als Canonicus in C. befindliche, **M i c h a e l Graf v. Thurn und Valsassina,** Archivar des dortigen Collegiatcapitels und rastloser Geschichtsforscher in Friaul'schen Alterthümern durch die von ihm in und um C., dann in **Zuglio** eingeleiteten Ausgrabungen, unterstützt von der Munificenz des Kaisers 1817 zu Stande. Von entschiedenem Werthe sind die Statuen der Göttinn **A u b i g o** und des **Jupiter Bimicatus.** C. wär die alte Hauptstadt des Herzogthums Friaul, und Sitz der altfriaul'schen Herzoge, auch ein Lieblingsaufenthalt der Patriarchen von **A q u i l e j a.**

Civil=Ehrenkreuz und Civil=Ehrenmedaille. Zur Belohnung der Verdienste jener Staatsbürger, welche sich im Kriege 1813—14 durch besondere Verwendung auszeichneten, stiftete der Kaiser 1815 das Civil=Ehrenkreuz; Fürst Metternich, Haus=, Hof= und Staatskanzler zc. erhielt das Großkreuz. Es wurden 24 goldene und 134 silberne Kreuze an verdiente Staatsbeamte vertheilt. Das Ehrenzeichen wird an einem auf beyden Seiten gelb und schwarz gestreiften Seidenbande im Knopfloch auf der linken Brust getragen. — Die Civil=Ehrenmedaille stiftete ebenfalls Kaiser **F r a n z** I. zur Belohnung verdienter Individuen ohne Unterschied des Geschlechtes, deren Stand oder Verdienste nicht zur Ertheilung eines Ordens geeignet sind. Sie ist in drey verschiedenen Größen von Gold ausgeprägt. Die Große zeigt auf der Vorderseite des Kaisers Bild mit der Aufschrift: Honori; die Umschrift lau-

tet: **Austria ad Imperii dignitatem erecta**, sie wird an einer golde=
nen Kette getragen. Die mittleren und kleineren haben ebenfalls an der
Vorderseite das Brustbild des erhabenen Stifters, mit der Umschrift sei=
nes Nahmens, auf der Rückseite die Wage der Gerechtigkeit, einen
Zepter und Merkurstab mit der Umschrift des kaiserl. Wahlspruches:
Justitia regnorum fundamentum. Diese letzten beyden werden jedoch
nur an einem rothen Bande getragen.

Civilgerichte erster Instanz. Diese können füglich in ordent=
liche (allgemeine), und in außerordentliche (besondere, privilegirte), ein=
getheilt werden, je nachdem ihnen alle Personen und Sachen innerhalb
ihres Gerichtsbezirkes unterstehen, welche nicht durch die Gesetze davon
ausgenommen sind; oder je nachdem ihnen die Judicatur nur über ge=
wisse Classen von Personen oder über gewisse Gattungen von Sachen ge=
setzlich eingeräumt ist. — Die erstere Art der Gerichte führet nach der
Terminologie der österr. Jurisdictions-Normen den Nahmen Ortsge=
richte (in weiterer Bedeutung), in den seit 1814 neu acquirirten Län=
dern Collegialgerichte, Civiltribunale; noch sind dabey die sogenannten
Stadt= und Landrechte zu nennen; die Gerichte der zweyten Art aber sind:
Das Landrecht; das Mercantil= und Wechselgericht; das Berggericht; das
Lehngericht; das Obersthofmarschall= Gericht.

Civilgerichte zweyter Instanz s. Appellationsgerichte.

Civil-Justiz-Tribunale erster Instanz, werden die Civil=
gerichte erster Instanz im lombardisch=venetianischen Königreiche ge=
nannt. In der Lombardie sind deren 9, nähmlich zu Mailand, Bres=
cia, Mantua, Cremona, Bergamo, Lodi, Como, Pa=
via und zu Sondrio in Valtellino. Außer jenem zu Mailand,
woselbst sich ein abgesondertes Criminal=Justiz-Tribunal erster Instanz
und ein für sich bestehendes Mercantil= und Wechsel=Tribunal befindet, sind
diese C. J. T. zugleich Criminal=, Mercantil= und Wechselgerichte er=
ster Instanz, und unterstehen dem k. k. lombardischen Appellations= und
Criminal=Obergerichte zu Mailand. — Im Venetianischen sind 8 C.
J. T. zu Venedig, Padua, Vicenza, Verona, Treviso,
Udine, Belluno und Rovigo. Außer jenem zu Venedig,
woselbst sich das Criminal=Justiz-Tribunal abgesondert befindet und ein
eigenes Mercantil= und See=Tribunal aufgestellt ist, sind diese C. J. T.
ebenfalls zugleich Criminal=, Mercantil= und Wechselgerichte erster
Instanz, und dem k. k. venetianischen Appellations= und Criminal=Ober=
gerichte zu Venedig untergeordnet. — Diese Gerichtsbehörden sind
sämmtlich mit einem Präsidenten (die C. J. T. zu Mailand und
Venedig auch mit einem Vice=Präsidenten, welcher in Mailand
zugleich Präsident des Mercantil= und Wechselgerichts, und in Vene=
dig Präsident des Mercantil= und See=Tribunals ist) mit einer ange=
messenen Anzahl von Räthen, dem sonst nöthigen Rathspersonale
(Secretäre, Rathsprotocollisten) und Hülfspersonale besetzt. Die Cri=
minalgerichte haben ihre Criminal=Actuare, und die Mercantilge=
richte ihre Beysitzer aus dem Handelsstande und deren Substituten.

Civil=Justiz-Verfassung. Die Civilgerichtsbarkeit wird in den
deutschen, böhmischen, galizischen und italienischen Provinzen des österr.

Kaiferthums durchgängig in drey Inftanzen verwaltet. Die größte Ver-
fchiedenheit findet auch hier, wie in andern Staaten, bey den Primar-
behörden Statt. Gleichförmiger geftaltet fich die Ausübung der Gerichtsbarkeit in zweyter Inftanz durch die Civil-Appellationsgerichte und das
allgemeine Militär-Appellationsgericht, alle diefe Behörden concen-
triren fich unter zwey univerfellen Gerichten, nähmlich der oberften
Juftizftelle für den Civilftand und der Juftizabtheilung des Hofkriegsrathes für das Militär, welche beyde Gerichtshöfe die dritte und letzte
Inftanz in der Stufenfolge der Gerichte in Öfterreich bilden. — Der
natürliche Rechtsgang beginnet bey den Unterbehörden, und die Ober-
gerichte finden in der Regel erft dann eine Veranlaffung zu judi-
ciellen Amtshandlungen, wenn jene bereits ihre Thätigkeit geäußert
haben.

Civillina, hoher Berg in der venet. Deleg. Vicenza, auf welchem Giovanni Catullo 1816 eine reiche eifenhaltige kalte Mineralquelle entdeckte. Schon 2 Jahre fpäter ward von der Regierung die
Verfendung diefes Waffers geftattet, das von dem Entdecker und Eigenthümer der Quelle, Acqua Catulliana genannt wird. Der innere Gebrauch diefes Waffers hat fich, trotz der dagegen erhobenen Stimmen
(Biblioteca-italiana), bey allen Krankheiten bewährt, welche aus
Schwäche entftehen. Es kann weit verfendet werden. Die chemifch-mine-
ralogifche Unterfuchung deffelben, und die Gefchichte der Krankheiten,
welche mittelft diefes Mineralwaffers geheilt worden find, ift in eigenen
Schriften aus Anlaß der Beobachtungen der Drn. Ciro-Pollini und
Gasparo Brugnatelli entwickelt worden.

Civil-Mädchen-Penfionat, k.k. Diefes Inftitut, welches
hauptfächlich den Zweck hat, gefchickte Lehrerinnen (Gouvernanten) zu
bilden, befindet fich zu Wien in der Alfervorftadt und wurde 1786 durch
Kaifer Jofeph II. gegründet. Stiftungsplätze find für 24 Mädchen
zwifchen 7 und 14 Jahren, welche ganz unentgeldlich aufgenommen werden. Nebft diefen werden aber auch Koftmädchen für eine beftimmte jährliche Summe angenommen, welche gleichen Unterhalt und Unterricht genießen. Der Unterricht befteht in Religion, Schön- und Rechtfchreiben,
im Rechnen, Zeichnen, in der Naturlehre, Geographie, Gefchichte, in
der deutfchen und franzöfifchen Sprache, endlich im Tanzen und den gewöhnlichen weiblichen Arbeiten. Das Inftitut hat eine Obervorfteherin
(gegenwärtig die würdige Therefe Richter) und 3 Untervorfte-
herinnen, welche zugleich auch Lehrerinnen find, fammt den fonft nöthigen Lehrmeiftern.

Civil-Penfions- und Verforgungs-Inftitute. — 1) In
Öfterreich unter der Enns. Leopoldinen-Stiftung für arme Mädchen, wurde vom Kaifer Franz 1793 mit einer Summe von 133000 fl. von
dem Krönungsgefchenke, welches die böhmifchen Stände dem Kaifer Leopold II. mit 145,000 fl. dargebracht hätten, gegründet. (Die übrigen
12,000 fl. beftimmte der Kaifer zur Unterftützung der damahls durch
Feuer verunglückten Bewohner der Stadt Klattau.) Anfangs wurden
von dem Zinfenertrage diefes Capitals 30 Stiftungsplätze und zwar für
adelige Mädchen 5 Plätze zu 300 fl. und 10 zu 200 fl., für bürgerliche

Mädchen aber 15 Plätze zu 100 fl. errichtet, auch arme Witwen hatten auf diese wohlthätige Stiftung Anspruch. 1794 vermehrte der Kaiser die Stiftungsplätze und die Betheilung wurde auf folgende Art neu regulirt: Für adelige Mädchen wurden 6 Plätze zu 300 und 7 zu 250, für bürgerliche 10 Plätze zu 150 und 17 Plätze zu 120 fl. festgesetzt. — Witwencasse der bürgl. Gold- und Silberarbeiter in Wien wurde 1793 gegründet. — Versorgungsinstitut für Seelsorger, welche durch Krankheit oder Alter zur Erfüllung ihres Berufes untüchtig geworden sind, entstand 1792; es befindet sich in Wien auf der Landstraße, Ungargasse, und wird durch freywillige Beyträge und Stiftungen erhalten. — Pensionsinstitut der herrschaftichen Livreebedienten, entstand 1794 in Wien. Der Zweck dieser wohlthätigen Stiftung ist, die durch Alter oder Krankheit dienstunfähig gewordenen Individuen dieses Standes, so wie ihre hülflosen Witwen oder Waisen mit monathlichen angemessenen Pensionen zu betheilen. — Handlungs-Krankeninstitut in Wien, besteht zwar schon seit 1745, wurde jedoch 1795 mit einem eigenen vortrefflich eingerichteten Verpflegsinstitute in Verbindung gesetzt, welches jenen Handlungsmitgliedern, welche wegen Alter oder sonstiger Gebrechen zu ihrem Geschäfte untauglich geworden sind, den nöthigen Unterhalt verabreicht. Vergl. Krankenhäuser. — Gesellschaft der Witwencasse des bürgerlichen Handelstandes in Wien. Diese wurde 1780 gegründet und nach den 1829 erneuerten und umgeänderten Statuten jedes dem bürgl. Handlungsgremium in Wien einverleibte Mitglied der Tuchlaubensverwandten, so wie der vergewährten Leinwandhandlungen zur Aufnahme geeignet erklärt. Die Zahlungen eines Mitgliedes derselben bestehen in 100 fl. C. M. Einlage; 3 fl. Einverleibungsgebühr und 20 fl. jährlichen Beytrag, die eintretenden Mitglieder müssen noch, wenn sie das 30. Lebensjahr schon überschritten haben, für jedes überschrittene Jahr 20 fl. nachzahlen, die Jahresdifferenz zwischen Gatte und Gattinn ist bis auf acht Jahre gestattet, für jedes weitere Jahr, welches die Gattinn jünger ist, werden bestimmte Nachzahlungen geleistet. Die jährliche Pension einer Witwe ist einstweilen wenigstens auf 100 fl. festgesetzt und der Pensionsgenuß dauert so lange fort, als die Witwe lebt oder Witwe bleibt. Die Leitung des Instituts und die Verwaltung des Fondes wird von 1 Director, 4 Administratoren, 6 Assessoren, und einem Ausschuß von 10 Mitgliedern besorgt, erstere 2 Administrat. und 3 Assess. werden alle 3 Jahre neu gewählt. — Institut für die Witwen und Waisen der Trivialschullehrer in Wien, entstand 1796 durch die Gnade des Kaisers, welcher aus dem Schul-Fonde eine Obligation von 1000 fl. zum Stammvermögen bestimmte und ihr noch überdieß aus dem Armen- und Waisen-Fonde jährlich 200 fl. anwies. Durch mannigfache wohlthätige Beyträge wurde die Gesellschaft bald in den Stand gesetzt, die anfangs auf einen sehr mäßigen Betrag bestimmte Pension von Zeit zu Zeit erhöhen zu können. — Pensionsinstitut für Witwen und Waisen herrschaftlicher Hausofficiere, entstand in Wien 1801 und wird durch Beyträge der Mitglieder und durch freywillige Gaben erhalten. — Verpflegsinstitut für dürftige und gebrechliche Mitglieder der juridischen Facultät und der Advocaten, in Wien, entstand 1812. — Privatinstitut für die Witwen und Waisen der k. k. Leiblakayen und Kammerbüchsenspanner in Wien, wurde 1813 gegründet. — Allgemeines Pensionsinstitut für Witwen und Waisen, bildete sich unter Protection des Fürsten Jos. v. Schwarzenberg in Wien und wurde mit Genehmigung und Begünstigung des Kaisers im Febr. 1823 feyerlich eröffnet. Diese Anstalt ist eine der ausgebreitetsten und wohlthätigsten, sie zählt über 2000 Mitglieder und betheilte 1833 bereits 80 Witwen und 11 Waisen mit jährlichen Pensionen (in 3 Classen bis zu 600 fl. C. M.), welche jedoch dadurch auch leider schon, wie bey andern derartigen Instituten, in ziemlicher Schmälerung begriffen sind. — Allgemeine Versorgungsanstalt für Unterthanen des österreichischen Kaiserthumes (deren erster Plan von dem vielverdienten k. k. Regierungs-rathe Ignaz von Sonnleithner herrührt), ist seit 1824 mit der ersten österreichischen Sparcasse (s. d.) verbunden. Der Hauptzweck dieses Institutes ist nach den Statuten, daß aus einzelnen Einlagen ein großes Stammvermögen zusammengebracht, dieses mit größter Vorsicht und nach feststehenden Grundsätzen fruchtbringend benützt und zugleich sowohl durch den Abgang der einzelnen Theilnehmer als durch mehrere andere Zuflüsse allmählig zum Vortheile der Interessenten so vermehrt werde, daß jedem derselben aus einer ursprünglich sehr mäßigen Einlage ein bedeutender Genuß erwachsen muß, welcher auf andere Weise nicht wohl zu erzielen seyn dürfte. Man wird in diese Gesellschaft mittelst einer Einlage von 200 fl. Conv. Münze aufgenommen und erhält über diese Einlage einen Rentenschein, wodurch man das Recht auf eine Dividende des jährlich abfallenden Gewinnes erwirbt. Die Einlagen können zwar auch theilweise auf Interimsscheine, jedoch ursprünglich nicht unter 10 fl. geleistet werden; allein erst, wenn die ganze Einlage mit 200 fl. gemacht, oder zum Theil, oder auch ganz durch die von der theilweisen Einlage zum Capital der vollen Einlagssumme anwachsenden Interessen, dann den allfälligen Gewinn aus der eingeleiteten jährlichen Verlosung gewisser Beträge erzielt worden ist, wird ein Rentenschein ausgefertigt. Die übrigen Einrichtungen und Berechnungen des Geschäftsganges dieser Anstalt sind so scharfsinnig als zweckmäßig, und es ergibt sich aus Allem, daß die Dividende der Theilnehmer durch die verschiedenen Zuflüsse allmählig immer steigen müsse. Diese Anstalt zählt bey 60,000 Interessenten und verwaltet bereits gegen 3 Millionen an eingelegten Capitalien, in den Provinzen hat sie 81 Commanditen. — Privat-Versorgungshaus für arme weibliche Dienstbothen in Wien auf der Landstraße, Geschäftsleiter desselben ist der jeweilige Grundspitalsverwalter. — Privat-Versorgungsanstalt für arme Dienstbothen in Wien auf der Wieden unter einem Administrator, einem Anwalt und zwey Vorstehern und Leitern (der jeweilige Pfarrer und Richter). Die Anstalt hält einen Arzt und einen Wundarzt. — Witwenanstalt der medicinischen Facultät in Wien. Sie zählt unter 3 Vorstehern und 10 Ausschüssen, 39 Mitglieder und betheilt 81 Witwen; das chirurgische Witweninstitut hat unter einem Commissär 2 Vorsteher, 1 Secretär und 6 Ausschüssen, 15 Mitglieder und betheilt 22 Witwen. — Pensions-Gesellschaft der bildenden Künste in Wien, zählt unter einem Director und Vicedirector und dem nöthigen Geschäfts-personale die meisten Künstler dieses Faches in Österreich zu Mitgliedern.

— Penstons-Institut für die Arbeiter in den k. k. Hofgärten, stiftete der k. k. Rath und Hofgärten-Director **Franz Boos** 1808. — Witwen und Waisen-Institut herrschaftlicher Wirthschaftsbeamten in Niederösterreich unter einem Präses und Director, 8 Ausschüssen, einem Secretär und Hauptcassier; zählt viele Mitglieder. — Privat-Verein zur Unterstützung verschämter Armen in den Wiener-Vorstädten Matzleinsdorf, Nikolsdorf, Margarethen, Hungelbrunn und Laurenzergrund wurde 1811 durch den Hofagenten **Franz Jos. Jeckel** gegründet, Protector ist gegenwärtig Graf **Czernin**, Oberstkämmerer; Vorsteher Freyh. **Jos. v. Dietrich.** Der Verein zählt 54 beytragende Mitglieder. — Verein zur Unterstützung würdiger und dürftiger Studenten in **Wien**, wurde 1813 von Menschenfreunden gestiftet, Vorsteher ist der Hof- und Burgpfarrer. — Vereine zur Unterstützung jener Familien, deren Versorger zum Militär oder zur Landwehr ausgehoben wurden, entstanden mehrere seit 1813. — Armenverein in der Vorstadt Schottenfeld zu **Wien** entstand 1819 durch den würdigen und verdienstvollen Pfarrer **Honorius Kraus.** — 2) In **Österreich ob der Enns:** k. k. milde Versorgungsanstalt zu **Linz,** steht unter einem Verwalter. — k. k. Stiftungsverwaltung zu **Salzburg** über das St. Johanns- und St. Barbaraspital, Leprosenhaus, Incurabilien-Fond, Erhardspital, Hofkirchische Fundation, Litaneycasse, Lazareth-Fond, Irrenhaus, Gebäranstalt, Waisenhaus, dann Waisenlehrjungen-Fond. — Städtische Stiftungsverwaltung zu **Salzburg** über das allgemeine Armeninstitut, Bürgerspital, Bruderhaus und Badspital **Gastein.** — 3) In **Steyermark** und **Kärnthen:** Beamtens-Pensionsinstitut zu **Grätz** wurde durch Zusammentritt mehrerer Beamten 1794 gegründet. Nach den Statuten dieses Vereins sind alle landesfürstlichen, ständischen, städtischen und Herrschaftsbeamten von was immer für einem Geschäftszweig, sobald sie einen Gehalt von mehr als 300 fl. beziehen, zum Beytritt geeignet. — Steyermärkisch-kärnthnerisches Institut für unverschuldet verunglückte herrschaftliche Oberbeamte, so wie deren Witwen und Waisen, wurde 1797 durch wohldenkende Beamte gestiftet. — Armen-Versorgungsverein zu **Grätz** steht unter der Protection des Gubernial-Vice-Präsidenten (Grafen von **Wickenburg**). Die Geschäfte dieses Vereins besorgen 15 Directoren und deren Stellvertreter, die Stadt- und Vorstadtpfarrer, die 15 Viertelmeister und 148 Armenfreunde. — 4) In **Böhmen:** Allgemeines Witwen- und Waiseninstitut zu **Prag,** entstand 1793. — Pensionsinstitut für Witwen und Waisen des Prager Handelstandes, trat zu **Prag** 1796 ins Leben. — Pensionsinstitut für Witwen und Waisen der Tonkünstler wurde 1802 zu **Prag** gegründet. — Pensionsinstitut für Witwen und Waisen der gewerbtreibenden Bürger, entstand zu **Prag** 1803. — Versorgungsanstalt für Männer aller Classen mit Ausnahme des Militärs, welche ohne ihr Verschulden erwerblos geworden sind, so wie für deren hinterlassene Witwen und Waisen, bildete sich zu **Prag** 1804. — Humanitäts-Privatgesellschaft zur Rettung scheintodter und plötzlich in Lebensgefahr gerathener Menschen zu **Prag,** hat unter einem Protector und Präsidenten (Casp. Grafen zu **Sternberg**) einen Vice-Präsidenten, zwey Ausschußmitglieder, 4 Ehrenmitglieder, 33 arbeitende und 3 corresponbirende Mitglieder. — Privatgesellschaft der juridischen Facultät in Prag zur bessern Unterhaltung ihrer Witwen und Waisen zählt unter einem Director und zwey Beysitzern 25 Mitglieder, Doctoren der Rechte. — Privatverein zur Unterstützung der Hausarmen zu Prag, hat unter einem Vorsteher (Carl Anselm, Fürst v. Thurn und Taris) 29 wirkliche Mitglieder. — 5) In Mähren und Schlesien: Mährisches Witwen- und Waisen-Versorgungsinstitut zu Olmütz für alle k. k. Provinzen wurde den 15. July 1793 nach der Idee und auf Anregung des im Greisenalter von mehr als 80 Jahren zu Wien im Pensionsstande noch lebenden mähr. schles. Landrathes Franz Eberl (s. d.) gegründet und betheilt jährlich eine bedeutende Menge von Witwen und Waisen. Die Zahl der Mitglieder übersteigt 2000. — Pensionsinstitut für Livreebediente zu Brünn, wurde nach gleichen Statuten wie jenes zu Wien, 1799 gegründet. — Pensionsinstitut für das bewaffnete Bürgercorps in Brünn, entstand 1800. — Mährisch-schlesisches Pensionsinstitut für Schullehrer, ihre Witwen und Waisen wurde zu Brünn 1812 nach vortrefflichen Statuten unter Anleitung und zweckmäßiger Verwaltung des als Domdechant zu Brünn verstorbenen Ritters von Adelstern gegründet. — Vereinigtes Armenversorgungshaus zu Brünn. — K. K. Filial-Versorgungshaus zu Olmütz. — Männerverein zur Abstellung [der Gassenbetteley und zur Unterstützung wahrer Armen, zu Brünn, besteht in großer Ausbreitung. Unter einem Protector, Geschäftsleiter und Substituten desselben sind 19 Commissionsglieder und Districtsvorsteher sammt deren Substituten, 1 Vereins-Rechnungsdirector und Cassier, 8 Secretäre, 1 Protocollist und 1 Registrator bey diesem Institute beschäftigt, außerdem sind der Brünner Bischof, der Brünner Kreishauptmann, der Polizeydirector, der Bürgermeister, von Brünn, wie auch die Stadt- und Vorstadtpfarrer, und der Senior der evangelischen Gemeinde permanente Mitglieder dieses Vereins. — Pensionsinstitut für Lehrer und deren Witwen und Waisen in Mähren und Schlesien wird von einem Director mit 4 Beysitzern geleitet. — 6) In Galizien: Armeninstitut-Commission zu Lemberg, von einem Präses mit 7 Beysitzern, 1 Secretär, 1 Cassier und 1 Controllor geleitet. — Galizisches Witwen- und Waisen-Pensionsinstitut unter der Protection des Erzherzogs Franz Carl, hat einen Director, 3 Assessoren, einen Secretär, 10 Ausschußglieder und 87 Mitglieder. — 7) In den lombardischen Provinzen: Witwencollegium zu Mailand, unter einem Director, Oconom, und Director spiritualis. — Direction der Almosen und frommen Stiftungen zu Mailand, unter 5 Directoren. — Wohlthätigkeitsverein zu Monza, unter welchem auch die Spitäler und das Versatzamt stehen. — Versorgungshaus (Casa di Dio) zu Brescia. — Arbeits- und Versorgungshaus zu Brescia. — Versorgungs- und Arbeitshaus zu Cremona. — Versorgungshaus zu Casal-Maggiore. — Wohlthätigkeitsverein zu Bergamo, unter welchen sowohl die Kranken- und Waisenhäuser, als auch Versorgungshäuser und das Versatzamt steht. — Wohlthätigkeitsverein zu Sondrio. — Wohlthätigkeitsanstalt zu Pavia. — Wohlthätigkeitsverein zu Crema. — 8) In den venetiäni-

ſchen Provinzen: Generalwohlthätigkeits-Commiſſion, deren Präſident der jeweilige Patriarch von Venedig iſt. — Verſorgungshaus
Cà di Dio zu Venedig. — Verſorgungshaus delle penitenti zu
Venedig. — Verſorgungshaus bey St. Johann und Paul zu Venedig.
— 9) In Dalmatien: Adminiſtrations-Commiſſion der Wohlthätigkeitsanſtalt zu Zara, deren Präſes der jeweilige Erzbiſchof daſelbſt iſt,
1 Proviſor, Director, 6 Mitglieder und 1 Caſſier. Ähnliche Commiſſionen
ſind noch in mehreren Orten, zu Raguſa beſteht eine Adminiſtrations-
Commiſſion für milde Stiftungen. — 10) In Illyrien: Armenverſor-
gungsanſtalt zu Laibach, womit auch die Kranken-, Gebär-, Irren-,
Siechen- und Waiſenanſtalt verbunden ſind. Die Direction führt das
Kreisamt. — Armen-Verſorgungsanſtalt zu Klagenfurt, womit
ebenfalls das Kranken-, Irren-, Siechen- und Waiſeninſtitut verbunden ſind. Director iſt der jeweilige Kreishauptmann. — Armen-Ver-
ſorgungsverein zu Klagenfurt unter einem Geſchäftsleiter 2 wirken-
den Gliedern, 5 Obercommiſſären, 1 Caſſier, 14 Untercommiſſären und 4
Armenvätern. — Arbeits- und Verſorgungsinſtitut zu Trieſt unter 1 Inſpector und Kanzler, Prieſter, Arzt, Magazineur, Arbeitsmeiſter und
Oberaufſeher ſammt dem nöthigen Hauspersonale. — Wohlthätigkeits-
Commiſſion und Armenhaus zu Görz unter der Protection des jeweiligen Erzbiſchofs und einem Präſes. — 11) In Tyrol: Wohlthätigkeitsanſtalt zu Trient (Congregazione di Carità), welcher das Stadtſpital,
ein männliches und ein weibliches Waiſenhaus, ein Arbeits- und ein Leihhaus untergeordnet ſind, unter einem Vorſteher, Vicepräſes und Verwalter. — Wohlthätigkeitsanſtalt zu Botzen, unter welcher ein Waiſenhaus, eine Gebär- und Krankenanſtalt, eine freywillige und eine Zwangs-
Arbeitsanſtalt ſtehen. Die Leitung iſt einem Präſes, Vicepräſes, Admini-
ſtrator und 4 Commiſſionsräthen anvertraut. — Wohlthätigkeitsanſtalt
zu Roveredo. Dieſer iſt das Stadtſpital, das Leihhaus und ein weibliches Waiſeninſtitut untergeordnet. Vorſteher iſt der jeweilige Bürger-
meiſter daſelbſt. — 12) In Ungarn: Verſorgungsanſtalt für die Witwen und Waiſen ſämmtlicher Beamten des Königreichs Ungarn, wurde zu
Ofen 1796 gegründet. — Penſionsinſtitut für ſtädtiſche Beamte in
Peſth, entſtand 1808. — Verein der freyen Künſtler und Sprachlehrer, zur
Unterſtützung ihrer Witwen und Waiſen, entſtand zu Preßburg 1817.
— Armeninſtitut zu Ofen unter der Leitung eines ſtädtiſchen Commiſ-
ſärs, hat 1 Controllor und 11 Armenväter. — Armeninſtitut zu Peſth
unter 1 Commiſſär, hat 1 Kanzelliſten, 2 Armenvätern. Übrigens befindet ſich
auch zu Ofen ein Hoſpitium für ſchuldlos verarmte Bürger, 1 ſtädtiſches
Weiberſpital, ein Verſorgungsinſtitut für verarmte Donauſchiffer, dann
zu Peſth ein Siecheninſtitut und mehrere andere milde Stiftungen. — Zu
Fiume beſteht ein Krankeninſtitut für Arme, zu Carlſtadt ein Bürgerſpital, zu Buccari ein Armeninſtitut. S. auch: Blindeninſti-
tute, Bürgerſpital, Damenſtifte, Findelhäuſer, Geſellſchaften der adeligen Frauen, Irrenhäuſer, Kran-
kenhäuſer und Verſorgungsanſtalten, Spitäler, Taub-
ſtummeninſtitute, Verſorgungshäuſer, Waiſenhäuſer.

Clam, die Grafen. Von dem Markte Clam in Oberösterreich nannte sich 1154 Walchun v. C. Auf dem Bestätigungsbriefe Herzogs Leopold VII. für das Kloster Zwettel 1213, steht Ulrich Graf von C. als erster Zeuge unterfertigt, welcher vorher seine Herrschaft Clam an den Herzog verkauft hatte. Er war der Letzte seines Stammes. In spätern Zeiten kam diese Herrschaft an Christ. Perger v. Höchenberg; st. 1534. Christoph's Urenkel, Joh. Gottfr., geb. 1598, wurde 1655 in den Freyherrnstand erhoben, worauf er fortan, wie seine Nachkommen, sich nur v. Clam schrieb; st. 1673. Sein Sohn, Hans Christ. st. 1697, nachdem ihm seine Gemahlinn Maria Elisabeth, Gräfinn von Thürheim, 5 Söhne und 6 Töchter geboren. Der jüngste Sohn, Joh. Leop., ist der Ahnherr aller heutigen Grafen v. C.-Martiniz und C.-Gallas. Carl Jos., geb. den 6. Sept. 1760, vermählte sich am 6. July 1791 mit Maria Anna, Erbtochter des Grafen Franz Carl von Martiniz und führt seitdem, so wie seine Kinder, den Nahmen C.-Martiniz, obgleich er nicht das gesammte Martiniz'sche Stammgut, sondern nur durch Erbvergleich von 1791 die allerdings sehr ausgedehnten und wichtigen Herrschaften Schlan und Smetschna im Rakoniter-Kreise erhielt. Joh. Christoph, geb. zu Clam, den 12. July 1702, k. k. geh. Rath, wurde am 7. Nov. 1759 mit dem gesammten Geschlechte in den Grafenstand erhoben; st. 1778, und seine Gemahlinn, Louise, Gräfinn Colonna v. Fels, den 1. Juny 1782, welche diesem Hause einen großen Zuwachs an Reichthum verschaffte. Ihre Schwester Anna Maria war des reichen Grafen von Gallas kinderlose Gemahlinn, und dieser sah sich veranlaßt, dieselbe durch Testament v. J. 1757 und nach ihrem Tode, oder nach ihrer zweyten Vermählung den erstgebornen Sohn ihrer Schwester Christian Philipp Freyh. v. C. unter der Bedingung zum Universalerben einzusetzen, daß er des Grafen Gallas Nahmen und Wapen führe. Der Graf von Gallas st. 1757, und seine Witwe 1759, wornach die sämmtlichen Gallas'schen Herrschaften an den substituirten Erben Christian Philipp Grafen von C.-Gallas, k. k. Kämmerer und Beysitzer des permanenten Ausschusses der böhm. Stände, fielen, welcher den 8. Febr. 1805 starb. In dem Majorat folgte ihm der älteste Sohn, Christian Christoph, (geb. den 1. Sept. 1771), geh. Rath, Oberstlandkämmerer und einer der verdienstvollsten Patrioten Böhmens, welchen der Kaiser Franz bey seiner letzten Anwesenheit in diesem Königreiche mit dem Großkreuze des Leopoldordens zufolge Cabinetsschreibens vom 7. Sept. 1833 ausgezeichnet hat.

Clam, 1) oberösterr. Herrschaft; 2) Marktflecken derselben im Mühlviertel; der Ort wurde im Hussitenkriege zerstört, und veröbete durch oftmahlige Feuersbrünste so sehr, daß er zu einem schlechten Dorfe herabsank, welches Kaiser Ferdinand III. auf Bitten des Gottfr. von Clam, neuerdings zu einem Markte erhob. Derselbe zählt dermahlen nur 31 Häus. und 180 Einw., hat eine Pfarrkirche und ein Spital. Dabey 3) Schloß mit dem Amtssitze des Districts-Commissariats; war einst stark befestigt, da es aber nach und nach den Einsturz drohte, gab ihm Joh. Gottfr. Freyh. v. Clam 1636 eine schönere Gestalt. Der runde Thurm des Schlosses schaut weit hinaus über den Donaustrom, bis zu den österr. steyer. Alpen. Schloß und Herrschaft besitzt seit 1820 Carl Graf von und zu Clam=Martiniß, k. k. General=Major in der Dienstleistung bey dem, k. k. Hofkriegsrathe, Commandeur des Leopold=Ordens und Ritter mehrerer auswärtiger Orden.

Clary und Aldringen, die Grafen. Franz C. wurde 1641 von Kaiser Ferdinand III. in den Freyherrnstand erhoben, nachdem er durch Ankauf mehrerer confiscirter Güter bedeutendes Grundeigen= thum in Böhmen erworben hatte. Sein Sohn Hieronymus, der sich bis zum Generalmajor hinaufschwang, erhielt den Grafenstand, be= gründete aber noch außerdem durch seine Vermählung mit Anna, des berühmten kais. Feldmarschalls Aldringer Schwester und alleinigen Erbinn seines großen Vermögens, das Ansehen des Clary'schen Hauses, welches 1635 berechtigt wurde, dem angebornen Geschlechtsnahmen den Aldringen'schen beyzufügen. Des Hieronymus Sohn, Joh. Marc. Georg, war k. k. geh. Rath und vieljähriger Gesandter am chursächs. Hofe. Sein Sohn Joh. Georg Raphael, Herr der Herrschaft Dobriczan in Böhmen, ist der Ahnherr der noch blühen= den gräfl. Linie in Dobriczan, in welcher vornehmlich der Graf Leop. Caspar, geb. den 2. Jän. 1726, gest. den 23. Nov. 1800, anfangs (1754) böhm. Appellationsrath, dann Burggraf zu Eger, 1770 Kammerpräsident zu Hermannstadt, 1772 Oberstlandrichter in Mähren, 1776 Vicekanzler der vereinigten Hofstelle in Wien, von 1780 — 96 Präsident der obersten Justizstelle, Staats= und Con= ferenzminister, auch, und zwar von 1800, Präsident der Gesetzge= bungshofcommission, zu bemerken. Der Staat verlor in ihm einen ein= sichtsvollen, edlen und patriotischen Diener, der sich durch seine humane Gesinnung die Liebe Aller erwarb, die ihn kannten. Mit welchem Er= folge er sich den Wissenschaften gewidmet habe, zeigt sein Plutarchus redivivus s. comparatio virorum illustrium, Plutarchi methodo scripta. Wien, 1745; Ed. II. auctior, novaque inedita versione germanica ipsius auctoris ornata. eb. 1765. Das Werk enthält eine Vergleichung des M. Ulpius Trajanus und Rudolphs von Habsburg mit 444 krit. Anmerkungen. Franz Wenzel, ein Enkel des Joh. Marc. Georg, von dessen Sohn Franz Carl, Stifter des Majorats Tepliß, ist geb. den 8. März 1706, erhielt die geh. Rathswürde, und wurde Obersthof= und Landjägermeister. Er starb den 21. Junny 1788, nachdem er schon am 2. Febr. 1767 in den Reichsfürstenstand gelangt war. Aus seiner Ehe mit Marie Leopoldine, geb. Fürstinn de Ligne, hinterließ er einen Sohn, Joh. Nepo= muk Grafen v. C. A., welcher ihm nach seinem Ableben im Majorat und in der Fürstenwürde folgte. Dieser wurde geb. den 17. Dec. 1753, war Großkreuz des Leopold=Ordens, k. k. geh. Rath, Kämmerer und General=Hofbaudirector, starb den 3. Jän. 1826. Des Joh. Nep. Sohn, Fürst Carl von C. A., war geb. den 12. Dec. 1777. Er hatte eine der erlesensten Privatbibliotheken in Wien gesammelt, nebst einer reichen Sammlung von Kupferstichen und Handzeichnungen; starb daselbst den 31. May 1831.

Clauß, Bergpaß und Bergschloß an der Gränze von Steyermark und Österreich unter der Enns, nahe am Ursprung der Steyer, 2,272 Par. F. über die Meeresfläche erhaben.

Clavier-Fabrikation, s. Pianoforte.

Clement, Franz, Musikdirector und ausgezeichneter Violinist, geb. in Wien 1780, Schüler seines Vaters Joseph C., wirkte schon im 8. Jahre seines Alters in den beyden k. k. Hoftheatern in Concerten mit; reiste in Begleitung seines Vaters durch ganz Deutschland, wo er sich in den bedeutendsten Städten in Concerten producirte. Er war 2 Jahre in London, wo er bey der Feyerlichkeit, als Joseph Haydn die Würde als Doctor der Tonkunst erhielt, ein Concert spielte. Von da ging er nach Holland, wo er bey Hofe Concerte gab; auch spielte er ein Concert bey der Krönung des Kaisers Franz als König von Böhmen in Prag, und kehrte dann nach Wien zurück, wo er am k. k. Hofburgtheater als Solo-Spieler engagirt wurde. 1810 machte er eine Reise nach Polen, und von da nach Rußland, wo er in St. Petersburg irriger Weise als Spion betrachtet, einen Monath im Gefängnisse zubringen mußte. Aus Rußland kam er nach Prag, und war im ständischen Theater 4 Jahre als Musikdirector angestellt. 1821 reiste er mit Angelica Catalani nach Bayern und Würtemberg. Bey seiner Zurückkunft nach Wien wurde er als erster Musikdirector im k. k. priv. Theater an der Wien angestellt, wo er sich noch gegenwärtig befindet. Als Violinspieler ist er durch die Kühnheit seiner Bogenführung und seinen phantasiereichen Vortrag besonders ausgezeichnet.

Clementiner (Albanier), nennen sich die Nachkommen jenes Heerhaufens, welcher diesen Nahmen von seinem Anführer Clement angenommen hatte, und 1465 aus Albanien, dem Joche der Türken sich entwindend, ihr Heil in den serbischen Gebirgen suchten, und da die Grausamkeit der Türken ihnen auch in Serbien keine bleibende Stätte gönnte, 1737 nach Slavonien in der Gegend des alten Syrmiums kamen, und sich dort ansiedelten, wo sie nun im Peterwardeiner Regimentsbezirke der slavonischen Militärgränze in 2 Dörfern (Herkovcze und Nikincze) noch unvermischt bestehen. Diese 2,000 C. bekennen sich zur kathol. Religion, und unterscheiden sich durch ihre eigene Sprache, Nationalcharakter, Leibesbeschaffenheit, eigenthümliche Kleidung, treu beybehaltene alte Volkssitten, Gebräuche, Gewohnheiten und Lebensart. An Buntheit und Sonderbarkeit dürfte der Anzug der C. von keiner andern Volkstracht in der Monarchie übertroffen werden. Er wird dadurch zu einem der merkwürdigsten, wie klein auch das Völkchen ist, welches ihn trägt. Auf den buntscheckigen Kleidern der Männer und Weiber erscheint größtentheils das Rothe als Grundfarbe; so hat der Mann auf dem Kopfe eine rothe Kappe, oder eine solche Spitzmütze mit Quasten, am Leibe ein kurzes rothes Jäckchen mit schwarzer Verbrämung und ähnlichen Aufschlägen. Die Weste darunter ist weiß, blau ausgeschlagen, und eine dunkle Schürze, über welche eine hellfarbige, schief geschnittene und mit Fransen gezierte herabhängt, gibt ihm einigermaßen das Ansehen eines Bergschotten. Um die Hüfte ist eine Schärpe gebunden. Die Hosen sind kurz, nach deutscher Art geformt, dabey buschig

und in Falten gepufft; die Strümpfe vielfärbig und schraubenartig ge=
streift; die Fußbedeckung Bundschuhe. Bey voller Bewaffnung wird eine
Flinte und die Patrontasche mit Überschwungriemen kreuzweise über den
Rücken geworfen. Pistolen und Messer liegen in der Schärpe, ein
Säbel hängt zur Seite, ein Streitkolben ruht in der Hand. Dazu
fliegendes oder geflochtenes Kopfhaar, ein Schnurrbart und eine schwarze
Halsbinde. — Viel scheckiger noch ist die Weibertracht. Das schöne
schwarze Haar in Zöpfe gedreht, mit Blumen und Flittern geschmückt,
ruhet auf den Schultern, und ist um das Gesicht gewunden. Rück=
wärts am Kopfe haftet ein leinener oder seidener mit Bändern gezierter
Schleyer. Den Hals umgibt glanzvolles Geschmeide. Über ein sehr langes
enges Hemde, weitem Ausschreiten hinderlich, wird ein mit Münzen
vielfach geschmückter Brustlatz geworfen, und am bunten Gürtel hängt
die vielfarbige Schürze, neben dieser an kupferner Kette ein Schlüssel.
Das Oberkleid bildet ein rothes Jäckchen mit Pelzwerk, Fransen oder
Stickerey, dessen Ärmel nur an den Vorderarm reichen; die Hembärmel
erstrecken sich bis an die Hand, und sind wie jene bunt ausgenäht. Die
gestreiften Strümpfe gleichen denen der Männer. Manches Weib trägt
wohl auch auf dem Haupte eine Federkrone, gleich den amerikanischen
Inkas, einen kurzen Rock, der an den Knien schon aufhört, und
weiße Strümpfe mit bunten Figuren.

Clerfayt, Franz Sebast. Carl Jos. de Croix, Graf v.,
k. k. Feldmarschall, Ritter des goldenen Vließes und Großkreuz des
Maria=Theresien=Ordens, stammte aus einem der angesehensten Ge=
schlechter in den ehemahl. österr. Niederlanden, und war den 14. Oct.
1733 in dem Schlosse B r u i l l e unfern B i n c h im Hennegau geboren.
Seine Erziehung war sorgfältig, sein Fleiß vorzüglich auf Mathematik,
seine Neigung auf den Militärstand gerichtet. Diesem widmete er sich
seit seinem 20. Jahre, und der 7jährige Krieg war die Schule, in der
er sich ausbildete. Er wurde gegen das Ende desselben Oberster, und
lebte darauf in stiller Eingezogenheit, bis ihn 1778 der bayerische Erb=
folgekrieg wieder ins Feld rief. Wichtiger als in diesem kurzen Kriege,
waren die Dienste, die er 1788 und 1789 im Türkenkriege leistete. In
dem letztern Jahre wurde er zum Feldzeugmeister ernannt, und com=
mandirte ein besonderes Corps im Banate, mit welchem er am 28. Aug.
die Türken bey M e h a d i a schlug. Nach der Eroberung B e l g r a d's,
bey der er sich an L o u d o n's Hauptarmee anschloß, commandirte er in
der kleinen Wallachey und in der Kraina, schlug die Türken in 2 Ge=
fechten bey S a l g a und K a l e f a t, und sicherte dadurch die genannten
Länder bis zum erfolgten Frieden. Die Commandeurwürde und ferner=
hin das Großkreuz des Theresienordens, waren der Lohn seiner rühm=
lichen Anstrengungen. Im glänzendsten Lichte zeigten sich aber seine mi=
litärischen Talente in dem 1792 ausgebrochenen französ. Revolutions=
kriege. Gleich anfangs schlug er die Franzosen bey ihren Einfällen in die
Niederlande in Verbindung mit B e a u l i e u zurück, und befand sich
darauf, als der Herzog von Braunschweig mit der vereinigten Armee
in die Champagne eindrang, mit einem Armeecorps von 12,000 Mann
bey der Einnahme von L o n g w y und V e r d u n. Er bemächtigte sich am

1. Sept. 1792 des wichtigen Postens bey Stenay, und als die Preu=
ßen sich aus der Champagne nach Coblenz zurückziehen mußten, be=
deckte er die sehr geschwächte preuß. Armee, und zeigte in der Defensive=
den künftigen großen Feldherrn. Inzwischen drang Dumouriez mit
einem Heere, dessen Stärke man auf 80,000 Mann berechnete, von
Valenciennes nach den österr. Niederlanden, warf am 6. Nov.
14,000 Östreicher unter den Befehlen des Prinzen Albrecht von
Sachsen=Teschen bey Jemappes, bemächtigte sich der Verschanzungen
derselben, und hielt am 7. Nov. seinen Einzug in der Festung Mons,
am 12. in Gent, am 14. in Brüssel, am 27. in Lüttich, und
am 16. Dec. sogar in Achen. Überall zogen sich die Östreicher unter
C.'s Oberbefehl, nachdem der Prinz Albrecht das Commando nieder=
gelegt hatte, zurück, und setzten sich im Herzogthum Jülich bey Bergen.
Diesen Rückzug mit einem sehr geschwächten Heere, unter steten Ge=
fechten, in unaufhörlichem Kampfe mit Regen und Schneegestöber, in
der rauhesten Jahreszeit, haben Kenner der Kriegskunst für ein Meister=
stück erklärt. Mehrere Gefechte waren lebhaft, z. B. bey Herve, wo
C. siegte, und bey Bergen, wo er eine sehr feste Stellung nahm, beun=
ruhigte er die Feinde zum öftern. Einen rühmlichen Antheil hatte er
an dem glücklichen Feldzuge von 1793, unter dem Oberbefehl des
Prinzen Coburg. Er überfiel die Franzosen am 1. März bey Alden=
hoven, machte der Belagerung von Mastricht ein Ende; entschied durch
seine unerschütterliche Beharrlichkeit den glücklichen Ausgang des großen
mörderischen Kampfes bey Neerwinden, wo er den linken Flügel
commandirte, der den höchsten Anstrengungen der Feinde siegreich wider=
stand. Mit eben so viel Einsicht und Muth commandirte er bey Qui=
vrain, Hanson und Famars, und zwang Quesnoi, ihm die
Thore zu öffnen. Der Feldzug von 1794 ward frühe eröffnet, und der
Anfang desselben war für die Verbündeten glänzend. Prinz Coburg
gewann am 17. April die große Schlacht bey Château=Cambresis,
und am 30. ergab sich die Festung Landrecy. Abgesondert von der
Hauptarmee, stand C. in Flandern, schlug mehrere Anfälle der Feinde
zurück, konnte aber nach der Schlacht bey Fleurus (den 26. Juny),
welche Coburg verlor, das Vordringen des Feindes nicht aufhalten.
Schon gegen die Mitte des Feldzuges waren alle im vorigen Jahre er=
rungenen Vortheile und eroberten Festungen verloren, und Coburg
nahm seine Entlassung. C. trat an seine Stelle, zog sich unter blu=
tigen Gefechten, mit einer ohne Verhältniß schwächern Armee, aus
Brabant über die Maas, und ging bey Mühlheim über den Rhein.
Auch dieser Rückzug geschah in einer Ordnung und mit einer Umsicht,
die dem Feldherrn zur Ehre gereichte. Zu Anfang 1795 erhielt er, mit
der Feldmarschallswürde, den Oberbefehl über die österr. und Reichs=
armee, welche sich vom Mittel= bis an den Niederrhein ausdehnte, und
mit Wurmser's Stellung am Oberrhein in Verbindung stand. Bey=
nahe den ganzen Sommer über verharrten die Deutschen und Franzosen
gegenseitig in einer drohenden Ruhe, und erst bey eintretendem Herbste
ward der Kampf erneuert, als von 2 Seiten her, Jourdan mit der
Sambre= und Maasarmee, Pichegrü mit dem Rhein= und Mosel=

heere, über den Rhein brach, deſſen wichtige Übergangspuncte, Düſ=
ſeldorf und Mannheim, ihnen von den, durch eine Beſchießung
geſchreckten pfalzbayriſchen Behörden überliefert wurden. Schon ſahen
die Franzoſen in der Einbildung den Weg ins Innere von Deutſchland
geöffnet, als ihnen C. am 10. Oct. bey Höchſt eine bedeutende Nieder=
lage beybrachte, und ſie ſchneller, als ſie gekommen waren, bis Düſſel=
dorf über den Rhein zurückwarf. Er eilte nun zum Entſatz von Mainz,
wo die Franzoſen ein ganzes Jahr an Verſchanzungen gearbeitet hatten,
deren Kunſt, Ausdehnung und Feſtigkeit meiſterhaft war. In dieſen für
unüberwindlich gehaltenen Werken, ſtanden bis Ingelheim, ihrem
Hauptquartiere, 70,000 Mann, mit 600 Kanonen, Mörſern und allem
nöthigen Kriegsgeräthe. C. beſtürmte und eroberte dieſe Werke am 29.
Oct., ſeine glänzendſte Waffenthat, und verfolgte die Beſiegten auf der
einen Seite über Ingelheim, gegen Bingen, auf der andern über
Oppenheim, bis Alpei Mainz war nun wieder in den Händen der
Deutſchen; Wurmſer vertrieb die Franzoſen aus Mannheim, und
verfolgte ſie bis an die Gränzen von Frankreich. Die weitern Fortſchritte
der Oeſterreicher hemmte ein Waffenſtillſtand, den C., auf einen Win=
terfeldzug nicht vorgeſehen, am 21. Dec. 1795 um ſo williger ſchloß,
als er einen annehmbaren Frieden hoffte. Die Freude über den glücklich
geendigten Feldzug war überaus groß; C. wurde, als er im Jän. 1796
nach Wien zurückkam, daſelbſt gleichſam im Triumph vom ganzen
Volke begrüßt. Der Kaiſer ſelbſt beſuchte ihn mit dem Erzherzog Carl,
und ließ ihm den Orden des goldenen Vließes überreichen. Nach ihm
wurde das Commando dem Erzherzog Carl übertragen. Am 21. July
1798 ſtarb C. in Wien an einer langwierigen und ſchmerzhaften Krank=
heit. Die Stadt Wien ließ ihm ein prächtiges Grabmahl errichten.
C. vereinigte mit Talenten und Kenntniſſen des Feldherrn, die Tugen=
den echter Religioſität und der redlichſten Geſinnung; er hielt ſtrenge
Kriegszucht, war ein Feind aller Ruhmredigkeit und Ränke, und kannte
keine andere Wege, als die der Ehre und der Dienſtpflicht. Sein Muth
war unerſchütterlich, ſeine Sorgfalt und Wohlthätigkeit für die
Soldaten unerſchöpflich, ſeine Börſe ſtand jedem Officier offen, der
unter ihm diente. Auch den Unterthanen auf ſeinen Gütern war er ein
wohlwollender Verſorger. Immer einfach in Kleidung und Lebensweiſe,
ſchmückte er ſich nur am Schlachttage; denn dieſen betrachtete er als des
Kriegers höchſten Feſttag.

Clerifey, Clerus, ſ. Geiſtlichkeit.

Cles, tyrol. Marktfl. im Trienter Kreiſe, Hauptort des Nons=
bergerthales (Val d'Annone) am Nos. In dieſer Gegend trifft man
eine große Strecke eines ganz ſchwarzen Erdreichs in der Mitte eines
andern ganz röthlichen. Man hat dieſe Gegend mit dem Nahmen der
„ſchwarzen Felder“ belegt. Sie iſt dadurch merkwürdig, weil ſie bis in
eine beträchtliche Tiefe aus lauter Schichten verbrannter Menſchenkörper,
die mit Schichten von vegetabiliſcher Erde und Lehm abwechſeln, beſteht.
Wahrſcheinlich war hier ein röm. Begräbnißplatz, wo bekanntlich die Leich=
name verbrannt wurden. Man fand in dieſen Schichten allerley Münzen
aus jedem Jahrhundert der röm. Republik und der Kaiſer, bis zum

dritten der gemeinen Zeitrechnung; dann verschiedene Halsketten, Arm=
bänder, Schnallen, Ringe, Lampen 2c., und würde bey regelmäßiger
Nachgrabung noch viele Alterthümer entdecken können. Das in C. be=
findliche Landgericht ist zugleich Criminaluntersuchungsgericht für den
eigenen Bezirk und für die Bezirke der Landgerichte Malé und Fondo.
Es ist Landgericht der ersten Classe, und hat eine Bevölkerung von
15,380 Seelen. Außer der eigenen Pfarre ist in C. auch ein Franziska=
ner=Kloster, und in der Entfernung von einer halben Stunde ein gleich=
nahmiges Schloß. Die Einwohner von C. treiben Seidenbau und Sei=
denspinnerey.

Clesel, Melchior, Cardinal und Bischof von Wien; ein durch
seine Geistesgaben und Schicksale gleich ausgezeichneter Mann. Er war
zu Wien 1553 geboren, eines Bäckers Sohn. Seine Ältern bekannten
sich zur lutherischen Lehre, und auch er wurde darin erzogen; durch
einen Priester der Gesellschaft Jesu aber der katholischen Religion zuge=
führt, verwendete er sich mit dem regsten Eifer zum Studium der katholi=
schen Theologie. In kurzer Zeit ward er zu höheren Kirchenwürden er=
hoben, 1589 ihm die provisorische Verwaltung der Bisthümer Wien
und Wiener=Neustadt übertragen, in deren wirklichen Besitz er
1614 durch Papst Paul V. gesetzt wurde. 1616 erhielt er die Cardi=
nals=Würde. Er war auch Director des geheimen Rathes und erster
Minister des Kaisers Mathias, und stimmte bey Gelegenheit des da=
mahligen Glaubenszwiespaltes jederzeit für Duldung und Nachgiebig=
keit, wodurch er sich bey Erzherzog Ferdinand, nachherigem Kaiser
Ferdinand II. so verhaßt machte, daß ihn derselbe ohne Wissen des
kranken Kaisers Mathias in der Burg zu Wien gefangen nehmen und
in aller Stille auf das Schloß Ambras in Tyrol abführen ließ, wo
C. zwar fürstlich bedient, jedoch in der strengen Haft eines Staatsge=
fangenen gehalten und erst nach Verlauf von 2 Jahren nach der Abtey
Georgenberg übersetzt wurde; endlich erhielt er die Erlaubniß nach
Rom zu gehen, und versöhnte sich 1626 durch Vermittlung des Pap=
stes Urban VIII. mit dem bereits zum Kaiser gekrönten Ferdinand,
welcher ihn wieder zurückberief. Den 25. Jän. 1628 hielt C. unter dem
Geläute der Glocken seinen Einzug in Wien, und wurde mit allen er=
denklichen Ehren empfangen. Er starb 1630 zu Wiener=Neustadt;
sein Leichnam wurde jedoch nach Wien gebracht, und in der großen
Frauencapelle im St. Stephansdome begraben, woselbst sich auch bey
dem sogenannten Speisaltare ganz oben an der Wand sein Grabmahl
befindet, welches ihm sein Nachfolger auf dem bischöflichen Stuhle,
Anton Wolfrath, errichten ließ.

Cleynmann, Carl, Prediger der evangel. Gemeinde in Pesth,
geboren zu Frankfurt am Main den 15. Jän. 1775, wurde nach
zurückgelegten theologischen Studien und erhaltener Ordination 1796
als zweyter Prediger und Katechet zu der evangel. Gemeinde helvetischer
Confession in Wien berufen. Dem Rufe als Prediger nach Pesth fol=
gend, hielt C. am 26. Dec. 1815 seine Abschiedsrede an die Gemeinde
in Wien. Er war ein ausgezeichneter Prediger; seine Vorträge erreg=
ten tiefe Rührung. In Wien sind mehrere seiner Predigten im Druck

erschienen. Während seiner Amtsführung zu P e s t h hat er nur einzeln Reden herausgegeben. Erst nach seiner, wegen Kränklichkeit erfolgten Resignation wollte er den Vorsatz verwirklichen, in einer stillen ländlichen Abgeschiedenheit zu S z i r a g h im Neograder Comitat in Ungarn eine ganze Sammlung seiner in P e s t h gehaltenen Predigten ans Licht treten zu lassen, allein sein unerwarteter Tod am 15. Febr. 1833 zu S z i t a g h erlaubte ihm nicht, das Werk ganz zu vollenden. Von seinen Druckschriften werden hier angeführt: Religionsvorträge; 2 Bde. Wien, 1802—3. — Predigten in den Jahren 1813—14 zu Wien gehalten; 2 Bde., eb. 1814—15 (mit des Verfassers Bildniß). — Gott mein Alles, meine Freude, mein Trost; ein Andachtsbuch für gebildete Christen; 3. verbesserte Ausgabe, eb. 1821. — Mit J o h. W ä c h t e r (s. d.) gab er die allgemeine practische Bibliothek für Prediger und Schulmänner; 2 Bde. Wien, 1802—3, heraus. Seine hinterlassenen Predigten (Herausgeber ist Joh. Kollár, Prediger der evangel. Gemeinde in P e s t h) werden nächstens zu Wien im Druck erscheinen.

Clima des österr. Kaiserthums: 1) Die s ü d l i c h e R e g i o n, zwischen 41° 20' bis 46° Br., das lombardisch-venet. Gebieth, Tyrol und Croatien, Dalmatien, Slavonien und die Militärgränze umfassend, hat kurzen, schneeigen, hier und da eisbringenden Winter, heitern Frühling und Herbst, trocknen Sommer. Westlich zuweilen der Sirocco; in den östl. Küstenländern der schneidende Bora. — 2) Die m i t t l e r e R e g i o n, zwischen 46 bis 49° Br. In Ungarn und Siebenbürgen, in der Bukowina mit dem östl. von den Karpathen liegenden Theile Galiziens; im nördl. Illyrien, fast in ganz Tyrol, Steyermark, Oesterreich, Mähren südlich der Thaya und an Böhmens südl. Spitze, dauert der Winter, westlich 6, östlich (mit Ausnahme der östl. Karpathenabdachung) 3 Monathe; durch die Karpathenkette werden die herrschenden Nord- und Nordwestwinde von dem nördl. Ungarn so abgewehrt, daß noch im Spätherbste die edelsten Weine reifen. — 3) In der n ö r d l. R e g i o n zwischen 49 bis 51° Br. Ungarns Karpathenstrich, das nördl. Galizien, Schlesien mit einem Theile Mährens, und fast ganz Böhmen begreifend, haben alle 4 Jahrszeiten fast gleichhältige Dauer, strengen Winter und mäßige Sommerhitze.

Clissa, dalmat. Festung im Kreise S p a l a t r o, auf einem hohen Berge gleichen Nahmens. Vermuthlich war C. das Castell Andretium der Römer. Die ungar. Könige traten die Festung C. dem Johanniterorden ab; hierauf bekam C. seine eigenen Herren. 1538 eroberten es die Türken, welchen es die Venetianer entrissen. Die Festung, welche mehrmahls muthig gegen die Türken vertheidigt wurde, beschützt sowohl den Paß Clapavizza, als auch den unter der Festung liegenden Marktflecken Clissa, mit Pfarre und Podestà. Die Einwohner beschäftigen sich mit Wein- und Ohlbau. In der Nähe trifft man nicht nur den 5,000 Klft. hohen Berg Mossor, sondern auch den Ursprung des Flusses Salona, der brausend und schäumend aus Felsen hervorstürzt, dann aber ½ Stunde weit, bis nach S a l o n a fließt, wo ihn das Meer aufnimmt. Unter den Steinblöcken dieses Flusses werden schmackhafte Lachsforellen gefangen.

Clusone, lombard. Marktflecken in der Delegation Bergamo, im Thale Seriana, nicht weit vom Abhange des Berges Criniero, mit einer Pfarrkirche und 2 andern Kirchen. Hier ist der Sitz des Districts-Commissariats und einer Prätur. Die 3,100 Einw. nähren sich von Tuchweberey, Eisenarbeiten und Handel. In der Nähe sind Kupfer- und Vitriolwerke.

Cobenzl, die Grafen. Frizelinus C. empfing 1362 von Friedrich Grafen zu Ortenburg, Landeshauptmann in Kärnthen, verschiedene Lehen. Christoph C. auf Profecco im Triester Gebiethe, erheirathete mit Anna Lueger die, durch Erasmus Lueger, berühmt gewordene Burg Lueg. Seine Enkel, Ulrich und Johann, wurden am 16. July 1564 in den Freyherrnstand erhoben. Johann, des deutschen Ordens Ritter und Comthur zu Laibach, demnächst zu Gräz und Wiener-Neustadt, gehörte unter die bedeutenderen Staatsmänner seiner Zeit: 1571—73 kaif. Gesandter zu Rom; 1576—81 Maximilian's II. und Rudolph's II. Bothschafter in Moskau bey Iwan II., wie dann k. bevollmächtigter Minister bey verschiedenen Reichskreisen und Reichstagen, war er auch k. geh. Rath, des Erzherzogs Carl Hofkanzler und Kammerpräsident zu Gräz, Hauptmann zu Görz und Gradisca, und 1592 Landeshauptmann in Krain. Ulrich's Enkel, Joh. Philipp, wurde am 16. März 1675 Reichsgraf, erlangte 1698 das Erbtruchsessenamt der gefürsteten Grafschaft Görz, war k. k. wirkl. geh. Rath und Kämmerer, und seit 1697 Landeshauptmann in Görz; starb 1702. Sein Sohn, Joh. Caspar, geboren den 30. May 1664, wurde zuerst 1691 als Reichshofrath angestellt, sonach k. k. Kämmerer und geheimer Rath, 1704 Landeshauptmann in Görz, 1714 Landeshauptmann in Krain, 1722 Oberst-Hofmarschall, 1726 Oberst-Kämmerer, 1728 Ritter des goldenen Vließes, erlangte auch 1719 das Erbschenkenamt in Krain, und schon früher das Erblandfalkenmeisteramt in Görz; starb zu Wien den 30. April 1742. Dessen Sohn, Johann Carl Philipp, geboren den 21. July 1712, Ritter des goldenen Vließes, k. k. Kämmerer und geh. Rath, wurde 1735 Reichshofrath, 1746 k. Gesandter bey den vordern Reichskreisen, 1753 bevollmächtigter Minister in den österr. Niederlanden; starb zu Brüssel 1770 den 27. Jän. Von seinen 10 Kindern, aus der Ehe mit Maria Theresia, Gräfinn v. Pálffy, folgte ihm Joh. Ludwig Joseph, geboren den 21. Nov. 1753, in der Thätigkeit für den Staatsdienst. Dieser gewandte Diplomat betrat seine politische Laufbahn in Galizien unter der Leitung des Gouverneurs, Grafen von Pergen, 1772—74, erhielt bald den Gesandtschaftsposten zu Kopenhagen. Von 1775 an, bis zum Ausbruch des bayr. Erbfolgekrieges, stand er als Gesandter am Berliner Hofe; 1779 ging er als Bothschafter nach Petersburg, wo er mit Auszeichnung empfangen, und zu Catharinens engern Cirkeln gezogen wurde. Alle Versuche Preußens, das enge Bündniß zwischen Österreich und Rußland zu trennen, scheiterten an seiner Gewandtheit. Beynahe 16 Jahre verweilte Graf Ludwig C. an Catharinens Hofe, und erwarb sich ihre Achtung und persönliche Zuneigung.

36 *

Der Tod der Kaiserinn hatte seine Abberufung zur Folge; er unterzeichnete nun am 17. Oct. 1797, als bevollmächtigter Minister, den Frieden von Campo Formio, und stand auch, für kurze Zeit, dem Ministerium der auswärtigen Angelegenheiten vor. 1798 wurde er nochmahls nach Petersburg zu seinem frühern Wirkungskreise abgesendet, und wußte unter Kaiser Paul einen, den frühern beynahe übersteigenden Einfluß zu gewinnen; die neue Coalition gegen Frankreich, die Rußlands Heere endlich in den Kampf führte, war sein Werk. Am 9. Febr. 1801 unterzeichnete er mit Joseph Bonaparte den Frieden von Lüneville. Als Staats= und Conferenz=Minister, auch Hof= und Staats=Vicekanzler leitete er seitdem nicht nur die auswärtigen Angelegenheiten, sondern auch gewissermaßen die ganze Monarchie, bis er vom Schauplatz seines öffentlichen Wirkens abtrat (den 24t Dec. 1805). C. erhielt in seiner hohen Stellung auszeichnende Ordensverleihungen, nähmlich: Das goldene Vließ, das Großkreuz des ungar. St. Stephan= und des Malthefer=Ordens. Er starb zu Wien den 23. Febr. 1809, mit Hinterlassung einer Witwe, Theresia, Gräfinn von Montelabate, Besitzerinn der großen Herrschaft Napagedl in Mähren; seine 4 Kinder starben in der Wiege. — Guidobald, Johann Caspar's Sohn, geb. den 13. Jän. 1716, war Stifter der Colonia Sonciaca, einer akademischen Gesellschaft zu Görz, die selbst ein Zweig der römischen Arcadier ist, und starb daselbst den 11. Oct. 1797. — Guidobald's Sohn, Joh. Philipp, geb. den 1. May 1741, verfolgte die gleiche rühmliche Bahn, die sein Vetter Johann Ludwig Joseph betreten. Er war Ritter des gold. Vließes, Großkreuz des königl. ungar. St. Stephan= Ordens, k. k. wirkl. geheimer Rath, Conferenzminister, Hofkanzler des ital. Staatsdepartements, auch unter Joseph II. und Leopold II. Hof= und Staats=Vicekanzler, sodann Präsident der k. k. Akademie der bildenden Künste in Wien; war auch 1779 k. k. bevollmächtigter Minister bey dem Friedenscongresse zu Teschen, und von 1801—5 Bothschafter am Pariser Hofe. Von dem Vater erbte er die Herrschaft Reifnitz in Krain, und nach des Grafen Joh. Ludw. Jof. C. Ableben das gesammte Majorat des Hauses; er starb 1810 unvermählt, nachdem er durch Testament den Grafen von Coronini zu seinem Erben einsetzte. Mit ihm ist das Haus C. erloschen.

Coburg, Ferd. Georg Aug. (Prinz von Sachsen=), Feldmarschall=Lieutenant, Commandeur des Maria=Theresien=Ordens, Ritter des ruff. kaiferl. St. Georg=Ordens 4. Classe, und des königl. preuß. rothen Adler=Ordens 1. Classe, Großkreuz des königl. sächs. Ordens der Rautenkrone und des königl. hannöb. Guelphen=Ordens, Inhaber des Husaren=Regiments Nr. 8; geb. den 28. März 1785, trat in kaiferl. österr. Kriegsdienste, wo er im Feldzuge 1805 bereits Oberst=Lieutenant bey Blankenstein=Husaren gewesen und sich bey mehreren Gelegenheiten, besonders in den Kriegen 1813 und 1814 (damahls Generalmajor) auf das Vortheilhafteste auszeichnete. 1816 vermählte er sich mit Antonie Marie Gabriele, der einzigen Tochter und Erbinn des Fürsten

Franz Jos. Kohary, mit dessen Tode 1826 der Mannsstamm dieses
Hauses erlosch und die sämmtlichen Güter an die Erbtochter übergingen.
Coburg=Saalfeld, Friedr. Josias (Prinz von Sachsen=),
wurde den 27. Dec. 1737 geb., und begann 1756 seine militärische Lauf=
bahn als österr. Rittmeister. Der eben ausbrechende 7jährige Krieg gab
ihm reiche Gelegenheit, seine kriegerischen Fähigkeiten auszubilden, und
wirklich stieg er während desselben bis zum Generalmajor. Später (1769)
erhielt er das 6. Dragoner=Regiment als Inhaber; 1773 wurde er Feld=
marschall=Lieutenant, 1786 General der Cavallerie, so wie Comman=
dirender in Galizien und der Bukowina, nachdem er schon früher das
Interims=Commando in Ungarn geführt hatte. Als Österreich 1788 den
Krieg gegen die Pforte unternahm, erhielt Prinz C. das Commando
über ein 30,000 Mann starkes Heer, welches sich in der Bukowina ver=
sammelt hatte, und während anfangs die übrigen österr. Unternehmun=
gen mit keinem sehr glänzenden Erfolge gekrönt wurden, schlug C. die
Türken auf allen Puncten. Er zerstreute die Tataren bey Czernowitz
und drang in die Moldau ein, wo er die Festung Chotym belagerte,
und am 19. Sept. 1788 eroberte. Im folgenden Jahre wurde er von
dem Seraskier Derwisch=Mehemet mit überlegener Macht bedroht, er
ersuchte die nahe russ. Armee um Unterstützung, und Suwarow ver=
einigte sich mit ihm, worauf Beyde dem Seraskier bey Fokschan eine
große Niederlage beybrachten (31. July 1789). Kaum war aber Su=
warow in seine Stellung bey Berlad zurückgekehrt, als der Groß=
vezier selbst mit dem 100,000 Mann starken Hauptheer gegen C. heran=
zog, und ihn in noch größere Gefahr brachte. Schnell eilte Suwarow
wieder herbey, und der Großvezier erlag der Einsicht und Tapferkeit der
verbündeten Feldherren bey Martinestie den 22. Sept. Prinz C.
empfing für diesen wichtigen Sieg die Feldmarschallswürde, und die höchste
militärische Ehre der Monarchie, das Großkreuz des Maria=Theresien=
Ordens. Nach dem Frieden zum Commandirenden in Ungarn ernannt,
verwaltete er diesen Posten bis 1793, wo ihm der Oberbefehl über alle
österr. und deutschen Reichstruppen gegen Frankreich übertragen wurde.
Hier bewährte der Prinz seinen Ruhm, er schlug die Franzosen bey
Aldenhoven (1. März), bey Lüttich (4. März) und bey Neerwin=
den (18. März 1793), befreyte die Niederlande von dem eingedrunge=
nen Feinde und versetzte den Krieg auf französ. Boden, wo er noch in
demselben Jahre die Festungen Condé, Valenciennes und Le
Quesnoi einnahm. Im folgenden Jahre eroberte er Landrecy,
konnte aber den ungeheuern Truppenmassen, welche die französ. Schre=
ckensregierung ihm entgegenwarf, nicht länger widerstehen und zog sich
in die Niederlande zurück. Bey Fleurus, 26. July 1794, widerstand
er den wüthenden Angriffen Jourdan's lange Zeit, doch konnte er gegen
die große Überzahl nichts erkämpfen, als einen geordneten Rückzug.
Seine Gesundheit war aber durch die Anstrengungen der letzten Feldzüge
erschüttert, er suchte daher seine Entlassung vom Obercommando
nach, und übergab dasselbe an Clerfayt. Er hat seitdem kein militäri=
sches Commando wieder übernommen, sondern kehrte nach Coburg zu=
rück, wo ihm noch die Freude zu Theil ward, den Sieg der Sache zu

erleben, für welche er seine besten Kräfte geopfert hatte, er starb den 26. Febr. 1815, im 78. Jahre seines Alters.

Codex austriacus, ist die Sammlung von Generalien, Patenten, Ordnungen, Rescripten, Resolutionen, Edicten, Decreten, Mandaten 2c., von den ältesten Zeiten an bis zum letzten Dec. 1770. Es sind 6 Foliobde., mit Ausnahme des 1748 zu Leipzig aufgelegten, gedruckt in Wien 1704—77. Der 1. und 2. Bd. (gewöhnlich in 1 Bde.) sind in alphabetischer Ordnung, die übrigen chronologisch. Diese beyden ersten kommen häufig vor. Selten ist der 3.; am seltensten aber sind die beyden letzten bey Trattner in Wien gedruckten, da sie, auf dem Dachboden des Trattner'schen Gebäudes auf dem Graben zu Wien aufgespeichert, 1809 während des franzöf. Bombardements, eine Beute der Flammen wurden. Complette Exemplare kommen nur zuweilen vor, und kosten 50 bis 60 fl., auch darüber.

Codogno, lombard. Marktfl. in der Deleg. Lodi, hat 8,000 Einw.; Seidenweberey und andere Fabriken, auch starken Handel mit Parmesankäse. Bey diesem Orte erlitten die österr. Truppen 2 Niederlagen, 1746 durch die Spanier, und 1796 durch die Franzosen.

Cölnerwasser, wird in sehr großer Menge und in sehr verschiedener Qualität verfertigt. Der Parfumeur Anton Mitrenga in Wien erhielt im July 1823 ein 5jähriges Privil. auf die Erfindung eines ähnlichen für die Toilette bestimmten aromatischen Geistes, Wiener-Wasser genannt. Jos. Franz Kaiser in Grätz erhielt den 21. April 1824 ein 5jähriges Privilegium auf die Verbesserung des von ihm seit 14 Jahren erzeugten Kaiserwassers, welches den Nahmen aromatisches Grätzerwasser führt. Der Parfumeur Martin Friedsey in Wien erhielt den 5. März 1825, ein Privilegium auf die Entdeckung, aus den gewürzhaftesten und geistigsten vegetabilischen Wohlgerüchen ein Wasser zu bereiten, welches wegen seiner vorzüglichen Eigenschaften das C. ganz entbehrlich macht. Der Maler Franz Engel in Pesth erhielt den 7. Nov. 1826 ein Privilegium auf die Erfindung zweyer, an Wohlgeruch verschiedenartiger geistiger Wasser (ägyptischer Äther und wohlriechendes Crystallwasser genannt), dann aus den bey Verfertigung derselben entstehenden Überresten unter der Benennung Zimmerluftreinigungsblätter ein Luftreinigungsmittel zu bereiten, welches einen angenehmen Wohlgeruch verbreitet. Florian Reimelt in Wien erhielt den 1. Nov. 1828 ein Privilegium auf die Erfindung C. aus Balsamen und Ohlen, gleich dem echten, in beliebigen Graden der Stärke zu verfertigen. Auf C.-Erzeugung erbländisch privilegirt ist Jos. Luzzani in Wien. C. überhaupt wird in verschiedener Güte, und im Ganzen zu sehr geringen Preisen von den meisten Parfumeurs fabricirt. Das Original-C. behauptet übrigens noch immer seinen Vorzug, aber auch seinen Preis.

Colin, Alexander, berühmter Bildhauer, war geb. zu Mecheln um die Hälfte des 16. Jahrhunderts. Vermuthlich wurde er, da der Ruf seiner Talente sich allenthalben ausgebreitet hatte, von Kaiser Ferdinand I. als Hofbildhauer nach Innsbruck berufen, denn hier arbeitete er durch mehr als 40 Jahre, vollendete seine schönsten und be-

rühmtesten Werke und starb 1612. Von seinen Arbeiten bewundert man
noch heute: Das berühmte Grabmahl, welches Kaiser Ferdinand I.
seinem Großvater Maximilian I. in der Hofkirche zu Innsbruck
errichten ließ; das Grabmahl des Erzherzogs Ferdinand von Tyrol
und seiner ersten Gemahlinn, Philippine Welser, in eben dieser Hofkirche; das Grabmahl der adeligen Familie der Hohenhauser, auf
einem Seitengange des Kirchhofes zu Innsbruck; des Künstlers eigenes Grabmahl, auf demselben Standplatze. Alle diese Grabmahle sind
mit den herrlichsten Basreliefs verziert. Dann, ein lebensgroß ausge-
hauenes Bildniß des Joh. Naas, welcher, Schneider und
Layenbruder, bloß durch eigenes Studium endlich zu der hohen Stufe
eines Bischofes zu Belluno stieg. Ferner sind noch von der Hand dieses Künstlers mehrere, 2 bis 3 Fuß hohe Statuen in der Capelle und
dem Saale des gräfl. Wolkenstein'schen Schlosses zu Trostburg und
endlich ein, in Privathänden befindlicher, aus Erde gebrannter Todten-
kopf, der sich durch Fleiß und anatomische Richtigkeit in allen seinen
Theilen besonders auszeichnet. Endlich sind in der kaiserl. Ambrasersamm-
lung noch 2 Kunstwerke desselben vorhanden: Ein mit halben Figuren in
Elfenbein sehr zierlich ausgearbeiteter Büchsenschaft und eine Vorstellung
des Raubes der Sabinerinnen, nur wenige Zoll hoch und breit, in Cedern-
holz mit einer Kunst und Genauigkeit geschnitten, wovon man kaum
ein Beyspiel auffindet.

Collalto, die Grafen. Der Ahnherr des Hauses C., Graf Rambold I., ist der Abkömmling eines longobardischen Herzogs von Friaul,
aus dem 7. Jahrhunderte. Einer seiner Nachkommen, Rambold VIII.
führte zuerst den Nahmen eines Grafen von C. Dieser ist der Erbauer
der Familienburg S. Salvatore und der Stifter des Familien-Fidei-
commisses in der Grafschaft Collalto, durch sein Testament von 1323.
Anton IV., Sohn Rambold's XII. und der Miranda Capiva-
cea, die ihm das beträchtliche Besitzthum ihres Hauses im Paduanischen
zubrachte, diente in seiner Jugend dem Erzherzog, nachmahligen, Kaiser Maximilian II. Er war dessen Kämmerer, geheimer und Hofkriegsrath, auch Feldmarschall, als er 1589 von der Republik Venedig
zu ihrem Generalissimus ernannt wurde. Sein Sohn Rambold XIII.,
geb. zu Mantua 1579, begab sich nach Österreich, um unter Basta
und Eggenberg die Kriegskunst zu lernen. 1623 diente er unter
Tilly's Befehlen am Rhein und Main, dann gegen Bethlen Gabor; nachdem er schon 1618 Oberst und Inhaber zweyer Regimenter
gewesen war, und die Würden eines kaiserl. Kämmerers und geh. Raths
erhalten hatte, wurde er 1625 Feldmarschall, und dem eben seine glänzende Bahn eröffnenden Wallenstein zur Seite gegeben; 1627 zum
Hofkriegsraths-Präsidenten ernannt; und in die Zahl der Ritter des
goldenen Bließes aufgenommen. 1629 zog er als Generalissimus mit einem Heere über die Alpen, um des Kaisers Befehle wider Carl von
Gonzaga zu vollstrecken. Er nahm Ustiano, wurde aber krank, und
errichtete daher zu Alessandria, den 3. April 1630, sein Testament,
worin er die, in Mähren erkauften Herrschaften Pirnitz und Deutsch-
Rudoletz, als ein Majorat für das gesammte Collalto'sche, und

nach deſſen Abgang, für das Hohenzollern'ſche Geſchlecht (weil auch
ein Graf Hohenzollern als muthmaßlicher Ahnherr des Hauſes C.
angenommen wird) beſtimmte. Nachdem Altringer an ſeiner Stelle
das Commando längere Zeit geführt, erſchien C. wieder im Felde, und
nahm den 18. July 1630 Mantua mit Sturm. Der ſiegreiche
Feldherr wurde von dem Kaiſer mit einer reichlichen Summe Geldes
(400,000 fl.) beſchenkt. Er ſtarb auf einer Reiſe nach Regensburg,
wo ſich eben Ferdinand II. auf dem Churfürſtentage befand, am 19.
Nov. 1630 zu Chur; ſein Leichnam wurde auf kaiſerlichen Befehl nach
Wien gebracht, und mit feyerlichem Gepränge in der Minoritenkirche
beygeſetzt. Deſſen Sohn Anton Franz, geb. 1630, war Ritter des
goldenen Vließes, k. k. Kämmerer, geh. Rath, und Oberſtlandrich-
ter in Mähren, ſtarb den 7. July 1696. — Mit dem Tode ſeines Sohnes,
Leop. Rambold Adolph, welcher den 11. März 1707, in einem
Duell mit dem Grafen Auguſt Joachim v. Sinzendorf, fiel,
war Rambold's XIII. männliche Nachkommenſchaft erloſchen. Das Majorat fiel daher auf eine andere Linie. — Sein Großneffe und Majoratsbeſitzer, Ant. Rambold Graf v. C., wohnte dem Conclave, worin
Papſt Clemens XII. (Corſini) erwählt worden (1730), als k. k. Geſandter bey, erhielt die geh. Rathswürde und das Erbamt eines Oberſtfalken-
meiſters von Tyrol. Er war früherhin auch Dienſtkämmerer Joſeph's I.
und Carl's VI.; ſtarb 1740. — 1772 ſtarb Ant. Rambold's Enkel,
Johann Nepomuk Anton, als 22jähriger Jüngling, unverhei-
rathet, welchem ſohin in dem Majorate ſein Oheim Franz Anton
Auguſtin, Ant. Rambold's jüngerer Sohn, folgte. Von dieſem,
da er kinderlos war, fielen alle Beſitzungen an die allein noch übrige
jüngſte ital. Linie. Der erſte Majoratsbeſitzer aus dieſer Linie war
Ant. Octavian; geſt. 1793, und ihn beerbte ſein älteſter Sohn,
Eduard, geb. den 28. April 1747. Er wurde am 22. Nov. 1822 in
den öſterr. Fürſtenſtand erhoben.

Collalto, ſehr altes, auf einem angenehmen Hügel erbautes
Caſtell in der venet. Deleg. Treviſo, an dem kleinem Fluſſe Soligo,
der nahe dabey in die Piave mündet, iſt der Hauptort der alten Grafſchaft Collalto, zu welcher auch die Caſtelle S. Salvatore,
Sta. Lucia und Ray, ſammt einer Anzahl Dörfer gehören. S.
Salvatore hat einen ſehenswürdigen Thurm, welchen Rambold VIII. Graf v. Collalto zu Ende des 13. Jahrhunderts erbaute,
eine alte Capelle mit vortrefflichen Malereyen, iſt der Sitz der Ökonomie-
Verwaltung; auch werden die hier mit großen Koſten angelegten hän-
genden Gärten ſehr bewundert.

Collalto, Ant., Profeſſor der höhern Mathematik an der Univerſität zu Padua, Mitglied des ital. Inſtituts und anderer gelehrten
Geſellſchaften, lehrte früher, ſeit 1803, die mathematiſchen Wiſſenſchaften bey den Artillerie- und Militärſchulen in Pavia. Seine Werke
ſtellen ihn in die Reihe der tiefern ital. Mathematiker. Er ſtarb zu
Padua den 16. July 1820.

Colle, Franz Maria, geb. zu Belluno den 8. Oct. 1746.
Seine Kenntniſſe und Talente bahnten ihm den Weg zu höheren Ver-

waltungsſtellen. Bey der Errichtung des Königreichs Italien warb er
Staatsrath in der Abtheilung des Innern und der Finanzen; auch erhielt
er den Orden der eiſernen Krone. Seine erſte Schrift war eine Disſertazione ſulla Musica dei Greci, voll Gelehrſamkeit und tiefer Sach-
kenntniß. Sie erhielt den Preis der Akademie der Wiſſenſchaften zu
Padua, die ebenfalls ſeine Disſertazione sulle piene del Po krönte.
Dieſe letzte, ſo wie ſeine Disſertazione sulla sistemazione del Brenta,
ſetzen ihn unter die vorzüglichſten ital. Waſſerbauverſtändigen. Erwähnung verdienen ſeine von Ceſarotti (Saggio sulla filosofia delle lin-
gue) ſo hoch geprieſenen Abhandlungen dell' influenza del costu-
me sullo stile, und ſeine Notizie della vita degli scritti di Alber-
tino Mussati in den Memorie dell' Accademia di scienze di Padova.
Dieſe Lebensbeſchreibung beurkundet den entſchiedenen Beruf des Verf.
für hiſtor. Forſchungen; ſie läßt bedauern, daß ſeine ausführliche Geſchichte der Univerſität zu Padua, deren Hiſtoriograph C. war, nur im
Manuſcript vorhanden iſt. C. ſtarb zu Belluno 1815.

    Collegial-Gerichte erſter Inſtanz werden die Civilgerichte
erſter Inſtanz in Dalmatien und in Tyrol genannt. — In Dalmatien ſind 4 C. G. zu Zara, Spalatro, Raguſa und Cat-
taro. Sie haben ſich mit allen Rechtsgegenſtänden in Civil-, Criminal-
und Wechſelſachen zu befaſſen, beſtehen aus einem Präſes, der nöthigen
Anzahl von Räthen, dem ſonſtigen Perſonale (Secretären, Rathspro-
tocolliſten, Criminal-Actuaren 2c.), und ſind dem k. k. dalmatiniſchen Ap-
pellations- und Criminal-Obergerichte zu Zara untergeordnet. — In
Tyrol ſind 3 C. G., ſonſt auch Civil- Criminal- und Wechſelgerichte
erſter Inſtanz genannt, nähmlich zu Trient, Botzen und Roveredo. Sie unterſtehen dem k. k. tyroliſch-vorarlberg. Appellations-
und Criminal-Obergerichte zu Innsbruck, und ſind eben ſo organiſirt
wie die dalmatiniſchen.

    Collezione de' leggi etc., ſ. unter **Geſetzſammlungen.**

    Collin, Heinr. Joſ. v., der Arzneykunde Doctor, niederöſterr.
Regierungsrath und Spital-Phyſikus in Wien; einer der daſigen gelehr-
teſten Ärzte, welcher die Heilkunde mit manchen Entdeckungen bereicherte,
war geb. am 11. Auguſt 1731 zu Bomal im Herzogthum Luxemburg.
Seine „Observationes circa morbos acutos et chronicos; 6 Thle.
Wien, 1764—80", ſind zum Theil von J. Joſ. Rauſch (Breslau,
1777) und von Pascal Joſ. Ferro (Wien, 1780) auch ins Deutſche überſetzt und mit neuen Erfahrungen beſtätigt worden. Leider ward
dieſer auch von Seite des Herzens treffliche Arzt 3 Jahre vor ſeinem,
1781 erfolgten Tode durch eine anhaltende Krankheit ſeinen Berufsge-
ſchäften und jeder ernſtern Beſchäftigung entzogen.

    Collin, Heinr. Joſ. v., k. k. Hofrath und Ritter des Leopold-
Ordens, dramatiſcher Dichter, Sohn des Vorigen, wurde geboren zu
Wien den 26. Dec. 1772. Nach vollendeten Studien wurde er als
Concipiſt bey der damahligen Finanzhofſtelle angeſtellt, und zeichnete
ſich durch die thätigſte Verwendung ſo rühmlich aus, daß er bald zum
Hofſecretär, und 1809 zum Hofrath bey der aufgeſtellten Credits-Hof-
commiſſion befördert wurde. In dieſem Fache arbeitete C. mit der an-

gestrengtesten Thätigkeit, und erlangte durch seinen Eifer und seine tiefen Kenntnisse das Vertrauen und die Achtung des damahligen Finanzministers Grafen v. O'Donel im hohen Grade. Doch sein ununterbrochenes angestrengtes Wirken in seinem Berufe, dem er nicht selten auch die Nächte weihte, zerstörten seine ohnehin nicht sehr feste Gesundheit, und schon den 28. July 1811 endigte ein Nervenfieber sein thätiges Leben, da er noch nicht 40 Jahre erreicht hatte. Heller Blick, reifes Urtheil, lichtvoller Vortrag und unermüdlicher Fleiß mit Hintansetzung aller selbstischen Rücksichten zeichneten C. als Staatsdiener aus; edle und einfache Darstellung, so wie genaues Studium der Alten sind die vorzüglichsten Eigenschaften seiner dichterischen Leistungen, die sich indessen nie zu wahrhaft poetischer Kraft und Bedeutung erheben. Die Sprache in seinen dramatischen Dichtungen ist männlich und theilweise erhaben, läßt aber kalt. Die Wahl seiner Stoffe zeigt, daß er dem männlich Erhebenden mehr nachhing als dem Rührenden, Gemüthlichen und Erschütternden, wodurch sich eine gewisse feyerliche plastische Ruhe in seinen Leistungen kund gibt, die an Starrheit gränzt und mittheilender Wärme ermangelt. C.'s frühere poetischen Arbeiten wurden durch ihn selbst vernichtet, auch trug er oft Jahrelang Plan und Ausführung eines Werkes im Gedächtnisse, änderte, besserte und berichtigte, bis er es zu Papier brachte. C. fand die lauteste Anerkennung seiner Zeitgenossen, und noch jetzt werden manche seiner dramatischen Dichtungen mit Erfolg dargestellt. Seine Tragödien erschienen zu Wien und Berlin im Drucke, und seine sämmtlichen Werke auf Veranlassung seines geistreichen Bruders Matth. v. C. in 6 Bdn., Wien, 1812 — 14. Sie enthalten: Regulus, Coriolan, Polyxena, Balboa, Bianca della Porta, Mäon und die Horatier und Curiatier, die Oper: Brabamante, von Reichhardt in Musik gesetzt, jedoch nie aufgeführt, Oden und kleinere Gedichte, ein Bruchstück eines Heldengedichtes: Rudolph v. Habsburg, seine 1809 mit warmem Patriotismus gedichteten Lieder österr. Wehrmänner, und endlich prosaische Aufsätze verschiedenen Inhalts mit seiner Biographie. Unter der Leitung seines Freundes, des kunstsinnigen Grafen Moriz von Dietrichstein, wurde C. in der Carlskirche zu Wien ein einfaches Denkmahl gesetzt, wozu so reichliche Beyträge von seinen Freunden und Verehrern aus allen Theilen des Kaiserstaates einliefen, daß aus den Zinsen des Überschusses derselben ein Stipendium für Rechtsbeflissene gebildet werden konnte.

Collin, Matth. v., Bruder des Arztes Heinr. Jos. v. C., ebenfalls der Arzneykunde Doctor, geb. am 13. April 1739; erwarb sich durch wesentliche Verdienste sowohl in seinem ärztlichen Wirkungskreise, besonders bey Epidemien, als auch in jenem eines öffentl. ordentl. Professors der Arzneywissenschaften an der Universität zu Wien, die Erhebung zum k. k. Hofrath neben seiner Profeßur. Von seinen Schriften sind anzuführen: Lettre à M, de Haën, au sujet de maladies avec éruption. Wien, 1763. — Epistola ad E. G. Baldinger, qua demonstratur pustulas miliares a quibusdam medicis symptomaticas dici. eb., 1764. Er starb im hohen Alter 1817.

Collin, Matth. v., Dichter und Kritiker, war zu Wien
den 3. März 1779 geboren. Sein Talent entwickelte sich größtentheils
unter der Leitung seines Bruders Heinr. Jos. v. C. frühzeitig. Schon
in seinem 20. Jahre dichtete er eine Oper: Calthon und Colmal. Nebst
jenem der Literatur, betrieb er auch mit vielem Eifer das Studium der
Philosophie, Geschichte und der Rechtswissenschaft, und erlangte 1804
die juridische Doctorwürde an der Wiener Universität. 1808 wurde er
Professor der Ästhetik, so wie der Geschichte der Philosophie an der
Universität zu Krakau, späterhin Professor der Geschichte der Philosophie an der Universität zu Wien und zugleich Hofconcipist im Finanz-
Departement. Seit 1814 redigirte er die Wiener allgemeine Literatur-
Zeitung, und gründete 1818 die (Wiener) Jahrbücher der Literatur,
welche er mit vielen schätzbaren Aufsätzen bereicherte. Schon 1815 ernannte ihn der Kaiser zum Erzieher des Herzogs von Reichstadt,
welchem ehrenvollen Geschäfte C. bis zu seinem Tode am 23. Nov. 1824
vorstand, und sich sowohl die Zufriedenheit des Kaisers, als auch die
Liebe seines Zöglings erwarb. Schätzenswerth war die Ruhe seines festen
vortrefflichen Charakters. In Allem was er schrieb, zeigt sich mehr Geschmack, als lebendiger Beruf zur Dichtkunst. Doch finden wir darin
zugleich erfreuliche Denkmahle bescheidener fruchtbringender Kritik und
tiefen Studiums, in welcher Beziehung er unter den Kunstrichtern
Deutschlands einen würdigen Rang behauptet. Außer oben erwähnter
Oper gab er im Druck heraus: Bela's Krieg mit dem Vater, ein
histor. Schauspiel, Stuttgart, 1808. — Sammlung dramatischer Dichtungen, 4 Bde., Pesth, 1815—17, worunter auch mehrere gelungene
Übersetzungen, wie z. B. des Bank'schen Trauerspiels Esser; ferner
besorgte er die Herausgabe der sämmtlichen Schriften seines Bruders,
wobey er den Charakter der Zeit, in welcher dieser lebte, historisch
entwickelte. Der berühmte österr. Orientalist Jos. v. Hammer gab
eine Auswahl von C.'s nachgelassenen Gedichten, 2 Bde., Wien,
1827, mit einem biographischen Vorwort über ihn heraus. Aufsätze
und Gedichte von ihm finden sich in vielen Zeitschriften des In- und
Auslandes.

Collin, Rosalie v., Schwester der beyden Dichter Heinr.
Jos. und Matth. v. Collin, geb. zu Wien 1776, erhielt ihre
erste Bildung im väterlichen Hause, und wurde später durch ihre genannten Brüder zur Pflege der schönen Wissenschaften angeleitet. Man
hat von ihr: Don Carvizales, Lustspiel in 4 Aufzügen, nach einer
Novelle des Cervantes, Brünn, 1823, dann Gedichte und Aufsätze
in Wiener Taschenbüchern.

Collin, böhm. Stadt im Kaurzimer Kreise, wohlgebaut, von
Mauern umfangen, am linken Ufer der Elbe. Sie hat, sammt ihren
Vorstädten, und der stark bevölkerten Judenstadt, 5,750 Einw., eine
gothische Stadtpfarrkirche, ein gleichfalls in gothischer Manier gebautes
Rathhaus, verschiedene andere Kirchen, ein uraltes bewohnbares Schloß,
gewöhnlich Colliner Schloß genannt, das mit einem Zier- und botani-
schen Garten versehen ist, ein Postamt, eine Cattunmanufactur, eine
Granatenschleifmühle und Steinschneiderey. Die hiesigen Granaten

werden, nebst Carniolen und Topasen, jenseits der Elbe in großer Menge gegraben. Ehemahls wurde bey C. auch viel Tabak gebaut, was aber jetzt nicht mehr der Fall ist, da der Tabak ein Staatsregale ist und aus Ungarn bezogen wird. Für Freunde pittoresker Ansichten ist das Wehr der Elbe bemerkenswerth, die unter dem Felsen, auf welchem die Stadt ruht, einen breiten und mächtigen Wasserfall hat. Zu Anfang des 17. Jahrhunderts bemächtigten sich der Stadt C. die Sachsen, und darauf die Schweden. Die erstern wurden 1631 durch den berühmten Albrecht v. Wallenstein, die letztern 1640 durch den kais. Feldherrn Götz vertrieben. Am 18. Juny 1757 fiel bey C. die berühmte Schlacht zwischen den Österreichern und Preußen vor. (s. d.)

Collin, Schlacht bey, den 18. Juny 1757. Feldmarschall Daun eilte aus Mähren, wo er die Armee von Piccolomini übernommen hatte, nach Böhmen, um zu der Hauptarmee des Prinzen Carl bey Prag zu stoßen, konnte aber zur Prager Schlacht nicht mehr eintreffen. Er war am Tage des Kampfes nur 4 Meilen vom Schlachtfelde entfernt, nahm auch derselben den geschlagenen Armee rechten Flügel auf, und zog sich über C. bis Habern zurück, um die Verstärkung an sich zu ziehen, welche zu ihm zu stoßen hatte. Nachdem alles versammelt war, begann Daun vorzurücken, um, es koste was es wolle, den Entsatz von Prag zu erzwingen. König Friedrich II. eilte ihm mit einem Theile des Belagerungsheeres, womit er die Armee des Herzogs von Bevern verstärkte, entgegen. Zwischen Planian und C. kam es am 18. Juny 1757 zur Schlacht, in welcher die 60,000 Mann starken Österreicher den Preußen an Zahl beynahe um ein Dritttheil überlegen waren. Friedrich wollte den rechten Flügel des kaiserl. Heeres umgehen, und griff ihn um 2 Uhr Nachmittags heftig an. Durch eine schiefe Schlachtlinie, die er wählte, gab er den eigenen rechten bloß, welcher erst dann attaquiren sollte, bis die Angriffe des verstärkten linken gelungen wären. Doch hier wurde ein siebenmahliges wüthendes Ansturmen von der kaltblütigen Tapferkeit der Österreicher glücklich zurückgewiesen. Ziethen und Hülsen verloren hier gegen Nadasdy das Spiel. Der Preußen rechter Flügel, der einige Stunden später angriff, wurde ebenfalls geschlagen. Sie wichen um 7 Uhr Abends auf allen Seiten, und zogen in Unordnung zurück. Hier fand ihr sieggewohnter König sein Pultawa, und an 7,000 seiner Krieger das Grab. Andere 7,500 wurden gefangen. Mit ihnen 2 Generale und 120 Stabs- und Oberofficiere. 3,000 Überläufer verließen seine Fahnen. Die Österreicher hatten 6,000 Todte, Verwundete und Vermißte. Unter den Todten war General Lützow, unter den Verwundeten Daun, Serbelloni, Wölwart, Lobkowitz und Wolf. Unverfolgt zog sich Friedrich nach Nimburg. Die Kaiserinn Maria Theresia verewigte das Andenken dieser Epoche machenden Rettungsschlacht durch die Stiftung des militärischen Ordens ihres Nahmens, zur Belohnung tapferer Officiere.

Colloredo, die Grafen. Als der eigentliche Ahnherr dieses Hauses wird Liabordus, ein edler Alemanne, betrachtet. Der Patriarch Po-

po von Aquileja bewog ihn, durch Verleihung des Gutes Mels (1025), seinen Wohnsitz in Friaul aufzuschlagen, während Liabord's Bruder, Heinrich, der Ahnherr der Herren von Walfee in Schwaben geworden. Aus den Nachkommen dieses alten, in frühern Jahrhunderten (1214 — 1380) in Friaul, reich begüterten Geschlechtes, sind mehrere vorzügliche Männer anzuführen. Vorläufig bemerken wir, daß Kaiser Rudolph II., ein großer Gönner Ludwig C.'s, denselben am 19. März 1588 mit dem ganzen Geschlechte in den Freyherrnstand erhob, wozu er am 31. July 1591 die Erlaubniß beyfügte, sich des Titels und Wapens der ausgestorbenen Herren von Walfee zu bedienen, und daß Kaiser Ferdinand II. sonach 1624 diesem Geschlechte den Reichsgrafenstand ertheilte. Carl Ludwig Graf v. C., geb. den 22. Aug. 1698, stammte aus der 2. Hauptlinie von Wilhelm's, des Erbauers von Colloredo, drittem Sohne, Bernhard (lebte noch 1346) ab, und war der Stifter der älteren oder mantuanischen Linie. (Die 1. Hauptlinie ging mit dem Grafen Ludwig C., k. k. Feldzeugmeister und der Arcieren-Leibgarde Hauptmann, zu Ende, welcher keine männlichen Nachkommen hinterließ.) Der genannte Carl Ludwig Graf C. war k. k. geheimer Rath, machte sich zu Mantua seßhaft, nachdem er mit Eleonoren, Fürstinn von Gonzaga-Bescovato, ansehnliche Güter im Mantuanischen erheirathet; starb 1767. Der Sohn desselben, Carl Octavius, k. k. geh. Rath, und Präsident der Finanzkammer und des Governo von Mantua, hat sich durch Gründung der k. k. Akademie der schönen Künste und Wissenschaften, wie auch des Monte di Pietà zu Mantua, ein bleibendes Andenken erworben. Er starb den 20. April 1786. Nicht weniger denkwürdig ist Carl Octav's Bruder, Anton Theodor, welcher am 18. July 1729 geboren wurde. Dieser studirte, nachdem er sich dem geistlichen Stande gewidmet, zu Rom, und wurde 1746 Domicilar zu Olmütz. Als er 1747 am 9. Juny zum Domherrn von Olmütz ernannt wurde, widmete er sich zu Padua der Theologie mit solchem Eifer, daß man ihn bey Beendigung der theologischen Studien, mit dem Doctorhut schmückte. Am 20. Aug. 1758 zum Priester geweiht, verließ er Italien, um in Olmütz ganz seinem Berufe zu leben. Seine Geistesgaben, seine Frömmigkeit und sein liebenswürdiger Charakter begründeten seine schon im September 1766 erfolgte Ernennung als Propst an der Collegiatkirche zu Kremsier, welcher schon im May 1776 die Wahl zur höchsten Capitelwürde, als Domdechant, nachfolgte. Am 6. Oct. 1777, nach dem Hintritte des letzten Bischofs von Olmütz, vereinigten sich die Stimmen seiner Mitbrüder, um in seiner Person, dem damahls vom Hoch- zum Erzstifte erhobenen Olmütz, den ersten Fürst-Erzbischof zu wählen. Die Kaiserinn Maria Theresia nahm an dieser, von ihr so sehr gebilligten, Wahl einen so lebhaften Antheil, daß sie sich beeilte, der, von ihr stets geschätzten Mutter des neuen Fürst-Erzbischofes, dieses erfreuliche Ereigniß in einem eigenen Handschreiben zuerst zu verkünden. Bey der Kaiserwahl Leopold's II. erschien C. zu Frankfurt, als erster churböhm. Wahlbothschafter, in kaum noch gesehener Pracht: Er erhielt das Großkreuz des ungar. St. Stephan = Ordens. Von Pius VII. erhielt er sonach in der Promotion vom 7. Jän. 1803 die Cardinalswürde, und bald darauf wurde er mit der, nur dem seltensten Verdienste zugestandenen Brillanten = Decoration des erwähnten Ordens = Großkreuzes geschmückt. Er starb 1811 als einer der vortrefflichsten Menschen; unabläßig und zuvorkommend wirkte seine Wohlthätigkeit, sie umfaßte jede Anstalt, jeden Stand. — Die böhm. Linie stiftete Camill Graf C., geb. den 17. Sept. 1712, starb den 21. Dec. 1797, als geh. Rath und Ritter des goldenen Bließes; Herr der Herrschaften Dymokur und Smidar in Böhmen. Sein Sohn, Franz de Paula Carl, Staats = und Conferenz = Minister, seit 1796 auch Oberstkämmerer, war früher Obersthofmeister des Erzherzogs (jetzigen Kaisers) Franz, in Florenz. — Aus der dritten Hauptlinie bildeten sich die fürstliche und die Rudolphinische Linie. Was die fürstliche Linie betrifft, so haben wir zuerst den Ahnherrn derselben, Hieronymus Grafen C., geb. 1674, anzuführen. Er erbte, nach dem Erlöschen der ersten Hauptlinie (1693), die Herrschaften Opoczna in Böhmen (ein Majorat), dann Staatz und Siebenhirten in Niederösterreich, erlangte 1723 für sich und seine Nachkommenschaft das Oberst = Erbtruchsessenamt in Böhmen, war k. k. geh. Rath und Kämmerer, Landeshauptmann in Mähren (1714—17), dann Gouverneur in Mailand, 1725 Oberst = Hofmarschall, und starb zu Wien den 2. Febr. 1726. Er hinterließ 4 Söhne, unter diesen war Anton Graf C., geb. den 14. Nov. 1707, k. k. geh. Rath, des Malthäser = Ordens Comthur zu Maidelberg, Fürstenfeld, Melling und Troppau, sohin Ordens = Großkreuz, dann Baillif zu St. Joseph in Dozitz, und seit 1752 Feldzeugmeister, wurde 1756 der Arcierengarde Hauptmann, 1760 Feldmarschall, 1766 der gesammten Militär = Akademien Director; 1768—71 war er Bothschafter des Großmeisters von Maltha am k. k. Hofe, und seit 1777 Großprior von Ungarn; starb zu Wien den 17. März 1785, mit dem Rufe eines echten Menschenfreundes, eines eifrigen Patrioten, eines tapfern Kriegers, wie er denn den meisten Feldzügen und Schlachten seiner Zeit in Italien, Ungarn, Böhmen, wider die Türken, Franzosen und Preußen beygewohnt hatte. Rudolph Jos., des Grafen Hieronymus ältester Sohn, geb. den 6. July 1706, studirte in Wien und Salzburg, wurde 1727 k. k. Kämmerer, 1728 Hofrath bey der böhm. Hofkanzley, 1731 böhm. Comitial = Gesandter zu Regensburg, 1735 geh. Rath, 1737 Reichs = Vicekanzler, 1744 Ritter des goldenen Bließes. Am 22. April 1745 unterzeichnete er zu Füßen den Friedens = Tractat, den er als = außerordentlicher bevollmächtigter Minister mit dem Churfürsten von Bayern unterhandelt hatte, und 5 Monathe später, war er als erster churböhm. Wahlbothschafter bey der Wahl des Kaisers = Franz I., der ihn am 7. Oct. n. J. neuerdings zum Reichs = Vicekanzler ernannte. Am 29. Dec. 1763 erhob ihn Kaiser Franz I. mit seiner männlichen Descendenz nach dem Rechte der Erstgeburt in den Reichsfürstenstand, wozu im n. J. die böhm. Fürstenwürde, 1765 aber das Indigenat in Ungarn, und das Großkreuz des ungar. St. Stephan = Ordens kam. Er starb als Reichs-Vicekanzler den 1. Nov. 1788. Von seinen Söhnen, sind besonders ausgezeichnet: Hieronymus (s. d.), und Joseph Maria, wirkl. geh. Rath und Kämmerer, Staats- und Conferenz-Minister, Feldmarschall, Großprior des Johanniter-Ordens durch Böhmen, Mähren, Schlesien, Österreich, Steyermark und Kärnthen, auch Comthur zu Mailberg, General-Director der gesammten k. k. Artillerie, und Inhaber des Infanterie-Regiments Nr. 57, geb. am 11. Sept. 1735. Er begann seine Militärlaufbahn, 17 Jahre alt, im Cürassier-Regimente Luchesi. Die Eröffnung des Krieges gegen Preußen, 1756, rief Österreichs Scharen ins Feld. Bis zum Oberstlieutenant vorgerückt, wohnte er der Schlacht bey Prag am 6. May, und bey Görlitz am 7. Sept. bey. Er wurde bald Oberst des Lacy'schen Regiments, und der Hubertsburger Friede führte ihn nach Wien zurück, wo er 1763 zum Generalmajor und Oberlieutenant in der neuerrichteten deutschen Leibgarde ernannt wurde. C. weiterhin zum Feldmarschall-Lieutenant und Inhaber des 57. Infanterie-Regiments befördert, erhielt am 1. Jän. 1777 die Stelle als Hofkriegsrath, und später die Oberleitung der Militärgränze. Die Reise, welche Kaiser Joseph II. 1777 nach Frankreich machte, unterbrach für einige Monathe C.'s regen Eifer in den Militär-Geschäften. Von dem Kaiser selbst zum Begleiter erwählt, kehrte er mit erweiterter Umsicht für die Vervollkommnung seines Faches, zurück. Er erhielt einen neuen Beweis des unbegränzten Vertrauens seines Monarchen, in der ihm verliehenen Stelle eines General-Directors der Artillerie. Sein erstes Augenmerk richtete er dahin, den Ertrag des Geschützes festzustellen, und durch unermüdete Versuche auf der Simmeringer Heide bey Wien, eine feste Richtschnur dafür zu erschaffen. Auf diese Art entstanden die Tabellen der Tragweiten des Geschützes, in der Trefflichkeit, wie sie als Norm der Artillerie noch jetzt bestehen. Er begegnete dem nachtheiligen Salpetermangel, und sicherte den großen Bedarf durch die Aufstellung zweckmäßiger Anlagen für Salpeterwerke im Inlande. Er brachte die Feldartillerie auf einen erhöhten Stand, legte den Grund zur Pflanzschule tauglicher Officiere in den Regimentern durch die Einführung von Cadeten, und war überhaupt besorgt, jenen Mängeln und Nachtheilen abzuhelfen, die noch in den meisten Zweigen der Erzeugung des Materials höchst nachtheilig für das Ganze hervortraten. So wurde der Guß des Geschützes als reinmilitärische Anstalt in der Form aufgestellt, wie sie noch gegenwärtig ihre Vortrefflichkeit in Wien bewährt, und die Bohrmaschine zu Ebergassing durch Verbesserung in dem Maschinenwesen vervollkommnet. Eine zweyte Reise, auf welcher C. den Kaiser begleitete, führte ihn nach Ungarn und Galizien. Bey seiner Rückkehr hob er die Mängel bey der Erzeugung der Feuergewehre auf, gründete eine Gewehrfabrik, und unterwarf sie der unmittelbaren Aufsicht des Militärs. Auf seinen Vorschlag wurden die cylindrischen Ladstöcke in der Armee eingeführt, und den Jägern und Scharfschützen die Girardoni'schen Jägergewehre und Windbüchsen gegeben, deren Gebrauch in dem bald darauf gefolgten Türkenkriege nicht ohne Vortheil blieb. 1784 hatte C. eine neue Vermehrung des

Artilleriestandes ausgewirkt, und ein Bombardiercorps errichtet. In die=
sem Corps vereinte man die hoffnungsvollsten und verdientesten Männer
der Feldartillerie. Der ausgebreitetste Unterricht in der Mathematik,
Aufnahme=, Zeichnungs= und Befestigungskunst, kurz in allem, was
zur vollständigen Kenntniß ihres Faches erfordert wurde, vollendete hier
ihre Bildung. Einem so trefflichen Vorschlage konnte die vollste Geneh=
migung nicht entgehen, und C. ward zum Feldzeugmeister ernännt.
Beym Ausbruche des Türkenkrieges folgte er dem Kaiser zum Heere
nach, welches den Feldzug mit Eroberung von Sabacz eröffnete.
Der Kaiser, mit C. bey dem Angriffe selbst gegenwärtig, der mit der
Beschießung des festen Platzes begann, überzeugte sich bald von den
Fortschritten, welche die Artillerie in der Anwendung ihrer Waffe ge=
macht, und welche dem Heere, im nächsten Feldzuge, den glänzendsten
Vortheil des ganzen Krieges errangen — Belgrad's Eroberung. C.,
der stets an den gefährlichsten Stellen, in den Laufgräben, zur Seite
Loudon's, sich finden ließ, leitete alle Arbeiten der Artillerie auf
das eifrigste und zweckmäßigste. Zum Feldmarschall ernannt, wurde
ihm der Oberbefehl über das Beobachtungsheer an Preußens Gränze
übertragen, bis die friedlichen Verhandlungen des Reichenbacher Con=
gresses sie auflösten. Nun trat er mit neuen Vorschlägen zur Vermeh=
rung der Feld= und Besatzungs=Artillerie auf. Nach der Angabe des
Oberstlieutenants Vega, wurde eine Art neuer, weit treibender Mör=
ser gegossen. — Nachdem der Erzherzog Carl an der Spitze einer
Armée an die Ufer der Etsch gezogen war (1805), erhielt C., mittler=
weile zum Staats= und Conferenz=Minister erhoben, die Führung der
Ministerial=Geschäfte des Hofkriegsrathes. Als sich 1813 und 1814
Österreichs Waffenkraft staunenswerther als je entwickelte, da wirkte
auch C. mit erfahrungsreicher Dienstkenntniß, thätigst für die Aufstel=
lung und Bewaffnung des Heeres, und wenn auch der Greis die treue
Brust der Gefahr nicht mehr entgegenzutragen im Stande war, so
machte er sich doch in jenem Zeitpuncte hochverdient, und würdig das
goldene Ehrenkreuz zu erhalten. So wirkte er bis zu den letzten Au=
genblicken seines Lebens, wo mit der letzten Kraft am 26. Nov. 1818
auch sein Daseyn schwand. — Wenzel Graf C., geb. den 8. Oct. 1738,
des deutschen Ordens Ritter, Landcomthur zu Coblenz, k. k. geh.
Rath, Feldmarschall, Hauptmann der Trabanten=Leibgarde, Capitän
der Hofburgwache, und Inhaber des Infanterie=Regiments Nr. 56,
starb zu Wien den 3. Sept. 1822. — Franz de Paula Gundacker,
Fürst von C.=Mansfeld, der älteste von Hieronymus's Söhnen,
Ritter des goldenen Vließes, folgte seinem Vater, nachdem er seine
Laufbahn als Reichshofrath begonnen, 1788 den 23. Dec. in der Wür=
de eines Reichs=Vicekanzlers, welche er bis 1806 bekleidete, wo Kai=
ser Franz die deutsche Reichsregierung niederlegte; starb zu Wien am
27. Oct. 1807. Den Beynahmen Mansfeld hat derselbe in Rück=
sicht der durch seine Gemahlinn Maria Isabella Gräfinn von
Mansfeld seiner Familie angefallenen Güter angenommen. Der
heutige Majoratherr ist sein ältester Sohn, Rudolph Fürst zu C.=
Mansfeld, Graf zu Walsee, Vicegraf zu Mels, Markgraf zu

zu St a. Sofia, Ritter des goldenen Vließes, geh. Rath,
und seit 1834 erster Obersthofmeister (zuvor Obersthofmarschall), ist
geb. den 16. April 1772. Der zweyte Sohn, Graf Hieronymus
C., geb. den 30. März 1775, Feldzeugmeister, Inhaber des k. k.
Infanterie Regiments Nr. 33., Commandeur des Maria Theresien-
Ordens, berühmt durch manche glänzende Waffenthat, commandirte 1813
das erste k. k. Armeecorps, focht bey Dresden, Kulm, Arbesau,
wo ihm ein Monument gesetzt ist, und Chalons-sur-Marne, stand
1815 an der Spitze eines Reservecorps von 40,000 Mann. Er starb zu
Wien am 23. July 1822. Der dritte Sohn, Graf Ferdinand C.,
geb. den 30. July 1777, studirte in Göttingen, bildete sich für die
Diplomatie, war Reichstagsgesandter in Regensburg, dann Gesandter
in Neapel. Er trat 1809 in die Kriegsreihen als Landwehr-
bataillonscommandant und Major, kämpfte bey Aspern und Wagram,
und erhielt das Commandeurkreuz des Leopold-Ordens. In neuester Zeit
schließt er sich patriotischen Anstalten werkthätig an. — Die jüngere oder
Rudolphinische Linie gründete Graf Rudolph C., geb. 1676, Vicegraf zu Mels, Marchese zu Sta. Sofia, erlangte 1701 durch
Vertrag mit seinen ältern Brüdern Fabius und Hieronymus das
Marquisat Sta. Sofia und starb 1714.

Colloredo, die Burg, welche dem berühmten Geschlechte Colloredo den Nahmen gegeben hat, liegt sehr reizend, unweit dem
Flecken Mels in der venet. Deleg. Friaul, zwischen dem Tagliamento
und dem Gebiethe von Belluno. Sie wurde von Wilh. v. Mels,
von 1302 an, erbaut.

Colocza (Colocsa), ungar. erzbischöfl. Stadt im vereinigten
Pesther, Pilifer und Solther Comitate, aus 1,356 Häusern und 6,000
Einw. bestehend. Das größte und ansehnlichste Gebäude ist die erzbischöfl.
Residenz, die einer Festung ähnlich sieht, und nebst einem großen Garten, eine aus 30,000 Bänden bestehende Bibliothek enthält. Auch die
Cathedralkirche Maria Verkündigung ist nicht unansehnlich. Hier hat
ein mit dem Bisthume Bacs vereinigtes Erzbisthum sammt Metropoli-
tancapitel seinen Sitz, und außerdem befindet sich hier ein erzbischöfl.
Lyceum mit einem theol. Seminar, ein Piaristencollegium mit Gymnasium und eine Hauptschule. Die Einwohner von C., so wie die anderer
benachbarter Ortschaften, beschäftigen sich viel mit Fischfang.

Coloczaer Codex altdeutscher Gedichte. Eine prachtvolle
und wichtige Handschrift aus dem Mittelalter, welche muthmaßlich einst
in der reichen Bibliothek des, Künste und Wissenschaften befördernden
Ungarkönigs Mathias Corvinus gestanden hat. Der Codex enthält
in 15 Gedichten gegen 54,000 Verse, ist 4 Zoll dick, 11 Zoll hoch und
beynahe 10 Zoll breit, in sehr starke mit blaßrothem Leder überzogene
Holztafeln gebunden. Die Blätter, 338 an der Zahl, sind sauberes
Pergament, hie und da zerstochen oder etwas abgeschnitten. Die Schrift
ist mönchisch, fett, ziemlich gleichförmig, rein, fast durchgehends sehr
leserlich, und wahrscheinlich aus dem Anfange der zweyten Hälfte des
fünfzehnten Jahrhunderts. Als 1776 der Großwardeiner Bischof Pa-
tachich zum Erzbischof von Colocza ernannt wurde, brachte er diesen

Coder mit dahin, wo er seit dieser Zeit in der Capitular-Bibliothek aufbewahrt wird. 1817 wurde von diesem Coder durch Joh. Nep. Grafen Mailáth und Joh. Paul Köffinger eine nette und getreue Druckausgabe in 8. auf 464 Seiten besorgt.

Cologna, venet. Marktflecken in der Delegation Verona, mit wohlthätigen Anstalten, insbesondere mit einem Krankenhause, mehreren Kirchen, einem Postamt und 6,200 Einw., die Seidenbau betreiben, Leder- und Seilerwaaren verfertigen, und mit Wein, Seide und Leder Handel treiben.

Coloman, König von Ungarn, Sohn des 1077 verstorbenen Königs Geissa von Ungarn und Nachfolger Ladislaus's I. des Heiligen, kam auf den Thron im August 1095. Frühzeitig schon suchte er nach Bildung in Büchern, daher der Beyname Bücherträger; allein er bewies auch, daß er das Schwert zu führen wisse. Gleich den Anfang seiner Regierung bezeichnete er durch einen Sieg über Rebellen, bekämpfte dann die Normänner in den dalmatinischen Seestädten, und kriegte wegen denselben mit Venedig und mit seinem aufrührerischen Bruder Almus wegen Croatien. Von dem Großfürsten Swetopolk von Kiew, zum Beystande gegen Wolodar von Przemisl herbeygerufen, zog er (1099) mit 10,000 Mann über die Karpathen, und focht glücklich, bis er bey der Belagerung von Wolodar's Feste sich von den zu Hülfe ziehenden Kumanen in einem Walde, zwischen den Flüssen San und Wagrusch, in einen Hinterhalt locken ließ, dabey fast sein ganzes Heer einbüßte, und nur mit wenigen Getreuen sein eigenes Leben rettete. Seitdem war er dem Kriege abgeneigt, ohne ihn jedoch zu fürchten. Almus brachte jetzt Polen und den deutschen Kaiser gegen ihn in Waffen, was jedoch nur zu einer abermahligen Aussöhnung führte. Als er sich aber wiederhohlt (1113) in eine Verschwörung gegen den König einließ, wurden die Theilnehmer, er selbst und sein unschuldiger Sohn Bela nach entdecktem Complotte mit der Strafe des Blendens belegt. Er starb nach 18jähriger Regierung am 4. Febr. 1114, und verdient den Ruhm eines muthigen, redlichen und klugen Fürsten.

Colombano, San, lombard. Marktfl. im südl. Theile der Deleg. Lodi, mit 5,000 Einw. Die angränzenden Hügel liefern bedeutende Quantitäten von schönem rothen Granit, Porphyr und Feldspath; auch werden daselbst sehr viele animalische und vegetabilische Versteinerungen gefunden, so wie der sogenannte Muschelbreccie, welcher gebrannt, sehr brauchbaren Kalk gibt.

Colonna von Fels. Ob dieses vordem in Böhmen und Schlesien wohl bekannte, seit einigen Jahren gänzlich erloschene Geschlecht, wirklich von dem röm. Hause Colonna abstamme, scheint wenigstens sehr zweifelhaft. 1142 soll ein C. von den Ufern der Tiber nach dem Etschlande verschlagen worden seyn, in dessen Umfange er das Schloß Wels zwischen Botzen und Brixen erwarb. Unter seinen Nachkommen war Leonhard I. 1494, Leonhard II. 1531, und Hans Jakob 1542 Landeshauptmann an der Etsch, und Burggraf. Mehrere C. befanden sich 1529 unter den tapfern Vertheidigern Wien's, und

Leonhard II., einer von diesen, starb als kaif. geh. Rath, Hof- und Feldmarschall. Alle diese nannten sich v. Fels. 1572 wurde die Familie unter die böhm. Herrengeschlechter aufgenommen. Leonhard C. v. F. ist unter die eifrigsten Beförderer der böhm. Empörung zu rechnen. Geraume Zeit stand er, zugleich mit dem Grafen von Thurn, an der Spitze der protestantischen Parthey, allein seine kriegerische Laufbahn, als dem Thurn, General-Lieutenant der ständischen Kriegsmacht, beygegebener Feldmarschall, war bald zu Ende; er wurde in dem Treffen bey Netolitz (11. Juny 1619) erschossen, und sein Fall trug nicht wenig dazu bey, das ständische Heer zu zerstreuen. Nach der Schlacht am weißen Berge wurden seine Güter confiscirt. Von den ausgewanderten Gliedern der Familie, ließ sich Caspar C. in Oberschlesien nieder, wo er mehrere Herrschaften besaß, und 1657 vom Kaiser Leopold I. in den Grafenstand erhoben wurde. Sein ältester Sohn, Gustav Graf C., geb. 1630, gest. 1686, setzte die Stammlinie fort, welche endlich 1809 erloschen ist.

Comenius, Joh. Amos, zu Comna in Mähren 1592 geboren, berühmter Schulverbesserer, studirte zu Herborn in Hessen die Humanioren, Philosophie und Theologie, kehrte dann in seine Heimath zurück, und wurde 1614 Rector der Schule zu Prerau, 1616 zu Fulnek. Als die Secte der mähr. Brüder, der er angehörte, aus Böhmen und Mähren gewiesen wurde, zog er nach Lissa in Polen. Dort erhielt er die Aufsicht über das protestantische Schulwesen, von wo aus sich der Ruhm seiner hellen Einsichten in das Ganze des Unterrichts nach allen Seiten verbreitete. Die Brüder ernannten ihn auch zu ihrem Superintendenten. Das Parlament in England berief ihn zur Einrichtung der Schulen; er kam, von Ehrenbezeigungen überhäuft, 1641 in London an; allein Unruhen im Innern, die seinem Unternehmen mächtige Hindernisse in den Weg legten, bewogen ihn, England zu verlassen, und sich nach Schweden zu begeben. Dort nahm er mit dem obersten Kanzler Oxenstierna eine Verabredung, nach welcher er sich nach Elbingen in Preußen verfügte, wo er 4 Jahre an der Organisirung des öffentlichen Unterrichts für Schweden arbeitete. Sein Werk erhielt den Beyfall der gelehrtesten Männer und der Reichscollegien. 1650 folgte er dem Rufe des Fürsten von Siebenbürgen, Siegmund Rákoczy, der ihm die Einrichtung aller Lehrinstitute, nahmentlich des reformirten Collegiums zu Saros-Patak übertrug. Nach 4 Jahren kam C. wieder nach Lissa, seinem ersten Zufluchtsort, zurück. Allein die kathol. Polen, gereizt durch seine Lobreden auf Gustav Adolph, König der feindlichen Schweden, vertrieben ihn auch von dort, worauf er sich in Schlesien, im Brandenburgischen, dann in Hamburg, endlich in Amsterdam aufhielt, wo er, im 80. Jahre, den 15. Nov. 1671 starb, nachdem er die letztere Zeit seines Lebens, als Schwärmer, mit den abgeschmacktesten Weissagungen verdarb. Von seinen vielen Schriften erwähnen wir bloß die Janua linguarum reserata (in einer seltenen Menge von Auflagen und Übersetzungen); Opera dialectica. Amsterdam, 1657, beste Ausgabe, eb. 1661. — Ecclesiae slavonicae historiola. Amsterdam, 1660. Buddeus, Professor zu Jena, ließ dieſes ſelten gewordene Buch 1702 unter dem Titel: Historia fratrum bohemorum zu Halle auflegen; — Historia persecutionum ecclesiae Bohemiae, 894. — 1632. Lyon, 1648; deutſch von J. G. Elsner. Berlin, 1766. — Orbis pictus. 2 Bde. Nürnb. 1666. Übrigens iſt hier noch der von ihm entworfenen Landcharte von Mähren zu gedenken, die ſich durch große Genauigkeit auszeichnete.

Comerſee (Lario, Lago di Como, Lacus Larius) in der Lombardie, Deleg. Mailand, liegt beträchtlich tiefer als der Lago maggiore, indem ſein Waſſerſpiegel nur 655 Par. F. über das mittel-ländiſche Meer ſich erhebt. Er hat von Norden nach Süden eine Länge von beynahe 7 Meilen; in der Breite aber nirgends viel über eine halbe Meile, indem die breiteſte Stelle bey Varena im geraden Querdurch-ſchnitte nicht mehr als 2,250 Klafter mißt. Bey Dervio, am Fuße des Legnoncino, iſt er nach genauer Meſſung 310 Wiener Klafter tief. Der See wird vorzüglich durch die Adda gebildet, außer dieſer aber münden ſich in denſelben noch gegen 200 kleinere Flüſſe und Bäche, von denen mehrere ſich durch ihre Verheerungen auszeichnen. Bey der Traverſina nächſt Bellaggio theilt ſich der See in eine Gabel mit 2 Armen, von denen der weſtliche ſich bis Como erſtreckt, der öſtliche unter dem Nahmen des See's von Lecco bey dem Flecken Lecco ſich endet. Der C. wird durch wild und kräftig ausgezackte Buchten ver-ſchönert. Er liegt zwiſchen hohen Bergen, deren Fuß und Abhänge mit Dörfern und Pallaſten reich und glänzend beſetzt ſind. Nur an ſeinem ſüdlichen Ende werden dieſe Berge zu Hügeln. Der Arm von Lecco iſt trauriger und einſamer und daher weniger beſucht, als der Arm von Como. Der C. iſt ſehr fiſchreich, auch trifft man hier allerley Alpenge-flügel.

Comes Siculorum, der oberſte Landesrichter der Szekler (Siculi) in Siebenbürgen, welchen ſtets der König von Ungarn oder der Fürſt von Siebenbürgen beſtellte, und deſſen Würde bis auf die neueſten Zeiten in ſo großem Anſehen blieb, daß Maria Thereſia als Großfürſtinn von Siebenbürgen, 1742 dieſen Nahmen in ihren Titel aufgenommen hat.

Comi, Siro, Archivar zu Pavia, geb. daſelbſt den 9. Dec. 1741. Bleibend ſind die Verdienſte, die ſich C. um mehrere Archive, bey denen er angeſtellt war, durch das ſyſtematiſche Ordnen derſelben erworben hat. Mit ſeinem Berufe ſtanden ſeine Lieblingsſtudien, nähm-lich literariſche Forſchungen über einzelne geſchichtliche Thatſachen in innigem Zuſammenhang. Gelehrſamkeit und ſtrenge Kritik zeichnen ſie aus. Von ſeinen, zu dieſer Beziehung herausgekommenen Schriften, ſind zu nennen: Ricerche storiche sull' Accademia degli Affidati. Pavia, 1792. — La typografia pavese del secolo XV. eb. 1807. — Memoria storico-critica sopra Severino Boezio. — C. ſtarb in ſeiner Vaterſtadt, den 8. Sept. 1821, und es erſchienen über ihn: Notizie della vita di Siro Comi, letterato, storico, archeologo, diplomatico. Mailand, 1822.

Comitat, ſ. Geſpanſchaft.

Comitatsgericht, ſ. Sedria.

Commerzial = Gränz = Zollämter in der österr. Monar-
chie. 1) Österreich unter der Enns: Angern, Bruck an der
Leitha, Drösing, Hohenau, Hoheneck, Kirschlag, Leithaposten bey
Wiener=Neustadt, Neudorf an der March, Prellenkirchen, Somerein,
Theben (für die Donau), Wampersdorf, Wißmath, Wolfsthal, Zilling-
dorf. — 2) Österreich ob der Enns: Ach, Engelhartszell (für
die Donau), Mariahülf, Obernberg, Hallein, Hangendenstein, Lofer,
Oberndorf, Saalbruck, Walserberg. — 3) Steyermark: Burgau,
Fürstenfeld, Polstrau, Raan, Radkersburg, Sauritsch. — 4) Illyrien: Aquileja, Bassovizza, Brazzano, Brood, Cervignano, Jessenitz, Karfreit, St. Martin, Möttling, Nogaredo, Ober = Drau-
burg, Optschina, Pontafel, Proseco, Raibl, Wiseo. — 5) Böhmen: Asch, Ebersdorf, Graslitz, Grottau, Haselbach, Hirschen-
stand, Königshan, Lobendau, Milbach, Nachod, Neumark, Nieder-
grund, Nieder = Lipka, Ober = Schönbach, Petersdorf, Peterswalde,
Roßhaupt, Roßbach, Sebastiansberg, Voitersweit, Wiese. — 6)
Mähren und Schlesien: Brotzka, Brunow, Göding, Hrosinka,
Lisse, Strany, Sudormirzig, Welko, Hotzenplotz, Jablunka, Jägern-
dorf, Meidelberg, Oderberg, Schwarzwasser, Zuckmantel. — 7)
Galizien: Altendorf, Auscatyn, Babice, Barwinek, Bielin,
Bojan, Borek, Chwalowice, Dorna, Gabolto, Grab, Hunonau,
Hussiatyn, Körösmezö, Konezna, Koriluwka, Leordina, Lubicza,
Maydan, Mniszek, Mußzina, Neumark, Nivotomice, Okopi,
Onuth, Pocovis, Podwilki, Podwoloczista, Prokofein, Rybaki,
Sinouz, Stojanov, Suchahora, Suczawa, Uscie, Uszock, Vere-
czke, Warecz, Wirawa, Zywietz. — 8) Ungarn: (Gegen Öster-
reich) Bruck, Gairing, Hohenegg, St. Johann, Leitha, Neudorf
an der March, Prellenkirchen, Posten, Theben, Ungarein, Wimpassing,
Wolfsthal. (Gegen Mähren) Brotzka, Brunow, Göding, Hressinkau,
Jablonka, Kuzelau, Lissa. (Gegen Galizien) Also-Vereszke, Altendorf,
Barwurek, Körösmezö, Virava. (Gegen die Türkey) Brood, Gradisca, Mehadia, Mitrowitz, Orsowa, Schuppanek, Semlin. (Gegen die Seeküste). Buccari, Jessenitz, Modrus, St. Kosmo. (Gegen Krain) Möttling. (Gegen Steyermark) Fürstenfeld, Großkanischa,
Nedelig. — 9) Tyrol und Vorarlberg: Achen, Achenthal, Cor-
tine, Fussach, Gallmist, Höchst, Kuefstein, Leitenhofen, Leitfaden,
Lustenau, Martinsbruck, Pinswang, Riva, Sacco, Scharnitz, Stu-
ben, Unterhochsteg, Vils, Vilsrain, Zollhaus. — 10) Dalmatien:
Almissa, Arbe, Curzola, Imoschi, Milna, Narente, Nona, Novi-
gradi, Obbrovazzo, Pago, Scardona, Sign, Trau, Vinin, Zara
Vecchia. — 11) Lombardie: Abbiategrano, Bereguardo, Bocca
d'Adda, Boffolora, Castelnuovo, Coronà, Desenzano, Gonzaga,
Laveno, Ostiglia, Poggio, Ponte Tresa, Ponte Chiaso, Ponte di
Legno, Porto Cadelago, Porto di Persualdo, Quadrelle, Salo, Ser-
niede, Sesto Calende, Sostegna, Spessa, Spluga, Terano, Tur-
bigo, Viadonna, Villa, Zenna. — 12) Venedig: Aviano, Caorle,
Chiapuzzo, Crespino, Fonzaso, Lazise, Lido, Malesine, Malamocco,
Molo Farsetti, Ossenigo sull Adige, Ossenigo à Terra, Pappoce,

Pian delle Fugazza, Polesella, Pontebba, Porto Gruaro, Porto levante, Porto Sorino, Primolano, S. Giuliano, Sta. Maria Maddalena, Sta. Maria in Punta, Ticcarollo, Valice, Valtastico, Visonale.

Como, Delegation im lombard. Gouvernement des lombard. venet. Königreichs, $75\frac{1}{4}$ Quadratm. groß, mit 320,000 kathol. industriösen Einw., im Norden gebirgig, mit anmuthigen Thälern, im Süden sanft hüglig, gränzt an den Lago maggiore, den Comer= und Lugersee, wird durchflossen vom Ticino, der Abda und vielen kleinern Flüssen, umfaßt mehrere Seen. Diese Delegation oder Provinz hat etwas Waldung, gute Alpenweide, Rindviehzucht, guten Acker=, Wein=, Oliven= und Seidenbau, einträgliche Fischerey; die Berge liefern Marmor, Alaba= ster, Schleifsteine. Die Einwohner beschäftigen sich außer Acker=, Wein= Ohl=, und Seidenbau, mit Handwerken, Fabrikaten, Glasschlei= fen, und Verfertigung chirurgischer Instrumente.

Como, lombard. Hauptstadt der gleichnahmigen Deleg., an der Südspitze des Comersees und am Fuße einer steilen Anhöhe sich ausbrei= tend, auf deren Gipfel die Reste des alten Schlosses Barabello zu sehen sind. Die Stadt selbst ist nicht groß, mit Mauern umgeben, mit freundlichen und ausgedehnten Vorstädten, worunter besonders die Vor= stadt Borgo di Vico am Ufer des Sees eine lange Straße, meistens pallastähnlicher Häuser bildet. Mit Einschluß der 9 Vorstädte zählt C. 15,600 Einw., wovon auf die eigentliche Stadt 7,400 in 600 Häu= sern kommen. Man trifft hier viele alte Inschriften, und in der Vor= stadt Borgo di Vico, wird bey dem Landhause des Fürsten Odes= calchi, all' Olmo genannt, die alte Ulme gezeigt, unter welcher, der in C. geborne, jüngere Plinius gerne gesessen haben soll. Außer die= sem geschmackvollen Landhause trifft man in C. noch mehrere ansehnliche Palläste an. Unter den 12 Kirchen ist die, aus Marmor erbaute, gothische Domkirche, die vorzüglichste. Unter den vielen, an der polirten Außen= seite, angebrachten Verzierungen und Statuen, bemerkt man den ältern und jüngern Plinius in Lebensgröße sitzend dargestellt. C. ist der Sitz der Delegation und Provinzial=Congregation, eines Civil=, Criminal= und Handelstribunals, eines Bisthums mit Cathedralcapitel, und bischöflichem Seminarium, eines Lyceums, mit eleganter Façade von 8 Marmor= säulen, und mit einer Bibliothek von 15,000 Bdn.; hat 3 Gymnasien, eine Knabenerziehungsanstalt (Collegio Galio), eine Haupt= und Mäd= chenschule, ein Salesianernonnenkloster mit Mädchenerziehungsanstalt, ein neues Theater, ein Kranken=, Waisen=, Versorgungs= und ein Arbeitshaus, nebst mehreren andern Wohlthätigkeitsanstalten. Die Stadt treibt erheblichen Speditionshandel nach der Schweiz und nach Deutsch= land mit Reis, Seide, Seidenwaaren rc.; auch ziehen viele Einwoh= ner C.'s mit ihren Barometern, Thermometern, Fernröhren, Bril= len und mit Bildern, in ganz Europa herum. Die Manufacturen in Tuch, Seidenzeug und Baumwollgarnspinnerey sind nicht unbeträchtlich. Die Umgebungen der Stadt sind sehr fruchtbar, mit Landhäusern und Gärten geziert, besonders an den Ufern des Sees sehr anmuthig. Außer schönen Spaziergängen, tragen auch die Fahrten auf dem Comersee viel zum Vergnügen der Einwohner und Fremden bey; unstreitig gehören sie zu den höchsten Genüssen, die sich der Freund der Natur gewähren kann.

Comorn, ungar. königl. Freystadt und Festung in der Comorner Gespanschaft, im östl. Winkel der Insel S ch ü t t, am Einflusse der Waag=Donau in die große Donau, ist meist unregelmäßig gebaut, hat enge finstere Gassen, und 1,156 Häuser mit 17,350 Einw. ohne Militär. Das bedeutendste aller Gebäude ist die östl. von der Stadt im Vereinigungswinkel der oben genannten Flüsse aufgeführte, mit tiefen Gräben und ausgedehnten Erdwällen umgebene Festung, die seit ihrer ersten Erbauung unter König M a t h i a s I. noch in keines Feindes Hand gefallen ist, und nach den seit 1805 vorgenommenen Arbeiten zu den stärksten Festungen Europa's gehört. Es sind hier 4 kathol. Kirchen, worunter die große Andreas=Pfarrkirche, dann eine griechisch=nichtunirte Pfarrkirche, ein evangelisches und ein reformirtes Bethhaus, eine Juden= synagoge, ferner ein Comitathaus, Rathhaus und mehrere große Maga= zine und Casernen, ein kathol. Gymnasium mit Benedictinern, eine kathol. Hauptschule, ein reformirtes Gymnasium, eine Donau=Assecuranz= anstalt, ein Spital u. s. w. Bedeutend ist der Handel, welcher auf der Donau getrieben wird, vornehmlich mit Getreide, Wein, Honig, Holz und Fischen, besonders Hausen, die hier in großer Menge gefan= gen werden. Auf einer schönen großen Insel, welche in 200 Theile ge= theilt, den Bürgern der Stadt gehört, wurden viele Gärten angelegt. Ihre Weingärten haben die Einwohner auf dem Monostor jenseit der Donau, wohin man auf einer Schiffbrücke und einer fliegenden Brücke gelangt. Fremde besehen auch die aus Stein gehauene Jungfrau, welche zum Zeichen, daß die Festung noch unbesiegt ist, auf einer nördl. Ecke der Seilerstatt, gegen Neuhäusel hin aufgerichtet wurde.

Comorner Gespanschaft des Königreichs Ungarn, breitet sich auf beyden Seiten der Donau über 54 Quadratm. aus. Die Zahl der Einwohner beträgt 106,980. — Außer dem hier stark betriebenen Ge= treidebau wird auch viel Wein erzeugt, und die Weingewächse von N e s z m i l und A l m á s haben ihrer Güte wegen längst einen vor= theilhaften Ruf erhalten. Nebst diesen Culturarten ist auch die Vieh= zucht hier wichtig. — Ihrer Abstammung nach sind die Einwohner dieser Gespanschaft meistens Ungarn, nähmlich in 52 Ortschaften; in= dessen sind noch neben ihnen 16 vorzüglich von Släven und 12 von Deut= schen bewohnt. Ein großer Theil der ersteren (etwas weniger als die Hälfte der ganzen Population) bekennt sich zu C a l v i n's Lehre, und ungefähr ein Vierzehntel (meistens Slowaken) sind Anhänger der augsburgischen Confession. — Unter 148 Ortschaften sind 1 Stadt (Comorn), 6 Märkte, 82 Dörfer und 59 Prädien.

Compactaten. Unter dieser Benennung wird der Vergleich ver= standen, der zu P r a g den 30. Nov. 1433 mit den gemäßigteren Hussi= ten oder Calixtinern und den von dem Concilium zu B a s e l dahin ge= sendeten Abgeordneten zu Stande kam, und zur Beylegung des Hussiten= krieges führte. — Nach der Flucht der Deutschen bey T a u ß im Pilsener Kreise den 14. Aug. 1431 gewann die Überzeugung, daß durch Gewalt gegen die Hussiten nichts auszurichten sey, immer mehr die Oberhand.

Von Neuem wurde daher der Weg der Unterhandlung eingeschlagen und das seit dem 23. July 1431 zu Basel befindliche Concilium mit der Einleitung beauftragt. Nur erst auf wiederhohlte Einladung, dasselbe zu beschicken, folgten die mißtrauischen Böhmen der Aufforderung, und ihre Bevollmächtigten legten im Jän. 1433 der Versammlung die sogenannten 4 Prager Artikel vor, die das Glaubensbekenntniß der Hussiten enthielten. Nach siebenwöchentlicher Discussion darüber wurden die Unterhandlungen wieder abgebrochen, doch zur Wiederanknüpfung vom Concilium eine Gesandtschaft nach Prag geschickt. Dieselbe fand die Calixtiner, welche hauptsächlich nur auf dem Gebrauche des Kelchs im Nachtmahle bestanden, zu einem Vergleiche, dem sich aber die Taboriten und Orphaniten widersetzten, bereitwillig und schloß daher, diese Spaltung geschickt benützend, denselben mit den Calixtinern zu der oben angeführten Zeit ab. In ihm wurde die Communion unter beyden Gestalten bewilligt, und alle übrigen Forderungen durch weise Einschränkung gemildert. Durch diese Trennung brach die Erbitterung zwischen den Calixtinern auf der einen und den Taboriten und Orphaniten auf der andern Seite in offene Fehde aus; allein Letztere wurden den 30. May 1434 bey Böhmisch-Brod geschlagen, verloren dabey ihre beyden Anführer Procop Holy und Procop den Kleinen, und die Übrigen bequemten sich nach einer zweyten Niederlage zur Nachgiebigkeit. Der Vergleich zu Iglau in Mähren den 5. July 1436 legte endlich die Streitigkeit völlig bey. Der Kaiser Siegmund gab in Ansehung der Religionsfreyheit nach, und wurde von den Böhmen als rechtmäßiger König anerkannt.

Compagnoni, Giuseppe, gelehrter Literat, war geb. den 3. März 1754 zu Lugo im Kirchenstaate. Anfänglich mußte er sich, gegen seine Neigung, dem Studium der Theologie widmen, bald trat er jedoch in Bologna mit Beyfall als Zeitungsschreiber auf, wurde dann Regierungssecretär zu Ferrara, darauf Privatsecretär im Hause Bentivoglio di Aragona. Nach einigen Jahren ging er nach Venedig und widmete sich ausschließend der Schriftstellerey. 1796 kam er nach Triest, wurde jedoch bald von da als Secretär bey der Centralverwaltung nach Ferrara berufen. Dort wurde er auch Professor des cispadanischen Staats- und allgemeinen Rechtes, dann Rath beym Cassationshofe daselbst. Diese Stelle bekleidete er jedoch nicht lange und ging auf einige Zeit nach Frankreich. Nach seiner Rückkehr ward C. als Lehrer des Staatshaushalts bey der Universität zu Pavia angestellt; da ihm jedoch der dortige Aufenthalt nicht zusagte, ging er nach Mailand, erhielt daselbst eine Stelle im Cultusministerium und bey Errichtung des Königreichs Italien die Stelle des Generalsecretärs im Staatsrathe. Bald darauf erhielt er den Orden der eisernen Krone, eine Stelle im Prisengerichte und die Theilnahme an der Commission für das Kriegsstrafgesetzbuch. Bey dem Ende der französ. Regierung in Italien trat C. in den Privatstand zurück und widmete sich neuerdings ausschließend der schriftstellerischen Laufbahn. Er starb den 29. Dec. 1833 nach jahrelangen Leiden, die er mit großer Fassung ertrug. Er hinterließ sehr viele literarische Arbeiten, die vorzüglichsten, im Drucke erschienenen sind: Notizie del Mondo, eine Zeitschrift, die um 1790 in Vene-

big erschien. — Lettere piacevoli, se piaceranno etc. — Chimica
per le donne etc. — Mercurio d'Italia, Triest 1796. — Ele-
menti di diritto etc. ossia principj di gius pubblico universale.
Ferrara. — Storia di Bibi, uomo memorando de' suoi tempi etc.
Sein berühmtestes Werk aber waren die untergeschobenen: Veglie
di Tasso; die bald allgemeine Verbreitung fanden, vielmahls auf-
gelegt wurden, da man sie lange für echt gelten ließ, und in alle
Sprachen übersetzt wurden. Auch schrieb er eine Fortsetzung zu
Tracy's Ideologia und arbeitete fortwährend für Zeitschriften und
Almanache.

Comparetti, Andr., geb. zu Vicinale im Friaul 1746,
machte seine ersten Studien in Pordenone, widmete sich dann zu
Padua der Heilkunde unter Morgagni, die er nach erhaltener Doctorswürde, in der Hauptstadt der damahls noch mächtigen venet. Republik ausübte. Nach Bianchini's Tode wurde er Professor der Medicin in
Padua. Nicht bloß als Arzt und medicinischer Schriftsteller hat C. sich
in der gelehrten Welt einen Nahmen erworben, sondern auch, und
ganz vorzüglich als Naturforscher. Zahlreich und mannigfaltig sind seine
scharfsinnigen Versuche zur Aufklärung mehrerer Theile der Naturgeschichte. Kann man auch vielleicht nicht immer mit seinen Ansichten ein-
verstanden seyn, so bleibt ihm doch das Verdienst gesichert, viele Thatsachen neu entdeckt zu haben, deren hohen Werth Männer, wie Euler,
Bonnet, Sennebier, Sprengel u. a. ehrenvoll anerkannten. Er
starb zu Padua am 22. Dec. 1801.

Compositions-Galanterie-Arbeiten (falsche Schmuck- oder
Schwäbisch-Gmünderwaaren) kleine, aus leonischem Drahte, Tombak,
Bronze, Messing, Zinn ꝛc. verfertigte, und zum Theil mit Steinen nach
Art der echten Waaren gefaßte Gegenstände, welche jetzt häufig zum Putze
getragen werden, wie Ringe, Ohrgehänge, Uhrketten und Petschafte,
Vorstecknadeln, Schieber, Kreuzchen, Kämme, Halsgeschmeide, Diademe ꝛc.
Es gibt in Österreich eigene unzünftige Arbeiter, welche sich mit Verfertigung solcher Gegenstände befassen und Compositions-Galanteriearbei-
ter genannt werden. Die Bearbeitungsart ist verschieden und kommt theils
mit der Goldarbeit, theils mit der Gürtler- und Bronzearbeit ꝛc. überein.
Man benutzt zu Ketten meistens Tombakdraht, zu andern Gegenständen
rothes, halbrothes oder gelbes Tombakblech, welches von dieser Verwendung
den Nahmen Schmucktombak erhalten hat, weil dieses Metall durch die Bearbeitung mit dem Golde, dem äußern Ansehen nach ihm am ähnlichsten gebracht werden kann. Die Waare wird, wo es nöthig ist, gravirt, polirt, gefirnißt, zuweilen auch vergoldet, selbst falsche oder echte Steine,
Perlen ꝛc. in selbe gefaßt. — Früher wurde die Verfertigung der falschen
Schmuckarbeit nur sehr schwach und unvollkommen betrieben. Seitdem
aber um 1786 die ersten Arbeiter (Franz Patriz und Stelliz) von
der Regierung aus Schwäbisch-Gmünd nach Wien berufen wurden,
hat dieser Fabrikationzweig auch hier größere Ausdehnung erlangt, und
gegenwärtig liefert Wien schon gute Waare, wiewohl die Wiener Arbeit noch immer der französ. an Schönheit und Wohlfeilheit nicht gleich
kommt. Zu Rzeszow in Galizien befindet sich eine beträchtliche Anzahl

jüdischer Schmuckarbeiter, welche aus unprobhältigem Golde oder vielmehr aus Kupfer mit einem kleinen Zusatze von Gold, aus Tombak ꝛc. Ringe, Ketten, Petschafte u. a. Galanteriewaaren in großer Menge verfertigen. Kleine Ringe für Kinder, wobey ein kleines gefärbtes und mit Glas bedecktes Metallblättchen die Stelle des Edelsteins ersetzt, werden in der Stadt Steyer gemacht. Einige Arbeiten dieser Art kommen auch aus Gablonz in Böhmen, und aus anderen Provinzen, doch meist jenen Arbeiten weit nachstehend, welche in England, Frankreich und Deutschland in großer Vollkommenheit erzeugt werden. — Der Handel mit falscher Schmuckwaare ist im Ganzen nicht von großer Erheblichkeit; doch haben die Wiener Arbeiter und die Rzeszower Juden Absatz nach den meisten Provinzen, und die letzteren wußten ihren Erzeugnissen auch einen Weg nach Rußland, und nach der Türkey zu eröffnen.

Concerts spirituels. Nach dem Muster der schon seit vielen Jahren in Paris bestehenden C. s. unternahm es 1819 der verstorbene Chorregent der Augustinerkirche, Franz Xav. Gebauer, auch in Wien C. s. zu gründen, deren Zweck seyn sollte, ernste und erhabene Tonwerke dem Kunstpublicum auf geeignete und angemessene Weise vorzuführen. Es fanden deren 18 im Verlaufe jedes Winters Statt, und diese Unternehmung hörte nur mit Gebauer's Tode 1823 auf. Da jedoch sein Orchester größtentheils nur aus Dilettanten bestand, keine Proben gehalten wurden, und die Auswahl der aufgeführten Stücke eben nicht die sorgfältigste war, so konnte das Ganze nicht die allgemeine Theilnahme erregen, und blieb Sache eines kleinen musikalischen Cirkels, der ohne große Ansprüche zu machen, dankbar empfing, was eben so anspruchlos gebothen wurde. Nach Gebauer's Tode unterzog sich Ferd. Piringer, Registraturs-Adjunct bey der k. k. allgem. Hofkammer, ein eifriger Dilettant und Concertspieler auf der Violine, mit Liebe der Oberleitung der C. s., beschränkte jedoch die Zahl derselben auf 4 durch jeden Winter, führte aber dagegen ordentliche Chor- und Orchesterproben ein, und traf eine zweckmäßige Wahl von classischen Musikwerken, fast ausschließend aus den großartigen Compositionen Haydn's, Mozart's und Beethoven's bestehend. Das Publicum fing nun an, größere Theilnahme zu zeigen, und es mehrte sich der Besuch von Jahr zu Jahr. Piringer starb 1829 und im darauffolgenden Jahre unternahmen Freyh. v. Lannoy, dann die geschickten Dilettanten Holz und Schmiedl, welche schon früher an dieser Unternehmung thätigen Antheil genommen hatten, die Leitung der C. s., die nun immer mehr an Kunstinteresse zunahmen und auch dem Publicum eine stets wachsende Theilnahme einflößten. Orchester und Chor wurden bedeutend vermehrt und zugleich verbessert, die Wahl der Productionen fiel bloß auf classische Tonwerke, die bedeutendsten Künstler der Hauptstadt, so z. B. Bocklet, Thalberg, Böhm, Merk u. a. verschmähten es nicht, zu diesem Zwecke mitzuwirken, und ein erfreuliches Fortschreiten wurde im Ganzen bemerkbar. Indessen blieben die C. s. ein reines Kunstunternehmen, und die oft ausgesprochene Absicht der Directoren ist keine andere, als durch Aufführung classischer Werke, den Sinn für echte Musik fortzupflanzen, und dem sich verirrenden Geschmacke eine bessere Richtung zu geben. Ein Beweis dieses höchst lobenswerthen uneigennützigen Strebens ist der verhältnißmäßig sehr geringe Abonnementspreis (2 Gulden C. M. für alle 4 Concerte). Die unvergänglichen Schönheiten der berühmtesten Tonsetzer (vorzüglich Beethoven's) werden in diesen Concerten unstreitig am würdigsten und in allen ihren Eigenthümlichkeiten dargestellt. Da jeder Mitwirkende dieses Vereins Künstler im vollsten Sinne des Wortes zu nennen ist, so hört man hier wohl die gediegenste Musik in Wien. Von Vocalmusik werden bloß große Kirchenstücke und Chöre, eben so vortrefflich, vorgetragen. — Den 24. Jän. 1835 erschien von den Unternehmern dieser preiswürdigen Anstalt eine Preis = Ausschreibung für eine neue große, noch nirgends zur Aufführung gebrachte Symphonie für's ganze Orchester, mit der Bestimmung, daß dem Componisten derselben für deren Überlassung zu den beyden ersten Aufführungen in der Fastenzeit 1836 ein Preis von 50 k. k. Münzducaten im Golde bezahlt werden solle. Nach gemachtem Gebrauche wird dem Componisten die Partitur wieder zurückgestellt, und es bleibt ihm das volle Eigenthums= und Verkaufsrecht unbenommen. Zu Schiedsrichtern bey der Zuerkennung des Preises erklärten sich die competenten Compositeurs: Jos. Eybler, Jos. Weigl, Joh. Gänsbacher, Adalbert Gyrowetz, Conradin Kreutzer, Ignaz Ritter von Seyfried und Michael Umlauf. Die Ausbezahlung des Preises verbürgt die k. k. Hof= und priv. Kunst= und Musikalienhandlung des Tobias Haslinger in Wien, an welche auch bis Ende October 1835 die zur Preisbewerbung bestimmten Partituren einzusenden sind.

Conclave zu Venedig 1800. Da Papst Pius VI. den 27. März 1799 als Gefangener zu Valence in Frankreich gestorben und Rom von den französ. Truppen besetzt war, versammelten sich die Cardinäle zum ersten Mahl zum C. in Venedig unter österr. Schutze. Ihre Zahl betrug über 30, und sie wählten nach kurzen Berathschlagungen den 13. März 1800 den Cardinal Gregor Barnabas, Grafen Chiaramonti, zum Papste, der den Nahmen Pius VII. annahm, jedoch erst den 22. Nov. Besitz vom Kirchenstaate nehmen konnte.

Concordia di quà, venet. Dorf in der Delegation Venedig, bey Porto Gruaro, gibt einem Bisthume den Nahmen, das nebst dem Domcapitel seinen Sitz in Porto Gruaro hat.

Concurs=Ordnung, durch welche das Benehmen des Richters von Eröffnung bis zur Beendigung des Concurses, dann die Pflichten der Verwalter und Vertreter der Cridamassen, wie auch die Rechte der Gläubiger unter sich bestimmt werden, — wurde durch Patent vom 1. May 1781 und vom 1. Jän. 1782 angefangen, von Joseph II. als allgemeines Gesetz bestimmt, während alle frühern Verordnungen über Concursverhandlung aufgehoben wurden.

Conegliano (Cornegliano), venet. Stadt in der Delegation Treviso, sehr angenehm gelegen, zum Theil auf einem Hügel, der die Trümmer eines Castells trägt; mit 2,700 Einw., mehreren Kirchen und einem Spital, Sta. Maria de' Battudi.

Congregation, wird in Ungarn die Versammlung des Comitats-Magistrats genannt. Diese geschieht, mehrmahls im Jahre, zu unbestimmten Zeiten, gewöhnlich in derjenigen Stadt, welche den Hauptort einer jeglichen Gespanschaft ausmacht. In diesen C.en die entweder der Obergespan, oder auch der Vicegespan, in zeitlicher Abwesenheit des ersteren, auszuschreiben pflegt, werden die politischen Geschäfte abgehandelt. Der Comitats-Magistrat wird immer aus dem Adel gewählt, und alle 3 Jahre restaurirt.

Congregation der

noch sehr kleine Congregation. Nach mannigfachen Schicksalen, durch Sectengeist verdrängt, schiffte sich Mechitar 1715 mit 11 Schülern nach Venedig ein, woselbst die Congregation von dem Senate für ewige Zeiten die Insel St. Lazaro geschenkt bekam, und daselbst eine Kirche und ein Kloster erbaute. Sie zeichnete sich bis auf die neueste Zeit durch literarische Thätigkeit aus, stiftete auf St. Lazaro eine armenische Nationalakademie, lieferte Ausgaben der alten Literaturdenkmahle, übersetzte Werke aus allen Sprachen in das Armenische, und gab selbstständige Schriften in allen Fächern der Literatur heraus. Die in Triest ansäßigen Mechitaristen übersiedelten sich 1810 mit kaiserlicher Bewilligung nach Wien, woselbst ihnen die Kirche zu Maria Schutz sammt dem ehemahligen Capuzinerkloster in der Vorstadt St. Ulrich angewiesen würde. Außer den gewöhnlichen Klostergelübden haben die Priester dieser Congregation noch die besondere Pflicht, wenn sie von ihren Obern verschickt werden, nach allen Theilen der Erde zu gehen, um den katholischen Glauben, auch mit Gefahr ihres Lebens, zu verkünden. Sie haben einen Abt zum Vorsteher, welcher gewöhnlich zugleich Erzbischof oder Bischof ist, um die Priester weihen zu können. Ihren Gottesdienst halten sie nach dem armenischen Ritus, einige Feste werden mit besonderer Feyerlichkeit abgehalten, darunter vorzüglich das Fest der Auferstehung und das Fest von Maria Schutz, als Ordenspatroninn durch Abhaltung feyerlicher Processionen. Die Congregation besitzt auch in ihrem Klostergebäude (wie ehemahls in Triest) eine eigene Buchdruckerey und Buchhandlung, deren Verlagsbetrieb für die Verbreitung und Befestigung des orthodoxen Katholicismus sehr thätig ist! 1824 erhielt sie ein ausschließendes 30jähriges Privilegium auf die Drucklegung der lateinischen Breviere und Missalien für den ganzen Umfang der Monarchie, Ungarn ausgenommen. Vergl. Mechitaristen.

Congregation der Redemptoristen, ie Kirche zu St. Maria am Gestade in Wien. Die C. d , auch nach ihrem Stifter, Alphons Liguori (geb. zu Neapel 1696, gest.

1787, vom Papste Pius VII. 1816 selig gesprochen) Liguorianer genannt, ist eine geistliche Ordensgesellschaft, deren Statuten den schönen Zweck aufstellen: die verlassenen Seelen durch Missionen zu unterrichten, Verführte und Bethörte zu Jesu zurückzubringen, unter Aufsicht der Ordinariate in Auslegung und Verkündigung des Evangeliums thätig zu seyn, selbst alles Weltliche zu verlassen, und ihr ernstliches Augenmerk darauf zu richten, die Tugenden und das Beyspiel Jesu Christi, des Erlösers (Dominus ac Redemptor), nachzuahmen. Sie legen demnach die einfachen Gelübde der Armuth, des Gehorsams und der Keuschheit ab, werden in jedem ihrer Häuser von einem Obern, dessen Amt jedes Mahl 3 Jahre dauert, und den sie Rector nennen, geleitet, führen ein vollkommen gemeinschaftliches Leben, und haben auch Layenbrüder unter sich, die ihnen Nahrung und Kleidung bereiten, und für ihre übrigen weltlichen Bedürfnisse Sorge tragen. Seit 1732 fand dieser Orden in mehreren europäischen Staaten freundliche Aufnahme. Im April 1820 wurde er durch ein kaiserl. Decret auch in den österr. Staaten aufgenommen, zu welchem Zwecke besonders der eifrige C. Maria Hoffbauer (s. d.), Spiritual bey den Ursulinerinnen in Wien, und Ordensmitglied, auf das Thätigste vorgearbeitet hatte, obschon er sein heißersehntes Ziel, die Einführung der C. nicht mehr erlebte. Zugleich wurde der C. in Wien der obere Passauerhof als erstes Ordenshaus angewiesen, und ihr die renovirte Kirche Maria am Gestade (Maria Stiegen) eingeräumt, welche den 23. Dec. desselben Jahres von dem damahligen Wiener Weihbischofe Matthäus v. Steindl der C. sammt allen bisher darin aufbewahrten Kirchen = Ornaten, Gefäßen und Stiftbriefen auf Befehl des Kaisers übergeben, und des Tages darauf durch denselben Prälaten feyerlich eingeweiht wurde. Gegenwärtig zählt die C. in Wien ungefähr 35 Priester, eben so viele Cleriker und 20 Layenbrüder. Nebst verschiedenen Zweigen des geistlichen Unterrichtes beschäftigt sich der Orden auch mit Aussendung von Missionären zur Ausbreitung der kathol. Glaubenslehre in entfernteren Weltgegenden. Ihr, hauptsächlich durch milde Spenden in einem einfachen Style neu aufgebautes Kloster wurde 1833 vollendet. (1830 gestattete der Kaiser auch die Stiftung eines Klosters von Redemptoristinnen in der Wienervorstadt Rennweg.) — Über die wahre Zeit der Entstehung der Kirche zu St. Maria am Gestade, dieses herrlichen Denkmahles gothischer oder vielmehr altdeutscher Baukunst, wurde viel gemuthmaßt, gegrübelt und untersucht, ohne damit zu einem vollkommen genügenden Resultate zu gelangen; so viel scheint indessen gewiß zu seyn, daß an dieser Stelle bereits um 900 eine Maria = Capelle gestanden habe. Auch fehlt es nicht an spätern Daten von 1158 bis 1420, wo die von Heinrich Jasomirgott gestifteten Benedictiner aus Schottland das Patronatsrecht über dieselbe ausübten, und wahrscheinlich vieles an dem Baue änderten und sie vergrößerten; allein die schwankende Geschichte eines so oft niedergerissenen, angebauten, erneuerten und wieder vergrößerten Baues reicht zu einer genügenden Feststellung nicht aus. So viel ist indessen urkundlich gewiß: 1303 wurde diese Capelle Eigenthum des Rit-

ters Wernhard v. Greif; deſſen Familie ſie bis 1357 beſaß, wo ſie
an das Bisthum Paſſau ſammt allen Appertinentien durch Kauf überging. Herzog Albrecht III. war es, der im Vereine mit dem Paſ-
ſauer-Biſchofe Georg v. Hohenlohe, 1392 den Grund zum hohen
Chore und zur Vergrößerung der Kirche legte, da hingegen die weſtliche Seite mit ihrer reichen Eingangshalle, dem durchaus ſpitzigen Bogen
und der Bruſtwehre oben, ſicherlich den Regierungen Albrecht's II.
oder höchſtens Rudalph's IV. (1326—1365) angehört. Daß der Chor
jünger und überhaupt beyde Theile der Zeit nach verſchieden ſind, beweist ſchon die ſchiefe Richtung, welche ſie gegen einander haben, dann
auch das viel reichere Gewölbe des Unterſchiffes mit ſeinen zahlreichen
Kappen und Quaten, während der hohe Chor nur mit einem einfachen
Kreuzgewölbe bedeckt iſt. In der Folge vermehrten ſich die Einkünfte dieſer Kirche durch verſchiedene milde Stiftungen; am meiſten hatte ſie den
ſeit ungefähr 1300 in ihrer Nähe ſeßhaften Liechtenſteinen zu danken, welche reiche Gaben dahin ſpendeten, und Tag- und Nachtgottes-
dienſte ſtifteten. Hanns v. Liechtenſtein, ſeinen Zeitgenoſſen unter dem Nähmen der gewaltige Hofmeiſter bekannt, ſchenkte alle Heilig-
thümer und Kleinode des Hauſes Liechtenſtein nach Maria Stiegen,
und erhielt vom Papſt Bonifaz VIII. einen eigenen Seelſorger dahin; viele der Liechtenſteine erhielten ihre Ruheſtätte daſelbſt. Indeſſen blieb die Kirche bey allen Stürmen der Zeit Paſſau'ſches Eigenthum, bis 1802 das Erzbisthum Paſſau verſchwand, und ſowohl der
Paſſauerhof als auch Paſſau's Rechte auf Maria Stiegen kraft des lan-
desherrlichen Heimfallrechtes incamerirt wurden. Die ehrwürdige Kirche war dadurch ſo gut als verlaſſen. Die Schotten, welche ohnehin ſo
viele Pfarren und Lehrämter zu beſetzen hatten, vermochten es nicht,
ihre Sorge auch auf dieſes Gotteshaus auszudehnen. Dennoch dauerte der
Gottesdienſt bis zur zweyten franzöſ. Invaſion fort, wo dieſe Kirche zum
Früchtmagazin verwendet, und mit Kornfäſſern und Mehlſäcken ſo über-
füllt wurde, daß die Grabſteine dem übermäßigen Druck unterlagen,
mehrere Gräber verſanken, Altäre verwüſtet, viele treffliche Standbil-
der, Frieſen, Zierrathen und gemalte Glasfenſter zertrümmert wurden.
1820 endlich geſchah die Wiederherſtellung und Einweihung der Kirche
und deren Übergabe an die Redemptoriſten. — Im Ganzen genommen, darf
zwar dieſe Kirche in Hinſicht auf den Plan und die äußere Anlage keineswegs als Muſter aufgeſtellt werden, denn, außer dem bereits bemerkten
Fehler ihres durch die verſchiedenen Zuſätze verurſachten lang geſtreckten
Grundriſſes hat ſie nur einen reich geſchmückten Thurm und dieſer ſteht
nicht vorn, ſondern im Kreuze. Aber alles dieß entſchuldigt hinlänglich
der enge, höchſt ungünſtige, auf der ganzen nördlichen Bergſeite von
einem Abhange und von Häuſern begränzte Platz, der auch dem geſchickteſten Baumeiſter die freye Entwicklung des Baues unmöglich gemacht hätte. Die ſchöne Sorgfalt, die den Herſtellungsbau leitete, vollendete nun ihr Werk dadurch, daß ein großer Theil der nächſten ſtörend-
ſten Umgebungen weggeriſſen, und die weſtliche und nördliche Seite dem
freyen Anblicke vollkommen geöffnet wurden. Bey ihrer geringen Breite
konnte die Kirche nur ein einziges Schiff, ohne Abſeiten erhalten, das

von 26 hohen und ſchmalen Glasfenſtern erleuchtet wird, zwiſchen welchen 24 mehrſtämmige, ſchlanke und höchſt zierliche Wandſäulen das vom Eingange an 10, im Chor aber 12 Klft. hohe, ſpitze Gewölbe tragen. Früher beſtanden wahrſcheinlich alle Fenſter aus gemälten Scheiben, jetzt haben nur die 3 hohen Fenſter hinter und neben dem Hochaltar buntgemalte Scheiben, welche ſämmtlich aus dem 15. Jahrhundert zu ſeyn ſcheinen, und worauf das Leiden Chriſti nebſt andern bibl. Darſtellungen abgebildet ſind, die bey ihrer Höhe und Entfernung, ſo wenig als die Schriftzeilen dazwiſchen, zu unterſcheiden ſind. Die 2 Fenſter ober dem Eingange vom Stoß im Himmel ſind nach Zeichnungen des berühmten Malers Ludwig Schnorr von Carolsfeld durch den geſchickten Glasmaler Gottlieb Mohn im antiken Geſchmacke ausgeführt. Der hohe Chor zeigt an jedem der 10 Wandpfeiler eine Apoſtelſtatue, unter einem durchbrochenen, fünfeckigen, mit kleinen Pyramiden zwiſchen 5 Eckthürmchen geziertem Dache, welches ſpitz in die Höhe ſteigt, von jedem Paare der Wandpfeiler aber laufen die Schlußlinien oben in der Spitze des Kreuzgewölbes zuſammen, deſſen Schlußſteine durch eine höchſt ſinnreiche Wahl die 4 Zeichen der Evangeliſten nach ihrer Ordnung darſtellen. Der untere Theil des Schiffs hat 12 Wandſäulen, an und neben welchen 22 faſt lebensgroße Steinbilder verſchiedener Heiligen ſtehen. — Die Kirche hat 3 Eingänge, wovon der Haupteingang, unter dem hohen Fenſter an der ſchönen Stirnſeite, und der erſte Seiteneingang rechts, mit ſteinernen, nach oben ſpitzig zulaufenden Baldachinen bedeckt, und mit ſchönen Figuren geziert iſt. Bewundernswürdig iſt der 30 Klft. hohe, ſiebeneckige Thurm, der zwiſchen dem ältern und neuern Theile der Kirche an der ſüdlichen Seite ſich erhebt. Oberhalb der Uhr ſchließt er ſich in eine durchbrochene, aus Blättern und Zweigen geſchlungene Kuppel von ungemeiner Leichtigkeit zuſammen, und endigt mit einem großen Blumenkelch, aus welchem ein Doppelkreuz hervorragt. Leider iſt weder der Meiſter noch die Zeit des Baues dieſes ſchönen Monuments alter Baukunſt bekannt. Zu ſeinem Gipfel führen 224 Stufen, und von ihm genießt man eine herrliche Ausſicht über die Stadt und das Marchfeld. Wäre nach etwas an dieſer Kirche zu bemängeln, ſo iſt es jene, dem alten Baue nicht entſprechende innere Einrichtung. Zwar wurde in der Kanzel, und auch in einem kleinen Seitenaltar der altdeutſche Styl nachgeahmt, deſto ſtörender aber wirkt der ganz moderne und fremdartige Hochaltar, welcher bey jedem geſchmackvollen Beſchauer den Wunſch erweckt, es möchten ſich bald die Mittel finden, ihn gegen einen im antiken Styl gebauten zu vertauſchen.

Congreſſe, die wichtigſten neuerer Zeit. 1) Congreß zu Wien. Als durch die ſiegreichen Waffen der verbündeten Heere 1814 der durch einen Zeitraum von 23 Jahren unterbrochene Friede in Europa wieder hergeſtellt war, wurde den 1. Sept. deſſ. J. der große Congreß zu Wien eröffnet, welcher die rieſige Aufgabe zu löſen hatte, das Syſtem des politiſchen Gleichgewichtes in Europa neu zu begründen, und das Schickſal der eroberten Länder, ſo wie die ſtreitigen Intereſſen der größern und kleinern Mächte zu entſcheiden. Zu keiner Zeit waren vielleicht ſo viele hohe

Personen in einer Stadt vereinigt, als beym Congreß in Wien. Zwey Kaiser: Von Oesterreich und Rußland, 4 Könige: Von Preußen, Bayern, Würtemberg und Dänemark, mehrere deutsche Fürsten und Prinzen und die ausgezeichnetsten Staatsmänner Europa's, worunter Metternich, Talleyrand, Fouché, Castlereagh, Wellington und Hardenberg. Die Hauptpuncte der Unterhandlung waren die Angelegenheiten Polens und Sachsens, welche einen so ernsthaften Charakter annahmen, daß am 6. Jän. 1815 zwischen Oesterreich, England und Frankreich eine Tripelallianz abgeschlossen ward, die jedoch nicht zur Vollziehung kam, weil alle Theile eine friedliche Ausgleichung der unsichern Erneuerung eines Krieges vorzogen, und endlich Napoleon's plötzliches Wiedererscheinen die Spannung der europ. Hauptmächte in einen erneuten Bund gegen denselben auflöste. Während des erneuten Feldzuges in Frankreich und Italien wurde den 9. Juny 1815 die Congreßacte geschlossen, und von Oesterreich, Rußland, Großbritannien, Preußen, Spanien, Portugal und Schweden unterzeichnet. Die Resultate derselben waren für Oesterreich: Es erhielt von Rußland den Tarnopoler Kreis und die Salzwerke von Wieliczka zurück, stiftete aus den wieder übernommenen ital. Staaten Mailand und Mantua, und aus dem venet. Gebiethe mit Einschließung des Ferrarischen auf dem linken Ufer des Po, dem Veltlin und den Landschaften Chiavenna und Bormio, das lombardisch-venet. Königreich. Es vereinigte von neuem die 1809 abgetretenen illyr. Provinzen und Küstenlande mit der Monarchie, erhielt das venet. Dalmatien, Ragusa und Cattaro, dann Tyrol, Vorarlberg, das In- und Hausruckviertel, und Salzburg bis auf ein kleines Stück zwischen der Salzach und Saale wieder zurück, dagegen überließ es Belgien dem neuen Königreich der Niederlande, Westgalizien an das Königreich Polen und die Herrschaft Räzuns in Graubündten an diesen Canton. Zugleich erhielten auch die österr. Seitenlinien in Italien ihre Länder zurück, und die Herzogthümer Parma, Piacenza und Guastalla wurden Napoleon's Gemahlinn Maria Louise bis zu deren Ableben (nach einer späteren Bestimmung) zugetheilt. — 2) Congreß zu Carlsbad. Dieser hatte im August 1819 Statt, wo sich daselbst die Minister von Oesterreich, Preußen, Bayern, Hannover, Sachsen, Würtemberg, Baden, Sachsen-Weimar, Mecklenburg und Nassau versammelten, um theils über die Ergänzung der die innere Organisation Deutschlands betreffenden Beschlüsse des Wiener C.'s, theils über den damals gefährlichen moralisch-politischen Zustand Deutschlands sich zu berathen. Den Vorsitz führte Fürst von Metternich, das Protokoll Hofrath v. Gentz. — 3) Congreß der Minister zu Wien, begann unter dem Vorsitze des Fürsten v. Metternich den 25. Nov. 1819 als unmittelbare Folge des vorigen, um die Organisation des deutschen Bundes zu vervollständigen. — 4) Congreß zu Troppau begann im October 1820, Veranlassung dazu waren die in Neapel stattgehabten revolutionären Umwälzungen; gegenwärtig waren die Kaiser von Oesterreich und Rußland, der König von Preußen und viele der berühmtesten Staatsmänner unter Vorsitz des Fürsten von Metternich. Das Protokoll führte neuerdings Hofrath v. Gentz. Die Verhandlungen betrafen überhaupt eine Übereinkunft der großen Mächte, keine Verfassung anerkennen zu wollen, die von dem legitimen, monarchischen Staatensystem Europa's sich entferne. Österreich, Rußland und Preußen aber vereinigten sich überdieß, die Fortdauer des in Neapel durch Aufruhr und Gewalt bewirkten Zustandes mit vereinter Kraft zu hintertreiben, indem sie gegenseitig einander die Ruhe ihrer Staaten garantirten. Die Resultate des Troppauer Congresses wurden jedoch erst zu Laibach festgesetzt. V. Congreß zu Laibach. Da man dem Schauplatz der revolutionären Begebenheiten näher seyn wollte und auch die Gegenwart des Königs beyder Sicilien nöthig schien, wurde im Dec. 1820 der Congreß von Troppau hieher verlegt; außer dem König von Preußen, welcher verhindert war, daran Theil zu nehmen, blieb die Versammlung dieselbe, im Jän. 1821 kamen noch der König Ferdinand I. von Sicilien und der Herzog von Modena dazu. Der Hauptgegenstand der Berathungen war: Durch gemeinschaftliche Maßregeln die Ruhe Italiens gegen den Carbonarismus zu sichern, dem weitern Umsichgreifen erzwungener, von den stehenden Heeren ausgehender Staatsveränderungen Einhalt zu thun, und die Ruhe in Neapel und Sicilien wiederherzustellen. Die während des Congresses stattgefundenen Aufstände in Piemont und der Griechen verlängerten denselben bis 12. May 1821, während welcher Zeit, als alle gütlichen Mittel fruchtlos blieben, die Besetzung von Neapel, Sicilien und Piemont durch österr. Truppen erfolgt war, wodurch die daselbst den Königen aufgedrungene spanische Constitution abgeschafft, die alte Verfassung hergestellt und das monarchische Princip befestigt wurde. VI. Congreß zu Verona. Dieser wurde im Oct. 1823 im Beyseyn der Kaiser von Österreich und Rußland, der Könige von Preußen, beyder Sicilien und Sardinien, nebst andern italien., Fürsten, mehrerer Staatsmänner und anderer ausgezeichneter Personen eröffnet. Fürst Metternich führte auch hier den Vorsitz, und Hofrath v. Gentz das Protocoll. Der Gegenstand der Berathungen war die Lage des Südosten Europa's und vorzüglich Spaniens. Das Resultat derselben war, daß die Continentalmächte Frankreich die verlangte Befugniß, mit bewaffneter Macht die Halbinsel zur Wiederherstellung der monarchischen Verfassung zu zwingen, zugestanden und im nöthigen Falle Unterstützung versprachen, wodurch sich in der Folge, obschon anfänglich der Weg der Unterhandlung eingeschlagen wurde, der französisch-spanische Krieg entwickelte. Die Monarchen verließen Verona in der Mitte Decembers.

Congrua. Der Betrag der reinen Einkünfte, welcher den kathol. Geistlichen in Österreich zu ihrem anständigen jährlichen Lebensunterhalte als nothwendig anerkannt ist, wird die C. oder Unterhaltsgebühr genannt. Diese ist ihnen gesetzlich der Art zugesichert, daß der Abgang, wenn sonst nicht Jemand zum Ersatz verbunden ist, aus dem Religionsfonde gut gemacht wird, und daß sie selbst in Schuldfällen nicht mit Execution belegt werden kann. Als C. wurden bey der Steuer-Rectification 300 fl. für den Pfarrer, und 150 fl. für den Caplan, ausgesetzt. Wer eine Ergänzung der C. ansucht, muß das reine Einkommen seiner Pfründe durch eine ordentliche Fassion ausweisen.

Conscriptions = System. Der Abgang an Mannschaft, welcher sich bey den deutschen Linientruppen, bey der deutschen Cavallerie und bey der Artillerie ergibt, wird, in so weit bey der letztern die Werbung, und bey den erstern die Zahl der angeworbenen Ausländer nicht hinreicht, durch Stellung der nöthigen Recruten von den Ländern, nach Maßgabe des Conscriptions = und Werbbezirks-Systems von 1804 ergänzt. Da aber dieses eigentlich bloß die Vorschriften über die Conscription und Classification des Populationsstandes enthält, so ist sich in den übrigen Puncten noch nach dem ältern Conscriptions = und Werbbezirks-System von 1781 zu benehmen, in so fern nicht spätere Verordnungen etwas anderes bestimmen. So wurde insbesondere 1817 eine neue Werbbezirks-Eintheilung in den deutschen conscribirten und in den italien. Provinzen kund gemacht, und für die letztern ist unterm 17. Sept. 1820 auch ein eigenes Patent über die Conscription und Recrutirung im Drucke erschienen, wonach das ganze lombardisch = venetianische Königreich in acht große Militär-Bezirke eingetheilt wird, auf deren jeden ein Linien-Infanterie-Regiment angewiesen ist, um aus denselben vorzugsweise die Recruten zu empfangen, die aus den zur Stellung geeigneten Militärpflichtigen durch das Los gezogen werden. Die Uhlanen-Regimenter erhalten ihre Ergänzung überhaupt durch Werbung, und so weit diese nicht hinreicht, ist ihr Abgang insbesondere von der Provinz Galizien zu ersetzen. S. **Recrutirung.**

Conservatorium der Musik in Prag. Die Errichtung wird dem Vereine zur Beförderung der Tonkunst in Böhmen verdankt. Es ist von dieser kunstbegenden Versammlung 1810 als die erste Anstalt dieser Art außerhalb der Gränzen Frankreichs und Italiens gegründet worden, und schon werden dessen Zöglinge für Capellen und Orchester gesucht; das jugendlich blühende Institut hat seine Jünger schon in mehrere Provinzen des Kaiserreichs, wie auch nach Polen und Rußland ausgesandt. — Dasselbe wird durch unterzeichnete Beyträge vereinter Adeligen erhalten; diese werden halbjährig vorausbezahlt, und der gewählte Ausschuß, unter dem Nahmen: Direction des Instituts, besteht aus einem Präsidenten, einem Referenten und Geschäftsleiter, Cassier und vier Beysitzern. Die Direction hält, so oft es die Gegenstände erfordern, ihre Sitzungen, ernennt die Lehrer, bestimmt die Aufnahme der Schüler und erstattet jährlich in einer Generalversammlung aller in Prag wohnenden und anwesenden Mitglieder Bericht über den Fortgang des Instituts und den Zustand der Casse. — Die Directoren haben ihre Einsicht schon dadurch an den Tag gelegt, daß sie die Pflege ihres Institutes dem verdienstvollen Capellmeister F. D. Weber als Director übertrugen, der sich durch rastlose Thätigkeit zur Emporbringung dieser Lehranstalt ein bleibendes Denkmahl in der Kunstgeschichte Böhmens gegründet hat. — Da der Hauptzweck dieses Institutes ist, tüchtige Instrumentalmusiker zu bilden, so ist auch dahin das erste Augenmerk gerichtet. Auf allen zu einem vollständigen Orchester erforderlichen Instrumenten wird von eigenen Lehrern Unterricht ertheilt; im Gesang erhalten die Instrumentalschüler denjenigen Unterricht, der zur allgemeinen musikalischen Bildung und insbesondere zur Composition nothwendig ist; doch ist seit einigen

Jahren eine eigene Classe für Sänger und Sängerinnen eröffnet, und ein Lehrer für die Harfe angestellt worden. Nebst diesem wird allen Zöglingen die Theorie der Musik in ihrem ganzen Umfange vorgetragen, so daß man mit Sicherheit darauf rechnen kann, jeder mit einigen Anlagen begabte Knabe werde als brauchbares Orchestermitglied heraustreten, das musikalische Genie aber die nöthige Unterstützung finden, um als selbstständiger Virtuose aus dieser Kunstschule hervorzugehen. — Das System, nach welchem hier Jünglinge zu Künstlern gebildet werden, beruht auf einer wohlberechneten Stufenfolge vom Leichtern zum Schwerern, und auf der ungetrennten Verbindung der theoretischen Kenntnisse mit der practischen Fertigkeit. Von beyden müssen die Zöglinge in zwey öffentlichen Prüfungen (im April und Sept.) Proben ablegen; jeder Einzelne muß die Aufgabe lösen, sein Instrument ohne Begleitung hören zu lassen, bis sich endlich alle diese jugendlichen Kunstbestrebungen zum Vortrag einer Orchestermusik vereinen. — Jedes Mitglied des Vereins hat das Recht, Schüler, mit den ersten musikalischen und andern nöthigen Vorkenntnissen ausgerüstet, zur Aufnahme vorzuschlagen; und alle drey Jahre werden deren 39 aufgenommen, nähmlich 13 für die Violine und Viola, 3 für das Violoncell, 3 für den Contrabaß und 4 für jedes Blasinstrument. Die Trompete und Posaune lernen nebenbey die kräftigsten, welche sich den Saiteninstrumenten widmen. Nach 3 Jahren treten diese Schüler in die 2. Classe, und eine neue Aufnahme von 39 nimmt ihren Platz ein. Diese 2. Classe, welche nun schon ziemlich weit vorgerückt ist, erhält von Jahr zu Jahr weniger Unterrichtsstunden von den Lehrern der Instrumente, dagegen werden sie mehrmahls in der Woche in dem Übungssaale versammelt, und im Vortrage großer Instrumentalstücke und Concertante geübt. Nach vollendetem Curse von 6 Jahren werden diejenigen, welche sich die Zufriedenheit ihrer Lehrer erworben haben, mit Zeugnissen der Direction, als Zöglinge des C.s entlassen; die Nachlässigeren aber müssen nach Maßgabe ihrer Mängel, ein oder zwey Jahre, auch oft den halben Curs wiederhohlen, und die ihnen fehlenden Gegenstände nachtragen, ehe sie ein Zeugniß erhalten können. — Die Zahl der Jünglinge ist eigentlich, dem Plane nach, auf 78 Instrumentalisten, 12 Sänger und 12 Sängerinnen bestimmt; doch geschieht es nicht selten, daß eine Aufnahme statt aus 39, aus mehr als 50 Knaben besteht, welche erst nach und nach durch Entlassung der Schwächsten und Talentarmen auf die bestimmte Zahl herabgebracht wird.

Conservatorium der Musik in Wien, s. Gesellschaft der Musikfreunde in Wien.

Contumaz-Anstalten. Der Zweck der C.A. ist, die in dem ottomanischen Reiche oftmahls herrschende Pestseuche, und das in neuern Zeiten sich geäußerte, gleich gefährliche amerikanische oder sogenannte gelbe Fieber, von den österr. Staaten abzuhalten. Unter ganz militärischer Leitung stehen jedoch nur die in der Carlstädter, Banal-Slavonischen, banatischen, und siebenbürgischen Militär-Gränze, dann die in Galizien oder vielmehr in der Bukowina bestehenden C.A.; dagegen die in Dalmatien, Illyrien und den italien. Provinzen vorhandenen

38*

dem Civile untergeordnet sind. — Die Organisation dieser Ämter, die nach dem Grade der drohenden Gefahr stufenweise festgesetzten Contumaz-Termine, die Verhaltungen der ausgestellten Cordonsmannschaft, die Verrichtungen und Pflichten der Contumaz-Directoren, Capläne, Ärzte, Aufseher, Reinigungsdiener und Wächter, die Aufzählung der Waaren und Geräthschaften, welche als giftfangend der Contumaz zu unterziehen, und welche als nicht giftfangend davon befreyt sind, die Verfahrungsart zur Reinigung der erstern, die Behandlung der sich der Contumaz unterziehenden Personen, die Vorkehrungen mit dem Vermögen der allda Sterbenden, und die Vorschriften hinsichtlich ihrer letztwilligen Anordnungen, enthält das den 2. Januar 1770 erlassene General-Sanitäts-Normativ. An die Stelle des am 25. August 1766 gegen die Übertretung der Pestanstalten ergangenen Patentes, ist unterm 21. May 1805 für die gesammten Erbländer ein neues Strafgesetz kund gemacht, und dieses von dem Hofkriegsrathe dem gesammten Militär mittelst der Verordnung vom 4. Juny 1805 zur pünctlichsten Befolgung hinausgegeben worden. — Die gerichtliche Untersuchung und Aburtheilung der Übertreter dieses Patentes geschieht da, wo der engste Pest-Cordon gezogen ist, allenthalben durch das Militär; wenn aber die Gefahr nicht so dringend, und der Cordon in Siebenbürgen auch vom Provinziale besetzt ist, werden die, die Sanitätsgesetze verletzenden Provinzialisten, von den Provinzialgerichten untersucht und bestraft. In den übrigen Militärgränz-Provinzen ist jeder Übertreter der Pestanstalten, ohne Unterschied der Person, von dem Regimentsgerichte oder Comunitäts-Magistrate, in dessen Bezirk er betreten worden, und in der Bukowina durch das Garnisons-Auditoriat zu Czernowitz zu untersuchen und abzuurtheilen. Die Urtheile müssen jedoch vor der Kundmachung sammt allen Acten, mit Ausnahme der standrechtlich gefällten, durch das vorgesetzte Generalcommando dem allgemeinen Militär-Appellationsgerichte unterlegt werden. — Die Beamten der unter ganz militärischer Leitung stehenden Contumaz-Ämter und Rastelle werden vom Hofkriegsrathe ernannt, die Anstellung des übrigen Personals ist den Generalcommanden überlassen. In Zeitpuncten besonderer Gefahr, wo die Pest in den angränzenden Provinzen um sich greift, oder gar schon auf dießseitigem Gebiethe ausgebrochen ist, und daher der längste Contumaz-Termin von 42 Tagen bestimmt, und der engste Cordon gezogen wird, pflegt zur Leitung der Pestanstalten eine eigene Hofcommission in einer der bedrohten Provinzen aufgestellt zu werden. Außerdem steht das Verfahren bey Übertretungen der gegen die Pest erlassenen Vorschriften den ordentlichen Criminalgerichten zu.

'Conversationsblatt, eine encyklopädische Zeitschrift für wissenschaftliche Unterhaltung, hier deßwegen anzuführen, weil es nach dem Gesammturtheile des Publicums eine der gehaltvollsten und ansprechendsten Zeitschriften Österreichs war. Es wurde von Franz Gräffer 1819 gegründet, und bis März 1821 redigirt, von wo an es J. F. Castelli bis Ende 1821, wo es aufhörte, herausgab. Viele der berühmtesten in- und ausländischen Schriftsteller lieferten uneingeladen und unentgeltlich die werthvollsten Beyträge. Es unterschied sich insbesondere durch

eine gemäßigt-freymüthige Richtung. Es kam in 8. anfangs bey Wallishausser, zuletzt bey Gerold in Wien heraus.

Convertiten in Oesterreich. Sowohl im österr. Kaiserstaate,
als auch im Auslande, herrscht unter der Mehrzahl der Protestanten das
Vorurtheil, daß jeder zum Übertritt sich meldende Protestant oder Israelit ohne allen Anstand und ohne Prüfung in den Schooß der römisch-
kathol. Kirche aufgenommen, und wegen dieses Schrittes unterstützt,
belohnt und zu Ämtern befördert werde. Nicht jeder zum Übertritt sich
Meldende wird zugelassen (notorisch Unwürdige, die der katholischen
Kirche zur Schande gereichen würden, werden sogleich abgewiesen) und
keiner ohne Unterricht in der römisch-kathol. Religionslehre und ohne
Prüfung aufgenommen. Jeder, der sich in dem österr. Kaiserstaate berufen fühlt, zur römisch-kathol. Kirche überzutreten, muß die betreffende
geistliche Behörde ersuchen, ihm einen katholischen Priester anzuweisen,
der ihn in der katholischen Religionslehre, nach den bestehenden k. k.
Vorschriften, sechs Wochen hindurch unterweise, und dann seinen Beruf und seine Würdigkeit sorgfältig prüfe. In dieser Bittschrift muß er
zugleich auf seine Ehre und sein Gewissen versichern, daß er sich in
seinem vorigen Leben ehrlich aufgeführt und sich keinen üblen Ruf zugezogen habe, auch nicht mit Schulden belastet sey; daß er bey seinem
angesuchten Übertritte keine zeitliche Absicht habe und von keinem Menschen gezwungen, verführt oder durch Schmeicheley und Versprechen an-
gelockt worden sey; daß er also auf keine zeitliche Hülfe, Unterbringung, Empfehlung, Beförderung, unter dem Vorwande des Übertritts
baue, noch künftig bauen werde; daß er sich endlich bestreben werde,
nicht nur dem Nahmen, sondern auch den Sitten und dem Lebenswandel
nach ein Katholik zu seyn. Es ist durchaus falsch, daß man in Österreich
bey Beförderungen eine besondere Rücksicht auf C. nimmt. In Österreich
erhalten auch die C. durchaus keine Geldunterstützungen. Es gibt nur
einige wenige alte C.-Stiftungen für ganz dürftige C. mit zahlreicher
Familie. In Ungarn läßt allerdings der mildthätige römisch-katholische
Clerus armen und nothdürftigen, besonders mit vielen unversorgten
Kindern belasteten C. eine Zeitlang eine mäßige Unterstützung angedeihen, aber nicht wegen des Übertrittes, sondern weil sie durch den
Austritt aus ihrer Kirche in ganz neue Verhältniße eintreten und zum
Theil ihre Erwerbsquellen verlieren, z. B. übergetretenen protestantischen Predigern und Schullehrern, oder solchen, die von ihren vorigen
Glaubensgenossen, deren Zutrauen sie durch ihren Schritt einbüßten,
gehaßt und verfolgt, im Erwerb gehindert und beeinträchtigt werden,
was vorzüglich von getauften Juden gilt. Zu einer solchen Unterstützung
dient in Ungarn auch der sogenannte C.-Fond, von welchem die meisten
Protestanten im In- und Auslande irrige Vorstellungen hegen. Er
war ehemahls ansehnlich, und betrug zu Anfang 1811 im Ganzen
108,600 fl. Bancozettel im Capital. Durch mehrere Stiftungsurkun-
den wurde auch den zur katholischen Kirche übergetretenen protestantischen Jünglingen die Aufnahme in den adeligen Convicten Ungarns,
selbst wenn sie unadelig waren, vor allen andern Concurrenten zugesichert. Der heimliche Übertritt zur katholischen Kirche ist im österr.

Kaiferstaate nirgends gestattet. Das kathol. Glaubensbekenntniß wird von den C. im Stillen, ohne alles Aufsehen, in der betreffenden Pfarr= kirche, jedoch vor zwey Zeugen, welche dann die Urkunde über den er= folgten Übertritt, nebst dem C. und dem Pfarrer unterzeichnen, mit lauter, vernehmlicher Stimme (und aufgehobenen zwey Fingern der rechten Hand abgelegt, worauf dann eine Generalbeichte und General= absolution (zu deren Ertheilung der Priester einer besondern Einwil= ligung des Bischofs bedarf) sammt der heiligen Communion folgt. Das Glaubensbekenntniß, welches die C. ablegen, ist kein anderes, als das vom Papst Pius IV. vorgeschriebene, und dem tridentinischen Concilium ganz gemäße. In Ungarn ist jedoch diese Ablegung des Glaubensbekennt= nisses mit öffentlicher Feyerlichkeit verbunden. Sie geschieht bey zahl= reicher Versammlung der Gemeinde, und es wird dabey von einem Priester eine angemessene Rede gehalten.

Convicte im österr. Kaiserthume. Das k. k. Stadt=Con= v i c t i n W i e n, befindet sich am Universitätsplatze Nr. 750. Es wurde von Kaiser Franz 1802 wieder errichtet, nachdem das alte Wiener Stadt=Convict 1785 aufgelöst worden war. Es führt die Aufschrift: Institutioni juventutis novit Franciscus II. 1802. Die Zöglinge sind meistens Stiftlinge und werden von eigenen Colle= giengeldern unterhalten; es werden aber auch Kostgänger angenom= men, welche für bestimmten Erlag (gegenwärtig 280 fl. C. M.) mit jenen gemeinschaftlich Uniform, Kost, Wäsche, Licht, Heizung und Unterricht im Französischen, Italienischen, Zeichnen und Schön= schreiben erhalten. Sie werden nach einer gleichförmigen Lebensweise unter genauer Aufsicht gehalten. Die Convictisten können nicht allein das Gymnasium besuchen, sondern auch in allen Facultäten ihre Stu= dien machen; indessen werden jene Stiftlinge, welche sich dem Studium der Medicin widmen wollen, nicht mehr im Hause gehalten, sondern sie genießen ein Stipendium von 280 fl., welches ihnen in vierteljährigen Raten ausbezahlt wird. Das C. besitzt eine Hausbibliothek von Clas= sikern, so wie einen Vorrath an den nöthigen Schul= und Handbüchern, welch' letztere alle Stiftlinge, und zum Theil auch die Kostzöglinge unentgeltlich erhalten. Die k. k. Hoffängerknaben, welche ebenfalls Convictszöglinge sind, haben auch einen Violin=, einen Clavier= und einen Singmeister. — Das gräfl. Löwenburg'sche Convict in W i e n, Josephstadt, in der Piaristengasse Nr. 135, neben dem Collegium der Piaristen, wurde ebenfalls vom Kaiser Franz 1802 wieder hergestellt, nachdem seit 1782 die Zöglinge mit Handstipendien (außer einem Erziehungshause) waren betheilt worden. Es ist vorzüglich für österr. und ungar. Jünglinge von Adel bestimmt, welche gewisse Stipendien während der Zeit ihrer Studien genießen wollen. Für eine bestimmte Summe werden jährlich Knaben zwischen 7 und 14 Jahren angenommen, und von den deutschen Schulen angefangen bis zur Vollendung der phi= losophischen Studien an der Universität geleitet; nebstdem erhalten sie noch Unterricht in der französ. und italien. Sprache, im Zeichnen, Schönschreiben, und Tanzen. Nur der Musikunterricht wird besonders bezahlt. Das Gebäude hat Geräumigkeit und Bequemlichkeit der Woh=

nungen, mit demselben sind auch zwey Gärten verbunden. Unter einem Director sind in selber 3 Rectoren, 1 Spiritual, 1 Catechet, 9 Präfecten, 3 Lehrer der Hauptschule und 3 Meister verschiedenen Faches angestellt. Die Zöglinge sind uniformirt (die ungarischen national) und tragen Degen. An Hülfsmitteln besitzt das Institut 2 reichhaltige Bibliotheken, ein physicalisches Cabinet, eine kleine Mineraliensammlung und ein wohlgeordnetes Herbarium. — Das k. k. Convict zu Grätz, von Kaiser Franz 1803 errichtet. Das Gebäude hat dieselbe Aufschrift, wie das Wiener Stadtconvict. — Das k. k. Convict zu Kremsmünster stiftete Wolfgang Leithner 1804 für ungefähr 80 Zöglinge. — Das adelige Convict zu Ödenburg in Ungarn wurde nach einer musterhaften Einrichtung vom Grafen Georg Festetits von Tolna zuerst in Keszthely gegründet, 1809 aber nach Ödenburg versetzt und steht mit dem dortigen Gymnasium in Verbindung. — Das Convict zu Prag, gegründet 1807 und eröffnet den 8. Nov. desselben Jahres. — Das adelige Districtual-Convitt zu Großwardein wurde in neuerer Zeit gegründet. — Das Convict im Benedictinerstifte Melk wurde 1811 von dem damahligen Abte mit kaiserlicher Bewilligung errichtet und den 7. Nov. desselben Jahres feyerlich eröffnet. — Das Convict in der Benedictiner-Abtey St. Paul im Lavanthale in Kärnthen, wurde 1821 eröffnet und mit dem öffentlichen Gymnasium verbunden. — Das Convict im Benedictinerstifte Seitenstetten errichtete 1816 der Abt Colomban mit kaiserl. Bewilligung. — Das Convict zu Zara in Dalmatien entstand ebenfalls in neuerer Zeit. — Das adelige Convict zu Teschen in Schlesien errichtete Carl Freyherr von Eselesta, ehemahliger Landeshauptmann im Herzogthume Teschen, für 12 Zöglinge aus dem Teschner mittellosen Adel. In Ermanglung dessen werden auch arme Bürgerkinder in dieß wohlthätige Institut aufgenommen: 10 dieser Zöglinge, welche das hiesige Gymnasium besuchen, beherbergt, ernährt und kleidet das Stift, und 2 erhalten, um die Universitäten besuchen zu können, jährlich 600 fl. Stipendium. — Das adelige Convict zu Agram in Croatien nahm den 1. Nov. 1796 seinen Anfang. Es wurde für 46 croatische Zöglinge eingerichtet, von welchen der König 28 ernennt, und die übrigen von dem Agramer Bischofe und Andern ernannt werden. — Das adelige Convict zu Kaschau in Ungarn wurde am 1. Nov. 1798 mit 42 Beneficianten eröffnet; 18 Plätze vergibt der König, die übrigen der Primas, Prämonstratenser führen die Aufsicht. — Das adelige Convict zu Klausenburg in Siebenbürgen, welches unter der Aufsicht der den öffentlichen Unterricht besorgenden Piaristen steht.

Cordon. Der Militär-Gränz-C., dessen Bestimmung es ist, die Gränzen der deutsch-erbländischen Provinzen und Galiziens zu bewachen, die Beeinträchtigung der Gefälle, sie mögen bancalische, cameralische oder ständische seyn, hintanzuhalten, Schwärzer und Contrebande sowohl selbst anzuhalten, als auch die Bancalbeamten hierbey zu unterstützen, verdächtige Personen jeder Art, die sich über die Gränze einschleichen, oder ins Ausland flüchten wollen, Deserteurs und Auswanderer zu ergreifen und einzuliefern, und zum diesseitigen Militärdienst geeignete Ausländer, wo kein Cartel entgegensteht, anzuwerben, besteht in Böhmen, Österreich ob und unter der Enns, Innerösterreich, Mähren, Schlesien und Galizien. — Der böhm. C. besteht aus 6 längs der bayer., sächs. und preuß. Gränze vertheilten Compagnien, die von einem Oberstlieutenant zu Prag commandirt werden, dem noch zur Bereisung und Inspicirung der Compagnien zwey Majors untergeordnet sind. — Der niederösterreichische längs der ungar. Gränze aufgestellte C. bildet nur 2 Compagnien unter dem Commando eines Hauptmanns, der zu Schwechat bey Wien seinen angewiesenen Platz hat. — Der ob der Ennsische, die Gränze gegen Bayern bewachende C. besteht aus 5 Compagnien unter dem Commando eines Stabsofficiers, der in Linz seinen Sitz hat. — Der innerösterr. C. ist in 2 Abtheilungen untergetheilt, deren eine der innerösterr., und die andere der steyr. C. genannt wird. Erstere besteht aus 6, letztere aus 3 Compagnien. Jede Abtheilung wird von einem Stabsofficier commandirt, deren Stab in Grätz sich befindet. — Der mähr.-schles. C. besteht aus 4 Compagnien unter dem Commando eines Stabsofficiers zu Troppau. — Der galiz. C. ist in 4 Abtheilungen gesondert, deren jede von einem Stabsofficier commandirt wird. Die erste, deren Stab in Czernowitz ist, besteht, so wie die zweyte, deren Stab in Zalosce sich befindet, aus 4 Compagnien, die dritte, deren Stab seinen Bestimmungsort in Oleszyce hat, begreift 5 Compagnien, und die vierte, deren Stab in Niepolomice ist, wie die 2 ersteren, 4 Compagnien. — Die Gerichtsbarkeit über alle zum C.'s-Stande gehörigen Individuen in peinlichen und bürgerl. Rechtsfällen und Geschäften des adeligen Richteramtes, ist dem General-Commando des Landes eingeräumt; sie ist jedoch in peinlichen Fällen an das zunächst liegende Regiment dergestalt gesetzlich delegirt, daß bey diesem die Untersuchung abzuführen, das Urtheil oder Erkenntniß zu schöpfen, und nur dann dem General-Commando zur Ratification einzusenden ist, wenn es auf die Todesstrafe oder Schanzarbeit ausfällt, oder einen Officier betrifft.

Corgnale (Corniale), illyr. Dorf im Mitterburger oder Istrier Kreise, zählt 800 Einw., liegt in der Mitte einer angenehmen Ebene, östl. von Triest; berühmt durch seine Berggrotte, die eine der größten des Kaiserthums ist und Vileniza genannt wird. Eine lange steinerne Stiege führt hinab; darüber wölbt sich die Höhle zu finstern Bogen, aus welchen nur einzelne große Stalaktiten hervortreten, und bald entschwindet der letzte Schimmer des Taglichts, wenn man um eine große, unregelmäßig geformte Säule umbiegt, welche einen Tropfsteinüberzug hat. Je mehr man in die Tiefe hinabsteigt, desto schauerlicher windet sich der eingehauene, vom Tropfstein feuchte Pfad zu den Schlünden des Abgrundes hinunter. Die Hauptgänge scheinen sich nach Westen und Norden zu ziehen, wodurch ein Zusammenhang selbst mit den entfernteren Grotten von Adelsberg denkbar ist.

Cormons, illyr. Marktflecken im Görzer Kreise, schön gelegen, nahe an der venet. Gränze. Hier hatten nach der Zerstörung Aquileja's die Friaul'schen Bischöfe ihren Sitz aufgeschlagen. Die 3,600 Einw. beschäftigen sich außer dem Landbaue vorzüglich mit Seidencultur.

Cornet L., einer der vorzüglichsten deutschen Tenoristen, war um 1790 im südl. Tyrol geboren. Seine erste musicalische Bildung erhielt er in Wien, wo er früh in Concerten mit vielem Beyfalle sang. In späterer Zeit war er bey vielen deutschen Theatern, am längsten in Hamburg engagirt, von wo aus er große und gewinnbringende Kunstreisen nach Dänemark, Schweden, Holland und Frankreich machte. Gegenwärtig ist er erster Tenorist beym Theater in Braunschweig. Außerdem, daß er eine sehr ausgebildete klangvolle Stimme besitzt, ist er auch zugleich ein sehr talentvoller Schauspieler.

Corniani, Joh. Bapt., geb. zu Agli Orzi-Nuovi 1742, war ein Zögling des von der Verbrüderung di Somasca geleiteten Collegio di S. Bartolomeo in Brescia und der höhern Lehranstalt zu Mailand. Auf mehrere jugendliche Dichtungen, die ihm in dem letzten Ort den Eintritt in die Akademien Degli Umoristi und de' Trasformati eröffneten und zahlreiche Aufsätze in verschiedenen Zeitschriften, folgten sein Saggio della storia letteraria degli Orzi 1771 und Saggio sopra l'alemanna poesia. Eben so ausgezeichnet von Seiten des Vortrages als des Inhaltes sind sein Saggio sopra Luciano o sia quadro d'antichi e di moderni costumi. Bassano und Venedig 1788; I piaceri dello spirito, ossia analisi de' principj del Gusto e della Morale. eb. 1790 und die von ihm geschriebenen Lobreden auf Borgnoli, Capello, Carcano, Carli, Cerini, Covi, Duranti und Galileo Galilei. Die werthvollste Frucht seiner vorherrschenden Liebe zur Literargeschichte ist: I secoli della Letteratura Italiana dopo il suo risorgimento commentario ragionato. Brescia 1804—13 in 9 Bdn. In dieser ersten Ausgabe wird die Geschichte der ital. Literatur vom 11. Jahrh. bis 1750; in der zweyten (eb. 1817, 10 Bde.) bis 1800 geführt. Alles beruhet in dem trefflich geschriebenen Werke auf eigenen, unparteyischen Untersuchungen. Der Verfasser hat dabey nichts weniger als einen bloß bibliographischen Standpunct festgehalten, denn er verwahrt sich davor in der Vorrede ausdrücklich; man darf ihn also weder mit seinem Freunde Mazzuchelli, noch mit Tiraboschi oder gar mit Crescimbeni vergleichen. Empfänglich für alles Gemeinnützige hatte C. schon früher durch mannigfaltige Bemühungen und durch gemeinnützige Schriften den Wohlstand seiner Mitbürger befördert. Diese Verdienste bewogen die Republik Venedig, ihn in den Grafenstand zu erheben. Sie erwarben ihm die verschiedenen Ämter, die er nach und nach in Brescia bekleidete, nahmentlich die Präsidentenstelle bey der dortigen Gesellschaft der Wissenschaften und Künste. Er starb 1813.

Cornides, Daniel v., Prof. der Diplomatik und Heraldik, Bibliothek-Custos an der königl. ungar. Universität zu Pesth, ein gründlicher berühmter ungar. Geschichtsforscher, wurde geb. zu St. Nicolaus in der Liptauer Gespanschaft 1732. Sein Vater, Martin von C., war Apotheker in der königl. Frey- und Bergstadt Kremnitz. Daniel C. studirte daselbst unter dem Rector Joh. Sertius, später zu Losfoncz, wo er auch die magyarische Sprache lernte, unter dem in der latein. Beredsamkeit sehr bewanderten Rector des dasigen reformirten

Gymnaſiums) Karmann; endlich in dem Lyceum A. C. zu Preßburg unter den in der vaterländiſchen Geſchichte gründlich bewanderten
Profeſſoren Joh. Tomka Sáßky und dem berühmten Mathias
Bel. Schon als Student zu Preßburg zeigte er eine vorzügliche Neigung und Vorliebe zur vaterländiſchen Geſchichte und zu den ungar. Alterthümern, welche dieſe bayden Geſchichtforſcher bey ihm nährten. 1754
ging er, 22 Jahre alt, auf die Univerſität zu Erlangen, wo er die
philoſophiſchen und theologiſchen Wiſſenſchaften mit Eifer ſtudirte, und ſich
bald durch eine gelehrte Diſſertation de motibus lunae ac phaenome-
nis independentibus (Erl. 1757) rühmlich bekannt machte, auch vor
ſeinem Abgang die Doctorwürde in der Philoſophie erhielt, nachdem er
über Theſes gegen Hume's und Bolingbroke's atheiſtiſche Meinungen gerichtet, mit Beyfall diſputirt hatte. Nach ſeiner Rückkunft
ins Vaterland berief ihn die gelehrte Freyfrau Polhren e Weſſelényi
zum Erzieher ihrer Söhne nach Siebenbürgen. Er nahm dieſen Ruf an
und beſchäftigte ſich 15 Jahre lang mit dieſer Erziehung, war zugleich
Lehrer der deutſchen Sprache an dem reformirten Collegium zu Klauſenburg, und ſammelte raſtlos an Aufklärungen der ungar. und ſiebenbürg.
Geſchichte. Nachmahls nahm er die Secretärsſtelle bey dem Grafen Joſ.
Teleki von Szék, Ober-Studiendirector im Fünfkirchner Studien-
bezirk an, den er auf ſeinen Reiſen nach Italien, Deutſchland und
Frankreich begleitete, auf denen er in den von ihm beſuchten fremden
Bibliotheken ſeine auf die vaterländiſche Geſchichte ſich beziehenden hiſtori-
ſchen Sammlungen ungemein bereicherte. Vorzüglich machte er in den
Bibliotheken zu Wien, Göttingen und Gotha wichtige Excerpte.
Zugleich machte er, veranlaßt durch gelehrte Diſputationen ungar. Geſchichtforſcher, ſeine kritiſchen Forſchungen in einzelnen Abhandlungen und
eigenen Werken, nahmentlich in dem Werke über die Genealogie der
ungar. Könige im 11. Jahrhundert, bekannt, um theils die Behauptungen anderer ungar. Gelehrten zu beſtätigen, theils zu widerlegen.
Er hatte bereits das blühende Männesalter faſt ganz durchlebt und der
Graf Joſ. Teleki ihn ſo eben zum Mentor ſeiner Söhne Ladislaus und Stephan auf proteſtantiſchen Univerſtäten, auf die er ſie
zu ſenden im Begriff war, beſtimmt, als er zum Bibliothekcuſtos und
zum außerordentlichen Profeſſor der Diplomatik und Heraldik (1784) berufen wurde. Ungeachtet ſeines vorgerückten Alters und der großen Vortheile ſeiner Privatſtelle, folgte er dieſem ehrenvollen Rufe, erbath
ſich aber die Erlaubniß, die jungen Grafen auf ein Jahr lang nach
Göttingen begleiten zu dürfen, welche er auch erhielt. In der Alma
Georgia Augusta zu Göttingen machte er ſich durch ſeine hiſtoriſche
Gelehrſamkeit bald ſo rühmlich bekannt, daß, nachdem er am 10. Sept.
1785 in der Sitzung der königl. Societät der Wiſſenſchaften eine gelehrte Abhandlung de veteri Hungarorum religione abgeleſen hatte,
er bereits am 25. Sept. ein von dem Director der Societät Joh. Chriſtoph Gatterer unterzeichnetes Diplom als Correſpondent erhielt. So
mit neuen Kenntniſſen bereichert, kehrte er in demſelben Jahre ins Vaterland zurück, und trat ſeine Profeſſur und ſein Bibliothek-Cuſtosamt mit
Beyfall an. Leider aber ſtarb er bereits am 4. Oct. 1787, als er im Be-

griff war, seine historischen Sammlungen zu sichten und zu verarbeiten. Diese wichtigen Sammlungen, und ungedruckten Ausarbeitungen, kamen in die zu Pesth aufgestellte Bibliothek des Grafen Jos. Teleki. Joh. Christian von Engel gab einige derselben im Druck heraus. — Die Schriften, die von C. im Druck erschienen, sind: Regum Hungariae, qui seculo XI. regnavere, genealogiam illustrat, atque ab objectionibus Antonii Gánóczi vindicat D. C. Preßburg 1778. Epistolae exegeticae Georgii Pray, Stephani Katona et Danielis Cornides in dispunctionem Antonii Gánóczi, Pesth 1784. — Bibliotheca Hungarica, sive Catalogus Scriptorum de rebus omnis generis Hungariae adnexarum provinciarum gentiumque finitimarum tam typis publice editorum, quam manu exaratorum, eb. 1792. Ein Opus posthumum. — Commentatio de religione veterum Hungarorum. Edidit suamque de origine Hungaricae gentis dissertationem adjecit J. Christ. Engel, Wien, 1791. — Vindiciae Anonymi Belae Regis notarii, editae, auctae a Joh. Christ. Engel. Ofen, 1801. — In dem ungar. Magazin von Windisch stehen von ihm schätzbare Abhandlungen. In Bredetzky's Beyträgen zur Topographie des Königreichs Ungarn, gab Engel aus C.'s Nachlasse heraus: Bruchstücke zur Geschichte der städtischen Cultur, und des Gewerbsfleißes in Ungarn. Im Manuscripte hinterließ er Elucubrationes und größere Werke, die er selbst in seiner Bibliotheca Hungarica verzeichnet hat.

Corni di Canzo, heißt das letzte Gebirge, welches von den Alpen in die Ebene der Lombardie ausläuft. Es erhebt sich in der Valsassina südl. von Bellagio zwischen Como und Lecco unweit Canzo, wovon es den Nahmen führt. Bis auf die zwey felsigen halbmondförmigen Hörner, welche die Spitze des Gipfels bezeichnen, und wovon das westl. 4,230 Par. F. über das mittelländische Meer steigt, ist hier vollkommene Waldregion, mit den interessantesten Voralpenpflanzen. In frühern Zeiten ward auf Eisen gebaut. In den höhern Theilen finden sich rother Marmor und Versteinerungen.

Cornova, Ign., Doctor der Philosophie, gewesener Professor der allg. Geschichte an der Prager Universität, und Mitglied der königl. böhm. Gesellschaft der Wissenschaften, geb. zu Prag den 25. July 1740, trat 1759 in den Jesuiten-Orden. Nach zurückgelegter Theologie an der Olmützer Universität, wurde er 1770 Priester und Professor der Poesie am Gymnasium zu Komotau in Böhmen, wie auch Präses des dortigen Jesuiten-Seminars. 1773 kam er als Professor der Poesie und der griech. Sprache nach Klattau, und nach Aufhebung des Ordens, verschaffte ihm seine Gelehrsamkeit eine Professorsstelle am Prager akademischen Gymnasium, wo er 10 Jahre in den Humanitätsclassen lehrte. Als Professor der allg. Geschichte an die Hochschule befördert, hat sein gehaltvoller Vortrag ihn rühmlich ausgezeichnet. Nur das hohe Alter nöthigte ihn endlich ein Fach niederzulegen, welches er eben so gründlich, als unparthepisch behandelte. Er starb zu Prag den 25. Junh 1823, nachdem er noch 17 Jahre im Ruhestande, jedoch immer eifrig mit den Wissenschaften beschäftigt, verlebte. Mit besonderer Vorliebe hat er seine Zeit der böhm. Geschichte und Literatur gewidmet. Seine Schriften sind folgende: Gedichte, Prag 1776. — Die Helden Österreichs, in Kriegsliedern, eb. 1778. — An Böhmens junge Bürger. eb. 1783. — Stransky's Staat von Böhmen übersetzt, berichtigt und ergänzt von; C. 7 Bde. eb. 1792 — 1803. (Die letztern 3 Bd. [1798—1803] enthalten eigentlich die von C. verfaßte Geschichte Böhmens und seiner österreichischen Könige, als ein dieser Übersetzung angehängtes Werk.) — Übersicht der merkw. Empörungen in Böhmen, eb. 1793. — Briefe an einen kleinen Liebhaber der vaterländ. Geschichte Böhmens, 3 Thle., und Fortsetzung, betitelt: Unterhaltungen mit jungen Freunden 2c. 4 Thle. eb. 1796 — 1803. — Der zweyte punische Krieg, nach Livius, eb. 1798. — Leben Joseph's II. eb. 1802. — Die Jesuiten als Gymnastallehrer, eb. 1804. — Die Erbverbrüderung der Häuser Böhmisch-Lützelburg 2c. eb. 1805 — Der große Böhme Bohuslav von Lobkowitz zu Hassenstein; eb. 1808; — Jaroslaw von Sternberg, eb. 1813. Das Nöthigste aus der alten Geschichte, 8 Thle. eb. 1813 und 1815.

Coronini, Rud. Reichsgraf von Cronberg, Freyh. zu **Präbacinae** und **Gradiscutar,** Ritter des St. Stephan-Ordens, k. k. wirkl. geh. Rath, Vicepräsident der Landeshauptmannschaft zu **Görz** und **Gradisca** und mehrerer Akademien und gelehrter Gesellschaften Mitglied, war geb. zu **Görz** den 10. Jän. 1731. Nach vollendeten Studien betrat er die öffentliche Geschäftslaufbahn, in freyen Stunden waren das Studium der Geschichte seines Vaterlandes, so wie die Durchforschung alter darauf Bezug habender Documente und Sichtung genealogischer Daten seine Lieblingsbeschäftigungen. Unter seinen zahlreichen im Drucke erschienenen Schriften sind die vorzüglichsten: Tentamen genealogico-chronologicum Comitum et Rerum Goritiae. Wien 1752. 2. Aufl. 1759. — Comitatus Goritiae et Gradiceae etc. eb. 1756. — Dissertatio de origine Praepositurae St. Stephani prope Aquilejam, Trient 1758. — Dissertazione dell' origine delle nobilissime Famiglie di Waldstein e di Wartenberg. Görz 1766. — Miscellaneorum etc., Venedig 1769. — Fastorum Goritiensium etc. Wien 1769. 2. Aufl. 1772 — Specimen genealogico-progonologicum ad illustrandam Augustissimam prosapiam Habspurgo-Lotharingicam. Venedig 1770. 2. Aufl. Wien 1774. — Ragguaglio storico della vita e del martirio di Sta. Evresia. Görz 1771. — **Bellum Petriniense** etc. eb. 1776.

Corpus juris hungarici. Die darin enthaltenen Gesetze kommen unter der Aufschrift: Sti. Stephani Regis Decretorum Liber primus et secundus; Sti. Ladislai Regis Decreta; Colomanni Regis Decreta, vor. Der erste, welcher diese Sammlung durch den Druck bekannt machte, war Johannes Sambucus, der im Jahre 1581 zu Frankfurt die Decades Antonii Bonfinii herausgab, und dieser Ausgabe eine Sammlung ungarischer Gesetze als Anhang beyfügte. Er machte den Anfang mit den 2 Büchern der Decretorum Sti. Stephani, und endigte dieselbe mit dem fünften Decrete Königs Mathias I. Drey Jahre später, nähmlich 1584, erschien zu Tyrnau eine andere, bey weitem vollständigere Sammlung, deren Verfasser der damahlige

Biſchof von Neutra, Zach. Maſſoczi, und Nikol. Telegdi, Biſchof von Fünfkirchen, waren. Auch dieſe machten den Anfang mit der königl. Regierung des h. Stephan, und endigten mit König Ru- dolph's Decret vom J. 1583, welches in der Reihe das dritte iſt. Dieſe Ausgabe iſt die Grundlage der Folgenden, die ſo fort, wie ſie von Zeit zu Zeit veranſtaltet worden, durch die Anordnungen folgender Könige und Reichstage vermehrt erſchienen. Die vorletzte Ausgabe iſt vom J. 1779, Ofen, 2 Bde. die letzte von 1822 eb. 2 Bde.

Corſico, lombard. Dorf in der Deleg. Mailand, an dem Ca- nale Naviglio grande, berühmt durch ſeine Käſemeiereyen und ſeinen Käſehandel.

Corti, Peter, ein durch ſeine eleganten Etabliſſements vortheil- haft bekannter Wiener Kaffehſieder, ward geb. zu Bergamo in der Lombardie den 9. Feb. 1781, kam 1795 als Lehrling nach Wien, und ſtand in verſchiedenen Kaffehhäuſern im Dienſt. 1803 übernahm er das Kaffehhaus im Orte Schwechat. Den 23. Dec. 1808 erhielt er das Bürgerrecht in Wien und kaufte das Milani'ſche Kaffehhaus ſammt der einſt ſo beſuchten Limonadehütte auf der Burgbaſtey. 1818 errichtete er auch das Kaffehhaus im ſogenannten Paradiesgärtchen, welches ſeiner niedlichen Gartenanlagen und der reizenden Ausſicht wegen ſich ſtets des lebhafteſten Beſuches erfreut; 1822 aber baute er den Salon im Volks- garten. Dieſes geſchmackvolle Gebäude wurde nach dem Plane des k. k. Hof- bauraths und Directors der Architecturſchule in Wien, Peter von Nobile, errichtet; es bildet eine zierliche, gedeckte Halbrotunde, welche von 62 Säulen joniſcher Ordnung getragen wird. Der äußern Eleganz entſprechend iſt auch die innere Einrichtung. Die Zwiſchenräume der Säulen ſind mit großen Glasfenſtern geſchloſſen. — C. ſtarb den 4. Au- guſt 1833, ſeine Etabliſſements aber werden von ſeinem Sohne Auguſt fort unterhalten.

Corvinus, Mathias, ſ. **Mathias Corvinus**.

Corzola, dalmat. Inſel im adriatiſchen Meere, zum Kreiſe Ra- guſa gehörig, zählt 6,200 Einw., die ſich theils vom Weinbau und dem Holzertrage ihrer Wälder, größtentheils aber von der Schifffahrt ernähren, und nahe an 100 Fahrzeuge beſitzen. Nicht unwichtig ſind auch die auf dieſer Inſel und den nahen Scaglien befindlichen Stein- brüche, wo aus dem conchilienreichen Kalkſteine Thür-, Fenſter- und Treppenſteine, Säulen, Grabmähler u. dgl. gehauen, und durch ganz Dalmatien ſowohl, als in die Türkey verführt werden.

Corzola, dalmat. Stadt, auf der im adriatiſchen Meere gele- genen gleichnahmigen Inſel, iſt mit alten Mauern umgeben, zieht ſich an der nordöſtlichen Küſte eine Anhöhe hinauf, zählt 320 Häuſ. mit 1,560 Einw., iſt der Sitz eines Bisthums mit einer ſchönen gothiſchen Domkirche, hat 2 Häfen, eine Schiffswerfte, auf welcher Küſtenfahr- zeuge gebaut werden, und treibt Handel mit Wein, Sardellen und Steinmetzarbeiten.

Cosmanos, böhm. Dorf im Bunzlauer Kreiſe, mit einer der beſten Zitz- und Cattunfabriken in Oſterreich.

Cosmas, mit dem Zunahmen: Von Prag, der älteste bekannte böhm. Geschichtschreiber. Er war 1045 geb., studirte bis 1061 zu Lüttich, ging dann nach Prag zurück, und wurde Priester, war zuletzt Domherr zu Prag, und hinterließ, als er 1125 starb, einen ehelichen Sohn, weil damahls in Böhmen noch die Heyrathen der Priester erlaubt waren. Da er sich fast immer im Gefolge der Bischöfe von Prag befand, und nicht nur diese, sondern auch die Herzoge von Böhmen ihm wichtige Gesandtschaften übertrugen, so konnte er von vielen Dingen als Augenzeuge zuverlässige Nachricht ertheilen. Er war auch einige Zeit Geheimschreiber Kaiser Heinrich's IV., den er gegen Papst Gregor VII. in Schutz nahm. Für sein Zeitalter war er wirklich ein tüchtiger Geschichtschreiber; am wichtigsten sind seine Nachrichten aus den Jahren 1089 — 1125. Seine Chronik ist mehrmahls gedruckt worden: In Freher's Script. rer. bohem.; in Menken's Script. rer. Germ.; am besten in Pelzel's und Dobrowsky's Script rer. bohem. B. 1. S. 1 — 282. Die Schreibart C.'s, so sehr er sie auch hier und da mit Barbarismen, kahlen und wässerigen Reimen durchwebt hat, ist doch weit deutlicher, als man sie von dem damahligen Zustande der Latinität erwarten sollte. An mehreren Stellen zeigen sich Spuren, daß er die alten Classiker mit Aufmerksamkeit gelesen hatte. Seine Chronik ist von Mehreren fortgesetzt worden; am besten von dem Prager Canonicus Franciscus von 1230 bis 1373; abgedruckt bis 1354 in Dobner's Monum. hist. bohem. B. 6. S. 242; andere Fortsetzungen im 1. Bde. der Sammlung von Pelzel und Dobrowsky. Irrig hat man C. die Lebensbeschreibung des heil. Adalbert, Märtyrers und vormahligen Prager Bischofs, zugeschrieben, die man, beym Freher, Bzovius, Canisius, Mabillon, den Bollandisten ꝛc. findet.

Cossali, Graf Pet., geb. zu Verona 1748. Nach vollendeten Studien bey den Jesuiten trat er in den Theatiner=Orden, ward Professor der Astronomie, Meteorologie und Hydraulik zu Parma, dann in seiner   er die Straßen und Gewässer, endlich im J.   u Padua, wo er 1815 starb.

onorario delle acque, strade, e porti marittimi bey dem Ministerium des Innern. Man findet eine beträchtliche Anzahl seiner Abhandlungen mathematischen oder physikalischen Inhalts in den Schriften der gelehrten Gesellschaften, denen er angehörte, insbesondere in den Memorie della Società italiana. Andere sind in der Scelta di Opuscoli scientifici e letterarj, Venedig (Pinelli) 1813 abgedruckt, worunter auch poetische Versuche, die ihm indessen nicht recht glücken wollten. Außerdem hat man von ihm: Elogio di Iacopo Stellini. Padua 1811, — Elogio di Luigi Lagrange. eb. 1813. — Degli elementi di Euclide gli otto libri geometrici. Verona 1805, mit Kupf. — Sein Hauptwerk ist die Geschichte der Algebra. Sie erschien unter dem Titel: Origine, trasporto in Italia e progressi dell' Algebra. Parma, 1797. 2 Bde.

Costenoble, Carl Ludw., k. k. Hofschauspieler, und Regisseur des Hofburgtheaters in Wien, war geb. zu Herfort in Westphalen

1770. Nach dem frühzeitigen Tode ſeines Vaters, eines reformirten Predigers, beſuchte er die Domſchule zu Magdeburg, ging aber hier unter der Leitung eines barbariſchen Subconrectors im Wiſſen eher rück= als vorwärts, auch ſeine Verſetzung in die Friedrichsſchule fruchtete nicht viel mehr, da dem Knaben bereits der regſte Widerwillen gegen alles Lernen eingeflößt worden war, deſto mächtiger regte ſich die ſchon früh erwachte Liebe zur darſtellenden Kunſt in ſeinem Gemüthe, da er Gelegenheit hatte, ein Marionettentheater zu beſuchen. Die Wirkung, welche dieſes Schauſpiel auf ihn machte, war außerordentlich, noch höher aber ſteigerte ſich ſein Entzücken, als er bald darauf von einer lebenden Schau=ſpielergeſellſchaft das alte bekannte Stück: Galora von Venedig, auf=führen ſah. Von nun an war an ernſte Schulſtudium nicht mehr zu den=ken, nur die Geſtalten der Bühnenwelt ſchwebten vor den Augen des Jünglings. Die bald darauf erfolgte Aufführung des Shakespeare'=ſchen Meiſterwerks Hamlet machte natürlich noch einen bey weitem größern Eindruck auf ihn und entſchied ſeinen Beruf auf das beſtimmte=ſte. Von jetzt an brachte er ſeine Zeit größtentheils mit Leſen aller nur aufzutreibenden Theaterſtücke zu, bald fand ſich auch Gelegenheit, auf einer Privatbühne ſeine Talente glänzen zu laſſen. In der Folge ver=mochte er endlich dem heftigen Kunſtdränge nicht länger zu widerſtehen, er entfloh 1790 aus Magdeburg, wurde durch Vermittlung Klinge=mann's bey der Truppe der Kloß und Butenop in Wismar, doch ohne Gehalt, angeſtellt. Er debutirte das erſte Mahl als Peter in Men=ſchenhaß und Reue, und gefiel ſehr. 1792 zog E. mit Butenop nach Berlin, woſelbſt er mit Beyfall auftrat, jedoch kein Engagement an=nahm. Von da beſuchte er Magdeburg, ſah ſeine Mutter wieder und widmete ſich auf ihr Zureden dem Studium der Muſik, wollte ſich auch mit Ernſt zum künftigen Capellmeiſter bilden, als ihn der Schauſpiel=director Quandt vermochte, ſich in Leſſen Truppe aufs Neue der darſtel=lenden Kunſt zu widmen. Er folgte ihm nach Baireuth, und obwohl ſich Quandt's Unternehmen nicht lange hielt, wurde E. doch bald wie=der im Fache der Intrigants beym Salzburger Theater angeſtellt, wel=ches damahls Carl Maria von Weber's Vater dirigirte. 1795 wurde er in Nürnberg, 1796 in Magdeburg, 1798 in Altona engagirt, bis er endlich 1801 ſeinem innigſten Wunſche gemäß, ein Engagement auf der Hamburger Bühne erhielt und daſelbſt durch 17 Jahre in ver=ſchiedenen Rollenfächern mit dem ehrendſten Beyfall ſpielte. 1815 ward er jedoch bey der Directorswahl übergangen und verließ, dadurch ge=kränkt, auch dieſe Bühne. Nachdem er 1816 in Wien und Präg mit entſchiedenem Beyfall Gaſtrollen gegeben hatte, erhielt er einen Ruf an die kaiſerl. Hofbühne in Wien und trat daſelbſt im May 1818 zum erſten Mahl als engagirtes Mitglied auf. Er wurde ſonach Regiſſeur dieſer Bühne für den außerordentlichen Dienſt, und nach dem Tode Koch's 1831 trat er an deſſen Stelle als wirklicher Regiſſeur. E. gehört unſtrei=tig zu den begabteſten Künſtlern unſerer Zeit, ſeine Darſtellungen des Klo=ſterbruders im Nathan, des Shewa im Juden, des Shylok im Kauf=mann von Venedig, des alten Rapid im Schneider und ſein Sohn, des Hermann in: Er mengt ſich in Alles, und des Dichters Hild in Dein=

h a r d ſt e i n's Garrik, ſo wie ſein Hofrath W a k e r im Portrait der Mut=
ter u. a. m. ſind vollendete Meiſtergebilde.

Coſtozza, venet. Dorf in der Deleg. Vicenza am Canál
Biſato, mit einer labyrinthartigen Höhle, die einſt ein Marmorſtein=
bruch geweſen zu ſeyn ſcheint.

Cotta von Cottendorf, Roſalie, geborne von Pyrker=Ri=
wald, zu Grätz, aus der Familie der ungar. Pyrker von Felſő=
Eőr, derſelben, aus welcher der Patriarch und Erzbiſchof von Erlau,
ſtammt. Sie heyrathete in Grätz den am 18. März 1807 verſtorbenen
würtemb. Hof= und Kanzleybuchdrucker Chriſt. Friedr. C., der
damahls in dem öſterr. Regimente Loudon diente, und deſſen alter wür=
temb. Adel nachhin erneuert wurde, und zog mit ihm nach Stuttgard,
als ihm die der Familie eigenthümliche, in der Mitte des 17. Jahrhun=
derts von ſeinem Vorfahren Joh. G. C. gegründete Buchhandlung
zu Tübingen durch Erbſchaft zufiel. Sie war eine ungemein gebildete
Frau, und Mutter von 15 Kindern. — Der dritte Sohn war der be=
rühmte den 29. Dec. 1832 verſtorbene Buchhändler, Freyh. Joh.
Friedr. C. — Sie war Mitarbeiterinn an dem von ihrem Manne,
in Verbindung mit vorzüglichen Ökonomen herausgegebenen: Ökonomi=
ſchen Wochenblatte, Stuttgart 1790.

Crantz, Seinr. Joh. Nep. v., Dr. der Arzneykunde, geb. 1722,
war Regierungsrath und Profeſſor der Phyſiologie zu Wien, ſtarb im
Ruheſtand, auf einem Gute bey Judenburg in Oberſteyermark. Durch
Verwendung eines großen Vermögens zum Beſten der Naturkunde,
durch genaue Beobachtung öſterr. Pflanzen und durch beſſere Eintheilung
der Familien der Doldenträger und Kreuzblumen erwarb er ſich einen
unſterblichen Namen in den Jahrbüchern der Gewächskunde; aber leider
ſchadete er ſeinem Ruhme durch leidenſchaftliche Polemik gegen Linné
und Jacquin. Seine vorzüglichſten Schriften ſind: Stirpes austriacae.
2 Bde. Wien 1762. — Classis umbelliferarum emendata, eb. 1767.
— Classis cruciferarum emendata, Leipz. 1769. — Stirpes austriacae, mit Kupf. 6 Bde. Wien 1764 — 80. Weniger bedeutend iſt
ſeine Materia medica, eb. 1762; am geringſten aber das Verdienſt der
Institutiones rei herbariae, eb. 1766. Noch iſt zu erwähnen: — Analysis
thermarum herculan. Daciae, eb. 1773. — Insbeſondere hat C. ſich
dadurch verdient gemacht, daß er der Erſte die Heilquellen der Monar=
chie zuſammengeſtellt hat, welches Werk, noch häufig benützt und
citirt, den Titel hat: Geſundbrunnen der öſterr. Monarchie, Wien 1777.

Creditspapiere-Verfälſchung, ſ. Nachmachung öffentli=
cher Creditspapiere.

Crema, lombard. Stadt in der Deleg. Lödi und Crema, mit alten
Feſtungswerken umgeben, hat geräumige Straßen und gute Gebäude,
ſelbſt mehrere Palläſte, 8,770 Einw.; iſt der Sitz eines Biſthums mit
Cathedralcapitel; hat Gymnaſium, Haupt= und Mädchenſchule, Kran=
ken=, Verſorgungs=und Arbeitshaus, Wohlthätigkeitsanſtalten, Leih=
haus, 2 Theater, die Gallerie Tadini; ferner guten Wein= und Obſt=
bau, einige Fiſcherey, beſonders von edlen Fiſchen, vortrefflichen Flachs=
bau, Leinweberey; treibt Handel, vorzüglich mit Flachs und Leinwand.

Cremona, Delegation im lombard. Gouvernement des lombardisch-venet. Königreichs, wird nördlich und südlich vom Oglio und Po begränzt. Ihre Größe beträgt 28 $\frac{7}{10}$ Q. M., sie wird in 9 Districte und 198 Gemeinden eingetheilt, mit einer Zahl von 180,000 Einw., 2 Städten, 7 Marktfl. und 189 Dörfern.

Cremona, lombard. Hauptstadt der gleichnahmigen Delegation am Po, über welchen eine, durch das Castell Sta. Croce gedeckte Schiffbrücke führt, hat 2 Stunden im Umfange, und zählt mit der Vorstadt 28,500 Einw. Die mit Gräben und Bastionen umgebene Stadt gewährt einen freundlichen Anblick. Eines der ansehnlichsten Gebäude ist der öffentliche Pallast. Unter den 45 Kirchen und Capellen ist die sehenswertheste die große Domkirche, mit schätzbaren Gemälden, Marmordenkmählern und Fresken; das Gewölbe ruht auf 40 Marmorsäulen; der freystehende Glockenthurm wird für den höchsten und kühnsten in Italien gehalten; 372 Fuß hoch, wird er, bis zum Glockenhause, auf 498 Stufen erstiegen. Der Corso ist schön und viel besucht. C. ist der Sitz eines Bisthums, mit Cathedralcapitel, eines Civil-, Criminal- und Handels-Tribunals; hat ein Lyceum, Gymnasium, eine Haupt- und Mädchenschule, öffentliche Bibliothek, Mädchenerziehungsanstalt, 2 Theater, Kunstsammlungen und mehrere Wohlthätigkeitsanstalten, hierunter ein Krankenhaus, ein Leih- und Arbeitshaus, und Waiseninstitute. Von Gewerben sind vornehmlich zu erwähnen: Leinen- und Seidenweberey, Granatenschleiferey; C. erzeugt besonders schöne Töpferwaaren und Fayence-Geschirr, auch Farben und chemische Waaren. Der Senf aus C. ist beliebt. Berühmtheit haben die Cremoneser Violinen und Bratschen erlangt. Ein nicht unerheblicher Handel wird mit Getreide, Flachs, Käse, Seide, Ohl, Honig und Wachs getrieben. Als geschichtliche Momente sind zu bemerken: Der Überfall der Oesterreicher am 1. Febr. 1702, mit der Gefangennehmung des französ. Marschalls Villeroi, und der Sieg derselben über die Franzosen 1799.

Criminalgerichte s. den folgenden Artikel.

Criminal-Justiz-Verfassung. Die Criminal-Gerichtsbarkeit wird, gleich der Civiljustiz, in drey Instanzen verwaltet. Die Gerichtsstellen, denen die Ausübung der Strafgerichtsbarkeit in Criminalfällen in erster Instanz zukommt, werden mit der allgemeinen Benennung Criminalgerichte bezeichnet. Sie sind theils landesfürstliche, theils Patrimonial-Gerichtsbehörden; sie haben theils eine collegiale Verfassung, theils bestehen sie aus einer einzelnen physischen Richterperson, die dann nur Criminal-Untersuchungs-Richter ist; ferner sind sie entweder selbstständige, bloß zur Verwaltung des Strafrichteramtes aufgestellte Behörden, wie die landesfürstl. Banngerichte in Steyermark, und die landesfürstl. Criminalgerichte in Galizien; oder wie dieß weit häufiger der Fall ist, sie üben nebenbey die Civil-Gerichtsbarkeit in allen oder mehreren Zweigen, über einen größeren oder kleineren Bezirk aus, als in welchem demselben die Criminal-Gerichtsbarkeit zusteht. In diese Classe der vereinigten Criminalgerichte gehören die Stadt- und Landrechte, zugleich Criminalgerichte in den Hauptstädten der Provinzen; die landesfürstl. Collegialgerichte erster Instanz für Tyrol und Vorarlberg, dann in Dalmatien; die Ju-

ſtiz-Tribunale im lombardiſch-venet. Königreich; die Magiſtrate der Städte und Märkte, wo ſie nicht rein politiſch-ökonom. Behörden ſind; die
landesfürſtlichen und Patrimonial-Landgerichte, Pfleggerichte, Bezirksgerichte, Juſtizämter u. ſ. w., die unter der allgemeinen Benennung
der Ortsgerichte im engeren Sinne begriffen ſind. Endlich kann man
noch zwiſchen den ordentlichen und privilegirten Criminalgerichten unterſcheiden, und unter die letzteren die militär. Strafgerichte und die
dem Wiener Stadt-Magiſtrate nomine delegato des Oberſthofmar-
ſchallamtes zuſtehende Criminal-Juriſdiction rechnen. — Im zweyter
Inſtanz gibt es keine ſelbſtändigen Criminalgerichte; ſondern alle Criminalgerichte ſind dem Appellationsgerichte der Provinz, in welcher ſie
beſtehen, als ihrem Criminal-Obergerichte untergeordnet. Auf gleiche
Art iſt das allgemeine Militär-Appellationsgericht in Wien das Cri-
minal-Obergericht für alle Militär-Strafgerichte. Die Criminal-Obergerichte ſind der oberſten Juſtizſtelle, das allgemeine Militär-Appellationsgericht aber iſt der Juſtiz-Abtheilung des Hofkriegsrathes als dritter
Inſtanz untergeordnet.

Croaten, ſ. unter Bewohner d. Kaiſerth. und Croatien.

Croatien, Ungarn einverleibtes Königreich. I. Geſchichte. Das heutige C. war in den früheſten Zeiten von den Pannoniern bewohnt, nach deren Beſiegung durch den röm. Kaiſer Auguſtus, 35 J.
v. Chr., es eine Provinz von Illyrien bildete. 489 gerieth C. in die
Gewalt der Gothen, dann der Avaren, bis endlich 640 die Croaten,
ein wendiſches, aus Böhmen herkommendes Volk, daſelbſt einwanderten und dem Lande ſeinen heutigen Nahmen gaben. — Die Croaten geriethen bald unter die Herrſchaft der fränk. Könige, unterwarfen ſich
dann jener der griech. Kaiſer 864. Durch den Fürſten Moncimer,
der ſich der Oberherrſchaft der letztern zu entziehen wußte, entſtand eine
vorübergehende Macht des croat. Reichs. Dircislaw, ſeines Nachfolgers, Caſimir's Sohn, führte zuerſt den Titel eines Königs von C.
994. Nach dem Tode des letzten Zweiges der alten croat. Könige 1089
entſtand eine allgemeine Gährung, wo ſich Wladislaw, König von
Ungarn, des Thrones bemächtigte; dieſer wurde von ſeinem Bruder Coloman verdrängt, dann folgte ſein Sohn Stephan; allein 1168
verſchlang das griech. Kaiſerthum C. wieder, bis Bela, König von
Ungarn, dieſes Reich wieder eroberte 1180. Mit Ungarn vereinigt, blieb
C. bis zum Tode ſeines Sohnes Bela, wo alsbald Stepko Subich
ſoviel Macht und Anſehen in C. erlangte, daß ihm, und nach deſſen
Tode ſeinen 5 Söhnen mit der ihm gegebenen Würde eines Grafen von
Trau, ganz Dalmatien und C. in Händen blieb, daher der Antheil
des Königs von Ungarn Wladislaw an C. ſo gering war, daß es ſein
Schwager König Carl von Sicilien, obwohl vergebens, als Brautſchatz
für ſeine Gemahlinn verlangte. Glücklicher war ſein Sohn Robert,
der 1300 bey Spalatro landete, und faſt von allen dalmat. und
croat. Großen als König anerkannt wurde. Doch dauerte die Trennung
von Ungarn nicht lange, denn 1309 ward Robert auch hier als König anerkannt. Aber die Unruhen, welche verſchiedene Große des Landes, von den Venetianern unterſtützt, erhoben, wurden erſt durch die

kräftigern Maßregeln des Königs Ludwig 1342 beseitigt, welcher C.,
Dalmatien und Slavonien mit Siebenbürgen vereinigte, und seinem
Bruder Stephan übergab. Nach Ludwig's Tode erhielt dessen älteste Tochter Maria, Gemahlinn des Königs Sigismund von Böhmen, das ungar. Reich, und König Andreas von Neapel, der
auf Einladung der dalmat. Großen, Dalmatien, C. und Ungarn eroberte, ward 1386 ermordet. Doch ward kurz nachher sein Sohn Wladislaw zum König von Dalmatien und C. ausgerufen, welcher 1409,
als er sich nicht länger gegen Sigismund halten konnte, seine Ansprüche den Venetianern verkaufte, welches Sigismund, gehindert
durch die Unruhen, welche seine Erhebung zum deutschen Kaiser bewirkte, ruhig geschehen lassen mußte. Nach der Mitte des 15. Jahrhunderts
ward C. fast fortwährend von den Türken beunruhigt, besonders nach
dem Tode des Königs Mathias und seines Nachfolgers Wladislaw, eines poln. Prinzen. Größer noch wurde die Gefahr unter Ferdinand, dem ersten croatisch-slavon. Könige aus dem Hause Österreich,
und unter Maximilian II. Fast ganz C. ward durch Mord und Auswanderung entvölkert, und schien jedem Eroberer als Beute preisgegeben. Da auf diese Weise die Gefahr selbst dem deutschen Reiche nahe
gebracht wurde, so beschloß der Kaiser mit Genehmigung der Stände
ein stehendes Reichsheer in den croatisch-slavon. Wüsteneyen zu halten.
Die Ausführung dieses Planes fand zwar viele Schwierigkeiten, aber
man hob dieselben endlich durch die Errichtung einer Markgrafschaft nach
alter Weise, welche Kaiser Rudolph unter der Benennung eines
ewigen Generalats der croat. Gränze dem erzherzoglich-österr. Hause
und als Oberhaupt dieses Hauses demjenigen Erzherzoge verlieh, der sie
am besten verwalten konnte, dem Erzherzoge Carl von
Steyermark, Kärnthen und Krain, 1575. Die ungar. Reichsstände
waren zwar anfangs hiermit unzufrieden, sahen sich aber doch gezwungen, dieses deutsche Generalat anzuerkennen, weil es ihnen das einzige
Mittel zu seyn schien, eine völlige Vereinigung C.s mit Deutschland
zu verhindern. Auch behielt der jedesmahlige Ban von C., Slavonien
und Dalmatien die Verwaltung der Regierungsangelegenheiten und selbst
das Feldherrnamt über die alten Unterthanen, die nicht in das Generalat gehörten. Dessen ungeachtet eroberte der Sultan Amurath III.
1592 die Festung Bihacs in C., die nebst einigen umliegenden Orten seitdem in türk. Gewalt blieb. Die eigentliche Gränze aber wurde
erst 1699 in dem Carlowitzer Frieden bestimmt, in welchem der Sultan
alles Land jenseits der Unna an das kaiserl. C. abtrat. Das croat. Littorale dagegen ward 1717 zu der kaiserl. deutsch-croat. Handelsgesellschaft
oder zum österr. Littorale geschlagen, blieb aber unter der Gespanschaft
Agram bis 1776, wo das Littorale aufgehoben, der Strand in 3 Gespanschaften vertheilt, und wieder mit C. verbunden wurde. Von 1767
bis 1777 wurden die 3 Reiche C., Slavonien und Dalmatien nebst andern mit Griechen bevölkerten ungar. Staaten Illyrien genannt, und
von einer besonderen illyr. Hofdeputation zu Wien regiert. Neuerlich
bildet jedes wieder ein besonderes Königreich; jedoch sind die Militärgränzen getrennt, und haben ihre besondere militär. Verfassung.

39 *

Croatien, Ungarn einverleibtes Königreich. II. Geographie und Statistik. Lage: C. liegt unter dem gemäßigteren Himmelsstrich der nördl. Halbkugel, und zwar Carlopago 44° 31′ geogr. Br., 32° 54′ Länge; Zengg 44° 59′ Br., 32° 49′ Länge; Dubicza 45° 11′ Br., 34° 30′ Länge; Fiume 45° 20′ Br., 32° 5′ Länge; Agram 45° 49′ Br., 33° 1′ Länge; Warasdin 46° 18′ Br., 34° 5′ Länge; daher weichen jene nicht sehr von der Wahrheit ab, die C. in die geogr. Breite zwischen 44° 5′ 48″ bis 46° 25′ 50″, Länge zwischen 32° 0′ 12″ bis 35° 5′ 30″ versetzen. Hiernach ist C. der südlichste Theil des ungar. Reichs, und liegt mit Krain, Istrien, Ober-Italien, Mittel-Frankreich; dann gegen Osten: mit Slavonien, dem Banat; mit einem Theile von Bosnien, Serbien, Siebenbürgen, der Walachey; in Asien: mit den russ. kaukasischen Provinzen, und fast mit ganz Taurien unter demselben Himmelsstriche. Es liegt über der Meeresfläche, wenn man die Gebirge abrechnet, beynahe gleich mit Bosnien, tiefer als Krain und Steyermark; höher als Slavonien und als die untere Ebene Ungarns. Dieß zeigt schon der Lauf der Flüsse, welche aus Krain und Steyermark nach Slavonien und in die untere Ebene Ungarns durch C. oder längs den Gränzen desselben ziemlich schnell fließen. Am tiefsten liegt dagegen die Seeküste; denn die obigen Flüsse münden alle in die Donau aus, die auch nach Aufnahme derselben noch einen weiten Lauf bis in das schwarze Meer (dessen Horizont allgemein für höher gehalten wird, als jener des adriatischen) zu vollenden hat. — Gränzen: Nördlich wird C. von der untersten Steyermark und von Ungarn durch den Fluß Drave geschieden, welcher von Steyermark nach Osten, aber weiterhin mit einiger Abweichung gegen Süden zu, in vielfachen Krümmungen fließt. — Ober dem Dorfe Grabacz in Slavonien, wo die Drave nach einer großen Krümmung, den trägen Kapronczafluß aufnimmt, geht die östl. Gränze bis zum südlichsten Winkel, in welchem bey Zermanja C. an Bosnien und an Dalmatien stößt; diese lange Gränzlinie weicht mehrfältig bald ost- bald westwärts ab. — Von dem erwähnten östl. Gränzpunct fortgehend, ist der südl. unweit des Flusses Rekina, der einst Aeneus, heutzutage Fiumara heißt. Von Dalmatien ist C. durch eine Reihe der höchsten Berge bey Zermanya angefangen, bis an den morlackischen Meerbusen geschieden; von da geht die Gränze bis zum Dorfe Moglona, wo sie vom Gebirge zum Meere herabsteigt, welches bis an die Fiumara und noch weiter eine lange Gränze bildet. — Bey Fiume, welches an diesem Flusse liegt, entfernt sich die Gränze vom Meere in nordöstl. Richtung bis zum Bache Chabar, mit welchem sie bis zur Kulpa herabsteigt. Diese, ostwärts fließend, scheidet C. von Krain bis zum Einfluß des Baches Kamenicza, welcher die Westgränze fortsetzt; dann geht diese durch die letzten Sichelburger Berge und Berg Strase bis zum andern von der St. Gertrud's Kirche benannten, bis an den Bach Bregane, welcher die Gränze von Steyermark und C. bis zur Save bildet. Von hier scheidet Untersteyermark der von dem entgegengesetzten Ufer in die Save strömende Bach Szuta, und endlich macht die trockene Gränze der Berg Maczel und das Warasdiner Terrain bis zur Drave. — Ausdehnung: Aus

dem Gesagten ist leicht zu ersehen, daß die Umfangsform von C. sehr
irregulär und ungleich ist. Eben so ist auch ein großes Mißverhältniß
zwischen der Länge und der Breite des Landes, welche letztere auch vielfach verschieden ist. Denn die Länge von der Drave bis Zermanya beträgt leicht über 33 Meilen; die Breite schätzt man auf 12 bis 15 Meilen; und diese ist noch weit geringer, wenn der türk. Theil abgerechnet
wird und wenn man die Breite nur von Czettin bis in den entgegen-
stehenden Winkel an der Kulpa und Krains Gränzen in Anschlag bringt.
— Der ganze Flächeninhalt kann nach der Lipßky'schen Charte betragen 467 Q. M.; in welcher Zahl der türk. Theil nicht mitbegriffen ist.
— Gestalt der Oberfläche: Diese läßt sich am bequemsten von den
Bergen Ivanchitza bey Warasdin, Klek bey Ogulin und Plessivicza zwischen Bihacs und Korenicza übersehen. Sie ist höchst
ungleich, weil sie größtentheils aus Bergen, Felsen, Thälern, Abgründen und Bodenversenkungen besteht; zum Theil ist sie aber auch eben.
Von den am Meere liegenden Bergen ist die Abdachung zum Meeresufer
steil; jenseits gegen Osten dagegen sanfter. Die größten Höhen sind an
den südl. Bergen; die größten Bodensniederungen, mit Ausnahme der
Seeküste, zwischen der Save und der Drave, wo diese Flüsse die Gränzen von Unter-Slavonien berühren. — Berge: Die höchste Gebirgsreihe
ist im südl. Winkel, und dehnt sich von Zermanya unter dem Nahmen Velebich, beynahe ununterbrochen bis zum Berge Vratnik bey
Zengg, auf 16 Meilen fort. Sie besteht, außer den Seitengebirgen,
aus sehr vielen und hohen Spitzen und Bergrücken, welche sich nur
bey Osztaria nächst Carlopago zum Wasserdurchlaß senken, und
bis dahin fast überall ihre Alpenhöhe von 6—700 Klft. behalten. Die
Spitzen und höchsten Stücke von Zermanya bis Osztaria heißen:
Tremßnia, Czernopacz, Gelovi Verh, Szweto Berdo, Verh ob
Sztaze Bunyeváchke, Szegestin, Verh visse mokrogadola; Verh
visse maloga Vagana; Verh visse velikoga Vagana, Debelo Berdo,
Verh visse Szerecseveza, Badany, Javornik, der längste Bergrücken
Veliki Kuk, Velika Viszochicza, daneben Mala Viszochicza und Szi-
lág, — weiter Szamár, Czerna Kosza, Palevina, Iznad, Riva-
nusse und Szladovicha; wo er sich bey Osztaria hinabsenkt. Badany
hat eine Barometerhöhe von 694; Velika Viszochicza 723 Klft. über
der Meeresfläche. — Von Osztaria bis zu einer zweyten Senkung
bey Zengg ist die Bergkette zwar etwas niedriger, doch aber immer
noch bey 500 und mehr Klafter hoch. — Dieser ganze Gebirgsstrich ist
von beyden Seiten sehr steil, besonders an der Ostseite, welche überall
bis zur ersten Senkung theils treppen- theils wandartig sich zeigt. —
Der zweyte Gebirgszug ist unter dem Nahmen Capela bekannt. Er beginnt ebenfalls bey dem südl. Winkel, und läuft in derselben Richtung
zwischen Nordwest fort, bis er auf 4—8 und mehr Meilen vom Meere
den Fluß Unna erreicht. Seine größte Breite ist zwischen der Feste Dre-
sznik und dem Dorfe Verhovina, seine Länge aber vom Berg Chemernicza an bis zum Felsen Klek nächst Ogulin mehr als 18 Meilen,
und er übertrifft in beyden diesen Rücksichten die Bergkette Velebich; ja
er ist der letzteren auch an Höhe überlegen; denn der Theil zwischen

Bihacs und Korenicza, unter dem Nahmen Plessivicza bekannt, hat eine Barometerhöhe von mehr als 925 Klft. über der Meeresfläche. Die niedrigen Berge, die von der Plessivicza nordwestlich sich fortpflanzen, heißen zwischen den Plitviczer Teichen und Jeszenicza, kleine Capela. Von hier erheben sie sich und nehmen den Nahmen der großen Capela an. Sie erreichen nirgends die Alpenhöhe, und sind durchaus niedriger als der Velebich. Gegen das westnördl. Ende dieses Bergzuges ragt der Berg Klek hervor, bestehend aus lauter meilenweit her sichtbaren Felsen; der Scheitel kahl, die Seiten schroff, biethet er ein ganz eigenes Ansehen. — Unter den, zwischen den beschriebenen Hauptgebirgszügen liegenden kleineren und Mittelgebirgen, sind hauptsächlich merkwürdig: Kamenita Goricza, sammt dem nächsten Berge Merszin; worauf noch Ruinen eines Schlosses zu sehen sind, an der Ostseite sehr steil; dann Verbacska Sztaza und Tuliba. — Unter den zerstreutliegenden fast ganz felsigen sind zu bemerken: der kleine Berg, an dessen östl. Ende in Korbavien das Schloß Udbina zu sehen ist; in der Licca aber Zsyr; Bilay unfern von Goszpich mit den Trümmern einer Feste; Osztra bey Novi; Debelo Berdo und Bogdanich. Hierher gehören auch die zwey Felsen auf dem großen Felde Gaczka, unweit von dem alten Schlosse Vital, berühmt wegen den dort eingegrabenen Götzenbildern, u. a. m. — Das große Berg-Aggregat, an welches die höchsten Bergzüge und die Mittelgebirge am westnördl. Ende derselben anstoßen, ist vom Meere an bis zu den Flüssen Korana und Kulpa 12—15 Meilen breit. Darunter sind besonders zu nennen: Kamenszko, Ravna Gora, Pech, Kovacs, Lipnik, Roszina, Visewicza, Merzlo, Boggrabus, Dubach, Kozarach, Kosericza, Bazina; viele darunter felsig. — Von diesem Aggregat breiten sich andere Berge und Hügel bis zum Flusse Kulpa, und ostwärts bis zur Unna aus; so daß diese Strecke fast durchaus bis zum Berg Petrova Gora, zwischen Szluin und dem Banal-Regiment, bergig ist. Die Berge sind kleiner und sanfter, und beynahe von runder Gestalt; sie sind auch nicht felsig, wenn man die wenigen Felsen bey Szluin, Czettin, am Flusse Radonya zwischen Voinich und Preszika, unter Modrus bey Thuin, beym Schloß Zveczaj nächst dem Bache Mresznicza abrechnet. — Höher sind die Berge, welche von der Kulpa nächst der krain. Gränze, durch den sogenannten Sichelburger oder Sumburger Bezirk gegen die Save sich ausbreiten. Gegen die Save verflächen sie sich alle, und endigen beym Zusammenfluß derselben mit der Kulpa bey Sziffek, wo daraus Ebene wird. — Ein anderer Berghaufe, von jenen durch die Save getrennt, liegt unter dem Nahmen Zagoria im nördl. Theile C.s. Darunter sind vorzüglich zu merken: Maczel an der Gränze von Steyermark; Krapina bey dem Markte desselben Nahmens, Ochure und Taborszko. Unter die ausgezeichneteren Berge gehört auch der Berg Ivanchicza bey Warasdin. — Thäler: Daß es deren zwischen so vielen Gebirgen viele und sehr verschiedene geben müsse, ist von selbst einleuchtend. Die fruchtbarsten und anmuthigsten sind zwischen den niedrigeren Gebirgen. Solche gibt es aber auch an den höchsten Gebirgen gegen das Meer zu, und die Anmuth dieser wird dadurch erhöht, daß sie sich in einer von kahlen Felsen strotzenden Gegend befinden wie die Draga zwischen Piket und Buccari; Scurigna zwischen Fiume und Lippa; Wihobol unfern Czirkvenicza, welches von vielem Wein, der allda gefechfet wird, den Nahmen führt. — Vorzüglicher sind in physisch-geograph. Hinsicht jene, in welchen die Hauptflüsse Save und Kulpa fließen; weil sie sogleich beym Ausgange dieser Flüsse aus dem Gebirge sehr ausgedehnt, und den Ausgießungen sehr unterworfen sind. Aber die merkwürdigsten Thäler sind zwischen den Hauptgebirgszügen und in dem großen Gebirgsaggregat; theils weil manche darunter sehr lang, manche wie jene, in welchen die Bäche Sluinchicza, Korana, Mresznicza, Dobra fließen, beynahe bis Carlstadt sehr eng, tief und felsig sind; theils endlich und vorzüglich, weil mehrere durch Berge und Hügel so fest gesperrt sind, daß daraus kein Wasser in offenem Bette abfließen kann. Diese letzte Eigenschaft macht vor andern merkwürdig: Das längste und engste Thal, welches die Kette der Alpen Velebich mit den anhängenden Bergen bildet, Szenzki put d. i. Zengger Weg genannt. Man erzählt sich, daß die Zengger, um die Türken in Grachacz zu überfallen, einst diesen Schleichweg wählten, woher auch die Benennung stammt. Dieses Thal fängt unfern Grachacz beym südlichen Ende dieses Gebirgszuges an, und dehnt sich beständig zwischen den Alpen bis zum ersten Abfall der Höhe derselben bey Carlopago, von da bis zu dem andern bey Zengg. Es ist durchgehends, nähmlich von der Alpenspitze Szveto Berdo bis Szamar, durch Bodenerhöhungen und Felsen nicht selten unterbrochen, gleichsam in mehrere Thäler abgetheilt, und überall durch Berge, welche mit dem Hauptgebirge zusammenhängen, so gesperrt, daß das häufige Regenwasser, welches sich darin sammelt, — so viel man weiß — nirgends einen offenen Abfluß findet. Wo das Thal aber dennoch dem Wasser einen Ablauf gestattet, wie dieß in Stirovacsha Poljana, unter der Alpe Badany der Fall ist, so geschieht der Abfluß nur in einen Seitenast des Thales, aus welchem die Gewässer gleichfalls nirgends offen ablaufen können. — Zwischen Velebich und Verbácska Sztáza und andern Mittelbergen dehnt sich ein sehr breites, ebenes und langes Thal, welches einst ein eigenes Comitat unter dem Nahmen Licca bildete, und jetzt von gleichbenannten Gränzern bewohnt wird. Dieses Thal wird zwar von mehreren und nicht unbedeutenden Bächen bewässert; aber es ist dennoch durch Berge von allen Seiten so verrammelt, daß für die Gewässer kein offener Abfluß übrig bleibt. Die Ansicht dieses Thales ist zwar anmuthig, aber der Boden ist sehr unfruchtbar, an vielen Orten ragen aus denselben Felsen hervor, die anstoßenden Berge strotzen von Felsen, und die rechts und links sichtbaren Alpenrücken und Spitzen verleiden dieselben Jedermann, der das Thal nicht seine Heimath nennen kann. — Korbavia ist eben so beschaffen, nur ist es von einem geringeren Umfange, fruchtbarer und felsenfreyer. Es ist durch die, dasselbe umgebenden Gebirge gegen Licca zu, Porlapacsko und Mekinyarszko Berdo, welche mit Verbáczka Sztáza zusammenhängen; gegenüber aber durch die Berge Duboki und Podaliste, welche mit Kamenita Goricza verknüpft sind, und auch an beyden Enden so eingeschlossen, daß die fließenden Gewässer, die alle bey Pechani zusammenkommen, von da nur unterirdisch ablaufen können. — Das Koreniczaer Thal, von Rudanovacz bis zum Felde Bilo Polje, steht in der Länge dem Korbaver nicht nach, es ist aber enger und von höheren und felsigeren Bergen (Plessivicza, Kamenita Goricza, Merzin, und noch andern) eingeschlossen. — Angenehmer, und länger als die vorgehenden ist das Thal, in welchem der Bach Gaczka fließt. Es zieht sich vom Ursprunge dieses Baches oder Szinacz an, nicht nur bis Ottocacz fast auf 2½ Meilen in gerader Richtung, sondern auch von hier bis Suicza einerseits, anderseits bis über Berlog noch länger fort. Vom Anfange breitet es sich bis Szinacz merklich aus, bey Berlog bildet es eine Ebene, Kompolje, und weiter jene von Guszich Polje. Aber auf der ganzen Strecke öffnet es sich nirgends in eine tiefere Gegend. — Unter der größern Capela, bey der Josephiner Straße ist ein langes Thal, worin das Dorf Jezerana liegt. Es ist kürzer und enger als die vorigen, aber gleichfalls von allen Seiten gesperrt. — Solche Thäler gibt es zwischen dem Capela und Velebich und in den großen Gebirgshaufen mehrere. — Vertiefungen des Bodens sind häufig in der gebirgigen Gegend zwischen der Kulpa, Unna und dem Meere, und nicht weniger merkwürdig als die verschlossenen Thäler. Es gibt zwischen den Alpenspitzen furchtbare Abgründe, wie auf dem Velebich; nächst der Carolina und Josephina zwischen Czettin und Szluin, zwischen Szluin und Rakovicza, und gegen Korana; zwischen den Bergen der beyden Capela, Plessivicza, Velebich bis zum südlichen Winkel des Licaner Bezirks; ja auch auf den Alpen selbst gibt es viele umgekehrt konische oder halbkuglige, selten anders geformte Gruben (Schluchten) oft mehrere Klafter tief und breit. Die meisten sind zwischen der Plessivicza, klein Capella, Korana, Unna. Diese Gegend scheint damit bedeckt zu seyn. — Ebenen: Trotz der vielen Gebirge ist doch ein großer Theil eben; denn alles, was am Fuße des Berges Petrova Gora, in der Banalgränze dießseits und jenseits Glina gegen die Kulpa zu, und von den Zrinaer Gebirgen bis zur Vereinigung dieses Flusses mit der Save liegt, wie auch ein großer Theil des Agramer Comitats, wo der bekannte privilegirte Campus Turopolja liegt, ist eben. Ja auch der größte Theil der Gegend zwischen der Save und der Drave von den Gebirgen des Agramer und Kreutzer Comitats an, bis an die Gränze Slavoniens — obschon auch von Gebirgsausläufern nicht ganz frey — ist gleichfalls eben. — Bestandtheile der Bodenrinde: Die Oberfläche bilden, wie gewöhnlich, meist Steine und Erde, weniger Sand, einige Metallerze, wenig Salz und brennbare Stoffe; auch einige Überbleibsel von organischen Körpern, größtentheils mit der Erde bedeckt, aber an vielen Orten auch ganz entblößt. Steine und Felsen, bestehen meist aus dem Kalke, andere sind thon=, andere kieselartig, andere gemischt. Schwefelsauren Kalk oder Gyps findet man in den Szamoborer Bergwerken, welcher zum Theil auch einen artigen Alabaster bildet. Die meisten Berge sind kalkartig, zum größten Theil marmorartig verhärtet. Weißer und schwarzer Marmor findet sich im Krapinaer Bezirk; röthlicher auf dem Berge Zsleleznicza bey Warasdin; mit dunkelbläulichen Adern zwischen Bosziljevo und Verbavßkó; weißer bey Ravna Gora, bunt zwischen Warasdin und Agram. Am häufigsten ist der schwarzgraue, nicht selten weiß gesprenkt, und darum merkwürdig, weil er gerieben stinkt, daher zum Schwein-Marmor gehört. Schleudert man von den hohen Berggipfeln solche Steine in die Abgründe, so wird die ganze Umgegend voll Gestank; denn man findet diesen Stinkstein auch auf den höchsten Gebirgen in der Form des Schiefers. In Salzsäure aufgelöst, stinkt er ebenfalls. Seltener ist der granulirte Marmor. Thonartige Steine kommen auch vor. Thonschiefer, Porphyr, Gneis, Feldspath, Mergelstein, Ardesia margacea, oder Mergelschiefer ist zwischen Carlstadt und Voinich, Maljevacz, Korenicza, Bjelo Polje zu finden. — Auf dem Berge Mali Urlay unter der Alpe Vissoczicza, und im Thale enthält der größte Theil der Steinmasse außer Kalk auch Kiesel. Wird der erstere vom häufigen Regen weggeschwemmt, so bleibt diese zurück, und stellt allerhand Gestalten, wie z. B. Lichen vor. — Sandstein ist in Menge da. Breccia im Sensßiput unter Debelő Verdo; eine andere sehr besondere Art aus Feldspath und Jaspis bestehend findet sich im Thale unter dem Berge Mali Urlay und anderswo. Metallerze hat C. wenige, doch aber ist Eisenstein häufig, und kommt vor bey Czernilug, Chabor, Bród, Merzlavodicza; zwischen Topuszka, Chemernicza; auf dem Berge Otol; auf der Herrschaft Vißtra im Agramer Comitat, und auf dem Berge Szvett. Dulh im Warasdiner Comitat, wo es auch Spuren verlassener Bergwerke, Schmelzöfen und Hämmer gibt; endlich auch bey Szamobor, Guozdanßki Maidan und anderswo. Kupfer wird seit Jahrhunderten eine Stunde weit vom Markte und Schloß Szamobor gewonnen. Es kommt in der Form des gelben Kupfers und grünlichen Kupfererzes vor. Man findet es auch in den Gruben bey Guozdanßki Maidan. Bley in den Gruben bey Guozdanßki Maidan. Auch sind noch bey dem Bach Vißtra im Warasdiner Comitat Spuren von alten Bleybergwerken, und bey Ivanecz, Czerje und Bela, auf dem Berge Rudy Verh soll man es vor zwey Jahrhunderten erbeutet haben. Silber findet man in den genannten Berggruben mit Bley gemischt. Es ist die Sage: daß man einst Silber in Szrebernjak (Silberberg) unfern von Növi gewonnen habe. Gold ist nicht zu finden; und was die Alten von den reichen dalmatischen Golderzen mit Beziehung auf C. als auf den ehemahligen Theil Dalmatiens schrieben, scheint sich nicht auf unser C. zu beziehen, denn das Wassergold, welches in der Drave gewonnen wird, kommt von fernen Gegenden her. Brennbare Fossilien sind Schwefel. Dieser findet sich nicht nur in den Kupfer- und Bleyerzen, und aufgelöst in den schwefeligen Gewässern, sondern auch für sich allein, gediegen (Natrum) wird er in Radoboj, unfern von Krapina erbeutet. Steinkohlen findet man im Agramer Comitat auf dem Berge Kobilyak, in Warasdiner, Goßzavecz, Lepinyak und Ivanecz, im Kreutzer in Raßinya-Gebirgen. Überbleibsel organischer Körper findet man außer den Steinkohlen keine; Salze, solide, gibt es weder häufig noch verschieden. Bittersalz findet man krystallisirt in den Szamoborer Bergwerken. Küchensalz: daß dieses in den Tiefen des Bodens vorräthig sey,

schließt man aus den vorhandenen falzigen Wässern; Kupfer- und Eisenvitriol (sulphas ferri et cupri) fehlt auch nicht. Soda dunstet bey den
Jamniczer Sauerbrunnen aus. — Die Decke der Oberfläche besteht
aus Erde, Sand und Gartenerde; und ist an vielen Orten so dünne, oder
ganz fehlend, daß es in der ganzen Monarchie nicht ein Land geben
dürfte, welches so viele nackte, Felsen und Klippen darböthe, als der
gebirgige Theil von C., südwestlich gegen das Meer zu gelegen. Die
Erde besteht theils aus Thon, theils aus Mergel. Es ist merkwürdig,
daß der Mergel hier, so wie auf den ungar. Kalkgebirgen, von dem
beygemengten Ocker röthlich erscheint, und daß solcher nicht nur auf den
niedrigen Bergen und in Thälern, sondern auch auf den höchsten Alpen
zu finden ist. Nach der Verschiedenheit der Gebirge, von welchen
er herabgeschwemmt wird, ist auch der Sand verschieden. In den
Flüssen Drave und Save ist er sehr gemischt, Kiesel=, Kalk=, Por-
phyrsand; und einen solchen sieht man auch mit den Erdarten der Ebene
und der Hügel, welche diese Flüße bespühlen, gemischt, oder davon bedeckt. Die übrigen Flüße bringen beynahe nur einen grauen Kalksand
mit. In der Licca, zwischen Goszpich und Divo Szelo, und
in Korbavien, beym Loudonswald, sieht man eine andere Sandart
zum Theil unbedeckt da liegen, bestehend aus weißen und grauen Kalk-
theilen, und aus braunen und röthlichen Thon- und Mergel=, in der
Licca auch aus Kieselbestandtheilen. Flugsand ist nur auf den Hügeln
der Banalgränze zu finden, und zwar mit Gartenerde gemischt, oder
auch ganz rein. Die Gartenerde ist schwärzlich, sehr fruchtbar, oft 1—2
Schuh dick, auf der ganzen Ebene, besonders an den Hauptflüssen.
Dünner ist sie auf den Hügeln zwischen der Save und Kulpa. Je höher
man ferner die Gebirge besteigt, desto trauriger wird die Ansicht der
Oberfläche. Denn obschon es auch noch in den Thälern von Ogulin,
Jezera, Brinye, Berlog, Ottochacz, Koreniza, Korbavia
mit guter Dammerde bedeckte Wiesen und Felder gibt, so haben doch alle
etwas höher liegenden Gegenden, besonders in den zwey letzteren, wie auch
die Berge selbst zwischen den nackten Felsen nur sparsam eine gute Erde
aufzuweisen; so daß man höchstens in den Vertiefungen, wo das Wasser
einige angeschwemmte Erde niederlegte, einige Spuren von Fruchtbarkeit wahrnimmt. In der Licca sieht es aber noch abschreckender aus;
denn hier ist nichts anderes zu sehen, als nackte, schroffe Felsen. Hier
ist die Erde nur mit Sand und Mergel gemischt, hart, röthlich oder
weißlich; und kann nur durch reichliche Düngung, oder durch 5—6jäh-
rige Ruhe wieder einige Vegetationskraft bekommen. Daraus ragen
zahllose große Steine hervor, und sind auch in den Niederungen und
Thälern zerstreut anzutreffen. Am furchtbarsten sieht es endlich an der,
dem Meere zugekehrten, längsten Seite der höchsten Berge aus, welche
mit Ausschluß einiger Thäler von der Erde ganz entblößt, nichts anderes
dem Auge zeigt, als lauter nackte, steile Felsen. Innerer Bau des
Bodens: Die Bildung des Bodens sowohl auf der Ebene als auch
auf den Gebirgen ist schichtenartig, und es ist merkwürdig, daß man
diese Schichten überall und in dem ganzen längsten Gebirgszuge parallel
gegen das Meer zu liegen sieht. Dieß scheint zu beweisen, daß sie zu

ber nähmligen Zeit entſtanden ſind. Unterdeſſen findet man in den Vertiefungen ſowohl auf Pleſſtwicza als auch auf dem Velebich beynahe per-
pendiculare Schichten, welches zum Beweiſe dient, daß dort nicht wenige Revolutionen vorgegangen ſeyn mögen. — Zwiſchen den Schichten
gibt es zahlloſe merkwürdige Höhlen, z. B. bey dem Schloſſe Ozail
unfern von Kulpa hat die Höhle zwey Äſte; eine andere iſt bey
Bunich in Korbavien und heißt Zelena Pechina. Bey Perüſſich
iſt auch eine aus mehreren Kammern beſtehend. Bey Szluin gibt es
zwey, welche bis Oſztaria auf eine Stunde Wegs gehen, und dort
offene Ausgänge haben. Sie liegen über einander, und ſind inwendig
durch zwey Öffnungen verbunden. Beyde haben mehrere Seitenhöh-
len, und dienten ehemahls in Kriegszeiten den Menſchen zur Zuflucht, wie auch zum geheimen Wege für die Briefträger. Bey dem
Plitviczer See, Kaludjerovo, Jezero iſt in einem ſchroffen Felſen auch
eine Höhle, welche einſt von Mönchen bewohnt wurde, daher auch jene
Benennung führt. Auch gibt es noch viele andere Höhlen unter der Alpe
Pleſſivicza auf der Korenizer Seite, im Velebich, zwiſchen den Alpen
Szilag und Mala-Vizzochicza; auf den Gipfeln Badany und Debelo
Berdo; in der Licca unweit von Buszin; in Ottochacz bey Jeſ-
zenicza, in Szluin bey Klokoche, im Kreuzer Comitate; bey
Nagykemlek; im Waraſdiner Comitat auf dem Vocher Berge,
welche India heißt. — Gewäſſer: C. ſteht ſowohl in Menge als
auch in der Verſchiedenheit der Gewäſſer, Ungarn weit nach; aber
jene, die es aufweiſen kann, ſind in mehr als einer Hinſicht merkwürdig.
Außer den zwey Gränzflüſſen Unna und Drave, beſitzt C. eine Menge
Flüſſe und Bäche. Darunter iſt nur die Save eines ausländiſchen Ur-
ſprungs, die übrigen alle ſind einheimiſch, und münden theils in die
Drave theils in die Save aus, mit welchen ſie alsdann der Donau und
ſo dem ſchwarzen Meere zueilen. Nur die Zermanya und Fiumara (ſonſt
Reka genannt) bilden eine Ausnahme, weil beyde ſich in das adriatiſche
Meer ergießen. Jene entſpringt im ſüdlichen Winkel, dieſe an der weſt-
ſüdlichen Gränze des Landes; daher auch ihr Lauf ſehr kurz iſt. Die
meiſten Gewäſſer hat der Theil zwiſchen der Drave und der Kulpa.
Dieſe eilen zwar den Hauptſtrömen, in deren Mitte ſie fließen, in verſchiedenen Richtungen zu, aber ſie haben doch alle den nähmlichen Zug
nach Oſten mit den Hauptflüſſen gemein. Jenſeits der Kulpa (die aus
dem Berge Szegina entſpringt, und nach einer kurzen Strecke die
Gränze zwiſchen Krain und C. bezeichnet, und ſelbſt ins Land bey Ka-
menic über Berlog eintritt) gibt es Flüſſe und Bäche ſparſamer,
und auch dieſe nur meiſt in der gebirgigen Gegend. Obgleich nun hier die
höchſten, faſt mit ewigem Schnee bedeckten Bergrücken Pleſſivicza und
Velebich unaufhörlich Waſſer erzeugen; obgleich dieſelben auch vermöge
ihrer kalkigen Beſchaffenheit die aus dem nahen Meere aufſteigenden
Nebel und Wolken beſtändig anziehen, und durch die Kälte verdichten;
obgleich die vielen langen, breiten Thäler und die zahlreichen Bodens-
vertiefungen ungemein vieles Regenwaſſer ſammeln: ſo hat die Gegend
trotz allem dem nur ſehr wenige Quellen, und kaum einige ſtehende
Gewäſſer aufzuweiſen; ſelbſt in den tiefſten Brunnen iſt oft kein Waſſer

zu finden. An der Carolinenstraße gibt es nur 3 Wasserquellen. Die Gewässer, die man in diesen gebirgigen Gegenden findet, sind in mehreren Rücksichten äußerst merkwürdig. Denn die Seltenheit der Quellen wird durch die Reichlichkeit der vorhandenen gut gemacht. Die meisten liefern nähmlich so vieles Wasser, daß dieses sogleich beym Ursprunge bedeutende Flüsse bildet. Dahin gehören (um bey dem südlichsten Winkel anzufangen) die Zermanya in dem Bezirk gleiches Nahmens; Unna unter dem Berge Chemernicza; dann unter Plessivicza der Bach Klokot, welcher nach kurzem Laufe von der Unna, unter Bihacs verschlungen wird; der sehr starke Bach Korenicza jenseits derselben Alpe unter Rudanovaz am Fuße des Berges Merszin. Eben so auch die Flüsse und Bäche der Liccaner Gränze: Licca, Jadova, Novchicza und Otessicza. Gaczka im Ottochaczer Thal, unfern von Szinacz und Lestje. Szluinchicza etwa eine Stunde weit von dem Schlosse Szluin; Mresznicza jenseits derselben Gebirge; Thuinchicza nicht weit von Thuin und mehrere andere Flüsse entspringen nur aus einzelnen oder doch nur wenigen Quellen. Selbst der starke Bach Korana entsteht aus dem Bache Plitvicza, nur aus 3 Quellen: Mala Rika, Liszkovacz und Czerna Rika. — Noch merkwürdiger ist: daß nicht nur kleine Bäche, sondern auch größere, nach kurzem Laufe von der Erde verschluckt werden, und daß sie entweder an einem andern Orte abermahls an den Tag kommen, oder aber so verschwinden, daß, wofern man nicht die süßen, unweit vom Meeresufer vorkommenden Gewässer dafür anerkennt, es schlechterdings unbekannt ist, ob und wo sie neuerdings ans Licht kommen. — So fließt das Wasser der wenigen Quellen aus dem Berge Velebich nicht in das Hauptthal Licca, sondern es verkriecht sich nach kurzem Laufe abermahls in den Boden. — So entzieht sich der Bach Korenicza den Augen in demselben Thale, in welchem er entquillt, nach etwa einstündigem Laufe, an einem Ponori genannten Orte; und man glaubt, daß er, durch unterirdische Gewässer verstärkt, jenseits der Plessivicza unter dem Nahmen Klokot abermahls hervorbreche. Selber wird aber zum Theil auch von andern Klüften verschlungen, so oft er zu stark anschwillt, und die anliegenden Wiesen und Felder überschwemmt. — Die Bäche Korbaviens, vereinigt mit Korbava, werden in demselben Bezirk bey Pechane; der ganze Fluß Licca aber sammt Gewässern der Bäche Jadova, Novchicza, Otessicza und andern mehrern kleineren, die er aufgenommen hatte, in Lipovo Polje bey Unter-Koszin ganz verschlungen; Gaczka wird zum Theil bey Ottochacz, größtentheils aber bey Suicza, und das übrige noch etwas weiter bey Verlog in mehrere Zerklüftungen aufgenommen. Mresznicza bey Ponor und die Dobra bey Ogulin fließen in Bodenlöcher hinein, und kommen nicht weit davon abermahls ans Licht. Der erstere heißt hernach Thuincsicza; die letztere behält den früheren Nahmen. Ähnliche Schwindbäche kleinerer Gattung gibt es in den Gebirgen viele. Es gehört ferner zur Eigenschaft der meisten Bergquellen, daß sie, so oft es stärker regnet, oder wenn eine große Schneemasse schnell schmilzt, eine ungeheure Menge Wasser ausstoßen, wodurch die Bäche schnell anwachsen, mit großer Gewalt fluthen, alles was da unterwegs vorkommt, zerstören, und eine so große

Wassermenge plötzlich zuführen, daß diese von den Mündungen der Bodenklüfte nicht kann aufgenommen werden. Dasselbe findet auch dann Statt, wenn die Mündungen durch das hergeschwemmte Gesträuch, Heu und andern Unrath verengt oder verstopft werden. In solchen Fällen gibt es da eine furchtbare Überschwemmung. 1801 z. B. brachte der Bach Licca bis Unterkoszina so viel Wasser mit, daß, nachdem es nicht sogleich in den Klüften Raum fand, der Bach auf 15 Klafter Höhe anschwoll, und der Umgegend sehr verderblich, ja auch den Bewohnern höchst gefährlich ward. So kann auch das Wasser der Korbava bey Pechane nicht immer sogleich ganz verschlungen werden, wo in regnerischen und schneereichen Jahren ein großer Theil des fruchtbaren Bodens überschwemmt wird, und Wochen, ja Monathe lang unterm Wasser bleibt. Dieselbe schädliche Eigenschaft besitzt auch der Bach Gaczka, welcher in die Klüfte bey Ottochacz, Suicza und Berlog nicht immer ganz eindringen kann. In solchen Umständen pflegt eine gewaltige Wassermasse auch an solchen Orten hervorzuströmen, welche die längste Zeit im Jahre hindurch, entweder nur sehr wenig Wasser oder auch keines geben. Dieß ist der Fall bey dem Dorfe Priboj, unter der Alpe Plessiwicza, wo, so oft es auf der Alpe stärker und anhaltender regnet, oder wenn allda plötzlich ein großer Theil des Schnees schmilzt, aus dem Boden Wasser entspringt, und die Niederung überschwemmt, aber nach etlichen Tagen wieder verschwindet. Dasselbe geschieht auch an der rechten Seite der Straße von hier nach Korenicza im Walde. — Die oben erwähnte Höhle Zelena Pechina, sonst trocken, speyt zuweilen eine so erstaunliche Menge Wasser plötzlich aus, daß es den fruchtbarsten Theil Korbaviens überschwemmt. Dasselbe Wasser scheint durch unterirdische Löcher sogar bis auf die von Korbavien durch Berge getrocknete Ebene Bjelo Polje vorzudringen; indem diese, vom fließenden Wasser sonst ganz frey, zu derselben Zeit mit der Pechaner Nachbarschaft, unter Wasser gesetzt, und durch aus dem Boden hervorsprudelndes Wasser überschwemmt zu werden pflegt. — So wie nun die Bäche einerseits zu Zeiten stark anwächsen, so sind andererseits in trockenen Jahren mehrere darunter entweder nur sehr schwach, oder ganz trocken, so daß die Gebirgsbewohner wahrhaft Wassermangel leiden, und dieses von entfernten Gegenden herbeyschaffen müssen. 1802 stand im July ein großer Theil der Korbava und das Bjelo Polje unter Wasser; und dennoch hatten die Mühlen schon fast kein Wasser mehr. Zu derselben Zeit waren die Bäche der Licca alle, entweder sehr schwach an Wasser, oder trocken, so daß die Bewohner der Ortschaften zwischen den Bächen Gaczka und Licca genöthigt waren, ihr Vieh an diese Bäche zum Tränken zu treiben. — In der gebirgigen Gegend fließen alle Bäche, als die Licca, Novchicza, Szluinchicza, Mreßnicza, Thuincsicza, Dobra, ja selbst die Unna, Korana, und Kulpa zwischen sehr hohen und felsigen, an vielen Orten tiefausgehöhlten Ufern; und alle fließen sehr schnell. Nicht wenige derselben stürzen sich mit gewaltigem Geräusch von hohen Felsen herab. So die Gaczka, die sonst einen gemäßigten Lauf hat, bildet bey Ottochacz und Suicza einen Teich; von da stürzt sie über vielfache Wasserfälle, wo sie mehrere Mühlräder treibt, mit großem Getöse in die unterirdischen Klüfte hinab. — Noch ungleich merkwürdiger in dieser Hinsicht ist die Szluincicza, welche unter den Felsen des Schlosses Szluin nur aus einer sehr engen Oeffnung hervorbricht; aber bald einen großen Teich bildend, sich sehr ausbreitet, und über zahlose Steinklippen, welche durch den allmähligen Ansatz von Tuffwacke (Tophus) stets wachsen, in ununterbrochenen zahlreichen Wasserfällen mit großem Getöse in die vorbeyfließende Korana fällt; nachdem sie mitten zwischen den vielen Wasserfällen 43 (ehemahls noch mehrere) Mühlräder in Bewegung gesetzt hatte. Eine artige Zeichnung davon lieferte 1825 der seitdem verstorbene Feldmarschall-Lieutenant v. Dedovich. — Nicht weniger zu bewundern ist auch der Bach Korana selbst. Er bildet zwischen den Bergen der kleinen Capela mehrere Teiche, und stürzt aus den einen in den andern derselben nach der Reihe, und bildet, sowohl der Höhe, als auch der Breite und Vertheilung nach, sehr verschiedene Wasserfälle. Darunter zeichnen sich aus: Der Wasserfall aus dem Galovaczer Teiche, wo das Wasser von einer breiten Wand herabschießt. Zwey andere Wasserfälle, von welchen das Wasser aus dem nächsten Koziaker Teiche in den folgenden Milowanovo Jezero herabstürzt; Jenen aus dem letzteren Teiche in den untersten, von wo aus endlich der Fluß mit der Plitvicza vereinigt, Korana heißt. — Der starke Bach Plitvicza selbst hat von dem fast senkrecht abfallenden linken Ufer am untern Strande des letzten Teiches einen sehr tiefen Fall. Selbst die ganze Kulpa unter Ozail wälzt sich über die vielen Felsen zwar nicht von großen Höhen, aber wegen der Wassermenge mit großer Gewalt und mit einem furchtbaren Donnergetöse. Der Wasserfall ist 207 Klafter breit, 10 Kl. hoch, weßhalb auch die Schiffbarkeit des Flusses gehindert wird. — Stehende Gewässer, Teiche und Sümpfe gibt es in C. wenige. Im gebirgigen Theile gestatten zwar die Thäler und Vertiefungen den Gewässern keinen offenen Abfluß; nichts desto weniger gibt es allda, wenn man die schon oben genannten unbeständigen Teiche, dann jene in der Korbavia bey Pechane, in der Licca bey Unterkozin in der Koreniczer Ebene Bjelo Polje, und andere geringere abrechnet, nur wenig des stehenden Wassers. Unter der Alpe Debelo Berdo sind zwey Vertiefungen, worin das Wasser aufgehalten wird, nähmlich Babino Jezero, und Babina Loqua; aber sie sind von einem geringen Umfange, und nur der Seltenheit wegen bemerkenswerth. — Merkwürdiger ist der Ternovaczer Sumpf in Licca, unweit von Goszpich unter den Bergen des Velebich; denn er ist größer und mit Schilfrohr bewachsen. So auch die Teiche, in welche die Gaczka bey Ottochacz und Suicza, und jene, in welche die Korenicza zwischen den klein Capelerbergen ausmünden. — Der letzteren unter der Benennung der Plitviszerteiche bekannt, sind acht an der Zahl, und einer gibt über Wasserfälle das reinste Wasser an die folgenden ab. Denn die schon oben erwähnten 3 Quellen schütten ihr starkes Wasser in der Entfernung von ungefähr 2 Stunden von der Alpe Plessivicza in den allerlängsten Teich Prostnanszko Jezero; aus diesem fällt es in den Teich Cziganovacz, dann in den dritten, Okrusjak (beyde sind kleiner); der vierte Galovacz ist sehr breit, und ergießt das Wasser über eine breite Wand, wo sehr alte Ruinen eines Klosters schon mit Fichten bewachsen zu sehen sind; der fünfte, Buget, ist der kleinste, der sechste, Koziak, bietet eine sehr angenehme Ansicht, da er über ½ Stunde lang ist, und eine kleine mit Fichten bewachsene Insel einschließt. Aus diesem fließt das Wasser anfänglich nur in der Gestalt eines kleinen Baches den fast ebenen Abhang hinab; aber bald darauf stürzt es von zwey hohen Wasserfällen in den siebenten Teich Milowanovo Jezero. In den letzten endlich, Kaludjerovo Jezero, fließen die Gewässer aus dem siebenten am oberen Ende; am untern aber von der linken Seite der Bach Plitvicza, beyde von hohen Wasserfällen herab. Beide diese letzten Teiche, von hohen und steilen Felsen umgeben, gestatten keinen Zugang, und es ist furchtbar in die Tiefe hinabzusehen. In der Ebene bilden viele Sümpfe nicht nur die größeren Flüsse, als die Drave, sogleich nachdem sie die Steyermark verlassen, die Save aber mit ihrem Eintritt in die Ebene; die Kulpa gleich an der Carlstädter Gegend, die Unna in der Banalgränze bis zum Einfluß in die Save; sondern auch die kleinen Bäche, besonders aber den Chazma, Lonja, Glina, Maja, schwellen von den aus den Gebirgen herabströmenden Gewässern oft plötzlich an, und setzen die angränzenden Felder, welche die Bauern durch Dämme dagegen zu schützen gezwungen sind, unter Wasser. Die bemerkenswerthesten Sümpfe sind Gyon, in der Banalgränze zum großen Theil mit Lehm bedeckt; Lonszko Polje, in der untern Gegend des Kreutzer Comitats, ist auf mehrere Stunden ausgebreitet, und reich an Fischen und Wasservögeln; wie auch der Draganischer Wald an vielen Orten nur im Winter auf dem Eise zugänglich. — C.'s sämmtliche Bäder und Gesundbrunnen sind: Dorf Chresnyevecz, Warasdiner C. Gesundbad. — Dorf Erzenya, Warasdiner Com. Gesundbad. — Dorf St. Helena, Agramer Com. Warme Bäder. — Dorf Jamnicza, Agramer Com. Sauerbr. — Dorf Kamenszko, Carlstädter Com. Sauerbr. — Markt Krapina, Warasdiner Com. Warme Bäder. —Dorf Laszinya, Banal-Gränze. Sauerbr. — Dorf Lesche, Agramer Com. Schwefelbäder. — Dorf Oroszlavia, Agramer Com. Warmes Bad. — Dorf Ribnik, Carlstädt. Generalat, Gesundbr. —Dorf Slabotiz, Agramer Com. Warmes Bad. — Dorf Svita Woda, Agramer Com. Sauerbr. — Dorf Szmerdeche, Warasdiner Com. Warmes Bad. — Dorf Dolanya-Sztubicza, Agramer Com. Warmes Bad. — Dorf Szutinszka, Warasdiner Com. Warme Bäder. —Dorf Toplicza, Warasdiner Com. Warme Bäder. — Dorf Toplicze Krapinszke, Warasdiner Com. Warme Bäder. — Dorf Toplicze Szmerdeche, Warasdiner Com. Heilsame Bäder. —Dorf Toplicze, Agramer Com. Warme Bäder. — Markt und Schloß Toplika, Warasdiner Com. Warme Bäder. — Dorf Topuszka, 1. B. R. M. G. Warmes Bad. — Stadt Warasdin, Warasdiner Com. Warme Bäder. —Climatische Beschaffenheit: Daß der Druck und die Dichtigkeit der Luft in C. sehr verschieden seyn müsse, ist schon aus dem bisher Gesagten zu schließen. — Südlicher gelegen, sollte zwar C. ein milderes Clima haben als Ungarn. Da es aber höher liegt, so wird der Unterschied ausgeglichen, und man wird in dieser Hinsicht den untergebirgigen Theil C.'s von der untern Ebene Ungarns, und den südl. und östl. Theil des ersteren, von den nördl. unter der höchsten Tatea liegenden Theil des letzteren nur wenig verschieden finden. Nicht wenig trägt hiezu auch die Nähe von Steyermark, Krain und Kärnthen bey, deren Gebirge vermög ihrer höheren Lage und ihrer die längste Zeit im Jahre mit Schnee bedeckten Alpen nach C. kalte Winde senden. Daher kommt es, daß die Blüthe- und Erntezeit in den tieferen Gegenden C.s sowohl als Ungarns die nähmliche ist, und daß für die Kälte empfindliche Gewächse, als die Weinrebe, Feigen-, Mandel-Bäume ꝛc. hier und dort gleich gut fortkommen. — Dagegen ist die Luft in den westlichen Gebirgshaufen jenseits der Kulpa, und zwischen den Bergen Plessivicza, Capela und Velebich so rauh, daß jene Gewächse dort nicht gedeihen können; daß die Ernte gewöhnlich bis an das Ende August oder Anfangs September verspätet wird, und daß der Schnee oft um diese Zeit fällt, wo er meist bis in den April oder May bleibt, auf den Alpen aber zuweilen auch im höchsten Sommer noch zu sehen ist. Die Zermanja (der Bezirk) von Norden geschützt, und noch mehr die Meeresküste erfreuen sich ihrer tiefen Lage wegen, eines ungleich gelindern Clima's, als das übrige C. und Ungarn, welches sogar dem Olivenbaum und anderen, dem südlichsten Europa eigenen Gewächsen hold ist. Die Trauben werden hier schon im July reif, die Weinlese geschieht im August. Hier gedeihen auch Phillyreo media; Querinj ile, Bisracia, Terebinth ꝛc., obgleich im Winter die nahen Alpen nicht selten eine strenge Kälte verursachen. — Gleiche Verschiedenheit ist auch in Hinsicht der Winde wahrzunehmen. Die Gewalt derselben wird nähmlich schon durch die einheimischen und benachbarten Berge gebrochen, so daß sie ungleich gelinder auf die Ebene ankommen; dagegen wüthen sie desto furchtbarer auf den höheren Bergen und in den dortigen Ortschaften vom Sept. bis May fast unaufhörlich, und nicht selten auch den Sommer hindurch. — Die Bewohner unterscheiden zweyerley Winde, nähmlich den Wind Bora oder Bura, welcher vom Lande; und Jug, welcher vom Meere kommt. Jener pflegt von Norden oder Nordosten her, meistens zwischen 7—8 Uhr Vormittag zu entstehen, und um 4—5 Uhr Nachmittags aufzuhören; dieser kommt von Süden oder von Südwesten aus dem heißen Afrika, und ist an keine Stunden gebunden. — Fruchtbarkeit des Erdreichs: Die östlichen und nördlichen Theile C.s haben beynahe durchgehends eine große Fruchtbarkeit, besonders aber die Strecken an den Hauptflüssen des Landes. Die höheren Gegenden in Süden und Westen sind größtentheils wenig fruchtbar. Die Getreidearten, welche in C. am meisten gebaut werden, sind: Türkischer Weizen, Gerste, Heiden, Hirse und Hafer, viel weniger Weizen und Roggen. Flachs und Hanf wird nur für den eigenen Bedarf gebaut. Der Futterbau läßt viel zu wünschen übrig; Obstcultur und Gartenbau ist sehr unbedeutend; am meisten werden noch die Zwetschkenbäume gezogen, weil aus der Frucht derselben der Lieblingstrank der Croaten und Illyrier, der sogenannte Slivowitza gebrannt wird. C. hat bedeutenden Weinbau; der croatische Wein ist geistig und schmackhaft, jedoch, wie der italienische, nicht lange haltbar; er wird meistens im Lande verzehrt. Holz gehört zu den Hauptproducten. — Viehzucht: Diese ist gering und wird mit wenigem Fleiß betrieben; die Pferdezucht ist von gar keiner Bedeutung; die Rindviehzucht ist nur bey den Kühen etwas beträchtlicher, Ochsen werden nicht einmahl so viel gezogen, als das Land zum Ackerbau braucht; Schafzucht hat C. fast gar keine, aus Mangel großer Weideplätze, dagegen ist die Schweinezucht sehr bedeutend, wozu die großen Eichen= und Buchenwälder beytragen; Bienenzucht ist ansehnlich, so wie die Flußfischerey; Wildbahnen und Gehege findet man nirgends in diesem Lande. — Fabrikation: Nur der kleinste Theil der Volksmasse beschäftiget sich in C. mit der kunstmäßigen Bearbeitung der rohen Naturproducte; daher findet man in diesem Lande, außer den gemeinsten und einfachsten Handwerkern, noch wenig Künste, Manufacturen und Fabriken. — Handel: Da C. außer Holz und Wein, wenig eigene Producte in solchem Überflusse hat, daß es dieselben seinen Nachbarn zuführen könnte, so treibt das Land größtentheils nur einen Zwischenhandel. Die vorzüglichsten Commerzialstraßen sind die Louisen=, Carolinen= und Josephinerstraße. — Religion und Kirchenwesen: Die Einwohner bekennen sich zum größten Theil zur katholischen, und ein kleiner Theil zur griechischen Religion. Die katholische Kirche besteht aus zwey Ritus, der römisch= und der griechisch=katholischen (unirten) Kirche. Der römisch=katholische Bischof von Agram ist einer der reichsten des ungar. Reichs. Die griechisch=katholische Kirche steht unter einem eigenen Bischof, der zu Kreutz seinen Sitz hat. — Bildungsanstalten. Das katholische Schulwesen ist eben so eingerichtet, wie in Ungarn und Slavonien; es bestehen nähmlich die sogenannten Nationalschulen, welche in Trivial=, Haupt= und Primär= oder Musterschulen eingetheilt werden. Auch bestehen einige Mädchenschulen und zur Vorbereitung auf höhere Studien zwey Gymnasien zu Agram und Warasdin; zur weitern Bildung dient die Akademie zu Agram, woselbst für das theologische Studium ein Seminarium sich befindet, in welchem Cleriker für die römisch= und griechisch=katholische Kirche gebildet werden. Auch befindet sich zu Agram ein adeliges Convict.

Croatische Militärgränze theilt sich in 3 Hauptabtheilungen: Die Carlstädter=, Banal= und Warasdiner=Gränze. Die Carlstädter=Gränze besteht aus dem Liccaner, Ottochaner, Oguliner und Szluiner Regimentsbezirke; die Banalgränze aus dem Bezirke des ersten, und dem des zweyten Banal=Regiments; und die Warasdiner=Gränze aus dem Kreutzer und dem St. Georger Regiments=Bezirke. Die C. M. bildet den westl. Theil der ganzen Militärgränze, schneidet zwischen Illyrien, den croatisch=slavonischen Provinzialtheilen, Bosnien, Dalmatien und dem adriatischen Meere durch und nimmt 274 Quadratm. mit 400,000 Bewohnern ein, welche vorherrschend der römisch=katholischen, aber auch bedeutend der griechisch nicht unirten Kirche angehören. Feldbau und Viehzucht sind ihr Haupterwerb, größtentheils aber nur für eigenes Bedürfniß.

Croatische Sprache, ein illyrischer Dialect und Zweig des großen slavischen Sprachstammes, nahe verwandt mit dem böhmischen und mährischen, aber unter allen illyrischen Sprachen der polnischen am ähnlichsten.

Crusius, Christian, k. k. Rath und pens. Controllor der Post=
wagendirection, Ehrenbürger von Wien, Ehrenmitglied der Akademie
der Wissenschaften und nützlichen Künste in Erfurt, und correspondi=
rendes Mitglied der mährisch=schles. Gesellschaft des Ackerbaues, der
Natur= und Landeskunde zu Brünn, wurde geb. zu Wien den 14.
May 1758, und starb daselbst den 26. May 1831. Seine Verwendung
im Postfache war ausgezeichnet, das größte nicht unbelohnt gebliebene
Verdienst aber erwarb er sich durch sein treffliches Werk: Topographisches
Postlexicon aller Ortschaften der k. k. Erbländer ꝛc. 24 Bde. Wien,
1798 — 1828, welches ihm auch Anerkennung und Belohnung aus=
wärtiger Regenten verschaffte.

Csaba, in der Bekeser Gespanschaft in Oberungarn jenseits der
Theiß, das größte Dorf in Europa. 1819 hatte dieses Dorf, welches
über 1,000 Häuser zählt, 17,850 Einwohner, worunter 14,740
evangelische A. C. mit einer eigenen Kirche; 2,667 Katholiken und 400
nicht unirte Griechen ꝛc., ursprünglich meistens slowakische Colonisten.
Der hier wachsende Wein ist von geringer Qualität; dagegen ist hier
guter Ackerbau, vortreffliche Viehzucht, Flachs= und Haufbau. Nahe am
Dorfe fließt die Körös.

Csaikisten haben ihren Nahmen von jenen Schiffen, welche mit
ihnen bemannt werden, sich nach Verschiedenheit ihrer Größe in ganze,
halbe und viertel Csaiken theilen, und in Verschiedenheit derselben Größe
mit mehr oder weniger Kanonen besetzt, von dieser Truppe auch bedient
werden. Sie sind eine Gränztruppe und daher so wie alle übrigen Gränz=
Regimenter der österr. an die Türkey gränzenden Staaten regulär. Sie
bestehen aus einem Bataillon von sechs Compagnien, welche von einem
Stabsofficier befehligt werden. Ihre Waffe besteht nach Art der Pon=
toniers aus einem kurzen Gewehr mit Bayonnet und einem Säbel,
dessen Rücken wie eine Säge gestaltet ist. Die Kleidung gleicht in der
Farbe ebenfalls jener der Pontoniers, und besteht aus kornblauen Röcken
mit lichtrothen Aufschlägen und weißen Knöpfen, nur haben sie statt der
blauen deutschen, ungarische Beinkleider, derley Schuhe, statt eines
Corsen=Hutes, Csáko's, auf welchen vorn ein Anker angebracht ist. —
Ihre Dienstleistung gleicht in Friedenszeiten jener der Gränz=Regimenter,
nähmlich die angränzenden Länder gegen Überfälle der türkischen Horden,
gegen Verbreitung von Pestkrankheiten zu schützen, dann den Schleich=
handel zu hemmen, weßwegen sie mit ihren Csaiken die Gegend von
Pancsova, der Donau und der Save aufwärts bis Mitrowitz zu
bewachen haben. Bey einem ausbrechenden Kriege werden sie nach Erfor=
derniß der Stärke, nie aber in der Anzahl der Compagnien vermehrt,
und sind verbunden auch außer ihrem Districte Dienste zu leisten, zu
welchem Ende sie dann zur Schlagung der Brücken über bedeutende
Flüsse verwendet, und dem Pontoniers=Bataillon zugetheilt werden.
Die Gegend, welcher diese Truppe angehört, ist jener Winkel, welchen
die Theiß bey dem Einflusse in die Donau bildet, — der bekannte Thei=
ßer District, — welcher 14 Ortschaften oder Dörfer enthält, von welchen
das Stabsquartier oder der Hauptort Tittel ist. Die Bewohner dieser
14 Ortschaften sind, wie bey den Gränzern überhaupt, alle der Militär=

pflichtigkeit unterworfen. Sie erhalten als von dem Ertrag ihrer Felder lebend, weder Sold noch Kleidung, und müssen, wenn sie nach der Tour zum Dienst verwendet werden, die Verpflegung auf die bestimmte Anzahl Tage mitbringen. Aus diesen 14 Ortschaften wird endlich auch der Abgang der Mannschaft bey dem Ausbruch eines Krieges immer ersetzt, während die in der Heimath Verbliebenen den gewöhnlichen Friedensdienst zu besorgen verpflichtet sind. Außer den Officieren bey den Compagnien, deren jede einen Hauptmann, einen Ober= und Unterlieutenant und Oberbrückenmeister oder Fähnrich hat, gibt es ferner eigene Officiere, welche alle, auf Ökonomie und Baulichkeit Bezug habende Gegenstände ordnen und zu verrechnen haben. Sämmtliche Officiere erhalten nebst ihren Besoldungen auch in Friedenszeiten zum Unterhalt der chargemäßig bestimmten Pferde, Naturalien, wofür sie die Verpflichtung haben, in dem Bezirke des Bataillons alle Reisen, ohne auf Vorspann einen Anspruch zu haben, zu bewirken. Die Csaiken werden durch einen eigenen Schiffbaumeister auf dem Werfte auf Kosten des Fonds, welchen diese Truppe hat, erbaut, und die schadhaften wieder ausgebessert. — Übrigens steht diese Truppe, außer dem Stabsofficiere, unter dem slavonischen General=Commando, dann dem Hofkriegsrathe in Wien in militärischer, politischer und ökonomischer Hinsicht; in gerichtlicher unter einem Auditor, bey größeren Processen jedoch unter dem slavonischen General=Commando und dem allgemeinen Appellationsgerichte in Wien.

Csaikisten=Bataillons=District im slavonischen Militärgränzlande, in dem Winkel zwischen der Donau und der Theiß. Haupt= und Stabsort ist der Markt Tittel. S. Csaikisten.

Csákán, ein flötenähnliches von Schöllnast in Preßburg erfundenes Instrument, das der sanft schmelzenden Töne wegen, die einer Schalmey gleichen, seit einiger Zeit allgemein beliebt ist. In Form eines Stockes, der oben die Gestalt eines Hammers hat, wird es aus in= und ausländischem Holze mit silbernen und messingenen Ventilklappen, mit und ohne Zug verfertigt. Der Ton dieses Instruments geht um eine Quinte tiefer bis G.

Csákáthurn, ungar. Marktfl. in der Szalader Gespanschaft auf der Halbinsel Murau, von welchem Flecken eine ganze große Herrschaft, zu der noch 90 Dörfer gehören, ihren Namen hat, welche der verstorbene Graf Festetics, der patriotische Gründer des Georgikons zu Keßthely, von dem Grafen Althann, Obergespan der Szalader Gespanschaft, erkaufte. Der Marktflecken hat einen eigenen Magistrat, eine durch Franciscaner versehene katholische Pfarre, ein altes, aber später bis auf die Mauern neu erbautes, vom Bache Ternova umwässertes Schloß, welches einst der Wohnsitz des berühmten ungar. Helden Nikolaus Zrinyi war. Die Einwohner (größtentheils Croaten und wenige Magyaren) treiben meistens Viehzucht und Weinbau, nur wenige sind Handwerker. Der Wein ist vortrefflich. — Dieser Ort war einst stark befestigt. Seine Befestigung setzt Thurocz in seiner Chronik von Ungarn in das Jahr 1251. König Ludwig I. schenkte diese Burg dem siebenbürgischen Woywoden Stephan zur Belohnung seiner Tapferkeit.

40 *

Später kam ſie an die Zrinyi'ſche Familie. Ihre vormahlige Pracht beſchreibt der deutſche Reiſende Tollius. Trauer ſenkte ſich auf dieſen Geburtsort des berühmten Helden und Patrioten Nikolaus Zrinyi, durch die Verſchwörung des Grafen Peter Zrinyi mit Frangepan gegen den König von Ungarn, nach deren Entdeckung die Burg belagert wurde. Denn ehe noch Peter Zrinyi im Lager anlangte, wurde er geſchlagen und zog ſich mit Frangepan und ſeinen Truppen in die Burg zurück, die er für dieſen nicht vorhergeſehenen Fall zur Aushaltung einer Belagerung beſſer zu befeſtigen unterlaſſen hatte. Der öſterr. Feldherr Spancavius beſtürmte mit ſeinen Truppen die Burg ſo lange, bis er ſich durch die zuſammengeſtürzten Mauern einen Weg in dieſelbe bahnte. Da Zrinyi befürchtete durch ſeine eigenen Soldaten den Belagerern ausgeliefert zu werden, verließ er mit ſeinen Mitverſchwornen in der Nacht heimlich die Burg, und die Beſatzung zerſtreute ſich gleichfalls, als ſie dieß erfuhr. Bekanntlich wurden Peter Zrinyi und Frangepan gefangen und 1671 zu Wiener-Neuſtadt als Rebellen enthauptet. — Aus der in der alten Burg befindlich geweſenen Zrinyi'ſchen Waffen-, Münz-, Bilder- und Antiken-Sammlung iſt vieles bis auf unſere Zeiten gekommen, und wird noch in dem jetzigen Schloſſe zu C. aufbewahrt. Hier prangt unter andern das wohlgetroffene Bildniß des ungar. Leonidas, Nikolaus Zrinyi, von welchem der Veteran der magyariſchen Dichter, Franz von Kazinczy zu Széphalom, eine richtige Copie beſorgte, in Kupfer ſtechen ließ, und mit einer anziehenden Biographie des Helden, die 1825 in Wien ins Deutſche überſetzt wurde, begleitete.

Cſáko, die ungar. Benennung der Mütze der Huſaren, die auch in die deutſche und franzöſiſche Sprache aufgenommen worden iſt.

Cſáky, eine berühmte ungar. adelige und gräfl. Familie, aus der ſich mehrere durch Patriotismus, unerſchütterliche Treue gegen den Landesfürſten, Staatsklugheit und Gelehrſamkeit beſonders ausgezeichnet haben. Sie iſt eine der älteſten ungar. Familien (höchſt wahrſcheinlich jetzt die älteſte). Thurocz, einer der älteſten ungar. Chronikenſchreiber, leitet in ſeiner Chronik dieſe Familie von dem ungar. Heerführer Zabolcs (Saboltſch) ab, der in der heutigen Szabolcſer Geſpanſchaft auf dem Platze, wo jetzt die Ruinen der Burg Cſákvara liegen, die Burg Chák (Cſák, Tſchák) baute, von der ſeine Nachkommen Cſáky genannt wurden, welche Burg zu den Zeiten des Königs Andreas zerſtört wurde. Daß dieſe Burg groß war, zeigen noch die heutigen Ruinen. Die Cſáky'ſche Familie, bey welcher jetzt die Obergeſpanswürde in der Zipſer Geſpanſchaft erblich iſt, blühte daher ſchon vor 7 Jahrhunderten. Anfangs hatte ſie nur in der Szabolcſer Geſpanſchaft Beſitzungen, ſpäter erhielt ſie auch welche in der Abaújvárer, Saroſer, Zipſer, Trencſiner u. a. Wir führen hier folgende C. in alphabetiſcher Überſicht an: Graf Emanuel C., Obergeſpan des Zipſer Comitats und wirklicher geh. Rath, ein geſchmackvoller lateiniſcher Styliſt im Lapidarſtyl und deutſcher Schriftſteller, geſt. am 23. Dec. 1825 zu Kaſchau. Sein Familiengut Hottkocz verwandelte er in ein wahres Tusculum. Der engliſche Luſtgarten wurde mit Statuen und andern

Denkmählern, welchen er lateiniſche Inſchriften in claſſiſchem Lapidarſtyl beyfügte, geziert. Er war ein trefflicher Staatsmann und warmer Patriot. Die edelſte Humanität, Liebe für die Wiſſenſchaften und Achtung verdienter Autoren zeichneten ihn ſtets aus. Im Druck erſchienen von ihm mehrere ausgezeichnete lateiniſche Reden, die er in den Congregationen des Zipſer Comitats hielt. — Blicke in das Menſchenleben, Kaſchau, 1823, die einen Schatz von Lebensphiloſophie und Menſchenkenntniß enthalten. — Graf Emmerich C., Erzbiſchof von Colocza, Biſchof von Großwardein und Cardinal, geb. 1662. Sehr frühe faßte er den Entſchluß, ſich dem geiſtlichen Stande zu widmen. Die Humaniora abſolvirte er zu Kaſchau. Von da ging er nach Wien in das Pazmaniſche Seminarium, in welchem er nach abſolvirten philoſophiſchen Studien, in Gegenwart des Kaiſers Leopold I. Sätze aus der geſammten Philoſophie mit ſolchem Beyfall vertheidigte, daß ihn der Kaiſer zum Abt der heil. Jungfrau Maria, die philoſophiſche Facultät der Wiener Univerſität aber zum Doctor der Philoſophie ernannte. Von hier begab er ſich nach Rom, ſtudirte in dem Collegium S. Apollinaris Theologie, und vertheidigte zur Erlangung der theologiſchen Doctorwürde, mit vielem Beyfalle der dabey gegenwärtigen Cardinäle, Theſen aus der geſammten Theologie. Ins Vaterland zurückgekehrt widmete er ſich zuerſt der Seelſorge zu Kaſchau in Oberungarn. 1703 wurde er von Leopold I. zum Großwardeiner Biſchof ernannt, und vom Papſt Clemens XI. confirmirt. C. erfüllte die Pflichten ſeines hohen Amtes mit allem Eifer, und entſprach den Erwartungen ſeines Königs. In dem Rákoczy'ſchen Kriege bewog er viele angeſehene Perſonen, Rákoczy's Fahnen des Aufruhrs zu verlaſſen, den Frieden vorzuziehen, und zum Könige zurückzukehren. Während dieſer Unruhen war der Biſchof C. ſammt ſeinen Domherren eine Zeit lang von Großwardein verdrängt, und die biſchöflichen Güter waren in den Händen der Feinde. Endlich zeigte ſich Rákoczy ſelbſt zum Frieden geneigt, und ſandte zu dieſem Ende 1709 einen Gefangenen von Adel als Unterhändler nach Wien. Die Unterhandlungen verzogen ſich 2 Jahre lang, bevor der Friede zu Stande kam. Dieſe Zwiſchenzeit benützte der Biſchof C. wieder, vielen ſeiner Landsleute von der Rákoczy'ſchen Parthey friedliche Geſinnungen einzuflößen. Deßwegen ernannte ihn Joſeph I. 1710 bey Erledigung des Colोczaer Erzbiſthums zum Erzbiſchof mit Beybehaltung des Großwardeiner Biſthums. Er verlieh ihm auch bald darauf noch die Propſtey St. Martin zu Preßburg. In dieſer hohen Würde nützte C. ſehr viel ſeiner Kirche und dem Staate. Um ihm einen noch höhern Glanz der geiſtlichen Würde zu verſchaffen, ließ Kaiſer Carl VI. dem Papſt Clemens XI. durch den Cardinal Joh. Baptiſt Ptolomäus 1717 den Wunſch eröffnen, den Erzbiſchof C. zum Cardinal zu ernennen. Der Papſt entſprach ſehr ſchnell dem Wunſche des Kaiſers, indem er C. am 1. Oct. 1717 zur Cardinalswürde erhob. Als dieſer Papſt 1721 geſtorben war, verfügte ſich auch C. in das Conclave nach Rom, und erhielt auch einige Stimmen für die päpſtliche Würde. Als auf dem ungariſchen Reichstage zu Preßburg 1728 die weibliche Erbfolge im Königreich

Ungarn verhandelt wurde, und mehrere Reichsstände derselben abgeneigt
waren, wußte er durch seine Vorstellungen und seine glänzende Beredsamkeit Alle dafür zu gewinnen. In Debreczin, wo die Zahl der
Katholiken damahls sehr gering war, ließ er auf seine Kosten eine katholische Kirche bauen, und übertrug die Pfarradministration den Piaristen.
Bald darauf wies er auch den Franciscanern einen Sitz zu Debreczin
an, so wie er diese, nebst den Paulinern und Capuzinern, auch nach
Großwardein versetzte. Er hatte auch den Plan, die erzbischöfliche
Stadt Colocza mit einer Mauer zu versehen und mit neuen Gebäuden zu zieren, allein der Tod hinderte ihn daran. — Geziert mit Verdiensten um seine Kirche, um seine Monarchen, welchen er stets treu
ergeben war, um den Staat und das Vaterland, starb er auf dem
Landgute Szalka bey Großwardein, am 28. Aug. 1732, 70
Jahre alt. Sein Leichnam wurde in der von ihm erbauten Kirche der
heil. Anna bey den Piaristen feyerlich beygesetzt. Im Druck erschienen
von ihm: S. Ladislaus bis Rex, sive Hungariae et sui moderator,
Josepho I. dicatus. Wien, 1690. — Domus austriacae cunae.
eb. 1716. — Franz C. Als Elisabeth, die Witwe des Königs
Albert und der von den Ungarn erwählte König Wladislaw I.
1440 um den ungar. Thron stritten, war Franz C. von der Parthey des Wladislaw. Er war 1461 Biharer Obergespan, als
ihn König Mathias I. nach Olmütz schickte, um mit dem böhm.
Könige Podiebrad darüber zu verhandeln, was der König Mathias seiner Braut Catharina, der Tochter des böhm. Königs,
zur Morgengabe geben solle. König Mathias billigte Alles, was
die zwey Abgesandten mit Podiebrad festsetzten. Den Frieden
des Königs Mathias mit Kaiser Friedrich III. unterschrieb
1464 nebst andern Magnaten auch dieser C. — Georg C. starb mit
Nikolaus Zrinyi den Heldentod fürs Vaterland. 1566. —
Johann C., ein treuer Anhänger des Königs Andreas III., der
ihm deßwegen das Dorf Visk schenkte, und dann des Königs Wenzel, der ihn in dem Besitz desselben 1303 durch eine königl. Urkunde
bestätigte. — Ladislaus (Laszlo) C., Woywode von Siebenbürgen unter dem Könige Siegmund. — Matthäus C., gewöhnlich Matthaeus Trencsiniensis genannt, weil er die Trencsiner Burg,
ja die ganze Trencsiner Gespanschaft besaß. Er war Palatin von Ungarn
unter der kurzen Regierung des Königs Wenzel. Auch sein Vater
Peter war Palatin. Der König Wenzel aus Böhmen verdankte
vorzüglich dem Palatin Matthäus C., daß er zum ungar. Throne
gelangte. Zur Belohnung dafür schenkte ihm der König die Burg
Trencsin und die ganze Trencsiner Gespanschaft in Niederungarn.
Matthäus hatte aber auch in Oberungarn und in andern Theilen
Niederungarns Besitzungen; z. B. viele Flecken und Dörfer von
Kaschau bis Comorn. Er starb 1318. — Michael C., Dom-
herr zu Carlsburg in Siebenbürgen und Rath der Isabella,
Witwe des Gegenkönigs Joh. Zápolya. Auf dem Klausenburger
Landtage 1543 nahm er die Parthey der Anhänger Luther's und
Calvin's gegen den Bischof und Cardinal Georg Martinuzzi.

Nach dem Tode der Isabella stand er bey ihrem Sohne Johann Siegmund in Gunst, der ihn 1550 als Friedensunterhändler zum Könige Ferdinand I. schickte. Auch begleitete er 1566 seinen jungen Fürsten nach Semlin ins Lager des türkischen Kaisers Soliman, von dem er ein kostbares Kleid zum Geschenk erhielt. Als er mit dem jungen Fürsten nach Carlsburg zurückgekehrt war, wurde er zum Kanzler und Schatzmeister von Siebenbürgen ernannt. Er bemühte sich sehr, den Fürsten Zápolya mit dem Könige Maximilian II. auszusöhnen, und als 1570 Caspár Békést (Békési) die Friedenspuncte von Wien brachte, drang er vor allen auf Erfüllung derselben. Zápolya ernannte ihn zu einem seiner Testaments-Executoren, und nach dessen Tode wollte er nebst Békést und andern den Stephan Báthory nicht als Woywoden anerkennen, und als dieser von ihm Rechnung über den Schatz des Fürstenthums forderte, weigerte er sich, ihm diese abzulegen, indem er behauptete, nur dem Könige Maximilian dazu verpflichtet zu seyn. Er starb 1572. — Nicolaus C. nahm Theil an dem Treffen des Königs Wladislaw II. gegen Albert bey Kaschau, und unterschrieb den am 20. Febr. 1491 im Lager geschlossenen Frieden. — Stephan C., Dynast und später Statthalter in Siebenbürgen zu Anfang des 17. Jahrhunderts. — Graf Stephan C., Obergespan des Zipser Comitats, und k. k. General in Oberungarn. Er studirte in seiner Jugend mit Eifer die Wissenschaften, und zeichnete sich im männlichen Alter im Krieg und Frieden aus. Um seine Verdienste zu belohnen, ernannte ihn Leopold I. zum ungar. Landesrichter (Judex curiae regiae), und bald darauf auch zum k. k. General in Oberungarn. Beyde Ämter bekleidete er mit Beyfall bis zu seinem Tode, der am 4. Dec. 1699 erfolgte.

Csanád, ungar. sogenannte bischöfl. Stadt (eigentlich nur ein Marktflecken) in der Csanáder Gespanschaft, mit den Ruinen eines Schlosses, an der Maros, der königl. Kammer gehörig, hat 6,730 Einw., theils Walachen, theils Serben, von welchen 5,000 der griechisch-nichtunirten, 1,730 der kathol. Kirche angehören, eine katholische und eine griechisch-nichtunirte Pfarre (letzte unter einem Protopopen) und einen sehr fruchtbaren Boden. C. war einst eine große, volkreiche und blühende Stadt. Ungeachtet sie nicht mit Mauern umgeben war, so hielt sie dennoch Belagerungen aus, denn man konnte die vorbeyfließende Maros in die Stadtgräben leiten, und so die ganze Stadt mit Wasser umgeben. Stephan I. stiftete hier 1036 ein Bisthum, und ernannte zum ersten Bischof den heil. Gerhard (aus der venetianischen Familie Sagredo), der hier eine Kirche zu Ehren des heil. Gregor erbaute.

Csanáder Gespanschaft; in Oberungarn jenseits der Theiß, 10 Meilen lang und 8 — 9 Meilen breit. Sie besteht gleichsam aus zwey großen Theilen (dem östl. und westl.), welche in der Mitte ein schmaler Erdrücken verbindet. Den östl. Theil begränzt gegen N., O. u. S. die Araber, und an einer Ecke gegen N. auch die Békeser, gegen W. die Csongrader Gespanschaft. Den westl. Theil begränzt gleichfalls größtentheils die Csongráder Gespanschaft gegen W. u. N., ge-

gen S. hat ſie aber die Torontáler Geſpanſchaft zum Nachbar, von der
ſie durch die Maros getrennt wird, und gegen O, die Arader Geſpanſchaft. Der erwähnte Erdrücken iſt bey Tót Komlos. Die Geſpanſchaft
hat eine ſehr vortheilhafte Lage an den Flüſſen Maros und Theiß, und
beſteht aus einer weiten Ebene, die nur hin und wieder mit Eichenbäu-
men und Weinreben beſetzte Hügel hat. Der Boden iſt fruchtbar an Getreide und auch für den Weinbau geeignet. Das Clima iſt (mit Ausnahme der Sumpfgegenden) geſund, das Brunnenwaſſer aber nicht ſehr
gut. Producte: 1) Aus dem Pflanzenreich: Weizen, viel Kukuruz
(Mais); guter Tabaksbau; große und gute Weiden und Wieſen. Die
Hügel ſind mit Weinreben bepflanzt, die beſonders bey Mákó einen trefflichen Wein liefern. Auch erzeugt dieſe Geſpanſchaft gutes Obſt. Die
Officiere zu Mezőhegyes gaben dadurch ein ſchönes Beyſpiel von
Obſtveredlung, daß ſie vom Vorgebirge der guten Hoffnung in Afrika
ausgezeichnet gute Rebenſorten und Obſtbäume verſchrieben. 2) Aus dem
Thierreiche: Großes und gutes Rindvieh (vorzüglich ſind die Makoer-
Ochſen wegen ihrer Größe berühmt), beträchtliche Schafzucht, viele
Schweine, die beſonders in den Buchen= und Eichenwaldungen gemä-
ſtet werden, blühende Pferdezucht, eine Menge ſchmackhafter Fiſche, be-
trächtliche Bienenzucht, Seidenraupenzucht.—Die C. G. enthält bloß einen
Bezirk und in dieſem nur eine biſchöfliche Stadt (Cſanád), zwey Markt-
flecken (Mákó und Tornya), 9 Dörfer und 30 Prädien, in welchen
nur 35,100 Menſchen (worunter 220 Edelleute) wohnen, ſo daß auf
eine O. M. nicht mehr als 1,200 kommen. Die Einw. ſind Magyaren,
Walachen, Serben, Slowaken und Juden. Darunter ſind 12,900
Katholiken, 12,500 nicht unirte Griechen, 2,250 Proteſtanten A. C.
(größtentheils Slowaken) 6,600 Reformirte, 850 Juden. In dieſer
Geſpanſchaft gibt es ſehr wenige Handwerker, faſt jedermann iſt Landwirth.
Mit Getreide, Rindvieh, Pferden und Schweinen, die in ganzen Heerden fortgetrieben werden, Wolle, Wein, Honig und Wachs wird ſtar-
ker Handel getrieben.

Cſaplovics, Edler v. Jeszenova, Joh., gräfl. Schönborn'ſcher Rath, und Director der gräfl. Majorats = Herrſchaften
Munkács und Szent=Miklós, ſtammt aus einem adeligen, im
Árváer Comitat zu Jeszenova-Nobilium ſeit 1320 beſtehenden Geſchlechte, und iſt 1780 den 22. Sept. zu Felſő=Pribéll im Groß-
Honther Comitat geboren. Nach vollendeten Schul= und Rechtsſtu-
dien, practicirte er in Neuſohl anderthalb Jahre lang bey einem Advocaten, und ward im Dec. 1799 zum Sohler Comitats=Kanzelliſten,
1804 zum Vice=Notar, und 1808 zum Gerichtstafel=Aſſeſſor dieſes
Comitats ernannt. 1805 verwaltete er interimiſtiſch das Provinzial=
Commiſſariat=Amt des Neuſohler Bezirks durch 2 Monathe, und erlangte in demſelben Jahre auch das Advocaten=Diplom. Im Juny 1808
verfügte er ſich auf Anrathen und Vermittelung des berühmten Sep-
temvir und Obergeſpans Peter v. Balogh, der ihm zur Hofagen-
tie verhelfen wollte, nach Wien, in der Abſicht, um Gelegenheit zu
finden, die Hofſtellen=Geſchäftsführung zunächſt bey der ungar. Hofkanzley kennen zu lernen. Allein die feindliche Invaſion 1809 hinderte ihn

daran und er folgte einem schon frühern Rufe nach Pakracz in Slavonien, wo er bis zum Monath May 1812 das Amt des bischöflichen Secretärs, und zugleich Consistorialfiscals versah. Hier beschäftigte er sich auch mit der Bienenzucht und flößte die Liebe zu dieser nützlichen Beschäftigung Vielen ein, durch mündlichen Unterricht sowohl, als auch durch den güten Erfolg seiner rationellen Bienen-Behandlung. — Von da verfügte er sich abermahls nach Wien, und trat sein dermahliges Dienstverhältniß im April 1813 als Secretär an. 1815 ward er zum Rath, und 1819 zugleich zum Director der gräfl. Schönborn'schen Herrschaften in Ungarn befördert. Die Ehre der Gerichtstafel-Assessur ward ihm auch in den Comitaten Zólyom, Beregh, Marmaros, Ugocsa zu Theil. Die k. k. Landwirthschafts-Gesellschaft in Wien beehrte ihn 1814 mit der Aufnahme zum wirklichen, die der naturforschenden Freunde in Halle aber 1815 zum auswärtigen Mitgliede, beyde in Rücksicht auf die durch ihn bewirkte bedeutende Erweiterung der Wissenschaft über die Bienenzucht. Da ihm eine große Leichtigkeit im Auffassen und in der Geschäftsführung eigen ist, so wird es ihm möglich, bey seinen vielen Amtsgeschäften einige Zeit zu gewinnen, und diese der Literatur zu widmen. Er versuchte sich als Schriftsteller in mehreren Fächern, hauptsächlich in der Jurisprudenz, Geographie, und Ethnographie Ungarns. Seine Werke erschienen in folgender Ordnung: Eine neue verbesserte, und bis auf 1808 fortgeführte Ausgabe des 1798 gedruckten Kubinyschen: Enchiridion lexici corporis juris Regni Hungariae; Preßburg, 1810, 3. Aufl. eb. 1832. — Nucleus plani tabularis, sive synopticus decisionum curialium extractus, eb. 1811. Eine neue Aufl. eb. 1817. — Index sessionum diaetae, 1811 — 12. Dem Reichstags-Diarium beygedruckt 1812. — Die Bienenzucht in Doppelstöcken, mit 1 Kupf. Wien 1814. Neue Aufl. eb. 1815; Anhang, 1816. Von Szent Iványi ins Ungarische (Miskólcz, 1816) und von Blaskovics ins Slowakische (Wien, 1817) übersetzt. Auch in Siebenbürgen soll eine ungar. Übersetzung erschienen seyn. Eine lateinische Ausgabe: „Novam facilem et utilem apes in duplicatis alvearibus colendi rationem omnibus apicolis commendat etc." besorgte C. selbst, Wien 1814. — Problemata juridica. Ein sehr lehrreicher Nachlaß des Grafen Georg Fekete, ehemahligen Personals, Preßb. 1814. — Zusätze, Berichtigungen und doppeltes Register zu Engel's Geschichte des ungar. Reichs. Wien, 1814. — Guter Rath an Alle, die von rheumatischen Leiden befreyt zu werden wünschen. Wien 1815. — Das Bartfelder Bad. Wien, 1817. — Slavonien und zum Theil Croatien. 2 Bde. Pesth, 181⁹. (Hierin lieferte der Verfasser zuerst glaubwürdige Nachrichten über die orientalische Kirche in Ungarn, Slavonien und Croatien.) — Schematismus ecclesiarum et scholarum Evangelicorum Aug. Conf. in Regno Hungariae. Pro anno 1820. Wien, 1820. (Es ist der allererste Schematismus dieser Kirchenparthey.) — Schematismus ecclesiarum et scholarum Evangelicorum Aug. Conf. in Districtu Cis-Danubiano. Adjectis ethno- et topographicis notitiis. Pro anno 1822. Pesth, 1822. — Ethnographische Erklärung der vom Oberstlieutenant Heimbucher gezeichneten und in

Kupferſtichen herausgegebenen 78 ungar. Trachten, unter dem Titel: „Pannoniens Bewohner in ihren volksthümlichen Trachten" ꝛc. Wien, 1820. — Topographiſch-ſtatiſtiſches Archiv des Königreichs Ungarn. 2 Bde. Wien, 1821. — Ethnographiſcher Text zu 33 in Kupf. geſtochenen Zeichnungen der Nationaltrachten und Anſichten Ungarns, Siebenbürgens und der Bukowina, von Fr. Jaſchke. Wien, 1822. — Slowenſke Werſſé (ſlowak. Gedichte), Peſth, 1822. — Gemälde von Ungarn, 2 Bde. Peſth, 1829. — Croaten und Wenden in Ungarn, ethnographiſch geſchildert. Preßb. 1829. — Ungarns Vorzeit und Gegenwart, verglichen mit jener des Auslandes. Wien, 1830. — Überdieß lieferte er viele Aufſätze zu André's Hesperus, 1816 — 21 (für die humoriſtiſch eingekleidete Ethnographie der Slowaken in Ungarn, unter dem Titel: Beweis, daß die Slowaken in Ungarn Engländer ſind, im Hesperus 1818 und 1820, wurde ihm der durch André ausgeſetzte Preis von 200 Gulb. zuerkannt). Er nahm einen thätigen Antheil auch an André's öfonomiſchen Neuigkeiten, 1817—22; an der Wiener allg. Lit. Zeitung, 1814—16; an den vaterländiſchen Blättern und an der damit verbundenen Chronik der Literatur, 1816—20; an Gräffer's Converſ. Blatt, 1821; an Feſtetics's Pannonia, 1820—22; an dem Unterhaltungsblatt bey der Preßburger Zeitung, 1813—26; an der Ährenleſe, 1827 und folg.; an der Iris in Peſth, 1825; an der Wiener allg. Handlungszeitung, 1827 und 1828; an dem neuen Archiv, 1829—30. — In die Wiener-Theater-Zeitung lieferte er nur einiges, 1822 und 1827. — Zu der magyariſchen Monathſchrift: Tudományos Gyujtemény trug er 1821—23 wichtige Aufſätze, meiſt ethnographiſchen Inhalts bey; zum Magyar Kurir 1824. — 1819 von der Redaction der Jenaer allg. Literatur-Zeitung zur Theilnahme eingeladen, ſah er ſich durch die Zeitverhältniſſe veranlaßt, dieſe Aufforderung, ſo wie ſpäter auch eine andere von Kotzebue, zu deſſen liter. Wochenblatt Beyträge zu liefern, dann die zu Beyträgen für die allg. Zeitung 1822, und mehrere dergl. des Auslandes ganz abzulehnen. — Unſtreitig bewirkte er durch ſeine Schriften viel Gutes. Die juridiſchen Hülfsbücher ſind ungar. Juriſten, Advocaten und Richtern unentbehrlich; das Bienenbuch verbreitete richtigere Anſichten, und es iſt die Zahl der Bienenzuchtfreunde dadurch beträchtlich vermehrt worden. Die Völkerkunde Ungarns und der Nebenländer verdankt ihm anſehnliche Bereicherungen. In ſeinen deutſch geſchriebenen Werken herrſcht viel Jovialität. Mehrere ſeiner intereſſanteſten Werke ſind noch im Manuſcript, ſo z. B. Ethnographie von Ungarn. — Phyſiographie von Ungarn. — Die Juden in Ungarn. — Mehrere geographiſch-ſtatiſtiſche Aufſätze und Abhandlungen ꝛc.

Cſaráð, ungar. Dorf im Barſer Comitat. In der Nähe dieſes Dorfes ſieht man im Berge Bruſzno die ſogenannten Cſaráðerhöhlen, welche durch Kunſt in Thonporphyr gehauen ſind, und mehrere kellerartige Abtheilungen haben. Wahrſcheinlich dienten ſie in früherer Zeit zur Aufbewahrung von Getreide oder andern Gegenſtänden.

Cſardaken, hölzerne Wachthäuſer in der ungar. Militär-Gränze in mäßigen Entfernungen von einander auf Eichenpfählen aufgeſtellt.

Die wachthabenden Gränzer, welche darin eine ganze Woche lang bleiben und sich selbst verköſten, haben darauf zu ſehen, daß außer den Raſtell= (Markt=) Tagen, welche zum Verkehr mit den Türken beſtimmt ſind, kein Menſch aus Boſnien herüberkomme. Nur dort, wo die Contumazen beſtehen, iſt es erlaubt, die Leute aus Boſnien zu jeder Zeit herüberzulaſſen, weil da ohnedieß in jeder Stunde alles das geſchieht, was zur Verhütung der Peſtfortpflanzung vorgeſchrieben iſt. Die hier beſtehenden Maßregeln ſind ſo ſtreng, daß, wenn, beſonders zur Peſt= zeit, der Warnungen ungeachtet Jemand herüberkommen wollte, er ohneweiters erſchoſſen würde. Auch für den Fall eines feindlichen Ein= bruchs iſt hier ſo zweckmäßig geſorgt, daß die ganze Gränze höchſtens binnen 4 Stunden in Allarm geſetzt werden kann. Zu dieſem Ende ſind bey einer jeden der, längs der Gränze liegenden Officiersſtationen Al= larmſtangen, mit Stroh umwickelt, aufgeſtellt, und daneben ein Mörſer, welcher im Augenblick geladen, und losgebrannt werden kann. Rückt feindliche Gefahr heran, ſo geben erſtlich die C. Feuer, in der nächſten Station wird die Allarmſtange angezündet und der Mörſer los= gebrannt. Die nächſten Stationen thun das nähmliche, und ſo geht der Lärm in der ganzen Gränze mit der größten Schnelligkeit fort. Dieß und die Verhütung der Peſtfortpflanzung, ſo wie die Hintanhaltung der bosniſchen und ſerviſchen Räuberhorden ſind die vorzüglichen Pflichten, welche allen Gränzern obliegen.

Cſáſzár, Andr. v., geſchworner ungar. Landes=Advocat zu Roſenau, ausgezeichneter ungar. publiciſtiſcher Schriftſteller, Beförderer der magyar. Sprache und Literatur, und eifriger Patriot, wurde geboren zu Jóléß in der Gömörer Geſpanſchaft am 5. July 1745, und ſtarb am 28. Jän. 1816 zu Roſenau (Rosnyó) in der Gömörer Geſpanſchaft. Nachdem er zuerſt in der benachbarten evange= liſch=luther. Schule zu Berzethen, dann in dem Gymnaſium zu Dobſchan, wo er auch die deutſche Sprache lernte, in dem Collegium zu Eperies und dem Lyceum zu Käsmark mit glücklichem Erfolge den Grund zu den Wiſſenſchaften gelegt hatte, zog ihn der Ruf des be= rühmten Benczur, eines ausgezeichneten publiciſtiſchen Schriftſtellers, nach dem Lyceum zu Preßburg, deſſen Rector damahls Benczur war, und C. hörte hier, außer einigen philoſophiſchen, mathematiſch=phy= ſikaliſchen und theologiſchen Vorleſungen, vorzüglich als fleißiger Schü= ler Benczur's die ungar. Geſchichte und die Theorie des vaterländiſchen Rechts. So mit wiſſenſchaftlichen Kenntniſſen bereichert, machte er ſich bey Stephan v. Tißtapataki, einem berühmten ungar. Rechts= gelehrten zu Raab, 1766 die juridiſche Praxis mit ſo gutem Erfolg eigen, daß er bereits im folgenden Jahre bey der Gerichtstafel des Tornaer Comitats unter die geſchwornen ungar. Landesadvocaten aufge= nommen wurde. Nach Einführung der neuen Gerichtsordnung unter Joſeph II. in Ungarn war er nur aus Gefälligkeit ausgeſuchter Clien= ten Anwalt, und zwar ſehr ſelten, und in den meiſten Fällen nur durch guten Rath. 1790 wurde er zum ordentlichen Notar des Gömörer Co= mitats ernannt, und mußte jetzt vieles von Amtswegen ſchreiben, das auf öffentliche Kosten durch den Druck bekannt gemacht würde. Sein Schriften erhielten großen Beyfall. So schrieb er unter andern 1790 eine Abhandlung über die Preßfreyheit (de libertate preli). 1789 schrieb er die origines juraque hospitum Teutonum, und dedicirte sie dem Kaiser Joseph II. Auch seine übrigen früheren und späteren Schriften wurden mit dem verdienten Beyfall aufgenommen. 1784 verfaßte er seine Hungaria semper sua, die im folgenden Jahre zu Eperies gedruckt wurde. 1789 übersetzte er die Josephinische Gerichtsordnung ins Magyarische, und ließ seine Übersetzung zu Kaschau drucken. In demselben Jahre machte er seine Abhandlung de crimine laesae majestatis durch den Druck bekannt. Seine neuern Werke sind: Dissertatio de suppliciis capitalibus, Leutschau, 1807. In dieser Abhandlung verwirft er aus philosophisch-philanthrop. Gründen die Todesstrafen der Verbrecher. Die Erhebung der magyar. Nationalsprache zur öffentlichen Civil- und Gerichtssprache vertheidigte er gegen Johann v. Fejes in der in zu heftigem Tone verfaßten Streitschrift: Analysis opellae de lingua, adminiculis et perfectione ejus in genere, et lingua hungarica in specie etc. per Joannem Fejes, auctore A. Cházár, Leutsch., 1807. Daß auch das Schulwesen seiner Glaubensgenossen seinem warmen Patriotismus nicht fremd blieb, beweist seine Schrift: Rosnävia pro nationali Gymnasio in Inclito Comitatu Gömör. et Kis-Honth. articulariter unito prae ceteris idonea, Leutsch., 1808. Seine Talente und Verdienste konnten nicht unbemerkt und unbeachtet bleiben. Deßwegen wurde er von den Gespanschaften Torna, Honth, Abaújvár und Liptau zum Beysitzer der Comitats-Gerichtstafel ernannt, welche Würde er in der Gömörer Gespanschaft schon länger bekleidete. Die evangelisch-luther. Gemeinden der Gömörer Gespanschaft sandten ihn 1791 zur Pesther Synode als ihren Deputirten. Seine Philanthropie bewährte er durch die Gründung des Taubstummen-Instituts zu Waitzen. Mit den öffentlichen Geschäften, und mit Lectüre und Schriftstellerey verband C. das Studium und die Praxis der Landwirthschaft. Er hat mehrere unfruchtbare und unnütze Strecken in der Gömörer Gespanschaft durch Menschenhände in lachende, fruchtbare Gärten umgewandelt, und mit vielen tausend edlen Obstbäumen bepflanzen lassen. In der Gömörer Gespanschaft hat er zuerst Klee und andere Futterkräuter angebaut, und überhaupt nächst dem als rationeller Landwirth unvergeßlichen Prediger Samuel Tedeschi zu Szarvas ein nachahmungswerthes Beyspiel der verbesserten, cultivirten Landwirthschaft in Ungarn gegeben. Sein Charakter zeichnete sich durch Offenheit, Geradheit, Patriotismus, Philanthropie und Liberalität, Muth (oft auch durch Heftigkeit und Leidenschaftlichkeit) und durch Vermeidung aller Schleichwege aus. Seine reichhaltige Bibliothek, für die er auch die trefflichen Manuscripte über die politische und Kirchengeschichte Ungarns aus der Verlassenschaft des gelehrten, 1810 gestorbenen Seniors und Predigers Czirbesz zu Iglo in der Zips angekauft hatte (s. Czirbesz), vermachte er dem evangelisch-luther. ungar. National-Gymnasium zu Rosenau.

Csattza, ungar. Marktflecken im Trencsiner Comitat, am Flusse Kis-Uttza, dem Fürsten Esterházy gehörig, mit 4000 Einw.

Csekonics, Jos. v., pension. k. k. Generalmajor, geb. 1757 zu Güns in Niederungarn, gest. zu Pesth den 26. April 1824, genoß in seiner Jugend den Schulunterricht in dem königl. Gymnasium zu Güns, und später in dem Löwenburgischen Convict zu Wien. 1774 trat er als Cadet zum Cürassier-Regiment Dajasassa, ward 1777 Lieutenant, trat 1778 als Oberlieutenant zum Cürassier-Regiment Modena, und ward 1783 zum Second-Rittmeister befördert. Er studirte die Pferde, besonders auf dem damahls schon berühmten freyherrl. Hunyad'schen Gestüte zu Urmeny. Sein Eifer entging seinen Vorgesetzten nicht, und er ward 1783 zum Remontirungs-Geschäfte beordert, und hiedurch seine ganze Carriere begründet. Hier setzte er seine Beobachtungen fort, und entwarf einen Plan zur Emporbringung der vaterländischen Pferdezucht. Er überreichte ihn dem Kaiser Joseph, der ihn, nach geschehener Prüfung von einer Commission, annahm und befahl, daß ein Pepinier Gestüt von 500 Mütterstuten errichtet, und dazu sogleich sämmtliche Bukowiner Mutterpferde nach Ungarn gebracht, auch 150 Stück der vorzüglichsten Cürassier-Stuten dazu gewählt, und wo was Brauchbares zu finden wäre, dazu gekauft werden sollte. Stabs- und Genie-Officiere wurden mit dem damahligen ungar. Hofkammer-Administrator von Lováß zur Aufsuchung der für Ernährung des Gestüts erforderlichen Weiden, und zur Entwerfung nöthiger Plane auf Unterkunft und Pflege desselben, abgeschickt, C. zum Ankauf von Beschälern beauftragt, und überhaupt planmäßig alle Vorkehrungen zur Veredlung der Pferdezucht getroffen. So entstand das Pepinier-Gestüt zu Mezöhegyes (in der Csanáder Gespanschaft) und in dessen Umgebung, im Ganzen auf einem Terrain von 42,000 Joch (über 4 Q. M.). Die Ausführung ward C. übertragen. Nachdem sich Kaiser Joseph auf der Durchreise nach Cherson selbst von der Zweckmäßigkeit aller Vorkehrungen überzeugt, vertraute er C. die Remontirung in Ungarn und Siebenbürgen mit dem Range eines ersten Rittmeisters in der Armee, und mit dem Titel eines ungar. Gestüts- und Remontirungs-Commandanten. Später ward ihm die Verpflegung der Armeen und die Fleisch-Regie in Wien übertragen, und er 1787 zum Major, 1789 zum Oberstlieutenant befördert. Der nahe Türkenkrieg hatte Einfluß auf die Erweiterung von Mezöhegyes noch über den ursprünglichen Plan. 1789 ward das Prädium Babolna bey Raab von 6,600 Joch dazu gekauft. Da im Türkenkriege wegen Ansteckung sich Niemand der Armee nähern wollte, und geistige Getränke zur Stärkung der Soldaten um billige Preise erforderlich waren, ward C. die Wein-Regie übertragen. 1790 ward er zum Obersten in der Armee ernannt, erhielt das im Banat liegende Gut Hatzfeld in zwanzigjährigen Erbpacht, und kaufte es nachher im Schätzungswerthe, wozu ihm der Feldmarschall Lacy mehrere beträchtliche Capitalien unverzinslich vorstreckte. 1798 ward er aufgefordert, sämmtliche Armeen in Italien und am Lech, so wie die Residenzstadt Wien mit Schlachtvieh zu versehen. Er besorgte dieß

Geschäft 5 Jahre, ohne den Preis des Fleisches zu erhöhen, und erhielt vom Kaiser Franz das Ritterkreuz des Stephan-Ordens. Nachdem er 40 Jahre der Kenntniß und Erziehung der Pferde gewidmet, und unter seiner Leitung eines der größten europäischen Gestüte zu Mezöhegyes zu Stande gekommen, dem er als Gestüts- und Remontirungs-Commandant vorgestanden, ward er 1806 zum General und Insurrections-Brigadier befördert. Er lieferte ein schätzbares Werk: Practische Grundsätze, die Pferdezucht betreffend, Pesth, 1817.

Csertéz, siebenbürg. Dorf im Lande der Ungarn, im Hunyader Comitat; hier wird auf Gold gebaut, auch ist hier eine Schmelzhütte.

Csetnek, ungar. Marktflecken im Gömörer Comitat, in einem engen Thale, westlich von Rosenau, mit 1,650 Einw., unter welchen viele Edelleute ansässig sind. Es ist hier eine katholische und evangelische Kirche und ein Hospital. C. hat Eisen- und Antimoniumgruben, auch Eisenhandel.

Csiker-Stuhl, im Lande der Szekler in Siebenbürgen, mit dem einverleibten Stuhle Gyergyö und dem Filial-Stuhle Kászon. Da der C. St. hart an der südöstlichen Gränze des Landes gelegen ist, so ist er größtentheils dem Militärlande einverleibt. Man berechnet seine Ausdehnung zu 60 Meilen. Die Zahl der Einwohner wird auf 32,000 (meistens Szekler, aber auch Armenier) geschätzt. Dieser Stuhl ist durch seine Naturschönheiten berühmt, obschon der Fruchtboden hart und undankbar ist; es geräth kein Weizen in solchem, der Kukuruz wird nicht zeitig, bloß Roggen und Hafer kommen zu ihrer Reife. Die meisten Einwohner leben daher von ihrer Handarbeit, zu der sie in den benachbarten Gegenden Gelegenheit genug finden, einige vom Dreschen und Holzverschleiß, noch andere treiben die Viehzucht, obgleich Pferde und Hornvieh klein bleiben und wenig Ansehen bekommen. In Ober-Csík ist eben auch kein Weinwachs, aber mehr Ackerbau und eine verbreitete Viehzucht, und der Holzhandel in Flößen, die auf der Maros verführt werden, sind ein ergiebiges Nahrungsmittel der dasigen Einwohner.

Csokonay Vitéz, Mich., den 17. Nov. 1773 zu Debreczin geboren, studirte daselbst am Collegium der Reformirten bis 1794 und zwar die letzten 6 Jahre Theologie, ward dann Professor der Poetik daselbst, zog sich aber durch jugendlichen Leichtsinn und mehrere unbesonnene Handlungen nur zu bald die Mißgunst des Collegial-Consistoriums zu, ward von seinem Amte suspendirt, und erhielt auf eigenes Gesuch sogleich seine Entlassung 1795. Schon auf der Schule erwachte sein poetischer Geist. Nachdem er in einem Jahre das ungar. Recht zu Saros-Patak gehört hatte, ging er im Spätjahre 1796 nach Preßburg, wo damahls Reichstag gehalten wurde, und gab daselbst seine vermischten Gedichte, die er in letzterer Zeit schrieb, heftweise, unter dem Titel: Diètai magyar Musa, heraus, und ward durch diese schnell beliebt und berühmt. Obschon bereits vor einigen Jahren durch Kazinczy und Földi mit der Raday'schen Versart bekannt gemacht, suchte er erst jetzt jenen Rhythmus seinen Liedern zu geben. Graf Georg Festetics errichtete zu dieser Zeit in Csurgö ein Gymnasium für Re-

formirte, und verließ C. daſelbſt eine Lehrkanzel. Nun warb C. um
die Hand ſeiner Geliebten, die er als Lilla in ſeinen Gedichten vielfäl=
tig beſang, ſie wurde ihm verweigert. Heftig erſchütterte dieß ſein Ge=
müth, er entſagte ſeinem Amte, und lebte von dieſer Zeit an theils bey
ſeinen Freunden, theils bey ſeiner Mutter zu Debreczin, wo ihn den
28. Jän. 1805 ein früher Tod ereilte. Seine in dieſem Zeitraume her=
ausgegebenen poetiſchen Werke, außer einigen kleineren, ſind: Doro=
ttya, vagy á dámák diadalma a' farsangon, ein komiſches Epos in
4 Geſängen, Großwardein und Waitzen, 1803. — Anákreoni da=
lok, Wien, 1803. — Lilla, Liebeslieder in 3 Büchern, Großwar=
dein, 1805. — Odák két könyoben, eb. 1805. — Eine gereimte Über=
ſetzung von Kleiſt's Frühling, Comorn 1802, Großwardein 1806, und
ein philoſophiſches Gedicht über die Unſterblichkeit der Seele, bey Ge=
legenheit des Ablebens der Thereſia Rhédei (Halotti versek), Großwar=
dein, 1804. — Profeſſor Marton gab C.'s Werke, geſammelt, 1813
zu Wien in einer ſehr netten Taſchenausgabe in 4 Bdn., heraus;
1816 aber deſſen auserleſene Schriften in 2 Bden. Dieſen beyden Aus=
gaben iſt auch C.'s Batrachomiomachia, eine Traveſtie der Homer'=
ſchen einverleibt. 1817 gab Domby noch einige ſeiner ungedruckten Poe=
ſien ſammt ſeiner Biographie heraus. (Elete's némelly még edelig
ki nem addot munkáji, Peſth.) — C. hatte ausgebreitete wiſſenſchaft=
liche Kenntniſſe, verſtand griechiſch, lateiniſch, franzöſiſch, italieniſch,
deutſch, etwas engliſch, und war ſogar in den orientaliſchen Sprachen
ziemlich bewandert. Seine Büſte von Ferenczy in Rom aus carrari=
ſchem Marmor verfertigt, ziert die Collegial=Bibliothek zu Debreczin.

Cſoma v. Körös, Alexand., merkwürdiger Reiſender und
Sprachforſcher, war geboren in Siebenbürgen 1797 aus dem Volksſtamme
der Szekler. Nach genoſſener vortrefflichen Erziehung legte er 1812 bis 15
in dem Bethlen'ſchen Collegium zu Nagy=Enyed ſeine philologi=
ſchen und theologiſchen Studien zurück, unternahm ſodann eine
Reiſe nach dem nördlichen Deutſchland und hörte 1816 bis 1818 meh=
rere Collegien auf der Univerſität Göttingen, zu welchem Zwecke er
auch von der hannöver'ſchen Regierung Freytiſch erhielt. Nach ſeiner
Zurückkunft aus Deutſchland begab ſich C. nach Temesvar, widmete
ſich bis Nov. 1819 dem Studium des dortigen ſlaviſchen Idioms und
unternahm auch während dieſes Zeitraumes eine Reiſe nach Agram,
um die dortigen verſchiedenen Mundarten zu ſtudiren. Vorzüglich be=
ſchäftigte ſich C. auch mit dem Studium der Philologie, Geſchichte,
Erd= und Völkerkunde, und er entſchloß ſich endlich den Orient zu berei=
ſen, um ſich daſelbſt gelehrten Forſchungen zu weihen, welche vorzüg=
lich die Aufhellung mehrerer dunklen Puncte der alten Geſchichte zum
Zwecke haben ſollten. Ende Nov. 1819 reiſte C. nach Bucareſt, und
begab ſich von da, nachdem er ſich einige Kenntniß der türk. Sprache
eigen gemacht hatte, 1820 über Ruſtſchuk und Sophia nach Phi=
lipopolis und Enos. Von dort ſegelte C. auf einem griechiſchen
Schiffe nach Alexandrien in Ägypten, verließ es jedoch, der plötzlich
ausgebrochenen Peſt wegen, bald wieder, und ſchiffte nach Larnica in
Cypern, Sidon, Bairuth, Tripolis und Ladakia und von

dort reiste er weiter zu Fuß nach Haleb (Aleppo) in Syrien. Auf glei=
che Weise reiste C. in morgenländischer Tracht mit mehreren Caravanen
über Urfa nach Moßul und von da auf einem Floße nach Bagdad.
Hier erhielt er durch den Secretär des engl. Residenten Geld und Klei=
der und reiste sodann in europäischer Tracht zu Pferde mit einer Cara=
vane weiter über Kermanschah und Hamadan nach Teheran,
der jetzigen Hauptstadt von Persien, wo er im Oct. 1820 anlangte,
und sich des besondern Schutzes und der Unterstützung des dortigen engl.
Residenten Sir Henry Willck zu erfreuen hatte. C. verweilte 4
Monathe zu Teheran, wo er sich sowohl mit der persischen Sprache be=
kannt machte, als auch in der englischen vervollkommnete, so wie auch viele
antiquarische und numismatische Forschungen unternahm. Den 1. März
1821 verließ C. Teheran, und reiste im April d. J. als Armenier ge=
kleidet, nach Meschid in Chorassan. Von da setzte er seine Reise
weiter über Buchara, Balck, Kalun und Bamian nach Lahore
fort, und begab sich bald darauf über Ammwilisir und Dschemna nach
Kaschemir, von dort nach einem Aufenthalte von einem Monath nach
Leh, der Hauptstadt von Ladakh, kehrte aber auf die Nachricht, daß
die Reise nach Yerkand, welche er vorzunehmen Willens war, beson=
ders für Christen schwierig, kostspielig und gefahrvoll sey, wieder nach
Lahore zurück und traf zu Himbay den berühmten Reisenden Moor=
croft, den er auch auf dessen Rückreise nach Leh begleitete, wo sie ge=
gen Ende August 1822 anlangten. Hier machte sich C. auch durch des=
sen Beyhülfe mit der persischen und tibetanischen Sprache bekannt. Den
folgenden Winter brachte er in Gesellschaft des engl. Reisenden Trebek
in Kaschemir zu und beschäftigte sich daselbst mit Sprachstudien und
Forschungen. Durch Moorcroft mit Geldmitteln und Empfehlungs=
briefen an verschiedene Personen versehen, reiste C. nach Leh und Yon=
gla und widmete sich zu Gonskar mit Hülfe eines Lama's neuerdings
dem genauen Studium der tibetanischen Sprache, wodurch er sich gram=
matisch=gründliche Kenntniß derselben erwarb, und mit vielen literarischen
Schätzen bekannt wurde, die in 330 großen gedruckten Bänden als die
Basis aller tibetanischen Religion und Gelehrsamkeit niedergelegt waren,
und er unternahm das Riesenwerk, diese sämmtlichen voluminösen Bän=
de in derselben Ordnung, in welcher sie in dem gedruckten Index verzeich=
net stehen, abschreiben zu lassen. Hier verweilte C. bis October 1824,
wo er über die Schneegebirge des Himalaya nach Sultrimpur und
von da über Mundi, Sukadhi und Bellaspur nach Sebathu,
den Hauptort des brittischen Cantonnements in Gherwal Himalaya, reiste,
wo er den 26. Nov. 1824 ankam. Nach seiner Ankunft daselbst, both er,
sich auf die Empfehlung Moorcroft's berufend, der Regierung zu
Calcutta seine Dienste in wissenschaftlicher Hinsicht, besonders zur
Erforschung der tibetanischen Sprache und Literatur an. Anfangs schien
zwar die Regierung nicht sehr geneigt dazu, sie ließ ihn jedoch in der
Folge nach Calcutta kommen, wo er unter den Auspicien der dorti=
gen asiatischen Gesellschaft mit der Ausführung seiner umfassenden litera=
tischen Arbeiten beschäftigt wurde.

Cſongrád, ungar. Marktfl. im gleichnahmigen Comitat, mit 12,450 Einw., auf einer Halbinſel der Theiß, welche hier den Fluß Körös aufnimmt und den Trümmern eines alten Schloſſes.

Cſongráder Geſpanſchaft, in Oberungarn, dießſeits der Theiß, liegt zwiſchen 6 andern Geſpanſchaften und zwiſchen den Diſtricten Groß- und Klein-Kumanien um die Theiß herum, welcher Strom mitten durch dieſelbe fließt, und ihr dadurch eine für den Handel ſehr geeignete Lage verſchafft. Gegen Norden gränzt ſie an die Heveſer Geſpanſchaft, an Groß-Kumanien und einen kleinen Theil der Békeſer, gegen Oſten an den untern Theil der Békeſer und einen Theil der Cſanáder Geſpanſchaft, gegen Süden an einen andern Theil dieſer, und an die Torontaler Geſpanſchaft, von welcher ſie durch die Flüſſe Theiß und Maros getrennt wird, gegen Weſten an die Bacſer Geſpanſchaft (bis zur Pußta Otömös), an Klein-Kumanien (mit einem länglichen Winkel, der bis Szegedin ausläuft) und an drey Stellen an die Peſther Geſpanſchaft. Die C. G. iſt 6 bis 7 Meilen lang und 4 Meilen breit, hat einen Flächeninhalt von 63 Quadratm. und 35,000 Einw. Sie führt ihren Nahmen von der alten Burg Cſongrád. In dieſer Geſpanſchaft ſind gar keine Berge, kaum einige Hügel mit Holz und Weingärten, ſondern weite Ebenen, ſo daß man bey heiterem Wetter von hohen Thürmen die ganze Geſpanſchaft überſehen kann. Ihre vorzüglichſten Flüſſe ſind: 1) Die Theiß, welche von Ghoja bis Martonos fließt und zuerſt durch die aufgenommene Körös, dann durch die Maros vergrößert, die Geſpanſchaft bewäſſert, jedoch nicht ſelten durch Überſchwemmungen über ihre niedern Ufer großen Schaden verurſacht. 2) Die Maros, welche an der Gränze der Torontaler und Cſanáder Geſpanſchaft in die Cſongráder eintritt, durch die Pußten Tönyes und Lele gegen Szegedin fließt, in ihrem reinen Waſſer ſchmackhafte Fiſche führt, und oberhalb Tápé in die Theiß fällt. 3) Die Körös, die gleichfalls ſowohl an reinem Waſſer als auch an ſchmackhaften Fiſchen die Theiß übertrifft, tritt an der Gränze der Heveſer und Békeſer Geſpanſchaft in die Cſongráder, ſchwillt immer mehr an, je mehr ſie ſich der Theiß nähert, ſchadet durch ihre Ergießungen den Wieſen, auf welchen Schilf die Stelle des Graſes einnimmt, und vereinigt ſich oberhalb Cſongrád mit der Theiß. 4) Die Kurcza, ungefähr halb ſo groß als die Körös, treibt jedoch auf ihrem kurzen Laufe von 3 Meilen mehrere Mühlen; ſie entſpringt aus der Körös, fließt durch die Pußten Thés und Hika, unterhalb Szentes vorbey, gegen Szegvár, wo ſie mehrere Seen und Sümpfe bildet, beſonders wenn ſie von der anſchwellenden Theiß in ihrem Laufe gehindert wird; bey Szegvár vereinigt ſich mit der Korogy und fällt endlich in die Theiß; ſie hat treffliche Fiſche, beſonders Aalruppen. Graf Károlyi ließ in dieſer Geſpanſchaft 1779 einen Canal von 18,000 Klftn. von einer Stelle der Theiß bis zu einer andern anlegen. — Producte: Weitzen, Kukurutz (Mais) in Menge, vieles und gutes Obſt, Waſſermelonen, vieler und ſehr guter Tabak (der beſte bey Szegedin, ein Gegenſtand des Handels), viel Hanf, ſchwacher Landwein (wovon ſich beſonders der bey Mindſzent und Szegedin wachſende nicht lange halten läßt), ſchöne Wieſen und vortreffliche Weiden, Holz nur an der Theiß. Ochſen, ſchöne Stutereyen, große Schweinmaſtungen, beſonders bey Fárk, wo die Schweine in dem Rohre ſich von Waſſernüſſen im Winter und Sommer nähren, ohne ſonſt gemäſtet zu werden; Schafe in Menge (freylich nicht feinwollige), allerley Hausgeflügel, Wildpret, gute Bienenzucht; Fiſche aller Gattungen im Überfluß in den Flüſſen und Seen (unterhalb Szegedin werden auch Hauſen gefangen, die ſich aus der Donau in die Theiß verirren), und endlich viele Schildkröten. Die Einwohner ſind Magyaren, Serbier oder Raißen (die ſich unter der Türkenherrſchaft anſiedelten), deutſche und ſlowakiſche Coloniſten und Juden; beſchäftigen ſich vorzüglich mit dem Feldbau, mit der Viehzucht, mit der Fiſcherey, mit dem Handel und mit dem Schiffbau. Man treibt ſtarken Handel mit Ochſen, Schweinen, Wolle, Getreide, Tabak, Honig, Wachs, geräucherten Fiſchen, Binſenmatten oder Rohrdecken (wovon zu Tápé jährlich 20,000 Stück verfertigt werden). Zu Szegedin iſt eine Schnupftabaksfabrik und eine große Sodaſiederey. Schlecht ſind bis nun noch die Haupt- und Poſtſtraßen, die von Szegedin nach Thereſiopel und Ketskemét führen. Die Geſpanſchaft wird durch die Theiß in die Proceſſe (Gerichtsbezirke) dießſeits und jenſeits der Theiß eingetheilt. Sie hat wenig Wohnplätze; nähmlich: eine königl. Freyſtadt (Szegedin oder Szegéd mit einem Stadtgebiet von 10½ Q. M.), 3 Marktfl. (Cſongrád, Holdmezö-Báſárhely, Szentes), 6 Dörfer und 30 Prädien.

Cſorna, ungar. Marktflecken im Ödenburger Comitat, hat 3,700 Einw. und eine ſchön 1180 geſtiftete Prämonſtratenſer-Abtey, mit ſchönen Gartenanlagen. Der Marktflecken C. gehört theils zur gleichnahmigen Prämonſtratenſer-Herrſchaft, theils zur fürſtl. Eſterházy'ſchen Herrſchaft Kápuvár.

Cſurgó, ungär. Marktflecken im Sümegher Comitat, in geringer Entfernung von der Drave, mit 1,200 Einw., hat ein reformirtes Gymnaſium und ſtarken Weinbau. Zwiſchen dem alten und neuen Marktflecken findet man Kennzeichen eines Zrinyi'ſchen Schloſſes.

Cúraſſiere, ſ. unter **Cavallerie.**

Cuſpinian (Spießhammer), Joh., kaiſerl. Rath, Leibarzt und Bibliothekar unter Maximilian I., vielſeitiger Gelehrter, war geboren 1473 zu Schweinfurt in Franken. Noch im Jünglingsalter kam er nach Wien, vollendete daſelbſt ſeine Studien, meiſtens unter dem berühmten Conr. Celtes und zeichnete ſich in mehreren Fächern der Wiſſenſchaft, beſonders aber als Philoſoph, Geſchichtsſchreiber, Arzt und Dichter ſo vorzüglich aus, daß er bald die Aufmerkſamkeit des kunſtſinnigen Kaiſers Maximilian auf ſich zog, der ihn nicht nur zu ſeinem Leibarzt, ſondern auch, nachdem er mit ſeinen weitläufigen Kenntniſſen vertraut geworden war und ſeinen Charakter achten gelernt hatte, zu ſeinem Rath ernannte. Da C. ſowohl durch ſeltene Geiſtesgaben als auch durch ſeine äußere edle Geſtalt beſonders für Beredſamkeit beſtimmt ſchien, ſo ſandte ihn der Kaiſer bey mehreren Gelegenheiten als Redner nach Ungarn, Böhmen und Polen, bediente ſich ſeiner ſonſt in den wichtigſten und ſchwierigſten Angelegenheiten, und ernannte ihn endlich nach Celtes's Tode zum Hofbibliothekar. Der Thätigkeit und Umsicht dieses trefflichen Mannes verdankt die kaiserl. Hofbibliothek eine bedeutende Menge seltener Manuscripte, theils aus den Büchersammlungen mehrerer Klöster in Österreich, theils aus den Resten der berühmten Bibliothek des König Mathias Corvinus von Ungarn. Solch vielfältige wichtige Dienste belohnte der Kaiser dadurch, daß er C. zum Präsidenten des geheimen Rathes und zum österr. Kanzler ernannte. Nach Maximilian's Tode genoß C. gleiche Gunst und Auszeichnung bey dessen Enkel und Nachfolger Ferdinand I., und er setzte seine Dienste bis zum Jahr 1529 fort, in welchem er den 19. April, vier Tage vor dem Beginne der ersten türk. Belagerung Wien's durch Soliman, in einem Alter von 56 Jahren starb. Er ruht in der Metropolitankirche bey St. Stephan, wo am Eingang ist die Kreuzcapelle sein Grabmahl aus rothem Marmor zu sehen ist, auf welchem C. zwischen seinen 2 Gattinnen und weiter unten auch seine Kinder zu sehen sind. Seine berühmtesten historischen Werke sind: De Caesaribus atque Imperatoribus a Julio Caesare ad Maximilianum, Straßburg, 1540. Mit Wolfgang Hueger's Anmerkungen, Basel, 1561, Frankf. a. M., 1601, Leipzig, 1669. Dieses, im einfachen Style geschriebene Werk verdient schon deßhalb besondere Beachtung, da dem Verfasser alle österr. Archive offen standen, weßhalb er Manches mittheilen konnte, was andern verborgen blieb und manches genauer anführte, als andern möglich war. Der erstgenannten Ausgabe dieses Werkes ist noch beygefügt: De Congressu Caesaris Maximiliani Augusti et trium Regum, Hungariae, Boemiae et Poloniae Vladislai, Ludovici ac Sigismundi in urbe Viennensi facto, 1515. Ferner: Austria sive commentarius de rebus Austriae (Basel) 1563. — De Turcarum origine, religione et tyrannide, Antwerpen, 1541, Leyden, 1654. Außerdem wird von ihm ein Commentar zu Cassiodor's Chroniken, — auch als C.'s Chronik, nahmentlich über röm. Könige und Consule angeführt, wovon er jedoch wahrscheinlich nur Entdecker und Herausgeber war.

Cybulka, M. A., ein sehr geschickter Componist, Tenorsänger und Fortepianospieler, aus Böhmen gebürtig. Er studirte in Prag den Generalbaß. Vor seiner Abreise nach Grätz, wohin er als Musikdirector am dortigen Theater 1791 berufen wurde, gab er seine 12 Lieder für das Clavier unter dem Titel: Die Früchte meiner bessern Stunden, mit Text von Bürger, Sophie Albrecht, Caroline Rudolphi ıc. heraus. Auch andere seiner musikalischen Arbeiten erhielten gerechten Beyfall. 1808 war C. Theaterdirector in Pesth.

Czartorysky-Sangusko, Adam Casimir Fürst, kaiserl. österr. Feldmarschall (seit 1805) und Inhaber des Infanterie-Regiments Nr. 9, wie auch Ritter des gold. Vließes und mehrerer russisch-poln. Orden, geb. 1731. Als Abkömmling des hohen Geschlechts der Jagellonen, Starost und General von Podolien war er nach König August's III. Tode einer der Mitwerber um den poln. Thron. Viele Stimmen der Nation waren für ihn. Allein Stanislaus Poniatowsky

41 *

wußte sich die Krone zu verschaffen. Fürst C. trat in österr. Dienste, und da seine wiederholten Bemühungen, theils bey der Nation selbst, theils bey mehreren Mächten, die Wiederherstellung Polens zu erzielen, vergeblich waren, zog er sich auf seine Güter, und dann nach Wien zurück. 1812 trat er wieder öffentlich auf, und unterzeichnete als Marschall des Reichstages zuerst die Conföderations-Acte. Beym Wiener Congresse, der über seines Vaterlandes Schicksal entschied, erschien der Fürst an der Spitze einer polnischen Gesandtschaft, und überreichte dem Kaiser Alexander die Grundlage der entworfenen Constitution, der ihn sonach zum Senator-Palatinus des neuen Königreichs Polen ernannte. Er lebte später wieder zurückgezogen auf seinen Gütern und starb den 19. März 1823 zu Sieniawa in Galizien. Seine Gemahlinn Isabella, eine geb. Gräfinn von Flemming, war eben so berühmt durch ihren Patriotismus als durch ihre Schönheit und ihren gebildeten Geist. Sie correspondirte mit Delille und war Ehrenmitglied der Akademie der Künste in Berlin; sie starb zu Teplitz in Böhmen, im July 1811.

Czaslau, alte böhm. Stadt im Czaslauer Kreise, ist der Sitz des Kreisamtes, in einer fruchtbaren Ebene, mit 3,400 Einw. In der Dechantkirche, mit dem höchsten Thurme Böhmens, war einst Ziska's Grab zu sehen. Am 17. May 1742 hatte bey C. eine Schlacht zwischen den siegenden Preußen und den Österreichern Statt gefunden.

Czaslauer Kreis im Königreiche Böhmen, zwischen dem Chrudimer, Kaurzimer und Taborer Kreise gelegen, gränzt gegen Südosten an Mähren, und begreift in seiner Ausdehnung 59$\frac{9}{10}$ Q. M. Diesen Erdraum bewohnen 234,260 Menschen in 9 Städten, 33 Märkten und 840 Dörfern. Die Hauptnahrungszweige der Einwohner dieses Kreises theilen sich vorzüglich in Landwirthschaftsbetrieb, in Bergbau auf Eisen, in Eisenwaaren-Erzeugung, in einige Manufacturen, besonders von Baumwollwaaren und Papier, in Glas-Fabrikation und in den Handel, sowohl mit diesen Kunsterzeugnissen, als auch mit verschiedenen, landwirthschaftlichen Producten.

Czechen, s. unter Bewohner des Kaiserthums.

Czechische oder böhmische Sprache in Böhmen, Mähren und Ungarn. Die Sprache der Czechen in Böhmen und Mähren zeigt sich als eine besondere durch Bau und Bildung unterschiedene Mundart im weit verbreiteten slavischen Sprachstamme, und die böhmisch-slowakische Mundart in Ungarn ist mit ihr enge verwandt.

Czegléd, ungar. Marktflecken in der Pesther Gespanschaft, an der Straße nach Pesth und nach Debreczin, zum Religionsfond gehörig; mit einer kathol. und einer reform. Pfarre und Kirche, einem Postwechsel, 4,370 kathol., 8,360 reform., 210 evangelisch-luther. und 80 griech. nicht unirten Einw., fruchtbarem Ackerboden, starkem Weinbau (der hier im Überfluß erzeugte röthe Wein ist ein schwacher Tischwein), hinlänglicher Weide, aber Mangel an Holz.

Czeladna, mähr. Dorf im Prerauer Kreise, im tiefen Gebirge, östlich von Frankstadt, nahe an der Quelle der Ostrawitza, hat ein Eisenwerk, einen Hochofen mit Cylindergebläse, und Hammerwerke.

Czelna, siebenbürg. Dorf in der Unter-Albenser Gespanschaft, der gräfl. Teleki'schen Familie gehörig, welche hier ein schönes Schloß mit sehenswerthen Gärten besitzt. Der Wein, welcher in der Gegend dieses Dorfes erzeugt wird, gehört zu den besten Weingattungen Siebenbürgens.

Czermak, Jos. Julius, geb. zu Prag am 2. Juny 1799, der Sohn eines der ausgezeichnetsten practischen Ärzte seiner Vaterstadt, wurde von demselben bestimmt, einst in seine Fußstapfen zu treten. Nachdem er den ersten Unterricht im väterlichen Hause genossen, und die Vorbereitungsstudien am akademischen Gymnasium vollendet, begann er 1815 die höheren Studien auf der Prager Hochschule. Früh erwachte, und von seinem Vater sorglich gepflegte Vorliebe für Medicin und die damit zunächst verwandten Wissenschaften, entschied bald über die Wahl seines künftigen Standes. Besonders fühlte er sich von Anatomie und Physiologie angezogen und weihte diesen beyden Wissenschaften seine ganze Muße. Nachdem er den größten Theil der medicinischen Studien auf der Prager Universität zurückgelegt hatte, betrat er die Hochschule zu Wien, um seine Studien daselbst zu vollenden. 1823 erhielt er daselbst die medicinische Doctorwürde und zog durch seine gediegene Inaugural-Dissertation: De pulmonum docimasia hydrostatica, die Aufmerksamkeit des medicinischen Lehrkörpers und der Vorstände der Universität auf sich. Seines ausgezeichneten Talentes wegen, erhielt er noch im selben Jahre die Stelle eines Prosectors an der Wiener Universität, und bald darauf wurde er zum Nachfolger des gefeyerten Physiologen Lenhossek ernannt, um die Lehrkanzel für Physiologie und höhere Anatomie provisorisch zu übernehmen. In dieser neuen Stellung fand nun C. Gelegenheit, seine Talente vollends auszubilden und seine Kenntnisse zu erweitern. Sein besonderer Sinn für vergleichende Anatomie und das Streben, diesen so wichtigen Wissenschaftszweig allmählig auch auf die Wiener Hochschule zu verpflanzen, legte den Grund zu einer Sammlung, die von ihrem Gründer auf das Eifrigste gepflegt wird. 1827 erhielt C. die Professur der theoretischen Medicin und gerichtlichen Arzneykunde an der Universität zu Grätz, und drey Monathe später, bevor er noch seine Vorträge in Grätz begonnen, wurde er zum ordentlichen Professor der Physiologie und höheren Anatomie auf die Wiener Universität berufen. Er machte kurz vorher noch eine Reise an die Küsten des nördlichen Italiens, um den innern Bau der Seethiere genauer kennen zu lernen, und unternahm im nächsten Jahre eine Reise nach Paris, um seine Kenntnisse in der vergleichenden Anatomie in den reichen Gallerien des Museums und an Cuvier's Seite vollends auszubilden. Seine vielen, in Journalen zerstreut stehenden Abhandlungen, als: Über die Eustachische Klappe und die Pupillenhaut des neugebornen Löwen. — Über die automatischen Bewegungen der Blutsphären. — Die Erstirpation der Milz. — Die Anatomie der Giraffe. — Über Hermaphrodisie. — Über den Winterschlaf bey Myoxus glis. — Über eine Doppelmißgeburt des Kalbes und eine seltene menschliche (Medicinische Jahrbücher). — Über die Temperatur der Amphibien (Baumgartner's und Ettingshausen's Zeitschrift für Physik),

so wie seine interessanten Beobachtungen über die Cholera, nach patho-
logisch=anatomischen Untersuchungen, welche in Gerardin's und
Gaymard's Werk: Du Cholera morbus en Russie, en Prussie
et en Autriche, Paris 1832, enthalten sind, und seine besonders
erschienenen Beyträge zur Lehre von den Spermatazoën, Wien, 1833,
haben C. den Ruf eines allgemein geachteten Gelehrten erworben,
und die Zusendung vieler Diplome von gelehrten Gesellschaften, so
wie die Ernennung zum Secretär der zoologischen Section bey der
Versammlung der deutschen Naturforscher und Ärzte in Wien, 1832,
zur Folge gehabt.

Czernahora, mähr. Marktfl. und Herrschaft im Brünner Kreise,
mit 1,750 Einw., einem Bergschlosse und Alaunwerken.

Czernin, die Grafen. Vor 3 Jahrhunderten schon betrachte=
ten sich die Glieder des Hauses C. von Chudenitz als Nachkommen
des alten, berühmten Herrscherstammes der Przemysliden, welcher Böh=
men seit Carl Martell's Zeiten so viele Regenten gegeben. Nach der
gewöhnlichen Annahme war Wladislaw I., der 1125 verschied,
Stammvater der C. Eine gerade männliche Descendenz von diesem
Herrscher läßt sich jedoch nicht nachweisen. Der gelehrte Geschichtsfor=
scher Gelas. Dobner trat gegen jene, von frühern Chronikschreibern
herrührende Meinung zuerst auf. Jede Verwandtschaft der C. mit den
königl. Söhnen Przemysl's und Libussens wird indeß hiedurch,
selbst von dem erwähnten strengen Kritiker, nicht geläugnet. Zu Ende
des 12. Jahrhunderts lebten in Böhmen 3 Brüder, C., Brzetislaw
und Drslaw in großem Ansehen. C. war einer der mächtigsten Dynasten
des Landes. Er trug wesentlich bey, die nachherige Größe der Könige
aus dem Hause Przemysl zu begründen; denn durch seinen Beystand
insbesondere gelangte Przemysl Ottokar I. 1197 zur Krone Böh=
mens. C., der früher Comes genannt wurde, erhielt die damahls ein=
flußreichste und erste Würde im Königreiche, nähmlich die Stelle eines
Camerarius (Landeskämmerers). 1212 (zu welcher Zeit Przemysl
Ottokar I. Böhmens Thronfolge änderte, und statt des bisherigen
Seniorates die Primogenitur einführte, — eine Umänderung, welche
C., wenn er ein Verwandter des Königshauses war, nicht gleich=
gültig seyn konnte) entzweyte sich der König mit seinem früher so
treuen Freunde. C. wurde seiner Würde entsetzt und des Landes ver=
wiesen. Sein Sohn Sobiehrd, in Urkunden de Chlattowa (von
Klattau) genannt, war indeß 1240 in Böhmen wieder ansäßig. Die
Veste Chudenitz, nicht fern von Klattau gelegen, soll beyläufig
um diese Zeit von den Nachkommen C.'s erbaut worden seyn. Sie gaben
derselben, dem einzigen Reste frühern Reichthums, den Nahmen der
böhmischen Chudenitze. Diese Besitzung blieb bis jetzt, also durch 6
Jahrhunderte ununterbrochen ein Eigenthum derselben Familie, ein Fall,
der in der Geschichte des böhm. Adels nicht seines Gleichen findet. Drslaw
von Chudenitz, der noch 1290 lebte, war entweder des Camera=
rius C., oder dessen früher erwähnten Bruders Drslaw Nachkomme.
— Ein anderer Zweig dieser Familie war damahls ebenfalls in der Ge=
gend von Klattau und Chudenitz begütert. Brzetislaw, des

Camerarius C. Bruder, hatte einen Sohn gleiches Nahmens, welcher
1253 zu dem Besitze von Stanetiz, eine Meile von Chudenitz,
gelangte. Dieses zwepten Brzetislaw's Sohn Diepold, der auf
dem Riesengebirge, 2 Stunden von Chudenitz, eine feste Burg bewohnte, spielte in der Geschichte Böhmens eine ausgezeichnete Rolle.
Nach dem blutigen Tode des großen Ottokar, wurde Böhmen dem
furchtbarsten Elende Preis gegeben. Otto von Brandenburg, Vormund des jungen Königs Wenceslaus II., hielt diesen in den
Mauern des Schlosses Brzdiez gefangen, und ließ das ganze Land
durch 3 Jahre auf das grausamste verheeren. Endlich gelang es Diepold, der 1281 mit dem Bischofe Tobias von Bechin die Zügel
der Regierung führte, durch Kraft und Weisheit Ordnung herzustellen,
den Unterdrückten aufzuhelfen, und dem Vaterlande bessere Tage zu bereiten. Die Nachkommen Diepold's nannten sich Herren von Rie-
senberg und Skala. Sie führten immer ein gleiches Wapen mit
ihren Stammgenossen, den Rittern C. von Chudenitz, und blieben
stets Freunde und Nachbarn derselben. Viele der ausgezeichnetsten
Helden und Staatsmänner sind aus der Reihe ihrer Angehörigen hervorgegangen. — Weniger reich und mächtig als die Riesenberge,
blieb, wie es schon der angenommene Nahme von Chudenitz anzeigen
sollte, durch lange Zeit der Zweig des Hauses, welcher sich C. von
Chudenitz schrieb. Indeß geschieht desselben doch oftmahls Erwähnung.
Drey fromme Pröpste zu Prag: Ulrich, 1285, Drslaw, 1327, und
Protiwa, 1338; dann Protiwa Bischof von Segnien (Zengg),
welcher 1355 bey Carl's IV. Römerzuge war, auch Amabi-
lia, Stifterinn eines Nonnenklosters zu Klattau, gehörten zu den
Gliedern dieses Hauses. Während des Hussitenkrieges blieben die C.
von Chudenitz ihren rechtmäßigen Landesfürsten, und dem kathol.
Glauben ergeben. Sie werden als tapfere Vertheidiger Tachau's 1427,
und unter den Helden der entscheidenden Schlacht von Lipan 1434
rühmlichst genannt. Wilh. C. von Chudenitz war unter Georg
von Ppodiebrad's und Wladislaw Jagiel's Regierung Staatsmann und Krieger (1496, 1502, 1512). König Wladislaw, belohnte seine ausgezeichneten Dienste durch Verleihung mehrerer Güter.
Als tapferer Krieger wird auch Jacob C. v. Chudenitz, Herr auf
Tasnowiz und Liztian erwähnt, der in dem Heere Kaiser Carl's V.
1547 in der Schlacht von Mühlberg mitfocht. — Im Laufe des 16.
Jahrhunderts gelangte das Haus Chudenitz immer mehr zu größerem Besitze und Ansehen. Es theilte sich in verschiedene Zweige, in die
Linien von Tasnowiz, Brzezina, Nedrahowiz u. s. w.
Mehrere C. wurden insbesondere vom Kaiser Rudolph II. sehr geehrt und ausgezeichnet, z. B. Humprecht II., der 1525 geboren,
76 Jahre alt zu Chudenitz im Rufe außerordentlicher Frömmigkeit
starb, und den Beynahmen des Heiligen erhielt. Als am Anfange des
17. Jahrhunderts die verhängnißvollen Religionsunruhen ausbrachen,
theilten sich die verschiedenen Zweige des Hauses C. in ihren Ansichten
und Meinungen. Diejenigen Mitglieder desselben, welche der protestantischen Lehre zugethan waren, wurden ihrer Güter beraubt, und

mußten auswandern. Noch am Anfange des vorigen Jahrhunderts
(1720) lebte Heinr. Lucius C. v. Chudenitz, ein Nachkomme jener
Verbannten, zu Schaffhausen in der Schweiz. — Die Linie der
C., die allein noch fortbesteht, und welche früher, zum Unterschiede
von den übrigen Familienzweigen, von ihrer Besitzung Nedrahowitz,
die Nedrahowitzer Linie genannt wurde, blieb dem katholischen
Glauben treu. Joh. C. v. Chudenitz und Nedrahowitz, Hauptmann des Kreises an der Moldau, und dessen Gemahlinn Mariane
v. Rziczan hätten mehrere Söhne, die an den Begebenheiten ihrer
Zeit vielfachen Antheil nahmen. Ihr erstgeborner Sohn Dionys
(geb. 1565), Oberstmünzmeister und eifriger Anhänger Rudolph's II.,
befehligte 1618 im Prager Schlosse auf dem Hradschin, als die
unruhigen protestantischen Stände Einlaß begehrten. Nur auf aus-
drückliches Geboth seines Vorgesetzten, des Oberstburggrafen Adam
von Sternberg, ließ Dionys die Thore öffnen. Die unheilbringende
Folge davon war der Sturz der königl. Statthalter aus den Fenstern
der Burg, mit welcher Gewaltthat der 30jährige Krieg seinen Anfang
nahm. Der Wiener Hof konnte Dionys den Einlaß der Protestanten
nicht verzeihen; dieser war daher gezwungen, sich denselben anzuschließen.
Er wurde Obersthofmeister des sogenannten Winterkönigs Friedrich's
von der Pfalz. Allein nach der Schlacht am weißen Berge wurde ein
strenges Gericht gehalten, und der unglückliche Dionys blutete am
21. Juny 1621 mit 22 andern edlen Böhmen auf dem Schaffote.
— Sein jüngerer Bruder Hermann, ein Mann von ausgezeichnetem Geiste und ungewöhnlicher Thätigkeit, brachte seinem Hause
hohen Ruhm. In seiner Jugend durchwanderte er Palästina, Syrien,
Ägypten, dann Spanien und den Westen Europa's. Später wurde er
zweymahl in wichtigen Angelegenheiten als außerordentlicher Bothschafter
nach Constantinopel geschickt. Seine verschiedenen diplomatischen Sendungen hatten den glänzendsten Erfolg. 1621 war Hermann Befehlshaber in der Neustadt Prag, gerade als vor seinen Augen sein
Bruder und sein vertrautester Freund, Christoph Harant, der
mit ihm den Orient durchzogen, das Blutgerüst besteigen mußte.
Hermann, der in der Folge die Witwe Harant's ehelichte,
befand sich in einer Stellung, in welcher die ganze Kraft einer männlichen Seele aufgebothen werden mußte, um nicht unter dem schweren
Drucke übernommener Pflichten zu unterliegen. Durch weise Benützung
der Zeit, und durch Erbschaften seiner Gattinnen (er war drey Mahl
vermählt gewesen), hätte Hermann allmählig ein so großes
Vermögen erworben, daß er während des 30jährigen Kriegs im
Stande war, 1000 geharnischte Reiter auf eigene Kosten in das Feld
zu stellen, mit welchen er unter Andern das befestigte Saaz überfiel,
und den berüchtigten sächsischen Partheygänger Boose 1632 gefangen nahm. Als einer der eifrigsten und thätigsten Anhänger des Hauses Habsburg wurde Hermann von 4 Kaisern dieses Hauses überaus geschätzt und 1627 sammt seinen Erben und Nachkommen in den
Grafenstand erhoben, zugleich seinem Wapen das Wapen Österreichs mit
der kaiserl. Krone als Mittelschild, und ferner die Buchstaben R. M. F.

beygefügt, die Anfangsbuchstaben der Nahmen Rudolph, Mathias und Ferdinand, indem Hermann den Kaisern dieses Nahmens so viele ausgezeichnete Beweise seiner Treue und seiner Einsichten gegeben hatte. Hermann war der Stifter eines ansehnlichen Fideicommisses, und starb 1651 als Oberstlandeshofmeister, ohne von seinen 3 Gemahlinnen Kinder zu hinterlassen. Seine Witwe Sylvia Catharina, die reizende Tochter des Markgrafen Stephan Caretto von Savona und Milesimo, heyrathete nach Hermann's Tode den Markgrafen Leopold Wilhelm von Baden. — Humprecht oder Humbert III. war ein Bruder Dionys's und Hermann's. In einer Zeit, wo die Mehrzahl des böhm. Adels von dem Hause Habsburg abfiel, blieb derselbe seinem Landesfürsten und seinem Glauben unerschütterlich treu. Er bekleidete verschiedene wichtige Stellen, befehligte zu Königgrätz, zu Carlstein, endlich auf dem Prager Schlosse. Welches Vertrauen man in seine Kenntnisse und in seine Denkungsart setzte, beweist unter Andern die ehrenvolle und äußerst schwierige Aufgabe, die ihm nach dem Sturze der protestant. Parthey durch K. Ferdinand II. zu Theil wurde. Humprecht mußte nähmlich mit Kolowrat und Borita von Martinitz eine neue Verfassung für das unglückliche, zerrüttete Vaterland entwerfen, welche jedoch nach ihrer Vollendung nicht in allen Puncten kaiserlicher Seits bestätiget wurde. Mit Eva Polyxena Worazuczky von Pabieniz zeugte Humprecht einen Sohn Johann, Herrn auf Kostenblat, der durch seine Gattinn Susanna Homut von Harasow auch die Herrschaften Chaustnik und Radenin erhielt, und noch jung, 1642 als Hauptmann des Pёchiner Kreises starb. — Dessen erstgeborner Sohn, Humprecht IV. Johann, beerbte 1651 seinen Großoheim, den reichen Grafen Hermann, und gelangte hiedurch zu einem ungeheueren Vermögen. Er war Bothschafter in Venedig, erhielt den Orden des goldenen Vließes, verehelichte sich in Italien mit der Marquise Diana Hippolyte de Gazoldo, und starb 1682, mit Hinterlassung zweyer Söhne. wovon der ältere, Hermann Jacob, Gesandter in Polen war, und dann die wichtige Stelle eines Oberstburggrafen Böhmens bekleidete, der zweyte Sohn aber, Thomas Zachäus, mit Susanna Gräfinn von Martinitz vermählt, wurde Vicekanzler des deutschen Reichs. Graf Hermann Jacob war mit Maria Josepha, Gräfinn von Slawata, verheyrathet. Sie war die Letzte ihres alten Hauses, und durch sie kam die große Herrschaft Neuhaus, die Würde eines Erbmundschenken im Königreiche Böhmen, so wie der Titel: Regierer des Hauses Neuhaus an die Familie der Grafen C. — Als 1710 Hermann Jacob starb, war dessen ältester Sohn, Franz Joseph, nur 13 Jahre alt. Seine ältere Schwester, Maria Margaretha, vermählte Gräfinn von Waldstein, führte die Vormundschaft. Franz Joseph, ein Mann von angenehmen Äußern, von vielem Geiste und ausgebreiteten Kenntnissen, gab seinem Hange zur Verschwendung zu viel nach. Die ungeheueren Reichthümer, welche er der weisen Sorgfalt seiner Väter verdankte, schmolzen in wenig Jahren zusammen. Bey seinem 1733 in einem Alter von 36 Jahren erfolgten Tode mußte das ganze Allodium, bey 20 der schönsten Herrschaften und Güter den ungestümen Forderungen der Gläubiger geopfert werden. Der Bau des prachtvollen Pallastes auf dem Hradschin zu Prag, welchen er in wenig Jahren aufführen ließ, mag viel beygetragen haben, Geldverlegenheiten herbeyzuführen. Die junge Witwe des Grafen Franz Joseph, eine geborne Marquise von Merode-Westerloo, vermählte sich nach dem Tode ihres Gatten mit dessen Bruder, Franz Anton, Grafen von C. Eine einzige Tochter, welche später den Fürsten August von Lobkowiß ehelichte, war die Frucht dieser Ehe. Die Herrschaften Horzin, Melnik, Drhowl u. a. kamen hiedurch an das Haus Lobkowitz, während die schönen Herrschaften Stiahlau und Nebilau, die ebenfalls ein Eigenthum des Grafen Franz Anton waren, von diesem an einen entfernten Vetter, einen Grafen Hermann C. von Chudenitz vererbt wurden. Von ihrem ersten Gatten, dem Grafen Franz Joseph, gebar Isabella von Westerloo zwey Töchter (davon eine mit dem Grafen Kolowrat-Nowohradsky, die andere mit dem Fürsten Paul von Mansfeld vermählt wurde), und einen Sohn, Procop Adalbert (geb. 1726, gest. 1777). Graf Procop, durch seltene Herzensgüte und großen Edelmuth ausgezeichnet, war zweymahl verheyrathet. Aus seiner ersten Ehe mit Antonia Gräfinn von Colloredo entsprossen 3 Töchter und ein Sohn, der gegenwärtige Fideicommiß-Besitzer, Johann Rudolph, Oberstkämmerer u. s. w. (s. d.). Von seiner zweyten Ehe mit einer Freyinn Reisky von Dubniz überlebten 3 Söhne und 3 Töchter den Vater. Der älteste dieser drey Brüder, Franz Joseph, so wie der jüngste derselben, Peter, starben in der Blüthe ihres Alters; der erste als k. k. Bergrath, der zweyte im Treffen von Bozzolo in Italien. Graf Wolfgang gab, dem Knabenalter kaum entwachsen, im Kriege gegen die Osmanen Beweise großer Unerschrockenheit. Bey der Erstürmung des türkischen Lagers von Kalifat war er vom ganzen Heere der erste auf den feindlichen Wällen. Nach seiner Vermählung mit Antonia Gräfinn von Salm-Neuburg, Besitzerinn der Herrschaften Mallenowitz und Pohorzeliz in Mähren, und nachdem er die ihm von seinem Bruder Joh. Rudolph überlassene Herrschaft Winarz und Gbel als sein Eigenthum übernommen hatte, eilte Graf Wolfgang dennoch stets zu den Fahnen, so oft das Vaterland seiner tapfern Vertheidiger bedurfte; so 1800, 1805 und 1809. Im letztern Feldzuge wurde er verwundet. Er endete seine Laufbahn 1813 als Oberst und Commandeur des Leopold-Ordens.

Czernin zu Chudeniß, Joh. Rud. Graf von, wurde am 9. Juny 1757 in Wien geboren. Auf der Hochschule zu Salzburg, unter der Aufsicht seines Oheims mütterlicher Seite, des regierenden Fürst-Erzbischofs Hieronymus Collpredo, studirte er die Rechtswissenschaften und bereitete sich zum öffentlichen Staatsdienste vor. Zugleich machte er sich vertraut mit allem, was den Geist bereichert und den Kunstsinn ausbildet; der Geschmack für Künste blieb jedoch vorherrschend; mit besonderer Vorliebe studirte er Musik und Poesie und brachte es in ersterer zur Virtuosität. — 1781 vermählte er sich mit der Gräfinn Therese v. Schönborn=Heuffenftamm. Er bereifte Italien, die Schweiz, Frankreich, einen großen Theil von Deutschland, Belgien, die Niederlande und England mit reichem Gewinn für feinen fcharfbeobachtenden Verftand und feine ausgebreiteten Kenntniffe. — Nach dem Tode feines Vaters, des Grafen Procop von Czernin, trat er fein angeftammtes anfehnliches Erbe, welches fich jedoch in zerrüttetem Zuftande befand, an. Durch zweckmäßige Verbefferung in der Verwaltung feiner Güter, durch weife Einfchränkung und mufterhafte Ordnung im eigenen Haushalte gelang es ihm, feine Einkünfte allmählig zu vermehren und bald fah er fich reich genug, feine halbverödeten Schlöffer zu Schönhof und Geftütthof den vorzüglichften Edelfitzen in Böhmen gleich zu ftellen und die Schöpfung der berühmten, großartigen Gartenanlage in Schönhof zu unternehmen. — Auf feinen Reifen, vorzüglich aber während feines Aufenthalts in England fammelte er eine bedeutende Anzahl vorzüglicher Kupferftiche, welche einen Saal und mehrere Gemächer des Schloffes von Schönhof fchmücken. Nachdem fein Wohlftand begründet war, richtete er den Kennerblick auf die Meifterwerke der Malerkunft, und es gelang ihm in dem kurzen Zeitraume von 20 Jahren feine Gemäldefammlung durch Erwerbung bedeutender Meifterwerke auf einen Standpunct zu bringen, der ihr einen ehrenvollen Platz unter den erften Gemäldegallerien des öfterr. Kaiferftaates anweift. — Seine anerkannte Kennerfchaft und Vorliebe für alle Zweige der bildenden Kunft verfchaffte ihm 1823 die Präfidentenftelle der k. k. Akademie der bildenden Künfte, welche er bis gegen Ende 1827 rühmlich bekleidete. Inzwifchen erhob ihn 1824 die Gnade des Monarchen, wegen feiner erprobten Rechtfchaffenheit und Anhänglichkeit an das kaiferl. Haus, zu dem ehrenvollen Poften des Oberftkämmerers. Ein Vertrauen, welches er fo rühmlich rechtfertigte, daß er 1828 zugleich zum Stellvertreter des erften Oberfthofmeifters ernannt worden ift, von welchem Poften er jedoch auf fein Anfuchen den 13. Jän. 1834 wieder enthoben wurde. Er befchränkte feine Thätigkeit nicht allein auf diefen ausgebreiteten Wirkungskreis; er ward auch theils Begründer, theils thätiger Beförderer und Mitglied der meiften vaterländifchen Bildungs= und Wohlthätigkeitsanftalten, z. B. der ftändifchen Malerfchule, des polytechnifchen Inftituts, des Confervatoriums der Mufik und des Nationalmufeums in Prag, der Gefellfchaft der Mufikfreunde, des Vereins zur Unterftützung verfchämter Armen (wovon er das Protectorat übernahm), des Kirchenmufik=Vereins von St. Anna u. f. w. in Wien. — Als Oberftkämmerer find ihm, nebft andern Ämtern und Anftalten, das Naturaliencabinet mit allen übrigen Kunftfammlungen, die Gemäldegallerie, die Schloßhauptmannfchaft, die k. k. Kammerkünftler und die Hoftheater untergeordnet. Von feiner raftlofen Thätigkeit und feinem Eifer in diefen verfchiedenartigen Fächern zeugen der gegenwärtige mufterhafte Zuftand der k. k. Bildergallerie, die gefchmackvolle Umftaltung des botanifchen Gartens zu Schönbrunn, und die Kunfthöhe, welche das k. k. Hofburgtheater unter feiner Leitung erreicht hat. — 1823 wurde er Ritter des goldenen Vließes, und 1824 erhielt er die geheime Rathswürde; überdieß fchmücken ihn noch das Großkreuz des conftantinifchen

St. Georg = Ordens von Parma und der sardinische Orden der Annun-
ziade.

Czernin, des Grafen von, Gemäldesammlung, befindet
sich im gräfl. Pallaste in der Wallnerstraße in Wien. Graf Rudolph
C. v. Chudenitz, k. k. Oberstkämmerer, ist deren Gründer. Sie zählt
über 300 Gemälde, meistens aus der niederländischen Schule; obschon
sich auch mehrere vorzügliche Gemälde aus der italienischen, französischen
und spanischen Schule darunter befinden. Nach den Fächern abgetheilt,
sind die vorzüglichsten Stücke dieser Sammlung: I. Historische: Heilige
Familie v. Saffoferrato, h. Familie v. C. Maratti, h. Familie v. Luini;
Jesus unter den Schriftgelehrten v. Giordano; Bethender vor einem Christus = Bilde; dann die büßende Magdalena v. Tizian; Esther vor Ahas-
verus v. Dominichino; Kreuzabnahme Christi v. Volterra; Venus und
Amor v. Franceschini; Taufe Christi und Elias v. Poussin; die Frauen
beym Grabe Christi v. Rubens; Bethende Maria v. Holbein; dann einige schätzenswerthe Bilder von Weenir, van Eyck, Fresnoy, Bourdon und
aus der modernen deutschen Schule. — II Genrebilder: Maler=Atelier v.
Pet. de Hoghe; Spielgesellschaft v. G. Dow; musicirende Gesellschaft
v. Rembrandt; Portraits des Malers C. Netscher mit seiner Frau und
Kindern, sammt noch einigen vortrefflichen Gemälden v. Ostade, Teniers und A. — III. Landschaften: Mehrere vorzügliche Stücke v. Ruysdael, Everdingen, Pynacker, Berghem, Huysman, Poussin, v.
Goyen, Artois ꝛc. — IV. Thierstücke: Ein ganz vortrefflicher P. Potter, eine Kühweide vorstellend, dann mehtere schätzbare Gegenstände
v. H. Roos, Snayers, du Jardin, Cuyp, Hondekoeter, C. Rut-
hardt, Wouvermans ꝛc. — V. Portraits: Mehrere ausgezeichnete Stücke
v. Barth, van der Helst, Mireveldt, Tintoretto, Tizian, della Vecchia, v.
Dyk, Strozzi, Rembrandt, Joshua Reynolds, vorzüglich erwähnenswerth
sind 2 Köpfe v. Albrecht Dürer; endlich befinden sich in dieser Sammlung
noch einige schätzenswerthe Blumenstücke v. Huysum, Ruysch ꝛc. Die
Erlaubniß zur Besichtigung dieser gewählten Sammlung ist durch den
gräfl. Haushofmeister, Künstlern und Kunstfreunden leicht zu erlangen.

Czernohorsky, Bohusl., von Nimburg in Böhmen gebür-
tig, Minorit, ward in Italien Magister der Musik, und Regens
Chori in der Ordenskirche bey St. Anna in Padua, hernach Regens
Chori bey St. Jacob in Prag. Er wollte wieder um 1740 nach
Italien zurückkehren, starb aber auf der Reise. Er war zu seiner Zeit
einer der berühmtesten Tonkünstler Böhmens und der stärkste Organist.
In seinen Kirchenmusikalien herrscht eine ihrer Bestimmung angemessene
Harmonie, sie zeichnen sich unter andern besonders durch künstliche
Fugen aus. Noch werden einige dieser Werke von Kennern fleißig auf-
bewahret, auch bey Gelegenheit nicht selten benützt; nur Schade, daß
die meisten davon bey der großen Feuersbrunst 1754, welche einen Theil
des Minoritenklosters in Prag betraf, durch die Flammen verzehrt wurden. — Der Geist in der Composition sowohl, als das Meisterhafte
im Orgelspielen ging auf einige seiner würdigen Schüler, wie Jos. Se-
ger, der einer der berühmtesten Organisten wurde, Jos. Tartini
(auch Concertist auf der Violine) u. a. über.

Czerny, Carl, ist den 21. Febr. 1791 zu Wien geboren. Sein Vater, ein geborner Böhme, war hier seit 1785 als Claviermeister ansäßig und unterrichtete seinen Sohn, der er schon in der frühesten Kindheit zur Musik bestimmte, mit der größten Sorgfalt, indem er ihn bald möglichst mit allen guten Compositionen und den damahligen besten theoretischen Werken bekannt machte, so daß C. im frühen Alter große Gewandtheit im Niederschreiben eigener Ideen, in Kenntniß der Partituren und im Vortrag jeder Gattung von Tonwerken erlangte. C. fing schon im 14. Jahre (1805) an, selbst Unterricht zu geben; die Zahl seiner Schüler vermehrte sich bald so, daß er den größten Theil des Tages seinen Lectionen widmen mußte. Unter die vorzüglichsten seiner Schüler gehören: Liszt, Döhler, Caroline Belleville u. a. — 1818 gab C. seine erste Composition: Variationen für Pianoforte und Violine (Wien, bey Haslinger), heraus. Seine ersteren Werke fanden allgemeinen Beyfall und C. erhielt von Seite der Verleger so vielfältige Bestellungen, daß 1818 — 33 von ihm 332 Originalwerke im Stiche erschienen sind, unzählige Arrangements von Symphonien, Opern ꝛc. ungerechnet. Seine eigenen Werke können eingetheilt werden in Clavierstücke für das brillante Spiel und für die elegante Welt, in Werke ernstern Styles, und in Werke für den Unterricht der verschiedenen, mehr oder minder vorgerückten Schüler. Unter den ersteren sind vorzüglich bemerkenswerth: Phantasie und Variationen für das Pianoforte, 3. Werk. — Sonate auf 4 Hände, 10. W. — Rondeau, 17. W. — Hommage aux Dames, 3 Hefte, 163. W. — Souvenir théatral, 247. W. Bis jetzt 30 Hefte — Blumengallerie. — Musikalisches Pfennigmagazin. — Der Brand von Wiener-Neustadt 1834. — Musikalische Neujahrsgabe 1835, u. m. a. — Aus den Werken der zweyten Gattung sind besonders zu erwähnen: 3 Fugen, 31. W. — Ouverture auf 4 Hände, 54. W. — Rondeau, 68. W. — Graduale, 154. W. — Offertorium, 155. W. — In der 3. Gattung zeichnet sich aus: 100 Übungsstücke, 4 Hefte, 139. W. — Anleitung zum Phantasiren, 200. W. — 101 Passagen, Übungen, 3 Hefte, 261. W. — Die Kunst des Präludiums, 300. W. — C. hat noch vieles für Kirche und Orchester im Manuscript, so wie er sich überhaupt in jeder Musikgattung versuchte. Sein Styl ist äußerst brillant und dem Zeitgeschmack angemessen. Er übersetzte auch Reicha's vollständiges Lehrbuch der musikal. Composition ꝛc. und dessen Lehrbuch der Harmonie aus dem Französischen.

Czesinge, Cesinge, Joh. s. Janus Pannonius.

Czibin, Fluß in Siebenbürgen, entspringt aus mehreren Quellen der Szelister Gebirge, gleich über der Baumlinie, welche Quellen 2 ziemlich große Teiche bilden, den kleinen und großen Insure, die fast eine Stunde weit von einander stehen. Drey Stunden unterhalb vereinigen sich die Ausflüsse beyder, ober Gararón. Dann nimmt der Fluß seine Richtung bey Hermannstadt, dem er den lateinischen Namen Cibienum (ungar. Szeben) gibt, vorbey, und fällt unweit des rothen Thurms in den Altfluß.

Cziksann, Joh. Jac. Heinr., k. k. wirkl. Hofsecretär und Mitglied der mähr.-schles. Gesellschaft zur Beförderung der Natur- und Landeskunde, geb. zu Brünn am 10. July 1789, machte seine Studien zu Brünn und Olmütz, und erhielt seine wissenschaftliche Bildung unter der Leitung des gelehrten Cerroni, seines Oheims. Nach vollendeten Rechtsstudien trat er als Auscultant bey dem mähr.-schles. Landrechte zu Brünn in öffentliche Dienste, wurde nach 6 Jahren Rathsprotocollist dieser Justizbehörde, und darauf sehr schnell in gleicher Eigenschaft zu dem dortigen Appellationsgerichte befördert. Durch die Entschließung des Kaisers vom 27. Nov. 1821, ward C. als Hof-Rathsprotocollist zu der obersten Justizstelle nach Wien berufen und 1834 zum Hofsecretär bey dieser Hofstelle ernannt. — Schon 1815 ist ihm auf Anregung des damahligen Appellations-Präsidenten in Brünn und Kanzlers der oben erwähnten Gesellschaft, Joseph Grafen v. Auersperg, in Würdigung seines literarischen Eifers, das Diplom als Mitglied dieser Gesellschaft zugestellt worden. C. schrieb: Die lebenden Schriftsteller Mährens; Brünn, 1812. — Erdkunde Mährens; eb., 1814. — L. J. Scherschnick's Ehrengedächtniß; eb., 1815. — Vaterländische Beyträge historischen Inhalts; eb., 1819. — Ferner lieferte er Aufsätze und Beyträge in Meusel's Archiv für Künstler und Kunstfreunde; Hawlik's Taschenbuch für Mähren; Sartori's malerisches Taschenbuch; in Jurende's redlichen Verkündiger und dessen Moravia; in Wolny's Taschenbuch für die Geschichte Mährens; Bisinger's Generalstatistik des österr. Kaiserthums; Meusel's Künstler-Lexicon; Schindel's deutsche Schriftstellerinnen; Meusel's und Lindner's gelehrtes Deutschland rc. — Recensionen und Notizen in die Leipziger und Wiener Literaturzeitung, so wie schon seit 1807 in die Annalen der österr. Literatur und Kunst, rc. — Bey seiner, auch zu jener Zeit geäußerten literarischen Wirksamkeit, wo der als ein allerdings verdienstvoller Schriftsteller bekannte André, damahls in Brünn, auf diesem Standpuncte eine Art von Suprematie und Monopol durch Herausgabe von Zeitschriften und Volkskalendern ausübte, konnte C. gleich andern, echt vaterländisch gesinnten Schriftstellern, den in öffentlichen Blättern des Auslandes erschienenen, persönlichen Verfolgungen André's nicht entgehen, der sich aber, bevor er Österreich (1821) verließ, bey mehreren Anlässen ganz zu Gunsten C.'s erklärte.

Czinczaren (Cinzaren, ungarisch Czinczárok). So nennt man in Ungarn jene Walachen oder Romanier, die vor mehreren Jahrhunderten aus Thracien und Mösien nach Macedonien verpflanzt wurden, und sich mit den Macedoniern oder Neugriechen daselbst so vermischten, daß sie nicht nur in ihre Sprache, welche ein gebildeter walachischer Dialect ist, als die dakowalachische Mundart in Siebenbürgen, im Banät und in der Walachey, viele neugriechische Wörter aufnahmen, sondern auch, von gleichem Handelsgeiste beseelt, einerley Gewerbe treiben, sowohl in der Türkey als in dem österreichischen Kaiserstaate, wo sich viele von ihnen theils als österreichische Unterthanen seßhaft gemacht haben, theils als türkische Unterthanen für längere oder kürzere Zeit wegen des Handels aufhalten. Deßwegen, und weil sie sich mit den Neugriechen zu derselben Kirche bekennen, auch fast sämmtlich zugleich neugriechisch, obgleich meistens sehr verdorben, sprechen, werden sie im gemeinen Leben oft mit den Macedoniern verwechselt; was sie gern geschehen lassen, um nicht für gemeine Walachen, welche sie an Bildung und Wohlstand gemeiniglich übertreffen, angesehen zu werden.

Czirach, slavon. Herrschaft und Marktflecken in der Poseganer Gespanschaft. Der Marktflecken liegt in einer waldigen Gegend, welche vortreffliche Wildbahnen hat. Hier ist eine griechisch-nichtunirte Pfarrkirche (ein altes Gebäude) und eine Cavallerie-Caserne. Die Einwohner sind größtentheils Serben.

Cziráky de Dienesfalva, eine alte berühmte Familie in Ungarn, die bereits unter Bela II. dem Blinden, und unter seinen Nachfolgern blühte und die vom Kaiser Carl VI. (als König von Ungarn Carl III.) in den Grafenstand erhoben wurde. Das Corpus Juris Hungarici führt mehrere C. an, welche Staatsämter bekleideten. Wir erwähnen hier nur folgende: 1) Moses C., königl. Gränzcommissär bey der Regulirung der ungar. Gränzen gegen Österreich und Steyermark unter Rudolph II. und Director Causarum Regalium (als solcher unterschrieb er die berühmte Pacificatio Viennensis 1606). — 2) Adam C., Judiciorum Octavalium Assessor 1647; 1622, königl. Commissär bey der Warasdiner Commission u. s. w. — 3) Moses C., königl. Commissär zur Rectificirung der ungar. Gränzen gegen Österreich, unter Leopold I. 1687. — 4) Ladislaus C., der sich im siebenjährigen Kriege auszeichnete, und lange in preuß. Gefangenschaft war. Sein Sohn ist k. k. geh. Rath und Reichsoberrichter in Ungarn, Graf Anton C., geb. zu Odenburg 1772, ein Beförderer der ungar. Literatur, der sich auch als Schriftsteller rühmlich auszeichnete.

Czirbesz, Andr. Jonas, evangelisch-lutherischer deutscher Prediger zu Igló, und Senior in den königl. 16 Kronstädten des Zipser Comitats, ein unermüdet thätiger, gründlicher ungarischer Geschichtsforscher, wurde geb. 1732 zu Szepes Várallya oder Kirchdrauf in der Zipser Gespanschaft, wo sein Vater Samuel C. 40 Jahre lang evangel. Prediger Augsb. Confession war. Er studirte zuerst in den vaterländischen Gymnasien zu Dopschan, Gömör und Leutschau, dann in dem Lyceum zu Preßburg, dessen berühmter Rector, der gelehrte Johann Tomka Szászky, in ihm die Liebe zur classischen Philologie und vaterländischen Geschichte weckte, die ihn auch in seinem Greisenalter nicht verließ. Von hier ging er auf die Universität nach Halle, wo er in der Theologie den scharfsinnigen Theologen und berühmten Polyhistor Baumgarten, in der Philosophie Wolfs Schüler Meyer, in der Mathematik und Physik Eberhard, in der Kirchen- und Literargeschichte den berühmten Semmler, in der Geschichte, Diplomatik und Numismatik den Professor Joachim hörte. Von da reiste er nach Göttingen, um Mosheim und Heumann zu hören, wurde aber bald ins Vaterland zurückberufen. Er reiste über Halle, wo er jetzt den großen Philosophen und Mathematiker Wolf fand, und mit ihm persönliche Bekanntschaft anknüpfte. In Leipzig, Prag, Wien besah er mit vielem Interesse die Naturaliensammlungen, da vaterländische Geschichte und Naturgeschichte zu seinen Lieblingsfächern gehörten. Sogleich nach seiner Anstellung in Igló fing er selbst an, ein Münzcabinet (welches so reichhaltig wurde, wie wenig Privatmänner in Ungarn besaßen), eine Sammlung alter Diplome, Siegel und verschiedener seltener Manuscripte über die vaterländische Geschichte, eine Mineraliensammlung (die besonders an Mineralien aus den Zipser Bergstädten und an karpathischen Gebirgsarten reich war) und eine (vorzüglich im historischen, numismatischen, naturhistorischen, philologischen und theologischen Fache) sehr ansehnliche Bibliothek anzulegen, die er in der Folge, wie es die Umstände erlaubten, vermehrte. Die Urkunden- und historische Manuscripten-Sammlung vermehrte er jedoch bis zu seinem Tode. Noch in seinem hohen Alter, zwischen 70 und 80 Jahren, copirte er rastlos in dem Provinzial-Archiv der 16 Zipser Kronstädte zu Igló, zu welchem ihm freyer Zutritt gestattet wurde, Urkunden, die sich auf die politische und Kirchengeschichte der deutschen Colonien in der Zipser Gespanschaft bezogen. In seinen jüngern Jahren bereiste er sehr oft die Karpathen in der Zipser und Liptauer Gespanschaft, und durchforschte sie in topographischer, mineralogischer, botanischer und zoologischer Rücksicht. Schon frühe trat er als Schriftsteller auf, theils mit latein. Gedichten in classischem Latein, theils mit schätzbaren Beyträgen zu dem ungär. Magazin von Windisch und zu den Wiener privil. Anzeigen aus den sämmtlichen k.k. Erbländern, (herausgegeben von Terstyanßky), nahmentlich mit interessanten Karpathen-Beschreibungen, mit numismatischen Erklärungen und Erläuterungen seltener Münzen, und mit gründlichen Bücher-Recensionen. Ferner schrieb er eine Dissertatio de dignitate et juribus Landgravii seu Comitis Saxonum de Scepus, die er bey der Instauration der Provinzial-Verfassung der 16 Zipser Kronstädte (nach der Revindication derselben von Polen durch die Königinn Maria Theresia) am 20. Febr. 1775 handschriftlich bekannt machte; eine schätzbare Abhandlung, die den Titel führt: Origines et Natales Saxonum Scepusii und arbeitete viele Jahre an einem Adparatus ad illustrandam rem numariam Hungaro-Transylvanam, leider kam die Herausgabe dieser trefflichen Werke nicht zu Stande. Seine ansehnliche Handschriften-Sammlung, die viele wichtige Urkunden zur politischen und Kirchengeschichte Ungarns enthält, wurde von Andreas v. Császár in Rosenau für seine dem evangelisch-luther. Nationalgymnasium zu Rosenau vermachte Bibliothek angekauft.

Czirjék v. Sepsi Zsoltan, Mich., ein ausgezeichneter magyar. Dichter, wurde 1753 zu Szarazberke in der Szathmarer Gespanschaft von reformirten adeligen Ältern geboren, studirte in dem reformirten Collegium zu Sáros-Patak, und trat dann in die k. ungar. adelige Leibgarde zu Wien ein. So wie die jungen ungar. Gardisten Báróczy, Bessenyei und Andere, wurde auch er von patriotischem Enthusiasmus für die magyar. National-Literatur, zunächst durch gelungene Übersetzungen aus dem Französischen und Deutschen, die Ausbildung des magyar. Styls, zu befördern, ergriffen. Er übersetzte daher unter andern drey liebliche poetische Episteln Collard's ins Magyarische, und gab sie bey Trattner in Wien 1785 im Druck heraus. Er starb 1798.

Czirknitz (Zirknitz), illyr. Marktflecken in Adelsberger-Kreise Krains, mit 1,300 Einw. und Salzhandel. Nahe dabey der mit Kalksteinbergen umgebene merkwürdige See (s. d.).

Czirknitzer-See, zwar nur mit einem Spiegel von 3 Q. M., aber merkwürdig durch sein unterirdisches Flußgebieth, welches fast regelmäßig im Sommer sein Wasser einnimmt, und im Herbste wieder ausgießt. Die Höhle, wodurch das Wasser abgeführt wird, heißt Sucha Dolza. Während der trockenen Zeit mäht man auf dem Seeboden Gras, baut Hirse und Haidekorn, in 6 Wochen reifend, und jagt. Der See ist fischreich und Aufenthalt von vielem Geflügel; auch hat er 3 Eilande, auf deren größtem Worneck, das Dorf Ottok liegt, dessen Einwohner Getreide und Küchengewächse bauen.

Czirquenicza, croat. Marktflecken am Canal di Morlacca, im ungar. Küstenlande, zur Cameralherrschaft Vinodol gehörig, mit einem kleinen Hafen, einer kathol. Pfarre, 1,320 Einw., die Handel und Fischerey treiben. In der Nähe ist das reizende und fruchtbare Weinthal (Vinodol).

Czortkow, galiz. Kreisstadt des gleichnahmigen Kreises, mit 2,300 Einw., Kloster, Schloß und bedeutender Tabakfabrik.

Czortkower Kreis, in Galizien, 65 Q. M. groß, gränzt gegen Osten an Rußland, gegen Süden an die Moldau und Bukowina, und zählt 150,500 Einw. (worunter 7,226 Juden), in 3 Städten, 19 Marktflecken und 242 Dörfern. Der Kreis ist bis auf den gebirgigen Theil zwischen dem Dniester und Pruth, völlig eben, und wird von mehreren Flüssen bewässert, daher ist der Boden sehr fruchtbar und reich an Getreide und andern Feldfrüchten. Holz ist überflüssig vorhanden, die Viehzucht aber unbedeutend. Die Einwohner, größtentheils Rußniaken, beschäftigen sich vorzüglich mit der Bienenzucht, auch werden in diesem Kreise viele Kotzen und grobe Tücher verfertigt.

Czuczor, Georg, zu Andód in Ungarn den 17. Dec. 1800 geboren, studirte zu Neutra, Gran und Preßburg. 1817 trat er in den Benedictinerorden, und bezog, nach zurückgelegtem Probejahr in der Martinsberger Abtey, 1818 die Akademie zu Raab, um den philosophischen Curs zu machen; ward 1820 in das Pesther Centralseminar gesendet, die Theologie zu hören, mußte aber, dauernder Kränklichkeit wegen, nach drittehalb Jahren nach St. Martin zurück. Hier endete er die theologischen Studien, und primizirte 1824. Bald ward er am königl. Gymnasium zu Raab Professor der latein. Grammatik, 1826 aber der Rhetorik. Der literarischen Welt wurde er zuerst 1824 durch ein Epos in 4 Gesängen bekannt: Augsburgi ütközet (Aurora, 1824), das er mit 22 Jahren dichtete, als er seiner schwankenden Gesundheit halber keine Collegien besuchen konnte. Es erregte ungemeines Aufsehen. Diesem folgte: Aradi gyülés, ein Epos in 5 Gesängen; herausgegeben von Fr. Toldy, Pesth, 1828.

Czundorf (Zorndorf), deutscher Marktflecken in Niederungarn (Feßler's Geburtsort), jenseits der Donau, in der Wieselburger Gespanschaft, zur Herrschaft Ungarisch-Altenburg gehörig, an der durch diese Gespanschaft führenden Wiener Landstraße, zwischen Najka (Rakendorf) und Neysider (Neusiedel), mit einer römisch-katholischen und evangelisch-luther. Pfarre, Kirche und Schule, einer kathol. Capelle, 1,190 deutschen Einwohnern, worunter 535 katholische, 653 evangelisch-lutherische. Der Ort liegt in einer schönen fruchtbaren Gegend am rechten Arme der Leitha. Ackerbau und Viehzucht ist die Hauptbeschäftigung der Einwohner und wird mit vielem Nutzen getrieben. Der Wald gehört zu den bedeutendsten der Wieselburger Gespanschaft, und wird in zwey Theile, den Eichenwald und Espenwald getheilt, beyde sind reich an hochstämmigem Bau- und Brennholz, so wie an Wildpret. In C. sind viele freye adelige Gründe, ein großer herrschaftl. Kornspeicher, ansehnliche Schäfereyen mit mehr als 5,000 Schafen, eine adelige Curie der Familie Hußty, eine große herrschaftl. Mühle, und eine Salpetersiederey.

Czvittinger, Dav., ein ungarisch-protestant. Gelehrter, der sich lange Zeit auf deutschen Universitäten, nahmentlich zu Altdorf, zu Anfang des 18. Jahrhunderts aufhielt, und nach seiner Zurückkunft nach Ungarn in Schemnitz privatisirte. Er gab zu Frankfurt 1711 heraus: Specimen Hungariae literatae, mit angehängter bibliotheca scriptorum, quae exstant de rebus hungaricis. Dieß war der erste Versuch einer umfassenden Literargeschichte Ungarns, denn Johann Lucius's Rerum Dalmaticarum Scriptores antiqui (Amsterdam, 1666) und Daniel Klesch's Pentas. Doctorum Juris in Hungaria (Jena, 1688) sind nur Spezial-Versuche. C. verdiente für seinen ersten Versuch den Dank seiner Landsleute, zumahl, da er denselben von den meisten literarischen Hülfsmitteln entblößt, zu Altdorf in Eile verfaßt, in die Welt schickte. Aus Ungarn konnte C. wegen der damahligen innern Unruhen von Gelehrten keine Beyträge erhalten (worüber er in der Vorrede klagt). Ungerecht war also der Tadel, daß er sehr viele Schriftsteller aufführte, gerechter aber der, daß er viele Fehler beging, indem er selten aus den Quellen schöpfte; seine Urtheile und Kritiken oft oberflächlich, ungründlich und (wiewohl gegen seinen Willen) nicht gerecht abfaßte, daß er oft heterogene Dinge einmischte, und selbst auf die Latinität nicht die gehörige Sorgfalt verwendete.

D.

D, auf österr. Münzen bedeutet den Münzort Grätz.

Dachstein (Thorstein). An dem Vereinigungspuncte der Gränzen des Salzburger- und Traunkreises in Oberösterreich und der Steyermark steht der kolossale D. oder Thorstein, ein mächtiger, 9,448 W. F. über der Meeresfläche erhabener Gletscher. Von hier bildet eine furchtbare Wildniß die nordwestliche Ecke der Steyermark. Es gehören dazu in Steyermark der Schmiedstock, das Koppeneck, der hohe Roms, Stapfenkogel, Pfalzkogel, Geschirrkogel, Kuhschädel, Sarstein im

Osten des Hallstädtersees, der Sandling an der österr. Gränze, der Reichenstein, die hohen Brüder, der Elm oder Dreyzipf, die weiße Wand rc. Auf österr. Seite liegen an seinem Abhänge an der Südseite des Hallstättersees der Dürrenberg, Zwölferkogel, Hierlaß, Rauchkogel, Landfriedstein, Krippenstein, hohe Schönberg, Hirschberg u. a. Bergl. Alpen

Däringer, Joh. Georg, Corrector der k. k. Akademie der bildenden Künste, und im Historienfache, besonders durch seine Kirchengemälde allgemein beliebter Künstler, wurde 1761 zu Ried im Innkreise geboren. Sehr frühe Waise geworden, mußte er für sich selbst sorgen. Er ging demnach, getrieben von der Liebe zur Kunst, kaum 20 Jahre alt, nach Wien; allein hier konnte er erst sehr spät ein Stipendium erhalten. Durch rastlosen Eifer brachte er es dennoch dahin, daß ihm 1799 der erste Preis in der Historienmalerey zuerkannt wurde. Von nun an arbeitete er größtentheils nur Altarbilder, von denen die meisten nach Ungarn und Mähren kamen. Seiner Vollendung stand das Schicksal, wie bey Vielen, allzuschroff entgegen; immer mit Hindernissen im Kampfe mußte die Schwungkraft seiner Fantasie ermatten. Erst gegen das Ende seines Lebens, das am 13. Jän. 1809 erfolgte, schienen seine Verhältnisse eine freundlichere Gestaltung annehmen zu wollen.

Daffinger, Moriz Mich., wohl der berühmteste Porträtmaler (vorzüglich in Miniatur) im österr. Kaiserstaate, war geboren zu Wien den 25. Jän. 1790. Sein Vater war Maler in der k. k. Porzellanfabrik, und lehrte ihn die ersten Anfangsgründe der Zeichenkunst. Nach sorgfältig vollendeter Erziehung kam D. in die Akademie der bildenden Künste, wo er sich unter Anleitung des Directors Füger vollends ausbildete. Nachdem D. nach seinem Austritte aus der Akademie eine Zeitlang an der k. k. Porzellan-Manufactur als Porzellanmaler beschäftigt gewesen, und sich auch in diesem Fache rühmlichst ausgezeichnet hatte, begann er 1809, während der französ. Invasion, sich in jenem der Porträtsmalerey zu versuchen, und fand bald so vielen Beyfall in dieser, seinem Talente so ganz zusagenden Sphäre, daß er seine Stelle als Porzellanmaler ganz aufgab, und sich hinfort auf das Porträtsfach beschränkte. Viele gelungene Arbeiten dieser Art verschafften D. ausgebreiteten Ruf, in wenig Jahren machte er durch seine eigenthümliche Manier, welche treue Auffassung der Natur mit höchst glänzendem Colorit und vortheilhafter Darstellungsweise verbindet, in der Porträtsmalerey Epoche, und erhielt viele Bestellungen. In neuerer Zeit neigt sich D.'s Darstellungsweise, in Folge seiner mannigfachen Reisen und vielleicht der Anwesenheit des berühmten Lawrence in Wien, sehr der engl. Manier zu, doch zeichnen sich seine Leistungen immer durch eigenthümliche, höchst geistreiche Auffassung, sprechende Ähnlichkeit und geniale Ausführung mit markigem, kräftigen Pinsel aus, wobey er fast jederzeit die Hülfsmittel einer ängstlichen Contour verschmäht. Da D. indeß meistens nur Porträte von Personen des höhern Adels malt, die sich als Privateigenthum in deren Händen befinden, er auch noch keines seiner Producte zur Wiener Kunstausstellung gab, so ist eine einzelne Aufführung seiner durchaus vorzüglichen Kunstleistungen nicht wohl möglich.

42 *

Besonders berühmt sind indessen mehrere Porträts des Herzogs von
Reichstadt, worunter eines von Benedetti gestochen und eines von
Kolb geschabt wurde. (Das gelungenste, welches den Prinzen schrei-
bend vorstellt, ist in den Händen des Grafen Moritz v. Dietrichstein.) Ferner sind anzuführen: Porträts des Fürsten von Metternich und dessen Familie; — Porträts der Erzherzoginn Sophie und
deren Kinder ꝛc.

Dalemil, Mezrziczky, von seinem Geburtsorte Mezrzicz
(Großmeseritsch in Mähren), Dichter und fleißiger Benützer historischer
Denkmahle der böhm. Vorzeit, lebte im Anfange des 14. Jahrhunderts
in Prag, nach Andern in Altbunzlau, wo er Canonicus bey der
Collegiatkirche zu St. Wenzel gewesen seyn soll. Zu einer Zeit, wo
fast alles in lateinischer Sprache geschrieben wurde, zog er seine Muttersprache vor, und sicherte sich dadurch bey der Nachwelt einen bleibenden Werth. Er fand wenig Nachahmer, und seine Geschichte Böhmens,
nach mehreren alten Chroniken in Reimen bearbeitet, beförderte erst
1620 Paul Geskin unter dem Titel: Cronyca stara Klasstéra Bo-
leslawskeho o Poslaupnosti Knjzat a Kralu czeskych ꝛc. in Prag zum
Drucke. Diese Ausgabe dürfte in unserer Zeit zu den bibliographischen
Seltenheiten gehören; Faustin Prochaska hat sie wieder dem Drucke übergeben, eb. 1786.

Dalham, Florian a Stā. Theresia, aus dem Orden der frommen Schulen, wurde am 22. July 1713 zu Wien geboren. Mehrere
Jahre war er an der Theresianischen Ritterakademie Professor der Philosophie, Mathematik und Geschichte, und zum Behufe seiner Vorlesungen erschienen von ihm in 3. Bdn.: Institutiones physicae, Wien,
1753—54; dann: Psychologia, eb. 1756. — De ratione recte co-
gitandi etc. Augsburg, 1762 u. a. m. Hierauf machte er eine Reise
nach Italien, nach seiner Rückkehr Rector des Löwenburg'schen
Convictes in Wien, bis er endlich nach Salzburg berufen wurde,
wo er bald zum geistlichen Rathe befördert, als Hofbibliothekar am 19.
Jän. 1795 starb. Hier hatte D. sich vorzugsweise mit Geschichtsstudium
beschäftigt, und wir verdanken seinem glücklichen Forschungsgeiste ein
Werk, das in seiner Art wohl einzig bastehen dürfte, nähmlich die Concilia
Salisburgensia Provincialia et Dioecesana, jam inde ab Hierar-
chiae hujus origine, quoad codices suppetebant, ad nostram us-
que aetatem celebrata, Augsb. 1788 — ein Werk, das nicht nur eine
schätzbare Fundgrube für Geschichte der deutschen Kirche, Kirchenverfas-
sung und Kirchenzucht, sondern auch deutscher Cultur, Sitten und
Gesetze insbesonders im Mittelalter ist und zu allen Zeiten seyn wird.

Dallinger v. Dalling, Joh., ausgezeichneter Thier- und
Historienmaler, war geb. zu Wien den 13. Aug. 1741. Sein Stammvater, Joachim, Stadtrichter zu Enns, war vom Kaiser Ferdinand II. 1628 in den Adelstand erhoben worden. Sein Vater Franz
und sein Großvater schon, hatten sich nicht ohne Erfolg der Malerkunst
gewidmet. D. erhielt seinen ersten Unterricht vom ersteren, und machte
bald bedeutende Fortschritte. 1756 ging er nach Bregenz, arbeitete
daselbst in der Werkstätte eines sehr gewöhnlichen Malers, und durchzog

hierauf Deutschland und die Schweiz. Nach seiner Zurückkunft 1759 begann D. erst die Wiener Kunstakademie zu besuchen und studirte unter der Leitung der berühmten Meister Vinc. Fischer und Maytens auf das eifrigste. Durch letzteren erhielt er 1764 den Auftrag, nach Frankfurt a. M. zu gehen, den Feyerlichkeiten der Kaiserkrönung beyzuwohnen, und mehrere Scenen derselben aufzunehmen, dessen er sich zur größten Zufriedenheit entledigte. Durch den Leibarzt Brambilla erhielt D. den damahls sehr erschwerten Zutritt in die fürstl. Liechtenstein'sche Gallerie, wo er mehrere Gemälde copirte, und sich die Gunst des damahligen Inspectors Fanti in so hohem Grade erwarb, daß ihn dieser, nach dem Tode seines Sohnes, selbst zu seinem Nachfolger vorschlug. 1761 nach dem Tode Fanti's erhielt D. diese Stelle, welche er durch 35 Jahre auf das Ehrenvollste bekleidete, und sich während dieser Zeit viele Verdienste um die fürstl. Gemäldesammlung erwarb. Er ordnete die Gallerie, restaurirte ohne alle Beyhülfe die beschädigten Gemälde, und bewirkte, als der große Kunstfreund, Fürst Aloys Liechtenstein, zur Regierung kam, den erleichterten Einlaß in die Gallerie, so wie auch die Erlaubniß für junge Künstler, zu copiren, wodurch er nicht wenig zur Ausbildung vieler derselben beytrug, und sich ihres regen Dankes versicherte. D. starb den 6. Jän. 1806. Unter seinen zahlreichen Leistungen sind einige große Altarbilder, dann kleine historische Skizzen, Pferd- und Schlachtstücke besonders erwähnenswerth. Die meisten seiner Gemälde gingen indeß nach Rußland und Polen, Wien besitzt deren nur wenige. Unter seinen Schülern zeichneten sich vorzüglich Vinc. Fischer der Sohn, Goldmann und Vinc. Dorfmeister, gegenwärtig Professor zu Laibach, aus.

Dallinger v. Dalling, Joh., Director der fürstl. Liechtenstein'schen Gallerie, rühmlich bekannter Thiermaler und geschickter Restaurateur alter Gemälde, wurde geboren in Wien den 7. May 1782. Sein Vater (s. den Vorigen) wurde sein erster Lehrer, 1803 wurde er bereits demselben als Adjunct zugetheilt, 1820 wurde D. zum Gallerie-Inspector ernannt, und erhielt 1831 nach dem Ableben des Directors Joseph Bauer dessen Stelle. Besonders zogen ihn die Leistungen der holländ. Schule in Thierstücken und Landschaften an, die er auf das Gelungenste nachzuahmen strebte. Besonders vortrefflich weiß er Pferde darzustellen. In der Restaurirung alter Gemälde erwarb er sich ebenfalls eine bedeutende Kunstfertigkeit. Mehrere seiner Gemälde befinden sich sowohl in der kaiserl. als auch in der fürstl. Liechtenstein'schen Gallerie, so wie auch die hiesigen Kunstausstellungen erfreuliche Proben von D.'s Talent lieferten. Unter seine vorzüglichsten Leistungen gehören: Ein Knabe mit Pferden auf der Weide, ein Fuhrmann mit Pferden im Stalle, Gruppe von Schiffzugpferden und einzelne derselben, ein Stier und eine Kuh. Auch versuchte sich D. mit ziemlichem Glücke in der Schabekunst, die er von J. Pichler erlernte. Er führte in dieser Manier 2 Platten aus: Kinder, die sich um Äpfel raufen, nach Poussin und das Portrait der Fürstinn (Aloys) v. Liechtenstein nach Kreutzinger.

Dallinger v. Dalling, Alexand., Thiermaler und Restaurateur alter Gemälde, wurde geboren zu Wien den 1. Aug. 1783; jüngerer Bruder des Vorigen. Er ist ebenfalls Schüler seines Vaters. Anfänglich widmete er sich der Kupferstecherkunst in Mordant, da jedoch seit dem Verfalle des Kunst= und Industrie=Comptoires für diesen Zweig nur sehr geringe Aussichten blieben, verlegte er sich seit 1802 auf die Wiederher= stellung alter Gemälde, in welchem Fache er es zu einem hohen Grade der Vollkommenheit brachte. Als Maler zeichnet er sich besonders in Thierstücken aus.

Dalmatien, Königreich I. Geschichte. Bey keinem Volke bildet die Geschichte weniger ein abgeschlossenes Ganzes, als bey den Dalmatinern, die von einem kleinen Landstriche um Sebenico und Scordona ihren Nahmen erhielten, der zur Zeit, als die Römer den König Gentius besiegten, und die Bewohner der Inseln und Küsten= länder des adriat. Meeres unabhängig von den illyr. Königen erklärten, selbst erst diesen bekam. Niemahls waren indessen die Dalmatiner ein abgesondertes eigenes Volk, sondern nur ein Stamm der großen illyr. Nation, die aus einer Vermischung der Autochthonen mit den celtischen Galliern des Bellobes und den später unter Bolg's Anführung nach= gekommenen sennonischen Galliern entsprungen waren. Denn schon 590 Jahre vor unserer Zeitrechnung wurden die Gallier hier herrschendes Volk, vor welchen sich ein Theil der Ureinwohner auf die nahen Inseln flüchtete, ein anderer Theil aber sich den Ankömmlingen unterwarf, und sich mit ihnen vermischte. So entstand ein neues Volk, die Illyrier, die sich wieder in mehrere Hauptstämme abtheilten, und alles Küsten= land am adriat. Meere bewohnten, das der Arsa=Fluß gegen Westen, und Epirus und die ceraunischen Gebirge (Monti di Chimera) gegen Süden begränzten. Das heutige D. erscheint in diesem weitläufigen Landstriche nur als ein kleiner Theil, doch befand sich in seinem Um= fange gewöhnlich der Sitz des mächtigsten der illyr. Könige, und vor= züglich seine Bewohner waren es, die am öftesten mit dem macedonischen Reiche in Kriege verwickelt waren, welches Illyrier früher selbst bevöl= kern halfen, woher sich das Gemisch der Sprache erklären läßt, das von diesen besser als von den Griechen verstanden wurde. In diesen Krie= gen waren es meistens die kühnen, krieggeübten dalmat. Illyrier, wel= che Sieger wurden, den König Amyntas demüthigten, seinem Nach= folger Alexander den Frieden nur gegen Tribut schenkten, ihm seinen jüngsten Bruder Philipp als Geißel abforderten, und ihn 367 vor unserer Zeitrechnung mit 4,000 der Seinigen in offener Schlacht tödte= ten. — Wohl unterlagen auch die Illyrier selbst 355 Jahre vor Christi Geburt dem schlauen macedon. Philipp, aber sie erholten sich bald, und nach des großen Alexanders Tode befreyten sie sich unter ihrem Könige Pleurates von der macedon. Herrschaft, halfen die lacedä= monische Flotte des Kleominus zerstören, erweiterten unter ihrem Könige Agron ihr Reich gegen Süden beträchtlich, so, daß sie unter seiner Witwe Teuka es selbst mit den Römern aufnahmen, und end= lich erst unter ihrem Könige Gentius ganz der weltherrschenden Repu= blik konnten unterworfen werden. — Unter den Römern blieb D. eine

Landschaft von Illyrien, und zwar von Illyria barbara; nach der Theilung des röm. Reiches aber gehörte es zum byzantin. Ostreiche; jedoch verlor dieses schon im 7. Jahrhunderte die Herrschaft über dasselbe durch die Avaren, die sich eingedrungen, und die bis dahin blühenden Städte D.s zerstört hatten. Nur die Hauptstadt Zara entging diesem Lose durch die muthige Vertheidigung ihrer Einwohner. — Den Avaren folgten noch in nähmlichen Jahrhunderte die Croaten, ein sarmatischer oder slavischer Volksstamm; allein auch ihren Verwüstungen entgingen die Seestädte Zara, Trau, Spalato und Ragusa nebst den Inseln, und blieben ein Theil von Dalmatia Romana. Im inneren Lande aber stifteten die Croaten um das Jahr 640 die sogenannten sieben Generationen der Slaviner, und theilten das Land in Districte (Zupas), die sich größtentheils bis auf unsere Zeit erhalten haben. — Unter Carl dem Großen kam D. auf eine kurze Zeit unter fränk. Herrschaft, und Zara, ob es gleich von den Franken nicht erobert werden konnte, schickte doch selbst 806 Abgesandte nach Achen, welche seine Unterwerfung antrugen. Aber nachdem eine Flotte des griech. Kaisers im adriat. Meere erschien, kehrte D. auch wieder zur alten Herrschaft zurück; da jedoch die byzant. Kaiser das Land weder behaupten, noch gegen die Einfälle der Croaten schützen konnten, erklärten sich die Dalmatiner für frey. Indessen war das Land in mehrere Gebiethe getheilt, die das Band der gleichen Volksabstammung nicht zu vereinigen vermochte; vielmehr hinderten Parteyungen stets eine Verbindung, durch die sie allein im Stande gewesen wären, fremde Anfälle hintanzuweisen. Ein Theil (vorzüglich die Zaretiner) rief daher die schon zur See mächtig gewordenen Venetianer um Hülfe an, und diese erkauften auch anfangs ihre Schutzherrschaft sehr theuer durch den Verlust, den sie durch Croaten und Serbier erlitten, wobey ihr Doge Peter Candian selbst von den Narentern getödtet wurde; aber sein Nachfolger, der zweyte Orseolo, besiegte die Barbaren vollständig, und nahm nun auch von dem eigentlichen D. (Dalmatia ad mare) den herzoglichen Titel an, welchen der byzant. Kaiser seinem nächsten Vorfahren verliehen hatte. Berengar in Italien ertheilte diesem Dogen das Recht, Münzen prägen zu lassen. — In der Folge, als die fränk. Statthalter in den benachbarten nördlicheren Provinzen sich von dem italien. Reiche unabhängig machten, wurde auch D. für sie eine leichte Beute; und Peter Krescimir nahm 1052 zum ersten Mahle den Titel eines Königs von D. an; sein Nachfolger Zonimir aber wurde sogar als solcher von dem Papste 1076 eingeweiht. Nach ihm bemächtigte sich sein Schwager, der ungar. König Ladislaus, des Königreiches, aber die Seestädte blieben den Venetianern getreu, und der griech. Kaiser Alexius Comnenus verlieh dem Dogen den Titel eines Königs von D. und Istrien. — Seitdem kämpften die Ungarn und Venetianer fast durch 300 Jahre um den Besitz des Landes mit abwechselndem Erfolge, bis endlich Venedig 1358 im Frieden mit König Ludwig I. von Ungarn auf D. ganz Verzicht leisten mußte, welche Abtretung auch 1381, im Turiner Frieden, bestätiget wurde. — Allein die Ungarn konnten diesen ihren Besitz nur wenig benützen; denn D.s nächster Nachbar, Twartko Steph., der nach Eroberung der Herzegowina (mit Ragusa und Cattaro), den Königstitel von Bosnien annahm, erhielt auch großen Einfluß in D., und eroberte 1390 Spalato, Sebenico, Trau und viele andere Orte, mit Ausnahme von Zara; jedoch sein Nachfolger Steph. Dabischa trat die Seestädte wiederum an Ungarn ab, womit diese Städte nicht zufrieden waren, und sich insgesammt dem Gegner Siegmund's, dem Könige Ladislaus von Neapel, 1401 unterwarfen. Zwar bekam sie Siegmund in Kurzem wieder in seine Gewalt, nur Zara hielt standhaft bey Ladislaus aus, der es jedoch, nebst seinen Ansprüchen auf ganz D. 1409 den Venetianern für 145,000 Ducaten verkaufte, worauf sich die Republik auch in den Besitz der übrigen Landestheile, mit Ausnahme von Ragusa, setzte, und bis zu ihrem eigenen Untergange behauptete, worauf Oesterreich in Folge des Friedens von Campo Formio davon Besitz nahm, dasselbe zwar in dem Frieden von Preßburg an Frankreich abtrat, aber 1814 wieder eroberte.

Dalmatien, Königreich. II. Geographie und Statistik. Lage: D. liegt zwischen 42° 15' und 44° 54' nördl. Breite, 32° 11' bis 36° 44' östl. Länge und bildet so den südlichsten Theil der österr. Monarchie. Das Gebieth besteht theils aus einer Menge von Inseln, welche am östl. Rande des adriatischen Meeres zerstreut liegen, theils aus einem langen, schmalen Landstücke am Ostrande dieses Meerbeckens. Begränzt wird es im Westen und Südwesten vom adriatischen Meere, im Norden und Nordosten vom Carlstädter Generalate, im Osten von der Türkey. In dem südlichsten Theile gehören zwey Erdzungen zu der Türkey, die eine von ihnen befindet sich zwischen Dalmatien und dem Kreise von Ragusa, die andere zwischen Ragusa und Cattaro. — Die Länge des Festlandes beträgt nach Liechtenstern vom Triplex confinium an der croatischen Gränze bis Pastrovichio. 76½ geogr. (75 österr.) Meilen. Die größte Durchschnittslinie der Breite ist die von Knin bis Zara, 14 Meilen lang; im Macarscaner Bezirke erstreckt sie sich nur auf 6 bis 7, bey Narenta auf 1½, im Kreise von Ragusa zwischen ¼ und 1, in dem von Cattaro zwischen ⅛ und 5 Meilen. — Boden: Eine Reihe von Bergzügen, welche Fortsetzungen der Alpen sind und parallel mit dem Ostrande des adriatischen Meeres laufen, bilden das Festland und die Inseln. Das Wellebith = oder Morlachergebirge bildet die Gränzen zwischen Croatien und D., und fällt gegen die Seeseite steil ab. Südlich von diesem Gebirge ist das Land im nördlichen Theile von D. flacher, es treten zwar noch einzelne Berge vor, und die ganze Fläche ist von Schluchten häufig zerschnitten, ordentliche Gebirgsjoche nur in der Richtung von Mitternacht nach Mittag. Nur wenige Meilen südlich von Zara beginnen bey Ostravizza schon wieder die Vorgebirge der Monti Tartari, die beynahe die ganze Zagorie einnehmen und gegen Süden bey Trau sich an das Mossorgebirge anschließen, welches immer näher und näher an die See herantritt und sich endlich bey Salona unmittelbar an sie anschließt. Die Flüßchen Salona und Xernovizza trennen das Mossorgebirge von einem gleichlaufenden südlicheren Gebirgszuge, der an der Küste hinabläuft und als höchsten Punct den Monte Biocova bey Macarsça hat. Ihm gleichlaufend gehen die Gebirgsjoche, welche die Inſeln Brazza, Solta, Leſina, Curzola und die Halbinſel Sabioncello bilden. Alle dieſe Gebirgsjoche haben das Eigene, daß ſie auf der Weſtſeite ſehr ſchroff und ſteil abfallen, was ſich ſogar bis auf die einzelnen Abhänge, die durch Thäler und Schluchten gebildet werden, erſtreckt. Die ganze Gebirgsmaſſe beſteht aus Kalk, von dem jedoch zwey, obwohl keinesweges durch ſcharfe Gränzen geſchiedene Formationen anzunehmen ſind. Der ältere, in Croatien und im nördlichen Dalmatien vorkommende, iſt reiner und weit ſeltener geſchichtet, als der der ſüdlichen Gebirge. Verſteinerungen kommen ſelten darin vor, und wo ſie vorkommen, ſollen ſie lagenweis liegen. Dieſe Formation wird an den tieferen Puncten von der zweyten Kalkformation (Jurakalk) mantelförmig umſchloſſen, und bildet durchgängig die ſüdlichen Gebirge. Sie iſt voller Verſteinerungen, faſt überall geſchichtet, mit Lagen von Feuerſteinen, und beſteht aus Kalkſtein, Sand und Thon, abwechſelnd zuſammengeſetzt. — In den ſüdlichſten Theilen, bey Cattaro, ſcheint die ältere Kalkſteinformation wieder vorzukommen. Grauer Kalkſtein mit weißen Kalkſpathadern, ohne Spur von Verſteinerungen, ganz den Gebirgen bey Trieſt ähnlich, iſt die Maſſe der hohen Felſen bey Cattaro. Die etwas dunkle Färbung hat dieſem Gebirge den Nahmen Monte-nero oder negro zugezogen, deſſen Bewohner die Montenegriner ſind. — Auf beſondern Lagerſtätten kommen im Jurakalke noch folgende Mineralien vor: Erdpech, welches z. B. bey Vergoraz bis 8 Klafter mächtig iſt, aber wegen ſtreitiger Rechte nicht benutzt wird; Thoneiſenſtein bildet ſtockförmige Lagermaſſen, beſonders bey Imoſchi als jaspisartiger Thoneiſenſtein; er ſcheint ſich an die Sandſteinparallele zu halten und wo er fehlt, durch eiſenreiche Schiefer erſetzt zu werden; Gyps ſoll an mehreren Puncten zwiſchen rothen Sandſteinſchiefern vorkommen; Braunkohlen im Keſſel von Dernis im Kreiſe Zara. Gold ſoll in alten Zeiten reichlich gefunden worden ſeyn, und nahmentlich wird die Salona als goldführend genannt, aber jetzt iſt keine Spur, da, und in dem dortigen Kalkgebirge läßt ſich auch kein Gold erwarten, wenn nicht etwa der hier und da einbrechende Schwefelkies goldhaltig iſt. Silber erwähnt Chriſogono am Monte di Promina zwiſchen Knin und Dernis, ferner bey Viſoka unweit Trau, und bey Pagine im Geſiethe von Knin. Zinnober ſoll am Fuße der Monti Tartari im Gebiethe von Sebenico und im Gebirge Prachia bey Suhidolaz unweit Trau vorkommen. Merkwürdig iſt die Knochenbreccie, welche wegen der darin vorkommenden Anthropolithen einſt ſehr viel Aufſehen machte. Das Gebirgsgeſtein dieſer Formation iſt eine Breccie von ſcharfeckigen Bruchſtücken eines Kalkſteins, der wohl dem alten Kalke dieſer Gegenden angehören dürfte. Dieſe Kalkſtücke ſind theils durch einen rothen eiſenſchüſſigen Thon, theils durch Kalkrath und Kalkſinter, zuſammengekittet. Je höher man ſie trifft, um ſo kleiner ſind die Bruchſtücke. Sie bedecken den Abhang und den Fuß der Berge; auf der Oberfläche iſt das Bindemittel immer mehr verwittert als die eingekitteten Kalkſteinſtücke, die nur wenig angegriffen ſind. Außer der Auflagerung an den Abhängen füllt ſie alle zufällig vorhanden geweſenen Spalten,

Mulden 2c. aus. Diese Breccie ist von ganz neuer Bildung, Knochen von Säugethieren kommen darin häufig vor, Menschenknochen sollen ebenfalls darin vorkommen, aber die von Germar beobachtete Thatsache, welcher darin ein Stück Glas fand, beweist hinreichend den neuen Ursprung dieser weit verbreiteten Formation. — Clima: Einigen Einfluß auf das Clima von D. zeigt allerdings die Stellung der Gebirge und noch mehr die große Ausdehnung dieses Landes von Norden nach Süden, aber er ist nicht sehr bedeutend, indem der Unterschied der mittleren Temperatur zwischen dem südlichsten und nördlichsten Theile kaum 1° 3′ beträgt, wobey die mittlere Wärme zu Ragusa mit 11° 8′ als die höchste unter den wenigen beobachteten angenommen wurde. Einen weit größern in die Augen fallenden Einfluß hat aber die Gebirgsstellung auf den Windstrich und den Niederschlag. Denn da der trockene Ost und Nordost die vorherrschenden Winde in diesem Lande sind, so treiben sie die Ausdünstungen des adriatischen Meeres meistens der Lombardie zu, und der Niederschlag steigt in D. kaum des Jahres auf 12 Zoll, wie dieß sowohl zu Cattaro als Zara (also in den beyden äußersten Theilen des Landes) gemachte Beobachtungen gezeigt haben. — Bewässerung: Das herabfallende Regenwasser bringt mit Leichtigkeit in die vielen Höhlen, welche hier wahrscheinlich in eben solcher Menge vorhanden sind, als in dem Kalke der nördlichen Gegenden, es treten daher auf den Höhen keine Quellen zu Tage. Wasserarmuth ist ein großer Übelstand in ganz D. In den meisten Gegenden muß man sich mit Cisternenwasser behelfen, und fast in allen Städten herrscht große Klage über Wassermangel. In tiefen Gründen und unter der Oberfläche des Meeres treten dann einzelne Quellen hervor, die sich durch einen ungemein großen Reichthum an Wasser auszeichnen. Von Mineralquellen sind nur die Schwefelquellen, welche im Hafen von Salona entspringen, bekannt, sie werden aber nicht benutzt. Die Landseen, deren es mehrere gibt, sind klein und haben zu verschiedenen Jahreszeiten einen sehr ungleichen von Regen und Verdunstung abhängigen Wasserstand. Zu den bedeutenderen gehören die Seen von Brana, Nadine, Poglizza, Scordona, Zablachie, Morigne, Jesero, Jeseratz, Desna, Bachinsko = Blato und Rastok. Die wichtigsten Flüsse sind die Zermagna, Kerka, Celtine, Narenta, Suiforina und Ombla. Das adriatische Meer, in welchem eine große Zahl zu D. gehöriger Inseln liegt, bildet mehrere bedeutende Meerbusen. Zu den größten gehört der von Cattaro, welcher zugleich den besten Hafen bildet. Die Canäle erhalten ihre Nahmen größtentheils von den Inseln, zwischen denen sie liegen, oder von einer bedeutenden, ihnen zunächst liegenden Stadt, wie der Canal von Zara. Sie zeichnen sich meistens durch tiefes Wasser aus, und wegen der geringen Breite findet hier kein hoher Wellenschlag Statt; daher nehmen die Schiffer, welche aus dem nördlichen Theile des adriatischen Meeres nach der Levante gehen, den Weg durch diese Canäle. Der große Wassermangel des Landes macht einen sorgfältigen Anbau des Bodens unmöglich. Fährt man an der Küste entlang, so sieht man ein schroffes, wohl nahe an 3,000 Fuß hohes, kahles Gebirge, welches sich dicht ans Meer lehnt; seinen Fuß bedecken wellenförmige Hügel, de-

ren grüne Bekleidung durch zerstreut liegende Wohngebäude angenehm
unterbrochen wird. Betrachtet man dagegen das Land von einem höher
liegenden Puncte, so sieht man eine Reihe kahler Bergkoppen, welche
das Ansehen von Meereswellen haben. Allenthalben geben die nackten
Kalkfelsen als Hauptgebirge das Bild einer todten Natur. Nur sparsam
und kümmerlich stehen hier und da einzelne holzige und versengte Pflanzen des europäischen Heliotropiums, einige Arten von Pfefferkraut
(Satureja montana und S. olla) und eine Art Wolfsmilch (Euphorbia
epithymoides). — Producte. Getreide wird nicht in hinreichender
Menge gebaut, die Zahl der fruchtbaren Stellen ist unbedeutend; man
kann annehmen, daß selten für 6 bis 8 Monathe das im Lande erzeugte
zum Bedarf ausreicht. Das meiste Getreide wird aus der Türkey und
aus Ungarn eingeführt. Man rechnet überhaupt im eigentlichen D.
191,191 Paduaner Campi Ackerland, die an Weizen 50,000, an Roggen 30,000, an Hafer 100,000, an Mais 70,000, an Gerste 150,000,
an Hirse 50,000, an Saggina 10,000, an Moorhirse 34,000 und an
Hülsenfrüchten 6,000 Staja erzeugen. Die Feigen sind eines der wichtigsten Producte D.'s Sie wachsen ohne Cultur von der Insel Arbe,
längs der ganzen Küstenstrecke bis zum äußersten Puncte im Kreise Cattaro.
Den Feigenbaum findet man nicht nur in gutem Boden, sondern auch zwischen Felsen und Mauerritzen, in jeder steinigen, auch noch so unfruchtbar
scheinenden Gegend, in üppigem Wuchse, reich mit Früchten beladen,
in manchen Gegenden, wie um Bossiglina, in ganzen Wäldern.
Während der Dauer ihrer Reife, fast 2 Monathe hindurch, ernähren
sie ganze Dörfschaften. Ein großer Theil wird ausgeführt, man rechnet
jährlich 845,000 libbre di piso; am berühmtesten sind die Feigen von
Lesina, welche mit großer Sorgfalt getrocknet werden und sich lange
halten. Ohlbaumpflanzungen sind sehr bedeutend, und das Clima eignet
sich sehr für dieses Gewächs. Das gewonnene Ohl ist weit besser als in
den meisten übrigen Gegenden Italiens. Überhaupt preßt man 21,739
Eimer. Davon kann die Ebene Castelli 13,000, die Bocche di Cattaro
4,500 Barili ausführen, und die Ausfuhr des Landes würde noch stärker seyn, wenn der eigene Verbrauch, bey dem gänzlichen Mangel an
Butter, nicht so vieles wegnähme und man mehr Fleiß auf die Pflege
der Bäume wenden wollte. Der Weinbau ist ebenfalls sehr bedeutend. Die
Weine in D. sind alle stark und geistig, und zwar desto mehr, je südlicher
man kommt. Man kann die Güte und Stärke des Weines nach der Farbe
beurtheilen; je dunkler, desto stärker; der rothe Wein (vino nero) ist
fast ganz schwarz und der weiße fast so dunkel wie Mallagawein. Ein
Übelstand ist, daß die Weine oft den Geschmack der Schläuche annehmen,
in denen sie häufig aufbewahrt werden. Der Wein verträgt den Transport sehr gut, wird auch in Menge nach Fiume, Zengg, Triest und
Venedig verführt. Unter die bessern Sorten gehören der Marzenin
bel Teodo, aus der Bochese, aber den stärksten Bau hat die Ebene
Castelli, die jährlich 50,000 Tonnen, und die Insel Brazza, die gegen 100,000 Barilen ausführen kann. Überhaupt schätzt Blumenbach
die ganze Weinerzeugung auf 650,000. Obst von gutem Geschmack geräth in Menge; besonders werden auf den Inseln sehr viel saure Kirschen

gezogen, um davon den beliebten Maraschino abzuziehen. Außerdem findet man viele Citronen-, Granat- und Kastanienbäume, Myrthen,
Pistacien, Lorbeeren, Tamarisken u. s. w. Die Zäune der Weingärten
werden durch Granatsträuche, Rosen, Brombeeren, Weißdorn und
Mäusedorn unterhalten. In jedem Weinberge ist ein Plätzchen für itali-
sches Rohr, um aus ihm Stützen für die Weinstöcke zu ziehen. Holz
könnte D. in seinen Waldungen im Überfluß haben, selbst noch das beste
Schiffbauholz, aber meistens liegen die Waldungen zu tief im Lande,
und es fehlt sowohl an Canälen, um es herabzuflößen, als an Landstraßen, und die an den Küsten gelegenen Waldungen sind so abgetrie-
ben, daß strichweise sogar fühlbarer Holzmangel herrscht; wo sich hier
sonst die dichtesten Wälder erhoben, sieht man nichts weiter als Gebüsch.
Besonders sind die Gemeindewaldungen, welche fast ⅓ von der Oberfläche des Landes einnehmen sollen, fast durchaus verwüstet. Die Pri-
vatwaldungen stehen noch gut, und Österreich wendet auf die Verbesserung
der hiesigen Forstwirthschaft sein ganzes Augenmerk, weil D.s Wälder
die Werfte von Venedig und Fiume mit Schiffbauholz versehen
sollen. — Die Fischerey ist sehr bedeutend, auch beynahe das einzige
Geschäft von 8,000 Küstenbewohnern, jedoch nicht mehr in solchem
Grade als ehemahls, besonders 1740—58, wo auf manchen Posten an
der Küste in einigen Nächten mit zwey bis drey Zügen über 1,200 Milliar-
den Sardellen und Scombern gefangen wurden. Venetianische Mono-
pole unterdrückten dieses Gewerbe sehr. Man zählt 21 verschiedene Fisch-
arten, die einen Hauptgegenstand dieses Gewerbes ausmachen, aber die
Sardellenfischerey und der Fang der Thunfische sind am bedeutendsten.
Auch die Flüsse sind sehr fischreich, besonders ist die Lachsforelle allen fließenden Gewässern D.s gemein, wo sie bisweilen eine unglaubliche Größe
erreicht, denn man hat Beyspiele, daß sie ein Gewicht von 40 Pfunden
erreicht, wie in der Gegend von Cattaro. Die Fische, theils gesalzen,
theils gedörrt, geben einen sehr wichtigen Handelsartikel. Man schätzt
den mittleren Ertrag jährlich auf 3½ Million Gulden. An einigen Stellen
des Meeres ist auch die Corallenfischerey sehr erheblich, besonders um
Sebenico. Die Viehzucht ist nicht so bedeutend, als man bey der Größe
des Landes erwarten könnte. Im Frühjahre 1828 zählte man an Ochsen
53,164, an verschiedenen Gattungen andern Schlachtviehes 717,121,
an Zug- und Saumpferden 22,481, nebst 3,946 Maulthieren. Das Vieh
selbst ist meistens schlecht. Die Hausthiere sind klein, ungestaltet und
bilden die Gegensätze zu dem Hornvieh der Schweiz, den Schafen
Spaniens, den Rossen Andalusiens; aber sie haben sich dem Lande ange-
paßt, erklettern die Treppengänge der Berge, nehmen mit karger Nahrung
vorlieb, und löschen ihren Durst aus der schmutzigsten Pfütze. Seidenzucht
und Bienenzucht sind wenig bedeutend. — Bewohner! Die Gesammtzahl derselben ist 324,000. Die Mehrzahl besteht aus Slaven, die im
7. Jahrhunderte einwanderten und die Ureinwohner verdrängten, die
übrigen sind Italiener, bosnische Griechen, welche zur Zeit der Christen-
verfolgung in der Levante, und Juden, welche nach ihrer Vertreibung
aus Spanien hieher flüchteten, und alle ihre strengen Religionsgebräuche
bis auf die jetzige Zeit beybehalten haben. Die herrschende Landessprache

ist eine eigene slavische Mundart, die illyrische, serbische, und der her-
zegowinische Dialect genannt. Die Sprache der Gebildeten und in den
Ämtern angewendet, ist die italienische. Herrschende Religion ist die
römisch-katholische, neben welcher von einigen nicht unirten Griechen und
Israeliten ihr eigener Cultus ausgeübt wird. Der Protestantismus hat
hier keine Anhänger gefunden. Körperbau und Physiognomie des Dalmatiners ist wie bey den meisten Südvölkern regelmäßig-schön und in den
kleinsten Theilen vollendet. Der Dalmatiner ist in der Regel hoch gebaut,
von starkem Knochenbau und kräftiger Musculatur. Das Haupthaar ist
meistens schwarz oder dunkelbraun, höchst selten bey den slavischen Bewohnern blond, das Auge schwarz, glühend und groß. Die Nahrung
des Dalmatiners ist sehr frugal. Der Küstenländer nährt sich von kleinen
Seefischen, und während der Fastenzeit von einer Gattung Stockfisch.
Im ganzen Lande trinkt der Ärmste wie der Reichste Wein, nur die
höheren Gebirgsgegenden machen hiervon eine Ausnahme. Salat, Feigen, Melonen werden von der ärmeren Classe häufig genossen. Die
Kleidertrachten sind von vielfältiger Verschiedenheit. Allgemeine Kopf-
bedeckung ist das türkische Käppchen, das nahe an den türkischen Gränzen
von einem farbigen Tuche umwunden wird. Die Haare sind meistens in
Zöpfe geflochten, bey den Ragusanern aber abgeschoren bis auf ein
Büschel am Hinterkopfe. Die Männer haben in den meisten Gegenden
knappanliegende, den ungarischen ähnliche Hosen, in anderen ganz weite
bis an die Waden reichende, wie man sie in Griechenland zu tragen pflegt.
Im Winter hüllen sich die Männer in den braunen Matrosenmantel von
grobem Tuche, der mit einer Capuze versehen ist und ihnen ein aben-
theuerliches Aussehen gibt. Die wohlhabenden Morlaken hüllen sich in einen hochrothen Mantel, von Schnitt und Farbe, wie sie einst bey den
Panduren üblich waren. Die Weiber lieben den Flitterstaat, als große
Ohrgehänge, Halsketten, Haar- und Busennadeln und Ringe. Die
Fußbekleidung besteht in den sogenannten Opanken, einer Art von Soh-
len aus roher Ochsenhaut. Die wohlhabenden Männer und Weiber tragen mitunter auch türkische Schuhe mit rothem, gelbem oder schwarzem
Oberleder. Mit den körperlichen Vorzügen des Dalmatiners sind auch viele
geistige Anlagen verbunden. Österreichs Regierung thut alles Mögliche, um dieses Land aus seinem tiefen Standpuncte schrittweise immer
mehr emporzuheben. Den merkwürdigsten Volksstamm in D. bilden die
uncultivirten Morlaken (s. d.). — Handwerke und Künste, kaum
zur Nothdurft ausreichend. Nur in den Städten findet man einige Handwerker. Die Rosogliobrennereyen und der Schiffbau sind am bedeutendsten. Ein in der ganzen österr. Monarchie berühmtes Nationalproduct
D.s ist der Maraschino-Rosoglio, welcher mehr Anerkennung gefunden
hat, als der vortreffliche Wein gleichen Nahmens. Man bereitet ihn aus
Steinweichsel- (prunus mahaleb) Branntwein, welcher in Zara,
Sebenico und Spalato destillirt wird. Es ist der feinste und theuerste Rosoglio, der meistens über Triest weiter versendet wird. In
Wien wird jährlich eine große Quantität Maraschino in den Kaffeehäu-
sern consumirt. Die zur Kleidung nöthigen Zeuge verfertigen die Weiber
selbst. Waffen, Angeln und einige Schmiedewerkzeuge sind die einzigen

Bedürfniſſe, die der Dalmatiner kaufen muß. — **Handel und Schifffahrt:** Die Dalmatiner ſind die geübteſten Seefahrer im adriatiſchen und
mittelländiſchen Meere, und ihre Schiffe werden von den italien. Handelsleuten aus vielen Gegenden für ihren Verkehr in deſſen Gewäſſern geſucht;
aber ein großer Theil derſelben wird zu dem eigenen Handel dieſes Landes
verwendet. Die meiſten und beſten Schiffe beſitzen die Einwohner des Kreiſes Cattaro. — Der ſtärkſte Verkehr, der von D. aus betrieben wird,
findet nach der Türkey, dem öſterr. Seeküſtenlande und Italien Statt.
Nach letzteren beyden werden durchaus zur See an eigenen Landeserzeug-
niſſen ausgeführt: Wein und Weinſtein, Ohl und Oliven, Branntwein, Feigen, Caroben, mineraliſcher Schiffstheer, Baumharz, ge-
ſalzene Fiſche, Pökelfleiſch, Unſchlitt, rohe Häute, Schafwolle, Wachs
und Honig; und an fremden Waaren, die hier bloß als Tranſito vorkommen: Hornvieh, Pferde, Schafe, rohe und bearbeitete Thierhäute,
Wolle, rohes Eiſen u. ſ. w. Der ſtärkſte Handel nach der Türkey geſchieht mit Wein und Weinſtein, Oliven und Ohl, Liqueurs, geſalzenen
Fiſchen, Eſſig und Feigen, ferner mit vielen fremden Artikeln, beſonders Seiden-, Wollen- und Leinenzeugen, Glas-, Metall- und Farbwaaren, Hanf, Flachs, Strohdecken, Papier, Colonialwaaren u. ſ. w.,
wogegen D. eine Menge anderer Artikel, beſonders Schlachtvieh und
Pferde, Kühe, Wachs, Honig, rohe und verarbeitete Thierhäute,
Leder- und Metallwaaren, Schaf- und Baumwolle, Tabak, Getreide,
rohes Eiſen u. ſ. w., theils zum eigenen Verbrauche, theils zur weiteren Verführung größtentheils zu Lande erhält. — **Wiſſenſchaftliche Anſtalten** ſind bis jetzt auf wenige beſchränkt; nähmlich auf
eine philoſophiſche Lehranſtalt und ein Gymnaſium der Piariſten zu R a-
g u ſ a. Unter der öſterr. Regierung wurden auch Gymnaſien zu Z a r a und
S p a l a t o errichtet. — **Verfaſſung:** D. hat keine Landſtände, wie
die übrigen Staaten der Monarchie, jedoch hat Oſterreich den Städten
und einzelnen Diſtricten beſondere Vorrechte gelaſſen, die ſie früher be-
ſaßen. Das höchſte politiſche Collegium unter einem Civil- und Mili-
tär-Gouverneur iſt das Gubernium zu Z a r a, welchem die 4 Kreisämter zu Z a r a, S p a l a t o, R a g u ſ a und C a t t a r o, die daſigen
Collegialgerichte aber dem Appellationsgerichte in Z a r a als Juſtiz-
Oberbehörde untergeordnet ſind. — Die römiſch-katholiſche Kirche
hat ein Erzbiſthum (Z a r a) und fünf Biſthümer (S p a l a t o,
R a g u ſ a, S e b e n i c o, L e ſ i n a mit Brazza und Liſſa, dann
C a t t a r o). Die Zahl der Klöſter (aus denen jedoch der größte Theil
des Curat-Clerus für 378 Pfarren genommen wird) beläuft ſich auf
60, ferner 9 Nonnenklöſter. Die Nichtunirten haben einen Biſchof
zu S e b e n i c o und einen Generalvicar zu C a t t a r o; ihm ſind auch
die Pfarren der nicht unirten Griechen zu P o l a in Iſtrien, die in
D. beſtehenden 11 Klöſter und 119 Pfarren untergeordnet.

Dalmatin, Georg, lutheriſcher Prediger in Oberkrain, in der
zweyten Hälfte des 16. Jahrhunderts, ein gelehrter und thätiger Mann,
und erſter Überſetzer der ganzen Bibel in die ſogenannte vandaliſche
oder windiſche Sprache. Durchdrungen von dem großen Bedürfniſſe
einer ſolchen Überſetzung, vollendete er ſie 1568 und wußte nun auch

die Landstände von Steyermark, Kärnthen und Krain dahin, zu vermögen, daß sie den Druck derselben beschlossen, und deßhalb 1530 mit Joh. Maulius, Buchdrucker zu Laibach, in Unterhandlung traten. Da jedoch der Landesherr, Herzog Carl von Steyermark, die Unternehmung untersagte, so wandte man sich nach Wittenberg. Nachdem die Übersetzung von mehreren sprachkundigen Gottesgelehrten 1581 geprüft und gebilligt worden, schickte man damit im April 1583 den Übersetzer D. und den Rector Bohoritsch nach Wittenberg, um dort den Druck derselben besorgen zu lassen. Man würde mit dem Buchhändler Samuel Seelfisch für 1,500 Exemplare, jedes zu 280 Bogen auf größtem Papier mit schöner Schrift und Holzschnitten, um 8,000 fl. einig; und der Druck begann zu Ende May desselben Jahres (1583) bey Joh. Kraft's Erben, und wurde so eifrig fortgesetzt, daß er bereits am ersten Tage des folgenden Jahres beendigt war, und die Bibel konnte ausgegeben werden. Sie hat den Titel: Biblia, tu je use Soetu Pismu Stariga, inu noviga Testamenta, Slovenski tolmaz hena, Scusi Juria Dalmatina, und ist den gedachten Landständen zugeeignet.

Dalwiz, böhm. Dorf im Elbogner Kreise, hat eine berühmte k. k. privilegirte Porzellan = und Steingutfabrik, welche Niederlagen in Wien, Prag u. s. w. hält.

Dalya (Dalja), slavon. Marktflecken in der Veröczer Gespanschaft, am rechten Ufer der Donau, zum griechischen nicht unirten Carlowitzer Erzbisthum gehörig, mit 2 nicht unirten griech. Pfarren und einer römisch=katholischen Pfarre, deren Patron der nicht unirte griech. Erzbischof zu Carlowitz ist, 690 kathol., und 2,740 nicht unirten serbischen Einwohnern, einer Überfuhr in die Bacser Gespanschaft, einem fruchtbaren Getreideboden, ergiebiger Viehweide, einträglicher Fischerey. Auch Hausen werden hier gefangen.

Dambeck, Joh. Heinr. Mathias, ward am 5. Febr. 1774 zu Brünn geboren. Er studirte zu Prag mit Auszeichnung, besonders Philologie; dabey vernachläßigte er jedoch keineswegs das Studium der neuern Sprachen. Mit gründlicher Kenntniß der deutschen Sprache verband er nicht gemeine Vertrautheit mit der englischen und italienischen, und seine Übersetzungen aus diesen lauten wie Original. Hatte seine Liebe zu Kunst und Wissenschaft durch den Vater, der als Sänger und Violinspieler selbst Kunstliebhaber, als Dichterfreund Haller's und Klopstock's eifriger Verehrer war, frühzeitige Anregung erhalten, so fand sie nunmehr in seinen Lehrern und nachmahligen Freunden A. G. Meißner, Seibt und Cornova mächtige Förderer. Meißner gab damahls die Monathschrift Apollo heraus, und D. wurde Mitarbeiter an derselben. Zum Berufsstudium wählte D. durch das Zugegenseyn bey einer Section von der Medicin abgeschreckt, die Rechtswissenschaft. Ungeachtet D. seit Vollendung dieser seiner Studien durch kümmerliche Verhältnisse in eine Menge fremdartiger Beschäftigungen geworfen, und durch allzuhäufige Anstrengungen in eine fortwährende Kränklichkeit verfallen war, blieb doch diese trübe Lebensperiode keineswegs ohne Spuren seiner schönwissenschaftlichen Thätigkeit.

Denn außer mehreren seiner Gedichte, die in Stampeel's Aglaja 1803, und in Becker's Taschenbüchern und Erholungen erschienen, und freundlich aufgenommen worden waren, kam 1807 in Prag auch seine freye metrische Übersetzung von Pope's Versuch über die Kritik heraus, welche ihm allgemeinen Beyfall erwarb. Nebstbey hatte ihn eine ziemliche Anzahl einzeln und gelegentlich in Druck erschienener Arbeiten, z. B. eine metrische und Cartellierischer Tonsetzung unterlegte Verdeutschung von Prividali's Oratorio per celebrare la festività della purificazione di M. Vergine, Prag, 1807, zum Verfasser. Mittlerweile war die Lehrkanzel der Ästhetik und der damit verbundenen Geschichte der Künste und Wissenschaften, wie auch der Geschichte der Philosophie erledigt worden, und seine Freunde drangen in ihn, darum zu concurriren. Der Erfolg krönte D.'s Bemühungen, und er betrat 1812 dieselbe Stelle, auf der vordem sein berühmter Lehrer und Freund Meißner, und unmittelbar zuvor der gelehrte und geistreiche Meinert gestanden. Auch erhielt D. die philosophische Doctorwürde, die Stelle eines land= rechtlichen Translators englischer Urkunden und eines Büchercensors. Bey Antretung der Professur erschien seine Schrift: Über Werth und Wichtigkeit der Ästhetik, der Geschichte der Künste und Wissenschaften und Geschichte der Philosophie, Prag, 1812. Nebstbey war er von Zeit zu Zeit mit der Feile und Sammlung seiner poetischen Versuche beschäftigt, die in größtentheils noch ungedruckten Oden, Liedern, Ele= gien, Fabeln, poetischen Erzählungen und Epigrammen bestehen. Einige davon theilte er in Castelli's Selam 1814 mit. Andere er= schienen in Erichson's Thalia, in der Aurora, Prag, 1812, endlich im Hyllos, eb. 1819. — 1819 vermehrten sich seine seit dem Antritt des Lehramtes her eingetretenen Brustbeschwerden dermaßen, daß er in der Nacht vom 9. auf den 10. August 1820 verschied. Auf Anlaß meh= rerer Freunde gab der k. k. Bibliothek = Scriptor Jos. Hanslik die Hefte, deren sich der Verewigte als eines Magazins für seine Vor= träge bediente, und die er in der Folge in ein systematisches Lehrbuch umzuschaffen gedachte, unter dem Titel: Vorlesungen über Ästhetik, Prag, 1821—22 in 2 Bdn. heraus.

Damenstifte als Lebensunterhalts=Anstalten, bestehen im Kaiserthume folgende: In Böhmen: 1) Das k. k. Theresianische adelige Damenstift auf dem Prager Schlosse. Selbes hat 2 Dechan= tinnen, 2 Assistentinnen, welche sämmtlich Sternkreuz=Ordensdamen sind, und 14 Capitularinnen. 2) Das k. k. freyweltlich=adelige Damen= stift der heil. Engel auf der Altstadt zu Prag, mit einer Oberinn, 2 Assistentinnen und 13 Capitularinnen. — In Illyrien: Das k. k. Fräuleinstift in Kärnthen mit 8, das in Krain mit 13 Fräulein, das k. k. adelige Damenstift zu Görz mit 5 Stiftsdamen. — In Mähren: Das adelige freyweltliche Damenstift Maria=Schul zu Brünn. Die Kaiserinn, als Markgräfinn von Mähren, ist oberste Schutzfrau. Das Stift hat 1 Mitdirector, 1 Oberstiftsfrau, 1 Assi= stentinn, 18 Stiftsdamen, 16 überzählige Stiftsdamen, 12 Ehren= Stiftsdamen und 10 ausländische Ehren=Stiftsdamen. Es genießen von diesem Stifte auch 32 bürgerliche Jungfrauen Pfründen. — In

Österreich: Das herzogl. savoyische Damenstift zu Wien. Es zählt 3 Stifts-Regentinnen, 15 Stiftsdamen und 17 Honorar-Stifts-damen. — In Steyermark: Das k. k. adelige Damenstift in Grätz, das jetzt nur 1 Assistentinn und 3 Fräulein hat. — In Tyrol: 1) Das k. k. adelige w.ltliche Damenstift zu Innsbruck. Die Kaiserinn hat das Oberprotectorat. Das Stift hat 2 Stifts-Com-missäre und 10 Stiftsdamen. 2) Das k. k. Fräuleinstift zu Hall. Es hat 37 tyrol. Präbenden und 27 Präbenden für die übrigen Provinzen. S. Civil-Pensions- und Versorgungs-Institute.

Dampffchifffahrt. Im österr. Staate kam die D. 1817 zur Ausführung. Zuerst erhielt den 8. Dec. 1817 der Triester Großhänd-ler John Allen ein 15jähriges Privilegium auf eine regelmäßige Fahrt mit Dampfschiffen zwischen Triest und Venedig nach Art der Packetboote für Passagiere und Waaren. Dann erhielten den 6. Jän. 1819 Anton Bernhard und Comp. und der Chevalier St. Leon, jeder für sich auf ihre verschiedenen Verfahrungsweisen, ein 15jähriges Privilegium zur D. für die ganze Donau und ihre Nebenflüsse von ihrem Einflusse aus Bayern bis zu ihrem Ausflusse in die Türkey. Das Privilegium des Chevalier St. Leon wurde später an den Chevalier Abbaducci cedirt, und an diesen und Christian Ludw. Schäfer ausgefertigt. Chevalier St. Leon erhielt den 9. Oct. 1819 ein anderes 15jähriges Privilegium auf seine Methode der D. für die Weichsel und den Dniester. Den 16. May 1820 erhielt Graf Lambertenghi ein 15jähriges Privilegium zur D. auf dem Po und auf den übrigen lom-bardisch-venetianischen Gewässern, nach seiner Methode. Philipp Girard zu Hirtenberg erhielt den 24. Febr. 1823 ein 5jähriges Privilegium auf Erfindungen, Entdeckungen und Verbesserungen bey Erbauung der Dampfschiffe und ihrer Bewegungsmaschine. William Morgan, Eigenthümer des Dampfbootes Carolina in Triest, erhielt den 9. July 1825 ein 5jähriges Privilegium auf die Verbesserung, die Dampfboote nach einer neuen Bauart und mit neuen Dimensions-Verhältnissen herzustellen. Morgan hatte schon früher das Dampfboot von Allen in Triest übernommen. Er erhielt auch den 21. Aug. 1828 ein 15jähriges Privilegium auf die Erfindung eines beweglichen Räder-werkes (à coude triple) zum Behufe des Fortbetriebes von großen Wasserkästen, Schiffmühlen und insbesondere von Dampfschiffen, wo-durch die bey den letzteren bisher üblichen Räder beseitigt, und so viele durch sie erzeugte Unvollkommenheiten vermieden werden. Derselbe er-hielt den 20. März 1829 ein neues 17jähriges Privilegium auf die Verbesserungen seines bereits privil. Rädertriebwerks für Schiffe und Mühlen, bestehend in einem Schaufel- oder Ruderspiel, wovon jede Schaufel oder jedes Ruder sich um eigene Achsen drehen. Die Schaufeln oder Ruder werden von Kurbeln oder excentrischen Rädern (Branks Coudes) getrieben, und ihr Lauf ist von angemessenen Stielen, welche sich an einer gemeinschaftlichen Achse schwenken, geleitet. Diese Stiele werden mit den Stämmen der Schaufeln oder Ruder verbunden. Die englischen Schiffbauer John Andrews und Jos. Prichard in Venedig erhielten den 17. April 1828 ein 3jähriges Privilegium auf ihre Verbesserung in dem Baue der Schiffe überhaupt und der Dampfschiffe insbesondere. — Das k. k. privilegirte erste Donau=Dampfschiff Franz I. wurde im Herbste 1830 vom Stapel gelassen. Es ist elegant für Reisende eingerichtet, und befuhr seit dieser Zeit den Donaustrom von Wien bis Pesth und von Pesth nach Semlin, dann bis Moldawa abwärts, wie auch von dort aufwärts. Die jedesmahlige Abfahrt dieses Schiffes von Wien oder Pesth ward regelmäßig in den Zeitungen dieser Städte angezeigt, was auch gegenwärtig bey erweiterter D. fortan geschieht, damit man sich Plätze bestellen, oder Versendungen durch Verwendung an die Schiffsbureaus zu Wien, Preßburg, Raab, Pesth, Neusatz und Semlin machen könne. Die Preise sind mäßig, jedem Reisenden ist gestattet, 80 Pfund Gepäcke unentgeldlich mit sich zu nehmen; für höheres Gewicht wird für das Pfund 1 Kreuzer C. M. bezahlt. In Betreff bedeutenderer Versendungen erhalten die Kaufleute nach Verwendung an die Schiffsbureaus noch gemäßigtere Preise; die Verschiffung von Meubeln und leichten Waaren von großem Umfange wird nach Schätzung übernommen, jede Waare, welche zur Versendung über die Gränze bestimmt ist, muß einen Tag vor Abfahrt des Schiffes, mit gehöriger zollämtlicher Expedition und Bolleten versehen, dem Schiffsagenten übergeben werden; dem Gepäcke der Reisenden darf keine Art Waare beygegeben seyn. Briefe mitzunehmen, ist den Reisenden ebenfalls untersagt und jede Contrebande wird nach den Gesetzen bestraft. Die Reisenden von Österreich nach Ungarn müssen mit den gehörigen Pässen und Linienpassirscheinen versehen seyn. In einem eigenen Tariffe sind jene Orter angegeben, bey welchen die Reisenden während der Fahrt des Schiffes ein= und ausgeschifft werden, indessen bequemt sich die Direction auch in ungewöhnlichen Fällen den Wünschen der Reisenden, wenn nicht etwa deren Ausführung mit Gefahr verbunden ist. Die Plätze werden gleich bey der Aufnahme bezahlt, wogegen den Reisenden eine Aufnahmscharte eingehändigt wird; Rückzahlung findet nur in dem Falle Statt, wenn Elementarereignisse die Abfahrt des Schiffes zur bestimmten Zeit verhindern. Kinder unter 10 Jahren, so wie Militärpersonen ohne Grad zahlen nur die Hälfte des Platzes, Officiere jedoch den ganzen Platz. Noch gehört zur Ordnung des Schiffes, daß das Tabakrauchen nur auf dem Verdecke gestattet ist, und Hunde oder andere Thiere, wenn sie mitgenommen werden, auf dem Verdecke angehangen bleiben müssen. Die Capitäne und Conducteurs sind überhaupt angewiesen, die auf den Schiffen vorgeschriebene Ordnung und Reinlichkeit zu erhalten. An Bord des Schiffes befindet sich auch eine Restauration mit festgesetzten Preisen. (Seit kurzem befährt auch ein zweites, wohleingerichtetes und schön gebautes Dampfschiff: Ungarn, die Donau.) Zur Beförderung der nunmehr regelmäßigen D. von Preßburg aus ist vertragsmäßig durch die D.s=Gesellschaft dafür gesorgt, daß ordentlich ausgestattete Schiffe in Wien bereit stehen, in denen die Reisenden sammt ihren Effecten nach Preßburg geführt werden. 1830 bildete sich auch unter den Auspicien der Administratoren der ersten österr. D.s=Gesellschaft,

Joh. Bapt. v. Puthon und Joh. Heinr. Freyh. v. Gey=
müller eine Actiengesellschaft, welche den Zweck hat, mittelst eines
Dampfschiffes Reisende und Güter auf der Donau und den in selbe ein=
mündenden Flüssen stromab= und aufwärts zu verführen, die Zahl der
Actien wurde fürs erste auf 200, jede zu 500 fl. C. M. festgesetzt,
und die Gesellschaft auf 15 Jahre geschlossen; sie kann jedoch durch
Stimmenmehrheit der stimmfähigen Actionäre früher aufgelöst werden,
wenn gegen alle Erwartung Verluste oder sonstige Veranlassungen dazu
nöthigen sollten. Die stimmfähigen Actionäre ernennen eine aus 5
Mitgliedern bestehende, jedes Jahr neu zu wählende Verwaltung,
deren Bestimmung ist, die Geschäfte der Gesellschaft zu leiten und über
ihre Verhandlungen Protocoll zu führen. Alle durch Stimmenmehr=
heit der Mitglieder gefaßten Beschlüsse müssen von 2 Mitgliedern
der Verwaltung unterfertigt werden; auch ernennt diese die zur Führung
des Geschäftes nöthigen Personen, bestimmt ihre Gehalte und schließt
jede Art von Mieth=, Fracht= und Dienstcontract. Der Belauf der
Actien wird zu Handen des bestimmten Handlungshauses auf einmahl
oder theilweise nach dem Verlangen der Administration eingezahlt und
der Actionär, welcher die Einzahlung auf eine zweyte Erinnerung nicht
leistet, würde die Actien und den bereits eingezahlten Betrag zu
Gunsten der Gesellschaft verlieren. Die Actien sind auf den Nahmen
der Actionäre gestellt, können jedoch auch, wenn sie ganz eingezahlt
sind, cedirt werden, der Besitz von 5 Actien ist zur Stimmfähigkeit
erforderlich. Jedes Jahr im Februar versammeln sich die Actionäre, um
den Bericht der Verwaltung über das gesammte Geschäft zu hören. Als
Mitglied der Verwaltung kann zwar jeder Actionär gewählt werden,
doch verliert er durch die Cession seiner Actie während der Zeit seiner
Amtirung, die Fähigkeit sein Amt ferner zu bekleiden. Die in der Gene=
ralversammlung auszumittelnde Dividende wird an jedem Jahresschlusse
gegen Coupons oder Quittung bezahlt, als Reservefond werden jedoch
20 Procent von der Dividende zurückbehalten. Sobald der hinterlegte Fond
ganz ausgegeben ist, übernimmt die Verwaltung die Casse der Gesellschaft,
welche sich unter der Sperre von 2 Verwaltungsmitgliedern befindet.
In der Versammlung vom 2. Dec. 1833 wurde die Maßregel getroffen,
mittelst Ausgabe von neuen 600 Stück Actien die Zahl der Dampfboote
noch um 3 zu vermehren und es liefen in den ersten Tagen schon so
viele Unterzeichnungen ein, daß bereits an die Anschaffung jenes Dampf=
bootes gedacht wird, welches seine Fahrt bis an, und über das Meer
vollbringen soll, wodurch sich diese Unternehmung sodann zu einer wahr=
haft europäischen gestaltet. Die Actiengesellschaft wurde laut Vortrag der
Administration v. J. 1834 durch neu eröffnete Subscription v. J. 1832 noch
zum Behufe der 2 neu errichteten Dampfboote Pannonia und Argo
abermahls um 320 Stück Actien vermehrt. Mit Beginn des Jahres
1834 so wie 1835, in welchem letzterem Zeitpunct die D.=Gesellschaft
alle ihre Schiffe in eigene Regie nahm, wurde die D. mit 3 Booten er=
öffnet: Mit der Pannonia, von 36 Pferde Kraft, die zwischen
Preßburg und Pesth fährt; mit dem Franz I. von 60 Pferde
Kraft, für die Station zwischen Pesth und Moldawa bestimmt,

43 *

(wahrscheinlich 1835 schon bis Kosla vordringend) und mit der Argo (früher Duna genannt) von 50 Pferde Kraft, die die Strecke von Orsowa bis Gallacz befährt; die Verbindung zwischen Moldawa und Orsowa wird durch kleine Boote unterhalten.

Dampierre, Heinr. Duval, Graf, einer der vorzüglichsten Feldherrn Oesterreichs in den ersten Jahren des 30jährigen Krieges, ein unmittelbarer Vorgänger Tilly's und Wallenstein's; geboren im Bisthum Metz nach der Mitte des 16. Jahrhunderts, diente er zuerst im Kriege Kaiser Rudolph's II. gegen die Türken, half unter dem Oberbefehl des Generals Basta die Unruhen in Siebenbürgen dämpfen, und commandirte mit Ludwig Rákoczy in der Festung Lippa. 1604 besiegte er in Siebenbürgen Gabriel Bethlen in einem Gefechte, mußte aber bald darauf mit dem Grafen Belgiojoso dem Stephan Bocskay weichen, welcher sich zum Herrn des Landes machte. 1605 befand sich D. in der Festung Gran, als sie der Großvezier Mehemet belagerte, und erhielt, nachdem Graf Gottfried von Oettingen getödtet worden war, das Commando in derselben. Er vertheidigte sich mit großer Entschlossenheit, bis die Besatzung sich auflehnte, ihm Hände und Füße band, und sich den Türken ergab. Kaiser Mathias ernannte ihn zum Kriegsrath, Kämmerer und Obersten, und er leistete dem österr. Hause im Kriege gegen die Venetianer ausgezeichnete Dienste. Bald nach dem Anfange der böhm. Unruhen schickte ihn der Kaiser mit einem in der Eile zusammengebrachten Truppencorps gegen dieses Land, in welches er am 14. August 1618 verheerend eindrang, Bistritz wegnahm und Budweis, das vom Grafen Thurn belagert war, entsetzte, in der Folge aber wegen Mangel an Lebensmitteln zurückgehen mußte. Mit dem noch berühmtern Feldherrn Bucquoy, der, aus den Niederlanden herbeygerufen, den Oberbefehl erhielt, und von einer andern Seite in Böhmen eindrang, lebte er in gespannten Verhältnissen. Am 10. Juny 1619 besiegte er, zugleich mit Bucquoy und Wallenstein, den Grafen Ernst von Mannsfeld bey Tein, und befreyte dadurch das vom Grafen Thurn bedrohte Wien, nachdem er schon vorher durch Absendung eines Cürassierregiments den Kaiser Ferdinand aus der drückendsten Verlegenheit gerettet hatte. Er rückte darauf mit 8,000 Mann nach Mähren, welches sich den Böhmen angeschlossen hatte, eroberte das feste Schloß Jassowitz, griff aber Nicolsburg vergebens an und vermochte bey einem Gefechte bey Wistrich der ungleich schwächern Macht der Mähren nicht zu widerstehen. Er erhielt in diesem Jahre den Ritterorden di santa Militia. 1620 wurde er mit 10,000 Mann nach Ungarn geschickt, um die Fortschritte Gabriel Bethlen's in diesem Lande zu hemmen. Nachdem er in einigen Unternehmungen glücklich gewesen war, versuchte er am 8. Oct. die Stadt Preßburg, worin er Einverständnisse unterhielt, in Abwesenheit Bethlen's durch einen Handstreich wegzunehmen. Obgleich der Anfang dieser Unternehmung Unglück weissagte, indem einige seiner Schiffe mit der Besatzung in der Donau untergingen, so blieb er doch gegen den Rath seiner Officiere, in seinem Vorhaben un-

erschütterlich, und entschloß sich sogar, den anfänglich auf die Nacht
berechneten Angriff bey Tage auszuführen. Indem er aber am 9. Oct.
an der Spitze der Seinen gegen das Schloßthor vordrang, wurde
er von der Besatzung erkannt, und durch einen Schuß getödtet. Während die Seinigen bestürzt zurückwichen, bemächtigten sich die Ungarn
des Leichnams, hieben ihm den Kopf ab, und zeigten ihn von der
Mauer. Auf die Verwendung des französischen Bothschafters zu Wien
lieferte Bethlen den Leichnam bereitwillig aus, und der Kaiser mit
seinem Hofe wohnte selbst der ehrenvollen Bestattung bey.

Dandolo, Vincenz, Graf, wurde am 26. Oct. 1759 zu
Venedig geboren. Nachdem er in Padua Chemie und Pharmacie
studirt hatte, kehrte er in seine Vaterstadt zurück, und legte daselbst
ein chemisch-pharmaceutisches Laboratorium und Lehrinstitut an. Bald
machte er sich hier durch seine Präparation des Quecksilbersublimats und
Analyse der rothen China von Sta. Fé bekannt, so wie durch seine an
Dr. Felice Asti gerichteten Briefe, die er herausgab. Ihnen folgte
seine Übersetzung von Lavoisier's System unter dem Titel: Trattato
elementare di chimica, dann eine Übersetzung von Guyton-Mor-
veau's Schrift: Della affinità, mit Erläuterungen und solchen Zusätzen von ihm, daß auch in Italien eine nothwendige Reform in der
Stahl'schen Lehre fühlbar wurde. Hierauf übersetzte er Fourcroy's
chemische Philosophie ins Italienische, die in 9 Jahren 6 Auflagen erlebte. Nachher schrieb er die bekannten Noten zu G. S. Poli's Physik, und während der Belagerung von Venedig eine Abhandlung:
Dei pozzi del lido e delle cisterne di Venezia. — Bey seinem
Aufenthalte in Varese beschäftigte er sich mit der Landwirthschaft,
übersetzte zunächst Berthollet's: La statica chimica, und arbeitete
mehrere practische Abhandlungen aus, als: Sul governo delle pecore
spagnole ed italiane; Sopra alcune malattie delle pecore; Sulla
coltivazione de' pomi di terra; und endlich de' letami. Stets auf
das Wohl seines Vaterlandes bedacht, schrieb er: Danni che reca allo
stato, e alle famiglie la divisione dei fondi in una stessa Co-
munità, ed i ripari che si potrebbero porvi. In demselben Sinne
und Geiste ist seine Abhandlung verfaßt: De' mali economici, poli-
tici e morali che derivano alla nazione dell' esistenza comunale,
so wie auch eine andere: Sulla necessità di crear nuova industria
nel regno. — Als unter Napoleon Dalmatien mit dem Königreich
Italien vereinigt wurde, erhielt D. das Amt eines Provveditore generale dieser Provinz, und kam, als solcher nach Paris berufen, als
Senator zurück. Durch ihn wurden die Straßen und Wege in seinem
Vaterlande, die Geräthe des Landmanns und die Weingärten verbessert.
Damahls erfand er auch einen Saft aus Trauben, als Stellvertreter
des Colonialzuckers. — 1813 schrieb er: Della introduzione dei ma-
rini nel regno d'Italia, e del miglioramento delle pecore indigene;
vier Jahre später folgte: Sui pomi di terra. Aber sein Hauptwerk:
L'arte di governare li bachi da seta verschaffte ihm nicht allein den
Beyfall seines Regenten und von dem Könige Sardiniens den St.
Mauritius- und Lazarus-Orden, sondern auch eine gewisse Berühmt-

heit in ganz Europa. Er starb den 12. Dec. 1819 in Varese. Ein von ihm hinterlassenes, noch ungedrucktes Werk führt den Titel: Sulle cause dell' avilimento delle nostre granaglie, e sulle industrie agrarie riparatrici dei danni che ne derivano.

Danhauser, Jos., ausgezeichneter Historien- und Genremaler, war geb. 1805 zu Wien; sein Vater, durch seine ausgebreitete Meubel- und Bildhauerwaaren Fabrik in Wien allgemein und vortheilhaft bekannt, hatte sich selbst in seiner Jugend eifrig mit bildender Kunst beschäftigt und bestimmte seinen Sohn zu dieser Laufbahn. Nach vollendeter vortrefflicher Erziehung betrat D. die Akademie der bildenden Künste in Wien, bestimmte sich zur historischen Malerey und hatte bald das Glück, die Freundschaft des berühmten P. Krafft zu gewinnen, wodurch D. einen strengeren, aber zweckmäßigern Weg geführt wurde. Er arbeitete in dessen Atelier durch volle 2 Jahre nach sinnigen Vorbildern, und wurde sodann von Krafft aufgefordert, das, was er gelernt, in eigenen Erfindungen anzuwenden. Seine ersten Versuche, Scenen aus dem damahls eben erschienenen Heldengedichte Pyrker's: Rudolph v. Habsburg, wovon 3 in der Kunstausstellung von 1826 zu sehen waren, erwarben ihm die Gunst dieses hochgebildeten Kirchenfürsten, der ihn sogleich nach Venedig einlud, um die dortigen Kunstschätze genießen zu können. Der Eindruck jedoch, welchen die vereinzelten Riesenwerke Tizian's, Paolo Veronese's ꝛc., auf das Gemüth des befangenen Künstlers machten, der bisher die Wirkung der Malerey nur aus dem bunten Vielerley der Gallerien kannte, war so überraschend und betäubend, daß sich anfangs in ihm der Vorsatz bildete, der Malerey gänzlich zu entsagen, als sich jedoch Neigung und Gewohnheit zu mächtig zeigten, um denselben ausführen zu können, suchte der Künstler in mehreren aus hiesigen Ausstellungen bekannten und berühmt gewordenen Darstellungen, die eine treffende Ironie des modernen Künstlertreibens enthalten, seinen Gemüthszustand auszudrücken und wurde dadurch unvermerkt auf einen ihm so sehr zusagenden und bisher fast gänzlich unbenützt gebliebenen Zweig der Kunst gebracht, in welchem D.'s Nahme stets mit rühmlichem Lobe genannt werden wird. Obschon sich 1830, bey dem schnellen Tode seines Vaters, Vieles in D.'s Verhältnissen änderte und er sich theilweise dessen Geschäfte z. B. in Arrangiren ganzer Ameublements oder dem Erfinden neuer Formen widmen mußte, so gewann er doch wieder bald, theils durch die eifrige Mitwirkung seiner trefflichen Mutter, theils durch das Heranwachsen zweyer jüngerer Brüder, immer mehr Zeit, sich ganz seinem Berufe zu widmen, welches nun auch mit bey weitem mehr Klarheit und Übersicht geschehen konnte, da er mit dem Wesen der Kunst im Reinen war, und bereits durch manche sehr gelungene Leistung im historischen Fache, dem er sich in neuerer Zeit ausschließend widmete, allgemeine Anerkennung gefunden hatte. Von wesentlichem Nutzen war die Einwirkung Amerling's auf D.'s künstlerischen Streben. Unter seine vorzüglichsten Leistungen gehören: Im Genrefach: Die bekannten Maler-Ateliers, wovon 2 in der k. k. Gemäldegallerie; die Gratulanten, ein herrliches Gemälde voll Wahrheit und Leben (auch, wie die beyde Ateliers, lithographirt erschienen); die Schlafenden; das Bekenntniß, ꝛc. Im historischen Fache: St. Stephan, ein Altarblatt für seinen Gönner den Erzbischof Pyrker in Erlau und mehrere ähnliche Werke durch dessen Verwendung, wodurch sich D. in der technischen Behandlung lebensgroßer Darstellungen übte, endlich auch mehrere Portraits. Gegenwärtig befindet sich unter des Künstlers Händen das 22 Schuh hohe und 13 breite Bild für den Hochaltar zur neu erbauten großen Domkirche in Erlau, die Marter des heil. Johann des Evangelisten vorstellend, welches der Künstler noch im Frühjahre 1835 zu vollenden hofft.

Dankowsky, Gregor, Professor der griechischen Sprache an der königl. Akademie zu Preßburg, wurde am 16. Feb. 1784 zu Teltsch in Mähren geboren. Die deutschen Schulen besuchte er in seinem Vaterorte; die lateinischen vollendete er auf dem Gymnasium zu Iglau. 1801 ging er, ungeachtet seine Ältern das Olmützer Lyceum anriethen, nach Wien, Philosophie zu hören. Hier wirkten Karpe, Hammer, Ambschell sehr vortheilhaft auf ihn ein, seine Denkkraft wurde mächtig aufgeregt, obgleich noch nicht zu jener Stärke, daß der Einfluß seiner früheren Erziehung aufgehört hätte. Er widmete sich der Theologie, und nun ward das Studium der orientalischen Sprachen, der biblischen Alterthümer und der Kritik sein Lieblingsfach, für welches er insbesondere durch den gründlichen, klaren und unbefangenen Unterricht des Professors Jahn gewonnen wurde. Die Bekanntschaft mit dem Propst zu Neustädtl an der Waag, Anton Freyh. v. Gabelkhofen, bewirkte indessen, daß er 1805 die Hörsäle der Wiener Universität verließ, und an der Seite dieses würdigen Priesters zu Neustädtl und auf einigen Reisen durch Ungarn, Österreich, Mähren und die Steyermark nur den Wissenschaften lebte. 1806 erschien er zum Concurse bey der königl. ungar. Universität zu Pesth für die neuer-richteten Lehrkanzeln der griechischen Sprache in Ungarn, und erhielt im folgenden Jahre 1807, durch eine königl. Resolution, die Professur der griechischen Sprache an der königl. Akademie zu Preßburg; wo er bis jetzt viel des Guten durch Vortrag und Schriften gewirkt. Außer vielen einzelnen im Drucke erschienenen Gelegenheitsgedichten, haben wir von ihm auch: Elementa linguae graecae practica, Preßb. 1808. — Allo-cutio ad Academicos de utilitate studii linguae graecae, eb. 1811. — Grammatica linguae graecae methodo Lexici Schneideriani exarata. Pars elementaris. Wien, 1812. — Die Griechen als Stamm- und Sprachverwandte der Slaven, eb. 1823. — Hungarae gentis avitum cognomen, origo genuina, sedesque priscae, ducentibus graecis scriptoribus coaevis. Preßb. 1825. — Urgeschichte der Völker slavischer Zunge, eb. 1825. — Hungarae constitutionis origines, gentis in-cunabula et diversae sedes, e graec. arab. etc. fontibus, eb. 1826. — Ursitze der Ungarn (in ungarischer Sprache), eb. 1826. — Urgeschichte der Völker ungarischer Zunge, eb. 1827. — Homerus slavicis dialectis cog-nata lingua scripsit, eb. 1829, 1830, u. s. w. D.'s kühne Ansich-ten und Folgerungen machten und machen, besonders in Bezug auf das letztgenannte Werk, in der gelehrten Welt großes Aufsehen, und ziehen ihm manche Collision zu. In der Handschrift und zum Drucke fertig liegen: Lyrische Gedichte; Appius der Triumvir, heroisches Drama; Caroline, oder das Opfer der Liebe, ein Roman; Geschichte der königl. Freystadt Preßburg u. a. m.

Dannenmayr, Mathias, Professor der Kirchengeschichte an der Wiener Hochschule, Hofbüchercensor, und zuletzt erster Custos der Universitäts=Bibliothek, wurde 1744 zu Opfingen in Schwaben geboren. Die niedern Schulen studirte er in Ehingen; Philosophie und Moraltheologie aber in Augsburg unter den Jesuiten. Von hier ging er nach Freyburg, hörte Dogmatik und kanonisches Recht, und erhielt, von Constanz, wo er indessen zum Priester geweiht worden war, wieder zurückgekehrt, 1771 die theologische Doctorswürde. Nur kurze Zeit trug er hierauf Polemik vor, denn schon 1773 betrat er die Lehrkanzel der Kirchengeschichte. Seine Vorlesungen, durch Scharfsinn und große Wahrheitliebe gleich ausgezeichnet, fanden bald allgemeine Würdigung. — Man berief ihn für denselben Gegenstand nach Wien, wo er nicht minder gefiel. Wenige Jahre jedoch vor seinem Tode, der am 8. Juny 1805 erfolgte, ward er seiner Stelle als Professor enthoben, und mit ehrenvoller Anerkennung seiner Verdienste zum ersten Custos der Universitätsbibliothek ernannt. Seine Institutiones historiae ecclesiasticae erhielten unter mehreren Mitbewerbern den ausgesetzten Preis von hundert Ducaten: sie erschienen 1783 zu Wien im Drucke, und erlebten eine zweite Auflage, die aber erst nach seinem Tode, 1806, an das Tageslicht trat, obgleich die vielen Abänderungen von ihm selbst herrühren. Außer diesen haben wir noch von ihm: Introductio in historiam ecclesiasticam universam. Freyb., 1778. — Historia controversiarum de librorum symbolicorum auctoritate inter Lutheranos agitatarum. eb. 1780, und einige kleinere Abhandlungen polemischen Inhalts.

Darmsaiten. Für die besten D. werden noch immer die römischen und neapolitanischen gehalten; doch werden jetzt auch im Inlande gute Saiten verfertiget. Die Wiener Saiten sollen nach jenen den ersten Rang behaupten, während die französischen und englischen noch weit zurück sind. Doch wäre es zu wünschen, daß Kunstkenner das Verhältniß der inländischen zu den ausländischen Saiten genau untersuchen und würdigen möchten, um das Vorurtheil, welches vielleicht hierin bis zur Stunde noch herrscht, zu verbannen. Der Saitenfabrikation in Wien macht der ungemein große Verbrauch von Därmen zu Würsten ein bedeutendes Hinderniß; daher die dasigen Saitenfabrikanten, welche von den Fleischern wenig Schafdärme, sondern größtentheils nur Lämmerdärme erhalten, ihre Saitlinge von ferne her, sogar aus Siebenbürgen zu beziehen genöthigt sind. Sehr gelobt werden die Saiten von Padua, welche den römischen an Güte wenig nachgeben; auch in Venedig verbessert sich dieser Fabrikationszweig immer mehr, und die dicken und übersponnenen Saiten aus Venedig stehen den besten ausländischen in keiner Hinsicht mehr nach. In Böhmen werden zu Prag, dann zu Schönbach ziemlich viele Saiten gemacht. Ordinäre Saiten werden an mehreren Ortschaften Ungarns gemacht, besonders zu Spinnrädern, zu Fachbögen u. s. w., auch die Wurstmacher zu Lugos beschäftigen sich mit Verfertigung der Darmsaiten. Siebenbürgen hatte kürzlich nur einen einzigen Saitenmacher zu Hermannstadt, dessen Saiten aber den Wienern ganz gleichgestellt wurden. Gewöhnliche Saiten zu Fachbögen, Spinnrädern ec. verfertigen hier noch mehrere Arbeiter, so wie in andern Ländern, z. B. im Vorarlberg'schen. — Der Handel mit Darmsaiten ist nicht ganz unbedeutend, da sie ein in der Musik unentbehrlicher Artikel sind. Wien versendet sehr viele Saiten in die Provinzen, zumahl nach Mähren, Ungarn, Galizien, und selbst nach Leipzig; Venedig versorgt das österr. Italien, Tyrol, Illyrien, Steyermark u. s. w. und verschickt viele nach dem fremden Italien und nach Deutschland. Dessenungeachtet werden noch immer Saiten aus dem Kirchenstaate und aus Neapel, zumahl die feinern für musikalische Instrumente, und dunkelblau gefärbte aus Lyon, zu den Bohr- und Drehmaschinen der Uhrmacher eingeführt.

Darnaut, Vinc., Sohn eines Professors an der k. k. Militär-Akademie zu Wiener-Neustadt, geb. daselbst 1770, studirte die untern Schulen bey den Piaristen in Wien, Philosophie und die Rechte an der Universität daselbst, worauf er erst in das erzbischöfliche Alumnat eintrat, und sich dem Studium der Theologie widmete. Nachdem er 1795 die Priesterweihe erhalten hatte, war er zuerst Vicar in Ebersdorf an der Donau, dann zu Wien, bey der Pfarre auf dem Hof, bis er 1799 als Hofcaplan in der k. k. Hof- und Burgpfarre angestellt wurde. Als solcher übernahm er 1803 die Lehrkanzel der Kirchengeschichte, und erhielt ein Jahr darauf die theologische Doctorswürde. Seiner Gesundheitsumstände wegen wurde er, auf ausdrückliche Anordnung des Kaisers, des Lehramtes enthoben, das er 9 Jahre bekleidet hatte. Er starb am 30. Jän. 1821. — Seine Schriften sind: Katholisches Lese- und Gebethbuch zum vorzüglichen Gebrauche für die Jugend; 2 Bändchen mit 6 Kupf. Wien 1801. — Leben der heil. Elisabeth, Landgräfinn von Thüringen; eb. 1813. — Religionsgeschichte des alten Bundes, eb. 1816. — Er war Mitarbeiter an Frint's theolog. Zeitschrift. Besonders verdient gemacht hat er sich aber um die kirchliche Topographie von Österreich (s. d.). Er war Urheber des Plans und des Vereins derselben. Auf dem ersten Bande ist er als Mitherausgeber genannt.

Daruvar, slavon. Marktflecken im Posegaher Comitat, mit 3,200 Einw., kathol., reform. und griech. Kirche, Seiden- und Wollweberey, einem sehr schönen neuen Schlosse, und einem großen Garten, einem Marmorbruche, Seidenbau und einem vielbesuchten warmen Schwefelbade.

Darvar, Demeter Nicolaus, war geb. zu Klissura in Macedonien den 13. Aug. 1757. Von frühester Jugend an zeigte er große Neigung und Anlagen zum Studiren, das Altgriechische oder die Humaniora lernte er von dem berühmten Gelehrten Eugenius auf dem Berge Athos, dem nachmahligen Erzbischofe von Cherson. 1769 kam D. nach Semlin, wo sein Vater schon mehrere Jahre vorher ein Handlungshaus errichtet hatte, 1771 trat er in die zu Ruma, 8 Stunden von Semlin, errichtete illyrisch-lateinische Schule und machte hier in beyden Sprachen, so wie in der Geographie und Geschichte die besten

Fortschritte, von 1774 an wohnte er mit Begeisterung und vielem Erfolg zu Neusatz den Vorlesungen in altgriechischer Sprache bey. Nach seiner Rückkehr sollte sich D. den Handelsgeschäften widmen und nur auf sein vieles Bitten und das Anrathen mehrerer Freunde sandte ihn sein Vater nach Bucharest, wo D. durch 3 Jahre die Humanioren und die alte Philosophie mit Eifer und Auszeichnung studirte, und während dieser Zeit die Metaphysik von Baumeister ins Altgriechische übersetzte, wovon bald unzählige Abschriften durch ganz Griechenland verbreitet wurden. 1780 reiste er über Wien nach Leipzig, und von dort nach Halle, wo er unter Eberhard die Philosophie, unter Karsten die Mathematik mit dem größten Beyfalle dieser berühmten Männer studirte. Hierauf ging er nach Leipzig, um den Vorlesungen Platner's und Hindenburg's beyzuwohnen. Nach vollendeten Studien kam D. 1784 nach Wien, wo er mit der Herausgabe seiner deutsch-griechischen Sprachlehre seine segenreiche literarische Laufbahn eröffnete. 1785 verfügte er sich zu seinem Vater nach Semlin, wo auf seine Verwendung und durch seinen Beystand eine griechische Normalschule errichtet wurde, in welcher er durch 9 Jahre mit dem größten Erfolg und Beyfall das Lehramt versah und mehrere seiner Schüler zu Lehrern bildete. 1794 ging er neuerdings nach Wien, und ließ sich auch daselbst durch Wort und Schrift vorzüglich die Bildung der griechischen Jugend angelegen seyn. Hier eröffnete er ebenfalls eine griechische Schule, zu deren Gründung der reiche griechische Gutsbesitzer Christoph von Nako ein Legat von 20,000 fl. hinterlassen hatte, und ertheilte in derselben freywillig durch ein ganzes Jahr unentgeldlichen Unterricht. Großen Einfluß auf die Ausbildung der griechischen Jugend hatte D. auch durch seine zahlreichen und zweckmäßigen Elementar- und anderen Schulbücher. 1818 erhielt er von dem Kaiser Alexander von Rußland für die Überreichung eines Exemplars seiner allgemeinen Geschichte, einen Diamantring zum Geschenke. D. starb zu Wien, allgemein beklagt, und verordnete, bis zu seinem letzten Athemzuge thätiger Beförderer neugriechischer Sprache und Literatur, in seinem Testamente, daß die von ihm verfaßten und auf seine Kosten gedruckten, neugriechischen Schulbücher zum größten Theile an die griechischen Nationalschulen der k. k. Staaten, nach dem Verhältnisse der Anzahl der Schüler unentgeldlich vertheilt, der übrige Theil seiner literarischen Werke aber zum Behufe der Herausgabe seiner hinterlassenen Manuscripte verkauft werden solle. Den Verlag derselben unternahm sein Bruder, Peter D. Seine wichtigsten, im Drucke erschienenen Schriften sind: 1) in griechischer Sprache: Deutsche Sprachlehre für Griechen, Wien 1785. — Sichere Anleitung zur Menschenkenntniß ?c., neugr. eb. 1795. — Anleitung zur altgriech. Sprache ?c., eb. 1798, 2. Aufl. Venedig 1799. — Das goldene Buch oder Kebes Gemälde und Epictets Handbuch ?c., neugr. Wien 1799. — Kurzgefaßte bibl. Geschichte der Kirche des alten und neuen Bundes, aus dem Russischen, neugr. eb. 1800. — Anleitung zur Rechtschaffenheit ?c., 2. Aufl. eb. 1802. — Der Jugendlehrer, oder sittliche Lebensregeln für Knaben und Mädchen, eb. 1804. — Sammlung von allerley Gedanken und Sprüchen, auserlesenen Fabeln, Erzählungen ?c., eb. 1804. — Gemeingriech. Grammatik, eb. 1806. — Gemeinnütziger Briefsteller in der gemeingriech. Sprache, eb. 1808. — Der Hauslehrer oder Anleitung zur Naturkunde 2c. eb. 1810. — Kern der Weisheit 2c. eb. 1811. — Wegweiser durchs Leben 2c. eb. 1812. — Kurzgefaßte Physik, 3 Thle. eb. 1812—13. — Theophrast's Charakterschilderungen, altgriechisch mit kurzen Anmerkungen, eb. 1815. — Allgemeine Weltgeschichte, 2 Bde. — 2) In deutscher Sprache: Der Stein des Anstoßes, oder von dem Ursprunge und der Ursache der Spaltung der griechischen und latein. Kirche, aus dem Griechischen, Wien, 1787. — 3) In illyr. Sprache: Sittenlehre des Ant. v. Byzant, Wien, 1796. — Spiegel des Christen, Ofen, 1801. — Kebes Gemälde und Epictets Handbuch im gemeinen Slavischen oder Serbischen, eb. 1801. Von seinen zahlreichen hinterlassenen handschriftlichen Werken erschien bereits seine: Neugriech. Encyklopädie, zum Gebrauche der studirenden griech. Jugend, eb. 1829, im Drucke.

Dasypodius, Wenzesl., ein um die böhm. Sprache vielfach verdienter Schriftsteller, lebte gegen das Ende des 16. Jahrhunderts. Wir haben von ihm gedruckt zu Prag: Elegia de ultimo judicio et mundi fine. Dieses, so wie die Wiedererscheinung des Heilandes sollte 1583 erfolgen! — Carmen de terrae motu, qui anno 1581 Moraviam concussit. — Dictionarium latino-bohemicum. Dieses Wörterbuch war die Grundlage zu dem ältesten, das Polen aufzuweisen hat. Statt der böhm. Wörter setzte man polnische, und veranstaltete viele Auflagen zu Krakau und Warschau. Die Ausgabe, welche 1642 zu Danzig erschien, hat bey jedem Worte auch die deutsche Bedeutung angehängt.

Datschitz, mähr. Städtchen der gleichnahmigen Herrschaft, im Iglauer Kreise, mit einem Schlosse und 1,600 Einw. Sehenswerth ist die große Pfarrkirche mit ihrem hohen gothischen Thurme und die Franciscanerklosterkirche.

Daubrawnik, mähr. Marktflecken im Brünner Kreise, am Fuße einer Anhöhe gelegen. Seine 800 Einw. sind größtentheils Tuchweber, die ihre Erzeugnisse bis nach Pesth versenden.

Daun, die Grafen. Dieses uralte Geschlecht, ausgehend aus den Gegenden des Rheins und der Mosel, wo es schon im 8. Jahrhundert ein festes Bergschloß Dune besessen haben soll, sicher aber sehr frühzeitig historisch auftritt, ließ sich in Österreich mit Philipp Ernest, kaiserl. Obersten, nieder, der vom Kaiser Ferdinand am 13. Dec. 1655 mit seinem Bruder Joh. Jacob, Kämmerer und geh. Rath des Erzherzogs Leopold Wilhelm, Bischofs zu Passau, in den Grafenstand des heil. röm. Reiches erhoben wurde. Sein Sohn Wilhelm Johann Anton, Graf und Herr von und zu D. war geheimer und Hofkriegsrath, Feldmarschall-Lieutenant und der Residenzstadt Wien Stadtquardia Oberstlieutenant, endlich General-Feldmarschall und Commandant zu Prag. Er starb am 7. Juny 1706. Von seinen 4 Söhnen gründete Wirich Philipp Laurenz die ältere Hauptlinie; Heinrich Reichard Laurenz die Nebenlinie, welche sich in Bayern ausbreitete, und Heinrich Theodor, der jüngste Sohn, eine zweyte

Linie in Österreich. Durch große Verdienste um das Kriegswesen, und insbesondere durch siegreiche Waffenthaten, werden in den vaterländischen Annalen stets mit Auszeichnung genannt werden: Der Gründer der Hauptlinie, Wirich Philipp Laurenz und dessen Sohn Leopold Joseph Maria (f. d.).

Daun, Wirich Philipp Laurenz, Graf, wurde am 19. Oct. 1668 geboren, trat, nachdem er mehrere Reisen gemacht hatte, im Regimente seines Vaters ein, und wurde vom Kaiser Leopold zum Kämmerer ernannt. 1696 Oberst bey Starhemberg-Infanterie, machte er den Feldzug in Ungarn und die Schlacht bey Zentha mit. Später zeichnete er sich in Italien unter Eugen höchst vortheilhaft aus, besonders 1706 durch den Entsatz von Turin, das von den Franzosen mehrere Monathe hindurch schwer bedrängt wurde, und stieg so nach Verdienst zu den höchsten militär. Würden empor. Er ward Ritter des gold. Vließes, k. k. wirkl. geh. Rath, General-Feldmarschall, auch General-Haus- und Landzeugmeister, Stadtcommandant zu Wien, und 1713 von Kaiser Carl VI. zum Vicekönig von Neapel ernannt, nachdem er schon 1710 dort das Fürstenthum Thieno mit der neapolitan. Fürstenwürde von demselben erhalten hatte. Von 1725—34 war er General-Gouverneur der span. Niederlande, und später der Lombardie. Er starb in Wien den 30. July 1741, und liegt in der Augustinerkirche, nächst der Burg, begraben.

Daun, Leop. Jos. Maria, Graf, Fürst von Thieno, k. k. österr. Feldmarschall, Hofkriegsraths-Präsident, Generaldirector der Militärakademie, Commandirender in Österreich und Wien, geh. Rath, Ritter des gold. Vießes und Großkreuz des Maria-Theresien-Ordens, war geboren zu Wien den 25. Sept. 1705. — Wirich, Graf D. (f. d.) sein Vater, war auch sein Erzieher auf der militär. Laufbahn. — Die väterlichen Lehren zu benützen, und von den Übungen des Exercierplatzes in die wirkliche militär. Welt überzugehen, fand sein Eifer die erste Gelegenheit und sein Beobachtungsgeist die erste Nahrung in dem Ende des türkischen und im Anfange des sicilian. Krieges (1718—20). Die neuen Unternehmungen in Italien und am Rheine (1734—35) machten ihn zum vollendeten Kriegsmanne, und in dem folgenden Kriege gegen die Türken (1737—39) kommt er schon als ein Mann von Bedeutung vor. Im Treffen von Krotzka war er unter den verwundeten, aber auch unter den ausgezeichneten Generalen, und erhielt nach demselben ein Regiment. Nach der Molwitzer Schlacht (1741) behauptete sich D. in seiner Stellung in Schlesien. Hierauf folgte er dem berühmten Zuge, wodurch Prinz Carl v. Lothringen den Marschall Broglie über Pisek und Tein unter die Kanonen von Prag trieb; auch wohnte er der Belagerung dieser Hauptstadt bey, und war 1742 und 1743 bey den Unternehmungen, durch welche Maillebois's Vereinigung mit den Eingeschlossenen verhindert wurde, und Bayern wieder in die Gewalt der Österreicher kam. Hierbey erhielt er den Auftrag, die Franzosen aus Dingelfingen zu vertreiben, die, dort verschanzt, kräftigen Widerstand leisteten, aber doch sich über die Isar zurückziehen mußten. D. folgte nun dem Feldmar-

schall Khevenhüller an den Rhein, der ihn im Leben durch Aufträge
und Empfehlungen auszeichnete, und ihm im Tode noch ein Zeichen der
Achtung in dem Vermächtniße seiner Handschriften gab. Auch der Nachfolger dieses Feldherrn verkannte ein so seltenes Talent nicht. Traun verwendete ihn bey den bedeutendsten Unternehmungen des Feldzüges von
1744, und die Grenadiere erbathen sich ihn von dem Prinzen Carl,
als sie die Rheininsel bey Stockstadt besetzten, und von dieser aus
durch ihr Feuer den Feind vom jenseitigen Ufer vertrieben. Noch verdienstlicher wurde die Vorsicht des Feldmarschall-Lieutenants D. bey dem
Rückzuge, den er deckte, und bey dem versuchten Angriffe des Feindes
bey Ludwigsburg, den er derb zurückwies, und ohne Verlust seiner
Arrieregarde sich dem Heere anschloß, das nach Böhmen eilte. Im zweyten schlef. Kriege befand er sich in den Schlachten von Hohenfried-
berg oder Strigau und bey Soor, und ward noch 1745 zum
Feldzeugmeister ernannt. In dieser Eigenschaft ging er nach Abschluß
des Dresdner Friedens in die Niederlande, und obschon die Feldzüge
dort 1746 und 1747 unglücklich für die Alliirten geführt wurden, so
hatte doch D. Gelegenheit sich auszuzeichnen, wie er denn z. B. bey
Laffeld die auf dem linken Flügel gedrängten Engländer und Hanno-
veraner thätig unterstützte. — Nach dem Achener Frieden (1748) war
Österreich eifrig beschäftigt, das Mangelhafte in der Organisation der
Heere zu verbessern, und die Stärke derselben auf den höchst möglichen
Stand zu bringen. D. hatte die Errichtung des Cadetenhauses, Militärakademie genannt, vorgeschlagen, und darüber 1752 die oberste
Aufsicht erhalten. Die vielen Zeichen von Achtung, die er vom Hofe
mit der Ernennung zum geh. Rath, zum Commandirenden in Wien
und zum Feldmarschall erhielt, waren ihm nur neue Antriebe in seinem
Eifer zum Besten des Dienstes; die Folgen zeigten sich während des
7jährigen Krieges. — Es ist bekannt, wie nachtheilig der zweyte Feldzug dieses langen Kampfes (1757) nach der Schlacht bey Prag sich gestaltete, in welcher Stadt 40,000 Mann des geschlagenen Heeres eingeschlossen waren. Da nahte D. mit dem Corps, welches der eben verstorbene Piccolomini geführt hatte, zog die bey Prag versprengten
Reste des rechten österr. Flügels an sich, lieferte die Schlacht von Collin (f. d.), und war so glücklich, seinen berühmten Gegner zu schlagen, der auch genöthiget wurde, die Belagerung der Hauptstadt Böhmens aufzugeben. Das Andenken des wichtigen Tages (18. Juny 1757)
zu verewigen, errichtete Maria Theresia den schon vorher beschlossenen Militärorden, der ihren Nahmen trägt, und noch heute in der militär. Welt so hoch geehrt wird. Rühmlicher konnte D. das Großkreuz
nicht erwerben, und er erlebte auch die Freude, nach dem ersten Or-
denscapitel die Gefährten seines Sieges belohnt zu sehen. Der Feldzug
schien für Preußen einen unglücklichen Ausgang zu nehmen; das Heer
des Herzogs v. Bevern war bey Breslau geschlagen, D. hatte mit
diesem Siege fast ganz Schlesien im Besitz, da aber kam der Sieger von
Roßbach der bedrängten Provinz zu Hülfe, und kämpfte den entscheidenden Sieg bey Leuthen, der die Österreicher gänzlich in die
Vertheidigung und aus Schlesien warf. Jetzt trat der Prinz Carl

v. Lothringen von der Armee ab, und der Oberbefehl kam nun in die Hände D.'s. 1758 belagerte der König Olmütz. D. hatte sich ihm so genähert, daß die Belagerung wohl schwerlich hätte fortgeführt werden können; der Verlust eines großen Transportes aller Art von Kriegsbedürfnissen, den Loudon und Siskowicz bey Domstadtel wegnahmen, zwang den König, von seinem Vorhaben abzulassen, und sich gegen die Russen zu wenden, die weit vorgedrungen waren. Die wichtigste Angelegenheit war nun, Sachsen zu befreyen; er marschirte in die Lausitz, und fand bey Stolpen eine Stellung, von welcher aus er den bis an die brandenburgische Gränze vorgerückten Loudon unterstützen, und mit der Reichsarmee unter dem Prinzen von Zweibrücken in Verbindung bleiben konnte. Inzwischen kehrte der König zurück, und beyde Heere beobachteten sich sorgfältig, bis D. der Unthätigkeit durch den Überfall bey Hochkirch ein Ende machte, und einen glänzenden Sieg dabey erfocht, dessen nachtheilige Folgen nur durch das außerordentliche Genie des großen Friedrich's gemindert werden konnten. Friedrich ging nach Schlesien, D. gegen Dresden, um den Feldzug durch eine rasche Wegnahme Dresden's zu enden, ein Project, das an der Wachsamkeit und Energie des dortigen preuß. Befehlshabers, General v. Schmettau, scheiterte. Im Feldzuge von 1759 blieb D. mit der großen Armee lange ruhig, nur die Reichsarmee und die Russen waren thätig; doch am Ende wurde auch D. aus seiner scheinbaren Lethargie geweckt, und beschloß mit den Gefechten von Maxen und Meißen, in welchem erstern das preuß. Corps des General Finck gefangen ward, den Feldzug auf eine glänzende Weise. 1760 beobachtete D. aus seinem festen Lager unweit Pirna den König, bis dieser durch Loudon's Operationen nach Schlesien gezogen wurde. Eben dahin eilte auch D., der seinem Gegner 2 Märsche abgewonnen hatte; doch schnell kehrte er zurück, als Friedrich bey Bautzen abschwenkte, und die Belagerung von Dresden begann. Der Feldmarschall, bis auf die Entfernung einer halben Meile herangerückt, versuchte keinen Entsatz, begnügte sich, noch 16 Bataillons in die Stadt zu werfen, und im Vertrauen auf Macquire, den Vertheidiger Dresden's, zuzusehen, wie man die Stadt bombardirte. Erst im späten Sommer 1760 brach der König, ohne Dresden genommen zu haben, nach Schlesien auf, wieder begleitet von dem Feldmarschall, den er auch nach Loudon's verlorner Schlacht bey Liegnitz nicht aus der Fassung bringen und nicht hindern konnte, 15,000 Österreicher unter Lacy mit den Russen zum Überfalle von Berlin zu vereinigen. Als Friedrich, seiner Hauptstadt näher zu seyn, an die Spree und nachher an die Elbe zog, ging D. an demselben Tage über den Strom, und setzte sich bey Torgau. Hier kam es zu dem bekannten, für D. unglücklichen Treffen; er hatte 3 Angriffe blutig zurückgeschlagen, und auch im vierten noch, als er gefährlich verwundet aus dem Kampfe gebracht werden mußte, bis in die Nacht den Sieg behauptet, als Ziethen bey Siptitz hervorbrach, und den Lorbeer für die Preußen brach. Hiermit blieben Torgau, Wittenberg und der größte Theil von Sachsen in preuß. Gewalt; aber die Österreicher behaupteten sich vermittelst Dresden's in dem Besitze der

Elbe und der Verbindung mit Böhmen, dem Prinzen Heinrich gegenüber. Beyde Heere beobachteten einander sorgfältig unter vielen kleineren Gefechten, die nichts in der Lage der Dinge änderten; größere Thätigkeit herrschte in Schlesien, und bey den Unternehmungen der Bundesgenossen. In der Zeit, wo D. sich seiner Wunde wegen in Wien befand, besuchten der Kaiser und die Kaiserinn die Kriegsberathungen in seinen Zimmern, und der Tag seines ersten Ausganges war auch der Tag seiner Einführung in den Staatsrath. Nach geendigtem Feldzuge von 1761 ging D. wieder nach Wien, 1762 aber nach Schlesien ab, in jenem bedenklichen Zeitpuncte, wo die erste ruff. Thronveränderung ganz unerwartete Verhältnisse eintreten ließ. So glänzend auch die Lage des Königs von Preußen geworden war, so konnte er doch den Feldmarschall nicht aus seiner festen Stellung am Zobtenberge herausbringen, dieser aber auch den Verlust von Schweidnitz nicht hindern. Während dessen waren die letzten Kriegsbegebenheiten, die Schlacht von Freyberg und kleinere Auftritte in Sachsen und an der böhm. Gränze vorgefallen, da brachte die zweyte Thronveränderung in Rußland die Höfe zu gemäßigteren Gesinnungen, deren Folge der Frieden von Hubertsburg war. — Noch während des Feldzuges hatte D. das Präsidium des Hofkriegsrathes angetreten. In diesem schönen Wirkungskreise war er nun bemüht, alle Erfahrungen und Beobachtungen aus den sieben Feldzügen auf seine früheren Verbesserungsanstalten anzuwenden, worin er sich auch durch Joseph's II. Beyfall belohnt, und hinter sich einen Nachfolger (Lacy) sah, der ihm verbürgte, daß die Arbeiten, zu denen er die Bahn gebrochen hatte, nicht unvollendet bleiben würden. Er starb am 5. Febr. 1766.

David, Aloys Martin, Chorherr der Prämonstratenser-Abtey Tepl, der freyen Künste und Weltweisheit Doctor, k. k. Astronom und Professor der practischen Astronomie, Vorsteher der Prager königl. Sternwarte, und vieler gelehrten Gesellschaften des In- und Auslandes Mitglied, wurde am 8. Dec. 1757 zu Drzewohrz, einem dem Stifte Tepl gehörigen Dorfe, geboren. Seine Studien begann, vollendete er im Stifte Tepl, in dem er 1780 eingekleidet wurde, 1781 die feyerlichen Gelübde ablegte, und die theologischen Studien absolvirte. Schon sehr frühe hatte er die höhere Mathematik zu seinem Lieblingsstudium erwählt; die großen, auffallenden Fortschritte darin verschafften ihm 1799 die Adjunctenstelle an der Prager Sternwarte. Schon im folgenden Jahre ward er zum wirklichen Astronomen ernannt und als Professor für die Vorlesungen über Astronomie bestimmt. In dieser Eigenschaft erwählte ihn die Prager Hochschule 1805 zum Decan der philosophischen Facultät, und 1816 zu ihrem Rector Magnificus. Im nähmlichen Jahre erhielt er auch als Anerkennung der vielen Verdienste, die er sich als Lehrer und Schriftsteller erworben, vom Kaiser die große goldene Verdienstmedaille sammt Kette und Kreuz. Die rastlose Thätigkeit dieses unvergleichlichen Greises, und seine innige Liebe zu den Wissenschaften beurkunden die zahlreichen gehaltvollen Abhandlungen, welche zum Theil in gelehrten Zeitschriften, zum Theil einzeln

gedruckt bis jetzt erschienen sind. Wir verweisen die Leser an die Abhandlungen der königl. böhm. Gesellschaft der Wissenschaften, an die (Wiener) Ephemerides astronom. (s. d.) und die Berliner astronomischen
Jahrbücher, und heben hier die vorzüglichsten aus: Nachricht vom
Spießglas-Bergwerke im Flötzgebirge unweit Tepl, 1790. — Geographische Breite und Länge von Schluckenau, 1797. — Geographische
Ortsbestimmung des Marienberges bey Grulich und des Annaberges
bey Eger 1799, des Stiftes Hohenfurt 1800, des Güntherberges
und mehrerer Orte an der südwestlichen Gränze Böhmens 1800, von
Schönlinde und Schutenitz im Leitmeritzer Kreise 1809, von Ma-
netin, Pilsen ꝛc. 1811. — Über die geographische Lage der königl.
Stadt Melnik und den dortigen Weinbau 1814. — Astronomische
Beobachtungen von den Jahren 1816 und 1817 u. a. m.

David a S. Cajetano, Layenbruder bey den Augustinermön-
chen nächst der Burg in Wien, wurde am 5. Oct. 1726 zu Lembach
im Schwarzwalde geboren. Als reisender Tischlergeselle kam er nach
Wien. Seine Geschicklichkeit bewirkte, daß er nach der damahligen
Verfassung des Ordens, der in seinen Layenbrüdern alle nöthigen Handwerker besaß, im Kloster zu Mariabrunn aufgenommen, und am
22. März 1754 zur Ablegung der Gelübde zugelassen wurde. Natürliche
Hinneigung zu ernsteren Studien, verbunden mit einer seltenen Fertigkeit in mechanischen Unternehmungen, erzeugte in ihm den Vorsatz, an
den Bau einer astronomischen Uhr zu gehen. Der Versuch gelang vollkommen; die Uhr setzte alles in Erstaunen. Pünctlichkeit und strenge
Genauigkeit in der Berechnung zeichneten sie vor allen übrigen aus.
Fremde und Einheimische bewunderten den Künstler. Bis zu unsern Tagen war das Meisterwerk eine Zierde des Wiener-Augustinerklosters; nun
befindet es sich verkäuflich in Privathänden, da die nahe Auflösung des
Ordens eine öffentliche Versteigerung veranlaßte. Frater D. starb am 4.
Febr. 1796. Weiteren Aufschluß über seine mechanische Bedeutsamkeit
geben die beyden Schriften: D.'s Beschreibung einer astronomischen
Uhr, mit K. Wien, 1771. — Dessen neues Rädergebäude, eb. 1791.

Dayka, Gabr., 1768 zu Miskolcz, wo sein Vater das
Schneiderhandwerk trieb, geboren; studirte in seiner Vaterstadt, zu
Erlau und Kaschau, wählte 1787 den geistlichen Stand, und hörte
Theologie im Seminarium zu Pesth, wo er sich in kurzer Zeit die
deutsche, in noch kürzerer die italienische und französische Sprache so wie
früher schon die griechische, vorzüglich aber die lateinische eigen machte. Nach der Aufhebung des Generalseminariums zu Pesth, 1790,
ward er nach Erlau versetzt, wo ihm seine gedruckten Liebeslieder und einige unachtsame Äußerungen empfindliche Ermahnungen
von Seite seiner Obern zuzogen. Da er schon fast 4 Jahre auf das
Studium der Theologie verwendete, wollte er es nicht mehr aufgeben.
Allein einer im July 1791 gehaltenen Probepredigt wegen angeklagt,
verließ er das Seminar, und hielt sich bey seinen Freunden auf, bis er
1792 die neuerrichtete Lehrkanzel der ungar. Sprache am Gymnasium
zu Leutschau erhielt; wo er sich dasselbe Jahr auch vermählte. 1793
wurde er zum ordentlichen Professor der Grammatikalschulen daselbst,

1795 aber nach Unghvár, die Rhetorik vorzutragen, befördert; eine Stellung, die in jeder Beziehung seinen Anlagen und Neigungen widersprach. Erst im Generalseminarium zu Pesth lernte D. die deutsche Sprache mit dem lohnendsten Erfolge, wie sich überhaupt hier sein hervorragendes Talent für Linguistik auf eine höchst erfreuliche Weise beurkundete. Er betrieb das Italienische und Französische, und brachte es in kurzer Zeit in beyden Sprachen zur möglichsten Vollendung. Slavisch verstand und sprach er; nur im Englischen schienen sich keine bedeutenden Fortschritte zeigen zu wollen. D. brachte von Leutschau nach Ungvár eine zerrüttete Gesundheit, und ein durch mannigfache Zerwürfnisse herabgestimmtes Gemüth; er verfiel in eine Abzehrung und starb den 20. Oct. 1796 zu Ungvár. D., ein warmer Freund, ein glühender Liebender, war äußerst bescheiden, und im Umgange, außerordentlich liebenswürdig. Seine ersten Gedichte erschienen im Orpheus. Anfänglich waren die ungar. Dichter der französ. Schule seine Vorbilder in der Versification, bis er sich auf Kazinczy's Einfluß der Rádayschen Versart bediente. Doch ereilte ihn der Tod, ehe er noch dem Publicum Proben davon ablegen konnte. Kazinczy erweckte nach 17 Jahren das Andenken seines Freundes durch eine sehr niedliche Ausgabe von dessen Gedichten, meist Liedern, Dayka Gábor versei (Pesth, 1813). Seit dieser Zeit nimmt D. einen der ersten Plätze unter den ungar. Lyrikern ein. — In seinem Nachlasse fanden sich außer einer ungar. Sprachlehre, mehrere ästhetische, historische und philosophische Abhandlungen von ungleichem Gehalte, sämmtlich noch der letzten Feile bedürftig.

Debrata (mährisch-schlesisches Gesenke), gleichsam der letzte Ast der Sudeten, zieht sich bis in die Gegend von Bölten, wo man die äußerste Gränzscheide dieses Gebirges annimmt, ist bey Sternberg wie abgeschnitten, und verflacht sich zur fruchtbaren Hanna; man trifft hier mehrere Berge, die über 4,000 Fuß hoch sind, und auf manchen nackten Kuppen bleibt der Schnee 8 Monathe und länger liegen. Zu den höchsten Kuppen gehört der Altvater (s. d.). Auf den höchsten Puncten wächst kein Strauch mehr, sondern nur Moos. Diese Gebirgskette ist in vieler Hinsicht merkwürdig; hier findet der Naturfreund Nahrung für seinen Geist in jedem Zweige der Naturwissenschaft. Erhaben schöne Gegenden belohnen den denkenden Wanderer, unverkennbare Spuren des ehemahligen mächtigen Zusammenwirkens vulcanischer und neptunischer Kräfte ziehen hier das forschende Auge an. Betrachtet man vom Altvater das Ganze im Zusammenhange, so sieht man, daß ungeheure Wasserströme die Berge an einander ketteten und ihnen größtentheils ihre Gestalt und äußere Schale gaben. Die dazwischen liegenden Streifthäler, die in den kesselförmigen Ebenen Mährens und Schlesiens enden, zeigen den Weg an, den diese Ströme auf ihrem Rückzuge nahmen. Ungeachtet dieser vorherrschenden Macht der Bewässerung, sind doch nicht alle Merkmale der ehemahligen Vulcanität dieser Berge verschlungen; fast unverkennbar trägt besonders der Raudenberg, zwischen Hof und Freudenthal, den Stempel eines erloschenen Vulcans. Pyramidenförmig steigt er über die Meeresfläche mit 380, und über den Wasserspiegel der Mohra zu einer Höhe von 184 Klaftern empor.

Debreczin, ungar. königl. Freystadt im Biharer Comitat, nach Pesth die größte Stadt Ungarns, in einer ebenen, einförmigen, sandigen und wasserarmen Gegend, die jedoch gegen Süden ungemein fruchtbar wird. Sie ist offen und ziemlich dorfmäßig gebaut, da man nur wenige stockhohe Häuser sieht und die Gassen wegen Theuerung der Steine ungepflastert sind; sie zählt aber mit Einschluß ihrer Vorstädte, die nur durch Reiserwerk von der Stadt getrennt sind und in eine unabsehbare Heide auslaufen, 45,370 Einwohner (worunter 43,800 Reformirte) die fast allgemein die ungar. Sprache in ihrer größten Reinheit sprechen. Obwohl D. ein mehr ländliches als städtisches Ansehen hat, und der meisten Bequemlichkeiten einer großen Stadt entbehrt, so hat es doch einige ansehnliche Gebäude, worunter das große reformirte Collegium mit der Kirche, die kathol. Klöster, das Rathhaus 2c., und ist der Sitz der Districtualtafel für den Kreis jenseits der Theiß und des reformirten Superintendenten. Es befindet sich hier ein blühendes reform. Collegium mit einer Bibliothek von mehr als 20,000 Bänden, ein Piaristencollegium mit Gymnasium und eine kathol. Hauptschule; außerdem bestehen hier ein Waisenhaus, 3 Hospitäler und 2 Krankenhäuser. Auf der gesegneten Umgegend weiden Tausende von Ochsen, Schweinen und Schafen, so wie hier Weizen, Hirse, Buchweizen, Tabak und Wassermelonen in vorzüglicher Güte gedeihen. In Hinsicht des Gewerbsfleißes steht diese Stadt nicht weit hinter Pesth zurück, da sich hier mehrere Manufacturen und Fabriken, besonders in groben wollenen Zeugen, Leder und vorzüglicher Seife, dann zahlreiche Handwerker, als Gerber, Kürschner, Zischmenmacher (500 Meister); Drechsler, die Tabakspfeifenmundstücke aus Horn erzeugen; Töpfer, deren Haupterzeugniß rothe und schwarze thönerne Pfeifenköpfe (s. den folg. Art.) von eigenthümlicher Form sind; Kammmacher, Knopfstricker, Böttcher, Lebküchler u. v. a. ansäßig gemacht haben; auch das Debrecziner Weizenbrod von ungeheurer Größe, ist seiner Schönheit und Schmackhaftigkeit wegen berühmt. An gutem Trinkwasser hat die Stadt fühlbaren Mangel, besonders in den Sommermonathen. Von großer Bedeutung ist der Handel, welchen D. mit Hornvieh, Pferden, Schweinen, Speck, Tabak, Wachs, Honig 2c. treibt, und seine 4 Jahrmärkte werden aus allen Gegenden Ungarns und Siebenbürgens besucht. Als Spaziergang dient der sogenannte große Wald (Nagy-Erdö) mit Gartenparthien und einem Bade.

Debrecziner Pfeifenköpfe. Die meisten thönernen Pfeifenköpfe werden im Inlande ohne Zweifel in Ungarn gemacht, wo Debreczin allein die Pfeifenbrennerey in so großer Ausdehnung betreibt, daß man diese Stadt das ungar. Gouda genannt hat. Es sind dort bey 140 Meister, welche mit Hülfe ihrer Weiber und Kinder, Gesellen und Lehrlinge jährlich über 11 Millionen rothe und schwarze Köpfe größerer und kleinerer Art verfertigen. Diese Köpfe haben einen langen runden Kessel und kurzen runden Hals.

Debrois Edler v. Bruyck, Joh., war geboren zu Prag den 28. Jän. 1751; er begann daselbst seine Studien, welche er in Wien vollendete und sich dann der Rechtswissenschaft widmete. Nachdem er die Doctorwürde der Rechte und der Philosophie erlangt, und seine Kenntnisse in jeder Hinsicht auf das Vorzüglichste und Nützlichste bewährt hatte, wurde er, die Rangstufen vom Hofconcipisten an, seit 1785 durchgehend, 1810 zum Beysitzer der Studien-Hofcommission in Wien, und k. k. niederösterr. Regierungsrath, 1818 aber zum k. k. Hofrath ernannt, auch war er Mitglied mehrerer gelehrten Gesellschaften, 1816 und 1820 Rector Magnificus an der Universität zu Wien, und starb, seit 1827 in den Ruhestand gesetzt, am 8. Nov. 1830. Er gab heraus: Almanach für Literaturfreunde. Prag 1791. — Krönungsgeschichte Leopold II. als König von Böhmen ꝛc., eb. 1792. — Urkunde über die Krönung des Königs von Böhmen Leopold II. ꝛc., mit viel. Kupf., eb. 1818.

De Carro, s. Carro, de.

Decsy, Samuel, beliebter Schriftsteller der Magyaren, wurde 1745 zu Rimaszombat in der Gömörer Gespanschaft geboren, studirte auf ausländischen Universitäten Philosophie und Arzneykunde, und erhielt aus Beyden die Doctorswürde. Nach Österreich zurückgekehrt, gab er durch 27 Jahre in Wien die Zeitung Magyar Kurir heraus, und erwarb sich dadurch nicht unbedeutende Verdienste um die Literatur seines Vaterlandes, die er indessen auch durch andere Werke historisch-statistischen Inhalts bereicherte, so z. B. durch Osmanografia in 3 Theilen. Wien 1788—89. — Pannoniai Feniksy, eb. 1790. — Geschichte der heil. ungarischen Krone, ebenfalls in ungar. Sprache, eb. 1792, und 3 Jahrgänge Magyar Almanach, eb. 1794—96. Er starb, bis an sein Ende gleichfort thätig, am 25. Jän. 1816.

Deés (Dés), siebenbürg. Marktfl. und Hauptort des inneren Szolnoker Comitats, liegt sehr anmuthig und vortheilhaft am Zusammenflusse des großen und kleinen Szamos, ist wohlgebaut und ziemlich volkreich, 5,300 Einw. Es ist hier das Comitathaus und ein reformirtes Gymnasium. In der Nähe sieht man die Trümmer eines uralten Schlosses, Deésvar oder Doár genannt, auch findet man in der Gegend braune Thonerde, womit Leinwand gefärbt wird.

Degen, Jac., geschickter Uhrmacher, jedoch mehr als Mechaniker durch seine Flugmaschine bekannt, wurde 1756 im Canton Basel geboren. Im 10. Lebensjahre kam er mit seinem Vater nach Wien, welcher in Penzing bey der eben errichteten Bandfabrik als Werkmeister verwendet wurde. 9 Jahre beschäftigte sich auch D. hier mit Bandweben; endlich bestimmte ihn aber sein überwiegender Hang zur Mechanik, die Uhrmacherkunst zu erlernen. Nach den überstandenen 4 Lehrjahren, arbeitete er mehr als ein Decennium bey einem sehr würdigen Meister, und erhielt 1793 das Meisterrecht in Wien. Lange schon hatte ihn der Gedanke, eine Maschine zum Fliegen zu verfertigen, beschäftigt, jetzt widmete er ihm fast ausschließend seine freyen Stunden. Im October 1808 hatte er es auch wirklich schon so weit gebracht, daß er kleine Versuche in der k. k. Reitschule wagte. Beflügelt und in Verbindung mit einem Luftballon, der die ihm mangelnde Kraft von einigen Pfunden überwindend heben sollte, stieg er bis an die Decke; doch im November d. J. schon wagte er öffentlich auf dem Feuerwerksplatze im Prater 2 größere Ver-

44 *

suche, die so ziemlich gut ausfielen. Immer war indessen der Wind sein größter Gegner, und blieb es auch; denn als D. 1813 nach Paris reiste, mißlangen, diesem Feinde erliegend, alle Versuche. Gegenwärtig ist D. als Werkmeister bey der k. k. privil. Nationalbank in Wien, seinen Fähigkeiten sehr angemessen, angestellt.

Degen, Jos. Vinc., Ritter von Elsenau, k. k. Regierungsrath und Director der k. k. Ararial-, Hof- und Staatsdruckerey, auch Büchercensor, war geb. zu Grätz den 23. Jän. 1763. Nachdem er die Humanioren und die Philosophie daselbst, und die Rechte in Wien studirt hatte, widmete er sich dem Buchhandel. Seine Handlung in Wien war damahls eine der stattlichsten, und in Rücksicht der französ. Literatur die größte fast in ganz Deutschland. D.'s Cataloge sind noch jetzt eine Art Muster verständiger Einrichtung und geschmackvoller Ausstattung. 1800 brachte er die treffliche Alberti'sche Buchdruckerey an sich, und legte zugleich eine Schriftgießerey an. Seinem Eifer und Aufwand gelang es, die veralteten Typen durch neue, die mit den schönsten des Auslandes wetteifern konnten, zu verdrängen, und auf diese Weise, da er sich auch mit mehr Sorgfalt, als selbst nach ihm geschieht, gute Schwärze, kundige Setzer und Drucker angelegen seyn ließ, musterhafte Producte herzustellen. Seine Prachtausgaben des deutschen Dichters U. 2 Bde. 1804 (davon 2 auf Pergament), von Wieland's Musarion (mit 3 Kupf. v. John) 1808, von Bondi's Werken 1808, des D'Elci'schen Lucan (mit 10 Kupf.) 1811, verkünden seine Verdienste. Die Errichtung der k. k. Hof- und Staats-Ararialdruckerey (s. diese) war größtentheils D.'s Werk. Er ward Director derselben und gab seine Buchhandlung und seine Buchdruckerey auf. Der Lyceal- (nunmehrigen Universitäts-) Bibliothek seiner Vaterstadt hatte er ein Exemplar der sämmtlichen Prachtausgaben seines Verlages als Geschenk dargebracht. Seine Verdienste wurden durch den Adelstand mit obigem Prädicate belohnt. D. kaufte sich auch in seinem Vaterlande an. Schloß Trautenfels im Ennsthale des Judenburger Kreises war sein Eigenthum. Er starb zu Wien den 5. Juny 1827.

Degwitz, böhm. Dorf im Rakonitzer Kreise, nordwestlich von Prag. In der Nähe befindet sich das schöne Thal Scharka, welches von den Pragern die „böhmische Schweiz" genannt und häufig besucht wird.

Deinhardstein, Joh. Ludw., niederösterr. Regierungsrath, Vicedirector der k. k. Hoftheater, als Dichter und Dramatiker vortheilhaft bekannt. Er ist geb. zu Wien den 21. Juny 1790. Seine Studien vollendete er an der dasigen Universität. Schon früh gab er seinen Beruf durch gelungene poetische Leistungen zu erkennen. Besonders glückten ihm Lieder und lyrische Ergüsse; im Sonette beurkundete er ebenfalls viel Gewandtheit der Form. Vielen Beyfall erhielten auch D.'s erste Arbeiten im dramatischen Fache, worunter sich besonders die kleinen Lustspiele: Mädchenlist, und: Der Witwer, durch gefälligen Conversationston und leichte glückliche Versification auszeichneten. Seine öffentliche Laufbahn begann D. als Actuar beym Criminalsenate zu Wien. Nach dem Tode des bekannten lyrischen Dichters Leop. Haschka erhielt er 1827 dessen Stelle als Professor der Ästhetik an der Theresianischen Ritter-

akademie in Wien, nachdem er selben durch mehrere Jahre supplirt hatte.
Unter seinen späteren dramatischen Arbeiten hatte sich besonders: Hans
Sachs (gedruckt, Wien 1829), auf allen Theatern des größten Bey-
falles zu erfreuen. 1829 übernahm D., der indessen auch Censor geworden
war, die Redaction der Wiener Jahrbücher der Literatur, um deren
bessere Emporbringung er sich unbestreitbar die größten Verdienste erwarb, da er 1830 lediglich in der Absicht eine Reise durch Deutschland
unternahm, um geeignete Mitarbeiter für dieses Institut zu gewinnen und
das Interesse desselben aller Orten zu befördern. Nach seiner Zurückkunft
gab D. als Frucht dieser Reise seine: Reiseskizzen (Wien) heraus, welche manches Interessante enthalten. 1829 erschien sein: Brautzug Maximilian's auf der Bühne, welcher, obschon geschichtgetreu und poetisch
behandelt, sich dennoch nicht gleicher Wirkung wie Hans Sachs zu erfreuen hatte, desto größeren Beyfall erwarb er sich jedoch wieder mit
dem, 1832 erschienenen, wirklich vortrefflichen Lustspiele: Garrik in Bristol,
welches bereits auf allen großen Bühnen Deutschlands gerechte Anerkennung gefunden hat. Dasselbe Jahr erhielt er auch, nachdem der rühmlichst
bekannte Dramaturge und Literator Schreyvogel (West) als Hoftheater-
secretär in Pensionsstand gesetzt worden war, die Stelle als Vicedirector derselben, welche er mit ebenso viel Geschäftskenntniß, als Umsicht und Geschmack
verwaltet. Außer oben Genannten, erschienen von ihm Dichtungen für
Kunstredner. Wien 1815. — Beyträge zu Kotzebue's Almanach dramatischer Spiele, fortgesetzt von Mehreren. Wien 1821, enthaltend: Das Bild
der Danae, Künstlerdrama; Tartuffe, nach Moliere übersetzt; Ehe-
standsqualen, Lustspiel; der Egoist, Lustspiel; eine durchaus geniale
Leistung. — viele sehr gelungene lyrische Gedichte, worunter eines in
dem Taschenbuche Aglaja von 1821: Die Mutter mit dem Sarge ihres
Kindes, durch Form und Ausdruck ganz vorzüglich ausgezeichnet ist; endlich viele poetische und prosaische Beyträge zu den meisten deutschen Zeitschriften und Almanachen. Seine dramatischen Arbeiten erschienen gesammelt unter dem Titel: Theater, 2 Bde. Wien 1826—33. Der Rang
als Regierungsrath ward ihm 1834.

Delatyn, galiz. Flecken im Stanislawower Kreise, am linken
Ufer des Pruth. Hier sind Salzquellen und eine Salzsiederey. Die
Bauern dieser Gegend treiben Viehzucht und verdingen sich als Schnitter
und Holzhauer.

Delegationen sind im lomb.-venet. Königreiche so viel wie die
Kreisämter (s. d.) in den andern Erbstaaten. Sie wachen daher über Aufrechthaltung der Gesetze, eröffnen die von den Landesstellen einlaufenden
Befehle, bilden in Sachen der nicht streitenden Gerichtsbarkeit die zweyte
Instanz, sehen darauf, daß die Criminalrichter bey Entdeckung und
Verwahrung der Verbrecher ihre Pflicht erfüllen, führen die Polizeyaufsicht
auf dem Lande und besorgen die Schulangelegenheiten zugleich mit den Con-
sistorien u. s. w. In der Hauptstadt jedes Kreises oder jeder Provinz ist eine
königl. Delegation, welcher eine Provinzial-Congregation (s. d.) zur
Seite gestellt ist. In der Lombardie sind Provinzial-D. zu Bergamo,
Brescia, Como, Cremona, Lodi und Crema, Mailand,
Mantua, Pavia, Sondrio. Im Venetianischen sind Provinzial-

D. zu Belluno, Padua, Rovigo, Treviso, Udine, Venedig, Verona, Vicenza. Jeder Delegation ist ein Delegat und
ein Vice-Delegat vorgesetzt, mit einem oder zwey Adjuncten und einem
Secretär.

De Ligne, s. Ligne.

Delius, Christoph Traugott, k. k. Hofrath und Referent
bey dem Bergwerks- und Münzdepartement in Wien, wurde 1730
zu Wallhausen in Thüringen geboren, studirte die Rechte zu Tübingen, verlegte sich aber noch mehr auf Mathematik, Philosophie
und Naturgeschichte. Er kam hierauf nach Österreich, trat von der evangel. zur kathol. Religion über, und erhielt 1756 bey den Bergwerken
in Ungarn eine Anstellung. Als 1763 die Bergbauschule zu Chemnitz
eröffnet wurde, ward er mit dem Titel eines Bergrathes zum Professor
an derselben befördert. Er starb auf einer Reise nach Pisa zu Florenz.
Außer mehreren kleinen Abhandlungen über den Ursprung der Gebirge,
Vererzung des Goldes u. s. w. haben wir von ihm: Anleitung zur
Bergbaukunst, nach ihrer Theorie und Ausübung, nebst einer Abhandlung von den Grundsätzen der Bergcameralwissenschaft. Wien, 1773,
mit Kupf.; ein Werk, das wegen seiner Gründlichkeit und practischen
Umsicht eine 2. Auflage, eb. 1806, erlebte, und noch jetzt sehr häufig
gesucht wird. 1778 war zu Paris eine französische Übersetzung erschienen: Traité sur la science de l'exploitation des minéraux.

De Luca, s. Luca.

Demanowa (Deményfalva), ungar. Dorf im Liptauer Co-
mitat, mit einer berühmten Tropfsteinhöhle, welche insgemein Drachen-
höhle oder schwarze Höhle (Czierna Hola) genannt wird und einen
sehr niedrigen und schmalen Eingang hat. Eine halbe Stunde von ihr
liegt die Höhle Benikowa, nicht so lang, aber geräumiger und 2 andere große Höhlen, Okno und Vodi Vivjeranja genannt, wovon
die letztere, schon nahe an den Quellen der Demanowska, sich durch ihre
Größe und mehrere unterirdische Seen und Bäche auszeichnet.

Dembowiec, galiz. Marktfl. im Jasloer Kreise, in einer reizenden Gegend, mit 1,600 Einw., die sich zum Theil mit Weben von
Fliegengarnen (Rombek) beschäftigen.

Demendi, eine ursprünglich italien. Familie, die sich aber unter
dem Könige Carl I. in Ungarn niederließ. Benedict D. war seiner
vielseitigen Kenntnisse wegen, ein besonderer Liebling des gedachten
Königs, der ihn auch zum Propst von Neutra und nach Einigen sogar zum dortigen Bischofe ernannte. Als seine beyden Brüder Bartholomäus und Nicolaus von dem seltnen Glücke hörten, verließen sie
ihr Vaterland und eilten nach Ungarn, wo sie von dem freygebigen Könige
mit dem Dorfe Demend und andern Besitzungen beschenkt wurden.

Demian, Joh. Andr., von Preßburg gebürtig, stand
bey 3 Jahre als Fähnrich im k. k. Infanterie-Regimente Coburg, trat
1803 aus, wurde 1804 bey der officiellen Sammlung statistischer Materialien der k. k. Militärgränze beschäftigt, 1808 als Unterlieutenant
beym Hoffkriegsrathe angestellt, jedoch schon nach einer Dienstleistung
von wenigen Monathen wieder bestimmt, ohne Beybehaltung eines mi-

litärischen Charakters, seinen Abschied zu nehmen. Seitdem widmete er sich (25 Jahre im Auslande lebend) mit abwechselndem Erfolge fast nur der Schriftstellerey. Seine, Österreich betreffenden Schriften sind: Statistisches Gemälde der österr. Monarchie. Wien, 1796. — Versuch über die Staatskräfte der österr. Monarchie, eb. 1797. — Darstellung der österr. Monarchie nach den neuesten statistischen Beziehungen. 4 Thle. in 5 Bdn. eb. 1804 — 7. Hieraus erschien als Übersetzung von Roth und Raymond: Tableau géographique et politique des royaumes de l'Hongrie, de l'Esclavonie, de Croatie et de la grande principauté de Transylvanie. 2 Bdn. Paris, 1809. Seine vorzüglichste Arbeit, ein gehaltvolles, practisches Werk ist: Anleitung zum Selbststudium der militärischen Dienstwissenschaften, 3 Bde. mit Kupf., Wien, 1809 — 10. Der 1. Bd. (Waffenlehre) erschien 1812 und 1823 in neuen Auflagen von Rittig v. Flammenstern. Der 2. und 3. Bd. waren auch unter den selbstständigen Titeln: Terrain- und Gefechtslehre und Manövrirkunst ausgegeben worden. — Statistische Darstellung der illyr. Provinzen. Tüb., 1810. — Der deutsche Bund, Leipzig, 1819. — Statistik des österr. Kaiserthums, eb. 1820. Außerdem lieferte er noch verschiedene Aufsätze in Liechtenstern's Archiv für Geographie und Statistik. D. hatte in seiner frühern Zeit häufig mit Widerstand zu kämpfen; dieß kann aber nur mehr seinem etwas eckigen Charakter, als einem Mangel an Kenntnissen und Fähigkeiten zuzuschreiben seyn, den man ihm hie und da so gerne vorwerfen möchte; mit bloßen Compilationen hat D. sich nie abgegeben.

Demirkapi oder das eiserne Thor, merkwürdige Felsenge zwischen der Militärgränze und Serbien. Eine halbe Stunde unterhalb dem Strudel von Tachtali verengt ein von serbischer Seite weit vorspringender Felsgrat die Donau bis auf 200 Schritte. An der österr. Seite fällt die Felswand breit und senkrecht zum Strom ab. Das Gebirge an dieser Seite von Tachtali bis D., den 2 gefährlichen Passagen für die Donauschifffahrt, heißt Alibeg (Fürst Ali); ein kolossales Felsenhaupt, weiß und weithin schimmernd, hat diesem Nahmen den Ursprung gegeben. Der Strom schießt mit heftiger Gewalt durch die Enge des eisernen Thores; und breitet sich gleich jenseits schnell rechtshin aus. Für kleine Fahrzeuge mit geschickten Fährleuten, stromabwärts, ist die Gefahr so groß nicht. Die Serben nennen dieses eiserne Thor Gornje Djerdap, (das obere) zum Unterschiede von dem Donje Djerdap, welches sich weiter hinab zwischen Orsowa und Kladowa befindet. Durch die gemeinnützige Thätigkeit in Wegräumung jener Naturhindernisse, welche von Moldawa bis zum eisernen Thore der Befahrung des Flusses entgegenstehen, wird die Schiffahrt auf der Donau und insbesondere die Dampfschifffahrt einen höhern Schwung gewinnen, woran sich in commerzieller Hinsicht bedeutsame Erfolge knüpfen. Vergl. Donau.

Demnia (Demna), galiz. Dorf im Stryer Kreise, mit Steinbrüchen, woraus die Steine in die ganze umliegende Gegend und bis Lemberg verführt werden.

Denis, Mich., k. k. Hofrath, erster Custos an der Hofbibliothek zu Wien, und Mitglied mehrerer gelehrten Gesellschaften, wurde am 27. Sept. 1729 in Schärding geboren. Mit nicht gewöhnlichen Anlagen ausgerüstet, verließ er, kaum 10 Jahr alt, das väterliche Haus, besuchte das Gymnasium zu Passau, und erwarb sich dort in kurzer Zeit die Liebe seiner Lehrer, der Jesuiten. Unter diesen hörte er auch die Philosophie mit ausgezeichnetem Erfolge. Er hatte sich indessen mit seinen Führern auf der Bahn des Wissens, ihrer Methode und ihrer inneren und äußeren Gestaltung so sehr befreundet, daß er um die Aufnahme in ihre Gesellschaft nachsuchte, und sofort am 18. Oct. 1747 bey St. Anna in Wien das Noviziat antrat. Nach den gewöhnlichen 2 Prüfungsjahren wurde er durch 4 Jahre dem Lehramte gewidmet, und hierauf erst zum Studium der Theologie zugelassen. Diese in Grätz vollendend, und 1756 zum Priester geweiht, verlebte er das 3. Probejahr zu Judenburg, und wurde hierauf nach Preßburg versetzt, um dort die Frühpredigten an Festtagen zu halten. 1759 endlich beriefen die Oberen den überall gleich thätigen jungen Mann zu einem Wirkungskreise, in dem er unstreitig auf Österreichs Fortbildung, insbesondere aber auf Entwicklung eines besseren Geschmackes im Gebiethe der schönen Literatur den wohlthätigsten Einfluß ausübte. Er kam vorerst als Präfect an die Theresianische Ritterakademie zu Wien; begann indessen schon im folgenden Jahre die Redekunst zu lehren, und wirkte 12 Jahre unermüdet in dieser Stellung. In diese Zeit fällt sein öffentliches Auftreten als Dichter; mehrere Versuche erschienen einzeln im Drucke, und sie beurkunden durchgehends wahren Beruf. Verfehlt war der Gedanke, Ossian's Gedichte, überhaupt in der heterogenen Form von Hexametern wiederzugeben, obgleich ihm das Verdienst, in Ossian's Geist eingedrungen zu seyn, nicht abgesprochen werden kann. Mit dem Jahre 1773, das vor Vielen den gutmeinenden Denis schwer niederdrückte, weil er seine aufgelöste Gesellschaft liebte, beginnt für ihn eine neue Epoche des Wirkens, und es läßt sich mit Zuversicht behaupten, daß er auf diesem Wege sich europäische Verdienste gesammelt hat. Er bekam nähmlich die Aufsicht über die schöne Garelli'sche Bibliothek; Bibliographie und Literargeschichte ward nun sein vorzüglichstes Studium, und in beyden hat er des Guten unendlich viel geleistet. Seine Vorlesungen wurden von allen Seiten gewürdigt; seine Arbeiten führten zu den schönsten Resultaten. Jener Stellung verdanken wir seine Einleitung in die Bücherkunde. 2 Bde. Wien, 1777, und eine 2. Auflage, 1795. — Merkwürdigkeiten der Garelli'schen Bibliothek, eb. 1780, und Wien's Buchdruckergeschichte bis zum Jahre 1560, eb. 1782, mit einem Nachtrage, 1793; wahrhaft bibliographisch = literarische Meisterwerke. 1784 hob Kaiser Joseph II. die Theresianische Ritterakademie auf, bestimmte ihre Büchersammlung sammt den Vorstehern für die Universität zu Lemberg; und nur der Tod des Hofraths Kollar änderte diese Verfügung in Beziehung auf D. Er erhielt die nun erledigte dritte Custosstelle an der k. k. Hofbibliothek, und was er hier, vorgerückt zum ersten Custos 1791, und vom Kaiser Leopold durch den Hofrathstitel ge-

ehrt, unermüdet gewirkt hat, mit welcher Humanität er den fremden
und einheimischen Gelehrten entgegenkam, durch Rath und That Stun=
den und Tage opferte, das Gute fördernd, davon zeugen noch Viele
in dankbarer Anerkennung, und solche Verdienste muß die Geschichte
würdigen, auf daß Andere deßgleichen thun mögen! So lebte D. nun
allgemein geliebt, und rastlos thätig in diesem schönen Wirkungskreise,
bis zum 29. Sept. 1800, wo sein Tod alle, die ihn kannten, in tiefe
Trauer versetzte. Die Jahrbücher Österreichs werden stets mit Achtung
und Liebe seiner gedenken, und zu jeder Zeit freudig die Verdienste an=
erkennen, die er sich durch thätiges Einwirken auf literarische Ausbildung
im hohen Grade erworben hat. — Außer den schon oben angeführten
Werken, besitzen wir noch von ihm eine Sammlung von Gedichten.
Schon seit 1764 erschienen viele Gelegenheitsgedichte einzeln abgedruckt oder
in Zeitschriften; 1784 und 1785 aber kam nach der frühern Trattner'schen
in 3 Bdn. 1775, eine Gesammtausgabe in 5 Bdn. mit einer Nachlese
unter dem Titel: Ossian's und Sined's Lieder, heraus, welche aber bald
vergriffen, eine neue Auflage 1791—94 veranlaßte, die durch Schönheit des
Papiers sowohl, als durch Eleganz des Druckes, der Alberti'schen
Officin zur Ehre gereicht. Daß D. auch in der Naturgeschichte Kennt=
nisse besaß, zeigt das Verzeichniß der Schmetterlinge der Wiener Gegend,
welche er 1776 mit Schiffermüller bearbeitete und anonym heraus=
gab. Mit dem Eintritt in die k. k. Hofbibliothek widmete er sich indessen
vorzugsweise der Bibliographie und Literärgeschichte, und es erschienen:
Annalium typogr. M. Maittaire supplementum. 2 Thle. Wien, 1789.
— S. Augustini sermones inediti. eb. 1791. — Codices mspti. bibl.
palat. Vindob. latini aliarumque occid. linguarum, 2 Bde. in 6
Thln. eb. 1793 — 1802 (zu Lambecius gehörend.) — Suffragi=
am pro Joanne de Spira primo Venet. typographo. eb. 1794. —
Zurückerinnerungen, (anonym) eb. 1794. — Carmina quaedam, eb.
1794. — Denkmahle der christl. Glaubens= und Sittenlehre. Aus dem
Latein. 3 Thle. eb. 1795 — 96. — Überdieß übersetzte er: Juvenal's
Gedicht vom wahren Adel, und übergab es mit nöthigen Erläuterungen,
eb. 1796, dem Drucke, ferner: Beschäftigung mit Gott, schon in dem
12. Jahrhundert gesammelt. Aus dem Lateinischen übersetzt, eb. 1799.
— Schätzbar sind seine Lesefrüchte, (anonym) 2 Bde. eb. 1797. — Noch
erschienen während dieser Zeit manche kleinere Arbeiten, die alle in D.'s
literarischem Nachlasse, welchen Retzer 1802 in 2 Bdn. herausgab,
zusammengestellt wurden, und sammt dem Briefwechsel ein schönes Bild
von der Geistesthätigkeit des verdienstvollen Mannes darbiethen.

Denno, tyrol. Dorf im Trienter Kreise, am Noßflusse, hat
eine Seidenspinnfabrik.

Denzi, Anton, Compositeur und vortrefflicher Theatersänger,
den der berühmte Graf Franz Anton von Spork aus Venedig
nach Prag berief. Schon 1724 that er sich in der Rolle des
Orlando Furioso, so wie auch in den Rollen des Nero 1726 her=
vor. Graf Spork, um ihn dem böhmischen Adel zu empfehlen,
überließ ihm die Direction seines Operntheaters. Er führte daselbst
mehr als 57 Opern mit einem so großen Aufwande auf, daß sein

Vermögen abzunehmen anfing, und er ſich des ganzen Geſchäftes ent-
ledigen wollte. Seine Vorliebe für die Muſik aber, ſo wie auch der
große Verluſt ſeines eigenen Vermögens zwang ihn, noch einmal ſein
Glück zu verſuchen. Er ſetzte das Nationalſtück: Praga nascente da
Libussa e Primislao in Muſik, und führte daſſelbe mit einem ſo großen
Beyfalle auf, daß er durch das öftere Wiederhohlen deſſelben zu ſeinem vorigen Wohlſtande gelangte. Er ſelbſt ſpielte dabey die Rolle des Ctirad.

Dercſényi v. Derczen, Joh., Verfaſſer mehrerer mineralogi-
ſcher und geognoſtiſcher Schriften, iſt aus der ſeit 1072 bekannten, nach
dem Mohacſer Türkenſieg des Jahres 1526 aus Nieder-Ungarn nach
Ober-Ungarn geflüchteten Familie Tejér, welche dort unter dem Nah-
nien Weiß im 17. Jahrhunderte mit einem neuen Adelsbriefe verſehen
wurde, zu Leutſchau im Zipſer-Comitate geboren, und führt den
Nahmen Dercſényi ſeit 1792, in Folge einer für ſeine Familie
fortbeſtehenden königl. Güterſchenkung. Von früheſter Jugend den Natur-
wiſſenſchaften, und insbeſondere der Mineralogie, Geognoſie und Medicin ergeben, und ſeinen Schulcurs in Fekete-Bánya, Leutſchau,
Preßburg und auf der Univerſität in Wien, wo er auch die Doctorwürde erhielt, 1780 vollendend, trat er in Zempliner Comitatsdienſte,
legte ſie aber nach einiger Zeit nieder, um ſich in die Nähe ſeiner Güter im Beregher Comitate zu Munkács ins Privatleben zurückzuziehen, und ganz dem Fache der Mineralogie obliegen zu können. Hier
machte er die wichtige Entdeckung, daß jene Gegend einen reichen ro-
maniſch-gleichen Alaunſtein beſitze, wornach er, mit einem 10jährigen
ausſchließlichen Privilegium verſehen, daſelbſt eine Alaunerzeugung einführte, welche ſeitdem in den auf dem gräfl. Schönborn'ſchen Gute
Pódhering, und auf dem von Dercſenyi'ſchen Gute Puſita Ke-
repecz, beyde bey Munkács, dann auf dem Graf Károly'ſchen
Gute Muſaj, nebſt andern zwey ebenfalls im Beregher-Comitate befindlichen Fabriken, während mehr als 30 Jahren betrieben, das ſchön-
ſte Product reichhaltig fortliefert, wodurch er dem Inlande ſchon bis
1814, nach diplommäßiger Anerkennung über eine Million Gulden erhalten hatte. 1785 vermählte er ſich mit der Schweſter des ungar.
Dichters Franz Kazinczy von Kazincz. 1814 wurde er
königl. ungar. Rath, und beym Landtage 1825—27, Mitglied der
Reichstags-Deputation zur Umarbeitung des montaniſtiſchen Coder für
Ungarn. Sowohl hierin, wie auch als Präſident der Commerz- und Forſt-
regulirungs-Deputation des Beregher-Comitats, hatte er an gemeinnützigen Arbeiten fortwährend ſehr thätigen Antheil. Wir beſitzen von ihm:
Pyretologiae practicae tentamen. Wien 1780. 2. Aufl. 1783. —
Über Tokay's Weinbau, deſſen Fechſung und Gährung mit geognoſti-
ſchen Beylagen, eb. 1796. — Dieſes Werk iſt über den Tokayer Weinbau, nebſt dem ſpätern Werke von Schams, unſtreitig das beſte. Eine
vortreffliche Abhandlung über die Mineralien in den Karpathen theilte
D. in den vaterländiſchen Blättern des öſterr. Kaiſerſtaates mit.

Dercſényi, v. Derczen, Joh., Sohn des Vorigen, k. k.
Hofſecretär, mehrerer Comitats-Gerichtstafeln Beyſitzer und Mitglied
der Landwirthſchafts-Geſellſchaften in Wien und Florenz, iſt durch öf-

tere wissenschaftliche Reisen im In= und Auslande, so wie durch schrift=
liche und practische Leistungen im Fache der rationellen Landwirthschaft
bekannt. In Tokay am 6. October 1802 geboren, wurde er nach vollen=
deten Studien bey dem Directorat der causarum regalium in Pesth
angestellt, und 1827 zum königl. Directoral = Fiscal daselbst ernannt.
Beym Landtage 1825—27 ward er Mitglied der durch den 30. Ge=
setzartikel ernannten Reichstags = Deputation, und 1830 zum über=
zähligen Hofsecretär der k. k. allgemeinen Hofkammer, 1834 aber zum
wirklichen Hofsecretär dieser Hofstelle mit der Dienstleistung bey der k. k.
Patrimonial=Avitical= und Familiengüter = Oberdirection befördert. Wir
haben von ihm: Bericht an die k. k. Landwirthschafts=Gesellschaft in
Wien, über eine 1832—33 durch Italien, Frankreich, Spanien,
England, Belgien und Deutschland unternommene Reise. Diese treff=
liche Schrift ist 1834 deutsch bey Gerold in Wien, ungarisch bey
Landerer in Pesth zugleich erschienen.

Derecske, ungar. Marktflecken im Biharer=Comitat, mit 5,320
Einw., die etwas Saflor und viele Gartengewächse bauen; einer kathol. und
einer reformirten Kirche. In seiner Nähe liegen 4 Sodaseen, an denen
im Sommer, wenn sie vertrocknen, die Erde gesammelt und ausgelaugt
wird; ein fünfter See, Fingó=tó genannt, wird seit undenklicher Zeit
zum Baden benutzt. Die hiesigen Perlenmuscheln, welche zwar nur klein
sind, gleichen jedoch an Schönheit den orientalischen.

Derfflinger (Dörfling), Georg Freyh. von, brachte es,
als der Sohn armer Ältern, auf der militärischen Laufbahn zu den höch=
sten Ehrenstellen. Die Berichte über seinen Geburtsort sind sehr verschie=
den; nach Einigen wurde er 1606 in einem Dorfe Böhmens, nach An=
dern in Österreich geboren. Sein Vater widmete ihn dem Schneider=
handwerke; er aber nahm Kriegsdienste unter dem Grafen Mathias
von Thurn, machte die entscheidende Schlacht auf dem weißen Berge
mit, und ging hierauf zu den Schweden. Er zeichnete sich bey mehreren
Gelegenheiten sehr vortheilhaft aus, stieg zu höheren Posten auf, und
wurde, als er 1642 die Unterhandlungen mit Rákoczi glücklich voll=
endet hatte, zum Generalmajor befördert. Als der westphälische Friede
dem langen Kriege ein Ende gemacht hatte, trat er in brandenburgische
Dienste, und wohnte von 1654—95 allen Schlachten bey, welche der
Churfürst Friedrich Wilhelm gegen Polen, Schweden und Frank=
reich kämpfte. 1668 eroberte er Stralsund, wurde 1670 General=
feldmarschall, 1677 Obergouverneur aller pommerischen Festungen, 1678
Statthalter in Hinterpommern, welche Würde er bis 1695, seinem To=
desjahre, mit vieler Umsicht bekleidete.

Dernis (Dernich), dalmat. ehemahlige Stadt und Festung, nun
ein Flecken mit 950 Einw., im Kreise von Zara, liegt am rechten
Ufer des Cicolaflusses.

Desenzano (Desengano), lombard. Marktflecken in der Deleg.
Brescia, hart am südwestl. Ufer des Gardasees, so daß seine Häu=
ser zum Theil von den Wellen bespült werden, und an den Abhang eines
niedrigen Hügels sich lehnen. Der sehr reinlich aussehende und durch
seine Lage einen angenehmen Sommeraufenthalt gewährende Markt

zählt 3,600 Einw., welche viel Weinbau, Fischerey- und Kornhandel treiben, Leder gerben ꝛc., und hat ein Gemeinde-Gymnasium, eine Knabenerziehungsanstalt mit philosophischem Institute, 3 Kirchen, ein Spital und ein Theater. Der Hafen von D. dient zur Ein- und Ausladung der Waaren, welche auf dem Garbafee verführt werden. In dieser Gegend erfocht Kaiser Claudius II. 269 den großen Sieg über die Alemannen.

Defericius, Jof. Innocenz, geschätzter ungarischer Geschichtsforscher, wurde 1702 zu Neutra geb.; trat in den Orden der frommen Schulen, lehrte einige Zeit in Raab Theologie, und ging zuletzt als General-Assistent seines Ordens nach Rom. Papst Benedic XIV. schickte ihn mit Aufträgen an Constantin Maurocorbato, Woywoden der Walachey, ein Beweis feiner ausgezeichneten Verwendung, — hierauf kehrte er aber in fein Vaterland zurück, und wählte Waitzen zu feinem Wohnorte. Er ftarb hier 1763. Nebft mehreren kleinen Abhandlungen phyfikalifchen Inhalts haben wir von ihm: Pro cultu literarum in Hungaria vindicatio, Rom 1743. — De initiis ac majoribus Hungarorum Commentaria. 5 Bde. Ofen und Pefth, 1748—59. Historia episcopatus dioecesis et civitatis Vaciensis, Opus posthumum, wurde von dem Piariften Benedict Cetto, in Pefth 1763, zum Drucke befördert, der auch den mit dem Hiftoriker Georg Pray entftandenen hiftorifchen Streit D.'s fortfetzte.

Defio, lombard. Ortfchaft in der Deleg. Mailand, wo man mehrere alte Infchriften auf der äußern Mauer der Kirche fieht. Merkwürdig ift die hier befindliche Villa Cufani, deren Park und Gartenanlage die fchönften in der ganzen Lombardie find.

Deffeöffy, von Cfernek und Tarkö, Jof. Graf von, einer der gebildetften ungar. Gelehrten und Dichter, war geb. den 13. Febr. 1772. Nach vollendeten Studien widmete er fich der öffentlichen Laufbahn, und wurde 1802 von dem Sarofer Comitate; 1805, 1807, 1811 und 1825 von dem Zempliner Comitate als Deputirter zum ungar. Reichstage gefandt. Seine Muße widmete er auf feinen Gütern in beyden genannten Comitaten hauptfächlich der vaterländifchen Dichtkunft, obgleich er auch in franzöfifcher und lateinifcher Sprache mit Leichtigkeit dichtete. D.'s in ungar. Sprache, im Druck erfchienenen Schriften find: Vorfchläge des Deputirten Comitats-Affefforen, Grafen Jof. D. v. Cf. und T. an die Stände des Zempliner Comitates, in Betreff des zum Andenken der bey Raab gefallenen ungarifchen Helden zu errichtenden Monumentes. Sáros-Patak, 1811. — Bartfelder Briefe im Jahre 1817, eb. 1818. — Außerdem ift D. Verfaffer mehrerer profaifcher und poetifcher Beyträge zum fiebenbürgifchen Mufeum, zu Kulffar's, Hazai Tudósitások und Haszuos Mulatsagok, zur Felsö Magyaroszagi Minerva, deren erfter Gründer er ift, zu Pethe's Nemzeti Gázda und zu mehreren ungar. Mufenalmanachen, endlich überfetzte er auch den Tacitus in die ungar. Sprache.

De Traur, f. Traur.

Dettva, ungar. Marktflecken im Sohler Comitat, dem Fürften Efterhazy gehörig, mit 633 Häuf. und 3160 Einw., liegt in einem hohen Gebirgsthale, östlich hinter Altsohl. Merkwürdig ist die hier bestehende fürstliche Glashütte Dettva=Hutta.

Deutsch=Altenburg, niederösterr. Pfarrdorf im V. U. W. W., an der Donau, mit 840 Einw., Schloß, warmen, schon den Römern bekannten Bädern, hat Weinbau, Vieh= und besonders gute Schaf= zucht.

Deutsch Bogsan, ungar. cameralischer Bergflecken im Krasso= ver=Comitat, liegt an der Berzava, zählt 1790 Einw., und hat ein königl. Eisenschmelz= und Hammerwerk, in welchem auch Eisenwaaren gegossen werden.

Deutschbrod, böhm. Stadt im Czaslauer Kreise, ziemlich gut gebaut, in einer bedeutenden Tiefe an der Sazawa, mit 3,940 Einw., Dechanat=Pfarre, einem Gymnasium, einer Hauptschule und Pferde= deckenfabrik.

Deutsch=Csiklova, ungar. Dorf im Krassover Comitat, mit einem Kupferhammer, welcher Blech= und Münzplatten für die Carls= burger Münze verfertigt, und einer Kupfergeschirrfabrik.

Deutsche Lehenshauptmannschaft, s. unter Lehenge= richte.

Deutscher Bund, desselben Bestandtheile in der österr. Monarchie, sind nach dem Inhalte des Patentes vom 2. März 1820, §. 5, folgende: 1) das Erzherzogthum Österreich; 2) das Her= zogthum Steyermark; 3) das Herzogthum Kärnthen; 4) das Herzog= thum Krain; 5) das sonstige österr. Friaul oder der jetzige Görzer Kreis (Gradisca, Görz, Tolmein, Flitsch, Aquileja); 6) das Gebieth der Stadt Triest; 7) die gefürstete Grafschaft Tyrol mit dem Gebiethe von Trient und Brixen, dann Vorarlberg mit Ausschluß von Weiler; 8) das Herzogthum Salzburg; 9) das Königreich Böh= men; 10) das Markgrafthum Mähren; 11) der österr. Antheil an dem Herzogthum Schlesien, mit Inbegriff der böhmisch=schlesischen Herzog= thümer Auschwitz und Zator (in Galizien); folglich ungefähr ein Flä= chenraum von 3,480 geogr. Q. M. und eine Bevölkerung von 9,857,700 Seelen.

Deutscher Orden; deutsches Haus. Leopold der Glor= reiche (aus dem Hause Babenberg) brachte die deutschen Herren nach Österreich. Ihre älteste Urkunde aus Wien ist vom Jahre 1210. Sie blieben stets dem Hause der österr. Herrscher treu ergeben, und leisteten wichtige Dienste. Als auf Friedrich dem Streitbaren, letztem Herzog aus dem Babenberg'schen Hause, Acht und Bann lag, als alles von ihm abgefallen, außer Neustadt der Allzeitgetreuen und der Feste Starhemberg, da bewachte in der letztern der Deutsch=Or= dens=Comthur, Ortulph v. Träiskirchen, den daselbst verwahr= ten Schatz des Herzogs, und vertheidigte die Burg mit heldenmüthiger Treue. Seit der Einführung des Ordens in Wien bis auf den heuti= gen Tag waren 57 Landcomthure in Österreich. Der Preßburger Friede (vom 26. Dec. 1805) hob in seinem 12. Artikel den deutschen Orden als solchen auf, und der Hoch= und Deutschmeister ward ein weltlicher Erbfürst, nicht mehr vom Großcapitel, sondern von dem Kai=

ſer von Öſterreich zu ernennen. — Gegenwärtig iſt der Erzherzog Anton Victor Hochmeiſter. Alle Beziehungen, welche den Hochmeiſter
ſonſt an das Großcapitel banden, binden ihn gegenwärtig an den
Kaiſer, als Familienoberhaupt und Regenten der Primogenitur. Die
Gelübde ſind nicht aufgehoben, und die Zulaſſung bereits aufgenomme-
ner Candidaten zum Noviziat und der Novizen in den Orden, ſo wie
die Vorrückung in den Commenden, beſteht noch. Der Feldmarſchall-
Lieutenant Eugen Graf v. Haugwitz iſt gegenwärtig Landcomthur
der Balley Öſterreich. An der Stelle des gegenwärtigen Deutſch-Ordens-
hauſes in Wien (Singerſtraße) ſtand ſchon, als der Orden nach Öſterreich kam, eine Capelle. In den wüthenden Feuersbrünſten, welche
Wien unter der Regierung Ottokar's von Böhmen verheerten, ſank
auch die alte Capelle der deutſchen Herren in Schutt und Aſche. Die gegenwärtige Capelle wurde 1326 unter Friedrich dem Schönen (aus
dem Hauſe Habsburg) erbaut. Baumeiſter war Georg Schiffe-
ring aus Nördlingen. In der Sacriſtey befindet ſich eine alte Mar-
mortafel, deren Inſchrift das genannte Jahr der Erbauung verbürgt. —
Die Kirche ward der heil. Eliſabeth geweiht. 1395 ward die
Kirche verſchönert, und 1707 unter dem Comthur Heinrich Theo-
bald Grafen v. Goldſtein (ſtarb 1720), renovirt. Das Innere
dieſer Ordenskirche gewährt einen feyerlichen hehren Anblick. Die vielen
daſelbſt an den Wänden angebrachten Wapenſchilde der heimgegangenen
Comthure und Ritter, ihre Grabdenkmahle, und die übrigen reichen
Verzierungen der Kirche in Gold und Marmor und gemalten Fenſtern,
machen einen beſonders ergreifenden Eindruck auf den Beſchauer; — das
Hochaltarblatt (die heil. Eliſabeth, Königinn von Ungarn) iſt von
L. Bock, ein werthvolles Gemälde. Der älteſte Grabſtein der Kirche
iſt von 1453. Unter den Grabmählern der Comthure iſt jenes des Grafen Guido v. Starhemberg, Neffen des berühmten Vertheidigers
von Wien gegen die Türken (1683), das ſehenswertheſte.

Deutſche Schulen. Der Grund zur jetzigen vortrefflichen Einrichtung des deutſchen Schulweſens in der öſterr. Monarchie wurde unter Maria Thereſia um 1754 durch die Bemühungen des gelehrten
Gerard van Swieten gelegt. Durch Abt Felbiger wurde 1774
die ſogenannte Normalſchulmethode in der öſterr. Monarchie eingeführt,
und in der Folge vielfach verbeſſert. Die Arten der deutſchen Schulen
ſind: Trivialſchulen auf dem Lande und in den Städten, worin ſowohl
Knaben als Mädchen, gewöhnlich in zwey Claſſen, unterrichtet werden; eigene Mädchenſchulen; Mädchenſchulen für gebildete Stände;
endlich Haupt-, Normal- und Realſchulen mit 3 und mehreren Claſſen.
Die Oberaufſicht über die deutſchen Schulen iſt in Wien einem Domherrn, der dadurch die Würde eines Conſiſtorialrathes und Schul-Ober-
aufſehers erhält, auf dem Lande dem Dechant jedes Diſtrictes anvertraut, die nächſte unmittelbare Aufſicht über jede Trivialſchule und auf
dem Lande auch über jede Hauptſchule hat der Ortsſeelſorger. Die Kreisämter und Conſiſtorien haben gleichen Rang in der obern Leitung des
Schulweſens, und überreichen die jährlichen Überſichten der Diſtricts-
aufſeher mit ihren Bemerkungen und allfälligen Verbeſſerungsvorſchlä-

gen der betreffenden Landesstelle, welche im allgemeinen über das Ganze zu wachen, Verbesserungen zu treffen hat, oder, in dem, was außer ihrem Wirkungskreise liegt, ihre Vorschläge an die k. k. Studien=Hofcommission macht, welche selbe sodann dem Kaiser zur Genehmigung vorlegt. Alle, die Leitung der öffentlichen Schulen betreffenden Ausgaben bestreitet der Normal=Schulfond, der nebst mannigfachen andern Zuflüssen auch von jeder Verlassenschaft, welche 300 fl. übersteigt, nach dem Stande des Verstorbenen 1 bis 4 fl. erhält. Die meisten der einzelnen Schulen haben noch außerdem eigene Fonds, die sich durch Stiftungen, Vermächt= nisse ꝛc. bilden. Die Abfassung und der sehr einträgliche Verlag der Nor= mal= und Gymnasial=Schulbücher wird auf Staatskosten durch die k. k. Schulbücher=Verschleiß=Administration (in Wien) besorgt, welche dem Schulenaufseher untersteht. Alle Kinder armer Ältern, insbesondere Waisen, Findlinge und Soldatenkinder, besuchen die Trivialschulen, und erhalten auch die Bücher unentgeldlich, deren von jedem Tausend 250 an Arme vertheilt werden. Jedes halbe Jahr sind öffentliche Prüfungen mit Prämien= Vertheilungen, wobey auch jene Kinder geprüft werden müssen, welche Privat=Unterricht zu Hause erhalten. Alle Schulanstal= ten stehen unter einander in genauer Verbindung, und jede ist zur Vor= bereitung für die nächst höhere bestimmt, so daß der Übertritt aus einer in die andere nie ohne legale Zeugnisse über alle vorgeschriebenen, mit gutem Erfolge abgelegten Prüfungen gestattet wird. In Wien allein sind 2 Haupt=Normalschulen, jene zu St. Anna, unter unmittelbarer Leitung des Schul=Oberaufsehers und des Directors; mit dieser Schu= le sind auch noch die Lehranstalt für Präparanden zum Schulfache, so wie eine Bildungsanstalt für Zeichenlehrer verbunden; dann jene der Piaristen in der Josephstadt. Die Zahl sämmtlicher deutscher Schulen in der Residenzstadt mit deren Vorstädten beträgt 75, welche von ungefähr 30,000 Schülern besucht werden. Außer diesen bestehen noch zahlreiche Privatschulen, an welchen jedoch ein ordentlicher Seel= sorger in der Religionslehre und von der k. k. Schuloberaufsicht bestä= tigte Lehrer in den übrigen Gegenständen angestellt seyn müssen. Das Schuljahr beginnt überhaupt Anfangs October und dauert an den Haupt= Real= und Mädchenschulen für gebildetere Stände, bis gegen Ende July, wo die zweymonathlichen Schulferien eintreten. Die jährlichen Schulferien auf dem Lande werden, nach Verschiedenheit der Beschäftigung der Einwoh= ner entweder auf die Zeit der Ernte oder Weinlese bestimmt. In Wien ist, gleichwie sich in vielen Städten der Provinzen deutsche Schulen der Pro= testanten befinden, auch eine protestantische Hauptschule, welche mit der Filial=Schule zu Fünfhaus bey 450 Schüler zählt. An diesen An= stalten sind 5 Hauptlehrer, 2 Catecheten, 1 Schreib= und Gesanglehrer und eine Vorsteherinn der Mädchenschule. Sie wird bloß durch die Beyträge der Gemeindeglieder erhalten, und steht unter der Leitung der protestan= tischen Schuldistricts=Aufsicht und einer eigens gewählten Deputation. Übrigens werden daselbst (nur mit dem protestantischen Religionsunterricht) dieselben Gegenstände gelehrt, welche bey der Normal=Hauptschule zu St. Anna vorgeschrieben sind. In den Trivialschulen ist der tägliche Unterricht gewöhnlich auf 2 Stunden Vormittags und 2 Nachmittags be=

stimmt, bey den größern Schulen ist derselbe nach Verhältniß der Lehr=
gegenstände länger. An den Realschulen ist der ganze Donnerstag Ferial=
tag, an den Normal= und Hauptschulen nur der Nachmittag, an den
übrigen Schulen ist Mittwoch und Samstag Nachmittag frey, fer=
ner wird außer den Sonn= und gebothenen Feyertagen und den be=
stimmten wöchentlichen Ferialtagen auch in den drey letzten Tagen der
Charwoche, am Marcustage und an den Bitt=Tagen, keine Schule ge=
halten.

Deutsch=Gladna, ungar. cameral. Bergflecken im Krassover
Comitat, wo auf Bley und Kupfer gebaut wird, und ein Hammer=
werk besteht.

Deutsch=Liptsche, ungar. Marktflecken im Liptauer Comitat,
am Flüßchen gleiches Nahmens, mit 377 Häus. und 3,200 Einw., die
gutes Bier brauen, und zum Theil in den dasigen Eisen= und Spieß=
glanzgruben arbeiten.

Deutsch=Oravicza, ungar. cameral. Bergflecken im Krassover
Comitat, in einem Thale, hat 579 Häus. und 3,700 Einw., ist der
Sitz der königl. banat. Bergdirection und des Districtual=Berggerichts,
hat nicht unerhebliche Gold=, Silber=, Kupfer= und Eisenwerke, und
einen bedeutenden Kupferhammer; auch wird hier viel Leder gegerbt.

Deutsch=Palánka, ungar. Marktflecken in der Nähe der Do=
nau im Báts=Bodrogher Comitat, zählt 6,100 Einw. Unter diesem
Orte pflegt die Donau stets, wenn ihre Fluthen schwellen, große Ver=
heerungen anzurichten.

Deutsch=Resicza, ungar. cameral. Bergflecken im Krassover
Comitat, hat eine Berggerichts=Substitution, Eisenwerke mit Schmelz=
und Gußwerk, und einen Eisenhammer, der auch Bleche erzeugt.

Deutsch=Szászka, ungar. cameral. Bergflecken im Krassover
Comitat, liegt romantisch zwischen Gebirgen am linken Ufer der Nera,
zählt 2,030 Einw., hat eine Berggerichts=Substitution und silberhalti=
ge Kupfer= und Bleygruben, von denen aber jetzt die meisten verlassen
sind, dann Silber= und Kupferschmelzöfen; auch Cementwasser ist hier.
Eine der vortrefflichsten Gebirgsstraßen führt von hier auf den höchsten
Theil des Stanczilova, von wo sich dem Reisenden eine der schönsten
Aussichten eröffnet.

Déva, siebenb. Marktflecken und Hauptort des Hunyader Comi=
tats, an der Maros gelegen, mit 4,000 Einw., die viel Wein bauen,
und Ausbruch bereiten. In der Nähe ist auch ein Kupferbergwerk und
im Orte eine Papiermühle. Auf einem hohen und steilen zuckerhutähn=
lichen Felsberge steht ein altes, zum Theil schon verfallenes Schloß,
von dem man eine sehr schöne Aussicht genießt. Man hält dasselbe für
ein römisches Castell, das von Trajan erbaut worden; wenigstens wur=
den hier viele röm. Münzen, unter der Regierung von Augustus und
dessen Nachfolger geprägt, gefunden. In der Gegend wachsen die schön=
sten Pfirsiche des Landes.

Devecser, ungar. Marktflecken im Weßprimer Comitat, mit
2,800 Einw., die den bekannten Somlauer Wein bauen. D. hat Rin=
der=, Schaf= und Pferdezucht.

Devins, Jof., Freyh. v., k. k. General-Feldzeugmeister, geh. Rath, Maria Therefien-Ordens-Großkreuz, Inhaber des Infanterie Regiments Nr. 37 und Infpector der gefammten k. k. Militärgränzen, wurde 1732 geboren. Er zeichnete fich in mehreren Feldzügen gegen Preußen, die Türkey und Frankreich auf das rühmlichfte aus, und ftarb zu Wien am 26. Sept. 1798, nachdem er dem Staate durch volle 53 Jahre gedient hatte.

Devrient (Schröder-), Wilhelmine, eine der gefeyertfen deutfchen Sängerinnen, war geboren zu Hamburg den 6. Oct. 1805, Tochter der berühmten Schaufpielerinn Sophie Schröder. Bereits im 5. Jahre betrat fie als tanzende Amorine die Hamburger Bühne, In der Folge ging fie mit ihrer Mutter nach Wien, und wurde dafelbft 1815 bey dem berühmten Kinderballet unter Horfchelt engagirt. Obfchon fie in diefer Sphäre vielen Beyfall fand, ftrebte die junge Künftlerinn dennoch nach Höherm. Anfangs widmete fie fich mit vielem Erfolge der Schaufpielkunft, in ihrem 15. Jahre betrat fie zuerft als Aricia in Racine's Phädra die Wiener Hofbühne, und erhielt, fo wie in mehreren andern Rollen, den ungetheilteften Beyfall. Bald aber erkannte fie ihre eigenthümlichfte Beftimmung, fie trat den 20. Jän. 1821 als Pamina in Mozart's Zauberflöte zum erften Mahle als Sängerinn auf, und gewann durch ihre fchöne Stimme, verbunden mit der edelften Gefangfchule, fo wie durch ihr verftändiges Spiel alle Herzen. Ihre weitern Rollen waren: Emmeline in der Schweizerfamilie, — Marie im Blaubart, — Agathe im Freyfchützen, und endlich Fidelio, welche letztere Rolle fie mit folchem Feuer des Ausdrucks und folcher Wahrheit darftellte, daß fie allgemein entzückte, und alle ihre Vorgängerinnen in diefer Rolle, felbft die berühmteften, weit übertraf. 1823 ging fie nach Berlin, wo fie fich mit dem talentvollen Schaufpieler Carl Devrient verheirathete, und wurde mit diefem gemeinfchaftlich bey der Dresdner Bühne engagirt, wo fie fich noch befindet, obfchon diefe Ehe in der Folge wieder getrennt wurde. 1830 ging fie nach Paris, wo fie mit dem unglaublichften Erfolge auftrat. 1831 und 1833 gaftirte fie in London, wo fie ebenfalls mit Beyfall überhäuft wurde, und auch in pecuniärer Hinficht reichliche Ernte machte.

Diabelli, Ant., geb. den 6. Sept. 1781 in Mättfee, nächft Salzburg, erhielt von feinem Vater (Stiftsmufiker allda) den erften Unterricht in der Mufik, kam aber fchon im 7. Jahre als Sängerknabe in das Klofter Michaelbeuern und von da im 9. Jahr in das Capellhaus zu Salzburg. In feinem 15. Jahre ging er nach München, wo er feine Studien fortfetzte, fich mit Mufik aber immer mehr befchäftigte. Im 19. Jahre wurde er in das Cifterzienfer-Stift zu Raitenhofbach in Bayern aufgenommen, von wo aus er mit Mich. Haydn in Salzburg correfpondirte, und ihm feine Compofitionen zur Durchficht und Correctur fchickte. Von dort ging er im 21. Jahre mit Empfehlungen an Jof. Haydn nach Wien, wo er fich durch Lectionengeben feinen Unterhalt verfchaffte, bis er fich 1818 als öffentlicher Gefellfchafter an Peter Cappi anfchloß; endlich 1824 eine eigene Befugniß als Kunfthändler erhielt. Seine Mufikhandlung ift eine der be-

deutendsten. Öffentlicher Gesellschafter ist Ant. Spina. Unter D.'s
Verlagsartikeln zeichnet sich besonders aus: Reicha's Lehrbuch der Com-
positionslehre, nach dem Französischen von Carl Czerny, 10. Thle.
Seine eigenen Compositionen sind voll von lieblichen Gedanken und Melodien; seine Kirchenmusik ist leicht ausführbar, und seine sehr zahlreichen Arrangements kann man nur zweckmäßig nennen. Unter die
schätzbarsten seiner Werke gehören: Die Jugendbibliothek, viele Sonaten
für Anfänger, sowohl zwey- als vierhändig und seine Arrangirungen.

Diakovár (Deakovár), slavon. Marktflecken im Veröczer Comitat, mit 3,500 Einw., Sitz eines kathol. Bisthums (von Bosnien) und
seines Domcapitels, mit einer schönen Cathedralkirche, einem theolog.
Seminar, einem 1807 errichteten bischöfl. Lyceum und einer kathol.
Hauptschule.

Dichterkrönung in Oesterreich. Diese schöne Sitte des Alterthums wurde vom Kaiser Friedrich III. auf deutschen Boden verpflanzt. Der um die Wissenschaften hochverdiente Conrad Celtes war
der erste, welcher den Lorbeerkranz aus des Kaisers Hand erhielt. Ohne
Widerrede hat diese feyerliche Anerkennung des Verdienstes eine tiefe Bedeutung, und nur ein Ausarten, wie es nach der Mitte des 17. Jahrhunderts und wohl auch früher in Deutschland der Fall war, konnte den
schönen Geist erdrücken. Auf Wien's literarischen Horizont äußerte er
durch mehrere Decennien einen höchst wohlthätigen Einfluß; denn in seiner ganzen Fülle hatte ihn Maximilian I. aufgefaßt, und als seine
hohen Zwecke vorzugsweise fördernd, mit besonderer Liebe gewürdigt.
Tief war in Österreich unter Friedrich's III. langer trüben Regierung
Kunst und Wissen gesunken; die endlosen inneren Kämpfe, der Ungarn
Siege hätten fast den letzten Funken erstickt. Wie nach solcher Zerrüt-
tung eine so schnelle bessere Gestaltung der Dinge möglich geworden,
bleibt für immer ein Gegenstand glühender Bewunderung, denn in wenigen Jahren gehörte Wien's Universität zu den ersten Europa's! Aus
ihr gingen die größten Männer hervor, und ihre Vorlesungen besuchten
oft mehrere tausend Jünglinge aus allen Ländern. So hat Maximilian, wie kein Herrscher vor ihm, durch Beyspiel und Würdigung auf
Kunst und Literatur gewirkt. Kaum wieder Herr des alten Ahnensitzes
fiel sein erstes Augenmerk auf wirksame Mittel geistiger Ausbildung, und
in kurzer Zeit bestiegen die ersten Gelehrten Deutschlands und Italiens
die leeren Kanzeln. Neue Vorlesungen wurden begründet, darunter das
Collegium der Beredsamkeit und Dichtkunst, ausgerüstet mit jenen Begünstigungen, ohne die kein wahres Gedeihen denkbar, und an seiner
Spitze den ersten Dichter seiner Zeit: Conrad Celtes. Schon mit
dem Beginne des 16. Jahrhunderts zeigten sich die erfreulichsten Früchte, denn wir begegnen manchem Dichter dieser Zeit, der sowohl durch
inneren Gehalt, als auch durch seltene Beherrschung der Sprache höchst
überraschend an das kräftige Vorbild mahnte. Maximilian reichte selbst
mehreren den poetischen Lorbeerkranz, und nie ohne erhebende Umstände,
um den Eifer zu steigern und das Verdienst würdig zu ehren. So zu
Linz 1501 bey der Aufführung des Schauspiels: Ludus Dianae durch
den Verfasser Celtes und seine gelehrten Freunde. Im dritten Acte

erscheint mit vielem Gefolge Bacchus, von dem Schlesier Vinc. Lon=
ginus dargestellt, und bittet den Kaiser um Ertheilung des Lorbeers.
Maximilian tritt vor, krönt den knieenden Gott der Reben, und
der ganze Chor bricht in lauten Jubel aus. Zu den Vorzüglicheren,
die von Maximilian selbst dieser Auszeichnung in Wien gewürdigt
wurden, gehören oder vielseitig gelehrte, und als Geschichtschreiber,
Staatsmann und Mäcen gleich geachtete Joh. Cuspinianus (1493),
der Böhme Joh. Panetianus 1505, der thätige Kremser Thom.
Resch 1508, und später Ursinus Vellius, durch seine Geschichte
des Krieges in Ungarn uns noch immer werth; der Schweizer Joa=
chim v. Watt (Vadianus) aus der Reformationsgeschichte seines Va=
terlandes allbekannt; Rudolph Agricola von Wasserburg am
Bodensee; Joh. Rosinus, Canonicus bey St. Stephan, als
Prediger berühmt; der Rechtsgelehrte Philipp Gundel, unsterb=
lich in den Annalen der Wiener Hochschule u. a. m. Seine tiefe innige
Achtung für wissenschaftliche Leistungen beurkundete Maximilian zu
Ende des Jahres 1501; indem er die Verdienste des unermüdeten Celtes
auf eine Weise würdigte, die eben so zart, als ehrenvoll ist. Es erfolg=
te nähmlich die Ermächtigung, daß in Zukunft Celtes und seine Nach=
folger als Vorsteher des Collegiums der Beredsamkeit und Dichtkunst
den poetischen Lorbeerkranz Jedem ertheilen konnten, der nach einer ern=
sten Prüfung dessen würdig befunden worden. (Die Urkunde im Con=
spect. historiae Univers. Vienn.) Wie oft sich Celtes dieser Auszeich=
nung bediente, hat die Geschichte nicht niedergeschrieben; der berühmte
Mathematiker Joh. Stabius erhielt 1512 den Lorbeer aus seiner
Hand. Gewiß ist es, daß nach seinem Tode die Universität sehr sel=
ten davon Gebrauch machte. Die bald erfolgten Religionsneuerungen
wirkten überhaupt auf Wien's literarisches Fortschreiten nachtheilig ein;
es verschwand immer mehr der belebende Geist, und dazu kamen noch
die verheerenden Züge der Türken. Erst nach 57 Jahren gelang es dem
Streben eines vielfach ausgezeichneten Mannes, das alte Vorrecht wie=
der herzustellen, und zu bewirken, daß in kurzer Zeit Wien zwey
Feyerlichkeiten sah, die durch würdevolle Haltung und Anzahl der Ge=
krönten gleich bemerkenswerth erscheinen. Georg Eder, eben so be=
rühmt als wackerer Bekämpfer des Lutherthums, wie als wachsamer
Wächter für ehrenvolles Fortbestehen der Wiener Hochschule, war der
Mann, der alles beachtend, was den Wissenschaften förderlich, die
D. in ihrer ersten schönen Idee wieder auffaßte, und von neuem be=
gründete. 1558 erhielten aus der Hand des Paul Fabricius zu=
gleich drey ausgezeichnete Männer den Lorbeerkranz: Vitus Jaco=
bäus von Nürnberg, Joh. Lauterbach aus der Oberlausitz und
Elias Corbinus v. Joachimsthal. Eine zahllose Menge von Zu=
schauern verherrlichte den schönen Act, und die allgemeine Theilnahme
sprach sich laut und innig aus. 2 Jahre später, 1560 wurde unter glei=
chem Jubel des Volkes die Feyerlichkeit erneuert, und die Gekrön=
ten: Peter Dorfner (Paganus) aus Hessen, Caspar Cropacius
von Pilsen und Jonas Hermann von Gölnitz von allen Seiten
mit Ehrenbezeigungen überhäuft. Allein bald gab es in Deutschland

45 *

mehr gekrönte als wirkliche Dichter, und so mußte, was früher Ehrfurcht und Liebe erzeugte, zum Gespötte selbst der Besseren werden.
Auch in Wien sank es zum Spielwerke herab. Unwürdigen, unbär-
tigen Knaben ward das Haupt geschmückt, und somit ist es wohl gut
gethan, einen Schleyer darüber zu werfen, um ungestört am alten
Geiste uns zu laben. — Ward Einer des poetischen Lorbeers würdig befunden, und rückte die Stunde der Verleihung heran, so strömte eine
große Menge nach dem, zur Feyerlichkeit bestimmten Orte. Hier hielt
der dazu ernannte Professor der Universität als Repräsentant der Dichtkunst, auf einem Katheder stehend, die vorgeschriebene Rede, darin er
des Stifters Absicht und Gesetze entwickelte; die verschiedenen Privilegien erneuerte und am Ende den Candidaten aufforderte, näher zu
treten, um den festgesetzten Eid zu leisten. Hierauf gab er ihm ein offenes und ein geschlossenes Buch mit der Bemerkung: Daß es seine Pflicht sey,
aus jenem die Kenntnisse und Erfahrungen der Vorzeit mit Liebe und
Ausdauer zu schöpfen; in dieses aber die Resultate seiner eigenen Geistesthätigkeit einzutragen, um so der Mit- und Nachwelt nützlich zu werden.
Nach diesem erfolgte die Schenkung, eines goldenen Ringes, in dessen
Mitte ein Jaspis glänzte, mit der Erklärung: Die heilige Poesie ver-
lange dadurch, daß er nie das Geboth reiner Sitten verletze, darum
erinnere ihn das Gold, er möge sich hüthen, seinen Geist mit niedriger
Sinnlichkeit zu verunreinigen, die Rundung des Ringes mahne an
Einigkeit, und der Jaspis in der Mitte zeige makellosen Glanz innerer
Güte. Nun näherte sich der Repräsentant dem Dichter und gab ihm den
Kuß des Friedens, zum Zeichen, daß er in Liebe und Freundschaft leben
solle mit Allen, denen Kunst und Wissenschaft, Recht und Billigkeit
am Herzen liegen. Bey dem Aufsetzen des Lorbeerkranzes, das zuletzt
erfolgte, erscholl von allen Seiten Beyfallsruf und mit einem Segens-
spruche und dem: Te inquam, ires, dico Laureatum, schloß das
erhebende Schauspiel.

**Dickmann'sche Münzen- und Medaillen-Sammlung in
Wien.** Den Grund zu dieser zahlreichen, aus größtentheils seltenen
Silbermünzen bestehenden Sammlung, legte die Besitzerinn Johanna
v. Dickmann durch den Ankauf der zwar kleinen aber ausgewählten
Sammlung des Mälers Herbst, und setzte diese mit einer solchen Sach-
kenntniß und Vorliebe fort, daß ihr Münzencabinet sich durch Anzahl
und Reichthum an seltenen trefflichen Stücken besonders auszeichnet. Die
Sammlung umfäßt nur Münzen der neuen und neuesten Zeit, und erstreckt sich nur bey einigen Fächern als z. B. deutschen Kaisern, Königen
von England 2c. bis ins Mittelalter, enthält auch hierin die vorzüglichsten Stücke. — Die Sammlung ist nach dem Madai'schen Systeme, welches auf den Verfügungen des westphälischen Friedens beruht,
geordnet, jedoch mit Veränderungen.

Dienersberg, die Freyherren, wanderten im 16. Jahrhunderte aus dem deutschen Reiche ein, um den Religionsverfolgungen zu
entgehen; sie siedelten sich theils in Krain, theils in Steyermark an,
und brachten in Steyermark die Güter Weichselstätten, Grafch-
nitz, Ponickl, Einöd, Unterlichtenwald, Ruth, Stern-

ſtein, Neuhaus im Cillier Kreiſe, Gülten zu Oſterwitz im Santhale, und zu St. Peter bey Grätz, Poglet und Spar-bersbach an ſich. Donatus v. D. wurde mit dem ganzen Geſchlechte den 1. July 1766 in den Freyherrnſtand erhoben.

Dienſtbothenordnung. Dieſe, die Sicherſtellung des Verhält-niſſes zwiſchen Dienſtgeber und Dienſtbothen, die Bewahrung der Mo-ralität, ſo wie der geſellſchaftlichen Rechte letzterer, bezweckende Vorſchrift, wurde den 1. May 1810 bekannt gemacht, deren genauer Beobachtung ſich jedes in Dienſt ſtehende oder Dienſt ſuchende Individuum, ſo wie jeder Dienſtgeber bey Verantwortung zu unterziehen hat. Seit eben dieſer Zeit vertheilt auch die niederöſterr. Landesregierung jährlich 10 Prämien für wohlverdiente Dienſtbothen beyderley Geſchlechts. So z. B. erhält ein Dienſtbothe, welcher 25 Jahre ehrlich und treu und während dieſer Zeit 10 Jahre lang bey einer und derſelben Familie gedient hat, eine Prämie von 150 fl., welcher gewöhnlich die Geſellſchaft der adeligen Frauen in Wien noch eine Summe von 50 oder 100 fl. beyfügt.

Dienten, oberöſterr. Dorf im Salzburger Kreiſe, aus zerſtreut liegenden Häuſern beſtehend, und im engen Diententhale liegend, hat ein Eiſengußwerk, eine große Nagelſchmiede und andere Eiſenwerk-ſtätten.

Diesbach, Joh. Friedr. Graf v. St. Agatha, k. k. General-Feldmarſchall-Lieutenant, geboren zu Freyburg in der Schweiz 1677, trat nach einer ſorgfältigen patriziſchen Erziehung 1695 in franzöſiſche Kriegsdienſte bey dem Schweizer Garderegiment, gab in verſchiedenen Actionen in den Niederlanden Proben einer ſelte-nen Tapferkeit, empfand es aber ſchmerzlich, daß man ihn bey militä-riſchen Beförderungen zurückſetzte, und verlangte ſeinen Abſchied. Jetzt trat er in öſterreichiſche Dienſte, wurde 1714 General-Feldwachtmeiſter, und commandirte in dem 1716 begonnenen Türkenkriege die Avant-garde des öſterreichiſchen Kriegsheeres, zeigte ſich in demſelben, ſo wie in der blutigen Schlacht bey Peterwardein und bey den Belä-gerungen von Temeswar und Belgrad, als ein kühner unter-nehmender Anführer, der ſich in den furchtbarſten Kämpfen und Ge-fahren als Held zu behaupten wußte, daher ihn Carl VI. 1718 in den Reichsgrafenſtand erhob. In dem italien. Feldzuge hielt er eine harte Belagerung in der Feſtung Melazzo ruhmvoll aus, wurde in dem heißen Treffen bey Francavilla gefährlich verwundet, und von ſeinen Bleſſuren noch nicht ganz hergeſtellt, wagte er bey der Ein-ſchließung von Meſſina 1719 zwey Stürme auf die Stadt mit einem Muth, der faſt ohne Beyſpiel war, ſo daß Kaiſer Carl VI. ihn mit dem Fürſtentitel von St. Agatha beehrte, und zum Gouverneur von Syracuſa ernannte. Ungeachtet dieſes großen, ſtets wachſenden Glückes und dieſer glänzenden Erhebungen, blieb er ſich an Beſchei-denheit, Mäßigung und Liebe zu ſeinen Untergebenen immer gleich, verläugnete dieſe Hauptzüge in ſeinem Charakter auch in der Folgezeit nicht, als ſeinem Fürſtenprädicat noch neue Dignitäten, z. B. die eines kaiſerl. Kammerherrn, Hofkriegsrathes und General-Feldmarſchall-Lieute-nants beygefügt wurden. In der Schlacht bey Parma, 1734, in welcher er den rechten Flügel der kaiserl. Armee befehligte, bewies er eine so außerordentliche Bravour, daß ihn der Kaiser mit Lobsprüchen überhäufte; er erhielt dabey eine gefährliche Wunde, von welcher er aber zur größten Freude des Monarchen und des ganzen Kriegsheeres wieder geheilt wurde. Aus den Kriegsdiensten zog er sich hierauf in die heimathliche Ruhe nach Freyburg mit einer ansehnlichen Pension zurück, führte daselbst den Charakter eines Ehren-Kriegs- und Staats-rathes, und genoß den Vorzug, in den Freyburg'schen Rathsversamm-lungen sich eines Lehnsessels bedienen zu dürfen. Er starb 1751. Sein Fürstenprädicat mit einem Vermächtnisse von 70,000 Thalern übertrug er, weil er kinderlos war, auf seinen Neffen, Joh. Jos. Georg, Herrn zu Turney, der 1772 gestorben ist, sich aber nie des fürstlichen, sondern nur des gräflichen Titels bediente.

Dietrich, Anton, ausgezeichneter Künstler im Fache der Bild-hauerey, war geboren zu Wien 1799. Entschiedene Neigung zur bil-denden Kunst veranlaßte ihn zum frühzeitigen Besuch der Elementar-Zeichnungsschule an der Wiener Kunstakademie. Bald entschied sich D. für Bildhauerey und erlernte die Anfangsgründe dieser Kunst bey einem nicht sehr bedeutenden Bildhauer; wobey er jedoch immer das Stu-dium der Malerey und Bildhauerey bey den Antiken mit großem Fleiße und vielem Erfolge fortsetzte; 1817 erhielt D. bereits den Gund e l'schen Preis im Fache der Bildhauerey. Bey seinen weitern Fortschritten in dem Studium der Antiken lernte indessen D. bald ein-sehen, daß der Weg, welchen er sich zur practischen Ausbildung gewählt hatte, nicht der geeignete sey, um dereinst auf den Nahmen eines Künstlers Anspruch machen zu können, er wandte sich daher, durch seinen Freund Nußpammer aufgemuntert, an den rühmlich bekannten Di-rector Klieber, der den jungen vielversprechenden Künstler mit Ver-gnügen unter seine Schüler aufnahm, ihn durch 6 Jahre in seinem Atelier ununterbrochen beschäftigte und überhaupt auf das freundschaft-lichste behandelte. Mittlerweile hatte D. auch seine Studien auf der Akademie fortgesetzt, und 1820 den Preis beym Modellstudium erhal-ten. Der Unterricht des verdienstvollen Klieber, verbunden mit der practischen Ausführung so vieler mannigfacher Gegenstände, wie sie in dessen Atelier zu treffen sind, zeigte bald die günstigsten Wirkungen für die Ausbildung des jungen Künstlers; D. wurde mehr bekannt und erhielt selbst bald kleinere Aufträge zur Ausführung, die mit dem ehrend-sten Beyfalle aufgenommen wurden. Der lehrreiche Umgang mit vielen ausgezeichneten Künstlern, wie z. B. Kupelwieser, Rieder u. A. wirkte ebenfalls vortheilhaft auf das Fortschreiten D.'s. 1825 wurde er durch den vortheilhaft bekannten Maler Daffinger dem Grafen Ladislaus Festetics empfohlen, auf dessen Gütern D. durch einige Jahre Be-schäftigung fand, und Gelegenheit hatte, sich in seinem Fache zu ver-vollkommnen. Zu jenem Standpuncte gelangt, wo ihm der Nahme eines Künstlers in voller Bedeutung des Wortes beygelegt werden kann, beschäftigt sich D. noch fortwährend mit Arbeiten in Stein und Elfen-bein, deren Mehrzahl vortrefflich genannt werden kann. D.'s Darstellungsvermögen eignet sich besonders für Gegenstände ruhiger Natur) heftige Affecte und Leidenschaften dürften ihm vielleicht weniger zusagen, obschon er auch in diesem Genre sehr Gelungenes geleistet hat. Fleiß und Nettigkeit in der Ausführung sind vorzüglich lobenswerthe Eigenschaften dieses Künstlers, besonders gelungen sind seine Gewänder, malerisch und naturgetreu sein Faltenwurf, und sollte man ihm auch hie und da in der Behandlung des Nackten eines Fehlers zeihen können, so ist dieses gewiß nicht bey Gegenständen der Fall, wo der Künstler im Stande ist, mit aller Muße zu arbeiten. Zu seinen vorzüglichsten Leistungen gehören: Die Büste des Dir. Klieber, eines seiner ersten Werke, das er mit allem Fleiße und besonderer Liebe ausführte; Büste Beethoven's, zu deren Vollendung der unsterbliche Tonkünstler ihm alle nöthige Zeit gewährte; Büste Göthe's, obschon nur nach dessen Portraiten, doch nach dem Ausspruche Friedr. v. Schlegel's sehr gelungen; Büste des Kaisers Franz aus Tyroler Marmor, eine heilige Helena in einer Capelle und 2 colossale Statuen des heil. Stephan und des heil. Ladislaus, letztere 3 auf den Gütern des Grafen Festetics; Christus am Kreuz aus Elfenbein, welcher in allen Theilen mit dem größten Fleiße und Liebe ausgeführt und so gut befunden wurde, daß er mehrere Bestellungen (so z. B. auch 1835 von dem Erzherzog Ludwig, für diesen Gegenstand bekam. Relief zu einem Denkmahle, aus Tyroler Marmor, nach L. Schnorr's Zeichnung für Ritter Giovanelli in Bozen; Büste des Oberstkämmerers Grafen von Czernin; eine colossale Statue, Herkules, die Hydra bekämpfend, welche sich im Ziergarten des Herrschaftsbesitzers von Wetzdorf in Niederösterreich befindet, und noch mehrere Gegenstände, deren Aufzählung der Raum nicht gestattet.

Dietrich, Jof. Freyh. v., Commandeur des Ordens der königl. würtemb. Krone, und Ritter des königl. würtemb. Civil-Verdienst-Ordens, Vorsteher des Privatvereins zur Unterstützung verschämter Armen in den Wiener Vorstädten Matzleinsdorf, Nikolsdorf, Margarethen, Hungelbrunn und Laurenzergrund, Mitglied der k. k. Landwirthschaftsgesellschaft in Krain, wurde 1780 zu Wien geboren. Schon dessen Vater Conrad D. genoß in seinem Commercial-Großfuhrwesens-Geschäfte eines vorzüglichen Rufes, und nahm bereits in dem 7jährigen Kriege bey dem gedungenen Armeefuhrwesen unter seinem Oheim Peter D. (der von der Kaiserinn Maria Theresia zu Folge seiner besonderen Anhänglichkeit und eifrigen Beförderung des höchsten Dienstes mit dem Prädicate von Dietrichsberg, und dem Titel eines k. k. Artillerie-Wagenmeisters belohnt wurde) den thätigsten Antheil. Seit jener Zeit blieben nun größtentheils die ärarischen Transportgeschäfte bey diesem Hause, indem sie nach dem Tode des Vaters durch dessen Witwe Elisabeth und den ältesten Sohn Conrad fortgeführt wurden, letzterer zeichnete sich nicht minder in dem ersten französischen Revolutionskriege, besonders bey den Belagerungen von Valenciennes und Mannheim aus, wo er mit Gefahr seines Lebens die Einführung des Geschützes in die Trancheen mittelst den hierzu beygestellten eigenen Zügen leitete, und ihm dieserwegen die goldene

Civil-Ehrenmedaille ertheilt wurde. D. widmete sich nach Vollendung der philosophischen Studien, beynahe noch als Jüngling, den Geschäften seiner Mutter und seines Bruders; erweiterte als Chef des später unter der Firma Gebrüder Dietrich bekannten Speditionshauses die- selben immer mehr, und belebte besonders zur Zeit der Continentalsperre nicht nur die Straßen des angränzenden Auslandes mit einheimischen Fuhrwerken, sondern eröffnete die Bahn directer Fahrten selbst nach den entferntesten Handelsplätzen in Europa, durch welchen Verkehr dem Vaterlande bedeutende Summen an der in damahliger Zeit so selten gewordenen klingenden Münze vom Auslande zuflossen. Gleiche Thätig- keit entwickelte er in dem verhängnißvollen Kampfe mit Frankreich, und bewirkte hierdurch nicht nur die Rettung so mancher ärarischen Güter bey den Invasionen 1805 und 1809, als er auch überhaupt in dem Kriege 1813 und 1815 den Transport der enormsten Gewichtslasten an Munition und Rüstungssorten besorgte, und mit der im Kriege erfor- derlichen Präcision den siegreichen Armeen von den entlegensten Punc- ten der Monarchie bis nach Frankreich und Italien überlieferte. Nicht minder erwarben ihm auch seine zahlreichen und trefflich organisirten sta- bilen Belägerungsgeschütz- und Depotsbespannungen (deren Mannschaft eigens uniformirt war, und sammt den Pferden gleich dem wirklichen Militärfuhrwesen verpflegt und behandelt wurde) die vollste Zufrieden- heit der Behörden. Als in Folge der durch die früheren unglücklichen Kriegsereignisse herbeygeführten Einschränkung der Staatsverwaltung die inländischen Gewehrfabrikanten fast ganz außer Beschäftigung ge- setzt wurden, war D. auf Anregung, 1810 sogleich bereit, diesel- ben in Thätigkeit zu bringen, und vielen brotlos gewesenen Arbeitern wieder Verdienst zuzuwenden. Diese lediglich jener Unterstützung wegen gesammelten Waffen dienten in der Folge zur schnellen Armirung in dem Befreyungskriege, und größtentheils an Preußen, Würtemberg und andere später mit Österreich verbundenen Mächte verkauft, brach- ten jene Erzeugnisse dem Inlande nahmhafte Beträge in barer Silber- münze ein. 1816 aufgefordert von der königl. würtemb. Regierung, der auch in diesem Königreiche entstandenen Getreidenoth mittelst Lieferun- gen aus den österr. Provinzen zu steuern, unterlegte D. bey dem Um- stande, daß die österr. Staaten selbst kaum mit dem eigenen Bedarfe gedeckt waren, in genauer Kenntniß der Fruchtpreise auf sämmtlichen Handels- und Seeplätzen einen eigenen Vorschlag, nach welchem durch den königl. Finanzminister von Weckherlin das erforderliche Getrei- dequantum aus den nördlichen Staaten viel schneller, und mit gerin- geren Kosten, als in anderen Ländern zugeführt wurde. In Rücksicht dessen ertheilte ihm 1817 König Wilhelm I. das ihm bereits von dessen Vater, dem verstorb. König Friedrich I., zuerkannte Ritterkreuz des königl. Civil-Verdienst-Ordens. Überhaupt seit eingetretenem Frieden mehr mit der Oconomie seiner Güter, und mit seinen Fabriken beschäftiget, unternahm er 1818 zur Beförderung der vaterländischen Industrie auf eigene Rechnung Waarensendungen nach Westindien und Amerika, und scheute mit gewohnter Beharrlichkeit kein Opfer, eine unmittelbare Handelsverbindung mit jenen überseeischen Ländern anzuknüpfen und zu erhalten; in welcher Würdigung erst kürzlich in Trieſt von einem ſeiner Handelsfreunde ein öſterreichiſches Schiff „Baron Dietrich“ benannt wurde. In Anerkennung ſeiner vielſeitigen gemeinnützigen Beſtrebungen verlieh ihm der Kaiſer 1819 das Indigenat des Königreichs Ungarn mit dem Kammergute Barakony, und erhob ihn 1824 in den ungar. Freyherrnſtand. 1825 ward ihm auch die Auszeichnung durch Verleihung des Commandeur-Kreuzes der königl. würtemb. Krone, als Folge ſeiner gediegenen Operationen, mit welchen er die von dem Könige und den Ständen zum Beſten des Landes beabſichtigte Herabſetzung des Zinſenfußes der würtemb. Staatsſchuld vollkommen durchführte. Offen, bereitwillig und thätig im Kreiſe des Geſchäftslebens, verdankt ihm in wiſſenſchaftlicher Beziehung die altritterliche Burg Feiſtritz in Niederöſterreich N. U. W. W. ihre Wiederherſtellung und Erhaltung; und ihre Capelle, Gemächer und Säle ſind nicht nur mit den ſeltenſten gemälten Glasfenſtern aus der älteſten Zeit, ſondern auch mit ſehenswürdigen Waffen, Rüſtungen und alterthümlichen Geräthen auf das zahlreichſte ausgeſchmückt. Einen gleichen Genuß gewährt dem Verehrer der Kunſt die in ſeinem Wohngebäude in Wien aufgeſtellte — früher unter dem Nahmen Ritter von Schönfeld'ſches Muſeum bekannte — Sammlung von Kunſtwerken aus allen Fächern, wozu das geweſene berühmte Rudolphinum von Prag den Grund legte, und welche dem aufmerkſamen Forſcher viele denkwürdige Überreſte aus der Römer = und Urzeit Böhmens darbiethet.

Dietrichſtein=Proskau=Leslie. Ein altes reichsgräfl. und in einer Linie fürſtliches Haus, welches ſeinen Urſprung von den im Save= und Gurkthale einſt ſo mächtigen Grafen von Zeltſchach und Frieſach herleitet, die (nach Hormayr) Nachkommen des großmähr. Fürſten Zwetboch, einem Günſtling Kaiſers Arnulph, waren. Der erſte Stammvater dieſes Geſchlechtes, welchen die Geſchichte nennt, war Reinpert I., welcher um 1004 ſtarb. Ein Heinrich v. D. focht in den Fehden des Herzogs von Kärnthen mit dem Biſchof von Bamberg um 1296 und nahm letztern gefangen. Auch in der berühmten Schlacht am Marchfelde zwiſchen Rudolph und Ottokar 1278 zeichnete ſich ein Heinrich v. D. aus. Nicolaus v. D., genannt der Donner, vertheidigte 1335 die Stammburg ſeines Hauſes (in der Nähe von Feldkirchen, im Villacher Kreiſe des Königreichs Illyrien, Herzogthum Kärnthen) im Kriege auf der Seite der Herzoge Albrecht und Otto von Öſterreich gegen Margaretha Maultaſch. Pankraz v. D. vertheidigte ebenfalls die väterliche Burg 1483 ſo lange gegen das ſiegreiche Heer des ungar. Königs Mathias Corvinus, bis die Mauern und Thürme eingeſtürzt waren, und Hunger die Übergabe geboth. Siegmund v. D. war 1507 Liebling Maximilian's I. und kämpfte mit Auszeichnung an der Seite Georg's von Fronsberg u. a. m. gegen die Venetianer, und ward mit dem Oberſt=Erbland=Mundſchenkenamt in Kärnthen und der Oberſt=Erbland=Jägermeiſterwürde in Steyermark belehnt, zugleich auch zum Freyherrn erhoben. Adam Freyh. v. D. erwarb 1575 die mähr. Herrſchaft Nikolsburg; er war einer der berühmteſten Staatsmänner ſeiner Zeit, und nahm an den

wichtigſten Verhandlungen Theil. Sein Sohn Franz (ſ. d.), Cardinal,
Biſchof zu Olmütz und Statthalter in Mähren, geboren 1570 war der
eigentliche Gründer der Größe ſeines Hauſes. Kaiſer Rudolph II. hatte
dem Hauſe 1587 den Grafenſtand ertheilt. Ferdinand II. aber gab
demſelben, durch des Cardinals Verdienſte bewogen, die Fürſtenwürde
für den Älteſtgebornen 1631. Deſſen Neffe Maximilian Fürſt v. D.,
war 1621 kaiſ. Oberſthofmeiſter, Conferenzminiſter und Ritter des goldenen Vließes. Ferd. Joſ. Fürſt v. D., geboren 1636, war ebenfalls
kaiſ. Oberſthofmeiſter und Conferenzminiſter, auch Ritter des goldenen
Vließes. Carl Maximilian Fürſt v. D. war k. k. wirkl. geheimer
Rath und erlangte 1769 durch Erbſchaft von ſeinem mütterlichen Großvater Grafen von Proskau deſſen Herrſchaften und nahm deſſen Titel
und Wapen an. Joh. Bapt. Fürſt v. D., geb. 1728, war k. k. Geſandter am däniſchen Hofe, dann geh. Rath, Oberſtſtallmeiſter und
Ritter des goldenen Vließes, 1784 verkaufte er Proskau an den
König von Preußen, 1802 erbte er die ſteyeriſchen Fideicommiß-Herr-
ſchaften der gräflichen Familie Leslie und ſtarb 1808. Sein älteſter
Sohn, der jetzige Fürſt Franz Joſ. v. D. Proskau-Leslie, k. k.
Kämmerer und wirkl. geh. Rath, geb. 1767, war vormahls Generalmajor im Ingenieurcorps, erhielt beym Sturm auf Valenciennes den
M. Thereſien-Orden, und wurde zu mehreren diplomatiſchen Sendungen
verwendet. Er ſchloß 1800 den 15. July mit Lahorie den Waffenſtillſtand
von Parsdorf und trat 1801 außer Dienſt. 1809 war er in Galizien,
zuerſt als Oberſthofmeiſter des Erzherzogs Franz, Herzogs von Modena, und dann bis zum Wiener-Frieden als k. k. Hofcommiſſär angeſtellt.

Dietrichſtein, Franz Fürſt v., Cardinal und Biſchof zu Olmütz, ein in jeder Beziehung großer Mann, wurde den 22. Auguſt
1570 zu Madrid, wo ſein Vater Adam Freyherr von Dietrichſtein als Geſandter Maximilian's II. lebte, von deſſen Gemahlinn
Margaretha von Cardona, einer ſpaniſchen Herzogstochter, dem
königl. Geblüte von Arragonien verwandt, geboren. Nachdem ſeine Familie
nach Deutſchland zurückgekehrt war, ſtudirte er in Prag und legte hier den
Grund zu ſeiner nachherigen ausgebreiteten Gelehrſamkeit. Der ſchon frühzeitigen Neigung zum geiſtlichen Stande folgend, ging er hierauf nach
Rom, um ſich unter den dortigen Jeſuiten im deutſchen Collegium den
theologiſchen Wiſſenſchaften zu widmen. Bey jeder Gelegenheit gab er hier
Beweiſe ſeines Eifers; nach 3 Jahren ernannte ihn Papſt Clemens
VIII. zu ſeinem geheimen Kämmerer, nachdem er ſchon früher Domherr der Cathedralkirchen zu Breslau und Olmütz geworden war.
Der Todesfall ſeines Vaters, der am 5. Februar 1590 erfolgte, und
das Verlangen, von ſeinen Canonicaten perſönlich Beſitz zu nehmen,
bewogen ihn, die Erlaubniß zu einer Reiſe nach Deutſchland nachzuſu-
chen. Überall, beſonders vom Kaiſer Rudolph II. wurde er mit Auszeichnung empfangen; in Olmütz fand die Beſitznahme des Canoni-
cates keine Schwierigkeit, deſto mehr zu Breslau. Weder die Verwendung des Papſtes noch die des Kaiſers änderte die Geſinnung des
Capitels; alles, was ſie bewirkten, war, daß D. Domicellardomherr

daselbst wurde. — Er kehrte demnach im April 1594 wieder nach Rom zurück; doch bald darauf ernannte ihn K. Rudolph zum Propste von Leitmeritz, und somit mußte er Rom wieder verlassen, um seine neue Residenz zu beziehen, 1597 ward er endlich zum Priester geweiht, und nun ging er auf wiederhohltes Begehren des Papstes abermahls nach Rom. Um diese Zeit starb Stanislaus Pawlowsky, Bischof zu Olmütz; an dessen Stelle wünschte der Papst seinen geheimen Käm̄merer zu bringen; allein das Domcapitel hatte freye Wahl, und somit machte es große Einwendungen. Papst Clemens versetzte am 3. Mai 1599 D. in die Zahl der Cardinäle; und nun erwählte, zumahl Kaiser Rudolph selbst sich sehr angelegentlich verwendete, das Domcapitel ihn einstimmig zum Bischofe. — Was er als solcher gewirkt, geschaffen, wird in den Jahrbüchern Österreichs, und insbesondere Mährens stets Ehrfurcht und Bewunderung erregen. Kaum war er in seinem Kirchensprengel angekommen, kaum gewahrte er die furchtbare religiöse Spaltung, so war es ihm klar, daß dem Übel nur durch eine bessere Richtung des katholischen Clerus könne entgegengearbeitet werden. Darauf richtete er nun sein ganzes Augenmerk, und die Früchte waren seiner Mühe würdig; denn das von allen Secten zerrissene Mähren kehrte in kürzer Zeit zum gemeinsamen Glauben und zur Ruhe zurück; obgleich ein großer Theil des Adels erst durch die Schlacht am weißen Berge unschädlich gemacht wurde. — Eben so große Verdienste, wie um die Kirche hat Cardinal D. um den Staat. Er wurde häufig von den Kaisern Rudolph, Mathias und Ferdinand als Rath, Vermittler und Gesandter gebraucht; überall bewährte er große Einsichten und thätige Vaterlandsliebe. Selbst als Krieger ist er aufgetreten durch die Oberleitung des mährischen Hülfsvolkes gegen die Türken in Ungarn; doch steht er als Menschenfreund, als Gelehrter und Mäcen der Wissenschaften am höchsten. Selbst Verfasser mehrerer theologischer Werke, förderte er, wo er nur könnte, die Sache der Gelehrten. Unter seinem Schutze sind viele Werke ans Tageslicht getreten; und die große Bibliothek zu Nikolsburg verdankt ihm ihren Ursprung. Die Denkmahle indessen, welche seine Humanität gegründet, die vielen geistlichen und weltlichen Gebäude, und die errichteten Stiftungen, geben fürwahr dem schönen Bilde die Weihe der Vollendung. Dahin gehören vorzugsweise die Metropolitankirche zu Olmütz und die Einführung der Schulen durch die Piaristen in Nikolsburg. Und Alles leitete er selbst; seine Thätigkeit war gränzenlos. Solche Verdienste erheischten ausgezeichnete Anerkennung. Er wurde 1622 in den Reichsfürstenstand erhoben, und diese Würde (1631) auf seinen Neffen Maximilian, und so fort für immer auf den Ältesten der Familie ausgedehnt. Mit dieser verdienten Würdigung des Hofes verband sich die allgemeine Liebe des Volkes, welche sich besonders durch die Tiefe der Trauer bewies, die Aller Herzen bey des wahrhaft großen Mannes Tod erfaßte. Er starb am 19. Sept. 1636. Sein Leichnam wurde in der Domkirche zu Olmütz beygesetzt.

Dietrichstein, Jos. Carl Graf v., der Letzte aus der gräflich Dietrichstein-Hollenburg'schen Linie, war geb. zu Wien den 19.

Oct. 1764, ein durch ſeine Kenntniſſe, ſo, wie, durch ſeine literariſche
Bildung und die eifrigſte Verwendung bey ſeinen wichtigen Ämtern ausgezeichneter Staatsmann. Er erwarb ſich in ſeiner ehrenvollen Dienſt-
laufbahn das goldene Vließ, das Großkreuz des Leopold-Ordens, das
goldene Civil-Ehrenkreuz, auch war er Präſident der k. k. Landwirthſchafts-Geſellſchaft und Ehrenmitglied der k. k. Akademie der bildenden
Künſte in Wien. Seine vollendete Ausbildung für den politiſchen Ge-
ſchäftskreis erlangte er durch ſeine Dienſtleiſtung bey Kreisämtern in Mähren; in dieſer Provinz wurde er Kreiscommiſſär, Gubernialſecretär, dann
Gubernialrath, und erhielt weiterhin die Beförderung als Hofrath bey
der böhm. Hofkanzley; ſeit 1802 wirkte er als Gouverneur von Mähren
und Schleſien zu Brünn und kam 1804, nach einer rührenden öffentlichen Trennung von den Bewohnern dieſer Stadt, als niederöſterr. Regie-
rungspräſident wieder in ſeine Vaterſtadt zurück. Er war zuletzt niederöſterr.
Landmarſchall, k. k. geh. Rath, Vorſteher mehrerer k. k. Inſtitute und
Gouverneur der öſterr. Nationalbank, deren ausgedehnte Geſchäfte er
ſeit Entſtehung dieſer Anſtalt durch 8 Jahre mit ſeltenem Überblicke leitete, bis ihn der Tod am 17. Sept. 1825 dieſem ausgebreiteten Wirkungskreiſe entriß. Bey bedeutenden jährlichen Einkünften fanden ſich
ſeine Vermögensumſtände doch ſehr zerrüttet. Sein Majorat ging an
den Grafen Joh. Carl v. D. (erſten Bruder des Fürſten Franz
Joſ. v. D.) geb. 1772 über.

Dietrichſtein-Proskau-Leslie, Moriz, Graf v. zweyter Bruder des Fürſten Franz Joſ. v. D.; wirkl. geh. Rath, Großkreuz des kaiſerl. Leopold- und des conſtant. St. Georg-Ordens von
Parma; Commandeur des kön. dän. Danebrog- und Ritter des Johanniter-Ordens; Mitglied mehrerer gelehrter Geſellſchaften, iſt geb.
zu Wien 1775. Er diente von 1791 an bey der Infanterie, Artillerie, und dem General-Quartiermeiſterſtabe, in Belgien, Deutſchland,
und Italien; 1796 und 1797 als Major und Flügeladjutant in letzteren Lande, 1798 und 1799 als Oberſt und erſter Generaladjutant
bey der kön. neapolit. Armee, nach deren Auflöſung er in Mailand und
Frankreich in Gefangenſchaft blieb, und 1800 außer Dienſt trat. —
1815 wurde ihm die Leitung der Erziehung des Herzogs von Reich-
ſtadt übertragen, die er im May 1831 beendete. 1819 ward er auch
Hofmuſikgraf (Intendant der Hofmuſik-Capelle), und 1821 Hofthea-
terdirector; 1826 auf ſeine Bitte, dieſer beyden Stellen enthoben, und zum Präfecten der Hofbibliothek ernannt; 1833 wurde zugleich,
für ſeine Perſon, die Leitung der, dem k. k. Oberſtkämmerer untergeordneten Münz- und Antiken-Cabinette, damit verbunden; — überdieß erhielt er 1834 die Würde eines Oberſthofmeiſters bey der jüngeren Königinn von Ungarn, gegenwärtigen Kaiſerinn und Königinn Maria
Anna Carolina.

Diligence, ſ. Eilwagen, Poſtwagen.

Dilln, ungar. königl. Freyſtadt im Honther Comitat, bildet
gleichſam eine Vorſtadt von Schemnitz, der daſige Magiſtrat iſt mit
dem Schemnitzer vereinigt; dieſelbe zählt 276 Häuſer und 1,400 deutſche

und slavische Einwohner; hat eine schöne Pfarrkirche und mehrere Stampf- und Goldwaschmühlen; aber der Bergbau ist im Verfall.

Dinara, dalmat. Berg, 5,668 Wiener F. hoch, im Hauptzuge der dinarischen Alpen gelegen, welchen er den Nahmen gibt.

Dinarische Alpen, s. Alpen.

Dinzenhofer, Kilian Ign., unstreitig der größte Architect in Böhmen. Zu Prag den 1. Sept. 1690 geboren, besuchte er dort, nach dem Willen seines Vaters, nicht nur die lateinischen Schulen, sondern er hörte auch zugleich mit der Philosophie mathematische Vorlesungen an der Universität, und machte sich insbesondere mit den Anfangsgründen der Architectur bekannt; dadurch entstand bey ihm der Wunsch, sich dem letztern Fache ganz zu widmen, dem auch der Vater gern nachgab, und bey dem Bau der Magdalenenkirche auf der Kleinseite der Stadt Prag, dann des Stiftes Brzewnow und der dortigen Kirche außer derselben, mit welchen er gerade damahls beschäftiget war, dem Sohne alle Gelegenheit verschaffte, die Regeln der Baukunst mit der Ausübung zu verbinden. So durch den väterlichen Unterricht vorbereitet, arbeitete er zu Wien, wohin er sich nun begab, mit vielem Beyfalle unter mehreren berühmten Baumeistern. Er war eben im Begriffe nach Italien zu reisen, als der Tod seines Vaters, den 20. Juny 1722, ihn nach Prag zurückzukehren, und also die Ausführung seines Vorsatzes um etwas zu verschieben zwang. Dafür fand er in einer beträchtlichen Erbschaft die nöthigen Mittel, noch mehr zu thun, als er sich vorgenommen hatte. Er besuchte also später nicht nur Venedig, Mailand, Florenz, Rom und Neapel, sondern auch Frankreich und England, studirte aller Orten die vorzüglichsten Meisterwerke, und verfertigte Zeichnungen von denselben. Der Fleiß, den er mittlerweile auf die Erlernung der italienischen, französischen und englischen Sprache verwendet hatte, ward ihm durch das Zutrauen, das ihm die größten Baumeister jener Nationen schenkten, und durch ihre gründlichen Belehrungen belohnt. Nach seiner Rückkehr nach Prag kündigte er sich seinen Landsleuten als einen großen Baumeister durch ein Haus an, das er nach einem aus Italien mitgebrachten Plane in jenem Garten der Neustadt aufführte, der von den Figuren auf der Gartenmauer noch immer der Zwerggarten heißt. Der Geschmack, der darin herrschte, fand allgemeinen Beyfall, und von nun an ward D. mit Aufträgen überhäuft, deren er sich immer mit dem Ruhm eines großen Künstlers entledigte. Den 17. Dec. 1752 starb er in einem Alter von 62 Jahren. Von seinen Söhnen waren zwey Benedictiner: Procop zu Brzewnow, und Benno zu Klabrau; einer, Wilhelm, starb 1807 zu Hohenelbe als Augustinerprior. Der jüngste, Wenzel (s. d.), wurde Jesuit. Die größern Gebäude, wodurch D. seinen Nahmen verewigte, sind: Zu Prag das Ursulinerkloster und die Kirche auf dem Hradschin. — Die Abtey des Benedictinerklosters bey St. Nicolaus sammt Kirche. — Der hintere Theil der Kirche des h. Nicolaus auf der Kleinseite, welche vormahls den Jesuiten zugehörte, und der an Schönheit und Größe wenige Kirchen in den benachbarten Ländern gleich kommen. — Das Augüstinerkloster bey St. Catharina sammt Kirche, und die Kirche und das Kloster der Elisabethinerinnen in der Neustadt. — Die Erneuerung der Kirche bey St. Thomas auf der Kleinseite. — Das ehemahlige Cölestiner=Nonnenkloster und die Kirche des h. Johann von Nepomuk in der Neustadt. — Das Convict und die Kirche bey St. Bartholomäus, und das Seminarium bey St. Wenzel, in der Altstadt. — Das gräfl.=Nostiz'sche Haus auf dem Graben der Neustadt, Prag, und das fürstl. Kinsky'sche Haus auf dem Markte, beyde nach D.'s Rissen, von Anselm Buragho vollends ausgebaut. — Der spanische Saal an dem Prager Schlosse ꝛc. Außerhalb Prag sind als seine vorzüglichsten Bauwerke zu erwähnen: Die Kirche zu Klabrau, ganz im gothischen Geschmacke aus gehauenen Steinen. — Die Pfarrkirche der Kreuzherren in Carlsbad. — Die Marienkirche zu Nitkow, welche er selbst für sein bestes Gebäude hielt. — Die Jesuitenkirche zu Klattau. — Die St. Clemenskirche zu Wbdolka. — Das Kloster und die Kirche des Benedictinerordens zu Brzewnow.

Dinzenhofer, Wenz., der Philosophie und der Rechte Doctor, Sohn des Vorigen, wurde am 25. Jänner 1750 zu Prag geboren. Er beurkundete frühzeitig vorzüglichen Hang zu den Wissenschaften; schon im 15. Jahre trat er in den Orden der Gesellschaft Jesu, und nachdem, er Philosophie in Olmütz studirt und in Prag einen öffentlichen Beweis seiner Fortschritte in den Bibelsprachen abgelegt hatte, lehrte er durch 2 Jahre in Iglau die lateinische Grammatik. Nach Aufhebung der Jesuiten verließ er den geistlichen Stand, widmete sich der Rechtswissenschaft; erlangte 1777 zu Olmütz die philosophische und 2 Jahre, später in Wien die juridische Doctorswürde, und auch bald hierauf das Ziel seines Strebens, nähmlich eine Lehrkanzel und zwar jene des allgemeinen Staats= und Völker=, dann Lehen= und deutschen Staatsrechts an der Innsbrucker Hochschule, und als diese 1782 aufgelöst wurde, die ihm erwünschte Übersetzung an die Carl=Ferdinand'sche Universität zu Prag. 1784 ward er nebstbey zum Gränzreferenten bey der Landesstelle ernannt, 1796 zum erzbischöflichen Consistorialrath, und 1799 von der Lehrerversammlung sowohl der Gymnasien als der juridischen Facultät, zu ihrem Repräsentanten bey dem Studienconsesse. Mit dem Jahre 1802 wurde ihm die zeitweilige Leitung der juridischen Studien übertragen, die er auch bis zu seinem Tode, der am 25. Aug. 1805 erfolgte, zur allgemeinen Zufriedenheit fortführte. Wir haben von ihm: Dissertatio. de decimis. Wien 1779. In Riegger's Zeitschrift: Für Böhmen, von Böhmen, einige publicistische Aufsätze, und : Genealogische Tabellen der böhm. Fürsten, Herzoge und Könige. Prag 1805.

Dioßzégh, ungar. Marktflecken am Flusse Er, mit 3,915 Einw., die Wein und Tabak bauen.

Dioßzéghi, Samuel, reformirter Prediger, wurde 1760 zu Debreczin geboren, wo er auch das Gymnasium besuchte. Hierauf ging er nach Göttingen, und nach Vollendung der theologischen Studien heimgekehrt, wurde er als Prediger zuerst in Náná angestellt, und nach 4 Jahren in Bößzörmény, wo er 10 Jahre blieb. Nach sei-

ner Vaterstadt in derselben Eigenschaft versetzt, wurde er zum General-
notar der reformirten Superintendenz jenseits der Theiß ernannt, als
welcher er bis zu seinem Todestage, den 2. Aug. 1813, mit Eifer und Umsicht wirkte. Wir haben von ihm 2 Bände Predigten und ein botanisches
Werk unter dem Titel: Magyar Füvesz Köngo (Ungarisches Kräuter-
buch) in 2 Theilen, zu Debreczin gedruckt.

Dioßéghi, Steph., Doctor der Medicin und reformirter Prediger, in Debreczin geboren, studirte Theologie und Medicin zu
Utrecht und erhielt aus Letzterer die Doctorswürde 1727. Im folgenden Jahre kehrte er in sein Vaterland zurück, wurde Rector des reform.
Collegiums in Sziget h, hierauf aber Prediger zu Esenger, wo er
1749 starb. Als Schriftsteller ist er durch mehrere theologische und medicinische Abhandlungen bekannt. Die Debrecziner Collegiums-Bibliothek
besitzt von ihm noch im Manuscripte: Succincta morbos curandi me-
thodus, das zu Utrecht 1726—28 verfaßt worden ist.

Diosz-Györ, ungar. Marktflecken in der Borsoder Gespanschaft,
mit 4,300 deutschen und ungar. Einw., einer kathol., reform. und
griech.-unirten Kirche, auch Synagoge. Die Einw. verfertigen hölzerne
Weingefäße (Kulacs), und treiben sehr bedeutenden Obst- und Weinbau. D. hat einen reichen Forellenbach, ein Mineralbad, gold- und silberhaltige Bergadern, ein verfallenes Schloß.

Di Pauli von Treuheim, Andreas Aloys, k. k. wirkl. geh.
Rath und Präsident des tyrolisch-vorarlbergischen Appellationsgerichtes zu
Innsbruck, Doctor der Rechte, Präses der Gesellschaft des Ferdinan-
deums zu Innsbruck und Mitglied der gelehrten Gesellschaft zu No-
veredo, ist geboren zu Auer bey Botzen in Tyrol 1763, diente seit
1785 in verschiedenen Cathegorien und war schon seit 1803, unter österr.
Regierung, Appellationsräth zu Innsbruck. Er blieb aus Vorliebe
für den vaterländischen Boden, auch während Tyrol 1806—14 an Bayern
abgetreten war, in dieser Eigenschaft zurück. Nach der Wiedervereini-
gung Tyrols mit den österr. Staaten wurde er gleich wieder provisorisch
als Appellationsrath beybehalten, und führte dem Range nach, der älteste, in
Ermanglung eines Präsidenten, den Vorsitz im Appellationsgerichte. 1815
wurde er als Appellationsrath bestätigt, und 1816, in Anbetracht der diesen
tiefbewanderten, mit umfassenden Localkenntnissen ausgerüsteten Rechtsgelehrten von stets bewährter Redlichkeit auszeichnenden Eigenschaften,
zum Hofrath bey der obersten Justizstelle für die tyrolisch-vorarlbergischen
Rechtsangelegenheiten befördert, dann zum Beysitzer der Hofcommission in Justizgesetzsachen ernannt, 1822 zum Landrechtspräsidenten in
Steyermark, und 1824 zum Appellationspräsidenten in Tyrol und geh.
Rath erhoben. — Es wird kaum jemand zu finden seyn, der sich, gleich
ihm, die Kenntniß von Tyrol, der Verfassung und der Gesetze dieses
Landes, zum eigentlichen Lebensstudium gemacht hätte. Durch seine unermüdete Thätigkeit hat er auch einen vaterländischen Schatz, sowohl in Handschriften als in seltenen Drücken zusammengebracht, und
mit der größten Liberalität von jeher Gelehrten die Benützung seiner
Sammlungen gestattet, ja selbst durch eigene Mithülfe erleichtert, wo-

durch viele wichtige, bisher unbekannte Notizen und Urkunden öffentlich mitgetheilt wurden. Sein tiefes und richtiges Urtheil hat er in vielen handschriftlichen Ausarbeitungen niedergelegt, wovon Manches im Sammler für Geschichte und Statistik von Tyrol, dann im Bothen von Tyrol, durch den Druck bekannt geworden. Insbesondere verdanken wir ihm die sehr schätzbare Lebensgeschichte des Landmessers Blasius Hueber, mit umständlichen Nachrichten von den Arbeiten der Geodeten von Oberperfus, Innsbruck 1815.

Dispensationen durch die Bischöfe. In den österr. Staaten erhielten 1781 die Bischöfe den Auftrag, von canonischen Ehehindernissen aus eigenem Rechte zu dispensiren; 1782 aber wieder das Zugeständniß, sich, wenn sie deßhalb einen Anstand nehmen, die päpstliche Vollmacht zu D. in den Ehehindernissen bis auf den zweyten Grad auf lebenslänglich einräumen zu lassen. Durch das am 16. Jän. 1783 erflossene Ehepatent bekam die Sache eine ganz andere Gestalt, indem der Staat hierdurch über den Ehevertrag disponiren zu wollen erklärte. Nach Vorschrift dieses Gesetzes sollte das Ansuchen um eine Ehedispens wegen der Verwandtschaft oder Schwägerschaft zuerst dem Landesfürsten vorgelegt werden, und nur nach der von diesem erhaltenen Erlaubniß dürften sich die Partheyen weiters darüber an das geistliche Gericht wenden. Nach einer späteren Verordnung aber vom 8. Febr. 1790 wurde bestimmt, daß, sobald die Bischöfe in den verbothenen Verwandtschaftsgraden die Dispens zur priesterlichen Einsegnung aus eigener Ordinationsmacht zusagen, sonach die landesfürstliche Erlaubniß zur Schließung des Ehevertrags von den Länderstellen mit der Clausel, wenn der Ordinarius die kirchliche Dispens zur priesterlichen Einsegnung aus eigener Ordinariatsmacht verleihet, ohne weiteres ertheilt werden könne. Wenn aber der Bischof eine päpstliche Dispens für nöthig hält, muß eine besondere landesfürstliche Bewilligung zur Ansuchung derselben eingehohlt werden.

Districtualtafeln in Ungarn, sind vier. Das Bedürfniß ihrer Errichtung ergab sich daraus, weil Gegenstände, über welche sich Rechtsstreitigkeiten ergeben, nicht selten in mehreren Comitaten gelegen sind, und daher nicht wohl willkührlich bey dem einen oder andern Comitatsgerichte eingeklagt werden konnten. Sie sind jedoch nur als Civilgerichtshöfe erster Instanz für Adelige anzusehen, denn Criminalsachen gehören gar nicht vor ihr Forum, sondern vor jenes des Comitats. Wenn daher um den Besitz oder die Theilung von Gütern gestritten wird, die in mehreren Comitaten zerstreut liegen, wenn Vormünder zur Rechenschaft über die Verwaltung solcher Güter angehalten werden sollen, oder wenn es sich nur das Heyrathsgut und die Ausstattung von Töchtern aus reichen Familien, oder um große Vermächtnisse, dann um jene Fälle handelt, wo entweder das Gesetz, oder ein Vertrag processualische Rechtsmittel (remedia juridica) ausschließt, so gehört die Sache vor das Districtualgericht.

Ditrich, Jos. Pet. W. Residential-Canonicus auf dem Wischehrad nächst Prag, Doctor der Theologie, Professor der allgemeinen christlichen Kirchengeschichte an der hohen Schule zu Prag und Büchercensor im theologischen Fache, 1763 den 7. April zu Böhmisch-Skatig geboren, studirte die Humanitätsclaffen theils zu Gitfchin, und Braunau, theils zu Brünn, wo er auch als eben eine Zeitlang die Olmützer Univerfität hieher überfetzt war, die Philofophie hörte, und Magifter derfelben wurde; den theologifchen Studien aber lag er zu Prag als Zögling des k. k. Jofephinifchen Seminars, bis auf das letzte Erziehungsjahr ob. — Er wurde für diefe Zeit nach Wien abgefchickt, um fich dort die verbefferte Normallehrart eigen zu machen, und den theologifchen Curs zu vollenden. Nach feiner Rückkehr wurde er 1787 zum Priefter geweiht; erhielt 1788 fchon die Pfarrpfründe zu Koften-blät im Leitmeritzer, und 1789 jene zu Großbezno im Bunzlauer Kreife; auf diefem letztern Poften 1794 den Titel eines Dechantes, 1795 aber das Amt eines bifchöflichen Vicars. 1799 wurde er Ehren-Canonicus des Wifchehrader Domftiftes, dann aber 1800 wirklicher oder Refidentialdomherr deffelben, und nachdem er 1802 die theologifche Doctorwürde an der Prager Univerfität erlangt hatte, 1803 an eben derfelben k. k. Profeffor der Kirchengefchichte und 1806 Büchercenfor. Er ftarb den 26. Sept. 1823 zu Prag. Im Drucke war von ihm er-fchienen: Series praepositor. eccles. colleg. in castro Wischehrad. Prag 1802. — Erklärte Reden unfers Herrn, 3 Bde. eb. 1793—94. Neue vermehrte Aufl. eb. 1809. — Das Gefetz unfers Herrn, eb. 1803 (die 2 letztern Werke in böhmifcher Sprache).

Ditters von Dittersdorf, Carl, vorzüglicher Tonfetzer, wurde am 2. Dec. 1739 zu Wien geboren. Als kleiner Knabe zeigte er fchon auffallende Anlage zur Mufik; gefchickte Meifter bildeten ihn heran, und in kurzer Zeit ward er feines fchönen Violinfpieles wegen ein Ge-genftand allgemeiner Bewunderung. So kam es, daß der k. k. Feld-marfchall Prinz Jofeph Friedrich von Hildburghaufen im März 1751 ihn als Kammerknaben zu fich nahm, und für feine fernere Ausbil-dung Sorge trug. Nirgends hätte er beffere Gelegenheit dazu finden kön-nen. Der Prinz, ein großer Freund der Mufik, hatte ftets die ausgezeich-netften Künftler um fich. Darunter ftand Gluck oben an, in deffen Gefellfchaft der Jüngling, nachdem die Capelle feines Gönners aufge-löft und mit dem kaiferl. Hoftheater vereinigt worden war, eine Reife durch Italien machte. Hier lernte er die größten Künftler kennen, zog jeden möglichen Nutzen aus ihrem Umgange, und fo von Gluck auf-gemuntert, verfuchte D. mehrere Compofitionen, die glücklich genug aus-fielen; den Anfänger zum wackern Fortfchreiten anzueifern. Nach Wien zurückgekehrt, und da fein Contract mit dem Hoftheater zu Ende ging; der neue Director Graf Spork aber den jungen Künftler nicht hinläng-lich zu würdigen fchien, trat er in des Bifchofs Pafachich von Groß-wardein Dienfte, deffen Capellmeifter Mich. Haydn nach Salz-burg abgegangen war. Hier componirte er mehrere Cantaten, Sing-fpiele für das Theater, auch eine ital. komifche Oper und verlebte fo 5 glückliche Jahre; da zwangen ihn äußere Verhältniffe als Mufikdirector dem Rufe des Fürft-Bifchofes von Breslau zu folgen. Diefes gefchah 1769; im nächften Jahre ward er auch fchon deffen Forftmeifter, 1773 Landeshauptmann von Freywaldau und von Kaifer Jofeph II. der überhaupt D.'s Mufe fehr geneigt war, und ihn gerne in Wien

gehabt hätte, in den Adelsstand erhoben. D. aber hielt demungeach=
tet bis zum Tode des Fürst=Bischofes in seinen eingegangenen Verpflich=
tungen aus, obschon manche Umstände höchst unerfreulich auf seinen Geist
und Körper wirkten, und zuletzt noch Undank sein Lohn war. Mit einer
kleinen Pension von dem Nachfolger desselben entlassen, und ohne
eigenes Vermögen, sah er sich mit bitterer Noth sammt seiner Familie
bedroht; Ignaz Freyherr von Stillfried both ihm freye Wohnung
zu Rothlhotta im Taborer Kreise Böhmens an, wo er nach vielen
Leiden 1799 starb. D. nimmt unter den Componisten seiner Zeit einen
ehrenvollen Platz ein, und seine Opern: Der Doctor und Apotheker,
Hieronymus Knicker, das rothe Käppchen u. a. m. (über zwanzig
an der Zahl) haben sich sehr lange als die ersten komischen auf den mei=
sten Repertoiren Deutschlands (und da der Text auch ins Italienische
übersetzt wurde), auch sogar Italiens erhalten. Natürliches Leben, An=
muth, Charakter und Wahrheit, besonders aber eine gewisse Freund=
lichkeit und Volksthümlichkeit zeichnen sie vortheilhaft aus. Minderen
Beyfall haben seine Symphonien, Sonaten und Lieder gefunden, deren
Tendenz denn auch, trotz unbestreitbarer Vorzüge, veraltet zu nen=
nen ist.

Divény, ungar. Marktflecken im Neograder Comitat, mit einem
hochgelegenen Felsenschlosse und 1,056 Einw. Zu seinem Gebiethe ge=
hört die Glashütte Divény=Hutta an der Gränze des Sohler Comi=
tats, die auch unter den Nahmen Brovee bekannt ist.

Divich (Divics), Dorf im Bezirke des walachisch=illyr. Regi=
ments in der banat. Gränze des Militärgränzlandes, liegt an der Do=
nau. Hier wird viel Färbersumach (Ruja) gesammelt. Die Sammlung
geschieht in der ganzen Gegend, wie auch in der Waldgegend Glob.

Dlabacz, Gottfr. Joh., regulirter Chorherr des Prämonstra=
tenserstiftes Strahow nächst Prag und Bibliothekar daselbst, Mitglied
der königl. böhm. Gesellschaft der Wissenschaften zu Prag, und der
oberlausitzischen zu Görlitz, geb. zu Czerhenitz in Böhmen den
17. July 1758. Den ersten Unterricht erhielt er zu Böhmisch=Brod,
wohin sich sein Vater, Wenzel D., 1760 begeben hatte, 1771 g lang=
te D. als Sängerknabe in das Benedictinerstift zu Braunau mit einem
Musikstipendium. Hier machte er den Anfang mit den Humanitäts=
studien, und erhielt 1773 ein derley Stipendium an der Strahower
Kirche in Prag. Dort besuchte er das Altstädter Gymnasium durch 2
Jahre, wo er 1776 auch Cornova's Unterricht in der Rhetorik ge=
noß. Bey den Dominicanern in der Altstadt bekam er Kost und Woh=
nung, studirte dann an der Universität zu Prag die Logik, Mathe=
matik und Physik, und trat 1778 den 30. April, nach absolvirter Philo=
sophie, in den Prämonstratenser=Orden am Strahow. Den 21. July
1782 legte er die Ordensgelübde ab, und begann das theologische Stu=
dium an der Universität, nach dessen Beendigung er den 3. Sept. 1785
zum Priester geweiht wurde. Er hatte sich schon früherhin mit Feuereifer
der vaterländischen Literatur gewidmet, und für diesen Zweck von 1788
—95 mehrfältige Reisen in Böhmen unternommen, auch Brünn und
Wien besucht, wo er Gelegenheit fand, mehreres im histor. Fache

zu sammeln, und für sich anzumerken, insbesondere aber die literarische Freundschaft ausgezeichneter Gelehrten zu gewinnen, welchen er auch seine literarischen Dienste anzubiethen, im Stande war. Schon vor abgelegten Ordensgelübden ward er zum Bibliothekar bestellt, und hat fortan seine Zeit so redlich genützt, daß eine sehr bedeutende Anzahl gelehrter Schriften von und für Böhmen die Frucht seiner, bis an seinen Tod (den 6. Febr. 1820) unermüdet betriebenen Forschungen geworden ist. Zur Belohnung der durch seine gelehrten Arbeiten und gelieferten patriotischen Schriften sich erworbenen ausgezeichneten Verdienste hatte ihm der Kaiser die große goldene Civil=Ehren=Medaille mit Öhr und Band verliehen. Von seinen Schriften werden hier die vorzüglichsten aufgezählt: Miscellen für Böhmen, Görlitz, 1792. — Leben des Prager Erzbischofs Johann Lohelius, Prag, 1794. — Historische Darstellung des Ursprungs und der Schicksale des königl. Stiftes Strahow, 3 Thle. eb. 1805—7. — Künstler=Lericon für Böhmen, Mähren und Schlesien, 3 Thle. eb. 1815. — Chronologicum necrologium Abbatum et Canonicorum Praemonstrat. Sionęorum, eb. 1817. — Außerdem hat er eine Anzahl poetischer und historischer Arbeiten böhmisch im Druck gegeben, viele solcher Arbeiten handschriftlich zurückgelassen, in literarischen Zeitblättern, wie in der Lausitzer Monathschrift, in den Lieferungen für Böhmen von Böhmen; ferner in Rieg= ger's Materialien zur alten und neuen Statistik von Böhmen, und in den Abhandlungen der königl. böhm. Gesellschaft der Wissenschaften, interessante Aufsätze historischen und literarischen Inhalts mitgetheilt. Zu seinen letzten, in den Abhandlungen erschienenen, gelehrten Arbeiten gehören: Campanus von Wodnian; Johann Chorinus.

Dniester, Fluß in Galizien, entspringt in einem Karpathenaste im westlichen Theile des Samborer Kreises, beym Dorfe Dniestrzyk Dubowy, zwischen den Marktflecken Turka und Lutowiska. Er legt in vielen Krümmungen einen Weg von 62 Meilen zurück, bis er bey Onuth mit dem rechten, und bey Okopy mit dem linken Ufer russisch wird. Am rechten Ufer nimmt er auf: Den Stry, die Swica, die Lomnica und die Bistriza Nadworna; an der linken Seite ergießen sich in ihn die Flüsse Stripa, Sered und Podhorcé. Wegen der vielen Krümmungen, welche der D. macht, bedienen sich die Anwohner, welche oft den Fluß übersetzen müssen, hölzerner Krücken (Stelzen), mittelst welcher sie, ohne naß zu werden, über das Wasser schreiten.

Dobbelbad, s. Tobelbad.

Doblhof, die Freyherren, ein ursprünglich steyerm. Geschlecht, dessen eigentlicher Geschlechtsnahme Holler war. Franz Holler war Doctor der Medicin und Leibarzt der Kaiser Joseph I. und Carl VI. 1706 wurde er kaiserl. Rath und mit dem Prädicate v. Doblhof in den erbländischen Ritterstand erhoben. Carl Hieronymus Holler Edler v. D. war 1740 k. k. wirkl. Hofrath bey der böhm. Hofkanzley, er erlangte durch Heyrath die Herrschaften Rauhenstein, Weickersdorf, Rauheneck und Rohr bey Baden in Niederösterreich, welche noch jetzt im Besitze dieser Familie sind. Er starb den 30. July 1767. — Der gegenwärtige Älteste der Familie, Carl Freyh. v.

46 *

D. zeichnet sich durch seine universellen gelehrten Kenntnisse aus: S. D. = Dier, Ant. Freyh.

Doblhof=Dier, Ant. Freyh. v., k. k. Hofrath, war 1743 zu Wien geboren. Der würdige Sohn strebte frühzeitig in die Fußstapfen seines Vaters, Carl Hieronym. v. D., zu folgen. Er wurde von dem 1756 verstorbenen k. k. Hofrath und geh. Kammerzahlmeister, Carl Jos. v. Dier zum Universalerben seines großen Vermögens bestimmt, nahm dessen Nahmen und Wapen an, und da er 1772 den Freyherrnstand erlangte, nannte er sich fortan: Freyherr v. D.=D. Schon 1756 begann er die öffentliche Laufbahn als k. k. niederösterr. Regierungsrath in Justizangelegenheiten, welche Stelle er mit solcher Thätigkeit bekleidete, daß er am 16. März 1762, noch bey Lebzeiten seines Vaters, zum wirklichen Hofrath und Beysitzer bey dem Commerzienrathe ernannt ward. In jener Umwandlungs=Periode der Industrie erwarb sich D. als tüchtiger Geschäftsmann und warmer Vaterlandsfreund, der in dem ihm anvertrauten Wirkungskreise zur Beförderung des Guten, mit rastlosem Eifer zu wirken bemüht war, viele Verdienste durch Gründung mehrerer Fabriken, Vervollkommnung derselben durch Anstellung geschickter, erfahrner und thätiger Werkführer, sowohl In= als Ausländer, durch die Vergrößerung, zweckmäßige Verbesserung und Einrichtung der bereits bestehenden, insbesondere durch die Emporbringung und Verfeinerung der Stahlarbeiten, und die erste Anlage einer inländischen Seidencultur. Auf alle Gewerbe und Kunstproducte, die nach Anmuth der Formen streben, daher auf das Vorwärtsschreiten des Fabrikswesens, in Hinsicht der Veredlung des Geschmacks, äußerte die Akademie der bildenden Künste auch damals ihren erweckenden Einfluß. Mit dem thätigsten Wirken für das Gedeihen dieses Instituts, war D. zugleich Präses desselben bis an sein Lebensende. Mit gewohntem Eifer und mit der wärmsten Theilnahme an dem Schicksal seiner leidenden Mitbürger setzte er nach seines edlen Vaters Tode die Aufsicht über das von demselben errichtete und durch 40 Jahre unter seiner wohlthätigen Leitung gestandene St. Johannes=Spital in Wien fort. Dasselbe wurde aber, gleich andern Versorgungshäusern, von Kaiser Joseph II., in Folge des neuen Planes zur Versorgung der Armen, aufgehoben. D. ward nun von dem Kaiser als Referent bey der neu errichteten Hofcommission der Armen=Versorgungs=Anstalten angestellt, bey welcher er nach dem Austritte des Grafen v. Bucquoy das Präsidium führte. — Kaiser Franz ernannte ihn zum Mitgliede der damahligen Wohlthätigkeits=Hofcommission, in welcher Cathegorie sich D. zum Wohle der Menschheit, bis zu seinem am 20. Dec. 1810 erfolgten Tode, wirksam verwendete.

Dobner, Gelasius, Priester aus dem Orden der frommen Schulen, und ein um Böhmens Geschichte hochverdienter Mann, wurde den 30. May 1719 zu Prag geboren. Die ersten Umrisse zur literarischen Bildung verdankte er den Jesuiten; Philosophie und Theologie studirte er im Hause seines Ordens zu Horn in Osterreich, und die Rechte an der Wiener Hochschule. Dem Geiste seines Ordens gemäß, übernahm er hierauf eine Professur und lehrte anfangs an den Gymnasten zu Wien und Nikolsburg die latein. Grammatik, und später zu Kremsier die Rhetorik. 1757 unterzog er sich der wissenschaftlichen Leitung des Grafen Georg v. Mansfeld mit vielem Glücke, und 1764 wurde er zum Rector des Ordenshauses in Prag erwählt. Diese Stelle versah er bis 1773, höchst verdienstlich wirkend; nun legte er sie aber nieder, um sich ganz seinem inneren literar. Drange hingeben zu können. Für Böhmens und Mährens Geschichte beginnt mit ihm erst eine tiefere Kritik in Benützung der Quellen und alter Denkmähler. Der große Schlözer sagt von ihm: „Dieß ist der gelehrte Mann, der in der ältesten böhm. und poln. Geschichte, wiewohl unter schweren Anfechtungen — primus delirare desiit." — Ein so rastloser Eifer konnte nicht unbeachtet bleiben. Maria Theresia, diese große Beschützerinn der Wissenschaften, belohnte ihn mit einem jährlichen Gnadengehalte von 300 fl. D. konnte nun ruhig auf der betretenen Bahn fortschreiten, er that es rastlos; allein er schwächte eben dadurch seine Gesundheit, und schon 1787 verlor er beynahe ganz das Gedächtniß. Seine Leiden nahmen nun immer mehr zu, bis er ihnen am 24. May 1790 unterlag. Die böhm. Gesellschaft der Wissenschaften, deren ordentliches Mitglied er war, ließ ihm ein Denkmahl von Marmor setzen, und dasselbe mit einer passenden latein. Inschrift zieren. Wir haben von ihm: Wenc. Hagek a Liboczan Annales Bohemorum etc. plurimis animadversionibus historico-chronologico-criticis etc. aucti. 6 Quartbde, Prag, 1761—82. Ein Werk von unsterblichem Verdienste, voll Belesenheit und Scharfsinn. Schade, daß er nicht früher damit fertig geworden ist, Hagek's Irrthümer zu berichtigen, nicht früher angefangen hat, seinen eigenen Weg zu gehen! Der 7. Band liegt im Manuscripte vollendet, aber unbegreiflicherweise noch unbekannt und ohne Nutzen für die Geschichte. Ein gleich verdienstliches Unternehmen sind die Monumenta historica Boemiae nusquam antehac edita. 6 Quartbde., Prag, 1764—85. Man kann nicht im Abrede stellen, daß diese in Bezug auf Richtigkeit und Genauigkeit des Textes manches zu wünschen übrig lassen, indessen bleiben sie immer eine wichtige Quellensammlung. Ferner haben wir von ihm nebst einzelnen gründlichen Untersuchungen, die in den Abhandlungen einer Privatgesellschaft in Böhmen stehen, noch: Beweis, daß die Urkunde Boleslaw's II. Herzogs in Böhmen, in dem Archive des Klosters Brzewnow bey Prag echt und unter den bisher bekannten die älteste sey. Prag, 1775. — Kritische Untersuchung, wann das Land Mähren ein Markgrafthum geworden, und wer dessen erster Markgraf gewesen sey? eb. 1776 und Olmütz, 1781. — Kritische Abhandlungen von den Gränzen Altmährens oder des großen mähr. Reichs im 9. Jahrhundert, Prag, 1784. 2. Aufl. eb. 1793.

Dobner v. Ratenhof, Sebast. Ferd., ungar. Advocat und Fiscal zu Odenburg, wo er auch in seiner eigenen Druckerey seine ausgezeichneten juridischen Arbeiten zu Tage förderte, wurde 1635 daselbst geboren. Von seinen Werken, die durchgehends viel Fleiß und Scharfsinn beurkunden, nennen wir: Institutiones tripartiti juris Hung. privati. — Die unvergleichliche Vortrefflichkeit, unbeschreibliche Hoheit und Präeminenz des großmächtigsten Erz-Hauses von Österreich. —

Tractatus nomico-politicus de fundamento I. regni Hung. in specie illis, qui in civitatibus resident, eorumque jure, foro, privilegiis, immunitatibus, praerogativa habilitate ad officia, et ratione status, nec non interesse omnium trium potiorum statuum, ut nobiles in civitatibus conserventur et penes regni leges manuteneantur. Zum Drucke bereit und geordnet hinterließ er: Supplementa Hungariae litteratae; De militia, vestitu et moribus Hungarorum; Notabilia Hungariae; Conamina linguae hungaricae; Topologia Semproniensis u. a. m.

Doboker Gespanschaft, im Lande der Ungarn in Siebenbürgen; zwischen der innern Szblnoker und der Klausenburger Gespanschaft, begreift 51 geogr. Q. M., und hat eine Bevölkerung von 66,900 Individuen. Ein Theil dieser Gespanschaft ist sehr gebirgig, nähmlich derjenige, welcher sich gegen die Bukowina hin erstreckt. Dennoch sind die Thäler mit weniger Ausnahme ziemlich fruchtbar, und in den unteren Theilen wird selbst Weinbau getrieben. Die D. G. ist in 2 sogenannte Zirkel eingetheilt, deren jeder 4 Processe begreift.

Dobromyl, galiz. Stadt im Sanoker Kreise, am Bache Wyrwa, zählt 1,600 Einw., worunter 850 Juden. Sie hat einen großen viereckigen, ungepflasterten, äußerst unebenen Platz, der von lauter Judenhäusern umgeben ist, und hält 2 starkbesuchte Mastochsen-Jahrmärkte, auf welchen die den Winter hindurch im Kreise zu mästenden Ochsen aufgekauft werden.

Dobrota, dalmat. Dorf im Kreise von Cattaro, mit 1,400 Einwohnern, worunter die reichsten Schiffeigenthümer in ganz Dalmatien.

Dobrowsky, Jos., Abbé (eigentl. Daubrawsky; er selbst nannte sich Josef Daubrawsky ze Solnic), Dr. der Philosophie, Mitglied der königl. böhm. Gesellschaft der Wissenschaften u. m. a. wurde am 17. August 1753 zu Gyermet bey Raab in Ungarn geboren, wo sein Vater Jacob Daubrawsky (ein geborner Böhme) Unterofficier in einem Dragoner-Regimente, sich eben aufhielt. Die Nahmensänderung entsprang aus dem fehlerhaften Eintrag in das Taufbuch; Irrungen vorzubeugen mußte sich nach diesem gehalten werden. In den ersten Wochen seines Lebens kam D. nach Böhmen, wo er auch als Knabe die deutschen Schulen besuchte, und hier wohl zuerst den Grund zur Erlernung der böhm. Sprache legte. Die 4 ersten lateinischen Classen absolvirte er in Deutschbrod bey den Augustinern, in Klattau unter den Jesuiten Poesie und Rhetorik, und Philosophie an der Universität zu Prag. Er suchte nun um die Aufnahme in den Orden der Jesuiten nach; als einem anerkannt talentvollen jungen Manne ward sie ihm bewilligt, und er trat 1772 in das Noviciat zu Brünn. Da aber schon das folgende Jahr die Gesellschaft aufgehoben wurde, ging er zur Fortsetzung der theologischen Studien nach Prag zurück, und verlegte sich hier vorzugsweise auf orientalische Sprachen. Der Umstand, daß er 1776 als Lehrer der Mathematik und Philosophie in das gräfl. Nostiz'sche Haus kam, hatte wohl den bedeutendsten Einfluß auf seine spätere literarische Wirksamkeit. Er lernte hier die zwey hochverdienten

Gelehrten, den Topographen Schaller und den Historiker Pelzel kennen. Durch diesen ward er tiefer eingeweiht in die Literatur der Slaven; seine Liebe dafür, der wir so Vorzügliches danken, ward geweckt und begründet. Indessen ging noch immer sein Wunsch dahin, eine theologische Lehrkanzel für orientalisches Sprachstudium zu erlangen; da er aber Böhmen, wo Alles besetzt war, nicht verlassen, und für die ausgeschriebene Stelle in Lemberg den Concurs nicht machen wollte, so kam er um die neuerrichtete theolog. Censursstelle in Prag ein, und erhielt sie auch durch Hofentschließung vom 27. März 1786. Jetzt auch zum Vicedirector des Prager General-Seminarium vorgeschlagen, fühlte er sich, um ohne Hinderniß auf seiner Bahn fortzuschreiten, bestimmt, 1787 die Priesterweihe zu nehmen, und nach 2 Jahren wurde er auch wirklich als Vicedirector des Hradischer General-Seminariums, nächst Olmütz in Mähren bestätigt und bald hierauf zum wirklichen Rector ernannt. Mit der Aufhebung dieses Institutes 1789 erhielt er eine Pension von 500 fl., ging nach Prag zurück und lebte hier im Nostiz'schen Hause ganz allein den Wissenschaften, vorzüglich aber den eifrigsten Forschungen in dem tiefen Schachte der slavischen Literatur. Als Kaiser Leopold II. der königl. böhm. Gesellschaft der Wissenschaften 6000 fl. schenkte, beschlossen die Mitglieder einen Theil davon zu historischen Untersuchungen in Schweden zu verwenden. Hier mußte, entführt in den Zeiten des 30jährigen Krieges, so manches Denkmahl für böhm. Geschichte verborgen liegen; dieses zu untersuchen ward D. ausersehen. 1000 fl. wurden ihm angewiesen. Er trat am 15. May 1792 in Gesellschaft des Grafen Joachim v. Sternberg die Reise an, und kehrte im März des folgenden Jahres über Petersburg, Moskau, und Warschau nach Prag zurück. Bevor er indessen das Resultat seiner Reise dem Drucke übergab, machte er eine zweyte mit dem Grafen Friedr. Nostiz durch ganz Deutschland nach Italien; allein in den Bädern zu Albano erhielten sie die Nachricht von der schweren Krankheit des Vaters, Grafen Franz Anton Nostiz. Sie kehrten demnach eiligst nach Prag zurück, und D. wohnte fortan im gräflichen Hause, von dem er auch eine Pension bezog. Kleine Reisen, besonders im Sommer, nach Wien, Dresden, Ungarn, wechselten von nun an mit einer rastlosen literarischen Thätigkeit, und dieser glücklichen Muße verdanken wir so viele schätzbare Arbeiten eines so ausgezeichneten Geistes. Alle slavischen Sprachen hat er beleuchtet, insbesondere aber die böhm. kritisch gewürdigt, und seine Untersuchungen sind für die Geschichte von hohem Nutzen gewesen. Er war, wie sein würdiger Nachfolger Palacky sich ausdrückt, in der That ein Mann, wie ihn die Natur nur selten erscheinen läßt; denn er verband ein außerordentliches Gedächtniß mit unermüdeter Thätigkeit, und einen durchdringenden Scharfblick mit stets gleicher Lebhaftigkeit des Geistes. So konnte es nicht anders kommen, als daß die ausgezeichnetsten Gelehrten des In- und Auslandes seine Freundschaft suchten, und daß seinem Talente überall jene Achtung ward, die aus der innigsten Anerkennung des Verdienstes hervorgeht. D. verlebte unter diesen Umständen die Tage seines fruchtreichen Alters in edler Ruhe, welche Landparthien, wohl auch Reisen würzten, und auf einer solchen, starb er zu Brünn den 6. Jän. 1829. Wir haben von ihm: Fragmentum Pragense Evangelii Scti. Marci, vulgo autographi. Prag, 1778. — Corrigenda in Bohemia docta Balbini, juxta editionem Raph. Ungar. eb. 1779. (Diese interessante Schrift hatte einen Aufsehen erregenden Federkrieg mit Ungar zur Folge.) — Böhmische Literatur auf das Jahr 1779. 4 Stücke, eb. 1779. — Böhm. und mähr. Literatur auf das Jahr 1780, 3 Stücke, eb. 1780—84. — Antwort auf die Revision der böhm. Literatur, eb. 1780. — Scriptores rerum Bohemicarum e Bibliotheca ecclesiae metropolitanae Pragensis; eb. 1. Thl. 1783, 2. Thl. 1784. (Gemeinschaftlich mit Fr. Pelzel.) — Literarisches Magazin von Böhmen und Mähren. eb. 1. und 2. Stück, 1786. 3. Stück, 1787. (Bereits selten im Buchhandel vorkommend.) — Über die Ergebenheit und Anhänglichkeit der slavischen Völker an das Erzhaus Osterreich, eb. 1791. — Literarische Nachrichten von einer auf Veranlassung der königl. böhm. Gesellschaft der Wissenschaften 1792 unternommenen Reise nach Schweden und Rußland. Nebst einer Vergleichung der russ. und böhm. Sprache, nach dem Petersburger Vergleichungswörterbuche aller Sprachen. eb. 1796. — Die Bildsamkeit der slavischen Sprache, an der Bildung der Substantiven und Adjectiven in der böhm. Sprache dargestellt, eb. 1799. (Als Einleitung zu D.'s deutsch-böhmischem Wörterbuche bestimmt.) — Slovo-Slavenicum, in specie Czechicum. eb. 1799. — Ceskych Prjslowj zbjrka. Po wydány Mistra Jakoba Srnce a Frant. Ond. Hornyzow nowé rozmnozèna. eb. 1804. — Wie man die alten Urkunden in Rücksicht auf verschiedene Zweige der vaterländischen Geschichte benützen soll, ein Versuch über den Brzenower Stiftungsbrief, eb. 1804. — Ausführliches Lehrgebäude der böhmischen Sprache. eb. 1809. (Im Buchhandel bereits ganz vergriffen.) — Slavin, Bothschaft aus Böhmen an alle slavischen Völker, oder Beyträge zu ihrer Charakteristik, zur Kenntniß ihrer Mythologie, ihrer Geschichte und Alterthümer, ihrer Literatur und ihrer Sprachkunde nach allen Mundarten. Mit einem Anhange: Der böhmische Cato. 1. Auflage eb. 1806. Unter etwas verändertem Titel. eb. 1808. 2. verbesserte, berichtigte und vermehrte Auflage. Von W. Hanka, mit 6 zum Theil colorirten Kupfertafeln, 3 Facsimile und 4 Tabellen herausgegeben, eb. 1834. (Dieses Werk enthält kostbare Mittheilungen über slavische Literatur.) — Slovanka. Zur Kenntniß der alten und neuen slav. Literatur, der Sprachkunde nach allen Mundarten, der Geschichte und Alterthümer. (Gegenstück zum Vorigen.) 2 Bde. mit 2 Kupf. und 1 Musikbeylage. eb. 1814 — 15. Kniha užitecná y kratochwilná, genz sloiwe Raba wselikych zwjrat, nynjpo ctwrté wydaná. eb. 1815. — Geschichte der böhmischen Sprache und ältern Literatur. Mit einer Kupfertafel, eb. 1818. — Lehrgebäude der böhmischen Sprache. Nach der Ausgabe von 1809 zum Theil verkürzt, zum Theil umgearbeitet und vermehrt. eb. 1809. Böhmisch von W. Hanka bearbeitet. eb. 1822 und 1831. (Ein vortreffliches Muster für alle slavischen Grammatiker.) — Institutiones linguae slavicae literalis dictae, quae in libris liturgicis obtinet.

Wien, 1821. — Ausführliches und vollſtändiges deutſch-böhmiſches ſynonymiſch-phraſeologiſches Lexicon oder Wörterbuch. 2 Bde. Prag, 1821. — Institutiones linguae slavicae dialecti veteris, quae quum apud Russos, Serbos aliosque ritus graeci, tum apud Dalmatas Glagolitas ritus latini-Slavos in libris sacris obtinet. Wien, 1822. (Nach allgemein gegründeter Meinung D.'s verdienſtvollſtes Werk.) — Cyrill und Methud der Slaven Apoſtel, hiſtoriſch-kritiſcher Verſuch. Prag, 1823. — Mähriſche Legende von Cyrill und Methud. Nach Handſchriften mit andern Legenden verglichen und erläutert. eb. 1826. — Historia de expeditione Friderici Imperat. edita a quodam Clerico Ausberto. Wien, 1827. — Glagolitika. Über die glagolitiſche Literatur: das Alter der Bukwitza, ihr Muſter, nach welchem ſie gebildet worden; der Urſprung der römiſch-ſlaviſchen Liturgie, die Beſchaffenheit der dalmatiniſchen Überſetzung, die man dem Hieronymus zuſchrieb ꝛc. Mit 3 Kupfertafeln. Von Hanka herausgegeben. Prag, 1832. — Entwurf zu einem allgemeinen Etymologikon der ſlaviſchen Sprachen. Mit 2 Tabellen. Von Hanka herausgegeben. eb. 1833. Noch erſchienen mehrere ſehr werthvolle Abhandlungen und Auffäße D.'s in den Abhandlungen der königl. böhm. Geſellſchaft der Wiſſenſchaften, ſo wie in den Abhandlungen einer Privatgeſellſchaft abgedruckt. Am 15. Jänner 1835 hatten die Freunde des vor 6 Jahren zu Altbrünn verſtorbenen D. Gelegenheit, die Gedächtnißfeyer dieſes ausgezeichneten Gelehrten auf eine würdige Weiſe zu begehen. Der Abt und Prälat von St. Thomas in Altbrünn, Cyrill Napp, dem es vorbehalten war, die Hülle des Neſtors der ſlaviſchen Literatoren zur Erde zu beſtatten, hielt an dieſem Tage in der Auguſtiner-Stiftskirche für den Verſtorbenen ein feyerliches Seelenamt ab, wobey Cherubini's großes Requiem von der dortigen Stiftscapelle und einer zahlreichen Geſellſchaft von Dilettanten auf das Gelungenſte aufgeführt wurde.

Dobſchau (Topſchau), ungar. Marktflecken im Gömörer Comitat, an der nördlichen Gränze deſſelben, in einem von hohen Gebirgen eingeſchloſſenen Thale gelegen. Hier wird auf Kupfer, Eiſen und Kobalt gebaut. Außerdem findet man auch Asbeſt, Zinnober und Serpentin. Im Orte, welcher 4,840 Einw. zählt, beſteht ein evangeliſches Gymnaſium und eine Papiermühle; in der Nähe wird Flachs gebaut.

Döbling, ſchönes und ziemlich großes niederöſterr. Dorf mit einem Heilbade, im V. U. W. W. in der Nähe von Wien, welches durch viele ſchöne Anlagen von Gärten und Landhäuſern, ein Lieblingsaufenthalt der Wiener geworden iſt, und dadurch eine Ausdehnung und einen Glanz erhalten hat, worin ihm in der öſterr. Monarchie nur Hietzing gleich kommt. Ein altadeliges Geſchlecht, die Herren von Topelik, welche in Urkunden des 12. und 13. Jahrhunderts häufig vorkommen, gab wahrſcheinlich dieſem Orte den Nahmen. Bey dem Einfalle der Türken 1683 wurde D. faſt gänzlich zerſtört. Erſt ſeit 1760, wo der berühmte Feldmarſchall Daun den Ort zu ſeinem Landaufenthalte wählte, begann deſſen Glanzepoche, da ſich bald viele Adelige veranlaßt fanden, in der freundlichen Gegend für ihren Sommeraufenthalt Villen zu erbauen. In dem ſchönen, ehemahls der Familie von Henikſtein gehörigen Gebäude und Park befindet sich gegenwärtig Dr. Görgen's Privat-Institut für Gemüthskranke (s. d.). Der Ort zählt über 200 Häuser und über 1,600 Einw. Oberdöbling ist das Eigenthum der Familie von Würth; Unterdöbling gehört jedoch seit 1307 dem Stifte Klosterneuburg, welchem es zu dieser Zeit von Leopold von Sachsengang geschenkt wurde. Außer der schönen Pfarrkirche zu St. Paul, welche schon im 14. Jahrhunderte erbaut, jedoch vor einigen Jahren fast ganz neu auf das geschmackvollste wiederhergestellt ward, besitzt der Ort auch noch die St. Johannis-Kirche, in welcher jedoch gegenwärtig kein Gottesdienst mehr gehalten wird.

Döbrentei, Gabriel v., aus einem zu Högyést im Eisenburger Comitat seßhaften adeligen Geschlechte Augsb. Conf., ward den 1. Dec. 1786 zu Nagh-Szöllös in der Wesprimer Gespanschaft geboren. Den ersten Schulunterricht erhielt er zu Pápa, von wo er das Odenburger evangel. Collegium bezog, und da bis 1805 studirte. Die Liebe zur Poesie erwachte schon frühzeitig in ihm, und Baróti's, vorzüglich aber Anyos's Schriften munterten ihn auf, selbst einige Versuche zu wagen, welche ihm einen Platz in der Odenburger ungar. Gesellschaft verschafften. Nach einem Jahre trug ihm diese sogar die Aufsicht ihrer Bibliothek, und später das Secretariat auf. In dieser Eigenschaft gab er, unter der Leitung des Präses, Professor Rajcs, eine auserwählte Sammlung der Schriften der Gesellschaft heraus. (A' Soproni magyar tarsáság munkájinak zsengeji. Odenburg, 1804), worin sich auch seine ersten Gedichte, darunter: die Reize der Liebe in 6 Gesängen, befinden. Der Briefwechsel, den er mit Kis und Kazinczy führte, hatte großen Einfluß auf seine literarische Bildung. 1805 bezog er die Universität Wittenberg, wo ihn Pölitz's ästhetische Vorlesungen am meisten anzogen. Hier verlegte er sich auch auf die französische Sprache, nachdem er sich schon früher mit der deutschen und italienischen befreundet hatte. Einige Gedichte in Wittenberg geschrieben, stehen in Ragály's Segitö (Ofen, 1807). 1806 ging er nach Leipzig, wo er die Collegien der dasigen berühmten Professoren fleißig besuchte, nebstbey englisch lernte, wozu ihn Ossian, den er zuerst aus Batsányi's Übersetzung kannte, bewog. 1807 kehrte er in sein Vaterland zurück. Er hegte den Wunsch, in Siebenbürgen eine Anstellung zu bekommen, um hier die ungar. Sprache in ihrer Unverderbtheit kennen zu lernen; auch glückte es ihm, auf Kazinczy's Anempfehlung sogleich in das Haus der Gräfinn Susanna Gyulai nach Oláh-Andrasfalva zu kommen, und er übernahm ein Jahr darauf (1809) die Erziehung ihres Sohnes Ludwig. In demselben Jahre machte er einen Ausflug nach Szephálom, Kazinczy, den er noch nicht persönlich kannte, zu sehen; 1814 einen mit dem Freyherrn Miklas Wesselényi nach Norditalien, kehrte über Fiume und Croatien nach Ungarn zurück, wo er Bercsenyi in Mikla, Kisfaludy in Sümegh, die Dichterinn Judith Takács in Duka besuchte. Hier beginnt die schönste Periode seines Wirkens, welche sein Andenken in Siebenbürgen unvergeßlich macht. Noch 1813 mit seinem Zöglinge nach Klausenburg gezogen, versammelte er hier um sich die gelehrtesten Männer Siebenbürgens, und gab von ihnen, die er zur ungar. Schriftstellerey anfeuerte, unterstützt, in zwanglosen Bänden die Zeitschrift: Erdélyi Museum (Klausenburg und Pesth 1814—18. 10 Bde.) heraus, ein reichhaltiges Magazin des Guten und Schönen, mit vorwaltender philosophischer und ästhetischer Tendenz, das nicht nur in Siebenbürgen ein neues Licht verbreitete, sondern überhaupt die ungar. Literatur um einige Jahrzehnte vorwärts führte. Als Anerkennung seiner Verdienste ward D. 1818 zum Assessor der Hunyader Gespanschaft ernannt und dasselbe Jahr wurde auf ihn zu Carlsburg, mit Bewilligung des Guberniums, eine silberne Denkmünze geschlagen (die erste mit ungar. Aufschrift). D. verließ in einiger Zeit Siebenbürgen, und zog sich nach Pesth, wo er 2 Bde. seines übersetzten Theaters ausfertigte (Külsol di szinjatékai. Kaschau und Wien, 1821—22), enthaltend Müllner's Schuld und Moliere's Geizigen, sammt der Geschichte des deutschen und französischen Theaters, den Biographien deutscher und französischer Schauspieler, u. s. w. Shakespeare's Macbeth, den er noch in Siebenbürgen für die dortigen Bühnen in Prosa übersetzte, begann er hier metrisch zu übertragen, und vollendete ihn zu Wien, wohin er 1823 zog. 1825 ward er zweyter substituirter Provinzial-Commissär im Ofner District. Während seines Aufenthaltes in Wien lieferte er mehrere Artikel über ungar. Literatur in Hormayr's Archiv für Geschichte, und schrieb ein historisches Werk: Magyar dolgok Béésben. In Ofen schrieb er 1825: Veszta, einen Roman in Briefen, u. a. m. D.'s Gedichte im Erdélyi Museum, Szépliteraturai ajándék von 1821, Aurora, Hebe und Koszoru zerstreut, zerfallen in philosophische Oden, didaktische Gedichte, Lieder, Episteln und Epigramme, vorzüglich verdienen aber angeführt zu werden: Kenyérmezii diadal, Epos in 5 Gesängen) in Ossian'scher Manier (Aurora 1822) und Nandorféjérvar, in einem Gesang in Strophen (Aurora 1823). Außerdem hat man von ihm viele treffliche ästhetische Aufsätze im Erdélyi Museum, in Characterfestö anekdoták (Pesth, 1826).

Dömös, ungar. Dorf an der Donau, im Graner Comitat. Hier sind noch die Trümmer der von Almus, dem Vater des blinden Bela, gestifteten Propstey St. Margareth.

Döttler, Remig. Professor der Physik, geb. zu Wien den 7. Aug. 1748, trat nach Beendigung der Gymnasial-Studien 1764 in den Orden der frommen Schulen, und wurde schon 1766 bey dem Lehramt in deutschen Schulen, und dann von Jahr zu Jahr stufenweise in den lateinischen verwendet. Während dieser Zeit lag er den philosophischen und theologischen Studien ob. 1777 und 1778 lehrte er in der Theresianischen adeligen Akademie zu Lemberg die beyden Humanitätsclassen, und gab zugleich Unterricht in der Civil- und Militär-Baukunst. 1779 und 1780 lehrte er Philosophie und Mathematik. Allen diesen Lehrfächern stand D. mit ausgezeichnetem Eifer vor. Bey einer öffentlichen Disputation, welcher sich die adeligen Zöglinge unter seinem Vorsitze unterzogen, zeichnete er sich so ehrenvoll aus, daß ihn seine Ordensvorgesetzten zurückriefen, und ihm durch 3 Jahre die Lehrkanzel der Philosophie, Physik und Naturgeschichte für die jungen Cleriker in ver-

schiedenen Ordenshäusern anvertrauten. 1785 erhielt D. die Lehrkanzel
der Physik und angewandten Mathematik in dem adeligen Löwenburg'-
schen Convicte in der Josephstadt zu Wien, welcher Posten ihm
Gelegenheit gab, seinen angebornen Trieb zu den Naturwissenschaften
mehr zu befriedigen, und seine in denselben erworbenen Kenntnisse zu
erweitern. Als Kaiser Joseph II. die Theresianische Ritterakademie
zu Wien 1784 von der Vorstadt Wieden in die Stadt, in das sogenannte Barbarastift versetzt hatte, wurde D. nach abgehaltenem Concurse, zum Correpetitor für die Physik, Technologie und Naturgeschichte
für die Zöglinge der Theresianischen Ritterakademie ernannt. — 1792
ward D. vom Kaiser Leopold II. zum außerordentlichen Professor der
Physik ernannt, und erhielt zugleich das Befugniß gültige Zeugnisse auszustellen, und 300 fl. zu den Experimenten und den Duplicaten von den
Maschinen des akademischen Museums. Diese Lehrkanzel bekleidete er zugleich mit der Correpetitorstelle bey St. Barbara. — 1800 trat er in
einem seinen ausgebreiteten, gründlichen mathematischen Kenntnissen angemessenen Wirkungskreise, als ordentlicher Professor der Mathematik an
der Hochschule zu Wien, nach dem Tode des verdienstvollen Professors der
Mathematik, Freyh. v. Metzburg, ein. 1804 ward er zum Doctor
der Philosophie promovirt, und 1806 zum Decan der philosophischen
Facultät erwählt. Nachdem Ambschell, Professor der Physik, in demselben Jahre als Domherr nach Preßburg abgegangen war, erhielt
D. dieß öffentliche Lehramt, dem er mit rastlosem Eifer bis zu seinem
Lebensende vorstand. — Physikalische Untersuchungen waren eigentlich
die Lieblingsstudien D.'s, und diesen weihete er sich ausschließend. Mit
besonderm Talente begabt, war er unermüdet im Lesen und Selbstdenken
über die Natur und die Erscheinungen in derselben. Er starb den 6.
April 1812. Sein Lehrbuch: Elementa physicae mathematico-expe-
rimentalis, von welchem 1823 die 3. Auflage erschien, hat wesentliche
Verdienste.

Dognacska, ungar. cameral. Bergflecken, im Krassoer Comitat, in einem Thale gelegen und von 2,015 Seelen bewohnt, mit einer
Berggerichts-Substitution und reichen Kupfergruben, die auch Bley
und Zink geben, und mit einer Schmelzhütte. Auch auf etwas Gold
und Silber wird hier gebaut. Der weiße Marmor aus dem hiesigen
Bruche ist sehr feinkörnig, und in großer Menge vorhanden.

Doll, Anton, (Universitäts-) Buchhändler in Wien, 1772
geb. zu Kohlgrub in Bayern, gebildet in Preßburg, starb zu
Wien am 16. Juny 1812, in der Blüthe der Kraft, inmitten seiner
rüstigsten, gesegnetsten Geschäftsthätigkeit. Er war ein Mann von großartigen Ideen, von Unternehmungsgeist und Energie, von unermüdli-
chem Fleiße. Sichern Tactes erkannte und benützte er den richtigen, wie
den falschen Geschmack, das reelle oder eingebildete Bedürfniß der Zeit.
Ihm, als Kaufmann, war diese deßhalb stets günstig: er starb als reicher Mann. Aber sein mächtiger Verlag ward vertrödelt. D.'s Auf-
bau zerstiebte; nur der Nahme ist übrig. — Um die Literatur und Natio-
nalbildung hat er gar manches Verdienst durch mehrere, zum Theil auf
seine Anregung entstandene Unternehmungen, bey denen er nicht immer

auf pecuniären Nutzen, allein ausging. H o r m a y r's Plutarch, die österreichischen Annalen, die Sammlung von Reisebeschreibungen, M e i ß n e r's Werke (36 Bände; erste und noch einzige Gesammtausgabe, von K u f f n e r redigirt) die Humanitäts-Bibliothek rc. gehören, wie die Sammlungsausgaben von S c h i l l e r, W i e l a n d, K o ß e b u e's Theater rc. zu seinen größten Verlags-Artikeln. Vielen Autoren war er unterstützender Freund. Daß D. Nachdrucker war, ist nicht zu rügen, so ferne damahls der Büchernachdruck in Österreich aus cameralistischen und anderweitigen Motiven nicht gesetzwidrig war.

Dolliner, Thom., Doctor der Rechte, k. k. Hofrath, emeritirter ö. o. Professor des Kirchenrechtes an der Universität zu W i e n, ordentlicher Beysißer der Hofcommission in Justiz-Gesetzsachen und auswärtiges Mitglied der königl. böhm. Gesellschaft der Wissenschaften. Er war geboren zu D ö r f e r n in Krain den 11. Dec. 1760. Seinen ersten Unterricht erhielt er theils daselbst, theils zu T a r v i s in Kärnthen und trat 1772 in das Gymnasium zu L a i b a c h, wo er bis 1782 die Studien bis zum philosophischen Lehrcurse und zwey Jahrgänge der Theologie fortsetzte. 1782 begab er sich nach W i e n, und beendigte daselbst 1786 den juridisch-politischen Lehrcurs. 1788 erhielt er in der k. k. Akademie der orientalischen Sprachen, das Lehramt des natürlichen Privat-, allgemeinen Staats- und Völkerrechts, womit er zugleich die Stelle eines Supplenten bey dem damahligen Professor des Kirchenrechtes an der Universität, J. J. P e h e m, versah. 1789 vertauschte D. erstere Stelle mit der eines öffentlichen Repetitors der deutschen Reichsgeschichte, des Lehen- und deutschen Staatsrechtes an der k. k. Theresianisch-savoyischen Ritterakademie. 1796 wurde ihm die juristische Doctorwürde ertheilt. 1797, als die erwähnte Akademie in das Favoritgebäude mit eigenen Professoren übertragen wurde, erhielt er auch unverzüglich die Professur der Reichsgeschichte, des Lehen- und deutschen Staatsrechtes. Nachdem er auf die ihm 1801 verliehene Stelle eines Lehramtes des Kirchenrechtes an der Universität zu P r a g, wegen Gesundheitsrücksichten freywillig verzichtet hatte, erhielt er 1805 auf seine Bewerbung das Lehramt des Kirchenrechtes und 1810 auch jene des römischen Civilrechtes an der Universität zu W i e n. 1811 leistete er bey der neuen Auflage des allgem. bürgl. Gesetzbuches bey der genauen Correctur und durch manche über den Text desselben angebrachte zweckmäßige Erinnerungen, thätige Mithülfe, wofür ihm die Zufriedenheit des Kaisers zu erkennen gegeben wurde. 1816 wurde er zum Beysißer der Hofcommission in Justizsachen ernannt; 1824 erhielt er den Charakter eines k. k. wirklichen Regierungsrathes, wurde 1831 auf sein Ansuchen als Professor in den Ruhestand versetzt und ihm zur Belohnung seiner Verdienste der Charakter eines wirkl. Hofrathes beygelegt. Seine bisher gedruckten literarischen Arbeiten, historischen und juristischen Inhalts, erschienen theils als Inaugural-Dissertationen für Rechtscandidaten unter fremdem, theils ohne, theils unter seinem eigenen Namen. Die meisten derselben sind als quellengültige Schätze zu betrachten, da er die ganze erübrigende Zeit seines mehrjährigen Dienstes in der Theresianischen und orientalischen Akademie in den Bibliotheken zubrachte, und sich besonders mit Durchsuchung der alten Manuscripte der Hofbibliothek beschäftigte, wobey er eine große Menge unbekannter Materialien zur Aufhellung der deutschen Reichs- und Kirchen-, wie auch der österr. Staatsgeschichte sammelte. Der unter fremden Nahmen erschienenen Schriften sind 5 an der Zahl, und betreffen historische und juristische Abhandlungen. Ohne Nahmen erschienen: Erklärung des allgemeinen deutschen Lehenrechts nach Böhmens principia juris feudalis, Wien 1793. — Erklärung des deutschen Staatsrechts nach Pütter ꝛc. eb. 1793. — Erläuterung der deutschen Reichsgeschichte, nach Pütter ꝛc. 1. Bd. eb. 1794, ferner historische Aufsätze, Recensionen und Beyträge in mehreren Zeitschriften historischen und juristischen Inhalts. Unter eigenem Nahmen: Erläuterung der deutschen Reichsgeschichte nach Pütter ꝛc. 2 und 3. Bd., Wien 1801—2. — Codex epistolaris Primislai Ottocari II. Bohemiae Regis, ꝛc. eb. 1803. — Darstellung des Rechtes geistlicher Personen ꝛc. eb. 1813. 2. Aufl. 1817. — Handbuch des in Österreich geltenden Eherechts, 2. Bde. eb. 1813.— 18. — Erläuterung des §. 83 des bürgerl. Gesetzbuches über Ehedispensen, in Pratobevera's Materialien für Gesetzkunde und Rechtspflege in den österr. Staaten, (8 Bde., Wien, 1814—23.) worin noch folgende seiner Abhandlungen sich befinden: Über Ehe-Convalidationen zur Erläuterung des §. 88. Anmerkungen zu einigen Fragen aus dem österr. Eherechte von Franz Nippel. — Über die Auflösbarkeit der Ehe zwischen nichtkatholischen Religionsverwandten. — Einige Nachrichten über den Rechtsgelehrten Uberto von Lampugnano, in der Zeitschrift für geschichtliche Rechtswissenschaft von Savigny, Eichhorn und Göschen. Berlin, 1816. — Von Errichtung und Umänderung der Beneficien, wie auch der Einrichtung der Civil- und Militärseelsorge in den österr. Ländern, Wien, 1822. Von M. Juranich 1824 ins Lateinische übersetzt. — Erläuterung des 2. Hauptstücks des bürgerlichen Gesetzbuches §. 93 — 122 (3. und 4. Bd. des Eherechts), eb. 1835. — Einige Bemerkungen über die 3 ersten Bände des zu Frankfurt a. M. erscheinenden Archivs für ältere Geschichte, im 4. Bde. desselben Archivs. Seit 1834 setzt D. mit Kudler die Wagner'sche Zeitschrift für österr. Rechtsgelehrsamkeit und politische Gesetzkunde fort.

Dolo, großer venetian. Flecken in der Deleg. Venedig, mit 3,200 Einw., schönen Gebäuden und Landhäusern geziert, liegt an der Brenta, über welche eine steinerne Brücke führt.

Dom zu Mailand, s. Mailänder Dom.

Domanek, Anton Mathias Joseph, Rath und Director der Graveur- und Medailleur-Classe an der k. k. Akademie der bildenden Künste in Wien, gehört zu den ausgezeichneten Künstlern Deutschlands in erhabenen Metallarbeiten. Er wurde am 21. April 1713 in Wien geboren; Raphael Donner, der des Jünglings Genie entdeckte, war sein erster Lehrer. In der Folge besuchte er die Schule des berühmten van Schuppen, bereiste nach seiner Aufnahme in die Akademie 1754 Deutschland, die Niederlande, Polen und Ungarn, uud erregte überall durch die Kühnheit seiner Zeichnung, und die edle antike Einfachheit seiner Werke gerechte Bewunderung. Nach seiner Rückkehr verfertigte er einen Ovalspieltisch von petrificirtem Holze, mit durchgebrochenen Säulen von Stahl, um welche sich Blumen von Bronzearbeiten schlingen. Dieses Stück, allgemein als Meisterwerk gepriesen, wurde vom Herzog Albrecht zu Sachsen-Teschen der damahligen Königinn von Frankreich zum Geschenke überschickt. Überdieß haben wir von ihm auch viele höchst gelungene Medaillen und Vasen im antiken Geschmacke, die sich in verschiedenen Gegenden befinden. Er starb 1779.

Dombay, Franz v., geboren zu Wien 1758, erhielt seine literarische Ausbildung in der k. k. Akademie der morgenländischen Sprachen, und war 1783 im Gefolge der vom Kaiser Joseph II. an den Hof von Marokko abgeordneten Gesandtschaft. Das Studium der arabischen Sprache hatte er schon in seiner Jugend liebgewonnen; die Schätze des Escurials zu Madrid, wo er nach der Rückkehr von Afrika der k. k. österr. Bothschaft zugetheilt worden war, bothen ihm ein weites Feld, diese Lieblingswissenschaft fortzusetzen. Von hier kam er als Gränzdolmetscher nach Agram und 1802 als k. k. Hofdolmetsch mit dem Charakter eines wirklichen Hofsecretärs bey der geheimen Hof- und Staatskanzley nach Wien; 1809 ward ihm der Titel eines k. k. Rathes beygelegt. Er starb am 21. Dec. 1810. Das Verzeichniß seiner zahlreichen Schriften beurkundet glühenden Eifer für die Wissenschaften; wir heben die vorzüglicheren aus: Geschichte der Könige von Mauritanien, Agram 1794. — Populäre Philosophie der Araber, Perser und Türken, eb. 1794. — Grammatica linguae Mauro-Arabicae, Wien 1800. — Geschichte der Scherifen oder der Könige von Marokko, eb. 1801. — Beschreibung der gangbaren maurit. Gold- und Silbermünzen m. K., eb. 1803.

Dombi v. Gálfalva, Samuel, Doctor der Medicin, geboren zu Benye in der Zempliner Gespanschaft, studirte auf der Universität zu Utrecht, und gab dort als Inauguraldissertation 1758 eine Abhandlung über den Tokayer Wein heraus. In seine Heimath zurückgekehrt, ließ er sich als practischer Arzt zu Mißkolcz nieder, wurde Physicus der Borsoder Gespanschaft, und erwarb sich durch seine tiefen Kenntnisse ausgebreiteten Ruf. Nicht minder haben seine literarischen Arbeiten, die im Drucke erschienen, gerechte Anerkennung gefunden. So hat seine Relatio de mineralibus Comitatus Borsodiensis aquis, Wien 1766, den Beyfall des berühmten van Swieten im hohen Maße erhalten. Ferners haben wir von ihm ein Werk über die Hebammenkunst in magyarischer Sprache (Preßburg 1772) und eine ungarische Übersetzung der Rosenstein'schen Abhandlung von der Kenntniß und Heilung der Kinderkrankheiten, welche 1794 in Pesth erschienen ist.

Domestical-Obligationen der Stände von Österreich unter und ob der Enns, von Böhmen, Mähren, Schlesien, Steyermark, Kärnthen, Krain und Görz; dann des Wiener Oberkammeramtes. Es gibt ständische D. O., in dem durch das Finanzpatent vom 20. Febr. 1811 auf die Hälfte in Wiener-Währung herabgesetzten Zinsenfuße, nähmlich zu $2\frac{1}{2}$, $2\frac{1}{4}$, 2 und $1\frac{1}{4}$ Percent. Der Zinsenfuß der D. O. des Wiener Oberkammeramtes ist nur zweyerley, nähmlich zu 2 und $2\frac{1}{2}$ Percent in Wiener-Währung, nach dem Verhältniß der obigen Herabsetzung. Diese

Zinsen werden bey den betreffenden ständischen Cassen in den Hauptstädten der Provinzen und dem Wiener magistratischen Oberkammeramte gegen gestempelte Quittungen bezahlt. Die D.-Or wurden jedoch in die Verlosung der älteren österr. Staatsschuld aus dem Patente vom 21. März 1818 nicht einbezogen, daher auch ihr Curswerth bis im Nov. 1834 viel geringer als jener der Ararial-Obligationen geblieben war, von welcher Zeit an sich derselbe wegen ihrer bevorstehenden Einreihung in die Verlosung bedeutend gehoben hat. Diese in der Einleitung begriffene Operation besteht darin, daß den Domestical-Gläubigern, gegen Zurückstellung ihrer Domestical-Schuldbriefe, Ararial-Obligationen von gleichem Capitalsbetrage und Zinsenfuße, welche bereits in die Verlosungs-Serien der alten Staatsschuld eingetheilt sind, verabfolgt werden.

Donau, Hauptstrom der österr. Monarchie, welcher auf dem Schloßplatze der Stadt Donaueschingen, im Großherzogthum Baden entspringend, unterhalb Passau das österr. Gebieth betritt, und es bey Orsowa, um sich in Bessarabien nach einem Laufe von 332 Meilen in das schwarze Meer zu stürzen, wieder verläßt. Die D. hat in dieser Ausdehnung eine Länge von 181 geogr. Meilen und nimmt mit allen Nebenflüssen (wovon die ansehnlichsten der Inn, die Traun, Enns, Ybbs, Leitha, Drave und Save, die March, Waag und Theiß) einen Raum ein, welcher beynahe 2 Drittheile der Monarchie umfaßt. Ihr majestätischer Lauf, die große Wassermenge, die 120 in sie fallende Flüsse zuführen, die wichtigen und fruchtbaren Länder, die sie durchströmt und in Verbindung setzt, weisen ihr unter den europäischen Flüssen die erste Stelle ein. Ihrem deutschen Bruder, dem Rhein, steht sie aber, wenn von der Schönheit und Fruchtbarkeit der Ufer die Rede ist, weit nach; wiewohl ein großer Theil ihres Laufes auf deutschem Boden viele Naturschönheiten und romantische Gebilde aufzuweisen hat. (S. Donaufahrt.) Anfänglich von Passau abwärts ist ihr Bett schmal und felsig, zertheilt sich später in mehrere Arme, tritt am Strudel und Wirbel bey Grein im oberösterr. Mühlviertel wieder zusammen, fließt unter Melk abermahls in einem von Bergen eingeengten Thale bis Krems, wo sie mehr Freyheit gewinnt, und in mehreren Krümmungen durch den untersten Theil Osterreichs und durch ganz Ungarn in einer unabsehbaren Ebene, zum Theil zwischen niedrigen oft sumpfigen Ufern, ihre Fluthen dahin trägt, bis sie sich noch vor Alt-Orsowa, und ehe sie den Staat verläßt, durch eine nur 80 Klafter breite felsige Einengung mit brausenden Wogen durchdrängen muß. —Unter Leitung des Grafen Steph. Szechényi wurden im Oct. 1834 die bey Alt-Moldawa in Ungarn in und an der Donau befindlichen Felsen, die jede Schifffahrt unmöglich machten, durch Sprengen weggeschafft. Täglich arbeiteten bey 1,000 Sprenger an den Wasserfällen zwischen Lyupkowa und Szviniza unter der Leitung von Ingenieuren und Beyhülfe der Cordonsposten. Die Steinsprenger wurden von den nahen k. k. Bergwerken gegeben und namentlich Neu-Moldawa stellte auf kurze Zeit sämmtliche Bergwerksarbeiten ein, um das Unternehmen nach allen Kräften zu unterstützen. Begünstigt durch den ungewöhnlich kleinen Wasserstand war der Erfolg so groß, daß in kurzer Zeit über 1,000 Kubikklafter Steine gesprengt und ins Trockne geschafft wurden. Den 1. Nov. paſſirte bereits das erſte Schiff den Canal, wodurch alle Zweifel, welche man bisher über die mögliche Bewirkung der Schiffbarkeit der D. in dieſer Gegend für immer ſchwanden und die Regierung dieſem bisher verwaiſten, in wüſter Wildniß liegendem Landestheile unſtreitig eine große Wohlthat erwieſen hat.

Donaucanal bey Wien, iſt eigentlich ein natürlicher, aber wegen der zu ſtarken Verſandung unter Kaiſer Rudolph II. neu ausgegrabener, und 1698 abermahls regulirter Donauarm.

Donaufahrt von Engelhartszell an der bayer. Gränze bis Wien. Dieſe Fahrt von dem romantiſch gelegenen, obſchon an ſich nicht eben ſchönen Gränzorte Engelhartszell bis Wien iſt eine der reizendſten Waſſerfahrten. Von Engelhartszell bis Neuhaus bilden Ruinen, Felſenwände, maleriſche Hüttengruppen und Mühlen die herrlichſten Proſpecte in dem engen Waldthale, welche die Donau in den wunderlichſten Krümmungen durchzieht. Auf einem Felſenvorgebirge, um welches ſich eine der ſtärkſten Donauſtrömungen im weiten Bogen treibt, liegt die mächtige Wart von Hayenſtein, dicht hinter einander folgen die Schlöſſer von Rañariedel und Moesbach, die Ruinen von Waldkirchen und Hayenbach und bilden den ſchönſten Anblick. Die Gegend am rechten Donauufer, Schlägleiten genannt, iſt merkwürdig, indem von hier bis Paſſau eine Art Waſſerpoſt beſteht. Auf einmahl ſtrömt die Donau wüthend durch ein wild = ſchauerliches, ödes Felſenthal, wo auch dem Schiffer bey einer Felſenwand an den ſogenannten Donauhäuſern alle Aufmerkſamkeit anzuempfehlen iſt, nun erſcheint bald das großartige Schloß Neuhaus und die Ruine Partenſtein, an der Michl gelegen, wo ſich der große Rechen der berühmten Schwarzenberg'ſchen Holzſchwemme aus Böhmen befindet, die Gegend bekommt nun ein freundlicheres Ausſehen und läuft bey dem ſtattlichen Markte Aſchach, den ein Schloß und Park ziert, vollends in eine Ebene aus, wo man die erſten Weingärten erblickt und auch die fernen Hochalpen des Salzkammergutes ſichtbar werden. Von hier bis Linz, durch deſſen Anblick man auf einmahl, wie durch einen Zauberſchlag überraſcht wird, iſt die Gegend voll der reizendſten Abwechslungen. Bey Linz bildet der Fluß anfänglich einen großen Bogen nach Nörden, fällt aber dann wieder plötzlich nach Süden. Nicht weit von Steyregg fällt die Traun in die Donau und ihr ſchönes grünliches Waſſer ſtrömt noch beynahe eine Stunde unvermiſcht mit den gelblichen Fluthen der Donau. Bis zur ſchönen Abtey St. Florian werden die Ufer wieder eintöniger, nur die Alpen im Hintergrunde und einige Schlöſſer und Ruinen bringen Leben in das Bild. Beſonders ſchön iſt der Anblick der Ruine Spielberg, auf einer Felſeninſel mitten im Strome, hier brechen ſich jedoch die Wogen mit Macht, eine Art Waſſerfall genannt, bildend, welcher behutſame Fahrt erfordert. Den Spielberg vorbey, erblickt man den großen und wohlhabenden Markt Mauthhauſen mit ſeinen 3 Granitbrüchen (von welchen auch das Poſtament der Joſephsſtatue in Wien genommen wurde) und den Anfang der Eiſenbahn, auf welcher das auf der Traun herabgekommene Salz nach Budweis zur Moldau verführt wird. Bis zu dem ſchönen Schloß Nieder-Wallſee am rechten Donau-

ufer bildet hier die Donaufahrt die langweiligste Parthie, indem der Strom
in einer weiten Ebene sich durch ein Labyrinth von Auen windet, wo außer
dem steten Anblicke der Hochalpen sich nur wenig erfreuliche Ansichten zeigen.
Zu Wall se e erzeugen die sich am Fuße des Felsens brechenden Wellen ei-
nicht unbedeutenden Schwall, unterhalb verengen sich die Ufer wieder
und bald ist der Strom in eine finstere enge Felsschlucht eingeklemmt, wo jeder laute Schall, besonders, aber, ein Schuß ein herrliches Echo weckt.
Die Klippen reichen oberhalb dem reizend gelegenen Städtchen G r e i n bis
in den Strom hinein und bilden den Greinerschwall, vor dem sich die Schiffer
sehr in Acht zu nehmen haben. Nachdem nun das Schiff eine ziemliche Strecke
auf ruhiger und spiegelglatter Fläche dahin geglitten ist, verkündet auf
einmahl ein fernes Brausen die imposanteste Scene der Donaufahrt, den
Strudel und Wirbel. Eine große Felseninsel, der W ö r t h genannt, auf
welcher eine schöne Ruine, das alte W e r f e n s t e i n, sichtbar ist und auf
deren höchsten Klippe sich ein steinernes Kreuz zeigt, theilt den Strom
in zwey Hälften, im rechten Arm fließt er ruhig um die Insel herum,
am linken hingegen zieht sich ein mächtiges Riff von einzelnen Felsen
quer durch den Fluß, die Fluth wirft sich mit voller Macht hieher und
die Wogen brechen sich nun mit furchtbarer Brandung, durch welche die
Fluth das Schiff mit Blitzesschnelle durchreißt und dem überhängenden
Felsen zutreibt, auf welchem die schöne Ruine des alten Schlosses S t r u-
d e n über den ärmlichen Markt gleichen Nahmens hängt. Hier wird der
Strom abermahls zurückgeworfen und prallt wieder ans rechte Ufer zu-
rück, wo die Wogen sich aufs neue an einer Felsenklippe mitten im
Strome, dem H a u s s t e i n e mit seiner alten Warte brechend, zum linken
Ufer zurückgetrieben werden und so einen furchtbaren Wassertrichter, den
Wirbel bilden, welcher sich 3 bis 5, bey hoher Fluth oft 4 bis 5 Fuß
in die Tiefe hinabzieht; indessen, da schon durch M a r i a T h e r e s i e n s
Sorgfalt die bedeutendsten Klippen gesprengt wurden, ist die Gefahr beym
Strudel und Wirbel heut zu Tage nicht sehr bedeutend und nur bey sehr
niedrigem Wasserstande könnte ein tiefgetauchtes Schiff auf eine der Klippen aufsitzen. Alles kommt darauf an, die Einfahrt in das Strudelwasser
gut zu treffen und dann der Brandung am Haussteine geschickt auszu-
weichen. Über den Wirbel glücklich gekommen, gleitet das Schiff nunmehr ruhig durch anmuthige Gegenden weiter, die Aussicht wird freyer
und freundlicher und nun erscheint das anmuthige kaiserl. Familienschloß
P e r s e n b e u g, gegenüber das uralte Städtchen Y b b s, eine herrliche
Aussicht auf den Ötscher und auf die schöne Kirche zu M a r i a t a f e r l.
Unterhalb M a r b a c h, am Fuße des Berges, auf welchem dieser berühmte Wallfahrtsort liegt, fällt die Erlaph in die Donau. Nun eilt das
Schiff, dem uralten Städtchen P e c h l a r n vorüber, dem herrlichen An-
blicke des Prachtgebäudes der Benedictinerabtey M e l k entgegen, wel-
ches 180 Fuß hoch auf einem Granitfelsen thront. Am entgegengesetzten
Ufer liegt unter der Ruine W e i d e n e c k das einfache kaiserl. Landhaus
L u b e r e c k. Nun wird der Strom neuerdings durch hohe Waldberge ein-
gedämmt, eine Reihe alter Orte und malerischer Ruinen geben diesem
Thale, das noch überdieß mit üppigen Weinpflanzungen prangt, auf
der Fahrt von M e l k nach K r e m s einen eigenen Reiz. Nachdem man

nun der intereſſanten Ruine Aggsbach auf hoher Felſenklippe, ſo wie der Teufelsmauer, einer Felſenreihe, welche ſich bis zur Donau zieht und ein herrliches Echo enthält, vorbeygefahren iſt, umgeben aufs neue düſtere Felſenwände den Strom, und auf den höchſten Klippen eines Vorgebirges erblickt man die Ruinen von Dürrenſtein, wo einſt Richard Löwenherz gefangen gehalten wurde. Unterhalb dieſer Ruine wird die Gegend wieder freyer, und aus der Ferne blickt die ſchöne Abtey Göttweih hervor. Hier liegen auf einer Strecke von 1½ Stunden 4 Städte beyſammen, Dürrenſtein, Mautern, Stein und Krems. Mautern iſt der Hauptſtapelplatz für Böhmen und Mähren. In Stein endet ſich das größte Intereſſe der Donaufahrt, denn nun windet ſich der Strom durch eine Menge von Inſeln und Auen bis an die ungar. Gränze und nur am rechten Ufer ſind noch einige intereſſante Anſichten, ſo z. B. Hollenburg mit dem ſchönen Geymüller'ſchen Schloſſe, die Mündungen der Traiſen und des Kampes, das alte Städtlein Tuln, das hohe Greifenſtein mit dem gegenüberliegenden Kreutzenſtein, die Steinbrüche von Höflein, Kloſterneuburg und endlich dem Leopoldsberg vorüber, Nußdorf, an welchem Orte alle Schiffe landen müſſen, da er gleichſam als die Waſſerbarriere der Stadt Wien betrachtet wird, und von wo ſich jeder Reiſende auch gewöhnlich zu Wagen nach der Hauptſtadt begibt; da jeder Schiffer verpflichtet iſt, von hier erſt nach Wien zu ſchicken, ob und wo er anlegen dürfe, und ob nicht etwa ein großer Gegenzug komme, indem der Wiener Canal ſehr verſandet iſt, und ſich an deſſen Ufern auch ſtets eine große Menge Schiffe zuſammendrängen. Die gewöhnlichſte Reiſegelegenheit auf der Donau ſind die ſogenannten Ordinari, eine Art Privatpoſt, aus Plätten, eine kleinere Art Donauſchiffe, welche 180—600 Ctr. laden, beſtehend, welche ſehr flach, platt, breit gebaut, und mit einer Hütte verſehen ſind, die eigentlich als Obdach für die Waaren beſtimmt iſt, wo aber auch die Reiſenden auf Kiſten und Ballen, ſo gut es eben gehen mag, Plätze finden.

Donaufahrt von Wien bis Orſowa. Die Waſſerfahrt auf der Donau aus dem Wiener Canale nach Ungarn bis an die türk. Gränze beginnt zu Anfange des Frühlings, ſobald derſelbe gänzlich vom Eiſe befreyt iſt, und dauert bis zum Spätherbſte. Zur Aufnahme auf Donauſchiffen wendet man ſich an die hieſigen Schiffleute, deren Magazine ſich auf dem linken Donauufer, unterhalb der Ferdinandsbrücke befinden. Die Fahrt von Wien abwärts iſt jedoch für Reiſende weder ſo bequem (die neu errichteten Dampfſchiffe ausgenommen), noch ſo abwechſelnd und angenehm. Von Wien aus fährt man, am Ende des Praters vorüber, die langweilige Simmeringer Haide zur Seite gegen die europäiſch berühmte Lobau zu, und nähert ſich Kaiſer-Ebersdorf an der Mündung des Schwechatfluſſes. Mannswörth und deſſen angenehmen Auen vorüber läuft der Strom von Fiſchamend, über Regelsbrunn, Wilfingsmauer, Petronell (durch ſeine röm. Alterthümer merkwürdig) bis Altenburg und Hainburg hart an der Poſtſtraße, ohne beſonders reizende Überſichten zu gewähren; links ſind einzig und allein nur Auen zu ſehen. Bald jedoch, an der ungar.

47 *

Gränze, wo sich die March in die Donau einmündet, wird der Überblick interessanter, und es eröffnet sich eine herrliche Fernsicht, deren Glanzpuncte der alte Markt Theben mit seinen prachtvollen, auf steilem Berge thronenden Schloßruinen und weiter die schöne Krönungsstadt Preßburg mit ihren reizenden Umgebungen, welche ziemlich lange im Auge bleiben, sind. Nun fährt man auf dem Hauptarme des Flusses, oder der sogenannten großen Donau, die geschichtlich merkwürdige große und kleine Insel Schütt vorüber, nähert sich Raab, welche Stadt man jedoch nicht selbst erblickt, und erreicht endlich Gönyö am rechten Ufer. Von hier bis Dorogh wird die Donau wieder von der Poststraße begleitet. Nach kurzer Fahrt erblickt man nun die Festung Comorn am Einflusse der Waag, fährt dann die Orte Path, Sütö am linken, Almás, Neßmil, Uyfalu in einer weinreichen Gegend am rechten Ufer vorüber, und erreicht endlich Gran, welche Freystadt mit ihren schönen Gebäuden einen sehr erfreulichen Anblick gewährt. Hier fließt auch, nahe bey der fliegenden Brücke, welche diese Stadt mit dem gegenüberliegenden Flecken Parkany verbindet, die Gran in die Donau. Zwischen Gran und Waizen sind die Ufer durch nahe gerückte Berge, worunter sich besonders der hohe Piliser Berg auszeichnet, wieder sehr malerisch. Besonders merkwürdig ist hier das alte Wissegrad mit seinen merkwürdigen Schloßruinen, der Flecken Dömös mit bedeutenden Steinkohlengruben und Nagy-Maros, wo viel Tabak gebaut wird. Bald theilt sich nun auch die Donau in 2 Arme, welche die Andreäsinsel bilden, und sich bey St. Andrä wieder vereinigen. Nun erblickt man in blauer Ferne bereits den Blocksberg bey Ofen, fährt an Duna-Keszi und Alt-Ofen vorüber, und landet endlich bey der langen Schiffbrücke, welche Ofen und Pesth verbindet. Die weitere Fahrt von Pesth bis Peterwardein erfordert bey gutem Winde nicht mehr als 6 bis 8 Tage, und gewährt großentheils den Anblick schön bewaldeter Inseln, zwischen welchen sich der Strom hinschlängelt, die größten derselben sind die Insel Czepol, die bald hinter Pesth beginnt, und bey Racz-Almás endet, dann die Margita-Insel zwischen Bata und Bezdan. Rechts bleibt die Poststraße bis Peterwardein dem Ströme fast immer nahe. Die bedeutendsten Orte, welche auf dieser Route zu beyden Seiten des Stromes ins Auge fallen, sind der Reihe nach folgende: Teteny, Eresin, Adony, Dab, Racz-Almás, Duna-Vecse, Egyhaza, Földvar, Kalocsa, Tolna, Baja, Bata, Mohacs, Bezdan, Monosterszeg, Dalya, an der Mündung der Drave, Vukovár, Illok, O-Palanka, Szuszek, Cherevics, O-Futak, Neusatz und endlich Peterwardein. Von da bis Semlin fährt man 1½ Tag. Hinter Carlowitz erfordert eine große Sandbank und gleich hierauf ein gefährlicher Schwall die ganze Aufmerksamkeit des Schiffers. Gegenüber von dem Fort Salankamen stürzt sich die Theiß in die Donau. Von der gut gebauten Stadt Semlin, woselbst sich die Save mit der Donau vereinigt, und auf dem rechten Ufer bereits türk. Gebieth beginnt, wird die Fahrt durch einen kleinen Archipelagus von Inseln etwas langweilig und nur hier und da zerstreute

Orte, hauptsächlich aber der Anblick der geschichtlich merkwürdigen Festung Belgrad beleben dieses Einerley. Nachdem man auch diese, so wie Panczova vorüber ist, folgen in schöner gebirgiger Landschaft die Dörfer Wnische, Ripotek und Krozka, dann die wichtige türk. Festung Semendria, die Orte Kubin, Dubovacz, Uj=Palanka gegenüber der serb. Festung Rama, worauf sich die beyden großen Inseln Nova=Gaya und Moldava zeigen. Hier ist auch der inmitten des Flusses liegende Fels Babagai und der Paß Tatalia, woselbst die Donau voll verderbendrohender Klippen ist. Weiter erblickt man die Ruinen Trikulis, die serb. Orte Columbacz und Dobra, die Insel Boracz, den gefährlichen Fels Kaszan, welcher sich in die Mitte des engen Strombettes lagernd, einen mächtigen Wirbel erzeugt, der behutsame Fahrt erfordert; dann die berühmte veteranische Höhle, deren innerer Raum über 16 Klftr. lang, 12 Klftr. breit, und 10 Klftr. hoch ist. Sie kann 6 bis 700 Mann in sich fassen, enthält auch eine Cisterne, einen Backofen, Feuerherd und Pulvermagazin, und ist, in militärischer Hinsicht sehr wichtig, da von hier aus der zwischen steilen Ufern eingeengte Strom gänzlich beherrscht werden kann, wie denn dieser Platz auch bey den Türkenkriegen oft mit vielem Vortheil benützt ward. Von da aus ist nur mehr eine kurze Strecke zu dem Marktflecken Alt=Orsowa, der an der äußersten Gränze liegt und somit der Fahrt auf österr. Gebiethe ein Ziel setzt.

Donaugesellschaft, gelehrte (Sodalitas literaria Danubiana). Unter Kaiser Maximilian I. hatten die Wissenschaften in Wien einen höchst erfreulichen Aufschwung genommen; die Universität zeichnete sich vor allen übrigen in Deutschland durch die große Anzahl gelehrter Professoren und durch einen seltnen Zulauf von Schülern aus. 1497 war der als Dichter mit Recht hoch gefeyerte Conrad Celtes berufen worden, und ihm verdankt Wien einen großen Theil des gelehrten Rufes, welcher im Anfange des 16. Jahrhunderts in allen Ländern erscholl. Er war insbesondere für Wien der Impuls zu einer Thätigkeit, welche in kurzer Zeit die herrlichsten Früchte zu Tage förderte. Schon früher hatte Celtes eine gelehrte Gesellschaft am Rheine (Sodalitas literaria Rhenana) zu Stande gebracht; er veranlaßte die Gründung einer ähnlichen auch in Wien. Die durch Rang und wissenschaftliche Bildung ausgezeichnetsten Männer traten dem Vereine bey; ein eigenes Haus in der Singerstraße ward ihm gewidmet, und als Celtes (1497) in Wien ankam, begrüßten ihn schon die vorzüglichsten Mitglieder mit Gedichten, als Zeichen ihrer Verehrung. Wir nennen aus ihnen: Peter Krachenberger (Pierius Graccus), ein Passauer, Maximilian's Geheimschreiber, Geschichtsforscher und Redner; Augustin Kaesenbrot (Augustinus Olomucensis), als Evigrammatiker vorzugsweise ausgezeichnet; Joh. Spießhammer (Cuspinianus), gekrönter Dichter, Historiograph und vielseitiger Staatsmann; Andreas Stöberl (Stiborius) von Vilshofen in Bayern, Mathematiker und Domherr zu Wien; Joh. Stabius, Mathematiker, Dichter, Geschichtschreiber und Maximilian's unzertrennlicher Begleiter auf allen seinen Feldzügen und Reisen; Barthol. Steber (Scipio), Sohn eines Wiener Bürgers, vorzüglicher Arzt und Redner; Joh. Schlechta, König Wladislaw's Leibarzt, Freund des großen Erasmus und Bohuslaw's Lobkowitz von Haſſenſtein; Georg von Neudegg, aus einer alten und berühmten Familie Österreichs, Jurist und Wladislaw's Secretär, späterhin Kanzler zu Wien, Biſchof zu Trient und Statthalter im eroberten Verona; Theoderich Velſen (Ulsenius), ein Frieſe, Arzt und glücklicher Dichter; Heinrich Spieß (Cuspidius) von Heidelberg, ein Schüler von Celtes, Jurist; die Gebrüder Peter und Franz Bonomi, aus einem alten Patriciergeſchlechte von Trieſt, beyde durch ihre bürgerl. Stellung und literariſche Wirkſamkeit ausgezeichnet; Joh. Vitez, einſt Mathias Corvin's Freund, Biſchof zu Weſzprim und zu Wien ꝛc. ꝛc. — Die Geſellſchaft erlag dem Wechſel der Zeit, ſie hatte eine kurze Dauer, ſey es, weil bald das belebende Princip untergegangen, oder der Sinn dafür erſtorben. Wohl oft und vielfach ward nachher der Plan zu einer Akademie der Wiſſenſchaften für Wien beſprochen, jedoch nicht zur Ausführung gebracht, ſelbſt nicht durch den großen Leibnitz ungeachtet ſeiner perſönlichen Anweſenheit in Wien (1713).

Dongo, lombard. Ortſchaft in der Delegation Como, am Ausgange eines volkreichen Thales, und nahe an der Mündung des reißenden Fluſſes Albano, mit Kupfer- und Eiſengruben, einem Hochofen, Eiſenhammerwerke, Kupfer- und Eiſenblechwalzwerken. Es werden daſelbſt viele phyſikaliſche und mathematiſche Inſtrumente verfertigt.

Donner, Georg Raphael, einer der größten Bildhauer ſeiner Zeit, wurde in Dorfe Eßlingen im Marchfelde 1695 geboren. Nur die Zeit der Kindheit brachte D. in ſeinem Geburtsorte zu; nach wenigen Jahren zogen ſich ſeine Ältern in die Gegend von Heiligenkreuz, und dieſer Umſtand iſt ohne Zweifel die glückliche Veranlaſſung, daß er dahin geleitet worden, wozu ihn die Natur mit Kraft und Liebe ausgerüſtet. Brenner und Giuliani, beyde in dem damahls blühenden Stifte verwendet, waren die Künſtler, bey denen der Knabe, deſſen ſeltenes Talent ſich überall beurkundete, die erſten Schülerarbeiten machte, die er aber auch nach wenigen Jahren ſchon weit hinter ſich zurückließ. Kaiſer Joſeph I. hatte eben die von ſeinem Vater Leopold I. gegründete Maler- und Bildhauer-Akademie eröffnet, und die oberſte Leitung dem Grafen Philipp Ludwig v. Sinzendorf vertraut; hier ſetzte nun D. ſeine Studien fort, arbeitete theils nach der Natur, theils nach Antiken, und begründete in kurzer Zeit ſeinen Ruf. Indeſſen blieb das Schickſal ſtets gegen ihn ſpröde; wie er von Kindheit an mit Nahrungsſorgen und Hinderniſſen aller Art zu kämpfen hatte, ſo ging es ihm auch mit den meiſten Unternehmungen bis zu ſeinem Todestage dem 15. Oct. 1741. Erſt ſpäter erkannte man ſeines Geiſtes Größe — ein gewöhnliches Los des Ungewöhnlichen! Natürliche Folge ſeines ewigen Kampfes mit dem äußeren Leben waren der trübe, finſtere Ernſt ſeines Geſichtes, die kalte Schüchternheit, das Einſylbige der Mittheilungen; kurz die Summe aller Mängel, die daraus auf

seine Kunstwerke hinübergingen. Tiefes Studium der Natur, Richtigkeit der Zeichnung, wohlüberlegte Vertheilung und eine seltene Fertigkeit verräth jedes seiner Werke, wohl Niemand dürfte dagegen Einwendungen erheben; allein auf der einen Seite ist auch zu gestehen,
daß nicht immer sichere Kühnheit hervortritt, und daß seine Phantasie
wohl manchmahl zu kalt und blüthenleer erscheint. Diese Behauptung
rechtfertigt sich durch die Betrachtung seines heil. Martin, des Mau-
soläums im Dome zu Preßburg, und der Statue Kaiser Carl's VI.
im Belvedere. In vielen Gärten und Höfen Wien's befinden sich Büsten
und Statuen von seiner Hand, die alle mehr oder weniger das Gesagte
beweisen, und den Wunsch rege machen, daß solchen Künstlern ja stets
die gehörige Unterstützung werde, auf daß sie den ächten Flug wagen,
und ihre Phantasie von außen nicht erdrückt werden möge! — Zwey seiner geschätztesten Werke, darunter wohl das größte, verdankt die Nachwelt dem Wiener Magistrate: Andromachens Rettung durch Perseus, aus weichem Metalle, ob dem Rathhausbrunnen; und die herrlichen
Gebilde an dem großen Brunnen des neuen Marktes. In zwey Jahren
wären sie vollendet, mit Kraft und Liebe hatte D. gearbeitet; minder die Hauptfigur, die Vorsicht, als hauptsächlich die Nebenfiguren
am Rande des Bassins, die Enns, Traun, Ybbs und March, Österreichs erste Flüsse, vorstellend, werden zu allen Zeiten bey dem Kenner
Würdigung finden. Unter D.'s bedeutendere Schüler gehören vorzüglich
seine beyden Brüder Mathias, Medailleur und Professor an der
Wiener Akademie, und Sebastian, ein talentvoller Bildhauer. Nebst
diesen Oser, Rossier und die beyden Möll, Nahmen, die allein geeignet wären, ihres Meisters Nachruhm für immer zu sichern.
 Donnerberg, der höchste Berg im nördlichen Mittelgebirge Böhmens, 2,514 P. F. über der Meeresfläche.
 Dornbach, niederösterr. Dorf und Herrschaft im V. U. W. W.,
eine Stunde außer Wien gelegen, mit 960 Bewohnern in 84 Häusern. In dem anstoßenden fürstl. Schwarzenberg'schen Schlosse und
Park Neuwaldegg, befinden sich verschiedene abwechselnde Parthien
mit Lusthäusern, Teichen, einer Fasanerie und dem sogenannten
holländ. Dörfchen auf einer Anhöhe, welches aus einer Anzahl hölzerner Häuser und aus einem stockhohen niedlich eingerichteten, eine
anmuthige Aussicht gewährenden Hause besteht. Lacy war der Schö-
pfer dieser Anlagen, und der frühere Besitzer des Schlosses und Parkes.
Lacy hat sich in diesem Parke selbst seine Grabstätte ersehen, und
ihr den Nahmen Moritz-Ruhe gegeben. Sie befindet sich in einem
entlegenen einsamen Theile des Gartens. Ein einfaches, festes, mit
einem eisernen Gitter versehenes Gebäude verschließt die irdischen Reste
des Kriegers. Auf der Erde sieht man zwey große Grabsteine mit den
Inschriften: Meritis augentur honores und Fidem genusque serva-
bo: Unter der letzteren liegt der General Browne, Lacy's Neffe,
unter der ersten Lacy selbst begraben. — Von großer Wichtigkeit für
Wien sind die Dornbacher Wasserleitungen, welche in Röhren über
Hernals bis Wien laufen. Das untere Gut D. gehört dem Bene-

dictinerstifte St. Peter in Salzburg, das obere Gut zu dem fürstl. Schwarzenberg'schen Güte Neuwaldegg.

Dornbirn (richtiger Dornbüren), ein ¾ Stunden langer Markt, am Fuße des Gebirgs an der Losen, das größte Kirchspiel in Vorgrlberg und Sitz des gleichnahmigen k. k. Landgerichtes (von 2 $\frac{86}{100}$ Q. M. und 11,100 Einw.); mit den Expositturen Hatlerdorf, Oberdorf und Haselstauden und mehr als 6,000 gewerbsleißigen Bewohnern, die sich mit Musselin- und Kattunfabrikation beschäftigen und bedeütenden Handel treiben. Die hiesigen Viehmärkte sind schon wegen D.'s Lage zur Schweiz 2c., die besuchtesten des heerdenreichen Landes. D. war ehedem ein Reichsdorf und nachher Bestandtheil der Reichsgrafschaft Hohenems.

Doroch, einer von den Haybuckenflecken in Ungarn in der Szaboleser Gespanschaft, mit 6,640 Einw.

Dorosma, ungar. Dorf, im Districte Klein-Kumanien, mit 8,030 Einw. und einer kathol. Hauptschule.

Dotis, ungar. Marktflecken im Comorner Comitat, besteht eigentlich aus zwey Flecken, dem eigentlichen D. und Tovaros. Der eine liegt auf einem Hügel und wird die Oberstadt genannt, mit 4,870 Einw. (wovon 400 Juden); der andere an einem eine Stunde langen und 400 Klafter breiten fischreichen Teiche gelegen, heißt die Seestadt und zählt 4,000 Einw. Zwischen beyden sieht man die Trümmer eines berühmten Schlosses, welches einst König Mathias Corvinus bewohnt hat. D. hat ein gräfl. Esterházy'sches Schloß, mit schönem englischen Garten, ein Piaristencollegium mit Gymnasium, eine Hauptschule, heilsame warme Bäder, gute Marmorbrüche (bey Szt. Ivany), eine Fayencegeschirrfabrik, mehrere Tuch- und Kotzenmacher, ein Militärspital 2c. Man rechnet zu seinen Merkwürdigkeiten den großen Keller auf 50,000 Eimer (eigentlich im Dorfe Baj), worin ein großes, 1,420 Eimer haltendes Faß liegt. In der Umgegend sind römische Alterthümer, bedeutende Ökonomie und Schäfereyen. Durch D. führt von Szöny her, die sogenannte Fleischhackerstraße durch den Bakonyerwald nach Ofen, welche viel kürzer ist, als die Hauptstraße.

Dorat, Nicol., geboren zu Yverdun in der Schweiz 1682, ein großer erfindungsreicher Ingenieur, nahm 1707 churpfälzische Kriegsdienste, und wohnte verschiedenen Feldzügen, der Belagerung von Lille 1708, und der Schlacht bey Denain 1712 bey. Nachdem es ihm in diesen nicht mehr gefiel, ging er in österr. Dienste über, zeigte in dem Feldzuge in Ungarn als Adjutant des Generel Mercy viele heroische Eigenschaften, und wurde in der Schlacht bey Peterwardein, so wie auch bey der Belagerung von Temeswar, gefährlich verwundet, hatte aber dabey durch eine von ihm bewirkte Communication und durch zwey Angriffe die Eroberung der Festung entschieden, daher ihm der Prinz Eugen nach Vollendung dieser Kriegsoperation große Auszeichnung erwies. Er wurde Oberstlieutenant, kämpfte in der furchtbaren Schlacht bey Belgrad, erhielt die Oberaufsicht über die Festungen in Serbien und im Temeswarer Banat, und wurde 1733 Generalfeldwachtmeister. Nun wollte er sich in die Schweiz zurückziehen, was aber

Prinz Eugen nicht zuließ. Nach dessen Tode verfinsterte sich die Sonne seines Glückes, und obgleich er mit der Fackel der Unschuld und der Wahrheit, das geheime schlangenähnliche Schleichen seiner Verleumder und ihre finstere Bosheit aufdeckte, diese auch nicht verhindern mochten, daß er zum Feldmarschall=Lieutenant erhoben wurde, so war eben diese Auszeichnung, und das mit ihr ihm übertragene Commando der eroberten türkischen Festung Nissa, die unglückliche Ursache seines Falles. Er übergab nähmlich dieselbe an die Türken mit Accord, als diese kaum angefangen hatten, sie einzuschließen; wurde darüber in Arrest gesetzt, untersucht und 1738 zu Belgrad enthauptet.

Drachenorden, in Ungarn, gestiftet von König Sigismund von Luxemburg, nach der ungeheuren Niederlage von Nikopol gegen das Ende des 14. Jahrhunderts. Das Ordenszeichen war ein Lindwurm, an einem Kreuze hängend, auf welchem der Länge nach stand: „O quam misericors est Deus" und nach der Quere: „Justus est pius." Längere Zeit blieb das Bestehen des Ordens ein Geheimniß, am 12. Dec. 1408 aber erklärte Sigismund die Drachenritter als eine besonders verehrungswürdige Gesellschaft ungarischer Großen, die ihm, auf der Flucht und in der Gefangenschaft, stets treue Anhänglichkeit bewiesen hatte. Auch Fürsten und Herren des Auslandes traten der Gesellschaft bey; wie z. B. Herzog Ernst der Eiserne für sich und seinen Vetter und Mündel Albrecht V. und mehrere Adelige in Osterreich und Steyermark. Aus der Verleihung des Ordenszeichens, das vollständig in Kreuz und Lindwurm, oder im Letzteren allein nur bestand, läßt sich auf einen Unterschied des Ranges schließen. Der Orden selbst verfiel und verschwand eben so schnell, als er entstanden war, wie Alles, was der leichtblütige Sigismund begonnen.

Dräxler-Manfred, Carl Ferd., geb. am 17. Juny 1805, zu Lemberg, übersiedelte späterhin mit seinem Vater (k. k. Cameralrath) nach Prag, und privatisirt seit 1828 in Wien. Er studirte die Philosophie und Rechte in Prag und Wien, ist seit 1829 Doctor der Philosophie, literarisch thätig seit 1823. Er bereiste zum großen Theil den österr. Kaiserstaat, und 1827 Norddeutschland, wo er in vielfache liter. Berührungen gelangte. Als Dichter unter dem Nahmen Manfred, der auf Tieck's Veranlassung gewählt wurde, bekannt, lieferte er unter diesem: Romanzen, Lieder und Sonette, Prag, 1826. — Die Löffelritter, Erzählung, Hamburg, 1826. — Unter der Chiffre K. L. W. v. Klinger lieferte er: Das Kloster am St. Bernhard, Erzählung aus den Papieren eines Freundes, Meißen 1826. — Eßlair in Prag, eine kritische Skizze, Prag, 1827. — Glockenblumen; eine Reihe von Novellen und Erzählungen. 2 Thle., Braunschweig, 1827-28. — Neuere Gedichte, Prag, 1828. — Bunte Bilder in Erzählungen, Novellen, Balladen; Nürnberg, 1829. — Hernani nach Vict. Hugo frey übersetzt, Leipzig, 1830. — Unter seinem wirklichen Nahmen erschien: Schiller's Hymne an die Liebe, in lateinische gereimte Verse übersetzt, 1825. — Anonym erschienen von ihm: Des P. Ovidius Naso Lieder der Liebe in deutsche Reime übertragen, Leipzig 1827. — Jugendschriften und Populäres lieferte er unter der Chiffre: Dr. F. C.

Claudius: Welt und Ton, Bildungsschrift, Prag 1829. 2. Aufl. 1833.
3. Aufl. 1834. — Theoret. pract. Anleitung zum Whistspiele (2. Aufl.)
Wien 1833. — Das Buch der Geschichten, Unterhaltungsbuch für die
Jugend; eb. 1834. — Cornelia, Unterhaltungsschrift für die Jugend;
eb. 1834. — Präciosa, Unterhaltungsschrift für die Jugend, Pesth, 1834.
1835 erscheinen seine Gedichte in Stuttgard bey Cotta in einer
verbess. und geläuterten Gesammtausgabe. Er lieferte ferner belletristische
und Miscellen-Beyträge zum Morgenblatt, Gesellschafter, Merkur,
Abendzeitung, Blätt. f. lit. Unterhaltung, Komet, Hebe, Freymüthi-
gen, die Grazien, Morgenzeitung, Charis, Originalien, Z. f. d. eleg.
Welt, Erheiterungen, Zuschauer, Satanszeitung, Schnellpost, Wei-
marer Journal, und zu allen österr. Journalen; seit einigen Jahren hat
er sich fast ausschließend dem Morgenblatt und der Schickh'schen Wiener
Zeitschrift zugewendet. Außerdem enthalten auch Aglaja, Freundschaft
und Liebe, Frauentaschenbuch, Huldigung den Frauen, Fortuna, Wintergrün, Schlesisches Täschenb., Eidora, Alpenrosen, Philomele, Aurora, u. s. w., Beyträge in Versen und Prosa von ihm. Seit 1834 ist
er auch Mitherausgeber des Leipziger Pfennig-Magazins.

Dragomirfalva, ungar. Dorf im Marmaroser Comitat, an
der Iza, dessen Einwohner schöne Teppiche weben, die aber nicht in den
Handel kommen, und Siebränder verfertigen, die sie in Ungarn verkaufen; auch findet man in der Nähe Bergöhl, Bergtheer, Erdpech und
Alabaster.

Dragoner, s. unter **Cavallerie.**

Draskovics, die Grafen. Diese in der Geschichte Ungarns seit
Jahrhunderten berühmte Familie trat zuerst in Dalmatien unter dem
Nahmen Suadich auf. Iranus de Suadich zog mit Andreas II.
König von Ungarn, nach Palästina, half hierauf die inneren Unruhen
Ungarns dämpfen (1225 — 35) und erhielt zur Belohnung die Grafschaft Hubina und Cettina. Sein Enkel Andreas war ein treuer
Anhänger des Königs Andreas III. gegen Carl von Sicilien; verlor darüber alle Besitzungen, erhielt sie jedoch wieder von Andreas
sammt der Landschaft Tinnien 1299. Seine 4 Söhne schrieben sich zuerst Draskovics. Sie, so wie ihre Nachfolger, sammelten sich durchgehends in den Kriegen Ungarns ausgezeichnete Verdienste; die Fürsten
belohnten sie mit Gütern und Würden. So erhielt Nikolaus D.,
der sich in Dalmatien, Sicilien und Friaul unter König Ludwig I.
als Feldherr großen Ruhm erworben hatte, 1368 das Schloß und die
Herrschaft Bilina in Slavonien. Unter Bartholomäus D. verlor
jedoch durch der Türken Einfälle und Eroberungen die Familie alle ihre
Besitzungen (1527); den alten Glanz stellte dessen Sohn, der Cardinal Georg D. (s. d.) wieder her. Die Geschichte führt von nun
an mehrere dieses ruhmwürdigen, von Ferdinand II. 1631 in den
Grafenstand erhobenen Geschlechtes auf, welche als Diener der Kirche,
Staatsbeamte und Feldherren auf eine hervortretende Weise gewirkt
haben.

Draskovics Georg, Graf, geboren auf dem Stammschlosse
Bilina am 5. Febr. 1515; studirte anfangs zu Krakau und Wien;

Theologie aber in Rom, wo er 1539 zum Priester geweiht wurde. Wenige Jahre darauf wurde er Domherr zu Großwardein, 1546 infulirter Propst der Collegiatkirche St. Martin zu Preßburg, bald hierauf Rath und Beichtvater Ferdinand's I. und 1557 Bischof zu Fünfkirchen. Nach 4 Jahren schickte ihn Ferdinand I. als seinen Redner nach Trient. Hier entwickelte er eben so viele Umsicht, als Freymüthigkeit; durchgreifend und mit hohem Ernste sprach er über den Zustand des Clerus, über Kirchenzucht u. s. w. und noch vor seiner Zurückkünft ward er zum Bischofe von Agram ernannt. König Maximilian II. erhob ihn 1567 zum wirklichen geh. Rathe und Banus von Croatien, und als solcher unterdrückte er 1572 mit Waffengewalt einen Bauernaufstand zu Szomszédvár. Von König Rudolph II. zum Bischofe von Raab und Erzbischofe von Colocsa, 1578 zum ungar. Hofkanzler und 1586 zum Statthalter des Königreichs Ungarn ernannt, so wie von Papst Sixtus V. im Jän. 1585 mit der Cardinalswürde beehrt, war er gleichfort thätig im Dienste seiner Kirche und seines Fürsten bis zu seinem Tode, der am 31. Jän. 1588 in Wien erfolgte, als er eben im Begriffe stand, sich den Cardinalshut in Rom zu hohlen. In- und Ausland betrauerten den Hintritt eines Mannes, der so viel des Guten durch Wort und That gewirkt. Seine hinterlassenen Schriften beurkunden einen von Vorurtheilen freyen, klaren, kräftigen Geist, und alle seine Handlungen reinen Willen. — Seine Verdienste würdigend, hatte Maximilian II. seinem Bruder Caspar 1569 das Schloß und die Herrschaft Trakostyan (Drachenstein) in Croatien erblich verliehen, bis jetzt noch immer die Hauptherrschaft dieser Familie.

\② **Draskovics** Joh. Graf, Freyh. von Trakostyan, Kaiser Rudolph's II. Kämmerer, geh. Rath, Hofkriegsrath und General der Cavallerie, legte den Grund zu seiner militärischen Laufbahn unter dem Banus von Croatien, Thomas von Erdödy, in den Kriegen gegen die Türken. Als Feldherr schlug er diese bey Kopreiniz, entsetzte 1592 Essegg, und wurde kurz hierauf Commandant der Festung Kreuz. Nach 4 Jahren erhielt er die Würde eines Banus von Croatien, befestigte Petrinia, besiegte in mehreren Schlachten die Türken, und trug 1600 sehr Vieles zum Siege bey Kanisa bey. Im Jahre 1606 aber legte er, wegen eingetretenen Mißhelligkeiten, die Banuswürde nieder, versah hierauf mehrere hohe Ämter, und lebte bis 1613 abwechselnd zu Wien und Preßburg, wo er im genannten Jahre starb.

Draskovics Jos. Graf, Freyh. v. Trakostyan, jüngster Sohn des Vorigen, studirte zu Grätz die philosophischen Wissenschaften, und machte hier, besonders in Sprachen, außerordentliche Fortschritte. Hierauf wählte er die Laufbahn seines Vaters, bewies bey mehreren Schlachten in Ungarn und Slavonien eine seltene Tapferkeit, und wurde 1637 Commandant der Festung Kreuz. Schon nach 3 Jahren war er Banus von Croatien, geh. Rath, und 1646 Palatinus des Königreichs Ungarn. Als ihm einige Magnaten den Vorwurf machten, daß er in Ungarn nicht begütert, überließ ihm Ferdinand III. der ihn sehr liebte, die Herrschaft Ovar (Ungarisch-Altenburg)

auf zehn Jahre, und ertheilte ihm die Anwartschaft auf die Hede-
par'ſchen Güter. Sehr viele gute Vorkehrungen gegen die Einfälle der
Türken, und manche weiſe Geſetze verdankte Ungarn ſeiner Thätigkeit.
Schade, daß er ſo frühe dem großen Wirkungskreiſe entriſſen ward.
Kurz darauf, als er von k. Commiſſarien in Ovar inſtallirt worden
war, überfiel ihn ebenda eine Krankheit, an welcher er den 5. Aug.
1648 verſchied. Sein Leichnam wurde nach Preßburg gebracht,
und in der Domkirche beygeſetzt.

Drau (Drave). Dieſer Fluß entſpringt in Tyrol auf der ſogenannten Toblacher Heide, wo er aus einer Gruppe von Kalkalpen als
ein kleines Wäſſerchen hervorkommt. Er nimmt den durch die Tefferegger-
Ache vergrößerten Iſelfluß, die Mur, und mehrere kleine Bäche auf,
wird bey Villach in Kärnthen ſchiffbar, und fällt nach einem Laufe
von 63 Meilen unterhalb Eſſegg in Croatien beym Schloſſe Erdödy
in die Donau.

Drechsler, Joſ. Profeſſor der Harmonielehre an der k. k. Nor-
malhauptſchule St. Anna, Capellmeiſter in der Kirche zu den 9 Chören
der Engel, am Hof in Wien, iſt geboren zu Wälliſchbürchen
in Böhmen den 26. May 1782. Von ſeinem Vater, welcher Cantor
daſelbſt war, genoß er den erſten Unterricht im Schulfache und in der
Muſik und machte beſonders in letzterer bedeutende Fortſchritte. 1791
kam er als Sopraniſt zu den Franciscanern nach Paſſau, und nachdem er ſich daſelbſt die deutſche Sprache vollkommen eigen gemacht
hatte, wurde er im Stifte Formbach als Sängerknabe aufgenommen,
wo er nebſt den Humanioren auch Generalbaß und den Contrapunct
ſtudirte. Schon in ſeinem 16. Jahre ſchrieb er mehrere Meſſen und Ge-
legenheitscantaten. In Prag abſolvirte er vollends die theologiſchen
Studien, da er jedoch wegen zu großer Jugend nicht die kirchliche Weihe
erhalten konnte, ſtudirte er das Rechtsfach und componirte nebſtbey in
vielen Fächern mit Glück. Beſondern Beyfall erhielt eine Meſſe in C,
welche bey Pol t aufgelegt wurde und nun gänzlich vergriffen iſt.
1807 kam er nach Wien und wurde 1810 Operncorrepetitor im Kärnthnerthor-Theater, zugleich gab er wöchentlich drey Mahl unentgeltlichen
Unterricht im Generalbaſſe und Orgelſpielen, und erhielt nach 3 Jahren
Erlaubniß ſeine Vorleſungen bey St. Anna öffentlich halten zu dürfen.
1814 wurde er als Capellmeiſters-Adjunct beym Kärnthnerthor-Theater
angeſtellt, verlor jedoch bald durch Directionswechſel ſeine Stelle wieder,
und nährte ſich einige Zeit von Muſikunterricht. 1815 erhielt er die
Organiſtenſtelle bey den Serviten, 1819 wurde er Organiſt und Regens-
chori bey St. Anna, 1821 Capellmeiſter in der Univerſitätskirche, ſodann in der Pfarrkirche am Hof, zugleich übernahm er auch bey Wie-
dereröffnung des Joſephſtädter Theaters die erſte Capellmeiſterſtelle in
demſelben. 1824 wurde er als Capellmeiſter des Leopoldſtädter Theaters
engagirt, welche Stelle er bis 1829 verſah und während dieſer Zeit
viele ſehr beliebte Theater-Compoſitionen lieferte. Seine erſchienenen
Werke ſind: Eine Orgelſchule. — Pleyel's vermehrte Clavierſchule in
2 Abtheilungen. — Theoretiſch-practiſcher Leitfaden, ohne Kenntniß des
Contrapunctes präludiren zu können. Ferner ein großes Requiem;

7 große und 3 kleine Messen; mehrere Offertorien, ein Veni sancta-Spiritus; Graduale, Quartetten, Arien; 2 Cantaten; ein Melodram (der verlorne Sohn); dann 6 Opern, worunter Claudine von Villa Bella, Pauline und der Zauberkorb besonders erwähnenswerth; 18 komische Singspiele, davon mehrere, z. B. Gisperl und Fisperl, das Feenmädchen, der Diamant des Geisterkönigs, Ydor, Sylphide, und Kabale und Liebe (Travestie), noch in gutem Andenken stehen, 2 Pantominen, mehrere Streichquartette, Sonaten, Fugen und Lieder. Auch componirte er 1825 bey Einweihung des neuen israelitischen Tempels eine große Cantate (zum hebräischen Texte) nebst vielen Gesängen zum Gottesdienste in demselben.

Drechsler=Arbeiten. Die Drechsler bilden im österr. Staate besondere Zünfte, und in Österreich unter der Enns besteht für sie seit 27. Jän. 1751 eine Handwerksordnung, worin, so wie in spätern Anordnungen, die Bedingungen des Meisterwerdens und die Meisterstücke genau vorgeschrieben sind. Die Verfertigung der Kinderspielwaaren ist jedoch freye Beschäftigung. — In allen Provinzen des österr. Staates wird die Drechslerey in größerer oder geringerer Ausdehnung betrieben, doch in den meisten beschränkt sie sich auf das Bedürfniß des Landes und auf gemeinere Gegenstände, und in manchen Gegenden, wie in Siebenbürgen und in mehreren Theilen der Militär=Gränze verfertigt der Landmann sich selbst seinen Bedarf an gedrechselten Geräthen. Fabriksmäßig dagegen und in einem hohen Grade der Vollkommenheit wird dieses Gewerbe in Wien betrieben, besonders seit 20 Jahren. Schon das Allgemeinerwerden des Tabakrauchens hatte auf die Drechslerey einen bedeutenden Einfluß, und machte die Verfertigung der Tabakspfeifenröhre zu einem sehr erheblichen Erwerbszweige. Durch Beyer, der mehrere Jahre in Paris etablirt war, und nach dem Ausbruche der Revolution sich in seine Vaterstadt Wien zurückzog, gewann die Drechslerey daselbst neue Fortschritte, indem er die inländischen D. A. mit vielen Galanteriewaaren bereicherte. Von nun an gedieh dieses Gewerbe immer mehr, und erreichte eine Vollkommenheit, wie vielleicht in keinem andern Staate, selbst Frankreich nicht ausgenommen. Die zweckmäßige Theilung der Wiener Drechsler in die verschiedenen Arbeitsgattungen, und die dadurch möglich gemachten niedrigen Preise sind Hauptursachen der großen Fortschritte in so kurzer Zeit. Drechslerwaaren aller Gattung, doch mehr die feineren Galanteriewaaren und gedrehte Metallwaaren werden in großer Menge und von ausgezeichneter Schönheit und Güte verfertigt. Gegenwärtig befinden sich in Wien über 80 bürgerliche Drechslermeister, über 70 befugte Drechsler, und einige Perlenmutterarbeiter. In Österreich ob der Enns, in Steyermark, Illyrien und Tyrol werden größtentheils die gewöhnlichen Drechslerwaaren verfertigt; bloß die Steinbocks-waaren aus Tyrol sind in dieser Hinsicht der Auszeichnung werth. Im lombardisch-venetianischen Königreiche sind alle bedeutenderen Ortschaften mit Drechslern versehen, welche gemeine sowohl als feine Arbeiten in Menge liefern. Die Drechsler in Ungarn, Siebenbürgen und Galizien verfertigen alle gemeineren Gegenstände, besonders Holzteller, Spinngeräthe, und Tabakspfeifenmundstücke und Röhre. Sehr viele Mundstücke,

Ringe und Ohrgehänge werden von den Drechslern zu Rimaszombath, Debreczin und Pesth, und in andern Comitaten gemacht. Die siebenbürgischen Flaschendrechsler machen mit ihren Artikeln sehr gute Geschäfte, zumahl die Szaszregener Drechsler, welche von allen die schönsten Flaschen erzeugen. In Kronstadt gibt es allein über 50 Flaschendrechsler, welche jährlich über 30,000 Stück verfertigen. In der wallachisch-illyrischen Militärgränze werden jährlich bey 5,000 Teller und Schüsseln aus Ahorn- und Erlenholz, 10,000 Spindeln aus Ahornholz, u. s. w. zum eigenen Bedarfe verfertigt. Auch in Mähren, Schlesien und Böhmen ist die Verfertigung der Drechslerwaaren nicht ohne Belang. In Böhmen insbesondere werden zu Prtschitz, Wildschitz, Carlsbad, Nixdorf, Ober-Georgenthal, Gratzen rc. viele gedrehte Gegenstände verfertigt, und zwar hauptsächlich zu Gratzen eine beträchtliche Menge von Waaren aus Holz, Bein und Horn. — Der Handel mit ordinären Drechslerwaaren ist im Ganzen nicht von Bedeutung, da die meisten Provinzen sich ihren Bedarf selbst erzeugen; nur Böhmen macht mit seinen Drechslerartikeln, besonders mit Kinderspielzeug, Geschäfte in andere Provinzen, und Tirnitz setzt seine Arbeiten nach Mariazell in Steyermark und bis nach Wien ab. Galanterie-D. A. und Spazierstöcke dagegen werden von Wien aus nach allen Provinzen, und selbst ins Ausland verschickt, vorzüglich Knöpfe aus Perlmutter, gedrehte Stöcke, Tabakspfeifenröhren u. dgl. Nur selten werden feine Drechslerwaaren vom Auslande eingeführt und zwar nicht für den Handel, sondern nur zum Gebrauche für Einzelne.

Dreger, Therese v, (geborne Freyinn v. Menßhengen), **Hausfrauenbildungsanstalt in Währing bey Wien.** Dieses früher im herrschaftlichen Schlosse zu Jedlesee bestandene Institut wurde von der genannten Inhaberinn 1834 nach Währing übersetzt, um es der Stadt Wien näher zu bringen. Die Tendenz dieser Anstalt ist den für das weibliche Geschlecht so nöthigen hauswirthschaftlichen Unterricht mit dem intellectuellen zu verbinden und bis zur Vollkommenheit practisch auszubilden. Den daselbst aufgenommenen Zöglingen wird, außer den gewöhnlichen Lehrgegenständen, als: Religion, Lesen, Schreiben, Rechnen, Sprachlehre, Styl, Geographie, Geschichte, Naturlehre und Naturgeschichte, auch in der gesammten Hauswirthschaft practischer Unterricht ertheilt, so z. B. in der Kochkunst, den Wäschereinigungsmethoden, in Brot backen, Fleisch räuchern, Seife und Kerzen bereiten; überdieß werden ihnen die nothwendigen und üblichen weiblichen Handarbeiten auf eine faßliche und angenehme Weise beygebracht; auch ist eine eigene Gouvernante zur Übung der Zöglinge in der französischen Sprache angestellt, welche zur Umgangssprache im Hause angenommen wurde, um die gewöhnliche Sprachscheu der Lehrlinge zu überwinden. Jeder Zögling hat beym Eintritte nebst der einfachen Kleidung und nöthigen Leibwäsche 1 gehefteten Strohsack, 1 Matratze, 1 Kissen, 2 Decken, 6 Servietten, 6 Handtücher, 6 Schürzen, 3 Bettüberzüge, 6 Teller, 1 Lavoir und ein Besteck mitzubringen, ferner für die Bettstätte und Wäschapparate eine bestimmte Summe (gegenwärtig 10 fl.) ein für allemahl, dann für gesammten Unterricht, Kost, Wohnung, Beleuchtung,

Heizung, Wäschreinigung und Schulrequisiten ebenfalls eine bestimmte Summe (gegenwärtig 50 fl.) vierteljährig vorhinein zu entrichten. Der Unterricht in Musik, Tanzen, Zeichnen, so wie der italienischen, englischen und ungarischen Sprache wird nur auf Begehren gegen besonderes Honorar ertheilt.

Dresden, Schlacht bey, den 27. Aug. 1813. Der letzte Sieg, den Napoleon gegen die Heere der Verbündeten 1813 auf deutscher Erde erfechten sollte, ward unter den Mauern der Hauptstadt Sachsens am 27. Aug. errungen. Die Alliirten hatten schon am 25. Dresden eingeschlossen, und griffen es am 26. an mehreren Seiten mit gutem Erfolge an. Nur dem linken Flügel desselben war es unmöglich, den Angriff auf den schwächsten Theil der Stadt, die Friedrichstadt, auszuführen. Dieser Umstand vereitelte das Unternehmen. Napoleon gewann Zeit, seine Massen über die Elbe setzen zu lassen, die bereits genommenen Puncte am Abende wieder einzunehmen, und die Angreifer auf ihre vorige Stellung auf den Anhöhen zurückzuwerfen. In der Nacht zogen unaufhörlich Verstärkungen in die Schlachtlinie der Franzosen vor der Stadt. Um 6 Uhr Morgens am 27. ließ sie ihr Kaiser zum Angriff vorrücken. Unbezwungen nahm ihn der rechte Flügel und die Mitte der Verbündeten auf. Auf dem ersten fiel Moreau. Nun richteten die Franzosen den entscheidenden Angriff auf den linken. Hier standen großen Theils neu geworbene Truppen, von Entbehrungen in dem ausgesaugten Lande, und von dem Grimm der Elemente hart hergenommen. Von unaufhörlichem Regenguß durchnäßt, war die Munition ganz unbrauchbar, kein Gewehr ging los, die Vertheidigung war auf Kolben und Bayonett beschränkt. Die von Murat angeführten Massen der schweren Reiterey gewannen die Oberhand, schnitten 10,000 Mann unter dem Feldmarschalllieutenant Meskó von ihrer durch die grundlosen Wege ohnehin erschwerten Verbindungslinie mit dem übrigen Heere ab, und zwangen sie nach einer tapfern Gegenwehr sich zu ergeben. Die Niederlage des linken Flügels der Alliirten entschied die Schlacht zu ihrem Nachtheil. Sie zogen sich nach einem Verluste von beyläufig 30,000 Mann an Todten, Verwundeten und Gefangenen nach Böhmen zurück. Die französ. Spitäler hatten über 10,000 Mann ihrer Verwundeten nach diesen 2 heißen Tagen aufzunehmen. Die Anzahl der Todten dürfte nicht viel geringer gewesen seyn.

Dresden, Uebergabe von, an die österreichischen und Reichstruppen, den 4. Sept. 1759. Der Reichs-Feldmarschall Herzog von Zweybrücken war im 4. Feldzuge des 7jährigen Krieges mit 30,000 Mann Reichstruppen und Österreichern (die letztern unter den Befehlen der kaiserl. Generäle Luasco und Macquire) im Aug. 1759 vor Dresden gerückt, welches die Preußen unter Schmettau besetzt hielten. König Friedrich war nach der Kunnersdorfer Schlacht außer Stande, der Stadt zu Hülfe zu eilen, und sein General Wunsch kam zu ihrer Rettung zu spät, weil er bey der Eroberung von Wittenberg und Torgau eine kostbare Zeit verlor. Schmettau erhielt nach jener Schlacht von dem Könige selbst die Weisung: „Er sollte im Nothfalle nur eine vortheilhafte Capitulation zu erwirken suchen, und besonders für die Erhaltung der Caſſen Sorge tragen, da es äußerſt ſchwer ſeyn werde, Dresden zu entſetzen." Dieſem Auftrag entſprach der Feldherr vollkommen, nachdem er nach 27tägiger Einſchließung, während welcher er die Stadt auf das entſchloſſenſte vertheidigte, da jede Hoffnung eines Entſatzes ferne war, am 4. Sept. 1759 eine ehrenvolle Capitulation erzwang, in Folge welcher die Beſatzung mit ihrem Gepäck, Geſchütze und Geldwägen mit allen militäriſchen Ehren frey von Dresden abzog. Dennoch fiel Schmettau in Ungnade des Königs, und wurde vom Heere entfernt.

Drexler, Ant. Ferd., ordentlicher Lehrer ſämmtlicher deutſcher Unterrichtsgegenſtände im k. k. Civil Mädchen Penſionate in Wien und vaterländiſcher Schriftſteller, ward geboren zu Eydlitz in Böhmen den 12. Nov. 1774. Durch Protection des Grafen Rottenhahn kam er 1789 auf das Gymnaſium zu Komotau, wo ſich ſchon D.'s Anlage zu dichteriſchen Aufſätzen auf das entſchiedenſte äußerte. 1794 bezog er die Univerſität Prag, verließ ſelbe aber wieder nach Jahresfriſt und begab ſich nach Wien, wo er das Lehrfach wählte. So lebte er, theils als Erzieher, theils als Privatlehrer durch längere Zeit, als er 1815 von den Profeſſoren der k. k. Forſtlehranſtalt zu Mariabrunn den Vorſchlag erhielt, in dieſem Inſtitute außerordentliche Vorleſungen über den Geſchäftsſtyl zu geben, welches er bis zur Erlangung ſeiner jetzigen Stelle fortſetzte. Seine Schriften ſind unter andern folgende: Verſuche in einigen Dichtungsarten. Wien 1812. Tabellariſche Überſicht des deutſchen Sprachgebäudes, eb. 1812. — Poetiſches Hülfsbuch, eb. 1816.

Dreyherrenſpitz, Berg in den rhätiſchen Alpen ſ. unter Alpen.

Dreyſeſſel, 3,798 Fuß hoher Berg des Böhmerwaldes (an der bayeriſchen Gränze).

Dreyßigjähriger Krieg 1618—48. Die Weltgeſchichte enthält wenige Begebenheiten, die in ihren politiſchen Beziehungen ſo eingreifend und in ihren Folgen nach allen Richtungen von ſo großer Bedeutung ſind, wie der D. K. Um ſo wichtiger iſt es, die Urſachen und Veranlaſſungen deſſelben ergründen, und in ein gehöriges Licht zu ſetzen. Sie theilen ſich in entferntere und nähere; doch alle ſtehen in ſehr enger Verbindung, ausgehend aus einem gemeinſamen Brennpuncte, der durch Luther bewirkten Religionstrennung. Die Einigkeit zwiſchen Haupt und Gliedern ward zerriſſen; der Paſſauer Vertrag 1552, der Augsburgiſche Religionsfriede 1555 und die große Anzahl der geheimen Separatartikel waren vergebens; Deutſchlands Ruhe erlag den endloſen Beſchwerden der Parteyen. Die oft ergriffenen Mittel, dieſe zu heben, wurden neue Urſachen zu noch größeren Verwirrungen. Die Gegenreformationen auf der einen, die fortwährenden Neuerungen auf der andern Seite nährten den Zwiſt; dazu traten zuletzt noch fördernd politiſche Ereigniſſe, als der Marburgiſche Erbfolgeſtreit 1604, der Jülich Cleviſche 1609, die öſterreichiſchen Hausunruhen und die Einwirkung Frankreichs und der Niederlande durch Moritz von Oranien. So entſtand die Union der correſpondirenden deutſchen Fürſten 1609; ihr entgegen die Liga der Katholiken 1610 und nun

war der Reibungen kein Ende mehr. Beyde Theile rüsteten sich; beyde
Theile immer mehr gereizt, harrten sichtbar auf die Losung zum Kriege.
Diese gab ein Aufstand in Böhmen, der sich in mehrere Erbländer
verbreitete, Deutschland allgewaltig zündend erfaßte, und so die nächste Veranlassung eines Krieges wurde, durch den beynahe ganz Europa
in Bewegung gerieth. Die böhmischen Utraquisten auf Rudolph II.
Majestätsbrief sich stützend, den sie überdieß nach ihrem Wohlgefallen erklärten und ausdehnten, versuchten auf des Erzbischofs zu Prag und
des Abtes von Braunau Grund und Boden Kirchen zu bauen. Darüber kam es zu offenem Streite; die gegenseitigen Vorstellungen vermehrten die Erbitterung; und nachdem des Kaisers Minister und Räthe
von einigen Großen, im Vertrauen auf ausländische Unterstützung, bey
einem entstandenen Wortwechsel zu Prag aus dem Schloßfenster ge-
stürzt worden (23. May 1618), war wohl an Erhaltung der Ruhe nicht
mehr zu denken. Graf Mathias von Thurn, reich, angesehen, ehrgeizig
und kampferfahren, stellte sich an die Spitze der Unzufriedenen, setzte
die frühere Regierung außer Wirksamkeit, ernannte 30 Directoren,
warb Truppen und ließ sich zu ihrem Feldherrn erwählen. Die Jesuiten
wurden aus dem Lande vertrieben, durchgehends Schritte des Aufruhrs,
doch Kaiser Mathias wünschte die Sache in Güte beyzulegen. Indessen
besetzten die Insurgenten ganz Böhmen, mit Ausnahme dreyer Städte,
Budweis, Krummau und Pilsen, traten mit den Niederlanden
und einigen Fürsten der Union in Verbindung, riefen die übrigen Erbländer
zur Theilnahme auf und zogen den Grafen von Mansfeld an sich. Nun
war es hohe Zeit, dem Übel mit gewaffneter Hand zu steuern. Die kaiserl.
Truppen unter Dampierre und Bucquoy drangen in Böhmen ein;
Graf Thurn mit 30,000 Mann konnte es nicht hindern, nahm aber
Krummau weg und belagerte Budweis. Diese treue Stadt entsetzten
zwar die Kaiserlichen, dagegen eroberte Graf von Mansfeld Pilsen.
Nun traten auch Schlesien und die Lausitz der Conföderation bey; Mähren nöthigte Graf Thurn, der bis nach Österreich vordrang, durch einen raschen Überfall dazu. Unter diesen Unruhen starb Kaiser Mathias
zu Wien am 20. März 1619. Sein Tod entwickelte Vieles deutlicher;
gewiß ist, daß wohl nie ein Herrscher unter mißlicheren Umständen den
Thron seiner Väter bestieg, als Ferdinand II. Seine militärische
Macht war ohne Bedeutung, selbst Österreichs evangelische Stände ver-
weigerten die Huldigung und verlangten trotzig die Erlaubniß zur Conföderation mit den Böhmen, die bereits auf Wien loszogen. Siebenbürgens Fürst, Gabriel Bethlen, stellte sich an die Spitze der ungarischen Protestanten und bedrohte von der Fischa her die Hauptstadt. Am
5. Juny 1619 erschien Graf Thurn vor den Thoren Wien's, das sich
in voller Gährung befand. Ferdinand's Lage war verzweifelt; doch
stark im Glauben, verlor er die Fassung nicht; selbst, als die Absicht
der Wiener Protestanten immer lauter ward. Mit hohem Muthe wies
er alle Vorschläge seiner Räthe zurück; nicht minder unerschrocken trat
er den 16 österr. Landherren entgegen, die in seine Zimmer gedrungen
waren, und barschen Tones die Genehmigung der erniedrigendsten
Anträge begehrten. Sein Glaube war nicht vergebens, denn in diesem

verhängnißvollem Augenblicke ertönten, vor der Burg, Trompeten und
Heerespauken! Dampierre's Cüraffiere waren erschienen, die Bucquoy
unter Saint Hilaire dem tapfern Oberften, von Krems aus
zur Rettung gefendet. Wie vom Donner berührt, ergriffen die Rebellen
die Flucht; wenige Tage darauf nöthigte die Nachricht, daß Bucquoy
und Dampierre den Mansfeld gefchlagen und nun auf Prag
losgingen, auch den Grafen Thurn zum fchleunigen Rückzuge. — Nach
3 Monathen erhielt Ferdinand Deutfchlands Kaiferkrone; aber eilf
Tage vor der Churfürftenwahl, die am 28. Aug. 1619 vor fich gegangen,
wählten die Böhmen den Churfürften von der Pfalz, Friedrich V.,
das Haupt der Union, zum Könige. Mit diefer Wahl und insbefondere
mit der Einwilligung Friedrich's waren alle Parteyen gleich unzufrieden; doch alles Abrathen half nichts. Er ließ fich am 15. Oct. zu Prag
krönen, zog Truppen an fich, und übergab dem Fürften Chriftian
von Anhalt den Oberbefehl. Zum zweyten Mahle ftand indeffen Gabr.
Bethlen drohend vor Wien; dem Grafen Bucquoy, der zum
Entfaße herbeyeilte, folgte Thurn auf dem Fuße; doch auch diefes
Mahl kam die Hülfe zur rechten Stunde. Hommonay's Sieg bey
Kafchau zwang Bethlen zur Rückkehr nach Ungarn; Thurn hatte
keine Luft ohne Bethlen länger vor Wien auszuharren; er zog fich in
die Winterqaurtiere zurück. Nun änderte fich plötzlich die Geftalt der Dinge.
Spanien fchickte Subfidien; fein Feldherr Spinola feßte fich mit
25,000 Mann in Bewegung gegen die Rheinpfalz, und brachte padurch
die Union in augenfcheinliche Verlegenheit; Frankreich, das innerer Unruhen wegen, dem Kaifer, wie es verfprochen hatte, nicht helfen
konnte, wollte wenigftens Vermittler feyn, und fo wurde die einzige
Stütze Böhmens, die Union, genöthigt am 3. July 1620 zu Ulm einen Vergleich einzugehen, und der böhmifchen Händel fich zu entfchla-
gen. So blieb Friedrich mit den Conföderirten fich felbft überlaffen.
Maximilian von Bayern fiel nun in Öfterreich ob der Enns ein,
zwang die Landftände zur Huldigung und Ruhe, vereinigte fich bey Zwettel
mit Bucquoy und zog eilends auf Prag los. Der große Feldherr
Tilly rieth zur Schlacht, die dann auch den 8. Nov. 1620 am weißen
Berge vor Prag vorfiel, und binnen einer Stunde mit dem vollkom-
menften Siege der Kaiferlichen und Liguiften endete. Friedrich's und
Böhmens Schickfal war entfchieden. Er mußte flüchten, erft nach
Breslau, dann ins Brandenburgifche; Prag fich auf Gnade und
Ungnade ergeben. Der Hauptftadt folgte das ganze Land; beyde hul-
digten unbedingt, und Mähren unterwarf fich auf gleiche Weife.
Die Pfalz ward von Spinola größtentheils befeßt, und die Union
durch den Mainzer Vertrag (12. April 1621) gänzlich getrennt. In
Folge diefer Siege begann Ferdinand II. die Gegenreformation in
Böhmen und den übrigen Erbftaaten, hob die alten Privilegien auf,
zog die Güter der Empörer ein, und verbannte für immer die Protestanten und ihre Prediger. Diefes und die Achtserklärungen des Churfürften
von der Pfalz (21. Jän. 1621), des Fürften Chriftian von Anhalt,
des Markgrafen von Brandenburg, Jägerndorf und A. erregten allenthalben große Bewegung; doch zunächft ohne Folgen. Es blieb nun

nichts mehr übrig, als die noch zum Kriege Gerüsteten zu entwaffnen, und neue Versuche zu hindern. Mansfeld, Thurn, der Markgraf von Jägerndorf, und von neuem Gabriel Bethlen waren noch immer nicht bezwungen; letzterer schloß jedoch den Nikolsburger Frieden (6. Jän. 1622), und der noch einzig gefährliche Mansfeld mußte, von Tilly gedrängt, Pilsen und Böhmen verlassen, und sich nach der Oberpfalz ziehen. Hier schien sich für den vertriebenen Friedrich die Sache besser zu gestalten, zumahl als sich auch Georg Friedrich von Baden und der Herzog von Braunschweig und Administrator zu Halberstadt, Christian, für ihn erklärten; allein Tilly's Siege bey Wimpfen und Höchst gaben den Ausschlag.— die Entwaffnung war vollendet. Mansfeld ging nach Lothringen, und stieß von hier zu den Niederländern. — Bis jetzt hatte der König von England für seinen Schwiegersohn, den Churfürsten von der Pfalz wenig oder nichts gethan; nun schien es ihm oder vielmehr seinen Ministern höchste Zeit, nicht nur rathend, sondern auch wirkend, aufzutreten. Seine Neigung zog ihn jedoch zu Unterhandlungen; so verfloß das ganze Jahr 1624, und indessen hatte Kaiser Ferdinand die größte Schwierigkeit besiegt, und die Belehnung Bayerns mit der Churwürde bewerkstelligt. Die Protestanten setzten sich dagegen; der niedersächsische Kreis rüstete sich zum Kriege, Mansfeld wirkte zu London, Christian von Braunschweig zu Paris; Dänemark und Schweden waren kampffertig. Die fortwährende Gegenreformation in den Erbländern, Tilly's Walten in der Churpfalz schien ihnen zu gefährlich, und obgleich Schweden aus Eifersucht noch zurücktrat, und manche andere zurückgedrängt wurden, kam doch das Bündniß gegen Kaiser und Liga zu Stande und der dänisch-niedersächsische Krieg zum Ausbruche. Christian von Dänemark erhielt den Oberbefehl, abgesonderte Heere sollten unter Mansfeld und Herzog Christian agiren. Noch vor Ende des Sommers standen die Heere im Felde. Kaiser Ferdinand war indessen nicht müßig gewesen. Wallenstein, der von nun an entscheidend auftrat, hatte auf seine Kosten zum Dienste des Kaisers ein selbstständiges Heer geworben, und Tilly zog von allen Seiten Truppen an sich. Nachdem der Churfürst von Sachsen und der Herzog von Braunschweig vergebens als Vermittler aufgetreten waren, begann am 19. July 1625 Tilly die Feindseligkeiten, und benützte den Unfall, welcher den König zu Hammeln traf, ganz zu seinem Vortheile. Wallenstein drang in Halberstadt und Magdeburg ein, besetzte Anhalt, und wählte den Elbestrom zu seinen Unternehmungen. Am 24. April 1626 schlug er den Grafen von Mansfeld an der Dessauer Brücke, und verfolgte ihn durch Schlesien nach Ungarn, wo Mansfeld's und Ernst von Weimar's Heere aufgerieben wurden. Mit gleichem Glücke focht Tilly gegen Christian von Dänemark. Dieser verlor einen Posten nach dem andern; die Schlacht bey Lutter (27. Aug. 1626) am Bärenberge zwang ihn, die Gränzen seines Landes zu vertheidigen. Nun kam auch noch Wallenstein; Christian, der einem unterlag, konnte unmöglich gegen beyde bestehen. Unglaublich glücklich waren des Kaisers Waffen auf allen Seiten. Während

Pappenheim einen Aufruhr der Bauern in Österreich ob der Enns
stillte, drangen Tilly und Wallenstein in Holstein und Jüt=
land ein, bemächtigten sich dieser Lande, und letzterer machte schon An=
stalten, einen Einfall in die dänischen Inseln zu thun. Der niedersäch=
sische Kreis suchte den Frieden; die Herzoge von Mecklenburg und der
Administrator von Magdeburg wurden in die Acht erklärt; das in=
haltschwere Ostseeproject, von Spanien ausgehend, trat ans Licht.
Wallenstein belagerte zweymahl Stralsund und besetzte die gan=
ze deutsche Küste der Ostsee. Sein Verhalten ist nie zu vertheidigen;
der Druck seiner Truppen war entsetzlich, sein Übermuth gränzenlos.
Er reizte auf vielfache Weise Schwedens König, und opferte endlich,
um sich in Mecklenburg, das ihm verliehen worden, desto sicherer zu
behaupten, alle Projecte auf die Ostsee und Niedersachsen dem Könige
von Dänemark, der diese glücklichen Umstände benützte, und mit ihm
am 12. May 1629 den Frieden zu Lübeck abschloß. Der König erhielt
alle verlornen Länder wieder, erkannte Wallenstein als Herzog zu
Mecklenburg, und begab sich alles Widerspruches gegen den Kaiser
in deutschen Sachen außer als Herzog zu Holstein ꝛc. So war denn
Ferdinand II. Sache vorwärts geschritten, seine Macht begründet, sein
Wort entscheidend. Allein in so manchen Umständen lagen Keime, wel=
che die Fortsetzung des Krieges bedingten; dahin gehört vorzugsweise
das am 6. März 1629 publicirte Restitutionsedict, vermög dem die
Reformirten nicht geduldet werden, die Lutheraner aber gehalten seyn
sollten, alle seit dem Passauer Vertrage eingezogenen Kirchengüter ꝛc. an
die Katholiken herauszugeben. Daraus entsprangen tausend Reibungen;
der Collegialtag zu Regensburg vermochte sie nicht zu heben. Bes=
ser gelang auf demselben die Entwaffnung des Kaisers: Allgemein erho=
ben sich Klagen gegen Wallenstein; Ferdinand gab nach, wohl
auch von Nebenrücksichten geleitet, entfernte seinen Feldherrn, der ganz
ruhig zum Privatleben zurückkehrte, entließ den größten Theil seines
Heeres, und ließ sich so von Frankreich und zum Theile auch von Bayern
der mißlichen Lage entgegenführen, die in Kurzem ihm höchst gefährlich
ward. Dazu kam noch der mantuanische Successionsstreit. Er schickte
20,000 Mann nach Italien, die zwar Mantua eroberten, aber nach=
her zur Zeit der Noth fehlten. Richelieu erreichte alle seine Absichten.
Schon lange stand Gustav Adolph von Schweden zum Kampfe gerü=
stet, nun schien es ihm Zeit, in das Räderwerk der deutschen Angelegenhei=
ten einzugreifen. Er landete ohne weitere Kriegserklärung am 24. Juny
1630 auf Rüden, bemächtigte sich der Insel Rügen, und der Aus=
flüsse der Oder, besetzte Pommern und zum Theile Mecklenburg
und faßte so festen Fuß auf deutschem Boden. Die protestantischen Für=
sten warben Truppen, die Vollstreckung des Restitutionsedictes mit Ge=
walt abzuwehren. Kaiser Ferdinand kannte die Gefahr nicht; er fuhr
fort mit seinen Plänen, und reizte die Gemüther immer stärker. Gu=
stav Adolph setzte den Winter hindurch seine Unternehmungen vor=
theilhaft fort, schloß mit Frankreich einen Subsidienvertrag auf 5 Jah=
re, den 10. Jän. 1631, und eroberte am 3. April Frankfurt an der

Ober. Pappenheim und Tilly zogen nun den Rest der kaif. Truppen an sich, und letzterer belagerte und zerstörte Magdeburg auf eine Art, die selbst in Wien Entsetzen erregte. Der Churfürst von Brandenburg, Bernhard von Weimar und der Landgraf von Hessen-Caffel erklärten sich hierauf für Gustav Adolph; ihnen folgte vielfach gereizt, besonders durch Tilly's Besetzung Leipzig's, der Churfürst von Sachsen. Der Schwedenkönig setzte nun schnell über die Elbe, vereinigte sich mit den Sachsen, und schlug am 7. Sept. 1631 unweit Leipzig den Tilly aufs Haupt. Unberechenbar waren die Folgen dieses großen Sieges; er verschlang 12jährige Vortheile; das Übergewicht der Protestanten war entschieden; der Kaiser ohne Heer. Ganz Deutschland stand dem König offen; die meisten protestantischen Fürsten schloßen sich ihm an. Er richtete seinen Weg nach dem Rheine, besetzte die Pfalz, eroberte Würzburg, Mainz, Manheim u. s. w. und zog das folgende Jahr durch Schwaben nach Franken. In der Schlacht am Lech fand Tilly seinen Tod; Augsburg fiel hierauf in Gustav Adolph's Hände. Indessen war der Churfürst von Sachsen in Böhmen eingefallen, und machte, weil er keinen Widerstand traf, bedeutende Fortschritte. Mit gewohnter Standhaftigkeit ertrug Kaiser Ferdinand des Schicksals Schläge; seine Heere waren vernichtet; der Weg in das Herz der Erbländer stand den Feinden offen. Er ergriff das letzte Mittel der Rettung. — Wallenstein, der scheinbar Tiefgekränkte, übernahm erst nach einigem Zaudern die absolute Gewalt eines Generalissimus, und wie mit einem Zauberschlage hatte er wieder ein schlagfertiges Heer versammelt. Die Sachsen mußten Böhmen räumen; Gustav Adolph ward nach Nürnberg zurückgedrängt, und als er versuchte den Kriegsschauplatz an die Donau zu versetzen, durch eine rasche Wendung von Wallenstein gezwungen, ihm nach Sachsen zu folgen. Hier kam es bey Lützen am 6. Nov. 1632 zu einer Hauptschlacht. Der Sieg blieb unentschieden; doch Gustav Adolph büßte das Leben ein. Mit ihm erloschen manche Pläne, die zum Theile schon das protestantische Deutschland in Verlegenheit setzten. Die Gestalt der Dinge nahm eine andere Wendung. Ein bemerkbarer Stillstand trat ein; Orenstjerna, Schwedens Reichskanzler, suchte durch Tractate im Geiste Gustav Adolph's fortzuwirken, beleidigte aber Sachsen und andere Reichsstände. Zwar erfochten die Schweden und ihre Verbündeten auch 1633 manche Vortheile; denn Wallenstein beschränkte sich auf Schlesien, und bezog ruhig die Winterquartiere in Böhmen. Ob er planmäßig auf diese Weise die Erbländer aussaugen wollte, ist bis jetzt noch unentschieden; indessen gab er oft und häufig Veranlassung zum Verdachte. Er ward in die Acht erklärt, und am 15. Febr. 1634 in Eger ermordet. Nun übernahm König Ferdinand von Ungarn den Oberbefehl; aus Italien kam starke Hülfe; die Schweden waren uneinig und getrennt. Sie verloren Regensburg, und durch die Schlacht bey Nördlingen am 7. Sept. 1634 alles Übergewicht. Für die Kaiserlichen war dieser Sieg um so bedeutender, als bald hierauf Churfachsen den Prager Frieden schloß, und diesem andere Reichsstände sich anschlossen. Schweden kam dadurch bedeutend in die Enge, doch nun trat

Frankreich offner auf, und der Krieg wurde fortgesetzt. Am 19. May 1635 erklärte es den Spaniern den Krieg, und deckte so den Rücken der Schweden; nahm sich indessen auch in Deutschland ihrer thätig an, so daß zuletzt auch französ. Heère gegen den Kaiser fochten. Endlich kam eine vollständige Vereinigung Schwedens und Frankreichs zu Stande; aber der Krieg wurde immer noch schläfrig betrieben. Am 22 Dec. 1636 ward aller Widersacher ungeachtet Ferdinand III. zum röm. König erwählt; nach zwey Monathen starb Ferdinand II., demungeachtet wurde der Krieg von allen Seiten fortgesetzt, und vorerst mit abwechselndem Glücke. Endlich neigte sich die Schale des Übergewichts wieder auf die Seite der Schweden. Sie erfochten unter Bannier manche vortheilhafte Siege gegen Sachsen und die Kaiserlichen, drangen selbst in Böhmen und Mähren ein, und blieben auch 1639 Meister im Felde. Gleich glücklich focht Herzog Bernhard von Weimar in Elsaß und Breisgau; er nahm einen Ort nach dem andern, von französ. Subsidien unterstützt, und bahnte sich durch die Eroberung vom Breisach den Weg zu weitaussehenden Siegen. Da raffte ihn der Tod am 18. July 1639 zu Neuburg am Rheine dahin. Frankreich brachte durch große Geldsummen und vortheilhafte Bedingungen sein Heer mit allen Eroberungen an sich, und führte erst von jetzt an im eigenen Nahmen Krieg in Deutschland. Die Sache des Kaisers schien sich indessen wieder besser zu gestalten. Piccolomini brachte Hülfe; Bannier mußte im Februar 1640 die Erbländer verlassen, und der Krieg wurde nach Thüringen gespielt. Die Fehler der kais. Feldherren aber verdarben alles wieder; Bannier vereinigte sich mit den Franzosen zweymahl, und bedrohte sogar den Reichstag zu Regensburg mit Aufhebung (Jän. 1641). Das schnell eingetretene Thauwetter, die Trennung Guebriant's, und herbeyeilende Hülfe zwangen ihn jedoch hier, den größten Theil seines Heeres zu opfern, und sich nach Niedersachsen zurückzuziehen, wo er am 20. May 1641 plötzlich starb. An seine Stelle trat Torstenson, und den Oberbefehl über die französ.-weimar. Armee erhielten nach Guebriant's Tode Enghien und Turenne. Diese gaben in Kurzem ihrer Sache einen neuen Umschwung. Besonders wirksam und gefährlich für den Kaiser war Torstenson's weit überlegene Geisteskraft. Er fiel in Schlesien und Mähren ein, erfocht Siege auf Siege, trat mit Rákoczy in Unterhandlungen, schlug den Erzherzog Leopold und die beyden Piccolomini bey Leipzig, und richtete nach der Schlacht bey Jankowitz, 24. Febr. 1645, seinen Marsch mit besonnener Raschheit auf Österreich und Wien. Krems, Stein ꝛc., fielen in seine Hände, an Wien's Bestürmung hinderte ihn die Unentschlossenheit Rákoczy's, der mit 22,000 Mann bey Preßburg stand. Ungeduldig kehrte er nach Mähren zurück, belagerte Brünn, jedoch vergebens; und beschränkte sich darauf, mit verheerenden Streifzügen Österreich in endlosem Schrecken zu erhalten. Als er vom Schauplatze abtrat, erhielt Wrangel den Oberbefehl; unter ihm stand Königsmark. — Am Oberrheine und in Schwaben und Franken hatten indessen auch Turenne und Enghien mehrere Siege errungen, doch absichtlich nicht benützt. Die Kaiserlichen und Bayern er-

hohlten sich, beyden fehlte es aber an guten Feldherren. Überhaupt wur-
be der Krieg nicht mehr mit gehörigem Ernste geführt. Zwar vereinigten
sich Turenne und Wrangel im July 1646 bey Gießen, drangen
in Bayern und Schwaben ein, und nöthigten die ehemahlige Liga zum
Ulm'schen Waffenstillstande (14. März 1647); Frankreich ließ es jedoch am nöthigen Nachdrucke fehlen. Der Kaiser erhohlte sich; Bayern
brach den Stillstand, und die Schweden wurden bedrängt. Zum zweyten Mahle vereinigte sich Turenne mit Wrangel; der kaiserl. General Holzapfel (Melander) wird bey Lauingen geschlagen, und
der Churfürst von Bayern aufs äußerste gebracht. Die Franzosen hinderten abermahls die Schweden am weiteren Fortschreiten. — Alles seufz-
te nach Frieden; die Unterhandlungen hatten längst begonnen, waren aber
immer wieder unterbrochen worden. Eben kam mit neuen Truppen und
Geldern der Pfalzgraf Carl Gustav von Schweden nach Deutschland; eben hatte sich Königsmark der Kleinseite von Prag bemächtigt (15. July 1648), und an die förmliche Belagerung gemacht,
als der Friede abgeschlossen wurde (14. Oct. 1648), der von den Orten,
wo er zu Stande kam, nähmlich zu Münster mit Frankreich, zu
Osnabrück mit Schweden, der westphälische heißt. — Dazu war es
nun auch höchste Zeit, sollte Deutschland nicht an den selbstgeschlagenen
Wunden verbluten. Das Glück von tausend und tausend Familien lag
zertrümmert; kaum gab es einen Winkel, wo der Krieg die Fackel der
Verheerung nicht geschwungen hatte. Ein furchtbares Sittenverderbniß
war allenthalben eingerissen; jeder rechtliche Besitzstand vernichtet,
das Nationalgefühl beynahe ganz verschwunden. An Handel, Kunst und
Wissenschaft ist wohl da nicht zu denken, wo Anarchie herrscht, und jeder Tag mit neuen Gefahren dröht. — Die politischen Folgen, bezie-
hungsweise vortheilhaft, entwickelten sich erst vollkommen aus den Bestimmungen des westphälischen Friedens (s. Friedensschlüsse).

Drohobycz, galiz. Stadt im Samborer Kreise, in einer fruchtbaren Gegend, mit 7,206 Einw., die zum Theil von Gewerben oder
der königl. Salzsiederey (jährl. 70,000 Ctr.) leben, und mit Getreide,
Leder, Leinwand und Töpferwaaren Handel nach Ungarn treiben. Die
kathol. Hauptkirche ist ein schönes Denkmahl gothischen Baustyls, und
gehört zu den schönsten Kirchen des Landes. Die griech. Basilianer-Mön-
che haben hier ein Kloster mit einer deutschen Hauptschule.

Dubiecko, galiz. Städtchen im Sanoker Kreise, mit einem schönen gräfl. Krasinski'schen Schlosse und prächtigen Gärten.

Dubnicz, ungar. Marktflecken im Trentsiner Comitat, mit
einem großen gräfl. Illesházy'schen Schlosse, worin eine bedeutende, an Handschriften sehr reiche Bibliothek sich befindet, und woran
ein großer Garten stößt.

Dubravius von Dubrawa, Joh., vor der Erhebung seiner
Familie in den Ritterstand Skála genannt, gehört zu den seltensten
literarischen Erscheinungen des 16. Jahrhunderts. Seine Verdienste zunächst um Böhmens Geschichte hat schon der berühmte de Thou ehrenvoll gewürdigt; sie sind zu allen Zeiten anerkannt, und mit Recht hervorgehoben worden. Er wurde zu Pilsen geboren, und ging, als

er im Vaterlande.die Vorstudien vollendet hatte, nach Italien, um sich an-den dortigen hohen Schulen den Rechtswissenschaften zu widmen. Mit der Doctorswürde bekleidet, kehrte er von da wieder zurück, und erhielt ein Canonicat zu O l m ü ß, wo er.auch später Archidiacon.wurde. Der damahlige Bischof S t a n i s l a u s T u r z o schätzte den gelehrten jungen Mann ungemein, und verwendete ihn nicht selten zu wichtigen Geschäften. So führte er bey W i e n's Belagerung 1529., die Hülfstruppen desselben an, nachdem er schon früher mehrmahls als Abgeordneter.vielseitige Gewandtheit entwickelt hatte. Nicht minder schenkte ihm K. F e r d i n a n d I. vorzügliches Zutrauen; seine ausgebreiteten Kenntnisse, sein heller Verstand, und seine Erfahrungen machten ihn unentbehrlich. Seine vielen Verdienste lohnte der Monarch nach T u r z o's Tode mit der Bisthume zu Olmüß. Zehn Jahre verwaltete er dieses mit seltner Auszeichnung, immerfort thätig für Kirche und Staat. Als sich.im Schmalkaldischen Kriege die Böhmen des Kaisers Feinden anschlossen, hielt seine Klugheit Mähren davon ab, und nach Beylegung der Unruhen trat er verföhnend zwischen F e r d i n a n d's gerechten Zorn und das strafbare Volk. D. starb am 6. Sept. 1553. Von seinen literarischen Arbeiten, die größtentheils zu Proßniß in Mähren gedruckt worden sind und selten vorkommen, sind die vorzüglicheren: Historia Bohemiae, Proßniß, 1552. (Erste Ausgabe; sehr selten.) Cum not. Jordani. Frankfurt 1687. — Libellus de piscinis, et piscium, qui in iis aluntur, naturis. Breslau 1547. (Diese Schrift hat unläugbar sehr vortheilhaft auf Mährens Teichpflege eingewirkt; sie wurde durch Anton F u g g e r veranlaßt, dessen Teiche in Ungarn ganz unbenüßt lagen.) — Epistola de Ecclesiae Oeconomia; altera de Liturgia; Oratiuncula.in nuptiis Regis Poloniae Sigismundi junioris; Oratio ad eundem Sigismundum de auxilio contra Turcas. (Diese 4 Stücke erschienen zusammen zu Proßniß, 1549.) In politischer Beziehung vorzugsweise bemerkenswerth ist D.'s Theriobalia, sive animalium de regiis praeceptis consultatio, ad Ludovicum Hungariae et Bohemiae Regem, welche der königl. polnische Arzt Joh. Antoninus zu K r a k a u 1521 dem Drucke übergab. Von seinen noch früheren literarischen Producten sind noch anzuführen: Martianus Foelia Capella de Nuptiis Mercurii et Philosophiae, cum adnotationibus Joannis Dubravii, Wien 1516. Aus der Zuschrift von 1515 an den Bischof S t a n i s l a u s T u r z o ersehen wir, daß D. damahls schon sechs Jahre in dessen Diensten war. Doch ging er erst später nach P a d u a, um in den Wissenschaften noch gründlichere Fortschritte zu machen. Viele seiner Werke wurden nachgedruckt.

Dubrawnik, s. Daubrawnik.

Ducaten, eine Goldmünze in Österreich und eine Silbermünze in Italien. Über die Abstammung ihres Nahmens sind die Meinungen getheilt. Nach Einigen soll L o n g i n o D u c a.Fürst von R a v e n n a sie zuerst haben prägen lassen; nach Andern der.heil. R o g e r II. von A p u l i e n, (1140) in Gold mit dem Bilde Christi, und der Inschrift: Sit tibi, Christe, datus, quem tu regis, iste Ducatus. 1280 kommen sie in V e n e d i g vor, und schon in der Mitte des 14. Jahrhunderts in Ungarn; daher lange Zeit in Italien alle ausländischen Goldmünzen ohne Unterschied ongri hießen. In Deutschland erscheinen sie in Münzverordnungen erst um 1559, und nach diesen sollte das Gold 23 Karat 8 Grän fein seyn, und 67 Stück auf die rauhe Cölnische Mark gehen; später aber hat sich ihr Werth sehr geändert. Häufig gesucht wurden in früherer Zeit die in Ungarn unter Mathias Corvinus geprägten Rabenducaten; man legte ihnen, wie den Rosenobel und andern Münzen, verschiedene geheime Kräfte bey. Der Werth der kaiserlichen D. ist (in der Rechnung 4½ fl. C. M., im Verkehre jedoch sehr unstät, weil seine Bestimmung vom Curse abhängt. Kremnitzer D., ungarische, seit 1365, sind 23 Karat 9 Grän fein; 66 Grän schwer, 67 auf eine Cölnische Mark; kaiserliche Ducaten sind 23 Karat, 8 Grän fein. Eulen-Ducaten, diese jetzt sehr seltenen, vielleicht nur mehr in numismatischen Sammlungen vorkommenden Münzsorten, wurden von Kaiser Carl VI. in den Jahren 1712—15 aus dem Golde des bey dem Bergstädtchen Eule in Böhmen befindlichen Goldbergwerke geprägt, und mit dem Bild einer Eule versehen. S. Geldsorten.

Ducato corrente, venetianische Silbermünze, in der Größe eines Thalers, mit dem heiligen Marcus auf der einen und dem geflügelten Löwen auf der andern Seite. Das Silber ist 13löthig, der Werth 1 Thlr. 2 Gr. C. M. Man hat auch halbe und viertel Ducati; der ganze gilt in Venedig 6⅕ Lira = 24 Grossi = 124 Soldi. Ducato di banco, fingirte Münze in Venedig, gilt 1 Thl. 7 Gr. C. M.

Ducaton, (Prinzenthaler) Silbermünze der österr. Niederlande mit den Bildnissen des Erzherzogs Albert und Isabella's von 1598 an geprägt = 1 Thlr. 15 Gr. 2 Pf.

Ducatoni, Silbermünze in Venedig, Werth 11 Lire.

Ducatus, venetianische Goldmünze, gilt 1 Zechine.

Due miglia, eine aus zerstreuten Häusern bestehende Gemeinde in der lombard. Deleg. Cremona, begreift 6 Quartiere und 6 Pfarren, worunter die schöne Kirche S. Sigismondo, mit guten Gemälden und einer prächtigen Kuppel. Diese alte Abtey ist eine Stiftung von Franz Sforza.

Duftschmid, Casp., Regierungsrath und Protomedicus in Österreich ob der Enns, Doctor der Arzneykunde, ward geb. zu Gmunden den 19. Nov. 1767, studirte die Humaniora und Philosophie zu Linz, die Medicin in Wien, und erhielt daselbst 1790 das Doctordiplom. 1791 wurde er ausübender Arzt und Landphysikus zu Linz und war als solcher einer der thätigsten Beförderer der Kuhpockenimpfung. Bey den französischen Invasionen 1805 und 1809 stand er mit großem Eifer Militärspitälern vor, und zeichnete sich dabey in jeder Hinsicht auf das vorzüglichste aus. 1815 wurde D. Kreisphysicus des Mühlkreises und 1819 Protomedicus, Sanitätsreferent und Regierungsrath, welche Stellen er bis zu seinem Tode, den 17. Dec. 1821, mit der angestrengtesten Thätigkeit auf das preiswürdigste verwaltete. Nebst seinem Hauptfache, der Medicin, hatte D. auch vorzüglich Naturgeschichte und Physik betrieben, und er hinterließ in diesen Zweigen schätzbare Schriften wie: Fauna Austriae oder Beschreibung der österreichischen Insecten. 3 Thle.,

Linz 1805, 1826. — Beleuchtung der in Ober-Österreich gegen die
Kuhpocken-Impfung herrschenden Vorurtheile, eb. 1808. Dieselbe
Schrift vermehrt und überarbeitet, 1821. — Über einige Vorurtheile
des gemeinen Mannes und der Gelehrten, eb. 1809. — Tractatus
de Scarlatina etc., eb. 1820. — Physisch-medicinisch-topogra-
phische Schilderung des Mühlkreises im Lande ob der Enns, in Sartori's vaterländischen Blättern. Außerdem war er auch Mitarbeiter an
mehreren gelehrten Zeitschriften, z. B. den Annalen der österr. Literatur, der Salzburger medicinisch-chirurgischen, dann der Wiener allg.
Literatur-Zeitung. Auch besaß er eine sehr schätzbare Insecten-Samm-
lung, welche sowohl ihrer Reichhaltigkeit als auch der Seltenheit vieler
Stücke und ihrer guten Erhaltung wegen vorzüglich zu nennen war. Die
berühmte Sammlung gleicher Art Schiffermüller's, welche schon nach
England bestimmt war, gelang seiner Thätigkeit für das k. k. Naturalienca-
binett zu gewinnen, und er erhielt für diese patriotische Bemühung die
mittlere goldene Ehrenmedaille.

Dugonics, Andr., der gelesenste ungar. Romandichter, wurde
1740 den 17. Oct. zu Szegedin, wo sein Vater Stadthauptmann
war, geboren. Den ersten Unterricht genoß er in seinem Geburtsorte,
trat dann in den Piaristenorden, und lehrte, nach empfangener Priesterweihe, die Humanitätswissenschaften zu Megyes in Siebenbürgen. Rückerinnerungen auf das alte Dacien erweckten in ihm die Liebe
zum Alterthum, dessen Studium er sich von nun an mit besonderem Fleiße
widmete. 1770 ward er im Neutraer Seminar Docent der Philosophie,
und 1774 königl. Professor der Mathesis an der Universität zu Tyrnau, wo er dasselbe Jahr sein erstes Werk; Tiojá veszedelme (Preßb.
1774) ein episches Gedicht nach Virgil, herausgab. Diesem folgte Ully-
sses történetei (Pesth 1780) in 20 Gesängen, sehr frey nach Homers
Odyssee. Unter Joseph's Regierung war D, einer der ersten, welche die
ungar. Sprache zu streng wissenschaftlichen Gegenständen verwendeten,
um deren allseitige Bildungsfähigkeit darzuthun. Er beschenkte nämlich
seine Schüler mit einem ungarisch geschriebenen trefflichen Handbuch der
Mathesis (eb. 1784. 2 Bde.), welche später auch eine 2. vermehrte
Ausgabe erlebte (Preßb. und Pesth, 1798, 3. Bde.). — 1787 begründete
er durch Etelka (eb. 2 Bde. 2. Ausgabe 1791. 3. 1805), seinen ersten
Roman, einen ausgebreiteten Ruf, den er durch seine Arany pereczek
(Preßb. 1790) und A'gyapjas vitézek (eb. 1791. 2 Bde.) noch mehr
befestigte. (Letzteres Werk gab er 1778 zu Preßb. und Kaschau, unter
dem Titel: Argonauticorum libri 24, lateinisch heraus, um den Vorwurf der Pedanten jener Zeit zu widerlegen, die seine ungarische Schriftstellerey der Unkunde eines classischen Lateins zuschrieben.) Nun versuchte
er sich auch im Dramatischen, und gab unter dem Titel: Jeles történe-
ték magyarsziure alkálmaztatva (Pesth 1791—95. 2 Bde.) 4 Schauspiele heraus, als: Tóldy Miklós, Etelka Kanjelben, Bátori Maria,
Kún László; die sich sämmtlich bis heute noch auf der Bühne erhalten.
1796 besorgte er eine Ausgabe von Gyöngyesi's Werken, und fand sich
durch dessen Kariklia veranlaßt, Heliodor's Aethiopica neu zu bearbeiten. So entstand: A'scerecsenek (Preßb. 1798. 2 Bde.). Gleichen

Enthusiasmus, wie Etelka, erregte sein letzter Roman: Jolánka (Preßb. und Pesth 1803. 2 Bde.). Die 2 ersten Werke von D. ausgenommen, sind alle in Prosa geschrieben. Noch hat man von ihm 3 historische Schriften: Rómái történetek (eb. 1800); A'Magyarnoknak uradalmaik (eb. 1801), und Nevézetes, hudivezérek (Pesth 1817), durch die er den Bedürfnissen der Jugend entgegenzukommen trachtete. Nach 34 Jahren, die er als Professor auf der Universität zugebracht, wo er mehrere Jahre die Decans- und Rectorswürde bekleidet, trat er öfterer Kränklichkeit wegen in Ruhestand, und zog sich in seine Vaterstadt zurück, wo er unter den Seinen ein glückliches und frohes Alter von 78 Jahren erreichte, und den 23. July 1818 starb. Die Früchte seines bis in den Tod regen Fleißes aus dieser Zeit sind handschriftlich: Eine historisch-topographische Beschreibung der ungarischen Schlösser, in alphabetischer Ordnung (er rückte darin nur bis S. vor); eine schon längst begonnene Sammlung ungarischer Sprichwörter, eigener Redensarten u. s. w., welche nach seinem Tode der Szegediner Buchdrucker Grün herausgab: Magyar példapeszédek és jeles mondàsok (Szegedin 1820. 2 Bde.), ein für die ungarische Linguistik äußerst wichtiges Werk.

Dúcker, Theophil Freyh. von, Capitularpriester und Professor des Benedictinerstiftes Kremsmünster, war geb. zu Salzburg den 16. Sept. 1718. Nach vollendeten Vorstudien trat er in den Benedictiner-Orden, empfing zu Kremsmünster die Priesterweihe und erhielt bald darauf eine Professorstelle daselbst. Für Seelsorge verwendete er sich stets auf das eifrigste, und ließ sich auch Volksbildung durch Wort und Schrift sehr angelegen seyn. Er starb zu Kremsmünster den 30. Oct. 1774 und hinterließ eine große Anzahl volksthümlicher und religiöser Werke, deren auch eine bedeutende Menge durch ihn unentgeldlich vertheilt worden war.

Duino (Tibein), illyr. Dorf im Görzer Kreise am adriatischen Meere, hat einen unbedeutenden Hafen und ein Bergschloß, und ist berühmt wegen seiner herrlichen Aussicht auf das adriatische Meer und die Alpen. Es wird hier schwarzer Marmor gebrochen; auch befindet sich daselbst eine unterirdische Höhle.

Dürrenstein (Dürnstein), niederösterr. Städtchen im V. O. M. B. mit 500 Einw., ist von geringer Ausdehnung, aber merkwürdig wegen der nahen Ruinen des hoch über demselben gelegenen Felsenschlosses, in welchem König Richard Löwenherz von England durch 15 Monathe gefangen saß. D. hat einen Mühl- und Wetzsteinbruch.

Dukowan, mähr. Gut und Dorf im Znaimer Kreise, mit Pfarrkirche, einem Schlosse und großen Garten, hat eine sehr freundliche Lage.

Dunajec (Donajec), galiz. Fluß, entsteht bey der Stadt Neumarkt im Sandecer Kreise, aus dem Zusammenströmen des schwarzen und weißen D., welche in den Karpathen entspringen, und aus der Zipser Gespanschaft Ungarns nach Galizien kommen. Mit dem D. vereinigt sich der Poprád.

Duorze (Duoritzhof), illyr. Schloß im Neustädtler Kreise, an der Gurk. In der Nähe dieses Schlosses wurden römische Alterthümer ausgegraben, welche die Alterthumsforscher auf die Meinung brachten, daß hier das Municipium Noviodunum gestanden haben könne.

Duport, s. **Theater in Wien.**

Duppau (Tuppau), eine fürstl. **Colloredo-Mannsfeld'**sche Schutzstadt im Elbogner Kreise Böhmens, in einem Thale am Aubach, mit 1,340 Einw., einem Schlosse, einem Piaristencollegium und Gymnasium, einer Hauptschule, einem Spital, und einer Tuchfabrik.

Durchlaucht (nach dem Lateinischen Perillustris Serenus), ein Titel, welchen Kaiser Carl IV. 1376 zuerst den weltlichen Churfürsten ertheilte. Später erhielten ihn auch die Fürsten, welche auf dem Reichstage Sitz und Stimme hatten. In neuerer Zeit gebührt er in Deutschland und so auch in Österreich ausschließlich den Häuptern weltlicher Fürstenhäuser. Der deutsche Bund hatte nähmlich am 18. Aug. 1825 den Beschluß gefaßt: daß den in Folge der Auflösung des deutschen Reichs mittelbar gewordenen, vormahls reichsständischen Familien ein ihrer Ebenbürtigkeit mit den souveränen Häusern angemessener Rang und Titel gewährt, und den Fürsten das Prädicat D. ertheilt werde. Diesem Beschluß gemäß ward den Chefs der mediatisirten vormahligen reichsfürstl. Häuser in Deutschland überhaupt, und seitdem derselbe in den österr. Staaten durch besondere kaiserl. Anordnung vom 9. Sept. 1825 seine volle Gültigkeit erhielt, das Ehrenprädicat D. gleichfalls den daselbst begüterten oder domicilirenden fürstl. Personen solchen Ranges zugestanden. Die mediatisirten Fürsten-Familien, welche in Österreich domiciliren und auf deren jedesmahligen Chef der Bundesbeschluß vom 18. Aug. 1825 seine Wirksamkeit zu äußern hat, sind: **Auersperg, Colloredo-Mannsfeld, Dietrichstein, Esterházy, Kaunitz-Rietberg, Khevenhüller, Lobkowitz, Metternich, Rosenberg, Salm-Reiferscheid-Krautheim, Schönburg-Waldburg, Schönburg-Hartenstein, Schwarzenberg, Starhemberg, Trautmannsdorf, Windischgrätz.** Nur den Chefs dieser Familien gebührt daher der Titel D., welchen auch nebst den vielen andern in Österreich befindlichen, besonders im österr. Militär angestellten fürstlichen Personen aus souveränen Häusern, der regierende Fürst von **Liechtenstein** hat. Napoleon's Sohn erhielt den Titel D. mit Belehnung des Herzogthums Reichstadt in Böhmen. S. **Erlaucht.**

Durich, Fortunat, ausgezeichneter Slavist und Historiker, wurde am 28. Sept. 1735 zu **Turnau** in Böhmen geboren, wo sein Vater Bürger und Steinschneider war. Er besuchte die lateinischen Schulen bey den Piaristen zu **Kosmanos,** trat hierauf in den Paulinerorden und las 1758 die erste Messe. Seine Obern verwendeten ihn zum Lehrfache, und er trug durch mehr als 20 Jahre seinen Ordensbrüdern zu **Wien, München** und **Prag** Theologie und die morgenländischen Sprachen mit glücklichem Erfolge vor. Hier schloß er mit dem nachmahl so berühmten **Dobrowsky** ein inniges Freundschaftsverhältniß, und Beyde verlegten sich nun gemeinschaftlich auf die arabische und hebräische Sprache. So lieb indessen D. diese Studien waren, hatte er doch mehr Hang zur slavischen Literatur, und er übte dadurch offenbar auf seinen Freund einen höchst vortheilhaften Einfluß aus; so wie über-

,haupt seine gelehrten Mittheilungen die Arbeiten Prochaska's, Voigt's und Anderer vorzugsweise förderten. Mit Prochaska erhielt er 1778 vom Prager Erzbischofe den Auftrag, eine verbesserte Ausgabe der böhm. Bibel zu besorgen; diese Arbeit war nach 2 Jahren geendet und mit vielem Beyfall aufgenommen. Nach Aufhebung der Jesuiten versah er 10 Jahre die Stelle eines Examinators aus der griechischen und hebräischen Sprache, und als sein Convent in Prag selbst aufgelöst wurde, kam er 1785 in das Kloster nach Wien, was seiner Absicht, die Schätze der kaiserl. Bibliothek für die allgemeine slavische Literatur zu benutzen, entsprach. Obschon mehrere Jahre (am Podagra) kränkelnd, that er dieses mit dem glücklichsten Erfolge, und verfertigte nebstbey nach dem Zeugnisse des verehrten Denis einen sehr werthvollen Catalog der hebräischen Bücher in genannter Bibliothek. 1795 fing er endlich an, seine Arbeiten zu ordnen, und es erschien der erste Band seiner Bibliotheca slavica; wofür er von der königl. Gesellschaft in Prag als Anerkennung die große Medaille erhielt. Da 1796 das Pauliner-Kloster auf der Wieden einging, verließ er Wien, und kehrte in seine Vaterstadt Turnau zurück, wo er sich außerhalb der Stadt ein kleines Häuschen baute, in dem er unter vielfachen körperlichen Leiden, doch immer rastlos thätig die letzten Tage seines Lebens zubrachte. Die kais. Gnade, welche ihm eine Zulage von 200 fl. bestimmte, und die Freund= schaft des Turnauer Dechants erheiterten die trübe Wolke, mit der eine höchst langwierige Krankheit seinen Geist umflort hatte. Er starb am 31. Aug. 1802; viel zu früh für die Wissenschaften. Nebst 6 starken Quartbänden gelehrter Auszüge im Manuscripte, welche nach seinem Tode in Dobrowsky's Hände kamen, und die nach dem Urtheile dieses großen Kenners einen Schatz von kritischen Bemerkungen für die slavische Literatur enthalten, hinterließ er als entsprechende Resultate seiner unermüdeten Forschungen im Drucke folgende wichtige Schriften: De slavo=bohemica sacri codicis versione Dissertatio. Prag, 1777. — Bibliotheca slavica antiquissimae dialecti communis et ecclesiasticae universae slavorum gentis. 1 Bd. Wien, 1795. Nach dem ersten Entwurfe sollte es in 5 Bänden bestehen.

Durmer, F. P., Kupferstecher in punctirter Manier, geb. zu Wien 1766, studirte daselbst, wurde Mitglied der Akademie der bilden= den Künste und zeichnete sich bald durch sehr gelungene Arbeiten aus, von welchen die vorzüglichsten sind: Franciscus II. Imperator. — Maria Theresia, Imperatrix. — Elisabeth, Comtesse de Rasumoffski. — Die vier Jahrszeiten, nach Guido; — Pallas, Fils d'Evandre; — Retour d'Arminius, beyde nach Angelica Kaufmann.

Dussek, Franz, einer der größten Clavierspieler seiner Zeit, zu Chotieborek in Böhmen von armen Ältern 1736, den 8. Dec. geboren, wo ihn sein damahliger Grundherr, Graf v. Spork, so= wohl im Lesen und Schreiben, als auch in der Musik unterrichten, dann zu Königgrätz im Jesuitenseminarium studiren ließ. Hier hielt er sich aber nur einige Jahre auf, weil sein sonst gut gebildeter und gesun= der Körper durch einen unglücklichen Fall so verunstaltet wurde, daß er sich genöthiget sah, seine ferneren Studien aufzugeben, und sein wei=

teres Glück allein durch die Tonkunst zu suchen. Sein Mäcen verließ ihn aber nicht. Er berief ihn nach Prag, ließ ihm eine meisterliche musi=kalische Bildung geben, und brachte seine bewunderungswürdige Geschick=lichkeit im musikalischen Unterrichte in größte Aufnahme. D. war einer der ersten, die das Leichte und Angenehme im Clavierspielen eingeführt. Auch hat er viele Künstler Böhmens gebildet. Selbst Kozeluch war sein Schüler. D. starb 1799, am 12. Febr. in Prag. Von seinen Compositionen sind folgende erschienen: Eine Sonate für das Clavier. Leipzig, 1773. — Sonata per il Clavicembalo, Prag, 1774. — Sonata per il Clavicembalo. Paris, 1774. — Ein Clavierconcert mit 9 Stimmen. Amsterdam. — Concertino per il Clavicembalo, due Violini, Viola e Basso, Linz, 1784. — Fünf Lieder für Kin=der und Kinderfreunde. — S. F. A. Spielmann, XXV Lieder mit Melodien von Vincenz Maschek und Franz D. Prag. Nebstdem hat er viele Concerte, Sonaten, Symphonien, Quartetten und Terzetten im Manuscripte hinterlassen.

Duffik, Joh. Ladisl., einer der stärksten Fortepiano= und Harmonicaspieler, und sehr beliebter Componist, wurde zu Czaslau in Böhmen am 9. Febr. 1761 geboren. Schon im 5. Jahre seines Alters fing er an, das Clavier zu spielen. Als er bey den Jesuiten in Iglau die Humaniora gehört, und sie noch durch 2 Jahre zu Kuttenberg als Organist an der Jesuitenkirche fortgesetzt hatte, ging er nach Prag, hörte die Philosophie, und erhielt die Magisterwürde. Zu dieser Zeit wünschte er in den Cisterzienserorden zu treten, seine Jugend aber hin=derte seine Aufnahme im Stifte Saar. Nun gab er den frommen Wunsch gänzlich auf, Willens durch die Musik allein in der Welt sein Glück zu suchen. Es gelang ihm. Er machte eine Reise nach Holland, und blieb in Mecheln, wo er eine Zeitlang als Claviermeister lebte, und sich dann nach Bergenopzoom und Amsterdam begab. In diesen beyden Städten trat er als junger Tonkünstler auf, und gab einige seiner bessern Compositionen im Stiche heraus. Schon damahls spielte er die Claviaturharmonica trefflich, und ließ sich in verschiedenen andern Städten mit allgemeinem Beyfall hören. 1785 kam er nach Mainz, gewann dort die Gunst des Adels und die Liebe berühmter Tonkünstler. 1786 besuchte er von Berlin aus Paris. Hier trat er vor der Königin von Frankreich Maria Antonia auf, die ihm als Kennerinn ihren Schutz schenkte. Demungeachtet verließ er Paris, um seine Sehnsucht nach Italien zu befriedigen. In Mailand gab er Concerte, sowohl auf dem Pianoforte als auf der Claviaturharmonica und errang die Achtung der italienischen Tonkünstler. Aus Italien ging sein Weg nach England. Der vortheilhafte Ruf, der ihn auf seinen Reisen allenthalben begleitete, kam ihm zu London in der Art zu Statten, daß ihn das glückliche Los traf, der Prinzessinn von York auf dem Fortepiano Unterricht zu geben. Seine zu London durch den Stich bekannt gemachten musikalischen Producte fanden bey den Britten nicht weniger allgemeinen Beyfall. Auch der eben damahls in London anwesende große J. Haydn hat sie für Meisterstücke erklärt. 1802 kam D. aus England nach Wien, und trat dort mit eben so ungetheiltem

Beyfalle auf. 1803 befand er sich aber wieder in Berlin, und 1808
wurde er aus den Diensten des Fürsten von Isenburg nach Paris
in die Dienste des Herzogs von Benevent (Talleyrand) mit einem
ansehnlichen Gehalte als Concertmeister berufen. 1812 starb er zu
Paris, und hinterließ den Ruf eines der bedeutendsten Clavier= und
Harmonicaspieler und Compositeurs. Als Compositeur zeigt er sehr viel
Eigenthümlichkeit, Neuheit, reiche Erfindung, und ein Feuer, welches
eben auch in seinem trefflichen und eigentlich großen Spiel herrschte.
Jene Musikalien, die er für die Kirchenchöre geschrieben, sind noch im=
mer im Manuscripte, und der größte Theil davon wird auf der St.
Barbarakirche in Kuttenberg, so wie auch an der Decanatkirche in
Czaslau aufbewahrt. Von seinen zahlreichen Arbeiten werden hier ge=
nannt: Trois Sonates pour le Pianoforte, avec l'accompagnement
d'un Violon et Basse. Berlin, 1786. — Concert pour le Clavecin.
Oeuvre 29. Offenbach, 1796. — Sonates pour le Pianoforte.
Oeuvre 44. Bey Breitkopf und Härtel in Leipzig. 1803. —
Grand Quintuor pour le Pianoforte, avec accomp. d'un Violon,
Alte, Violoncelle oblig. et Contrebasse ad libit. Oeuv. 41. eb. —
Concert pour le Pianoforte. Oeuv. 50. eb. — Pianoforte=Schule,
nach der engl. Original=Ausgabe, von dem Verfasser selbst verbessert,
und mit vielen practischen Beyspielen vermehrt, herausgegeben. eb. —
Grand Concert militaire pour le Pianoforte, avec accompagnement (ad libitum) de deux Violons, Alte, deux Hautbois, deux
Flûtes, deux Clarinettes, deux Cors et d'une Basse, ainsi qu'il
a été exécuté au Concert de l'Opéra, et dans les Orat. au théâtre
de Covent-Garden. Oeuv. 40. Paris, 1800. — Grande Sonate
pour le Pianoforte. Oeuv. 43. eb. 1802. — Six Sonatines pour la
Harpe. Leipzig, 1802. — Six nouvelles Valses, pour le Pianoforte, avec Violon et Flûte (ad libitum), eb. 1805.

Duval, Valent. Jameray, Bibliothekar des röm. Kaisers
Franz I. und Vorsteher des k. k. Münzcabinettes zu Wien, war
geboren 1695 zu Artonay, einem kleinen Dorfe in der Champagne,
Sohn eines armen Bauers. Die Bildungsart dieses Gelehrten hat etwas
Romantisches an sich, und gehört zu den merkwürdigsten Erscheinungen.
Seine Jugendjahre brachte er unter Eremiten mit Viehhüten in der
freyen Natur zu, und erlangte durch unersättliche Wißbegierde allein
durch sich selbst die ersten Begriffe der Wissenschaften. Ein Abriß der
Arithmetik, der in seine Hände fiel, interessirte ihn ungemein, und bald
hatte er in der Stille des Waldes auch die ersten Ideen von Astrono=
mie aufgefaßt, die er mit großer Vorliebe und anhaltendem Eifer ver=
folgte, so roher Hülfsinstrumente er sich auch bedienen mußte. Ein glück=
licher Zufall ließ ihn endlich die goldene Uhr und das Pettschaft eines
Engländers finden, der ihn bey der Zurückgabe desselben so reichlich
beschenkte, daß er sich bald eine nicht unbedeutende Bibliothek anschaffen
und seinen Studien mit Muße nachhängen konnte. Zufällig wurde er
mit dem Herzog Leopold von Lothringen (Vater des nachmahligen
Kaisers Franz I.) bekannt, der ihn zu seinem Bibliothekar und zum
Professor der Geschichte auf der Universität zu Lüneville ernannte. Als

Lothringen an Frankreich gegen Toscana abgetreten wurde, ging D. mit dem nunmehrigen Großherzog F r a n z und der Bibliothek nach Florenz, und als dieser in der Folge Gemahl der Kaiserinn Maria Theresia wurde, nach einigen vorhergemachten Reisen, nach Wien, wo er bis zu seinem Tode die ihm anvertrauten Ämter mit Auszeichnung bekleidete und sich der kaiserl. Gunst zu erfreuen hatte. Er starb den 3. Nov. 1775. Von ihm erschienen im Druck: Numismata cimelii Caesarei regii austriaci Vindobonensis quorum rariora iconismis, caetera catalogis exhibita. In Verbindung mit Erasm. Frölich und Khell (anonym) 2 Bde. Wien, 1754—55. — Monnoies en or et en argent, qui composent une des parties du cabinet de l'empereur. eb. 1759—70. 2 Bde. (Ebenfalls anonym.) Ein berühmtes schon seltenes Werk, von dem nur 200 Exemplare gedruckt, 150 verschenkt wurden, und daher nur 50 in den Handel kamen. Die zwey dünnen Supplementbände fehlen häufig daran. — Oeuvres précédées de Mémoires sur la vie de Mr. Duval. 2 Bde. Petersburg und Straßburg, 1784.

Dynow, kleine galiz. Stadt im Sanoker Kreise, am linken Ufer der San. Der hiesige Hauptjahrmarkt für Leinwand wird von Käufern aus Niederungarn und Polen besucht.

Lightning Source UK Ltd.
Milton Keynes UK
UKHW020346090119

334943UK00008B/1310/P